칸트와 떠나는 형이상학 여행

칸트와 떠나는 형이상학 여행

2024년 7월 20일 초판 인쇄
2024년 7월 25일 초판 발행

지은이 | 문성학
펴낸이 | 이찬규
펴낸곳 | 북코리아
등록번호 | 제03-01240호
주소 | 13209 경기도 성남시 중원구 사기막골로45번길 14
　　　 우림2차 A동 1007호
전화 | 02-704-7840
팩스 | 02-704-7848
이메일 | ibookorea@naver.com
홈페이지 | www.북코리아.kr
ISBN | 978-89-6324-210-1 (93160)

값 37,000원

IMMANUEL KANT

칸트 탄생 300주년

칸트와
떠나는
형이상학
여행

문성학 지음

북코
리아

머리말

내가 알고 지내는 어떤 교수는 초기 불교를 공부하는데, 불교도들에게는 신성한 산인 수미산(須彌山)을 여행했다. 티벳에 있는 수미산은 한편으로는 불교도들의 상상 속의 산이기도 하고, 다른 한편으로는 6,714m의 높이를 자랑하는 현실에 실재하는 산이기도 하다. 하여간 수미산은 성철 스님이 입적할 때, 자신이 평생 지은 죄가 수미산을 덮고도 남았다고 해서 일반인들에게도 널리 알려진 산이다. 그 교수는 여행길이 무척 힘들었다고 말했다. 수행하는 마음으로 수미산을 여행했던 것처럼 보였다. 필자는 적지 않은 세월 동안 독일 철학자 임마누엘 칸트를 공부한 사람이지만, 칸트가 학문활동을 했던 쾨니히스베르크(Königsberg)에 한 번도 가보지 못했다. 쾨니히스베르크는 지금은 러시아의 칼리닌그라드인데, 쾨니히스베르크 가는 길은 수미산 가는 길에 비하면 꽃길일 텐데도 불구하고 이런저런 사정으로 가보지 못했다. 이 책을 완성하고 난 뒤, 기념으로 칸트 묘소에 한번 참배할 수 있으면 좋겠다는 생각을 하지만, 지금은 러시아가 우크라이나를 침범해서 전쟁을 일으킨 상태라 칼리닌그라드로의 여행이 여의치 않을 것 같기도 하다. 쾨니히스베르크는 제2차 세계대전이 종전되면서 구소련 영토로 편입되었다가, 소련 연방이 해체되면서 지금은 러시아 영토로 되었다.

그런데 생각해보면, 비록 쾨니히스베르크 여행은 못 했지만, 현재까지

나는 1975년부터 시작한 칸트철학으로 가는 여행을 50년 동안 하고 있기도 하다. 어떤 의미에서는 이 여행이 진짜로 칸트를 만나러 가는 여행이라는 생각을 해보기도 한다. 그는 철학의 혁명가였으며, 우리는 그 혁명의 현장을 보러 가는 길이다. 그가 혁명을 통해 옛 철학을 부수고 새로이 세운 형이상학의 궁전을 보러 가는 길이다. 칸트의 평생에 걸친 철학적 사유의 화두는 '어떻게 학문의 안전한 길에 들어선 형이상학의 체계를 세울 수 있는가?'였다. 그래서 이 책의 제목을 『칸트와 떠나는 형이상학 여행』으로 정했다. 나는 여러분에게 새로운 형이상학의 건설자로서의 칸트상을 보여주고자 한다. 칸트는 철학과 광의의 형이상학을 거의 동의 개념으로 사용하는데, 칸트가 일으킨 철학의 혁명은 형이상학의 혁명이다. 여러분은 칸트가 일으킨 혁명의 전모를 이 책에서 보게 될 것이다. 우리가 러시아의 칼리닌그라드로 그를 만나러 간들, 이미 그는 세상을 떠난 지 220년이 다 되어가고, 칼리닌그라드도 칸트가 생전에 활동하던 쾨니히스베르크의 모습과는 영 딴판일 것이다. 그러나 내가 여러분과 함께 떠나는 이 여행은 칸트가 생전에 엄청난 학문적 열정을 불철주야 불태우면서 만들어낸 거대한 사상의 구조물을 구경하러 떠나는 여행이다. 우리는 이 여행을 통해 살아 있는 칸트를 만나게 되는 셈이다. 칼리닌그라드에 있는 칸트 묘소를 보러 가지는 않지만, 칸트 선생을 살아 있는 모습으로 만나러 가는 여행길이니, 이 또한 불역락호(不亦樂乎)요, 마음 설레는 일이 아닌가!

한때 칸트는 철학의 대명사처럼 간주된 적도 있었다. 사람들은 '철학' 하면 칸트를 떠올리고, '칸트' 하면 철학을 떠올렸다. 지금도 그러하다고 말해도 과장이 아닐 것이다. 흔히 철학의 세계에서 칸트철학이 얼마나 중요한가를 설명하기 위해 동원되는 세 개의 비유가 있다. 첫째로, 칸트철학은 사상계의 거대한 저수지라는 것이다. 칸트 이전의 모든 사상은 칸트에게로 흘러 들어갔으며, 칸트 이후의 모든 사상은 칸트로부터 흘러나왔다. 이 말은 절대 과장이 아니며, 칸트를 모르고 철학 하는 것은 다윈을 모르고 현대 생물학을 논하는 것이나 마찬가지다. 둘째로, 칸트는 사상계의 에베레스트라고 불리기도 한다. 칸트철학은 철학의 역사가 만들어낸 사상의 산맥들에 들어선 산들 중에서 최고봉이라는 것이다. 우리가 칸트철학을 정복하게 되면, 칸트 이전과 이후 사상의 흐름에 대한 조망권을 갖게 된다. 이 역시 적합한 비유다. 칸트철학은 또한 용광로에 비유되기도 한다. 칸트철학은 자기 이전의 상호 이질적인 모든 사상들을 녹여서 만든 하나의 거대한 체계다. 흔히 칸트철학을 합리론과 경험론, 관념론과 실재론, 독단론과 회의론의 종합이라고 말하기도 한다. 이 역시 허풍이 아니다. 사람들은 용광로에서 녹인 쇳물로 온갖 철제품을 만들듯이, 후세 철학자들은 칸트 사상을 수용하거나, 변경하거나, 비판하거나, 창조적으로 발전시키거나, 혹은 극복한다고 하면서 온갖 사상을 만들어냈다.

칸트 이후, 피히테, 셸링, 헤겔로 이어지는 독일 관념론이나, 코헨, 나토르프, 빈델반트 같은 신칸트학파(Neukantianismus)의 철학자들은 물론이거니와, 쇼펜하우어의 생철학적 의지철학, 후설의 현상학이나 셸러의 실질적 가치윤리학, 하르트만과 하이데거의 현상학적 존재론, 야스퍼스의 실존철학과 하버마스의 사회철학은 칸트철학과의 직접적인 연관성을 갖고 있다. 그뿐만 아니라 리오타르는 자신의 포스트 모던적 사상의 뿌리를 칸트에 두고 있고, 칸트를 모르고 라캉을 제대로 이해하는 것도 어려운 일이 되었다. 스트로슨이나 셸라스 같은 현대의 영미 철학자들도 칸트철학의 영향권 하에 놓여 있다. 존 롤즈도 자신의 정의론을 칸트의 윤리설에 대한 해석을 통해 정당화하는 방법을 모색하고 있다. 칸트 이후의 철학으로서 칸트철학과 직간접으로 연결되어 있지 않은 것은 없어 보일 지경이다. 칸트는 생전에 '모든 것을 파괴하는 칸트'라는 비난 섞인 평가를 받았지만, 그는 자신이 진리를 발견했다고 믿었기에 후세 사람들은 자신의 학설을 학습하기만 하면 된다고 생각했다. 그러나 재미있는 현상은 칸트철학은 사후에 학습의 대상이 아니라 철저하게 오해와 비판의 대상이 되었다는 것이다. 그럼에도 불구하고 '칸트를 모르고 철학 한다는 것은 불가능하다'는 말이 과장된 말이 아니다. 이 또한 기이한 일이 아닌가!

명실상부 칸트는 사상계의 최고봉이고, 가장 크고 깊은 저수지이며, 인류가 만든 가장 거대한 사상의 용광로다. 칸트는 가벼운 복장으로 오를 수 있는 동네 뒷산이 아니며, 구명조끼 없이 헤엄칠 수 있는 동네 연못도 아니다. 그리고 종합적 사유방식을 배우려는 사람은 반드시 들여다보아야 하는 용광로다. 필자의 예측으로는 인류의 사상사에서 칸트처럼 그 사유체계가 복잡한 사상가는 두 번 등장하기 어려울 것이다. 찰스 다윈의 『종의 기원』은 대단히 중요한 책이며 현대인의 사고방식에 커다란 영향력을 행사한 책이지만, 다윈이 그 책에서 입증해 보이고자 하는 것은 비교적 간단한 주장이다. 생물 종들은 기독교가 『성경』에 근거해서 주장하듯이 고정불변의 것이 아니고 환경과의 상호작용 속에서 끊임없이 변화한다는 것이다. 그리고 비트겐슈타인의 철학사상도 그 핵심주장을 요약하는 것이 그렇게 어려운 일이 아니다. 철학의 임무는 기존 철학에서 사용되는 용어들에 대한 의미 분석을 통해 철학을 부질없는 논쟁으로부터 끄집어내는 것이라고 생각했다. 그는 철학적 문제들을 해결하려 했던 것이 아니라, 전통적인 철학적 문제들이 사이비 문제임을 폭로하여 철학적 문제들을 해소시켜버리는 것을 목표로 했다. 그러나 칸트가 자신의 철학에서 입증하고자 하는 것은 한 문장으로 요약되지 않는다.

칸트가 '최고'의 사상가라고 할 때, 이 '최고'에는 '가장 높은', '가장 뛰어난', 혹은 '가장 명망이 있는'이라는 뜻이 들어 있는 것은 물론이지만, '가장 어려운'이라는 뜻도 포함되어 있다. 에베레스트를 오르기 위해서는 특별한 산악등반 훈련을 받아야 한다. 준비 없이 덤볐다가 실족사 할 수도 있다. 칸트철학도 마찬가지다. 그러나 나는 그렇게나 어렵다고 악명 높은 칸트철학이라는 사상의 높은 봉우리를 칸트철학에 관심을 가진 사람들이 최대한 쉽게 오를 수 있도록 도와주려는 목표를 갖고 있다.

이번 여행은 칸트가 일으킨 형이상학적 혁명의 현장으로 가는 여행길이다. 우리는 이 여행에서 『순수이성비판』과 『실천이성비판』과 『판단력 비판』이라는 세 권의 위대한 서책에 대한 '통합독서'를 통해 형이상학에 대한 칸트의 입장을 밝히는 일에 관심을 집중시키고자 한다. 독자들은 왜 연구자들이 『순수이성비판』을 인식론으로만 해석하기 십상인지 그 이유와 과정을 보게 될 것이다. 그리고 이 여행을 통해 칸트의 위대한 삼 비판서가 그가 구상한 학문의 안전한 길에 들어선 형이상학의 체계에서 담당하는 역할을 분명하게 알게 될 것이다.

어떤 점에서 이 여행길은 수미산을 가는 것 못지않게 힘든 여정이 될 수도 있다. 칸트철학을 공부하면서 느낄 수 있는 재미는 관광명소를 구경하면서 느끼는 재미일 수는 없을 것이다. 대신 독자들은 '깨우치는 즐거움'을 느낄 수 있을 것이다. 공자가 『논어』에서 '학이시습지 불역열호!'(學而時習之 不亦 說乎!) 할 때의 그 '열'(說)을 느끼게 될 것이다. 나는 개인적으로 인문학이 사람들에게 줄 수 있는 효능 중에 가장 중요한 것이 '깨우치는 즐거움'이라고 생각한다. 이 경우 '깨우친다'는 말은 수행자들이 도를 터득하는 그런 거창한 깨우침이나 돈오(頓悟) 같은 것이 아니라, 그냥 '하나씩 하나씩 알아가는 것'을 의미한다. 아무쪼록 필자의 의도가 성공하여, 칸트철학에 관심을 가진 독자들에게 칸트라는 사상의 에베레스트가 숨겨놓고 있는 비경을, 칸트라는 사상의 저수지가 보여주는 풍광을, 칸트라는 사상의 용광로에서 뿜어나오는 한 철학자의 엄청난 지적 열기를 느낄 수 있기를 희망한다. 여행이 끝날 무렵에 독자들의 입에서 '명불허전이란 말이 있지만, 사람들이 칸트, 칸트 하는 이유가 있었구나! 칸트는 정말 대단한 철학자구나!' 하는 말이 나온다면, 이 또한 보람된 일이 아닌가!

필자는 1975년에 대학생이 되면서부터 칸트철학에 관심을 갖고 지금까지 그 관심을 징검다리 이어가듯 이어왔다. 필자는 강사 시절부터 주로 논문 위주의 전문적인 글쓰기를 하면서 소위 '업적'을 만들어내기에 급급했었다.

그래야만 석 · 박사 학위를 받아 취직도 하고, 교수가 된 뒤에도 '업적평가'를 잘 받을 수 있었기 때문이다. 약간 과장되고 자조적으로 말한다면 '업적의 노예' 같은 교수생활을 했다. 그러면서 칸트에 대한 몇 권의 전문서적을 출간했다. 이제 정년이 되어 학생들을 가르치는 일로부터 면제된 상황에서, 업적을 만드는 일과 무관하게 지난 세월 동안 칸트를 공부하면서 내가 터득한 것들을 논문 형식의 규격화된 글쓰기가 아닌 방식으로 풀어내어 칸트철학에 관심을 가진 일반인들이나 대학생 그리고 철학도들과 공유하고 싶었다. 나는 그 생각을 오래전부터 했었다. 이 책이 바로 그런 의도에서 집필된 것이다.

나는 정년을 한 뒤에 누리고 싶은 자유가 몇 가지 있었는데, 그중에 하나가 자유로운 글쓰기였다. 이때 '자유로움'은 그동안 학계의 관행에 따라 해왔던 엄격한 논문 형식의 글쓰기 방식으로부터 벗어나고 싶다는 뜻이다. 글에다가 논문의 형식을 덮어씌우는 일은 마치 여성들의 몸에다가 코르셋을 입히는 것과 같다. 학계에서 정한 논문 형식의 글쓰기 방식은 연구자들의 연구역량을 약화시키는 측면이 있다. 얼마 전에 출간한 『신내림의 철학자 하이데거』의 초고를 집필하는 데 나는 비교적 짧은 시간(5개월 정도)을 투자했다. 물론 선행 연구자들의 업적이 있었기에 가능한 일이긴 하지만, 만약 그것을 교수업적으로 만들기 위해 단편논문들로 조각내어 학회지에 발표한 다음에, 그렇게 발표된 논문들을 다시금 묶어서 단행본으로 출판하는 절차를 밟았다면, 그 책이 만들어지는 데 적어도 몇 년은 걸렸을 것이다. 그리고 필자가 강사 시절인 1988년에 양문출판사에서 출간한 『칸트철학과 물자체』도 50여 일 만에 집필한 책이다. 그 책은 필자가 박사논문을 완성한 직후에 집필한 것인데, 그 책도 업적 만드는 일을 염두에 두고 집필했더라면 그렇게 신속하게 만들지 못했을 것이다. 나는 이제 정년퇴임한 지 4년이나 되었고, 더 이상 맵시를 고려하지 않아도 될 나이가 되었으니, 40년 가까이 입고 지내던 코르셋을 벗어버리고 싶지만, 그럼에도 독자들이 확인할 수 있듯이, 필자가 오랫동안 착용했던 코르셋을 완전히 벗어던지지 못하는 이유는 학계의 관행적 글쓰기 방식이 그나마 최소한의 학문적 엄격성을 담보해준다고 믿기 때문이다.

　나는 학부 졸업논문과 석·박사 논문을 칸트철학에 대해 썼다. 그리고 교육자와 연구자의 길을 걸었다. 그 기간은 교사와 강사 기간까지 포함해서 길게 잡으면 38년이고, 교수 생활만 잡으면 32년이다. 그간에 칸트에 관한 몇 권의 책을 출간했다. 회고해보니, 책의 머리말에서건 다른 곳에서건, 덕분에 교수 생활 잘했다고 칸트 선생에게 고마움을 표시한 적이 한 번도 없었다. 그래서 반세기 가까운 칸트 연구에서 얻어낸 성과를 다 쏟아부어 만든 이 책을 탄생 300주년을 맞이한 칸트 선생의 영전에 바친다.

2024년 6월 15일
저자 씀

CONTENTS

머리말   5

Ⅰ 들어가기	17

1. 칸트철학의 네 가지 주제   25
2. 칸트 원전의 번역본   31
3. 칸트철학의 중요 용어에 대한 번역어 문제   35
4. 칸트철학 입문기   48

Ⅱ 칸트와 그의 시대	69

1. 칸트와 쾨니히스베르크   76
2. 칸트의 부모와 스승   81
3. 인간 칸트   84
4. 칸트와 프리드리히 대왕   92
5. 칸트와 합리론–경험론의 대립 그리고 뉴턴   98
6. 칸트와 흄   111
7. 칸트와 루소   121
8. 칸트의 마지막   130

Ⅲ	칸트의 학문적 동기는 인간 존엄성의 증명이다	139
	1. 설명의 네 가지 패러다임	143
	2. 근세과학과 논리실증주의	150
	3. 근대과학과 근대철학	158
	4. 자유, 도덕법칙, 인간존엄성	164

Ⅳ	칸트는 인간을 '가능적 무한자'로 보았다	181
	1. 가능적 무한과 이율배반론	188
	2. 가능적 무한자인 선험적 자아와 무의 문제	199
	3. 가능적 무한과 감성 · 지성의 결합	209
	4. 가능적 무한의 관점에서 본 영혼과 신의 문제	214
	5. 가능적 무한과 순수의지로서의 실천이성	230
	6. 가능적 무한과 도덕법칙에 대한 존경(Achtung)의 감정	234

CONTENTS

V	'순수이성비판'은 '순수인간비판'이다	245
	1. 플라톤의 이데아가 아리스토텔레스의 형상을 거쳐 칸트의 도식이 되는 과정	252
	2. 플라톤과 칸트에 있어서 사물의 진리와 도덕의 진리	263
	3. 칸트의 순수인간과 플라톤의 인간의 이데아	276
	4. 선험적 자아와 경험적 자아	283

VI	칸트가 철학에서 일으킨 혁명은 궁극적으로 형이상학적 혁명이다	289
	1. 팔색조의 칸트철학	293
	2. 인식론에서의 혁명과 인식론적 칸트 해석	301
	3. 칸트의 형이상학 혁명	333
	4. 비판적 형이상학의 체계에서 『판단력 비판』의 역할	369
	1) 미학에서 아프리오리한 원리가 왜 중요한가?	373
	2) 왜 자유의 영역은 필연의 영역에 영향을 미쳐야 하는가?	380
	5. 선험철학으로서 비판철학은 예비학에 불과한가 아니면 동시에 형이상학인가?	413
	6. 형이상학에 대한 칸트의 입장을 둘러싼 칸트 연구의 스캔들	436
	7. 칸트의 초험적 실천 형이상학을 어떻게 볼 것인가?	465

VII	선험적 사유는 메타-인식이다	487

1. 학문에 대한 학문으로서의 선험철학의 정체성과 외연 490
2. 아프리오리한 종합과 선험적 종합 500
3. 선험적 대상과 물자체 510
4. 해명의 논리로서의 선험적 사유 522
5. 선험적 사유는 인식도 아니고 사고도 아니다 540
6. 선험적 관념론과 물자체의 이율배반적 대립의 문제 545

VIII	『순수이성비판』과 선험적 형이상학	553

1. 『순수이성비판』이라는 책의 명칭과 철학의 정체성 558
2. 칸트의 시간-공간론 570
　　1) 뉴턴과 라이프니츠의 공간-시간론 571
　　2) 감성과 지성의 구분 그리고 물자체의 촉발 580
　　3) 칸트의 공간론과 시간론 599
　　4) 현상과 가상 그리고 물자체 607
　　5) 칸트의 시간-공간론에 대한 총평 614
3. 범주의 연역 636
　　1) 예비고찰 637
　　2) 범주의 형이상학적 연역 644
　　3) 범주의 선험적 연역 649

CONTENTS

4. 가능적 무한의 관점에서 본 도식론   660
   1) 생산적 상상력, 도식 그리고 가능적 무한   661
   2) 선험적 도식은 형상인가 아닌가?   670
   3) 형상적 종합과 지성적 종합   682

IX 선험적 관념론으로부터 해방된 칸트철학의 현대적 의의   693

1. 선험적 관념론이라는 외피를 벗어버린 칸트철학   699
   1) 선인식적(존재론적) 물자체를 통한 실재론적 과학철학의 정립   711
   2) 형이상학적 물자체를 통한 '과학주의'에 대한 경고   724
2. 선험적 관념론으로부터 해방된 '사실'과 '의미'의 문제   731
3. 선험적 자아와 경험적 자아의 복합체로서의 인간   764
4. 선험적 관념론으로부터 해방된 인간존엄사상   792

참고문헌   815
용어 찾아보기   825
인명 찾아보기   838

I

들어가기

1. 칸트철학의 네 가지 주제
2. 칸트 원전의 번역본
3. 칸트철학의 중요 용어에 대한 번역어 문제
4. 칸트철학 입문기

나는 이 책에서 인간을 가능적 무한자로 보는 칸트 인간관의 관점에서, 칸트(Immanuel Kant, 1724-1804)가 형이상학의 파괴자가 아니라 형이상학의 옹호자임을, 그리고 그가 제시한 비판적 형이상학의 전모가 어떤 것인지를, 또한 철학의 위기를 타개하기 위해 그가 보여준 해법이 위기에 직면한 현재의 철학에 주는 교훈이 무엇인지를, 더 나아가서 칸트철학의 초역사적 의의를 발견하려면 칸트철학을 선험적 관념론이라는 외피로부터 해방시켜야 함을 집중적으로 살펴보고 있다. 필자는 박사학위논문에서도 선험적 관념론이라는 칸트철학의 외피는 칸트철학의 본질적 가르침을 왜곡하기에, 칸트철학을 선험적 관념론의 족쇄로부터 자유롭게 만들어 줄 때 칸트철학의 초역사적 의의가 발견될 수 있다고 주장했다. 사실 칸트 자신도 자기 철학을 선험적 관념론으로 규정하는 것이 오해를 유발한다고 판단하여 '형식적 관념론'으로 불러주기를 원하고 있다.

    필자가 학부생일 때 대한민국 칸트학계의 주류적 분위기는 칸트의 『순수이성비판』을 인식이론으로 해석하는 것이었으며, 칸트가 학문으로서의 형이상학을 부정했다는 것이 표준적인 칸트 해석이었다. 나는 1983년에 발표한 석사논문, 「칸트철학의 코페르니쿠스적 전회에 대한 고찰」에서 그러한 주류적 분위기에 거슬러서 칸트의 '코페르니쿠스적 전회'를 인식론적으로 해석할 것이 아니라 형이상학적으로 이해해야 한다고 주장했다. 나는 석사논문에서 시작한 형이상학적 칸트 해석의 여정을 이제 이 책을 통해 마무리하게 되어서 기쁘다. 필자는 이 책을 마지막으로 칸트와 함께한 40년에 걸친 형이상학으로의 여행을 마치고자 한다. 그리고 나의 여행기를 독자들과 공유하기 위해 이 책을 출간한다. 큰 숙제를 마치고 홀가분함을 느낀다.

    칸트는 자기 이전의 형이상학을 모두 독단적 형이상학이라고 규정하면서, 철학의 역사에서 최초로 학문다운 형이상학의 체계를 건설했다고 자부했다. 그리고 후기 저서인 『도덕 형이상학』에서 자기 이전에는 '철학이란 것은 없었다'라고 말하기도 한다. 아무리 철학사를 두 동강 낸 칸트라고 하지만, 듣기에 따라서는 매우 불편할 수 있는 말이다. 그러나 연구자들은 아직도 칸트가 무슨 근거에서 그런 대담한 주장을 하는지에 대해, 그리고 그가 제시한 형이상학의 전모가 어떤 것인지에 대해 합의를 못 보고 있다. 칸트가『순수이성비판』에서 형이상학의 새로운 길을 모색하기 시작한 이후 240여 년이 경과한 지금까지도 연구자들이 칸트가 구축한 새로운 형이상학의 전모를 온전히 밝혀내지 못하고 있는 것은 칸트 연구의 스캔들이다. 나는 이 책에서 칸트 연구에서 영구 미제사건처럼 되어 있는 문제 즉 '칸트가 제시한 학문다운 형이상학은 어떤 것인가?' 하는 문제에 대한 해답을 제시했다고 자부한다.

통상 사람들은 칸트로부터 독일 관념론이라는 거대한 사상사적 운동이 시작되었으며, 그 운동은 피히테(J. G. Fichte, 1762-1814), 셸링(F. W. J. Schelling, 1775-1854), 헤겔(F. W. Hegel, 1770-831)을 거쳐 완성되었다고 말한다. 그런데 칸트의 삼 비판서를 위시하여『순수이성비판』의 해설판으로 출간된『형이상학 서설』을 읽어보면, 칸트의 관심이 학문다운 형이상학을 건설하는 것에 집중되고 있음을 알 수 있음에도 불구하고, 칸트 이후 피히테, 셸링, 헤겔은 애초에 '칸트가 제출한 학문다운 형이상학이 어떤 것이었는가?' 하는 문제에 대해 기이하리만큼 무관심했었다. 바로 이런 이유로 칸트 이후의 독일 관념론은 칸트가 그토록 비판해 마지않았던 독단적 형이상학의 체계와 유사한 독단적 철학을 건설하면서도, 그들은 자신들의 작업이 칸트의 철학 정신과 얼마나 배치되는지에 대해 깊이 고민하지 않게 된다. 하기야 '칸트 이후의 철학은 독단적이어서는 안 된다'는 법이 있는 것은 아니니, 독일 관념론자들이 칸트 이후의 사상가들임에도 불구하고 칸트 이전의 독단적 형이상학자들 못지 않은 독단적 철학체계를 건설했다는 것을 탓할 수는 없을 것이다. 그러나 그들은 독단적 형이상학에 대한 칸트의 비판을 받아들일 수 없는 이유를 밝히면서 자신들의 독단적 체계를 정당화하는 것이 필요했던 것으로 보인다. 그러나 독일 관념론자들은 그런 작업을 생략한 채로 자신들의 철학체계를 독단적으로 구축했다. 독일 관념론은 칸트철학의 핵심적 관심을 무시하는 방식으로 칸트철학과 연결되어 있다.

　　독일 관념론 이후, '칸트로 돌아가자!'는 슬로건을 내세운 신칸트학파는 형이상학에 대한 칸트의 입장에 관해 관심을 가지기는 했지만, 그 문제에 대해 그들이 내린 결론은 성급했다. 그들이 보기에 '물자체는 인식 불가능하다'는 칸트의 명제는 형이상학에 대한 사망 선언이었다. 그들은 칸트가 '물자체 인식불가설'이라는 망치를 들고 기존의 모든 형이상학을 해체해버렸다고 생각했다. 신칸트학파에 의해 칸트가 인식 이론가로 낙인찍힌 이후, '칸트는 형이상학의 파괴자'라는 것이 정설처럼 되었다. 그러나 그들은 칸트철학의 마술을 이해할 준비가 전혀 되어 있지 않았다. 물자체 불가지론은 기존의 독단적 형이상학들을 때려 부수는 해체의 망치였지만, 신칸트학파는 칸트가 바로 그 망치 위에 자신이 구상한 비판적 형이상학이라는 거대한 학적 구조물을 세우는 마술을 시연해 보였음을 전혀 눈치채지 못했다. 신칸트학파 사람들은 칸트에게는 그 망치를 만드는 것 자체가 비판적 형이상학의 기초공사요, 터 파기 공사요, 새로운 형이상학의 건설을 위한 평탄작업이었음을 몰랐던 것이다. 칸트는 철학사에서 유래를 찾아볼 수 없는 반전 드라마와 묘수풀이를 우리에게 보여주었다. 이와 유사한 사례를 찾는다면, '방법적 회의'라는 이름으로, 확실한 지식의 가능성을 부정하는 회의주의를 물리친 데카르트가 있을 것이다.

　　1920년대에 독일에서 칸트를 형이상학자로 해석하는 학자들이 다수 등장했고, 하이데거(M. Heidegger, 1889-1976)가 『칸트와 형이상학의 문제』를 출간했지만, 적지 않은 칸트 학자들은 하이데거의 칸트 해석에 동의하지 않고 있다. 그 후에 칸트가 건설한 새로운 형이상학은 어떤 모습인가 하는 문제는 학자들의 관심에서 멀어져갔다. 칸트가 형이상학의 혁명을 통해 건설하고자 했던 새로운 형이상학의 참된 모습은 어떤 것인가 하는 문제는 국내외를 막론하고 합의된 정설도 없이 칸트 연구자들 사이에서는 영구 미제사건처럼 취급되고 있으며, 학자들은 더 이상 이 문제에 매달리지도 않고 있다. 칸트가 자기 철학의 화두로 삼았던 그 문제가 칸트 연구자들 사이에서 그렇게 홀대받고 있다는 것은 매우 유감스러운 일이다. 비록 현재로서는 칸트 연구자들의 관심에서 벗어난 문제이지만, 나는 이 문제에 대한 해답을 찾는 학계의 노력은 계속되어야 한다고 믿는다.

우리 시대는 철학과 형이상학이 칸트 시대보다 더 심각한 위기에 직면해 있다. 나는 이런 상황이 초래된 이유 중에 하나는 칸트가 철학과 형이상학의 위기를 타개하기 위해 내놓은 해법으로부터 후세 학자들이 교훈을 얻으려는 노력을 게을리했기 때문이라고 생각한다.

칸트가 기존의 형이상학은 학문일 수 없다고 말하는 이유는 기존의 신 존재증명이 불가능하다고 말하는 논리와 흡사하다. 칸트는 어떤 지식이 참다운 지식(인식)이 되려면, 그 주장을 뒷받침하는 감각적 지각이 동원되어야 한다고 생각했다. 그러니 감각적 지각의 대상이 아닌 신의 존재에 대한 그 어떤 주장도 참다운 지식이 될 수 없다. 마찬가지로 기존의 형이상학적 주장들도 그 주장들에 대응하는 감각정보를 가지지 않기 때문에 학문이 될 수 없다. 기존 형이상학은 검증도 반증도 안 되는 독단적 주장들을 얼기설기 엮어서 만든 것에 불과하다. 칸트는 '학문의 안전한 길에 들어선 학문'의 자격을 수학과 논리학과 근대적 의미의 과학에만 인정했다. 고대적 의미에서 '철학'(philosophia, 지혜에 대한 사랑)이란 탈레스 이래로 '우주의 본질적 모습과 인간 삶의 올바른 길에 대한 탐구'라는 의미로 사용되었다. 우리는 이것을 '고 · 중세적 철학 개념'으로 규정할 수 있을 것이다. 이런 의미의 철학에는, 현대의 용어법으로 말한다면, 세계의 사실에 대한 실증적 탐구로서의 과학과 삶의 의미에 대한 탐구로서의 철학 — 흔히 대학의 '철학과'에서 가르치는 철학 — 이 뒤섞여 있었다. 칸트는 뉴턴 이후 고 · 중세적 의미의 철학에서 현대적 의미의 과학이 분리되어버린 것을 목격했다. 그 분리는 점진적인 것이었지만, 최종적인 분리는 뉴턴이 확정 지었다. 물론 뉴턴도 자신의 주저 명을 『자연철학의 수학적 원리』(*Philosophiae Naturalis Principia Mathematica*)라고 말할 정도로 자신의 작업을 고 · 중세적 철학개념과 연결된 것으로 생각했다. 그러나 뉴턴이 자신의 업적을 어떻게 이해했든지 간에, 그는 근대과학의 완성자였지 현대적 의미의 철학의 완성자는 아니었다. 학문의 세계에서 근대적 실증과학이 학문의 표준으로 자리 잡으면서 아무런 실증성도 갖고 있지 못한 고 · 중세적 철학은 더 이상 학문일 수가 없게 된다. 이것이 칸트가 종래의 철학에 대해 내린 결론이었다. 칸트는 탈레스 이래로 2000년 이상 명맥을 유지해온 철학 혹은 형이상학의 최대 위기를 가장 분명하게 경험한 철학자였으며, 이 위기를 극복하기 위한 혼신의 노력을 했다. 그 결과 비판적 형이상학이 만들어진다.

현대도 칸트 시대 못지않게 철학은 위기 상황에 처해 있다. 현대의 영미 분석철학자들은 칸트의 『순수이성비판』 '분석론'의 전통에서 철학을 과학철학이나 언어분석철학으로 만들어가며, 철학자를 이성기술자로 이해하려는 경향이 농후하다. 그들은 철학을 주어진 사회 · 정치 · 과학적 주제에 대한 언어논리적 분석작업으로 이해하기에, 그들은 철학사에 대해서 비교적 무관심한 태도를 보인다. 대륙 철학자들은 철학을 '논리를 넘어선 삶의 의미'를 탐구하는 작업으로 이해한다. 하이데거가 대표적인데, 20세기의 저명한 대륙 철학자들은 하이데거의 영향권 하에 있다. 기이하게도 하이데거 역시 『순수이성비판』으로부터 강력한 영향을 받는다. 나는 이 두 사조가 철학의 당면한 위기를 극복하기 위한 올바른 해결책인지 확신하지 못하고 있다. 나는 우리가 철학의 위기를 극복하려면, 칸트의 전례를 처음부터 다시 공부할 필요가 있다고 믿는다.

칸트는 『순수이성비판』에서 가능적 무한을 '자연의 형이상학'(선험적 형이상학)이란 이름으로 다루고 있으며, 『실천이성비판』에서는 현실적 무한을 '도덕의 형이상학'(초험적 형이상학)이란 이름으로 다루고 있다. 가능적 무한의 개념을 이해한 사람은 칸트의 선험적 형이상학과 하이데거의 현상학적 존재론을 이해할 준비를 마친 것이며, 현실적 무한의 개념을 이해한 사람은 칸트의 물자체와 예지계 그리고 자유원인성을 이해할 준비를 마친 것이다.

　　나는 이 책에서 칸트의 사유를 이끌어가는 수학의 흔적을 탐색하고 있다. '유한-가능적 무한-현실적 무한'이라는 세 개의 개념 짝은 필자가 그의 사유를 이해하고 분석하고 비판하는 틀이다. '무한'이란 개념은 단지 수학의 개념이기만 한 것이 아니라, 신학의 개념이기도 하고 철학의 핵심 개념이기도 하다. 나는 이 개념들이 서양철학뿐만이 아니라 동양의 사유를 분석하는 데 유용한 틀이 될 수 있다고 믿는다. 그리고 칸트도 『순수이성비판』의 '이율배반론'에서 무한의 문제를 철학적 탐구의 주제로 진지하게 다루고 있음을 기억해주기 바란다. 모든 위대한 사상가들은 동서양을 막론하고 무한의 문제를 진지하게 다루었다.

1.
칸트철학의 네 가지 주제

칸트의 비판철학 혹은 비판적 형이상학의 핵심은 『순수이성비판』이다. 이 책의 초판은 칸트가 57세일 때이고 프랑스 혁명이 일어나기 8년 전인 1781년에 출간되었다. 칸트는 그 책에 대한 호평을 기다렸으나, 당시의 독일 학계에서는 칸트가 기대했던 만큼의 호평을 내놓지 않았다. 그럴 수밖에 없었던 두 가지 이유가 있다. 첫째로, 그 책에는 너무 혁신적인 아이디어가 넘쳐났기 때문에, 칸트의 기대와는 달리 그 책을 전체적이고 통일적으로 이해할 만한 사람이 없었다. 둘째로, 칸트는 핵심어들을 애매하고 불투명하게 사용했다. 칸트는 『순수이성비판』을 일관성 있게 이해하는 데 필요한 핵심 개념들을 혼란스럽게 사용한다. '물자체'와 '선험적 대상'을 구분 없이 사용하며, '물자체'를 '가상체'와 동의어로 사용하기도 한다. 게다가 '현상'(Erscheinung)과 '현상체'(Phaenomena)를 구분 없이 쓰기도 하고 구분하기도 한다. 여기저기서 칸트가 모순된 소리를 한다는 불평도 터져나왔다.

『순수이성비판』이란 책은 읽으면 읽을수록 기이한 작품이라는 생각을 하게 된다. 칸트는 "순수이성은 사실상 하나의 완전한 통일체이다"(AXIII)라고 말한다.[1] 더군다나 그는 그 체계를 유기적 체계로 간주한다(B860 참조). 이

---

1) 『순수이성비판』에서의 인용 표기는 이처럼 본문 안에 넣는다. 관례에 따라, A는 초판, B는 재판

성에 대한 그런 믿음을 갖고 가장 체계적으로 쓰인 철학서적임에도 불구하고 고도의 애매성을 자랑하는 책이다. 그 체계성의 높이로 말하자면 고딕 건축물의 첨탑처럼 하늘을 찌르지만, 그 애매성의 깊이로 말하자면 바다의 심저(深底)에 닿아 있다. 그리고 칸트 비판철학의 체계 내부는 너무나 복잡해서 우리는 그 안에서 길을 잃어버리기 십상이다. 그러나 이런 이유만으로 칸트 철학의 난해성을 모두 다 설명할 수는 없다. 칸트가 자신의 비판철학에 체계적 통일성을 분명하게 주었다면, 우리는 비판철학을 잘 이해할 수 있을 것이다. 그러나 칸트는 그처럼 통일적인 이성을 다루는 비판철학도 당연히 체계적 통일성을 가져야 한다는 과도한 부담감으로 말미암아, 비판철학 체계에 논리적 균열이 등장할 때마다 핵심 개념을 애매하고 불명하게 사용하는 방식으로 그 균열을 땜질했다. 이리하여 비판철학에 사용되는 핵심개념들의 애매성은 비판철학 특히 『순수이성비판』의 난해성을 극대화한다. 그뿐만 아니라 칸트의 문체는 명료성과는 거리가 멀다. 만연체는 기본이고, 독자의 인내심을 시험하는 듯이 어렵게 표현한다. 그러나 칸트 연구가들은 칸트의 사상을 이해하고 난 뒤에는 "저술의 복잡함이 항상 저자의 무능력 탓은 아니며 도리어 많은 경우 그가 표현하는 사상의 요구임을 깨달았다고 고백하곤 했다."[2] 칸트는 자신의 문체에 대한 사람들의 불만을 알고 있었으며, 자신의 문체를 농담조로 조롱하는 것에 대해서 관대하게 응수했다.

카를 F. 첼터는 칸트가 듣고 웃었다는 다음과 같은 일화를 괴테에게 전했다. 재무장관 요한 H. 블뢰머는 칸트에게 자기가 칸트의 저작을 얼마간 읽었는데, 자기가 손가락이 더 있었더라면 더 많이 읽었을 것이라고 말했다. 철학자는 물었다. "어째서죠?" 은행가는 답하기를 "오 친구

을 뜻한다.

2) 루이스 화이트 벡, 『칸트의 「실천이성비판」 주해』(오창환 옮김, 서울, 도서출판 길, 2022), 23쪽.

여, 당신의 저술방식은 내 눈으로 따라가기엔 삽입구와 조건절이 너무 많아 나는 이 낱말에 한 손가락, 저 낱말에 한 손가락을 짚고 또 남은 손가락도 그렇게 써야 합니다. 나는 그 페이지를 끝까지 읽기도 전에 내 모든 손가락을 다 써버리게 된답니다."[3]

통상 문장이 어려우면 그 말을 하는 사람이 자신의 사상을 충분히 이해하지 못했기 때문이라고 생각하게 되는데, 이 생각을 칸트에게 적용하면 칸트는 자기도 무슨 뜻인지 충분히 이해하지도 못한 상태에서 주장을 펼치는 것이 된다. 그렇다면 우리는 칸트의 삼 비판서를 무시해버리면 된다. 그러나 그렇게 할 수 없다는 것이 우리의 고민이다. 칸트의 책은 멀리하기에는 너무나 소중한 통찰들을 가득 담고 있고, 가까이하기에는 너무나 난해하다. 칸트는 그런 문체를 사용하는 타고난 재능을 가진 것처럼 보이기도 한다. 문체의 난삽함과 용어의 애매함 등이 문제가 되지만, 그의 철학이 난해할 수밖에 없는 가장 근본적인 이유는 그가 비판철학을 통해 선보이는 사상이 너무나 혁명적이었기 때문이다. 사상의 심오성, 착상의 혁명성, 문체의 난삽함, 용어의 애매성, 논리의 복잡성이 시너지 효과를 내면서 『순수이성비판』을 더욱 오묘한 책으로 만들고 있으며, 칸트철학의 그런 오묘함이 후대 철학자들의 사유를 끊임없이 자극하는 것인지도 모르겠다. 그의 철학은 그 이후 등장하는 사상들의 촉발자가 되었다. 어쨌건 칸트의 철학체계는 인류 정신사의 위대한 걸작임에 분명하다. 프리드먼은 칸트의 철학적 업적을 다음처럼 정리하고 있다.

계몽주의의 정점에 있는 칸트의 체계는 사실상 인간의 사고 전체를 놀랍게 종합했다. 수학과 자연과학, 도덕과 법, 문화와 예술, 역사와 종

---

3)   루이스 화이트 백, 『칸트의 「실천이성비판」 주해』, 23쪽.

교, 이 모두가 칸트의 복잡한 건축 속에서 감성, 지성, 이성이라는 세 근본 능력에 따라 자신의 자리를 발견했다. 이어서 이 세 능력은 모든 인간 자체에게 공통적인 보편·규범적 구조를 그렸으며, 그리하여 인간 삶의 모든 영역에서 객관성과 상호주관적 타당성에 대한 공통적 권리 주장을 보증했다.[4]

우리가 나중에 살펴보겠지만, 칸트는 삼 비판서를 통해 학문다운 형이상학인 '비판적 형이상학'을 건설하려 했는데, 그는 철학의 영역에서 문제가 되는 거의 모든 것들을 이성의 건축술적 체계에 따라 분류한 뒤에 자신의 범주표에 맞추어 삼 비판서 안에 체계적으로 배치시킨다. 그다음에 그 모든 문제들을 학의 안전한 길에 들어선 형이상학의 건설이라는 과업과 연계시켜 다루고 있다. 칸트의 비판철학은 하나의 철학적 교향곡처럼 보인다. 지휘자는 물론 칸트이고, 칸트가 들고 있는 지휘봉은 형이상학이다. 그리고 이 교향악단은 크게 세 파트로 나누어져 있는데, 저음부에서 진리의 문제를 담당하는 『순수이성비판』, 고음부에서 선의 문제를 담당하는 『실천이성비판』, 그 중간부에서 미의 문제를 다루는 『판단력 비판』이 있다. 각각의 파트에는 많은 연주자들(철학적 문제들)이 이 배치되어 있다. 예컨대 『순수이성비판』에서는 공간과 시간의 문제, 감성과 지성의 관계 문제, 실체와 변화의 문제, 인격동일성의 문제, 인과성의 문제, 세계의 문제, 자유의 문제, 영혼의 문제, 신의 문제 등등이 자연의 형이상학(선험적 형이상학)의 성립 가능성 문제와 연계되어 다루어지고 있다. 그리고 그는 『실천이성비판』에서는 윤리학에서의 '동기주의 대 결과주의'의 문제, '행복주의 대 의무주의'의 문제, '상대주의 대 절대주의'의 문제, 인격의 본질에 관한 문제, 인간존엄성의 문제, 최고선의 문제, 자유의 문

---

4) 마이클 프리드먼, 『다보스에서의 결별: 분석철학과 대륙철학의 갈림길』(서울, 필로소픽, 2022), 250쪽.

제, 신과 영혼의 문제 등을 도덕의 형이상학의 성립 가능성과 연계하여 다루고 있다. 그리고 칸트는 『판단력 비판』에서는 미학의 문제와 목적론적 자연관의 문제를 다루면서 자연의 형이상학과 도덕의 형이상학 사이에 놓여 있는 간극을 메우는 방도를 모색하고 있다. 그가 건설한 비판적 형이상학의 체계는 고대로부터 내려온 철학적 문제들이 총망라된 보물창고여서, 그 체계가 무너지더라도 그 보물들은 그 자체의 가치로 철학자들의 논의 대상이 되고 있다. 마치 금목걸이가 분해되어도 금목걸이를 구성하는 금구슬은 여전히 소중한 것과 마찬가지라 하겠다.

우리는 앞에서 칸트철학을 하나의 철학적 교향곡에 비유했었다. 우리가 이 교향곡을 잘 감상하려면, 사용되는 악기들에 대해 이해할 필요가 있다. 교향곡의 소리는 단일 악기의 소리로 환원될 수 없듯이, 칸트철학도 그렇다. 나는 칸트철학이라는 사상의 교향곡 연주에 사용되고 있는 핵심적인 악기 네 가지를 소개하고자 한다.

① 칸트철학의 학문적 동기는 인간의 존엄성을 증명하는 것이다.(칸트의 철학 동기)
② '순수이성비판'은 '순수인간비판'이며, 칸트의 인간관은 '인간은 가능적 무한자다'라는 것이다.(칸트철학의 근본 입각점)
③ 칸트가 철학에서 일으킨 혁명은 근본적으로 형이상학적 혁명이다.(칸트의 학문적 목표)
④ 칸트의 사유방법론은 선험적 방법이다.(칸트의 사유방법론)

나는 ①에 대해서는 이 책의 3장에서, ②에 대해서는 이 책의 4장과 5장에서, ③에 대해서는 6장에서, ④에 대해서는 7장에서 고찰하고 있다. 8장은 칸트 비판적 형이상학의 핵심인 『순수이성비판』의 선험적 형이상학을 다루고 있다. 마지막으로 9장에서는 선험적 관념론이라는 외피를 벗어버린 칸트철학의 현대적 의의를 살펴보고 있다. 필자는 이 책에서 하이데거에 대해 많이 언급하고 있는데, 칸트철학의 관점에서 하이데거의 현상학적 존재론의 문제점을 살펴보는 것이 올바른 연구방법이지, 그 반대로 하이데거의 관점에서 칸트를 해석하는 것이 잘못임을 다각도로 지적하고 있다. 그 대표적 사례로 칸트가 말하는 '트란스젠덴탈'(transzendental)을 '선험적'으로 번역하지 않고 '초월적'으로 번역하는 것이 잘못임을 강조하고 있다.[5]

---

5) 나는 이미 『신내림의 철학자 하이데거』(성남, 북코리아, 2024)에서 하이데거의 현상학적 형이상학이 칸트의 선험적 형이상학의 실존철학적 변형임을 논구했다.

2.
칸트 원전의 번역본

필자가 칸트를 공부하기 시작할 무렵에, 우리나라에는 칸트의 삼 비판 서를 위시한 주저 정도가 번역되어 있었다. 이웃 나라 일본에는 칸트 전집인 지 선집인지가 번역되어 있다는 소문을 접하고 정말 부러워했던 기억이 있 다. 50년이 지난 지금 우리나라에서도 비교적 다양한 번역본들이 출판되었 다. 특히 백종현 교수는 칸트철학의 번역사업에 심혈을 기울이고 있으며, 그 의 노력은 칸트를 새롭게 공부하는 젊은 학도들에게 도움이 될 것으로 생각 한다. 그리고 칸트학회에서도 칸트전집 번역사업을 진행하는 중이며, 이미 몇 권의 중요한 번역서들이 '한길사'를 통해 출간되었다. 칸트학회와 백종현 의 칸트 번역은 칸트철학에서 가장 중요한 용어인 트란스젠덴탈(transzendental) 을 '선험적'으로 번역할 것인가 '초월적'으로 번역할 것인가를 두고 의견이 갈라진다. 물론 덜 중요한 다른 용어들에 대한 번역에서도 서로 의견이 다르 다. 나는 백종현 교수의 번역어에 동의하지 않기에, 칸트학회의 전집이 완간 되었더라면 가급적 학회의 번역에 의지하여 이 책을 저술했을 것이다. 그러 나 아직 완간되지 않은 상태여서, 특히 『순수이성비판』이 출판되지 않은 상 태여서 기존의 번역본들을 사용하려 한다. 그것은 전적으로 그동안 내가 사 용해오던 번역본들이 편리했기 때문일 뿐이다. 그렇지만 번역어에 관한 한, 나는 칸트학회에서 추천하는 번역어들을 사용할 것이다.

한길사에서 칸트전집이 출간되는 것은 한국 철학계의 큰 경사이며, 많은 철학도들이 그 전집을 활용하기를 바란다. 한길사의 칸트전집이 빨리 완간되어 대한민국 칸트 연구의 수준을 한 단계 더 도약시키는 계기가 되길 바라고, 번역어 선정에 따른 혼란도 사라지기를 기대한다. 아래 책들은 내가 이 책을 집필하면서 사용한 번역본들이다. 원서명 뒤의 숫자는 원서의 출판 연도다.

* 『순수이성비판』(*Kritik der reinen Vernunft*, 1781)의 번역본으로는 최재희 역본(박영사, 1972)과 전원배 역본(삼성출판사, 1993)을 사용했다. 이 책에서 인용한 것들은 대부분 본문 안에서 표기했다. 예컨대 'A32' 혹은 'B28' 등이다. 이 경우 A는 초판을, B는 재판을, 숫자는 쪽수를 나타낸다.

* 『실천이성비판』(*Kritik der praktischen Vernunft*, 1788)의 번역본으로는 최재희 역본(박영사, 1975)을 사용했다.

* 『판단력 비판』(*Kritik der Urteilskraft*, 1790)은 이석윤 역본(박영사, 1974)을 사용했다.

* 『형이상학서설』(*Prolegomena zu einer jeden künftigen Metaphysik die Wisseenschaft wird auftretten können*, 1783)은 최재희 역본(박영사, 1975)을 사용했다. 이 책은 최재희의 『실천이성비판』 번역본과 합본되어 있는데, 거기에서는 서명이 『철학서론』으로 되어 있다. 나는 이 책에서 최재희 선생의 번역본을 사용하지만, 이 책에서는 서명만은 원서의 뜻을 살려 『형이상학서설』로 표기한다.

* 『도덕 형이상학 정초』(*Grundlegung zur Metaphysik der Sitten*, 1785)는 최재희 역본(박영사, 1975. 『실천이성비판』과 합본되어 있으며, 서명이 『도덕철학서론』으로 되어 있다)을 사용했다. 이 책에서는 책명을 한국칸트학회에서 택한 『도덕 형이상학 정초』로 표기한다.

* 『도덕 형이상학』(*Metaphysik der Sitten*, 1797)은 이충진 · 김수배 역본(칸트 전집 제7권, 한국칸트학회 기획, 한길사, 2018)을 사용했다.

* 『실용적 관점에서 본 인간학』(*Anthropologie in pragmatischer Hinsicht*, 1798)은 이남원 역본(울산대출판부, 1998)을 사용했다.

* 『형이상학의 진보/발견』(*Welches sind die wirklichen Fortschritte, die die Metaphysik seit Leibnizens und Wofls Zeiten in Deutschland gemacht hat?*, 1804 / *Über eine Entdeckung*, 1790)은 최소인 역본(이제이북스, 2009)을 사용했다.

* 『감성계와 지성계의 형식과 원리들』(*De Mundi Sensibilis Atque Intelligibilis Forma Et Principiis*, 1770)은 최소인 역본(이제이북스, 2007)을 사용했다.

* 『자연과학의 형이상학적 기초원리』(*Metaphysische Anfangsgründe der Natur-wissenschaft*, 1786)는 김재호 역본(칸트전집 제5권, 한국칸트학회 기획, 한길사, 2018)을 사용했다.

* 『이성의 한계 안에서의 종교』(*Die Religion innerhalb der Grenzen der blossen Ver-nunft*, 1793)는 신옥희 역본(이화여자대학교 출판부, 2003)을 사용했다.

* 『칸트의 형이상학강의』(*Immanuel Kant's Vorlesungen über Metaphysik*, 1821)는 이남원 역(울산대학교 출판부, 1999)을 사용했다. 이 책은 칸트의 강의를 들은 그의 학생들이 기록한 것을 편집하여 칸트 사후 출간한 책이다.

* 『논리학/교육론』(*Immanuel Kants Logik ein Handbuch zu Vorlesungen* 1800, *Über Pädagogik* 1803)은 한길사 칸트전집 13(이엽 · 김창원 · 박찬구 옮김)을 사용했다.

* 『아름다움과 숭고함의 감정에 관한 고찰』(*Beobachtungen über das Gefühl des Schönen und Erhabenen*, 1764)은 이재준 역본(책세상, 2005)을 사용했다.

* 「계몽이란 무엇인가에 대한 답변」(*Beantwortung der Frage: Was ist Aufklärung*, 1784)은 『칸트의 역사철학』(이한구 편역, 서울, 서광사, 1992)을 사용했다.

* 「추측해본 인류 역사의 기원」(*Mutmaßlicher Anfang der Menschengeschichte*, 1786)은 『칸트의 역사철학』(이한구 편역, 서울, 서광사, 1992)을 사용했다.

* 「세계 시민적 관점에서 본 보편사의 이념」(*Idee zu einer allgemeinen Geschichte in weltbürgerlicher Absicht*, 1784)은 『칸트의 역사철학』(이한구 편역, 서울, 서광사, 1992)을 사용했다.

* 「낙관주의에 관한 시론」(*Versuch einiger Betrachtungen über den Optimismus*, 1759)은 『칸트의 역사철학』(이한구 편역, 서울, 서광사, 1992)을 사용했다.

3.
칸트철학의 중요 용어에 대한 번역어 문제

　　필자는 이 책의 형식적 순서를 고려해서 번역어 선택의 이유를 설명하는 이 절(節)을 책의 앞부분에 배치했으며, 독자들이 이 부분을 건너뛰지 않기를 희망한다. 독일어 '트란스젠덴탈(transzendental)'을 어떻게 번역할 것인가 하는 문제는 칸트를 어떻게 해석할 것인가 하는 문제와 깊이 연결되어 있기 때문이다. 칸트철학 자체가 어려운 데다가, 설상가상으로 우리나라에서는 칸트 학자들 사이에 번역 용어가 통일되어 있지 않아서 칸트를 공부하는 것이 더더욱 어려운 일이 되어버렸다. 특히 칸트적 사유방식을 특징짓는 핵심어인 transzendental을 다수의 칸트 연구가들이 심도 있게 토론한 끝에 칸트학회에서는 '선험적'으로 번역하기로 결정했다. 그런데 백종현은 '초월적'으로 달리 번역하고 있다. 이 정도 차이는 책을 유의해서 읽으면 자기가 읽고 싶은 대로 바꾸어 읽을 수가 있다. 예컨대 transzendental을 '초월적'으로 번역하는 것은 잘못이라고 생각하는 사람은 백종현의 번역서에서 발견되는 '초월적'을 '선험적'으로 바꾸어 책을 읽으면 된다. 그러나 기존에는 '선천적'으로 번역되던 a priori를 백종현이 '선험적'으로 번역하면서 문제가 더욱 심각해졌다. 불행하게도, 칸트는 삼 비판서에서 이 개념들을 너무나 자주 사용하고 있으며, a priori와 transzendental이란 용어가 붙어 다니는 경향이 있기에, 번역어로만 보면 그 번역어가 a priori의 번역어인지 transzendental의 번역어인지 헷갈리게 되어버렸다. 게다가 transzendental과 비슷한 용어인 transzendent도 종종 등장하면서 연구자들을 더 혼란스럽게 만들고 있다. 그뿐만 아니라 연구자들마다 책이나 논문을 쓰면서 각자 자기가 선호하는 방식으로 번역하고 있는 상황이어서, 우리나라 칸트학계는 그야말로, 칸트가 좋아하는 방식으로 표현해서 '혼란 그 자체'로 보인다. 기타 칸트의 다른 중요한 용어들에 대해서도 혼란스럽기는 마찬가지다.

이미 대한민국 칸트학계는 그 나름으로 정리되고 관행화된 번역 용어들을 갖고 있었는데, 백종현이 새로운 번역어들을 대거 소개하면서 평지풍파를 일으킨 것이다. 그는 자신의 번역어들이 정착되도록 하려고 다수의 칸트 저술들을 자신의 방식으로 번역해내고 있다. 그의 번역어들이 기존의 번역어들을 밀어낼 수 있을지는 두고 볼 일이다. 내 개인적 판단으로는 그의 핵심 번역어들은 적합성이 떨어지기에 힘을 잃을 것으로 보이지만, 나는 이 자리에서 내가 어떤 번역어를 사용하는지에 대해 독자들에게 설명해둘 필요성을 느낀다.[6] 예전에는 이런 일이 불필요했지만, 다른 연구자들의 책을 읽을 때 혼란을 겪지 않게 하려면, 지금은 필요한 일이 되어버렸기 때문이다.[7]

---

6) 그래도 백종현 교수가 일으킨 평지풍파조차도 한국에서의 칸트 연구를 풍요롭게 만드는 점이 있다. 아쉬운 점은 백종현의 스승인 최재희 교수가 transzendental을 '선험적'으로 번역할 때, 그 용어에 대한 일본 철학계의 번역을 따랐고, 그 제자인 백종현이 그 용어를 '초월적'으로 번역할 때도 역시 일본 칸트학계의 번역을 추종하고 있다는 것이다. 현재 일본 학자들은 그 용어를 '초월론적'으로 번역하고 있다. 일본 칸트학계의 영향권 하에서 칸트를 연구했던 한단석 교수도 아무런 설명도 없이 초기에는 그 용어를 '선험적'으로 번역하여 쓰다가, 말년에는 일본 학자들을 따라 '초월론적'으로 번역하여 쓰고 있다. (한단석 교수가 1980년에 형설출판사에서 출판한 『칸트의 생애와 사상』이나 1983년에 양영각에서 출간한 『칸트철학사상의 이해』와 2003년에 사회문화연구소에서 출판한 『칸트 '순수이성비판'의 새로운 이해』를 비교해보기 바란다.)

7) 백종현의 번역어 선택에 대한 나의 비판적 입장을 더 자세히 알아보기를 원하는 독자들은 나의 책 『칸트 윤리학의 균열』(북코리아, 2022)에 '부록'으로 실린 「칸트철학의 핵심어 번역 문제」를 보기 바란다.

① transzendental(트란스젠덴탈, 선험적) 번역어: 칸트적 사유방식과 철학의 본질을 규정하는 용어는 transzendental인데, 나는 이 용어를 한국칸트학회의 결정에 따라 '선험적'으로 번역하여 쓴다. transzendental의 trans(넘어섬)에 내포된 meta(넘어섬)의 의미는 '감각세계를 넘어서다'라는 의미가 아니다. 물론 칸트는 『순수이성비판』의 '선험적 분석론'을 일종의 형이상학, 즉 '자연의 형이상학'(Metaphysik der Natur)으로 이해하고 있긴 하다. 그러나 이 경우 Metaphysik의 Meta는 physik(Natur)에 대한 '메타(meta)적 연구'라는 뜻이지 결코 physik를 '위로 넘어선다'는 뜻이 아니다. 요즘 사람들은 '메타인지'(meta-cognition)라는 말을 사용하는데, 이는 자신의 인지과정에 함몰되는 것이 아니라, 자신의 인지과정 그 자체를 차원을 달리하여 반성적으로 관찰하고 검토하는 것을 의미한다. 칸트의 '메타'도 그런 의미다. 칸트는 '메타'(Meta, trans)라는 말이 '눈에 보이는 세계를 넘어서'라는 의미로만 쓰이던 시절에, 현대인들이 '메타인지'나 '메타윤리학'에서 사용하는 '메타'의 의미로도 사용한 최초의 인물이다. 칸트는 '메타'의 그런 용법을 알아차린 뒤에, 그 의미를 표현해주는 적절한 용어를 쉽게 발견할 수가 없었다. 그는 고심 끝에 'trans'(넘어선다)라는 동일한 어근을 가진 두 단어를 구분해서 사용하는 방법을 택한다. 즉 transzendent(초험적)와 transzendental(선험적)을 고안해낸다. 그리고 transzendent에는 Metaphysik에서의 Meta의 의미를, transzendental에는 meta-science에서의 meta의 의미를 부여한 것이다. 그러므로 칸트가 『순수이성비판』 전반부에서 보여주고 있는 '자연의 형이상학'은 '초자연적인 것들을 연구하는 학문으로서의 Metaphysik'이 아니라, '자연에 대한 과학철학으로서의 meta-science'다. 메타윤리학(meta-ethics)의 '메타'도 이런 뜻이다. 윤리적 명제의 학문적 성격이나 윤리적 언어의 특징과 기능 혹은 윤리학의 가능성 등등을 한 걸음 물러서서 검토하는 윤리학이 바로 메타윤리학이다. 바로 그런 이유로 칸트는 자신의 선험철학이 서 있는 지반은 "경험이라는 기름

진 바닥"[8]이라고 말하는 것이다. 바로 이런 이유에서 페이튼도 『순수이성비판』의 전반부에 대한 자신의 주석서 서명을 『칸트의 경험의 형이상학』(Kant's Metaphysics of Experience)이라고 했다. '분석론'은 meta-science로서 과학철학이며, 이 경우 meta는 절대로 경험을 떠나서는 성립할 수가 없다. 경험의 가능성 조건을 검토하는 작업이 가능하기 위해서는 먼저 경험이 있어야 하기 때문이다. 바로 이런 이유로 칸트는 선험철학의 지반은 "경험이라는 기름진 바닥"이라고 말했던 것이다.

『순수이성비판』에서 칸트가 수행한, 인식적 경험의 가능성 조건에 대한 메타(meta)적 분석 결과에 따르면, 물자체(Ding an sich)에 대한 인식은 불가능하고 따라서 감성계를 넘어서는(초월하는) 형이상학은 과학과 같은 학문이 될 수 없다는 것이 그 결론이다. 『순수이성비판』을 '초월철학'으로 부르는 것은 meta-science를 '초월과학'으로 번역하는 것이 잘못이듯이 잘못이다. 또한 meta-ethics를 '초월윤리학'으로 부르는 것만큼이나 어색한 일이다. 『형이상학서설』에서 칸트는 이 점을 너무나 분명하게 밝혀두었다. 중요한 말이기에 칸트의 말을 여기에 글자 그대로 인용해본다. 칸트는 자신의 『순수이성비판』을 초험적 관념론(transzendenten Idealismus)으로 이해한 어떤 비평가를 향해 이렇게 말한다.

> 그리고 선험적(transzendental)이라는 말은 — 내가 그 말의 의미를 몇 번이나 지적했건마는, 비평가는 이해하지 못했다. (비평가는 일체를 이처럼 엉성하게 보았다.) — 모든 경험을 넘어선다는(hinausgehen) 의미가 아니라, 확실히 경험에 아프리오리하게 선행하기는 하되, 오로지 경험 인식을 가능하게 하는 데에만 쓰이도록 규정되어 있는 것을 의미한다. 이제 말한 선험적이란 개념이 경험을 넘어버리는 것이라면, 그런 사용은 초험

---

8) 『형이상학서설』, 363쪽.

적(transzendent)이라고 부르고 내재적 즉 경험에로 제한된 사용과 구별된다.[9]

'선험적'을 '초월적'과 구분하지 못한 상태로, '엉성하게' 자신의『순수이성비판』을 읽고 비평하는 비평가를 향해 칸트가 한심스럽다는 표정을 짓는 것이 눈에 보이는 듯하다.

transzendental을 '초월적'으로 번역하는 것은 명백한 잘못이다. 왜냐하면 우리나라에서는 '초월'이란 용어가 '경험을 가능하게 하는 조건을 경험에 앞서서 검토하는'의 뜻으로 쓰이는 일은 없기 때문이다. '초월'이란 말을 그렇게 풀이하는 것은 그 용어의 한국어 용법에 익숙해 있는 한국 사람들에게는 이해할 수 없는 설명이 되어버린다. 그러나 그 용어를 '선험적'으로 번역한 뒤, '경험에 앞서서 경험을 가능하게 하는'의 뜻으로 풀이하면 너무나 자연스럽게 읽힌다. 이 사실 하나만으로도 transzendental을 '초월적'이 아니라, '선험적'으로 번역해야 할 명명백백한 이유가 된다. transzendental의 어원이 이러니저러니 하는 말은 다 군더더기 말이요, 쓸데없는 말이며, 사람들을 어지럽히는 말이다. 칸트의 책을 한국인이 이해할 수 있도록 번역하겠다는 한국인 번역자가 transzendental이란 용어의 서양 중세적 어원을 존중해야 한다고 말하면서 ― 정작 칸트는 우리가 그 용어의 중세적 의미에 사로잡히지 않기를 당부하고 있다 ― '초월적'이란 한국어가 갖고 있는 의미와 어원을 무시하는 것은 이해하기 힘든 일이다. 그럼에도 불구하고 우리 학계에서도 몇몇 연구자들이 그 말을 '초월적'으로 번역하여 사용한다. 그들처럼 transzendental을 '초월적'으로 번역하게 되면, 그들은 '초월적은 경험을 넘어서는 어떤 것이 아니'라는 식으로 풀이해야 하는 기이한 상황에 놓이게 된다. 그런데 '경험을 넘어서는 것'은 초월이니, 그들의 주장은 결국 '초월적은 초월적이 아니다'라는 자기

---

9) 『형이상학서설』, 363쪽. 강조는 필자.

모순적 주장을 하는 것이 된다. '초월적은 초월적이 아니다'라는 말은 곧 '초월적은 내재적'이라는 말이 되는데, 이 역시 황당한 일이다. 그러나 '선험적은 초월적이 아니다'라고 하거나 '선험적은 내재적이다'라고 하면, 우리가 앞서 지적했던 모순성과 황당함은 감쪽같이 사라지고, 『순수이성비판』에서 transzendental이란 용어로 칸트가 드러내고자 했던 뜻을 정확하게 보여준다.

　　백종현은 하이데거의 칸트 해석에 의지하여 transzendental을 '초월적'으로 번역하고 있기에, 나는 이 자리에서 하이데거의 칸트 해석에 대해 간략히 언급해보고자 한다. 칸트는 B869-B875에서 형이상학이라는 개념을 매우 복잡하게 구분하여 설명하고 있는데, 거기에서 그는 '자연의 형이상학'과 '도덕의 형이상학'으로 구분한 뒤, 다시금 '자연의 형이상학'을 일반 형이상학과 특수 형이상학으로 나눈다. 여기서 칸트가 말하는 일반 형이상학은 그가 『순수이성비판』 전반부에서 제기하고 있는 인식의 형이상학이고, 특수 형이상학은 그 책의 후반부에서 다루고 있는 이성적 심리학(영혼이 주제임), 이성적 우주론(세계가 주제임), 이성적 신학(신이 주제임)이다. 칸트의 이런 구분은 칸트보다 45세 연장자인 크리스찬 볼프(C. Wolf, 1679-1754)의 영향을 받았다. 그런데 칸트는 일반 형이상학을 '존재론'으로 간주하기도 한다(B303 참조). 통상 인식론적 칸트 해석가들은 칸트가 일반 형이상학이라고 부르는 이것을 인식론으로 해석한다. 그런데 그것이 '인식될 수 있는 존재자들의 존재를 해명하는 것'인 한, 그것이 존재론인 것은 분명하다. 그래서 나는 칸트의 『순수이성비판』을 '인식존재론'이라고 했다.[10] 하이데거도 칸트의 일반 형이상학을 현상으로서의 존재자의 존재를 다루는 존재론으로 해석한다. 필자도 하이데거식으로 해석할 수 있다고 생각한다. 그러나 하이데거가 그 존재론이 형이상학인 이유를 설명하면서 문제가 발생한다. 칸트가 『순수이성비판』 전반부에서 제시하는 존재론을 필자처럼 '인식존재론'으로 보건 하이데거처럼 '현상

---

10)　나의 책, 『인식과 존재: 순수이성의 이율배반과 선험적 관념론』(서울, 서광사, 1991) 참조.

존재론'으로 보건, 둘 다 가능한 일이다. 그런데 우리가 유념해야 할 것은 칸트는 인식이건 현상이건 항상 그 배경에 물자체를 전제하고 있다는 것이다. 그러나 하이데거는 현상학의 입장에서, 현상 배후의 물자체를 인정하지 않는다. 그런데 칸트 연구자들은 물자체가 형이상학적 탐구의 진정한 대상이라고 생각한다. 이렇게 생각하는 사람들은 하이데거에게 당연히 이런 질문을 할 권리가 있다. '그러면 칸트가 『순수이성비판』의 전반부를 형이상학으로 부르는 이유는 무엇인가?' 이것은 동시에 칸트에게 하는 질문이기도 하다. 이 질문에 칸트는 자신이 말하는 일반 형이상학은 경험 너머에 있는 물자체를 인식할 수 있음을 인정하는 형이상학 즉 '초험적(transzendent) 형이상학'이 아니라, 인식가능성의 조건과 근거를 인식에 앞서서 미리 검토함으로써 경험의 아래쪽으로 넘어서는 데서 성립하는 '선험적(transzendental) 형이상학'일 뿐이라고 대답한다.[11] 그러나 존재자(Seiendes)와 존재(Sein)를 구분한 뒤, 서양철학사 전체를 '존재망각'(Seinsvergessenheit)의 역사로 읽는 하이데거는 칸트의 일반 형이상학이 형이상학인 이유를 그렇게 설명하지 않는다. 하이데거에 의하면 칸트는 『순수이성비판』의 전반부에서 어떤 존재자들이 '존재의 집합'에 포함되게 만드는 현상 존재자들의 '존재'가 어떻게 설명될 수 있는지를 보여주고 있는데, 이 경우 '존재'는 '단적인 초월'이며, 칸트의 『순수이성비판』의 전반부에서 바로 이 단적인 초월인 '존재'에 대한 존재물음을 던지고 있기에 그 책은 초월적 형이상학이라는 것이다.[12] 따라서 하이데거의

---

11) 칸트는 '선험적 형이상학'이라는 용어를 사용한 적이 없다. 칸트는 『순수이성비판』의 전반부를 '자연의 형이상학'이라고 부른다. 그 용어는 내가 만든 것이다. 독자들 중에는 나의 그런 조어방식에 대해 '선험적'은 경험을 넘어서는 것이 아니라고 하면서 그것을 경험을 넘어서는 것과 관련된 '형이상학'이라는 용어와 결합하는 것은 이해하기 힘들다고 말할지 모르겠다. 이에 대한 자세한 논의는 나의 책, 『칸트 윤리학의 균열』, 270-282쪽을 보기 바란다.

12) 물론 하이데거는 자신이 말하는 존재는 '존재자'들에 공통된 존재들의 본질이 아니라고 말한다(하이데거, 『존재와 시간』, 이기상 옮김, 서울, 까치, 1998, 16쪽 참조). 아리스토텔레스의 '존재'는 논리적 추상작용의 끝에서 만나게 되는 순수 추상개념이지만, 자신의 '존재'는 그런 것이 아니라는 것이다. 하이데거의 '존재'는 모든 구체적인 사물들의 구체성을 온전히 가진 채

칸트 해석에 따르면, 칸트의 일반 형이상학은 존재자의 근거인 존재에 대한 물음을 제시하고 있으며, 이 존재자를 뛰어넘어 단적인 초월자인 '존재'에로 향하는 바로 초월적 사태를 칸트는 transzendental이란 용어로 표현하고자 했다는 것이다.[13] 그리고 이런 하이데거의 주장에 근거하여 백종현은 그 용어를 '초월적'으로 번역해야 한다고 말한다.

여러분은 하이데거의 칸트 해석에 어떤 문제점이 있는지 충분히 이해했을 것이다. 하이데거식의 칸트 해석대로라면, 칸트는 transzendental(선험적)과 transzendent(초험적)를 구분해서 쓸 아무런 이유가 없다. 바로 그런 이유에서 하이데거는 『실천이성비판』에 대해 무관심하다. 영혼과 신의 문제를 초험적 차원에서 검토하는 그 책은 하이데거의 칸트 해석에 아주 어울리지 않는 불편한 책이다. 물론 그 책도 사유방법론의 측면에서는 선험적이며, 따라서 『실천이성비판』은 선험적 윤리학이지만, 그런 사유방법론을 통해 얻어낸 사유의 결론 즉 '영혼불멸과 신의 존재는 도덕신앙의 차원에서 인정되어야 한다'는 것은 초험적인 것이다.

로 존재하며, 그것에는 온갖 수학적 개념들과 철학의 추상적 개념들과 물리적 법칙들과 신들도 다 들어 있다는 점에서 생각해본다면, 아리스토텔레스가 최고의 순수 추상개념으로서 '존재'에 대해 사유했다고 하더라도 그 사유는 하이데거가 말하는 '존재사유'와는 거리가 있어 보일 수가 있다. 그러나 하이데거의 '존재'와 아리스토텔레스의 '존재'는 그 외연이 일치한다는 점에서 별 차이가 없다. 다시 말해서 아리스토텔레스가 존재의 범주에 집어넣는 것 중에 하이데거의 '존재'에 들어가지 않는 것이 없다는 것이다. 그 반대도 마찬가지다. 다만 '무'를 처리하는 방식은 아리스토텔레스와 하이데거가 다르다. 아리스토텔레스는 '무라는 개념이 있다는 것은 인정하겠지만, 무 자체는 존재하지 않는다고 말할 것이다. 그러나 하이데거는 무의 본질이 무화라고 하면서 개념으로서만이 아니라 작용으로서도 그 존재를 인정한다. 무의 작용으로 '존재'의 생기함이 가능해진다. [그런데 나중에 더 자세히 논하게 되겠지만, 하이데거에 있어서 존재와 무 같은 것이기에 무의 무화하는 작용은 존재의 작용이기도 하다. 이쯤 되면 논리가 무슨 소용이 있겠는가?]

13) 하이데거는 칸트를 이렇게 해석하면서 칸트철학에서 물자체를 선험적 대상과 동일시하고, 선험적 대상을 모든 존재들이 그 안에서 등장하는 하나의 지평으로 간주하면서 불법적으로 물자체를 제거해버리게 된다. 이에 대한 보다 자세한 논의는 나의 책, 『인식과 존재』, 244쪽 이하를 보기 바란다.

나는 한국칸트학회가 심도 있는 토론 끝에 transzendental을 '선험적'으로 번역하기로 결정한 것은 아주 잘한 일이라고 생각한다. transzendental을 일본의 칸트학자들은 '초월론적'으로, 중국의 칸트학자들은 '초월적'으로 번역하고 있는데, '초월'이란 말이 일본이나 중국에서도 우리나라와 비슷한 의미로 사용된다면, 그들은 형이상학에 대한 칸트의 입장을 모르고 있는 것이 된다. 나의 이런 주장은 매우 도발적으로 보일 수 있는데, 나는 이 책의 제VI장, '칸트가 철학에서 일으킨 혁명은 궁극적으로 형이상학적 혁명이다'에서 그 도발성이 이유 있음을 소상히 밝힐 것이다.

② transzendent(트란스젠덴트, 초험적) 번역어: 칸트는 경험 가능한 세계의 한계 내에서만 사용할 수 있는 지성(Verstand)의 개념들이 불법적으로 그 한계를 넘어서 있는 영역에서 사용될 때, transzendent라고 한다. 그러니 '내재적'과 대비되는 것으로, 경험의 경계를 넘어선다는 뜻의 '초험적'으로 번역되어야 한다. 물론 나는 그 용어를 '초월적'으로 번역해도 된다고 생각하지만, 칸트학회의 결정을 존중하는 차원에서 '초험적'으로 번역하여 쓰고 있다.

③ a priori(아프리오리) 번역어: transzendental을 '초월적'으로 번역하는 것에 강력하게 반대하는 사람들조차도 a priori를 '선천적'으로 번역하는 것은 문제가 있다고 생각한다. '선천적'이란 용어는 '생래적인'이나 '생득적인', 혹은 '타고난'의 뉘앙스가 강한데, 그렇게 되면 '선천적'은 데카르트(R. Descartes, 1596-1650)의 '본유적'(本有的, innate)과 구분이 안 된다는 것이다. 칸트가 말하는 아프리오리는 '경험에 시간적으로 앞서는'의 뜻이 아니라, '경험에 논리적으로 앞서는'의 뜻이며, '경험과 독립적인'의 뜻도 가지고 있다. 그래서 일부 연구자들은 그것을 '선험적'으로 번역해야 한다고 주장했다. 어느 정도 일리 있는 주장이다. 그러나 이런 주장을 펼치는 사람들은 아프리오리를 '선험적'으로 번역하더라도, 그 번역어의 '앞선다'는 뜻의 한자어 '선'(先)을 '시간적 앞

섬'(본유적)이 아니라 반드시 '논리적 앞섬'으로 읽게 된다는 보장이 없다는 것을 고려하지 않고 있다. 그러니 아프리오리를 '선험적'으로 번역해도 문제가 온전히 해결되지 않는다는 것이 내 생각이다. '선천적'은 '경험에 시간적으로 앞선다'는 의미를 100% 갖고 있는 말이라고 하자. 그렇지만 '선험적'의 '선'도 '시간적 앞섬'으로 읽힐 수도 있고 '논리적 앞섬'으로 읽힐 수도 있으니까, 결국 '선험적'이라는 번역어는 '선천적'이란 번역어가 갖고 있는 문제점의 50%만 해결해주는 셈이 된다.

덧붙여 말하자면, 우리가 transzendental을 '선험적'으로 번역한다 하더라도, 그 번역이 100% 정확한 번역어라서 그렇게 하는 것은 아니라는 것이다. transzendental이란 말은 흔히 '경험의 가능성 근거와 조건을 경험에 앞서서 논의하는 철학적 작업'을 의미하는데, 이때 언급되는 '경험'은 당연히 아포스테리오리(a posteriori, 후천적)한 경험이 아니고 아프리오리한(선천적) 경험이다. 그런데 우리가 transzendental을 '선험적'으로 번역하더라도 그 '험'(驗)이 '아프리오리한 경험'임을 나타내주지는 않고 있다. 그럼에도 불구하고 우리는 그렇게 알아듣고 학문적 토론을 할 뿐이다.

그뿐만 아니라, 지성의 아프리오리한 개념인 12 범주들에 대해서 생각해보면, 사유형식인 이 개념들 역시 경험에 논리적으로 앞서 있는 능력이기도 하지만, 동시에 '시간적으로 앞서' 즉 태어나면서부터 갖고 태어나는 것도 사실이다. 그러므로 '선천적'에서 '선'(先)의 개념을 시간상의 앞섬과 논리상의 앞섬으로 과도하고 예리하게 양분하여 이해할 필요가 없다고 생각한다. 그러면 왜 연구자들은 a priori를 '선험적'으로 번역하면 그 말을 '아프리오리'로 번역할 때 생기는 문제점을 100% 해결하게 된다는 착각에 빠지는가? 그 이유는 사람들이, a priori를 '선천적'으로 번역하고 transzendental을 '선험적'으로 번역하여 쓸 때의 그 '선험적'의 의미 즉 '아프리오리한(선천적) 인식의 가능성 근거와 조건을 경험에 논리적으로 앞서서 검토하는 것'이라는 의미를 a priori의 번역어로 사용된 '선험적'에 부지불식간에 그대로 전이시켜버리기 때문이다.

나는 a priori를 '선천적'으로 번역하는 것은 개념사적 맥락에서 탁월한 선택이 될 수도 있다고 생각한다. 본유관념론 혹은 생득관념론의 창시자는 플라톤(Platon, B.C. 427 - B.C. 347)이라 할 수 있다. 그에 의하면 인간의 영혼은 육신과 결합하여 이 세상에 태어나기 전에 영혼상태로 있을 때 불변의 이데아(idea)에 대한 지식을 갖고 있었으나, 태어나면서 출생의 충격, 즉 영혼이 육체와 결합하면서 받은 충격으로 그 지식을 망각하게 되었다. 그래서 그에게 있어서 인식한다는 것은 인간이 본래부터 갖고 있는 지식을 기억해내는 것이다. 그 유명한 상기설(anamnesis)이다. 플라톤의 대화편 『메논』에는 기하학에 대해서 아무것도 모르는 노예 소년이 피타고라스의 정리를 이해하게 되는 과정이 묘사되어 있다. 플라톤의 본유관념설은 스토아학파의 '공통개념'(koinai ennoiai)과 키케로의 '본유개념'(notones innatae)을 거쳐 근세 합리주의 철학의 아버지 데카르트를 통해 맥을 이어간다. 칸트의 순수지성 개념 즉 범주도 이런 맥락 위에서 만들어진 것이다. 다만 그는 이것을 '시간적으로 태어나기(경험) 이전부터 갖고 있는 지식내용'이라는 식으로 이해하던 선배 철학자들과 달리, '경험에 논리적으로 앞서서 경험을 가능하게 하는, 주체의 능동적-형식적 기능'으로 이해했던 것이다. 말하자면 칸트는 플라톤 이래의 본유개념에 대한 이해방식의 대전환을 이룬 것이다. 앞서 말했듯이 플라톤 이래로 데카르트에 이르기까지 '선천적'의 '선'을 시간적 선후의 개념으로 이해한 것을 칸트는 논리적 선후의 개념으로 바꾸어버린 것이다. 이런 관점 즉 철학사적 맥락을 고려하는 관점에서 본다면, 아프리오리를 선천적으로 번역한 것은 잘못된 번역이기는커녕 오히려 아주 적절한 번역이라 할 수 있다. 그뿐만 아니라, 칸트는 플라톤이나 데카르트가 '아프리오리'란 용어로 인간들이 특정한 지식 내용을 선천적(생득적)으로 갖고 태어난다는 의미로 사용하는 것을 반대했을 뿐이다. 그 역시 인간이 어떤 인식의 형식을 갖고 태어난다는 것을 인정했다는 점에서 본다면, a priori를 선천적으로 번역하는 것은 더욱더 적절한 번역이 된다. 물론 그것을 '선험적'으로 번역하지 못할 이유도 없다. 그러나 '선험적'은 transzendental을 위해 남겨두는 것이 옳은 일이다. 이 모든 논의에도 불구하고 나는 이 책에서 대한민국 칸트학회의 결정에 따라 a priori를 '아프리오리'로 음역한다.

④ Verstand(페어스탄드, 지성) 번역어: 독일어 Verstand의 번역어 선정 문제는 transzendental과는 달리 칸트철학 전반에 대한 해석상의 문제와 결부되어 있지는 않다. 그러나 기존에는 오성으로 번역되던 것을 '지성'으로 번역하는 것은 그 적절성이 검토될 필요가 있다. 백종현은, Verstand는 깨우치고 깨닫는 기능이라기보다는, 생각하고 인지하고 이해하고 아는 기능을 갖기에 '오성'이 아니라 '지성'으로 번역하는 것이 더 적당하다고 말한다.[14] 그러나 이 역시 한국의 일상어로서 '깨우치다'라는 말이 갖고 있는 뉘앙스를 무시하는 것이 된다. 우리는 "그 아이가 드디어 구구단의 원리를 깨우쳤다"라고 말하는 경우가 있다. 이 경우 '깨우쳤다'는 것은 대오각성을 했다는 뜻이 아니라, 구구단의 원리를 인지하고 이해하고 알게 되었다는 뜻이다. '앞으로 해야 할 일이나 겪을 일에 대한 마음의 준비'라는 뜻의 '각오'(覺悟)라는 말에도 오(悟)가 들어 있지만, 그걸 대오각성하는 것으로 이해하지는 않는다. 물론 각오라는 말에는 '도리를 깨우쳐서 앎'이라는 뜻도 있긴 하지만, 그것 역시 '거창한 깨달음'과는 거리가 있다. 그러니 Verstand를 '오성'으로 번역하는 것은 별 문제가 없어 보인다. 더구나 국어사전에서는 '지성'을 "지각이나 직관(直觀), 오성(悟性) 따위의 지적 능력을 통틀어 이른다"고 풀이하고 있으니, Verstand를 '오성'으로 번역하지 않고 '지성'으로 번역해버리면, '지성'을 풀이하면서 지성을 사용하게 된다. 이는 난센스다. 국어사전적으로만 생각한다면, 지성은 총체적 지적 능력이기에 칸트가 말하는 Verstand보다 오히려 한 등급 위의 능력으로 보는 게 타당하다. 나는 그럼에도 불구하고 한국칸트학회의 번역

---

14) 백종현, "칸트철학용어의 한국어 번역문제"(제1회 전국철학자연합학술발표대회, 발표문).

어 선정 결과에 따라 '지성'으로 번역한다.

⑤ Einbildunfskraft(아인빌둥스크라프트, 상상력) 번역어: 독일어 Einbildungskraft
에 대한 기존의 번역은 '구상력'(構想力)이었다. 그러나 최근 많은 연구자들은
'상상력'으로 번역하여 쓰고 있다. 이 번역어는 에스테틱(Ästhetik)을 '감성학'
으로 번역하는 것만큼 어색하지는 않다. 그러나 독일어 빌트(Bild)가 '상'(像)을
의미한다는 것을 염두에 둔다면, Einbildungskraft를 '상을 구상하는 힘'이라
는 의미의 '구상력'으로 번역하는 것도 나쁜 번역은 아니라고 생각한다. 다만
칸트가 『판단력 비판』에서 인간이 자신의 한계를 넘어서는 무한대의 힘과
크기 앞에서 느끼게 되는 숭고(Erhabene)의 감정에 대해 다루고 있는데, 그때에
Einbildungskraft의 능력이 숭고론과 연결되어 거론될 경우에는 '상상력'으로
번역되는 것이 더 적절해 보인다. 왜냐하면 숭고는 일종의 무정형의 미이기
때문이다. 나는 한국칸트학회의 결정에 따라 '상상력'으로 번역한다.

4.
칸트철학 입문기

'처녀가 아이를 가져도 할 말이 있다'는 말이 있는데, 내가 칸트를 공부하게 된 사연이 어찌 없겠는가? 필자가 길게 잡아서 반세기에 걸친 칸트철학에로의 여정을 시작하게 된 사연을 말해보면 이렇다.

나는 실업계 고등학교인 대구공업고등학교를 졸업했다. 간단히 '대구공고'로 불렸던 학교로, 필자가 고등학교에서 공부한 대부분의 과목은 실업계고교의 과목이었고, 그나마 인문계 고등학교와 같은 과목명에 같은 책을 사용하도록 되어 있는 과목은 '국어'와 '국사'와 '국민윤리'였다. 지금은 '사상과 윤리'와 '생활과 윤리'로 세분화되면서 명칭도 바뀌었고, 또 교과서도 국정교과서에서 검인정 교과서가 되었다. 그리고 학생들이 원하지 않으면 선택하지 않아도 되는 선택과목이 되었다. 그렇지만 그 당시만 해도 국민윤리는 전국의 모든 고등학생들이 반드시 공부해야 하는 필수과목이었다.

국민윤리는 국민교육헌장에 등장하는 "나라의 발전이 나의 발전의 근본임"을 모토로 삼는 국가주의적 교육관에 기초하여, 학생들에게 투철한 국가관과 애국심을 심어주기 위해 만들어진 국책과목이었다. 실업계 고등학생인 나는 '국민윤리' 과목에 등장하는 철학자들의 이론에 관심을 갖게 되었다. 국민윤리 책에서 필자는 칸트의 유명한 말인 "개념 없는 직관은 맹목이고 직관 없는 개념은 공허하다"라는 말을 처음으로 접했던 것 같기도 하다. 교사들도 그 뜻을 정확히 몰랐을 것으로 생각되는 말이니, 학생들이 그 말이 무슨 말인지 모르는 것은 너무나 당연한 일이었다.

국민윤리 책에서 파스칼(B. Pascal, 1623-1662)의 『팡세』, 니체(F. W. Nietzsche, 1844-1900)의 『차라투스트라는 이렇게 말했다』 그리고 칸트의 『순수이성비판』 같은 책들이 소개되었다. 니체의 『차라투스트라는 이렇게 말했다』는 아무리 읽어보아도 차라투스트라가 어떻게 말했는지 알 수가 없었다. 나는 그 책의 앞부분에 나오는, "인간은 금수와 초인 사이에 놓인 밧줄이다"라는 문장에서 '금수'(禽獸)라는 단어를 처음 보았는데, '금수강산'의 '금수'만 알고 있었던 나는 어리둥절해서 국어사전을 찾아보았던 기억이 있다. 예나 지금이나 기억력이 형편없는 내가 이 책을 쓰면서 50여년 전 기억을 떠올릴 수 있는 것은 그 무식함에서 받은 충격이 컸기 때문일 것이다. 하여간 읽어도 무슨 말인지 도무지 알 수 없는 책들이었지만, 학교 도서관에서 빌려보았다. 책을 '읽어보았다'고 말하기가 민망할 지경이었다. 차라리 책을 '구경했다'고 하는 편이 더 정확하겠다. 만화책의 책장을 휙휙 넘기며 읽다가, 만화책과 마찬가지로 세종대왕께서 불쌍한 백성들의 원활한 의사소통을 위해 창제하신 한글로 쓰인 책을 읽었는데 도무지 책장이 넘어가지 않는 아주 해괴망측한 독서 경험을 난생처음으로 한 것이다.

고등학교 2학년 초에 필자는 윤성범 선생이 번역하여 '을유문화사'에서 출판한 칸트의 『순수이성비판』도 학교 도서관에서 빌려서 구경했다. 필자는 대학생이 되어서 그분이 번역한 책을 구입했는데, 여러 차례 이사하면서 분실되어 지금은 내 서가에서 찾을 수가 없다. 워낙 오래전 일이라 내 자신도 그 기억의 정확성을 장담하지는 못하겠지만, 그 책의 '역자 해설'에서 선생은 고등학생인 나로서는 정말 알아들을 수 없는 괴이한 조언을 했다. 칸트의 『순수이성비판』을 '머리로 이해하려 들지 말고 배로 이해하려고 애써야 한다'는 것이었다. '배'로 이해하라? 머리를 쓰지 말아라? 선생께서 그 말을 어떤 뜻으로 했는지 확인할 길은 없으나, 필자는 그 말은 액면 그대로 받아들여서 될 말이 아니고 은유적인 말임을 한참 뒤에 이해했다. 나름대로 칸트를 공부하고 그에 관해 몇 권의 전문서적을 출판한 지금에 이르러 나는 선생의 그 말을 이렇게 이해한다.

칸트는 단선적(單線的)이 아니라 복선적(複線的)이고 중층적인 사상가여서, 선(先)은 이렇고 후(後)는 저렇고 하면서 설명하거나 이해하기가 어려운 사상가이다. 그러니 수학 문제 풀듯이 접근하지 말라.『순수이성비판』에서 종종 발견하게 되는 형식 논리적 모순에 너무 얽매이지 말고, 칸트철학을 구성하는 여러 가지 핵심요소들을 종합적으로 고려해 읽으라.

칸트도 비슷한 논조로 자신의 책을 '배로 이해하는' 방법에 대해 말한다. 칸트는 자신의 주저『순수이성비판』이 오해받을 여지가 있음을 알고 있었지만, 그럼에도 불구하고 그 책을 온전히 이해한 사람들이 그 책에서 발견되는 모호한 점을 해명해주고 변호해줄 것을 기대하면서 말한다.

철학적 논술은 수학적 논술과 달리 단선적 논리로 전개되지 않기에 개개의 장면만 두고 보면 공격받을 여지가 생길 수 있다. 논술의 전후 맥락을 잘라서 단장취의(斷章取義) 하면, 사람들은『순수이성비판』에서 표면상의 모순을 캐낼 수 있다. 그러나 이 책이 갖고 있는 체계의 유기적 통일성은 그런 사소한 모호성 때문에 전혀 흔들리지 않는다. 그 책은 새롭고 혁신적인 책이기에, 소수의 영리한 사람만이 그 책의 체계적 통일성을 파악할 수 있다. 타인의 비평에 의존하는 사람들은 이 책에 대한 그런 표면상의 모순을 지적하는 것을 듣고, 그 책에 대한 부정적인 인상을 가질 것이다. 그러나 그 책의 전체 이념을 파악하고 있는 소수의 영리한 사람들에게는 그런 표면상의 모순들은 쉽게 해결될 것이

다.(BXLIV 참조)

통속철학자(Popular Philosoph) 멘델스존(M. Mendelsshon, 1729-1786)은 칸트와 동 시대인인데, 칸트보다 5세 아래이며 칸트와 서신 교환을 하기도 했다. 그는 『순수이성비판』에 대해서 "신경을 쇠약하게 만드는 작품"이라고 평했다.[15] 『순수이성비판』을 직접 읽어보지 않은 사람들은 도대체 얼마나 난해한 책이기에 당대의 대표적인 철학자들조차도 '신경 쇠약' 운운하는가 하는 의문이 들 것이다. 니콜라이 하르트만(N. Hartmann, 1882-1950)은 독일에서 초기 칸트 연구가들의 칸트에 대한 몰이해를 이렇게 말하고 있다.

> 칸트 이후 초기 사상가들은 아직도 칸트 이론의 개조보다는 그 참된 이해를 목적으로 한다. 우선 그와 같은 이해가 모자랐다는 사실은, 순수이성비판의 탐구가 난해했다는 점에서 보면 놀랄 일은 아니다. 사라져가는 계몽시대를 지배하던 통속철학은 이 과제를 감당할 수 없었다. '상식'이 파악할 수 없었던 것은 상식에게는 역설적인 것으로서, 그뿐만 아니라 상식 본래의 권위에 대해서 위협적인 것으로서 간주되지 않을 수 없었다. 칸트에 대한 이해가 부족하면 부족할수록 칸트의 비판철학의 기도는 불합리한 것으로 나타나지 않을 수 없었다.[16]

---

15) 칸트는 『순수이성비판』 B413에서 멘델스존의 영혼불멸론을 논박하면서 언급하고 있는데, 칸트 당시의 대표적인 통속철학자로서, 작곡가인 펠릭스 멘델스존의 조부이기도 하다. 그는 칸트의 이성종교 사상에도 영향을 주는데, "모든 것을 파괴하는 칸트"라는 평가를 퍼트린 장본인이기도하다. 그리고 칸트 시대의 대표적인 통속철학자들 중에는 멘델스존 외에도 '괴팅겐 학보'에서 칸트의 선험적 관념론을 외계 사물의 존재를 부정하는 버클리(G. Berkeley, 1685-1753)류의 주관적 관념론에 불과하다고 비판했던 가르베(C. Garve, 1742-1798)와 페더(J. G. H. Feder, 1740-1821)가 있다. 『순수이성비판』 제2판의 '관념론 논박'은 칸트가 자신의 관념론을 버클리류의 주관적 관념론과 동일시하는 이들의 비판에 답하기 위해 추가한 부분이다.

16) 니콜라이 하르트만, 『독일관념론철학』(이강조 옮김, 파주 서광사, 2008), 25-26쪽.

칸트의 동 시대 철학자들은『순수이성비판』의 불명료함과 불가해함에 대해 불만을 쏟아냈다. 칸트와 같은 대학의 수학 교수였던 슐츠(J. Schulz)는 이 불만에 동조하면서, "이 학술적 출판물의 대부분은 마치 순수한 상형문자로 이루어져 있는 것과 마찬가지"라고 했다.[17] 칸트 자신도 자신에게 가해지는 이런 불만을 너무나 잘 알고 있었다.

> 사람들은 자주 철학책의 불명료함과 불분명함을 비난했으며, 그러한 불분명함이 심오한 통찰인 양 꾸며대려는 의도적인 것이라고 비난했다.[18]

그래서 칸트는『순수이성비판』초판 출간 2년 뒤인 1783년에 학계의 몰이해를 불평하면서『형이상학서설』을 출판한다. 그는 그 책에서『순수이성비판』의 난해함을 덜어주기 위해 집필한『형이상학서설』조차도 어렵다고 생각할 경우를 상상하고 다음처럼 말한다.

> 모든 사람이 형이상학을 공부할 필요가 없다. 이 분야에 재능이 없는 사람은 다른 공부를 하기 바란다. 그러나 형이상학을 제대로 공부하려는 사람은, 나를 찬성하기 위해서건 비판하기 위해서건 형이상학에 대한 나의 주장을 반드시 공부해야 한다. 많은 사람들은『순수이성비판』이 어렵다고 말하는데, 이런 말을 하는 사람들은 그 책을 철저하고 부지런히 읽지 않는 자신들의 태만을 고백하는 것이나 마찬가지다. 그러나 내 책이 가진 난해함도 유익한 측면이 있다. 그것은 형이상학의 분야에서는 심원한 지식과 피상의 요설이 잘 구분되지 않는다는 것을

---

17) 오트프리트 회페,『임마누엘 칸트』(이상헌 옮김, 서울, 문예출판사, 1997), 42쪽.
18) 『도덕 형이상학』, 22쪽. 가르베는 철학자들이 '자신이 무슨 말을 하는지 모른다'는 비난을 받지 않으려면 자신의 논증이 대중성을 가지도록 만들어야 한다고 했다.

악용하여 제대로 알지도 못하면서 아는 채 지껄이는 태만한 요설가들을 쫓아내는 효과가 있다.[19]

칸트는 그토록 비판정신을 강조했던 철학자이지만, 의외로 자신의 『순수이성비판』에 대해, "반박받을 위험은 없지만, 제대로 이해되지 않을 위험은 있다"(BXLIII)라고 말한다. 진리를 발견했다고 믿는 학자의 확신과 자신감이 강하게 느껴지는 말이다. 이 글에서 알 수 있듯이, 칸트는 초판 발간 후에 자신의 책에 대한 비판적 세평들은 주로 독자들의 오해에 기인한 것으로 보고 있다. 그런 오해에 대해 자신의 탓으로 하기보다는 남 탓을 했다. 나는 남 탓을 하는 칸트의 태도에 어느 정도 공감할 수 있다. 어쨌건 『순수이성비판』의 2판이 나올 무렵인 1787년에 칸트에 대한 독일 철학계의 태도는 크게 달라져 있었다.

> 말년에 이르렀을 때 칸트는 이미 살아 있는 신화가 되었다. 그의 '비판'은 독일 대학에서 다른 어떤 철학과도 비교가 안 될 만큼 승리의 행렬을 이루었다. 몇몇 수도사들은 비판철학에 대한 항의로서 수도원을 지키는 개에게 '칸트'라는 이름을 붙였지만, 이 개도 승리의 행렬을 막을 수는 없었다.[20]

수도사들이 칸트에게 적대적이었던 이유는 아마 칸트가 일체의 신존재 증명을 거부했을 뿐만 아니라, 기독교의 계시신앙에 비판적이었기 때문일 것이다. 칸트가 지금 살아 돌아와서 자신의 사후에 철학사에서 자신의 사상이 어떻게 평가되고 있는지 혹은 어떻게 이해되거나 곡해되었는지를 살펴본

---

19) 『형이상학서설』, 266-267쪽 참조.
20) 랄프 루드비히, 『쉽게 읽는 칸트 '순수이성비판'』(박중목 옮김, 서울, 이학사, 1999), 22쪽.

뒤에 소감을 말한다면 어떤 말을 할지 정말로 궁금하다. 하기야 자신에 대해 산더미같이 많은 연구서들이 출간되었는데, 그걸 다 읽고 평가하려면 칸트는 다시 대략 천년 정도는 더 살아야 할 것이다. 그리고 칸트는 생전에 들어보지도 못했던 '대한민국'이란 나라에서 21세기에 '문성학'이란 칸트 연구자가 쓴 이 책을 어떻게 평가해줄지도 꽤나 궁금한 일이다. 또한 극동아시아의 조그만 나라에서 자신의 사상을 특징짓는 용어인 transzendental의 번역어를 두고 '선험적'과 '초월적'이 다투고 있는 논쟁에 어떤 해결책을 내놓을지도 궁금하다. 어쨌건 칸트는 1787년에 재판을 출간할 때 『순수이성비판』에 대한 오해가 발생한 것이 부분적으로 자기 탓임을 일부 인정한다. 그리고 많은 부분에 걸쳐 수정한다. 63세의 칸트는 그동안에 그 책에 가해진 평가를 염두에 두고 그 책을 읽는 방법에 대한 조언을 한 것이다. '머리로 이해하려 하지 말고 배로 이해해라!' 칸트는 『순수이성비판』의 부분만 보지 말고 전체를 파악한 뒤에 부분을 보라고 권유하고 있다. 그러나 칸트는 자신의 사후 신칸트학파의 학자들, 특히 마부르크학파의 코헨(H. Cohen, 1842-1918)이나 나토르프(P. Natorp. 1854-1924)가 『순수이성비판』의 전반부를 중시하면서 그 책을 순수한 인식론적 저술로 간주하는 것을 보고 놀랐을 것이다. 그들의 칸트 해석은 문장의 일부만 잘라서 뜻을 취하는 '단장취의'의 대표적 사례였던 것이다. 독일의 저명한 철학자들조차도 칸트철학을 통일적으로 파악하는 일에 실패하여 그를 '형이상학의 파괴자'로 혹은 '신의 살해자'로 이해하는 잘못을 범하는 마당에 한국인이 칸트를 공부한다는 것은 얼마나 어려운 일이겠는가?

칸트는 왜 그렇게 어려운 사상가가 되었는가? 칸트를 공부함에 있어서 가장 큰 걸림돌이 되는 것은 칸트 자신이 용어를 혼란스럽게 사용하고 있다는 것이다. 용어의 혼란에 대해 칸트는 자신의 잘못을 일부 인정하고 있다.

이 제2판에 관해서 한마디하거니와 나는 예민한 사람들이 나의 이 저서에 대한 평가에서 보여준 많은 오해 — 그런 오해에 대해서는 내게 책임이 일부 있음을 인정한다 ─ 를 유발한 난해한 점과 모호한 점을 될 수 있는 대로 제거하기 위해, 당연한 일이지만, 이 기회를 놓치지 않으려고 했다.(BXXXVII 참조)

칸트처럼 꼼꼼하고 체계적인 사상가가 용어를 혼란스럽게 사용한다는 것이 잘 이해되지 않을 수 있다. 이렇게 된 이유는 다음과 같은 사정에서 찾아질 수 있을 것으로 보인다. 칸트는 긴 기다림 끝에 대학의 강사 신분을 벗어던지고 그의 나이 46세에 논리학과 형이상학을 담당하는 정식 교수가 된다. 교수취임 논문으로 『감성계와 지성계의 형식과 원리들』을 발표한다. 그 이후 그는 11년 동안 불철주야 사색하여 얻은 결론을 불과 3-4개월 만에 한 권의 책으로 엮어낸다. 그 책이 바로 철학의 역사를 둘로 나눈 『순수이성비판』이다. 그토록 긴 사색의 시간을 가져 만들게 된 책을 왜 그렇게 짧은 시간 동안 활자화했을까? 그 이유는 칸트가 『순수이성비판』 초판을 출간했을 무렵에 학자로서 자신에게 부과된 숙제가 광대함을 알게 되었기 때문이다.

그러나 이윽고, 내가 다루어야 하는 숙제가 크고, 연구해야 할 대상이 많음을 알았다. 이 숙제와 연구대상들을 전문가들을 상대로 학술적으로 논하기만 해도 책의 부피가 방대해지는 것을 알았다. 일반 독자들을 위한 예증과 주석을 달게 되면 책이 과도하게 방대해지게 되는데, 이는 적절하지 않은 일이라 생각했다. 게다가 학문에 정통한 사람은 그러한 예증과 주석을 그다지 필요로 하지 않을 것이다.(AXVIII 참조)

칸트는 재판의 '머리말'에서도 다음과 같은 말을 한다.

나는 이 일을 하는 동안에 이미 상당한 노경에 들어갔다(이달로 64세가 된다). 그렇기 때문에 사변적 이성비판과 실천적 이성비판의 정당성을 확증하기 위해 자연의 형이상학과 도덕의 형이상학을 제공할 나의 계획을 성취하려면 나는 시간을 아끼지 않을 수 없었다.(BXLIV)

　　인생 100세 시대라는 말이 회자되는 요즘에는 64세가 '상당한 노경'이라고 말하기 힘들지 모르지만, 칸트 시대 사람들의 평균 수명을 생각한다면 64세는 상당한 노령이라는 칸트의 말이 틀린 말은 아닐 것이다. 어쨌건 칸트의 이 말은 마치 바둑을 두면서 제한 시간에 쫓기는 바둑기사의 초조함을 연상케 한다. 초판과 재판의 머리말을 종합하면, 칸트는『순수이성비판』을 출간한 뒤, 둑이 터진 듯이 저술계획들이 줄줄이 생겨나면서『순수이성비판』에서 발견되는 모호성과 애매성을 제거하는 데 시간을 충분히 할애할 여유가 없었던 것으로 보인다. 바로 이 때문에 칸트의『순수이성비판』을 공부하는 것은 고통스러운 일이 되어버렸다. 그러나 사실을 말한다면, 칸트의 삼 비판서 중 어느 하나라도 이해하기 쉬운 책은 없다. 그는『실천이성비판』조차도 충분히 다듬을 시간을 갖지 못했음이 분명하다. 이는 그가『실천이성비판』을 1788년에 출간한 뒤 2년 만에 또다시 철학적 대작인『판단력 비판』을 출판한 것에서도 알 수 있다. 하여간 칸트의 특이한 글쓰기 방식이 그의 사상을 더욱 심오하게 만든 것인지, 아니면 그 사상의 심오함이 그의 글쓰기를 난해하게 만든 것인지 헷갈릴 수 있다. 칸트 읽기의 이런 어려움은 전 세계 칸트 연구자들이 공통으로 직면하는 어려움이다.

　　어쨌건 나는 고등학생 시절에 '국민윤리'라는 과목을 통해 철학이란 학문에 관심을 갖게 되었는데, 도서관에서 빌려본 위대한 사상가들의 책은 너무 어려워서 구경하는 수준에서 만족해야 했었다. 그 후 필자는 당시 숭실대학교 교수였던 고(故) 안병욱(1920-2013) 선생의 책들을 접하게 되었다. 나는 고등학교 1학년을 마칠 무렵에 대학에 진학해야겠다는 생각을 갖게 되었다. 이름도 얼굴도 기억할 수 없는 선배로부터 실업계 고등학교인 대구공고를 졸업하고 공장에 가게 되면 라면 끓이는 일을 하게 된다는 이야기를 듣게 되었는데, 나는 어린 마음에 '라면 끓이는 삶'을 받아들일 수가 없었다. 대학을 가야겠다는 마음을 먹고 난 뒤, 문학과 철학을 두고 갈등했는데, 나는 상대적으로 쉽게 읽히는 문학 분야를 공부하는 것은 어렵게 읽히는 철학 공부보다 책값이 더 많이 들 것이라는 생각을 하게 되었다. 철학책은 한 권만 있으면 오랫동안 읽고 생각할 수 있기 때문이다. 이것이 내가 철학과를 택한 어이없고 황당하고 철없는 이유였다.

고등학교 학생 시절에 접하게 된 안병욱 선생의 책은 『파스칼 사상』, 『키에르케고르 사상』, 『현대사상』과 같은 책이었다. 안병욱 선생의 책들은 고등학생인 내가 읽기에는 난해한 부분도 없지 않았지만, 니체의 『차라투스트라는 이렇게 말했다』나 칸트의 『순수이성비판』에 비하면 그럭저럭 읽히는 책이었다. 책이 읽히니, 나는 덩달아 독서의 재미도 느꼈다. 안병욱 선생이 워낙 재미있고 쉽게 설명해준 덕이었다. 나는 특히 키르케고르의 실존사상에 강한 흥미를 느꼈다. 내가 키르케고르의 기독교적 실존사상에 관심을 갖게 된 것은 내가 초등학교 시절 가톨릭 교회 수녀님들이 나누어준 공짜 연필이 계기가 되어 나가게 된 교회생활 때문이었다. 나중에 개신교회로 나가게 되었지만, 나는 초등학교 4학년 이후부터 군복무를 마치고 경북대학교 교수가 된 직후까지만 기독교인이었다. 지금은 나는 어떤 종교도 갖고 있지 않다. 어쨌건 철학과는 졸업 후 취직이 잘 안 되는 학과라는 이유로 다른 과로 진학하기를 바라는 부모님의 권유를 뒤로하고, 안병욱 선생의 영향으로 나는 대학진학 때 전공을 철학으로 정했다.

대학에 입학한 뒤, 철학도다운 면모(?)를 갖추기 위해 나는 박영사에서 출간한 최재희(1914-1984) 선생의 『순수이성비판』 번역본을 구입했다. 그다음에 책의 가장 뒷장에 책 주인의 소속과 이름을 적어넣었다. "문리과대학 철학과 문성학"이라고 써놓으니 칸트의 『순수이성비판』이 한 순간에 내 손 안에 들어온 것이다. 그렇게 써놓은 덕에 분실했다가 되찾을 수도 있었다. 그렇게 책이 '내 손 안에' 들어오는 것은 '한 순간에' 될 수 있었지만, 『순수이성비판』을 포함하여 칸트의 사상이 '내 머리 안에' 들어오는 일은 50년이 걸렸다. 최재희 선생의 번역본 덕택에 칸트철학을 더 효율적으로 공부할 수 있었음은 말할 필요가 없는 일이다. 그럼에도 이렇게 드러내어 말하는 것은 한 번도 그분을 만나본 적이 없지만, 최재희 선생에 대한 나의 고마움을 표현하기 위함이다. 고등학생 시절에는 안병욱 선생이 쓴『키에르케고르 사상』을 읽으면서 그의 실존주의에 공감하고 있었고, 대학에 입학한 뒤에도 한동안 키르케고르에 몰두했었다. 헌책방에서 키르케고르의 책을 한 권 구하게 되면, 하루 종일 기분이 좋았던 요상한 경험도 그 무렵에 했었다. 그렇게 해서 책을 사 모으는 버릇이 생겼다. 그중에 내가 완독한 책은 몇 권이나 되려나? '호랑이 가죽은 탐나는데, 호랑이는 무섭다'는 말이 있는데, '책은 탐나는데, 책 읽는 것은 힘든 일이다'.

그러나 대학 2학년이 되면서, 나는 키르케고르의 '주체성이 진리다'라는 말에 내포된 상대주의적 경향에 거부감을 느꼈다. 마침 내가 대학생이던 시절 경북대학교 철학과는 독일철학이 강세였었다. 학과를 만든 하기락(1912-1997) 선생은 니콜라이 하르트만 전공자였다. 내가 입학할 무렵에 학과의 원로교수였던 한명수(1918-1997) 선생도 독일의 튀빙겐에서 유학하신 분이고, 김기태(1920-2004) 선생은 하이데거 전공자였으며, 하영석(1935-2007) 선생도 하르트만으로 박사학위를 받았으며, 내가 대학 3학년 무렵에 동아대학교에서 경북대학교로 직장을 옮겨온 이강조(1936-) 선생은 헤겔 전공자였다. 나중에 영남대학교로 옮긴 허재윤(1937-) 선생은 막스 셸러(M. Scheller, 1874-1928)를 중심으로 하는 철학적 인간학을 가르쳤다. 이문호(1932-2001) 선생만이 프랑스 철학 전공자였다.[21] 한국철학 담당 교수가 한 분 있었으나, 대부분

---

21) 독자들 중에는 '왜 저자는 자신의 대학생 시절 은사들에 대해 이렇게 길게 말하는가?'라고 생각할지 모르겠다. 나는 지금 일부러 길게 말하고 있는 중이다. 나도 이제 정년을 넘긴 교수가 되어 지나온 인생을 되돌아보니, 대부분의 선생님들이 작고하셨다. 생존해계신 분도 매우 연로한 상황이다. 나는 이 책에서 내게 가르침을 주신 선생님들의 성함을 한번 불러보고 싶은 마음에서

의 교수들이 독일철학을 전공했던 관계로 경북대학교 도서관에는 독일철학 관련 자료들이 많았다. 나도 자연스럽게 그 분위기에서 칸트를 공부하게 되었는데, 정작 교수들 중에 칸트철학을 정통으로 공부하신 분은 없었다.[22) 그래도 한명수 선생이 수업시간에 칸트 책을 갖고 강독했다. 나는 철학도라면 칸트를 공부해야 한다는 의무감을 갖고서 칸트를 읽었지만, 어렵게 느껴지기는 고등학교 시절이나 마찬가지였다. 그럼에도 불구하고 『순수이성비판』의 '들어가는 말'과 공간과 시간을 다루고 있는 '선험적 감성론'을 읽어보기 위해 악전고투를 마다하지 않았다. 한 페이지 읽기 위해 그 당시 우리나라 유일의 철학사전이었던 학원사의 『철학대사전』을 뒤적거려가며 한 시간씩 붙들고 씨름했던 기억이 새롭다. 윤성범 선생이 머리로 이해하려 하지 말고 배로 이해하라고 조언해주었지만, 어차피 머리로 이해가 안 되었다. 두통만 생겼다. 그리고 배로 이해하라는 조언은 어떻게 해야 배로 이해하는 것인지가 이해가 안 되었으니, 애당초 시도해볼 수가 없었다. 머리도 소용없고 배도 필요가 없었다.

그렇게 악전고투하는 중에 분석판단과 종합판단의 구분, 아프리오리한 종합판단에 대한 설명, 공간-시간은 인간 감성의 직관형식이라는 칸트의 주장을 대강이나마 이해하게 되었다. 나는 그 무렵에 '직선은 두 점 간의 최단 거리다'라는 판단이 아프리오리한 종합판단이라는 칸트의 주장(B16)을 비판하는, 습작 수준의 논문을 써보기도 했다. 칸트의 설명에 따르면, 주어인 '직선'은 성질을 표시하지만, 술어인 '두 점 간의 최단 거리'는 '양'의 개념을 표시하기에, 주어 개념에 없는 것이 술어 개념에 결합되어 있는 것이 되며, 따라서 그 판단은 종합판단이라고 한다. 나는 '직선'도 그것이 선분인 한, 양의 요소를 가지고 있기에 주어인 '직선'이 '곧음'이라는 성질만 표시한다는 칸트

이렇게 그분들의 이름을 나열하고 있다. 독자들이 이해해주기를 바란다.

22) 프랑스 철학을 전공했던 이문호 선생은 박사학위가 두 개인데, 칸트 윤리학으로 박사학위를 취득했지만, 학과에서 칸트를 강의한 적은 없었다.

의 말이 틀렸다고 생각했다. '직선'에 양의 개념이 표현되고 있다면, 술어로 '두 점 간의 최단'이라는 양의 개념이 결합하는 것은 그 판단이 종합판단이 아니라 분석판단임을 보여주는 것이 될 것이다. 어쨌건 '감성론'을 읽은 뒤에 '분석론'을 읽어보아야 할 차례인데, 나는 『순수이성비판』 중에서도 어렵다고 소문난 '분석론'을 건너뛰고 '변증론'을 읽었다. 다행히 그렇게 읽어도 『순수이성비판』을 공부하는 데는 아무런 지장이 없었다. 『순수이성비판』은 앞부분을 모르면 뒷부분을 이해하지 못하게 되어 있는 그런 책이 아니라는 것이다. 물론 그렇게 '선험적 분석론'을 건너뛰고 읽더라도 '변증론'을 공부하려면 '감성론'은 반드시 먼저 읽어두는 것이 필요하다.

　　나는 중학생 시절부터 무한이라는 개념에 묘하게 끌렸었다. 나중에 대학에 입학해서 한양대학교 김용운 교수의 책을 읽고 그분에게 칸토어(G. Cantor, 1845-1918)의 무한 개념에 대해 편지로 질문했던 적이 있었는데, 그분이 친절하게 얼굴도 모르는 학생의 편지에 답을 해주시기도 했다. 우주는 유한할까 무한할까? 무한하다는 것은 무엇인가? 이런 우주론적 궁금증을 갖고 있었다. 그런데 '변증론'에서 칸트가 바로 그런 문제를 다루고 있었던 것이다. 이 때문에 나는 '분석론'을 건너뛰었다. 특히 '순수이성의 이율배반'이라는 이름의 절에서 세계는 공간상 무한한가 아니면 유한한가 하는 문제와, 세계가 시간상의 시초를 갖는가 갖지 않는가 하는 문제를 다루고 있었다. 정말로 칸트 선생이 내가 중학생 시절부터 어렴풋이 갖고 있었던 문제에 대한 멋진 해답을 줄 것으로 기대하고, 나는 그 부분을 열심히 읽었다. 그러나 그 부분도 어렵기는 마찬가지였다. 그래도 평소 알고 싶었던 것이어서 더 열의를 갖고 공부할 수 있었다. 언젠가 공부하다가 도저히 이해가 안 되는 일이 발생하여, 한명수 선생을 찾아가서 질문하기도 했다. 그러나 돌아온 것은 설명이 아니라 꾸중이었다. 학부생에게 어울리는 문제로 고민하라는 것이었다. 이런저런 곡절 끝에 나는 순전한 지적 호기심과 자기만족을 위해 '세계는 시간상 영원하며 공간상 무한한가?'라는 문제를 다루는 '순수이성의 제1이율배반'에 대한 어설픈 논문을 하나 작성했다. 200자 원고지로 80매 정도의 분량이었다. 나는 학부 시절에 청년다운 지적 호기심과 객기로 논문 비슷한 것을 다섯 편 썼다. 칸트의 판단론에 관하여, 키르케고르의 실존사상에 대해, 제1이율배반과 제3이율배반에 대해 각각 한 편씩, 그리고 삶과 죽음에 관하여 한 편을 썼다. 삶과 죽음에 관한 글은 1989년에 내가 쓴 최초의 책인 『철학의 기초』에 '삶과 죽음'이란 제목으로 실었다. 지금은 그 책의 제목은 『철학과 삶의 의미』로 바뀌었지만, 그 글은 그 책에도 여전히 실려 있다. 그리고 칸트의 이율배반론에 대한 두 편의 논문은 다듬어지고 보완되어서 나의 박사논문에 사용되었다.

세월이 흘러 1978년에 학부 4학년이 되었는데, 그 당시 학부생들은 졸업하려면 졸업논문을 작성하여 제출해야 했다. 지금도 인문대학 학생들은 졸업하려면 졸업논문을 써서 제출해야 한다고 하던데, 예나 지금이나 학부생들의 졸업논문이란 잘 정리된 리포트 수준과 흡사한 것이었다. 학생 생활을 지도하기 위한 지도교수가 지정되어 있었는데, 내 지도교수는 한명수 선생이었다. 나는 선생님에게 졸업논문으로 '순수이성의 제1이율배반'에 관해 써둔 글로 졸업논문을 만들어 제출하고 싶다는 의견을 제시했다. 나는 당연히 '그렇게 하라'는 허락을 받을 줄 알았다. 그런데 선생님은 내게 의외의 명령을 내렸다. 칸트가 자유와 필연의 대립을 다루고 있는 제3이율배반론을 주제로 하는 졸업논문을 쓰라는 것이었다. 학부생들의 졸업논문을 그렇게 까다롭게 기준을 높여 만들라고 요구한 선생님의 뜻을 나는 지금도 알 수가 없고, 또 물어본 적도 없었지만, 분명한 사실은 선생님은 필연의 자연법칙을 정당화하고 있는 『순수이성비판』과 자유의 도덕법칙을 정당화하는 『실천이성비판』 사이에서 제3이율배반이 대단히 중요한 역할을 한다는 사실을 알고서 그런 명령을 하신 것이다. 한명수 선생은 전문가다운 식견을 갖춘 스승의 중요성을 입증한 것이다.

나는 선생님의 엄한 명령을 받들어 제3이율배반을 주제로 공부해서 논문을 만들었다. 이 논문을 만들면서 나는 칸트철학의 세계로 빨려 들어간 것이다. 200자 원고지 150매 분량의 졸업논문을 작성했는데, 주로 영미권에서 초기에 칸트 연구의 길을 개척한 켐프 스미스(N. K. Smith, 1872-1958)의 칸트 주석서에 의지하여 만들었다. 나는 그 논문을 쓰면서 인간은 필연의 자연법칙에 종속되어 행위하는 수동적 존재가 아니라, 자유로운 능동적 행위주체임을 알게 되었다. 그 당시로는 거의 '깨우침'의 수준으로 내게 다가왔던 사유 체험이었다. 막스 셸러가 말하는 '아-이거구나! 체험'(Ah-Erlebnis)이었다. 나는 그 체험 이후 임마누엘 칸트라는 사람은 내가 평생 공부해볼 만한 의미가 있는 사상가라고 확신했다. 이 점에서 나는 한명수 선생님에게 항상 감사한 마음을 간직하고 있다.

여담이지만, 나는 1984년부터 취미생활로 낚시를 하고 있다. 처음에 낚시를 시작했을 때, 붕어가 잘 잡히지도 않고 해서 기대했던 것만큼 재미있지 않았다. 그래서 '낚시의 길'(釣道)을 계속 가야 하나 말아야 하나 망설였었다. 그러다가 어느 날 우연히 월척에 가까운 붕어를 한 마리 잡았다. 보통 손맛이 아니었다. 나는 그 순간에, 빨려 들어간 것인지 걸어 들어간 것인지 모르겠지만, '들어가는 문은 있어도 나오는 문은 없다'는 낚시의 길로 가게 되었다. 내가 칸트의 '제3이율배반'을 공부하면서 가졌던 '아-이거구나! 체험'이 바로 그 붕어였던 것이다.

내가 대학을 졸업할 당시인 1978년에는 졸업논문을 타자기로 쳐서 만들었는데, 타자 작업을 맡기면 논문의 분량에 비례해서 돈이 더 많이 들어갔었다. 그런데 선생님의 명령으로 제3이율배반을 주제로 작성한 졸업논문이 제1이율배반을 주제로 다루어 만든 논문보다 분량이 거의 두 배 정도 더 많았다. 논문의 제목은 '순수이성의 제3이율배반'이었다. 타자비용이 걱정되어서, 나는 선생님에게 졸업논문으로 분량이 적은 것으로 제출하면 되지 않겠냐고 물었다. 그런데 이번에는 선생님이 '그렇게 하라'고 허락해주었다. 적어도 졸업논문 제출이라는 행정적 요건을 충족시킨다는 차원에서만 본다면,

나는 완전히 헛수고를 한 것이다. 그 헛수고 덕에 나는 '아-이거구나'라는 깨우침의 붕어를 한 마리 잡았고, 칸트철학의 길로 결정적인 일보를 내딛게 되었던 것이다. 그 일보 때문에 나는 지금까지도 그 길을 걷고 있다.

내가 그렇게 헛수고하여 만든 졸업논문은 어떻게 되었는지 궁금한 사람이 있을지 모르겠다. 그 논문은 1978년에 '경북대학교 문리과대학 학도호국단'에서 발간하는 『학맥』이라는 학생 교우지에 실렸다. 그 당시에는 박정희 독재정권 치하의 유신 시절이었기에, 단과대학의 학생회도 그 이름이 '문리대 학생회' 같은 식이 아니고, '문리대 학도호국단'이었다.

나는 학부 졸업논문의 제목을 어떻게 정했는지 지금은 기억이 분명하지 않지만, 아마도 '순수이성의 제1이율배반' 정도가 아니었겠는가 하고 추측해본다. 나는 1982년 10월에 3년 가까운 군복무를 마치고 1983년부터 대구 모 고등학교의 교사로 근무하게 되었다. 내가 33개월 보름 정도의 군생활을 하게 된 이유는 군사과목인 교련 학점을 제때 취득 못 하고 재이수해서 취득했기에, 대학에서 교련 학점을 이수한 입대자들에게 주어지는 6개월 군생활 감면 혜택을 받지 못했기 때문이었다. 학부 2학년 때를 전후해서 나는 현실감각이 형편없는 생활을 했는데, 교련과목은 졸업하려면 반드시 이수해야 하는 필수과목이었음에도 불구하고, 공부할 가치와 이유와 의미를 느끼지 못했다. 소총의 최대발사속도나 유효사거리 같은 것을 공부한다는 것은 정말 무의미하게 느껴졌었다. 전역 후 고등학교 교사생활을 하면서 작성한 글인 「칸트철학의 코페르니쿠스적 전회에 대한 고찰」로 나는 1984년 2월에 석사학위를 받았다. 그 논문에서 나는 그 개념에 대한 인식론적 해석을 거부하고 형이상학적 해석을 제시했다. 회고해보면 신칸트학파의 인식론적 해석이 대한민국 칸트학계를 지배하던 시절에 꽤 도전적인 논문이었다. 그리고 1988년 2월에 나는 「순수이성의 이율배반과 선험적 관념론」이라는 제목의 논문으로 박사학위를 받았다. 심사위원들 중에 그 논문을 가장 잘 이해할 수 있는 위치에 있었던 심사위원은 그 당시 계명대학교에 재직했던 강영안 교수였다. 그는 다섯 사람의 심사위원 중에서 유일하게 칸트 연구로 박사학위를 받은 사람이었다. 그의 책『칸트의 형이상학과 표상적 사유』는 칸트의 '도식론'에 대한 연구로 가장 깊이 있는 명저로 보인다.

　내 박사논문이 우연히 한신대학교 철학과의 김상일 교수의 눈에 보였던 모양이다. 김상일 교수가 내게 그 논문을 한 편 보내 달라고 요청하여서 보냈더니, 나보다 훨씬 연장자인데도 예의를 갖추어 다음과 같은 내용의 편지를 보내왔다. 김상일 교수가 사적으로 내게 보내준 편지글을 이렇게 공개해도 되는지 저어되는 마음이 없는 것은 아니지만, 옮겨본다.

　　문성학 교수님께. 보내주신 옥고를 진심으로 감사드립니다. 이율배반에 고심하던 중 교수님의 논문은 큰 도움이 되었습니다. 이율배반에서 사용한 귀류법에서 반증을 다시 반증할 때에, 칸트가 세운 기준, 그것은 역설이 성립되면 안 된다는 것이라고 보고, 그 역설은 바로 칸토어가 발견한 칸토어 역설이 아닌가 합니다. 교수님의 책이 앞으로 연구에 많은 도움이 되겠습니다. 칸트철학 전반을 안티노미 시각에서 조명해 읽으니 흥미가 배가 되는 것 같습니다. 자연히 불교하고도 연관이 되고요. 추석 잘 쉬시기 바랍니다. 과천에서 김상일.

　노란색 바탕의 편지지에 고풍스럽게 만년필로 쓴 편지였다. 날짜가 적혀 있지 않아 언제 받은 편지인지는 모르겠지만, 내 박사논문이 선배 교수의 연구에 도움이 된다는 사실에 나는 기쁨을 느꼈다. 그 이후 김상일 교수는 자신의 저서『원효의 판비량론 연구』를 내게 보내주었다. 그래서 나는 고마움의 마음을 담은 전자메일(e-mail)을 보냈다. 그 무렵에는 교수들 사이에도 전자메일을 사용하는 것이 정착된 시기였던 것 같다. 2004년 9월 14일이었다.

　김상일 교수님, 경북대학교 사범대학 윤리교육과 문성학입니다. 교수님께서 보내주신 교수님의 저서, 『원효의 판비량론 연구』를 잘 받았습니다. 멀리서나마 교수님의 학문에 대한 열정을 항상 존경합니다. 또 훌륭한 책을 출간하시게 됨을 축하드립니다. 아울러 제가 쓴 보잘것없는 논문이 선생님의 연구에 조그만 도움이라도 된 것 같아 영광으로 생각합니다. 건강이 덜 좋으신 것 같은데, 건강에 유념하시어 더 많은 저술활동을 하시기 바랍니다. 문성학 드림.

김상일 교수가 그다음 날 답신을 보내왔다.

감사합니다. 나름대로의 시도에 문 교수님의 비판과 관심을 바랍니다. 문 박사님 논문은 이제 하도 읽어 책갈피가 다 날아갈 지경입니다. 혹시 이 분야에 관심을 가진 분을 추천해주시면, 책을 보내드리겠습니다. 김상일 드림.

아마 김상일 교수는 나의 박사논문을 가장 세밀하게 읽은 사람 중에 한 사람이 아닐까 추측해본다. 소장 학자가 학자로서 느낄 수 있는 기쁨을 선사해준 김상일 교수에게 감사드린다.

그 논문은 3년 뒤인 1991년에 『인식과 존재』라는 제목의 책으로 출간되었다. 그 책에서 나는 『순수이성비판』을 '인식될 수 있는 존재자의 존재에 관한 이론'으로, 즉 '인식존재론'(epistemic ontology)으로 해석했다. 박사논문 심사장에서 이문호 교수가 이제 학문에 첫발을 들이는 햇병아리 연구자가 건방지게 새로운 용어를 만들어 쓰는 것은 곤란하다고 질책한 기억에 새롭다. 그 책에서 칸트의 이율배반론의 관점에서 물자체 문제를 해석했는데, 내가 그 책을 쓰면서 얻어낸 가장 중요한 아이디어는 칸트가 인간을 가능적 무한자로 본다는 것이었다. 그것은 그 이후 내가 진행한 칸트 연구에서 길잡이 역할을 했다. 물론 칸트의 물자체 이론도 그 관점에서 해석했다. 1988년 12월에

『칸트철학과 물자체』라는 책을 출간했는데, 사실 이 책은 내가 박사논문을 마무리한 바로 직후에 대략 40여 일 만에 작성한 원고로 만들어진 책이다. 나는 그 책의 원고를 계속 미출간 상태로 갖고 있다가, 취직을 위해 업적으로 만들어둘 필요가 생겨서 출간했다. 그래서 비록 이 책은『인식과 존재』보다 3년 먼저 출간되었지만, 원고의 완성 순서로 보면『인식과 존재』가 앞선다. 비록 260쪽에 불과하지만『칸트철학과 물자체』는 칸트 연구가로서 나의 자긍심을 북돋우어준 책이다. 칸트철학에서 가장 문젯거리인 물자체 개념을 집중적으로 다룬 국내 유일의 책이었기 때문이다. 지금도 그 상황은 변하지 않고 있다. 이 책은 나중에 수정·보완되어서 출판사를 바꾸어 같은 제목으로 1995년에 출판되기도 했는데, 칸트의『실용적 관점에서 본 인간학』을 번역한 이남원 교수의 우호적인 서평을 받았던 기억이 난다. 이남원 교수의 서평은 다른 사람 입을 빌려 나를 자랑하기에 안성맞춤이니, 한번 인용하려 한다. 물론 이남원 교수가 남에게 덕담을 하는 유덕한 인품의 소유자라는 것을 염두에 두면서 읽기 바란다.

> 문성학 교수의『칸트철학과 물자체』는 독자적인 해석에 있어 거의 황무지나 다름없는 우리의 상황에서 칸트에 대한 독자적인 해석을 시도하고 있는 책이다. (…) 문 교수의 논의는 대체로 (칸트의) 이론철학에 머물러 있는 것 같다. 그러나 필자의 짐작이긴 하지만 평소의 그와의 대화를 통해 미루어 볼 때, 문 교수의 관심 영역이 여기에 머물러 있을 것 같지는 않다. 칸트의 전 철학체계를 물자체 개념을 통해서 일관되게 해석하고자 하는 것이 문 교수의 장대한 포부인 듯하다.[23]

이남원 교수가 말한 그 '장대한 포부'는 이제 바람 빠진 풍선처럼 되어

---

23) 이남원,「문성학 교수의 '칸트철학과 물자체'에 대한 서평」(영남철학회 소식지, 통권 제13호, 1995년 가을호).

버렸지만, 그나마 나는 이 책을 통해 그가 내게서 기대한 것과 유사한 작업을 하고 있는 셈이다. 나는 가능적 무한의 개념을 중심에 두고서 칸트철학을 해석하려 하고 있다. 1995년 이후 나는 칸트에 관한 네 권의 책을 더 출간했다. 1997년에 『칸트철학의 인간학적 비밀』을, 2006년에 『칸트 윤리학과 형식주의』를 출판했다. 2007년에 『칸트의 인간관과 인식존재론』을 출판했다. 그리고 2021년에 『칸트 윤리학의 균열』을 출간했다. 『칸트의 인간관과 인식존재론』은 1997년에 출판된 『칸트철학의 인간학적 비밀』을 개정 보완한 것이다. 이 책은 제목에서 암시되듯이 가능적 무한자로서의 인간이라는 칸트의 인간관의 관점에서 칸트철학, 특히 『순수이성비판』의 여러 가지 해석상의 논쟁점들이 어떻게 해결될 수 있는가를 보여주는 책이다. 그리고 『칸트 윤리학과 형식주의』는 칸트가 윤리학의 영역에서 끌어들이는 형식주의적 사고가 성공적이지 못함을 보여주고 있다. 이 역시 칸트 윤리학에 대한 체계적이고 일관된 비판을 보여주고 있다는 점에서 그 의의가 인정될 수 있다고 생각한다. 『실천이성비판』이나 『도덕 형이상학 정초』에서의 칸트의 윤리학적 입장과 비판후기의 저서인 『도덕 형이상학』에서의 칸트의 입장이 보여주는 차이점으로 연구자들이 헷갈려하는데, 나는 그 차이의 발생은 칸트 자신이 적어도 윤리학의 영역에서는 인식의 영역에서와는 달리 철저한 형식주의적 전략이 통하지 않음을 알게 되었기 때문이라고 생각한다. 『칸트 윤리학의 균열』은 비판기의 칸트 윤리학과 후비판기의 칸트 윤리학 사이에 있는 균열의 문제를 다루었다.

이 장을 마치면서 우리나라 철학계의 폐단에 대해 한마디하고자 한다. 우리나라에서도 이정직의 '강씨철학설대략'이라는 제목의 글을 통해 칸트가 소개되어 연구가 시작된 지 한 세기가 지났다.[24] 최소인 교수가 잘 지적하고 있듯이 이제 우리도 칸트 사상의 단순한 수용과 초보적인 해석을 넘어서

---

24) 윤사순 · 이광래, 『우리사상 100년』(서울, 방일영문화재단, 2002), 276쪽 참조.

서 토착화된 칸트 연구를 해야 할 때가 되었다. 그리고 최소인 교수의 말대로 토착화된 칸트 연구가 되려면 무엇보다도 칸트 원전의 번역이 시급히 요구된다.[25] 그러나 원전 번역 못지않게 중요한 것이 또 있다. 그동안 우리나라에도 칸트 연구의 선구자들이 그들이 처한 여건에서 그들 나름의 최선을 다해서 만들어낸 칸트 연구서들이 다수 있다. 그럼에도 불구하고 우리 후배들은 그들의 업적을 활용하는 데 거의 성의를 보이지 않았다. 나도 이런 폐단으로부터 자유롭지 못한데, 이런 폐단은 시급히 교정되어야 한다. 이제는 자신의 논문에 마치 북한군 장성이 군복에다가 훈장을 주렁주렁 달듯이, 외국문헌으로 된 각주를 주렁주렁 다는 폐습으로부터 벗어나야 할 것이다. 외국인이 쓴 논문에 대해 백날 시비를 걸어 비판해봤자, 그들이 한글로 된 우리 논문을 읽지 않으니 논쟁이 생겨나지 않는다. 그들은 한글로 된 칸트 관련 논문들을 읽을 필요도 없다고 생각할 것이다. 우리나라 칸트 연구자가 우리나라의 학자들의 글에 시비를 걸지 않고 외국 학자들의 글이나 읽고 요약하거나 그들의 글을 비판하는 방식으로 논문을 쓰는 것은 어찌 보면 편하게 공부하는 방법이기도 하다. 그러나 살아 있는 국내 학자의 연구결과물들을 다루어야 논쟁이 발생하고, 논쟁이 이어지면 논쟁사가 만들어지며, 논쟁사가 만들어지면 우리만의 칸트 해석을 갖게 되며, 우리만의 칸트 해석을 갖게 될 때, 비로소 칸트 연구에 있어서 식민지 상태를 벗어날 수가 있을 것이다. 이런 생각에서 필자는 이 책을 집필하면서 가급적 국내 연구자들의 글을 더 많이 활용하려고 나름대로 애썼지만, 역시 만족스럽지가 못하다.

---

25) 『감성계와 지성계의 형식과 원리들』(최소인 옮김) "옮긴이 서문" 참조.

II

칸트와
그의 시대

1. 칸트와 쾨니히스베르크
2. 칸트의 부모와 스승
3. 인간 칸트
4. 칸트와 프리드리히 대왕
5. 칸트와 합리론–경험론의 대립 그리고 뉴턴
6. 칸트와 흄
7. 칸트와 루소
8. 칸트의 마지막

이제 우리는 칸트의 생애에 대해 알아보는 것으로 본격적인 여행을 시작하고자 한다. 우리 여행의 주된 목표가 칸트의 철학사상을 구경하는 것이라 하더라도, 그래도 칸트는 어떤 시대와 도시에서 살았는지, 외모는 어땠는지, 키는 컸는지, 부모 형제는 어떤 사람들인지, 형제들과의 관계는 어땠는지, 학교 다닐 때 공부는 잘했는지, 취미가 뭔지, 결혼은 했는지 등등에 대해서도 알고 싶을 것이다. 고백하지만, 나는 칸트를 공부면서도 오랫동안 위에서 줄줄이 나열한 것들에 대해서는 거의 관심을 갖지 않았다. 칸트를 공부하기 시작한 후, 많은 시간이 흐른 뒤에도 칸트가 언제 태어나서 언제 타계했는지도 모르고, 그냥 칸트철학의 내용만 공부했다. 매우 기형적인 방식으로 공부했다. 철학은 초역사적인 진리를 탐구하는 학문인데, 그렇지 않아도 기억력이 시원찮은 마당에 그런 사소한 사항들까지 알려고 애쓸 필요가 없다고 생각했기 때문이다. 노년의 칸트로부터 9년 동안 배우기도 했던 칸트전기 작가인 야흐만(R. B. Jachmann, 1767-1843)은 "칸트를 단지 그 저작과 강의를 통해서만 아는 사람은 칸트를 절반밖에 모르게 된다"라는 말을 했다.

그래도 나는 젊어서부터 젊은 시절의 칸트 사진을 액자에 집어넣어 항상 내 서재에 걸어두고 있다. 그 사진에 대한 이야기를 해보면 이렇다. 내가 대학에 입학했을 때, 어느 교수님의 연구실이었는지 아니면 경북대학교 철학과 사무실이었는지는 모르겠지만, 어떤 철학자의 사진이 들어 있는 액자가 벽에 걸려 있었다. 나중에 알고 보니 칸트 초상화를 사진으로 찍은 것이었다. 그 영향 때문이라 생각된다만, 나중에 대학원생이 되어서 칸트를 같이 공부하던 몇몇 선후배들과 함께 일본판 칸트 전집에서 발견한 칸트 초상화를 확대 촬영해서 하나씩 가지기로 했다. 그래서 그 초상화를 들고 사진관에 가서 우리가 원하는 크기의 사진을 만들었다. 그때 갖게 된 칸트 사진은 지금도 내 서재에 걸려 있지만, 비교적 젊은 시절의 칸트로, 전반적으로 날카로워 보이는 인상에 멋있는 샌님 스타일이다. 그때는 나도 젊은 시절이었기에 내가 존경한 대철학자의 젊은 모습이 괜찮아 보였다. 그러나 이제 나도 나이를 먹고 보니, 이젠 젊은 시절의 예민해 보이는 칸트 사진에서 약간은 부드러워 보이기도 하는 노년의 칸트 사진으로 바꾸어주어야 하는 게 아닌가 하는 생각이 들기도 한다.

칸트의 생애를 한 줄로 압축하려면, 우리는 미국의 16대 대통령이었던 링컨(A. Lincoln, 1809-1865)을 불러와야 한다. 링컨은 칸트의 인간 존엄성 사상을 받아들여 노예 해방운동을 펼쳤다. 그리고 칸트 사상을 실천하려다 암살당했다. 물론 링컨이 칸트의 책을 읽고 영향을 받았다는 것이 아니라, 칸트처럼 인간존중의 정신을 갖고 정치적 삶을 살았다는 것이다. 필자가 칸트의 인간 존엄성 사상을 강조하면, 누군가는 칸트가 인종차별적인 발언을 한 것을 지적할 것이다. 사실 칸트는 전 비판기 저서에서 백인과 흑인을 비교하면서 "두 인종 간의 차이는 본질적이며, 그것은 피부색에서와 마찬가지로 심성의 역량에서도 크게 나타난다"고 말한다.[1] 그로닝겐(Groningen) 대학의 여성 철학자 클라인겔트(P. Kleingeld, 1962-)의 관찰에 의하면 칸트가 1780년대 중반까지도 인종주의적 편견을 버리지 못했는데, 그 이후 칸트는 법과 정치이론에 대한 작업에 몰두하면서 유럽인들의 식민정책과 노예제도를 다시 검토하게 된다.[2] 나는 어떤 사상가를 평가할 때에, 지금의 관점에서 평가하는 것을 지양해야 한다고 생각한다. 아리스토텔레스가 노예제를 찬성했다거나, 플라톤이 불구아를 내다 버리는 것에 동의했다거나, 루소(J. I. Rousseau, 1712-1778)가 성차별주의자라고 지적하면서 그들을 비난하는 것은 합당한 비난이 아니라고 생각한다. 그들은 그들 시대의 누구보다 시대를 앞서 살았던 사람들이기에, 지금이라면 당연히 플라톤은 불구아를 돌보아야 한다고 말했을 것이고, 아리스토텔레스는 노예제 폐지에 앞장섰을 것이고, 칸트는 인종차별적 발언을 입에 올리지 않았을 것이다. 불구아 유기나 노예제 찬성이 플라톤과 아리

---

1) 『아름다움과 숭고함의 감정에 관한 고찰』, 92-93쪽.
2) 김수배, 『호소의 철학: 칸트와 호모 히스토리쿠스』(충남대학교출판부, 2015), 231쪽 참조.

스토텔레스 사상의 본질이 아니라는 말이다. 물론 그들이 그런 주장을 했다는 것은 역사적 사실이다. 그리고 그 사실을 지적하는 것은 문제될 것이 없다. 그러나 그런 지적을 통해 그들을 인격적 결함이 있는 인물들로 만드는 것은 곤란하다. 특히 칸트의 경우 비판기 이전에는 인종차별적 생각을 가졌었지만, 『실천이성비판』 출간 이후에는 그런 생각을 버린 것으로 보이는데, 그가 버린 생각으로 그를 비판하는 것은 더욱 합당하지 않은 것이 될 것이다.

하여간 링컨은 민주주의의 본질을 꿰뚫어 보여준 인상적인 정의를 내렸다. 민주주의란 '국민의, 국민에 의한, 국민을 위한' 정체이다. 칸트의 생애를 묘사하려면, 여기에서 '국민' 대신에 '학문'을 대입하면 된다. 칸트의 인생은, '학문의, 학문에 의한, 학문을 위한' 학문적 인생이었다. 칸트의 삶에서 학문적 탐구를 제거하면 남는 게 무엇이 있는가? 비록 칸트는 독신으로 살았지만, 그래도 세상살이를 하면서 이런저런 일로 신경을 써야 했고, 어느 정도의 사교적 모임도 가졌으며, 교수로서 학생들을 가르치는 일로 시간을 보냈다. 그리고 건강을 유지하기 위해 규칙적인 산책도 했다. 그렇다 하더라도, 그의 삶의 지향점은 학문이었다. 칸트가 학문을 한 것인지, 학문의 신이 칸트를 부려 먹은 것인지 구분이 안 되는 지경이다. 소크라테스(Socrates, B.C. 470 - B.C. 399)는 진리를 위해 독배를 마셨다. 브루노(G. Bruno, 1548-1600)는 학문의 자유를 위해 화형당하는 것을 선택했다. 칸트의 삶에는 소크라테스나 브루노의 삶처럼 극적인 요소는 없지만, 그가 학문에 눈을 뜬 이후 그의 내면에서는 하루가 멀다 하고 번득이는 사고의 광풍이 휘몰아쳤다. 그는 46세에 교수가 되기 이전부터도 학문에 대한 열정으로 자신을 불태웠지만, 특히 교수가 된 이후 76세에 육체적으로 현저하게 약해지기 전까지, 자신에게 덮친 사상의 광풍을 맞으며 그것을 언어로 만들어내기 위한 고단한 삶을 살았다.

학문에 대한 칸트의 열정과 결기는 그가 22세 때인 1746년에 대학 졸업논문을 쓰면서, 그 당시로는 아무나 넘볼 수 없는 학문적 권위를 갖고 있었던 뉴턴(I. Newton, 1643-1727)과 라이프니츠(G. W. Leibniz, 1646-1716)의 학설조차도 자신이 보기에 진리가 아니라고 판단되면, 가차 없이 비판하겠다고 당당히 선언하는 데서도 알려진다. 청년의 객기나 호기로 보일 수 있지만, 칸트는 그 호기로움이 근거 있는 것임을 확증시켜 보였다. 칸트철학에 대한 독자적인 해석을 통해 우주의 본질을 의지로 보면서 『의지와 표상으로서의 세계』를 선보인 쇼펜하우어(A. Schopenhauer, 1788-1860)의 칸트 예찬을 한 구절 소개하고자 한다. 그는 그 책의 제2판 서문에서 이렇게 말한다.

> 칸트의 교설은 그 교설을 파악하는 모든 정신에 근본적인 변화를 만들어내는데, 그 변화가 너무나 엄청나서 영적인 거듭남(geistige Wiedergeburt)으로 간주될 수 있을 것이다.[3]

하이데거도 칸트의 『순수이성비판』을 읽으면서 마치 눈에서 비늘이 떨어지는 것과 같은 지적 체험을 했다고 말했다.[4] 내친김에 현대 대만의 대표적인 현대 철학자 모종삼의 칸트 예찬을 한 구절 더 소개한다.

> 세상의 역사가 있는 이래로 지금까지 칸트와 같이 진정한 철학적 전문가의 경지에 도달한 사람은 없다. 진정으로 철학을 공부한 사람은 칸트이다. 그는 80여 세까지 살았지만 어떤 다른 일도 하지 않았고, 평생 그의 고향을 떠나본 적도 없으며, 일생의 정력을 전부 그의 철학적 구상에 집중했는데, 진정으로 위대한 사람이다. 그러므로 어떤 사람이 말하는 것처럼 칸트의 철학은 철학적 상식이지만, 이 상식은 결코 평상시 말하는 상식이 아니고 대단히 심오한 상식이다. 또한 어떤 사람은 칸트

---

3) A. Schopenhauer, *Die Welt als Wille und Vorstellung* (A. Schopenhauer Sämtliche Werke Band I, Stuttgart, Suhrkamp Taschenbuch Verlag, 1986), p. 21.

4) M. Heidegger, *Phänomenologische Interpretation von Kants Kritik der reinen Vernunft* (Frankfurt am Main, Vittorio Klostermann, 1977), p. 431 참조.

철학을 통과한다고 하여 반드시 더 좋은 철학이 출현하는 것이 아니라고 말했지만, 칸트철학을 통과하지 않으면 단지 나쁜 철학만 있을 뿐이다. 그러므로 철학을 공부하는 사람은 반드시 칸트를 공부해야 한다.[5]

---

5) 모종삼, 『동서철학의 회통』(박승현 옮김, 공동체 출판사, 고양, 2016), 95쪽.

1.
칸트와 쾨니히스베르크

칸트는 1724년 4월 22일 새벽 5시경에 동프로이센의 쾨니히스베르크(Königsberg)에서 태어났다. 나는 쾨니히스베르크에 대한 소개글 중에서 스터켄버그(J. H. W. Stuckenberg, 1835-1903)만큼 칸트를 그 도시와 연관 지어 멋지게 소개한 사람을 보지 못했다.

임마누엘 칸트는 쾨니히스베르크와 너무나 동일시되고 있어서, 이 도시를 잘 그려내는 것은 이 도시가 배출한 유명한 자식에 대해 올바로 이해하기 위해 본질적인 일이 된다. 여기에서 칸트는 태어나서 교육받고 가르치고, 그리고 죽었다. 그리고 이 도시와 그 주변 지역은 칸트의 모든 노동과 곤경과 승리의 드라마가 펼쳐진 곳이기도 하다. 그 도시의 사회적, 종교적, 지적 조건은 칸트의 성품과 견해에 커다란 영향을 미쳤다. 그러나 다른 한편 칸트도 그 도시가 그때까지 한 번도 즐겨보지 못했던 명성을 선물했고 그 도시의 이름에다가 철학에서 가장 중요한 신기원을 결합시켰다. 그리하여 쾨니히스베르크는 '철학의 수도'(The Capital of Philosophy)로 불리고, 또한 '순수이성의 도시'(The City of Pure Reason)로 불린다.[6]

---

6)   J. H. W. Stuckenberg, *The life of Immanuel Kant* (London, Macmillan and Co., 1882), p. 1.

쾨니히스베르크는 지금은 러시아 영토이며, 지명이 칼리닌그라드(Kaliningrad, Калининград)로 바뀌었다. 쾨니히스베르크는 13세기 초에 독일인들이 동프로이센을 정복하기 위해 전초기지로 세운 도시였다. 그리고 1525년 프로이센 공국이 건국되면서 그 수도가 되었다. 칸트가 태어나기 23년 전인 1701년에 프로이센 공국이 왕국으로 승격된 뒤에는 프로이센 왕국의 수도가 베를린으로 옮겨졌지만, 역대 국왕들은 쾨니히스베르크에서 대관식을 치렀다. 2차 세계대전이 끝날 때까지 쾨니히스베르크는 독일 동부의 중심적인 대도시였다.[7] 칸트 당시 쾨니히스베르크는 인구가 5만 명에 육박하는 국제적인 상업도시였다. 칸트 자신도 쾨니히스베르크를 대도시로 생각하며 다음처럼 소개했다.

> 나라의 중심이 되는 대도시에는 그 나라 정부의 여러 기관이 있는데, 하나의 대학(학문의 개척을 위해서)을 가지고 있고 또한 해상무역을 위한 위치를 점유하며, 강을 통해서 나라의 내부와 교역하고 또한 여러 가지 언어나 풍습을 가진 이웃 국가들과 교역을 한다는 이점(利點)을 가지고 있는 이러한 도시, 예컨대 프레겔 강가에 있는 쾨니히스베르크와 같은 대도시는 세상에 관한 지식뿐만이 아니라 인간에 관한 지식도 크게 확장하는 데 적절한 장소로 간주될 수 있다. 이런 도시라면 그러한 지식은 여행을 하지 않더라도 획득될 수 있는 것이다.[8]

칸트의 문체답게 만연체다. 독자들은 호흡을 가다듬으며 문장을 읽느라 힘들었을 것이다. 허언(虛言)성 소언(笑言)인데, 대구 팔공산 부근에도 '쾨니히스베르크'가 있다는 것을 여러분은 모를 것이다. Königsberg의 'König'는 그

---

7) 김덕영, 『사상의 고향을 찾아서: 독일 지성 기행』(서울, 도서출판 길, 2015), 137-138쪽 참조.

8) 『실용적 관점에서 본 인간학』 "서론", 7쪽 하단부, 칸트의 주(註).

뜻이 '왕'이고 'Berg'는 '산'이라는 뜻이다. 그러니 Königsberg는 우리말로 '왕산'이다. 팔공산 자락에 바로 그 '왕산'이 있다. 고려 태조가 견훤과 전투를 벌이다 위기에 처해 도망치면서 숨은 산이라 해서 붙여진 이름이라 한다.

지금의 칼리닌그라드는 인구가 100만 명 정도 된다. 쾨니히스베르크는 제1차 세계대전 때 독일군과 러시아군의 치열한 접전지역이었으며, 제2차 세계대전과 함께 도시가 심하게 파괴되었다. 이 파괴로 말미암아 지금의 칼리닌그라드는 칸트가 살아 있을 당시의 쾨니히스베르크와는 연속성을 찾기 어렵게 되었다. 제1차 세계대전 때 독일과 러시아의 치열한 접전지였던 칼리닌그라드는 현재 러시아와 우크라이나 간의 전쟁으로 말미암아 고립의 위기에 직면해 있다. 칸트가 영구평화론을 주창했던 그곳이 전쟁의 고통 속에 놓여 있다는 것이 슬픈 현실이다.

칼리닌그라드가 독일령에 속해 있을 당시에는 '쾨니히스베르크'라 불렸으나, 1945년 포츠담 회담의 결정에 따라 쾨니히스베르크가 일시적으로 소련으로 이관되었고, 국경 조약 이후 완전히 소련 영토로 편입되면서 소련의 지도자 미카엘 이바노비치 칼리닌(Mikhail Ivanovich Kalinin)의 이름을 따 '칼리닌그라드'로 도시의 이름이 바뀌었다. 현재는 러시아인이 인구의 87%를 차지하고 있다. 본래 칼리닌그라드의 주민은 독일인이 대부분이었으나, 제2차 세계대전 이후 추방당했다. 1544년에 세워진 쾨니히스베르크 대학은 1945년 소련에 넘어가면서 폐교되었다. 만약 폐교되지 않고 계속 있었다면, 칸트는 그 대학의 영원한 자랑거리로 추앙받고 있었을 것이다. 지금 그 자리에는 1967년 설립된 칼리닌그라드대학교가 있다.[9] 뒤에서 언급되는데, 이 대학의 이름이 '임마누엘 칸트 국립대학교'로 바뀌었다고 한다.

칼리닌그라드는 러시아 본토와 400여km 떨어진 채, 폴란드와 리투아니아 사이에 끼어 있으면서 발트해를 접하고 있다. 칼리닌그라드 바로 외곽

---

[9]   두산백과사전, "칼리닌그라드" 항목을 참조.

의 발티스크는 러시아 발트해 연안에서 유일하게 1년 내내 해면이 얼지 않는 부동항이 있는 곳으로, 발트해 함대 유지에 중요한 역할을 수행한다. 바로 그 때문에 러시아가 독일에게 반환하지 않았다. 소련 시절 공산당 지도자들을 기념하여 지어졌던 도시의 이름들이 1990년대에 들어서 대거 바뀌었다. 레닌그라드가 옛 이름인 상트페테르부르크로 되돌아간 것이 그 예다. 하지만 원래 독일 영토였던 칼리닌그라드는 소련 시절에 바뀐 이름을 그대로 유지하고 있다. 칼리닌그라드도 옛 이름인 쾨니히스베르크로 바꾸었으면 좋겠다는 생각이 드는 것은 나만 그럴까?

카셀대학교의 김덕영 교수가 '김덕영의 사상의 고향을 찾아서'라는 큰 주제 하에 여러 사상가들의 고향을 찾아 여행하면서 쓴 글을 한겨레 신문에 연재한 적이 있는데, 그중에 여섯 번째로 연재한 글의 제목이 '칸트가 나고 잠든 땅, 칼리닌그라드'이다. 그의 기행문에 의하면, 칼리닌그라드 대학은 2005년부터 대학 명칭을 다시금 '임마누엘 칸트 국립대학'으로 이름을 바꾸었다고 한다. 쾨니히스베르크 대학과의 연계성도 부각시키고 또 그곳에서 공부하고 가르치고 총장까지 역임한 칸트를 기리기 위한 것이라 한다. 그리고 소련이 붕괴한 뒤, 학문적 차원에서 칸트를 복원하려는 움직임도 있다고 전해주고 있다. 그의 여행기 중에 공감 가는 멋있는 표현이 보여서 한번 인용해본다.

> 칸트는 그의 위대한 철학적 사유와 성찰을 통해서 이미 생전에 세계가 고향인 세계시민이 되었다. 옛말에 "꽃의 향기는 천 리를 가지만 사람의 향기는 만 리를 간다"고 했다. 그러니까 나 같은 이름 없는 사회학자도 이렇게 먼 길을 마다하지 않고 찾아온 것이다.

나는 이 책을 쓰면서 야흐만의 말대로 책을 통해 만나는 칸트가 아니라 그의 삶을 통해 만나는 또 다른 칸트를 비로소 만나는 중인데, 내가 칸트의 인간미를 여러분에게 공감할 수 있을 정도로 멋있게 그려낼 수 있을지 걱정된다.

2.
칸트의 부모와 스승

　칸트는 평범한 가정의 9남매 중에 넷째로 태어났다. 그러나 성인이 될 때까지 살아남았던 사람은 세 사람밖에 없었던 것으로 전해진다. 칸트는 출생 당시 "유난히 작은 몸집에, 가슴마저 움푹 꺼진 왜소한 아이"였다.[10] 그는 성인이 되어서도 왜소한 체격에 약골이었다. 칸트의 신장은 159cm였다. 칸트의 집안은 결코 부유하지는 않았다. 그의 부친, 요한 게오르그 칸트(Johann Georg Kant, 1683-1746)는 말안장을 만드는 기술자였는데, 동네 사람들로부터 덕망과 성실성을 인정받은 모범적인 시민이었다. 전하는 바에 따르면, 칸트의 아버지는 어린 칸트에게 근면과 성실과 정직의 덕목을 강조했다고 한다.[11] 그리고 모친 안나 레기나 로이터(Anna Regina Reuter, 1697-1737)는 독실한 기독교 경건파 신자였다.

> 칸트의 어머니는 그 성격이 칸트 아버지보다 더 적극적이었다. 그래서 비록 그녀는 칸트가 14세 때, 그리고 남편보다 8년 빨리 죽었지만, 칸트에게 깊고도 지속적인 영향을 주었다.[12]

---

10)　만프레드 가이어, 『칸트평전』(김광명 옮김, 미다스북스, 2004), 31쪽.
11)　만프레드 가이어, 『칸트평전』, 39쪽 참조.
12)　J. H. W. Stuckenberg, *The life of Immanuel Kant*, p. 6. 칸트가 어머니를 여읜 것은 14세가 아니라

칸트의 어머니가 심취했었던 독일 경건파 운동은 그 당시 독일 곳곳에 퍼진 일종의 평신도 신앙운동이다. 이 운동은 교조주의와 의례중심주의를 배격하고 사람들이 일상의 삶에서 루터(M. Luther, 1483-1546)의 종교개혁 정신이 강조했던 신앙의 내면성과 순수성을 회복하는 것을 중시했다. 당연히 어린 칸트는 종교적 믿음으로 무장한 어머니의 교육방식에 큰 영향을 받았으며, 어머니에 대한 각별한 애정을 갖고 있었다. 칸트의 아버지와 어머니는 14세의 나이 차가 있는데, 칸트의 아버지가 33세 때 18세의 안나 레기나를 아내로 맞이했다.[13] 1737년에 칸트의 어머니는 세상을 떠난다. 칸트의 어머니는 장티푸스에 걸린 친구를 병문안하다가 전염되어 사망한 것으로 알려졌다.[14] 어머니는 마흔이고, 칸트가 13세일 때이다. 그리고 그의 부친도 1746년 칸트가 22세일 때 사망한다. 칸트는 비교적 이른 나이에 양친을 여의게 되었다. 요즘 관점에서 보면, 칸트는 '흙수저'에다가 부모의 덕을 충분히 보지 못했다고 볼 수 있다.

그러나 칸트에게는 자신의 재능을 알아준 두 사람의 선생이 있었다. 슐츠(F. A. Schultz, 1692-1763)와 크누첸(M. Knutzen, 1713~1751)이다. 계몽주의 철학자 볼프의 제자였던 슐츠는 1731년에 종교국 평정관 겸 쾨니히스베르크 교회 목사로 부임했는데, 칸트의 어머니는 그 예배에 열심히 참석했다. 그리고 그녀는 어린 칸트의 진로 문제를 가지고 슐츠에게 조언을 구했으며, 슐츠의 지원하에서 어린 칸트는 라틴어 실력을 키울 수 있었다.[15] 칸트는 16세에 쾨니히스베르크 대학에 입학한다. 거기에서 크누첸 교수를 만난다. 칸트는 뉴턴

13세다.

13) 내가 칸트의 생애에 대한 글을 쓰려고 이런저런 자료를 찾아보았는데, 칸트의 아버지와 어머니의 나이 차이는 통상 14세로 알려져 있는데, 결혼 당시의 나이 차는 15세가 된다. 14세 차이 난다는 통설이 맞다면, 결혼 당시의 칸트의 아버지 나이가 32세이든지, 아니면 어머니 나이가 19세일 것이다.

14) K. 포르랜드, 『칸트의 생애와 사상』(서정욱 옮김, 서광사, 2001), 22쪽 참조.

15) 김진, 『칸트와 종교』(서울, 세창출판사, 2018), 38쪽 참조.

에 대한 지식을 자신의 스승인 크누첸을 통해 배웠다. 그와의 만남은 칸트로서는 큰 행운이었다. 칸트보다 11세 많은 크누첸은 뉴턴과 존 로크(J. Locke, 1632-1704)에 대해 해박한 지식을 갖고 있었으며, 지식욕에 불타던 칸트는 그로부터 뉴턴과 로크의 사상을 흡수했다. 스티븐 호킹(S. W. Hawking, 1942-2018)이 평가한 바에 따르면 "물리과학에서 출판된 가장 중요한 서적"은 뉴턴의 명저, 『자연철학의 수학적 원리』인데,[16] 크누첸은 그 책을 제자인 칸트에게 빌려주기까지 했다고 한다.[17] 아무리 칸트가 제자라 하지만, 그 귀한 책을 빌려준다는 것은 쉬운 일이 아닐 텐데, 그 책을 빌려주었다는 것은 칸트에 대한 크누첸의 인간적인 신뢰를 가늠하게 해준다. 칸트의 삼 비판서 어디에서도 크누첸의 이름이 거론되지는 않지만, 칸트는 대사상가가 됨으로써 스승의 은공을 갚은 셈이다. 철학자 칸트의 지적인 발전사를 알아보려면 우리는 반드시 크누첸을 언급하지 않을 수 없기 때문이다.

---

16) 스티븐 호킹, 『시간의 역사』(현정준 옮김, 서울, 삼성출판사, 1988), 26쪽.

17) 만프레드 가이어, 『칸트평전』 71쪽.

3.
인간 칸트

　　니체가 했던 말로 기억된다만, 한 인간을 파악하기 위해서는 세 개의 일화로 충분하다고 했다. 그러나 일화도 일화 나름 아니겠는가? 칸트는 자신이 건강한 신체를 타고나지 않았음을 알았고, 규칙적인 생활을 통해 건강을 관리했다. 덕분에 그는 평생 심각한 병으로 병석에 드러누웠던 적은 없었다. 그리고 말년에 이르기까지 안경이 필요 없을 정도로 시력도 좋았다고 한다. 그 덕분에 그는 대기만성의 철학사상을 완성할 수 있었다. 사람들은 '칸트' 하면 그의 철저한 규칙생활을 떠올린다. 얼마나 규칙적인 생활을 했으면, 산책하는 칸트를 보고 동네 사람들이 자신의 시계를 맞추었다는 일화가 생겼겠는가? 그 일화로 말미암아 '시계보다 더 정확한 칸트'라는 말이 만들어졌다. 그러나 칸트도 집에서 산책을 떠날 때는 자신의 시계를 보고 떠났을 텐데, 어떻게 칸트가 시계보다 더 정확하겠는가? 칸트가 지나가는 것을 보고 동네 사람들은 '대충 몇 시쯤 되었겠구나' 하고 시간을 짐작했을 것이다. 그런 일화를 접하게 되면, 칸트라는 철학자는 기계적인 규칙성을 숭배한 인물로 보이기도 한다. 이런 인상을 더 강화시켜주는 것이 도덕법칙의 예외를 허용하지 않는 그의 '정언명법론'이다. 그가 프랑스 대혁명을 목격한 뒤에 말년에 쓴 논문인, 「인간애를 핑계 삼아 거짓말하는 권리에 대하여」라는 기다란 제목의 글에서는, 친구의 생명을 구하기 위해서라도 거짓말을 해서는 안 된다고 주

장했다.[18] 얼마나 인간미가 없어 보이는가! 그러나 칸트는 실제로는 아주 쾌
활하고 말을 재미있게 했으며 사교적인 인물이었다. 칸트의 강의에 대해 그
의 제자인 보르브스키(L. E. Borowski. 1740-1831)는 우리들에게 이렇게 보고하고
있다.

> 칸트는 자주 강의의 주제에서 벗어나 풍부한 자신의 지식 속으로 빠
> 져들었다. 그러나 이것은 아주 흥미로운 것이었다. 이렇게 본래의 주
> 제로부터 벗어난 것을 알아차리면, 그는 '그다음은 대충 그러하다' 혹
> 은 '그렇게 진행되었다' 등의 말로 끝맺었고, 다시 본래 주제로 돌아왔
> 다.[19]

칸트가 교단에서 강의하면서 학생들에게 입버릇처럼 '철학함'을 강조
했다.

> 여러분은 내게서 철학을 배우는 것이 아니라, 철학함(philosophieren)을
> 배우는 것이다. 사상을 흉내 내기 위해서 공부하는 것이 아니라 생각하
> 는 방법을 공부하는 것이다.

> 모든 아프리오리한 이성학문 중에서 오직 수학만이 학습될 수 있고,
> 그러나 철학은 역사적인 의미가 아닌 한 결코 학습될 수 없으며, 이성
> 에 관하여서는 기껏해야 다만 **철학하기**를 배울 수 있을 뿐이다.(B865. 강
>
> 조는 칸트)

---

18) I. Kant, "Über ein vermeintes Recht aus Menschenliebe zu lügen," in: *Immanuel Kant Werkausgabe,*
   Bd. VIII, hrsg. W. Weischedel, Suhrkamp, Frankfurt, 1968.

19) K. 포르랜드, 『칸트의 생애와 사상』, 73쪽.

그런데 이렇게 '철학함'을 강조한 칸트지만, 그는 『순수이성비판』의 저자인 자신과 독자들의 공동의 노력으로 자신이 그 책에서 보여주고 있는 형이상학이 완성될 수 있을 것이라고 말하면서 다음처럼 말한다.

> 그러므로 후세인에게 남는 것은 교수상의 방법에 있어서 각자의 의도대로 일체 내용을 안배하는 일이요, 그것으로 인해서 내용을 더 많게 하는 수는 없다.(AXX)

칸트의 말대로라면, 칸트 이후로 이제 형이상학의 분야에서는, 단지 가르치는 방법에서 선생은 자신의 의도대로 변화를 줄 수는 있겠지만, 내용에 관한 한 새로이 더 보탤 것은 없게 된다. 이런 상황에서 '철학함'은 어떻게 가능한지 모르겠다.

강사 시절의 젊은 칸트는 인기 있는 선생이었다. 그는 대학 선생으로서 자신의 일에 충실하기도 했지만, 멋쟁이 선생으로서 사교활동에도 열심이었다. 당구도 치고 카드놀이도 즐겼다. 우리에게 알려진, '규칙적 산책을 하는 칸트'의 모습으로는 도저히 상상이 안 되는 일이지만, 녹초가 될 지경에 이르도록 그런 일에 탐닉하기도 했다고 한다. 1763년에 집필한 『미와 숭고의 감정에 관한 고찰』에서는 그 문체에 젊은 시절의 칸트가 보여주는 명랑함과 화려함이 묻어난다. 그러나 바지안스키(E. A. C. Wasianski, 1755-1813)가 보고해주고 있듯이, 칸트의 삶은 어느 순간부터 그날이 그날인 무미건조하고 재미없는 날들이 되었으며, 그는 단조롭고 규칙적인 일과들을 엄격하게 지키는 삶을 살게 된다. 심지어 칸트는 가위나 깃털을 깎는 칼이 제자리에 놓여 있지 않으면 불편해했고, 방 안의 덩치 큰 물건들이 정해진 위치에 놓여 있지 않으면 안절부절못하는 모습을 보이기도 했다. 하세(J. G., 1759-1806)는 칸트의 삶을 원칙의 확고함, 행위의 꾸준함, 결단의 단호함으로 묘사했다. 하이네(H. Heine, 1797-1856)도 칸트는 쾨니히스베르크의 외딴 골목에서 기계적이고 무미건조한 독신자의 삶을 살았다고 말했다. 기상하기, 커피 마시기, 글쓰기, 강의하기, 식사하기, 산보하기 등 모든 일과는 정해진 시간표에 따라 진행되었다.[20] 칸트의 삶의 이런 변화와 관련해서 힌스케(N. Hinske, 1931-)는 다음처럼 묻는다.

> 언제, 그리고 어떤 계기, 자극, 동기에 의해 총명하고 명민한 사교가이자 세상이라는 책에서 배우기를 가장 좋아한 주의 깊은 관찰자이며 분석가가 1780년대에서 1790년대에 걸쳐 가차 없는 작업을 통해 비판철학이라는 저 위대하고 획기적인 작품들을 만들어낸 엄격한 학자, 기계적인 노동자, 체계적인 사나이로 — [그동안] 거의 알려지지 않은 — 변신을 감행하게 되었단 말인가?[21]

힌스케는 그러한 변화과정의 결정적 요인은 칸트를 10년 이상 괴롭힌 『순수이성비판』의 문제들이었을 것으로 추정한다. 칸트는 그 문제들의 해결을 위해 모든 에너지를 쏟아부으며 10년 동안 아무런 업적도 만들지 못했고 중요한 편지에 대한 회신도 수개월씩이나 미루었다. 지속적인 과로로 건강도 나빠졌다.[22] 마침내 1781년에 『순수이성비판』이 출간되었다. 그런데 칸트는 그 책을 출간함과 동시에 십수 년에 걸친 사색 노동과 집필 노동으로부터 해방된 것이 아니라 더 깊숙이 사색 노동과 집필 노동의 고통 안으로 빠져들게 된다. 칸트는 말년에 이르러 건강이 극도로 악화되기 전까지 계속적인 저술활동에 자신의 모든 것을 쏟아붓는다. 칸트는 자신이 일모도원(日暮途遠)의 처지에 놓여 있음을 알고 있었다. 그는 집필해야만 할 책은 많은데, 여

---

20) 노르베르트 힌스케, 『현대에 도전하는 칸트』(이엽 · 김수배 옮김, 서울, 이학사, 2004), 30-32, 35쪽 참조.
21) 노르베르트 힌스케, 『현대에 도전하는 칸트』, 33쪽.
22) 노르베르트 힌스케, 『현대에 도전하는 칸트』, 38쪽.

생의 시간이 넉넉지 않다고 생각했다. 그의 이런 초조함은 『순수이성비판』 재판 '머리말'에도 묻어 있다. 거기에서 칸트는 자신의 나이가 64세가 되었고, 계획한 작업을 수행하려면 시간을 절약해야 한다고 말한다(BXLIII-XLIV 참조). 『순수이성비판』은 철학의 역사뿐만이 아니라, 인간 칸트의 삶도 그 이전과 이후로 나누어버린 책이 된 것이다.

칸트는 교분이 있는 사람들과 함께하는 식탁 모임을 즐겼다고 한다. 이 모임에서 그는 비판적 세계의 우울한 현인이 아니라, 빛이 충만한 대중적 철학자였다. 칸트의 제자이자 나중에 비판철학의 비판자가 되었던 헤르더(J. G. Herder, 1744-1803)는 '명랑한 칸트'를 이렇게 묘사하고 있다.

> 열려 있으면서 사색으로 다듬어진 이마는 깨트릴 수 없는 명랑함과 즐거움의 자리였고, 가장 풍부한 사유를 지닌 대화는 그의 입술에서 흘러나왔으며, 유머와 즐거운 분위기는 그의 뜻대로 되었다.[23]

평생 쾨니히스베르크의 150km 밖으로 여행하지 않은 칸트, 건강을 위해 ― 궁극적으로 학문을 위해 ― 철저한 규칙생활을 했던 칸트, 평생 독신생활을 한 칸트에게 유일한 삶의 즐거움은 친한 사람들과의 식탁 모임이었을 것으로 추측된다.

칸트는 결혼하지 않고 평생을 독신으로 살았다. 내 생각에 여러 가지 복합적인 이유가 있지 않았나 생각된다. 첫째로 칸트는 159cm의 단신에 약골이었다. 왕성한 지적 호기심을 충족시키기 위한 학문 활동에 에너지를 쏟아붓기에도 힘에 부친다고 생각했을 가능성이 크다. 둘째로, 칸트의 사강사(私講師) 기간이 너무 길었다. 그는 46세가 되어서야 정식 교수가 되었는데, 그동안 경제적으로 크게 넉넉하지 않아서 결혼생활에 대한 부담을 가졌을 수

---

23) 만프레트 가이어, 『칸트평전』, 330쪽.

가 있다. 칸트는 경제적으로 도움받기 위해 도서관 사서로도 일한 적이 있었다. 그의 나이 42세 때에 쾨니히스베르크 왕립도서관 부사서관으로서 연봉 62탈러를 받았다. 아인슈타인(A. Einstein, 1879-1955)이 젊은 시절 스위스 특허국 직원으로 일하면서 자신의 연구를 수행했던 것을 떠올리게 만든다. 그럼에도 불구하고 그는 결혼을 진지하게 고민한 적이 두 번 있었다. 그러나 장고에 장고를 거듭하는 칸트를 보고 상대 여인들은 기다려주지 않고 떠나버렸다고 한다.[24] '결혼할 때는 양쪽 눈을 부릅뜨고, 결혼한 뒤에는 한쪽 눈을 감아라'라는 충고의 말이 있는데, 칸트도 결혼을 앞둔 젊은이들에게 '상대를 고를 때에는 이성적으로 고르라'고 충고했다. 그런데 이런 말도 있다. '세상에서 가장 쉬운 일은 남에게 충고하는 것이고, 세상에서 가장 어려운 일은 남에게 충고한 대로 실천하는 것이다.' 칸트는 세상에서 가장 힘든 일, 즉 남에게 충고한 대로 실천하려다가, 다시 말해서 배우자를 이성적으로 고르려 하다가 두 여인을 차례로 놓쳐버린 것 같다. 두 눈을 부릅뜨면 상대를 고르기 힘들다는 것이 문제이고, 한쪽 눈을 질끈 감으면 결혼 상대는 골라지지만, 결혼 후에는 장님이 되어야 할 것이다.

칸트는 대학을 졸업한 후, 23세부터 31세까지의 가정교사 시절을 거쳐, 31세에 쾨니히스베르크 대학의 사강사가 되어 15년간 사강사 시절을 보낸다. 마침내 그의 나이 46세가 되어서야 쾨니히스베르크 대학의 논리학과 형이상학 교수가 되었다. 그리고 62세가 되어 총장이 되며, 64세에 재임된다. 칸트는 학자로서 총장직을 수행하는 것을 매우 성가신 짐으로 생각했다. 심지어 1786년 5월에 어떤 편지에서 그는 그 짐을 "지난 반년 동안에 나에게 떨어진 대학교의 계속되는 잡무"로 표현하기도 했다.[25] 그 무렵에 칸트는 『순수이성비판』 재판을 계획하고 있었는데 그 잡무로 인해 그 일을 추진할

---

24) 최재희, 『칸트의 생애와 철학』(서울, 명문당, 1990), 25쪽 참조.

25) K. 포르랜드, 『칸트의 생애와 사상』, 180쪽.

시간을 빼앗겨버렸다. 칸트는 일과표에 따라 철저한 규칙생활을 했는데, 생애의 중반부터 수십 년 동안 거의 변화가 없었다. 부득이하게 일과표를 변경하거나 중단해야만 하는 일이 발생하면 칸트는 짜증을 내기도 했다.[26] 이런 칸트였으니 그에게는 총장직이 성가신 짐으로 받아들여졌을 것이다.

칸트의 부모 입장에서는 너무나 연약하게 세상에 태어나 생존이 걱정되었던 그들의 넷째 자식이 비교적 장수하면서 세계적인 대사상가가 되는 것을 보지 못했으니, 정말 아쉬운 일이 되어버렸다. 칸트는 노년에 이르러 자신의 양친에 대해 이렇게 회고했다고 한다.

> 수공업자 출신인 내 양친은 재산이라고는 아무것도 남겨주지 않았으나, 성실, 방정(方正), 질서의 점에서는 모범적 교육을 해주셨다. 양친의 교육은 도덕적으로 보아서 그 이상 더 나을 수 없는 것이었다. 나는 나의 양친을 회상할 때마다 감사하는 마음이 가득하다.[27]

칸트는 경제적으로는 흙수저로 태어났고 명석함에 있어서는 금수저로 태어났다. 명석한 두뇌를 타고난다고 하더라도 위대한 사상가가 되기 힘들고, 가난하게 태어나면 그 가난을 극복하는 것도 어려운 일이다. 그런데 칸트는 그 두 가지 어려운 일을 해냈다. 1978년은 칸트가 세상을 떠나기 6년 전인데, 그의 전 재산은 그 당시 화폐로 42,930굴덴(=14,310탈러)이었다. 이것이 현재 가치로 얼마나 되는지 정확하게 알 수는 없지만, 적지 않은 재산임을 알 수 있다. 칸트가 할레 대학교로부터 연봉 600탈러를 주겠다면서 이직을 권유받았을 때, 칸트가 쾨니히스베르크 대학 교수로 받은 연봉이 236탈러였다는 것을 참조하면 칸트가 소유했던 재산의 크기를 느낄 수 있다. 칸트의 전

---

26) 랄프 루드비히, 『쉽게 읽는 칸트 '순수이성비판'』, 27–28쪽 참조.

27) 최재희, 『칸트의 생애와 철학』, 12쪽.

재산은 쾨니히스베르크 대학의 고참 교수 연봉의 60배 정도의 재산이다. 그렇지만 칸트가 이 재산을 형성하기 위해 마냥 구두쇠처럼 처신하지는 않았다. 그는 친척들을 돕는 데 적지 않은 돈을 썼으며, 자기 누이의 딸들이 시집갈 때 100탈러씩 보내기도 했다. 기이한 것은 칸트는 같은 도시에 살았던 자신의 누이와 불화관계에 있었던 것도 아니면서 25년 동안 서로 왕래가 없었다고 한다.[28] 칸트는 교수취임 논문 출간 이후에는 아마도 출가하여 스님이 된 사람처럼 세상과의 번잡한 인연을 최소화하고 오로지 집필활동에만 몰두한 것으로 보인다.

노년의 칸트는 남들이 그의 말을 알아듣는 것이 힘들 정도로 표현력이 떨어졌다. 심지어 친하게 지냈던 사람들조차 알아보지 못하게 되었다. 칸트의 제자였던 야하만이 칸트를 방문하여 건강이 쇠약해진 칸트를 보고 커다란 슬픔에 빠진 상태에서 늙은 스승에게 입맞춤을 하고 문안을 했는데, 칸트는 야하만을 알아보지 못했다. 1804년 2월 3일은 칸트가 세상을 떠나기 9일 전이다. 그날 칸트는 자신이 총장직을 수행했던 쾨니히스베르크 대학의 총장이며 자신의 주치의인 엘스너의 방문을 받았다. 그의 방문을 맞아 칸트는 힘들게 자리에서 일어나 엘스너의 문안에 감사의 마음을 표했다. 엘스너는 칸트가 힘들게 서 있는 것이 마음에 걸려 칸트에게 앉아 있기를 권유했으나 칸트는 앉기를 주저했다. 마침 그 자리에 같이 있었던 바지안스키가 엘스너에게 손님이 먼저 앉기 전에는 칸트가 앉지 않을 것이라고 말해주었다. 그 말을 들은 칸트는 "아무렴 그렇지, 인간성의 감정이 아직도 나를 떠나지 않았습니다"라고 말했다. 그는 그때까지만 해도 인간에 대한 예의를 지키려는 마음을 놓지 않고 있었던 것이다.[29]

---

28) 우베 슐츠, 『칸트』(김광식 옮김, 서울, 한국신학연구소출판부, 1976), 60-61쪽 참조.
29) 우베 슐츠, 『칸트』, 45쪽; K 포트랜드, 『칸트의 생애와 사상』, 271쪽 참조.

4.
칸트와 프리드리히 대왕

칸트가 살았던 18세기의 프로이센은 유럽의 다른 지역에 비해 낙후된 국가였다.

칸트는 계몽시대의 후진국이었던 독일의 한 소시민 계층 출신이었다. 후진국, 선진국의 표준은 어디에 두는 것일까? 이 표준은 최소 두 가지 면에서 따질 수 있다. 하나는 중세의 봉건적 교권세력이나 신분적 계층제도를 타파해서 근대적 의회정치 제도를 확립함과 동시에 중앙 집권적인 정치를 운영할 단계에 도달했느냐 하는 것이고, 또 하나는 산업혁명을 치르고 자본주의적 생산제도를 확립할 만큼 중산계층이 성숙했느냐 하는 것이다. 이 두 가지 표준에 비추어보면, 칸트가 살던 시대의 독일은 확실히 후진국에 속한다.[30]

18세기가 되면서 근대화에 앞선 유럽지역들의 문물이 쾨니히스베르크에도 전파되기 시작했다. 이런 분위기에서 '위로부터의 근대화'를 잘 수행한 군주가 프리드리히 대왕(Friedrich II der Große, 1712-1786)이었다. 플루트 연주도

---

30) 최재희, 『칸트의 생애와 철학』, 27-28쪽.

곧잘 하고 학문에 대한 관심도 많았던 그는 서유럽의 계몽주의를 동경했다. 프리드리히 대왕은 국내외의 학자들을 궁중으로 초빙하여 영국이나 프랑스의 계몽주의가 독일에 큰 영향을 주도록 했다. 일반적으로 사람들은 그가 독일의 계몽을 위해 후원자의 역할만 한 것으로 알고 있으나, 대왕 그 자신이 이 흐름을 이끌어간 선도자이기도 했다. 그는 30권에 달하는 책을 저술했으며, 그 안에는 다수의 철학 논문들도 들어 있다. 그는 종교정책이나 문화정책에서 폭넓은 관용을 베풀고자 했으며, 이런 생각을 담아 1740년의 교서(敎書)에서, 만인에게 종교적 관용이 베풀어져야 하며 또 국가는 다만 어느 한편이 상대방에게 해를 끼치지 않는가에 대해 감시만 하면 된다고 말했다. 대왕은 인간에게는 자기가 원하는 방식으로 신의 축복을 기원할 수 있는 권리가 있다고 생각했기 때문이다.[31] 칸트는 「계몽이란 무엇인가에 대한 답변」이라는 짧은 글에서 프리드리히 대왕을 계몽의 이상을 실현한 군주로 칭송했다. "이 시대는 바로 계몽의 시대이며, 환원하면 프리드리히 왕의 시대이다."[32] 그런 군주 치하에서 학문 활동을 할 수 있었다는 것은 칸트의 행운이었다. 프리드리히 대왕이 1786년에 세상을 떠나고, 대왕의 조카였던 프리드리히 빌헬름 2세가 왕위를 계승하면서, 교회와 교육 업무를 담당하는 문화부장관 자리는 칸트의 지지자였던 체트리츠(K. A. Zedlitz, 1731-1793)에서 뵐너(J. C. Wöllner, 1732-1800)로 교체되었다. 체트리츠는 그의 나이 40세인 1771년부터 프로이센의 문화부장관의 일을 보았다.

내가 대학생 시절에 최재희 선생의 『순수이성비판』 번역본을 사서 펼쳤을 때, 다른 책들에게서는 볼 수 없는 말들이 책 앞부분에 있는 것을 보고 의아하게 생각했던 기억이 새롭다. 대철학자의 사상이 담긴 책이어서 그런가 보다 하면서도, 다른 한편 의아하게 생각했던 것이 '베르람의 베이컨'이란 표

---

31) H. J. 슈뵈릭히, 『세계철학사』(임석진 옮김, 분도출판사, 1980) 133쪽 참조.

32) 『칸트의 역사철학』, 20쪽.

제 하에서 베이컨(F. Bacon, 1561-1626)의 말을 옮겨놓은 것과, 그다음 페이지에 '왕국 국무대신 폰 체트리츠 남작 각하에게'라는 표제 하에서 쓰인 글이었다. 아래처럼 적힌 부분은 생소함 그 자체로 내게 다가왔다.

이 책의 초판에 각하가 보내주신 자애로운 주목에 보답해서 지금 이 재판도 드리옵고, 이로써 동시에 저의 저작적 본분에서 생기는 그 외의 모든 소관사에도 각하의 비호를 바라옵니다. 지극한 경의를 표하면서.(BIII)

왜 대학자의 책이 왕국의 장관에게 헌정되어야 하는가? 그 당시 프로이센의 다른 학자들도 자신의 책을 체트리츠에게 헌정했는가가 궁금했다. 하여간 체트리츠는 대학자인 칸트를 존경했고, 칸트는 그런 체트리츠를 고맙게 생각했던 것이다. 체트리츠는 칸트가 54세일 때 연봉이 600탈러나 되는 할레 대학교 철학교수로 이직해보라고 권유하기도 했다. 당시 칸트가 받던 연봉은 236탈러에 불과했다. 칸트가 망설이는 중에 또다시 체트리츠로부터 속달 편지가 전해졌다. 1778년 3월 28일의 일이었다. 할레대학 교수의 연봉이 800탈러로 상향되었다는 소식이었다. 게다가 그는 할레 대학교를 독일 학문의 중심대학으로 성장시키겠다는 약속도 했다.[33] 칸트가 평생 쾨니히스베르크를 떠난 일이 없다는 사실을 알고 있는 우리로서는 칸트 선생이 어떤 결정을 내렸는지 알고 있다. 그는 이직을 거부했던 것이다. 그 이유를 칸트는 애제자였던 마르쿠스 헤르츠(Markus Herz, 1747-1803)에게 보낸 편지에서 다음처럼 밝혔다.

자네도 알다시피 큰 무대 위에서의 성공과 세인의 주목은 내게 거의

---

33) K. 포르랜더, 『칸트의 생애와 사상』, 126쪽 참조.

아무런 매력도 주지 못한다네. 평온하면서도 나의 욕구를 적절히 충족시켜주는 주변 상황, 일과, 사색 그리고 사람들과의 교류를 적절히 조화시켜가면서, 평소에는 차분하지만 민감한 나의 심성과, 아주 변덕스러우나 결코 병에 걸리지 않는 나의 육신을 크게 애쓰지 않고도 잘 유지해나가는 일, 이러한 것들 모두가 내가 원해왔고 또 잘 지속해온 것들이다.[34]

『순수이성비판』 초판이 칸트의 나이가 57세 때인 1781년에 출간되었으니, 54세 때의 칸트는 그 책의 완성을 위해 일로매진하고 있었을 것이다. 그러니 칸트로서는 자신의 저술활동에 엄청난 방해요인이 될 것이 뻔한 이직을 선택하고 싶지 않았을 것이다. 『감성계와 지성계의 형식과 원리들』 출간 이후 칸트는 삶의 모든 것을 자신의 비판적 형이상학의 체계를 완성시키는 집필활동에 초점을 맞춘 것 같다.[35] 세상의 관심이나 재물은 그의 삶의 목표가 아니었다. 학문적 성공만이 그의 삶의 목표였다.

프리드리히 대왕 치하에서 칸트는 학문의 자유를 마음껏 누렸던 것으로 보인다. 그런데 프리드리히 빌헬름 2세(Friedrich Wilhelm II, 1744-1797)는 정치적 보수주의자였고 프랑스 혁명을 좋지 않게 보았으며, 계몽주의를 싫어했다. 이런 왕의 신뢰를 받은 신임 종무국장관 뵐너는 칸트의 노년의 저서인 『단순한 이성의 한계 안에서의 종교』가 기독교 신앙을 폄훼하고 왜곡한다는

---

34) 노르베르트 힌스케, 『현대에 도전하는 칸트』, 27쪽에서 재인용. 칸트와 헤르츠의 나이 차가 23세인 것을 고려해서 재인용한 번역문을 새로 다듬었다.

35) 『감성계와 지성계의 형식과 원리들』은 칸트의 '교수취임 논문'인데, 이 논문을 번역한 최소인 교수는 그 책의 "해제"(221쪽)에서 그 책에 대해 이렇게 설명해주고 있다. "이 논문은 교수 취임 후 비교적 짧은 기간 안에 의무적으로 완성한 글이기에 칸트 자신도 많은 불만을 가진 논문이다. 그래서 이 논문을 교정하고 보충해서 곧 한 권의 책으로 출간하겠다고 말하기도 했다. 그러나 칸트의 이런 예고는 빗나갔고, 이 논문을 작성한 이후 주저인 『순수이성비판』이 출간되는 1781년까지 칸트는 아무런 저서도 출간하지 않았다." 『순수이성비판』의 '교수취임 논문'에 대한 관계는 예수의 세례 요한에 대한 관계와 같아 보인다.

이유로 그 책을 검열했다. 70세의 칸트는 그와 비슷한 어떤 책도 저술하지 못하게 되었으며, 관련 강의도 못 하게 되었다. 칸트는 이러한 금지명령에 대해 다음처럼 말함으로써 뵐너의 명령을 불만스럽게 수용했다.

> 자기의 내적 확신을 철회하거나 부인하는 것은 부끄러운 일이다. 그러나 이번 경우에는 침묵하는 것이 신하로서의 의무다. 우리들이 말하는 것은 진실되어야 하겠으나, 그렇다고 모든 진리를 공표하는 것은 의무가 아니다.[36]

그리고 검열 당국에게 이러한 약속을 한다.

> 국왕 전하의 충직한 신하로서 저는 앞으로 종교와 관련된 모든 공개 강연과 저술활동을 완전히 그만두겠습니다.

그러나 프리드리히 2세가 죽자 칸트는 자신의 약속을 철회한다. 사람들은 칸트가 어떤 경우에도 거짓 약속을 해서는 안 된다고 주장한 사람으로서 자신의 정언명법론을 스스로 무효화시킨 것이 아닌가 하는 의문을 가질 수 있다. 그러나 칸트는 자신이 국왕과 맺은 약속을 어긴 것은 아니라고 생각했다. 칸트는 자신의 약속이 국왕이 살아 있는 동안만 유효하다고 생각했기 때문이다. 훗날 칸트는 이 필화사건을 회고하며 다음처럼 말했다.[37]

> 나는 그때 내 자유를 영구히 박탈당하지 않기 위해 정말 신중하게 말을 골라 대답했다. 단지 국왕의 생존 시에만 제한받기 위해서 말이다.

---

36) 서동익(편집), 『칸트의 철학사상』(서울, 휘문출판사, 1984), 27쪽.
37) 마이클 센델, 『왜 도덕인가?』(안진환 · 이수경 옮김, 서울, 한국경제신문, 2010), 126쪽 참조.

보기에 따라서 칸트는 언어의 애매성을 이용한 거짓약속을 한 것으로 보일 수가 있다. 그는 국왕에게 '충직한 신하로서' 종교와 관련된 강연과 저술활동을 그만두겠다고 했는데, '신하로서'라는 말은 '신하인 동안만'으로 읽힐 수도 있고, '신하의 자격으로'로 읽힐 수가 있다. 전자로 읽히면 그는 거짓 약속을 하지 않은 것이고, 후자로 읽히면 그는 거짓말을 한 것이 될 것이다. 칸트가 학문의 자유를 억압당했던 것은 노년의 잠시 동안이었지만, 만약 그의 학문 활동 시기가 프리드리히 대왕 치하가 아니라, 프리드리히 빌헬름 2세 치하였다면, 칸트의 학문 활동은 꽤나 위축되었을지도 모를 일이다.

5.
칸트와 합리론-경험론의 대립 그리고 뉴턴

칸트가 철학자로서 활동하던 당시 유럽의 사상적 상황은 어떠했는가? 칸트가 태어날 무렵 18세기 유럽은 사상적으로는 합리론과 경험론의 대표선수들이 모두 등장해서 일전(一戰)을 치른 상태였다. 합리론 진영에는 세 명의 대표선수가 있었다. "나는 생각한다. 그러므로 나는 존재한다"(Cgito ergo Sum)라고 말하면서 유럽에서 의식철학의 길을 열어 보인 데카르트와, 버트란트 러셀(B. Russell, 1872-1970)이 자신의 영웅으로 추앙했던 범신론의 철학자 스피노자(B. Spinoza, 1632-1677)와, "이 세계는 있을 수 있는 세계 중에서 최상의 세계이다"라고 말하면서 낙관론 철학의 대명사가 된 라이프니츠가 합리론의 대표선수다. 그리고 영국을 중심으로 경험주의 철학자 3인방들도 합리주의 철학자들과 함께 대립각을 이루며 활동했다. "먼저 감각 안에 없었던 것은 지성 안에도 없다"라고 말한 로크, "존재한다는 것은 지각되는 것이다"라고 말한 버클리, 그리고 "자아란 것은 비교적 변화가 느린 관념의 다발에 불과하다"라고 주장한 흄(D. Hume, 1711-1766)이 경험론의 주장들을 심화시켜갔었다.

그들은 과연 인간이 확실한 인식을 가질 수 있는가 하는 문제, 즉 인식의 문제로 치열하게 다투었다. 인식의 문제는 유럽인들이 중세가 제공하던 종교적 확실성에 심각한 균열이 생기면서 발생한 르네상스적 회의론을 통과하여 도달하게 된 문제였다. 사람들은 기존의 종교적 확실성에 의지하지도 못하고, 그렇다고 '내가 무엇을 알꼬?'라고 하면서, 안다는 것도 모른다는 것도 아닌 회의론의 절묘한 모토를 만들어낸 몽테뉴(M. de Montaigne, 1533-1592)식 회의주의에도 안주할 수 없는 상황에 직면하게 된다.

이런 상황에서 인간이 가지게 되는 지식의 확실성 문제를 철학의 전면에 부각시킨 사람이 데카르트였다. 근세철학은 합리주의 철학은 말할 것도 없고 경험주의 철학까지도 데카르트가 깔아놓은 멍석 위에서 전개되었다. 데카르트는 도대체 지식의 확실성이란 무엇인가 하는 문제, 즉 인식의 문제로 고민한 최초의 근대인이었고, 방법적 회의라는 것을 통해 그 문제를 해결하려 했다. 그 문제를 해결하면서 그는 "나는 생각한다. 그러므로 나는 존재한다"라는 명석판명한(clear and distinct) 진리에 도달했다고 생각했다. 명석하다는 것은 그 명제에 내포된 의미가 아주 분명하여 전혀 애매하지 않다는 뜻이다. 판명하다는 것은 그 명제의 적용범위에 아무런 모호함이 없다는 뜻이다.

철학의 역사에서 비록 약간의 시차를 두고 등장했지만, 근세 합리주의 철학과 영국 경험론의 대립처럼 위대한 사상가들 사이에 발생한 엄청난 집단 (패)싸움은 없었다. 칸트는 그 대립을 어느 정도 거리를 두고 볼 수 있는 시점과 지점에서 자신의 철학적 사색을 수행할 수 있는 좋은 처지에 있었다.

사람들 중에는 분석적 사고력이 뛰어난 사람도 있고, 종합적 사고력이 뛰어난 사람도 있는데, 칸트는 그 두 가지 모두에서 탁월한 능력을 소유한 것 같다. 그의 책을 읽어보면, 너무나 세밀하게 개념들을 분석하고 체계를 나눈다. 하기야, 그가 즐겨 쓰는 '비판'(Kritik)이라는 말의 어원적 의미는 '나누어 쪼개다'의 의미도 있고, 발을 딛고 있는 '터전의 분열'을 의미하기도 하는데, 그렇게 되면 위기상황이 된다. 칸트는 쪼개기의 달인(達人)이다. 그러나 그는 쪼개기(분석)보다 붙이기(종합)를 훨씬 더 잘한다. 그는 '이성비판'을 통해 대립하는 학파들에게 각자 자기의 지분과 영토를 나누어주는 방식으로 학파들의 대립을 '종합'했다. 이런 점에서 본다면, 쪼개기를 잘해야 분쟁을 해결할 수 있는 것이다. 그래야만 각자에게 각자의 것을 돌려줌으로써 정의를 실현하는 것이고 분란을 영구히 잠재울 수 있다.

이성이 하는 모든 일 중에서 가장 어려운 '자기인식'의 일에 새로이 착수하여 하나의 재판소를 설립해야 한다는 것을 의미한다. 이 재판소는 정당한 요구를 하는 이성을 보호하는 것이요, 반대로 모든 무근거한 월권을 강압적인 명령에 의해서가 아니라 이성의 영원불변한 법칙에 의해서 제거할 수 있다. 이 법정이 다름 아닌 순수이성비판이다.(AXI)

이성의 한계에 대한 이성의 자기인식을 강조하는 칸트의 말은 '이성은 자신의 한계를 인식할 때 가장 이성적'이라고 생각하는 파스칼을 떠올리게 한다.

이성의 최후의 일보는 이성을 초월하는 것이 무한하게 있다는 것을 인정하는 것이다. 그것을 인정하는 데까지 도달할 수 없다면 이성은 빈약한 것에 지나지 않는다.[38]

칸트는 "[도덕적] 신앙에 자리를 양보하기 위해 지식을 제한할 수밖에 없었다"(BXXX)라고 말하는데, 파스칼도 신앙은 이성의 소관사가 아니라고 생각한다. 다만 그 두 사람이 생각하는 신앙의 개념은 다르다. 파스칼은 성서적 계시신앙을, 칸트는 도덕신앙을 염두에 두고 있다. 하여간 여러분은 이제 왜 칸트가 자신의 『순수이성비판』을 학파들 간의 끝없는 논쟁을 종식시키는 이성의 법정으로 간주했는지 이해했을 것이다.

---

38) 파스칼, 『팡세 /레 프로방시알』(홍순민 옮김, 서울, 삼성출판사, 1978), 108쪽, 단장 267.

'비판'만이 유물론, 운명론, 무신론, 자유사상적 무신앙, 광신, 미신(이런 것들은 일반인들에게 해롭다) 마지막으로 관념론, 회의론(이런 것들은 대중에게 스며들기는 어렵지만 철학의 학파에게 위험한 것이다)들을 근절할 수가 있다.(BXXXIV)

칸트는 합리론과 경험론의 대격돌이라는 이런 사상적 배경에서 위대한 종합의 철학체계를 세울 수 있었던 것이다.

사람들은 칸트의 학문 활동기간을 크게 세 시기로 나눈다. 『순수이성비판』의 출간을 기점으로 그 이전에는 전 비판기, 『순수이성비판』을 출간한 1781년부터 『판단력 비판』을 출간하여 삼 비판서의 출간을 완성한 1790년까지를 비판기, 그리고 그 이후를 후비판기로 나눈다. 일반인들은 칸트를 철학자로만 알고 있지만, 전 비판기의 칸트는 물리학자의 면모를 많이 보여주고 있다. 러셀은 이런 사정을 다음처럼 요약한다.

칸트의 초기 작품은 철학보다 과학에 관한 것이 더 많다. 리스본의 지진 이후에는 지진에 관한 글을 썼다. 그런가 하면 바람에 관한 논문에서, 유럽에서 부는 서풍은 대서양을 건너오기 때문에 습기가 많은가 하는 문제에 대한 짧막한 글을 쓴 일도 있다.[39]

칸트가 22세에 독일어로 작성한 대학 졸업논문도 제목이 「활력의 참된 측정에 대한 생각」으로 철학논문이라기보다는 물리학 논문이다. 이 논문에 대해 칸트보다 5세 아래인 레싱(G. E. Lessing,1729-1781)은 한 편의 시로써 칸트를 조롱했다.

---

39) 러셀, 『서양철학사(하권)』(최민홍 옮김, 집문당, 1973), 889쪽.

칸트는 힘든 일을 하고자 한다.
온 세상을 가르치려고 하는구나.
살아 있는 힘을 측정하려 하지만
자신의 힘은 측정하지 않는구나.

그리고 지금의 기준으로 보면 박사논문에 해당하는 그의 석사학위논문(Promotion Zum Magister)도 제목이 「불에 대하여」이다.[40] 칸트의 생애를 소개하면서 과학자로서의 칸트의 업적을 언급하지 않는 것은 편파적인 일이 될 것이다. 칸트는 1755년에 뉴턴의 원리들에 따라 『보편적인 자연사와 천체이론』을 익명으로 발표했다. 그 책에서 칸트는 신학적 고려 없이 오로지 자연적 근거들에 의존해서 태양계와 전체 우주의 생성에 관한 이론을 제시했다. 그런데 이 책에서 주장된 토성의 띠와 성운에 관한 이론은 나중에 천문학자 허셜(Herschel, 1738-1822)의 관측에 의해 입증된다. 그럼에도 불구하고 칸트의 이론은 과학계에서 널리 알려지지 않았다. 그 후 라플라스는 1796년에 칸트와 독립적으로 그리고 칸트와 좀 다른 방식으로 우주 생성에 관한 가설을 제시했는데 19세기 중반에 칸트-라플라스 이론으로 과학계에 알려지게 된다.[41]

1755년에 대지진이 포르투갈의 리스본을 강타했는데, 이 지진은 서구 사상계에 큰 충격을 준 사건이었다. 이 지진으로 리스본에 있던 건물의 85% 정도가 붕괴되었으며, 사망자는 4~5만 명으로 추정되고 있다. 당시 가톨릭 교회는 지진을 신의 섭리라고, 그리고 수많은 사람들의 죽음을 신의 벌이라고 설명했다.[42] 그러나 그런 설명은 지진의 참혹상 앞에서 설득력을 상실하

---

40) K. 포르랜드, 『칸트의 생애와 사상』, 66쪽 참조.

41) 오트프리트 회페, 『임마누엘 칸트』(이상헌 옮김, 서울, 문예출판사, 1997), 28쪽 참조.

42) 이런 설명은 신의 절대주권을 받아들이는 기독교적 시각에서 보면 논리적으로 어느 정도 자연스럽게 보이는 측면이 있으나, 직관적인 호소력이 없다는 것이 문제다. 언젠가 우리나라에서도 국무총리 후보자로 지명된 어떤 기독교인이 일제강점기하의 우리나라 사람들의 고통을 신의 섭리의 결과로 보는 말을 한 것이 드러나면서 여론의 역풍을 맞고, 끝내 국무총리가 되지 못한

게 된다. 그 지진은 리스본만 강타한 것이 아니었다. 지동설이 기독교의 공식적 우주론인 천동설을 강타했듯이, 대지진은 기독교의 신정론(神正論)을 강타했다. 기독교는 세상의 모든 일은 신의 섭리에서 발생한다는 섭리론과, 섭리에 의해 일어난 모든 일은 신의 정의를 실현한다는 신정론을 펼친다. 그러나 리스본을 강타한 지진이 만들어낸 세상의 참혹상을 눈앞에서 목격한 사람들은 더 이상 기독교 신정론을 받아들이지 못했던 것이다. 칸트도 지진을 신과 연관 지어 해석하던 기독교적 관점이 아니라 과학적 관점에서 보아야 함을 주장했다. 그는 다방면에서 학문적 관심이 넘쳤다. 나는 학부 시절에 『순수이성비판』을 읽다가 하도 어려워서 혹시 칸트가 그 책을 쓰기 전에 쓴 다른 저서들을 공부하는 것이 도움이 될지도 모른다는 막연한 기대를 했었는데, 전비판기의 칸트 글들의 제목을 보고 뜨악한 느낌을 가졌었다. 그렇다고 칸트가 비판기나 비판후기에는 자연과학적 글을 전혀 쓰지 않은 것으로 오해해서도 안 된다. 61세에는 「달의 화산에 대하여」라는 글을 발표하기도 하고, 70세 때에는 「달이 기후에 미치는 영향에 대하여」를 발표하기도 한다.

칸트에게 인간적으로 가장 큰 영향을 끼친 사람은 아마 어머니겠지만, 학문적으로 영향을 크게 끼친 사람은 뉴턴과 루소와 흄일 것이다. 뉴턴의 사상은 『순수이성비판』 전반에 영향을 끼치고 있다. 칸트는 뉴턴의 『자연철학의 수학적 원리』에는 물리학의 영역에서 발견할 수 있는 아프리오리한 종합 판단이 많이 있다고 생각했다. 뉴턴의 겸손함은 널리 알려진 사실인데, 그는 자신의 업적들이 거인의 어깨 위에서 더 멀리 내다볼 수 있었기 때문에 가능했다고 말했다.[43] 지금은 뉴턴의 고전역학이 완벽한 이론이 아님이 밝혀졌지

사례가 있었다. 역사 속에서 일어나는 모든 것이 신의 섭리라면, 600만 명의 유대인을 살해한 히틀러나 150만 명의 양민을 학살한 폴 포트의 크메르 루주 정권은 신의 섭리의 대행자가 될 것이고, 예수를 배반한 가룟 유다의 행동도 신의 뜻을 따른 것이 될 것이다.

43) 뉴턴의 이 말도 실은 뉴턴이 한 말이 아니고 프랑스 사르트르 성당의 부속학교에서 활약한 베르나르(1127년경 사망)가 한 말이라는 설이 있다.

만, 뉴턴 당시에는 그것이 자연에 대한 완벽한 이론으로 간주되었다.

　　이 분야에 조예가 깊은 동 시대의 거의 모든 사람들과 마찬가지로, 칸트는 뉴턴의 천체 역학을 진리로 믿었다. 뉴턴의 이론이 진리임에 틀림없다는 거의 보편적인 믿음은, 이해될 수 있을 뿐만 아니라 근거가 충분한 것 같았다. 이보다 더 나은 이론은 없었으며, 이보다 더 엄격히 시험된 이론도 없었다.[44]

　　그래서 사람들은 뉴턴을 학문 세계의 행운아라고 생각했다. 왜냐하면, 자연을 지배하는 유일한 법칙이 있는데, 그 법칙을 뉴턴이 발견해버렸으니, 후세 학자들에게는 그런 발견의 영예를 얻을 수 있는 기회가 원천적으로 봉쇄되어버렸다고 생각했기 때문이었다. 뉴턴보다 46세 연하인 영국의 시인 알렉산더 포프(Alexander Pope, 1688-1744)는 뉴턴의 업적을 기리는 다음과 같은 시를 뉴턴에게 헌정했다.

　　　자연과 자연의 법칙이 밤의 어둠 속에 숨어 있었다.
　　　신께서 "뉴턴이 있으라" 말씀했다.
　　　그러자 모든 것이 환해졌다.
　　　(Nature and Nature's laws hid in night;
　　　God said "Let Newton be",
　　　and all was light.)

　　포프의 시에서, 뉴턴은 창세기에서 신이 "빛이 있으라"라고 할 때의 빛이었다. 그럼에도 불구하고 뉴턴은 자신의 발견을 진리의 바닷가에서 줍게

---

44)　칼 포퍼, 『추측과 논박 I』(이한구 옮김, 서울, 민음사, 2001), 368-369쪽.

된 하나의 조개껍질에 비유할 정도로 겸손했던 학자였다.

나는 세상에 내가 어떻게 비치는지 모른다. 하지만 나는 내 자신이
바닷가에서 노는 소년이라고 생각했다. 내 앞에는 아무것도 발견되지
않는 진리라는 거대한 대양이 펼쳐져 있고, 가끔씩 보통 것보다 더 매
끈한 돌이나 더 예쁜 조개껍질을 찾고 즐거워하는 소년 말이다.

뉴턴의 겸손은 참으로 겸손에 대한 칸트의 설명에 부합하는 사례로 보
인다.

법칙과 비교했을 때, 자신의 도덕적 가치가 미미하다는 의식과 감정
이 겸손(도덕적 겸허)이다. 법칙과 비교하지 않음으로써 자신의 도덕적
가치가 상당하다고 스스로 설득하는 것은 덕의 교만(도덕적 오만)이다.[45]

뉴턴도 자신의 과학적 발견이 대단한 것임을 모르지는 않았을 것이다.
그러나 그는 자신의 업적을 남과 비교하지 않았다. 그는 자신을 단적으로 진
리의 대양 앞에 세우고, 그 앞에서 자신의 업적을 평가했던 것이다. 칸트의
철학은 뉴턴의 어깨 위에서 가능했던 철학이라고 말할 수 있다. 만프레드 가
이어는 이 점을 다음처럼 단호한 어투로 말하고 있다.

칸트의 세계는 곧 뉴턴의 세계다. 뉴턴의 『수학적 원리』에 대한 칸트
의 독해가 없었다면, 그의 철학이 추구하는 것은 불명료하게 남았을 것
이다. 게다가 뉴턴의 기본 명제에 따라 논구되고 있는 칸트의 천체이론
뿐만 아니라 중심 물음을 맴돌고 있는 후기 인식론적 주제에서도 칸트

---

45) 『도덕 형이상학』, 326쪽.

철학이 추구하는 것은 불분명하게 남았을 것이다. 그의 중심 문제란 순수 자연과학이 어떻게 가능한가 하는 것이었다. 뉴턴의 방식에 따라 그 절대적 타당성을 전혀 의심해본 적이 없는 순수 자연과학이 어떻게 가능한 것인지, 이것이 칸트의 문제가 된다.[46]

그러나 칸트는 『순수이성비판』 재판의 '머리말'에서 자신의 학설이 "논박될 위험은 없지만, 오해받을 위험은 있다"(BXLIII)라고 말한다. 그러나 내 생각에 이 책은 논박될 위험과 오해받을 위험이 공존하는 책이다. 어쨌건 이 말은 초판에서는 보이지 않으니 재판에서 추가된 말이다. 재판을 출간했을 때, 칸트의 나이는 이미 63세였으니 젊은 혈기로 거침없이 말할 나이도 아니다.[47] 뉴턴의 겸손과 칸트의 자만이 대비되지 않는가? 칸트는 거만하고 허풍을 떠는 성격의 소유자이고 뉴턴은 타고난 겸손의 인물인가? 뉴턴은 천성이 겸손했던 위인인 것은 맞는 것 같다. 그러나 많은 전기 작가들이 이를 증언해 주고 있듯이 칸트 역시 허풍쟁이도 아니고 오만한 인품의 소유자도 아니다. "그는 상대가 누구이든 잘난 체하거나 점잔 빼는 것에 대해서 증오했다."[48] 나도 남자들의 허세와 여자들의 허영을 싫어한다. 남자들은 허세로 망하고, 여자들은 허영으로 망한다. 나는 또한 겸손으로 포장된 도덕적 오만 속에 숨겨진 열등감을 측은하게 생각한다.

---

46) 만프레드 가이어, 『칸트평전』, 102쪽.

47) 말이 난 김에 이 책에서 소개되는 나의 형이상학적 칸트 해석에 대해 한마디하겠다. 그 해석은 부분적으로 보완될 수는 있겠지만, 근본적으로 부정되는 일은 없을 것이다. 그리고 지금 이렇게 말하는 나는 칸트가 그렇게 말할 때보다 다섯 살이나 더 많은 나이임을 알려둔다. 독자들 중에는 내가 이렇게 칸트 해석에 확신에 찬 말을 하는 것을 보고 언짢게 생각하는 사람이 있을지 모르겠다. '벼가 익으면 고개를 숙이듯이 실력 있는 사람은 겸손해진다고 하던데, 저자는 그 지적 오만이 하늘을 찌르고 있다.' 그러나 루이스(C. S. Lewis, 1898-1963)는 "사람이 가장 교만할 때는 겸손한 척할 때다"라는 말을 했다. 루이스의 기준으로 보면, 나는 나의 교만을 겸손으로 치장하지 않았으니, 가장 교만한 인간은 아니게 된다. 진짜 현명한 자는 어리석음조차도 현명함을 위한 재료로 사용하고, 진짜 교만한 자는 겸손조차도 교만을 위한 재료로 사용한다.

48) K. 포르랜드, 『칸트의 새애와 사상』, 151쪽.

그러면 뉴턴의 겸손과 칸트의 자만은 어떻게 이해해야 하는가? 나는 이 차이가 그들이 연구한 학문의 차이와 관계가 있다고 생각한다. 세상 사람들이 자신의 발견에 대해 뭐라고 말하는지 모르겠지만, 뉴턴은 자신의 발견이 진리의 대양 앞에서 얼마나 빈약한 것인지를 알고 있다. 과학자는 본질적으로 미지의 세계에 대한 탐험가다. 그는 자신이 아는 것보다 모르는 것이 더 많다는 것을 알고 있다. 과학자들에게는 그들이 발견해온 것 앞에 미지의 여백이 한없이 펼쳐져 있다. 그러나 철학자는 세계의 모습을 그릴 때에 여백을 남겨둘 수가 없다. 그들은 항상 전체로서의 세계를 그 탐구의 대상으로 삼는다. 칸트는 철학자들의 그런 사정을 이렇게 말한다.

> 형이상학은 전체에서뿐만 아니라, 그 모든 부분에서도 학문이어야 한다. 그렇지 않으면, 형이상학은 아무것도 아닌 것이다.[49]

신과 우주를 전체에 있어서 논하고 있는 스피노자의 주저 『에티카』에 대해서도 어떤 연구자는 '그 책의 한 구절이라도 명료하게 이해되지 않고 남아 있다면, 그 책이 온전히 이해된 것이 아니다'라는 내용의 말을 했다. 전부 아니면 무이다. 이 점을 칸트는 이렇게 말하고 있다.

> 형이상학은 본질적으로 그리고 마지막 의도에 따라 볼 때, 완결된 전체, 즉 아무것도 아니거나 전부이며, 형이상학의 최종목적을 위해 요구되는 것은 항상 끝없이 진보해가는 수학이나 경험적 자연과학처럼 단편적으로 다루어질 수 없다.[50]

---

49) 『형이상학서설』, 360쪽.
50) 『형이상학의 진보/발견』, 12쪽.

과학은 진리탐구에 있어서 '점진주의'이고 철학은 '한방주의'다. 사전에 등재되어 있지도 않은 '한방주의'라는 표현이 고급스러워 보이지 않는다면 여러분의 용서를 구한다. 단번에 세계에 대한 모든 진리를 통째로 알아내려는 지적 한탕주의를 철학적 한방주의라 할 만하다. 불교식으로 표현한다면 철학은 돈오주의(頓悟主義)다. 칸트는 말년에 자신이 세운 철학체계에 대한 자부심을 더 극단적으로 표현한다.

> '비판철학이 등장하기 이전에는 철학이란 존재하지 않았다.' (…) '불손하게 보이는 이와 같은 주장을 부인할 수 있는가?' 하는 문제는 '도대체 철학이 다수 존재할 수 있는가?' 하는 물음에 대한 답변에 달려 있다. (…) 하지만 객관적으로 보면 인간 이성은 오직 하나만이 존재할 수 있을 뿐이며, 따라서 철학 역시 여러 개가 존재할 수 없다.[51]

정말 놀라운 말이다. 칸트가 자기 이전에는 철학이란 존재하지 않았다고 말하는 근거는 무엇인가? 칸트가 보여주고 있는 이 대담한 철학적 한방주의의 근거는 무엇인가? 나는 그것이 뉴턴 역학의 완전성에 대한 그의 확신 말고는 달리 생각할 길이 없다고 생각한다. 칸트는 자연현상을 설명하는 유일하고 완벽한 이론은 뉴턴의 역학 하나밖에 없다고 믿었다. 따라서 뉴턴의 역학의 가능성 근거를 해명하는 완벽한 철학이론도 하나뿐이라는 것이 칸트의 생각인 것이다. 칸트는 철학은 인식적 경험의 가능성 근거, 미적 경험의 가능성 근거, 도덕적 경험의 가능성 근거를 해명하는 방식으로만 학문다운 철학일 수 있다는 생각을 갖고 있었다. 플라톤, 아리스토텔레스, 데카르트, 스피노자, 니체 등등 대부분의 위대한 철학자들이 다 철학적 한방주의자들이다.

---

51) 『도덕 형이상학』, 23쪽. 강조는 칸트.

이들 중에는 자신의 학설을 위해 브루노처럼 목숨을 거는 사람도 있다. 갈릴레이(G. Galilei, 1564-1642)는 지동설을 주장했다가 종교재판에 회부되어 자신의 학설을 철회하고 생명을 건진다. 그러나 브루노는 지동설을 주장하다가 철회를 요구받았지만, 끝까지 고수한다. 그 결과 그는 화형당한다. 이 경우도 두 사람의 처신 방식에 큰 차이가 있다. 갈릴레이는 지동설을 '신속철회', 브루노는 '끝장고수' 했다. 그러면 갈릴레이는 비겁한 것이고 브루노는 용감한 것인가? 아니면, 갈릴레이는 현명한 것이고 브루노는 우직한 것인가? 나는 자신에 대한 탄압에 대해 보여준 갈릴레이의 태도가 비겁한 것이 아니라고 생각한다. 그리고 브루노도 어리석은 것이 아니라고 생각한다. 그두 사람의 차이도 과학자와 철학자의 차이인 것이다.

갈릴레이는 지동설이 진리라 하더라도 그것은 하나의 객관적인 진리일 뿐이라고 생각했다. 그것을 위해 목숨을 내놓고 지켜야만 할 그런 진리는 아니라고 생각했다. 객관적으로 확인된 진리는 우리가 그것을 위해 목숨을 내놓을 만한 그런 진리가 아니라는 것이 키르케고르(S. A. Kierkegaard, 1813-1855)의 생각이었다. 그 진리는 그가 그리는 전체로서의 세계관의 일부로 존재하는 것이 아니다. 그는 전체로서의 세계관을 형성하기 위해 그 진리를 찾아낸 것이 아니다. 갈릴레이가 알아낸 진리는 전체로서의 세계에 대한 진리가 아니다. 그러나 브루노에게는 지동설은 그의 통일적 세계관과 유기적으로 결합되어 있는 일부이기에, 그것을 포기하는 것은 그의 통일적 세계관의 전부가 붕괴되는 것이요, 한방주의가 무너지는 것이 된다. 바로 그 때문에 그는 목숨을 걸고 그것을 고수했던 것이 아니겠는가? 우리는 칸트의 '자만'도 이런 관점에서 바라보아야 할 것이다.

어쨌건 뉴턴은 칸트의 묘비명에 새겨진 별이 총총한 밤하늘을 열어 보여준 사람이다. 추사 김정희(1786-1856)는 칸트가 62세가 되던 해에 출생했는데, 추사가 우리 나이로 두 살 때에 『실천이성비판』이 출간되었다. 우연한 기회에 나는 추사가 유배지에서 쓴 글인 "소창다명, 사아구좌"(小窓多明 使我久座)

란 글귀를 평소 친하게 지내는 지인들을 통해 접하게 되었다. '작은 창에 햇빛이 가득하니, 나로 하여금 오래도록 앉아 있게 한다'는 뜻인데, 불현듯 밤하늘의 별들과 마음속에 있는 도덕의 별을 대비시켜 표현한 칸트의 묘비명이 연상되었다. '소창다명' 대신에 '소창다성'(小窓多星)으로 바꾸어 읽으면 더 그럴듯하게 칸트 묘비명을 연상시키지 않는가? '작은 창에 밤하늘의 별이 가득하니, 나로 하여금 오래도록 앉아서 생각에 잠기게 한다.' 나는 칸트의 묘비명을 생각할 때마다 오래도록 생각에 잠긴다.

6.
칸트와 흄

칸트의 사상 형성에서 흄을 빼고 말하기는 곤란할 것이다. 솔직하게 말한다면, 젊은 시절의 칸트는 약간은 까다로워 보이는 인상이다. 젊은 시절의 까칠한 인상은 세월의 풍파에 닳아 없어졌다. 흄의 외모는 칸트보다 훨씬 편해 보인다. 그러나 흄의 사상은 그의 인상과는 달리 아주 예리하다. 그 예리한 칼에 칸트가 상처를 입는 철학적 사건이 발생한 것이다. 이는 절대로 사소한 사건이 아니다. 칸트는 『형이상학서설』에서 흄이 독단의 선점에 빠져 있던 자신을 깨워주어서 자신의 철학적 연구를 다른 방향으로 돌리게 되었다고 솔직하게 고백한다. 그리고 『순수이성비판』은 '흄의 문제를 최대한으로 확장해서 해결한 것'이라고 한다.[52] 흄은 인과율의 객관적 필연성을 부정했다. 그는 인과법칙은 원인과 결과라는 두 독립적 사건들이 보여주는 시간적 계기성과 공간적 인접성에 대한 인간의 심리적 연상작용에 의해 형성된 것이라고 생각했다. 사람들은 '아궁이에 불을 때면 굴뚝에서 연기가 난다'는 사건에서 '아궁이 불'과 '연기 남'이 필연적으로 결합해 있다고 생각한다. 그런데 흄에 의하면 그 결합의 필연성은 '아궁이 불'과 '연기 남'이라는 두 개의 독립적 사건이 공간적으로 가까이 있고 시간적으로 이어서 일어나는 일이

---

52) 『형이상학서설』, 263-264쪽 참조.

반복되면서 형성된 심리적 연상에 불과하다. 그는 사람들이 그 존재를 굳게 믿고 있는 '인과적 필연성'을 부정했다.

뒤에서도 언급되지만, 이 대목에서 칸트의 판단론에 대해 간략히 언급하지 않을 수가 없다. 칸트는 판단을 분석판단, 종합판단, 아프리오리한 종합판단으로 구분한다. 모든 단순명제는 주어(主辭)와 술어(賓辭), 그리고 그 양자를 연결시키는 계사(繫辭, copula)로 되어 있다. 계사란 어떤 명제에서 주어와 술어를 연결시키면서 긍정 혹은 부정의 뜻을 나타내는 기능을 한다. 그래서 계사는 달리 연사(連辭)라고도 한다. 예컨대 '장미는 꽃이다'에서 '장미'는 주어요, '꽃'은 술어요, 계사는 긍정의 뜻을 표시하는 '이다'이다.[53] 그런데 분석판단은 주어 개념의 내포로 이미 주어 개념 안에 들어 있는 어떤 성질이 술어 개념으로 사용될 때 성립하는 판단이다. 예컨대, '모든 미혼 남자는 총각이다'라는 판단이 그렇다. 이런 판단의 경우는 그 진위를 검토하기 위해 일일이 세상의 모든 미혼 남자들이 총각인지 아닌지를 조사할 필요가 없다. 그 주어 개념만 잘 분석해보면 그 판단의 진위를 내릴 수가 있다. 그래서 모든 분석판단은 아프리오리한(필연적인) 판단이다. 이런 판단의 장점은 제대로 된 분석판단이라면 절대로 틀릴 일이 없다는 것이지만, 단점은 우리에게 새로운 정보를 제공하지는 않는다는 것이다. 동어반복적 판단이기 때문이다.

이와는 달리 종합판단이라는 것이 있다. 예컨대 '돼지는 바나나를 좋아하는 동물이다'라는 판단이 그것이다. 이 경우 우리는 주어 개념인 '돼지'를 아무리 분석해도 거기에서 '바나나를 좋아함'이라는 술어를 발견할 수 없다. 그 판단이 참인지 여부를 알려면 만나는 돼지들에게 일일이 바나나를 던져주어서 잘 먹는지 확인해보는 길밖에 없다. 즉 돼지들이 바나나를 먹는 현장

---

53) 이런 설명방식은 영어 명제에 더 어울린다. '장미는 꽃이다'를 A rose is a flower로 번역해놓고 보면 '이다'에 해당하는 is가 rose와 flower를 연결하는 기능을 하고 있는 것이 눈에 보인다. 원래 논리학이라는 학문이 서양에서 만들어진 것이니, 그 논리학의 용어를 동양에 소개하는 과정에서 '계사'와 같은 어려운 번역어가 만들어졌을 것이다.

을 눈으로 확인해보아야 한다. 다시 말해서 그 명제에 대한 경험적 직관을 가져야 한다. 이런 종합판단을 칸트는 후천적 종합판단이라고 불렀다. 이런 판단의 장점은 우리에게 새로운 정보를 제공한다는 것이다. 그러나 단점은 판단의 필연성을 보장받을 수 없다는 것이다. 종합판단은 어디까지나 개연적인 지식일 뿐이다. 그런데 칸트는 이 두 판단의 장점을 가진 그런 판단이 가능하다고 생각했는데, 그것이 '아프리오리한 종합판단'(synthetisches Urteil a priori)이다. 이 판단은 판단의 필연성도 갖고 있으면서 동시에 우리의 지식을 확장시켜주는 그런 판단이다. 칸트는 이런 판단의 예로 '5+7은 12다', '직선은 두 점 간의 최단 거리다' 그리고 '결과는 반드시 그 선행하는 원인을 갖고 있다'는 것들을 예로 들고 있다. 원인과 결과는 서로 다른 것이다. 그러면 이 둘의 결합이 심리적 연상에 기초하지 않는다면, 그 결합은 무엇에 의거하는가? 그 둘의 결합이 후천적 결합이 아니고 아프리오리한 결합이라면, 인과법칙은 아프리오리한 종합판단이 될 것이다. 칸트는 이런 아프리오리한 종합판단들이 어떻게 가능한지, 그 가능성의 조건들을 검토하는 작업을 『순수이성비판』에서 하고 있다.[54]

---

54) 칸트는 분석판단과 종합판단을 구분하는데, 그는 '분석적'과 '종합적'이란 용어를 다음처럼 사용하기도 하면서 우리를 헷갈리게 만든다. 길지만 다 인용한다.

"『순수이성비판』에서 나는 이 문제(선험적 형이상학의 가능성 여부에 관한 물음: 필자 집어넣음)를 종합적으로 다루었다. 즉 순수이성 자신을 토구(討究)하여, 그 근원 자신에서 이성을 순수하게 사용하는 법칙과 원소를 원리에 의거하여 규정하려고 했다. 이러한 작업은 어려운 것이어서 사색하면서 한 걸음씩 체계 속으로 들어가는 과감한 독자를 요구한다. 이 체계는 이성 자체 이외에는 아무것도 주어진 것으로 근저에 두지 않았다. 따라서 그 어떠한 사실에도 의거하지 않고 인식을 그 근원적 맹아로부터 전개하려 했다. 『형이상학서설』은 이에 반하여 예습을 위한 것이다. 그것은 하나의 학문 자체를 서술한다기보다는 오히려 그 학문을 가능한 한 실현하기 위해 우리가 해야만 할 것을 지적하려는 것이다. 그러기에 『형이상학서설』은 이미 확실한 것으로 인정된 것[사실]에 근거하고, 이것에서 안심하고 출발하여, 아직 알지 못하는 원천으로 소급할 수 있다. (…) 그러므로 『형이상학서설』의 방법은 분석적이다."(『형이상학서설』 276쪽. 강조는 필자)

여기서 '사실'이란 단어로 의미하는 바는, 수학이나 물리학의 영역에는 '아프리오리한 종합판단이 있다'는 사실이다. 이 사실을 전제하지 않고 인식의 최상원칙을 밝혀내는 작업을 하홈이 인과법칙을 그러한 연상 작용의 산물로 보지 않고, 원인과 결과의 결합이 객관적 필연으로 간주되는 전제하에서 수행되는 모든 물리학적 탐구의 결과로 발견된 다수의 물리학적 아프리오리한 종합판단을 인정했더라면, 그는 칸트 자신이 제기한 문제와 비슷한 문제 제기를 할 수 있었을 것이다. 즉 "어떻게 아프리오리한 종합판단은 가능한가?" 하는 것이다. 그런 아쉬움을 칸트는 이렇게 표현한다.

데이비드 홈은 모든 철학자 중에서도 이 과제에 대해 가장 근접했으나, 그 과제를 충분히 명확하게 생각하지 않았고, 그리고 전반적으로 생각하지 않았다. 오히려 단지 인과적 결합(인과성의 원리)의 종합적 명제에만 머물러 있어서, 그 종합적 명제가 아프리오리하게는 전혀 불가능

있는 『순수이성비판』의 서술방식은 '종합적'이고, 그 사실을 전제하고 그 사실에 근거하여 인간의 인식 작업의 본질을 해명하고 있는 『형이상학서설』은 '분석적' 서술방식을 취하고 있다는 뜻이다. 칸트는 이렇게 말하기도 한다.

"이 책(『형이상학서설』)은 분석적 방법에 의해 설계되어 있다. 『순수이성비판』은 종합적 교법(敎法)에 의해 작성되었다. 그렇게 한 것은 학문 자신의 모든 지절(肢節)을 — 하나의 특수한 인식능력 전체의 구조로서 — 구조의 자연스러운 연결 중에서 명시하려 했기 때문이다."(『형이상학서설』, 266쪽)

칸트는 '종합적 교법'이나 '분석적 방법'이라는 용어들의 사용 관례에 대한 아무런 사전 설명도 없이 끌어들이기 때문에, 그 용어들은 우리들에게 아주 생소하게 다가온다. 일단 여러분은 이 대목에서 등장하는 '종합적', '분석적'이란 용어를 '종합판단'과, '분석판단'의 그것들과 혼동하면 안 된다. 최재희 교수는 번역자 각주에서 다음처럼 잘 설명해주고 있다.

"분석적 방법은 수학과 자연과학 등의 학(學)의 사실에서 출발하여 그것들을 가능하게 하는 조건과 원천을 추구하는 소급적-배진적(背進的) 입장을 말한 것이고, 종합적 교법은 인식의 원리들을 이성에서의 근원적 맹아에서 전개하고 직관에서 증명하는 하강적(下降的)이고 전진적(前進的) 입장을 말한다."(『형이상학서설』, 266쪽)

칸트의 이런 설명에도 불구하고 『순수이성비판』이 그 어떠한 '사실'에도 의거하지 않고 인식의 가능성을 이성 자체의 근원적 맹아로부터 설명하려 한 책이라는 칸트의 주장은 받아들이기 힘들어 보인다. 왜냐하면 그는 그 책에서 '도대체 선천적 종합판단은 가능한가?'라고 묻지 않고 '여하히 선천적 종합판단은 가능한가?'라고 묻는 방식으로 수학과 물리학의 영역에서 선천적 종합판단이 존재한다는 사실을 전제하고 있음을 보여주고 있기 때문이다.

하다는 것을 천명했다고 믿었다. 그의 추리에 의하면, 우리가 형이상학이라고 말하는 모든 것은 사실은 경험에서 빌려온 것을, 또 반복적 습관에 의해서 필연성의 외관을 띤 것을 이성의 통찰이라고 잘못 생각하는 망상에 귀착하는 것이다.(B19-20)

칸트가 보기에 흄은 인과율의 필연성을 부정하면서 물리학을 부정하는 것으로 그친다고 생각했지만, 그건 흄의 오판이다. 흄이 인과법칙에서의 원인-결과의 결합을 아프리오리한-필연적-객관적 결합으로 보지 않고, 심리적 연상작용에 근거한 아포스테리오리한-개연적-주관적 결합으로 판정했는데, 칸트의 관점에서 볼 때, 흄의 인과율 부정은 모든 종류의 '아프리오리한 종합판단'을 부정하는 것이다. 그렇게 되면 어떻게 되는가? '흄은 결국 모든 순수철학을 파괴하게 되며, 순수수학도 부정하지 않으면 안 되게 된다.'(B20 참조) 그러나 이는 잘못이다. 칸트가 보기에 수학적 명제는 흄이 생각하듯이 분석명제가 아니고 종합명제다.

> 그(흄)는 경솔하게도 순수인식의 가장 중요한, 한 영역 전체 즉 순수수학은 선천적인 순수인식에서 떼어놓았는데 이것은 그가 순수수학의 성질이 말하자면 그것의 헌법이 [순수인식의 원리와는] 전혀 다른 원리 즉 모순율에만 의거하는 것으로 [잘못] 생각했기 때문이다. (…) 그가 말한 바는 '순수수학은 오직 분석적 명제만을 포함하되, 형이상학은 선천적 종합명제를 포함한다'는 것처럼 되어버렸다. 이 점에 있어 그는 큰 과오를 범해버렸다.[55]

만약 흄이 순수수학적 명제가 분석판단이 아니라 선천적 종합판단임을

---

55) 『형이상학서설』, 274쪽.

알았더라면, 흄은 '인과법칙이 가지고 있는 것으로 믿어지는 필연성의 근거가 어디에 있는가'라는 물음을 넘어서서 '수학적 명제가 갖고 있는 필연성의 근거는 어디에 있는가'라고 묻는 데까지 나아갔을 것이고, 그렇게 했더라면, 인과법칙과 수학적 명제가 가지고 있는 필연성이 같은 종류의 것임을 알게 되었을 것이다. 이를 알았다면 그는 쉽사리 인과법칙의 필연성을 주관적 습관의 소산으로 돌리지 못했을 것이다. 왜냐하면 인과법칙의 필연성을 주관적 습관의 소산으로 돌리려면, 동시에 수학적 필연성도 그렇게 이해해야 하는데, 수학의 필연성을 그렇게 이해하는 것은 납득하기 힘들기 때문이다.

> 흄이 주장하듯이, [모든 변화는 그 원인을 가진다고 하는 형이상학적 명제가 한갓 경험적이라면 즉 주관적 습관의 소산이라면] 이때에는 순수수학의 공리들도 마찬가지로 경험에 종속했을 것이다. 그러나 이런 잘못된 일을 하는 것을 그(흄)의 빼어난 혜안이 허락하지 않았을 것이다.[56]

칸트는 흄이 순수수학의 명제들을 분석명제로 오해한 결과로 형이상학적 개념인 인과성을 경험적 개념으로 간주하게 된 것을 아쉬워하고 있는 것이다. 만약 흄이 어떻게 아프리오리한 종합판단이 가능한가라는 과제의 관점에서 인과법칙의 문제를 다루었더라면, 인과법칙을 심리적 연상작용의 부산물로 보는 것이 모든 순수철학을 부정하는 것으로 귀결됨을 알게 되었을 것이고, 흄은 명민한 사상가이기에 그 귀결에 도달하는 것을 받아들이지 않았을 것이라고 칸트는 생각한다.

흄은 "일반적으로 말해서, 종교의 오류는 위험하지만, 철학의 오류는 조롱거리일 뿐이다"라고 말하기도 했는데, 그는 철학자들의 책들을 『인간지성

---

56) 『형이상학서설』, 275쪽.

론』마지막에서 이렇게 조롱한다.

> 만일 우리 손에, 예컨대 신에 관한 어떤 책이나 학교에서 언급하는 형이상학 책과 같은 것이 들려 있다면, 다음과 같이 물어보라. 그 책이 양이나 수에 관한 어떤 추상적인 담론을 담고 있는가? 그 책이 사태와 존재에 관한 경험적 추론을 담고 있는가? 두 가지 질문 모두에 대해 아니라는 답이 나오면, 그 책은 궤변이나 망상만을 담고 있을 것이므로 불에 던져버려라.[57]

흄은 수학책은 불구덩이에 던지지 않는데, 이는 그가 수학적 명제를 분석판단으로 보았기 때문이다. 그는 경험주의 원리를 극단으로 몰아가면서 철학계의 분서갱유(焚書坑儒)를 상상 속에서 감행한다. 그는 수학적 주장과 실험으로 확인된 주장만은 불구덩이 신세를 면하게 해주려 했지만, 칸트가 보기에 흄의 논리에 일관성을 주려면, 수학책도 불구덩이 신세를 못 면한다. 그러나 칸트에 의하면, 그러한 흄적인 논리의 귀결은 잘못된 것이다. 왜냐하면, 인과법칙이 원인과 결과의 종합(결합)이듯이 수학도 아프리오리한 종합명제들의 체계이기 때문이다. 원인-결과의 결합을 심리적 연상에서 찾는다면, 종합명제인 수학에서의 결합도 그런 식으로 설명해야 하는데, 그게 안 된다는 것이 칸트의 주장이다. 예컨대 '두 점 간의 최단거리는 직선이다'라는 명제에서 주어(두 점 간의 최단거리)와 술어 (직선)의 결합을 심리적 연상작용으로 설명하

---

57) 데이비드 흄, 『인간의 이해력에 관한 탐구』(김혜숙 옮김, 서울, 지식을만드는지식, 2012), 306쪽. "사태와 존재에 관한 경험적 추론을 담고 있는가?"는 "사실이나 존재의 문제에 관한 실험적 추론을 포함하고 있는가?"로 옮기는 것이 더 나을 것 같다(강조된 원문 참조). "If we take in hand any Volume; of Divinity or School Metaphysics, for Instance; let us ask, Does it contain any abstract Reasonings concerning Quantity or Number? No. Does it contain any experimental Reasonings concerning Matters of Fact or Existence? No. Commit it then to the Flames: For it can contain nothing but Sophistry and Illusion."(D. Hume, *An Enquiry Concerning Human Understanding*, Prometheus Books, 1988.)

게 되면, 그 명제는 필연적 타당성을 결코 가질 수가 없다.

이제 우리는 앞에 놓인 두 가지 선택지 중에 하나를 택해야 한다. 흄의 길과 칸트의 길이다. 수학책도 불구덩이에 던져버리든지, 아니면 수학의 명제들을 아프리오리한 종합명제로 인정하고, '어떻게 수학이라는 학문이 가능한가?'라고 물으면서, 그 가능성 근거를 해명하는 길이다. 그러나 "순수수학은 확실히 종합판단을 포함하기에"(B20) 흄의 길을 가서는 안 된다. 경험주의로는 아프리오리한 종합의 체계인 수학이라는 학문의 학문적 근거를 설명할 수 없다면, 남은 길은 칸트 자신이 제시하는 길밖에 없게 된다고 그는 생각했다. 칸트는 흄의 문제에 대한 자신의 최종적인 입장을 다음처럼 정리한다.

> 흄의 회의를 제거해야 할 자리가 바로 여기다. (…) 나는 이런 [원인성, 실체성, 상호성의] 개념들이 경험에서 얻어진 것으로 생각하는 사람이 아니요, 그런 개념들 중에 표시된 필연성을 날조된 것으로 즉 오랜 습관의 소치인 가상인 것으로 여기지 않는 사람이다. 오히려 나는 이런 개념들과 그것에 유래하는 원칙들이 선험적으로 모든 경험에 앞서서 확립해 있고, 물론 경험에 상관해서이지마는 의심할 수 없는 객관적 정당성을 가진다는 것을 충분히 이미 지적했다.[58]

이 대목에서 우리는 흥미로운 제안을 한 가지 할 수 있다. 흄의 분서갱유에서 불구덩이에 던져지는 형벌을 면제받은 책은 두 종류다. 바로 수학책과 실험책이다. 이런 원칙을 흄 자신의 책에 적용해보면 어떻게 될까? 흄의 책은 수학책이 아님은 분명하다. 그러면 그 책은 실험책인가? 그것도 아닌 것 같다. 그러면 불구덩이로 들어가야 하는가? 그렇게 하기에는 흄의 책에는 너무 귀중한 통찰이 많이 들어 있다. 흄은 자신의 『인간지성론』이 인식에 대

---

58) 『형이상학서설』, 308쪽.

한 메타이론, 즉 메타인식론이 된다는 것을 생각하지 못했고, 메타인식론으로서 『인간지성론』은 수학책도 아니고 실험책도 아니며, 결국 흄은 자신이 주장하는 원칙에 따라 자신의 책을 불구덩이에 던져야 하는 상황에 처하게 된다. 흄이 자신의 책을 불구덩이에 던지지 않으려면, 그 책에서 자신이 펼치고 있는 주장은 진리이며, 그 진리는 분석적 진리 혹은 동어반복적 진리가 아니라, 우리에게 새로운 정보를 주는 진리라고 주장해야 한다. 칸트는 흄이 생각하지 못한 이 점까지 깊이 생각했다. 수학책과 실험서가 아닌 모든 책은 불구덩이에 던져야 한다는 흄의 주장을 칸트는 자신의 책에 적용해보았던 것이다. 그 결과 칸트는 '선험적 종합'(transzendentale Synthesis)의 개념에 도달하게 된다. 나는 뒤에서 '아프리오리한 종합'과 '선험적 종합'의 구분에 대해 더 자세하게 설명할 것이다.[59] 하여간 칸트는 수학책을 흄의 불구덩이에서 구제한 뒤에, 인과법칙도 건져낸다.[60] 흄은 칸트로 하여금 순수수학이 어떻게 가능

---

59) 이 책의 제7장 2절 "아프리오리한 종합과 선험적 종합"을 보라.

60) 그러나 수학적 필연성과 인과적 필연성(과학적 필연성)을 같은 차원에서 정당화하려는 칸트의 시도가 설득력이 있는지는 의문이다. 물론 칸트는 수학의 가능성에 대한 수리철학적 해명을 '선험적 감성론'에서 하고 있으며, 물리학의 가능성 조건에 대한 해명을 '선험적 분석론'에서 하고 있다. 그러니 얼핏 보면 칸트가 수학적 필연성과 인과적 필연성에 대한 정당화를 각기 다른 차원에서 하는 것처럼 보일 수가 있다. 그럼에도 불구하고 칸트는 『순수이성비판』에서 흄조차도 불구덩이에 던지지 못했던 수학적 필연성과 과학적 필연성의 뿌리를 동일시하고 있는 것은 사실이다. 칸트는 우리의 모든 인식은 그것이 수학적 인식이건 물리학적 인식이건 인식내용과 인식형식의 결합에 의해 성립한다고 생각했으며, 인식내용은, 물자체가 '인식주관인 인간이 갖고 있는 인식형식'을 촉발하는 사태에 의해 만들어진다고 생각했다. 그런데 물리적 실재의 경우에는 촉발하는 물자체를 상정하는 것이 납득된다. 예컨대 인공물인 책상의 물자체나 자연물인 바다의 물자체를 말하는 것이 어색하지 않다. 그러나 수학적 실재의 경우에는, 그것에 대한 우리의 인식에 있어서, 인식형식에 인식내용을 제공하는 물자체의 촉발사태를 생각하기가 매우 어렵다. 칸트에 의하면 물자체가 인식주관의 인식형식을 건드리는 것 즉 물자체의 촉발사태에 의해 감각자료가 만들어지고, 그 감각자료를 인식주체가 자신에게 구비된 지성의 12 범주에 따라 정리 정돈함으로써 물리적 현상계 다시 말해서 시간 공간적인 존재로서의 물리적 실재가 구성된다. 그러면 수학적 실재의 존재도 이런 식으로 설명하는 것이 가능한가? 예컨대 가로 세로가 5m인 하나의 직사각형을 생각해보자. 그러한 수학적 실재물은 시간-공간 속에 존재하지 않는다. 아무리 작도를 섬세하게 하더라도 오류가 생기기 때문이다. 그래서 플라톤은 그런 수학적 실재의 거주지를 현상계가 아니라 이데아계라고 생각했다. 그런데 칸트의 경우에는 그런

한가라는 물음으로 고민하게 만들었으며, 그 물음은 시공에 대해 칸트가 기존에 갖고 있던 생각을 버리고 시간-공간이 감성의 순수직관 형식이라고 생각하게 만들었으며, 시간-공간이 감성의 순수직관 형식으로 간주될 때에만, 이율배반 특히 제1이율배반의 문제가 해결될 수 있음을 통찰하게 해주었다. 칸트가 그런 통찰에 도달한 해가 1769년이었다. "1769년은 나에게 위대한 빛을 주었다."[61] (그리고 20년 뒤인 1789년은 인류에게 위대한 빛을 주었다. 프랑스 대혁명이 일어난다.) 이제 우리는 칸트가 『순수이성비판』은 흄의 문제를 최대한 키워서 해결한 책이라고 말한 것을 충분히 이해하게 되었다. 흄은 칸트를 선험철학의 길로 들어서게 한 직접적인 계기를 제공한 인물이었다.

실재의 거주지가 현상계여야 한다. 그것은 인식주체인 인간이 물자체의 촉발을 받아 형성된 감각자료에다 지성이 범주적 가공을 해서 만든 것이기 때문이다. 그렇다면 우리로 하여금 수학적 실재의 존재를 설명하는 것을 가능하게 해주기 위해서는, 그런 실재를 구성하는 것을 가능하게 해주는 촉발사태가 있어야 한다고 생각하지 않을 수가 없다. 그런데 그런 실재의 존재를 설명하기 위해서는 물리적 실재의 존재를 설명할 때 필요했던 촉발사태가 불필요하게 되는 듯이 보인다는 것이 문제다. 왜냐하면 그런 수학적 실재는 현실 속에서 존재할 수 없으며 따라서 감각내용이 없기에, 촉발사태를 통해 감각자료를 제공받을 필요가 없기 때문이다. 칸트에 의하면 우리 눈에 보이는 사과는 현상체이고 그 배후에 사과의 물자체가 있다. 그리고 우리는 현상적 사과는 인식할 수 있지만, 물자체로서의 사과는 인식할 수 없다고 한다. 그런데 수학적 실재에 관해서는, 물리적 실재의 경우에 현상과 물자체의 관계를 설명하는 방식을 그대로 적용하기 힘든 점이 있어 보인다. 우리가 종이 위에 하나의 삼각형을 그리면 그 삼각형은 우리의 감각적 지각의 대상이 되는 현상체여야 한다. 그러면 그 배후에 그 삼각형의 물자체가 있어야 할 것이다. 그 삼각형의 물자체는 플라톤이 말하는 삼각형의 이데아와 흡사할 것이다. 그렇다면 우리는 그 물자체를 파악할 수 있게 된다. 예컨대 한 변이 30cm인 정삼각형의 면적을 구한다고 생각해보자. 그 조건에 완벽하게 맞아떨어지는 정삼각형은 시간-공간 속에 존재할 수가 없다. 아무리 정교하게 작도해도 그려진 그림에는 오류가 있기 때문이다. 그것은 플라톤이 말했듯이 우리의 감각적 지각의 대상이 아니며 현상계의 사물이 아니다. 그러니 우리는 플라톤식으로 말해서 '한 변이 30cm인 정삼각형'의 이데아를 우리가 종이 위에 그려놓은 '한 변이 30cm인 정삼각형'의 물자체라고 해야 할 것이다. 그런데 눈에 보이는 그 삼각형이 물자체인 삼각형의 현상체라고 한다면, 우리는 한 변이 30cm인 정삼각형의 물자체를 인식할 수 있다는 결론에 도달하게 된다. 그러나 물자체를 인식할 수 없다는 것이 칸트의 주장이다. 지금까지 논의한 것에 따르면, 인과적 필연성과 수학적 필연성을 동일한 방식으로 설명하려는 칸트의 시도는 문제가 있어 보인다.

61) 졸저 『인식과 존재』, 18쪽 참조.

7.
칸트와 루소

칸트에게 커다란 영향을 끼친 인물로 루소가 있다. 루소는 칸트보다 12년 먼저 태어나서 26년 먼저 세상을 떠났다. 젊은 시절의 칸트는 지적인 호기심과 학구열로 무장한 청년이었으며, 지적 엘리트주의에 빠져 있었다. 그래서 못 배운 사람들을 업신여기기도 했던 모양이다. 그런 칸트가 루소의 『에밀』을 읽으면서 지적 엘리트주의로부터 탈출하게 된다. 칸트는 루소의 문체와 총명한 정신, 반짝이는 천재성에 경탄했다. 그는 루소가 보여주는 현란한 글쓰기 방식에 홀려서 정작 루소의 주장을 파악하는 일에 힘들어했다. 그래서 칸트는 『에밀』을 여러 번 읽게 되었다고 말했다.

사람들은 칸트가 루소로부터 많은 영향을 받았고 또 칸트가 루소를 존중했기에, 루소와 칸트가 기질적으로 유사하다고 생각할지 모르겠다. 그러나 루소와 칸트는 기질적으로 판이하다. 루소는 방랑자적이고, 자유분방하고, 책임감이 부족하고, 감성적이고 비체계적인 저술가라면, 칸트는 기질적으로 여행을 싫어하고, 규칙적인 삶을 선호했고, 책임감이 넘치고, 이성적이고 체계적인 저술가였다. 이런 기질적인 차이만으로도 두 사람은 서로를 싫어할 것처럼 여겨진다. 거기에다가 루소는 다섯 명의 자식을 다 고아원에 버렸다. 철저한 도덕주의자인 칸트가 이런 루소로부터 커다란 사상적 영향을 받았다는 것은 기이한 일이다. 규칙적인 산책으로 유명했던 칸트는 단 한 번

산책을 빼먹은 적이 있었다. 루소의 저서 『에밀』을 읽으면서 너무 독서에 몰입한 나머지 산책을 못 했다. 칸트 자신이 루소에게서 받은 사상적 영향을 솔직히 인정한다.

> 나는 끝없는 지식욕을 느끼고 있으며 모든 진보에서 만족을 맛보듯이 지식에서 발전하려는 지칠 줄 모르는 열정을 느끼고 있다. 나는 한때 지식의 발전만이 인간의 영예를 구성한다고 믿었던 적이 있었다. 그리고 아무것도 알지 못하는 일반인을 무시했다. 루소는 나를 올바로 교정시켜주었다. 이러한 맹목적 편견은 사라졌다. 나는 인간의 본성을 존경해야 함을 배웠다.[62]

루소의 영향을 받아 칸트는 일반인을 무시하는 자신의 학자적 자만심이 쓸모없는 것임을 깨우치게 되며, 그 자신 가난한 집안 출신이라는 것을 되돌아보게 된다. 그리고 사실상 노동자와 억압받는 하층민들을 기반으로 삶을 영위하면서도 항상 이들을 '상놈'이라고 경멸하는 귀족들에게 분노하게 된다.[63] 칸트가 루소로부터 인간을 존중하는 법을 배웠다고 고백한 것이 칸트의 나이가 40세일 때였다. 이때는 칸트가 교수가 되기 6년 전이며, 그의 첫 번째 주저인 『순수이성비판』이 출간되기 17년 전이다. 그러니까 칸트는 비판철학기 이전부터 루소의 영향을 받은 셈이다. 청년 시절의 칸트는 뉴턴으로부터 자연과학적인 세계 관찰의 원칙들을 진지하게 수용했다. 그리고 그는 루소로부터 인간에 대한 새로운 안목을 배웠다. 뉴턴과 흄과 루소는 칸트철학의 형성에 결정적인 영향력을 행사한 세 주연배우다. 다른 철학자들은 이들에 비하면 조연급 배우들이다. 칸트철학의 핵심 개념 중 하나가 선험적

---

62) *Fragments* (ed. Hartenstein, Bd. VIII), 624. E. Cassirer, *Rousseau, Kant, Goethe* (trans. J. Gutmann, P. O. Kristeller, J. H. Randall Jr., Archon Books, 1961), pp. 1-2에서 재인용.

63) J. B. 슈니윈드, 『근대도덕철학의 역사 3』(김성호 옮김, 파주, 나남출판사, 2018), 132쪽 참조.

자아인데, 이는 데카르트의 사유하는 자아의 칸트적 변형이라는 관점에서 본다면, 데카르트도 주연급 배우로 인정해야 할지도 모르겠다. 칸트 자신 다음처럼 말한다.

　　뉴턴은 지금까지 무질서와 혼란이 지배하던 영역에서 아주 단순한 질서와 규칙성을 발견한 사람이다. 마찬가지로 루소는 인간 모습의 다양성 아래에 깊게 숨겨져 있는 인간의 본성을 그리고 신의 섭리를 정당화시켜줄 만한 숨어 있는 법칙을 최초로 발견한 사람이다.[64]

　　인간 삶의 실천적 지식 분야에 대한 칸트의 관심은 루소를 통해 각성되었다. 칸트는 더 이상 외눈박이 거인처럼 세계에 대한 이론적 호기심만으로는 만족할 수가 없었다. 루소는 칸트가 인간 삶의 실천적 차원에 대한 안목을 갖도록 커다란 도움을 주었다.[65] 말하자면 일종의 개안(開眼)이었다. 그 개안의 감동이 얼마나 컸던지 칸트는 당연히 루소의 모든 저서를 연구 대상으로 삼았으며, 텅 빈 자신의 서재에 은행가였던 친구 루프만이 보내준 루소의 초상화만을 걸어놓았다.[66] 칸트는 62세에 『베를린 월보』라는 학술잡지에 게재한 「추측해본 인류 역사의 기원」이라는 글에서 "루소는 아주 정당하게 문화와 인류의 본성 사이의 갈등을 지적하고 있다"라고 평가하면서 그가 접한 루소의 책들을 거론하고 있는데, 루소의 대부분의 주저들이 들어 있다.[67]

---

64) *Fragments* (ed. Hartenstein, Bd. VIII), 630; E. 카시러, 『계몽주의 철학』(서울, 민음사, 1995), 208 쪽에서 재인용.

65) 만프레트 가이어, 『칸트평전』, 344-345쪽 참조.

66) K. 포르랜드, 『칸트의 생애와 사상』, 101면 참조. 칸트가 자신의 서재에 루소의 초상화를 걸어둔 것에 과도한 의미를 부여해서 루소가 칸트의 우상이나 되는 듯이 해석해서는 곤란하다는 의견도 있다. 칸트가 그렇게 한 것은 그 초상화를 구해서 선물한 루프만의 성의를 고려해서 칸트가 그것을 보존할 의무를 느꼈기 때문일 뿐이라는 것이다(J. B. 슈니윈드, 『근대도덕철학의 역사 3』, 132쪽 참조).

67) 「추측해본 인류 역사의 기원」, 84-85쪽 참조.

칸트는 루소를 "인간 모습의 다양성 아래에 깊게 숨겨져 있는 인간의 본성"을 발견한 사람으로 높이 평가했는데, 과연 그 '인간의 본성'은 무엇인가? 그것은 인간의 자유이다.[68] 이 사실은 우리가 앞서 인용한 문장에서 칸트가 필연적 자연법칙의 발견인 뉴턴과 루소를 대비시키고 있는 데서도 알 수 있다. 칸트철학에서 자연법칙에 대비되는 것은 도덕법칙인데, 칸트철학에 어느 정도의 조예가 있는 사람은 도덕법칙이 자유의 법칙임을 다 알고 있다. 인간이 필연의 기계적 인과법칙의 지배하에 놓여 있어서 인간의 의지가 자유롭지 못하다면, 살인자에게도 그 책임을 물을 수가 없게 된다. 그의 살인행위도 불가피했기 때문이다. 그러나 인간에게는 기계적 자연법칙으로부터 벗어나 자신의 의지에 따라 자유롭게 정한 도덕법칙을 준수하는 행위를 할 수도 있다. 그러니 자유의 법칙은 도덕법칙이다. 그래서 인간은 자신의 행위에 책임을 져야 하는 존재다. 칸트는 자유에 대한 루소의 열정적인 옹호에 깊이 감명받았던 것이다. 필자 역시 학부생 시절에 칸트의 제3이율배반을 공부하면서 '사물을 지배하는 법칙은 인과법칙이고 인간은 그 인과법칙으로부터 벗어날 수 있는 존재'라는 칸트의 주장에 감전된 적이 있었다. 칸트는 루소를 통해 인간의 본질이 자유이며, 이 자유는 이성의 명령에 따르는 것이며, 거기에 인간존엄의 비밀이 숨어 있음을 깨우치게 된 것으로 보인다. 루소는 감정주의자(주정주의자)로 알려져 있고, 칸트는 이성주의자(주지주의자)로 알려져 있지만, 루소는 칸트를 연상시키는 다음과 같은 말을 한다.

> 사회계약으로 얻게 되는 것은 (…) 시민적 자유와 그가 지닌 모든 것에 대한 소유권이다. (…) 위에 든 것 말고는 시민 상태에서 얻는 것에다가는, 사람을 정말로 자신의 주인이 되게 해주는 유일한 것 즉, 도덕적 자

---

68) 박찬구, 「칸트 윤리학에서 자율개념의 형성과정」(한국국민윤리학회, 『국민윤리연구』 제34호, 1995), 209쪽 참조.

유를 덧붙일 수 있을 것이다. 왜냐하면 욕망만에서 오는 충동을 따르는 것은 종노릇이고, 스스로 정한 법에의 복종은 자유이기 때문이다.[69]

강조된 문구를 읽으면서, 칸트의 '자율로서의 자유'라는 개념을 떠올리게 되는 것은 너무나 자연스러운 일이다. 나는 루소의 『에밀』이나 『사회계약론』이 없었다면, 칸트의 『실천이성비판』은 물론이려니와 그가 구상한 '비판적 형이상학'도 달라졌을 것이라고 생각한다. 『실천이성비판』에서 우리는 인간의 도덕적 의무를 예찬하는 칸트의 '의무송'(義務頌)을 보게 된다.

> 의무여! 너 숭고하고도 위대한 이름이여! 너는 사람이 좋아할 아무런 것도 (…) 가지지 않으면서 너에게 복종하기를 요구한다. 너는 의지를 움직이고자 협박하지 않고 (…) 도리어 하나의 법칙을 제시한다. 이 법칙은 저절로 사람의 마음속에 들어가서 본의는 아니면서 그 자신 사람의 마음의 존경을 받는다.[70]

나는 칸트의 의무송 또한 루소의 양심송(良心頌)의 강한 영향을 받아 만들어진 것이라고 생각한다. 『에밀』에서 루소는 다음처럼 양심을 예찬한다.

> 양심이여! 양심이여! 신성한 본능이여! 불멸한 하늘의 목소리여! 무지하고 유한하지만, 오성 있고 자유로운 존재의 확실한 안내자, 인간을 신에게 닮게 만드는 선과 악의 틀림없는 판단자, 인간 본성의 우월성과 인간 행동의 도덕성을 만드는 것은 그대이니라.[71]

---

69) 루소, 『사회계약론』(박은수 역, 서울, 인폴리오, 1998), 138쪽. 강조는 필자.

70) 『실천이성비판』, 96쪽.

71) 루소, 『에밀(하)』(정봉구 옮김, 범우사, 1999), 61쪽.

그리고 『이성의 한계 내에서의 종교』도 『에밀』 제4부에 있는 '사부아인 보좌신부의 신앙고백'과 맥이 닿아 있다고 생각한다.[72] 그렇다고 나는 칸트의 천재성과 독창성을 가볍게 생각하는 것은 아니다. 오히려 루소는 칸트 같은 대사상가가 자신의 책 『에밀』의 열렬한 탐구자였다는 것이 고마웠을 것이다. 칸트의 『실천이성비판』은 루소의 『에밀』에 대한 가장 창의적 해석에 기초해서 만들어진 책이요, 루소의 자유론에 대한 선험철학적 변형으로 보인다.[73]

나는 처음에 루소를 그다지 좋아하지 않았다. 자신의 다섯 아이를 모두 고아원에 맡겨버린 그의 행실만으로 그는 이중적이고 표리부동한 위선자라고 생각했었다. 칸트가 최초의 아동 교육서로 평가받는 『에밀』을 접했을 때, 루소가 다섯 명의 자식을 모두 고아원에 맡긴 사실을 알고 있었는지 모르겠지만, 루소가 칸트에게 인간 존엄성의 근거가 자유임을 가르쳐준 것만은 부정할 수 없는 사실이다. 게다가 인간의 자유를 목 아프게 외친 사회사상가 루소가 프랑스 혁명에 엄청난 영향을 미쳤다는 것이 사실이라 하더라도, 나는

---

72) 루소의 다음 말은 칸트가 한 말이라고 해도 하나도 이상할 것이 없어 보인다. "나는 지상에 있는 모든 종교 중에서 그 도덕이 가장 순수하고 이성이 가장 잘 만족하는 종교라고 믿네."(『에밀(하)』, 103쪽)

73) 필자의 논문, 「칸트 도덕철학의 자율적 자유 개념의 루소적 기원」 참조. 루소에 관한 이야기가 나왔으니 하는 말인데, 루소 사상을 일관성 있게 이해하는 것은 불가능한 일처럼 보인다. 왜냐하면 루소 사상의 핵심개념은 자연, 선함, 자유다. 그런데 그는 이 세 가지 개념을 아주 다의적으로 사용하고 있다. 예컨대, 그가 말하는 '자연'은 적어도 다섯 가지 의미를 가진다. ① 신체의 내적 발달원칙으로서의 심리학적 자연, ② 피조물로서의 순진무구한 외계의 자연, ③ 인위성에 대한 무위성으로서의 사회와 문명 이전의 자연, ④ 우연성에 대한 필연성으로서의 자연, ⑤ 윤리적 이상으로서의 자연이 그것이다. 그리고 그가 말하는 자유도 ① 자연적 자유, ② 사회적 자유, ③ 도덕적 자유가 있다. 게다가 그는 인간의 본성은 선하다고 말하지만, 그 선함도 ① 자연 상태의 선함, ② 사회 상태의 선함이 있다. 루소는 자신의 저술들에서 이 핵심개념들을 그때그때 편리한 방식으로 사용하기에, 그의 논지를 일관성 있게 파악하려는 연구자들을 힘들게 만들고 있다. 게다가 그의 정치사상과 교육학의 기본 출발점인 성선설을 입증하는 그의 논리도 빈약하고, 그의 교육론에서 중요한 역할을 하고 있는 루소의 주정주의적 선언도 여전히 열린 문제다. 이런 상황에서 루소는 다양한 방식으로 읽히고 해석되고 있다.

여전히 루소가 자신의 아이를 하나도 아니고 다섯이나 고아원에 버렸다는 사실은 용서가 되지 않았다. 그런 점에서 나는 루소의 위선을 가차 없이 비난한 볼테르(Voltaire, 1694-1788) 편이었다.[74] 내 눈에는 루소가 습관성 자식 유기범으로 보였다. 나는 여전히 루소를 존경하지 않지만, 이제는 루소가 보여준 생활과 이론 간의 모순이나 이중성에도 불구하고 그를 혐오하지 않게 되었다. 그는 『고백록』에서 자신의 과오를 만천하에 공개했으며, 그런 공개행위는 커다란 용기 없이는 할 수 없는 속죄의 의례(儀禮)라고 믿기 때문이다. 그의 이중성과 모순에도 불구하고 참다운 인간성 회복을 위한 그의 호소는 칸트에게 울림을 주었듯이 사람들의 가슴에도 큰 울림을 줄 것이다.

니체가 보기에 칸트는 루소라는 "도덕의 독거미"에 물려 생에의 의지를 억압하는 객관주의 도덕체계를 만든 대표적인 인물이다. 칸트를 포함한 모든 철학자들은 도덕의 유혹에 사로잡힌 상태에서 자신들의 철학체계를 세웠는데, 그들은 표면적으로는 '확실성'과 '진리'를 탐구한다고 말했지만, '존엄한 도덕적 건축물'을 짓는 것이 근본적인 목표였다.[75]

> 그(칸트)는 자신의 '도덕적 왕국'을 위한 공간을 마련하기 위해, 자신이 증명할 수 없는 세계, 즉 논리적인 '피안'을 상정할 수밖에 없다는 것을 깨달았다. 바로 그 때문에 그는 자신의 『순수이성비판』이 필요했던 것이다! 달리 말해 칸트에게는 '도덕의 왕국'을 이성이 공격할 수 없도록 하는 것, 오히려 파악할 수 없도록 만드는 것이 다른 모든 것보다 중요했다. 그렇지 않았더라면 그는 『순수이성비판』을 필요로 하지 않았을 것이다.[76]

---

74) '볼테르'는 필명이고, 그의 본명은 프랑수아 마리 아루에(François-Marie Arouet)다.

75) 니체, 『아침놀』(박찬국 옮김, 서울, 책세상, 2004), 12쪽 참조.

76) 니체, 『아침놀』, 13쪽.

니체는 칸트가 『순수이성비판』에서 물자체는 인식할 수 없다고 주장한 것은 이성비판으로부터 면제되는 객관적이고 보편적인 도덕의 왕국(물자체의 세계)을 만들려 했기 때문이라고 생각한다. 그러나 관점주의적 도덕을 주장하는 니체의 시각에서 볼 때, 칸트의 시도는 실패했다.

> 아아 그렇지만 우리는 오늘날 그(칸트)가 성공하지 못했다고 말할 수밖에 없다. 그렇게 광신적인 의도를 가졌던 칸트는 다른 어떤 세기보다도 광신의 세기라고 부를 만한 그의 세기의 진정한 아들이었다. (…) 칸트 역시 도덕의 독거미인 루소에게 물렸다. 칸트 영혼의 밑바닥에도 도덕적 광신이 숨어 있었다. 이러한 도덕적 광신의 집행자로 자부했고 자신을 그런 집행자로 공언했던 로베스피에르는 "지상에 예지와 정의와 덕의 나라를 건설"하려고 했다. 다른 한편에서 볼 때, 프랑스인의 이런 광신을 마음속에 품고 있으면서도 그와 같은 것을 칸트보다 더 비(非)프랑스적으로 심오하고 철저하게, 그리고 독일적으로 (…) 추구한 사람은 아무도 없었다.[77]

루소라는 도덕의 독거미에게는 두 명의 도덕 광신자 제자가 있는데, 그 두 사람이 공포정치의 대명사 로베스피에르(M. Robespierre, 1758-1794)[78]와 철학의 대명사 칸트라는 니체의 주장에 독자들은 고개가 끄덕여지는가? 필자는 칸트의 도덕이론을 도덕적 광신자의 자기합리화로 보는 것은 너무 멀리 간 것으로 보인다. 물론 "네 의지의 준칙이 항상 동시에 보편적인 법칙 수립이라는 원리로서 타당할 수 있도록 행위하라"[79]라는 그의 '보편법칙의 법

---

77) 니체, 『아침놀』, 13쪽.

78) 로베스피에르는 루소의 영향을 강하게 받았으며, 루소를 실제로 만난 후에 감격한 나머지 이렇게 말하기도 했다. "숭고한 이여! 당신은 나에게 아는 법을 가르쳐 주었습니다. 나는 존경하는 당신의 발자취를 따르기 원합니다."

79) 『실천이성비판』, 33쪽; 『도덕 형이상학 정초』, 215쪽 참조.

식'(formula of universal law)이 융통성 결핍의 문제점을 노정하고 있는 것은 사실이나, 그렇다고 칸트를 로베스피에르처럼 도덕을 빙자한 증오의 화신처럼 보는 것은 설득적이지 않다. 칸트는 우리가 앞서 소개한 보편법칙의 법식이 그의 또 다른 법식인 '목적 자체의 법식'(formula of the end in itself) 즉 "이성적 존재자를 단순히 수단으로서가 아니라 항상 동시에 목적 자체로서 취급해야 한다"[80]는 것과 동일한 것이라고 한다.[81] 칸트처럼 인간의 존엄성을 중시한 사람을 로베스피에르처럼 인간의 생명을 파리 목숨처럼 가볍게 다룬 반인권적 독재자처럼 간주하는 것은 매우 잘못된 것이다.[82]

---

80) 『도덕 형이상학 정초』, 227쪽.

81) 『도덕 형이상학 정초』, 229쪽 참조.

82) 로베스피에르의 통치기간 동안에 갓난아이와 임산부를 포함해서 적어도 30만 명 이상의 사람들이 학살당한 것으로 역사는 기록하고 있다.

8.
칸트의 마지막

칸트의 생애에는 드라마틱한 이야기는 없다. 그러나 이제 나는 가장 드라마틱한 이야기를 소개하면서 칸트의 생애에 관한 이야기를 마무리하려 한다. 아니 어떻게 보면, 그토록 빈약한 신체를 학문에 대한 열정으로 불태워가며 그토록 웅대한 사상의 건축물을 만들었다는 것 그 자체가 엄청난 드라마일 수 있다. 칸트는 죽음을 앞둔 삶의 마지막 몇 달 동안 오락가락하는 정신을 붙들고 죽음을 향해 가고 있었다. 칸트의 조수로도 일한 적이 있으며 칸트 노년에 비서 역할을 했던 바지안스키 목사는 칸트의 말년을 정성으로 보살피면서 칸트의 마지막 말을 듣기도 했었는데,『일상생활을 통해 본 임마누엘 칸트의 말년 생활』이라는 책을 쓰기도 했다.

토요일에 바지안스키는 칸트에게 자신이 누구인지 알 수 있겠냐고 물었지만, 그는 어떤 말도 할 수 없었다. 그러나 칸트에게는 아주 특별한 일로 핏기 없는 그의 입으로 바지안스키에게 입맞춤을 했다. 그의 가장 믿음직한 친구 바지안스키는 마지막 밤을 그의 곁에 있었다. 11일 자정이 지나자 갈증을 계속 호소했다. 바지안스키가 포도주와 물 그리고 설탕을 혼합한 마실 것을 몇 숟가락 떠 넣어주었고, 죽어가던 칸트가 "이제 됐습니다"(Es ist gut)라고 아주 가느다란 소리로 속삭였다. 이것

이 그의 마지막 말이었다.[83]

　사람들은 칸트의 마지막 말을 칸트가 자신의 인생 전체에 대해서 한 말이라고 확대 해석하는데, 나는 그런 해석에 반대한다. 인사불성 상태에서 갈증이 해소되었다는 생리적 만족감을 간신히 말한 것일 것이다. 그렇지만 음료를 더 갈구하면서 '아직 부족합니다' 하면서 세상을 하직한 것이 아니어서 다행이다. 어떤 사람은 괴테(J. W. von Goethe, 1749-1832)가 임종 직전에 "좀 더 빛을!"(Mehr Licht!)이라고 한 것과 대비시켜 칸트는 자신의 삶을 만족스럽게 마감했으나, 괴테는 그렇지 못했다고 평가하기도 하는데, 나는 그런 해석에도 동의하지 않는다. 심지어 괴테의 그 말을 실존의 심연 속에서 예수를 찾는 소리라고 말하는 개신교 목사도 있었다. 황당한 해석이다. 괴테가 자신의 인생을 불만스럽게 생각했을 것 같지는 않다. 괴테 역시 생전에 자식도 여러 명 낳았으며 명예와 부를 누렸고 또 여성들과의 로맨스도 경험했으니, 어찌 보면 칸트보다 자신의 인생에 더 큰 만족감을 느꼈을 것이다. 괴테가 외면적인 성공 뒤에서 삶의 허전함을 느꼈다고 주장하는 사람들도 있긴 하지만, "좀 더 빛을"이라고 한 것은 창문을 더 활짝 열어달라는 부탁의 말일 수가 있다.

　칸트가 더 건강하게 100세까지 장수할 수 있었더라면, 우리는 더 잘 정리된 『순수이성비판』 3판을 보게 되었을지도 모른다. 그는 여생을 자신의 학문체계에 일관성을 주기 위해 혼신의 노력을 했을 것이다. 그가 생전에 자신의 철학 체계의 일관성을 더 공고히 하기 위해 고민했던 흔적은 『유작』(Opus postumum)에 남아 있다. 칸트는 1804년 2월 12일 타계했다. 그는 다른 달보다 2월은 짧아서 좋다고 했다. 마치 봉급쟁이가 월급날을 기다리는 심정으로 하는 말 같은데, 칸트가 보여준 외적 쾌활함 이면에 삶에 대한 우울감이 실루엣처럼 드리워져 있는 것을 엿보게 해준다. 그는 짧아서 좋다고 한 2월을 16일

---

83) K. 포르랜드, 『칸트의 생애와 사상』, 271쪽.

이나 남겨두고 세상을 하직했다. 그는 "나이를 먹는다는 것은 하나의 큰 죄입니다. 그래서 가차 없이 죽음으로 벌을 받게 됩니다"라는 말을 하기도 했다.[84] 늙는 것은 자연의 이치요 필연이며, 필연으로 발생하는 것은 죄가 아님을 누구보다 잘 알고 있는 칸트가 이런 농담을 했다는 것은, 그가 삶을 우울하게 바라보는 측면이 있다는 것이리라.

1804년 2월 7일부터 칸트는 병상에 누운 채 거의 식사도 못 한 상태로 혼수상태에 빠졌다. 5일 뒤인 2월 12일에 그는 포도주 몇 모금으로 입술을 적신 뒤, "이제 됐습니다"라는 마지막 말을 남기고 현상계를 떠나 평생 그 실재성을 굳게 믿었던 예지계로 들어간다. 칸트는 "1769년은 나에게 위대한 빛을 주었다"라고 말했는데,[85] 1769년 이후의 그의 삶은 그 빛의 인도를 받으며 걸어간 삶이었고, 그 35년 동안에 엄청난 지적 성취를 이룩한 뒤 학승(學僧) 같은 구도자의 삶을 마감했다. 필자도 칸트철학으로 박사논문을 쓰면서 경험했던, 인간은 가능적 무한자다'라는 빛의 경험의 인도를 받아 지금까지 칸트철학을 연구해오고 있다.

칸트는 생전에 자신의 장례식을 조촐하게 치러줄 것으로 당부했다. 그러나 그의 뜻대로 되지 않았다. 수많은 조문객들이 칸트가 마지막 가는 길을 배웅하기 위해 끊임없는 행렬을 만들었다. 맨 앞에 장송곡을 연주하는 군악대가, 그다음에 쾨니히스베르크시의 명사들, 그다음에 관이 지나가고, 관 뒤로는 친척들과 친구들과 대학생들과 시민들의 행렬이 이어졌다. 쾨니히스베르크 시내의 모든 교회들은 애도의 종소리를 일제히 울렸고, 장송행진곡에 맞추어 장례 행렬은 여러 거리를 지나 대학교회이면서 왕실교회인 돔(Dom)

---

84) 고마키 오사무, 『칸트』(민중사상연구소 옮김, 서울, 참한출판사, 1990), 92쪽.

85) 칸트가 말한 '빛의 체험'에 대해 자세히 알기를 원하면 『감성계와 지성계의 형식과 원리들』에서 최소인 교수가 번역한 막스 분트(M. Wundt, 1832-1920)의 글 「위대한 빛 1769/1770」을 보기 바란다.

에 도착했다.[86] 칸트의 시신을 운구하던 행렬 뒤에서 한 학생이 라틴어로 쓴 이 글귀를 들고 따라갔다고 한다. "Cineres mortales immortalis Kantii"(죽어도 죽지 않은 칸트). 한 철학자의 죽음에 대해 쾨니히스베르크 시민들이 보여준 뜨거운 애도의 반응은 놀라운 것이었으며, 그런 반응은 그 이전에도 그 이후에도 없었고, 앞으로도 없을 것이다. 칼 포퍼(K. Popper, 1902-1994)는 칸트의 장례식이 마치 왕의 장례식처럼 치러진 이유를 이렇게 추측한다.

대중의 감정이 왜 이렇게 놀라울 만큼 고조되었는지 설명하기는 쉽지 않다. 단지 위대한 철학자요 좋은 사람이라는 그의 명성 때문만이었을까? 거기엔 그 이상의 것이 있었다고 생각된다. 1804년 프레드릭 빌헬름(Frederick William)의 절대 군주제 하에서 칸트를 위해 울렸던 그 종소리는 1776년 미국과 1789년 프랑스에서 일어났던 사상 혁명들의 메아리였다고 나는 생각한다. 그 지방 사람들에게 칸트는 이런 사상의 화신이었다고 생각된다. 인권, 법 앞에서의 평등, 세계시민, 지상의 평화, 그리고 아마도 가장 중요한, 지식을 통한 해방을 가르쳐준 그에게 그들은 사의를 표하러 왔던 것이다.[87]

헤겔도 『역사철학강의』에서 칸트를 계몽시대에 인간의 자유를 이론적으로 확립하고 옹호한 인물로 파악한다.[88] 자유를 향한 인간의 열망은 프랑스 대혁명으로 폭발했으며, 쾨니히스베르크 시민들은 칸트철학을 그 폭발사건의 근저에 가로놓여 있었던 사상의 결정체로 간주했기에, 그의 죽음에 대한 시민들의 애도 열기가 뜨거웠다는 포퍼의 설명은 설득력이 있어 보인다.

---

86) K. 포르랜드, 『칸트의 생애와 사상』, 273-274쪽 참조.

87) 칼 포퍼, 『추측과 논박 I』, 352쪽.

88) G. W. F Hegel, *Vorlesungen über die Philosophie der Geschichte* (Sukrkamp Verlag, Werke in zwanzig Bänden), Bd. 12, p. 525 참조.

칸트의 묘비에는 그가 『실천이성비판』의 마지막 부분에서 한 말이 새겨져 있다.

> 내가 그것들에 대해 오래도록 생각하면 생각할수록, 내 마음을 더욱 감탄하게 만들고 외경의 마음으로 가득 차게 만드는 것이 두 개가 있다. 하나는 내 머리 위에 있는 별이 가득한 하늘이요, 다른 하나는 내 마음속에 있는 도덕법칙이다.[89]

밤하늘에 아로새겨진 수많은 별들과 내 마음에 아로새겨진 도덕법칙! 세계 역사상 수많은 시민들이 한 철학자의 사망을 이렇게 정중하게 애도한 사례는 없었다. 소크라테스는 독배형, 브루너는 화형을 당한 것은 다 알려진 사실이다. 칸트는 복 받은 철학자다. 그러나 칸트 사후 200년이 경과한 지금 프란츠 파농(Franz Omar Fanon, 1925-1961)은 현대인들의 우울한 자화상을 이렇게 그려내고 있다. "칸트를 숨 막히게 했던 별이 총총한 하늘은 이미 오래전에 자신의 비밀을 우리에게 털어놓았다. 그리고 도덕율은 스스로를 의심한다." 인간의 존엄성을 외치는 구호는 요란하지만 내실은 없고, 칸트의 『영구평화론』은 종교갈등과 인종갈등으로 말미암아 처참하게 짓밟히고 있다. 영구평화론의 도시 칼리닌그라드는 지금 러시아의 우크라이나 침공으로 인해 화약냄새가 진하다. 별이 보이는 창문 앞에서 많은 사념에 잠기게 된다.

　　니체나 키르케고르는 생전에는 거의 알려지지 않았으나 사후에 이름을 드날렸다. 크리스찬 볼프나 19세기의 에두아르트 폰 하르트만(E. von Hartmann, 1842-1906)과 니콜라이 하르트만 같은 철학자들은 생전에는 명성을 드날렸으나 사후에는 거의 망각되었다.[90] 나는 니콜라이 하르트만의 철학이 더 주

---

89) 『실천이성비판』, 177쪽 참조. 나는 최재희 선생의 번역을 다듬어서 보다 자연스러운 한글체로 만들었음을 밝혀둔다.

90) M. 모르겐슈타인, 『니콜라이 하르트만의 비판적 존재론』(서울, 서광사, 양우석 옮김, 2001),

목받을 가치가 있다고 생각한다.[91] 철학자로서 칸트는 생전에 자신의 명성이 전 독일을 뒤덮는 것을 목격했다. 사후에는 전 세계를 뒤덮었다. 쇼펜하우어는 철학자들은 금전욕은 덜하지만, 명예욕은 강하다는 말을 한 적이 있었던 걸로 기억한다. 칸트는 자신이 얻은 명성을 어떻게 받아들였는지 궁금하다. 스토아학파의 황제 철학자 마르쿠스 아우렐리우스(M. Aurelius, 121-180)는 말할 것이다. '명성을 탐하지 말라. 네가 이 세상에 태어나기 전에 살다가 죽은 수많은 사람들은 너의 이름을 들어보지도 못하고 세상을 떠났다.' 에피쿠로스(Epikuros, B.C. 341-B.C. 271)는 말할 것이다. '너의 이름을 많은 후세 사람들이 그토록 오래 기억해주기를 원하는가? 그러나 네가 죽고 난 뒤에 네 이름이 온 지구를 덮었다 한들 이미 죽어버린 너는 그 사실을 알지 못한다.' 칸트는 이렇게 말했을 것 같다. '진리를 향한 순수한 존경심으로 진리를 탐구하라. 명성은 부산물에 불과하다. 명성을 얻으면 좋겠지만 못 얻어도 그만이다. 참다운 학자는 남이 알아주지 않아도 스스로 만족한다.'

칸트 사후 당대의 많은 걸출한 철학자들이 칸트를 연구했고 마침내 칸트는 독일 관념론이라는 거대한 사상운동의 출발점이 된다. 당대에 하이데거와 쌍벽을 이루었던 니콜라이 하르트만은 이 상황을 이렇게 증언한다.

> 독일 관념론은 (…) 하나의 정신적 운동인데, 그 농도와 사변적 높이

13쪽 참조. 1925년과 1950년 사이에 하르트만은 독일의 주도적인 철학자 중의 한 사람으로 명성을 날렸다. 존재론, 인식론, 윤리학, 미학에 이르는 그의 방대한 철학 저술들은 신속하게 2판, 3판, 심지어 4판까지 출판되었다. 그러나 20세기 후반과 21세기 초에 하르트만의 철학은 사람들의 관심을 끌지 못했으며, 그는 잊힌 거인이 되었다(P. Cicovacki, *The Analysis of Wonder: An Introduction to the Philosophy of Nicolai Hartmann*, New York, Bloomsbury, 2014, p. 1 참조).

91) 비토리오 회슬레는 현대에 와서 철학이란 학문이 보여주고 있는 문제점을 예전에 철학이 보여주었던 통합적 체계에의 의지와 성과를 상실한 채로 전문화의 늪에 빠져서 허우적거리고 있는 것으로 보면서(비토리오 회슬레, 『현대의 위기와 철학의 책임』, 이신철 옮김, 서울, 도서출판 b, 2014, 17-21쪽 참조), "카시러나 하르트만 같은 보편적 정신의 소유자가 더 이상 존재하지 않는다는 것은 가슴 쓰라린 일이다"라고 말하고 있다(『현대의 위기와 철학의 책임』, 21쪽).

에서 이 운동에 비교될 수 있는 운동은 역사상에서 거의 찾아볼 수가 없다. (…) 독일 관념론의 사상가들이 그들의 깊은 차이, 아니 의식적인 대립과 쟁점에도 불구하고 하나의 무리로 통일될 수 있는 것은 우선 공통적인 문제 상황 때문이다. 그들은 모두를 칸트를 출발점으로 삼고 있는데, 이 철학의 무진장한 풍요로움이 제기된 문제에 대한 새로운 해결책을 항상 다시 불러일으킨다. 그들은 각기 칸트철학을 면밀하게 검토하고, 이 철학이 지닌 현실적 또는 외견상의 결함을 극복하려 하며, 이 철학의 잔여 문제들을 해결하고, 또 착수된 그 과제들을 충족시키고자 한다.[92]

그러나 우리가 칸트 이후 철학의 역사를 통해 확인할 수 있듯이 칸트철학은 많은 면에서 여전히 논쟁 중이다. 그가 제시한 비판적 형이상학의 전모는 어떤 것인지, 혹은 그의 입장이 현상과 물자체의 양세계론(two world theory)인지 아니면 이중관점론(double aspect theory)인지, 그리고 칸트 윤리학의 정체성 즉 그의 윤리학이 단순한 형식주의적인 원칙의 윤리인지 아니면 실질주의적인 덕목 윤리인지 하는 것과 같은 문제들에서부터 범주의 선험적 연역 과정에 대한 일관성이 있는 설명은 가능한가라는 문제들에 이르기까지 칸트학자들 간에 합의를 못 보고 있다. 칸트처럼 그토록 많이 연구되었음에도 불구하고 그토록 연구자들 간에 의견의 일치를 적게 본 철학자도 드물 것이다. 역설적으로 그게 칸트철학의 매력인지도 모르겠다.

칸트의 죽음을 애도했던 쾨니히스베르크 시민들의 문화의식을 보면서, 나는 우리나라의 문화 현실을 떠올려 그것과 비교해본다. 우리나라에도 역사를 살펴보면, 그 삶과 정신을 기릴 만한 훌륭한 사상가들도 적지 않게 있는데, 우리나라에서는 사상가들이 홀대받는 사회 분위기가 형성되어 있다는

---

92) 니콜라이 하르트만, 『독일관념론철학』, 23–24쪽.

생각을 지울 수가 없다. 시인들이나 문인들과 예술가들을 기리는 거리나 동상은 더러 보았지만, 사상가들을 기리는 거리나 동상은 별로 보지 못했다. 이제는 시인들이나 문인들과 예술가들조차도 연예인들에게 밀리고 있는 분위기다. 내가 사는 대구에는 '김광석 거리'나, '송해공원'이라는 것들이 만들어져서 그들의 음악활동과 예능활동을 기리지만, 대구를 대표하는 과학자나 사상가들을 기리는 거리나 공원은 없다. 나는 그런 연예인들의 공적을 깎아내리고 싶은 마음은 추호도 없다. 그러나 한국사회를 위한 그들의 기여가 과연 그 정도로 예우받아야 할 정도가 되는지에 대해서 회의적이다. 물론 대구에는 송해공원 말고도 망우당 곽재우 장군의 의병활동을 기념하는 망우당공원이 있기는 하다. 그러나 경상북도 성주 출신 유학자로서 일제 치하에서 엄청난 고통을 무릅쓰고 독립운동을 한 공로로 1962년에 대한민국 건국훈장을 받기도 한 심산 김창숙 선생 같은 애국자도 있다. 그런 애국 인사를 기리는 공원도 하나 없는 마당에, 인기 연예인의 이름들을 딴 공원이나 거리를 만드는 것이 과연 문화선진국으로 가는 길인지는 의문이다. 요즘 '트로트 열풍'을 타고 한창 떠오르는, 2007년생의 어린 소년이 있는데, 14세 때에 그 소년의 고향인 하동에서는 그 소년의 이름을 딴 거리도 만들었다고 한다. 씁쓸하다. 내가 대중에 의한, 대중을 위한, 대중의 공화국이 되어가는 세상의 변화에 적응하지 못하고 있기 때문인가?

III

칸트의
학문적 동기는
인간 존엄성의
증명이다

1. 설명의 네 가지 패러다임
2. 근세과학과 논리실증주의
3. 근대과학과 근대철학
4. 자유, 도덕법칙, 인간존엄성

서양에서는 근대 이후 과학이 획기적으로 발전하게 되는데, 근대과학은 기계론적 자연관 위에서 장족의 발전을 할 수 있었다. 이러한 기계론적 자연관의 기초를 놓은 인물이 데카르트와 뉴턴이었다. 그래서 사람들은 근대의 기계론적 자연관을 '데카르트-뉴턴적 자연관'이라고 부르기도 한다. 칸트는 이런 자연관이 인간의 의지자유를 부정하게 되며, 의지자유가 없는 인간이란 결국 고도의 섬세한 기계에 불과하게 된다고 생각했다. 그리하여 그는 인간이 기계가 아니라 자유로운 의지의 주체임을 증명하는 일에 혼신의 노력을 기울이게 된다.[1] 인간이 기계라면 아무리 그 기계가 복잡하고 섬세하다 하더라도, 인간은 존엄성을 가질 수가 없을 것이다. 우리는 이 장에서, 서양에서 자연현상을 설명하기 위해 등장한 네 가지 설명방식 즉 신화적-미신적 설명방식, 신학적-종교적 설명방식, 자연철학적-사변적 설명방식, 자연과학적-실증적 설명방식을 차례로 살펴볼 것이다. 그리고 경험과학적-실증방식의 근본에 놓여 있는 기계론적 인과법칙이 지배하는 세상에서 인간의 자유와 자유에 근거한 존엄성이 어떻게 확보될 수 있는가 하는 문제에 대한 칸트의 해답을 고찰해보고자 한다.

---

[1] 요즘 뇌과학이 발달하면서 의지의 자유라는 것은 환상에 불과하다고 생각하는 사람들이 점점 많아지고 있는 형국이다. 특히 벤자민 리벳(Benjamin Libet, 1916-2007)은 우리들이 자유롭게 의식적 결정을 내리고 있다고 믿는 사건의 경우에도 우리가 그 결정을 내리기 0.35초 전에 우리 두뇌 속에서는 우리가 그렇게 결정 내리도록 되어 있다고 말한다. 그러니까 우리의 두뇌를 세밀하게 들여다볼 수 있는 신경과학자는 우리가 자유로운 결정을 내리기 전에 우리가 어떤 결정을 내릴지 0.35초 전에 알 수 있다는 것이다. 그렇다면 결국 '나는 자유롭게 선택했다'는 나의 자유의 느낌은 환상에 불과한 것이 된다. 리벳의 실험에 대한 보다 자세한 논의는 이기흥의 논문, 「리벳 실험의 대안적 해석-리벳 이후의 뇌 과학적 발견들과 자유의지」(대동철학회, 『대동철학』제49집, 2009)와 엘프리드 R. 밀러의 저서, 『자유의지와 과학』(이풍실 옮김, 서울, 필로소픽, 2022)의 제2장 "벤자민 리벳의 실험: 언제 결심이 이루어지는가"를 보라. 필자가 이 자리에서 언급하고자 하는 것은 설령 리벳의 실험이 성공적이고 리벳이 주장하는 것이 진리라 하더라도, 그의 주장은 칸트가 말하는 의지자유론을 무효화시키지는 못한다는 것이다. 리벳이 다루는 자유는 인간이 이것을 택할 것인가 저것을 택할 것인가 하는 상황에서 문제시되는 자유 즉 '선택의 자유'이지만, 칸트가 다루고 있는 자유는 '도덕법칙을 입법하는 자유'이기 때문이다. 이 문제에 대해서는 더 상세한 논의가 필요하지만 나중으로 미루어야 할 것 같다.

보통 데카르트를 서양 '근세철학의 아버지'라 부르는데, 그는 동시에 근세 합리주의 철학의 아버지로 불리기도 한다. 그러면 근세철학의 어머니는 누구인가라고 물어볼 수 있겠다. 그러나 철학사 책에서는 그런 물음을 던지지도 않고, 답도 제시하지 않는다. 사람들은 흔히 철학의 아버지는 탈레스요, 윤리학의 아버지는 소크라테스라고 한다. 그리고 현상학의 아버지는 후설이라고 한다. 그러나 철학의 어머니가 누구인지, 윤리학의 어머니가 누구인지, 현상학의 어머니가 누구인지는 묻지 않는다. 이렇게 된 것은 동양에서도 마찬가지이지만, 서양인들의 남성중심주의적 사고방식 때문일 것이다. 영어인 father(아버지)에는 '창시자'의 뜻이 있고, mother(어머니)에도 '근원'이나 '출처'의 뜻이 있음에도 불구하고, 사람들은 '철학의 어머니' 같은 말은 쓰지 않는다. 어쨌건 데카르트가 근세철학의 아버지라 하더라도, 그는 합리주의 철학의 아버지임은 분명하지만, 경험주의 철학의 아버지가 될 수는 없는 노릇이다.

그런데 근세철학 안에는 합리론적 사조만이 아니라, 영국을 중심으로 강력한 경험주의 사조도 존재했기 때문에, 근세철학의 어머니가 누구냐고 묻는 것이 우스운 질문은 아닐 것이다. 이 진지한 질문의 답은 "아는 것이 힘이다"라고 힘주어 말한 프랜시스 베이컨이다. 그런데 근세철학은 그것이 합리주의건 경험주의건 근세과학의 발전에 기여하거나 근세과학의 발전을 학문적으로 정당화하려는 점에서는 공통된 입장에 서 있었다. 단지 기여하는 방식이나 정당화하는 방식에서 갈라졌던 것이다. 어찌 보면 근세의 합리주의와 경험주의 철학은 근세과학이 갖고 있는 두 측면, 즉 합리성과 경험적 실증성 중에 각기 한 측면만을 강조한 것일 수도 있다.

1.
설명의 네 가지 패러다임

인간은 다른 동물과 달리 자신의 주변을 둘러싼 자연에서 일어나는 현상을 포함하여 자기 자신마저도 설명하는 존재다. 우리가 서양의 근세를 잘 이해하려면, '설명하는 존재'인 인간이 자연현상에 대해 설명하는 네 가지 방식을 먼저 알아볼 필요가 있다.

지금까지 인류는 크게 자연현상에 대한 네 가지 설명방식을 만들어 냈다. 신화적-미신적 설명방식, 신학적-종교적 설명방식, 자연철학적-사변적 설명방식 그리고 자연과학적-실증적 설명방식이 그것이다. 이 네 번째 설명방식을 사람들은 특별히 '과학적 설명'이라고 부른다. 신화적인 설명방식은 모든 고대 문명권에서 발견되는데, 우리나라의 단군신화도 그중의 하나다. 이 설명방식에 따르면 다양한 자연현상이나 자연물을 지배하는 다양한 신들이 존재하며, 인간은 그 신들의 비위를 맞춤으로써 인간에게 때로는 적대적인 자연현상을 진정시킬 수 있다. 신화적인 설명방식을 미신적인 설명방식과 묶어놓은 것이 잘못이라고 생각하는 사람도 있을 것이지만, 나는 신화를 집단적인 미신이라고 생각한다. 고대 희랍인들은 다신론적 사유에 근거하여 신화적 설명을 했다.

그 후 신화적 설명방식 대신에 자연철학적-사변적 설명방식이 등장했다. 이것이 철학(학문)의 출발이었다. 탈레스(Thales, 640?-546?)에서 시작하여 데

모크리토스에 이르는 고대 희랍의 자연철학자들이 우주를 설명하는 방식이 바로 이것이었다. 그들은 자연에 대한 철학적 사변에 기초하여 만물의 아르케(arche, 근원물질)에 대해 다양한 주장을 펼쳤다. 그러나 그들의 주장은 경험적 관찰에 의해 실증될 수 없었으며, 그런 이유로 사람들은 철학적 사변에 의해 자연을 연구한 그들을 자연철학자로 불렀다. 어쨌건 그들은 근세 자연과학자들의 선구자들이었다.

그리고 서양 중세에 이르러 신학적-종교적 설명방식이 등장했다. 인류가 자연현상을 설명하기 위해 고안해 낸 네 가지 설명방식 중에서 신화적-미신적 설명방식은 설득력을 상실했다. 자연철학적-사변적 설명방식은 셸링이나 헤겔 같은 철학자들을 통해 간신히 명맥을 이어가고 있긴 하지만, 숨이 끊어지기 직전인 듯이 보인다. 1978년에 영국 과학자 겸 과학철학자인 러브록(J. E. Lovelock, 1919-2022)에 의해 제창된 가이아 가설(Gaia Hypothesis)은 자연에 대한 최신판 자연철학적-사변적 설명방식이다.[2] 그리고 종교적-신학적 설명방식은 창조과학을 지지하는 사람들에 의해 명을 이어가고 있지만, 대세는 진화론 쪽으로 기울어진 지 오래되었다.

칸트는 이 네 가지 설명방식 중에 과학적-실증적 설명방식만이 올바른 설명방식이라고 생각했다. 그는 학문사에서 최초로 자연과학적-실증적 설명방식의 가능성 근거를 해명하는 방식으로 자신의 철학적 설명방식을 제공하면서, 철학적 설명방식과 과학적 설명방식의 관계를 새롭게 정립했다. 그리하여 선험철학이 탄생하게 된 것이다. 그러나 칸트 이후 독일 관념론자인 셸링이나 헤겔은 고대 희랍의 자연철학자들처럼 철학과 과학을 통합시켰다. 말하자면 그들은 시간을 역행한 것이다. 그렇게 하면서 그들은 고대 희랍의 자연철학자들 못지않은 사변적-독단적 자연철학을 만들었다. 그러나 칸트

---

2) 리처드 도킨스는 가이아 가설에 대해 비판적이다. 『확장된 표현형』(홍영남 옮김, 서울, 을유문화사, 2004), 449쪽 이하 참조.

는 그 어떤 사변적 자연철학도 제시하지 않았다. 사람들은 칸트의 『자연과학의 형이상학적 기초원리』를 떠올리며 그것이 칸트의 자연철학이 아니고 무엇인가 하고 반문할지도 모르겠다. 그러나 그 책조차도 뉴턴 물리학의 가능성 조건을 탐색한 결과 위에서 만들어진 책이며, 스피노자나 셸링이나 헤겔의 순수사변적 자연철학 서적과는 성격을 달리한다.

물론 우리는 과학을 신앙해서는 안 된다. 그러나 비록 과학이 비틀거리는 걸음을 걷지만 나는 과학의 자기교정적 발전 능력을 신뢰한다. 과학만능주의에 빠져서도 안 되지만, 과학을 자연에 대한 여러 설명방식 중의 하나로 격하시키는 것도 잘못이다. 미국의 이론 물리학자였던 줄리어스 로버트 오펜하이머(J. R. Oppenheimer, 1904-1967)는 과학의 자유로운 탐구 활동을 다음처럼 멋지게 표현했다.

> 탐구의 자유에 장벽이 있어서는 안 된다. 과학에 도그마가 들어설 자리는 없다. 과학자는 어떤 질문이든 하고, 어떤 주장이든 하고, 어떤 증거라도 찾아 나서고, 어떤 오류도 수정할 자유가 있으며, 그럴 자유가 반드시 주어져야 한다. 우리 정치적 삶의 바탕도 개방성이다. 잘못을 피하는 유일한 방법은 그것을 찾아내는 것이고, 잘못을 찾아내는 유일한 방법은 자유롭게 조사할 수 있게 하는 것임을 우리는 알고 있다. 그러므로 인간에게 물어야 할 것을 물을 자유, 생각하는 것을 말할 자유, 떠오르는 것을 생각할 자유가 있는 한, 자유는 사라지지 않고 과학은 후퇴하지 않는다는 것을 우리는 안다.[3]

과학적 설명은 분명히 신화적-미신적 설명방식이나 종교적 설명방식과 동렬에 놓일 수는 없을 것이다. 철학에 그 뿌리를 두고 있지만, 철학으로

---

3) 마이클 셔머, 『도덕의 궤적』(김명주 옮김, 서울, 바다출판사, 2018), 7쪽에서 재인용.

부터 분리·독립하여 자신의 고유한 탐구방법론으로 성공적인 길을 가고 있는 현대과학은 인간 위대함의 증거다. 이것이 과학의 첫 번째 위대함이다. 물론 과학의 발전이 아무리 눈부시다고 한들, 인간은 과학을 통해 알면 알수록 자신이 모르는 것이 더 많다는 것을 알게 된다. 과학은 인간의 무지를 각성시켜주는데, 이것이 과학의 두 번째 위대함이다. 그래서 현대인은 고대인들보다 모르는 것이 더 많다. 양자역학을 몰랐던 고대인들은 현대인들보다 탐구할 미지의 영역이 더 적었다. 고대인들에게 우주란 밤하늘에 육안으로 보이는 별들이 전부라고 생각했을 것이다. 1900년대 초만 하더라도 인류는 우리가 그 속에 있는 은하계가 우주의 전부인 줄 알았다. 지금은 그런 은하계가 수천억 개가 된다는 것을 알고 있다. 인류의 발전은 인간의 앎의 영역을 넓혀주면서도 동시에 인류가 자신의 무지를 더 확실하게 깨닫게 만든다. 과학의 가능성은 무한하지만, 그 불가능성도 무한하다.

칸트는 포르투갈의 리스본에서 1775년 11월에 대지진이 일어났을 때에도 그것을 신학적-종교적 방식으로 설명하는 것을 배격했다. 신화적-미신적 설명방식은 고대의 인류들이 자연의 변덕에 대처하기 위해 취했던 설명방식이다. 바다에서 커다란 풍랑이 일어나는 이유를 해신의 분노로 돌린다. 풍랑을 잠재우려면 해신의 기분을 달래주어야 한다. 그래서 처녀를 바다에 바친다. 그래서 심청전이 탄생했다. 얼마나 남성중심적인지는 말할 필요도 없다. 왜 하필이면 노파도 아니고, 남자아이도 아니고 처녀를 바치는가 말이다. 우리나라에서도 귀신들을 달래기 위해 수많은 처녀들이 전설 속에서 죽어나갔다. 어쨌건 이는 자연현상을 설명하고 싶은 강력한 욕구는 있으나 올바로 설명할 능력이 없는 고대인들이 채택했던 설명방식이다. 신화적-미신적 설명방식, 신학적-종교적 설명방식 그리고 과학적-실증적 설명방식 중에서 특히 뒤의 두 가지 설명방식의 차이점에 대해 알아야 한다.

서양 중세의 기독교가 제시한 신학적-종교적 설명방식은 자기 완결적 설명방식이다. 칸트는 독단적 형이상학과 기독교의 이런 설명방식으로 얻어진 정보들에 대해서는 "감성계를 초월해 있어서 거기서는 경험의 지도(指導)도 경험의 수정(修正)도 있을 수 없는 인식"(A3)이라고 평가한다. 세계와 인간이 왜 존재하는지, 앞으로 세계와 인간이 어떻게 될지, 그리고 인간은 죽고 나면 어떻게 되는지 등등 그 모든 것을 남김없이 완결적으로 설명해준다. 그러나 그렇게 단언하기 위해 필요한 실증적 증거나 근거는 없다. 서양의 중세는 자연이 변덕을 부리는 이유뿐만이 아니라, 인간 자신과 자연의 존재이유와 목적을 설명하기 위해 종교적 설명방식을 취했다.

서양의 중세는 기독교의 유일신을 신앙했던 신중심주의 시대다. 우리는 어떻게 그런 절대적 자존자로서의 신에 도달하게 되는가? 절대적 자존자로서의 신이라는 관념의 발견 경로는 생각만큼 복잡한 것이 아니다. 어린아이들은 이 세상에 태어나서 말할 수 있을 정도의 나이가 들면, 엄마들에게 심각한 표정으로 묻는다. '엄마 나 어디에서 왔어?' 이 물음은 어린아이가 자기 존재의 신비에 눈뜨고 있음을 말해준다. 자기가 이 세상에 존재하고 있다는 이 확고부동한 사실이, 확고부동한 것에 반비례해서 이해가 안 되고 설명이 안 된다는 것이다. '설명되지 않는 확고부동한 사실' 앞에서 아이는 헷갈리고, 그 질문을 받는 엄마들은 당황한다. '엄마가 너를 낳았다.' 그렇다면 엄마는? 엄마의 엄마는? 하나의 질문은 또 다른 질문으로 이어지면서 끝이 없다. 질문이 끝나지 않는 한, 그 아이의 존재는 설명이 완결된 것이 아니다. 말하자면 설명이 미진하다. 그럼에도 불구하고 나의 존재는 확고부동하다.

그래서 어머니가 불필요한 어떤 존재를 가정하지 않을 수 없다. 사람들은 그런 존재를 절대자니 신이니 자존자(Causa sui)니 하고 부른다. 무한히 계속될 뻔했던 질문은 어머니가 불필요한 어떤 존재를 가정하자마자 중단된다. 우리는 드디어 확고부동한 나의 존재에 대한 의문을 온전히 설명하게 되는 것이다. 나는 무한히 계속될 질문을 상상 속에서 훌쩍 건너뛰고 그 대신 자기 완결적인 설명을 얻어낸 것이다. 그리고 나는 내 존재가 안전한 토대에 의해 받혀지고 있다고 믿으며 안도한다. 까딱했으면 우주의 미아가 될 뻔했지만, 이제는 그런 걱정을 할 필요가 없어진 것이다. 이것이 절대적 자존자로서의 신의 출생과정이다. 별로 비밀스러울 것도 없지만 그 나름으로는 비밀스러운 출생의 이야기다.

신중심주의적 삶을 영위한다는 것은 무엇을 말하는가? 사람들은 흔히 교회에서 시키는 대로 주일을 지키고, 때로는 철야 예배도 하고, 예수 수난절에는 금욕을 하면서 살아가는 정도로 생각한다. 이는 틀린 것은 아니지만 표면적이고 피상적이다. 신중심주의란 역사와 법과 도덕과 우주와 인류와 동식물 등등 그 모든 것의 기원을 신에다 두고, 신으로부터 설명하고 이해하는 사고방식이다. 윤리학에서 흔히 도덕의 기원이 무엇인가라는 물음을 묻는다. 신중심주의적으로 대답한다면 당연히 신이라고 답해야 한다. 신이 시키는 대로 하면 선이고 그 반대는 악이다. 이것을 신명령론(Devine Command Theory)이라고 부른다. 우주는 어떻게 해서 만들어졌는가? 신의 말씀으로 무로부터 만들어졌다. 이를 창조설이라 부른다. 당연히 인류나 동식물도 신의 창조품이다. 법의 기원도 신에게 있다. 그것은 신법(Devine Law)으로 불린다. 누가 인간들을 다스려야 하는가? 당연히 신이 다스려야 한다. 그것을 신정(神政)이라 부른다. 그러나 인간들은 자신들을 다스리는 신을 절대로 볼 수가 없다. 그래서 손도 발도 머리도 없는 신을 대신할 인간이 필요하다. 신의 대리인이 제사장이다. 옛날에는 제사장이 곧 정치가였다. 사람들은 이를 제정일치(祭政一致)라 부른다. 역사는 어떻게 움직이는가? 당연히 신의 뜻대로 움직인다. 그것을 섭리라 부른다. 세계의 시작과 세계의 심판 역시 오로지 신의 뜻대로다. 신은 설명의 제1원리로서 작용한다. 일단 절대자존자인 신의 존재가 받아들여진 이상, 이 모든 것을 받아들이지 못할 이유는 없다.

그러나 동시에 일단 신의 존재가 받아들여진 이상, 이 모든 설명은 자기완결적이면서 동시에 완전하지 않으면 안 된다. 완전성의 요구는 불가피한 것이기 때문에, 중세인들은 지금의 교조적 기독교인들과 마찬가지로 성경은 무오류의 책이라고 믿었다. 그러나 너무나 미묘하고 완전한 균형을 유지하고 있는 체계는 극히 사소한 오류에도 무너진다. 어떻게 보면 서양의 중세는 이 완전성이 끊임없이 붕괴되어가는 과정이었다고 볼 수 있다. 완전성에 균열이 가면 처음에는 이런저런 땜질로 보수하여 유지할 수 있었지만, 그 완전성이 박살 나버려 도저히 땜질할 수 없는 사건이 터졌다. 교회가 가진 물리적 강제력과 언어적 설득력을 총동원해도 교회는 지동설과 천동설의 논쟁에서 승리할 수가 없었던 것이다. 중세 기독교인들은 천동설을 믿었다. 르네상스를 거치면서 서구인들은 교회의 이런 가르침이 거짓임을 결정적으로 알게 된다. 이 광대무변한 우주에서 지구가 그 공간적 중심일 뿐만 아니라 의미상으로도 중심이라는 지구중심주의적 사고방식은, 인간에게 만물을 통치하고 관리할 수 있는 자격을 부여하는 성경 내용으로부터 필연적으로 귀결하는 것이다. 일단 지동설은 지구가 움직인다는 주장이지만, 그 주장은 하늘도 움직여버렸다. 지동설은 중세적 신앙체계라는 하늘을 여지없이 흔들어버린 것이다.

이제 사람들은 예전의 것도 확신하지 못하고 그렇다고 옛 사고의 관성력으로 인해 새것도 확신하지 못했다. 사람들은 회의의 늪에 빠져버린 것이다. 이 시기에 고대의 회의론자 피론(Pyrrhōn, B.C. 360 - B.C. 270)의 사상이 사람들에게 인기를 얻었으며, 몽테뉴는 "내가 무엇을 알꼬?"라는 회의론의 완벽한 모토를 만들었던 것이다. 이 과도기를 사람들은 르네상스라 부른다. 서양의 르네상스는 세계와 우주와 인간을 설명해주는 제일원리인 신과 신을 중심으로 형성된 교회에 대한 믿음이 크게 동요될 때, 회의의 와중에서 그 돌파구를 인간성의 부활을 통해 해결하려 했던 시기다. 이런 와중에 서양에서는 근세과학이 발흥하게 되면서 자연에 대한 새로운 설명방식이 등장했는데, 그것이 실증적-과학적 설명방식이다.

2.
근세과학과 논리실증주의

　이제 서양의 근대인들은 세계와 인간과 역사 등등 그 모든 것에 대한 설명의 제1원리로서의 신이 의심될 수 있다는 사실이 밝혀진 이상, 세계와 인간 등등은 물론이고, 예전에는 그 자체 설명의 제1원리였던 신조차도 새로운 방법으로 설명하지 않으면 안 되게 되었다. 그것을 사람들은 인간에게서 찾았다. 이제 인간이 설명의 제1원리가 된다. 이것을 사람들은 '인본주의'니 '휴머니즘'이니 하는 이름으로 부른다. 흔히 휴머니즘이라 하면, 막연히 인간의 생명과 인격을 그리고 인간의 가치를 중시하여, 인간을 인간 대접하면서 살아가는 것으로 이해한다. 틀린 것은 아니지만 표면적이고 피상적인 이해다. 휴머니즘은 신의 자리에 인간이 앉는 것이다. 모든 것을 인간의 관점에서 설명하고 이해하려는 태도다.

　인간은 그러면 어떻게 확고부동한 자신의 존재에 대한 의문을 인간의 관점에서 해명할 수 있는가? 어떻게 하면 이 의문을 극복할 수 있는가? 중세의 성직자가 신자들로부터 '신부님, 나는 어떻게 이 세상에 존재하게 되었어요?'라는 질문을 받으면, '하나님이 너를 창조하셨다'라고 말했다. 그러나 같은 질문에 데카르트는 그렇게 말하지 않았다. '너는 생각하기 때문에 이 세상에 존재한다'라는 것이 그의 대답이다. 이는 교회의 입장에서 보면 엄청나게 불경스러운 말이기에, 그는 교회의 물리력에 의해 화를 입지 않으려고 매우 조심했었다. 어쨌건 그는 더 이상, 자신의 존재를 신으로부터 설명하지 않고, 자신의 사유로부터 설명하려 했다. 그는 이 '사유'에서 시작해서 신과 우주와 물질을 설명하려고 했던 것이다. 데카르트처럼 생각과 이성을 설명의 제1원리로 채택한 사람들을 합리주의 철학자라 부르고, 로크처럼 설명의 제1원리로 경험과 감각을 채택한 사상가들을 경험주의 철학자라 칭한다. 합리주의건 경험주의건 기독교적 신의 개념을 끌어들이지 않고 자연을 설명하려는 것이 그 공통점이다.

철학의 영역에서 합리론과 경험론이 논쟁하는 중에, 과학은 양 진영의 장점을 종합하여 자신의 길을 갔다. 과학은 실제로 경험하고 검증할 수 있는 현상들 상호 간의 합리적 연관성을 중시했는데, 사람들은 이것을 실증주의라 불렀다. 과학은 그 이상의 것에 대해 신경 쓰지 않는다. 신과 영혼과 천당이니 자유니 하는 것들의 존재는 아무리 그럴듯한 논리로 주장되더라도 실증되지 않기 때문에 탐구의 대상에서 배제된다. 그런 한, 과학은 경험주의다. 그러나 실증된 현상들이라 하더라도, 그들 간에 합리적 연결성이 없으면 이론이 되지 않는다. 그런 한, 근대의 과학자들은 합리주의자다. 과학의 이런 특징을 철학적으로 정당화한 철학을 논리실증주의(Logical Positivism)라 부른다. 순전히 과학의 입장에서만 본다면, 과학은 자신의 탐구방법상의 특징을 철학화한 논리실증주의 그 자체에 대해서도 무관심하다. "명제의 의미는 명제의 검증 가능성이다"라는 논리실증주의의 헌법 제1조 그 자체는 과학적으로 실증되지 않기 때문이다.

이제 근대인들은 세계와 인간과 신과 도덕에 대한 기존의 설명과는 완전히 다른 설명을 한다. 인간의 기원에 관한 물음은 진화론이, 도덕의 기원에 관한 물음은 사회계약설이나 공리주의나 칸트의 이성주의 이론이, 우주의 기원에 관한 물음은 빅뱅(대폭발) 이론이 그 해답을 제시한다. 법의 기원도 마찬가지다. 신법은 실증법(혹은 실정법)으로 바뀌었다. 모든 학문 영역에서 신이 제거되었다. 근세 이후 서양인들의 과제는 신에서부터 출발하여 자기 분야를 설명하던 중세의 모든 학문 영역에서 신을 제거하고, 어떻게 하면 인간에게서 출발하여 설명할 수 있는가 하는 문제를 해결하는 것이었다. 심지어는 신조차도 인간의 관점에서 해석되었는데, 그렇게 됨으로써 신학에서조차도 신이 제거되어버린 것이다.

이미 포이어바흐(L. A. Feuerbach, 1804-1872)는 "신학의 비밀은 인간학이다"라는 유명한 말을 했으며, 그의 영향을 받아 1960년대에 미국에서는 개신교 계통의 젊은 신학자들을 주축으로 급기야 '신 없는 신학'을 주장하는 사신신학(死神神學, the death of God theology)이 등장하기도 했다. 근세과학이 신봉한 실증주의의 위력에 놀란 사람들은 그것을 인간이 아닌 자연에 대해서만 적용하는 것을 넘어서서, 인간과 관련된 모든 학문 영역, 예컨대 사회학, 역사학, 언어학, 철학, 심리학, 교육학, 정치학에도 적용했으며, 심지어 인간 정신 그 자체에도 적용시키려 했다. 일부 과학자들은 머지않아 현대의 발전하는 뇌과학이 인간의 정신조차 완벽하게 설명할 수 있을 것으로 예견하지만, 그 결과는 두고 볼 일이다.

이쯤에서 우리는 하나의 중대한 질문을 던져보고자 한다. 근대인들이 신을 설명의 제1원리로 채택했던 중세인들과 달리, 인간의 이성과 경험을 설명의 제1원리로 채택했다면, 이는 인간을 절대자로 격상시킨 것이 아닌가? 그러나 인간을 절대자로 격상시키기에는 인간은 유한하고 불완전한 존재가 아닌가? 외부로부터 영양분을 공급받아야 하고, 배설해야 하는 존재인 주제에 신의 성좌(聖座)에 앉는다는 것은 잘못돼도 한참 잘못된 것이 아닌가. 그러나 인간은 절대자임을 자처하지 않으면서도 인간을 설명의 제1원리로 채택할 수 있다는 것이 근세과학의 생각이다. 근세과학이 인간의 이성과 경험을 설명의 두 축으로 받아들였을 때, 근세과학은 이미 세계와 역사와 우주와 인간에 대한 완결적 설명을 포기했음을 주목해야 한다. 인간은 유한하고 불완전한 존재이기에 어차피 완결적 설명이란 이제 하나의 학문적 이상에 불과하다.

'인간은 어디에서 왔습니까?' 인간은 600만 년 전쯤에 원숭이, 침팬지,

오랑우탄, 고릴라의 공통조상으로부터 갈라져서 나왔다고 진화생물학은 대답한다. 그 공통조상을 뭐라고 부르든, 현대의 중세인은 기분 나쁜 표정을 지으며 그 공통조상은 어디에서 왔느냐고 또 물어볼 수 있다. 과학자는 이렇게 말할 것이다. '그 공통조상이 어디에서 왔는지는 아직까지 모르겠다. 그러나 인간이 그것에서 진화한 것은 사실이다.' 말하자면 인간이 그 공통조상에서 왔다는 것은 영수증이 첨부된 주장이라는 것이다. 물론 시간이 흘러 연구가 계속되면, 그 공통조상이 무엇에서 진화한 것인지 실증적으로 밝혀질 수 있을 것이다. 그것을 사람들은 학문의 발전으로 간주한다.

이런 발전에도 불구하고 미지의 영역은 무한하다. 그리고 기분상의 진보와 발전에도 불구하고, 인간의 무지도 여전하다. 그래서 우리의 중세인은 과학은 부정되어야 한다고 주장한다. 하나도 완결적으로 설명해주는 것이 없는 근세과학은 결국 아무것도 설명해주는 것이 없다는 것이다. 창조론과 진화론의 논쟁을 생각해보라. 창조론자들이 이구동성으로 하는 질문은 인간이 문제의 공통조상으로부터 진화된 것이라면, 그 조상은 어디에서 왔는가 하는 것이다. 가령 진화론자가 그 조상은 '완숭이'로부터 진화했다는 사실을 밝혔다고 해보자. 그러면 창조론자는 또 그 완숭이는 무엇에서 진화했느냐고 물을 것이다. 그들은 과학자들이 아무리 탐구를 진행시켜도, 궁극의 종착점에는 도달하지 못함을 알고 있다. 바로 그것이 과학자들의 아킬레스건이라고 생각하여 그 부분을 집중적으로 공격한다.

물론 진화론자들은 최초의 단세포 생명체로부터 끊임없이 이어지는 진화의 계통도를 완성하길 원한다. 이 작업은 대단히 어려운 작업이며, 그들이 이 작업을 성공적으로 수행해낼 수 있을지는 아무도 알 수 없다. 설령 그들이 그 작업에 성공하여 물질에서 최초의 생명이 만들어지는 과정을 밝혀냈다 하더라도, 창조론의 신봉자들은 또다시 그러면 물질은 왜 존재하는지 물을 것이다. 그러나 그 질문에 답할 수 있는 과학자는 없다. 그러면 창조론자들은 과학의 설명은 불충분하다고 비난할 것이다. 그러나 진화생물학자들은 설명의 완결성이 아니라, 설명의 실증성을 추구한다. 한 단계에서 다음 단계로 넘어갈 때 영수증이 첨부된 실증적 설명을 하는 것이 과학의 정신이다. 이 점을 창조론자들은 망각하고 있다.

　　진화론과 창조론의 논쟁에서 우리는 두 가지 차원의 문제를 조심스럽게 구분해야 한다. '왜-물음'과 '어떻게-물음'이다. '우주는 왜 존재하는가?', '생명체는 왜 존재하는가?', '인간은 왜 존재하는가?'라는 물음들은 의미에 관한 물음이다. 그런데 '우주는 어떻게 존재하게 되었는가?', '인간은 어떻게 존재하게 되었는가?' 하는 물음은 사실에 관한 물음이다. '우주는 어떻게 존재하게 되었는가?'라는 사실에 관한 물음에 관한 한, 현대의 천문학이 내놓고 있는 해답은 빅뱅이론이다. 그리고 그 이론을 지지하는 강력한 실증적 자료들이 확보되어 있다. 그러나 빅뱅이론조차도 '우주가 어떻게 해서 존재하게 되었는가?'라는 질문에 대한 최종적인 해답은 아니다. '빅뱅은 어떻게 해서 존재하게 되었는가?' 하는 물음이 성립하기 때문이다. 그리고 빅뱅이론은 '우주가 왜 존재하는가?'라는 질문에 대해서 말해주는 것은 아무것도 없다.

　　'인간은 어떻게 존재하는가?'라는 물음에 대한 현대 생물학의 대답은 현생인류는 600만 년 전쯤에 침팬지, 오랑우탄, 고릴라, 원숭이, 고인류의 공통의 조상으로부터 분리되어 진화해왔다는 것이다. 이 대답도 매우 불완전한 것이지만, 그래도 많은 부분이 실증적 자료들에 의해 뒷받침되고 있다. 그렇지만 진화생물학은 '인간은 왜 존재하는가?'라는 질문에 답을 주지는 못한다. 과학자들은 왜-물음을 자신들의 탐구대상으로 삼지 않는다. 그런데 창조론자들은 우주와 생명과 인간에 대해 질문을 던질 때, 왜-물음과 어떻게-물음을 한꺼번에 던지고 있다. 창조론자들은 자신들의 물음을 어떻게-물음이 아니라, 왜-물음으로 축소시켜 이해해야 한다. 어떻게-물음은 과학의 전유물음이다. 창조과학이 '어떻게-물음'과 '왜-물음' 둘 다에 해답을 줄 수 있다고 믿는 것은 기독교가 종교이면서 동시에 과학이라고 생각하는 것이 되는데, 그것이 기독교의 억지다.

『성경』의 「창세기」를 보면 세계가 존재하는 경위가 서술되어 있다. 그러나 「창세기」의 서술에 그런 경위가 들어간 것은 그 두 물음을 구분할 줄 몰랐던 옛날 사람들이 그 두 질문을 뒤섞어 질문을 던졌기 때문이다. 근세 이전처럼 과학과 종교가 구분되기 전에는 기독교적인 사고방식이 사람들에게 받아들여질 여지가 있었다. 그러나 그 양자가 엄격하게 구분된 이후에는 그 양자가 구분 없이 섞여 있던 시절의 진리주장은 더 이상 통용될 수가 없게 되었다. 이제 '어떻게-물음'은 과학에게 넘겨주어야 한다. 칸트는 근대 이후 과학이면서 동시에 종교가 되는 것은 불가능하게 되었다는 사실을 누구보다 분명하게 이해했던 인물이었다. 그는 또한 근세 이후에는 과학이면서 동시에 철학이 되는 것도 불가능하게 되었다고 생각했다. 어떤 주장이 과학적 진리가 되기 위해서는 그 주장들에 사용되는 개념들에 대한 직관이 주어져야 한다. 즉 오관에 의해 검증 가능해야 한다.

칸트는 자기 이전의 철학은 '어떻게-물음'과 '왜-물음'을 구분하지 않고 학문적 탐구를 했기에, 모두 독단적 철학에 불과하다고 생각했다. 플라톤 시대에는 참다운 지식으로서 학문이 동시에 종교적 믿음의 대상이 되는 것이 가능했다. 이데아에 대한 앎만이 참다운 지식인데, 이데아의 세계가 과연 존재하는가 하는 것은 (이성적) 믿음의 영역이기 때문이다. 플라톤은 기하학적 지식이 가능하려면 그런 지식의 대상이 되는 불변의 세계가 있어야 한다는 것을 주장했지만, 그런 세계를 우리에게 보여줄 수는 없었다. 그 세계는 감각적 지각의 대상이 되는 세계가 아니기 때문이다. 그러니 우리는 이데아의 세계를 믿을 수밖에 없는 것이다. 이런 점에서 본다면 이데아 세계의 실재성에 대한 플라톤의 믿음은 칸트가 말하는 '이성신앙'의 선구자 역할을 했다고 말할 수도 있을 것이다. 그러나 근대에 와서 과학적 탐구는 플라톤 시대의 학문과는 달리 현상세계를 지배하는 법칙을 연구하는 지적 활동이 되었다. 이리하여 과학적 지식은 감각적으로 실증되는 지식이기에 더 이상 믿음의 대상이 아니다. 그러니 과학이면서 동시에 종교가 된다는 것은 불가능하다. 근대 이후에는 어떤 것이 과학임을 자처하는 순간 그것은 실증적인 지식을 갖게 되지만 궁극적이고 완결적인 지식을 포기해야 한다. 어떤 것이 종교임을 자처하려면, 그것은 세계에 대한 총체적 그림을 제공해야 하지만, 실증성을 포기해야 한다.

창조과학은 엄밀한 의미에서 과학이 될 수가 없는 일이다. 창조론자들은 기존의 진화론은 인간과 생물의 기원에 대해 설명하지 못하기에 자연과학적 설명은 허구라고 주장한다. 다시 말해서 무생물에서 생명이 생겨 나오는 과정을 설명하지 못하기 때문에 참된 과학이 아니라는 것이다. 그러면서 창조과학은 그 장면에서 창조자인 신을 도입하면 그 문제가 간단히 해결된다고 말한다.

> 사람의 기원에 관해 이해하고자 하는 것은 인간 본성의 일부분이다. 그러나 '우리는 누구인가, 우리는 왜 여기에 있는가, 우리는 어디에서 왔는가' 하는 문제에 대한 답을 성경 밖에서 찾으려는 시도는 모두 실패했다. 생물이 어떠한 화학성분으로 이루어져 있는지는 과학적 연구로 밝힐 수 있지만, 이러한 성분이 어떻게 구성되어 생물을 이루는지는 알 수 없다. 생물은 화학 물질이 조합되어 기능을 수행하도록 하는 것 이상의 복잡한 특성을 나타낸다. 생물은 살아계시고 큰 능력을 지니신 창조주 하나님이 적절한 물질을 적절한 위치에 배열하셨기에 살아갈 수 있다. 하나님이 생물을 스스로 번식할 수 있도록 정보를 넣어서 창조하셨다는 것을 믿을 때만이 그 본질을 이해할 수 있는 것이다.[4]

> 태초에는 공기, 물, 흙, 암석밖에 없었을 것이다. 그런데 완전 멸균 처리된 공기, 물, 흙, 암석만 있는 밀폐된 공간을 만들어 햇볕이 들어오

---

4)   미국창조과학연구소 지음, 『창조과학백과』(정병갑 옮김, 서울, 생명의말씀사, 2017), 100쪽.

게 하고 오랜 세월이 지나면 생명체가 나올 수 있을까? (…) 진화론이 맞다면 생명체가 나와야 한다. 그러나 절대 나올 리가 만무하다. 그렇다면, 무생물과 생물의 간극을 이을 수 있는 것은 창조밖에 없다. 진화론은 답이 아니다. 그러므로 생명을 만든 창조주 하나님이 계시고 진화가 아니고 창조가 옳다고 볼 수밖에 없다.[5]

'궁극의 원인을 설명하지 못하는 과학은 참된 과학이 아니다'라는 창조과학의 과학관 그 자체가 문제적이다. '설명의 완결성을 보증해주는 궁극의 답을 제시하지 못하는 과학은 참된 과학이 아니다'라는 창조과학의 관점에 서면 현대의 모든 자연과학은 다 참된 과학이 아니게 된다. 그러나 창조과학자들이 말하는 과학의 개념은 일반적인 과학자들이 말하는 과학 개념과는 다르다. 서로는 서로가 과학이 아니라고 말하는데, 중세 이후 근대에 들어와서 과학이란 용어의 발생과정과 과학적 탐구활동이라는 관점에서 본다면, 창조과학은 정의상 과학이 될 수가 없다.

---

5)   변승우, 『노후준비보다 중요한 사후준비』(서울, 거룩한 진주, 2022), 22-23쪽.

3.
근대과학과 근대철학

근세 합리주의 철학은 근세과학의 여백을, 기존의 종교적 방식으로 채울 수 없게 된 이 여백을 채우려는 노력의 산물이다. 인간은 지식의 실증성을 중시하지 않을 수 없지만 또한 설명의 완결성을 추구하지 않을 수도 없는 존재이기 때문이다. 스피노자는 '소산적 자연'의 인과결정성을 받아들이면서 근세 자연과학의 학문적 기초를 정당화해주었지만, 그의 철학은 근세과학의 여백을 기독교가 그려내는 방식으로 그리지 않았기 때문에 핍박을 받았다. 그는 인격적인 창조자 신을 부정했다. 그리고 인간의 의지자유도 부정했다. 칸트도 과학의 실증성(합리성과 검증성의 종합)과 설명의 완결성을 동시에 붙잡기 위해 노력했다. 그는 과학의 영역을 가능한 경험의 세계 혹은 현상계로 불렀으며, 이 세계는 철두철미 인과법칙의 지배하에 있다고 생각했다. 그리고 그는 과학적으로 실증되지 않았고, 앞으로도 영원히 실증될 수 없는 여백의 영역을 물자체의 세계로 불렀으며, 이 세계는 자유의 법칙 혹은 도덕법칙의 지배를 받는 세계로 이해했다.

그의 입장에서 볼 때, 과학이 종교에게 신과 영혼과 자유를 실증하라고 요구하고, 실증하지 못하는 한 그런 것에 대한 믿음은 미신에 불과하다고 말하는 것이 실증적 과학주의의 월권적 독단이다. 그리고 종교가 과학에게 자기 완결적 설명을 제시하라고 요구하고 그렇게 하지 못하는 한, 그 설명은 결국 아무것도 설명하는 것이 없다고 말하는 것 역시 교조적 종교주의의 폭력에 불과하다. 이 양자는 싸울 필요가 없다. 각각의 설명방식은 각각 그 나름의 장점을 갖고 있다. 올바른 과학은 우리에게 실증적 확실성을 선사하고, 올바른 종교는 설명의 완결성을 추구하려는 이성의 억제할 수 없는 욕구를 합리적으로 충족시켜준다. 이런 조정안을 내놓으면서 칸트는 기독교를 완전히 '이성의 한계 안에서' 이해될 수 있는 도덕종교로 만들었던 것이다. 그는 "나는 신앙에 설 자리를 마련해주기 위해 지식을 지양하지 않을 수 없었다."(BXXX)라고 말한다. 칸트가 말하는 신앙은 당연히 도덕신앙이다.[6]

칸트는 흔히 데카르트-뉴턴적 자연관(기계론적 자연관)을 떠받치고 있는 인과법칙이 경험 가능한 세계뿐만이 아니라, 경험 너머의 세계에도 적용될 수 있고 또 인간의 마음작용에도 적용될 수 있다면, 어떤 결과가 생기는가를 헤아려보았다. 그 결과 인간 역시 기계 같은 존재로 전락하게 됨을 알게 된다. 사실 프랑스 철학자이자 의학자였던 라 메트리(Julien Offroy de La Mettrie, 1709-1751)는 인간은 기계에 불과하다는 인간기계론을 제창했다. 데카르트는 동물기계론을 주장했지만, 인간기계론으로 나아가지는 않았다. 스피노자는 데카르트적인 자연관을 받아들이는 한, 인과법칙의 절대적 타당성을 인정하는 것은 불가피하다고 생각했고, 따라서 인간에게도 의지자유란 것은 없다는 결론을 받아들인다. 그럼에도 불구하고 인간을 고상한 기계 즉 자기인식적 기계로 간주하고 싶었다. 그는 근세과학의 인과적 결정론을 받아들이면서도 인간이 하찮은 동물과는 다른 존재임을 색다른 방식으로 보여주고 싶어 했다.

스피노자에 의하면, 인간은 세상 만물이 필연의 인과법칙에 따라 진행

---

6) 칸트가 도덕적 경험의 가능성 조건을 검토하면서 실천이성의 실천철학적 합리성에 의거하여 도달하게 된 초험적 세계에 대한 결론은 즉 영혼은 불멸이며, 심판자로서의 신은 존재한다는 것이었다. 이 주장은 비록 '과학적 인식'은 아니지만 도덕적 차원에서 받아들일 수밖에 없기에 도덕신앙으로 부른다. 칸트는 기독교의 계시신앙을 거부한다.

된다는 사실을 거리를 두고 반성적으로 인식하고 있는 유일한 존재이며, 그러한 인식을 통해 세상사의 흐름에 일희일비하지 않을 수 있는 관조적인 마음의 자유를 누릴 수 있다고 생각했다. 그에 의하면 인간은 필연의 인식을 통해 자유의 경지에 이르는 것이 중요하다. 이때 그가 말하는 '자유'는 영원 전부터 현재를 거쳐 영원 이후까지 이어지는 세상사의 흐름을 그 필연성에서 파악하여, 그 흐름으로부터 한 걸음 물러서서 보는 평화로운 마음의 경지다. 스피노자에게 있어서 인간이란 '인과법칙의 지배하에 놓여 있는 세상을 관조하는 기계'다. 그 기계는 신과 합일된 기계요, 신이다. 그 기계는 세상의 부분품에 불과한 동물과는 다른 기계다. 스피노자는 이런 식으로 인간의 체면을 세워주었다.

니체가 보기에 근세의 실증주의적 과학은 근본적으로 유물론적이기에 기독교적 신의 존재를 부정할 수밖에 없다. 그래서 과학에 열광하는 근대인의 마음이 신을 떠났음을 간파하고 '신은 죽었다'는 유명한 말을 했다. 그는 신의 죽음 이후 유럽 사회는 허무주의에 사로잡힐 것이라고 예측했었다. 통상 사람들은 허무를 싫어하고 멀리하고 기피한다. 그러나 니체는 사람들이 자원해서 허무에 풍덩 빠지기를 권유한다, '허무주의면 어떠냐! 허무주의를 즐기자!'는 방식으로 허무주의를 극복하자고 한다. 그는 자신의 허무주의를 '능동적 허무주의'로 부른 뒤, 자신을 '허무주의를 극복한 최초의 허무주의자'로 자랑스럽게 소개한다. 허무주의를 극복하는 방법은, 영원한 윤회(허무한 인생의 무한반복)로부터 벗어나서 해탈하는 것이라는 생각을 포기하고, 인간이 허무한 삶을 절대적으로 긍정하는 것이다. 그 긍정의 방식이 생사의 영원한 윤회를 즐거운 마음으로 영원히 받아들이는 것 즉 영원회귀를 긍정하는 것이다. 역설적으로 보이지만 이것이야말로 니체식의 해탈처럼 보인다. 이 자리에서 니체가 말하는 '동일한 것의 영원회귀'에 대해 칸트가 어떻게 생각했을까 하는 문제를 길게 이야기하는 것은 적절하지 않아 보이지만, 말이 난 김에 말해두겠다. 칸트는 말한다.

우리가 인생의 가치가 단지 우리가 향수하는 것(경향성의 총화라는 자연적 목적, 즉 행복)에 따라서만 평가된다면, 인생이 우리에게 어떤 가치를 가지는가 하는 것은 용이하게 결정될 수 있다. 그 가치는 영 이하로 떨어진다. 대체 동일한 조건하에서 인생을 새로이 시작하려고 할 사람이 누가 있겠으며, 또한 자신이 세웠다고는 하나 (자연의 과정에 맞추어) 역시 향락만을 노리고 있는 새로운 계획에 따라 인생에 또다시 발을 내디디려고 할 사람이 누가 있겠는가?[7]

칸트는 쾌와 고가 뒤섞여 흘러가는 것이 삶의 전부라면, 삶은 근본적으로 허무한 것이라고 생각했으며, 그런 삶은 반복될 가치가 전혀 없다고 말한다. 나는 '운명애'(amor fati)나 '영원회귀'나 '초인'의 개념을 통해 니체가 설파하는 삶의 태도, 즉 허무하고 무의미하고 고통스러운 삶을 사랑해서 그런 삶이 천 번이고 만 번이고 반복된다 하더라도 그런 삶을 사랑하고 받아들여 살겠다는 것은, 삶의 허무를 극복하려는 의지를 문학적으로 표현한 것이라면 그것은 문학적 과장이겠지만, 그 개념들이 철학적으로 주장된 것이라면 그것들은 '철학적 허세'의 전형이라고 생각한다. 인간이란 손톱 밑에 찔려 있는 가시가 주는 고통이나 치통으로도 백 년도 견디지 못할 존재인데, 총체적 고통으로 뒤덮인 운명을 사랑해서 그런 운명이 영원히 반복된다고 하더라도 그런 운명을 사랑하겠다는 것은 과도한 철학적 허세일 것이다. 물론 니체는 예언자적인 촉수를 갖고 다가올 허무주의를 감지해내어 그것을 극복할 방도를 '초인'이라는 새로운 우상(이념)을 통해 제시하고자 했지만, 나는 그가 디오니소스의 마주(魔酒)를 너무 많이 마시고 취중 허세를 부린 것처럼 보인다.

홉스(T. Hobbes, 1588-1679)는 칸트가 허무한 것으로 간주한 삶의 개념을 갖고 있었다. 그는 인생이란 '고통을 피하면서 즐거운 일을 추구하면서 생명활

---

7) 『판단력 비판』, 342쪽. §83.

동을 해나가는 운동과정'이라 생각했던 것이다. 홉스는 데카르트처럼 동물들을 기계적 존재로 보았는데, 동물들도 고통을 피하고 쾌를 추구하며 살아간다. 칸트는 그런 삶의 허무성에 대한 니체식 극복방식에 전혀 동의하지 않고 있다. 현대에는 '뇌 과학'의 발달로 말미암아 인간을 기계로 보는 의견들이 득세하는 듯이 보이지만, 칸트는 만약 인간의 본질이 기계적인 것이라면, 도덕이 들어설 여지가 없고, 영혼과 신의 존재도 부정되어야 한다고 생각했다. 그렇게 되면 허무주의가 세상을 지배하게 될 것을 알고 있었다. 그렇다고 중세의 기독교적 세계관에 의탁하여 위안을 삼을 수도 없는 노릇이었다. 이런 상황에서 칸트는 근세과학에도 그 정당성을 인정해주고, 인간의 존엄성을 이성의 자율성에 기초하는 선험윤리적인 방식으로 인정해주는 길을 모색하게 된다. 말하자면, 니체가 걱정했던 허무주의라는 질병에 대한 강력한 예방주사를 놓았던 것이다.

스피노자는 인간이 전체로서의 세상을 관조하는 능력이 있는 것으로 본다. 칸트가 보기에 인간이 그런 능력을 갖기 위해서는 세상 바깥에서 세상을 보는 어떤 시점을 정해야 한다. 그런데, 칸트는 그런 시점에서부터 필연의 인과연쇄를 형성하며 흘러가는 세상을 그 바깥 즉 필연이 아닌 곳에서 보는 능력이 인간에게 있다고 생각하는 순간, 인간이 자유임을 전제해야 한다고 생각한다. 스피노자는 우리가 마음의 평화를 얻으려면, 세상사의 인과적 흐름을 '영원의 상하에서'(sub specie aeternitatis, under the form of eternity) 보라고 말하는데, 스피노자는 인과계열이 무한한 흐름을 형성하고 있음을 인정하고 있다. 그런데 우리는 그가 인정하는 '무한'이 가능적 무한인지 현실적 무한인지 물어볼 수가 있다. (이 두 가지 무한 개념에 대해서는 바로 뒤에서 언급한다) 칸트는 그것이 현실적 무한일 수가 없다고 생각한다. 그것은 신과 같은 것인데, 우리 인간은 신보다 큰 존재가 아니며, 우리는 신의 바깥에 설 수가 없다. 그렇다면, 그것은 가능적 무한의 계열일 수밖에 없다. 그러면, 근세 과학이 인과적 계열을 형성한다고 생각한 세계는 가능적 무한의 세계이고 — 칸트는 이를 '가능한 경험의 세계'라고 부른다 ─ 인과법칙은 그 세계 내에서만 타당성을 인정받게 된다. 가능적 무한의 세계 밖에서 그 법칙을 사용하는 것은 과학의 월권이요 과학적 독단주의가 된다.

4.
자유, 도덕법칙, 인간존엄성

　칸트는 가능적 무한의 세계 바깥을 물자체의 세계, 현실적 무한의 세계, 자유의 세계로 보았다. 칸트는 과학이 발전하면서 지식의 영역은 끝없이 확장해나가겠지만, 과학이 아무리 발전해도 포섭할 수 없는 영역이 존재한다고 생각했다. 그 영역에서 그는 인간의 존엄성을 확보하고 싶었던 것이다. 그 영역은 자유에 기초한 도덕의 영역이었다.

　그러면 칸트는 세상 모든 만물은 필연의 인과법칙의 지배하에 놓여 있음에도 유일하게 인간의 의지만은 그 법칙으로부터 벗어나 자유로운 것임을 어떻게 증명하는가? 칸트는 의지를 '법칙의 표상, 즉 원리에 따라 행위하는 능력'으로 혹은 '이성적인 한에서 생겨나는 존재자의 일종의 원인성'으로 규정하기도 한다. 그리고 그는 자유를 '이성적 존재자인 인간이 갖는 의지가 다른 원인성 즉 인과원인성에 의존하지 않고 활동하는 경우에 가지는 성질'로 풀이하기도 한다. 칸트의 복잡한 말들을 종합하면, 자유란 '인과법칙으로부터 벗어나서, 인간이 스스로 세운 행위법칙에 따라 행위 할 수 있는 의지의 능력'으로 이해될 수 있다.[8] 칸트는 의지자유론의 대표주자인데, 흔히들 의지자

---

8)　이하의 내용은 필자의 다른 책 『철학과 삶의 의미』(대구, 도서출판 새빛, 2019), 133쪽 이하에 부분적으로 의지하고 있다.

유론을 비결정론으로 부르기도 한다. 그러나 비결정론자는 세상에서 일어나는 모든 일이 비결정적이라고 주장하는 것은 아니다. 그들 역시 많은 사건들은 결정되어 있다고 생각한다. 계절의 순환도 결정되어 있고, 포탄이 떨어질 지점도 결정되어 있고, 당구대 위를 움직이는 당구공이 정지할 장소도 결정되어 있다고 주장한다. 또한 동물의 행위도 자유의 행위는 아니라고 생각한다. 칸트는 오직 인간의 행동만이 비결정적이요, 자유롭다고 생각한다. 그러나 의지자유론자도 두 부류로 나뉜다. 첫째로 인간의 모든 선택적 행동이 비결정적이라고 주장하는 부류가 있다. 현대 미국 철학자 콜리스 라몬트(Corliss Lamont, 1902-1995)가 이 부류의 대표자라고 할 수 있다. 그는 『자유선택의 긍정론』(Freedom of Chice Affirmed)에서 다음처럼 말한다.

> 실제로 양자택일물 중에서 택하게 될 때, 우리는 진정한 자유를 가진다는 사실과 내성적(內省的)으로 우리는 "내가 달리 선택할 수도 있었다."라는 말을 할 수 있다는 사실은 모든 인간들에게는 실제로 강하고 즉각적이며 상식적인 직관으로 간주된다. 결정주의의 이론은 우리 인간의 일상경험과 동떨어져 있다.[9]

다른 한 부류의 의지자유론자는 인간의 모든 선택적 행위가 자유로운 것이 아니라 오직 도덕적 결단의 행위만이 자유로운 행위이고, 또 도덕적 행위의 영역에 있어서만 인간의 의지가 자유임을 증명할 수 있다고 생각한다. 칸트가 이런 입장을 취하고 있다. 칸트는 우리가 일상에서 직면하는, 도덕과 무관한 다수의 선택적 상황에서 택하는 행위, 예컨대 쉬는 시간에 축구를 할 것인가 농구를 할 것인가 하는 상황에서 우리의 선택적 행위는 필연적 행위이지 자유로운 행위가 아니라고 생각한다. 물론 우리는 그 상황에서 '내 마음

---

9) 콜리스 라몬트, 『자유선택의 긍정론』(권명달 옮김, 서울, 보이스사, 1973), 145쪽.

대로' 어떤 것을 선택하는 '자유의 느낌'을 갖는다. 그러나 자유의 느낌이 내가 자유임을 증명해주는 것은 아니다. 세척충동 환자는 자유의 느낌을 느끼면서 강박증으로 인해 하루에 백 번이나 손을 씻는다. 칸트에 따르면, 오히려 명령으로 다가오는 도덕적 규율이 우리에게 '구속감'을 준다. 도덕적 명령은 그것이 명령인 한, 그 명령에 거역하려는 욕망을 예상하고 있다. 우리는 그 욕망이 도덕에 의해 규제되면서 오히려 '구속감'을 느낀다. 도덕법칙은 자유의 법칙인데, 도덕이 우리에게 구속감을 준다는 것은 곧 자유는 우리에게 구속감을 준다는 말이다. 이것은 칸트 자유론의 역설이다. 물론 이 구속감은 죄인이 감옥에 갇혀 있으면서 느끼는 구속감과는 다른 것이다. 도덕적 구속감은 감각적 충동(경향성, 필연)을 거부하는 것에서 생겨나지만, 감옥의 구속감은 감각적 충동의 해방이 원활하지 않을 때 생겨난다.

칸트는 '자연필연성'과 '자유'를 대립하는 개념으로 이해한다. 자연필연성은 인과법칙으로 표현되고, 자유는 도덕법칙을 통해서 표현된다. 만약에 도덕법칙이 없다면 우리는 자유가 무엇인지 알 수 없을 것이다. 그러므로 도덕법칙은 자유의 인식근거(ratio cognisendi)다. 자연필연성과 인과법칙이 상호 밀접한 연관이 있듯이, 도덕법칙과 의지자유도 밀접한 연관이 있다. 우리는 자연에서 일어나는 사건들의 진행이 필연성을 띠고 있음을 인과법칙을 통해서만 알 수 있다. 물론 자연적 사건들의 진행이 신의 뜻에 따라 반드시 그렇게 될 수밖에 없다고 생각할 수도 있겠지만, 자연과학의 발달은 사람들로 하여금 그런 생각을 부정하게 만들었다. 또한 의지의 자유는 인간의 선택적 행위를 통해서도 표현될 수 있을지도 모른다.

그러나 칸트의 견해에 따르면 인간의 의지자유는 오직 도덕법칙을 통해서만 증명될 수 있다. 인간이 도덕법칙을 따라 행위 하려는 결심을 할 때, 그는 자유를 의식하게 된다. 칸트의 견해에 의하면 돌멩이나 별, 나무, 동물 등등의 모든 자연물을 지배하는 유일의 법칙은 인과법칙이다. 그런 존재들은 인과법칙의 지배하에 있기 때문에 자유로운 존재가 아니다. 그러나 인간은 신체(물질)적 존재로서 다른 자연물과 마찬가지로 인과법칙의 지배를 받지만, 다른 한편 정신적 존재로서 도덕법칙의 지배를 받기도 한다. 그러므로 인간은 인과법칙을 따라 행동할 수도 있고 도덕법칙에 따라 행동할 수도 있다. 이런 이유에서 칸트는 인간을 '두 세계의 시민'이라고 했다. 바로 이 때문에 인간은 자유의 가능성을 가진 존재다.

돌멩이는 갈등하지 않는다. 그래서 돌멩이는 인과법칙이라는 한 세계의 구성물일 뿐이다. 인간이나 동물들은 갈등한다. 사자도 영양을 사냥할까 물소를 사냥할까 갈등한다. 그리고 인간도 이 사자와 비슷하게 짜장면을 먹을까 짬뽕을 먹을까 갈등한다. 그러면 이 사자도 두 세계의 시민이라 말해야 되는 것이 아닌가? 아니다. 사자가 먹이를 앞에 두고 갈등하더라도 사자는 여전히 한 세계의 짐승이다. 이런 갈등들은 인과법칙이 지배하는 자연계 내에서의 갈등이기에 '자연적 갈등'이라 부를 수 있는데, 이런 갈등의 경우, 우리는 그 갈등을 둘러싸고 벌어지는 여러 내·외적 요인들의 작용관계를 충분히 파악하게 되면 그 갈등들이 어떻게 결론 날지를 계산할 수가 있다. 즉 표면적으로는 갈등처럼 보이지만 내면적으로는 결정되어 있다는 것이다.

그러나 누군가가 자신의 출세를 위해 살인을 할 것인가 말 것인가 하는 갈등은 앞의 갈등과는 다르다. '살인하지 말라'는 것은 도덕법칙이고 이 법칙은 이성적 존재인 인간이 스스로 정한 법칙이기에, 이 갈등은 앞의 자연적 갈등이 아니라 '도덕적 갈등'이다. 동물들도 인간들과 마찬가지로 자연적 갈등상황에 빠지는 경우는 흔하지만, 동물들은 절대로 도덕적 갈등상황에 빠지는 경우는 없다. 왜냐하면 동물들은 자신들의 행위를 규제할 법칙을 스스로 정할 수 있는 능력이 없으며, 따라서 자연법칙으로부터 벗어나는 것이 불가능하기 때문이다. 도덕적 갈등상황에 빠진 인간의 경우 그 갈등이 어떻게 결말날지는, 그 갈등을 둘러싸고 벌어지는 내·외적 요인들의 작용관계를 아무리 면밀하게 계산하더라도, 계산되지 않는다는 것이 칸트의 생각이다. 그래서 칸트는 동물들이 자연적 갈등상황에서 사용하는 선택의지를 '동물적 선택의지'(arbitrium brutum)로 부르고, 도덕적 갈등상황에 처한 인간의 의지를 '자유로운 선택의지'(arbitrium liberum, freie Willkür)로 부르고 있다(B562 참조). 인간 이외의 다른 존재는 단 하나의 법칙의 지배를 받기 때문에 그 법칙이 지시하는 것 이외의 다른 것을 선택할 수 있는 여지가 없는 존재요, 따라서 결정된 존재요, 부자유의 존재인 것이다.

    그러면 칸트가 인간의 존엄성을 확보하기 위해 인간의 자유를 어떻게 증명하는지, 인간만이 처하게 되는 도덕적 갈등상황의 예로 살펴보자. 예컨대 '남의 물건을 훔치지 말라'는 도덕법칙의 경우를 생각해보자. 어떤 사람이든지 극도로 배가 고프면 남의 음식이라도 먹고 싶어진다. 그러한 욕구가 발생하는 것은 인간이 인과법칙의 지배를 받는 존재이기 때문이다. 오랫동안 음식을 먹지 않으면 위장이 수축하고, 위장이 수축하면 시장기를 느끼게 되고, 시장기를 느끼게 되면 음식을 먹는 것은 생리학적인 인과법칙이다. 그런데 인과법칙이 인간을 지배하는 유일한 법칙이라고 한다면, 그 사람의 마음속에는 '내가 비록 배가 무척 고프지만 저 음식은 남의 것이니까 먹어서는 안 된다'는 생각이 처음부터 생겨나지 말아야 할 것이다. 왜냐하면 인과법칙이 인간을 지배하는 유일한 법칙이라고 한다면, 배가 고픈 것은 원인이요, 음식을 먹는 것은 결과인데 원인은 결과를 필연적으로 규정하기 때문이다. 그러나 이러한 인과법칙에도 불구하고 그 사람은 '비록 내가 배가 고프지만(원인), 결코 남의 음식을 먹지는 않겠다(결과)'는 결심을 한다. 이 결심의 결과는 결코 인과법칙이 지시하는 결과가 아니다. 그 결과는 인과법칙이 우리에게 행위 하기를 요구하는 결과와는 정반대의 결과다. 그러면 사람들이 인과법칙이 요구하는 결과와는 정반대의 결과를 포함하고 있는 결심을 할 수 있다는 것은 무엇을 의미하는가? 그것은 인간은 인과법칙 이외의 다른 법칙의 지배도 받는 존재라는 것이다. 그 다른 법칙이 곧 도덕법칙이다. 그러므로 인간은 인과법칙과 도덕법칙 사이에서 자신의 자유를 의식한다.

    우리는 그 배고픈 사람이 갈등하다가 결국에는 남의 음식을 집어 먹게 되었다고 가정해보자. 그러면 그는 도덕법칙을 버리고 인과법칙에 굴복해버린 것이 된다. 이 경우 그는 자신이 소유하고 있는 자유의 가능성을 포기한 것이 된다. 그가 인과법칙의 강제성에 저항하여 끝까지 남의 음식을 먹지 않았다면 그는 자신이 소유한 자유의 가능성을 현실화시킨 것이 된다. 즉 그는 현실적으로 자유로운 사람이 된다. 칸트의 생각에 의하면 모든 인간은 자유의 가능성을 갖고 있으나, 모든 인간이 현실적으로 자유로운 것은 아니다. 도덕법칙에 따라 행위 한 사람만이 현실적으로 자유로운 인간이다. 인간이 자연법칙에 굴복하면 자신이 가진 그 가능성을 잃어버리는 것이고, 자연법칙을 따르는 욕망 즉 경향성의 유혹을 물리치고 도덕법칙을 따라 행동하면 그는 자신이 갖고 있는 자유의 가능성을 실현하는 것이 된다. 이 대목에서 이런 의문이 제기될 수 있다.

왜 자연법칙을 선택하는 인간은 자유가 아니고 도덕법칙을 선택하는 인간만이 자유롭게 되는가?

그러나 독자들은 자연법칙은 필연법칙의 다른 명칭이고, 도덕법칙은 자유법칙의 다른 이름임을 기억할 필요가 있다. 칸트에게 있어서 자유는 도덕법칙이 존재하게 되는 토대요 근거이다. 인간에게 자유가 없다면, 행위의 책임을 묻고 책임지는 현상으로서의 도덕이란 것도 있을 수가 없다. 만약 누군가가 자연법칙과 도덕법칙 사이에서 갈등하다가 그가 자연법칙의 유혹을 물리치고 힘겹게 도덕법칙에 따라 행동했다면, 그의 행위는 도덕법칙에 대한 존경심이 원인이 되어서 한 행동이고, 도덕법칙 배후에서 도덕법칙을 가능하게 해준 자유가 원인이 되어서 그 행동을 한 것이 된다. 그러나 그가 정반대로 그 갈등상황에서 자연법칙 예컨대 성욕과 같은 것에 굴복한다면, 그는 자신을 필연의 법칙인 인과법칙 ― 이 인과법칙은 사물을 지배하는 법칙이다 ― 에 내맡긴 것이고, 결국 자신을 사물화시킨 것이며, 인간으로서의 인격을 포기하는 것이 된다. 그러므로 자연법칙을 따르는 행위는 자유의 행위가 될 수 없다. 아마 결정론자와 칸트는 다음과 같은 반박과 대답을 주고받을 것으로 예상된다.

결정론자 쪽에서 첫째로 제기할 법한 의문은 이렇다.

어떤 사람이 남의 음식을 먹지 않은 것이 자유의 행위이며, 자유의 행위가 무원인의 행위라면 그는 아무런 원인 없이 남의 음식을 먹지 않은 것이 된다. 그러나 나의 의지가 아무런 원인 없이 어떤 결심을 한다는 것을 우리는 어떻게 알 수 있는가?

첫 번째 의문에 대해 칸트는 다음처럼 답변할 것이다.

흔히 결정론자들은 '자유로운 행위'와 '무원인의 행위'를 동일시한다. 그리고 그들은 무원인의 행위는 불가능하기 때문에, 즉 우리들은 우리들의 행위의 원인이 무엇인지 알고 있건 모르건 간에 항상 모종의 원인을 갖고 있기 때문에 결정론이 옳다고 생각한다. 그리하여 그들은 자유옹호론자들이 자유의 행위라고 간주하는 행위들과 사실은 여러 가지 선행하는 원인에 의해 규정되고 있음을 보여줌으로써 결정론이 옳음을 증명하려 한다. 나는 무원인의 행위가 불가능하다고 생각하는 점에서는 결정론의 입장에 동의하지만, 그러나 '자유로운 행위'와 '무원인의 행위'를 동일시해서는 안 된다고 생각한다. 도덕법칙에 따르는 행위 역시 원인을 갖고 있다. 바로 도덕법칙 그 자체가 원인인 것이다. 인과법칙에 따르는 행위만이 원인이 있는 행위라고 못 박아야 할 이유는 없다.

이에 결정론자들은 아마 다음처럼 말할 것이다.

도덕법칙이 원인이 되어 그 배고픈 사람이 남의 음식을 먹지 않았다면, 그의 행위의 원인이 있음을 인정한 것이 되고 그렇다면 칸트의 주장은 결정론을 옹호하고 있는 것이 아닌가?

이에 대해 칸트는 또 이렇게 반박할 것이다.

그러나 그런 생각은 커다란 오해다. 그 배고픈 사람이 남의 음식을 먹지 않겠다고 결심하게 된 원인이 도덕법칙에 있는 것은 사실이다. 그러나 그 원인은 물리학과, 심리학과, 생리학의 인과 법칙적 원인이 아니라 도덕법칙 즉 자유에 의한 원인인 것이다.

둘째로, 결정론자들은 칸트에게 다음과 같은 의문도 제기할 것이다.

의지자유론자들은 자유로운 행위에 대해서만 책임을 물을 수 있다고 주장한다. 그러나 자유로운 행위란 무원인의 행위이기 때문에 의지자유론자의 그런 주장을 받아들이면 우리는 결국 무원인의 행위에 대해서만 책임을 물을 수 있다고 해야 한다. 그러나 우리는 원인 없이 일어난 행위에 대해 어떻게 책임을 물을 수 있는가? 그렇게 하는 것은 불합리하다.

이 반론에 대해 칸트는 다음처럼 답변할 것이다.

나는 '자유로운 행위'와 '무원인의 행위'를 동일시하지 않기 때문에 내가 '자유로 행한 행위에 대해서만 책임을 물을 수 있다'고 말한 것이 곧 '원인 없이 일어난 행위에 대해서만 책임을 물을 수 있다'는 식으로 해석되어서는 안 된다. 나는 그런 터무니없는 주장을 하고 있지 않다.

어떻게 어떤 행위가 원인 없이 일어날 수 있는가? 만약 그런 행위가 일어났다면, 나와 아무 상관없이 깨진 도자기를 내가 책임지는 것이 불합리하듯이, 그런 행위를 책임지는 것이 불합리하다. 그러면 결정론자들이 주장하듯이 인과적으로 결정되어 있어서 필연적으로 일어날 수밖에 없었던 일에 대해 책임진다는 것은 불합리한 일이 아닌가? 이 역시 불합리한 일이다. 그러므로 우리는 자유가 원인이 되어 일어난 행위에 대해서만 책임을 물을 수 있다고 결론 내릴 수밖에 없다.

결정론자들은 세 번째 의문을 제기한다.

인간의 행위가 자유로운 행위여서 비결정적이라면 우리는 사람들이 어떻게 행동할는지 예측할 수가 없다. 그렇게 되면, 교사가 학생을 매질하는 것은 무의미하다. 왜냐하면 교사는 잘못을 범한 학생을 매질(원인)함으로써 그 학생이 앞으로는 동일한 잘못을 범하지 않으리라고(결과) 그 결과를 예측할 수 있을 때에만 즉 결정론이 타당할 때에만 매질하는 것이 의미 있기 때문이다.

이 반론에 대해 칸트는 다음처럼 논박할 것이다.

의지 자유를 인정하면 인간의 행위는 무원인의 행위가 되어 예측 불가능하게 된다는 주장 역시 잘못이다. 물론 도덕적 갈등 상황에 있는 인간의 행위는 예측 불가능하다. 그는 인과법칙에 굴복할 수도 있고, 도덕법칙에 따를 수도 있기 때문이다. 그러나 도덕적 갈등 상황이 아닌 여타의 선택적 갈등 상황, 예컨대 짜장면을 먹을 것인가, 냉면을 먹을 것인가 하는 갈등 상황에서는 행위자의 결단은 선행하는 원인들에 의해 결정될 것이다. 이런 갈등은 '자연적 갈등'이라 부를 수 있을 것인데, 이 말의 의미는 그 '갈등이 자연스럽다'는 것이 아니라, 그 갈등이 '자연계 내부에서 일어나는 갈등'이라는 뜻이다. 그러므로 의지 자유를 인정하더라도 인간의 모든 행위가 예측 불가능하게 되는 것이 아니라 '도덕적 갈등' 상황에 처해 있는 인간의 행위만이 예측 불가능하다. '도덕적 갈등'이란 인간이 자연적 욕구와 초자연적 요구 사이에 놓이게 될 때 겪게 되는 갈등이다. 도덕적 갈등상황에 있는 인간의 행위는 예측 불가능하기에 인간의 미래는 열려 있게 되며 숙명론은 배척된다. 그리고 세계의 미래는 열려 있게 되며 역사결정론은 배격된다.

그러면 매질이라는 원인을 주어도 학생은 자유로운 존재여서 그 원인에서부터 어떤 결과가 생겨날지, 즉 여전히 거짓말을 할지, 아니면 정직한 아이가 될지 알 수 없으므로 거짓말을 한 학생을 매질하는 것은 무의미한가? 그러나 이렇게 생각하는 것 역시 잘못이다. 물론 그 아이가 매를 맞고서도 차후에 어떻게 행동할 것인가는 순전히 그 아이가 자신의 자유의지를 어떻게 행사하느냐에 달려 있다. 매질은 그 아이의 도덕적 결단력을 강화시킬 수도 있고, 교사에 대한 적개심을 증가시킬 수도 있다. 어떻게 되든 그것은 매질에 대한 그 아이의 자유로운 태도 결정에 달려 있다. 그러나 거짓말을 했다는 것은 어쨌든 악한 행동이요, 악한 행동을 처벌하는 것 그 자체가 정의의 실현이요, 교육이다. 처벌은 오로지 처벌받는 사람이 죄를 범했다는 이유 때문에 가해져야 한다.

지금까지 인간이 자유로운 존재임을 증명하는 칸트의 논리를 개략적으로 살펴보았다. 칸트의 인간존엄사상은 인간의 자유에 뿌리 두고 있다. 인간은 자유로운 존재이기에 도덕의 세계를 의식하면서 살며, 그래서 인간은 도덕세계와 무관하게 존재하는 사물적 존재가 아니라 인격적 존재가 된다. 사물적 존재는 유한한 가격을 가진다. 그것들은 같은 가격을 가진 것들끼리 교환할 수 있고 같은 기능을 가진 것들끼리 대체할 수 있으며, 거래할 수 있다. 그러나 인격체인 인간은 가격 매겨질 수 없는 존재다. 인간은 자기 이외의 사물들을 가격 매기는 주체이지 결코 가격 매겨질 수 있는 객체가 아니다. 정확하게 말하면, 인간은 가격을 매겨지지 말아야 하는 존재이다. 예전에 아프리카의 흑인 노예들이 가격 매겨지고 거래되기도 했는데, 이는 노예들을 사물 취급했다는 것이다. 이는 인간의 인격성과 존엄성을 짓밟는 야만이다.

칸트에 의하면 인간은 가격 매기는 주체이며 모든 가격의 근원인데, 이런 인간 그 자체는 가격 매겨질 수 없으며, 따라서 가격을 초월해 있다고 생각했다. 인간이 값을 매긴 사물들의 '가격'으로 다시 인간을 가격 매기는 것은, 인간을 가격 매기는 주체(인격)로 보지 않고 매김 당하는 객체(사물)로 보는 것이 된다. 만약 인간이 가격 매겨질 수 있다면, 개개 인간의 가격은 천차만별일 것이고 경우에 따라서는 쓸모 없다고 간주되는 병든 노인은 건강한 암소 한 마리보다 못한 것으로 평가될 것이다. 언젠가 일본에서 죽은 참치 한 마리가 십수억 원에 거래된 경우가 있었는데, 인간이 가격 매겨질 경우, 살아 있는 인간이 죽은 참치보다 못한 경우가 생길 수도 있다. 같은 인간끼리도 가격이 덜 나가는 다섯 명의 인간이 가격이 많이 나가는 한 명의 인간보다 못한 것으로 평가받는 일이 생길 것이고, 결국 그 양자 중에서 하나를 살려야 한다면, 다섯 명을 죽여야 하는 일이 발생할 것이다.

그러나 이 모든 것은 야만이다. 인간이 가격을 초월해 있다는 것은 인간의 가격이 무한하다는 것이다. 나는 이것이 인간이 가질 수 있는 자존감의 철학적 근거라고 생각한다. 성경에서는 솔로몬이 왕으로서 누렸던 영화가 들에 핀 한 송이 백합의 아름다움보다 못하다는 말이 있는 것으로 기억하는데, 세상의 그 어떤 재력가의 부로도 인격체로서의 한 사람의 생명을 살 수 없다.[10] 칸트는 가격을 초월해 있는 인간존재의 특징을 특별히 '존엄'(Würde, dignity)으로 불렀다. 인간은 존엄한 존재다. 따라서 어떤 경우에도 사물처럼 다루어져서는 안 된다. 무한한 가격을 가진 인간은 서로 비교될 수 없다. 우

---

10) 나는 이 책의 9장 4절 "선험적 관념론으로부터 해방된 인간존엄사상"에서 칸트의 인간존엄사상을 환경윤리적 관점에서 변경하여 이해해야 함을 주장하고 있다.

리나라 법에 아무리 횡령액이 많아도 사형선고를 내리지는 않는데, 이는 인간이 가격을 초월해 있다는 칸트적 사상에 기초한 것으로 보인다. 칸트는 『도덕 형이상학 정초』에서 '목적 자체의 법식'을 다음처럼 정식화한다.

> 너는 너 자신의 인격에 있어서건 타인의 인격에 있어서건, 인간성을 단지 수단으로만 사용하지 말고 동시에 목적으로 대하도록 해라.[11]

이 법식에서 의아한 것은 칸트가 '인간성을 수단으로 사용하지 말고 목적으로만 대하라'고 말하지 않았다는 것이다. 칸트는 모든 인간은 상호 수단적인 측면을 가진다는 것을 인정했다. 칸트는 단지 인간을 수단으로만 대해서는 안 된다고 말한다. 그렇게 대하는 것은 인간을 사물적 존재로 취급하는 것이기 때문이다. 인간은 부득불 상호 수단적 측면을 갖지만, 동시에 목적으로 대해야 한다. 목적으로 대한다는 것은 인간을 존엄하게 대접한다는 것이고, 존엄하게 대한다는 것은 타인을 왕처럼 떠받들어야 한다는 것이 아니라, 인간이 소유한 자율적인 도덕적 판단능력과 이성을 존중해준다는 것이다. 이 대목에서 이런 의문이 생겨날 수 있다.

> 인간을 목적으로 대한다는 것이 앞서 설명한 것처럼 이해되어야 한다면, 사람들은 각기 상이한 도덕체계에 의지해서 각기 상이한 도덕판단을 내리며 살아가니, 칸트는 도덕 상대주의자란 말이 되는 것이 아닌가?

그러나 칸트는 도덕상대주의자가 아니다. 모든 인간은 3+5는 8임을 동의하며, 그 수식을 인식하는 능력을 공통으로 소유하고 있는데, 칸트는 그 능

---

11) 『도덕 형이상학 정초』, 221-222.

력을 '이론이성'으로 불렀다. 그는 이 이론이성 덕분에 우리는 지식 상대주의로부터 벗어날 수 있다고 생각했다. 어떻게 살아야 하는가 하는 도덕의 문제에 관해서도 우리가 도덕 상대주의에 빠지지 않도록 해주는, 모든 인간에게 공통된 능력이 있는데, 칸트는 그것을 '실천이성'이라고 불렀다. 칸트가 '인간을 존엄하게 대하라'고 말할 때, 그는 '모든 인간이 가진 이 실천이성을 존중해주라'는 말을 하고 있는 것이다. 우리의 이론이성이 3+5가 8이라는, 모든 사람이 인정하는 해답으로 인도하듯이, 우리의 실천이성은 다양한 도덕적인 문제에 대해 모든 사람이 인정하는 공통된 해답으로 인도할 것이라고 칸트는 생각한다.[12]

우리가 인간을 목적으로 대한다는 것에서 유념해야 할 사실은, 그것이 타인을 위해주는 것과는 다르다는 것이다. 예컨대 부모가 자식의 대학입학을 위해 고등학생인 자녀의 표창장을 거짓으로 많이 만들어주었다고 하자. 이 경우 부모는 자식을 목적으로 대한 것인가? 부모는 자식의 장래를 위해 그렇게 했다고 믿으며, 자식 또한 부모가 자신의 장래를 위해 그렇게 했다고 믿고 있다고 하자. 그러나 인간을 목적으로 대하라는 칸트 윤리학의 관점에서 보면, 그 부모는 자식을 자기들의 세속적 욕망을 충족시키는 수단으로 이용한 것에 불과하고, 자식 역시 부모를 자신의 대학 합격을 위한 수단으로만 이용한 것에 불과하다. 가짜 표창장을 만들어 대학에 불법적으로 합격하는 방식을 권하는 부모의 의도에 그 자식이 자율적으로 동의했다 하더라도, 그 자식은 부모로부터 목적으로 혹은 존엄한 존재로 대접받은 것은 아니다. 왜냐하면 그 부모나 자식의 행동은 칸트가 말하는 정언명법적으로 보편화될 수 있는 행위가 아니기 때문이다.

인간은 가격을 초월해 있다고 했는데, '가능적 무한자로서의 인간이라

---

12) 칸트의 이런 생각에 내포된 문제점에 대해서는 필자의 『칸트 윤리학의 균열』, 제5장 "도덕성의 본질에 대한 물음: 칸트, 아리스토텔레스, 정의주의"를 보기 바란다.

는 칸트의 인간관' — 이를 우리는 다음 장에 살펴볼 것이다 — 의 관점에서 보면, 가격의 세계는 유한성의 세계다. 그런데 인간은 그 유한성의 한계를 끊임없이 벗어나는 존재이지만 인간은 단번에 가격의 세계를 훌쩍 뛰어넘지는 못한다. 인간은 가능적 무한자에 불과하기 때문이다. 칸트는 가격의 세계를 훌쩍 뛰어넘는 것이 가능한 길을 행위 하는 자아의 도덕적 결단에서 찾고 있다. 도덕적 결단은 가능적 무한자가 끊임없는 자기 초월의 수고를 끊고 단박에 현실적 무한의 세계(물자체의 세계)로 진입해 들어가는 통로다. 그러므로 도덕적 결단은 일종의 비약이다. 그럼에도 불구하고 인간의 존엄성은 단 한 번의 도덕적 결단을 통해 주어지는 것이 아니라, 인간이 도덕적 갈등 상황에 처할 때마다 매번 도덕적 결단을 통해 도덕적 행위를 할 때 확보되는 것이다. 칸트는 인간이 자신의 존엄성을 유지하기 위해 감내해야 하는 삶의 도덕적 수고로움은 죽어서도 계속된다고 말한다. 즉 인간은 사후에도 도덕적 완성을 위해 부단히 노력해야 한다고 믿었다. 칸트는 삶을 숙제로 보고 있는 것이 분명하다.

칸트는 인간의 존엄성을 비종교적 방식으로 정당화한 철학자다. 기독교처럼 인간이 신의 형상을 모방해서 창조되었기 때문에 인간이 만물의 지배자요 존엄한 것이라고 말하는 것이 아니라, 인간은 도덕적 행위를 통해 물자체의 세계 곧 자유의 세계로 진입해 들어갈 수 있기 때문에 존엄하다고 생각했다. 칸트는 인간 존엄사상을 철저하게 밀고 나가서, 사형제도를 정당화한다. 인간을 목적으로 대하라고 하면서 사형제도를 찬성하는 것은 일견 앞뒤가 맞지 않는 말처럼 들릴 수가 있다. 그러나 인간이 존엄한 이유는 그가 자신이 자율적으로 확립한 도덕법칙에 따라 행위 함으로써 자신에게 있는 자유의 가능성을 현실화시킬 수 있기 때문만이 아니라, 자신이 도덕에 어긋나는 행위를 했을 때 그에 상응하는 책임을 질 수 있기 때문이기도 하다. 그런데 누군가가 무고한 사람을 죽였다면, 그는 그에 상응하는 책임을 질 수 있도록 도와주는 형법제도를 만들어야 한다. 바로 그것이 사형제도다. 그를 사형시키는 것은 우리가 그를 책임질 수 있는 인격체로 인정한다는 것이다. 그러함으로써 우리는 그를 목적으로 대하는 셈이다. 사형수들 중에는 교수대 앞에서 마지막으로 '나는 죽어도 마땅한 사람이다'라고 말하면서 자신의 행위에 대해 책임지는 모습을 보여주는 경우가 있는데, 칸트가 보기에 그의 그런 자세가 그를 존엄하게 만들어준다.[13]

칸트의 묘비에는 그가 『실천이성비판』 마지막 부분에서 했던 유명한 말이 새겨져 있다. 읽으면 읽을수록 우리 마음을 감동시키는 명문장이니, 앞서 인용했었지만, 한 번 더 인용해도 허물이 되지는 않을 것이다.

> 내가 그것들에 대해 오래도록 생각하면 생각할수록, 내 마음을 더욱 감탄하게 만들고 외경심으로 가득 차게 만드는 것이 두 개가 있다. 하나는 내 머리 위에 있는 별이 가득한 하늘이요, 다른 하나는 내 마음속에 있는 도덕법칙이다.

그토록 어려운 철학적인 말만 쏟아내던 칸트가 이토록 쉽고 아름답고 문학적인 말을 했다는 것이 놀랍지 않은가? 머리 위에 별이 가득한 하늘이 왜 칸트를 감탄시켰는지를 이해한 사람은 칸트의 『순수이성비판』을 이해할 수 있는 준비가 되어 있는 사람이다. 그리고 마음속에 있는 도덕법칙이 왜 칸트를 외경의 마음에 사로잡히게 만들었는지 이해한 사람은 『실천이성비판』을 이해할 준비가 되어 있는 사람이다. 칸트는, 비록 나중에는 폐기되긴 했지만, 최초의 과학적인 태양계 기원설로 간주되는 칸트-라플라스 성운설을 주장할 정도로 천문학에 조예가 깊은 철학자였다. 밤하늘을 수놓고 있는 무수한 별들이 자연의 법칙을 따라 운행한다는 것을 곰곰이 생각해보면 인간은

---

13) 나는 인간 존엄사상에 기초해서 사형제도를 찬성하는 칸트의 입장에 대해 반대하는 입장이다. 자세한 논의는 필자의 책 『현대사회와 윤리』(대구, 도서출판 새빛, 2018), 347쪽 이하를 보기 바란다.

감탄하지 않을 수가 없다. 그리고 육신으로서는 하찮고 연약하기 짝이 없으며, 우주에 비하면 점 속의 점에도 못 미치는 인간이, 온 우주를 자신의 지배하에 두고 운행시키는 필연의 자연법칙으로부터 벗어나서 자유롭게 도덕적 행위를 할 수 있다는 것을 곰곰이 생각해보면, 인간은 자신의 내부에 있는 도덕법칙에 외경의 마음을 갖지 않을 수가 없다. 인간은 필연의 인과법칙이 지배하는 우주에 뚫린 구멍이다.

칸트철학의 근본목표가 필연의 자연법칙과 자유의 도덕법칙 둘 다를 정당화하려 했다는 것은 일반적인 견해다. 틀린 말은 아니지만, 더 정확하게 말하자면, 칸트철학의 근본적 동기는 기계론적 자연관이 득세하던 상황에서 위기에 처한 인간의 존엄성을 도덕을 통해 구해내는 것이었다. 바로 이것이 칸트가 말하는 이론이성에 대한 '실천이성의 우위'(Primat der praktischen Vernunft)다. 양식 있는 현대인이라면 누구나 인간은 존엄한 존재라고 생각한다. 칸트는 그 생각을 종교적 배경을 떠나 철학적으로 정당화시킨 최초의 인물이었다. 그는 '인간 존엄성'의 철학자요, '자유의 철학자'다. 그러나 칸트가 그렇게나 중시했던 인간의 존엄성이 세계 도처에서 무시당하고 있다는 것은 슬픈 일이다.

IV

칸트는 인간을 '가능적 무한자'로 보았다

1. 가능적 무한과 이율배반론
2. 가능적 무한자인 선험적 자아와 무의 문제
3. 가능적 무한과 감성·지성의 결합
4. 가능적 무한의 관점에서 본 영혼과 신의 문제
5. 가능적 무한과 순수의지로서의 실천이성
6. 가능적 무한과 도덕법칙에 대한 존경(Achtung)의 감정

나는 『칸트의 인간관과 인식존재론』의 '머리말'에서 했던 말을 다시 한 번 인용하면서 이 장을 시작하고자 한다.

이제 칸트에 대한 연구가 교착상태에 빠진 현 상황에서, 칸트 사상 을 올바로 해석하고 이해하기 위한 '칸트 해석상의 아르키메데스적 지 점'을 발견했다고 생각한다. 그것은 다름이 아니라 '가능적 무한으로서 의 인간'이라는 칸트의 인간관이다.

우리는 이 장에서 이런 인간관이 칸트의 사유전개에서 어떻게 구체적 으로 사용되고 있는지를 살펴볼 것이다.

칸트는 46세에 힘들게 교수가 된 뒤에 아무런 저서도 출간하지 않는 침 묵의 10년을 보낸다. 그동안에 칸트는 교수취임 논문에서 발견한 철학적 문 제들을 해결하기 위해 고심한다. 처음에는 비교적 쉽게 해결될 문제로 생각 했으나, 생각했던 것보다 문제가 그리 간단한 것이 아님을 알게 된다. 칸트는 정식 교수가 되기 한 해 전인 1769년에 자신에게 '위대한 빛'(großes Licht)의 체 험이 있었다고 했다. 그것은 일종의 철학적 개안(開眼)이었다. 학자들은 그것 이 이율배반론의 발견이라고 말한다.[1] 이 발견으로 인해, 그는 이전에 갖고 있었던 시간-공간론도 수정하게 되었다. 그 빛의 체험을 통해 칸트는 합리 론과 경험론의 종합을 가능하게 하는 사유체계의 가능성을 보았을 것이다. 나는 그 가능성의 핵심은 그의 인간관에 있다고 생각한다. 칸트는 네 가지 철 학의 근본 물음을 제출한다.

1. 나는 무엇을 알 수 있는가?
2. 나는 무엇을 행해야만 하는가?

---

[1]   이에 대해서는 필자의 책, 『인식과 존재』, 18-19쪽을 참조하기 바란다.

3. 나는 무엇을 희망할 수 있는가?

4. 인간이란 무엇인가?

칸트는 앞의 세 물음은 결국 마지막 물음으로 귀착한다고 말한다. 이 말은 아주 당연하고도 정당한데, 그런 물음을 던지는 주체는 결국 인간이기 때문이다. 칸트는 요즘 말로 인간에 대한 메타인지(meta-cognition)가 철학의 최종적이고 궁극적인 과제라고 생각한 것이다. 이 점에서 그는 '너 자신을 알라'고 촉구한 소크라테스의 후계자다. 소크라테스 역시 인간이 자신에 대한 메타인지를 가지는 것의 중요성을 강조했다. 소크라테스는 삶의 의미와 방향에 대해 고민하지 않고 살아가는 삶, 자신이 누구인지 고민하지 않고 살아가는 삶, 자기가 알고 있는 것은 무엇이며 모르는 것은 무엇인지 반성적으로 검토하지 않고 살아가는 삶을 '음미되지 않은 삶'(unexamined life)이라고 생각했다. 그리고 그는 '음미되지 않은 삶은 살 가치가 없다'고 말했다.[2] 인간은 결국 인간 자신에 대해 묻는 존재요, 『순수이성비판』을 위시한 삼 비판서는 4번 물음에 대한 칸트의 대답인 셈이다. 그런데 하이데거는 칸트의 이 네 가지 물음에서 칸트철학이 유한성의 철학임을 끄집어낸다.

인간 이성의 가장 내적인 관심이 앞서 명명된 세 물음들을 자신 안에 합일한다. 이 물음들에서는 인간 이성의 가능, 당위, 그리고 허용이 문제가 된다. 가능이 의문시되어 그것의 가능성들 안에서 한정되고자 한다면, 가능 그 자체는 이미 불-가능 안에 들어서 있다. 전능한 존재자는 '나는 무엇을 알 수 있는가?', 즉 '나는 무엇을 알 수 없는가?'를 물을 필요가 없다. 전능한 존재자는 이렇게 물을 필요가 없을뿐더러, 자신의

Plato, *Socrates' Defense*, (in: *The Collected Dialogues of Plato*, Princeton University Press, 1972), p. 23 참조. "That life without this sort of examination is not worth living." 사람들은 소크라테스의 이 말에 기초하여 Unexamined life is not worth living이라는 명언을 만들어서 사용하고 있다.

본질상 이러한 물음을 여하튼 제기할 수도 없다. (…) 그러나 '나는 무엇을 알 수 있는가?'를 묻는 자는 이로써 유한성을 표명한다. 자신의 가장 내적인 관심에서 완전히 이러한 물음에 의해 움직이는 자는 자신의 본질의 가장 내면적인 곳에 숨어 있는 유한성을 드러낸다.[3]

하이데거는 당위와 허용에 대해서도 이런 식으로 풀이한 뒤에 다음처럼 최종적인 결론을 내린다.

인간의 이성은 이러한 물음들을 통해 유한성을 누설할 뿐만 아니라, 또한 자신의 가장 내적인 관심이 유한성 자체를 향하고 있음을 드러낸다. 인간 이성에서 관건이 되는 것은 가령 가능, 당위, 허용 등의 제거, 즉 따라서 유한성의 해소가 아니라, 오히려 그와 반대로 이 유한성을 솔직히 확인하여 유한성 안에서 **스스로를 견지하는 것**이다.[4]

하이데거에 있어서 철학의 참된 임무는 우리들의 본질적 유한성을 꼭 붙잡는 데 있는 것이지, 전통적인 형이상학의 주장처럼 유한하지 않은 세계에로 돌파하는 것이 아니라고 생각한다.[5] 하이데거는 이러한 철학관으로써

---

3) 마르틴 하이데거, 『칸트와 형이상학의 문제』(이선일 옮김, 서울, 한길사, 2001), 295–296쪽.

4) 마르틴 하이데거, 『칸트와 형이상학의 문제』, 296–297쪽. 이 인용문에서 필자가 강조한 '유한성 안에서 스스로를 견지하는 것'이라는 말을 주목할 필요가 있다. 하이데거는 '존재는 유한하다'는 말을 하기도 하는데, 하이데거가 보기에 칸트가 인간의 유한성을 확인하는 이유는 인간이 유한성을 넘어서기 위함이 아니라는 것이다. 그러나 인간이 자신의 유한성에 대한 메타인지를 가지는 것은 유한성에 함몰되기 위함이 아니라 유한성을 넘어서기 위함이다. 그러므로 하이데거는 칸트가 제시한 철학의 네 가지 물음의 근본 성격을 오해한 것이 된다. 칸트철학을 유한성의 철학으로 보는 하이데거의 칸트 해석이 잘못된 것임에 대해서는 필자의 책, 『칸트의 인간과 인식존재론』, 54쪽 이하와, 『신내림의 철학자 하이데거』(성남, 북코리아, 2023) 2, 3, 4장을 보기 바란다.

5) 마이클 프리드만, 『다보스에서의 결별: 분석철학과 대륙철학의 갈림길』(최일만 옮김, 서울, 필로소픽) 33쪽 참조

『칸트와 형이상학의 문제』에서 칸트를 해석했다. 하이데거가 유한성의 개념을 중시한 것은 그가 현존재인 인간을 '죽음에의 존재'(Sein zum Tode)로 보았기 때문이다.[6] 하이데거의 현상학적 존재론의 한복판에는 현존재가 있는데, 현존재는 죽을 수밖에 없는 존재요, 따라서 유한한 존재다. 미셸 푸코(M. Foucault, 1926-1984) 역시 칸트철학을 유한성의 철학으로 읽는다.

> 칸트가 25년 동안 '인간학을 강의했던 것은 대학교수의 삶이라는 그의 [직업상의] 책무에서 비롯된 것이 아니라, 분명히 다른 어떤 것으로부터 비롯되었다. 그것은 칸트적 문제의 구조 자체와 연결된 다음과 같은 끈질긴 물음이다. 무한자의 존재론을 거치지 않고 절대자의 철학에 의해 정당화되지 않는 성찰 속에서 어떻게 유한성을 사유하고, 분석하고, 정당화하고 정초할 것인가?[7]

우선 푸코는 칸트의 인간학을 근본적으로 오해하고 있다. 그는 『실용적 관점에서 본 인간학』을 "무한자의 존재론을 거치지 않고 절대자의 철학에 의해 정당화되지 않는 성찰 속에서 유한성을 사유하는" 책으로 설명하는데, 그 책은 그런 것과는 아무런 관계가 없다. 그리고 칸트의 진정한 인간학적 저술들은 그 책이 아니라, 삼 비판서다.[8] 푸코는 하이데거의 말을 거의 같은 수준으로 반복하고 있는데, 하이데거도 자기 철학을 "유한성을 더 이상 무한성과의 관계로부터가 아니라 유한성으로서 그 자체 내에서 사유하는" 철학으로 이해한다.[9] 나는 하이데거나 푸코의 칸트 해석이 처음부터 길을 잘못 들

---

6) 이에 대한 자세한 논의는 필자의 책, 『신내림의 철학자 하이데거: 하이데거의 마법에서 깨어나기』 제2장 '하이데거에서 존재의 유한성'을 보기 바란다.

7) 미셸 푸코, 『칸트의 인간학에 관하여』(김광철 옮김, 서울, 문학과 지성사, 2012), 144쪽.

8) 문성학, 『칸트의 인간관과 인식존재론』 제1장, "칸트의 선험철학적 인간관"을 보라.

9) M. Heidegger, *Zur Sache des Dendens*, 2, Auflage, Tübingen, 1976; 전동진, 「하이데거에 있어서 존재의 유한성과 유일성」(한국하이데거학회 편, 『하이데거의 존재사유』, 서울, 철학과 현실사,

었다고 생각한다. 그들의 주장대로 칸트철학이 유한성의 철학이라면, 칸트는 개념(지성)에 대한 직관(감성)의 우위를 주장하는 철학이어야 한다. 개념적 사유의 대상은 플라톤식으로 말해서 이데아적인 것이요 이상적인 것이기에 무한성과 관계한다면, 직관의 대상은 감성적인 것이어서 유한성과 관계하기 때문이다.[10]

그러나 칸트는 그 양자가 힘과 가능에 있어서 우열을 가릴 수 없다고 말한다(B75 참조). 칸트철학이 유한성의 철학인가 무한성의 철학인가 하는 문제를 검토하려면 우리는 반드시 칸트가 '1769년은 나에게 위대한 빛을 주었다'고 할 때, 그 깨우침의 주제인 '이율배반론'을 검토해야 할 것이다. 이율배반론에서 증명된 칸트의 인간관은 가능적 무한자로서의 인간관이다. 플라톤의 철학은 무한성의 철학이고 경험주의-감각주의 철학은 유한성의 철학이다. 그러나 칸트는 경험론과 합리론을 종합하려 했기에 그의 철학은 유한성의 철학이냐 무한성의 철학이냐라는 이분법으로 분류될 수 없는 철학이다. 『순수이성비판』에 국한해서 말한다면, 그의 철학은 유한성의 철학도 아니고 무한성의 철학도 아니다. 달리 말하면 그의 철학은 무한성의 철학이면서 동시에 유한성의 철학이다. 가능적 무한자로서의 칸트의 인간관은 비판철학기의 칸트철학을 관통하는 핵심개념이며, 칸트의 비판적 형이상학을 이해하는 마스터 키다.

1995), 17-18쪽에서 재인용.

10) 칸트는 개념과 직관의 결합을 가능하게 하는 것을 구상력의 도식이라고 생각하는데, 도식은 개념도 아니고 직관도 아니면서 동시에 개념적이기도 하면서 직관적이다. 이에 대해서는 8장 4절 "가능적 무한의 관점에서 본 도식론"에서 자세하게 다룰 것이다.

1.
가능적 무한과 이율배반론

합리론자들은 무한의 세계(물자체의 세계)를 향한다. 경험론자들은 유한의 세계(현상의 세계) 내에 안주한다. 그런데, 칸트가 이율배반론을 통해 밝혀낸 인간은 유한한 존재도 아니고 무한한 존재도 아니라는 것이었다. 그는 인간을 유한도 아니고 무한도 아닌 '가능적 무한자'로 보았다. 이 개념을 이해하는 것이 대단히 중요하다. 이는 칸트가 이율배반을 해결할 때 절묘하게 사용하는 개념이다. 칸트는 이율배반의 중요성에 대해 이렇게 말한다.

나의 출발점은 신의 존재, 영혼의 불멸에 대한 탐구가 아니라, 순수 이성의 이율배반이었다. 이것은 나를 독단의 선점에서 깨워준 최초의 것이며, 이성의 가상적(假象的) 모순이라는 스캔들을 해결하기 위해 나를 이성자체의 비판으로 몰고 갔던 것이다.[11]

나는 학부생 시절에 『순수이성비판』의 「선험적 감성론」을 읽은 뒤, 「선험적 분석론」을 건너뛰고, 「선험적 변증론」의 '이율배반론'으로 나아갔었는

---

11) Heimsoeth, *Transzendentale Dialektik,* Vol II (Berlin, 1967), p. 199, 각주 1.

데, 그런 독서 순서가 우연히 칸트가 『순수이성비판』을 집필한 순서와 일치했다. 저명한 칸트 연구가 마르틴(G. Martin)은 1770년 이전에 '감성론'과 '변증론'이 어느 정도로 쓰였고, 침묵의 10년 동안에 '분석론'이 만들어졌다고 한다.[12] 1769년의 빛의 체험을 한 이후 칸트는 기존의 공간-시간론과 '변증론'도 보충해가면서 10년 동안 '분석론'을 만들었을 가능성이 있다. '분석론'의 핵심은 '지성의 순수개념인 범주들의 선험적 연역'인데, 범주의 연역에서 칸트가 온 힘을 쏟아부어 해결하려 했던 문제는 '어떻게 범주들이 감각에 적용될 수 있는가?' 하는 문제였다. 다시 말해서 감성(직관)과 지성(개념)의 결합이 어떻게 가능한가를 해명하는 문제였다. 이 문제가 해결되지 않으면 합리론과 경험론의 종합은 불가능하게 된다. 이 문제의 해결을 위해 칸트는 둘러 가는 길을 택한다.

칸트는 감성과 오성의 결합 가능성을 먼저 이율배반론에서 확보한다. 그는 '이율배반론'에서 인간이 가능적 무한자임을 증명한다. 이율배반은 서로 대립되는 두 명제가 동등한 논리적 권리를 갖고 주장될 경우 성립한다. 그는 모두 네 개의 이율배반을 제시한다. 이율배반이 네 개인 이유는 그가 제시한 범주표의 기본범주가 분량, 성질, 관계, 양상이기 때문이다. 제1이율배반은 분량의 범주와, 제2이율배반은 성질의 범주와, 제3이율배반은 관계의 범주와, 제4이율배반은 양상의 범주와 관계하고 있다. 그리고 제1, 2 이율배반은 수학적 이율배반으로 분류되며, 제3, 4 이율배반은 역학적 이율배반으로 분류된다. 그렇게 분류되는 이유도 칸트가 분량과 성질의 범주를 수학적 범주로 부르고, 관계와 양상의 범주를 역학적 범주로 부르는 것에 부자연스럽게 일치시켰기 때문이다. 당장에 성질의 범주가 수학적 범주로 간주되는 것도 작위스럽고 성질의 범주와 관련된 제2이율배반이 수학적 이율배반으로 분류되는 것도 납득하기 힘들다. 왜냐하면 수학은 양을 다루는 학문이지 질

---

12) G. Martin, *Immanuel Kant*, 3 Auflage (Köln, 1960), p. 52.

을 다루는 학문은 아니기 때문이다. 그럼에도 불구하고 혹자는 이렇게 반문할 수 있다.

제2이율배반은 무한히 작은 어떤 것의 문제와 관련된 이율배반으로 볼 수 있으니 칸트가 제2이율배반을 수학적 이율배반으로 분류한 것이 정당한 것이 아닌가?

그러나 그렇다면 무한히 큰 것을 다루는 제1이율배반과 마찬가지로 무한히 작은 것을 다루는 제2이율배반도 분량의 범주와 관계된 것으로 간주해야 할 것이다. 누군가는 또다시 나의 의견과 달리 이렇게 문제를 제기할 수 있다.

성질의 범주는 다시 실재성, 부정성, 제한성이라는 하위범주로 나누어지는데, 칸트는 부정성을 "영(零)에의 접근에 의해서만 수다성(數多性)[도의 강약]이 표시될 수 있는 양"(B210)으로 설명한다. 이런 관점에서 본다면 칸트가 무한소의 문제를 다루는 제2이율배반을 성질의 범주와 연결시키는 것은 정당하다.

그러나 칸트는 부정성조차도 '양'으로 규정하고 있음을 주목할 필요가 있다. 칸트가 범주표에 의거해 있는 이런 분류작업을 삼 비판서 도처에서 행하고 있으며, 이 작업에 집착하는 이유는 그가 자신의 철학 체계가 건축술적 통일성을 가지는 것처럼 보이기를 원했기 때문이다. 칸트가 제시하는 네 개의 이율배반은 다음과 같다.

「제1이율배반」: 세계의 시공간상의 시초와 한계에 관한 이율배반
정   립: 세계는 시간상 시초를 가지며, 공간상으로도 한계가 있다.

반정립: 세계는 시초나 공간상의 한계를 갖지 않으며, 시간에 있어 서나 공간에 있어서 무한하다.

「제2이율배반」: 단순체와 합성체의 이율배반

정　립: 세계 내에서 합성된 실체는 모두 단순한 부분들로 되어 있다. 그리고 단순한 것이거나 단순한 것에서 합성된 것만이 어디서나 실재한다.

반정립: 세계 안의 어떠한 합성물도 단순한 부분들로 되어 있지 않다. 그리고 일반적으로 [현상] 세계에서 단순한 것은 실재하지 않는다.

「제3이율배반」: 자유와 필연의 이율배반

정　립: 자연의 법칙에 따르는 원인성은, 그것으로부터 세계의 모든 현상들이 나올 수 있는 유일한 원인성이 아니다. 현상을 설명하자면 그 외의 자유에 의한 원인성을 상정함이 필요하다.

반정립: 자유란 없다. 세계의 만상은 자연의 법칙에 따라서만 생긴다.

「제4이율배반」: 단적인 필연존재에 관한 이율배반

정　립: 세계에는 그것의 부분으로서나 혹은 그것의 원인으로서거나 간에, 단적인 필연존재[하나님]가 있다.

반정립: 단적으로 필연적인 존재는 세계 안에서거나 세계 밖에서거나 일반적으로 세계의 원인으로서 실재하지 않는다.

칸트는 정립을 합리론의 주장으로, 반정립을 경험론의 주장으로 간주한다. 우리는 이 자리에서 칸트가 이 명제들을 증명하는 과정들을 일일이 검토할 필요가 없다.[13] 칸트는 복잡한 증명을 제시한 뒤에 이 네 개의 이율배반에서 정립과 반정립의 대립이 기존의 철학적 사유로는 절대로 해결될 수 없다고 말한다. 그리고 그는 이 대립이 현상과 물자체의 구분에 의해서만 해소될 수 있음을 주장하면서 가능적 무한의 개념을 활용한다. 칸트는 세계가 공간상 유한하다는 합리주의자의 주장도 틀렸고, 무한하다는 경험주의자의 주장도 틀렸다고 말한다. 칸트가 세계의 시간-공간적 유한성을 합리주의자에 연결시키고 무한성을 경험주의자에 연결시키는 것은 이해가 안 되는 일이다. 합리주의 철학자인 스피노자는 신과 자연을 동일시하면서 신(=자연)은 무한하다고 말한다. 오히려 무한성을 합리론에, 유한성을 경험론에 연결시키는 것이 옳아 보인다. 우리가 현실에서 경험하는 것은 모두 시작과 끝이 있으니, 세계도 시간상 시작과 끝이 있고 공간상 한계가 있다고 말하는 것은 경험론의 논리에 어울린다. 그리고 세계가 공간상 무한하다는 주장은 합리론의 주장에 어울린다. 칸트가 세계의 시공간적 유한성을 주장하는 정립을 합리론과 연결시키는 것은 그가 기독교 창조설을 염두에 두었기 때문이다. 기독교에 의하면 오로지 신만이 무한하고, 신의 피조물은 유한해야 한다. 그리고 필자가 앞서 말했듯이, 무한성은 신의 속성이며, 경험론자들은 신과 같은 무한한 존재자를 부정하는 편인데, 칸트가 공간의 무한성을 주장하는 반정립을 경험론과 연결 짓는 것도 잘 이해가 안 된다. 그리고 공간의 무한성을 증명하는 칸트의 논리도 경험론의 논리라기보다는 합리론의 논리처럼 보인다. 그는 세계가 공간상 무한하지 않고 유한하다면, 절대적 전체인 세계 바깥에 공허한 공간이 있게 되는데, 공허한 공간은 세계를 제한할 수가 없기에 세계는 무한하다는 식으로 논리를 전개한다. 이는 경험론의 논리가 아니다. 인간은 무한 그 자체를 경험하는 것은 불가능하기에 유한만 인정할 수 있다는 것이 경험론의 논리에 가까울 것이다. 그리고 칸트가 '세계'와 '공허한 공간'을

---

13) 자세한 증명과정을 보려면 필자의 『인식과 존재』를 참고하기 바란다.

나누어 논리를 전개하는 것도 의아스럽다. 통상 사람들은 '세계'라는 말에 빈 공간도 포함시키기 때문이다. 예컨대 태양계 안에는 엄청난 빈 공간이 있지만, 우리가 태양계를 언급할 때, 그 빈 공간을 제외하고, 태양과 태양 주위를 돌고 있는 행성들만 생각하는 것은 아니기 때문이다.

왜 칸트는 이런 의아스러움과 기이함을 보여주는가? 그것은 칸트가 우주는 공간상 유한인가 무한인가라는 물음을 제기할 때, 그가 염두에 두고 있는 '우주'나 '세계'는 우주 내에 있는 물질의 연장량(延長量)만을 생각하고 있었기 때문이다. 그래서 그는 우주 내에 있는 빈 공간은 양으로 간주하지 않는다. 이런 이유에서 그는 우주가 유한인가 무한한가를 알아내려면 우주 안에 있는 물질들의 양을 일일이 합해나가는 수밖에 없다고 생각한다. 요컨대 빈 공간에 대해 우리는 양적인 술어를 사용하면 안 된다는 것이 칸트의 생각이지만, 그럼에도 불구하고 「선험적 감성론」에서 그는 '공간은 무한하게 주어진 크기로 표상된다'고 하면서 공간에다 양적 술어를 붙이고 있다. '공허한 공간'이란 개념을 동원해서 세계의 무한성을 증명하는 칸트의 논리는 설득력이 없다. 가령 우주가 태양계로만 이루어져 있고 태양계 바깥에는 빈 공간만 있다고 해보자. 이런 우주도 칸트의 논리대로라면 무한하게 될 것이다. 왜냐하면 태양계 바깥의 빈 공간은 태양계를 제한할 수가 없기 때문이다.

어쨌건 칸트에 의하면, 세계가 공간상 유한한 것도 아니고 무한한 것도 아닌 이유는, 인간이 세계 내에 존재하는 공간적 사물들의 양을 무한히 합산해가는 과정을 계속하지만, 그 과정을 완료시킬 수가 없고, 따라서 그렇게 합산된 세계의 공간상의 총량은 유한한 것도 아니고 무한한 것도 아니기 때문이다. 이런 논리에 의하면 인간은 유한한 존재도 아니고 무한한 존재도 아니게 된다. 이 대목에서 우리는 칸트의 논증방식에 대해 이런 의문을 자연스럽게 갖게 된다. 왜 칸트는 세계 그 자체가 객관적으로 공간상 유한한가 무한한가 하는 문제를 인간의 주관적 능력의 문제로 바꾸어 해결하는가? 그것은 앞서 언급했듯이 칸트가 공간 그 자체가 유한인가 무한인가를 묻지 않고, 공간 속에 있는 물체의 양의 총합이 유한인가 무한한가를 묻고 있기 때문이다. 그런데 공간 속에 연장된 물체의 양이 유한한지 무한한지를 알아내려면, 물체들의 양을 일일이 합산해보는 수밖에 없다. 그런데 합산하는 주체는 인간인데, 이 합산의 여정은 끝이 없으므로, 세계는 유한하다고 말할 수도 없고 무한하다고 말할 수도 없게 된다. 이리하여 칸트는 다음처럼 말한다.

> 세계는 그 자체에 있어서 (나의 표상의 역진적 계열과 관계없이) 실존하는 것은 아니기 때문에, 세계는 그 자체에 있어서 무제한적인 전체로 실존하는 것도 아니고, 또 그 자체에 있어서 유한적인 전체로 실존하는 것도 아니다. 세계라는 것은 오직 현상의 계열을 경험적으로 역진하는 경우에만 발견되는 것이지, 그 자체에 있어서 독립적으로 발견되는 것은 아니다.(B533. 강조는 칸트)

세계 그 자체가 객관적으로 공간상 유한한가 무한한가 하는 문제를 인간의 주관적 능력의 문제로 바꾸어 해결하는 칸트의 논리는 이상해 보이는데, 왜 칸트는 그런 방식으로 논증하는가? 그 이유는 칸트가 무한성의 개념을 다음처럼 규정하기 때문이다.

> 무한성의 참다운 (선험적) 개념은 어떤 [주어진] 양을 다 측정해버리더라도 단위의 계속적 종합이 완료될 수 없다는 것이다.(B460)

이런 무한을 '가능적 무한'(potential infinity, 가무한)이라고 한다. 가능적 무한은 무한을 향해 무한히 헤아려가는 과정 중에서만 성립하는 무한이며, 달리 '되어가는 무한'(becoming infinity)으로 불리기도 한다. 이와는 달리 '현실적 무한'(actual infinity, 실무한)이라는 것이 있는데, 이는 무한을 향한 무한한 행진이 완료되어 무한을 실현한 무한이다. 칸트는 **표면상으로는** 가능적 무한만을 인정한다. 아리스토텔레스와 독일의 천재 수학자 가우스(J. C. F. Gauß, 1777-1855) 역시 현실적 무한 개념을 인정하지 않고 가능적 무한의 개념만 인정했다. 가능적 무한은 우리가 그 개념에 대응하는 감각내용(직관)을 줄 수 있는 무한이다. 세계가 공간적으로 무한한지 유한한지 궁금하다면, 우리는 세계 속에 있는 물체들의 양을 합해나가야 한다. 그럴 경우 우리는 계속 합쳐지는 양에 대한 직관을 가질 수가 있다. 그래서 칸트는 선험적 관점에서는 가능적 무한의 개념만이 인정된다고 했던 것이다. 현실적 무한은 우리가 그것에 대한 직관을 가질 수 없으므로 선험적 차원에서 인정될 수가 없는 것이다.

그러나 물자체가 인식의 대상은 아니어도 사고의 대상일 수 있듯이, 현실적 무한은 사고의 대상일 수 있다. 칸트는 물자체를 인식할 수 없다고 하면서도, 현상이 가상(假象, Schein)이나 환상이 아니려면 배후에 물자체의 존재가 있어야 한다고 생각했고, 그것의 존재를 의심하지 않는다. 이와 마찬가지로 선험철학자 칸트는 선험성을 앞세워 표면논리로는 현실적 무한을 부정하며 그래서 그는 『순수이성비판』의 '변증론'에서는 신(현실적 무한)에 대한 일체의 존재증명을 거부하지만, 『실천이성비판』에서는 신의 존재를 도덕신앙의 차원에서 받아들인다. 칸트 연구자들 중에는 칸트가 『순수이성비판』에서 물자체를 인정하지 않았다고 주장하는 사람들이 있다. 인식론적 칸트 해석의 대표자인 헤르만 코헨이 그 대표자다.[14] 그러나 칸트가 제1비판서에서 정말로 물자체를 부정했다면, 그는 『실천이성비판』을 집필할 필요가 없었을 것이고 집필할 근거도 갖지 못했을 것이다. 칸트가 물자체는 인식의 대상은 아니지만, 그것을 '사유'(생각)해보는 것은 가능하다고 말할 때,[15] 우리는 그가 형이

---

14) 코헨은 에른스트 카시러의 박사논문 지도교수였으며, 독일에서 교수직을 취득한 최초의 유대인이었다. 카시러 역시 유대인이었는데, 독일에서 대학의 총장직을 획득한 첫 유대인이 되었다. 코헨은 정치적으로 진보적-사회주의적인 입장을 갖고 있었다(마이클 프리드먼, 『다보스에서의 결별: 분석철학과 대륙철학의 갈림길』, 34-35쪽 참조).

15) 칸트는 '인식한다(erkennen)'라는 말과 '사고한다(denken)'라는 말을 구분하여 사용하는데, 인식에는 감각자료 혹은 감각내용 혹은 직관이 들어 있어야 하지만, '사고'는 그런 직관 없이 '생

상학의 참된 탐구 대상이라고 말했던 자유와 영혼불멸과 신의 존재를 실천철학적으로 증명하는 『실천이성비판』을 염두에 두고 있었다고 보아야 한다.

칸트는 어떤 대상에 대응하는 감각내용(직관)을 부여할 수 없는 대상, 예컨대 신, 자유, 영혼과 같은 개념들을 이념이라 부른다. 만질 수도, 볼 수도, 냄새 맡을 수도 없는 이런 이념들을 칸트는 『순수이성비판』의 '감성론'에서는 물자체로, '분석론'에서는 가상체(可想體, Noumenon)로, '변증론'에서는 무제약자로, 『실천이성비판』에서는 자유로 이해한다.[16] 칸트는 이런 것들도 무한(무제약자)으로 간주했는데, 이런 무한의 경우는 선험적 차원에서는 인정하지 않았다. 그것들은 '인식의 대상'이 될 수 없다는 것이다. 그러나 '사고의 대상'일 수는 있다. 칸트는 현실적 무한은 선험적 차원에서는 인정될 수가 없다고 하면서도, 항상 그것을 전제하고 자신의 사유를 전개한다.

우리는 지금 칸트를 읽어내는 기본적인 시각을 다루고 있다. 이것을 올바로 이해하는 것이 대단히 중요하다. 형식논리학에서는 모순개념과 반대개념을 구분한다. 모순개념은 대립되는 두 개념 사이에 다른 제3의 개념이 개입될 수 없을 때, 그 개념을 '모순개념'이라 한다. 그리고 모순 명제가 형성하는 대립을 '모순대당'이라 부른다. 모순 대립하는 두 주장이 있을 경우에, 한쪽이 옳으면 다른 쪽은 반드시 그르게 된다. 그리고 대립되는 두 개념 사이에 다른 제3의 개념이 개입될 수 있을 때, 우리는 그 두 개념을 '반대개념'으로 부른다. 예컨대 '있다'와 '없다'는 모순개념이고, '검다'와 '희다'는 반대개념이다. '회색'이 그 중간에 있다. 그러면 유한과 무한은 무슨 개념인가? 당연히 모순개념이다. '한계가 있다'와 '한계가 없다'는 것 사이에 있을 수 있는 어떤

각해보는 것'(순수 사변적 고찰)이다. 예컨대 신에 대해서 우리는 아무런 감각자료도 가질 수 없기에, 신은 인식의 대상은 아니지만 사고의 대상일 수는 있다.

16) '감성론'의 물자체는 '분석론'의 가상체와는 여러모로 차이 나는 점이 있는 듯이 보이는데, 이에 대해서는 뒤에서 다루고 있다. 칸트가 왜 그것들을 같은 부류로 묶어 다루었는가 하는 것은 별도의 연구가 필요해 보인다.

것을 우리는 생각할 수가 없다.

그러면 인간은 유한한 존재인가 무한한 존재인가? 물론 이 물음에서 문제가 되는 '인간'은 개별적 실존자로서의 인간이 아니라, 유적 존재로서의 인간이다. 개별 인간은 예외 없이 유한한 존재다. 그러나 칸트는 유적 인간은 유한한 존재도 아니고 무한한 존재도 아니라고 생각한다. 인간은 유한과 무한 사이에 있다는 것이 칸트의 생각이다. 그는 형식논리의 모순을 부정하고 있다. 인간은 가능적 무한자다. 이는 칸트의 인간관을 수학적인 방식으로 표현한 것이다. 인간은 유한자와 무한자 사이의 중간자다. 이 말은 ① 인간은 유한하면서 동시에 무한하다는 뜻으로 풀이될 수도 있고, ② 인간은 유한자도 아니고 무한자도 아니라는 식으로 풀이될 수도 있다.

나중에 살펴보겠지만, ①의 풀이 방식은, '세계는 오로지 인과법칙(유한의 세계를 지배하는 법칙)으로만 설명될 수 있는가, 아니면 선행하는 원인이 없는 최초의 시발점으로서 자유의 법칙(무한의 세계를 지배하는 법칙)을 인정해야 하는가' 라는 문제를 다루는 제3이율배반을 해결하는 논리로 사용된다. 자유가 인정되어야 한다는 정립 측의 주장도 맞고, 인과법칙만 인정된다는 반정립 측의 주장도 맞다는 것이다. 즉 물자체의 세계는 자유의 세계요, 현상계는 인과법칙의 세계라는 것이다. ②의 풀이 방식은, 세계가 공간상의 양의 총합이 유한인가 아니면 무한인가라는 문제를 다루는 제1이율배반을 해결하는 논리로 사용된다. 인간은 가능적 무한자로서 유한한 것도 아니고 무한한 것도 아니니, 세계도 정립 측이 주장하듯이 유한하지도 않고 반정립 측이 주장하듯이 무한하지도 않다는 것이다.

칸트를 공부할 때 우리는 반드시 그가 인간을 가능적 무한자로 보고 있음을 항상 염두에 두어야 한다. 유한자의 세계는 인과법칙이 지배하는 필연의 세계요 현상의 세계요 가능한 경험의 세계다. 무한자의 세계는 도덕법칙이 지배하는 자유의 세계요 물자체의 세계요 가능한 경험의 세계를 넘어선 세계다. 인간은 유한하면서 동시에 무한한 존재이니, 인간은 '두 세계의 시민'이다. 가능적 무한자인 인간 즉 선험적 자아는 무한(자유)과 유한(필연) 사이에서 끊임없이 움직이고 고민하는 존재다. 그런 한, 인간은 자유의 가능성을 갖고 있는 존재다.

2.
가능적 무한자인 선험적 자아와 무의 문제

　　칸트는 인간의 자아를 경험적 자아, 선험적 자아, 예지적 자아로 구분하고 있다.[17] 경험적 자아란 일상의 삶에서 어떤 행위를 하는 자아다. 예컨대 내가 커피를 마시고 있다고 하자. 이 경우 '커피를 마시는 나'는 바로 경험적 자아다. 이런 경험적 자아로서의 나는 무수하게 많다. '키가 큰 나', '돈이 많은 나', '잘생긴 나', '훌륭한 부모님을 둔 나', '책을 읽는 나', '축구를 하는 나', '여행을 하는 나', '허리 통증으로 고생하는 나' 등등이다. 이런 '경험적 나'들은 인식의 대상이 될 수 있다. 나는 지금 이 순간 '커피를 마시는 나'를 감각적 지각을 통해 확인할 수가 있고, 타인도 그 '커피를 마시는 나'를 관찰할 수 있다. 그러나 이런 경험적 '나'들을 아무리 많이 모아도 '나'를 온전히 설명하지 못한다. 왜냐하면 '나'는 시간-공간 속에서 고정된 그 모든 '경험적 나'들로 규정되는 순간에 그 규정을 넘어서기 때문이다.

　　'나'라는 것은 어떤 고정된 사물이 아니다. 물론 과거의 '경험적 나'들은 고정된 사물들처럼 다루어질 수 있지만, 그런 것들은 진정한 내가 아니다. '경험적 나'를 '나'와 동일시하는 것은 한순간에 찍힌 '사진 속의 나'를 나와

---

17)　이에 대한 자세한 논의는 필자의 책 『칸트의 인간관과 인식존재론』 제2장 "선험적 자아론과 순수이성의 제1오류추리"를 보라. 그리고 이 책의 5장 4절 "선험적 자아와 경험적 자아"에서 더 자세하게 다루고 있다.

동일시하는 것이나 마찬가지다. 나의 본질은 '사물화되기를 거부함'이다. 사르트르(J. P. Sartre, 1905-1980)처럼 말해서 나는 '그것이 아닌 바의 것'이다. 나는 '이것', '저것', '그것'이 아니다. 칸트는 나(자아)의 그런 본질적 모습을 활동(der Aktus)으로 묘사했다(B423 참조). 칸트는 이런 자아를 경험적 자아와 구분해서 선험적 자아라고 부른다. 그리고 예지적 자아는 도덕적 행위의 주체로서의 자아다. 이 자아는 인식(erkennen) — 칸트가 사유(denken)와 구분해서 쓰는 — 의 대상이 될 수 없다. 예지적 자아가 도덕법칙에 따르는 행위를 할 때, 그 행위의 원인은 자유인데, 자유는 인식의 대상이 아니기 때문이다. 칸트의 자아 구분과 관련하여 우리는 다음의 말을 주목할 필요가 있다.

> 통각의 종합적인 근원적 통일에 있어서, 나는 나 자신을 의식한다. 내가 내 자신에게 현상하는 그대로도 아니요, 내가 내 자체인 그대로도 아니라 오직 내가 존재한다는 것만을 의식한다.(B157)

이 인용문에서 '내 자신에게 현상하는 그대로의 나'는 경험적 자아이고, '내 자체인 그대로의 나'는 예지적 자아이며, '내가 존재한다는 것만을 의식하는 나'는 선험적 자아다. 선험적 자아는 모든 판단에 수반되지만, 그것을 고정시켜 붙잡으려 하면 손에서 연기가 빠져나가듯이 빠져나간다. 경험적 자아는 유한하고 예지적 자아는 현실적으로 무한하다면, 선험적 자아는 가능적으로만 무한하다. 그것은 유한하면서 동시에 무한한 자아다. 가능적 무한자로서 선험적 자아는 다음과 같은 특징을 갖고 있다.

첫째로, 그것은 끊임없는 자기초월과 자기부정으로서만 존재한다. 가능적 무한자는 고정된 어떤 것이 아니다. 만약 그것이 자기초월을 그치고 고정되어버리면 그것은 유한자가 되고 인과법칙의 지배하에 들어가며, 인식의 대상이 된다. 그러나 가능적 무한자는 그것이 가능적 무한자로서 자기 동일성을 유지하기 위해서는 끊임없이 자기가 도달한 것을 넘어서야 한다. 선험적 자아는 자기동일성을 유지하기 위해서 부단히 변해야 하는 자아이다. 이는 매우 역설적이지만, 그래야만 가능적 무한자일 수 있기 때문이다. 자기초월성은 가능적 무한자의 본질이다. 자신을 넘어선다는 것은 이전의 자기에 묶이지 않는다는 것이다. 가능적 무한자의 자기동일성은 하나의 돌멩이나 사물들이 갖고 있는 즉자적 동일성(비반성적 자기 동일성)이 아니라, 대자적 동일성(자기 반성적 동일성)이다. 가능적 무한자로서 자아는 끊임없는 움직임이요, 활동이다. 선험적 자아는 명사가 아니라 동사다. 가능적 무한자로서 인간은 그것에서 끊임없이 '무한'이 물어지는 존재다. 인간은 '무한'을 향해 무한히 전진하면서 무한을 묻는 동안에만 가능적 무한일 수 있다. 지구상에서 인간만이 '무한'을 묻는 존재다.

둘째로, 그것은 규정될 수 없는 것이란 점에서 인과적으로 파악될 수 없으며, 인과적으로 파악될 수 없다는 점에서 자유다. 정확하게 말하면 자유의 가능성, 가능적 자유다. 사물들은 고정된 것이요, 이것들은 필연의 인과법칙으로 파악될 수 있다. 그러나 가능적 무한자로서 인간은 고정된 것이 아니다. 그것을 붙잡으려 하는 순간 그것은 그 자신을 벗어나 있다. '초월하는 나'는 결코 인과법칙이라는 그물에 잡히지 않는다. 물론 벗어 던져진, 확정된 과거의 나 즉 '초월된 나'는 인과법칙적으로 설명된다. 그러나 자신을 부단히 벗어나는 바로 그 순간의 '초월하는 나' 혹은 '작용하는 나'는 인과법칙으로 파악되지 않는다. 인과법칙을 벗어나 있다는 점에서 초월하는 나는 자유다. 그러나 그 자유는 '인과법칙으로부터의 자유'에 불과하다는 점에서 소극적 자유다. 칸트는 『실천이성비판』에서 이 소극적 자유를 '도덕법칙에로의 자유'라는 적극적 자유로 만든다. 그렇게 함에 있어서 그는 데카르트가 '사유하는 자아의 확실성'에 근거해서 형이상학으로 나아가려 했던 기획을 비판하고, '행위 하는 자아의 확실성'에 의지하여 형이상학의 문제를 해결하려 한다. '사유하는 자아'는 감성이라는 제약하에 놓여 있기에 아무리 자기를 초월해도, 감성의 꼬리표를 달고 다니는 한, 절대로 영혼불멸과 신에로 나아갈 수가 없다. 무조건적 도덕명령 즉 정언명령에 따라 행위 하는 자아의 본질은 자발성의 능력으로서의 선험적 자아의 자유다. 이 경우 행위 하는 자아는 감성(경향성)의 제약을 물리칠 수 있으며, 따라서 영혼과 신에 도달하게 된다.

셋째로, 그것은 현상체적인 '존재자'가 아니란 점에서 No-thing이며 인식존재론적으로 무(Nothing)다. 다시 말해서 인식될 수 있는 존재가 아니라는 것, 즉 '인식될 수 없음'이라는 것이다. 칸트에게 있어서 인식의 대상이 된다는 것은 그 대상이 유한자라는 뜻이다. 칸트가 물자체는 인식이 될 수 없다고 말한 것은 그것이 절대적 무한자(현실적 무한자)이기 때문이다. 그런데 가능적 무한자인 인간은 상대적 무한자이기 때문에 과학적 인식의 대상이 될 수가 없다. 칸트에 따르면 인간은 자연법칙의 입법자이며, 따라서 과학적 인식의 가능성 근거다. 이런 인간 그 자체가 인식의 대상이 될 수 없음은, 사물에다 가격을 매기는 평가 행위의 주체인 인간이 평가의 대상 즉 평가의 객체가 될 수 없는 이치와 마찬가지다. 현대의 뇌과학은 살아 있는 인간의 두뇌 내부를 실시간으로 살펴보면서 연구하는데, 과연 그러한 연구가 '탈자적 자기초월'을 그 본질로 하는 인간 그 자체에 대한 연구인지는 심각하게 따져볼 필요가 있을 것이다.

인간은 인식론적으로는 인식초월적 존재이고 도덕적으로는 가격초월적 존재 즉 존엄한 존재다. 인식초월적 존재인 인간은 '인식될 수 없음'의 존재이며, 인식존재론적으로 무다. 그리고 인간은 도덕적으로 가격초월적인 존재인데, 이는 '가격 매길 수 없음'을 의미한다. 인간이 '가격 매겨질 수 없는 존재'라는 말이 '인간은 무가치하다'는 말이 아니듯이, '선험적 자아는 인식될 수 없는 것'이라는 말은 '선험적 자아는 비존재(무)'라는 말은 아니다. 그런데 하이데거는 칸트를 그런 식으로 오해하고 있다.[18] '인식될 수 없음'은 '인

---

18) 이에 대해서는 나의 책, 『신내림의 철학자 하이데거: 하이데거의 마법에서 깨어나기』, 제3장, "칸트, 헤겔, 하이데거의 무개념"을 보기 바란다.

식될 수 있음'과 대립적인 개념이다. 인식존재론적으로 말한다면 물자체도 '인식될 수 없음'이기에 무다. 그러나 물자체가 전제되지 않고서는 인식론적 유(有), 즉 인식될 수 있는 것들이 성립하지 않기에 물자체를 절대적 공무(空無)로 해석해서는 안 된다. 왜냐하면 그렇게 해석하는 것은 절대적 공무로 해석된 물자체로부터 인식론적 유가 생겨난다는 것이 되는데, 이는 납득할 수 없는 말이 되기 때문이다.[19] 그래서 칸트는 '물자체는 인식될 수는 없지만, 사유(생각)될 수는 있다'고 말했던 것이다. '사유될 수 있는 것'으로서의 물자체가 그 배후에 전제되지 않으면 인식작용은 불가능하다. 칸트철학에서는 절대적 공무(空無)가 들어설 여지는 없다. 물론 물자체는 절대적 공무가 아니지만, 인식을 초월해 있기에 그렇다고 실유(實有) 즉 인식될 수 '있는 것'이라고 말할 수도 없다.

넷째로, 가능적 무한자인 선험적 자아는 선험적 대상(대상일반)과의 연관성 하에서만 사유하는 것인 한, 그것은 지향성으로서의 자아다. 칸트의 설명에 따르면 선험적 자아에는 감성의 순수형식과 지성의 순수범주라는 인식의 형식이 내장되어 있다. 그리고 물자체가 인식의 형식을 촉발하면서 경험적 직관의 무규정적 대상 즉 선험적 대상이 만들어지고, 이 선험적 대상은 인식의 내용을 형성한다. 선험적 자아와 선험적 대상이 관계 맺으면서 현상계로서의 하나의 세계가 성립하고 인식의 영역이 펼쳐진다. 따라서 형식(인식주체)과 내용(인식객체)은 불가분리적으로 결합해 있으며, 주체 없는 객체 없고, 객체 없는 주체 없다. 선험적 자아와 선험적 대상은 상호 공속적이며, 등근원적(等根原的) 동일체다. 선험적 자아 없는 선험적 대상이나 선험적 대상 없는 선험적 자아는 성립하지 않는다. 그러므로 주체는 항상 객체 지향적이며, 선험적 자아의 본질은 지향성이다. 그러나 칸트적인 의식의 지향성은 끊임없이 자신

---

19) 하이데거가 칸트의 물자체를 선험적 대상과 동일시 한 뒤에, 선험적 대상을 하나의 지평으로 해석하면서, 무로부터 존재가 드러나는 듯이 말할 때, 이런 분위기를 풍기고 있다.

을 초월하면서 의식을 확장시켜가는 — 동시에 가능한 경험의 세계도 확장된다 — 지향성이다. 그러므로 선험적 자아의 한계는 곧 세계의 한계이다.

다섯째로, 가능적 무한자는 선험적 이념인데, 선험적 이념은 그 이념을 추구하는 동안에만 존재하며, 그 이념을 추구하지 않으면 존재하지 않는 것이 되므로, 그 존재가 끊임없이 자기 자신에게 문제가 되는 그런 존재다. 인간이 가능적 무한자라면, 인간은 자신을 넘어서는 방식으로만 자신의 동일성을 유지할 수 있다. 인간이 넘어섬의 작용을 멈추면, 그것은 유한자가 된다. 그렇게 되면 인간은 더 이상 인간 즉 가능적 무한자가 아니다. 이런 관점에서 본다면 인간은 인간 자신에게 하나의 이념이다. 인간은 끊임없이 인간이 되기 위해 노력하는 한에서만 인간으로서의 자기 동일성을 유지할 수 있는 존재요, 인간은 그 '존재'가 끊임없이 문제가 되는 그런 존재다. 그런데 인간이 추구하는 선험적 이념들도 그 존재가 끊임없이 문제가 된다. 이는 선험적 주관과 선험적 대상이 등근원적 동일자인 한에서 불가피하고 필연적이다. 인간이 현상으로서의 세계를 확장해가는 동안에만 세계라는 이념이 존재할 수 있다. 인간이 어떤 이념을 추구하지 않으면 그 이념의 존재는 바로 '인간의 추구 중지'로 말미암아 부정된다. 칸트는 이율배반론에서 세계를 순수이성의 '이념'으로 소개한다. 신은 순수이성의 '이상'이며, 이상은 이념보다 객관적 실재성에서 더 멀리 떨어져 있다고 말하기도 한다(B596 참조).

여섯째로, 선험적 자아는 인식(반성)을 가능하게 하는 근거이지만, 그 자신은 인식되지 않는다는 점에서 전반성적이다. 그래서 칸트는 "우리는 선험적 주관의 주위를 늘 헛되이 빙빙 돌고 있다"(B404)라고 말한다. 앞의 논의에서 암시되었듯이 선험적 주관은 '자기 확장적 자기초월자'다. 그것은 끊임없이 자신의 의식내용을 확장시켜간다. 이 경우 '확장된 자기'와 '확장하는 자기'가 구분된다. 확장된 자기는 경험적 자아로서 경험적 탐구의 대상이 되며, 필연의 인과법칙의 관점에서 분석될 수 있다. 그러나 그렇게 분석된 나는 진정한 나는 아니다. 왜냐하면, 나는 가능적 무한자로서 나의 동일성을 내가 수행하는 부단한 자기초월을 통해 확보하기 때문이다. '나'라는 것은 '확장된 자기'와 '확장하는 자기'를 아우르는 것이며, 그리하여 나의 동일성은, 하나의 돌멩이가 가지는 즉자적 동일성과는 달리 대자적 동일성이며, 그리하여 진정한 '나'는 영원히 붙잡히지 않는 어떤 것이다. 바로 이런 이유에서 칸트는 선험적 자아를 인식하는 것은 불가능하다고 생각한다. 그래서 칸트는 영혼으로서의 '나'의 존재를 증명하려 했던 데카르트의 추리를 오류추리라고 비판했다. 그리고 칸트는 '나'라는 것을 비교적 변화가 느린 관념 다발로 간주한 흄의 견해도 비판했다. 그는 그 대신 나를 하나의 이념으로서 인정한다. 나는 칸트에게서 '나'가 하나의 이념인 이유를 아래에서 설명해보겠다. 모든 판단에는 '나는 생각한다'는 것이 수반되는데 흄처럼 생각하면 모든 인식은 불가능하게 된다는 것이 그 이유다. 예컨대 '이 사과는 맛있다'는 판단은 '이 사과는 맛있다고 나는 생각한다'는 것이다. 만약 '나는 생각한다'는 것이 모든 판단에 수반되지 않는다면, 그 판단의 주체가 나인지 너인지 우리인지 그들인지 알 수 없게 되며, 그렇게 되면 인간은 일관성 있는 언어생활을 할 수 없게 된다. 그래서 칸트는 인식의 차원에서는 자아를 불변적 영혼 실체도 아니고 가변적 관념 다발도 아니라고 생각한다. 그렇지만 그는 하나의 이념으로서 자아를 인정한다.

> 이 선험적 통각은 모든 인식의 근저에 있지 않으면 안 되는 의식이요, 모든 의식에서 유일하며 동일한 '나는 생각한다'(Ich denke)라는 표상을 산출하는 자기의식, 즉 선험적 주관이다.[20]

내가 일 년 전에 특정 장소에서 사과를 먹으며 '사과는 맛있다'고 판단

---

20) 이강조, "칸트의 선험적 주관과 헤겔의 자기의식"(『칸트철학과 현대사상』, 하영석 외, 대구, 형설출판사, 1984), 397쪽.

하는 행위에 수반되었던 '나는 생각한다'와 오늘 어떤 시장에서 사온 자두를 먹으며 '자두는 맛있다'고 판단하는 행위에 수반되는 '나는 생각한다'에서 언급되는 두 개의 '나'는 '같은 나'임을 인정하지 않으면 안 된다는 것이다. 그렇지 않다면, 인식도 불가능하고 인격의 동일성도 붕괴될 것이다. 물론 일 년 전에 '사과는 맛있다'는 판단을 내리던 일을 기억하지 못할 수가 있다. 바로 이런 이유로 인간은 끊임없이 변화해가는 중에도 자신의 동일성을 대자적으로 부단히 확인해가야 하는 존재다. 사람들은 자신의 동일성을 대자적으로 확인하기 위해 기록을 하고 녹취를 한다. 그렇게 하는 것이 가능하기에 인간은 서사적 존재가 될 수 있으며, 서사적 자아를 갖게 된다. 나는 인간이 이야기를 만들어가는 삶을 살면서 끊임없이 자신의 동일성을 만들어가는 존재로 보며, 이런 동일성을 '서사적 자기 동일성'(narrative self-identity)이라고 명명하고 싶다. 그리고 인간이 이런 동일성을 갖는 것이 가능한 근본적인 이유는 인간이 가능적 무한자이기 때문이라고 생각한다.[21] 이런 이유에서 인간은 자신에

---

21) '자아란 서사구성의 중심 핵이면서 축이다'. 나는 이것을 '자아사실'(Ich-Faktum)이라고 명명하고 싶다. 어떤 회의주의자도 이것을 부정할 수가 없다. 어거스틴은 『자유의지론』 제2권 제3장에서 대화 상대자인 에보디우스에게 이렇게 말한다. "그렇다면 먼저 가장 명백한 진리에서 출발하기 위해서, 나는 당신에게, '당신은 존재하고 있는가요?' 하고 묻겠다. 아마 당신은 이 물음에 대답함에 있어서 기만당하는 것은 아닐까 걱정할지도 모르겠다. 그러나 만약 당신이 존재하지 않는다면, 당신이 기만당하는 것은 불가능할 것이다."(Augustin, *Augustin: Earlier Writings*, ed. & trans. H. S. Brulegih, The Westminster Press, 138쪽) 어거스틴은 우리는 어떤 경우에도 자아사실을 부정할 수 없다는 주장을 하고 있는 것으로 보인다. 데카르트의 '나는 생각한다. 그러므로 나는 존재한다'는 명제도 자아사실을 말하고 있다. 우리는 데카르트의 명제를 '나는 이야기를 만든다. 그러므로 나는 존재한다'로 바꾸어 읽을 수가 있다. 삶의 이야기를 만들고, 자신이 만든 삶의 이야기를 대상화시켜 인식하면서 그렇게 인식된 이야기에 새로운 이야기를 이어서 만들 수 없게 되면, 나는 존재하지 않는 것이다. 자아사실이 확인된 다음에 우리가 던질 수 있는 물음은 '어떻게 자아사실이 가능한가?'다. 즉 자아사실의 가능성 조건을 밝히는 일이다. 이 가능성 조건에는 기억, 자기대상화 능력, 몸의 소유와 욕망능력 등이 있을 것이다. 사람들은 서사구성의 중심 핵에 문제가 생기는 것을 병으로 간주한다. 기억상실증이 그렇다. 자신의 팔과 다리를 이물질로 생각하여 잘라내는 사람도 있다(아닐 아난스타와미, 『나를 잃어버린 사람들』, 서울, 더퀘스트, 2023, 101쪽 이하 참조). 그들은 '팔다리가 낯설게 느껴지는 증후군'(BIID)을 앓고 있는 사람들이다. 이런 사람들도 자신의 삶의 이야기를 만들어가는 능력을 가지고 있는 한, '서사적 구성의 중심 핵'(자아)을 갖고 있는 것이 된다. 나는 이 서사적 자아동일성 개념이 불교

게 있어서 자신이 되는 것이 과제가 되고 이념이 된다. 인간은 종의 차원에서건 개인적 차원에서건 집단적 차원에서건 가능적 무한자이기에, 추구되어야 하는 하나의 이념이며, 인간은 자신의 본질인 그 이념을 향해 초월하는 행위를 함으로써 자기 동일성을 끊임없이 확보해가야 하는 고단한 삶을 살도록 운명 지어진 존재다.[22] 칸트는 마음의 개념이 이념으로서 실체임을 다음처럼 말한다.

> 마음의 개념이 이념에서의 실체만을 말하고 실재적인 실체를 말하지 않음을 지시한다면, 마음(영혼)은 실체다라는 명제는 충분히 승인될 수 있다.(A351)

인간의 영혼이 가능적 무한자로 이해되는 한, 그것은 끝없이 추구되어야 하는 이념인 실체로서는 인정될 수 있지만, 영혼을 현실적 무한자로 이해

적 무아론을 비판할 수 있는 근거가 될 수 있다고 생각한다. 서사 구성의 핵이 없으면 불교적 수행행위도 불가능할 것이다. 칸트철학과 불교철학의 유사성을 주장하는 몇몇 학자들은 데카르트가 실체로서의 불변적 영혼 개념을 증명하려 했던 것을 칸트가 '오류추리'로 간주하여 비판했던 것을 언급하며, 칸트의 자아론이 힌두교의 아트만(불변적 자아)을 부정한 붓다의 무아론과 유사하다고 말한다. 그러나 그런 단순비교를 통해 불교의 무아론과 칸트의 자아론이 유사하다고 결론 내리는 것은 성급한 일일 것이다. 이 문제에 대해서는 별도의 책을 집필할 예정이다.

22) 가능적 무한자로서 인간의 본질은 자유이며, 인간에게 자유는 하나의 이념이다. 모든 유한한 것들은 사물이고, 사물들은 인과법칙의 지배를 받으며, 자유가 없다. 그러나 가능적 무한자인 인간은 자신이 고정된 유한자가 되기를 거부한다. 즉 인과법칙의 지배를 거부한다. 그는 필연이 아닌 것 즉 자유를 추구한다. 인간은 자유의 이념을 추구하는 한에서만 자유일 수 있다. 이념이란 그것이 추구되는 동안에만 존재할 수 있기 때문이다. 칸트는 이런 생각을 그의 역사철학에 적용하고 있다. 김수배는 이 점을 이렇게 설명한다. "칸트 역사철학에서 가장 뚜렷한 전환점은 『인류사의 추정된 기원』에서 이루어진다. 여기서 칸트 역사철학의 이른바 '위대한 사상'이 등장하는데, 인류의 역사는 더 이상 섭리의 역사가 아니라 인간 '자유의 역사'라는 선언이 그것이다. (…) 인간의 자유는 이를테면 본성의 한 부분인 것처럼 완성되어 '자동적으로 주어지는 장비'처럼 주어지는 것이 아니라, 인간이 '스스로 행위를 설정함으로써 자연본능과의 결합으로부터 자신을 떼어내는' 데에서, 즉 '공들이고 노력해서 성취해야 할 과제'로서만 성립한다."(『호소의 철학』, 166쪽)

한다면 그런 영혼이 실재하는가 여부는 이론이성의 입장에서는 알 수 없다는 말이다.

인간은 자기확장적 자기초월자다. 우리는 뒤에서 이 개념에 대해 사르트르의 자기 무화적 자기초월의 개념과 대비하면서 더 자세하게 다룰 것이다.

3.
가능적 무한과 감성·지성의 결합

칸트는 『순수이성비판』의 '선험적 논리학' 첫머리에서 자기 인식론의 핵심이 되는 생각을 말하고 있다.

> 그러므로 직관과 개념은 우리의 전 인식의 지반이다. 이에 어떤 방식에서 이건 대응하는 직관이 없는 개념은 인식이 될 수가 없고, 개념이 없는 직관도 인식이 될 수가 없다.(B74)

칸트의 이 말에는 두 가지 의미가 함축되어 있다. 첫째로 개념과 직관은 구분된다는 것이요, 둘째는 인식이 성립하기 위해서는 직관과 개념이 상보해야 한다는 것이다. 우리는 이 말의 중요성에 비추어 칸트가 이에 대한 보다 깊이 있는 설명을 해주기를 바라지만, 유감스럽게도 칸트는 이를 설명하기보다는 같은 내용의 말을 반복하고 있을 뿐이다.

> 감성이 없으면 대상이 주어지지 않을 것이다. 지성이 없으면 대상은 도무지 생각되지 않을 것이다. 내용이 없는 사고는 공허하고, 개념이 없는 직관은 맹목이다. 그러므로 개념을 감성화하는 일이 필연적인 것과 마찬가지로, 직관을 지성화하는 일도 필연적이다. 이 두 능력 혹은

힘은 그 기능을 교환힐 수 없다. 지성은 아무깃도 직관할 수가 없고, 김관은 아무것도 생각할 수가 없다. 오직 양자가 결합함으로써만 인식이 생길 수 있다.(B75)

사람들은 바로 이 대목에서 적어도 다섯 가지 문제점을 제기할 수가 있다. 첫째로 "그 두 기능이 실제로 구분되는 기능이라면, 우리는 직관의 요소가 전혀 없는 개념이나 개념의 요소가 전혀 없는 직관을 가질 수가 있어야 할 것이다. 그러나 경험에서 그 어떤 직관적인 요소도 분리될 수가 없다. 모든 경험은 개념적으로 매개되어 있으며, 따라서 사유와 직관을 두 독립된 기능이라고 말하는 것은 난센스다".[23] 둘째로 "칸트가 사유와 직관을 근본적으로 구분하지 못한다는 것은 범주의 연역을 무의미하게 만든다. 왜냐하면 연역의 문제 즉 경험 중에서 사유와 직관의 필연적 통일을 확립하는 문제는 사유와 직관이 실제로 구분되는 두 개의 독립적인 기능이며 그 양자가 인식의 성립에 본질적인 역할을 한다는 사실이 확립된 후에야 제기될 수 있기 때문이다".[24] 세 번째 비판 역시 범주의 선험적 연역과의 관계에서 제기된다. 칸트는 범주의 선험적 연역을 통해 직관과 개념이 필연적으로 결합함을 증명하려고 한다. 그러므로 이 양자의 결합은 연역의 결과로서 논증되어야 하는 것이지, 연역에 앞서 전제되어서는 안 된다는 것이다. 이런 이유에서 우리는 칸트가 순환논증의 오류를 범하고 있는 것이 아닌가 하고 의심할 수 있다. 네 번째 문제는 철저한 합리론자들이나 경험론자들 진영에서 제기할 법한 것이다. 즉 감성과 지성은 상호 이질적이고 상호 독립적이어서 한쪽이 다른 쪽으로 환원되지 않는다는 것을 어떻게 증명할 수 있는가? 로크는 '먼저 감각 안에 있지 않았던 것은 아무것도 지성 안에 없다'고 말하면서 개념이 감각으로

---

23) D. C. Kolb, "Thought and Intution in Kant's Critical System," *Journal of the History of Philosophy* (Vol. 24, 1986), p. 223.

24) D. C. Kolb, "Thought and Intution in Kant's Critical System," p. 224.

환원될 수 있음을 주장한다. 다섯째 문제점은 넷째 문제점과의 연관에서 제기된다. 즉 넷째 문제가 해결되었다 하더라도 사유와 직관이 상보적으로 결합할 수 있다는 주장은 감성과 지성이 이질적이라는 칸트 자신의 주장과 모순되지 않는가 하는 것이다. 합리론과 경험론의 종합이라는 철학적 과업이 성공적으로 수행되기 위해서는 칸트는 상호 모순적인 두 명제를 정당화시켜야 하는 난점에 직면하게 된다. 우리가 순전히 형식논리적 관점에서 바라본다면, 그 두 명제는 상호 모순을 일으키기에 그 두 명제 모두를 정당화하는 것은 불가능한 일이다. 그러므로 형식논리의 입장에서는 합리론과 경험론을 종합하려는 칸트의 시도는 처음부터 불가능한 시도라고 말할 수 있다.

사유와 직관의 구분을 전제하지 않고서는 칸트의 체계 속으로 들어갈 수 없고, 그 구분을 전제하고서는 칸트의 체계 속에 머물 수 없다고 말할 수 있을 것이다.[25] 사유와 직관의 구분에 관계된 문제의 핵심은 바로 이것이다. 우리가 사유와 직관의 구분이 어떻게 정당화되는가라는 문제와 사유와 직관이 어떻게 결합할 수 있는가 하는 문제를 따로따로 다루는 한, 우리는 문제를 올바로 다루는 것이 아니라고 말할 수 있다. 경험의 가능성을 설명하기 위해 '사유와 직관의 구분'이 선험적으로 인정되어야 한다는 주장과, 동일한 목적을 위해 그 '양자의 결합'이 선험적으로 인정되어야 한다는 주장은 명백히 하나의 이율배반을 형성하고 있다. 이 이율배반을 해결하는 실마리를 우리는 가능적 무한자라는 그의 인간관에서 발견할 수가 있다. 직관의 기능인 감성은 유한성의 기능이다. 모든 직관은 유한하기 때문이다. 사고 기능인 지성은 무한성의 기능이다. '무제약자에 이르기까지 확장된 지성이 이성'인데(B436 참조) 이렇게 확장된 지성은 무한성의 능력이기 때문이다.

그런데 칸트는 아프리오리한 종합판단이 현실적으로 존재한다는 사실

---

25) 감성과 지성의 분리는 물자체를 인정하는 방향으로 나아가고, 양자의 결합은 물자체의 존재를 부인하는 방향으로 나가게 된다.

에는 이미 사유와 직관이 현실적으로 결합해 있다는 사실이 내포되어 있는 것으로 생각한다. 이렇게 생각하는 한, 칸트는 '**도대체** 사유와 직관의 결합은 가능한가'라고 물을 필요는 없다. 칸트로서는 '도대체 아프리오리한 종합판단이 가능한가'라는 물음을 제기할 필요가 없었듯이, '도대체 사유와 직관의 결합은 가능한가'라고 또는 '도대체 범주의 선험적 연역은 가능한가'라고 물을 필요가 없었던 것이다. 그는 '여하히 감성과 지성의 결합이 가능한가', '여하히 범주의 선험적 연역이 가능한가'라고 묻는다. 칸트는 '**도대체 물음**'과 '**여하히 물음**'을 구분한다. 예컨대 '도대체 아프리오리한 종합판단은 가능한가?'라고 물으면, 아프리오리한 종합판단의 가능성 자체가 의문시되는 물음이다. 그러나 '여하히 아프리오리한 종합판단이 가능한가?'라는 물음은 그런 판단의 현실적 존재는 인정된 상태에서 그런 판단이 성립하게 되는 방법을 묻는 것이다.[26]

그런데 칸트는 감성과 지성은 상호 이질적이라고 한다. 그렇다면 칸트는 '여하히 감성과 지성의 결합은 가능한가?'라는 질문을 하기보다는, '도대체 감성과 지성의 결합은 가능한가?'라는 질문을 던진 뒤, 감성과 지성의 결합 가능성에 대한 의심을 먼저 제거한 다음에 '여하히 감성과 지성의 결합은 가능한가?'라는 질문을 던져야 할 것 같다. 그러니 우리들은 칸트가 무슨 근거에서 '도대체-물음'을 빠트리는가 하고 물어볼 수 있다. 칸트가 그렇게 하는 이유는 '이율배반론'에서 그 문제를 해결했다고 생각하기 때문이다.[27]

---

26) 커다란 야구공처럼 생긴 투명 유리병에 동그란 사과가 들어 있는 것을 본 적이 있다. 그 사과는 그 유리병의 좁다란 목구멍을 통해 들어가는 것은 불가능하다. 일반적인 상식으로 생각해보면 그 병 안에 그토록 커다란 사과가 들어가는 것은 불가능하다. 그럼에도 불구하고 우리 눈앞에 그 일이 펼쳐져 있다. 이 경우에 우리는 '도대체 사과가 병 안에 들어가는 것이 가능한가?'라는 물음을 던져서는 안 되고, '여하히 사과가 병 안에 들어가는 것이 가능한가?'라는 물음을 던져야 한다.

27) H. M. 바움가르트너는 칸트철학에서 해결되지 않고 있는 문제 중의 하나가 감성과 오성의 관계에 관한 것이라고 한다. "두 능력에는 칸트에 의해 본질적으로 상이한, 그러면서도 함께 작용하는 소질이 부여되었다. 만약 이 두 가지가 원칙적으로 서로 상이한 것이라면 어떻게 서로

칸트는 순수이성의 제1, 2 이율배반에서 인간은 유한한 존재도 무한한 존재도 아님을 증명하고 있다. 그리고 제3, 4 이율배반에서는 인간이 한편으로는 유한하고 다른 한편으로는 무한한 존재임을 증명하고 있다. 수학적 이율배반의 해결을 통해 칸트가 도달한 결론 즉 인간은 유한도 아니고 무한도 아니라는 것은 인간의 단일성을 말해주고 있다. 그리고 역학적 이율배반의 해결을 통해 칸트가 도달한 결론은 인간이 보는 관점에 따라서는 유한하다고 할 수도 있고 무한하다고 할 수도 있음을 말해주고 있다. 즉 인간의 이중성과 양극성을 말해주고 있다. 우리가 칸트의 인간관을 균형 잡힌 안목에서 바라보려면, 이 두 측면을 따로따로 고찰해서는 안 되고 함께 고찰해야 한다. 그렇게 할 때 우리는 칸트가 인간을 무한성과 유한성이라는 양극성을 가진 단일체로 보고 있음을 알 수 있다. 즉 인간을 유한과 무한의 종합으로 보고 있다는 것이다. 그러므로 인간은 가능적 무한자이지 않으면 안 된다. 인간이 가능적 무한자라면 인간은 유한도 아니고 무한도 아닌, 제3의 것이다. 그리고 인간은 보는 관점에 따라서는 유한자일 수도 있고 무한자일 수도 있다. 왜냐하면, 한편으로는 인간은 자기 한계를 넘어서는 매 순간 어떤 확정된 것이 되기에 유한한 존재이지만, 다른 한편으로는 인간은 자신이 확정된 것이 되는 어떤 순간 그것을 넘어서기에 무한하기 때문이다.

결합할 수 있는가? 이미 라인홀트는 두 능력을 매개하는 표상 개념을 제시했으며, 피히테도 이 점에서 라인홀트의 의견을 좇았다. 하이데거도 감성과 오성을 매개하는 구상력의 능력을 정확히 이해하고자 심혈을 기울였다. 바로 여기에 칸트 인식 이론의 체계적 결함이 놓인 것은 아닌가?"(『칸트의 순수이성비판 읽기』, 임혁재 · 맹주만 옮김, 서울, 철학과 현실사, 2004, 197쪽) 그러나 지금까지 필자가 전개한 논의는 이런 문제를 충분히 해결할 수 있다. 더 자세한 논의는 졸저 『칸트의 인간관과 인식존재론』 제7장 "칸트의 이론철학에서 사유와 직관"을 보기 바란다.

4.
가능적 무한의 관점에서 본 영혼과 신의 문제

데카르트는 방법적 회의를 통해 '나는 생각한다. 그러므로 나는 존재한다'는 명석판명한 진리에 도달했다고 주장한다. 그리고 이 진리는 그 어떤 회의론자도 의심할 수 없는 진리라고 말한다. 그에 의하면, '나는 걷는다. 그러므로 나는 존재한다'거나, '나는 먹는다. 그러므로 나는 존재한다'는 등의 생각들은 오류일 수가 있다. 그러나 데카르트는 '나는 생각한다. 그러므로 나는 존재한다'는 명제는, 설령 전능한 악마가 사유하는 자아인 나의 생각을 지배해서 끊임없이 나를 속인다 하더라도, 오류일 수 없다고 주장했다. 그는 악마도 사유하는 내가 자기의식 내부에서 확인하게 되는 이 진리는 속이지 못한다고 생각했다. 그리하여 데카르트는 사유하는 실체로서의 영혼의 존재를 증명했다고 주장한다.[28] 그러나 칸트는 데카르트의 증명이 선험적 오류추리라고 말한다. 선험적 오류추리란 무엇인가?

[일반] 논리학의 오류추리는 삼단논법의 형식에 관한 허위요, 그 외의 그 내용이 어떠한가를 문제 삼지 않는 것이다. 그러나 선험적인 오류추리는 그 추리의 형식은 옳더라도 원래 거짓된 추리를 하는 선험적인 근

---

28) 더 자세한 논의는 나의 논문, 「데카르트의 방법적 회의에 대한 고찰: 회의는 회의로써 극복될 수 있는가」(대한철학회 논문집, 『철학연구』 제42집, 1986)를 보기 바란다.

거를 갖는 것이다.(B399)

여기서 거짓된 추리를 하게 되는 '선험적인 근거를 갖는다'는 말은 감각적 지각의 대상이 될 수 없는 것을 감각적 지각의 대상인 듯이 다룰 때 범하게 되는 오류를 말한다. 칸트에 있어서 '선험적 사유'란 우리 사고의 자발성의 능력으로서의 범주를 항상 감각의 제약 하에서 사용할 때 성립하는 사유다. 그러나 칸트가 보기에 데카르트는 사람들에 의해 사유하는 주체로 가정되고 있는 영혼을 감각으로부터 분리시켜 다루고 있다. 그리하여 데카르트가 영혼의 존재를 추리하는 삼단논법은 그 형식에 있어서는 타당하다 하더라도, 선험적 오류추리가 될 수밖에 없다. 칸트는 영혼에 대해서 사람들이 범하게 되는 오류추리를 네 개 소개한다. 첫째로 영혼을 실체라고 추리하는 것, 둘째로 영혼은 단순하고 불후(不朽)하다고 추리하는 것, 셋째로 영혼은 인격적 동일성을 갖는다고 추리하는 것, 넷째로 영혼 이외에는 모든 것이 관념에 불과하다고 추리하는 것이다. 나는 여기서 첫 번째 오류추리인 '실체성의 오류추리'만 소개하겠다.

> 대전제: 주어라고 생각될 수밖에 없는 존재는, 주어로서만 실재하는
>   것이다. 즉 실체다.
> 소전제: 생각하는 존재는, 한갓 생각하는 것으로만 보아진다면, 주어
>   라고만 생각될 수 있다.
> 결   론: 그러므로 생각하는 존재는 주어로서만 실재한다. 즉 실체로
>   서 존재한다.(B410)

'나는 생각한다'(Ich denke) 즉 나의 사유작용은 항상 감각으로부터 주어지는 것이 있을 경우에만 작용한다고 생각할 수도 있고, 그런 것이 없이도 작용할 수 있는 것으로 생각할 수도 있다. 칸트는 데카르트가 취한 입장을 후자의

입장으로 본다. 그러나 칸트는 전자의 입장에 서 있다.

> 선험적 주관은 그것의 객어(客語)인 사고작용에 의해서만 인식되고,
> 이런 사고작용 없이 단독으로는 조금도 이해할 수 없다.(B404)

그런데 사고작용은 감각에서 제공되는 직관내용이 있어야 발생하므로, 데카르트처럼 사유하는 자아를 모든 감각으로부터 분리시킨 뒤에, 사고하는 자아를 실체로 만드는 것은 선험적 오류추리다.

> 직관이 그 근저에 없으면 범주는 그 자신 아무런 객관적 의미도 없다.
> 직관의 다양이 없으면 범주는 내용이 없는 순전한 판단기능이다.(A349)

칸트가 데카르트를 비판하면서 시종일관 마음에 품고 있는 생각은 '주관 없는 객관 없고, 객관 없는 주관 없다'는 것이다. 데카르트의 '사유하는 자아'는 객관 없이도 즉 감각에서 주어지는 것이 없이도 사유할 수 있는 능력을 가진 것으로 설정되어 있다. 데카르트의 사유하는 자아 즉 의식은 현상학파에서 말하는 '무엇에 대한 의식'(Bewußtsein von etwas, consciousness of something)으로서의 의식은 아니다. 그러나 칸트는 현상학파와 생각을 같이하여, 선험적 주관은 선험적 대상과 상호 공속적이라고 생각했다. 바로 이런 이유에서 『순수이성비판』의 제1이율배반을 해결하면서 칸트는 인간이 유한한 존재도 무한한 존재도 아니기에 세계의 공간적 총량도 유한하지도 않고 무한하지도 않다고 말하면서, 자아의 한계와 세계의 한계를 연동시키고 있는 것이다. 이렇게 되면, 나의 한계는 세계의 한계이고, 세계의 한계는 나의 한계가 되며, 세계 없는 자아 없고, 자아 없는 세계도 없다.

칸트가 데카르트를 비판하는 논리는 모든 판단의 주어인 '나'라는 것은 감각과의 관계를 단절시킨 상태 즉 나를 모든 감각적 술어로부터 분리시켜

보면, '나는 생각한다'의 '나'란 것은 순전히 형식적인 판단기능으로서의 '순수통각'에 불과하며, 그것은 아무런 내용이 없는 텅 빈 것에 불과하다는 것이다. 현상학파식으로 표현하자면, 데카르트의 '생각하는 나'는 '지향적 대상이 없는 나'인데, 그런 '나'를 설정하는 것 자체가 선험적 오류추리다. 칸트의 선험적 주관은 항상 '감각의 제약 하에서' 사유하는 '나'다. 이를 '분석론'의 언어로 말한다면, '감성(유한성)과 지성(무한성)의 결합 위에서 생각하는 나'다. 그 '나'는 가능적 무한자다. 그런데 데카르트의 사유하는 '나'는 감성과 지성을 분리시킨 뒤에 남게 되는, 형식적인 텅 빈 통각을 실체(현실적 무한)화하는 잘못을 범하고 있다. 이런 맥락에서 우리는 이미 인용했었던 칸트의 다음 말을 주목할 필요가 있다.

> 마음의 개념이 이념에서의 실체만을 말하고 실재적인 실체를 말하지 않음을 지시한다면, 마음(영혼)은 실체다라는 명제는 충분히 승인될 수 있다.(A351)

이 말은 영혼의 개념을 현실적 무한자라고 주장하는 것은 인식의 차원이 아니라 생각(사고)의 차원에서는 가능하다는 것이다.

우리는 가능적 무한의 개념이 칸트의 '오류추리론'에서 어떻게 사용되고 있는지 살펴보았다. 이하에서는 그 개념이 칸트가 독단적 형이상학자들이 신 존재를 증명하는 방식을 비판할 때 어떻게 사용되는지 살펴보고자 한다.

> 모든 순수개념은 일반적으로 표상들의 종합적 통일을 일삼지만, 순수 이념의 개념(선험적 이념)들은 모든 제약일반의 '무제약적'인 종합의 통일을 일삼는다. 따라서 모든 선험적 이념은 다음의 세 급(級) 중의 어느 것에로 들어간다. 첫째는 생각하는 주관의 절대적(무제약적) 통일을, 둘째는 현상제약들의 계열의 절대적 통일을, 셋째는 사고 일반의 모든 대상들

의 제약인 절대적 통일을 포함한다.(B391. 강조는 칸트)

이 인용문에서 언급되는 세 개의 선험적 이념은 '나', '세계', '신'이다. 조건 지어진(제약된) 여러 판단들과 생각들의 배후에는 궁극적으로 그런 판단과 생각을 하는 무조건적인 '나'라는 것이 있다. 그리고 제약된(한정된) 시간적이고 공간적인 모든 사물들은 궁극적으로 세계(우주)라는 무제약적인 것에 포괄된다. 그리고 기독교의 영향을 받은 서양 철학자답게, 칸트는 이 세계 안에 존재하는 모든 만물들의 총체를 제약된 것으로 보고 그 제약성이 근거하는 무제약성을 신으로 설정한 뒤, 그것을 하나의 이상으로 제시한다. 동양철학, 특히 노장철학이나 유가사상에서는 세계의 창조자를 설정하지 않는다. 세계(자연)가 무제약자로 즉 '스스로 그러한 것'으로 설정된 이상, 그 무제약자를 산출하는 또 다른 무제약자를 끌어들이는 것은 어색한 일이다. 어쨌건 이 세 가지 이념에 따라 인식주체인 '나'를 다루는 선험적 심리학, 시간-공간적 사물들의 총체인 우주를 다루는 선험적 우주론, 그리고 신을 다루는 선험적 신학이 성립한다. 그런데 선험적 신학의 영역에서 사변적 이성이 신의 존재를 증명하는 방식에는 세 가지만 있을 수 있는데, 자연신학적 증명, 우주론적 증명, 존재론적 증명이 그것이다(B619 참조). 우리는 그중에 존재론적 증명만 살펴볼 것이다.

존재론적 증명이란 '신'이란 말에 대한 '개념규정'에서부터 신의 '존재'를 도출해내는 증명방식이다. 존재론적 증명의 대표자는 안셀무스(Anselmus, 1033-1109)인데, 그는 신의 존재에 대한 두 가지 존재론적 증명을 제시하고 있다. 하나는 신을 '그것보다 더 완전한 것을 생각할 수 없는 존재'로 정의하여, 그 개념으로부터 신의 존재를 증명하는 것이고, 다른 하나는 신을 '절대필연 존재'로 정의하여, 그 정의로부터 '신이 존재한다'는 주장을 끌어낸다. 전자를 '완전성으로부터의 논증'으로, 후자를 '필연성으로부터의 논증'이라 부를 수 있을 것이다. '완전성으로부터의 논증'은 이렇다.

확실히 '그것보다 더 큰 것이 생각될 수 없는 어떤 것'은 단순히 지성 속에만 존재할 수 없습니다. 왜냐하면 만일 그것이 지성 속에만 존재한다면, 실재로도 존재하는 것이 생각될 수도 있고, 이것은 [지성 속에서만 존재하는 것보다] 더 큰 것이기 때문입니다. 만일 '그것보다 더 큰 것이 생각될 수 없는 어떤 것'이 단지 지성 속에서만 존재한다면, '그것보다 더 큰 것이 생각될 수 없는 어떤 것'이라는 것에 대해 [사실] 그것보다 더 큰 것이 생각될 수 있을 것입니다. 그러나 이것은 확실히 불가능합니다. 그러므로 아무 의심 없이 '그것보다 더 큰 것이 생각될 수 없는 어떤 것' 은 지성 속에뿐만 아니라 실제로도 존재합니다.[29]

이 논증은 간단히 이렇게 달리 표현될 수 있다.

'그것보다 더 큰 것이 생각될 수 없는 어떤 것'으로서 신은 '가장 완전한 것'이다. 그런데 머리 안에서 개념 상태로 존재하는 '가장 완전한 것'보다, 머리 안에서뿐만이 아니라 현실적으로도 존재하는 '가장 완전한 것'이 '가장 완전한 것'이라는 개념에 더 적합하다. 따라서 '가장 완전한 것'인 신은 현실적으로 존재한다.

그러나 칸트는 이 논증에 대해 "존재는 실재적 술어가 아니다. 다시 말하면 한 사물의 개념에 [종합적으로] 보태질 수 있는 어떤 것의 개념이 아니다"(B626)라고 말하면서 안셀무스를 비판한다. '존재'는 단지 논리적 술어일 뿐이다. '존재'가 어떤 사물의 개념에 '종합적으로 보태지는 것'이 되기 위해서는 그 '존재'가 현실 속에서 직관의 요소를 제공할 때뿐이다. 그래서 칸트는 다음처럼 말한다.

---

29) 안셀무스, 『모노로기온 & 프로슬로기온』(박승찬 옮김, 서울, 아카넷, 2002), 187쪽.

현실의 100마르크는 가능적인 100마르크보다 조금도 더한 것을 [개념 내용상으로는] 가지지 않는다. 가능적인 100마르크는 개념을 의미하고 현실의 100마르크는 대상과 대상의 정립 자체를 의미하기 때문에, 만약 가능적인 것이 현실적인 것보다 더한 것을 포함한다면, 나의 개념은 이 대상을 그대로 표현하지 않은 것이 되고, 따라서 대상에 적합한 개념이 아니게 될 것이다. 그러나 나의 재산 상태에 관해서는 현실적인 100마르크가 100마르크의 개념(즉 100마르크의 가능성)보다 더한 것을 포함하고 있다. 현실의 대상은 나의 개념 중에서 분석적으로 포함되어 있지 않고, 나의 개념에(이것은 나의 심적 상태의 한 규정일 뿐이지만) **종합적으로** 보태어지기 때문이다.(B627. 강조는 내가 한 것임)

'100마르크가 내 머릿속에 존재한다'고 말하더라도, 나는 그 100마르크에 대한 어떠한 직관도 가질 수가 없기 때문에, 그 '존재한다'는 말에 의해 그 100마르크에게 종합적으로 보태진 것은 아무것도 없다는 말이다. '존재'라는 말은 논리적 술어일 뿐이지 참된 실재적 술어가 아니라는 칸트의 명제 속에서 우리는 가능적 무한의 개념이 작동하고 있음을 알 수 있다. '존재'라는 것은 그것이 참다운 술어로 기능하기 위해서는 가능한 경험의 세계(가능적 무한의 세계) 안에서 직관의 대상이 될 수 있는 것의 술어로 사용될 때뿐이다.

실로 대상의 개념은 경험 전체의 내용과 결합하더라도 조금도 불어나는 일은 없다. 그러나 '우리의 사고'는 경험 전체의 내용에 의해서 [개념 이상으로] 가능한 지각을 더 얻는다. (…) 대상에 관한 우리의 개념이 무엇을 포함하고 또 얼마나 많은 내용을 포함할지라도, 그 개념이 실재가 되기 위해서는 우리는 그 개념의 외부로 나와야 한다. 이런 일이 감관의 대상에 있어서는 대상이 경험적 법칙에 따라 나의 어느 지각과 연결함에 의해서 가능하다. 그러나 순수 사고의 객체에 대해서는 그것의 실

재를 인식하는 수단이 전혀 없다.(B629. 강조는 내가 함)

　개념은 지각과 연결됨으로써만 그 실재성을 얻게 된다. 어떤 상인이 그의 재산 상태를 더 낫게 하려고 자기가 가진 현재 은행 잔고에다 머릿속에서 약간의 영을 더 추가해도 재산이 늘지 않는 이유는 그렇게 추가되어 머릿속에 만들어진 개념에 대응하는 직관내용이 없기 때문이다(B630 참조). 칸트의 선험철학적 관점에서 보면, '존재'(있음)는 어디까지나 감각적 직관의 대상이 될 수 있는 것들에게만 사용될 수 있기에, '신'의 개념으로부터 그 '존재'를 추리하는 방식은 선험철학의 관점에서는 받아들일 수가 없다. 안셀무스의 '완전성으로부터의 논증'에 대한 칸트의 이런 비판은 생각하기에 따라서는 허망해 보일 수도 있다. 칸트가 말하려는 요지는 '안셀무스가 아무리 그럴듯한 논리를 펼치더라도, 신은 눈에 보이는 존재가 아니기 때문에 절대로 증명의 대상이 아니다'라고 말하는 것이기 때문이다. 그런 주장은 누구나 할 수 있는 주장이다. 가능적 무한자인 인간이 그 실재성을 증명할 수 있는 것은 가능적 무한의 한계 내부에 있는 존재이지, 그 한계 바깥의 존재는 아니라는 말이다. 그러나 '신은 눈에 보이는 존재가 아니기 때문에 절대로 증명의 대상이 아니다'. 칸트의 주장은 허망한 것처럼 보이지만, 다른 한편으로는 매우 중요한 통찰을 담고 있는데, 그것은 『순수이성비판』 전체를 관통하고 있는, '인식'과 '사고'의 구분이다. 신 존재는 절대로 '인식'의 대상이 될 수는 없고, 단지 '사고'의 대상일 뿐이라는 것이다. 안셀무스는 이 양자를 구분하지 못하고, 신의 개념에서 존재를 도출해낸 것을 '인식'으로 생각하는데, 칸트의 관점에서는 '인식'이란 과학의 분야에서만 성립하는 말이다. 만약 안셀무스가 자신의 철학적 작업을 '인식'이라고 말한다면, 그는 과학과 철학을 혼동하고 있다는 것이 된다. 물론 칸트는 안셀무스처럼 '사고'해볼 수는 있다고 생각할 것이다.

　칸트는 안셀무스의 '완전성으로부터의 논증'에 대해서는 '존재는 참된 술어가 아니다'라는 명제로 비판했지만, '필연성으로부터의 논증'은 분석판단과 종합판단의 구분에 의거하여 비판한다. 안셀무스의 '필연성으로부터의 논증'은 이렇다.

> 그런 실재(그것보다 더 큰 것이 생각될 수 없는 어떤 것: 필자 집어넣음)는 확실히 존재하기 때문에 그 실재는 존재하지 않는다고 생각할 수 없습니다. 왜냐하면 우리가 존재하지 않는다고 생각할 수 없는 어떤 것을 존재한다고 생각할 수 있으며, 그런 것은 존재하지 않는다고 생각할 수 있는 것보다 위대하기 때문입니다. 그러므로 '그것보다 더 큰 것이 생각될 수 없는 어떤 것'이 존재하지 않는다고 생각할 수 있다면 그 실재는 '그것보다 더 큰 것이 생각될 수 없는 어떤 것'이 아닙니다. 그러나 이것은 불가능합니다. 그러므로 '그것보다 더 큰 것이 생각될 수 없는 어떤 것'은 진실로 존재하기 때문에 존재하지 않는다고 생각할 수 없습니다.[30]

같은 말이 반복되면서 읽는 사람을 헷갈리게 만드는 이 인용문은 다음처럼 재진술될 수 있다.

> 절대필연존재(그것보다 더 큰 것이 생각될 수 없는 어떤 것)는 존재하지 않는다고 생각할 수가 없다. 왜냐하면 '존재하는 절대필연존재'는 '존재하지 않는 절대필연존재'보다 더 위대하기 때문이다. 그리고 절대필연존재가 존재하지 않는다고 하는 것은 불가능하다. 왜냐하면 '절대필연존재'라는 주어 안에 그런 존재가 존재한다는 의미가 함축되어 있기 때문이다. 그러므로 절대필연존재는 필연적으로 존재한다.

이 역시 같은 말이 말장난하듯이 반복되고 있으나, 자세히 읽어보면 말장난하고 있는 것이 아님을 알게 될 것이다. 데카르트는 안셀무스를 지지하

---

30) 안셀무스, 『모노로기온 & 프로슬로기온』, 188쪽.

여 다음처럼 말한다.

신의 존재가 신의 본질에서 분리될 수 없음은 삼각형의 세 각의 합
이 두 직각과 동일하다는 사실이 [직선으로 둘러싸인] 삼각형의 본질로부
터 분리될 수 없으며, 산이라는 개념에서 계곡의 개념이 분리될 수 없
음과 마찬가지라는 사실이 분명해진다. 그러므로 '존재'가 결여된 즉
어떤 완전성이 결여된 신(최고로 완전한 존재)을 생각한다는 것은 계곡이
없는 산을 생각하는 것과 마찬가지로 모순적이다.[31]

이상과 같은 존재론적 증명에 대해 우선 칸트는 이렇게 말한다.

절대적인 필연존재라는 개념은 '이성의 순수한 개념'이다. 즉 한갓
이념이다. 이 이념의 객관적 실재성은 이성이 이념을 필요로 한다는 것
만으로써는 도저히 증명되지 않는다.(B620)

그런 뒤, 칸트는 데카르트를 염두에 두고 다음처럼 말한다.

삼각형을 정립했으면서도 세 각을 제거하면 모순이다. 그러나 삼각
형을 세 각과 함께 제거하면 모순이 아니다. 절대적인 필연존재에 관해
서도 사정은 마찬가지다.(B623)

물론 칸트는 우리가 삼각형이라는 개념으로부터 세 개의 각이라는 개
념을 분석적으로 도출해낼 수 있듯이 절대 필연존재라는 개념으로부터 존재
라는 개념을 필연적으로 도출해낼 수 있다고 생각한다. "그러나 판단의 무제

---

31) R. Descartes, *Meditations on First Philosophy*, (in: trans. E. S. Haldane & G. R. T. Ross, *The Philo-
sophical Works of Descartes*, I, Cambridge University Press, 1979), p. 181.

약적 필연성은 사물의 절대적 필연성은 아니다"(B622)라고 말한다. 이에 존재론적 증명의 옹호자들은 이렇게 말할 것이다.

삼각형의 존재는 우리가 그것의 존재를 정립할 수도 있고 정립하지 않을 수도 있는 그런 우연적인 존재다. 그래서 우리는 '만약 삼각형이 존재한다면 세 각이 있다'고 말할 수 있다. 혹은 '만약 삼각형이 없다면 세 각은 없다'고 말할 수 있다. 그러나 '절대 필연존재'에는 이미 그 개념 속에 그것의 존재가 정립될 수밖에 없음이 함축되어 있다. 그래서 우리는 '만약 절대 필연존재가 있다면'이라는 식의 가정법 구문을 사용조차 할 수 없다. 왜냐하면 그 존재가 가정(정립)될 수도 있고 정립되지 않을 수도 있는 존재는 이미 절대 필연존재가 아니기 때문이다.

사실 데카르트는 시기적으로 칸트보다 이른 인물임에도 불구하고 마치 "삼각형을 제거하면 모순이다. 그러나 삼각형을 그 세모와 함께 제거하면 모순이 아니다"라고 말하는 칸트를 염두에 둔 듯이 앞서 진술된 것과 동일한 내용의 말을 다음처럼 하고 있다.

산을 계곡이 없이 생각할 수 없듯이, 물론 나는 신을 존재하지 않는 것으로 생각할 수는 없지만, 그러나 내가 산을 계곡과 함께 생각한다고 해서 그 어떤 산이 세계 안에 있다는 결론은 나오지 않는다. 이와 마찬가지로 내가 신을 존재하는 것으로 생각한다고 해서 신이 존재한다는 결론이 나오지 않는 듯이 여겨질 수도 있다. 왜냐하면 나의 생각은 사물에 (그것이 반드시 존재해야 한다는: 필자가 집어넣음) 아무런 필연성을 부여하지 않았기 때문이다. 또 말은 날개를 가지고 있지 않지만 날개를 가진 말을 상상할 수 있는 것과 마찬가지로, 설령 신이 존재하지 않더라도 혹여 나는 신의 존재를 고집하는 것일 수도 있다. 그러나 결코 그렇지 않다. 궤변은 바로 여기에 숨어 있다. 왜냐하면 계곡과 함께 생각하지 않는다면 산을 생각할 수 없다는 데에서는 어딘가에 산과 계곡이 존재한다는 귀결이 생기지 않고 다만 산과 계곡은 그것이 존재하건 존재하지 않건 서로 분리시킬 수 없다는 귀결만이 나올 뿐이다. 그런데 존재하는 것으로서가 아니라면 신을 사유할 수 없다는 데에서는 존재를 신으로부터 분리시킬 수 없다는 것, 그래서 신은 실제로 존재한다는 결론이 나온다는 것이다.[32]

칸트는 이에 대해 이런 논리는 개념의 논리적 가능성에서 개념이 지시하는 사물의 실재적 가능성을 추리하는 것이라고 말한다. 절대적인 필연존재라는 개념은 자기 모순적 개념이 아니므로 논리적으로 가능하다. 그리고 절대 필연존재라는 개념을 분석하면 존재라는 것이 발견된다. 따라서 '절대 필연존재는 존재한다'는 판단은 분석판단이다. 이런 점에서 본다면 존재론적 증명은 형식상의 확실성을 갖고 있으며 외관상 승리한 것처럼 보일 수 있다. 그러나 그것은 분석판단이기에, 그 판단은 우리에게 아무런 새로운 정보를 제공해주지 못하고 있다. 그 판단은 가련한 동어반복에 불과한 것이다. "절대적으로 필연적인 존재의 개념으로부터 우리가 취할 수 있는 것은 무제약적인 논리적 필연성이지 실재적인 필연성이 아니다."[33] 만약 절대 필연존재라는 개념으로부터 시작하는 존재론적 증명이 정말로 우리에게 새로운 정보를 제공하려면 그 증명의 결론 즉 '절대 필연존재는 존재한다'는 판단은 종합적 명제여야 한다. 절대필연존재로서 신은 존재해야 함을 주장하는 사람들의 논리는 아래와 같다.

절대 필연존재는 존재한다. 만약 절대 필연존재가 존재하지 않는다

---

32) R. Descartes, *Meditations on First Philosophy*, p. 181.

33) 김진, 『칸트와 종교』, 222쪽.

면 그것은 절대 필연존재가 아니다. 따라서 절대 필연존재는 존재한다.

그러나 이는 '절대 필연존재는 존재한다'는 판단이 분석판단임을 주장하는 것에 불과하다. 그것은 우리에게 아무런 새로운 정보도 제공하지 않는 공허한 빈말이다. 그것은 신의 존재증명이 아니라 논리적 동어반복이다. 칸트의 선험철학적 사유지평에서 생각해보면 '존재'뿐만 아니라 '비존재'도 가능한 경험의 한계 내부에서 사용될 때만 유의미하게 사용될 수 있다. 칸트 선험철학의 관점에서 말한다면 '없음'도 참다운 술어가 아니라고 말할 수 있다. 그러므로 '신은 없다'는 문장도 우리에게 아무런 정보도 제공하지 않는다.[34]

칸트가 안셀무스의 두 가지 존재론적 증명을 비판하는 작업을 함에 있어서 일관되게 유지하고 있는 선험철학적 원칙은 '우리에게 새로운 정보를 제공하는 참다운 인식은 감각적 지각과 연결되어야만 한다'는 것이다. 그 연결고리가 없이 사용되는 '존재' 개념은 참다운 술어가 아니며, 그 연결고리가 없는 인식은 결코 아프리오리한 종합판단이 될 수 없으며, 우리에게 아무런 새로운 지식도 제공하지 못한다는 것이다.

인간은 가능적 무한자다. 신이 만약 존재한다면, 신의 현실적 무한자다. 그런데 증명한다는 것은 증명되는 대상 밖으로 나가서 증명되는 대상에 대한 직관을 가진다는 것을 의미하는데, 가능적 무한자인 인간이 현실적 무한자인 신 밖으로 나간다는 것은 원칙상 불가능하다. 따라서 신 존재에 대한 직관을 가질 수가 없다. 당연히 그런 신에 대해서 가능한 경험의 한계 내에서만 유의미하게 사용될 수 있는 '존재'라는 술어를 사용하는 것은, 직관과 개념의 결합에 의해서만 인식이 성립한다는 칸트적인 인식론의 입장에서는 잘못된 것이다. 가능한 직관의 대상이 될 수 없는 현실적 무한자로서의 신에 대해 가

---

34) 이에 대한 자세한 논의는 졸저 『신내림의 철학자 하이데거: 하이데거의 마법에서 깨어나기』, 제4장 제2절 "하이데거의 무를 해석하는 두 가지 방식"과 제3절 "칸트에 있어서 존재와 무의 관계"를 보라.

능한 경험의 한계 내부에서만 사용할 수 있는 '비존재'라는 술어를 사용하는 것도 금지될 수밖에 없다. 신의 존재나 신의 부재를 인식의 대상으로, 증명의 대상으로 보는 것은 선험철학적 사유지평에서는 받아들일 수 없는 것이다.

우리가 어떤 개념에 대응하는 실재물이 있음(존재)을 확인하려면, 우리는 그 개념의 외부로 나와 그 개념에 붙일 수 있는 지각을 찾을 수 있어야 한다. 그러나 우리는 신이라는 개념에 대해서는 절대로 그런 일을 할 수가 없다. 신은 감각적 지각의 대상이 아니기 때문이다. 개념(지성)에 감각(감성)을 제공하는 것 즉 사물의 '존재'를 확립하는 것은 가능한 경험의 한계(현상계) 내에서만 가능한 일이기에 신의 '존재'는 원칙적으로 증명될 수가 없다. 바로 이런 이유로 '순수이성의 이상'에서 칸트는 자신의 논의가 기존의 신 존재 증명들을 비판하는 수준이 아니라, 모든 신 존재증명의 불가능성을 증명하는 수준이라고 주장할 수 있었던 것이다. 칸트의 입장에서 보면 우리는 그가 신 '부재증명의 불가능성을 증명'하는 것도 가능하다고 생각했음을 알 수 있다. 만약 사하라 사막 한복판에 맘모스가 살고 있지 않다는 사실이 증명되듯이, 신이 존재하지 않는다는 사실이 그렇게 증명된다고 해보자. 즉 신이 존재하지 않는다는 사실이 실증적으로 증명되었다고 해보자. 그러면 더 이상의 신의 존재 여부에 대한 논의는 종식될 것이며, 신의 존재나 부재를 둘러싼 인식(erkennen) 차원의 논쟁은 말할 것도 없고 어떤 사유(denken) 차원의 논쟁도 종식될 것이다. 그렇게 되면 신 존재를 도덕철학적 지평에서 논의하고 있는 『실천이성비판』은 무용하게 된다.

칸트가 '인식'과 '사고'를 구분한 위에서 신과 영혼은 인식의 대상이 아니며, 따라서 그런 것들에 대해 논하는 기존의 형이상학은 '학문다운 학문'(인식된 것들의 체계, 과학)이 아니라는 칸트의 주장은 현대적으로 표현해서 '신과 영혼은 과학적 탐구의 대상이 아니다'라는 말이다. 이는 현대인들에게는 너무 뻔한 소리로 들릴 수가 있다. 비물질적 존재로 간주되며 따라서 어떤 경우에도 그것에 대한 직관을 가질 수 없는 신이나 영혼의 존재는 과학적 탐구의 대상이 아니라는 것은 현대인의 상식이 아닌가? 그리고 칸트가 비난한 독단적 형이상학자들은 자기들이 신과 영혼의 존재를 증명할 수 있다고 말할 때, 그들은 자신의 증명을 과학적 증명이라고 생각하지도 않았을 것이다. 신의 존재에 대한 존재론적 증명의 창시자인 안셀무스도 자신이 눈에 보이는 신의 존재를 증명한다고 생각하지 않았다. 그도 눈에 보이는 신은 참다운 신이 아니라고 생각했을 것이다.

그렇다면 '과학은 인식(실증적 지식)을 가질 수 있지만, 철학(형이상학)은 사고(비실증적 지식)를 가질 수 있을 뿐이다'라고 하면서 철학자(형이상학자)들을 비판한 것이 뭐 그리 대단한 철학적 업적인가 하는 의문이 들 수 있다. 그러나 지금은 과학과 과학이 아닌 학문을 구분하며, 과학은 객관성과 보편성과 필연성을 가진 실증적 지식이고, 과학이 아닌 다른 학문은 비실증적인 지식을 가진 것으로 간주하는 것이 학문적 상식이지만, 그리고 모든 학문이 과학처럼 되려고 하여 '인문과학'이니 '사회과학'이니 하는 용어를 만들어 사용하지만, 칸트 시대에는 이런 구분 자체가 없었으며, 칸트가 바로 그러한 구분을 도입한 최초의 철학자였다. 칸트 이전의 철학자들은 자신들이 만들어낸 지식의 정체성에 대한 분석과 반성이 없었다. 그러나 칸트는 '과학'과 과학 아닌 것, 인식(지식)과 인식이 아닌 것을 구분했다.

칸트 이전의 철학자들이 신과 영혼에 대한 어떤 주장을 개진할 때, 물론 그들은 자신들의 주장이 과학적인 주장이라고 생각하지 않았다. 그럼에도 불구하고 그들은 자신들의 주장에는 객관성과 보편성과 필연성이 있다고 생각했다. 객관성과 보편성과 필연성은 실증성과 관계 있다. 그런 것들은 과학의 소유물이다. 그러니 그들이 자신들의 주장에 그런 것들이 있다고 생각한다면, 그들은 자신의 주장을 '과학적'(실증적)이라고 말하는 것이나 마찬가지다. 그들은 과학적 탐구의 대상이 될 수 없는 것을 과학적 탐구의 대상이 될 수 있는 듯이 다루었다. 칸트 이전의 독단적 형이상학자들은 분명히 자각하지 못한 상태에서 신과 영혼에 대한 '과학'이 가능한 듯이 말한 것이 된다. 이

점에서 그들은 착오했던 것이다. 그들은 신과 영혼에 대한 '학문'을 한 것은 맞다. 그러나 그 학문은 독단적이다.

5.
가능적 무한과 순수의지로서의 실천이성

하나의 이념으로서 '세계'는 유한하지도 무한하지도 않다. 그 이유는 인간이 유한한 존재도 무한한 존재도 아니기 때문이다. 그렇다면 세계의 상관자인 인간도 이념적 존재이지 않으면 안 된다. 그런데 이념이란 것은 우리가 그것을 추구하는 동안에만 존재하는 것이고, 추구활동을 그치면 존재하지 않는 것이다. 인간은 본질상 자기초월 행위를 그칠 수가 없음을 칸트는 『순수이성비판』 초두에서 이렇게 말한다.

> 인간의 이성은 어떤 종류의 인식에 있어서는 특수한 운명을 지니고 있다. 즉 이성은 거부할 수도 없고, 그렇다고 해서 대답할 수도 없는 문제로 괴로워하는 운명이다. 거부할 수 없음은 문제가 이성 자체의 본성에 의해서 과해져 있기 때문이요, 대답할 수 없음은 그 문제가 인간 이성의 모든 능력 바깥에 있기 때문이다.(AVII. 강조는 내가 한 것임)

칸트의 이 말도 인간을 가능적 무한자로 보는 관점에서 아주 잘 이해할 수 있다. 이 인용문에서 칸트가 말하는 '이성'은 협의의 이성이 아니라 광의의 이성이요, 이것은 내가 다음 절에서 설명하려는 순수인간이요, 선험적 자아다. 즉 가능적 무한자다. 그리고 칸트가 말하는 '어떤 종류의 인식'에서 문제가 되는 것은 자유와 영혼과 신의 문제인데, 이런 것들은 무제약자들이요 현실적 무한자들이다. 그런데 이 현실적 무한은 가능적 무한을 벗어나 있기에 이론이성은 그 문제들을 해결할 수가 없다. 그렇다고 거부할 수도 없다. 왜냐하면 '무한'의 문제는 인간 존재(가능적 무한)의 본질구조 속에 각인되어 있기 때문이다. 인간에게 이념이 존재하는 것은 인간 그 자체가 인간 자신에게 하나의 이념이기 때문이다. 인간에게 있어서 인간이 된다는 것, 그 자체가 하나의 과제요 이념이요 숙제다. 칸트는 인간이 '참다운 인간'이라는 이념에 도달하는 길 즉 인간에게 부과된 숙제(과업)를 해결하는 길을 『실천이성비판』에서 보여주고 있다. 칸트는 그 책에서 순수의지는 순수실천이성이라고 말한다. 칸트는 또한 이성을 욕구능력으로 규정한 뒤에 욕구능력으로서의 이성을 지배하는 아프리오리한 원리는 "동시에 법칙인 합목적성(구속성)" 즉 도덕법칙이라고 말한다.[35]

칸트의 이런 주장은 우리가 통상 윤리학을 주지주의, 주정주의, 주의주의로 분류하는 방식에서 보면, 아주 이상하게 들릴 수 있다. 왜냐하면 통상 사람들은 칸트 윤리학을 이성주의 윤리학으로 분류하는데, 이성이 곧 의지라고 말해버리면, 이는 주지주의 윤리학이 동시에 주의주의 윤리학이 된다고 말하는 것이 되기 때문이다. 그런데 이성이 곧 의지라는 수수께끼 같은 칸트의 말도 순수인간을 가능적 무한자로 보는 그의 입장에서 잘 이해될 수 있다. 이성(광의)은 선험적 자아이고 순수인간이며 가능적 무한자인데, 이런 이성은 그 자체로 절대적 무제약자인 현실적 무한을 향해 움직이는 역동성 그 자체이며, 끊임없이 자기확장적 자기초월 행위를 하는 동안에만 자기 동일성을 유지할 수 있다는 사실을 우리는 앞에서 살펴보았다.[36] 그러므로 순수이성은 절대자를 향한 에로스적 열망이요 그것을 향해가려는 의지 이외의

---

35) 『판단력 비판』, 461쪽 참조.

36) 사르트르의 '자기무화적 자기초월'과의 차이점을 보려면 이 책의 VI장 각주(19)를 참조하라.

다른 것이 아니다.

칸트는 『순수이성비판』에서도 인간의 이성은 절대적 무제약자를 추구하는 타고난 본성을 갖고 있는데, 바로 그런 본성 때문에 '소질로서의 형이상학'이 생겨난다고 생각했으며, 그런 소질적 형이상학이 개념적으로 다듬어지면서 독단적이고 초험적인 사변 형이상학의 체계들이 난무하게 된다고 말한다. 그러나 칸트는 현상계를 초월하여 절대적 무제약자를 찾아가려는 이론이성의 의지를 물자체 불가지론이라는 장벽 안에 가두어버린다. 그리고 이론이성의 의지가 멈추어 선 그 자리에서 실천이성이 계주경기 하듯이 절대적 무제약자를 향해 달리는 이론이성의 의지를 이어받아 달린다. 칸트에 있어서 이론이성이건 실천이성이건 이성은 의지다. 둘 다 초월에의 의지이지만, 이론이성은 물자체 불가지론의 벽을 못 넘고, 실천이성은 그 벽을 넘는다.

이 절을 마치기 전에 여담으로 키르케고르의 실존적 인간관이 예상외로 칸트의 인간관과 흡사하다는 이야기를 해보고자 한다. 키르케고르는 인간을 유한성과 무한성의 종합, 시간성과 영원성의 종합, 필연과 자유의 종합으로 본다.[37] 유한성과 무한성의 종합은 가능적 무한이 된다. 그리고 칸트 역시 인간을 시간성과 영원성의 종합으로 본다. 세계는 시간상 유한하지도 않고 영원하지도 않은데, 그 이유는 인간이 시간적인 존재도 아니고 영원한 존재도 아니기 때문이다. 그리고 칸트에 있어서도 인간은 필연과 자유의 종합이다. 인간은 현상적 측면에서는 필연의 법칙의 지배하에 놓여 있지만, 예지적 측면에서는 자유로운 존재다. 이 두 사람은 비슷한 인간관을 갖고 있는데, 키르케고르는 그런 인간관에 기초하여 실존철학의 창시자가 되었고, 칸트는 선험철학의 창시자가 되었다. 그런 차이가 만들어진 이유는 키르키고르는 영원으로 초월하려는 인간의 형이상학적 욕구를 실존적으로 — 주체적 상대주의의 방식으로 — 실현하기 위해 인간의 그런 종합성을 깨트려야 할 필요

---

37) 키르케고르, 『죽음에 이르는 병』(임규정 옮김, 한길사, 2007), 55쪽 참조.

성을 느꼈으며, 그 필요성을 위해 인간 존재의 불안을 부각시켰다. 키르케고르에 있어서 불안은 현실의 유한성에 갇혀서 살아가는 삶의 기만성을 부수어버리고, 그런 일상의 삶이 얼마나 깨지기 쉬운 것인가를 일깨워줌으로써 인간 실존을 영원 앞에 마주 세워 결단하게 하는 역할을 한다. 그의 말이다.

> 불안에 의해 교육받은 사람은 가능성에 의해서 교육받은 사람이요, 가능성에 의해 교육받은 사람만이 비로소 영원성을 향해 교육받은 것이라 할 수 있다.[38]

하이데거식으로 말하면 불안은 인간이 자신의 본래적 자기를 찾아가게 만들어주는 것이다. 인간은 자신 속에서 불안하게 결합되어 있는 유한성과 무한성, 시간성과 영원성, 필연과 자유가 깨져서 불안이 전면에 등장하는 것을 결사적으로 회피하려 든다. 그러면 인간은 참다운 자기 자신에 이르지 못한다. 키르케고르는 불안을 강조했다면, 칸트는 인식을 강조했다. 그는 인간이 유한과 무한, 시간과 영원, 자유와 필연의 종합 존재이기에, 인식을 철저하게 종합의 관점에서 설명한다. 감성과 지성의 종합 등등 그의 인식이론에는 여러 종류의 선험적 종합이 등장한다. 키르케고르는 인간의 불완전한 종합성을 깨트리는 것에서 철학자로서 자신의 사명을 찾았다면, 칸트는 적어도 『순수이성비판』에서는 감성과 지성의 불완전한 종합을 상상력으로써 견고히 하는 것에서, 그리고 『순수이성비판』에서 제시되는 필연의 세계와 『실천이성비판』에서 제시되는 자유의 세계 사이에서 발견되는 균열도 『판단력비판』의 합목적성의 개념으로 종합하는 것에서 자신의 사명을 찾았다.

---

38) 안병욱, 『키에르케고르사상』, 180쪽에서 재인용.

6.
가능적 무한과 도덕법칙에 대한
존경(Achtung)의 감정

칸트는 『실천이성비판』에서 우리의 행위가 도덕성을 가지려면, 그 행동이 경향성(Neigung), 예컨대 물욕, 명예욕, 식욕, 칭찬 욕구, 성욕 등등 일체의 감정이 동기가 되어서 행해져서는 안 된다고 말한다.

행위들이 갖는 모든 도덕적 가치의 본질은 **도덕법이 의지를 직접 규정하는 것**에 의존한다. 의지규정(Willensbestimmung)이 도덕법에 일치했더라도, 만약 어떤 종류의 것이든 간에 감정을 (…) 수단으로 해서만 결의한다면, 그리고 법칙 그 자체를 위해 결의하지 않는다면, 행위는 적법성(Legalität)을 가지기는 하지만 도덕성(Moralität)을 가지지는 못한다.[39]

칸트는 또한 다음처럼 말하기도 한다.

'도덕법을 통한 의지의 모든 규정'에서 본질적인 것은 다음과 같다. 즉 의지가 자유의지로서 오직 법칙에 의해서만 규정된다는 것이다. 따라서 **감성적 충동의 협동이 없을 뿐만 아니라, 감성적 충동을 모두 배척하고**

---

39) 『실천이성비판』, 79-80쪽. 강조는 필자.

또 모든 애착도 — 이것이 법칙에 거스르는 한에서 — 끊어버림으로써, 오로지 법칙에 의해서만 규정된다는 것이다.[40]

위의 두 인용문에서 칸트는 우리의 행위가 감정을 수단으로 해서 행해진다면 참된 도덕성을 가지지 못함을 분명하게 말하고 있다. 그러나 사람들은 일반적으로 사람을 행동하게 하는 것은 이성이 아니고 감정이라고 생각한다. 당장 플라톤은 인간을 두 필의 말과 그 말들이 이끌고 가는 마차 위에 올라타 있는 마부의 유기적 전체로 이해했다.[41] 이 경우 마부는 이성이며, 두 마리의 말은 각각 격성(thymos)과 욕성(epithimia)이다. 인간에 대한 이런 비유가 의미하는 바는 아주 분명하다. 마차(인간)를 움직이는 것은 마부(이성)가 아니라 격성과 욕성 즉 감정이라는 것이다. 그런데 문제는 칸트가 우리의 행위가 감정에 기초해서는 안 되고 오로지 실천이성이 우리에게 주는 법칙에 기초해서만 행해져야 한다고 주장함으로써, 충분히 예상할 수 있는 일이지만, 그는 행위의 동기를 설명함에 있어서 매우 곤란한 입장에 빠져들게 된다. 도덕법칙은 우리에게 결단과 행동의 방향에 대해서 말해주지만 우리를 그 방향으로 가게 만들지 못한다는 일반적인 생각이 참이라면, "도덕법이 인간을 직접 규정해야 한다"는 칸트의 주장은 무의미한 소리요, 잘못된 심리학과 동기론에 기초한 것으로 배격되어야 할 것이다.

이런 상황에서 칸트는 도덕법칙에 대한 존경의 감정이라는 개념을 도입하며, 그것이 참된, 아프리오리한, 유일한, 의심할 수 없는, 이성에서 유래한 동기라고 주장한다. 칸트 연구자들은 이 칸트의 이 주장을 못 본 체했다. 우선 이 주장 자체가 돌출적이며, 비상식적이며, 해결하기 힘든 문제를 끌어들이기 때문이었다. 그러나 칸트의 이 주장을 온전히 이해하지 못한 사람은

---

40) 『실천이성비판』, 80-81쪽. 강조는 필자.

41) Plato, *Phaedrus* (in: *The Collected Dialogues of Plato*, Vol. I, Princeton University Press, 1972), 246a 참조.

『실천이성비판』을 온전히 이해했다고 말하기 힘들 것이다.

　칸트는 자신의 이러한 주장이 도덕적 행위는 감정이 동기가 되어 행해져서는 안 된다고 주장한 자신의 다른 주장과 모순을 일으키는 듯이 보일 것을 염려하여 다음처럼 말한다.

> 내가 이성의 개념을 사용해서 문제를 명확하게 해결하는 대신에, 오히려 존경이라는 말을 사용하면서 어떤 불명확한 감정 배후로 도피하려 한다고 나를 비판할 수도 있다. 그러나 존경이 하나의 감정일지라도 그것은 어떤 영향에 의해 받아들여진 것이 아니라 이성의 개념을 통해 **스스로 산출**된 감정이다. 그러므로 그것은 경향성이나 공포와 연관된 전자의 모든 감정들과는 독특하게 구분된다.[42]

　얼핏 보면 칸트가 자신의 논의를 전개시켜가는 방식은 뭔가 자연스럽지 못해 보이며, 자신의 주장을 억지로 그럴듯하게 만들려는 것처럼 보인다. 칸트는 처음에는 우리의 행위가 도덕성을 가지려면 감정이 동기가 되어서 행해져서는 안 된다고 말했다가,[43] 이성은 우리에게 행동의 방향을 주지만 막상 우리를 행위 하게 할 수는 없다는 사실을 통찰한 후, 존경이라는 '선천적 감정'을 만들어 문제를 해결하려는 것처럼 보이기 때문이다. 칸트 윤리학에서 이성에서 유래한 선천적 감정으로 소개되는 '존경'의 문제는 정말로 칸트 연구자들에게 난제 중의 난제다. 칸트에 의하면 모든 감정은 후천적으로 발생하는데, 그 관점에서 보면 '아프리오리한 감정'이란 말은 형용모순으로 보인다. 이는 칸트가 『순수이성비판』에서 모든 질료는 후천적으로 주어진다

---

42) 『도덕 형이상학 정초』, 196-197쪽. 강조는 칸트.

43) 행위가 도덕성을 가지려면 감정이나 경향성이 동기가 되어서 행해져서는 안 된다는 것은 1763년 10월에 집필을 완료하여 1764년에 발표한 전비판기의 소책자 『미와 숭고의 감정에 관한 고찰』 이래로 칸트가 일관되게 주장한 것이다. 칸트는 그 책에서 도덕적 감정은 사람에 따라 성별에 따라 민족에 따라 다르다는 주장을 펼치고 있다.

고 하면서 '선천적 질료'(아프리오리한 질료)에 대해 언급할 때 우리가 마주하게 되는 것과 흡사한 해석상의 어려움을 보여주는 것 같다.

나는 인간을 가능적 무한자로 보는 칸트의 인간관의 관점에서, 존경은 참되고 아프리오리하며 유일하고 또한 의심할 수 없으며 이성에서 유래한 동기라는 칸트의 주장이 해명될 수 있음을 밝힐 수 있다고 생각한다. 인간은 가능적 무한자라는 칸트의 인간관의 관점에서 도덕법칙에 대한 존경이 이성에서 산출된 아프리오리한 감정임을 먼저 설명한 뒤에 우리가 도덕법칙을 무시해버릴 수가 없는 이유를 설명해보고자 한다. 칸트는 "인간(우리들의 통찰에 따르면, 모든 이성적인 피조물 또한 그렇지만)이 그 위에 서 있는 도덕적 단계는 도덕법에 대한 존경이다."라고 말한다.[44] 또한 다음처럼 말하기도 한다.

> 이제 주목해야 할 두 가지 사실이 있다. 첫째로 존경은 감정에(따라서 이성적 존재자의 감성에) 미치는 영향이듯이, 존경은 감성(따라서 도덕법에다가 존경을 바치기를 강요받는 그러한 존재자의 유한성)을 전제한다는 것이며, 둘째로 최고의 존재자 혹은 모든 감성으로부터 자유로운 존재자 — 이런 존재자에게 감성은 실천이성에 대해 아무런 방해도 될 수 없다 — 는 법칙에 대해 존경하기를 강요받지 않는다.[45]

이 말은 감성적이면서 동시에 이성적인 존재자인 인간에게서만 도덕법칙에 대한 존경이라는 독특한 현상이 존재한다는 말이다. 나는 이성적이면서 동시에 감성적인 인간 존재를 이원론적으로 이해하지 않고 양극성을 가진 일원론의 관점에서 이해하기 위해서는 인간을 가능적 무한자로 규정해야 함을 이미 앞에서 지적했다. 칸트는 인간을 감성과 이성의 통합체인 가능적

---

44) 『실천이성비판』, 94쪽.

45) 『실천이성비판』, 84쪽.

무한자로 보고 있다. 가능적 무한자로서 인간은 본성상 현실적 무한을 향해 무한히 전진하지만 — 그리고 그렇게 전진하는 것을 계속하는 한해서만 가능적 무한자로의 자기동일성을 유지할 수 있다 — 가능적 무한은 **이론적으로**는 결코 현실적 무한에 이를 수 없다는 것이 가능적 무한의 본질적 한계이기도 하다. 바로 그 때문에 가능적 무한자인 인간이 현실적 무한자인 신의 존재를 이론적으로 증명하려는 모든 시도는 원칙적으로 불가능한 시도가 된다는 것이 칸트의 생각이었다. 그리고 칸트에 의하면 인간이 현실적 무한에 이를 수 있는 것은 '인식의 길'이 아니라 '도덕의 길'을 통해서다.[46] 인간이 가능적 무한자라는 것은 앞서 암시되었듯이 두 가지 특징적인 모습을 보여준다. 첫째로 인간은 현실적 무한에 이르는 것을 **숙명적으로 원할 수밖에 없다는 것**이며, 둘째로 그럼에도 불구하고 인간은 그것에 이론적으로는 도달할 수 없다는 것이다.

> 우리의 능력이 우리에 대해 법칙인 하나의 이념에 도달하기에는 부적합하다는 감정이 곧 경외(존경, Achtung)다. 그런데 우리에게 주어질 수 있는 모든 현상을 하나의 전체의 직관 속에 총괄한다고 하는 이념은 이성의 법칙에 의해 우리에게 부과된 이념이며, 이성은 절대적 전체 이외에는 일정불변하면서 만인에게 타당한 어떤 다른 척도를 인정하지 않는다. 그러나 우리의 구상력은 주어진 대상을 하나의 전체의 직관에 총괄하라는 이성의 요구에 관하여 (따라서 이성의 이념을 현시하기 위해) 최대의 노력을 다해도 자기의 제한과 부적합성을 드러낼 뿐이지만, 그러나 또 동시에 하나의 법칙으로서의 이러한 이념과의 적합을 성취해야 할 자기의 사명을 표명하는 것이다.[47]

---

46) 이에 대해서는 나의 책, 『칸트의 인간관과 인식존재론』 제1장 "칸트의 선험철학적 인간관"을 보라.
47) 『판단력 비판』, 123-124쪽. §27. 강조는 필자.

이처럼 인간이 그 본성상 추구하지 않을 수도 없고 그렇다고 이론적으로 도달할 수도 없는 것은 인간에게 존경의 대상이 된다. 그러므로 존경의 감정은 아프리오리한 감정이다. 인간은 '현실적 무한'(현상을 하나의 전체의 직관 속에 총괄한다고 하는 이념)을 향한 열망을 아프리오리하게 갖고서 태어나기 때문이다. 물론 지금의 문맥에서 현실적 무한은 자유에 기초한 도덕법칙과, 도덕법칙에 근거한 영혼의 불멸, 그리고 영혼의 불멸에 기초한 신의 존재를 의미한다. 우리가 **도덕법칙과 영혼불멸과 신을 향해 나아가려는 열망에서 생기는 존경심**에서 행위 하지 않고 다른 어떤 경향성에서 행위 한다면, 우리는 결코 현실적 무한에 이르지 못할 것이다. 왜냐하면 경향성이란 것은 그것이 명예욕이건 쾌락이건 물욕이건 간에 한결같이 외적으로 제약된 동기들에 불과하기 때문이다.

경향성의 동기는 결국 칸트적인 사고방식에 의하면, 인과법칙의 지배를 받는 동기들이요, 인과법칙이란 제약된 것들 상호 간의 필연성만을 보여줄 뿐이다. 제약된 것들 상호 간의 필연성은 자유를 부정하는 데서 성립한다. 그뿐만 아니라 제약된 것들 상호 간의 필연성의 연결을 아무리 확장시켜도 우리는 자유와 도덕법칙과 영혼불멸과 신에 도달할 수는 없다는 것이 『순수이성비판』 제3, 4 이율배반에서의 칸트의 주장이다. 그러므로 칸트가 도덕법칙에 대한 존경에서 행위해야만 도덕적인 행위가 될 수 있다고 말했을 때, 그 말이 의미하는 바는 결국 인간은 오로지 단적으로 무제약적인 것을 향한 열망이 동기가 되어 행위 할 때에만 도덕적일 수 있다는 것이다. 그러므로 도덕법에 대한 존경은 유일한 도덕적 동기다. 그리고 인간이 가능적 무한자인 한 즉 인간이 형이상학적 동물인 한, 그것은 또한 의심할 수 없는 도덕적 동기이기도 하다.[48] 칸트는 또한 존경의 감정은 이성이 산출한 것임을 주장한다. 칸트는 존경은 도덕적 감정이라고 말한 뒤, 다음처럼 말한다.

---

48) 『실천이성비판』, 87쪽.

도덕적 감정으로 불리는 이 감정은, 그러므로 오직 이성에 의해 산출된 것이다.[49]

우리는 칸트의 이런 주장도 가능적 무한자로서의 인간이라는 칸트의 인간관에서 설명할 수 있다. 통상 사람들은 이성과 감성을 구별하며, 이성에서는 어떤 감정도 생기지 않는다고 생각한다. 그리고 많은 칸트 연구가들은 칸트가 존경을 일종의 '아프리오리한 감정'이라고 말했을 때 당혹스러워한다. 모든 감정은 아포스테리오리하게 발생한다고 생각하기 때문이다. 그래서 사람들은 칸트가 자신의 도덕이론을 수립하기 위해 체계상의 모순을 범하면서까지 존경이라는 아프리오리한 감정을 도입한 것으로 간단히 해석해버리곤 한다. 즉 행위의 방향은 이성이 제시할 수 있다 하더라도 행위의 동기는 결코 이성이 될 수가 없는데, 감성이 행위의 동기가 되어서는 안 된다고 생각한 칸트는 결국 '둥근 사각형'과 같이 모순적인 말인 '이프리오리한 감정'이라는 말을 만들었다는 것이다. 그런데 아프리오리한 것은 결국 이성에서 유래하므로 '아프리오리한 감정'이란 결국 '이성적인 감정'이 되는데, 이는 형용모순이라는 것이다.

그 나름의 설득력을 갖고 있는 이런 비판은 그러나 우리가 '인간적 이성' — '신적 이성'이 아닌 — 과 가능적 무한을 동일시하는 칸트의 입장에서 보면 잘못된 것임을 알 수 있다. 가능적 무한자로서 인간의 이성은 현실적 무한을 향한 열망을 갖고 있는데, 그 열망은 선천적인 것이지 않으면 안 된다. 그 열망을 갖고 있을 때에만 인간은 현실적 무한을 향한 무한한 행진을 계속할 수 있으며, 그런 한에서만 인간(가능적 무한)은 인간(가능적 무한)일 수 있다. 그러므로 그 열망은 아프리오리한 열망이다. 칸트는 인간이 무제약자를 향해

---

49) 『실천이성비판』, 85쪽. 또한 이미 앞서 보았듯이, 『도덕 형이상학 정초』에서는 "비록 존경이 일종의 감정일지라도 그것은 외적 영향에 의해 수용된 감정이 결코 아니고 이성개념에 의해 스스로 만들어진 감정이다"라고 말한다.

나아가려고 애쓰는 것을 필연적인 것으로 이해한다.

> 의지가 도덕법에 완전히 일치하는 것은 **거룩함**을 의미한다. 즉 감성
> 계의 어떤 이성존재자라도 그 생존의 어떤 순간에도 성취할 수 없는 완
> 전성을 의미한다. 그러나 그러한 일치는 실천적으로 필연한 것으로서
> 요구되므로 그것은 저 완전한 일치로 향하는 **무한한 전진** 중에서만 발
> 견될 수가 있다. 순수한 실천이성의 원리들에 따르면 이러한 실천적인
> 전진을 우리 의지의 참된 목표로 가정하는 것은 필연적이다.[50)]

그렇다면 도덕법과 의지의 완전한 일치를 향한 그 필연적인 열망은 왜
생겨나는가? 우리는 이성을 가능적 무한자로 이해했다. 그리고 가능적 무한
자의 특징은 무한을 향한 무한한 행진을 무한히 계속하는 것이라고 했다. 이
런 점에서 본다면 **이성 그 자체가 무제약자를 향한 무한한 열망 이외의 다른 것
이 아니다.**[51)] 그러므로 도덕법칙과 영혼불멸과 신을 향하여 나아가려는 열망
으로서의 '존경'은 결국 이성에서 유래하는 것이다.

필자는 칸트가 말하고 있는 도덕법에 대한 존경이란 것은 근본적으로,
이성(무한성)과 감성(유한성)의 종합으로서의 가능적 무한자인 인간이 현실적
무한(절대적 무제약자)에 도달하려는 아프리오리한 열망이 도덕철학적으로 표
현된 개념임을 밝혔다. 도덕의 세계가 현실적 무한의 세계로 이해되는 한, 인
간이 도덕법을 무시할 수 없고 존경할 수밖에 없는 이유는 인간이 가능적 무
한자이기 때문이다.

---

50) 『실천이성비판』, 134쪽.

51) 이성은 에로스이면서 로고스다. 인간이 로고스에 대해 갖고 있는 에로스는 로고스에서 유래한
  것이기 때문이다. 에로스는, 그것이 진리에 대한 사랑인 한, 로고스의 가능태요, 로고스는 에로
  스의 완성태다. 인간은 무제약자에 의해 충동질 받으면서 무제약자를 위해 무제약자를 향해 나
  아간다. 그런 한, 에로스적 존재로서의 인간에게 있어서 이성은 동시에 무제약자를 향하여 나
  아가려는 의지이기도 하다. 이에 대해서는 이미 앞 절에서 언급한 바 있다.

우리는 지금까지 칸트 인간을 가능적 무한자로 보고 있다는 관점에서
칸트철학의 몇 가지 해석상의 문제점들을 해명할 수 있음을 보여주었다. 가
능적 무한자로서 이성의 특징으로 비고정성, 자기초월성, 역동성, 자기 한계
에 대한 인식과 그에 따른 겸손을 들 수 있다. 이성의 이러한 특징을 야스퍼
스는 다음처럼 잘 설명해주고 있다.

> 이성은 확고하게 고정되어 있지 않고 항상 움직이고 있다. 이성은
> 모든 기성의 입장을 비판한다. 따라서 궁극적이고 확고한 사상에 도달
> 함으로써, 더 이상 사고하지 않으려는 경향과는 반대된다. 이성은 사려
> 를 갈망한다. 이성은 자의(Willkür)에 반대한다. 이성은 자기 인식을 수
> 행하며, 그 한계를 알고 있어서 스스로 겸손한 자세를 취한다. 이성은
> 오만에 반대한다.[52]

인간의 본질을 무한한 자기초월에서 찾은 것은 칸트만이 아니다. 이미
칸트에 앞서 파스칼과 루소도 그런 생각을 가졌으며, 현대에는 막스 셸러 같
은 철학자들도 그렇게 주장하고 있다.

> 인간은 자기의 모든 업적을 넘어서, 따라서 자신의 본래적 가능성을
> 넘어서 밖으로 나가려 하기 때문에, 그는 종국에 가서는 자기 자신을 넘
> 어서 나가며 그 자신을 초월한다. 파스칼은 이를 두고 "인간은 무한히
> 인간을 넘어선다"라고 말했다. 셸러는 인간을 "자기 자신을 영원히 넘
> 어서는 삶을 사는 존재"라고 하면서 이 사상을 이렇게 표현했다. "자기
> 를 넘어서 밖으로 나가려는 열정이야말로 유일한 참된 '인간성'이다.[53]

---

52) K. Jaspers, *Vernunft und Widervernunft in unserer Zeit* (R. Piper & Co. Verlag, Muenchen, 1950),
   p. 33.

53) J. Hessen, *Lehrbuch der Philosophie*, II (Muenchen, Ernst Reinhardt Verlag, 1959), p. 125.

루소는 이렇게 말했다.

내가 아는 한 어떠한 철학자일지라도 아직 "이것이 인간이 도달할 수 있는 한계점이며, 인간은 이 한계점을 넘어설 수 없다"고 말할 만큼 대담하였던 사람은 없었다. 우리는 우리가 무엇이 될 수 있는가를, 자연이 우리에게 허용하는 한계점을 모른다.[54]

---

54) 루소, 『에밀(상)』(정봉구 옮김, 범우사, 1999), 78쪽.

V

'순수이성비판'은
'순수인간비판'이다

1. 플라톤의 이데아가 아리스토텔레스의 형상을 거쳐 칸트의 도식이 되는 과정
2. 플라톤과 칸트에 있어서 사물의 진리와 도덕의 진리
3. 칸트의 순수인간과 플라톤의 인간의 이데아
4. 선험적 자아와 경험적 자아

『순수이성비판』의 뒷부분에 등장하는 '방법론'은 '분석론'에서 학문이 될 수 없는 것으로 판정받았던 형이상학에 대한 논의를 『실천이성비판』으로 이어가기 위한 밑자리를 펴는 역할을 한다. 칸트는 거기에서 인간의 모든 관심은, 사변적-이론적 관심과 실천적-도덕적 관심을 모두 포함해서, 다음의 세 가지 물음으로 모아진다고 한다.

1. 나는 무엇을 알 수 있는가?
2. 나는 무엇을 행해야만 하는가?
3. 나는 무엇을 희망할 수 있는가?(B833. 강조는 칸트)

여기서 물음을 던지는 '나'는 '순수인간'이다. 칸트는 이것이 대단히 중요하다고 생각해서 이렇게 강조해두었다. 칸트의 삼 비판서들을 읽다 보면, 칸트가 이처럼 고딕체로 강조하는 구절이 눈에 많이 띄는데, 그만큼 그가 사유의 전개과정에서 자신의 뜻을 전달하기 위해 미묘하게 생각하는 것들이 많았다는 것이다. 말하자면 적어도 칸트의 삼 비판서는 칸트가 사색을 진행해가면서 얻은 크고 작은 깨우침들의 통합적-유기적 기록물이라고 말할 수 있다. 그런데 칸트는 『순수이성비판』 초판이 출간된 지 20년 정도 뒤이고, 그가 세상을 떠나기 4년 전인 1800년에 출간한 『논리학 강의』에서 '4. 인간이란 무엇인가?'라는 물음을 추가한다. 그 책에서도 칸트는 그 네 가지 물음을 고딕체로 강조하고 있다. 칸트는 4번 물음을 추가한 뒤에 다음과 같은 의미심장한 말을 덧붙인다.

1번 물음에 대해서는 형이상학이, 2번 물음에 대해서는 도덕이, 3번 물음에 대해서는 종교가, 그리고 4번 물음에 대해서는 인간학이 대답한다. 그러나 사람들은 이 네 가지 물음 모두를 인간학의 물음으로 볼 수 있다. 왜냐하면 앞의 세 가지 물음들은 마지막 물음과 관계하고 있

기 때문이다.[1]

특이한 것은 칸트가 1번 물음에 대한 해답을 주는 것을 '인식론'이라 하지 않고, '형이상학'이라고 했다는 것이다. 우리가 알고 있듯이, 1번 물음은 『순수이성비판』 전반부에서 다루어지고 있다. 1번 물음에 대해 칸트가 거기에서 제시하는 대답은 '인간은 현상에 대해서는 인식할 수 있지만, 물자체에 대해서는 알 수 없다'는 것이다. 칸트가 인식의 가능성 조건을 해명하고 있는 『순수이성비판』의 전반부를 인식이론으로만 생각한 것이 아니라 동시에 형이상학으로 간주했다는 것은 분명하다. 칸트에 있어서 인식의 가능성 근거에 대한 인식 즉 '메타 인식'은 곧 형이상학이었다. 칸트는 그 형이상학은 자연을 넘어서는(transzendent, 초월하는) 전통적인 형이상학과는 달리 자연과학적 지식의 가능성 근거를 밝히는 형이상학이어서, 그 형이상학의 특징을 트란스젠덴탈(transzendental)로 표현했다. 칸트는 그것을 '첫째 부문의 형이상학' 혹은 '자연의 형이상학'이라 불렀으며, 나는 그 형이상학을 '선험적 형이상학'이라고 부른다. 이에 대해서는 뒤에서 더 자세하게 설명하겠다.

칸트는 모든 물음이 인간이란 무엇인가라는 물음으로 초점이 모아진다는 말을 했지만, 사람들은 정작 칸트가 '인간이란 무엇인가?'라는 물음을 본격적인 철학적 주제로 다룬 책을 저술하지는 않았다고 생각했다. 마르틴 부버(Martin Buber, 1878-1965)가 그렇게 생각했다. 물론 칸트는 1798년, 그가 74세일 때, 『실용적 관점에서 본 인간학』이란 책을 출판했다. 이남원 교수가 이 책에 대한 훌륭한 번역본을 내놓았는데, 그 책에서 칸트는 인간 정신과 인간사에 대한 이런저런 잡다한 논의들을 하고 있다. 그래서 부버는 다음처럼 말하기도 한다.

---

1) 『논리학/교육론』, 49쪽.

그러나 우리가 여기에서 주목해야 할 것은 칸트 자신의 인간학 — 그것이 그 자신에 의해 출판된 것이건, 그의 사후 한참 뒤에 비로소 알려진, 인간에 관한 많은 지식을 갖고 있는 강의록이건 — 은 칸트 자신이 철학적 인간학으로부터 요구한 것을 전혀 수행하고 있지 않다는 것이다.[2]

분명히 칸트는 자신의 인간학에서 제출하고 있는 그 물음 즉 '인간이란 무엇인가?'라는 물음에 대답하지도 않았고 또 대답해보려고 시도하지도 않았다. 그는 자신이 요구한 인간학과는 다른 인간학, 철학사적으로 말한다면, 17, 18세기의 무비판적 인간학(Menschenkunde)과 관련된 예전의 인간학을 강의했다.[3]

확실히 『실용적 관점에서 본 인간학』은 철학의 근본적이고도 궁극적인 물음인 '인간이란 무엇인가'라는 물음에 대한 해답을 모색하고 있지 않다. 우리는 그 책에서 '인간이란 무엇인가?'라는 물음의 본질에로 육박해 들어가는 조직적이고도 체계적인 성과를 제시하기보다, 그 물음의 변두리에서 빙빙 돌고 있는 칸트의 모습을 발견할 수 있을 뿐이다. 그렇다면 칸트는 철학적 인간학이 근본적으로 성취해야 할 것들을 전혀 다루지 못했으며, 칸트가 인간이란 무엇인가라는 물음의 중요성을 강조한 것은 아무런 생각도 근거도 없이 기분 내키는 대로 해본 말에 불과한가? 『논리학 강의 편람』에서 칸트가 형이상학과 윤리학과 종교의 근본 물음들이 인간이란 무엇인가라는 물음에로 귀착된다고 했을 때, 도대체 그는 무슨 근거에서 그런 주장을 했으며, 그가 자신의 주장을 뒷받침하는 작업을 제시해 보이는 저술은 무엇인가?

---

2)   M. Buber, *Das Problem des Menschen* (Verlag Lambert Schneider GmBH, Heidelberg, 4 Auflage, 1971) p. 12.

3)   M. Buber, *Das Problem des Menschen*, p. 15.

나는 『논리학 강의 편람』에서의 칸트의 주장은 심사숙고된 발언이며, 우리는 그 발언의 정당성을 마르틴 부버처럼 『실용적 관점에서 본 인간학』에서 찾으려 해서는 안 된다고 생각한다. 우리는 칸트가 『논리학 강의 편람』에서 한 말을 그 글자상의 의미에 유의하면서 곰곰이 되새겨보면, 『실용적 관점에서 본 인간학』만을 철학적 인간학에 대한 칸트의 저술로 받아들여서는 안 된다는 사실을 알게 된다. 첫 번째 물음에 대한 해답이 『순수이성비판』에서, 두 번째 물음에 대한 해답이 『실천이성비판』에서, 그리고 세 번째 물음에 대한 해답이 『단순한 이성의 한계 내에서의 종교』에서 제시되며, 이 세 가지 물음이 궁극에 있어서는 인간이란 무엇인가라는 물음에로 귀착되는 한, 칸트의 이 모든 저술들은 결국 철학적 인간학과 직접적으로 관련된 저술들이라고 말하지 않으면 안 된다. 그러므로 칸트의 비판철학은 철학적 인간학의 다른 명칭이라고 말할 수 있다. 또한 우리는 비판철학자로서의 칸트의 주저는 곧 철학적 인간학자로서의 칸트의 주저와 같은 것임을 알 수 있다. 삼 비판서를 포함한 칸트의 모든 이론적 저술들을 도외시하고, 칸트의 철학적 인간학을 논한다는 것은 적어도 칸트 자신의 입장에서 보았을 때는 하나의 난센스다. 이런 점에서 볼 때, 칸트의 모든 저술들의 숨은 주제는 인간이요, 인간 이외의 다른 어떤 것이 아니다. 이렇게 생각할 때 우리는 비로소 칸트가 인간학의 문제에 대해서 다룬 책의 제목이 왜 『실용적 관점에서 본 인간학』인지를 이해하게 된다. 그리고 왜 그 책에서 칸트는 철학적 인간학의 본래적인 문제들을 다루지 않고 있는지 그 이유를 알게 된다.

칸트는 순수한 이론적 관점에서 본 인간학의 문제는 이미 삼 비판서와 기타의 책들에서 충분히 논의했다고 생각했음이 분명하다. 『실용적 관점에서 본 인간학』은 철학적 인간학자로서의 칸트 사상의 중심이 아니라, 차라리 그 변두리에 놓여 있다고 말할 수 있겠다. 칸트의 비판철학은 선험철학적 인간학이라고 말할 수 있다. 사실상 칸트의 '순수이성비판'은 '순수인간비판'이다. 칸트가 '순수인간'이라는 용어를 사용한 적은 없다. 그러나 그가 감성과 지성과 이성의 결합체로 생각한 선험적 주관은 '순수인간'의 다른 말이다. 칸트는 인간을 지·정·의 통합체로 보았으며 진리를 탐구하는 지(知)의 측면에서의 철학적 인간학 저술이 『순수이성비판』이며, 아름다움을 추구하는 정(情)의 측면에서의 인간학 저술이 『판단력 비판』이며, 선을 추구하는 의지(실천이성)의 측면에서의 인간학 저술이 『실천이성비판』이라고 생각했다.

1.
플라톤의 이데아가 아리스토텔레스의 형상을 거쳐 칸트의 도식이 되는 과정

칸트는 플라톤이 인정한 감성의 순기능과[4] 이데아론에 숨겨져 있는 도식적인 기능을 혁명적인 방식으로 재해석하여 자신의 선험적 인식론의 체계 속에 편입시켰다. 칸트가 『순수이성비판』에서 말하는 '순수이성'에는 직관의 능력인 감성, 도식의 능력인 상상력, 범주능력인 지성, 이념의 능력인 이성이 다 포함되어 있다. 그래서 칸트학자들은 이런 이성을 '넓은 의미의 이성'으로 이해하고, 그 안에 들어 있는 이념의 능력으로서의 이성만을 '좁은 의미의 이성'으로 이해한다. 이렇게 보면 '순수이성비판'은 '순수인간비판'인 것이 드러난다. 감성의 직관능력, 상상력의 능력, 지성의 개념능력, 이성의 추리능력을 다 가진 광의의 이성은 바로 인간이다. '순수인간'은 칸트의 용어로 말하면, '선험적 자아'이며, 칸트는 『순수이성비판』의 전반부에서 이 '선험적 자아'를 해부하고 있다. 인간을 이성, 격성, 욕성으로 나누어 고찰한 플라톤이 인간정신 해부학의 창시자라면, 칸트는 그 해부학의 위대한 창조적 계승자였고, 하이데거는 칸트의 선험적 자아에 대한 선험철학적 해부학을 현존재에 대한 현상학적 해부학으로 만들면서 자신의 '기초존재론'(Fundamentalontologie)을 세웠다. 우리는 이제 플라톤의 이데아가 아리스토텔

---

4) 이에 대해서는 바로 뒤에서 설명하겠다.

레스의 형상을 거쳐 칸트의 도식이 되는 과정을 살펴보면서, 칸트가 왜 넓은 의미의 '이성' 안에, 통상 이성과 대립적인 것으로 간주되는 '감성'을 포함시키는 도발적인 생각을 하게 되는지 살펴보게 될 것이다.

소크라테스는 인간은 악이 무엇인지 알면 악을 행하지 않는다고 말했다. 그러므로 누군가가 악을 행했다면, 그는 반드시 그게 악인 줄 몰랐을 것이라고 소크라테스는 주장한다. 이것이 유명한 소크라테스의 역설(Socratic paradox)이다. 키르케고르는 소크라테스의 역설은 그리스적 낙천주의의 표현이라고 말한다. paradox의 사전적 의미는 ① '얼핏 보면 틀린 것 같지만 자세히 보면 옳은 말' 혹은 ② '앞뒤가 맞지 않는 자기 모순적인 말'의 뜻을 갖고 있다. 그러면 소크라테스의 그 말은 어느 것인가? 나는 소크라테스의 역설을 그의 '지덕복일치설'의 관점에서, '악'을 '불행'으로 바꾸어 읽으면 소크라테스의 paradox를 ①로 풀이하는 게 맞고,[5] 상식적으로 보면 ②로 풀이하는 것이 맞다고 생각한다. 그런데 paradox를 어원적으로 풀이하여, doxa(세상의 의견)에 거스르는(para) 주장으로 풀이할 수도 있다. 이 풀이 방식은 세상의 의견이 옳으냐, 소크라테스가 옳으냐를 따지지 않고, 그냥 소크라테스가 세상의 의견과는 정반대 의견을 내놓았다는 것을 말해줄 뿐이다.

이 역설을 해결하는 과정에서 플라톤은 인간을 세 부분으로 나누어 설명하게 된다. 플라톤은 물을 마시면 사망에 이르는 병을 앓는 사람이 물을 마시고 싶은 욕망에 힘들어하는 사례를 보면서, 그는 인간에게는 도덕적으로 옳은 것을 인식하는 이성능력이 있지만, 그런 이성의 명령에 거역하는 감정이나 의지가 있다는 것을 인정하게 된다. 이렇게 함으로써 그는 '알면 행한다'는 스승의 주장을 '알면 행해야 한다'는 방식으로 변경시키면서 세상의 의견과 스승의 주장을 절충시켰다. 도둑질이 나쁜 것임을 알고도 도둑질을 하

---

5) 자세한 설명은 나의 논문, 「소크라테스의 윤리설: 그 일반적 해석에 대한 비판적 고찰」(대한철학회논문집, 『철학연구』 제56집, 1996)을 보기 바란다.

는 사람이 있으니, '알면 행한다'는 소크라테스의 말은 관찰된 현실과 불일치하기도 하지만, 도덕적 지와 행이 합일해야만 한다는 점에서 소크라테스의 주장은 옳다.

플라톤이 소크라테스의 역설을 해결하기 위해 인간의 영혼을 3등분하여 해부한 것은 그 당시로서는 서양철학의 엄청난 사건이었다. 플라톤 이후 서양철학은 이성과 감정은 대립적으로 이해되었고, 이성은 진리 탐구의 원동력이고, 동양식으로 말해서, 심안을 형성하지만, 감성은 육안으로서 진리 탐구에 방해가 된다고 생각했다. 진리를 알기 위해서는 영혼이 육신의 영향력으로부터 완전히 벗어나야 한다. 그래야 심안이 육안으로 흐려지지 않고 온전히 이데아를 바라볼 수 있다. 이런 맥락에서 플라톤의 유명한 말이 생겨났다. "철학은 죽음을 연습하는 것이다." 화이트헤드(A Whitehead, 1861-1947)가 "플라톤 이후의 서양철학은 플라톤 철학의 각주에 불과하다"라는 유명한 말을 했는데, 과장이 좀 섞이긴 했지만 아주 틀린 말도 아니다.

칸트는『순수이성비판』에서 플라톤의 이런 생각에 자기 나름의 혁명적인 각주를 단다. 그는 감성이 항상 이성의 진리 탐구에 방해가 된다는 생각에 동의하지 않는다. 칸트는 근세의 실증주의적 과학, 특히 뉴턴의 고전역학이 새로운 학문적 성과를 만들어내는 것을 보면서, 또한 학문으로서의 과학의 성공에 대한 원인을 곰곰이 생각하면서, 감성이 진리탐구에 기여하는 적극적 기능이 있다는 것을 알게 된다. 근세 과학이 경험의 실증성을 중시하면서, 인식에 있어서 직관적(감각적) 요소가 중요하게 된다. 그래서 그는 인식의 문제를 다루는 『순수이성비판』에서 '선험적 감성론'이란 이름으로 감성의 문제를 다루고 있다. 단 그가 다루는 감성은 순수감성이다. 바로 이런 이유로 그가 말하는 '순수이성'에는 '감성'이 포함되는 것이다.[6]

---

6) 순수이성에 감성이 포함되면서, 대상의 직관이 주어질 수 없는 그런 대상들이 인식의 영역에서 추방당하는 순간에 이미 물자체 불가지론은 확정된 것이고, 신과 영혼불멸과 자유의 문제도 동시에 인식의 영역에서 추방해버린 것이다. 칸트는 '감성론'의 결론만으로도 기존의 독단적

이것은 플라톤을 심하게 전복하는 것처럼 보일 수가 있다. 그러나 잘 생각해보면, 이미 플라톤의 사상 안에 감성에 대한 칸트의 생각과 유사한 측면이 있음을 알 수 있다. 플라톤에 의하면, 이데아는 진리의 세계에 있고 세상의 사물들은 그 모사물에 불과하다. 그런데 우리 인간들이 출생 쇼크를 받아 진리에 대한 기억이 모조리 지워져버렸다. 그래서 진리를 알아낸다는 것은 망각된 기억을 되살리는 일이 된다. 유명한 '상기설'이다. 그런데 우리는 왜 진리의 세계인 이데아를 그리워하는가? 우리가 그 모사물인 현상계의 사물을 볼 때, 우리는 참다운 고향인 이데아의 세계를 그리워하게 된다고 한다. 그렇다면, 현상계의 사물에 대한 감각적 지각은 이데아를 사모하게 한다는 측면에서는 진리 탐구에 순기능을 하고 있다. 물론 감각적 지각이 우리의 관심을 현상계에 가두어버리면, 그것은 진리 탐구의 걸림돌로 작용한다. 그러니까 감각적 지각은 우리로 하여금 진리(이데아에 대한 앎)를 그리워하게 만들기도 하지만, 우리가 진리를 보지 못하게 만들기도 한다. 플라톤이 보기에, 비록 광의의 이성이긴 하지만, 칸트가 감성을 이성에 포함시킨 것은 칸트가 감각적 지각의 순기능만을 보고 그 역기능을 못 보고 있는 것일 수 있다. 그러나 칸트는 플라톤의 그런 생각에 동의하지 않을 것이다. 우리는 이하에서 왜 플라톤에서는 진리탐구의 방해자로 낙인찍혀 배척되었던 감성을 칸트는 진리탐구의 동반자로 받아들이게 된 것인지 그 이유를 살펴보고자 한다.

칸트는 이데아는 현상계의 사물의 원형이라는 플라톤의 주장을 검토한다. 만약 플라톤의 주장이 참이라면, 그래서 현상계의 사물이 이데아와 닮았다고 한다면, 이데아도 현상계의 사물들처럼 모종의 공간성을 가져야 하는

형이상학을 전복할 수 있었는데, 왜 '분석론'을 쓰는 데 그토록 공을 들였는가? 그 이유는 그가 기존의 형이상학을 전복하는 것보다 더 중요하게 생각한 것은 자신의 선험적 형이상학을 건설하는 것이라고 생각했는데, '분석론'이 그 핵심부를 구성하고 있었기 때문이다. 칸트는 '분석론'을 인식될 수 있는 존재자의 존재에 관한 존재론으로 간주하는데, '분석론'이 없는 칸트의 선험적 형이상학은 노른자 없는 계란이나 마찬가지다. 그리고 이 '선험적 형이상학'이 없으면 칸트가 구상한, 학문의 안전한 길에 들어선 '비판적 형이상학'도 불가능하게 된다.

것으로 보일 수가 있다. 플라톤은 현상계의 구체적인 삼각형을 보고 우리가 삼각형의 이데아를 생각하게 된다고 한다. 그런데 삼각형에도 직각삼각형, 정삼각형 등등 종류가 다양하다. 그러면 다양한 종류의 삼각형에 대응하는 다양한 삼각형의 이데아가 있다고 하자. 그렇다고 하더라도 현상계에 존재하는 수많은 삼각형마다 그에 대응하는 삼각형의 이데아가 있을 수는 없는 노릇이다. 우리는 현상계 내에서 하나의 직각삼각형을 그린다고 해보자. 그러면 그 삼각형은 이데아의 세계에 있는 직각삼각형의 이데아의 모사물이다.

이 지점에서 우리는 하나의 질문을 던져보고자 한다. 그 삼각형의 이데아는 길이를 갖는가 갖지 않는가? 만약 길이가 없다면, 그건 삼각형이 아니게 된다. 만약 길이가 있다면, 이데아는 시간-공간을 초월해 있으며 시간-공간적 존재가 아니라는, 이데아에 대한 통상적인 해석은 어떻게 받아들여야 하는가? 플라톤이 동굴의 비유에서 묘사한 동굴 밖의 세계는 분명히 시간-공간적인 곳이다. 동굴의 비유를 글자 그대로 받아들이면, 동굴 안이나 밖이나 같은 시간-공간적 차원의 세계가 될 뿐이다. 그러나 이렇게 해석하는 것은 무리다. 그것은 어디까지나 '비유'에 불과하다. 이데아의 세계는 시간-공간적인 세계가 아니기 때문이다.[7] 그렇다 하더라도 동굴 밖의 세계 즉 이데아계에서도 삼각형의 이데아가 현상계의 삼각형의 이데아가 되기 위해서 '길이'의 요소를 갖고 있어야 할 것이다. 길이의 요소를 갖지 않고 있는 삼각형을 우리는 상상할 수 없기 때문이다.[8]

---

7) 이 세계에서는 설령 시간 개념이 있다 하더라도 그 시간은 변화와 관계된 시간은 아니어야 할 것이다. 이것도 이해하기 힘든 결론이다. 왜냐하면 이데아의 세계는 변화가 없는 세계인데, 이런 세계에서는 시간 개념이 불필요할 것이기 때문이다. 그렇다고 이데아계에는 변화가 없으니 공간적인 것(현상계의 공간과는 다른 공간)만 인정되고 시간적인 것은 인정되지 않는다고 말할 수도 없는 노릇이다.

8) 기하학적 도형의 이데아와 관련해서 제기되는 이런 의문과 비슷한 의문이 윤리적 덕목과 관련해서도 제기될 수 있다. 플라톤은 이상적인 인간의 이데아를 상정하고, 그 인간을 머리, 가슴, 배로 3등분하여 기능주의적 관점에서 각 기능의 이상적 상태를 도덕적 덕이라고 설명했다. 예컨대 머리(이성)의 덕은 지혜이고 가슴(격성)의 덕은 용기이며, 배(욕성)의 덕은 절제다. 이렇

게 파악된 덕은 시간과 공간을 초월한 원형적 덕이다. 예컨대 현실의 어떤 용기 있는 행동이 참으로 용기 있는 행동인지 판정하려면, 그것을 현실을 초월해 있는 용기의 이데아에 대조해보면 된다. 그러나 용기나 절제에 관한 플라톤의 설명에는 심각한 의문이 제기된다. ① 이데아계를 중심에 두고 의문을 제기하면, '용기나 절제는 감정의 덕이며, 감정의 덕은 인간의 신체성을 전제로 하는데, 어떻게 해서 신체가 없는 순수하게 이데아적 인간이 거주하는 이데아의 세계에 용기와 절제의 이데아가 있을 수 있느냐' 하는 의문이 제기된다. ② 현실세계를 중심에 두고 의문을 제기하면 '현실의 사물이 이데아계의 원형을 모방한 것이라면, 왜 현실의 인간에게는 이데아의 인간에게는 없는 격성과 욕성이 있는가' 하는 의문이 제기된다.

나는 오래전에 발표한 논문 「플라톤의 윤리사상과 이데아론」(경북대학교 사범대학 중등교육연구소, 『중등교육연구』 49집, 2002년 6월)에서 플라톤이 『국가론』에서 '이상국가'의 의미를 이중으로 사용함으로써 이런 문제가 발생하게 됨을 지적한 바가 있다. 플라톤 자신도 이런 문제점을 의식하고 해결책을 제시하고 있는데, 『파이드로스』에서는 영혼이 지상의 육체와 결합하기 전 천상에서 거처할 때 이미 이성, 격성, 욕성으로 나누어져 있었고, 제우스를 비롯한 신들의 영혼도 삼분되어 있다고 말한다(김윤동, 「플라톤의 영혼론의 전개」, 대한철학회 논문집, 『철학연구』 155집, 22-23쪽 참조). 김윤동의 지적대로 플라톤은 『국가』에서의 영혼 삼분설의 '선험적 근거'를 『파이드로스』에서의 신화를 통해 마련하고자 하고 있다. 그러나 플라톤의 해결책은 내가 앞서 제기한 ②에 대한 대답이 될 수는 있으나, ①에 대한 대답으로는 부족하다.

하여간 이런 의문들은 자연스럽게 '선의 이데아가 지배하는 이데아의 세계에는 악이 없는데, 그 이데아의 세계를 모방한 현실세계에는 왜 악이 존재하는가?'라는 의문으로 연결된다. 이 물음에 대답하는 가장 흔한 방식은 그 악을 이데아 세계의 모방품으로서의 현실세계가 필연적으로 갖게 되는 형이상학적 한계(형이상학적 악)로 설명하는 것이지만, 이 두 가지 물음은 플라톤 철학의 아포리아(aporia)를 형성하는 문제다. 플라톤을 옹호하는 입장에서는 욕성과 격성의 문제에 대해서도 이와 비슷하게 설명할 수 있다. 이데아계의 이상적인 인간에게는 영혼(이성)만이 있고 신체(격성과 욕성)는 없지만, 신체를 갖는 것은 이데아계의 인간의 모사품인 현실적인 인간이 필연적으로 갖게 되는 한계라고 설명할 수 있다. 그러나 이렇게 설명하더라도 여전히 다음과 같은 의문은 설명되지 않는다. 플라톤은 이상적인 인간이 격성과 욕성의 욕구를 완벽하게 물리친 철인왕 같은 존재라고 설명한다. 그렇다면 플라톤은 모든 인간이 철인왕처럼 되려고 노력하는 것을 도덕적 의무라고 말해야 할 것이다. 그럼에도 그는 인간을 3등급 ― 금(이성, 철학자), 은(격성, 군인), 동(욕성, 상인)의 계급 ― 으로 분류하며, 애초부터 철학자가 될 자질을 갖지 못한 인간이 있음을 인정한다. 더 나아가서 플라톤은 욕성이 강한 상인과 격성이 강한 군인을 이상적인 사회의 필수적 구성요소로 인정한다. 이데아계의 용기와 절제의 덕목을 설명하기 위해서도 신체성이 인정되어야 하고, 현실세계의 인간이 갖고 있는 격성과 욕성을 설명하기 위해서도 인간의 신체성이 전제되어야 한다.

지금까지의 논의를 통해 우리가 알 수 있는 것은 플라톤이 말하는 이데아가 기하학적인 것이든 도덕적인 덕목이든 일반적으로 받아들여지는 만큼 시·공간 초월적이지 않은 측면이 강하다는 것이다. 기하학적 도형의 이데아에서도 시공간성이 인정되어야 하는 듯이 보이며, 윤리학적 덕목의 이데아에서도 피와 살을 가진 현상적 인간의 생물학적 특성이 인정되어야 하는 듯이 보인다는 것이다. 아리스토텔레스는 이런 이유에서 플라톤과 달리 도덕적 덕을 중용과 관련된 '합당성'(reasonableness)의 문제로 보게 된다. 도덕의 문제가 피와 살을 가진 구체적인 인간의 문하여간 우리는 여기에서 칸트가 감성과 지성을 연결시키는 능력으로서 상상력을 말하면서, 상상력의 핵심이 도식작용이라고 한 것과 연결되는 부분이 있음을 알게 된다. 플라톤이 말하는 삼각형의 이데아는 칸트가 말하는 도식과 흡사함을 알 수 있다.[9] 직각삼각형의 이데아는 우리가 원하는 대로 많이 그릴 수 있는 현상계의 직각삼각형들 중에 그 어느 것과도 똑같지 않지만, 우리가 현실에서 직각삼각형을 그리려고 하면 반드시 머릿속에서 구상(상상)해보아야 하는 원형적인 상이다. 약간 반복적인 설명이 되는 감이 있지만, 플라톤이 말하는 삼각형의 이데아는 세상의 그 어떤 삼각형과도 같지 않지만, 세상의 모든 삼각형이 그것과 닮았다. 그런 한에 있어서 이데아로서의 삼각형도 비록 특정할 수 없지만 길이와 각도를 갖고 있어야 한다고 생각했다. 아리스토텔레스는 자신의 스승이 설명하고 있는 이데아가 어쨌건 길이나 각도의 개념과 같은 공간적 개념을 동원해야만 이해할 수 있는 것이라면, 그것을 초공간적이고 초시간적인 어떤 것으로 생각할 것이 아니라, 현상적 시공간 안에서 이해해야 한다고 생각했다. 이데아가 현상적 사물의 **초월적 본질**로 이해되기보다는 차라리 현상적 사물의 **내재적 본질**로 이해되는 것이 올바르다는 것이다. 그는 그것을 이데아라 부르는 대신에 에이도스(eidos)로 불렀다. 아리스토텔레스식으로 변형된 에이도스를 기하학에 한정시켜 고찰한다면, 이것이야말로 칸트가 말하는 바로 그 '도식'이다.

칸트는 도식에 대한 심오한 통찰을 통해 인간의 본질에서 감성을 제거하는 것이 불가능하다는 결론에 도달했다.[10] 그리하여 그의 감성관은 전통적인 입장과는 판연히 다르다. 칸트 이전에 이성주의 전통에 서 있는 철학자들

제가 되면, 도덕의 문제는 수학 문제처럼 '합리성'(rationality)의 문제로 간주될 수 없다는 것이 아리스토텔레스의 생각이었다. 더 자세한 논의는 필자의 책, 『칸트 윤리학의 균열』 제5장 5절 "아리스토텔레스와 합당성으로서의 윤리학"을 보기 바란다.

9) 이에 대해서는 이 책의 8장 4절 "가능적 무한의 관점에서 본 도식론"에서 자세하게 다루고 있다.

10) 플라톤은 감성 없이도 삼각형의 이데아를 이성적으로 직관할 수 있다고 생각했지만, 칸트는 인간에게 허락된 직관능력은 감성적 직관능력이지 지적 직관능력은 아니라고 생각했다.

은 일반적으로 감성은 인간을 오류로 이끌고 가고, 이성은 우리를 진리로 데려간다고 생각했다. 이런 입장의 대표자는 플라톤이다. 그는 우리의 영혼(이성, 정신)이 육신이라는 감옥에 갇혀 있기에 이데아(존재의 진리)를 제대로 보지 못한다고 생각했다. 그래서 진리를 인식하려면 육신의 영향으로부터 자유롭게 되어야 한다. 플라톤의 이런 생각은 서양철학의 주류적인 생각으로 자리 잡았으며, 감성과 감성의 뿌리인 몸에 대한 혐오는 철학자의 의무가 되다시피 했다.[11] 그러나 칸트는 플라톤의 이성중심주의는 철학(형이상학)을 독단적인 초험적 사변 형이상학의 놀이터로 전락시켰으며, 형이상학을 무분별한 요설이 난무하는 아수라장으로 만들어버렸다고 생각했다.

칸트의 도식론은 플라톤의 진리론의 영향권 하에 놓여 있던 서양철학의 진리관에 큰 변화를 주게 된다. 플라톤은 참다운 지식(진리)은 불변적인 대상에 대한 지식이어야 한다고 생각했다. 그런데 현상계의 대상들은 끊임없이 변화하기에 그것들은 참다운 지식의 대상이 될 수 없다. 그러나 이데아적 대상은 시간-공간 초월적인 대상이므로 이것들만이 참다운 지식의 대상이 될 수 있다. 그런데 플라톤은 수학과 기하학의 진리들은 이데아계의 수학적-기하학적 대상들에 대한 이성적 파악에서 획득되는 것이라고 생각했다.

---

11) 힐쉬베르거(J. Hirschberger)는 플라톤이 일방적으로 감성을 무시했다는 일반적인 생각에 동의하지 않고 있다. "플라톤이 합리론자요, 관념론자라 하더라도, 우리들은 그가 장님으로서 세계를 걸어다녔고, 감각적인 것은 조금도 사용하려 하지 않았다고 생각해서는 안 된다. 그의 인식론에 있어서는 감성적인 것도 많은 일을 다 하고 있다. 그는 우리들을 '감각을 사용하면서', '감각에서 출발하여', '감각과 관련지으면서' 사고하고 인식한다고 버릇처럼 말하고 있다. 그런데 감각이 하는 역할은 어떤 것인가? P. 나토르프와 신칸트학파의 플라톤 해석은, 그 관계를 칸트에 있어서처럼 생각해도 좋다고 믿었다."(요하네스 힐쉬베르거, 『서양철학사』 상권, 강성위 옮김, 대구, 이문출판사, 1988, 138-139쪽) 플라톤은, 현상계의 사물을 보게 되면 인간이 그 원형인 이데아를 사모하게 된다고 말하고 있다. 그런 한에서 플라톤에 있어서도 감각이 진리탐구에 일정한 역할을 한다는 것은 분명해 보인다. 그렇지만 플라톤의 경우에는 감각이 이성을 공허하게 만들지는 못한다는 점에서 칸트와는 달라 보인다. 칸트는 '직관(감각) 없는 개념(지성 혹은 이성)은 공허하다'고 그래서 개념만으로는 진리를 인식할 수 없다고 말하지만, 플라톤은 인간이 죽은 뒤에도, 즉 감각의 요소를 완전히 상실한 뒤에도 이성만으로 진리를 인식할 수 있다고 믿었기 때문이다.

이런 점에서 본다면 이데아의 세계는 수학이나 기하학의 진리들이 거주하는 곳이다. 그러나 칸트는 이 점에서 플라톤과 생각을 결정적으로 달리하게 된다. 이제 칸트에게 있어서 수학이나 기하학의 진리들이 거주하는 세계는 이데아계가 아니다. 왜냐하면 수학이나 기하학적 대상들이 직관의 요소를 가질 수밖에 없는 것이라면, 그것들은 공간 초월적 존재들이 아니며, 따라서 그런 대상들에 대한 진리가 거주하는 곳은 이데아계가 아니라 현상계가 될 수밖에 없기 때문이다. 칸트는 플라톤에게 있어서는 이데아의 세계에 거주하던 수학이나 기하학의 진리들을 현상계로 끌어내렸다. 그리고 칸트가 말하는 상상력의 도식에 대한 이론은 칸트가 플라톤의 철학에 붙인 또 다른 혁명적 각주다.

'순수이성비판'은 '선험적 자아 비판'이다. 우리는 이 용어를 '자아를 경험에 앞서 비판하는 것'으로 읽어서는 안 된다. 오히려 '선험적 자아의 능력과 한계를 검토한다'로 읽어야 한다. 선험적 자아는 선험적 인간이요 순수인간이다. 그런데 나는 칸트가 '변증론'에서 인간을 가능적 무한자로 본다고 했다. 그러므로 이 두 명제를 합치면, 선험적 자아(순수인간)는 가능적 무한자라는 결론이 따라 나온다. 칸트는 선험적 자아 이외에도 경험적 자아와 예지적 자아(가상적 자아, 물자체로서의 자아)에 대해서도 언급한다. 경험적 자아는 유한한 자아이기에 인식의 대상이 되고, 예지적 자아는 그 자아에 대한 직관을 가질 수 없는 무한한 자아이기에 생각은 해볼 수 있으나 인식이 될 수는 없다.[12]

---

12) 칸트에 있어서 '하나인 물자체'(선험적 의미의 신)는 시간-공간적 존재가 아니며, 따라서 인과 법칙으로부터 벗어나 있으며, 자유다. 어거스틴이 신은 세계를 시간-공간과 함께 창조했기에, '신은 세계 창조 이전에 무엇을 하고 있었는가?'라는 이교도들의 질문은 성립할 수 없다고 말했을 때, 그는 신을 시간-공간 초월적 존재로 생각하고 있으며, 하이데거가 말하는 '존재자'가 아니라고 생각했다. 시간-공간 속에 있는 것들만이 존재자일 수 있기 때문이다. 그러므로 어거스틴은 신을 시간-공간 초월적 존재로 봄으로써, 그는 하이데거가 말하는 존재망각의 사유에 사로잡혀 있지 않았음을 보여주고 있다. 그런데 칸트는 '물자체로서의 자아'(예지적 자아)도 시간-공간으로부터 벗어난 자유 존재라고 말한다. 이로 미루어 볼 때, 칸트는 '하나인 물자체'와 '예지적 자아'가 자유라는 개념을 통해 밀접하게 연결되어 있다고 생각함이 분명해 보인다. 칸트는 우리가 도덕의 명령을 수행해냄으로써 신적인 자유에 동참하는 것이라고 생각했다. 그리고 『순수이성비판』에서 칸트는 영혼(예지적 자아)의 존재를 증명하는 것은 불가능하다고

선험적 자아는 가능적 무한자이기에, 자아가 인식작용을 수행하는 매 순간 순간에 의식은 된다. 인간은 감각능력을 갖고 있는데, 감각은 항상 구체적이고 유한한 것에 대한 감각이다. 이성은 무한한 것을 생각(사고)하는 능력이다. 이 양자가 결합해 성립한 존재인 인간은 자연스럽게 가능적으로만 무한한 존재다.

칸트는 '비판(Kritik)'이란 용어를 세 주저에 모두 붙여 놓았는데, 그 용어는 순수이성과 실천이성과 판단력이라는 능력을 음미하고 검토하여 그 한계를 살펴본다는 뜻으로 사용하고 있다. 칸트에 있어서 선험적 자아는 가능적

말하지만, 『칸트의 형이상학강의』에서는 영혼의 존재를 적극적으로 긍정하는 말을 한다.

> 삶은 마음과 신체의 상호작용 중에 있다. 삶의 시작은 상호작용의 시작이며, 삶의 끝은 상호작용의 끝이다. 상호작용의 계속이 삶이다. 삶의 시작은 탄생이지만, 이것은 마음의 시작이 아니라 인간 삶의 시작이다. 마찬가지로 삶의 끝은 죽음이지만, 이것은 마음의 삶의 끝은 아니다.(『형이상학강의』, 213쪽)

> 인간의 삶에는 두 가지 방식이 있다. 즉 동물적 삶과 정신적 삶으로 나뉜다. 동물적 삶은 인간으로서의 인간의 삶이며, (…) 정신적 삶은 신체로부터 독립해서 마음의 삶의 활동을 계속하는 경우의 삶이다. (…) 그런데 신체라는 기계가 파괴되고, 마음이 더 이상 그 안에서 활동할 수 없을 때에는, 동물의 삶은 종료되지만, 정신의 삶은 존속한다.(『칸트의 형이상학강의』, 217쪽)

> 신체 중에 갇힌 마음은 손수레에 묶인 인간과 같은 상태에 있다. 이 사람이 움직일 때에는 손수레가 함께 움직이지 않으면 안 된다. 그러니 누구도 운동이 손수레에 의거해 있다고 주장하지 않을 것이다. 마찬가지로 행위도 신체에 의거해 있지 않고, 마음에 의거해 있다. (『칸트의 형이상학강의』, 217쪽)

칸트가 영혼의 실재성을 확신하고 있음은 다음의 구절에서 결정적으로 알려진다.

> 신체가 완전히 소멸할 때, 마음은 장애로부터 해방되어 이제 비로소 올바른 삶을 시작한다. 따라서 죽음은 삶의 절대적 폐기가 아니라, 완전한 삶을 향한, 장애로부터의 해방이다. (『칸트의 형이상학강의』, 218쪽)

칸트의 이런 말들은 『순수이성비판』에서 칸트가 전개하고 있는 논조와 판이하다. 칸트는 육신을 영혼의 감옥처럼 보는 플라톤주의자의 독단론을 답습하고 있는 듯이 보인다. 『칸트의 형이상학강의』에서 칸트는 영혼에 대한 자신의 본심을 드러내고 있다. 칸트는 '물자체는 인식될 수 없다'고 하면서 그 경험적 실재성을 철저하게 부정하지만, 그것의 선험적 실재성을 한 번도 의심한 적이 없듯이, 영혼에 대한 인식 가능성을 부정하지만, 그 실재성을 인정하는 듯이 보인다.

무한자이며, 비록 그 자아는 자신이 기존에 도달한 한계를 끊임없이 넘어서지만, 아무리 그런 넘어섬을 계속하더라도 무한 그 자체에는 도달하지 못한다는 한계에 갇혀 있다. 시간 속에서 끊임없는 자기초월을 통해 가능한 경험의 세계를 확장시키면서 자기동일성을 확보해야 하는, 그래서 매 순간순간 자신의 존재가 문제시되는 그런 존재인 선험적 자아가 단적인 초월자인 현실적 무한에 이를 수 없는 이유는 순수감성의 직관작용이 자신의 본질을 구성하기 때문이다. 그래서 칸트는 어떤 경우에도 직관의 대상이 될 수 없는 현실적 무한자인 신이나, 영혼, 자유에 대해서는 인식할 수 없다고 선언한다.

2.
플라톤과 칸트에 있어서
사물의 진리와 도덕의 진리

플라톤은 사물의 진리와 도덕의 진리를 이데아에 대한 지식의 차원에서 같이 해명하려 했다. 그는 수학의 진리는 수적 이데아에 대한 앎을 통해, 기하학의 진리는 기하학적인 이데아에 대한 앎을 통해, 자연에 대한 진리는 자연적 사물의 이데아에 대한 앎을 통해, 도덕적 선에 대한 진리는 선의 이데아에 대한 앎을 통해 획득된다고 생각했다. 그리고 인간은 오로지 이성을 통해서만 이런 앎을 획득할 수 있다고 믿었다. 플라톤은 그런 앎을 감각적 지각을 통해 얻게 되는 거짓된 앎인 독사(doxa, opinion, 억견)와 구분하여 에피스테메(epistēmē, knowledge, 지식)라고 불렀다.[13] 그러나 수학이론으로 무장한 근대과학의 경이로운 발전을 목격한 칸트로서는 플라톤의 생각을 받아들일 수가 없었다. 근대의 자연과학은, 순수사변에 기초하고 있었기에 감각의 도움을 받을 필요가 없었던 고대의 자연철학이 아니었다. 자연에 대한 관찰 — 이는

---

13) 칸트는 인식(Erkenntnis)과 사고(Denken)를 구분한다. 인식은 감성과 지성의 협업에 의해 획득되며, 사고는 감성의 도움 없이 오로지 이성의 사변적 추리에 의해 획득되는 것이다. 그런데 사람들은 플라톤의 에피스테메나 칸트의 Erkenntnis를 둘 다 영어로는 knowledge(지식, 인식)로 번역한다. 그런데 플라톤이 중시하는 에피스테메(epistēmē)는 감성의 요소를 갖지 않는다는 점에서 칸트의 Denken과 유사하며, 플라톤이 낮추어 보는 독사(doxa)는 그것이 감각적 지각을 중시한다는 점에서는 칸트가 말하는 Erkenntnis와 유사하다. 물론 플라톤이 말하는 독사에는 지성의 범주작용이 들어 있지 않다는 점에서 칸트의 Erkenntnis와는 다르다.

감각과 직관에 뿌리를 두고 있다 — 에 기초함이 없이 순수하게 사변적 이성의 추리를 통해서만 자연의 본질을 파악하려는 고대적 자연철학은 자연에 대한 관찰과 가설과 실험에 의거해서 급성장하는 자연과학에 자리를 내어줄 수밖에 없었다. 자연철학에서는 불필요했던 관찰과 실험이 자연과학에서는 결정적으로 중요한 역할을 하게 된다. 이리하여 칸트는, 우리가 앞서 살펴보았듯이, 이렇게 자문한다.

> 자연과학은 저렇게 학문의 안전한 길에 들어서서 일취월장 발전하는데, 그 발전의 이유는 무엇이며, 철학(형이상학)은 왜 이렇게 헤매고 있는가?[14]

그런 반성을 통해 그는 먼저 자연의 진리와 도덕의 진리를 구분한다. 자연의 진리를 파악함에 있어서 감각적 관찰 — 칸트는 이것을 '직관'이라고 부른다 — 의 요소는 필수적이다. 그런데 감각은 사람마다 다르게 작용한다. 누구에게는 따뜻한 것이 누구에게는 뜨겁게 느껴진다. 이런 이유에서 칸트 이전의 철학자들은 사람마다 다르게 작동하는 감각을 중시하면서 상대주의로 가게 되든지, 아니면 모든 사람에게서 공통으로 작동하는 이성을 중시하고 절대주의로 가든지 둘 중에 하나를 택해야 했다. 그러나 칸트는 사람마다 다르게 작용하는 감각은 사람들의 경험적 자아의 측면이라고 생각했다. 사람들의 자아는 그 경험적 자아의 측면에서 보면 유전자도 다르고 사회문화적 배경도 다르고 습속도 다르다. 칸트는 모든 사람에게서 동일하게 작동하는 감각(감성)을 상정하지 않고서는 수학이나 물리학의 영역에서 발견하게 되는 아프리오리한 종합판단의 타당성 이유를 설명할 수가 없다고 생각했다. 칸

---

14) 칸트는 철학을 가장 넓은 의미에서의 형이상학이라고 말한다. 그는 이성적 인식을 크게 수학적 인식과 철학적 인식으로 나눈 뒤, 이 철학적 인식을 최광의의 형이상학이라고 말한다. 여기에는 '비판', 도덕의 형이상학, 자연의 형이상학이 포함된다.(B869-875 참조)

트는 그것을 순수감각(순수직관)이라고 불렀으며, 이 순수감각의 담지자가 바로 순수인간이다.

칸트가 자연의 진리를 파악함에 있어서 순수직관의 기능을 받아들임과 동시에 그는 근대과학이 밝혀내는 자연의 진리는 고대의 자연철학자들이 순수사변으로 밝히려 했던 자연의 진리와는 다른 것임을 인정하지 않을 수가 없다. 자연철학자들이 말하는 자연의 진리에는 감각(직관)의 요소가 전혀 없는 진리로서, 사물 그 자체의 진리 즉 '존재의 진리'가 된다. 플라톤의 이데아에 대한 지식이야말로 고대인들이 추구했던 존재의 진리의 전형이다. 그러나 근대의 자연과학적 진리는 더 이상 존재의 진리가 될 수가 없다. 그것은 인간의 감각기관에 의해 굴절된 사물들에 대한 진리이기 때문이다. 물론 이렇게 굴절되는 방식은 모든 인간에게 공통된 감각방식인 시간과 공간이 결정한다. 칸트는 인간의 감각기관의 매개를 거친 사물에 대한 진리를 '인식의 진리'라고 생각했다. 존재의 진리에서는 존재가 주도권을 쥐지만, 인식의 진리에서는 인식주관이 주도권을 쥐게 된다. 이리하여 칸트에 있어서 인식은 '인식주체에 의한 대상의 구성'이 되는 것이다.[15]

---

15) 그럼에도 불구하고 칸트는 '존재의 진리'로 가는 길을 완전히 차단하지는 않는다.

> 현상(Erscheinungen)은 그것이 범주의 통일에 따라서 대상이라고 생각되는 한에서, 현상체(Phänomena)라고 한다. 그러나 내가 순 지성의 대상이면서도, 감성적 직관이 아니라 이것과는 다른 일종의 직관이 주어질 수 있는 사물(지성적 직관에 대한 사물)을 상정한다면, 이런 사물의 가상체라고 하겠다. 선험적 감성론에 의해서 현상이라고 제한받은 개념이 저절로 이미 가상체의 객관적 실재성을 암시하고 있고, 대상을 현상체와 가상체로 구별하는 일을, 따라서 세계를 감각계와 지성계로 구별하는 일을 정당화하고 있다. (…) ① 무릇 감관이 그 어떤 것을 그것이 현상하는 그대로 우리에게 표시한다면, ② 그 어떤 것은 자체적인 한 사물이요, 비감성적 직관의 대상 즉 순수지성의 대상이어야 할 것이다. ③ 바꾸어 말하면 감성이 관여하지 않는 인식이 가능해야 할 것이다. 그리고 이런 인식만이 절대적으로 객관적 실재성을 가지는 것이요, 이런 인식을 통해서만 대상은 그것이 존재하는 그대로 표시될 것이다. 이것과는 반대로 인간 지성의 경험적 사용에 관해서는 사물은 그것이 현상하는 그대로만 인식되는 것이다.(A249, 강조는 칸트)

> 이 인용문에서 ①은 아주 애매하다. '그 어떤 것'을 '현상'으로 읽으면 후속되는 ②와 ③은 ①과 연결되지 않는다. 그래서 여기에서 언급되고 있는 '그 어떤 것'은 '현상하기 이전의 어떤 것'(물

우리는 앞에서 칸트가 플라톤이 이데아의 세계에 그 처소가 있다고 생각한 초월적 사물의 진리를 감각적 현상의 세계로 끌어내렸다고 말했다. 그러면 칸트가 플라톤의 이데아 세계에 남겨둔 진리는 무엇인가? 수나 도형을 포함한 모든 '사물의 진리'에 관한 한, 플라톤이 이데아의 세계에 거주한다고 생각했던 진리들은 모두 가능한 경험의 현상계로 그 처소를 옮겨왔다. 그러니 칸트의 입장에서 보면, 철학은 더 이상 플라톤이 말하는 '초월적인 사물(가상체)의 진리'에 대한 헛소리를 늘어놓아서는 안 된다. 물론 칸트는 우리가 가상체에 대해서는 '생각'해볼 수는 있다고 말한다. 생각해보는 것은 철학자들의 자유다. 그러나 그 생각을 '인식'이라고 주장하는 순간에 그 철학자는 독단주의의 늪에 빠져 익사하게 된다.[16] 그러면 칸트는 플라톤이 말한 이데아

자체)을 의미하는 것으로 해석되어야 한다. 그러나 그렇게 해석하게 되면, ①의 문장 그 자체가 이해하기 힘들어진다. 그 문장은 '감관이 물자체를 그것이 현상하는 그대로 우리에게 표시한다면'이 되는데, 물자체는 현상하는 그대로 우리에게 표시될 수 있는 성질의 것이 아니라, 현상의 배후에 숨어 있는 것이다. 우리는 해석상의 이러한 어려움을 해결하기 위해 전혀 다른 접근법을 취할 수도 있다. 그것은 ①에서 언급되는 '감관'을 감성적 직관으로 해석하지 않고, 지성적 직관으로 해석하는 것이다. 그렇게 해석하면 ①의 문장은 후속하는 ②, ③과 무리 없이 연결된다. 하여간 칸트는 이 인용문에서 현상체와 관계하는 인식의 진리와 가상체와 관계하는 존재의 진리를 구별하고 있다. 칸트는 이렇게 말하기도 한다.

> 그러므로 범주의 경험적 사용 외에(이 사용은 감성적 조건에 제한되어 있는 것이지만) 범주의 순수하고도 객관적으로 타당한 사용이 있을지 모르고, 만약 사실이 이렇고 보면 우리가 이때까지 입언(立言)해왔듯이, '인간지성의 순수한 인식은 오로지 경험을 해명하는 원리임에 그치며, 또 이 원리는 아프리오리하며 경험을 형식적으로 가능하게 하기 위해서만 적용될 수 있다'고 했던 주장을 할 수 없을지 모른다. 왜냐하면 여기서 감성계와는 전혀 별종의 영역이 눈앞에 열려 있게 되고, 이를테면 정신 중에서 생각된 세계(그뿐더러 아마 직관되기도 한 세계)가 열려 있게 되며, 이런 세계는 인간의 순수지성이 관여하는 감성 세계에 못지않은, 아니 이 세계보다도 훨씬 더 고상한 세계이겠기 때문이다.(A250)

16) 칸트는 현상체의 인식 가능성에 근거하여, 객관적이고 보편적인 지식의 가능성을 부정하는 회의론적 경험주의자들을 물리친다. 그리고 그는 물자체의 인식 불가능성을 주장하면서, 초험적 세계에 대한 지식의 가능성을 긍정하는 합리론적 독단주의자들도 물리치고 있다. 그런데 가상체로서의 물자체에 대한 인식의 가능성을 부정하는 칸트의 이런 입장은 회의주의의 확고한 기초를 만들어주는 듯이 보일 수 있다. 특히 주관의 감성을 촉발하는 물자체를 '감성론'의 '촉발하는 물자체'가 아니라 '분석론'의 '가상체로서의 물자체'라고 생각하는 입장 — 이 입장은 잘못된 것이지만 — 에서 보면, 우리는 가상체로서의 물자체가 촉발하여 만들어내게 되는 현상체만 인

의 세계와 같은 초월적인 세계를 인정하지 않는가? 그렇지 않다. 칸트는 도덕의 진리(삶의 의미 문제와 관계된 진리)를 위해 그 세계를 인정한다. 그 초월적인 세계를 칸트는 지성계, 예지계, 가상계 등으로 부른다. 그 세계에 플라톤이 이데아 중의 이데아라고 생각한 선의 이데아가 거주한다. 그러나 도덕의 진리는 사물의 진리와는 성격이 다르다고 생각했다. 사물의 진리는 인식의 대상이지

식하게 되고, 가상체는 영원히 알 수 없다는 식으로 생각하지 않을 수 없게 되며, 결국 인간은 비록 현상체에 대해서는 완벽한 진리를 갖지만, 가상체에 대해서는 완벽한 무지의 상태에 머물게 된다는 결론을 받아들이게 된다. (이에 대해서는 나의 책, 『칸트철학과 물자체』 제4장 "칸트의 물자체론에 내포된 모순의 인식존재론적 해결"을 보기 바란다.) 그러나 칸트가 물자체 불가인식을 말할 때, 그 물자체를 현상체의 원형인 가상체 — 이는 '분석론'에서 다루어진다 — 로서의 물자체가 아니라, 촉발하는 물자체 — 이는 '감성론'에서 다루어진다 — 로 보면, 물자체 불가인식설이 회의주의의 확고한 기초를 놓아주는 것이 된다는 비판은 타당하지 않게 된다. 칸트의 생각에 따르면, 우리가 진위의 문제를 논할 수 있는 지평은 가능한 경험의 지평이며, 그 지평을 넘어선 것들에 대해서는 진위를 논하는 것 자체가 무의미하다. 그런데 촉발하는 물자체는 인간적 인식이 진위를 논하는 것이 가능하게 만들어주는 가능성 조건이다. 따라서 '촉발하는 물자체는 인식 불가하다'는 주장은 회의주의의 확고한 기초가 되는 것이 아니라, 오히려 칸트적인 진리론의 확고한 기초가 된다. 요약하자면 칸트의 물자체 불가지론에서 물자체를 가상체로서의 물자체로 본다면, 그 불가지론은 회의주의의 확고한 기초를 놓아버리는 것이 되지만, 물자체를 촉발하는 물자체로 본다면, 그 불가지론은 회의주의를 영원히 극복하는 진리론의 기초가 된다는 것이다. 왜 칸트철학은 한편으로는 회의론의 확고한 기초를 만들어주는 듯이 보이며, 다른 한편으로 보면 회의론의 뿌리를 영원히 제거하는 듯이 보이는가? 이는 칸트가 플라톤의 이데아론에 대해 이중적인 태도를 취하고 있기 때문으로 보인다. 칸트의 인식론에서는 예컨대 플라톤이 삼각형의 이데아라고 불렀던 완전한 삼각형 같은 것은 초월적 실재일 필요가 없다. 우리는 삼각형에 대한 완벽한 진리를 구성해낼 수 있기 때문이다. 그렇게 구성된 진리는 현상계의 진리다. 인식주관은 그 진리를 파악하기 위해 초월적인 저세상에 다녀올 필요가 없다. 혹은 완벽한 삼각형에 대해 영혼상태에서 습득했던 지식을 상기해내려고 애쓸 필요가 없다. 완전한 삼각형에 대한 진리의 주소지는 저세상(이데아계)이 아니라 이 세상(현상계)이기 때문이다. 플라톤에게서는 그 진리의 주소지가 이데아계였는데, 칸트에게서는 그 주소지가 현상계로 바뀐 이유는 삼각형이란 것이 세 변과 세 각을 가진 것인 한에 있어서는 직관의 요소를 가지고 있으며, 직관의 요소를 가진 것인 한에 있어서는 인식주관의 감성과의 연관성 하에 놓이게 되고, 삼각형이 주관의 감성(몸)과 관계 맺는 한에 있어서는 순수하게 이성(정신)의 세계인 이데아계와는 무관하게 되기 때문이다. 그럼에도 불구하고 칸트는 플라톤이 말하는 자연적 사물의 이데아를 인정하는 듯이 보인다. 완전한 삼각형의 거주지를 이데아계에서 현상계로 옮길 때, 칸트는 회의주의의 뿌리를 잘라버리고 있다면, 이 칸트는 인식의 진리를 주장하는 칸트다. 그러나 칸트가 가상체의 개념을 인식의 한계개념이라고 말하면서도 사유의 대상일 수는 있다고 말하면서 그 주소지가 이데아계라고 생각할 때, 이 칸트는 존재의 진리를 인정하는 칸트로서 그는 회의주의의 확고한 기초를 놓아주고 있는 것이다.

만, 도덕의 진리는 이성적 신앙의 대상일 뿐이다. 도덕의 진리만이 플라톤이 말하는 이데아의 세계에 주소지를 두게 된 이유는 도덕의 진리에는 직관의 요소가 없기 때문이다. 우리가 이미 살펴보았듯이, 칸트는 수학이나 기하학의 진리들을 논하면서 직관의 요소를 고려하지 않는 것은 불가능하다는 생각에 기초하여 초월적 사물의 진리를 현상계로 끌어내렸다. 그러나 그는 절대적 당위를 추구하는 도덕의 진리가 문제되는 경우에는 직관(감각, 경향성)의 요소를 도덕적 선이 성립하기 위한 필수적인 구성요소로 인정하지 않아도 된다고 생각했고, 따라서 우리가 경향성을 물리친 도덕적 행위를 통해 예지계의 절대적 선에 도달하는 것이 가능하다고 주장했다. 어느 누구도 '선'(善)을 머릿속에서 떠올리면서 그것의 길이나 면적을 떠올릴 필요가 없다.[17]

칸트는 '자연의 진리'와 '도덕의 진리'를 구분한다. 그리고 이 양자를 다른 차원에서 고찰한다. 자연의 진리에는 감각의 요소가 필요하지만, 도덕의 진리에서는 감각의 요소가 불필요하다. 도덕의 진리가 감각의 요소를 무시할 수 있는 이유는 도덕의 진리는 '있는 것'(존재)에 대한 관찰을 통해 확립되는 것이 아니라, '있어야 할 것'(당위)에 대한 고찰이기 때문이다. 바로 이런 이유로 『실천이성비판』에는 『순수이성비판』에서는 발견되는 '선험적 감성론'에 대응하는 '실천이성의 감성론'이 없다.[18] 이런 관점에서 본다면 칸트를 이

---

17) 그런데 내가 256쪽 각주(8)에서 지적했듯이 플라톤은 윤리적 덕목인 용기와 절제도 인간의 신체성을 전제로 해야만 성립하는 덕목이다. 그런데 이데아의 세계에 있는 이데아적 인간은 신체가 없는데, 어찌해서 신체성을 전제해야 하는 용기와 절제의 덕이 초월적 세계의 진리인 도덕적 진리의 세계에 주소지를 가질 수 있는가 하는 것이 문제가 된다. 칸트도 『실천이성비판』에서 인간이 죽은 뒤에도 최고선의 실현을 위한 도덕적 노력을 계속해야 한다고 할 때, 이와 유사한 곤경에 처하게 된다. 인간이 죽으면 육신이 사라지고 따라서 감각적 욕망과 경향성의 유혹도 받지 않게 될 텐데, 도덕적 수양을 계속해야 한다는 말은 어색하게 들린다.

18) 칸트는 제2비판의 명칭을 '순수한 실천이성의 비판'으로 하지 않았다. 그 이유는 순수한 실천이성은 자신의 실재성과 자신의 개념인 선과 악의 실재성을 '행실'(Tat)을 통해 증명하기에, 달리 말해서 우리가 경향성의 유혹을 받음에도 불구하고 실천을 통해 무조건적인 당위를 실현해 보이는 것이 가능하기에, 그 능력의 한계가 감각(현상계)에 갇혀 있는 이론이성과 달리 비판적으로 음미되고 검토될 필요가 없기 때문이다. 그래서 칸트는 제2비판의 명칭을 '순수한 실천이성

중관점론으로 해석하는 것은 칸트의 본의에 어긋나는 것임을 알 수 있다. 이 중관점론이란 인간은 과학적-제삼자적(삼인칭 시각) 관점에서 보면 필연법칙에 종속되어 있고, 도덕적-주체적(일인칭 시각) 관점에서 보면 자유로운 존재라는 방식으로 칸트철학을 해석하는 것이며, 현상과 물자체의 관계도 이렇게 해석하는 것이다. 다시 말해서 현상계와 물자체계는 존재론적으로 분리되는 두 개의 세계가 아니라 하나인 세계의 양 측면이라는 것이다. 그러나 이 중관점론적 해석은 칸트를 스피노자주의자로 해석하는 것이 될 것이다. 스피노자는 자연(신)을 능산적 관점에서 보면 자유이고 소산적 관점에서 보면 필연이라고 말한다. 그러므로 자연은 자유이면서 필연이 된다. 이는 '동일한 물(物)이 현상적 관점에서 고찰되면 필연의 흐름을 형성하고 예지적 관점에서 고찰되면 자유롭다'고 말하는 이중관점론적 칸트 해석과 유사하다.

그러나 칸트가 사물의 진리에서는 감각이 중요한 역할을 하지만, 도덕의 진리에서는 감각이 중요하지 않다고 말하고 있기 때문에 이런 이중관점론적 칸트 해석은 잘못된 것이다.[19] 현상의 진리는 감각과의 관계에서만 성

의 비판'이 아니라, '실천이성의 비판'으로 정했던 것이다. 우리가 『실천이성비판』에서 확인하게 되듯이 칸트는 정언명법뿐만이 아니라 가언명법에 대해서 다루기도 하는데, 가언명법에 따라 행위 하는 이성도 실천이성이지만, 그런 실천이성은 '순수한' 실천이성이 아니다. 이런 실천이성은 그 능력과 한계가 비판될 수 있다. 순수하지 않은 실천이성을 매개로 해서는 절대로 영혼불멸과 신의 문제를 해결할 수가 없다.

19) 사실 칸트 자신이 이중관점론을 지지하는 듯한 발언을 하고 있다.

　　그러므로 내적 · 외적 행위를 통해서 나타나는 인간의 사고방식에 있어서 모든 동기를 또한 가장 작은 동기에 이르기까지 다 알 수 있을 정도의 깊은 통찰을 갖는 일이 우리에게 가능하고 동시에 동기에 작용하는 모든 외적인 기인(Veranlassungen)을 알 수 있을 정도의 깊은 통찰을 갖는 일이 우리에게 가능하다면, 우리가 미래에 행해질 인간의 행동을 월식이나 일식처럼 확실하게 예측하는 것이 가능하다는 사실을 받아들일 수 있겠지만, 그래도 이 경우 인간은 자유롭다고 주장할 수 있다.(『실천이성비판』 110쪽)

칸트는 만약 자유가 인과계열을 파괴하면 자연과학이 성립하지 못하게 된다고 생각했기에 인간의 자유가 인과계열을 파괴하지 말아야 한다는 강한 확신을 갖고 있었다. 그러나 칸트는 자신의 입장을 선명하게 이해하지 못한 것으로 보인다. 이중관점론적 해석의 가장 심각한 문제점은 만약 이 해석방식이 옳다면, 인간의 자유로운 행위가 현상계의 흐름에 아무런 영향을 줄 수

립하는 진리이고, 도덕의 진리는 감각과 관계없이 성립하는 진리다. 그러니 현상(사물)의 진리와 도덕의 진리는 차원이 다른 진리다.[20] '현상과 물자체는 존재론적으로 구분되는 두 개의 물(物)이 아니고, 하나의 물을 보는 두 관점에 불과하다'는 식으로 해석하는 이중관점론적 칸트 해석이 옳다면, 현상의 진리와 도덕의 진리를 구분하는 것도 그런 식으로 해석해야 한다. 즉 그 두 진리는 차원이 다른 두 진리가 아니고 하나의 세계를 보는 두 관점에 불과하다고 해석되어야 한다. 이렇게 되면, 『순수이성비판』과 『실천이성비판』은 하나의 동일한 세계를 바라보는 두 관점을 제시한 책으로 읽어야 한다. 즉 세계를 인과법칙(물리법칙)으로 바라보면 영혼도 없고 하나님도 없고 내세도 없지만, 세계를 자유법칙(도덕법칙)으로 바라보면, 영혼과 내세와 하나님이 있다는 것이다. 이는 자유와 영혼과 내세와 신이 보는 관점에 따라 있기도 하지만 동시에 없기도 하다는 말이 될 것이다.

그러나 이렇게 해석하는 것은 엄청난 무리를 동반한다. 왜냐하면, 현상

없게 된다는 것이다. 예컨대 내가 살인을 할 것인가 말 것인가 하는 도덕적 갈등상황에 빠져 있다가 내가 결국은 살인을 하지 않았다고 하자. 이 경우에다 이중관점론을 적용해보면, 나는 '살인을 하지 말라'는 도덕법칙을 따랐기 때문에 내면적인 일인칭 시각에서 보면 자유롭지만 살인을 하지 않는 나의 행위는 외면적인 삼인칭의 시각에서 보면 인과법칙의 지배하에 놓여 있어야 한다. 그러나 나의 내적 자유가 외적으로 표현된 행위가 인과법칙의 지배하에 놓이게 된다면, 내가 내면에서 도덕적 갈등을 할 때, 그 갈등의 결과가 인과적으로 계산될 수 있다는 것이고, 결국 그 갈등이 아무리 심각하고 크다 하더라도 나는 내가 그 갈등을 통해 표현할 행위로써 인과적 흐름을 바꿀 수 없다는 것이 된다. 칸트의 의지자유론의 결론이 이런 것이라면 이것은 상식적이지 않다. 내가 의지의 자유를 갖고 있건 갖고 있지 않건 그것과 무관하게 세상의 인과적 흐름이 결정된다면, 그런 의지자유가 내게 있다는 것이 무슨 의미가 있겠는가? 앞서 언급했듯이, 칸트 자신이 이중관점론적으로 해석될 수 있는 발언을 하고 있으나, 칸트의 진의로 보기에는 문제점이 있다. 이에 대한 자세한 논의는 나의 책, 『칸트 윤리학과 형식주의』, 23-26쪽을 보기 바란다.

20) 이에 대한 자세한 논의는 『칸트의 인간관과 인식존재론』, 10-14쪽을 참고하기 바란다. 인간은 가능적 무한자로서 끊임없는 자기초월이요, 탈자적 존재다. 이 인간을 정지화면에서 보면 필연의 인과법칙의 지배하에 놓여 있는 것으로 보이고, 연속화면으로 보면 필연의 인과법칙으로부터 벗어난 자유로운 존재로 보인다. 그러나 인간의 본질은 자유이지 필연이 아니다. 물론 칸트는 인간의 자유를 '자연법칙으로부터의 자유'라는 방식으로 단지 소극적으로만 이해하지 않았고 적극적으로 이해하여 '도덕법칙에로의 자유'라는 자율적 자유로 만들었다.

의 진리는 사실의 영역에 관계된 진리이고 도덕의 진리는 당위의 영역에 관계된 진리이기 때문이다. 현상과 물자체가 차원을 달리하듯이 두 진리는 차원을 달리한다. 현상의 세계는 유한성의 세계이고, 물자체의 세계는 무한성의 세계다. 현상과 물자체는 같은 것이 아니다. 그러므로 이 양자의 동일성 테제에 의지하고 있는 이중관점론은 잘못이다. 이중관점론은 하나의 동일한 세계가 보기에 따라서는 유한하게 보이기도 하고(과학의 관점) 무한하게 보이기도 한다(도덕의 관점)는 주장, 즉 유한한 것은 무한한 것과 같다는 주장을 하는 것과 마찬가지다.

물자체와 현상의 구분을 양세계론적으로 파악하는 입장에 반대하고 있는 하이데거는 자신의 입장을 뒷받침하는 구절로 "비판이 객관을 두 가지 의미, 즉 객관을 현상과 물자체의 의미로 취하기를 가르쳐준 것"(BXXVII)이라는 칸트의 말을 인용한다.[21] 그러나 칸트의 이 말은 동일한 물(物)이 이렇게 보면 현상이요 저렇게 보면 물자체가 된다는 말을 하려는 것이 아니다. 칸트는 결정론과 의자자유론의 양립이 가능하다는 맥락에서 그 말을 하고 있을 뿐이다. '동일한 인간이 자연의 기계적 인과성의 지배하에 있으면서 자유롭다'고 말하는 것은 명백한 모순이기에 이 모순으로부터 벗어나려면, 우리는 물을 현상과 물자체로 구분해서 보아야 한다는 것이다. 하이데거도 BXXVII에서의 칸트의 진술에만 의거해서는 이중관점론이 정당화되기 힘들다는 것을 인지하고, 자신의 입장을 더 보강하기 위해, "『유고』에서 칸트는, 물자체는 현상과 다른 존재자가 아니라고 이야기한다"고 말한 뒤,[22] 다음의 말을 인용한다.

물자체와 현상에서의 존재자라는 개념들 간의 구별은 객관적이지

---

21) 하이데거, 『칸트와 형이상학의 문제』, 100쪽.
22) 하이데거, 『칸트와 형이상학의 문제』, 100쪽.

않고, 오히려 주관적일 뿐이다. 물자체는 또 다른 객관이 아니라 표상
이 동일한 객관과 맺는 관계다.[23]

그러나 나는 칸트가 자신의 비판철학을 형성해가는 과정에서 사색의
흔적으로 남겨둔 『유작』을 우리가 칸트 연구를 하면서 참조할 수는 있겠지
만, 결정적으로 신뢰할 수 있는 문헌적 가치가 있는지는 의문스럽다고 생각
한다. 만약 물자체와 현상이 근본적으로 동일한 물(物)이라면, 촉발하는 물자
체 개념은 도저히 성립할 수 없는 개념일 것이고 칸트의 선험철학 전 체계가
붕괴하게 될 것이다. 물자체가 감성을 촉발하여 만들어지는 경험적 직관의
무규정적 대상을 오성의 범주가 가공하여 현상체가 만들어지는데, 그 물자
체가 현상과 다른 것이 아니라면, 경험적 직관의 무규정적 대상이 오성의 범
주에 의해 규정되기도 전에, 오성의 범주에 의해 규정된 대상 즉 현상이 존재
한다는 것이 된다. 이것을 빵을 만드는 과정에 빗대어 설명하면 이렇게 된다.
물자체가 인간의 감성을 촉발하여 '감각적 잡다(雜多)'(빵의 원재료인 밀가루 반죽)
가 만들어지고, 이 감각적 잡다가 빵틀을 통과하면서 붕어빵, 잉어빵, 국화빵
등등 다양한 빵들이 만들어진다. 그런데 물자체와 현상이 동일한 물의 다른
이름이라면, 그래서 현상이 물자체이고 물자체가 현상이라면, 현상(특정 빵)이
감성을 촉발하면 '불특정의 밀가루 반죽'이 만들어지고, 이 밀가루 반죽이 빵
틀을 통과하면서 현상(특정 빵)이 된다는 것이다. 이는 정말 칸트철학을 우스
꽝스럽게 만드는 것이 될 것이다. 촉발 사건 이전부터 현상인 것을 그렇게 복
잡한 인식절차를 거쳐서 만들어낸 것이 기껏해야 마찬가지로 '현상'이라는
것은 불합리한 일이다.
    플라톤, 칸트 그리고 하이데거, 이 세 사람의 위대한 사상가들이 머릿속
에 그려두고 있는 기본적인 세계상을 이 자리에서 비교하면서 요약하는 것

---

23) 하이데거, 『칸트와 형이상학의 문제』, 100쪽 재인용.

이 도움이 될 것이다. 플라톤은 세계를 근본적으로 둘로 나누었다. 즉 눈에 보이는 현상의 세계와 눈에 보이지 않는 이데아의 세계로 나누었다. 현상계는 시간의 지배를 받는 부단한 변화의 세계이고, 인간들이 그 세계의 대상들에 대해 감각적 지각으로 얻어낸 지식들은 항구적-보편적으로 타당한 앎이 아니라 일시적-상대적으로만 타당한 앎이다. 플라톤은 그런 앎을 독사(doxa, opinion)로 불렀다. 그러나 이처럼 변화하는 세계의 토대가 되는 또 다른 세계인 이데아의 세계에는 시간 초월적인 불변적인 대상들이 거주하는 세계이며, 이 세계는 현상계를 초월해야만 알게 되는 세계다. 이 세계의 불변적 대상들에 대해 인간이 이성을 통해 획득하게 되는 지식은 항구적-보편적으로 타당한 앎이다. 플라톤은 이런 앎을 에피스테메 즉 참다운 앎이요 지식이라 불렀다. 이 세계는 수학적 대상, 기하학적 대상, 미적 대상, 도덕적 가치의 대상, 물리적 자연물의 원형적 대상들이 거주하는 곳이다. 플라톤의 철학에서 인간의 영혼에게 세계는 명백히 양 세계이며, 눈에 보이지 않는 이데아계는 눈에 보이는 감각계의 존재근거다. 그리고 현상계는 인간들로 하여금 이데아계를 사모하게 만드는 근거다.

그런데 우리가 지금까지 논의했듯이 비록 칸트는 플라톤의 양세계론을 받아들이지만, 그래서 그도 세계를 현상계와 예지계로 나누지만, 그리고 예지계(물자체계)가 현상계의 존재근거이고 현상계가 물자체계의 사유근거라고 생각하지만, 그는 플라톤이 이데아계에 그 주소지를 부여했던 앞서 언급된 대상들 중에서 도덕적 가치대상만 예지계에 남겨둔 뒤 그것을 도덕신앙의 대상으로 간주했으며, 수학적-기하학적 대상, 물리적 자연물의 원형적 대상들의 주소지를 현상계로 옮긴 후, 그것들은 인식의 대상으로 간주했다. 그리고 미적 대상들은 현상계와 예지계 사이에 배치했다. 그럼에도 불구하고 칸트도 인간을 '두 세계의 시민'으로 본다는 점에서는 플라톤과 마찬가지다.

그러나 현상학의 세례를 받은 하이데거는 플라톤이 말하는, 눈에 보이지 않는 초감각적-시공초월적 세계를 처음부터 괄호 쳐버린다.[24] 그는 감성계를 초월하는 이데아계나 예지계를 거부한다. 현존재는 처음부터 끝까지 시간성의 지배를 받는 '현상세계-내-존재'다. 세계는 하나일 뿐이다. 현존재는 현상세계-내-존재이면서 동시에 현상세계-초월-존재는 아니다. 현존재는 양 세계의 시민이 아니다. 세계가 이렇게 이해되면 서양철학의 오랜 전통에서 인정되어온 현상세계 바깥, 즉 초감각 세계로의 초월이란 처음부터 불필요하고 불가능하게 된다. 초월의 능력이 부족하여 불가능한 것이 아니라, 초월하여 밖으로 나가 도달할 곳이 없기 때문이다. 결국 하이데거에게 남아 있는 초월은 현존재가 현상세계 내의 존재자들의 '존재'에로 초월하는 그런 초월뿐이다. 말하자면 '세계 내 초월'인 것이다. 그리고 전기 하이데거는 그 초월을 다루는 학문을 형이상학으로 이해했고 그 형이상학은 곧 현상학적 존재론이었다.

그러나 내가 보기에 하이데거가 서양의 전통 형이상학을 그런 식으로 바꾼 것은 개선이 아니고 개악으로 보인다.[25] 그것은 토대(불변적인 것) 없는 현

---

24) 하이데거는 자신의 현상학적 탐구의 주제를, 은폐와 비은폐 사이를 왔다 갔다 하는 '존재'로 규정하고 있다. 하이데거에 의하면 '현상학'이라는 용어는 '현상'과 '학'이라는 두 개의 구성요소를 갖고 있는데, 현상은 '존재'요 학은 '말함'이다. 결국 현상학은 '존재'에 대해 말하는 것이요 존재론이 된다(이수정·박찬국, 『하이데거: 그의 생애와 사상』, 서울, 서울대학교 출판부, 1996, 78-79쪽, 83쪽 참조). 그런데 현존재는 존재가 드러나는 장소이므로, 현상학은 현존재의 현상학이 되지 않을 수 없다. 다시 말하면 현상학은 현존재의 학이요, 실존분석론이요, 인간학이다. 『존재와 시간』은 현상학적 인간학이다. 그런데 하이데거가 말하는 '존재의 은폐와 비은폐'는 가능적 무한에서 '무한의 은폐와 비은폐'와 유사함을 알 수 있다. 가능적 무한의 무한은 인간(현존재)이 그것을 추구하는 동안에만 존재할 수 있고, 그것을 향해 나아가기를 그치면 존재하지 않게 되기에, 그것은 가능성으로서 존재한다. 현존재인 인간이 무한을 향한 행진을 하면서 자신이 넘어온 것을 초월하는 순간에 무한은 드러난다. 무한의 비은폐다. 그러나 그다음 순간 자신이 넘어선 것에 갇히게 되면 무한은 숨어버린다. 무한의 은폐다. 현존재인 인간이 무한을 향한 무한한 행진을 계속하는 한, 무한의 은폐와 비은폐는 끊임없이 반복된다. 그러나 무한의 지속적인 드러남은 불가능하다. 마찬가지로 하이데거 전기 철학에서 존재의 지속적인 드러남도 불가능하다.

25) 졸저 『신내림의 철학자 하이데거』에서 필자는 하이데거 형이상학의 문제점을 다각도로 비판한 바 있다. 특히 11장, "하이데거의 형이상학 없는 형이상학"과, 16장, "하이데거를 넘어서"를

상계(가변적인 것)를 인정하는 것인데, 이는 칸트식으로 말하자면 물자체가 그 배후에 있는 것으로 인정함이 없이 현상계를 설명하려는 것이나 마찬가지이며, 이렇게 되면 현상이 가상으로 전락하게 되기 때문이다. 칸트에게 있어서 현상은 질서 지어진 것으로서 만인에게 공통적인 것이고 객관적인 실재이지만, 가상은 지극히 주관적인 것이다. 말하자면 각자의 것이다. 하이데거가 전통적 초월 개념이 가리키는 불변자 — 그것이 플라톤의 이데아든 중세적인 신이든 칸트의 물자체이든 — 를 포기하면서 도달하게 되는 결론이 바로 '각자의 세계'인 것은 의미하는 바가 크다.[26]

보기 바란다.

26) 하이데거가 키르케고르의 입장에 영향을 받아 인간의 각자성을 중시하게 된 것은 그의 시대 상황과 밀접한 연관성이 있어 보인다. 칸트도 철학을 혁신해야 한다고 마음먹게 된 데에는 그의 시대 상황과 밀접한 관계가 있었다. 칸트는 과학이 기독교의 신학적 간섭으로부터 자유롭게 되면서 자신의 고유한 탐구방법론을 활용하여 장족의 발전을 거듭하는 것을 목격했다. 그의 문제의식은 '과학은 저렇게 학문의 안전한 길에 들어서서 자신의 갈 길을 보무당당하게 걸어가는데, 만학의 여왕인 철학은 왜 다람쥐 쳇바퀴 돌듯이 제자리걸음인가?' 하는 것이었다. 그 고민을 해결하기 위해 사색한 결과 그는 비판적 형이상학을 건설했다. 그런데 칸트 시대에 과학은 학문으로서의 자신의 위상을 굳건히 했지만, 그때까지는 과학의 발전이 광범위하게 기술의 발전으로 결실을 맺는 데까지 가지는 못했다.

그러나 하이데거가 사상가로서 활동했던 시기는 과학의 발전이 기술의 발전으로 연결되어, 과학기술이 사람들의 삶을 지배하는 시대가 되었다. 자본주의와 결탁한 과학기술은 대량생산, 대량소비, 대중문화, 유행의 시대를 활짝 열었다. 이제 사람들은 개성과 각자의 고유성을 상실하고 거대한 자본주의 체제를 굴리는 부속품으로 전락한 '대중'(das Mann)이 되어버렸다. 그뿐만 아니라 기계적 자연관으로 무장한 과학기술은 자연을 인간이 그 터에서 살아가게 해주는 '어머니' 같은 존재가 아니라 인간의 욕망을 충족시켜주기 위해 최대한 활용해야 하는 '물건'으로 간주했다. 자연을 기계로 보는 것은 '숲길'(Holzwege)과 '들길'(Feldwege)의 철학자인 하이데거에게는 받아들일 수 없는 자연관이다.

하이데거는 인간이 각자성을 상실하고 기계의 부품으로 전락한 근본 이유를 기계적 자연관에 기초하여 번성하고 있는 미국적 과학기술 문명에서 찾았다. 그리고 과학기술문명을 작동시키는 주관-객관의 이분법적 대상적 사유를 극복하는 것이 그에게 당면한 과제가 된다. 하이데거는 두 번에 걸친 세계대전을 경험한 사상가로서 인간이 이성적 존재라는 명제에 대해 공감하지 않았다. 그런 이분법에 기초한 사유는 존재자만을 사유하지 존재를 사유하지 않는다는 것이 그의 진단이었다. 현대 과학기술문명은 존재망각적 사유 위에서 가능하다. 기계론적 자연관, 주관-객관 분열적인 대상적 사유, 본래적 자기를 상실한 대중적 사유를 극복하고, 종국에는 이성중심적 서양 형이상학을 극복하기 위해 그는 현존재의 근본정조인 불안에 기초한 존재사유의 형이상학을 선보였다. 칸트는 과학을 긍정의 눈으로 보았으며 과학 친화적이고 이성

3.
칸트의 순수인간과 플라톤의 인간의 이데아

칸트가 '순수인간의' 개념을 생각해낸 것은 수학과 과학의 가능성 근거를 설명함에 있어서 대단히 탁월한 착상이라고 생각한다. 나는 과학적 관점이 세계를 보는 여러 관점 중의 하나라는 생각에는 동의하지 않는다. 과학은 하나의 탁월한 관점이다. 순수인간을 칸트는 특별히 선험적 자아라고 부르는데, 모든 사람은 이 선험적 자아를 갖고 있다. 이 선험적 자아는 문화와 시대와 정치·사회적 맥락을 초월해서 모든 사람에게서 공통의 방식으로 감각하고 사유하는 자아다. 우리의 자아가 이런 선험적 인식기능을 갖지 못하고 있다면 인간은 3+7의 합이 무엇이냐 하는 문제에 대해서 혹은 빛은 1초에 얼마나 빨리 달리는가 하는 문제에 대해 사람마다 다른 대답을 내놓을 것이다. 적어도 문화권에 따라, 혹은 역사적 맥락에 따라 상이한 대답을 할 가능성이 높다.

플라톤의 영혼 삼분설에 따르면 인간은 이성과 격성과 욕성으로 구성되어 있다. 이성은 머리와, 격성은 가슴과, 욕성은 하복부와 연결된다. 그런데 인간은 사후에 이성의 부분만이 존속하게 되고, 격성과 욕성의 부분은 사

중시의 태도로 철학을 했다면, 하이데거는 과학기술을 부정적으로 보았으며 예술친화적 태도로 이성을 불신하는 철학을 했다.

라진다. 이성은 이데아적인 영혼이고 격성과 욕성은 비이데아적인 영혼이기 때문이다. 그러면 인간의 이데아는 무엇인가? 다시 말해서 이데아 세계의 인간은 오로지 순수 이성적 존재이기만 하고, 신체의 요소는 전혀 갖지 않고 있는가? 그렇다면 현상계의 사물들은 이데아를 모방해서 만들어졌다는 것은 어떻게 설명될 수 있는가? 만약 어떤 구체적인 인간 홍길동이 인간의 이데아를 모방해서 만들어졌다면, 그리고 현상계의 구체적-개별적 인간이 신체성을 가지고 있다면, 이데아 인간도 신체성을 가져야 되는 것이 아닌가. 그렇다면 격성과 욕성은 비이데아적 영혼으로서 인간의 사후에 사라진다는 말은 납득하기 힘든 주장이 된다. 내가 보기에, 플라톤은 인간의 이데아를 격성과 욕성으로부터 분리된 순수 이성으로 간주할 수도 없고, 간주하지 않을 수도 없는 난처한 상황에 빠지게 되는 것 같다. 우리는 이미 이 문제점을 다루었다.[27] 그런데 플라톤이 인간의 이데아에다가 신체성을 인정하지 않으면 곤란하게 되는 것은 그가 윤리적 덕목인 용기와 절제의 이데아에 대해 언급할 때이다. 용기나 절제의 덕목은 인간의 신체성을 전제로 해야만 성립하는 덕목이기 때문이다.

우리가 플라톤이 말하는 인간의 이데아를 일단 순수 이성적 존재로서의 인간으로 본다면, 칸트가 말하는 '순수인간'은 플라톤이 말하는 '순수이성으로서의 인간'(이데아적 인간)에 '순수 감각기능'을 보태어 놓은 인간이다. 그 인간은 상상력의 도식작용에 의해 생각된 그런 인간, 혹은 '인간의 도식'과 비슷해 보인다. 그리고 칸트는 특정한 시간-공간에서 피와 살을 갖고 살아가는 사람이 특정한 사물들에 대해 감각하는 것을 '경험적 직관'이라고 생각한다. 경험적 직관은 사람에 따라 다르고 천차만별이다. 이런 경험적 직관이 제공하는 감각자료를 갖고 생각하는 자아를 경험적 자아라고 부른다. 그러면 5+7은 12임을 인식하고, 사람들이 그 답에 모두들 동의하는 것은 왜인가?

---

27) 256쪽 각주(8) 참조.

그것은 한마디로 말해서 사람들의 경험적 자아는 모두 다르지만, 선험적 자아는 동일하기 때문이다. 우리는 수많은 직각삼각형을 흑판 위에 그려낼 수 있지만, 그 삼각형들의 내각의 합이 정확하게 180도가 되지 않을 것이다. 작도하면서 오차가 발생하기 때문이다. 만약에 우리에게 선험적 자아의 도식 작용에 의거한 인식능력이 없다면, 우리는 각기 다른 답을 가진 것으로 만족해야 한다. 그러나 우리가 그런 오차를 극복하고 동일한 답에 도달할 수 있는 것은 우리들 속에 있는 선험적 자아의 동일성 덕택이다.

선험적 자아는 얼핏 보면 플라톤의 인간의 이데아와 흡사해 보이는데, 플라톤이 말하는 인간의 이데아도 시간-공간 초월적인 존재이기 때문이다. 그러나 선험적 자아는 초월적 실체가 아니라는 점에서 인간의 이데아와는 결정적으로 다르다. 칸트는 '순수이성의 오류추리론'에서 사유하는 자아(영혼)가 데카르트적 의미의 실체가 아니라고 말한다.[28] 선험적 자아는 감성적 직관의 주체다. 그런 한, 선험적 자아는 모종의 신체성을 가진 것으로 전제하지 않으면 안 된다. 신체성을 전제하지 않고 감성을 언급하는 것은 말이 안 되기 때문이다.

칸트는 자기 철학의 독창성과 혁명성을 강조하기 위해 플라톤을 가혹하게 비판하지만, 보기에 따라서는 칸트의 선험적 자아 개념도 플라톤이 말하는 인간의 이데아에 대한 창조적 해석으로 보일 수도 있다. 플라톤이 창설한 서양 최초의 고등교육기관인 아카데미아 현관에는 '기하학을 모르는 사람은 들어오지 말라'는 현액(現額)이 걸려 있었다고 한다. 플라톤은 기하학의 학적 안전성에 깊이 감동을 받았고, 그 결과 그는 어떻게 해서 기하학의 학문적

---

28) 물론 칸트는 우리가 앞서 살펴보았듯이, 가능적 무한자인 사유하는 자아를 이념으로서는 실체일 수 있음을 인정한다(A351 참조). 이념적 실체로서 인정된다는 것은 선험적 자아가 인식의 가능성 조건이 되며, 그런 한에서 그 존재는 생각될 수 있다는 것이다. 그러나 그것을 인식하는 것은 불가능하다. 우리는 선험적 자아에 대한 그 어떠한 직관도 가질 수가 없기 때문이다. 그것은 인식의 가능성의 조건이기에, 그것 자체는 감각적 지각과 지성의 범주작용의 결합에 의해서만 성립하는 인식의 대상이 될 수 없다.

성공이 가능한가, 어떤 이유에서 기하학적 지식은 객관성을 가지는가 하는 문제의식을 가졌다. 플라톤에 있어서 기하학의 학문적 안정성은 칸트의 용어로 말한다면 '순수이성의 사실'이 될 것이다. 플라톤은 '이 사실이 어떻게 가능한가'를 검토한 결과 이데아론을 창안해냈다. 플라톤이 보여준 이 모범을 칸트가 따라 하고 있다. 근대에 비약적으로 발전하는 자연과학의 학적 안정성에 칸트 역시 놀랐으며, 칸트 역시 '어떻게 해서 자연과학의 학적 안정성이 가능한가' 하는 문제로 사색했다. 그 결과 만들어진 것이 플라톤의 인간의 이데아와 반쯤은 닮아 있는 '순수인간'(선험적 자아) 개념이다. 플라톤과 칸트의 차이점은 플라톤이 객관성의 근거를 대상들 그 자체(이데아)에서 찾았다면, 칸트는 그것을 주관(선험적 자아)에서 찾았다는 것이다. 플라톤과 칸트의 놀라운 공통점은 그들은 탈레스 이래로 '자연에 대한 경이'로 시작한 철학을 '학문에 대한 경이'로 바꾸어놓았다는 것이다.

칸트는 의식하지 않고 있었겠지만, 이런 관점에서 본다면 플라톤은 진정한 의미에서 칸트의 스승이고 선구자다. 철학의 역사에서, 철학의 시작을 학문에 대한 경이로 바꾸어놓은 최초의 인물이 플라톤이고, 2,100여 년 뒤에 의식하지도 못한 상태로 데카르트와 칸트가 등장하여 그 전통을 이어받았다. 이 세 사람 말고는 그런 식으로 철학을 한 사람은 없었다. 데카르트도 우리가 가진 수학적 지식의 확실성을 전제한 뒤에, 어떻게 그런 지식이 가능한가를 검토했으며, 그가 도달한 결론은 본유관념설이었다. 왜 수학적 지식은 객관성과 필연성을 가지는가 하는 물음에 대해 제시된 데카르트의 본유관념설은 그 물음에 대한 플라톤의 대답에서 칸트의 대답으로 넘어가는 과도기적 대답으로 보인다. 플라톤은 그 물음에 대답하기 위해 이데아라는 초월적 대상을 고안해냈다. 플라톤은 수학적 지식의 객관성과 필연성의 뿌리는 이데아라는 객관적이고 불변적이고 초월적인 대상에 있다고 생각했다. 그러나 데카르트는 그런 초월적 대상이 객관성과 필연성의 뿌리가 아니라고 생각했다. 그는 오히려 그런 객관성과 필연성을 가진 인식(지식)을 우리가 타고난다는 본유관념설을 제창했다. 데카르트는 사유하는 주체의 본유관념설을 주장하면서 인식의 중심을 인식대상(초월적 객관, 이데아)에서 인식주체 쪽으로 옮기고 있다. 김혜숙 교수는 이 점을 정확하게 지적하고 있다.

> 제1철학에 대한 아리스토텔레스의 관심은 형이상학적인 것이었다. 데카르트가 『제1철학에 대한 성찰』에서 자신의 철학적 토대로서 '나는 생각한다'는 명제를 받아들였을 때, 아리스토텔레스의 존재의 최고원리는 인식의 최고원리에 자리를 내준 것이다.[29)]

플라톤의 경우는 기하학적 진리의 거처는 이데아계이며, 우리는 그 진리를 파악하기 위해 이데아계를 다녀와야 한다. 즉 우리가 영혼상태에서 이데아계에 머물면서 알고 지냈던 그 진리를 상기해내야 한다. 이것이 그 유명한 '상기설'이다. 상기를 효율적으로 하려면 우리는 이 현실세계에서 죽는 것에 버금갈 정도로 우리의 이성(영혼)을 우리의 감각(육신)으로부터 분리시켜야 한다. 그래서 철학 즉 진리탐구 행위는 죽음을 연습하는 것이 된다. 그러나 데카르트는 수학적 진리를 우리가 태어날 때부터 구비해 있는 본유개념으로 설명하는 것이 가능하다고 생각했다. 그러니 수학적 진리를 파악하기 위해 이데아계를 다녀올 필요가 없어진 것이다. 우리 내부의 본유관념들을 잘 살펴보면 된다. 이리하여 수학의 진리들은 나의 의식 내부의 진리가 되며, 인식의 중심이 주관 쪽으로 이동하게 된다. 데카르트와 함께 소위 근대적 주체철학 혹은 주관성의 철학이 등장하게 된 것이다.

데카르트는 수학적 지식이 이데아의 세계에 대한 지식이 아니라 현상계의 사물들에 대한 지식이라고 생각했으며, 이 점에서 칸트는 데카르트의 후계자다. 차이점은 칸트는 그런 지식이 구성된다고 생각했지만, 데카르트

---

29) 김혜숙, 『칸트: 경계의 철학, 철학의 경계』(서울, 이화여자대학교 출판부, 2011), 275쪽.

는 인간이 그런 지식내용을 타고난다고 생각했다는 것이다. '나는 생각한다. 그러므로 나는 존재한다'(Cogito ergo Sum)를 통해 확인되는 자아인식도 타고나는 것이며, 양식을 가진 사람이 이성적으로 생각해보면 누구나 도달하게 되는 진리다. 단지 'A=A이다'와 같은 논리학의 동일률의 진리에 도달하는 것보다 좀 더 복잡한 사유를 해야 도달할 수 있을 뿐이다. 물론 '나는 생각한다. 그러므로 나는 존재한다'를 직관적으로 파악한다고 말할 수도 있다. 이 명제를 추리의 결과에 도달한 진리로 볼 것이냐 직관적 진리로 볼 것이냐 하는 것이 논쟁의 대상이 되어 있다. 어찌 되었건 데카르트에 의하면 우리는 항구불변적인 '나'의 존재에 대한 인식을 갖기 위해, 플라톤처럼 살아 있으면서 감각세계를 벗어나려는 노력 즉 죽음의 연습을 할 필요는 없다.[30]

---

30) 그럼에도 불구하고 데카르트에 의하면 생각하는 주체(자아)가 수학적 지식이나 자신에 대한 지식에 도달하는 것은 용이한 일이지만, 내 바깥에 있는 물질세계의 실상에 도달하는 것은 불가능하다. 왜냐하면 수학의 지식이나 자기인식에 도달하기 위해서 우리는 이성의 내부만을 잘 살펴보면 된다. 물론 방법적 회의의 과정 중에는 수학적 진리조차도 의심의 대상이 되지만, 그래도 수학적 지식은 의식 내부적 지식이기에 의식 외계적 지식의 대상인 외계사물보다는 직접적인 회의의 대상은 아니다. 데카르트는 외계사물에 대한 지식은 감각적 지식이고 수학적 지식은 이성적 지식이라고 생각한다. 그의 방법적 회의의 일차적 대상은 감각적 지식의 확실성이며, 이 확실성을 의심하기 위해 데카르트는 꿈의 가설을, 방법적 회의의 이차적 대상인 수학적 지식의 대상들에 — 이것들은 의식 내부에 있다 — 대한 지식의 확실성을 의심하기 위해서는 악마의 가설을 도입한다. 이에 대한 자세한 논의는 나의 논문, 「데카르트의 방법적 회의에 대한 고찰: 회의는 회의로써 극복될 수 있는가」를 보기 바란다. 외계 사물에 대한 과학적 지식에 도달하기 위해 우리는 이성의 내부만을 살펴본다고 될 일이 아니기 때문이다. 우리가 우리 이성의 외부에 있는 사물에 대해 갖고 있는 지식이란 것은 외부 사물에 대한 우리들의 표상에 불과하다. 우리 내부의 표상이 우리 외부에 있는 대상과 일치하는지 어떻게 알 수 있는가? 의식이 의식 바깥으로 나오려 하는 순간 우리는 데카르트가 방법적 회의의 과정에서 가정했던 악의적인 악마의 영향권 하에 들어가게 된다. 데카르트는 이 문제를 해결하기 위해 전능하고 선량한 신의 존재에 의존한다. 그런 신이 표상과 대상의 일치를 보증해준다는 것이다. 데카르트가 그런 신의 존재를 끌어들일 수밖에 없었던 이유는 그가 생각했던 외계 사물에 대한 진리는 여전히 플라톤식의 이데아적 진리 즉 사물 그 자체 속에 가로놓여 있는 '존재의 진리'였기 때문이다. 그러나 칸트는 그런 신을 도입할 필요가 없었다. 왜냐하면 칸트에 있어서는 데카르트가 의식 외부에 있다고 생각했던 외계 사물조차도 인식주체인 인간의 구성작용에 의해 만들어지는 것, 선험적 차원에서 보면 인식주체 내부의 것 즉 현상에 대한 '인식의 진리'에 불과하기 때문이다. 데카르트는 본유관념설을 주장하면서 인식의 중심을 인식대상(초월적 객관, 이데아)에서 인식주체 쪽으로 옮길 때에는 칸트 쪽으로 기울다가, 그가 외계대상에 대한 인식의 객관적 타

데카르트의 본유관념설의 관점에서 보면, 철학 한다는 것은 진리 탐구에 방해가 되는 감각을 통한 이데아의 굴절을 최소화하기 위해 우리의 영혼(이성)이 육신을 벗어나는 행위 즉 죽는 것이 아니다. 데카르트에게는 오히려 철학은 죽음을 멀리하는 것이 된다. 그러나 그는 아직 칸트가 말하는 대상의 구성으로서의 인식설에까지는 이르지 못했다. 칸트는 데카르트의 본유적 인식내용설을 본유적 인식형식설로 변형시켜 인식에 있어서 주관과 객관의 관계를 역전시켜버림으로써 인식론상의 '코페르니쿠스적 전회'(kopernikanische Wende)를 수행한다.[31]

당성을 확보하기 위해 신을 끌어들일 때에는 플라톤 쪽으로 기울고 있다.

31) 칸트 자신은 『순수이성비판』이건 혹은 다른 저서에서건 '코페르니쿠스적 전회'라는 용어를 사용한 적이 없다. 이 개념에 대한 자세한 논의는 필자의 책, 『칸트철학과 물자체』(울산, 울산대학교 출판부, 1995)의 부록, "칸트철학의 코페르니쿠스적 전회"를 참조하라.

4.
선험적 자아와 경험적 자아

    칸트는 선험적 자아가 아닌 경험적 자아에 대해서도 언급한다.[32] 경험적 자아는 공동체주의자들이 말하는 '연고적 자아'(encumbered self)다. 물론 선험적 자아는 '무연고적 자아'(unencumbered self)다. 경험적 자아는 당연히 연고적 사유를 한다. 이 자아는 특정의 문화와 전통에 뿌리를 두고 있으며, 그런 문화와 전통에 기초해서 사유한다. 선험적 자아는 무연고적 자아로서 무연고적 사유를 한다. 칸트는 현실의 구체적인 개인은 경험적 자아와 선험적 자아의 복합체라고 생각하고 있다. 물론 칸트는 현실의 구체적 개인은 두 개의 자아를 갖고 있다고 말하는 것이 아니라, 하나인 자아의 두 측면을 말하고 있는 것이다. 이때 우리는 경험적 측면을 감성으로 선험적 측면을 지성으로 간

---

32) 칸트는 순수 수학, 기하학, 순수 물리학의 학적 기초를 놓기 위해 도입하고 있는 개념인 '선험적 자아'가 무연고적인 것임을 충분히 인지하고 있었다. 칸트는 『순수이성비판』에서, 선험적 자아에 대해, 그것은 "생각 속에만 있는"(A384) 것이요, 또 "여러 표상 중에서 가장 빈약한 표상"(B408)이요, "순전히 아무런 내용이 없는 표상"(B471)이라고 말하고 있다. 그에게 있어서 선험적 자아가 무연고적임은 비난거리가 아니다. 오히려 형이상학이 학의 안전한 길에 들어서도록 하려고 적극적으로 고안한 개념이었다. 순수 수학이나, 순수 물리학의 학문적 기초를 놓음에 있어서는 이런 학문적 전략이 유효해 보이나, 문제는 윤리학 영역에서도 이런 전략이 통할 수 있는가 하는 것이다. 필자는 이에 대해 부정적이다. 이에 대한 자세한 논의는 『칸트 윤리학의 균열』 제5장 "도덕성의 본질에 대한 물음: 칸트, 아리스토텔레스, 정의주의"를 보라. 칸트는, 당연한 일이지만 선험적 자아에 대해서는 『순수이성비판』 도처에서 논의하고 있으나, 경험적 자아에 대해서는 별로 언급하지 않고 있다. 경험적 자아에 대한 논의는 B567을 보기 바란다.

주해서는 안 된다. 그렇게 이해하면, '현실의 구체적인 개인은 경험적 자아와 선험적 자아의 복합체'라는 말은 '현실의 구체적 개인은 감성과 이성의 결합체다'라고 말하는 것이 되며,[33] 이렇게 이해되면 감성은 연고적 사유의 핵심이고, 지성은 무연고적 사유의 핵심이 될 것이다.

그러나 칸트는 이렇게 생각하지 않았다. 칸트는 '감성은 몸과 연결되어 있기에 오로지 연고적 사유를 하고, 지성은 정신과 연결되기에 무연고적 사유를 한다'고 생각하면서 감성과 지성을 대립시키지 않았다. 칸트에 의하면 감성도 경험적 직관의 주체일 때는 연고적이고, 순수직관의 주체일 때는 무연고적이다. 예컨대 5+7=12라는 산술판단을 할 때, 칸트의 견해에 의하면 우리는 지성만 사용하는 것이 아니라, 직관(감각)능력도 사용한다. 그리고 지성도 경험적 직관내용을 갖고 사유할 때는 연고적 사유를 하는 것이 되며, 순수직관 내용을 갖고 사유할 때는 무연고적 사유를 하는 것이 된다. 그러면 칸트가 말하는 경험적 자아란 어떤 것인가? 그것은 경험적(연고적)으로 직관하는 감성과, 그 감성의 영향을 받아 경험적으로 사유하는 지성의 결합체다. 그러면 선험적 자아란 어떤 것인가? 그것은 순수하게(무연고적으로) 직관하는 감성과, 그렇게 직관된 감각내용을 갖고 선험적으로(무연고적으로) 사유하는 지성의 결합체다. 현실의 구체적 개인은 경험적(연고적)으로 직관하는 감성의 영향을 받아 경험적으로 사유하기도 하면서 동시에 순수하게(무연고적) 직관하는 감성의 감각내용을 갖고 선험적으로 사유하기도 하는 존재다. 수학이나 물리학의 분야에서 중시되는 것은 선험적 사유이며, 이 분야에서는 반드시 경험적 사유의 요소가 제거되어야 한다.

이 점에서 나는 『순수이성비판』에서 칸트가 제시하는 생각에 동의한다. 그러나 윤리학의 영역에서는 이 두 가지 사유가 동시에 중시되어야 한다는

---

33) 내게 과감한 주장을 하는 것이 허락된다면, 선험적 자아는 예지적 자아(물자체로서의 자아)의 도식이고, 개별적 자아는 선험적 자아의 구체적 사례라고 말하고 싶다. 그러므로 선험적 자아는 물자체로서의 자아와 개별적 자아의 종합이요 매개자다.

것이 나의 생각이다. 나는 이 점에서 『실천이성비판』 제시되는 도덕성의 본질에 대한 칸트의 생각에는 동의하지 않는다. 그는 윤리학의 문제도 오로지 선험적 사유의 영역에서 해답을 찾아야 한다고 생각했다. 비록 나는 윤리학의 문제에 대한 칸트적 접근방식에는 동의하지 않지만, 그럼에도 불구하고 인간의 자아에는 연고적인 측면도 있고 무연고적 측면도 있음을 밝혔다는 것이 칸트의 위대한 통찰이라고 생각한다.

인간은 특정한 가정, 부모형제, 지역사회, 국가, 그리고 특정한 기후·지리적 여건과의 연고를 맺으면서 태어나고 사유하고 행동한다. 바로 그 때문에 세계에는 다양한 풍속과 음식 금기가 있는 것이다. 이런 측면에서 본다면 인간의 사유는 많은 부분 연고적 사유다. 신토불이(身土不二)는 연고적 사유를 압축적으로 표현해주는 말이다. 만약 신토불이일 뿐만 아니라 더 나아가 심신불이(心身不二)라면, 결국 정신이나 이성도 흙으로부터 자유롭지 못할 것이다. 된장 먹고 형성된 이성과 버터 먹고 형성된 이성은 다르다고 말할 때, 우리는 객관적이고 보편적인 진리 탐구의 주역이라고 믿고 있는 이성조차도 흙에 종속된 연고적 사유를 할 수밖에 없음을 말하고 있는 것이다. 그러나 인간에게는 무연고적 사유능력도 있다. 시대의 고금, 장소의 동서를 불문하고 3+3=6이라고 생각한다. 수학은 전혀 연고적인 학문이 아니다. 그리고 수학적 사유는 무연고적 사유이며, 수학적 사유를 하는 자아는 무연고적 자아다. 과학적 사유도 무연고적 사유로 보는 것이 옳을 것이다. 물론 지역에 따라 발달한 과학의 분야가 다를 수는 있겠지만, 어쨌건 보편적인 진리를 밝혀내고 있다는 점에서는 무연고적 사유다.

그러면 윤리는 연고적인 것인가 무연고적인 것인가? 필자는 도덕·윤리에는 연고적인 요소와 무연고적인 요소가 혼재해 있다고 생각한다. 이 점에서 칸트는 자신의 위대한 통찰을 잘못 사용하고 있는 것으로 보인다. 그는 『실천이성비판』에서 순수윤리학은 무연고적 자아에 기초해 있으며, 따라서 그 도덕법칙은 시공초월적이고, 심지어 이성적인 외계인이 있다면, 그 외계인조차도 복종해야 하는 법칙이라고 생각했다.[34] 그러나 인류의 장례풍속은 문화권에 따라 많이 다른데, 중앙아시아 고원지대에 사는 사람들이 조장(鳥葬)을 택한 것은 연고적인 사고방식에 기초한 삶의 양식이다. 나의 이런 문제 제기에 대해, 칸트는 장례풍속의 문제는 '순수도덕'의 문제가 아니라, '파생적 도덕'의 문제라고, 그리고 자신이 『실천이성비판』에서 합리성의 문제로 이해한 도덕은 순수도덕이라고 말할 수도 있다. 그러나 칸트가 말하는 순수 도덕의 문제로 보이는 거짓말, 자살, 인권의 문제도 여전히 연고적 사유의 영향 하에 놓여 있다. 비록 인권을 존중하는 태도는 종교, 문화, 국가를 넘어서 받아들여지고 있기는 하지만 여전히 이슬람 문화권의 몇몇 국가들에서는 명

---

34) 칸트는 후기의 윤리학적 저술에서는 공수병에 걸린 사람이 그 병을 타인에게 전염시키지 않기 위해 자살을 하는 것이 도덕적으로 허용될 수 있는가 없는가, 혹은 군주가 내린 부당한 사형선고에 자결로 미리 대처하는 것은 허용되는가, 조국을 구하고자 쿠르티우스처럼 확실한 죽음 속으로 뛰어드는 일이 자살에 해당하는가라는 문제들을 제출하고 있다(『도덕 형이상학』, 309-310쪽 참조). 칸트는 문제를 제출하고 답은 제시하지 않는다. 만약 '자살은 악'이라는 것이 도덕법칙이라면, 공수병 환자는 악을 행한 것이 분명할 것이다. 그 사람의 행위가 악한 행위인지 아닌지를 판정하는 것은 '반성적 판단력'(reflektierende Urteilskraft)의 일이 아니라 '규정적 판단력'(bestimmende Urteilskraft)의 일이기 때문이다. 그러나 그의 행위는 자살이긴 하지만 선뜻 악이라고 규정하기도 쉽지 않다.

　　*'반성적 판단력'이란 용어가 등장했기에 이 개념의 의미를 설명하겠다. 칸트는 판단력을 두 종류로 나누는데, 『순수이성비판』에서 다루는 판단력은 규정적 판단력이다. 이는 주어져 있는 보편적인 것 ― 그것이 규칙이든 법칙이든 간에 ― 아래에 특수를 포섭시키는 능력이다. 그러나 반성적 판단력은 『판단력 비판』에서 다루는 것으로 특수가 먼저 주어지고, 그것을 포괄할 보편자를 찾아가는 판단력이다.

　　자살이 도덕적으로 허용될 수 있는가 없는가 하는 문제가 실천이성의 합리성의 문제라면, 만인이 동의할 수 있는 해답을 구하는 것이 어려운 일이 아니다. 그것은 3+5=8이라는 문제에 만인이 동의할 수 있는 해답을 구하는 것이 어려운 것이 아닌 것과 마찬가지다. 그것은 이론이성의 합리성의 문제이기 때문이다. 그러나 공수병 환자의 자살이 도덕적으로 악인가 아닌가 하는 문제에 대해서 우리가 헷갈려한다는 것, 즉 애매한 부분이 있다는 것은 그 문제가 단순히 합리성의 문제가 아님을 암시한다고 보아야 할 것이다. 따라서 그 행위가 악인지 아닌지를 판단할 때, 우리가 의지해야 할 판단력은 규정적 판단력이 아니라 『판단력 비판』의 반성적 판단력이 되어야 한다. 그렇게 되면 선악의 문제는 어떤 행위가 도덕법칙에 부합하는가를 기계적으로 따져보는 규정적 판단력의 합리성의 문제가 아니라, 상황과 맥락 속에 놓인 행위자가 아리스토텔레스적 의미의 '실천적 지혜'(phronesis)로 가장 적절한 것을 찾아내는 합당성의 문제가 될 것이다.

예살인이 행해지고 있다. 나는 동서고금의 모든 문화권의 모든 인간에게 통용될 수 있는 공통분모적인 '순수도덕의 체계'를 보여주려 했던 칸트의 염원은 좌절되었다고 생각한다.[35]

칸트의 저서들을 읽다가 길을 잃어버릴 때마다, 칸트가 말하는 '순수이성비판'이 결국은 '순수인간비판'이요, '선험적 자아비판'임을 떠올려보는 것이 큰 도움이 될 것이다. 칸트의 『순수이성비판』의 '감성론'에는 순수직관이라는 말이 등장하는데, 우리가 '순수이성비판'이 '순수인간비판'이요 '선험적 자아비판'임을 염두에 두고 그 용어를 읽으면, 칸트가 그 용어로 말하고자 하는 것이 잘 이해된다. 칸트가 머릿속에서 떠올리고 있는 순수인간이 하는 직관이 바로 순수직관이다. 칸트만큼 '순수'를 좋아한 철학자는 없을 것이다. 우리가 삼 비판서를 읽다가 '순수'라는 용어를 만났을 때 그 말을 '순수인간'과 연결시켜 생각하면, 칸트의 문장을 이해하는 데 도움을 받을 수 있다. 예컨대 '지성의 순수개념'이란 말이 있는데, 이것은 '순수인간의 지성에 내장된

---

35) 그럼에도 불구하고 나는 칸트가 『실천이성비판』에서 도덕적 자유의 개념은 속박이나 구속의 부재나 강제의 부재가 아니라, 자신의 경향성에 저항하여 이성이 정한 행위법칙에 따르는 것임을 밝힌 것은 위대한 발견이라고 생각한다. 연어의 모천회귀 행동에는 구속이나 강제나 속박이 없지만, 그 행동이 자연의 법칙 즉 필연의 법칙에 따른 것이며 따라서 자유가 아님을 우리는 알고 있다. 칸트에게 있어서 감성적 충동에 올라타는 것은 자유가 아니다. 칸트에 의하면, 자유에는 감성적 충동을 구속함에서 발생하는 불편함이 필연적으로 수반되는데, 이 점에서 칸트의 주장이 옳다고 생각한다. 일반적으로 사람들은 자유를 구속이나 속박의 부재로 이해하는데, 그것도 자유인 것은 맞다. 그러나 그 자유는 감정-심리적 자유다. 칸트가 말하는 실천적 자유는 그런 심리적 차원보다 더 높은 차원에서 가능한 것이며, 실천적 자유에는 그런 감정-심리적 자유가 제한되는 데서 생기는 불편함의 감정이 불가피하게 수반된다. 비록 칸트가 말하는 절대적인 보편도덕은 존재할 수 없다 하더라도, 그리고 그가 그런 보편도덕의 가능성 근거로 생각했던 선험적 자유가 실현되는 실제적인 방식은 문화권과 나라에 따라 다르다 하더라도, 모든 문화권에서 도덕적 명령에는 '감성적 충동을 구속함에서 발생하는 불편함이 수반된다는 것'은 공통된 사실이다. 이렇게 이해된 선험적 자유는, 정언명법이 형식적 도덕법칙이듯이, 형식적으로 이해된 선험적 자유라고 말할 수 있을 것이다. 모든 문화권과 나라에서 도덕법칙의 내용은 다르지만, 그 법칙의 형식은 "너는 반드시 ~해야 한다"는 형식으로 되어 있다는 점에서 공통적이듯이, 모든 문화권과 나라에서 사람들이 실현시켜가는 선험적 자유에 수반되는 '감성적 충동의 구속감'의 감각내용은 다름에도 불구하고 그 구속 형식은 동일하다는 점에서, 모든 문화권과 나라의 사람들이 행사하는 선험적 자유는 형식적으로 동일한 것이 될 것이다.

개념'들로서, 따라서 만인에게 공통으로 구비되어 있다는 것으로 해석하면 된다. 칸트는 이것을 특별히 범주라고 부른다.

이 개념들은 우리가 갖고 있는 경험적 개념들과는 다르다. 예컨대 이 책 맨 앞에서 언급했던 '수미산'이나 '쾨니히스베르크'는 경험적 개념이다. 데카르트는 이런 개념들을 외래관념이라고 했다. 그런 개념은 특정인이 특정한 시간-공간에서 경험을 통해 획득하게 되는 후천적 개념들이다. 그러나 지성의 순수개념은, 그런 후천적 경험을 통해서 획득하게 되는 것이 아니라, 모든 인간에게 공통된 경험 — 그 경험이 인식 경험이건 도덕 경험이건 미감적 경험이건 — 을 가능하게 만들어주는 개념들이다. 칸트는 인식의 차원에서 선험적 자아의 능력과 한계를 검토하는 작업을 『순수이성비판』에서, 도덕의 차원에서 선험적 자아를 검토라는 작업을 『실천이성비판』에서, 미감적 차원에서 선험적 자아를 검토하는 작업을 『판단력 비판』에서 하고 있다.

VI

칸트가 철학에서 일으킨 혁명은 궁극적으로 형이상학적 혁명이다

1. 팔색조의 칸트철학
2. 인식론에서의 혁명과 인식론적 칸트 해석
3. 칸트의 형이상학 혁명
4. 비판적 형이상학의 체계에서 『판단력 비판』의 역할
5. 선험철학으로서 비판철학은 예비학에 불과한가 아니면 동시에 형이상학인가?
6. 형이상학에 대한 칸트의 입장을 둘러싼 칸트 연구의 스캔들
7. 칸트의 초험적 실천 형이상학을 어떻게 볼 것인가?

학자로서 칸트는 그 위대성에 어울리는 야심가이기도 했다. 큰 뜻을 품는다고 모두 그 뜻을 이루는 것은 아니다. 그래서 젊은 사람들에게 무작정 '젊다는 것은 무한한 가능성을 가졌다는 것이다. 큰 뜻을 품어라!'고 말할 수 없는 것이 아니겠는가? 자신에게 주어진 능력을 훨씬 초과하는 큰 야망은 사람을 고문할 것이다. '희망은 사람을 시들지 않게 하는 샘물이다'라는 글귀를 본 적이 있었는데, 요즘은 기대해봤자 실현될 가능성이 없는 것에 희망을 걸고 노심초사하면서 살아가는 것을 '희망고문'이라고 한다. 그 반대로 '체념평화'라는 말도 생각해볼 수 있겠다. '열 번 찍어 안 넘어갈 나무가 없다'는 속담은 희망고문을 지지하고, '오르지 못할 나무는 쳐다보지도 말아라'는 체념평화를 지지하는 듯이 보인다. 인생사에서 중요한 것은 능력과 목표의 조화일 것이다.

루소는 『에밀』에서 인간의 불행은 '욕망과 능력의 불균형'에서 발생하며, 어떤 사람이 그 양자의 조화상태에 있다면, 그는 행복한 사람이라고 한다.[1] 칸트는 이 점에서 모범적인 인물이 아닌가 한다. 칸트는 철학의 혁명가가 되기로 마음먹었고, 그 뜻을 이루어 철학의 역사를 두 동강 냈다. 칸트가 일으킨 혁명을 사람들은 종종 '코페르니쿠스적 혁명'으로 부른 뒤에 그 혁명의 본질을 인식론적인 것으로만 이해한다. 그러나 그러한 이해가 완전히 잘못된 것은 아니지만, 칸트가 일으킨 혁명은 근본적으로 형이상학적 혁명이다.

이제 우리는 이 장에서 이번 여행길의 하이라이트를 구경하게 될 것이다. 하여간 칸트 이후에 '철학의 혁명'을 일으키려 한 다수의 철학자들이 등장하기 시작한다. 서양철학 전체를 허무주의의 역사로 파악하고, 그 극복방안을 제시한 니체나, 서양철학 전체를 존재망각의 역사로 규정한 뒤, 무한성과 필연성과 로고스적 존재로서의 인간이 아니라 유한성과 우연성과 파토스적인 현존재(Dasein)로부터 존재의 의미를 탐구하는 방향으로 나아가는 하이

---

1)   루소, 『에밀(상)』, 111쪽 참조.

데거도 철학의 혁명가다. 야심으로 말하자면 칸트보다 니체가 한 수 위인지도 모르겠다. 니체는 2,500년에 걸친 서구의 사상사를 통째로 힘에의 의지로 부정해버리고 있다. 니체는 호기롭게 위대한 칸트조차도 한 방에 날려버리려 했다. 기독교를 숨겨진 허무주의로 보는 니체는 칸트를 기독교적 허무주의의 아류 정도로 간주했다.

그런데 필자가 보기에 니체의 문학적 철학에는 단 하나의 증명도 존재하지 않는다. 그는 자신의 철학적 핵심 명제들을 증명해 보인 적은 없다. 플라톤적-기독교적 양세계론은 틀렸다거나, 자기만의 관점이 삶(생)을 유지시켜주는 것이라거나, 도덕이 생을 위해 존재해야 하는 것이지 도덕을 위해 생을 희생시켜서는 안 된다든지 하는 주장들을 니체는 한 번도 엄밀하게 논증해 보인 적인 없다. 그러나 칸트는 자신의 책들에서 아무리 사소한 주장이라도 논증하지 않고 넘어간 적이 없다. 니체의 책에는 날카로운 비유, 예리한 통찰, 문학적 감수성, 사람들의 상상력을 자극하는 아포리즘 등등이 있지만, 철학책이 되기 위한 핵심적 요소인 논증이 없다.

논증의 의무로부터 스스로 해방된 니체는 어떤 주장이라도 과감하게 할 수 있게 된다. 그리고 또한 그의 주장은 골치 아프게 자질구레한 사항들까지 논증해야 한다는 철학자들의 강박증으로부터 사람들을 해방시킨다. 그러니 사람들은 칸트 같은 논증의 철학자의 책을 읽으면서 받게 되는 갑갑증과 속 더부룩함을 니체에게서는 느끼지 않는다. 니체의 철학은 코카콜라 같은 철학이다. 속이 더부룩할 때, 콜라 한 잔 마시면 속이 뻥 뚫린다. 콜라 덕에 속이 뚫리고 소화도 잘되는 듯이 느껴지니 좋다. 그러나 니체는 그다음은 책임지지 않는 것 같다. 우리는 탄산음료를 주식(主食)으로 삼을 수는 없는 노릇이다. 동양에서는 공자(孔子, B.C. 551 - B.C. 479)적인 규범의 틀로부터 인간을 풀어놓는 노자(老子, 생몰년도 미상)의 『도덕경』이 탄산음료 같은 사상처럼 보인다.

1.
팔색조의 칸트철학

    칸트철학은 다이아몬드 같은 영롱함을 지닌 철학이다. 어느 각도에서 보느냐에 따라 그 반짝임이 달라진다. 칸트의 주저는 알려져 있다시피 삼 비판서이고, 그중에 학문적으로 가장 중요한 책은 『순수이성비판』이다. 그 책은 '비판철학' 혹은 '비판적 형이상학'의 심장이다. 그런데 이 책에 대해 학자들은 정말로 다양한 해석을 내놓았다. 칸트가 그토록 체계적이고 그토록 엄밀하게 썼다고 자부했던 책인데, 왜 그 책은 그처럼 다양하게 이해되는가? 좀 거칠게 표현해서 왜 읽는 사람마다 자기 멋대로 이해하는가? 칸트는 때로는 형이상학의 파괴자요 신의 살해자로, 때로는 인식이론가로, 때로는 터무니없는 관념론자로, 때로는 유물론적 철학자로 이해되기도 했다. 앞서 니체는 칸트를 기독교의 아류로 보았다고 했는데, 어떤 사람은 칸트를 불교 친화적인 사상가로 해석하기도 한다. 현대에 와서도 칸트는 사람들이 자기 사상의 시원지로 간주하여 연결점을 찾아 만들면서 자기 해석하고 싶은 대로 해석하는 '정당화의 보물창고'로 사용되고 있다. 리오타르(J. P. Lyotard, 1924-1998)는 칸트를 포스트모더니즘적인 상대주의의 선구자로 읽는다.[2] 히라다 도시

---

2)   이에 대해서는 이현복의 논문 「칸트의 이성비판과 리오타르의 포스트 모더니즘」(대한철학회 논문집, 『철학연구』 51집, 1993)을 보라. 그리고 리오타르의 칸트 해석의 문제점에 대해서는 이 현복 교수의 논문에 대한 나의 논평문, 「칸트: 포스트 모더니즘의 진정한 포롤로그?」(대한철학

히로(平田俊博)는 다양한 칸트 해석의 실상을 다음처럼 말해준다.

> 실증주의, 실용주의, 현상학, 실존철학, 비판적 합리주의 등, 그 유래
> 부터 전적으로 이질적인 여러 학파가, 정도의 차는 있을지언정 칸트철
> 학에 강하게 영향을 받고 있으며, 서로 각기 수용하기 힘든 칸트상을
> 보여주고 있다. 장님들이 코끼리 만져보는 식이 바로 이런 것인가라고
> 도 생각될 정도로, 각 학파 각 연구자는 자기 학설을 고집하고, 자기의
> 칸트 이해가 국부적인 것임을 인정하지 않는다.[3]

『순수이성비판』이란 책이 소설도 아니고 시집도 아닌데 왜 그렇게나 다
양한 해석이 생겨나는가? 칸트가 물자체는 자유라고 하고 또 『실천이성비
판』에서 인간이 자유로운 의지를 통로로 해서 신의 세계에 들어갈 수 있다는
주장을 하는 것으로부터 힌트를 얻어서, 쇼펜하우어는 물자체를 '의지'로 본
다. 그리고 의지가 현상세계의 모든 표상을 만든다. 그는 그렇게 함으로써 칸
트를 불교와 친화적인 철학체계로 해석한다. 하이데거는 쇼펜하우어가 '의
지'로 해석한 그 물자체를 선험적 대상과 동일시하면서, 그리고 칸트가 선
험적 대상을 어떤 경우에도 인식대상이 될 수 없는 것(사물적인 것이 아닌 것, No-
Thing= Nothing)이라고 말하는 것을 이용하여 물자체를 '무'로 본다. 그렇게 되
면, 현상계와 구별되는 물자체의 세계라는 것은 사라지고, 현상계 일원론이
되며, 따라서 현상존재론이 된다. 야스퍼스(K. Jaspers, 1883-1969)는 칸트의 물자
체를 '포괄자'로 해석한다.[4] 비트겐슈타인(L. Wittgenstein, 1889-1951)은 '말할 수

   회 논문집, 『철학연구』 51집, 1993)를 보라.

3) 히라다 도시히로(平田俊博), 「칸트 해석의 여러 모습」(송경호 옮김, 『단석 한단석 교수 정년기
    념논문집』, 전주, 선명출판사, 1993), 247쪽.

4) 야스퍼스는 철학을 '철학적 세계정위', '실존해명', '형이상학'이라는 세 영역으로 나누는데, 이
    는 칸트가 과학, 도덕, 종교로 구분하는 것으로부터 영향을 받았다(A. Lichtigfeld, "Japers' Kan-
    tian Trends", *Kant-Studien*, Bd. 62, p. 243 참조).

없는 것에 대해서는 침묵하라'는 말을 했는데, 인식할 수 없는 것인 물자체는 비트겐슈타인의 철학과 통하는 통로로도 사용된다. 한단석 교수도 이렇게 말한다.

> 사람들은 각기 자기의 칸트를 읽는다고 한다. 실로 칸트철학만큼 사람들에 의해서 여러 가지로 해석되는 철학도 드물 것이다. 우리가 칸트 해석의 역사를 보면, 그것으로 칸트철학의 변천의 대강을 알 수 있다고까지 말할 수 있을 것으로 생각된다.[5]

나는 고인이 된 한단석 교수와 얽힌 사연이 있어서 이 자리에서 소개할까 한다. 한단석 교수는 1928년에 출생했으니 나한테는 부친뻘 되는 사람이다. 교수께서 내가 1988년에 '순수이성의 이율배반과 선험적 관념론'이라는 제목으로 철학박사 학위를 받게 되었을 때, 축하의 붓글씨를 하나 써주셨다. 그 글은 한단석 교수 본인이 좌우명으로 삼았던 글인데, 『논어』에 나오는, "나는 하루에 세 가지로 내 자신을 돌아본다"로 시작하는 증자(曾子, B.C. 506 - B.C. 436)의 말이었다. 내가 학위를 취득하고 한참 뒤에, 한단석 교수께서 투병 중의 하영석 교수를 위로차 만나러 전주에서 대구로 올 때, 내가 그분을 시외버스 정류장에 모시러 갔던 일도 있었다. 한단석 교수는 그것이 고맙다고 또 다시 두 개의 글씨를 더 써주셨다. 지금도 벽에 걸어두고 자주 보면서 고인이 된 한단석 교수를 떠올리곤 한다.

나는 박사논문에서 한단석 교수의 물자체론을 비판했었다. 그의 물자체론의 요지는, 칸트가 『순수이성비판』에서 사상을 전개시켜가는 과정에서 단계별로 물자체 개념을 바꾸어 사용하고 있다는 것이었다. '감성론'에서는 촉발하는 것으로서, '분석론'에서는 인식의 한계를 설정하는 한계개념으로, '변

---

5)   한단석, 『칸트철학사상의 이해』, 1쪽.

증론'에서는 무제약자로 이해된다는 것이었다.[6] 나는 한단석 교수가 관찰한 그런 표면적인 다의적 사용에도 불구하고, 칸트가 '감성론', '분석론', '변증론'에서 물자체 개념을 일관되게 '무한자'의 의미로 사용하고 있으며, 단지 맥락에 따라 두 가지 무한을 구분 없이 사용하고 있다고 생각했다. 이런 관점에서 나는 물자체 개념의 다의성에만 초점을 맞추고 있는 한단석 교수의 입장을 비판적으로 분석했었다. 물자체가 가능적 무한자로 이해되면, 그것은 선험적 대상과 동일시된다. 그리고 선험적 대상은 인식의 한계선을 형성한다. 뒤에서 다루어지겠지만,[7] 바로 이런 이유에서 칸트 연구자들에게 물자체와 선험적 대상은 같은 것인가 다른 것인가 하는 것이 문제가 되었다. 그러나 선험적 대상과 물자체를 동일시하는 신칸트학파나 하이데거의 칸트 해석은 잘못된 것이라는 것이 필자의 생각이다.

내가 1987년에 박사논문을 발표할 무렵, 나는 그 당시 32세의 젊은 나이였고 다섯 가지 기(氣)로 충만했다. 객기(客氣), 호기(豪氣), 오기(傲氣), 패기(覇氣), 치기(稚氣)다. 나는 한단석 교수의 물자체론에 불만이 있었고 그것을 비판하는 것으로 나의 능력을 자랑하고 싶었던 것이다. 논문 심사위원을 정해야 하는데, 지도교수인 하영석 교수께서 한단석 교수를 심사위원으로 모시겠다는 말을 했다. 나는 논문에서 한단석 교수의 물자체론에 대해 비판적임을 알렸다. 말하자면 심사기피 신청을 한 셈이다. 처음에 하영석 교수는 '괜찮다'고 하며, 심사용 논문을 한단석 교수에게 보내기까지 했으나, 결국 한단석 교수를 모시지는 못했다. 그리고 나는 비록 그분이 심사위원으로 오지 않게 되었지만, 내 박사논문에서 그분의 이론을 비판하는 부분들을 많이 제거했다. 나의 심사용 논문을 살펴보았을 것이니, 한단석 교수는 내가 본인의 물자체론에 대해 비판적임을 알고 있었을 것이다. 그럼에도 불구하고 한단석 교수

---

6) 한단석, 『칸트철학사상의 이해』, 339쪽 참조.
7) 자세한 논의는 이 책의 제7장 3절 "선험적 대상과 물자체"를 보라.

는 내가 박사학위를 받게 되었을 때, 내게 축하의 글씨를 써주었다. 그분의 어른다움을 추념하는 차원에서 일화를 소개했다.

그분의 시각에서 보자면 애송이 연구생에 불과한 내가 학계의 원로인 자신을 비판하는 것을 보고 어떤 생각을 했을지, 정년을 한 지금에 이르러 돌아보니, 내가 좀 넘치는 짓을 하지 않았나 하는 생각이 들기도 한다. 나는 이것이 젊은 사람의 패기와 어른에 대한 예의 간의 이율배반처럼 보인다. 예의를 위해 패기를 죽일 것인가, 패기를 살리려 무례를 범할 것인가 그것이 문제다. 그래서 이 이율배반을 칸트가 순수이성의 역학적 이율배반을 해결하던 방식으로 해결하려 한다. '패기 없는 젊은이는 경험 없는 늙은이와 같다'는 말이 있는데, 그 말로 내 자신을 위로한다. 그리고 그때의 결례에 대한 미안한 마음을 느끼면서, 그리고 한단석 교수가 주장한 바에 공감하면서 한 구절 인용했다.

칸트가 그렇게 어지럽게 해석되는 이유는 여러 가지가 있겠지만, 칸트 철학 자체가 어지럽기 때문이 아닌가 한다. 그의 철학은 팔색조 같은 다면성을 갖고 있다. 『순수이성비판』의 전반부는 인식이론이면서 동시에 선험적 형이상학 — 페이튼(H. J. Paton)의 표현으로는 '경험의 형이상학' — 이다. 그리고 칸트는 그것을 존재론이라고 말하기도 한다. 또 그것은 수학철학이기도 하고 과학철학이기도 하다. 또한 그것은 칸트가 선보이고 싶어 했던 철학적 인간학의 핵심부다. 칸트는 자신의 학설이 '선험적 관념론이면서 동시에 경험적 실재론'이라고 한다(A371 참조). 그것은 순수인간 정신에 대한 철학적 해부학이기도 하다. 그리고 그는 자신의 관념론을 '선험적 관념론'으로 부르기보다는 '비판적 관념론'(kritischen Idealismus)으로 규정하는 것이 더 적절하다고 말하면서 연구자들을 헷갈리게 만든다.[8]

내가 해석하는 방식으로는 그것은 '인식될 수 있는 존재자 즉 현상체의

---

8) 『형이상학서설』, 294쪽 참조.

존재에 관한 이론'이다. 곧 '인식존재론'이다. [그것은 물자체의 존재에 대한 이론은 아니다.] 누군가가 칸트의 존재론을 '현상존재론'으로 규정해도 틀린 말은 아니다. 칸트에게 있어서 현상은 항상 인식의 대상으로서의 현상이기 때문이다. 그러나 '현상존재론'에서의 '현상'을 현상학파에서 말하는 현상으로 이해하면서 칸트의 존재론을 그렇게 규정한다면, 그것은 완전히 잘못된 것이다. 칸트는 현상존재와 자체존재를 구분하는데, 현상학파는 칸트가 말하는 물자체를 부정하기에 칸트가 말하는 현상존재가 저절로 자체존재로 승격되어버린다. 그 결과 칸트의 현상존재론을 자체존재론으로 둔갑시켜버린다. 그리고 『실천이성비판』으로 시선을 옮기면, 그것은 윤리학 서적이기도 하고, '초험적 실천 형이상학'이기도 하다. 칸트는 그것을 달리 '도덕신앙'이라고 소개하기도 한다. 또한 그 책은 『순수이성비판』과 분리되어 읽히기도 하고 통합적으로 읽히기도 한다.

내가 보기에 분리독서는 칸트를 충분히 모르는 사람이 하는 독서법이다. 적지 않은 연구가들이 『실천이성비판』을 그냥 윤리학 책이라고 생각한다. 그러나 칸트는 그 책에서 끊임없이 형이상학에 대해 언급한다. 그는 『순수이성비판』에서 '인식불가' 판정을 내렸던 신, 영혼에 대해 『실천이성비판』에서 실천적인 증명을 하는 이유를 설명하고 있다.[9] 그 두 책은 내용적으로 보면, 한 권의 책이 둘로 나누어진 것이다. 물론 하나는 인식의 문제를 하나는 도덕의 문제를 다루고 있으니 나누어지는 것도 이해되는 측면이 있다. 그러나 칸트가 새롭게 건설하려고 했던 혁명적인 형이상학의 전모를 파악하려면, 우리는 반드시 통합독서를 해야 한다. 이 통합독서의 범위에 『판단력 비판』도 들어가야 하는데, 나는 뒤에서 이 작업을 할 것이다. 나는 1983년에 발표한 석사논문에서 칸트철학 전체를 형이상학적 관점에서 파악해야 함을 주장했는데, 우리나라에서 가장 먼저 형이상학자로서의 칸트를 부각시켰다고 생

---

9) 칸트는 자유에 의해 가능한 모든 것은 실천적이라고 한다.

각한다. 그런데 그 무렵에 우리는 별로 관심을 주지 않았지만 박선목 교수도 1983년에 『칸트와 형이상학』이라는 책을 출간하면서 칸트철학을 인식론적으로 해석하던 국내의 주류적인 칸트 해석과는 결이 다른 연구를 선보였다.

> 우리는 앞에서 칸트 자신이 종래의 모든 형이상학을 거부함으로써 그 무성한 체계들을 뿌리째 흔들어놓(는 것을 보)았다. 그러나 형이상학 자체의 성립근거를 부정한 것이 아니고, 새로운 형이상학의 근거와 그 가능성을 찾고 있었던 것이다.[10]

그러나 아쉽게도 그는 칸트가 건설하고자 했던 확고한 학문의 길에 들어선 형이상학의 전모를 보여주지는 못하고 있다. 그는 칸트가 『순수이성비판』의 '분석론'을 자연의 형이상학으로, 『실천이성비판』을 도덕의 형이상학으로 부르고 있는 것에 착안해서 칸트를 형이상학자로 읽어야 함을 간취했으나, 그는 그 책에서 왜 인식론적 칸트 해석이 잘못된 것이며, 왜 형이상학적 관점에서 두 비판서를 읽어야 하는지에 대한 논증을 제공하지 않고 있다. 바로 이런 이유로 박선목 교수의 책은 그 제목의 도발성에도 불구하고 사람들의 주목을 받지 못한 것 같다. 형이상학적 칸트 해석의 관점에서 보면, 그 책의 목차에서 보게 되는 제4부 제목은 정말로 엄청나게 도발적인데, 그 제목이 '판단력 비판에 대한 형이상학적 조명'이다. 정말 그 내용이 기대되지 않는가? 『순수이성비판』조차도 인식론적 저술로 읽히던 우리나라 학계에서 『판단력 비판』을 형이상학적 서적으로 보겠다는 것은 참신하고 창의적인 도전처럼 보인다. 그러나 막상 책의 본문 속에서 발견하게 되는 제4장의 제목은 '판단력 비판의 구조'다. 그리고 거기에서 우리가 보게 되는 것은 『판단력 비판』에 대한 일반적인 소개글이다. 그럼에도 불구하고 나는 박선목 교수가

---

10) 박선목, 『칸트와 형이상학』(서울, 학문사, 1983), 94쪽.

칸트를 형이상학자로 주목했다는 것은 특기할 만한 일이라고 생각한다.

　　나는 「칸트철학의 코페르니쿠스적 전회에 대한 고찰」에서 그 개념의 핵심은 인식론적인 것이 아니라 형이상학적인 것임을 밝히면서 통합독서의 모습을 보여주었다. 『판단력 비판』의 경우, 전반부는 미학이론이기도 하고, 후반부는 목적론적 자연철학이기도 하다. 그리고 『순수이성비판』과 『실천이성비판』의 틈새를 메워주는 역할도 한다. 사정이 이러하니 다양한 해석이 생겨나는 것도 이해 못 할 일은 아닌 것 같다. 그렇지만 우리가 분명히 명심해야 할 것은 칸트의 삼 비판서를 관통하는 학문적 관심은 형이상학을 수학이나 물리학과는 다른 방식으로 학문답게 만드는 것이다.

2.
인식론에서의 혁명과 인식론적 칸트 해석

　　나는 이하에서 『순수이성비판』의 전반부에 대한 두 가지 대표적인 해석에 대해 설명하고자 한다. 하나는 그 책은 형이상학의 학적 가능성을 부정하고 있는 인식론이라는 것이요, 다른 하나는 그것이 오히려 형이상학이라는 것이다. 1970년대 이전에 우리나라에는 신칸트학파의 해석을 받아들여서 칸트가 인식이론가로 알려져 있었다. 칸트는 철학의 혁명가였는데, 그가 일으킨 혁명의 본질은 '코페르니쿠스적 전회'로 압축되는 인식론적 혁명이라는 식으로 설명되었다. 지금도 이런 분위기가 이어지고 있다. 신칸트학파는 1870년에서 1920년 사이에 독일에서 활동했던 학파로서, 그 출발은 1865년에 『칸트와 그 아류들』(*Kant und die Epigonen*)을 쓴 리프만(O. Liebmann, 1840-1912)이다. 그는 신칸트학파의 슬로건이 된 '칸트로 돌아가자'(Zurück zu Kant)를 외친 인물이다. 그는 피히테, 셸링, 헤겔로부터 헤르바르트(J. F. Herbart, 1776-1841)와 프리스(J. F. Fries, 1773-1843)를 거쳐 쇼펜하우어에 이르기까지 칸트 이후의 모든 철학자들을 배척했다.[11] 이 학파는 비합리주의와 사변적 자연주의를 반대했으며, 칸트철학의 방법과 정신으로 돌아갈 때에만 철학은 '학문'이 될 수 있다는 확신을 공유했으나 나머지 점에서는 많이 달랐다.

---

11)　오트프리트 회페, 『임마누엘 칸트』, 353쪽 참조.

이 학파에는 크게 두 줄기의 대표적인 흐름이 있는데, 코헨과 나토르트가 대표자인 마르부르크 학파와, 빈델반트(W. Windelband, 1848-1915)와 리케르트(H. Rickert, 1863-1936)가 대표자인 하이델베르크 학파(혹은 서남독일학파로 불리기도 한다)다. 특히 마르부르크 학파가 인식론적 칸트 해석을 주도했다. 신칸트학파는 처음에는 '칸트로 돌아가자'는 슬로건으로 시작했지만, 나중에는 '칸트를 이해한다는 것은 칸트를 넘어서는 것이다'라는 신조로 칸트철학을 해석했다. 그렇게 하면서 생산적인 학문적 결과물들을 많이 만들어내긴 했지만, 초기의 '칸트를 칸트로부터 읽는다'는 칸트 해석의 구심점은 '칸트를 넘어선다'는 칸트 해석의 원심력에 자리를 내어줌으로써 형이상학에 대한 칸트의 입장은 무엇인가 하는 문제를 덮어버린 문제점을 노정했다. 신칸트학파는 그것이 마르부르크 학파이건 서남독일학파이건 칸트철학에서 물자체를 제거하는 방식으로 칸트의 『순수이성비판』을 읽어내려 했다는 점에서 공통적이었다. 이 점을 프리드먼은 이렇게 지적한다.

> 신칸트주의의 두 판본 모두 독립적인 순수직관능력이라는 발상을 전적으로 거부한다. 여기에서 신칸트주의자는 칸트 이후의 관념론 전통을 따라 칸트 자신의 입장을 특징짓는 정신의 이원론적 사고틀에, 즉 순수지성이라는 논리적, 개념적, 또는 담론적 능력과 순수감성이라는 직관적, 비개념적, 또는 수용적 능력 사이의 이원론에 격렬하게 저항한다.[12]

순수직관능력이 거부되면 직관과 관계하는 물자체도 거부될 수밖에 없다. 신칸트학파는 그런 방식으로 인식 불가능한 물자체의 실재성을 인정하는, 칸트 인식론의 문제점을 해결할 수 있다고 생각했다. 그러나 나는 뒤에서

---

12) 마이클 프리드먼, 『다보스에서의 결별』, 70쪽. 인용문에 등장하는 '담론적'은 '논증적'(diskursiv)의 의미인 것 같다.

이런 독해가 칸트를 형이상학자로 읽어내려는 입장에서는 칸트의 비판정신을 죽이는 독해가 된다는 것을 밝힐 것이다. 신칸트학파의 몰락 원인을 히라다 도시히로는 다음처럼 진단한다.

> 신칸트학파의 몰락을 결정적이게 한 것은 자연과학의 진보이며, 뉴턴 물리학의 지위 저하였다. 원래 코헨의 칸트 해석의 기반은 뉴턴 물리학의 확정성에 있었다. 그러나 아인슈타인의 상대론적 물리학의 성립과 이에 부수된 뉴턴 물리학의 의의의 역사적 상대화는 코헨의 해석뿐만 아니라, 칸트철학 자체까지도 다시 단적인 역사적 소산으로 해버리려는 것이었다.[13]

인식론에서 핵심적인 질문은 진리란 무엇이며, 그 진리는 어떻게 가능한가 하는 것이다. 더 구체적으로 말해서 대상과 판단의 일치는 어떻게 가능한가 하는 것이다. 칸트 이전에 주도적인 인식이론은 아리스토텔레스-토마스 '모사설'(Abildtheorie)이었는데, 아리스토텔레스는 『형이상학』에서 다음처럼 말한다.

> 있는(…인) 것을 있지(…이지) 않다거나, 있지(…이지) 않은 것을 있다(…이다)고 말하는 것은 거짓인 반면, 있는(…인) 것을 있다(…이다)고, 있지(…이지) 않은 것을 있지(…이지) 않다고 말하는 것은 참이다.[14]

참에 대한 아리스토텔레스의 이런 정의를 스콜라철학에서는 '사물과 지성의 일치'로 표현하고 있다. 아리스토텔레스는 대상과 판단의 일치를 설

---

13) 히라다 도시히로(平田俊博), 「칸트 해석의 여러 모습」, 275쪽.
14) 아리스토텔레스, 『형이상학』(김진성 역주, 서울, 이제이북스, 2007), 1011b25-27.

명하기 위해, 두 가지 인식론적 입장을 갖고 있었다. 첫째로 인식주관 외부에 인식주관과 무관하게 그 자체로 실재하는 사물이 있다는 실재론적 입장이다. 둘째로 마음은 그 사물을 모사하는 능력을 갖고 있다는 모사설적 입장이다. 사람들은 이 두 입장을 합쳐서 '모사설적 실재론'이라 부르기도 한다. 인식주관이 주관과 독립해서 실재하는 대상을 있는 그대로 모사하면 진리이고, 그렇지 못하면 오류가 발생한다는 것이다. 이런 설명에 따르면 마음은 마음 바깥에 그 자체 독립적으로 실재하는 사물을 비추는 거울과 같은 것으로 이해된다. 그 때문에 모사설은 달리 '반영론'으로 불리기도 한다. 모사설적 인식론은 '소박실재론'(naiver Realismus)이다. 이는 사물들은 우리가 감각하는 그대로 실재한다고 생각하는 상식적인 실재론이기도 하다.

모사설적인 실재론이 소박한 실재론인 이유는 우리가 장미꽃의 향기를 생각해보면 알 수 있다. 장미꽃은 좋은 냄새를 풍기지만, 그 냄새는 장미 그 자체가 갖고 있는 것이 아니고, 장미가 발산하는 냄새 분자와 인간이 가진 냄새 식별기능이 상호작용해서 만들어진 것이다. 그러니 우리가 장미 냄새라고 생각하는 그 냄새를 다른 동물들은 느끼지 못한다. 그렇다면 장미 냄새가 그 냄새를 맡는 인간의 감각기능과 관계없이 그 자체로 실재한다고 생각하는 것은 소박하고 순진한 생각이 된다.

이런 모사설적 인식론에서 우리가 진리에 다가서는 길은 거울의 기능을 하는 마음을 잘 관리하는 것이다. 마음(거울)이 뒤틀려 있으면 사물이나 사태의 진상을 '있는 그대로' 반영하지 못한다는 것이다. 거울에 흙먼지가 많이 묻어 있거나, 거울이 뒤틀려 있거나, 깨져 있으면, 대상에 대한 우리의 판단과 대상은 결코 일치할 수가 없다. 이런 입장에 서면, 진리의 기준은 주관 쪽에 있는 것이 아니라, 대상 쪽에 있다. 그리고 모사설의 관점에서는 주관은 아무런 능동적 기능을 하지 못한다. 그냥 마음이라는 거울에 사물이 비치면 그것을 반영하는 수동적 역할만 한다.

우리는 이 대목에서 칸트철학의 가장 난해하고 문젯거리인 물자체의 개념을 만나게 된다. 물자체의 개념을 이해하지 못하고서는 칸트가 일으킨 첫 번째 혁명의 현장을 목격할 수 없다. 나는 먼저 우리들이 물자체에 대한 잘못된 이해에 오염되지 않도록 하기 위해 주의를 하고자 한다. '물자체'는 칸트철학의 애매성을 시적인 수준으로 만들어버리며, 그로 인해 다양한 칸트 해석, 심지어 상반되는 칸트 해석을 만들어내는 발전기 역할을 한다. 앞으로 자주 만나게 되는 개념이기에 여기에서 이 물자체 개념에 대한 일반적인 오해를 제거해두고자 한다. 우리는 '관념물'이라는 개념도 사용하며, 머릿속의 관념도 '물'(物)의 범주에 포함시키기도 하지만, 물리적 사물의 경우 예외 없이 공간 속에서 만나기에, '물'이라고 하면 일단 공간적인 것으로 생각하게 된다. 더구나 칸트가 물자체는 우리 '바깥에서' 우리의 감관을 촉발한다고 말하고 있는데, 그의 그런 말은 우리로 하여금 물자체를 공간적인 것으로 생각하게 만드는 경향이 있다.

그러나 칸트에게서 '바깥'이라는 말은 공간적인 것과 결부시켜 이해하면 안 된다. 그 말은 하나의 은유적 표현일 뿐이다.[15] 물자체를 인식주관 바깥에서 인식주관에 대면하여(gegen) 자체적으로 서 있는(stand) 미지의 대상적인 것으로 생각하면서 『순수이성비판』을 읽으면, 우리는 절대로 칸트를 올바로 이해할 수 없다. 이런 입장에서 칸트를 읽으면 '물자체가 감성을 촉발하여 현상이 만들어진다'는 칸트의 말을 '칸트는 물자체가 현상의 원인임을 인정하면서 물자체에다가 인과범주를 적용했고 따라서 물자체 불가인식설은 자기모순에 봉착하게 된다'는 식으로 해석하게 된다. 칸트 당대의 초기의 칸트 연구자들, 예컨대 슐체(E. G. Schulze, 1761-1833)가 이런 식으로 칸트를 오해한 전형적 인물로 보인다.[16] "물자체를 인정하지 않고서는 칸트철학으로 들어

---

15) 오어토니(Ortony)는 은유의 세 가지 기능에 대해 말하는데, 그중의 하나는 '표현할 수 없는 것을 표현하기'라고 한다. 자세한 설명은 임지룡의 『한국어 의미특성의 인지언어학적 연구』(서울, 한국문화사, 2017), 278쪽을 보기 바란다.

16) 김진, 『선험철학과 요청주의』(울산대출판부, 1999), 66쪽 참조.

갈 수가 없고, 물자체를 인정하고서는 칸트철학 내에 머물 수가 없다"는 야코비(F. H. Jacobi, 1743-1819)의 유명한 말도 칸트가 말하는 '촉발'(Affektion)을 물리적 작용으로 오해했기에 가능한 말이다. 현상의 원인으로서의 미지의 촉발자인 물자체를 인정해야 칸트의 인식론이 성립하는데, 그런 식으로 인정된 물자체가 인식 불가능하다는 칸트의 주장은 성립할 수 없다는 것이다.[17]

---

17) 문성학, 『인식과 존재』, 217-218쪽 참조. 야코비는 칸트의 물자체와 선험적 대상을 동일시하고 있다(남기호, 『야코비와 독일 고전철학』, 서울, 도서출판 길, 2023, 90쪽 참조). 그리고 그는 칸트철학에서는 사물에 대한 우리의 의식내용이란 것은 결국 의식의 자기규정에 불과한 것이어서, 이는 결국 관념론이 된다고 주장한다(『야코비와 독일 고전철학』, 82쪽 참조). 야코비는 칸트를 인식론자로 보면서 결국 인식론의 일관성을 위해 인식 외부에서 인식주관을 촉발하는 물자체를 제거하는 방식으로 칸트를 관념론자로 해석하는 길을 택하고 있다. 남기호는 야코비의 이런 입장을 이렇게 정리한다. "선험적 대상에 통일의 속성을 부여한다면, 경험 이전의 우리 외부의 사물에 대해 범주적으로 적극적 진술을 한 것이며, 칸트는 자신의 체계의 정신을 전적으로 떠난 것이다. 따라서 선험적 대상의 이 전제를 갖고 칸트의 체계 속에 머무는 것은 단적으로 불가능하다. 일관적이고자 하는 선험적 관념론자는 차라리 가장 강력한 관념론을 주장하고 사변적 유아론이라는 비난조차 두려워하지 않을 용기를 가져야 한다."(『야코비와 독일 고전철학』, 88쪽)

　　그러나 야코비는 칸트가 '선험적 대상의 개념은 통각의 통일작업에 필요한 개념이다'라고 말할 때, 그 '통일'의 뜻을 오해하고 있다. 칸트는 말한다. "**통각의 선험적 통일**이란, 직관 중에서 주어진 일체의 다양을 결합하여 한 객체의 개념 [즉 객체성]이 되게 하는 통일이다."(B130. 강조는 칸트) 이렇게 설명하기도 한다. "그것(선험적 대상)은 통각의 통일의 대응자로서 감성적 직관에 있어서의 다양의 통일에만 유용할 수 있을 따름이요, 오성은 통각의 통일에 매개되어서 [직관 중의] 다양을 결합하여 [한 대상의] 개념에 도달하는 것이다."(A251) 칸트의 이런 말들에 따르면, 통각의 선험적 통일이 있기 전에는 '한 객체의 개념'이 성립하지 않는다. 그런데 '한 객체의 개념', 즉 하나의 사물(현상적 대상)이 구성되는 일 — 칸트는 이 구성작용을 통일작용으로 이해한다 — 이 가능하기 위해서는 대상일반의 질료적 요소(감각자료)를 설정해야 하며, 이 대상일반의 질료적 요소가 선험적 주관의 상관자로서 선험적 주관과 연결되어 있어야 함을 주장한다. 이 선험적 주관의 상관자인 대상일반이 선험적 대상이다. 그러므로 선험적 대상은 통각의 선험적 통일 작업이 일어나는 것이 가능하기 위해 선험철학적으로 설정되지 않으면 안 되는 어떤 것으로서, 현상적 사물이 아니다.

　　그럼에도 불구하고 야코비는 칸트가 선험적 대상에 통일의 성격을 부여하면서 경험 이전의 우리 외부의 사물에 대해 범주적으로 적극적 진술을 한 것이 된다고 비판한다. 그러나 야코비는 '통각의 선험적 통일' 개념을 올바로 이해하지 못하고 있다. 칸트는 선험적 대상에 통일을 부여한 것이 아니다. 그는 선험철학의 관점에서 볼 때, 선험적 주관이 선험적 통일작업을 수행함에 있어서 필연적으로 상정되어야 하는 것이 선험적 대상임을 말하고 있을 뿐이다. 왜 야코비는 칸트를 이런 식으로 오해하게 되었는가? 그 이유는 그가 물자체와 동일시하고 있는 칸트의 선험적 대상을 '책상의 물자체'니 '사과의 물자체'니 하는 식으로 표현할 때의 '물자체'로 생아궁이의 불이 굴뚝에서 나는 연기의 원인인데, 물자체는 그런 식으로 현상의 원인인 것은 아니다. '촉발'이라는 말로 칸트는 물자체라고 말해지는 어떤 것으로부터 인식주관에 가해지는 어떤 물리적 작용을 언급하려는 것이 아니라, 물자체와 인식주관이 연결되는 어떤 사태를 은유적으로 표현하려는 것일 뿐이다. 칸트가 현상과 물자체의 관계를 설명하면서 동원하는 용어들인 '촉발', '바깥', '배후'라는 용어들은 모두 은유적인 표현이다. '촉발'은 유(類)로서의 인간이 이 세상에 태어나는 사건 그 자체에 대한 은유적 표현이다. 인간이 세상에 태어남으로써 현상계로서의 세계가 정립된다. 물자체가 인과적으로 작용하는 어떤 것으로 생각되는 것인 한에서, 그것은 결코 미지의 것이 될 수가 없다. '아궁이의 불이 굴뚝에서 연기가 나는 것의 원인이다'라고 말할 수 있다면, 이미 아궁이의 불은 인과법칙으로 해명된 사건이요, 따라서 그것은 미지의 것이 아니다. 야코비나 슐체는 칸트가 '물자체가 인간의 감관을 촉발하지만, 물자체가 무엇인지는 모른다'고 말하는 것은 '아궁이의 불이 굴뚝의 연기의 원인이지만, 우리는 아궁이의 불이 무엇인지 알 수가 없다'고 말하는 것과 마찬가지로 이치에 맞지 않는 말을 하는 것이라고 생각했다. 그러나 그들은 칸트를 오해하고 있다.

물자체라는 용어로 사람들은 대체로 '책상의 물자체', '사과의 물자체' 등등과 같은 것을 생각한다. 그리고 사과의 물자체와 책상의 물자체는 구분된다고 생각한다. 그러나 칸트가 '감성론'에서 말하는 촉발하는 물자체는 그런 것이 아니다. 우리가 하나의 사과를 눈앞에서 본다고 하자. 우리는 물자체의 개념에 도달하기 위해 먼저, 눈앞의 사과에서 시간-공간적인 요소를 제거해야 한다. 왜냐하면 시간-공간은 사물들이 가지는 속성이 아니라, 선험적 주관(유적 인간)의 직관형식으로서, 인간이 사물들에 투입해 넣은 것이기 때문

___

각했기 때문이다. 이미 사과나 책상으로 규정된, 즉 통일이 부여된 물자체(선험적 대상)는 인식의 범주가 적용된 물자체가 되어버린다는 것이 야코비의 생각이다. 그러나 칸트는 물자체와 선험적 대상을 동일시하지도 않았다.

이다. 그다음에 사과에 부과된 모든 범주적 규정들을 제거해야 한다. 그 범주적 규정들 역시 인간의 지성에서 유래한 것들이기 때문이다. 그리고 눈앞의 사과와 연관된 인과적 관계도 제거해야 한다. 그러면 남는 것은 무엇인가? 그것은 시간-공간 바깥에 존재하며 당연히 형태가 없는 미지의 어떤 것이다.

물자체가 이렇게 이해되면 사과의 물자체와 책상의 물자체는 구분될 수가 없다. 나중에 설명하겠지만 촉발하는 물자체는 현실적 무한자다.[18] 선험적 주관은 가능적 무한자이기에 물자체는 결코 선험적 주관에 의해 대상화될 수 없다. 대상화될 수 있는 것은 이미 물자체가 아니다. 다시 말해서 물자체는 인식주관에 대면하여(gegen) 자체적으로 서 있는(stand) 미지의 대상(Gegenstand)이 아니라는 것이다. 칸트는 '감성론'에서 언급하는 '촉발하는 물자체'를 '변증론'의 '가상체(可想體)들의 총괄로서의 물자체' 혹은 그가 '선험적 의미의 신'이라고 부르는 것과 동일시하는 듯한데, 그는 그러한 동일시에 대해 아무런 설명도 제시하지 않고 있다. 이 양자는 현실적 무한자로 보인다.

'분석론'에서 언급하는 '한계개념(Grenzbegriff)으로서의 물자체'가 현실적 무한자인지 가능적 무한자인지는 해석상의 여지가 있다. '한계개념으로서의 물자체'를 '한계를 가진 물자체'로 해석한다면, 그것은 가능적 무한자다. 왜냐하면 가능적 무한자는 절대로 현실적 무한자가 될 수 없다는 한계를 가진 무한이기 때문이다. '한계개념으로서의 물자체'를 '한계 지어주는 물자체'로 해석한다면, 그것은 현실적 무한자다. 왜냐하면 가능적 무한의 한계를 지적

---

18) 물자체라는 것이 현상체에서 시간-공간이 제거된 것이라는 사실로부터, 물자체는 시간 초월적이고 변화 초월적인 것임을 알 수 있다. 따라서 물자체는 현실적 무한자일 수밖에 없다. 하이데거가 시간성을 중시하는 한, 시간성 바깥에 있는 물자체라는 것은 부정할 수밖에 없었다. 하이데거는 물자체를 제거한 칸트 해석을 내놓기 위해 『칸트와 형이상학의 문제』에서 칸트철학을 유한성의 철학으로 해석한다. 그리고 이런 해석의 연장선상에서 하이데거는 물자체를 선험적 대상과 동일시하여 시간성과 연결시킨다. 하이데거가 시간성과 유한성을 강조하는 이유는 그가 분석의 대상으로 삼고 있는 현존재(실존)는 불안, 염려, 권태, 죽음 기투 등의 정서적 흐름 위에 놓여 있기 때문이다. 자세한 논의는 『신내림의 철학자 하이데거』 제2장 "하이데거에서 존재의 유한성"과 제11장 2절 "하이데거의 가능적 무한의 형이상학"을 보라.

해주는 무한은 현실적 무한이기 때문이다. 어쨌건 촉발하는 물자체이건, 선험적 신으로서의 물자체이건, 한계개념으로서의 물자체이건, 무한자들이라는 점에서는 동일하다. 그럼에도 불구하고 가상체들 중에서는 특정인의 영혼도 있을 수 있고, 플라톤의 이데아와 같은 원형적 물(物)도 있을 수 있는데, 이 모든 것들이 동일한 존재론적 지위를 가지는 것은 의아한 일이며 설명이 필요한 부분이다.

하여간 물자체는 플라톤의 이데아가 시·공간 초월적인 어떤 것으로 설명되면서 생겨나는 문제와 유사한 문제를 만들게 된다. 사람들은 플라톤에게 시공간 초월적인 이데아는 '어디에' 있는가 하고 물었다. 인간은 모든 것을 시공간적인 것으로 만들어 이해하려는 강력한 성향을 가지고 있다. 성경에도 보면 천국에 대해 예수가 설교했을 때, 천국은 '어디에' 있느냐는 질문을 받는 장면이 나온다. 그때 예수는 '천국은 네 마음속에 있다'고 말했다. 예수도 '네 마음속'이라는 표현을 통해 하나의 은유를 말하고 있는 것이다. 물자체 개념과 관련하여 우리는 이상의 사실을 항상 기억해두어야 한다.

이제 우리는 본격적으로 칸트가 왜 물자체와 현상을 구분하게 되는지를 살펴볼 차례가 되었다. 칸트가 보기에 대상과 판단의 관계를 사물과 거울의 관계로 설명하는 모사설은 절대로 대상과 판단의 일치를 설명할 수가 없다. 그는 모사설에 대해 다음처럼 간단하게 언급하고 넘어간다.

> 우리의 모든 인식이 재래에는 대상에 준거한다고 가정되었다. 그러나 그 개념에 의해서 아프리오리하게 대상에 관해서 우리의 인식을 확장하게 하는 그 어떤 것을 만들어내려는 모든 기도는, 대상에 준거한다는 전제 아래서는 무너지고 말았다.(BXVI)

모사설적 인식론이 왜 문제인지에 대해 적어도 칸트는 『순수이성비판』에서는 더 이상의 자세한 설명을 하지 않는다. 정말 아쉬운 일이다. 그래서 우리는 칸트가 생략해버린 그 부분을 살펴보지 않을 수가 없다. 모사설이 왜 문제인지를 파악해야, 칸트가 그 대안으로 제출하고 있는 구성설적 인식론의 설득력을 가늠할 수가 있다.

예컨대 내가 내 앞에 있는 하나의 빨간 사과를 보면서 '내 앞에 주먹 크기의 빨간 사과 하나가 있다'는 판단을 내렸다고 하자. 이 경우, 나는 내가 내린 판단과 내 앞에 있는 사과(대상)가 일치하는지 여부를 어떻게 알 수 있는가? 모사설적으로 그 일치 여부를 설명하려면, 몇 단계를 거쳐야 한다. 첫째로, 대상을 바라보아야 한다. 둘째로, 대상에 대한 판단을 내려야 한다. 대상에 대한 판단은 의식 안에 들어 있으며 그것은 또 의식 바깥에 자체적으로 존재하는 것으로 상정된 대상에 대한 표상이다. 셋째로, 나는 나의 의식 바깥으로 나와야 한다. 넷째로, 의식 바깥으로 외출한 내가 내 의식 안에 있는 대상의 표상과 의식 바깥에 그 자체로 실재하는 것으로 가정된 대상이 일치하는지 여부를 살펴보아야 한다.

예컨대 나는 실제로는 사과를 보고 있으면서 '나는 노란색 모과를 보고 있다'고 판단하는 것이 가능하다. 이 경우 나는 나의 판단이 틀렸다는 것을 어떻게 알 수 있는가? 나는 내 머릿속에 형성된 어떤 사물의 상(像)과, 내 눈 앞에 자체적으로 있는 것으로 상정되는 어떤 사물이 일치하는지 비교해보아야 한다. 그러나 모사설적인 입장을 취하는 한, 주관과 대상의 일치를 확인하는 것이 불가능하다. 왜냐하면 나는 내 의식 바깥으로 외출하는 것이 불가능하기 때문이다. 모사설은 의식은 의식 밖으로 빠져나올 수 있다는 전제 위에 성립하는 인식이론인데, 그 전제가 틀렸다. 설령 내가 내 의식 바깥으로 빠져나오는 것이 가능하다고 하자. 그러나 그렇게 빠져나와서 빠져나오기 전의 나를 대상화하면서 바라보는 순간에, 나는 빠져나온 새로운 의식에 갇히게 된다. 그 결과 나는 항상 의식의 대상이 될 수 있는 한에서의 대상 즉 '나의 표상으로 표상된 대상'만을 바라보게 될 뿐이지, 대상 그 자체, 즉 나의 표상이 아닌 것으로서의 '사물 그 자체'(물자체)를 만나는 것은 불가능하다.

하나의 디지털 사진기를 생각해보자. 이 사진기는 사진을 찍을 때 조명이 방출된다. 그리고 찍힌 이미지는 사진기 안에 있는 저장 장치에 기억된다. 이 경우 우리는 사진기에 표상으로 들어 있는 빨간 사과의 상과 사진기 바깥에 존재하는 빨간 사과가 일치한다는 것을 알고 있다. 물론 사진기 안의 사과는 이미지일 뿐이고, 실재하는 사과는 실물이기에 그 양자는 실물과 실물의 이미지로서 존재론적 위상이 다르지만, 그럼에도 불구하고 이미지(대상에 대한 판단)와 실물(대상)이 일치하기에, 우리가 양자가 서로 일치한다고 말할 수 있다. 그런데 우리가 양자의 일치를 확인할 수 있는 이유는 우리가 사진기 안에 있는 사과의 이미지와 실제 사과를 비교할 수 있는 제3의 시점(視點)에 설 수 있기 때문이다. 우리는 그 사진기 바깥에서 사진기에 저장된 상도 볼 수 있고 그 사진기로부터 떨어져 있는 사과도 볼 수 있기 때문이다.

그러면 우리가 우리 바깥에 있는 사과를 보면서 우리 머리 안에 맺힌 사과의 상의 일치상태를 비교하는 것도 이와 비슷한 것인가? 그러나 이 경우에는 내 머리 안에 만들어진 사과의 표상이 내 바깥에 있는 사과와 같은 것으로 보인다. 바로 그런 이유로 모사설이 만들어진 것이다. 그런데 '그 양자가 같은 것으로 보인다'는 것은 인식주체인 나의 생각이지만 이 생각이 참임을 확실하게 증명할 수 있으려면 나는 나의 의식으로부터 외출할 수 있어야 한다. 그리하여 나는 나의 두뇌 안에 맺힌 사과에 대한 나의 표상과 나의 두뇌 바깥에 있는 것으로 믿어지고 있는 사과 그 자체를 같은 거리를 두고 관찰하고 비교할 수 있어야 한다. 그러나 문제는 설령 내가 내 두뇌 바깥으로 외출할 수 있다 하더라도, 외출한 의식(나)도 결국은 의식(나)에 갇히게 된다. 의식의 외출이 불가능하다는 것은 귀류법으로 증명될 수 있다.

설령 외출에 성공했다고 하자. 그래서 외출한 의식이 거리를 두고 바라보는 내 머릿속에 있는 사과의 이미지(이미지 1)와 내 바깥에 있는 사과가 같은 것인지 다른 것인지 바라보는 순간에 또 하나의 다른 사과 이미지가 내 의식의 거울에 비친다. 그것을 이미지 2라고 하자. 결국 대상과 판단의 일치는, 내

의식에 들어 있는 이미지 1과 외출한 의식에 들어 있는 이미지 2가 일치하는지 여부로 바뀌게 된다. 그러면 또다시 똑같은 일을 반복해야 한다. 우리는 이미지 2가 바깥에 실재하는 것으로 상정된 사과와 일치하는지 여부를 확인하기 위해, 다시금 의식으로부터 외출해서, 우리 눈앞에 현존하는 그 사과를 바라보는 순간에 우리는 다시금 이미지 3을 만들게 된다. 이런 식이라면 우리는 결코 대상 그 자체와 판단의 일치여부를 확인할 수 있는 길이 없게 된다.

우리는 서로 마주 보는 거울 사이에 서 있으면 거울들이 서로를 서로 반영하여 무수한 거울들의 이미지가 만들어지는 것을 보게 되는데, 모사설이 이런 상황에 빠져들게 된다. 이것이 무엇을 의미하는가? 의식 혹은 자아는 자아 그 자신을 벗어날 수 없다는 것을 말해준다. 이는 의식상자설(Kastentheorie vom Bewußtsein)이라 불리는 것으로, 의식은 항상 '무엇에 대한 의식'(Bewußtsein von Etwas, consciousness of something)이기에 그 본질은 '지향성'이라고 주장하는 현상학파의 생각과는 거리가 있다. 의식상자설에 의하면 우리가 무엇인가를 의식한다는 것은 그 의식된 내용이 의식 내부에 상으로 들어오게 된다는 것이다. 나는 앞에서 칸트가 인간을 가능적 무한자로 본다는 점을 이미 앞서 언급했다. 이것을 의식상자설과 연결시키면, 인간은 가능적으로 무한히 큰 상자라는 것이다. 인간은 개인 차원에서건 인류 차원에서건 자신의 의식을 끊임없이 확장할 수는 있어도 자신의 의식을 벗어나지는 못한다. 물론 개별적 인간들의 개별적 의식은 천차만별의 크기를 가진 상자들일 것이다. 내가 어디에서 시작하건 양의 정수의 계열에서 수를 헤아려가며 증가시킬 때에, 나는 끊임없이 내가 기존에 헤아려 온 나를 저장하면서 넘어선다.[19]

---

19) 그런데 사르트르는 다음처럼 말한다.

칸트에 의하면, "'나는 생각한다'는 우리들의 모든 표상에 동반될 수 있어야 한다." 그러나 '내'가 사실상 우리의 모든 의식 상태들에 거주하고, 실제로 우리 경험의 최상의 종합을 실행한다고 결론 내려야 할 것인가? 이렇게 추리하는 것은 칸트의 생각을 왜곡하는 것으로 보인다. (…) 칸트는 '나는 생각한다'의 현실적인 존재에 대해서는 아무런 말도 하지 않았다.

그와는 반대로 그는 '나'가 없는 의식의 순간들이 존재한다는 것을 완벽하게 잘 이해했던 것으로 보인다. 왜냐하면, 그는 "동반될 수 있어야 한다"고 말하기 때문이다.(J. P. Sartre, *The Transcendence of the Ego*, trans., F. Williams & R. Krikpatrick, New York, The Noonday Press, 1969, p. 32. 강조는 사르트르)

사르트르는 칸트의 통각이론을 심각하게 오해하고 있는데, 그는 '나는 생각한다'가 우리들의 모든 표상에 동반될 수 있어야 한다고 말할 때, 칸트는 그 말을 인식의 가능성 조건으로서 논하고 있다는 것을 망각하고 있다. 그러니 칸트가 "'나는 생각한다'는 우리들의 모든 표상에 동반될 수 있어야 한다"고 한 말은 '나는 생각한다'가 우리들의 표상에 동반될 수도 있고 동반되지 않을 수도 있다는 것을 말하는 것이 아니라, 우리의 인식이 성립하려면 우리들의 모든 의식에 '나는 생각한다'가 필연적으로 수반되는 일이 가능해야 함을 말하고 있는 것이다. 그러니 칸트의 그 말에서, 칸트가 "'나'가 없는 의식의 순간들이 존재한다는 것을 완벽하게 잘 이해했다"는 결론을 도출할 수 없을 것이다. 『실용적 관점에서 본 인간학』에서 칸트는 "우리가 의식하고 있지는 않지만 가지고 있는 표상"이 있을 수 있음을 인정하는데, 일견 이 구절은 사르트르의 해석에 우호적인 말로 보일 수가 있다.

> 표상을 가지고 있지만 그러나 그것을 의식하고 있지 않다고 하는 것에는 모순이 있는 것처럼 보인다. 왜냐하면 우리가 그러한 표상을 의식하고 있지 않다면 우리가 그것을 가지고 있다는 것을 어떻게 알 수 있겠는가? 이러한 반대는 이미 로크가 했던 것인데, 그는 이 때문에 이러한 종류의 표상이 존재하는 것도 거부했다. 그러나 우리는 어떤 표상을 직접적으로는 의식하고 있지는 못하지만, 간접적으로는 그것을 가지고 있다는 것을 의식할 수 있다. 그러한 종류의 표상들은 불분명한 표상이라 불린다. (…) 만약 내가 나로부터 멀리 떨어진 목장에 있는 어떤 사람을 보고 있는 것을 의식하고 있다면, 비록 그 사람의 눈, 코, 입 등을 보고 있다고는 의식하고 있지는 못하지만, 실제로 나는 이것이 하나의 사람이라고 추정한다. 왜냐하면 이들 부분의 표상을 나의 직관 안에 결코 가지고 있지 않다고 주장하고자 한다면, (…) 나는 어떤 사람을 보았다고도 말할 수 없을 것이기 때문이다.(강조는 칸트, 30-31쪽)

칸트는 인식이 성립하려면 인식주관이 분명하게 의식하지 못하는 불분명한 표상조차도 간접적으로라도 '나는 생각한다'에 연결되어야 함을 말하고 있다. 일견 사르트르에 우호적으로 보였던 이 구절조차도 사르트르의 칸트 해석에 비우호적이다. 『실용적 관점에서 본 인간학』의 그 말은, 『순수이성비판』에서 어떤 표상을 나의 표상으로 의식하지 못할 경우에도 그 표상은 '나는 생각한다'에 연결되어 있어야 한다(B132 참조)는 칸트의 말과 일맥상통하는 말이다. 사르트르는 칸트의 의식이론이 갖는 의식상자설의 측면을 현상학적인 의식지향설의 관점에서 제거하려 보니 저런 황당한 오류를 범하게 되는 것이다. 나는 바로 위에서 칸트의 선험적 자아(가능적 무한자)는 끊임없이 자신이 기존에 헤아려 온 것들을 저장하면서 넘어선다고 했다. 현상학파에서는 이 경우 '저장하면서'는 무시하고 넘어서는 바로 그 순간의 '나'를 중시하는 칸트 해석을 내놓는다. 그럴 경우, '나'는 "단순히 자발성이요 대상을 향해 초월하는 순수한 활동성일 뿐이다"(J. P. Sartre, *The Transcendence of the Ego*, 21쪽). 이런 자아는 순수 지향성일 뿐, 아무런 내용도 갖지 않는다. 이런 사정을 사르트르는 "의식은 끊임없이 자기 과거존재의 무화(無化)로서의 자기를 경험한다"고 말한다(J. P. Sartre, *Being and Nothingness*, trans., H. E. Barnes, New

혹시 의식이 자신으로부터 벗어나는 것은 불가능하다는 이런 생각에 대해 '유체이탈'을 생각하면서 머리를 갸우뚱거리는 독자가 있을지도 모르겠다. 종종 임사체험자들 — 이들이 죽음의 문턱을 넘기 직전인지 아니면 넘고 나서인지는 모르지만 — 은 자신의 의식이 자신의 몸을 몸 바깥에서 바라보는 경험을 한다고 한다. 과연 이것이 의식상자설에 반대되는 증거인가? 아닌 것 같다. 그의 의식이 몸을 떠났다는 주장 — 이 주장도 논란이 많다 — 일 뿐이다. 의식이 몸을 떠날 수 있는지는 모르겠으나[20] 의식 자체를 떠나지는 못한다.

지금까지는 모사설에 있어서 주관과 대상의 일치가 불가능함을, 주관에서 출발해서 우리는 결코 대상 그 자체에 도달할 수 없다는 방식으로 입증했다. 그러나 정반대의 방향에서 모사설을 비판하는 입장도 있다. 만약에 모사설에서 주장하듯이 주관 바깥에 그 자체로 실재하는 대상이 있다고 한다면,

---

York, Philosophical Library, 1956, p. 28. 강조는 필자). 그러나 사르트르식으로 해석된 자아는 결코 칸트적인 자아가 아니다. 물론 의식이란 것은 현상학자들이 말하듯 지향성의 요소도 있는 것은 사실이다. 그러나 동시에 상자 같은 것이다. 프로이트(G. Freud)의 정신분석학이 그것을 분명하게 말해주고 있다. 그리고 인간의 의식을 컴퓨터 모형으로 이해하는 입장에서도 의식의 본질을 지향성으로만 해석하는 것을 받아들이지 않을 것이다. 현상학파에서는 인간이 과거의 기억을 떠올리는 것도, 자신의 의식이라는 상자 안에 들어 있는 것을 끄집어내어 떠올리는 것으로 해석해서는 안 되고 기억의 내용에 대한 지향적 행위로 보아야 한다고 생각한다. 심지어 후설(E. Husserl, 1859-1938)은 프로이드의 무의식 이론을 염두에 둔 듯이 '무의식의 지향성'에 대해서도 거론한다(기다 겐 외, 편집, 『현상학 사전』 이신철 옮김, 도서출판 b, 2011, 365쪽 참조). 이 개념은 의식의 본질을 지향성이라고 주장한 마당에, 그 입장을 끝까지 관철시키기 위해 만든 개념으로 보인다만, '무의식의 지향성'을 끌어들이는 순간에 의식지향설은 의식상자설에 많이 다가가는 듯이 보인다. 어쨌건 특정 인간이 어떤 특정 심리상태에 병적으로 사로잡히는 것을 현상학파식으로 설명하기는 힘들어 보인다. 우리는 의식을 기억능력(저장용량)과 사고능력(계산능력)을 가진 자기의식적-자기반성적 랜턴 사진기 같은 것으로 생각하면 좋겠다. 자기의식적인 랜턴 사진기가 빛을 발산한다고 해서 그 사진기가 대상을 향해 초월하는 것은 아니다. 스위치가 켜지면, 사물이 랜턴 사진기의 빛 안에서 드러난다. 이 경우 디지털 랜턴 사진기에서 나가는 빛이 현상학파에서 말하는 지향성이다. 그리고 랜턴은 그 빛 하에서 드러난 것을 표상화해서 의식층과 무의식층에 저장하는 것으로 보인다.

20) 칸트는 『순수이성비판』의 선험적 인식론의 차원에서는 그 가능성을 부인하지만, 『실천이성비판』의 선험적 윤리학의 차원에서는 그 가능성을 도덕신앙의 이름으로 받아들인다.

그리고 대상 자체와 대상에 대한 표상의 일치를 파악하는 것이 가능하다고 한다면, 주관은 일치 여부를 조사해보기 이전에 미리 주관 외부에 있는 사물 그 자체를 알고 있어야 한다. 왜냐하면 의식 바깥에 있는 사물 — 바로 이 사물이 우리들이 내리는 판단이 참인지 거짓인지를 검토할 때 동원해야 하는 기준이다 — 을 모르고 있다면, 주관이 자신의 표상을 자신 바깥에 있는 실재물과 비교하여 그 일치 여부를 판단하는 것이 처음부터 불가능하기 때문이다. 그러나 주관이 이미 자신 외부에 실재하는 사물이 무엇인지 알고 있다면, 나는 이미 그 사물에 대한 인식을 소유하고 있는 것이요, 따라서 주관은 주관 내부에 있는 자신의 표상이 주관 바깥에 있는 대상과 일치하는지 여부를 알려고 노력할 필요가 없어진다. 요컨대 일치의 기준이 대상 쪽에 있기 때문에, 일치의 기준인 대상을 알지 못하고서는 일치 여부를 논할 수 없고, 일치 여부를 논할 수 있기 위해서는 이미 대상을 알고 있어야 한다는 것이 모사설이 빠지게 되는 딜레마다.[21]

---

21) 하영석 외 공저, 『칸트와 현대사상』(형설출판사, 1984), 26쪽 참조. 모사설에 대해 가해지는 이런 딜레마는 모사설적 인식주체를 경험적 자아로 한정할 경우에만 성립하는 것으로 보인다. 그 인식주체를 선험적 자아로 본다면, 이런 딜레마는 성립하지 않는다. 선험적 자아는 오류를 범할 수가 없다. 선험적 자아가 어떤 감각자료와 지성의 범주들을 결합하여 '사과'라고 인식(구성)하면 사과가 되는 것이다. 그러면 칸트적인 인식론으로는 잘못된 판단의 발생을 어떻게 설명할 수 있는가? 오류의 주체는 선험적 자아가 아니라 경험적 자아가 될 것이다. 5+7=13이라는 판단을 내리는 주체는 선험적 자아가 아니고 경험적 자아일 것이다. '죄는 인간이 짓고 용서는 하나님이 한다'는 말이 있는데, 칸트적인 인식론에서는 '오류는 경험적 자아가 범하고 교정은 선험적 자아가 한다'는 말이 성립할 수 있을 것이다.
    그러면 모사설적 인식론에서는 오류의 발생과 교정은 어떻게 설명되는가? 모사설적 인식론에서는 경험적 인식주체로서의 인간이 오류를 범하게 되는 이유는 주어진 감각 정보를 잘못 해석하여 잘못된 판단을 내리기 때문이다. 그리고 오류를 교정할 수 있는 것은, 내가 나의 경험적 의식으로부터 벗어나서 내 바깥에 있는 것으로 간주된 사물 그 자체와 나의 두뇌 속에 있는 그 사물에 대한 나의 표상이 일치하는지 여부를 확인할 수 있기 때문이다. 즉 경험적 의식으로부터의 외출이 가능하기 때문이다. 이 말은 나는 내 바깥에 있는 것으로 간주되는 사물을 보다 자세히 살펴볼 수 있었기 때문이거나, 사물을 다른 사물로 오해하게 만든 외적 환경이 바뀌었기 때문일 수가 있다. 다시 말하면 내가 내린 판단이 주어진 감각자료에 대한 잘못된 해석에 기초하여 있다는 것을 알았기 때문이다. 경험적 인식주체는 자신의 인식을 대상화할 수 있고, 자신이 범한 오류를 바로잡을 수 있다. 그리고 그렇게 바로잡는 자아 역시 새로운 경험적 자아가 된다.

우리는 위에서 아리스토텔레스 이래로 전통적인 진리관(인식론)이 가지고 있는 난점을 살펴보았다. 여기까지는 칸트가 일으킨 '인식론상의' 코페르니쿠스적 혁명을 이해하기 위한 사전 정지작업이었다. 지금부터는 칸트가 인식의 문제에 있어서 모사설이 처해 있는 이러한 곤경으로부터 탈출하기 위해 어떤 해결책을 내놓는지 살펴볼 차례가 되었다. 그는 모사설의 대상 본위의 사고방식을 주관 본위의 사고방식으로 바꾼다. 이것은 결국 진리의 기준이 대상에 있는 것이 아니라 주관에 있다는 것이다. 사람들은 이것을 칸트의 '코페르니쿠스적 전회'라고 부른다.[22] 이 전회를 통해 하나의 혁명적인 이론이 만들어진다. 인식론상의 구성주의(Konstruktivismus)다. 구성주의는 진리의 기준이 대상 쪽에 있고 주관은 수동적 역할만 한다는 모사설의 입장을 거부한다. 정반대로 진리의 기준이 주관 쪽에 있으며, 주관이 능동적으로 대상을 만들어낸다.

앞에서 보았듯이 모사설적 패러다임으로는, 주관과 대상의 관계에서 주관으로부터 출발해서는 절대로 '대상 그 자체'에 도달하지 못한다는 것을 보았다. 대상 그 자체는 끊임없이 주관으로부터 미끄러진다. 이 경우 대상 그 자체는 선험적 대상으로 읽힐 수도 있고, 촉발하는 물자체로도 읽힐 수도 있다. 어떻게 읽히건 그것은 '인식될 수 없는 것'이라는 점에서 마찬가지다. 주관이 주관을 벗어나지 못한다면, 주관이 보는 모든 것은 대상 자체가 아니라

그런데 모사설적 인식주체를 선험적 자아로 본다면, 모사설에 대해 "일치의 기준이 대상 쪽에 있기 때문에, 일치의 기준인 대상을 알지 못하고서는 일치 여부를 논할 수 없고, 일치 여부를 논할 수 있기 위해서는 이미 대상을 알고 있어야 한다는 것이 모사설이 빠지게 되는 딜레마다"라고 말하기 힘들어진다. 왜냐하면 이런 비판은 '의식이 자신으로부터 외출하는 것이 가능하다'는 전제하에서만 성립하는데, 선험적 자아의 경우에는 의식은 의식 자신을 벗어날 수 없다는 것이 선험적 자아의 본질적 특징이기 때문이다.

22) 나는 그렇게 부르는 것에 결사코 반대하는 것은 아니지만, 그 혁명이 '코페르니쿠스적'이라고 불리는 것은 적절하지 않다고 생각한다. 왜냐하면, 코페르니쿠스는 천동설을 지동설로 바꾸면서, 우주에서 인간의 지위를 강등시켰지만, 칸트는 인식에 있어서 대상 본위를 주관 본위로 바꾸면서 인간을 현상계의 창조자 및 입법자로 만들어 인간의 지위를 높이고 있는 듯이 보이기 때문이다. 이에 대해서는 필자의 책, 『칸트철학과 물자체』 "부록"을 참조하면 좋겠다.

대상에 대한 표상일 뿐이다.[23] 모사설은 주관의 표상에 불과했던 것 즉 경험적 사물들을 물자체로 간주하는 오류를 범했다는 것이 칸트의 생각이다. 경험적 차원에서 보면, 사물들이 갖고 있는 것으로 보이는 명암과 색과 맛은 물론이고, 그 질감, 견고성, 부피, 공간성과 시간성 등등 그 모든 것이 우리의 감각기관이 물자체로부터 촉발당하여 생기는 근원적인 감각재료들을 우리가 가공하여 만든 것들이고, 이것들이 결집되는 다양한 모습에 따라 다양한 현상적 사물이 된다. 현상적 사물의 배후에 있으면서 우리가 절대로 도달할 수 없는 것을 그는 '물자체'로 불렀다. 칸트에 따르면 수용성의 능력인 감성을 물자체가 촉발할 때 감각자료가 생겨난다고 한다.[24] 그리고 이렇게 생겨난 감각자료(선험적 대상)가 지성의 사유형식에 따라 가공된다고 생각했다. 그는 그렇게 가공된 결과 우리는 하나의 표상을 갖게 되고, 그 표상이 곧 '현상체'다.

칸트는 물자체와 현상을 구분하는 두 번째 근거를 갖고 있었다. 만약 여러 사람이 둘러앉아 있는 탁자의 한복판에 한 권의 책이 있다고 하자. 만약 그 책이 사물 그 자체라고 한다면, 그 테이블에 둘러앉아 있는 모든 사람들이

---

23) 어떻게 보면, 칸트의 이런 생각은 현상계의 사물은 아무리 이데아를 닮아 있어도 절대로 이데아 자체가 될 수 없다는 플라톤의 생각과 비슷하다. 이 자리에서 칸트가 '표상'이라는 개념을 어떻게 사용하는지 언급해둘 필요가 있어 보인다. 칸트는 '표상'(Vorstellung)이란 개념을 아주 다양한 방식으로 사용하고 있다. '대상에 대한 표상', '법칙의 표상', '주관적 표상', '의식적 표상', '감각적 표상', '비교적 표상', '아프리오리한 순수 표상', '관계표상', '표상 능력' 등등 다양한 방식으로 사용하고 있다. 표상이 지각이나 감각 혹은 인식과 어떤 점에서 유사하고 어떤 점에서 다른지에 대해서 칸트는 다음처럼 설명한다. "각종 표상의 단계는 다음과 같다. 유(類)는 표상 일반(repraesenratio)이다. 그다음에는 의식을 동반한 표상(perceptio)이다. 주관의 상태의 변용으로서, 결국 주관에 관계를 가지는 지각은 감각(sensatio)이고, 객관적인 지각이 인식(cognitio)이다. 인식은 직관이거나 개념이거나다(intuitus vel conceptus). 전자는 직접적으로 대상에 관계 있고 개별적이며, 후자는 다수의 사물에 공통된 어떠한 징표를 통해 간접적으로 대상과 관계 있는 것이다(B377). 칸트의 이런 설명에도 불구하고 칸트의 표상 개념을 한 문장으로 규정하거나 이해하는 것은 쉬운 일이다. 칸트의 표상 개념은 대상과의 접촉에 의해서건 상상에 의해서건 혹은 논리적 추상작용이나 추리에 의해서건 마음속에 떠오르는 일체의 것을 의미하는 것처럼 보인다.

24) 칸트는 이렇게 말한다. "이 선험적 객관은 감각적인 소여에서 분리될 수가 없다. 왜냐하면 분리된다면 선험적 객관을 사고할 수 있게끔 하는 것이 있지 않기 때문이다."(A251)

그 책에 대해서 갖고 있는 표상들은 모두 똑같아야 할 것이다. 그러나 그들이 자신들이 본 책을 실물 크기로 그려서 — 이 경우 그들 모두에게 그들 눈에 비치는 그대로 그 책을 그릴 수 있는 능력이 있다는 사실이 전제되어야 한다 — 서로 비교해보면, 서로 다른 그림을 그렸음을 알게 될 것이다. 이 사실은 곧 그 책이 사물 그 자체가 아니라 현상에 불과함을 말해주는 것이 된다. 물론 사람들은 그 책을 바라보는 시각이나 거리나 명암에 좌우되지 않는 어떤 중성적인 기체의 존재를 상상할 수 있다. 그러나 그것은 어떤 방식으로든 우리의 감각의 대상이 될 수 없기에 우리는 결코 그것에 이를 수가 없다. 바로 그것이 물자체다.[25] 물자체는 어떤 사물을 바라보는 인간들에게 나타나는 다양한 현상의 배후에 있는 중성적 기체이기도 하지만, 인간과 종이 다른 생명체들과 인간 사이에 있는 중성적 기체일 수도 있다.

우리는 이제 인간과 비교하여 덜 발전된 기관을 가지고 있는 또 다른 생물을, 예를 들어 시각기관을 가지고 있지 못한 생물을 고찰할 수도 있을 것이다. 이러한 생물도 자신의 환경, 즉 자신의 세계로부터 인상들을 받아들인다. 그러나 그러한 세계상에는 빛, 즉 색깔이 존재하지 않는다. 그것이 그들의 세계이며 그 세계는 그들에게 나타나는 그대로다. 다양한 종류의 의식을 가정하는 것은 다양한 생물들이 그들 각각의

---

25) 그러나 칸트가 이 중성적 기체를 사물의 물자체로 본 것은 잘못이다. 예컨대 탁자 위에 놓인 하나의 사과는 보는 사람에 따라 다르게 보인다. 이 경우 보는 사람에 따라 다르게 현상하는 그 각각의 사과는 주관적 사과의 모습이고, 그것은 객관적 사과의 모습 즉 '객관적 현상'은 아니다. 하나의 원을 그려놓고 사람들에게 그 원의 면적을 자로써 측정하게 했을 때, 사람들은 각기 다른 면적을 말할 것이다. 이 경우 사람들이 제시하는 각기 다른 원의 면적에 해당하는 것이 주관적 사과의 모습이다. 그러나 그 원의 면적을 기하학적 공식으로 계산하게 되면, 모든 사람들은 동일한 면적에 도달하게 된다. 이 경우 동일한 면적에 해당하는 것이 사과의 객관적 모습이요, 객관적 현상이며, 사과의 중성적 기체다. 원의 객관적 모습과 사과의 중성적 기체는 칸트가 말하는 '현상'이지 물자체는 아니다. 이 현상은 개별적 주관에 나타난 주관적 현상이 아니라, 순수 인간 혹은 선험적 주관에 나타난 객관적 현상이다. 그런데 칸트는 사물의 중성적 기체를 가상체로서의 물자체와 동일시하는 모습을 보이고 있다.

다양한 기관들을 근거로 하여 세계에 관한 다양한 현상들을 형성하며 세계 그 자체, 즉 물자체는 그 현상들 배후에서 가정되어야 한다는 통찰로 나아간다. 그러므로 물자체의 개념은 필연적이다.[26]

지금까지 칸트가 현상과 물자체를 구분한 것이 모사설적인 인식론(진리론)의 난점을 해결하기 위한 것임을 살펴보았다. 이 대목에서 우리는 이런 질문을 할 수 있다.

　① 모사설적인 인식론의 입장에서는 대상과 판단의 일치를 확인할 길이 없다는 것을 알겠다. 그런데 물(物)을 물자체와 현상적 물로 나눈다고 하더라도 대상과 판단의 일치가 어떻게 가능한지 잘 이해가 안 된다. ② 그리고 동일한 사물을 보는 다수의 사람들이 각기 다른 그림을 그릴 때, 그 중성적인 사물이 물자체라고 했는데, 그러면 물자체는 시간-공간적인 존재란 말이냐?

　①의 물음에 대해서는 다음 장에서 칸트적의 사유방법론인 선험적 방법론을 설명할 때에 더 자세히 다루겠지만, 여기서는 간단히 말하겠다. 칸트에 따르면 촉발하는 물자체라는 것은 인간이 절대 인식할 수 없는 것이다. 현실적 무한자인 그 불가해한 물자체의 한복판에 순수감각능력을 구비한 순수 인간(가능적 무한자)이 놓이면, 그 순간 감각자료(Sense Data)가 만들어진다. 그것은 요즘 생물학 용어로 말하면 인체의 어떤 기관으로도 전환될 수 있는 '줄기세포' 같은 것이다. 칸트는 그것을 '경험적 직관의 무규정적 대상' 혹은 현상(Erscheinung)이라고 한다(B34 참조). 현상에 대한 페이튼의 설명은 간단명료하고 핵심을 찌르고 있다.

---

26) A. V. 폰 키벳, 『'순수이성비판'의 기초개념』(이신철 옮김, 서울, 한울아카데미, 1994), 121쪽.

현상(Erscheinung, 무규정적 대상)은 물자체가 단지 감각에 대해서만 나타
난 것이요, 현상체(Phaenomena, 규정된 대상)는 물자체가 감각과 사고에 나
타난 것이다.[27]

---

27) H. J. Paton, Kant's *Metaphysics of Experience*, Vol. 1 (New York, Humanities Press, 1970), p. 96. 나
는 현상을 줄기세포 같은 것이라 했는데, 이 줄기세포 같은 원초적 감각자료를 분화시키는 것이 지성
의 12범주다. 범주에 의해 분화된 것을 페노메논이라 한다. 다음의 칸트 말을 참조하길 바란다.
"지성의 능력이야말로 표상들을 비교도 하고 결합도 하며 혹은 분리시키기도 해서 감성적 인
상이라는 원재료에 손질해서 그것을 '대상의 인식'이 되도록 하는 것이다."(B1) "현상(Erschein-
ungen)은 그것이 범주의 통일에 따라서 대상이라고 생각되는 한에서, 현상체(Phaenomena)라
고 한다."(A249)

여기서 나는 칸트의 악명 높은 일관성 없는 용어 사용법에 대해 언급하지 않을 수 없다. 칸
트는 물자체(현실적 무제약자)와 선험적 대상(가능적 무제약자)을 둘 다 무제약자라는 점에
서 종종 동일시하는데, 나는 가능적 무한자와 현실적 무한자는 다르다는 이유에서 그렇게 동
일시하는 것은 잘못이라고 했다. 물자체가 인식 이전에 우리의 감각기관을 촉발하는 어떤 것
일 때, 나는 그것을 존재론적 의미의 물자체라고 했다. 그리고 이런 물자체는 복수로 사용되어
서는 안 된다. 칸트는 B604-B605에서 '하나의 물자체 개념'(der Begriff eines Dinges an Sich)에
대해 언급하고 있다. 엄격하게 말한다면 '하나'라고 말해서도 안 된다. 그렇게 말하면 물자체에
다 범주를 적용하는 것이 되기 때문이다. 그러나 인간이 언어생활을 하는 이상, 어떤 것을 지칭
할 때 단수로 지칭하든 복수로 지칭하든 해야 하니, 칸트로서도 언어의 한계를 넘어서 있는 어
떤 것을 설명하는 것이 어려웠을 것이다. 칸트의 선험적 대상도 복수로 사용되면 안 된다. 왜
냐하면 그것은 경험적 대상들의 존재를 설명하기 위해서 선험논리적으로 상정하지 않을 수 없
지만 그럼에도 그 대상성을 구체적으로 특정할 수 없다는 바로 그런 이유로 '선험적 대상'이라
고 불리기 때문이다.

칸트는 선험적 대상을 복수로 사용하는 경우는 없다. 그런데 나는 칸트가 '감성론'에서 단
수로만 사용되어야 하는 촉발하는 물자체에 대응하는 개념으로 등장시키는 '경험적 직관의 무
규정적 대상'인 현상(Erscheinung)이 사실은 '분석론'에서 거론되는 선험적 대상과 같은 것이
라고 했다. 그럴 수밖에 없는 것이, 그 현상은 범주적으로 규정되기 이전의 현상이어서 복수로
언급될 수가 없기 때문이다. 엄격하게 말한다면 이 경우에도 '하나'라고 말해서도 안 된다. 그
런데 '선험적 대상'이 복수로 사용되어서 안 된다면, 그것과 동일시되는 '현상'도 복수로 사용
되어서는 안 될 것이다. 그럼에도 불구하고 칸트는 Erscheinungen(현상들)이라는 식으로 복수
로 사용한다. 그러나 이 역시 칸트의 혼란스러운 용어 사용의 사례가 될 것이다. 그가 현상을
복수로 '현상들'이라고 사용함으로써 염두에 두는 것은 현상체(Phaenomena)들인데, 이렇게 되
면 줄기세포 역할을 하는 현상과 그 줄기세포가 분화되어 만들어진 특정 장기의 세포에 해당
하는 현상체들이 동일시되는 불합리가 발생하게 된다. 어쨌건 독자들은 Erscheinung(현상)은 '
선험적 대상'과 같고, Erscheinungen(현상들)은 '현상체들'과 같은 의미로 사용되고 있음을 기
억해둘 필요가 있다.

이 현상, 다시 말해서 경험적 직관의 무규정적인 대상이 바로 칸트가 말하는 **선험적** 대상이다. 방금 '경험적 직관'이라는 말이 사용되었는데, '왜 곧이어서 선험적이란 말이 나오는가'라는 의문이 생길 수 있다. 이에 대해서 알아보겠다. 우리가 눈앞에 있는 사과, 책상, 책, 연필, 안경 등등 세상의 모든 사물들을 본다고 하자. 이 사물들을 구성하는 감각자료는 경험적 직관들이고 그 직관내용은 특정된 것들이다. 그리고 그것들은 경험적 대상들이다. 그런데 우리가 그 대상들에게서 그 대상들을 만들어주는 특정한 감각자료들을 뽑아내어서 다른 곳에 모아서 섞어버린다고 하자. 그렇게 섞인 감각자료들은 특정한 사물들의 감각자료가 아니다. 그것이 칸트가 말하는 '경험적 직관의 무규정적 대상'이며, 칸트는 이것을 '현상'이라고 한다.

나는 이것이 칸트가 말하는 '선험적 대상'과 같은 것이라고 주장하는데, 우리는 이 점을 분명히 알아둘 필요가 있다. 칸트는 경험적인 것은 질료적(내용적)인 것이요, 질료적인 것은 모두 아포스테리오리한 것이요, 형식적인 것은 모두 아프리오리한 것이라고 생각했다. 그리고 질료적인 것은 물자체로부터 유래하고, 형식적인 것은 모두 인식주관으로부터 유래한다고 말한다. 이러한 이분법에 따르면, 무규정적인 감각자료인 현상은 질료적인 것을 갖고 있으므로 결코 주관에서 유래하는 것이 아니고, 따라서 후천적으로 주어져야 한다. 그러나 그렇게 생각할 수가 없다. 왜냐하면, 무규정적 대상(=현상)이 후천적으로 만나게 되는 대상에 불과하다면, 인식주체가 아프리오리하게 갖고 있는 인식의 틀이 능동적-자발적으로 작동할 재료가 '언제든지' 공급된다는 보장이 없기 때문이다.

그러므로 칸트의 구성설적 인식론이 성립하려면, 특정한 감각자료를 가진 특정한 사물들은 다 후천적으로 주어진다 하더라도, 그 사물들의 감각자료의 총체인, 경험적 직관의 무규정적 대상(현상)은 경험에 앞서서 미리(아프리오리하게) 주어져 있다는 것이 필연적으로 전제되지 않으면 안 된다. 그래야만 경험의 가능성이 설명될 수 있다. 경험에 앞서 미리 주어져 있는 것으로 전제되지 않으면 안 되는 바로 그것이 선험적 대상이다. 물자체가 순수인간의 감관을 촉발하는 사태는 경우에 따라서 발생하고 경우에 따라서는 발생하지 않는 경험적 사건이 아니라 인식의 가능성을 설명하려면 필연적으로 전제되어야 하는 사건이기에, 그 사건에 의해 생겨나는 '현상'은 선험적 대상이지 않을 수가 없는 것이다. 칸트가 『순수이성비판』의 '감성론'에서 '현상'으로 부르는 것이 '분석론'에서는 '선험적 대상'이다. 우리는 여기에서 칸트가 고수하고 싶어 했던 형식과 질료의 이분법이 무너지는 것을 본 것이다. 그는 '아프리오리한 질료'를 인정할 수밖에 없었던 것이다.[28] 이제 우리는 야코비를 흉내 내어 다음처럼 말해도 무방하겠다.

> 형식과 질료의 이분법을 인정하지 않으면 칸트의 체계 속에 들어갈 수가 없고, 형식과 질료의 이분법을 인정하고서는 칸트의 체계 속에 머물 수가 없다.

'경험적 직관의 무규정적 대상', '현상', '선험적 대상', 이 셋은 같은 것이다. '선험적 대상'은 모든 사람들의 의식에서 동일하다. 특정한 사물로 규정할 수 없기에 칸트가 가끔 X로 표기하기도 하는 그 선험적 대상이 순수인간이 구비해 있는 아프리오리한 인식 틀을 통과하여 성립한 모든 인식내용은 만인에게 동일한 진리가 된다. 이렇게 되면 만인에게 동일한 인식적 대상에 관한 한, 그 대상에 대한 판단이 그 대상과 일치하는가 일치하지 않는가 하는 문제로 고민할 필요가 전혀 없게 된다. 왜냐하면, 그 대상은 순수인간이 스스로 만들어 낸 대상이요 스스로 산출한 대상이기 때문이다. 이런 사정을 칸트는 다음처럼 표현한다.

---

28) 이 『순수이성비판』에서 인정되어야 하는, 형용모순처럼 보이는 '아프리오리한 질료'는 『실천이성비판』에서 언급되는 '이성에서 유래하는 감정' ― 이 역시 형용모순처럼 보인다 ― 을 떠올리게 한다.

직관이 대상의 성질에 준거해야 한다면, 어떻게 해서 대상의 성질에 관한 내용을 아프리오리하게 알 수 있느냐 하는 것을 나는 아는 바가 없다. 그러나 감관의 객체인 대상이 인간의 직관능력의 성질에 준거한다면, 대상의 성질을 아프리오리하게 알 가능성을 아주 잘 깨달을 수가 있다.(BXVII)

혼히들 생물학자들은 '부성 불확실성'이라는 개념을 사용한다. 이 말은 '자식의 아버지가 누구인가'라는 문제에 관한 한, 불확실성의 요소가 있다는 것이다. 아버지 입장에서 보면 그 자식이 정말로 내 자식인지 확신할 수가 없다. 그는 다른 남자의 자식을 내 자식이라고 믿고 있을 가능성이 없지 않다. 바로 이런 이유에서 우리나라 TV 일일연속극에 출생의 비밀에 관한 것이 많다. 한 어머니의 쌍둥이 자식들의 아버지가 다른 경우도 있었다. 물론 요즘은 유전자 조사 기법으로 아버지도 자신의 아이인지 아닌지를 알 수 있는 길이 열려 있는 세상이지만, 요즘 같은 시대에도 다른 남자의 아이를 자신의 아이로 믿고 키우는 경우가 종종 있다. 여성의 남자관계가 문란할 경우에는 어머니도 그 아이의 아버지가 누구인지 잘 모를 수가 있다. 그러나 어머니는 절대로 모성 불확실성의 위험에 빠지지 않는다. 세상의 모든 아이는 그 어머니의 자식임이 100% 확실하다. 왜냐하면 어머니는 자식을 직접 낳기 때문이다.

선험적 대상(아버지)과 주관(어머니)이 상호작용하여 표상(자식)이 만들어진다고 생각할 경우, 모사설은 주관이 가지고 있는 표상은 주관 바깥에 그 자체로 실재한다고 믿어지고 있는 대상에서 유래한 것이라고 주장하는 이론인데, 그것을 입증할 길이 없다. 그러나 구성설은 표상이 곧 어머니가 산출한 것임을 주장하고 있다. 단성생식은 불가능하기에 칸트는 표상의 배후에 물자체의 존재가 생각될 수는 있다고 말한다. 모사설은 부성 불확실성의 위험에 빠져 있는 이론이라면, 칸트의 구성설은 모성 확실성의 안정성을 갖고 있는 이론이다. 모사설은 대상의 표상에 불과한 것을 대상 그 자체인 것으로 믿고 있다. 소박한 실재론자들이 그런 생각을 갖고 있다.

그러나 표상과 대상 그 자체는 같은 것이 아니다. 다시 말해서 의식 바깥에 자체적으로 실재하는 것으로 상정된 대상과 그 대상에 대해 우리가 표상한 것이 다를 수 있다는 것이다. 이 사실을 알게 된 소박한 모사설론자들은 모사설이 옳은 이론임을 주장하기 위해 대상과 표상이 일치하는 것을 확인해야 할 처지에 놓이게 된다. 그러나 대상과 표상이 다를 수 있음을 인정한 이상, 표상이 대상과 일치하는지를 확인하는 것은 불가능한 일이 되어버린다. 이런 상황은 자기 자식임을 절대로 확인하지 못하면서도 진짜 자기 자식이라고 철석같이 믿고 있는 아버지와 흡사하다. 그러나 구성설에서 대상은 순수인간이 산출한 것이기에, 산출된 대상이 표상이요, 표상은 산출된 대상이다. 그러니 대상과 표상의 일치는 필연적이며 불가피하다.

칸트에 따르면, 우리가 눈앞에 저만치 떨어져 존재한다고 생각하는 빨간 사과에 대해 갖고 있는 모든 인식정보는 모두 선험적 주관이 구성해낸 것이다. 선험적 관점에서 보면, 지금 이 저술 작업을 하기 위해 내가 사용하는 컴퓨터, 내 앞에 독립적으로 놓여 있는 것으로 보이는 이 컴퓨터에 대한 나의 모든 표상내용은, 그것이 컴퓨터의 공간표상이든 시간표상이든 모조리 선험적 주관이 만들어낸 것이요, 선험적 주관의 관념물에 불과하다. 그러나 칸트는 컴퓨터와 관련된 모든 표상들이 선험적 주관의 관념물에 불과하기에 선험적 주관으로부터 독립하여 자체적으로 존재하는 것이 아니라고 하더라도, 칸트는 그 모든 표상들이 내가 꿈속에서 만들어내는 관념물과는 다르다고 말한다. 내가 꿈속에서 보는 산과 강은 허상이지만, 내가 일상에서 접하는 현상적 사물들은 허상이나 가상(假象)이 아니다. 그것들은 경험적으로 확실하게 실재하는 것이다. 그것들은 내가 꿈에서 깨어나면 한순간에 사라지는 꿈속의 산이나 강이 아니다. 현상의 배후에 물자체가 있기 때문이다. 다시 말해서 유한자의 배후에 무한자가 있기 때문이다. 이런 이유에서 칸트는 선험적 관념론은 경험적 실재론이라고 말한다(A370 참조). 지금까지의 설명으로 칸트의 구성설적인 인식론에서는 대상과 표상의 일치가 어떻게 가능한지 충분히 해명되었다고 생각한다.

②에 대해서는 살펴보겠다. 어떤 사물의 공간성과 시간성도 인식주관이 구성하는 것이라는 관점에서 보면, 그 중성적 기체를 물자체로 보기 힘든 것으로 보인다. 그럼에도 불구하고 연구자들이 '감관을 촉발하는 물자체'라는 말로 '가상체(可想體)로서의 물자체'를 떠올리고 이것을 현상적 사물들의 중성적 기체로 생각하게 되는 것은 자연스러운 것인데, 왜냐하면, 칸트가 모사설적 인식론을 비판하면서 모사설에서는 현상체를 사물 자체로 오해하고 있다고 말하는데, 그렇게 말함으로써 그는 우리로 하여금 사물 자체를 현상체의 원형과 유사한 것으로 생각하도록 만들기 때문이다. 사물 자체가 그렇게 생각되면, 그것은 가상체가 될 것이고, 결국 우리는 그것을 플라톤의 이데아와 유사한 것으로 생각하게 된다.

이 문제는 칸트철학에서 어려운 문제인데, 이 문제에 대한 나의 생각은 칸트 자신이 이 문제에 대해 헷갈려한다는 것이다. 칸트는 『순수이성비판』의 '감성론'에서 물자체(Ding an Sich)라고 부르는 것을, '분석론'에서는 가상체(Noumenon)로 부르고, '감성론'에서 경험적 직관의 무규정적 대상인 현상(Erscheinung)을 '분석론'에서는 선험적 객관(transzendentales Object)으로 부르며, '감성론'에서 현상들(Erscheinungen)으로 부르는 것을 '분석론'에서는 현상체(Phänomenon)로 부른다. 그런데 칸트는 가상체를 현상체의 원형으로 간주한다. 우리는 앞서 플라톤이 말하는 삼각형의 이데아가 현상계의 삼각형의 원형이라면, 그 이데아는 '길이'의 요소를 갖는가 갖지 않는가 하는 문제를 다루었다. 그것이 길이의 요소를 갖지 않는다면, 길이의 요소를 갖지 않는 삼각형이, 그것이 현상계의 삼각형이건 이데아계의 삼각형이건, 삼각형일 수 있는가 하는 의문이 제기될 수 있음을 보았다.

비슷한 의문이 칸트에서도 발생한다. 가상체로서의 사물이 현상체인 사물의 원형이고, 현상체로서의 모든 사물에는 '공간성'이 있는데, 그 원형인 가상체는 공간성이 없을 수 있는가 하는 의문이다. 만약에 가상체에는 공간성이 없다면, 당연히 길이의 요소도 없을 것이고 부피의 요소도 없을 것인데, 그런 가상체가 어떤 근거에서 현상체의 원형(原型) 역할을 할 수 있는지 알 수가 없다. '원형'이라 할 때, '형'은 길이의 요소나 입체감의 요소가 있음을 전제하는 것으로 보이기 때문이다. 이데아 관념설을 주장하는 사람들에 따르면, 이데아는 우리들의 머리 안에 들어 있는 관념에 불과하며, 따라서 관념은 아무런 길이나 부피도 없기에, 이데아에 길이의 요소가 있는가 없는가를 묻는 것은 잘못이라고 말할 것이다. 현실의 삼각형은 길이를 가진 세 면과 세 각으로 구성된 도형으로서 '△'의 모습을 하고 있는 것이지만, 생각 속의 삼각형은 개념으로서만 존재하므로 그 개념이 길이를 가져야 한다고 말하는 것은 잘못이라는 것이다.

그러나 이런 식으로 말한다면 '삼각형'과 '사각형'이란 관념을 우리가 생각(머리) 속에서 구분하는 것은 불가능하게 될 것이다. 우리가 그 두 개념을 구분할 수 있는 이유는 우리가 그 두 개념에 대응하는 도형의 도식을 생각 속에서 그릴 수가 있기 때문이다. 이렇게 생각 속에서 상을 구성하는 능력을 칸트는 선험적 상상력이라 불렀다. 그런데 우리가 상상력의 도움으로 머리 안에서 어떤 삼각형을 그려본다면, 우리는 그것이 비록 머리 안의 삼각형이라 하더라고 어떤 '길이'의 요소를 가져야 할 것이다. 요즘은 전자계산기가 보급되어 수판을 사용하지 않지만, 예전에는 학교 수업 시간에도 수판 사용법을 배웠다. 그 시절에 백 단위 숫자를 열 개 혹은 스무 개씩 빠르게 불러주어도 수판을 사용하지도 않고 그 답을 척척 맞히는 암산 왕에 대한 이야기가 종종 있었다. 그 암산 왕 소년들에게 그렇게 빨리 암산할 수 있는 비법을 물어보면, 머리 안에 수판이 하나 들어 있다고 한다. 그렇다면 그들의 머리 안에 들어 있는 수판에는 모종의 길이 요소가 있다고 보아야 할 것 같다. 내 생각에는 이들의 머리 안에 있는, '길이'의 요소를 가진 수판이 수판의 '도식'이라면(이는 아리스토텔레스적인 수판의 형상에 가깝다), 수판의 도식에서 그런 '길이'의 요소를 빼버리면 수판의 물자체가 되는 것 같기도 하다. (이것은 억지스럽지만, 플라톤식으로 말해서 수판의 이데아와 유사해 보인다.) 그리고 이런 물자체는 얼마든지 복수로 사용될 수가 있다. 실제로 칸트는 물자체를 복수 즉 물자체들(Dinge an sich)로 사용한다. 문제는 칸트가 말하는 가상체가 이 둘 중에 어느 것인지 분명하지가 않다는 것이다.

가상체가 플라톤의 이데아와 유사한 것으로 해석되면, 우리는 또다시 일체의 공간성이 없는 '삼각형의 관념'이 어떻게 현상적 삼각형의 원형일 수 있는가 하는 물음을 던질 수 있다. 현상계의 삼각형이 갖는 공간성은 삼각형의 이데아의 무엇을 모방한 것인가 하는 의문이 생길 수밖에 없다. 플라톤은 삼각형의 이데아가 공간성을 얻게 되면서 불완전한 삼각형이 된다고 한다. 예컨대 한 변의 길이가 5cm인 정삼각형의 면적을 구한다고 해보자. 그리고 세 사람이 그 관념을 종이 위에 그린다고 해보자. 그리는 순간에 사람마다 달리 그린 불완전한 삼각형들이 그려진다. 그리고 그것들을 기초로 해서 면적을 구하면, 사람마다 약간씩 다른 면적이 나온다. 그러나 우리가 머리로 수학의 원리에 따라 그 삼각형의 면적을 계산하면, 그 세 사람은 동일한 답을 얻게 된다. 이런 사태가 플라톤으로 하여금 이데아의 개념을 생각하게 만든 계기가 되었다. 이런 점에서 본다면, 플라톤이 말하는 삼각형의 이데아는 분명히 '길이'의 성질을 가진 어떤 것이고, 그래서 아리스토텔레스는 스승의 양세계론을 비판했으며, 플라톤이 사물의 초월적 본질로 설명한 이데아를 감각계 안으로 끌어내려 자기 방식으로 사물의 내재적 본질인 '형상'(에이도스)이라고 불렀다. 그것은 칸트가 말하는 도식과 유사한 것이다.

정리하자면 이렇다. 칸트가 현상적 사물들의 중성적 기체를 물자체로 간주할 때, 그 물자체는 공간적 차원을 가지는 것으로 보이며 바로 그런 이유로 칸트는 '물자체들'이라는 복수의 개념을 사용하게 된다. 예컨대 사자의 물자체, 사과의 물자체, 장미의 물자체 등이 그것이다. 사자의 물자체는 그것이 아무리 물자체라 하더라도 공간성을 가져야 한다. 복수의 이런 물자체들은 진정한 의미에서 물자체는 아닌 것 같다. 왜냐하면 공간은 인간 감성의 직관 형식인데, '공간성을 가진 물자체'라는 것은 모순적인 것이기 때문이다. 그럼에도 불구하고 칸트가 그런 물자체의 개념을 버리지 못한 이유는 현상의 원형이라는 플라톤적인 개념에서 완전히 벗어나지 못했기 때문일 것이다. 앞서 언급했듯이 플라톤의 삼각형의 이데아는 칸트식으로 말하면 삼각형의 물자체가 되는데, 칸트는 '삼각형의 이데아'가 무수하게 많은 현상적 삼각형들의 원형일 수 있기 위해서는 공간성을 가져야 하고, 그런 한, 삼각형의 이데아는 칸트적인 삼각형의 도식이 되어 그 주소지를 시공간 초월적인 이데아계에서 현상계로 옮기게 되지만, 칸트는 이데아에다 현상적 사물들에 대해 원형으로서의 지위를 인정해주는 플라톤의 입장을 수용하면서 현상적 사물들의 중성적 기체를 현상적 사물들의 원형인 가상체들로 인정하고 있는 듯이 보인다.

이 절을 마치기 전에 나는 칸트의 진리론에서 발견되는 이중성에 대해 언급하지 않을 수가 없다. 칸트는 진리를 대상과 판단의 일치라는 진리대응설의 입장에서 출발한다. 그런데 그는 우리가 모사설의 입장에 서는 한, 대상과 판단의 일치를 설명하는 것은 불가능하다는 것을 알아차리고 그는 구성설을 취한다. 칸트의 진리대응설에 대해 퍼트남(H. Putnam, 1926-2016)은 다음처럼 말한다.

> 칸트는 분명 진리대응설을 포기한다고 말하지는 않았다. 오히려 반대로 그는 진리란 '대상과 판단 간의 대응'이라고 말했다. 그러나 이것은 칸트가 일컬었던 이른바 '진리의 명목상의 정의'에 불과하다. 칸트의 이 말과 형이상학적 실재론자들이 말하는 '진리대응설을 동일시함은 중대한 오류라고 나는 생각한다. (…) 우리의 표상에 책상과 말(馬)과 감각이 나타났기 때문에 이들에 각각 대응하는 본체적 책상, 본체적 말, 본체적 감각이 있다고 생각해선 안 된다. 우리들에 상대하여 있는 것

과 사물 자체 간에 1대 1의 대응관계조차도 없다. 칸트는 관념과 물자체 간의 유사성의 개념은 물론, 추상적인 구조의 동일성의 개념마저도 포기했다. 그것은 다시 말하여 그의 철학에 진리 대응설이 설 자리가 없다는 뜻이다.[29]

그러나 나는 퍼트남과 좀 다른 입장을 갖고 있다. '촉발하는 물자체'는 현상계의 대상 — 이 대상과 우리의 표상은 일치한다 — 과 절대로 1대1로 대응할 수가 없으며, 양자 간에는 '어떤 추상적인 구조적 동일성도 없다'는 퍼트남의 관찰은 정확하다. 그럼에도 칸트가 '촉발하는 물자체'의 개념을 도입한 이유는 현상체로서의 대상과 판단의 일치 즉 진리대응설의 가능성 근거를 설명하기 위함이었다는 사실을 주목할 필요가 있다. 그리고 칸트는 연구자들을 괴롭히기로 작정한 사람처럼 다음처럼 말한다. [앞에서 인용한 적이 있지만, 불가피하게 한번 더 이용한다.]

그러므로 범주의 경험적 사용 외에(이 사용은 감성적 조건에만 제한되어 있는 것이지만) 범주의 순수하고도 객관적으로 타당한 사용이 있을지 모르고, 만약 사실이 이렇고 보면 우리가 이때까지 입언(立言)해왔듯이, '인간 지성의 순수한 인식은 오로지 경험을 해명하는 원리임에 그치며, 또 이 원리는 선천적으로 경험을 형식적으로 가능하게 하기 위해서만 적용될 수 있다'고 했던 주장을 할 수 없을지 모른다. 왜냐하면 여기서 감성계와는 전혀 별종의 영역이 눈앞에 열려 있게 되고, 이를테면 정신 중에서 생각된 세계(그뿐더러 아마 직관되기도 한 세계)가 열려 있게 되며, 이런 세계는 인간의 순수지성이 관여하는 감성 세계에 못지않는, 아니 이 세계보다도 훨씬 더 고상한 세계이겠기 때문이다.(A250)

---

29) 힐러리 퍼트남, 『이성 · 진리 · 역사』(김효명 옮김, 서울, 민음사, 1987), 81-82쪽. 강조는 원저자에 의함.

칸트에 있어서 촉발하는 물자체가 아니라 가상체(可想體)로서의 물자체는 신의 직관 중에 있는 사물의 원형이다. 가상체로서의 물자체는 촉발하는 물자체와는 달리 복수로 언급되며, 따라서 코끼리의 물자체, 호랑이의 물자체, 책의 물자체가 있을 수 있다. 이처럼 칸트가 가상체들을 염두에 두면서 물자체를 복수로 사용할 때, 그는 진리대응설을 고수하고 있음이 분명해 보인다. 이런 물자체들의 집합처는 이성의 이상, 즉 칸트가 선험적 의미의 신이라고 부르는 것이다.

> 이성의 이상은 만물의 원형이다. 그리고 만물은 그 어느 것이나 불완
> 전한 **모형**으로서 그것이 가능하기 위한 소재를 저 원형에서 가져온다.
> 즉 만물은 다소간에 원형에 접근하더라도 항상 무한한 간격이 있어서
> 원형에 도달하는 일은 없다.(B606. 강조는 칸트)

플라톤은 신의 직관 중에 있는 사물의 원형을 이성으로 직관하는 것이 가능하다고 했는데, 칸트는 당연히 인간은 그렇게 하는 것이 불가능하다고 했다. 그가 보기에 인간은 감성적 직관의 소유자에 불과하기 때문이다. 감성적 직관의 소유자인 인간에게 가능한 진리는 '인식의 진리'다. 달리 말해서 진리의 원천이 인식주관에 있는 그런 진리다. 그런데 플라톤의 주장처럼 인간도 신의 직관에서 보는 사물의 원형을 이성으로 직관하는 것이 가능하다면, 그런 직관을 통해 얻어지는 진리는 인식의 진리가 아니게 된다. 그 진리는 진리의 기준이 현상적 사물의 원형인 물자체에 있는 것이 된다. 그런 진리는 '존재의 진리'다. '분석론'은 '인식주관에 의존하는 존재'(현상)의 진리에 관한 이론이므로 '인식의 진리'를 다루고 있으며, 존재의 진리를 다루지 않는다. 우리가 칸트철학의 '코페르니쿠스적 전회'를 인식론적으로 해석하고, 그 핵심사상이 "대상이 우리의 인식에 준거해야 한다"(BXIV)는 것으로 생각하는 한, 칸트가 '선험적 분석론'에서 전개하고 있는 진리론은 고대의 진리론과 대

립하고 있다. 이 사실은 칸트 해석에 있어서 부정될 수 없는 사실이다. 그러나 칸트의『순수이성비판』 전체가 인식의 진리만을 인정하는 것으로 해석하는 것은 성급한 일이다. 칸트가 구성설적 인식론에 입각해서 인식의 진리를 주장하고 있는 것은 칸트철학의 일면이다. 나는 이율배반적인 기운이 칸트철학 전체를 관통해서 흐르고 있다고 생각하지만, 칸트는 다른 한편으로 존재의 진리를 강하게 주장하고 있다. 앞에서도 인용했지만 또 인용한다.

> 무릇 감관이 그 어떤 것을 그것이 **현상하는 그대로** 우리에게 표시한다면, 그 어떤 것은 자체적인 한 사물이요 비감성적 직관의 대상 즉 순수지성의 대상이어야 할 것이다. 바꾸어 말하면 감성이 관여하지 않는 인식이 가능해야 할 것이다. 그리고 이런 인식만이 절대적으로 객관적 실재성을 가지는 것이요 이런 인식을 통해서만 대상은 그것이 **존재하는 그대로** 표시될 것이다.(A249. 강조는 칸트)

칸트는 이 구절에서 존재의 진리를 강력하게 주장하고 있다. 그리고 우리는 이 구절에서 '존재하는 그대로 표시되는 것'이 칸트가 가상체라고 부르는 것이며, 그것이 플라톤의 이데아와 유사한 것임을 즉각적으로 알 수 있다. 플라톤에 의하면 이데아만이 참된 실재요, 이데아에 대한 인식만이 참된 인식이듯이, 칸트에 있어서도 가상체만이 참된 실재요, 그것에 대한 인식만이 '절대적인 객관적 실재성'을 갖는다. 물론 플라톤은 이데아를 인식할 수 있다고 생각하나 칸트는 가상체를 인식할 수 있다고 생각하지는 않는다. 그러나 이러한 차이점은 별로 중요하지 않다. 중요한 것은 칸트가 가상체의 개념에 부여하는 의미가 플라톤이 이데아의 개념에 부여하는 의미와는 매우 유사하다는 것이다.

가상체에 대한 인식이 진리인 이유는 가상체 그 자체가 진리성을 갖고 있기 때문이다. 이 경우 진리는 일차적으로 존재의 속성이지 인식주관의 속성이 아니다. 진리가 인식주관의 속성이 되는 것은 이차적, 추후적으로 그렇게 된다. 우리는 칸트가 가상체로서의 존재의 진리를 인정했다는 점에서 그가 물자체의 개념을 복수로 사용하는 이유를 설명할 수 있다. 우리에게 현상하는 수많은 물리적 대상들은 모두 다 신의 직관에 있어서 파악되는 '원형'을 갖고 있기 때문에, 칸트는 '물자체들'이라는 복수 표현법을 사용하고 있는 것이다. 그것들은 곧 '가상체들'을 의미한다. 우리를 곤혹스럽게 만드는 것은 칸트가 촉발하는 물자체와 가상체들의 집합체인 선험적 의미의 신을 아무런 설명도 없이 동일시하고 있는 듯이 보인다는 점이다.

3.
칸트의 형이상학 혁명

　　사람들은 칸트가 『순수이성비판』에서 모사설적 인식론을 버리고 구성설적 인식론으로 전회하면서 형이상학의 탐구대상인 물자체는 인식 불가능하고, 우리 인간은 가능한 경험의 한계 내에서만 인식할 수 있다고 선언하는 것을 보고, 칸트는 학문으로서의 형이상학의 성립 가능성을 부정하고 인식론을 확고하게 확립했다고 확신했다. 신칸트학파는 칸트를 이런 식으로 해석한 대표적 사례였다. 과연 칸트는 형이상학의 파괴자인가 옹호자인가? 월쉬(W. H. Walsh, 1913-1986) 같은 학자는 칸트를 형이상학자로 해석하는 하임제트(H. Heimsoeth, 1886-1975)의 이론에 반대하는 논문에서 칸트 연구가들이 형이상학에 대한 칸트의 입장이 무엇인가 하는 문제에 관하여 의견의 일치를 못보고 있는 것을 "철학의 스캔들"이라고 했다.[30] 나는 그 스캔들이 지금까지도 사라지지 않고 칸트 연구자들을 부끄럽게 만들고 있다고 생각한다. 비록칸트가 '여하히 학문으로서의 형이상학이 가능한가?'(B22)라는 문제를 제기하는 방법과 그 문제에 대해 그가 제시하는 해결방식이 오해를 유발하는 측면이 있지만, 그럼에도 불구하고 『순수이성비판』이 출간된 지 240여 년이 지난 지금까지도 이 문제가 해결되지 않고 있다는 것은 분명 칸트 연구자들의

---

30)　W. H. Walsh, "Kant and Metaphysics"(*Kant-Studien* Bd. 67, 1976), p. 372 참조.

수치다.

　칸트는 "여하히 형이상학이 학으로 가능한가" 하면서 문제 제기는 분명히 하지만, 이에 대한 칸트의 해결은 용이하게 파악할 수 없는 방식으로 제시하고 있다. 그뿐만 아니라, 칸트는 독단적 형이상학을 강한 어조로 비판하면서도 『실천이성비판』에서 독단적으로 보이는 듯한 또 하나의 형이상학을 건설하는 모순적으로 보이는 상황의 한가운데서, 학문으로서의 형이상학의 성립 가능성에 대한 문제를 제출하고 있다. 칸트의 이런 모습을 보고, 버트란트 러셀은 조롱 섞인 평가를 한다.

　　흄은 그 인과관계에 대한 개념의 비판으로 칸트를 그의 독단적인 꿈에서 깨어나게 했다. 적어도 칸트는 이와 같이 말하고 있다. 그러나 그가 독단의 꿈에서 깨어난 것도 한때뿐이었다. 그는 곧 하나의 수면제를 발견했으며, 이것이 그를 다시 잠들게 했다.[31]

　러셀의 평가는 칸트를 제대로 공부하지 않고 내린 가장 성의 없는 평가로 기억될 것이다. 아무리 혁명적인 사상이라 하더라도, 하늘에서 뚝 떨어지는 것은 아니다. 칸트철학도 마찬가지다. 그는 많은 사상가들의 도움과 자극을 받았다. 그는 가끔 그들의 이름을 거명하는 것으로 그들에게 진 사상적 빚이 있음을 인정하곤 하는데, 그가 가장 시원하게 큰 빚을 졌다고 인정하는 사상가 두 사람이 있다. 한 사람은 『순수이성비판』의 집필에 큰 영향을 끼친 흄이고, 다른 한 사람은 『실천이성비판』의 집필에 커다란 영향을 미친 루소다. 『형이상학서설』에서 칸트는 이렇게 말한다.

　　나는 솔직히 고백하지마는, 데이비드 흄의 경고야말로 수년 전에 나

---

31)　B. 러셀, 『서양철학사(하)』(최민홍 역, 집문당, 1973), 889쪽.

의 독단적인 선잠을 비로소 깨도록 해서, 사변철학에서의 내 연구에 전
혀 다른 방향을 보내준 것이다.[32)]

그는 흄의 문제를 최대한 확장해서 해결한 것이 『순수이성비판』이라고
말하기도 한다.[33)] 칸트의 이런 말은 『순수이성비판』이 형이상학의 문제를 해
결하려 하기보다는 인식의 문제를 해결하려 한 책이라고 해석하게 만들었
다. 흄은 인과율의 절대 필연성을 부정했는데, 인과율은 과학적 인식의 문제
와 관계가 있기 때문이다.

한때 형이상학은 만학의 여왕으로 존경받았지만, 근대과학의 눈부신 발
전에 뒤로 밀려서 형이상학을 욕하는 것이 칸트 시대의 유행이 되었다. 그래
서 형이상학은 버림받아 추방당한 헤쿠바(트로이 왕의 아내) 같은 신세가 되었
다. 250년 전에 이미 형이상학이 버림받는 시대가 시작되었다는 진단을 하
고 형이상학을 학문답게 만들려는 칸트의 고민과 노력은, 철학이 사망 직전
에 처한 현대를 살아가는 우리에게도 그대로 전달되는 느낌이다. 다른 분야
에서 두각을 드러내지 못하는 인간들이 형이상학의 영역에서는 헛소리를 늘
어놓기도 한다. 더구나 과학과 수학과 논리학은 학문다운 걸음을 걸으면서
앞으로 잘 전진하는데, 형이상학은 제자리를 맴돌고 있다.

형이상학의 분야에서 오래전부터 훌륭한 것이 그토록 많이 쓰였음
에도 불구하고, 이 학문이 그로 인해 손톱만큼도 진보한 것이 없다는
것은 나를 포함해서 모든 사람들이 동의한다. 그뿐더러 정의를 날카롭
게 하는 것, 절름발이 증명에다 새 지팡이를 갖추어주는 것, 형이상학
의 새로운 땜질에 새 헝겊을 대거나 그 체재(體裁)를 변경하는 것은 지

---

32) 『형이상학서설』, 263쪽.

33) 『형이상학서설』, 264쪽.

금도 흔히 보는 일이다.[34]

이런 상황에서 사람들은 형이상학에 대한 무관심주의에 빠져든다. 그러나 칸트가 보기에 무관심주의자들은 자기들의 무관심주의를 정당화하기 위해 그들이 경멸해 마지않았던 형이상학의 용어들을 사용하게 된다. 칸트는 인간이 형이상학적인 욕구를 포기하는 것은 불가능하다고 생각한다.

> 인간의 정신이 형이상학적인 연구를 언젠가 전적으로 단념할 것이라
> 고 하는 것은 우리가 불결한 공기를 마시지 않기 위해서 언젠가는 호흡
> 을 전혀 안 할 것이라고 하는 것과 마찬가지로 기대할 수 없는 일이다.[35]

이 인용문에서 '불결한 공기'는 독단적 형이상학을 의미하는데, 칸트가 보기에 자연과학은 삶의 사실에 관한 탐구를 하지만, 철학(형이상학)은 삶의 의미를 묻는 학문이다. 인간이 형이상학적 동물이란 말의 의미는 인간은 삶의 의미를 물으면서 삶을 영위할 수밖에 없다는 뜻이다. 인간은 짐승이 아니다. 칸트는 위의 인용문에서 인간이 형이상학적 탐구를 그만둘 것을 기대하는 것은 호흡하지 않기를 기대하는 것과 마찬가지로 터무니없는 일임을 말하고 있다. 칸트는 인간 존재를 유지시키는 두 가지 호흡에 대해 말하고 있는 셈이다. 하나는 생물학적 존재로서 인간은 '생존'을 위해서 '공기호흡'을 해야 한다. 그리고 형이상학적 동물로서 인간은 '생활'을 위해서 '의미호흡'을 해야 한다. 공기호흡과 의미호흡은 인간 존재를 지탱시키는 두 호흡이다. 인간은 두 세계의 시민이기 때문에, 두 가지 호흡을 하면서 삶을 영위할 수밖에 없다.
칸트의 『순수이성비판』 초판은 다음과 같은 유명한 말로 시작한다.

---

34) 『형이상학서설』, 365~376쪽.
35) 『형이상학서설』, 357쪽.

인간의 이성은 어떤 종류의 인식에 있어서는 특수한 운명을 지니고 있다. 즉 이성은 자신이 거부할 수도 없고 그렇다고 해서 대답할 수도 없는 문제로 괴로워하는 운명이다. 거부할 수 없음은 문제가 이성 자체의 본성에 의해서 이성에 과해져 있기 때문이요, 대답할 수 없음은 그 문제가 인간 이성의 모든 능력의 바깥에 있기 때문이다.(AVⅡ)

이 인용문에서 '특수한 종류의 인식'은 형이상학적 인식을 의미하기에, 칸트의 이 말 또한 인간은 형이상학적 관심을 포기할 수 없음을 말해주고 있다. 같은 의미의 말을 칸트는 다음처럼 표현하기도 한다.

이념은 우리 이성의 본성에 의해서 우리에게 부과된 것이다.(B697)

형이상학에 대한 무관심주의는 종래의 사변적이고 독단적인 형이상학의 멸망과 비판정신에 입각한 새로운 형이상학의 출현을 예고하는 과도기적 현상이다. 우리는 흔히 일상생활에서 '위기는 기회다'라는 말을 하는데, 칸트도 그렇게 생각했다. 형이상학의 위기는 형이상학의 기회다.

모든 독단적 형이상학이 멸망하는 시대가 의심할 수 없이 도래해 있으나, 형이상학 재생의 시대가 이성의 근본적이고 완전한 비판에 의해 그 대신 이미 나타났다고 말할 수 있는 것에서 아직도 멀리 떨어져 있다. 한 경향에서 그 반대 경향에의 모든 전이는 그 사이에 무관심의 상태를 통과하는 것이요, 이 중간 시기는 저자에게는 가장 위험한 때이나, 학문에 대해서는 가장 행운의 시기라고 나에게는 생각된다.[36]

---

36) 『형이상학서설』, 356쪽.

칸트는 추방당한 형이상학의 복권을 위해 이성비판의 길을 가기로 한다.

> 우리의 '비판'은 독단론에 대립하고 있다. 즉 오로지 개념에서의 순수한 인식(소위 철학적 인식)에 의해서만 또 이성이 오랫동안 사용해온 원리에 좇아서만 — 이성으로 하여금 그런 원리에 도달하게 한 방식과 권리를 물음이 없이 — 성공한다고 하는 월권에 대립하고 있다. (…) 독단론에의 반대는 통속성이라는 외람된 이름 아래서 떠들어대는 천박성을 변호하는 것이 아니요, 혹은 전 형이상학을 간단히 처리하는 회의론을 변호하는 것도 아니다. 도리어 우리의 '비판'은 학으로서의 '근원적인 형이상학'의 출현을 촉진하는 데 필요한 예비적인 마련이다.(BXXXV-XXXVI, 강조는 내가 한 것이다)

그래서 칸트는 자신이 『순수이성비판』에서 이룩한 성과를 초판 '머리말'에서 이렇게 자랑한다.

> 형이상학의 과제이면서 여기에서 해결되어 있지 않거나, 적어도 해결의 열쇠가 주어져 있지 않은 과제는 하나도 없을 것이라고 감히 말한다.(AIII)

우리가 칸트의 『순수이성비판』의 초판과 재판의 '머리말'을, 그리고 그 부제가 '학문으로 나타날 수 있는 미래의 모든 형이상학에 대한 서설'인 『형이상학서설』을 대략적으로 읽어보기만 해도 칸트는 종래의 형이상학과는 완전히 다른 방식으로 형이상학을 새로이 건설하는 것을 목표로 삼고 있음을 알 수 있다. 이런 칸트를 형이상학의 파괴자로 읽어낸다는 것은 놀라운 확증편향이 아닌가!

아리스토텔레스 이후 형이상학이란 학문의 명칭이 생겨났으며, 사람들은 형이상학을 학문 중의 학문으로 간주했다. 인간의 앎은 눈에 보이는 세계에 대한 앎과 눈에 보이지 않는 세계에 대한 앎으로 나누어지는데, 전자의 앎은 형이하학적이고 후자의 앎은 형이상학적이다. 그리고 형이상학은 학문 중에 최고의 학문이다. 이런 생각은 칸트에 이르기까지 당연한 진리로 수용되었다. 그러나 칸트가 보기에 형이상학이 그런 식으로 이해되면, 형이상학은 그럴듯한 요설들이 난무하고 검증도 반증도 안 되는 사이비 독단적 주장이 활개치는 학문이 되는 것을 피할 길이 없다. 칸트는 형이상학이 처한 그런 위기 상황을 『순수이성비판』 앞부분에서 길게 언급하고 있다. 칸트는 이런 상황에서 형이상학을 학문다운 학문으로 만들 방법에 대해 심각하게 고민한다. 그 결과 그는 하나의 획기적인 발상의 전환을 하게 된다. 어떤 점에서는 이것이 인식에 있어서 주관과 객관의 관계를 역전시킨, 그 유명한 코페르니쿠스적 전회보다도 더 혁명적인 전회다.

형이상학은 '학문 중의 학문'이 아니라, 객관성과 보편성과 필연성을 가진 인식 체계인 '학문(자연과학)에 대한 학문'이다. 학문에 대한 학문을 칸트는 '비판'이라고 부른다. 그리고 비판의 사유방법을 그는 '선험적'으로 규정했다. 이제 칸트에 있어서 Metaphysik의 Meta는 그 의미가 엄청난 변화를 겪는다. 그것은 더 이상 '현상계를 넘어서서 눈에 보이지 않는 세계로 훌쩍 뛰어넘는 것'을 의미하지 않는다. 칸트에게 있어서 meta는 '객관성과 보편성과 필연성을 가진 인식이 어떻게 가능한가를 반성적으로 검토하는 것'의 의미로 바뀐다. 칸트는 『순수이성비판』에서 뉴턴 역학의 가능성 근거를 해명하는 방식으로 '자연의 형이상학'을 건설하고, 『실천이성비판』에서는 도덕성의 가능성 근거를 해명하는 방식으로 '도덕의 형이상학'을 건설한다. 바로 이런 이유에서 칸트는 "우리의 '비판'은 학으로서의 '근원적인 형이상학'의 출현을 촉진하는 데 필요한 예비적인 마련이다"라고 말하고 있다. '비판'은 흔히 오해되고 있듯이 인식론만을 확립하기 위한 것이 아니라 동시에 '근원적 형이상학의 출현'을 위한 것이다. 학문의 가능성 근거를 검토함으로써 학문의 안전한

길에 들어선 형이상학을 건설하려 했던 칸트의 혁명적 발상이야말로 칸트가
철학의 영역에서 일으킨 혁명의 진정한 출발점이다. 바로 그 때문에 칸트는
『순수이성비판』 재판의 '들어가는 말'(Einleitung) 제6절 "순수이성의 일반적 과
제"(B20-22)에서 다음의 네 가지 문제를 제출하고 있다.

> 1. 어떻게 순수수학은 가능한가?(B20)
> 2. 어떻게 순수자연과학은 가능한가?(B20)
> 3. 자연적 소질로서의 형이상학은 어떻게 가능한가?(B22)
> 4. 어떻게 학으로서의 형이상학은 가능한가?(B22)[37]

우리는 앞에서 칸트가 '도대체 물음'과 '어떻게 물음'을 구분하고 있음
을 살펴보았다. 그는 '도대체 아프리오리한 종합판단이 가능한가?'라고 묻지
않고, '여하히(어떻게) 아프리오리한 종합판단이 가능한가?'라고 묻고 있다. 전
자의 물음 방식은 그런 판단의 존재가 현실에서 확인되지 않고 있을 때, 그래
서 그런 판단의 가능성 자체가 의문시될 때 던지는 질문 방식이다. 그러나 후
자의 물음은 아프리오리한 종합판단의 존재 자체는 전혀 의심의 대상이 될
수 없음을 전제하고 던지는 질문이다.

칸트는 첫 번째 문제를 '수학에서의 아프리오리한 종합판단은 어떻게
가능한가?'라는 문제로 바꾸어 '선험적 감성론'에서 해결한다. 두 번째 문제
를 '순수 물리학에서의 아프리오리한 종합판단은 어떻게 가능한가?'라는 문
제로 바꾸어, '선험적 분석론'에서 해결한다. 그런데 『순수이성비판』 그 어
디에서도 '학으로서의 형이상학의 아프리오리한 종합판단은 어떻게 가능한
가?'라는 문제를 다루지 않는다. 칸트는 1번 물음에 대해서는 '감성론'에서,

---

37) 3번 물음은 인간의 형이상학적 욕구가 어떻게 인간이성의 천성에서 발생하는가를 묻고 있다.
   칸트는 이 물음을 『형이상학서설』에서는 "형이상학 일반은 어떻게 가능하냐?"라는 물음으로
   표현한다(『형이상학서설』, 231쪽).

2번 물음에 대해서는 '분석론'에서 그 답을 제시한다. 3번 물음에 대해 칸트는 인간은 본성상 형이상학을 추구하기에, 소질로서의 형이상학은 가능하다고 한다.[38] 소질로서의 형이상학이 가능하다고 해서 형이상학이 학문의 안전한 길에 들어서게 되는 것은 아니다. 칸트는 3번 물음을 통해 '인간은 형이상학적 동물이다'라는 말을 하고 있는 것에 불과하다. 인간이 형이상학적 동물인 한에서 소질적 형이상학은 성립한다. 그렇다면 사람들은 4번 물음에 대해서는 '선험적 변증론'에서 그 답이 제시될 것이라 기대하기 십상이다.[39] 그런데, 칸트는 '변증론'에서 형이상학의 3대 주제인 신과 영혼과 세계에 대한 인식은 성립할 수 없다고 말한다. 그리고 '변증론'의 이 주장은 '분석론'의 물자체 인식불가론과 상합(相合)하고 있다. 그래서 사람들은 자연스럽게 4번 물음에 칸트는 부정적인 답을 내놓았다고 보았다. 그러나 이런 식으로 해석하는 것이 정당화되기 위해서는, "어떻게 학으로서의 형이상학은 가능한가?"라고 묻고 있는 4번 질문은 아래처럼 제시되어야 한다.

1. 어떻게 순수수학은 가능한가?
2. 어떻게 순수자연과학은 가능한가?
3. 자연적 소질로서의 형이상학은 어떻게 가능한가?
4. 왜 학으로서의 형이상학은 불가능한가?(혹은 도대체 학으로서의 형이상

학은 가능한가?)

'4번 물음을 통해 칸트는 형이상학은 학문이 될 수 없음을 주장하고 있

---

38) 칸트는 형이상학의 불가피성을 이렇게 말한다. "하나의 학(형이상학)을 학 자신의 본성에 의해서가 아니라, 그것의 우연적인 성과에 기본해서 평가하는 사람들이 아무리 형이상학에 가혹하게 또 경멸적으로 대하더라도, 마치 헤어졌던 애인에게 다시 돌아가는 것처럼, 사람이 형이상학에로 다시 돌아갈 것은 확실하다."(B878)

39) 김용정 교수가 대표적인 사례다. 『칸트철학: 자연과 자유의 통일』(서울, 서광사, 1996), 74쪽을 보라.

다'는 식으로 해석하는 학자들은 이 대목에서 결정적으로 오해하는 것이 하나 있다. 칸트가 "어떻게 학으로서의 형이상학은 가능한가?"라는 질문에서 염두에 두고 있는 형이상학은 전통적인 '초월적 사변 형이상학'이 아니라, '선험적 형이상학'(자연의 형이상학)이라는 사실이다. 4번 질문이 '어떻게 학으로서의 형이상학이 가능한가'가 아니라, '왜 학으로서의 형이상학은 불가능한가?'로 변경되는 것이 정당화되려면, 처음 물어진 질문에서 언급되는 형이상학이 '초험적 사변 형이상학'일 경우에는 그 대답이 자연스럽게 주어진다. '초험적 사변 형이상학은 그 주장이 검증도 반증도 안 되는 주장들로 되어 있기에 학문이 될 수 없다'는 것이다. 그러나 칸트는 왜 4번 물음을 우리가 보듯이 그렇게 묻는가? 칸트는 "어떻게 학으로서의 형이상학은 가능한가?"라고 물으면서, 형이상학의 성립 가능성을 이미 전제하고 있다. 칸트는 다음처럼 말한다.

> 형이상학이 존립할 수 있느냐 하는 문제는 이 과제 — 여하히 아프리오리한 종합판단이 가능한가 하는 과제 — 가 해결되느냐, 또는 이 과제가 밝혀주기를 요구하는 가능성이 사실상 전혀 성립하지 않는다는 충분한 증명에 달려 있다.(B19)

이 인용문은 칸트가 1, 2번 물음이 4번 물음과 연동되어 있는 것으로 생각하고 있음을 아주 분명하게 말해준다. 그러나 사람들은 '수학과 과학에는 아프리오리한 종합판단이 있기에 그 두 학문은 학문의 안전한 길에 들어설 수 있었지만, 형이상학은 아프리오리한 종합판단을 갖고 있지 못하기에 학문이 될 수 없다'는 식으로 해석했다. 사실 사람들은, 칸트가 수학이나 자연과학은 직관에 의존하여 확실한 학문이 될 수는 있지만 형이상학의 주장은 직관에 의해 검증될 수가 없기에 형이상학은 학문이 될 수 없다고 생각한 것으로 해석하기 쉬운 상황이다. 물론 칸트가 1, 2번 문제의 해결과 연동시켜 건설한 선험적 형이상학의 주장들도 직관에 의해 검증될 수가 없다. 그럼에도 불구하고 그 형이상학이 학문의 안전한 길에 들어선 형이상학이 될 수 있는 이유는, 그것이 학문의 안전한 길에 들어선 수학과 물리학의 가능성 근거를 해명하고 정초하는 방식으로 자신의 학문성을 확보했기 때문이다. 그러면 그런 식으로 연동되어 있는 형이상학은 어떤 형이상학인가? 이 인용문에서 언급되는 형이상학은 '초험적 사변 형이상학'이 아니라 '선험적 형이상학'이다. 그런데 칸트는 1번과 2번 과제가 해결된다는 것을 보여주었기 때문에, 선험적 형이상학(=선험 인식론= 인식존재론)도 학문으로 성립한다는 것을 보여준 것이다. 이 대목에서 우리는 '도랑도 치고 가재도 잡는' 칸트, '하나의 화살로 두 마리 새를 잡는' 칸트를 보게 된다. 1, 2번 과제를 해결하면서 칸트는 선험적 형이상학을 확립하는 동시에 초험적 사변 형이상학은 학문이 될 수 없음을 보여주고 있다. 선험적 형이상학의 핵심주장은 물자체는 인식되지 않는다는 것이다. 칸트는 선험적 형이상학으로 초험적 사변 형이상학을 사살한 것이다. '분석론'은 초험적 사변 형이상학이 사망하는 현장이고, '변증론'은 초험적 형이상학을 확인 사살하는 현장이다.

사실 초험적 형이상학이 학문으로 성립할 수 없다는 결론을 내리기 위해서는 '분석론'의 물자체 불가인식설까지 동원할 필요가 없다. 인식이 성립하기 위해서는 감성과 지성의 결합이 필수적인데, 신이나 영혼에 대해서는 어떤 감각자료도 가질 수 없기에, '감성론'의 결론만으로도 그런 것들에 대한 인식은 불가능하다고 말할 수 있다. 그럼에도 불구하고 칸트가 '분석론'을 그렇게나 공들인 이유는 '분석론'이 그가 구상하고 있었던 '선험적 형이상학'(자연의 형이상학)의 핵심이었기 때문이다. 칸트는 '분석론'의 범주의 연역에 대해 이렇게 말한다.

> 이 연역은 형이상학을 위해 일찍이 기도된 일 중에 가장 곤란한 일이었다고 말한다. (…) 이 연역이야말로 형이상학의 가능성을 확정하기

때문이다.[40)]

범주의 연역이란 것은 지성의 순수개념(범주)이 감각자료 ― 이것은 물자체가 우리의 감각기관을 촉발할 때 만들어지는 것이다 ― 에 적용될 수 있음을 보여주는 것인데, 왜 범주의 연역이 형이상학의 가능성을 확증하는 일이 되는가? 그 이유는 물리학의 아프리오리한 종합판단이 가능하다는 것이 설명되려면, 범주의 연역이 성공해야 하기 때문이다. 그러면 우리는 또다시 이렇게 물어보지 않을 수가 없다. 물리학의 아프리오리한 종합판단이 어떻게 가능한지 설명되는 일과 형이상학의 가능성을 확증하는 일은 무슨 관계가 있는가? 수학과 물리학의 아프리오리한 종합판단이 어떻게 가능한지를 설명하는 선험적 작업 그 자체를 칸트는 '자연의 형이상학'(Meta-Science) 즉 칸트식으로 이해된 Meta-Physik을 확립하는 작업으로 보았기 때문이다. 따라서 그 선험적 설명 작업이 성공하면 '자연의 형이상학'(선험적 형이상학)이 성공적으로 확립되는 것이 된다. 만약 그 설명 작업이 실패하게 되면 자연의 형이상학을 확립하는 일이 실패하게 된다. 바로 이 때문에 칸트는 범주의 선험적 연역 작업에 그토록 오랫동안 매달렸던 것이다.

그럼에도 불구하고 우리는 또다시 칸트에게 이렇게 물어볼 수 있다. 범주의 선험적 연역을 통해 물리학의 아프리오리한 종합판단이 가능하다는 것을 보여준 '분석론'에서의 선험적 작업을 '선험적 형이상학'으로 부르는 것은 어떤 근거에서 정당화되는가? '분석론'에서 칸트는 물자체가 인식 불가능하다는 것을 증명한 뒤, 그 증명에 근거하여 종래의 독단적 형이상학이 사이비 학문일 수밖에 없음을 확인한다. 그렇다면 '분석론'은 무슨 근거에서 '형이상학'으로 불릴 수 있는가? 확실히 그것은 종래의 독단적 형이상학과는 달리 '초험적' 형이상학은 아니다. 그러나 칸트는 '분석론'이 초험적 형이상학은

---

40) 『형이상학서설』, 246쪽. 강조는 필자.

아니지만, 그렇다고 그것이 수학이나 물리학적인 지식과 같은 차원에 놓일 수 있는 아프리오리한 지식도 아니라고 생각했다. '분석론'은 수학과 물리학이 갖고 있는 아프리오리한 지식들이 어떻게 가능한지를 경험에 앞서서 설명하는 데서 성립하는 '선험적' 지식들의 체계다. 그래서 칸트는 그런 지식을 특별히 '선험적 형이상학'으로 부른 것이다. 이 형이상학은 초험적 형이상학처럼 경험의 '위로' 넘어서는 형이상학이 아니라, 경험의 '아래로' 넘어서는 형이상학이다. 즉 선험적 형이상학이다. 제1철학(prote philosophia)으로서의 형이상학이라는 칸트 이전의 형이상학의 개념에 따르면 '선험적 형이상학'이라는 말은 성립할 수 없는 말이다. 칸트는 형이상학의 개념을 완전히 개조해 버린 것이다.[41] 물론 칸트가 『순수이성비판』의 전반부에서 선보이고 있는 선험적 형이상학이 칸트의 비판적 형이상학의 전부는 아니지만,[42] 칸트는 그는 이 개조작업을 위해 트란스젠덴탈(transzendental)이라는 신조어를 만들었다. 이 선험적 형이상학은 형이상학계의 경찰이다. 가능한 경험계의 담장을 불법적으로 월장(越墻)하는 사변적-초월적 형이상학들은 형이상학계의 불량배들인데, 경찰은 경험을 넘어서는 불량배들의 월경행위를 물자체 불가지론에 근거하여 단속한다. 그리고 이 경찰은 형이상학계의 선량한 시민들을 보호한다. 그 시민들은 이성의 실천적 사용을 통해 신과 영혼의 문제에 대한 의문을 해결하려는 사람들이다. 칸트는 『실천이성비판』에서 그 작업을 수행하여 '도

---

41) 하이데거는 『순수이성비판』 전반부에서 칸트가 보여주는 이 전례에 따라 『존재와 시간』에서 현상학적 존재론의 입장에서 형이상학을 개조하려 한다. 하이데거에 있어서도 형이상학은 현상세계를 떠나 플라톤의 이데아계 같은 것으로 넘어가는 학문이 아니다. 그에게 있어서 형이상학은 '기초존재론'이다. 칸트도 자신의 선험적 형이상학을 '존재론'으로 말하기도 한다. 하이데거의 기초존재론은 칸트가 말하는 자연의 형이상학의 하이데거식 변형이다. 적어도 칸트의 '자연의 형이상학'에 국한해서 말한다면, 칸트의 경우에도 형이상학이라는 학문은 현상계를 떠나 이데아계로 초월하는 것과는 아무런 관계가 없기 때문이다. 칸트는 현상계로부터의 초월로서의 형이상학의 가능성을 '도덕의 형이상학'에서 보여주고 있다. 그런 점에서 하이데거의 칸트 해석은 반쪽짜리 해석으로 보인다.

42) 칸트의 비판적 형이상학의 전모는 뒤에서 밝혀질 것이다.

덕의 형이상학'을 확립한다.

우리는 이쯤에서 '왜 칸트는 독자들이 오독하기 좋도록 문제의 배열을 앞서 본 방식으로 했는가?'라고 물음을 던져볼 수 있다. 이 의문에 제대로 답하려면, 칸트가 언급한 '실험적 방법'(Experimentalmethode)(BXIV)에 대해 살펴보아야 한다. 칸트는 형이상학이 만인의 조롱거리로 전락한 상황에서, 수학과 물리학이 학문으로서 장족의 발전을 할 수 있었는지 그 이유를 살펴보다가, 성공의 이유가 수학에서는 구성적 방법에, 과학에서는 실험적 방법에 있다는 것을 알았다. 수학의 성공에 대해 이렇게 설명한다.

> 처음으로 이등변삼각형을 증명한 사람에게 광명이 나타났다. 왜냐하면 그는 도형에서 본 것이나 또는 다만 도형의 개념만을 탐구하면서 도형의 성질을 습득하려고 하지 않고, 개념에 쫓아서 자신이 아프리오리하게 생각해 넣어서 표시한 것에 의해서 즉 구성(Konstruktion)에 의해서 도형을 산출한다는 것을 알았기 때문이다.(BXII)

그리고 자연과학의 실험적 방법을 설명하면서 칸트는 갈릴레이(G. Galilei)와 토리첼리(E. Torricelli, 1608-1647)의 실험들을 거론한 뒤, "그 모든 자연 탐구자에게 한 가닥의 광명이 나타났던 것이다. 즉 그들이 공통적으로 파악한 것은 이성 자신이 자신의 계획에 따라서 산출한 것만을 이성이 통찰한다는 것이었다"(BXII)고 말한다. 칸트는 수학의 구성적 방법이나 과학의 실험적 방법에 공통된 것은, 이성은 자신이 대상 속에 투입해 넣은 것을 인식한다는 것이었다.

> 이리하여 물리학까지도 그 사고방식의 유익한 혁명을 이루게 된 것은 이성이 자연에서 배워야 할 것을, 그리고 이성 그 자체는 모르는 것을 이성이 투입한 원리에 따라서 자연 속에서 (날조하는 것이 아니라) 탐구

해야 한다는 발상의 덕분이다. 이로써 자연과학은 여러 세기 동안 갈팡질팡하다가 비로소 학의 안전한 길을 붙잡게 되었다.(BXIV, 전원배 번역)

칸트는 수학과 과학에서의 성공을 벤치마킹해서[43] 형이상학도 학의 안전한 길에 들어설 수 있는 길을 모색한다. 학문으로서 수학의 성공 요인은 무엇인가? 인식주관이 수학적 대상에 자신이 구성해서 집어넣은 것만을 인식하기 때문이다. 과학이 성공한 요인은 무엇인가? 연구자가 자신이 사유해서 대상 속에 투입해 넣은 것만을 인식하기 때문이다. 형이상학도 성공하려면 수학과 과학의 성공사례로부터 배워야 한다. 말하자면 칸트는 형이상학의 영역에서 하나의 실험을 감행한다. 물론 이 실험은 당연히 과학에서의 실험과는 다르다. 칸트도 이 사실을 잘 알고 있었다.

> 자연 연구자의 방법을 모방한 이 사고방식은, **실험이 확증하고 혹은 부인하는 것** 중에서 순수이성의 요소들을 추구하는 점에서 성립한다. 그런데 특히 순수이성의 명제들이 가능한 경험의 모든 한계를 넘어서 모험할 때에는, 순수이성의 명제들을 음미하고자 (자연과학에 있어서와 같이) 그 객체들에 관해서 **실험할 수가 없다.**(BXVIIII, 고딕 강조는 칸트, 궁서체 강조는 필자)

과학적 실험에서는 실험자가 가설을 정하여 자연이 그 가설대로 작동하는지 살펴볼 때, 그때마다 자연이 가설대로 움직이는 것은 아니다. 달리 말해서 실패한 실험이 발생할 수 있다. 그렇다면 형이상학이 과학의 흉내를 내는 것은 우스꽝스러운 일이 아닌가? 이런 점에서 최일운 교수의 다음과 같은 지적은 정당하다. 최일운 교수는 앞서 칸트가 자연과학의 실험적 방법을 모

---

43) 칸트는 '변증론'에서는 수학적 인식과 철학적 인식의 차이에 대해 언급하면서, 철학은 수학을 흉내 내어선 안 된다고 말하는데, 얼핏 보면 모순된 소리 같지만 그렇지는 않다.

방하여 철학탐구를 하기를 제안하는 글들을 인용한 뒤에, 칸트의 이 말을 글자 그대로 받아들여, 칸트가 자연과학적 방법을 자신의 철학 탐구에 적용했다고 생각하는 사례로 일본인 칸트 연구가 이와사키 다케오(岩崎武雄)를 예로 든 뒤에 다음처럼 말한다.

> 이상과 같은 구절로 본다면 칸트의 방법이 자연과학의 실험적인 방법과도 같다. (⋯) 허나 자연과학을 모범으로 한다든가 또는 화학자의 방법과 흡사하다고 하여 그것이 그대로 실험적 방법이 될 수는 없는 것이다. (⋯)백 보를 양보하여 이것을 실험적 방법이라 보자. 그렇게 되면 순수오성 개념의 연역이 어떻게 자연과학의 실험과 같다 할 수 있는가? (⋯) 칸트는 자기의 방법을 그렇게 생각하지 않았다.[44]

자연과학적 실험의 경우에는 가설에 반하는 자연현상이 발견되면 그 가설은 폐기된다. 그런데 과연 형이상학적 실험에서 그 실험이 성공인지 실패인지를 판정할 기준은 있는가? 없다. 그러나 칸트의 형이상학적 실험은 그런 기준이 없음을 걱정할 필요가 없다. 칸트는 단지 갈릴레이나 코페르니쿠스의 실험처럼 성공한 자연과학적 실험을 통해서 하나의 형이상학적 아이디어를 얻었을 뿐이고, 그 아이디어를 형이상학적 가설로 생각했으며, 그 '형이상학적 가설'이 바로 인식에 있어서 주관과 객관의 관계를 역전시킨, '코페르니쿠스적 전회'이다.

> 대상이 우리의 인식에 따라야 된다고 하는 가정이 형이상학의 관제에 대해 더 효과가 있지 않나 시험해볼 일이다.(BXVI)

---

44) 최일운, 『비판철학의 비판』(서울, 형설출판사, 1974) '서문', iii쪽.

칸트는 이 가설이 '감성론'과 '분석론'에서의 단 한 번의 결정적인 '형이 상학적 실험'을 통해 확증되었다고 생각했다. 그러므로 칸트가 시도하는 형이상학적 실험은 절대로 자연과학적 실험과의 비교를 통해 이해될 수 있는 실험이 아니다. 칸트가 말하는 '형이상학적 실험'이란 용어는 하나의 은유일 뿐이며, 그 실험이 성공한 실험이 될지 실패한 실험이 될지를 걱정할 필요가 없는 그런 실험이다. 칸트의 입장에서 본다면 그 실험은 성공할 수밖에 없는 실험이다. 왜냐하면 칸트의 형이상학적 실험은 코페르니쿠스적 전회라는 그 가설의 관점에서만 '어떻게 대상과 판단의 일치가 가능한가?'라는 문제가 해결될 수 있음을 보여주겠다는 강력한 의지의 표명 이외의 다른 것이 아니기 때문이다. 칸트의 사유실험에서 문제가 되는 것은 오로지 코페르니쿠스적 전회의 관점에서 대상과 판단의 일치를 해명하는 칸트의 주장이 설득력이 있느냐 없느냐의 문제이지, 그 전회의 가설이 관찰된 사실과 부합하느냐 하지 않느냐 하는 것이 아니다. 칸트는 코페르니쿠스적 전회를 통해 '대상과 판단의 일치가 어떻게 가능한가?'라는 오래된 인식론의 난문제가 깔끔하게 해결되었다고 생각했다. 물론 우리는 그 문제에 대한 칸트의 해결책이 올바른 해결책인지 의문을 제기할 수가 있다. 우리가 제기하는 의문에 대해 칸트가 제대로 대답하지 못한다면, 이는 칸트의 형이상학적 실험이 잘못된 것임을 말해주는 것이 될 것이다. 우리는 이하에서 칸트의 실험과정을 살펴보고자 한다.

수학이나 물리학이 성공한 이유는 학자들이 대상에 집어넣어 생각한 것이 적중했기 때문이다. 그러나 칸트가 보기에 그들은 자신들의 성공에 함축된 철학적 의미를 모르고 있다. 칸트는 그들과 달리, 그들의 성공에 함축된 철학적 의미를 메타(meta)적인 분석을 통해 밝힌다. 칸트는 순수수학의 성공은 시간-공간이 인식주관의 순수직관형식이기 때문임을 알게 된다. 이것이 '감성론'에서 칸트가 내린 결론이다. 그리고 순수자연과학의 성공은 지성의 순수개념들(범주들)이 인식주관의 순수사고형식이기 때문임을 알게 된다. 이것이 '분석론'에서 칸트가 도달한 결론이다. 이리하여 그는 시간-공간과 지성의 범주들을 인식주관의 인식 틀로 바꾸어 이해하는 것으로 형이상학의 문제 해결을 시도한다. 바로 이것이 주지하다시피 칸트의 코페르니쿠스적 전회이다. 이런 관점에서 본다면, 칸트가 문제의 순서를 아래 순서로 한 것은 아주 정상적이고 자연스러운 일이다.

> 1. 어떻게 순수수학은 가능한가?
> 2. 어떻게 순수자연과학은 가능한가?
> 3. 자연소질(Naturanlage)로서의 형이상학은 어떻게 가능한가?
> 4. 어떻게 학으로서의 형이상학은 가능한가?

그리고 이렇게 사고방식의 코페르니쿠스적 전회를 감행한 근본적 이유는 '어떻게 학으로서의 형이상학은 가능한가?'라는 문제를 해결하기 위한 것이다. 앞에서 이미 부분적으로 인용했지만, 좀 더 충분히 인용해본다.

> 우리의 모든 인식이 재래에는 대상에 준거한다고 가정되었다. 그러나 그 개념에 의해서 아프리오리하게 대상에 관해서 우리의 인식을 확장하게 하는 그 어떤 것을 만들어내려는 모든 기도는, 대상에 준거한다는 전제 아래서는 무너지고 말았다. 그러므로 대상이 우리의 인식에 준거해야 한다고 하는 가정이 형이상학의 과제의 해결에 더 효력이 있지 않나 하는 기도를 우리는 해볼 필요가 있겠다.(BXVI, 강조는 필자)

지금까지의 논의를 잘 따라온 독자라면, 이런 의문을 갖게 될 것이다.

수학이나 물리학의 경우는 아프리오리한 종합판단이 있다는 것이 현실적으로 확인되었다. 그래서 칸트가 그 두 학문에 대해서는 '도대체 가능한가'라고 묻지 않고, '어떻게 가능한가'라고 묻는 것이 이해된다.

이런 논리로라면, 학문의 안전한 길에 들어선 형이상학에 대해서, 칸트가 '어떻게 가능한가'라고 묻는 것은, 그가 논의를 통해 입증하고자 하는 바로 그 존재(학문의 안전한 길에 들어선 형이상학)를 전제해버리는 것이 되는 게 아닌가? 4번 질문은 학문의 안전한 길에 들어선 형이상학이 현실로 있고, 그다음에 그 형이상학이 어떻게 있을 수 있는지를 해명하기를 요구하는 질문으로 받아들여질 수 있다. 그러나 이는 선결문제 요구의 오류를 범하는 것이 아닌가?

이 문제는 내가 알고 있는 범위 내에서는 칸트 연구자들 사이에서 제기된 적이 없다. 이 책에서 처음 제기되는 문제이다. 칸트 자신도 4번 물음의 성격을 우리가 해석하듯이 하고 있다.

학문으로 주장될 수 있는 형이상학이 사실상 이미 있다면, 그래서 그 진리성을 토론하는 게 아니라 학습하기만 하면 되는 그런 형이상학이 있다면, 도대체 형이상학이란 가능한 것이냐고 물을 필요가 없을 것이다. 그리고 남는 문제는 형이상학이라는 사물 자신의 존재를 증명하기보다는 우리의 예민성의 음미에 관한 문제 즉 어떻게 형이상학이 가능하냐 또 이성이 어떻게 형이상학에 도달하기 시작하는가 하는 문제뿐이겠다.[45]

칸트는 '학문으로서 자연과학이 어떻게 가능하냐'라는 문제에서 '학문으로서 형이상학이 어떻게 가능하냐' 하는 문제로 넘어가는 것에 대해 이렇게 해명한다. 칸트는 자연소질로서의 형이상학은 현실적으로 존재한다는 사실을 받아들인다. 그러니 '도대체 자연소질로서의 형이상학은 가능한가'라고 묻지 않고 '여하히 자연소질로서의 형이상학이 가능한가'라고 묻는 것은

---

45) 『형이상학서설』 273쪽. 부분적으로 편하게 인용했다.

정당화된다. 형이상학의 탐구대상인 무제약자를 향한 인간 이성의 천성적인 관심으로 말미암아, 인간 이성이 경험의 한계를 넘어가게 되는데, 이것이 '자연소질로서의 형이상학이 어떻게 가능하냐?' 하는 문제에 대한 칸트의 대답이다. 문제는 인간 이성이 그렇게 경험의 한계를 넘어갈 때 인간의 이성은 모순에 직면한다는 사실이다. 한쪽에서는 세계가 공간상 유한하다고 하고, 다른 쪽에서는 무한하다고 한다. 이런 배경 설명을 한 뒤, 칸트는 다음처럼 말한다.

> 그러나 그 때문에 우리는 형이상학에 대한 자연 소질, 즉 그 어떤 형이상학(그것이 어떤 것이든지)의 출처가 되는 순수이성 능력 그 자체를 그대로 보고만 있을 수 없다. 도리어 형이상학에 관하여서 대상인식의 가능과 불가능, 다시 말해서 그 문제의 대상에 대한 결정 또는 이 대상에 관하여 어떤 판단을 내리기 위한 이성의 능력의 유무, 따라서 우리의 순수이성을 마음 놓고 확장할 것인가, 아니면 이에 일정하고도 확실한 한계를 설정할 것인가를 확정하는 것이 가능하지 않으면 안 된다. 앞에서 말한 일반적 과제에서 나오는 최후의 문제는 당연히 '어떻게 해서 학으로서의 형이상학이 가능한가?' 하는 것이다.(B22, 강조는 칸트)

칸트의 말이 뭔가 복잡하고 어렵게 느껴진다. 그러나 칸트는 자신이 선결문제 요구의 오류를 범하지 않는 듯이 말하려고 하니 이렇게 말이 꼬이는 것이다. 칸트는 정말 힘들게 말하고 있는데, 그의 말의 요지는 이렇다.

> 인간 이성이 경험의 한계를 넘어서서 형이상학의 영역에 들어서면, 자연 소질로서의 형이상학이 생긴다. 그런데 이 형이상학들은 서로 치고받고 싸운다. 그것들은 모순에 직면한다. 이걸 그대로 둘 수는 없다. 그래서 이성의 능력이 미치는 한계를 확정 짓는 것이 가능해야 한다.

그러므로 우리는 '어떻게 학으로서의 형이상학이 가능한가' 하는 문제
를 제출해야 한다.

일견 칸트는 여전히 선결문제 요구의 오류로부터 자유롭지 못해 보인
다. 칸트는 "이성의 능력이 미치는 한계를 확정 짓는 것"을 형이상학이라고
보는데, 우리가 이미 언급했듯이 그것이 바로 선험적 형이상학이다. 그렇다
면, 그는 앞의 인용문에서 이렇게 말하고 있는 셈이다.

> 선험적 형이상학은 현실적으로 이미 존재한다. 그러므로 그다음에
> 우리가 할 일은 '어떻게 선험적 형이상학이 가능한가?'라고 물으면서
> 그 가능성을 해명하는 우리들의 영리함만 테스트하면 된다.

문제는 다시 원점으로 되돌아왔다. 칸트는 학의 안전한 길에 들어선 형
이상학 즉 선험적 형이상학의 존재를 증명하기 전에 그것의 존재를 전제하
고 있는 것처럼 보인다. 과연 칸트는 선결문제 요구의 오류를 범하고 있는 것
인가?

칸트가 선결문제 요구의 오류를 범하고 있는가 범하지 않고 있는가 하
는 문제를 최종적으로 해결하려면, 우리는 **칸트는 형이상학의 문제를 이런 식
으로 형식논리적 순서에 따라 제출하고 있지 않다는 사실**을 알아야 한다. 칸트
자신은 이 사실을 잘 알고 있었다. 그럼에도 불구하고 그는 설명의 편의를 위
해, 우리가 앞서 보았듯이 그런 순서로 제출하고 있다. 너무 자주 반복 인용
하는 것 같은데, 부득불 한 번 더 인용하겠다.

> 1. 어떻게 순수수학은 가능한가?
> 2. 어떻게 순수자연과학은 가능한가?
> 3. 자연소질로서의 형이상학은 어떻게 가능한가?

4. 어떻게 학으로서의 형이상학은 가능한가?

칸트는 1, 2번 문제를 해결하면서 독자들이 시선을 수학과 자연과학에 빼앗기게 하지만, 그는 뒤에서 동시에 '감성론'과 '분석론'을 합친 선험적 형이상학을 건설했던 것이다. 그러니까 1번과 2번 문제를 해결하면서 그는 4번 문제를 동시에 해결하고 있는 것이다. 그리고 자연소질로서의 형이상학은 경험의 한계를 넘어서려는 인간 이성의 본성으로 말미암아 생겨나지만, '변증론'에서 모조리 형이상학적 가상을 만들어내는 것으로 판명난다. 어거스틴은 '신은 세계 창조 이전에는 무엇을 했는가?'라는 이교도들의 질문에 대해, 시간-공간도 세계창조와 동시에 만들어졌다는 '동시 창조설'을 주장했는데, 칸트는 설명의 편의상 문제를 차례로 제출하지만, 1, 2번 문제를 해결하면서 그는 형이상학의 문제를 동시에 해결하고 있다. '동시 해결설'이라 할 만하다. 이와는 달리, 칸트가 1, 2, 3, 4를 차례로 해결한다고 생각하는 방식으로『순수이성비판』을 읽는 것은 '순차 해결설'이라 할 수 있을 것이다. '순차 해결설'은『순수이성비판』을 인식론을 확립하면서 학으로서의 형이상학의 성립 가능성을 부정하는 책으로 읽게 될 가능성을 갖고 있다. 그리고 칸트가 선결문제 요구의 오류를 범한 것으로 보게 만든다. 왜냐하면 수학과 물리학의 경우는 학의 안전한 길에 들어서 있는 것이 현실적으로 확인되고 있기에 1번과 2번 물음에 대해서는 '도대체 물음'을 던질 필요가 없지만, 앞서 말했듯이 형이상학의 경우는 4번 문제를 던지기에 앞서 '도대체 형이상학은 가능한가' 하는 문제를 다루기를 요구하는 것이 당연한 수순이기 때문이다. 반면에 '동시 해결설'은 우리가 앞서 언급했듯이『순수이성비판』을 인식론 책이면서 동시에 형이상학인 책으로 읽는 것을 가능하게 만들어준다. 그리고 '동시 해결설'로써만 우리는 선결문제 요구의 오류로부터 자유로워진다. 또한 우리가 동시해결설을 택할 때에만 칸트의 '실험적 방법'이 이해된다. 수학이나 물리학의 성공은 인식주관이 대상 속에 투입해 넣은 것만을 인식하기 때문에 가능했으므로, 그것을 모방하여 형이상학의 영역에서도 같은 사고실험을 해보자는 것이 칸트의 제안이었다. 이것이 인식론상의 '코페르니쿠스적 전회'라는 이름의 실험이다. 이 실험을 통해 칸트는 수학과 물리학의 아프리오리한 종합이 어떻게 가능한지를 설명하면서 — 이 점에서 본다면 『순수이성비판』은 인식론이다 — 동시에 형이상학이 어떻게 학의 안전한 길에 들어서게 되는가를, 즉 선험적 형이상학이 어떻게 가능한가를 설명하고 있기도 하다. 칸트에 있어서 코페르니쿠스적 전회는 인식주관이 대상 속에 투입해 넣은 것만을 인식하기 때문에 가능했던 수학과 물리학의 가능성을 설명하기 위해 구상된 한 번의 결정적인 실험 — 이 실험은 형이상학적이면서 동시에 인식론적인 실험이다 — 이었고, 그 실험은 칸트의 입장에서 볼 때는 대성공이었다.[46] 필자가 제안하는 동시 해결설의 관점에서 보면 칸트의 다음 말이 아주 용이하게 이해된다. 그는 『순수이성비판』의 '머리말'에서 코페르니쿠스가 태양이 지구 주위를 돈다는 가설을 버리고 지구가 태양 주위를 돈다는 혁명적 사고방식으로 눈에 보이지 않는 뉴턴의 만유인력의 존재를 증명했다고 평가한 뒤 다음처럼 말한다.

> 나는 '비판' 중에서 논술한 코페르니쿠스의 가설과 비슷한 사고방식의 전회를 이 서언 중에서는 다만 가설로만 제기했다. 그 이유는 이 사고방식의 전회가 본론 중에서는 공간과 시간에 관한 우리 표상의 성질과 지성의 기본 개념이어서 가언적이 아니라 필연적으로 증명되는 것이지만, 다만 이러한 사고방식의 전회에 대한 모든 최초의 시도 — 그것은 언제나 가설적이지만 — 들을 주목하기 바라서 나는 가설로서 제기한 바이다.(B XXII, 강조는 필자)

---

46) 그렇다면 순서를 정해 1, 2, 3, 4로 나열한 것은 자연스럽고 어쩔 수 없는 설명방식이기도 하지만 동시에 오해를 유발할 수 있다. 이런 점에서 본다면, 『순수이성비판』 B22에서의 칸트의 설명은 적절하지 못한 측면이 있다.

나는 앞서 칸트의 형이상학적 실험은 절대로 실패하는 실험이 될 수 없으며, 그 이유는 그 실험의 가설(착상)은 대상은 인식주관이 구성해낸다는 것인데, 칸트는 그 가설(착상)의 관점에서 **인식의 문제를 해명하겠다는 의지를 표명**한 것에 불과하기 때문이라고 했다. 바로 위의 인용문이 필자의 설명이 올바른 것이었음을 말해준다. 그는 『순수이성비판』 '서언'에서는 인식론적 구성설을 가설 차원에서 제시했으나, '본론'에서는 아주 멋지게 증명되었다고 말하고 있다. 칸트는 일체의 사변적 · 초월적 형이상학은 학으로 성립할 수 없다는 결론을 도출해낸 '분석론' 그 자체를 일종의 형이상학으로 혹은 일종의 존재론으로 간주한다. 그리고 '감성론'과 '분석론'에서의 칸트의 모든 철학적 진술을 칸트는 아프리오리한 종합판단 ─ 나중에 살펴보겠지만 더 정확하게 표현하면 '선험적 종합판단' ─ 으로 간주했던 것이다. 칸트에 따르면, "진정한 형이상학적 판단은 모두 종합적이다".[47] 다음처럼 말하기도 한다.

> 형이상학은 종래에 헛되게 기도되었으나, 그럼에도 인간 이성의 본
> 성에 의해서 불가결의 학문이라고 보아진다면, 이런 **형이상학에 있어서
> 도 아프리오리한 종합판단이 포함되어 있어야 할 것이다.**(B18)

칸트 이전의 형이상학들은 '아프리오리한 종합판단'을 갖고 있지 못했기 때문에, 사람들은 칸트가 학으로서의 형이상학은 성립할 수 없다는 주장을 펼치기 위해 이 말을 한 것으로 생각했다.[48] 그러나 앞서 언급햇듯이 이

---

47) 『형이상학서설』, 275쪽.

48) 칸트는 수학, 기하학, 물리학은 아프리오리한 종합판단을 갖고 있는데, 이런 판단들은 직관의 요소를 갖고 있다. 그러나 기존의 형이상학적 명제들은 직관의 요소가 없기에 검증과 반증의 대상이 될 수가 없고, 따라서 독단적 명제들일 뿐이며, 기존의 형이상학이 아무리 그럴듯한 체계로 짜여 있다 하더라도 그런 명제들의 집합체인 한에서 그런 형이상학은 독단적 형이상학에 불과할 뿐이다. 그러면 칸트가 『순수이성비판』 전반부에서 제시하는 선험적 형이상학에서 제

는 칸트를 크게 오해하는 것이 된다. 칸트는 수학과 물리학에서 발견되는 아프리오리한 종합판단의 가능성 근거를 해명하면서 발견되는 선험적 종합판단들의 유기적 체계를 자신이 구상한 새로운 형이상학으로 간주했던 것이다. 나는 석사논문에서 '선험적 종합판단'과 '아프리오리한 종합판단'이 구분되어야 함을 강조했었는데, 이것을 분별하는 것은 칸트가 『순수이성비판』의 '방법론'에서 하는 말들을 이해하기 위한 열쇠 역할을 한다. 이에 대해서는 이 책의 VII장 '선험적 사유는 메타-인식이다'에서 다룰 것이다.

> 이래서 우리는 확정적인 것을 얻었고, 사람들은 모든 형이상학적인 기도에 있어 이 확정적인 것에 의거할 수 있다. 전래의 형이상학적 기도는 지극히 대담했으나 항상 맹목적으로 모든 일에 대해 무분별하게 행해져 왔다. **독단적 사상가들은 그들의 목표가 이처럼 가까이 세워질 것**(경험일반을 가능하게 하는 것)**을 착상하지 못했다.**[49]

칸트는 경험일반의 가능성의 근거를 정초하는 작업 이 자체를 '첫째 부문의 형이상학'으로 부르고 있다.(BXIX) 문제는 설령 '분석론'이 일종의 형이상학이라 하더라도 경험일반의 가능성의 근거를 탐구하는 작업만으로는 인간의 형이상학적 욕구가 충족되지 않는다는 것이다. 독단적 사상가들은 비록 독단적 방법으로이긴 하지만, 신과 영혼과 내세에 대해 말해주는 바가 있다. 그런데 칸트가 '분석론'에서 제시한 선험적 형이상학은 우리가 신과 세계와 영혼에 대해 관심을 갖는 것이 아무런 의미가 없음을 설교할 뿐이다. 그러나 그런 형이상학적 대상들에 대한 일반인의 관심이 칸트의 그런 설교로 잠재워지지

시하는 형이상학적 명제들은 아프리오리한 종합명제들이며, 직관의 요소를 가지는가 하는 물음을 던질 수 있다. 이 문제를 해결하기 위해 우리는 '아프리오리한 종합'과 '선험적 종합'을 구분할 필요가 있다. 이에 대한 더 자세한 논의는 이 책의 VII장 2절에서 다루고 있다.

49) 『형이상학서설』, 310쪽. 강조는 필자.

는 않을 것이다. 만약에 칸트가 형이상학의 영역에서 이룩하고자 했던 혁명 [50]이 초월적 사변 형이상학의 인식론적 무근거성을 폭로하는 것으로 그쳤다면 그 혁명은 '미완의 혁명', '반쪽의 혁명'에 그칠 것이다. 그러므로 경험일반의 가능성의 근거를 확립하는 '분석론'이 칸트적인 의미에서 새로운 형이상학이라 하더라도, 칸트가 형이상학의 영역에서 이룩하려고 했던 혁명이 온전한 혁명이 되려면 어떤 형태로든 독단적 형이상학자들이 다루었던 형이상학적 문제들을 다루지 않으면 안 된다. 이 점을 칸트 자신이 분명하게 언급하고 있다. 칸트는 「라이프니츠와 볼프의 시대 이후 독일에서 형이상학이 이룬 실질적인 진보는 무엇인가?」[51]라는 논문에서 "형이상학은 이성에 의해 감성

---

50) 칸트는 『순수이성비판』에서 자신이 철학의 영역에서 이룩하고자 했던 혁명이 피상적인 요설과 무분별한 독단이 난무하여 학으로서의 위상이 여지없이 흔들리고 있었던 형이상학의 영역에서의 혁명임을 다음처럼 말하고 있다. "순수한 사변이성 비판이 할 일은 형이상학에 관한 재래의 방식을 개변하려고 기도하는 점에 있다. 그러면서도 기하학자와 자연과학자를 모범으로 해서 우리가 형이상학의 전 혁명에 착수함으로써 기도하는 점에 있다."(BXXII)

51) 베를린 왕립 학술원은 1791년에 '라이프니츠와 볼프 시대 이후 독일에서 형이상학이 실질적으로 이룬 진보는 무엇인가'라는 제목의 현상 과제를 공모했다. 칸트는 여기에 응모하려고 이 현상과제의 제목에 맞추어 논문을 작성했는데, 그 글이 통상 줄여서 「형이상학의 진보」로 불리는 논문이다. 이 논문은 칸트가 1790년에 『판단력 비판』을 출간한 뒤에 작성했으므로, 비판철학의 정신을 고스란히 반영한 글이다. 그러나 칸트는 이 논문을 완성시키지도 않았고, 또 왕립 아카데미에 제출하지도 않았다.(『형이상학의 진보/발견』, 232쪽 이하. 역자인 최소인의 '해제'를 참조하기 바란다) 비록 완성되지 않았다 하더라도 형이상학적 칸트 해석에 있어서 이 논문은 대단히 중요한 문헌적 가치를 가진다고 생각된다. 그 이유는 앞서 언급했듯이 이 논문은 칸트가 자신의 비판철학을 완성한 후에 자신이 성취한 삼 비판서의 학문적 업적을 되돌아보며 작성한 글이기 때문이다. 칸트는 당연히 자신의 비판적 형이상학을 통해 독일에서 라이프니츠와 볼프 이후 형이상학의 결정적 진보가 이루어졌다고 생각했다.

  "형이상학이 수행했던 그리고 형이상학의 운명을 결정해야만 하는 세 번째의 가장 큰 걸음은, 감성적인 것에 관한 것이든 초감성적인 것에 관한 것이든, 인간 인식 전반을 아프리오리하게 확장하려는 이성 능력과 관계하는 순수 이성 비판 자체이다. 순수 이성 비판이 약속한 일을 수행했다면, 다시 말해 이성 능력의 범위와 내용 및 한계를 규정했다면, — 순수 이성 비판이 이런 일을 독일에서 그것도 라이프니츠와 볼프 시대 이후에 수행했다면, 왕립 학술의 과제는 해결되었을 것이다."(『형이상학의 진보/발견』, 18쪽)

  위 인용문에서 언급되는 '순수 이성 비판'은 칸트의 제1비판서인 『순수이성비판』을 의미하는 것처럼 읽힐 수가 있으나, 그렇지 않다. 칸트는 그것으로써 삼 비판서 모두를 의미하고 있다. 칸

적인 것에 대한 인식으로부터 초감성적인 것에 대한 인식으로 전진해가는 학문이다"[52]는 꽤나 형식적인 정의를 내린 뒤에 다음처럼 말한다.

존재론은 (형이상학의 한 부분으로서) 감관들에 주어지는 대상들에 관계하며, 따라서 경험에 의해 증명될 수 있는 한에서의 지성의 모든 개념들과 원칙들의 체계를 형성하는 학문이다. 이 학문은 형이상학의 **최종목적인 초감성적인 것을 다루지 않으며**, 따라서 진정한 형이상학의 예비학, 현관 혹은 앞마당으로서 형이상학에 속하며 선험철학이라 불린다. 왜냐하면 이 학문은 우리의 모든 아프리오리한 인식의 조건들과 제일요소들을 포함하고 있기 때문이다.[53]

트는 『판단력 비판』 31쪽에서 이렇게 말한다. "순수 이성 비판은 세 개의 부문, 즉 순수지성의 비판, 순수 판단력의 비판, 그리고 순수이성의 비판으로 성립하는 것이다." 칸트는 '순수 이성 비판'은 세 부분으로 나누어진다고 하면서, 그 안에 '순수 이성 비판'을 포함시키는 납득하기 힘든 말을 한다. 말하자면 전체집합과 부분집합을 같은 용어로 표기한 것이다. 굳이 호의적인 해석을 한다면, 세 부분을 다 포괄하는 '순수 이성'은 광의의 순수 이성으로, 그 광의의 순수 이성의 부분으로서의 순수 이성은 협의의 순수 이성으로 이해해줄 수가 있을 것이다. 인용문에서 제시되는 '순수지성의 비판'은 『순수이성비판』을, '순수 판단력의 비판'은 『판단력 비판』을, '순수이성의 비판'은 『실천이성비판』을 의미한다. 특이한 점은 칸트는 제1비판을 '순수이성비판'으로 표시하지 않고 '순수지성비판'(Kritik des reinen Verstandes)으로 표기했다는 사실이다. 이 것으로 미루어 볼 때, 칸트는 순수이성은 오성, 판단력, 이성으로 나눈 뒤에, 제1비판은 오성을, 제2비판은 이성을, 제3비판은 판단력을 다룬 것으로 이해하고 있는 것으로 보인다.

52) 『형이상학의 진보/발견』, 13쪽.

53) 『형이상학의 진보/발견』, 13쪽. 강조는 내가 한 것이다. 이 인용문에서 칸트는 『순수이성비판』을 '진정한 형이상학의 예비학, 현관, 앞마당'이라고 하면서 그 앞마당인 『순수이성비판』도 형이상학이라고 한다. 그는 형이상학을 "이성에 의해 감성적인 것에 대한 인식으로부터 초감성적인 것에 대한 인식으로 전진해가는 학문이다"라고 정의했는데, 그는 『순수이성비판』에서의 형이상학적 작업을 '이성에 의해 감성적인 것에 대한 인식으로부터'에 해당하는 것으로 간주하고 있다. 그리고 이 작업의 주체는 순수이론이성이다. 그리고 그는 『실천이성비판』에서의 형이상학적 작업을 '초감성적인 것에 대한 인식으로 전진해가는' 작업으로 간주하고 있다. 그리고 이 작업의 주체는 실천이성이다. 여기서 '초감성적인 것'이란 신과 자유와 영혼불멸이다.(『형이상학의 진보/발견』, 137쪽 참조) 그는 이 작업 전체를 한 덩어리로 묶어서 형이상학적 작업으로 간주하고 있다. 이 두 가지 작업이 한 덩어리로 묶일 수밖에 없는 이유는 그 두 작업을 수행하는 이성이 두 개의 다른 이성이 아니라 하나의 이성이기 때문이다. 그럼에도 이 인용문에서 칸트가 더 방점을 찍고 있는 것은 형이상학의 최종목적을 다루는 '진정한 형이상학'이다.

칸트는 '진정한 형이상학'의 건설 작업을 『실천이성비판』에서 수행하고 있다. 이와 관련하여 칸트는 다음처럼 말한다.

이성의 사변적[이론적] 사용은 우리를 안내해서 경험분야를 통과했다. 그리고 그 경험분야에서 이성은 십분 만족을 발견하지 못했기 때문에, 이성은 그 분야에서 사변적 [즉 선험적] 이념들로 우리를 안내했다. 그러나 이들은 [가상이었기에] 결국 우리를 다시 경험으로 돌려보냈고, 따라서 이성의 의도는 확실히 유익하기는 했지만, 우리의 기대에는 맞지 않는 방식에서 수행되었다. 그런데 우리에게 아직도 하나의 시도가 남아 있다. 이것은 순수이성의 실천적 사용이 발견될 수 있지 않나, 이 실천적 사용이 바로 이전에 말한 순수이성의 최고목적에 도달하는 이념에 통하지 않나 하는 것이다. 따라서 이성의 사변적 관심이 우리에게 철저히 거부한 것을, 그것의 실천적 관심이라는 견지에서는 승인하지 않나 하는 것이다.(B832, 강조는 필자)

칸트는 『실천이성비판』에서 인간 본성에 깊이 뿌리박혀 있는 형이상학적 욕구를 '도덕신앙'의 형식으로 해결해주었던 것이다.

필자는 1983년에 발표한 석사논문에서 칸트를 형이상학자로 읽어야 한다는 주장을 한 후, 14년 뒤에 칸트가 구상한 새로운 '비판적 형이상학'의 전모를 밝히는 논문을 발표했다. 「칸트에 있어서 형이상학의 새로운 길」이 그것이다. 그 논문에서 나는 형이상학의 파괴자로 혹은 단순히 인식이론가로 해석된 칸트가 실은 처음부터 끝까지 형이상학자이며, 독단적 형이상학의 파괴자로서 칸트가 제시한 새로운 형이상학이 어떤 모습을 하고 있는가를, 그리고 그 형이상학은 어떤 점에서 독단적이지 않고 학의 안전한 길에 들어선 것인지를, 또한 형이상학에 대한 『순수이성비판』에서의 칸트의 입장과 『실천이성비판』에서의 칸트의 입장이 흔히 추측되듯이 상호 모순적인 것이 아니라 상호보완적임을 밝혔다. 나는 「칸트철학의 코페르니쿠스적 전회에 대한 고찰」에서 칸트의 '코페르니쿠스적 전회'의 개념이 형이상학적으로 해석되어야 함을 주장하면서, 형이상학에 대한 칸트의 입장을 다룬 적이 있다. 돌이켜 보면, 그 논문에서 해석의 방향은 바로잡았으나, 그 전모를 드러내 보이지는 못했다. 나는 칸트가 제시한 학의 안전한 길에 들어선 형이상학의 전모를 그려내는 미완의 작업을 「칸트에 있어서 형이상학의 새로운 길」에서 수행했다고 생각했었다. 그러나 그 글에서도 나는 『판단력 비판』이 칸트가 구상한 형이상학에서 감당하고 있는 역할을 충분히 인지하지 못했음을 고백한다.

그러면 형이상학에 대한 칸트의 입장은 어떻게 요약될 수 있으며, 그것은 칸트의 인간관과 어떻게 관계 맺고 있는가? 칸트에 의하면 형이상학은 독단의 늪에 빠지지 않기 위해서는 과학적 경험과 관계를 맺어야 한다. 이런 이유로 칸트는 먼저 자기 시대에 학의 안전한 길에 들어선 것으로 간주된 수학과 물리학이 어떻게 가능한가를 탐구의 주제로 정한다. 이 문제에 대한 해답을 얻기 위해 그는 인식에 있어서 객관 위주의 모사설적 사고방식을 버리고 주관 위주의 구성설적 사고방식을 택한다. 이러한 작업의 결과 칸트는 새로운 인식이론을 제시하게 되고 또 일종의 과학철학을 제출한다. 그리고 그는 새로운 인식론의 최종적인 결론인 물자체 불가지론에 의거하여 종래의 모든 형이상학이 독단적임을 따라서 학문적으로 무근거한 이론임을 주장한다. 바로 이것이 칸트가 생각하고 있었던 학의 안전한 길에 들어선 비판적 형이상학의 전반부를 구성하는 '선험적 형이상학'이다.[54] 그러므로 『순수이성비판』의 전반부는 일석오조(一石伍鳥)의 효과를 노리고 있다. 첫째로 수학과 물리학의 가능성의 근거를 정초하는 과학철학적 작업과, 둘째로 구성설적 인식론의 제시와, 셋째로 종래의 사변 형이상학의 무근거성의 폭로와, 넷째로 선험철학적 인

---

54) 페이튼은 이를 '경험의 형이상학'(metaphysics of experience)으로 부르고 있음을 앞에서 보았다.

간학의 제시와 마지막으로 선험적 형이상학의 건설이 그것이다. 칸트에 있어서 이 다섯 가지 작업은 순차적으로 수행되는 것이 아니라 동시적으로 수행되는 일이며, 본질상 같은 작업이다. 그는 이것들을 한꺼번에 해치우고 있다. 그는 마치 빈 모자에서 다섯 마리 비둘기를 끄집어내서 공중으로 날려 보내는 묘기를 보여주는 마술사 같다. 그러나 관객들은 칸트가 보여준 그 철학적 마술을 보고 손뼉을 치기보다는 어리둥절해하기만 했다. 물자체 불가인식설은 종래의 사변적 형이상학의 잡초들에 대해서는 제초제이지만, 그것은 칸트가 건설하고자 한 새로운 형이상학의 확고부동한 기초가 된다. 물자체 불가지론이 없으면, 칸트의 선험적 형이상학이 무너지고, 그것이 없으면 기존의 독단적 형이상학은 여전히 활개를 칠 것이며, 그것이 없으면 도덕의 형이상학이 자리 잡을 공간이 생기지 않는다. 칸트는 이렇게 하여 이성의 이론적 사용에 제한을 가한 뒤에, 인간의 형이상학적 욕구를 실천적으로 해결하는 길을 모색한다. 이때에도 칸트는 도덕이 있다는 '실천이성의 사실(Faktum der praktischen Vernunft)이 어떻게 가능한가'를 해명하는 방식을 택한다. 그 결과 그는 자유와 영혼불멸과 신의 존재를 실천적 관점에서 규명한다. 이것이 칸트의 비판적 형이상학의 후반부를 구성한다. '인식적 경험이 있다'는 이론이성의 사실에 기초하여 이론이성은 인식론 곧 선험적 형이상학을 건설하고, '도덕적 경험이 있다'는 사실에 기초하여 실천이성은 실천적 형이상학을 건설한다. 그리고 선험적 형이상학은 전통적인 사변적 형이상학이 학문이 될 수 없음을 증명함으로써 실천적 형이상학을 보호하고, 실천적 형이상학은 형이상학의 본래적 목표인 자유와 영혼불멸과 신의 존재를 확증한다. 선험적 형이상학이 없는 실천 형이상학은 무근거하고 실천 형이상학이 없는 선험적 형이상학은 무용하다. 이 양자는 상호 유기적으로 보완하면서 학의 안전한 길에 들어선 하나의 비판적 형이상학이 된다. 그리고 선험적 형이상학과 실천 형이상학 사이의 간극을 『판단력 비판』이 메꾸고 있다. 『판단력 비판』 역시 '미감적 경험이 있다'는 사실의 가능성 근거를 검토하는 방식으로 선험적 미학을 건설하며, 이것이 『순수이성비판』의 선험적 인식론과 『실천이성비판』의 선험적 윤리학 사이에서 자리 잡는다. 『순수이성비판』에서 칸트는 목적도 없고 의도도 없는 기계론적 운동이 지배하는 현상계를 확정 짓고, 『실천이성비판』에서 칸트는 목적론적 자유론이 지배하는 예지계를 확정 짓는다. 그리고 『판단력 비판』에서 그는 '목적 없는 합목적성' 즉 '현상계의 기계론적 운동 속에서 읽히는 목적론적 운동'의 개념으로 『순수이성비판』과 『실천이성비판』을 연결하는 길을 모색한다. 이상이 칸트가 제시한 새로운 형이상학이다.

그러면 칸트의 이런 형이상학적 입장은 칸트의 인간관과 어떤 연관이 있는가? 칸트가 선험적 자아를 유한성(감성)과 무한성(지성)의 종합인 가능적 무한자로 간주하고 있다. 그런데 인식이란 감성과 지성의 종합에 의해 성립하는 것이므로, 인식하는 자아는 결코 물자체에 이를 수는 없다. 왜냐하면 현실적 무한으로서의 물자체는 순수 사유의 대상으로서 결코 감성적인 인식의 대상이 아니기 때문이다. 따라서 형이상학의 대상인 물자체에 대한 이론적 인식은 불가능한 것이 된다. 가능적 무한자로서의 선험적 자아는 현실적 무한 즉 현실적 무제약자, 달리 말해서 현실적 자유를 향한 무한한 행진을 하도록 운명 지어진 존재이지만, 가능적 무한의 본성상 그것은 현실적 무한에 도달할 수가 없는 것이다. 그러면 인간의 형이상학적 욕구는 결코 실현될 수 없는가? 칸트는 인간이 현실적 무한에 도달할 수 있는 길을 도덕에서 찾는다. 인식의 성립을 위해서는 감성과 지성의 결합이 필수적이지만, 도덕적 당위의 성립을 위해서는 감성의 도움이 필요치 않다는 사실이 도덕적 행위를 통한 물자체(현실적 자유)에로의 비약을 가능하게 한다. 탈자성을 그 본질로 하고 있는 가능적 무한자로서의 선험적 자아는 가능한 경험의 세계 즉 필연의 인과법칙의 지배하에 있는 자연계로부터 벗어날 수 있는 가능성을 갖고 있지만, 그것은 현실적 무한을 향한 무한한 행진을 계속하는 한에서만 그렇다.

그러나 선험적 자아가 갖고 있는 자유의 가능성은 그다음 순간에 필연의 세계 안으로 편입된다. 끊임없이 물화(物化)되며 경험적 인식의 대상이 되는 자신(경험적 자아)을 뒤로하고 끊임없이 자신을 넘어서는 활동으로서의 선험적 자아는 필연의 인과법칙으로부터의 자유라는 소극적 자유 즉 자유의 가능성 밖에는 갖지 못한다. 필연의 인과법칙으로부터의 자유가 소극적인 자유요 가능적 자유에 불과한 이유는 그것이 가능한 경험계의 한계선 상에서만 성립하는 자유로 그 자유는 그다음 순간에 연기처럼 사라져버리기 때문이다. 그러나 선험적 자아는 도덕을 통해 자신이 갖고 있는 자유의 가능성을 현실화할 수가 있다. 도덕적 당위에 따라 행위한다는 것은 인간이 자신의 내면에 갖고 있는 자유의 가능성을 현실화한다는 것을 의미한다. 왜냐하면 칸트에 있어서 도덕적 행위란 곧 자유가 원인이 되어 한 행위이며, 도덕법칙이란 자유의 법칙 이외의 다른 것이 아니기 때문이다.

칸트가 『순수이성비판』 전반부를 '형이상학'(Metaphysik)으로도 간주했기 때문에, 그 전반부를 글자 그대로 physik(자연)을 넘어서는(meta) 것을 의미하는 '초월철학'으로 이해할 수 있지 않는가라고 생각하는 사람이 있을지 모르겠지만, 이렇게 생각하는 것이 잘못임을 나는 앞에서 말했다. 그러면 왜 칸트는 그 전반부를 오해를 유발하는 용어인 '형이상학'으로 규정하고 있는가 하는 의문이 생길 수 있다. 그 이유는 그 전반부가 칸트가 건설한 '확실하게 학문의 길에 들어선 형이상학' — 필자는 이것을 '비판적 형이상학'이라 명명했다 — 의 기초공사 부분에 해당하기 때문이다. 이 기초공사가 없었더라면, 칸트가 『실천이성비판』에서 보여주는 초월적인 실천 형이상학의 건설은 불가능했던 것이다. 칸트는 『순수이성비판』과 『실천이성비판』을 통해 하나의 새로운 형이상학 체계를 건설했다. 그런데 『순수이성비판』은 자신이 구상한 새로운 형이상학의 지하층이고, 『실천이성비판』은 지상층이다. 지하층이 없는 지상층은 무너진다. 지상층 없는 지하층은 불필요하다. 그러니 칸트로서는 한 덩어리의 형이상학 건물에서 지하층은 형이상학이 아니고 지상층만 형이상학이라고 말할 수 없는 처지에 놓이게 된다. 바로 그런 이유로 그는 『순수이성비판』을 '자연의 형이상학'이라 부르고 있다. 그 자연의 형이상학은 비록 그것이 경험의 가능성 근거를 해명하는 형이상학이어서 경험의 위로 넘어서는 초험적(transzendent) 형이상학은 아니지만, 칸트는 자연의 형이상학을 그 사유방법이 경험의 아래로 넘어서는 것임에 착안하여 선험적(transzendental) 이란 용어로 특징짓고 있다. 비록 그 두 책이 따로 분리된 책이지만, 학의 안전한 길에 들어선 형이상학의 건설이라는 칸트의 학문적 목표라는 관점에서 볼 때는 논의가 연결되어 있음을 알아차리는 것이 칸트를 올바로 이해하는 데 정말로 중요한 일이다.

나는 칸트가 세웠다고 자부하는 안전한 학문의 길에 들어선 형이상학을 그의 철학이 비판철학임을 감안하여 '비판적 형이상학'으로 부르고자 한다.

칸트가 평생 붙들고 고민했던 화두인 '학의 안전한 길에 들어선 형이상학'을 '자연의 형이상학'에 국한시켜 찾고 있는 하이데거와 하르트만은 ─ 그는 그것을 '인식 형이상학'으로 해석하고 있다 ─ 모두 일면적이다.[55] 그들은 칸트가 중시하는 '도덕의 형이상학'을 무시하고 있다. 그리고 하임죄트는 '도덕의 형이상학'을 중심에 두는 칸트 해석을 하고 있는데, 그의 해석의 문제점은 하이데거의 문제점과 정반대다. 그는 선험적 형이상학을 제거한 상태로 칸트의 새로운 형이상학을 이해하는데, 이는 결정적인 잘못이다.

그런데 칸트의 자연의 형이상학은 기존의 독단적 형이상학들이 인식의 대상으로 삼은 물자체는 인식의 대상이 이 될 수 없음을 밝혀냄으로써, 기존의 초월적 사변 형이상학(독단적 형이상학)의 무근거성을 폭로했다는 점에서, 칸트적 용어법으로 '비판적'이다. 그리고 선험적 형이상학이라는 형이상학계의 경찰이 독단적 형이상학이라는 형이상학계의 폭력배들을 진압한 뒤에, 형이상학계의 선량한 시민들을 보호하여 그들이 실천의 영역에서 생업에 종사할 수 있는 여건을 만들어주게 된다. 그래서 선량한 시민들은 '도덕

---

55) 하이데거와 하르트만의 차이점은, 하이데거가 인식의 대상이 될 수 없는 물자체를 부정한다면, 하르트만은 그것을 적극적으로 인정하고 있다는 점이다. 이리하여 하이데거는 현상학적 존재론으로 나아가게 되고, 하르트만은 비판적 존재론의 길로 나간다.

의 형이상학'을 건설했다. 이 형이상학은 현상계를 넘어서서 물자체의 세계로 진입할 수 있는 길을 찾게 된다. 초월적(초험적) 사변 형이상학을 철저하게 비판하는 '첫째 부문의 형이상학'(선험적 형이상학)을 '초월적 형이상학'으로 해석하는 것은 잘못된 것이다. 그렇게 하면 그것은 마치 도둑들이 불법적으로 훔친 물건을 경찰이 압수한 뒤에 자신이 사용하는 꼴이 될 것이다. 그리고 실천 형이상학은, 그 학문방법론에서는 도덕적 경험의 가능성 근거를 도덕경험에 앞서 검토하는 방법을 택한다는 점에서는 선험적이지만, 그 방법론으로 얻어낸 결론이 신과 영혼의 존재는 실천철학적으로 증명된다고 하는 점에서는 초험적 형이상학이다. 그러나 칸트는 그 형이상학이 주장하는 명제들의 인식론적 지위는 '지식'이 아니라 '신앙'에 불과하다고 판정 내렸다. 이 점에서 칸트는 『실천이성비판』에서 건설한 '도덕의 형이상학'에 대해서도, 칸트 자신의 용어법으로 말해서 '비판적'이다. 그러므로 칸트가 건설하고자 했던 학문의 안전한 길에 들어선 형이상학을 '비판적 형이상학'으로 명명하는 것은 아주 적절해 보인다. 『순수이성비판』과 『실천이성비판』의 유기적 통일성을 못 본 상태에서 칸트가 제시한 새로운 형이상학의 전모를 파악하지 못하고 있는 윌커슨(T. E. Wilkerson)은 다음과 같은 잘못된 논평을 한다.

> 그(칸트)는 왜 '제1비판'의 중심 주장을 내던지고 '제2비판'에서 초감성적 세계의 **불법적인** 즐거움을 찾으려 하는가? 나는 이에 대해 유일한 그럴듯한 대답은 역사적인 설명, 즉 칸트는 결코 그의 합리론적 배경으로부터 완전히 해방될 수 없다고 생각한다. 그의 '제1비판'의 피상적인 경험론은, 심지어는 때때로 드러나는 실증주의도 칸트를 독단의 잠의 영향력에서 완전히 깨우기에는 역부족이었다.[56]

---

56) T. E. 윌커슨, 『칸트의 '순수이성비판'』(배학수 옮김, 서울, 서광사, 1987), 252쪽. 강조는 필자.

월커슨의 이런 이해는 칸트가 『순수이성비판』에서는 흄의 도움으로 독단의 선잠에서 깨어났지만, 『실천이성비판』에서는 다시 수면제(독단적 합리론의 영향)를 먹고 다시 잠들었다고 말하는 러셀의 칸트 비판과 맥이 닿아 있는데, 두 사람 다 칸트를 피상적으로 보고 있다는 점에서 마찬가지이다. 과연 칸트는 합리론의 영향으로부터 온전히 벗어나지 못했기 때문에 『실천이성비판』에서 "초감성적인 세계의 불법적인 즐거움"을 찾으려 하는가? 그러나 칸트가 그 책에서 신의 존재와 영혼불멸을 증명한 뒤에, 그 증명에다가 '인식적' 확실성을 인정했다면, 이는 『순수이성비판』에서의 자신의 주장과 정면으로 배치되는 주장이기에 '불법적'일 수 있을 것이다. 그러나 칸트는 그 책에서의 모든 주장이 '인식'이라고 말한 적은 한 번도 없다. 칸트가 『실천이성비판』에서 자유와 영혼과 신을 실천철학적으로 증명한 것을 '불법적'이라고 본 것은 월커슨이 『순수이성비판』과 『실천이성비판』이라는 두 비판서를 여전히 분리해서 읽고 있다는 증거이다. 그러나 누차 강조했듯이 그 두 비판서는 통합독서의 대상이지 분리독서의 대상이 아니다.

나는 지금까지 칸트의 『순수이성비판』 전반부를 전적인 인식이론으로 간주하면서 형이상학적으로 독해하는 것을 방해하는 세 가지 오해의 대못을 뽑아냈다. 첫째로 박힌 오해의 대못은, 칸트가 순수수학에 있어서 아프리오리한 종합은 어떻게 가능한가, 순수 물리학에서 아프리오리한 종합은 어떻게 가능한가, 형이상학에서 아프리오리한 종합은 어떻게 가능한가 하는 순서로 문제를 제기한 것에 대해 인식론적 해석가들이 범한 오해였다. 두 번째 오해의 대못은 수학이나 물리학에서는 어떻게 아프리오리한 종합이 가능한지 해명되었으나 형이상학에서는 아프리오리한 종합이 어떻게 가능한지 해명되지 않았으니, 형이상학은 학문이 될 수 없다는 것이었다. 세 번째 오해는 칸트는 코페르니쿠스적 전회를 통해 물자체 불가지론을 결론으로 도출하고 있기에, 그것은 인식론을 확실하게 만들어주면서 형이상학이 학문으로 성립할 수 없다는 것을 주장하고 있다는 것이었다. 그러나 칸트는 오히려 정반대로 생각했다. 그는 코페르니쿠스적 전회를 통해 경험의 가능성을 선험적으로 설명해주는 '선험적 형이상학' — 칸트는 볼프를 따라 이를 '일반 형이상학'(metaphysica generalis)이라고 부르기도 한다 — 이 확고하게 건설되었다고 생각했다.

칸트는 자신이 『순수이성비판』에서 학의 안전한 길에 들어선 형이상학을 보여주었다고 생각했는데, 사람들은 자신을 형이상학을 파괴한 인식이론가로만 생각했으니 정말 답답했을 것이다. 혹자는 칸트가 말하는 선험적 형이상학이란 것이 그 내용은 인식이론이니, 칸트가 코페르니쿠스적 전회를 통해 인식론을 확립했다는 것이나, 그 전회를 통해 선험적 형이상학을 확립했다는 것이나 같은 말이 아닌가라는 의문을 가질 수 있다. 해석하기에 따라 맞는 말이다. 그러나 내가 '칸트가 전회를 통해 확립하고자 한 것이 인식론이 아니라 학의 안전한 길에 들어선 형이상학이다'라고 했을 때, 그 형이상학을 선험적 형이상학(자연의 형이상학)에 국한시켜 이해하면 안 된다. 칸트로서는 보기에 따라서 인식론이기도 한 선험적 형이상학을 전회를 통해 확립한 것은 선험적 형이상학의 건설 그 자체가 최종목표였기 때문이 아니라, 그 선험적 형이상학이라는 기초 위에 최종목표인 도덕의 형이상학을 올리려 했기 때문이다. 칸트의 입장에서는 선험적 형이상학이라는 튼튼한 기초가 없으면 도덕의 형이상학도 세워질 수 없으므로, 전회는 '비판적 형이상학'의 기초가 된다. 칸트의 코페르니쿠스적 전회는 인식론을 확립하고 형이상학을 부정하기 위한 것이 아니다. 전회는 구성설적 인식론을 통한 비판적 형이상학의 건설로 나아가는 출발점이다. 우리는 이로써 칸트 사상에 박혀 있었던 240년이나 된 오래된 오해의 대못을 세 개나 뽑아냈다.

4.
비판적 형이상학의 체계에서
『판단력 비판』의 역할

　　필자는 칸트의 비판적 형이상학은 지하층인 『순수이성비판』의 선험적 형이상학과 지상층인 『실천이성비판』의 초월적(초험적) 형이상학 양자의 상호보완 체계로 성립함을 말했다. 이로써 비판적 형이상학의 체계는 완결되는 것처럼 보인다. 그럼에도 불구하고 칸트는 제3비판인 『판단력 비판』을 집필했다. 그러면 이 책은 비판적 형이상학의 체계와 무관한 것인가 아니면 모종의 역할을 하는가? 물론 아주 중요한 역할을 한다. 우리는 이하에서 이 점을 자세히 살펴볼 것이다.

　　칸트의 주장에 따르면 『순수이성비판』의 세계는 필연의 인과법칙이 지배하는 자연의 세계요 유한성의 세계이다. 그리고 『실천이성비판』의 세계는 자유의 도덕법칙이 지배하는 초자연의 세계요 무한성의 세계이다. 현상계는 기계론적 필연의 세계이고, 도덕의 세계는 목적론적 자유의 세계이다. 필연과 자유, 자연과 초자연, 기계론과 목적론, 유한성과 무한성 사이에 커다란 심연이 있다. 칸트가 마주하게 된 이 문제의 뿌리는 데카르트에게까지 연결된다. 데카르트는 근세 자연과학을 철학적으로 정당화하기 위해 물질과 정신을 철저하게 구분했다. 물질과 정신은 두 개의 유한 실체로서 상호 영향을 줄 수가 없다. 정신이 물질에 영향을 주면 자연법칙의 제일성(齊一性)이 붕괴된다. 그러나 데카르트는 인간의 경우는 예외적으로 그 양자가 상호 영향을 준다고 생각했다. 데카르트에게서 물질과 정신의 이원론이 칸트에 와서는 자연법칙과 도덕법칙의 양법칙론으로 바뀐다. 그리고 데카르트에게서 물질과 정신의 관계가 인간의 경우는 상호작용하는 것으로 간주되었듯이, 칸트에게서는 '자연법칙과 도덕법칙의 관계가 상호작용하는가 아니면 상호작용 없이 양립하는가' 하는 것이 문제로 된다.

칸트는 필연의 세계와 자유의 세계 사이에 이음부가 필요불가결하다고 판단했다. 이 필요성을 위해 동원된 것이 미의 문제와 목적론적 자연관을 다루는 『판단력 비판』이다. 칸트는 이성 자체의 체계적 통일성을 믿었는데, 이성 자체의 내적인 체계적 통일성에 대한 믿음에 의하면, 이성이 추구하는 진선미도 통일적으로 파악되어야 한다. 그리하여 칸트는 『순수이성비판』이 진리의 세계를 다루고 『실천이성비판』이 선의 세계를 다루고 있다면, 그 두 세계의 간극을 미의 세계가 연결시킨다고 생각했다. 그러나 『판단력 비판』은 칸트가 『순수이성비판』 초판을 출간하던 1781년에는 집필 계획에 없었던 책이다. 이 사실은 칸트가 1787년 12월 28일에 라인홀트(C. R. Reinhold, 1758-1823)에게 보낸 편지에서 확인된다. 그 편지에서 칸트는 자신이 취미에 관한 탐구에 몰두하고 있으며, 그때까지 관찰했던 것과는 종류가 다른 아프리오리한 원리를 발견했다고 말하면서, "취미 비판"이란 이름으로 부활절(1788년 4월)쯤에 어느 정도 완성된 원고가 만들어질 것임을 예고하고 있다.[57] 『판단력 비판』은 쾌와 불쾌의 감정을 다루는데, 칸트는 이 영역에서도 아프리오리한 원리가 있음을 발견한다. 그것은 합목적성의 원리이다.[58] 칸트는 여기서도, 인간은 미감적 경험을 한다는 '사실'에서 시작한다. 이를 우리는 『순수이성비판』과 『실천이성비판』에서 칸트가 '이성의 사실'에 대해 말한 것과 유사하게 '반성적 판단력의 사실'이라고 말할 수가 있을 것이다. 그리고 그는 이런 미

---

57) I. Kant, *Kant: Philosophical Correspondence1759-99* (ed. & trans. A. Zweig, The University of Chicago Press, 1967), pp. 127-128 참조.

58) 『판단력 비판』, 53, 460쪽 참조.

감적 경험의 가능성 조건에 대해 경험에 앞서서 해명하고 있다. 칸트는 계획에 없었던 제3비판서를 집필하게 되면서 그는 이전의 생각들을 철회하거나 수정하게 된다. 이는 칸트가 자신의 철학체계를 유기체적이라고 말한 것과는 어긋나는 것이다. 그래서 셸링은 칸트철학이 유기체적으로가 아니라 원자론적으로 성립했다고 평가했다.[59] 나는 그렇게 수정된 것 중에 가장 주목해야 할 것은 선험철학의 외연이 확장되는 것과, 학의 안전한 길에 들어선 형이상학의 개념에 대한 변화라고 생각한다.[60]

그런데 비록 자연개념의 감성적 영역과 자유개념의 초감성적 영역과의 사이에는 거대한 심연이 가로놓여 있기 때문에, 전자로부터 후자에로의 (따라서 이성의 이론적 사용을 매개로 한) 어떠한 이행도 불가능하며, 마치 양 영역은 전자가 후자에 대해 어떤 영향도 미칠 수 없는 두 개의 상이한 세계인 것 같지만, 그러나 후자는 전자에 대해 어떤 영향을 미쳐야만 한다. 즉 자유개념은 자기의 법칙에 의해 부과된 목적을 감성계에

---

59) 비토리오 회슬레, 『독일철학사』(이신철 옮김, 서울, 에코리브르, 2015), 104쪽 참조.

60) 칸트는 처음에는 객관적-과학적 지식이 성립하는 자연과학의 가능성 근거를 탐구하는 작업에 대해서만 선험철학이 성립하는 것으로 생각했던 것 같다. 그렇게 되면 『순수이성비판』만이 우리가 기대할 수 있는 유일한 선험철학이 될 것이다. 그러나 칸트는 『순수이성비판』을 집필하는 중에 윤리학의 영역에서도 선험철학이 성립할 수 있다고 생각하게 되면서 선험철학의 외연이 넓어진다. 그리고 그는 『순수이성비판』과 『실천이성비판』의 상호보완적 체계로서 자신의 비판적 형이상학이 완성되는 것으로 생각했다가, 나중에 생각을 바꾸어 비판적 형이상학의 체계에 『판단력 비판』까지 고려해 넣은 것으로 보인다. 그렇게 되면서 자연스럽게 선험철학의 외연도 확장될 수밖에 없었을 것이다. 필자는 칸트철학의 난해함은 칸트가 『순수이성비판』에서 『판단력 비판』에 이르기까지 선험철학의 외연을 계속 확장해가면서 발생하게 된 크고 작은 사상적 부정합을 깔끔하게 정리하지 않았기 때문이라고 생각한다. 우리는 이런 질문을 던질 수 있다. 왜 칸트는 자신이 선험철학의 외연을 넓혀가면서 생겨나는 사유체계의 이음부들의 어긋남을 깔끔하게 정리하면서 집필하지 못했는가? 그 이유는 아마도 칸트가 그렇게 하면서 저술활동을 하기에는 자신에게 많은 시간이 주어지지 않았다고 생각했기 때문일 것이다. 칸트는 『순수이성비판』을 출간한 이후 더 많은 저술작업이 자신을 기다리고 있음을 알았고, 그는 '갈 길은 먼데 해는 서산에 지는' 상황에 처하게 된다. 그리하여 그는 비판적 형이상학이라는 학적 구조물의 세세한 부분에까지 많은 시간을 들여 깔끔하게 정리할 마음의 여유를 갖지 못했던 것으로 보인다.

있어서 실현해야만 하며, 따라서 자연도 그의 형식의 합법칙성이 적어도 자유[개념]의 법칙에 따라 자연에 있어서 실현되어야 할 목적들의 [실현]가능성과 합치하는 것으로 생각될 수 있지 않으면 안 된다. 그러므로 자연의 근저에 놓여 있는 초감성적인 것과 자유개념이 실천적으로 포유(包有)하고 있는 것과의 통일의 근거가 하나 있지 않으면 안 된다. 그리고 그러한 근거에 관한 개념은, 비록 이론적으로나 실천적으로나 그 근거의 인식에 도달하지는 못하며, 따라서 고유한 영역을 가지지는 못하지만, 그러나 한쪽의 원리들에 따르는 사유방식으로부터 다른 쪽의 원리들에 따르는 사유방식에로의 이행을 가능케 하는 것이다.[61]

이 인용문은 칸트가 『판단력 비판』을 집필하는 근본 이유를 설명하고 있으나, 쉽게 이해되지 않는다. 나는 『판단력 비판』이 비판적 형이상학의 구성요소로서 필연적임을 두 가지 측면으로 나누어 설명하고자 한다. 첫째로 왜 칸트가 미학의 영역에서도 아프리오리한 원리를 발견하려고 했는가 하는 것이고, 둘째로 칸트는 『판단력 비판』에서 "후자(자유개념의 초감성적 영역)는 전자(자연개념의 감성적 영역)에 대해 어떤 영향을 미쳐야만 한다"고 즉 무제약자(물자체 혹은 이념)는 현실에 영향을 미쳐야 한다는 말인데, 칸트가 그렇게 말하는 이유가 무엇인가 하는 것이다.

---

61) 『판단력 비판』, 27-28쪽. 강조는 필자.

1) 미학에서 아프리오리한 원리가 왜 중요한가?

결론부터 미리 말하겠다. 미추의 감정은 사람마다 각인각색인데 왜 칸트는 미추의 문제에 관해서도 아프리오리한 원리(합목적성)[62]가 있다는 사실을 입증하려고 애쓸 수밖에 없었는가? 그것은 지금까지 우리가 살펴본 것처럼 칸트의 비판적 형이상학의 지하층은 선험적 인식론이고 지상층은 선험적 윤리학인데, 그 양자를 잇는 이음부 역할을 하는 『판단력 비판』도 선험적이지 않으면 안 되기 때문이다. 그것이 선험적 미학이 아니라면 칸트의 비판적 형이상학은 기이한 모습을 하게 될 것이다. 그 체계의 지상층과 지하층은 선험적 자재인데 이음부가 선험적이지 않은 이질적인 자재로 되어 있다면 그 체계는 온전하지 못하게 된다. 비판적 형이상학은 그 체계 전체가 온전히 선험적인 부품들의 유기적 통일성을 가지고 있음을 보여주어야 한다. 지성은 자연법칙의 입법자이고 현상계를 지배하며, 실천이성이 도덕법칙의 입법자이며 예지계를 지배하지만, 판단력은 아무런 입법기능이 없으며 따라서 지배할 영토도 없지만, 그럼에도 불구하고 비판적 형이상학의 체계적 완전성을 위해서 반성적 판단력도 아프리오리한 원리를 갖고 있어야 한다.

> 상급의 인식능력들이라는 가족 안에는 지성과 이성과의 사이에 하나의 중간 항이 또 있다. 이것이 곧 판단력인데, 이 판단력에 관해서도 우리는 비록 그것이 하나의 고유한 입법을 포유하고 있지는 않을지라도, [지성이나 이성과] 마찬가지로 법칙을 탐구하기 위한 자기의 고유한 원리를 (…) 아프리오리하게 포유하고 있으리라고 유비에 의해 추측할 만한 이유를 가지고 있는 것이다.[63]

---

62) 『판단력 비판』 461쪽.

63) 『판단력 비판』, 28-29쪽. 강조는 필자.

순수이성의 비판은 세 개의 부문, 즉 순수지성의 비판, 순수 판단력의 비판, 그리고 순수이성의 비판으로 성립하는 것이다. 그리고 이 세 능력은 아프리오리하게 입법적이기 때문에 순수하다고 불리는 것이다.[64]

이 인용문에서 '순수지성의 비판'은 『순수이성비판』을, '순수 판단력의 비판'은 『판단력 비판』을, '순수이성의 비판'은 『실천이성비판』을 의미한다.

칸트의 설명에 따르면, 인간이 가진 모든 능력은 인식능력, 쾌·불쾌의 능력, 욕구능력이다. 인식능력은 자연의 진리를 탐구하는 지성이요, 자연을 지배하는 아프리오리한 원리는 합법칙성이다. 쾌·불쾌의 능력은 예술의 미를 추구하는 반성적 판단력이요, 예술을 지배하는 아프리오리한 원리는 합목적성이다. 그리고 욕구능력은 도덕의 세계(자유의 세계)의 선을 추구하는 실천이성(의지)이요, 도덕 세계를 지배하는 아프리오리한 원리는 궁극목적이다.[65] 그러니 칸트의 『판단력 비판』은 양면 코트로서, 이렇게 입으면 선험적 미학이요, 저렇게 입으면 형이상학이 된다. 칸트는 『판단력 비판』의 출간을 통해서 진·선·미를 유기적, 통일적으로 연결해주는, 학문의 안전한 길에 들어선 형이상학의 체계가 완성된다고 생각했다. 현상계(유한한 세계)와 예지계(물자체계, 무한의 세계)를 이어줄 수 있는 것은 '가능적 무한' 밖에 무엇이 있겠는가? 그것은 『순수이성비판』에서 감성과 지성을 연결시키는 것이 상상력의 도식작용이라고 한 것과 맥이 닿아 있다. 가능적 무한은 유한이기도 하면서 무한이기도 하니, 유한과 무한의 연결고리가 될 수 있다. 그 연결고리가 되는 것이 반성적 판단력이다.[66]

---

64) 『판단력 비판』, 31쪽. 강조는 내가 한 것임. 29쪽에서 칸트는 판단력은 입법기능이 없다고 말하고 있다.

65) 『판단력 비판』, 53쪽 참조.

66) 칸트가 구상한 비판적 형이상학을 그림으로 나타내면 다음처럼 될 것이다. 이 체계도를 보면 우리는 칸트가 '형이상학이란 한마디로 이런 학문이다'라고 정의 내릴 수가 없었던 사정을 이해하게 된다.

칸트가 선험철학의 범위를 『판단력 비판』에까지 확장하는 것은 너무 과도한 주장으로 보일 수도 있다. 『순수이성비판』에서 다루어지는 선험적 인식주체나, 『실천이성비판』에서 다루어지는 선험적 행위주체는 만인에게 공통이다. 양 비판서에서 보편성의 문제를 다루는 것이 납득이 된다. 자연법칙과 도덕법칙이 문제시될 때, 특수성, 개별성, 차별성은 중요하지 않게 된다. 개인의 특수한 사회적 · 문화적 · 개인적 욕망들은 다 정언명법의 보편성의 요구 앞에서 무시된다. 그러나 『판단력 비판』은 특수자에서 보편을 찾아내는 반성적 판단력의 무대이기에, 개별자가 무시되지 않는다. 이런 미감적 경험의 영역에서 선험성을 말하는 것은 조금은 어색해 보일 수가 있다. 그러나 나는 『판단력 비판』도 선험적 미학이며 그 선험적 미학도 칸트가 구상했던 형이상학적 기획의 일부라고 생각한다. Transzendental Philosophie를 '초월철학'으로 번역하여 쓰고 있는 강영안은 다발(R. Daval)의 주장에 의거하여 다음처럼 말한다.

「비판적 형이상학의 진리체계」

구분	연관된 저서	탐구주제	비판적 형이상학 체계에서의 위치	다루는 세계
비판적 형이상학	『실천이성비판』 『도덕 형이상학』	선 (윤리적 진리)	도덕의 형이상학 (초험적 실천 형이상학) 비판적 형이상학의 최상층	목적론적 선의 세계 도덕신앙의 세계
	『판단력 비판』	미 (미학적 진리)	비판적 형이상학의 지상층	자연 합목적성의 세계 기계론과 목적론이 만나는 세계
	『순수이성비판』 『자연과학의 형이상학적 기초원리』	진 (과학적 진리)	자연의 형이상학 (선험적 이론형이상학) 비판적 형이상학의 지하층	기계론적 인식세계 과학적 인식의 세계

칸트는 진리의 문제를 『순수이성비판』에서 다루고 있으나, 그때 다루어지는 진리는 과학적 진리에 국한되며, 위의 표에서 보여주고 있는 비판적 형이상학 전체를 그는 선험철학적 차원의 철학적 진리로 제시하고 있는 셈이다.

실천철학은 처음에는 초월철학의 범주에서 제외되었다. 그러나 마지막으로 칸트의 『유작』에서는 이론이성, 실천이성, 미적 이성 등 순수이성의 전 영역을 포괄하여 초월철학이라고 불렀다.[67]

칸트가 『판단력 비판』에서 제시하는 미학이 선험적 차원에서 다루어지고 있는 선험적 미학임은 실상 칸트 자신의 말에서 확인할 수 있다.

취미판단이 종합판단임을 용이하게 알 수 있다. 왜냐하면 취미판단은 객체의 개념은 물론 그 직관까지도 넘어서서, 전혀 인식이 아닌 어떤 것, 즉 쾌(또는 불쾌)의 감정을 술어로서 직관에 덧붙이는 것이기 때문이다. 그러나 비록 그 술어(표상과 결부되어 있는 각자 자기 자신의 쾌라는)는 경험적이지만, 그럼에도 불구하고 취미판단은 **모든 사람들의 동의**가 요구된다는 점에서 보아 아프리오리 판단이거나, 또는 아프리오리 판단으로 간주되기를 요구한다고 하는 사실도, 마찬가지로 이미 취미판단의 권리의 요구의 표현 속에 포함되어 있는 것이다. 그리하여 판단력 비판의 이 과제는 '아프리오리한 종합판단은 어떻게 해서 가능한가?' 하는 **선험철학의 일반적 과제**에 귀속되는 것이다.[68]

우리가 앞에서 확인했듯이 칸트는 『순수이성비판』에서는 선험철학의 외연에 『순수이성비판』만 포함시켰으며, 심지어 선험철학에 포함시켜도 될 법한 『실천이성비판』도 포함시키지 않았다. 그랬던 칸트가 자신의 생각을 대폭 수정한다. 그는 선험철학의 범위에 포함시키기에는 뭔가 어색해 보이

---

67) 강영안, 「칸트의 초월철학과 형이상학」(한국칸트학회, 『칸트와 형이상학』, 서울, 민음사, 1995), 41쪽. 인용문에서 언급된 '초월철학'은 여기서는 '선험철학'으로 바꾸어 읽어야 한다. 칸트 자신이 "도덕의 최고원칙과 그 기본 개념들이 선천적이기는 하나, 그런 것들은 선험철학에 들어가지는 않는다"(B28)고 말하고 있기도 하다.

68) 『판단력 비판』, 163쪽. 앞의 두 강조는 칸트, 마지막 강조는 필자.

는『판단력 비판』까지 선험철학에 포함시키고 있다. 칸트가 이처럼 선험철학의 외연을 확장시킨 근본적인 이유는 무엇인가? 지금부터 이 문제에 대한 나의 입장을 개진해보고자 한다.

칸트는 처음에는『순수이성비판』과『실천이성비판』만으로 학문의 안전한 길에 들어선 형이상학을 건설하려고 생각했었던 것 같다. 이 두 책이 연계되어 있음은 칸트가『실천이성비판』의 곳곳에서 자유와 영혼과 신과 같은 무제약자들에 대해 언급하면서, 자신의 그러한 언급이 그런 것들에 대해서는 어떠한 인식도 가질 수 없다고 했던『순수이성비판』에서의 자신의 주장을 뒤집는 것이 아님을 설명하는 데서도 알 수 있다. 이렇게 생각할 때까지 그는『실천이성비판』도 선험철학의 영역에서 배제시켰다. 그는 자연과학적 인식의 가능성 근거를 검토하는 작업을 통해서만 선험철학이 성립한다고 생각했던 것 같다. 이런 관점에서 보면 도덕의 문제를 다루는『실천이성비판』이 선험철학이 될 수 없음은 당연한 일이다. 도덕은 인식의 문제가 아니라 당위의 문제를 다루기 때문이다. 그가『실천이성비판』을 도덕의 형이상학이라 부르긴 하지만, 그 형이상학은 자연의 형이상학과는 인식론적 위상이 다르다. 자연의 형이상학은 누구도 의심할 수 없는 자연과학적 지식에 대한 메타적 탐구를 통해 얻어진 메타 지식(선험적 지식)으로서, 이 메타 지식인 자연의 형이상학의 확실성은 일종의 메타적 확실성(2차 확실성)인데, 그 확실성은 자연과학적 지식의 확실성(1차 확실성)과 연동되어 지지된다. 그러나『실천이성비판』을 선험윤리학으로 간주하려면 선험윤리학이 의지할, 1차 확실성이 확인된 과학적 지식이 있어야 하는데, 도덕의 영역에는 그런 것이 없다. 바로 그런 이유로 도덕의 형이상학은 한갓 '도덕신앙'으로 제시될 뿐이다. 이와는 달리 자연의 형이상학은 한갓 '인식의 신앙'이 아니다. 자연과학은 '아프리오리한 종합판단들'의 유기적 체계이고, 자연의 형이상학은 '선험적 종합판단들'의 유기적 체계이다. 그런데 도덕의 형이상학은 그것이 의지할 수 있는 과학적 지식이 없기에 자연의 형이상학이 보여주는 그런 선험적 종합들의 유기적 체계가 되는 것은 원천적으로 불가능하다.

그럼에도 불구하고 칸트로서는 도덕의 형이상학도 선험적인 차원에서 이해해야 할 이유가 있었다. 그는 자연의 형이상학과 도덕의 형이상학은 학의 안전한 길에 들어선 비판적 형이상학의 지하층과 지상층을 구성하는 상호보완적인 체계라고 생각했다. 그렇다면 그는 『실천이성비판』도 선험적인 차원에서 이해하지 않으면 안 된다. 그는 형이상학의 건물을 만드는 데 사용되는 모든 자재가 선험적 자재여야 한다. 플라톤도 형이상학의 건물에는 오로지 아프리오리한 지식들만이 입장할 수 있다고 생각했다. 이데아의 세계에 경험적인 것은 출입금지다. 수학적인 도형뿐만 아니라 도덕적 덕목의 개념들과 미적인 것들을 포함하여 일반명사가 될 수 있는 모든 개념적 인식의 대상들이 이데아의 세계에 거주하고 있다. 그런데 칸트 시대에 이르러 수학과 물리학이 아프리오리한 지식들에 대한 소유권을 주장했다. 그 주소지가 이데아의 세계로 되어 있었던 참다운 지식 대상들의 많은 부분이 자연과학적 탐구의 대상이 되면서 현상계의 영역으로 이관되었다. 인식될 수 있는 존재자들의 진리를 다루는 일에서 주도권은 형이상학에서 자연과학에 넘어갔다. 그리고 칸트는 이 사실을 『순수이성비판』 '감성론'과 '분석론'에서 철학적으로 입증했다. 그는 그것을 인식론으로, 때로는 일반 형이상학이나 존재론으로 이해하기도 했다. 물론 그것을 선험철학으로 규정하기도 한다.

그러면 형이상학(이데아계)에 남아 있는 탐구대상은 무엇인가? 신의 존재와 영혼의 불멸과 자유는 형이상학적 탐구의 대상이다. 그러나 이 대상들을 기존의 독단적 형이상학자들처럼 '독단적인' 방식으로 다룰 수는 없다. 이것이 칸트의 고민이었다. 칸트는 이 대상들이 윤리학의 문제와 밀접한 연관이 있다는 사실에 착안하여 윤리학의 가능성 근거를 해명하면서 그 대상들의 실천적 실재성을 증명하는 방식을 취한다. 그리하여 칸트는 『실천이성비판』을 선험윤리학으로 이해하게 된다. 그는 『실천이성비판』에서 "네 의지의 준칙이 언제나 동시에 법칙이 될 수 있는 방식으로 행동하라"는 것을 실천이성의 근본법칙으로 명명한 뒤, 이것을 윤리학의 영역에서의 아프리오리한 종합판단이라고 말한다. 그다음에 그는 이 판단이 우리에게 요구하는 행위의 실천 가능성 조건을 검토하는 방식으로 도덕의 형이상학을 건설한다. 그런데 『실천이성비판』을 출판한 후 칸트는 비판가들의 비판에 직면하게 된다. 그 비판은 다름이 아니라 『순수이성비판』은 우리에게 필연의 세계를 보여주고 있다면, 『실천이성비판』은 우리에게 자유의 세계를 보여주고 있는데, 그 두 세계 사이에 건널 수 없는 간극이 있으며, 그것이 칸트가 우리에게 제시하는 세계상의 치명적인 문제라는 것이었다. 이 비판에 답하기 위해 집필한 것이 『판단력 비판』이다. 그러면 이 책은 어떤 이유에서 '선험적'인가? 대부분의 칸트 연구자들이 인정하고 있듯이 『판단력 비판』은 필연의 자연세계를 다루는 『순수이성비판』과 자유의 도덕세계를 다루는 『실천이성비판』 사이에 놓여 있는 간극을 메꾸는 역할을 한다. 그런데 우리는 『순수이성비판』은 자연의 형이상학이요, 『실천이성비판』은 도덕의 형이상학이며, 그 두 형이상학이 유기적으로 결합해서 칸트가 확립하고자 했던 '비판적 형이상학'이 된다고 했다. 이것이 올바른 해석이라면 — 나는 그렇다고 확신하지만 — 그 두 체계를 연결시키는 『판단력 비판』도 '비판적 형이상학'의 부분이어야 할 것이다. 만약에 『판단력 비판』이 '형이상학적인 것'이 아니라고 한다면, 두 형이상학 체계를 형이상학적이지 않은 것으로 연결시킨다는 말이 될 것이다. 그러나 칸트는 결코 그렇게 생각할 수가 없다. 칸트는 말한다.

> 형이상학은 전체에서뿐만 아니라, 그 모든 부분에서도 학문이어야 한다. 그렇지 않으면, 형이상학은 아무것도 아닌 것이다.[69]

칸트는 『순수이성비판』에서도 이렇게 말한다.

---

69) 『형이상학서설』, 360쪽.

그러므로 형이상학은 근본학문(Grundwissenschaft)으로서 완전해야 하는 책임을 가지고 있으며, 형이상학에 관해서는 다음과 같이 말해져야 하는 것이다. 즉 '아직도 해야 할 무슨 일이 남아 있다면, 아무것도 했다고 생각되지 않는다'고.(BXXIV)

두 형이상학의 간극을 형이상학적이지 않은 것으로 접합한다면 그것은 두 형이상학의 순수성을 훼손하는 일이 된다. 칸트는 인간 이성의 가능을 분석했고, 그것이 유기적 통일을 이루고 있음을 확신했다. 감성, 지성, 규정적 판단력, 이성(좁은 의미)은 이성(넓은 의미)의 내부에서 아프리오리한 기능을 한다. 그러므로 설령 『판단력 비판』에서 다루어지는 판단력이 규정적 판단력이 아니라 반성적 판단력이라 하더라도, 그 판단력도 이성 내부에서 자신의 고유한 자리와 권리를 가져야 한다. 만약 『판단력 비판』에서 다루어지는 반성적 판단력만 그 고유의 아프리오리한 기능이 없다고 한다면, 이는 이성의 유기적 통일성이 붕괴되는 것이 될 것이다. 이 붕괴를 막으려면 반성적 판단력에도 그 고유의 아프리오리한 기능을 부여해야 한다. 그래야만 그 아프리오리한 기능의 가능성 근거를 해명하는 선험적 미학이 성립하게 될 것이기 때문이다.

2) 왜 자유의 영역은 필연의 영역에 영향을 미쳐야 하는가?

이미 인용했었지만 또 인용하지 않을 수 없다. 칸트가 『판단력 비판』을 집필하게 된 근본 동기를 다음처럼 말하고 있다.

그런데 비록 자연개념의 감성적 영역과 자유개념의 초감성적 영역과의 사이에는 거대한 심연이 가로놓여 있기 때문에, 전자로부터 후자에로의 (따라서 이성의 이론적 사용을 매개로 한) 어떠한 이행도 불가능하며, 마치 양 영역은 전자가 후자에 대해 어떤 영향도 미칠 수 없는 두 개의 상이한 세계인 것 같지만, 그러나 후자는 전자에 대해 어떤 영향을 미쳐야만 한다. 즉 자유개념은 자기의 법칙에 의해 부과된 목적을 감성계에 있어서 실현해야만 하며, 따라서 자연도 그의 형식의 합법칙성이 적어도 자유[개념]의 법칙에 따라 자연에 있어서 실현되어야 할 목적들의 [실현]가능성과 합치하는 것으로 생각될 수 있지 않으면 안 된다.

이 인용문을 올바로 이해하려면 우리는 인용문에서 강조된 부분을 주목할 필요가 있다. 그 부분에서 칸트는 도덕의 세계는 자유에 기초한 목적론적 운동의 세계이고, 자연의 세계는 인과법칙에 기초한 기계론적 운동의 세계이기에, 두 세계가 상이한 세계처럼 서로 평행선을 긋는 듯이 보일 수 있지만, 자유(도덕적 행위)가 자연에서 실현되어야 하며, 자연의 합법칙성과 자유의 합목적성이 합치해야 함을 주장한다. 자연의 기계적 운동에는 목적개념이 없다. 칸트는 자연의 합목적성이 반성적 판단력에 근원을 두고 있는 아프리오리한 개념임을 말하면서 자연에는 목적 개념이 없음을 다음처럼 말한다.

우리는 자연 사물들에 있어서 '자연이 목적에 대해 가지는 관계'와 같은 것을 이 자연 사물에 귀속시킬 수가 없고, 경험적 법칙에 따라서 부여된 '자연에 있어서의 현상들의 결합'에 관하여 자연 사물들을 반성하기 위해서만 이 합목적성의 개념을 사용할 수 있다.[70]

그런데 유기체들을 반성적 판단력의 관점에서 판단해보면 우리는 유

70) 『판단력 비판』, 33쪽. 강조는 필자.

기체들은 기계론적 설명을 넘어선 모종의 목적 지향적 모습을 갖고 있는 듯이 보게 된다. 식충식물인 파리지옥은 양 손바닥 같은 잎을 벌리고 있다가 곤충이 잎 안으로 들어오면 잎을 닫아 곤충을 포획하여 잡아 먹는다. 파리지옥은 식물이기에 뇌가 없으며, 따라서 파리지옥의 '의도'를 말하기에 곤란한 측면이 있다. 파리지옥이 곤충을 잡아먹는 절차는 철저하게 기계적이다. 그럼에도 불구하고 우리는 마치 파리지옥의 움직임이 단순히 기계적인 것이 아니라 모종의 목적지향적 의도를 가진 것처럼 생각한다. 물고기의 나선형 몸체는 헤엄치기에 적합하고, 새들의 날개는 비행에 적합하고, 문어의 변장술은 은폐하기에 적합하다. 그들의 몸은 목적지향적인 듯이 보인다. 그리고 유기체에 있어서는 마치 그 자신 내부의 기관들 간에 합목적적인 관계가 있으며, 그 합목적적인 관계는 유기체의 전체적인 목적을 구현하는 데 적합하도록 조직화되어 있는 것처럼 보인다. 자연은 대단히 합목적적으로 운동하는 듯이 관찰된다. 이런 식으로 관찰하면 자연은 기계론적인 운동만 하는 것이 아니라, 그 자체 의도한 목적을 실현해가는 주체처럼 여겨진다. 그리하여 우리는 인과법칙(기계론적 운동)과 자유(목적지향적 운동)가 양립하는 듯한 인상을 받게 된다. 물론 칸트가 자연의 합목적성(Zweckmäßigkeit der Natur)[71]에 대해 말한다고 해서 자연 그 자체가 실제로 목적론적 운동을 한다고 생각한 것은 아니다. 자연은 어디까지나 기계론적 운동을 할 뿐이다. 자연의 합목적성 개념은 우리가 자연을 '인식'하기 위해서 동원하는 개념이 아니다. 그 개념은 자연을

---

71) 칸트가 말하는 자연의 합목적성은 미적 대상과 유기체에서 발견된다. 미적 대상에서 발견되는 합목적성은 형식적 합목적성이고 유기체에서 발견되는 합목적성은 객관적 합목적성이다. 전자는 쾌의 감정을 매개로 해서 미감적으로 판정하는 합목적성이고, 후자는 지성과 이성에 따라 논리적으로 판정하는 능력인 목적론적 판단력이다. 미적 감정이 특별한 이유는 우리가 쾌감이건 불쾌감이건 미적인 감정을 느끼게 되는 대상에 대해 어떤 개념을 만들기 이전에 그 대상의 표상을 통해 직접적으로 쾌감과 불쾌감을 느끼게 된다는 것으로서, 우리가 얻는 쾌감은 그 대상의 형식과 우리의 직관능력 간의 조화로운 목적 관계에만 의존한다는 점이다.

목적관계의 조망에서 '사유'해볼 수도 있다는 것을 의미하는 말이다.[72] 그는 '자연의 합목적성'은 인간의 합목적적 행동과 다르다고 말하면서 이 양자를 완전히 구별한다.

> 이 개념(자연의 합목적성)은, 비록 실천적 합목적성(인간의 기술의 합목적성
> 과 또한 도덕의 합목적성)과의 유비에 의해 사유되기는 하지만, 그것과는 전
> 혀 구별되는 것이다."[73]

칸트는『순수이성비판』의 제3이율배반론에서 필연과 자유의 이율배반을 논하는데, 그 이율배반에 대해 필연은 자연세계(현상계)에 대해 타당하고 자유는 도덕세계(물자체계)에 대해 타당하다는 양시론(兩是論)적 해결책을 제시한다. 그리고 그 해결책은 인간의 의지 문제를 해결할 때도 이용된다. 그는 인간의 의지는 자유롭지만, 그 자유로 인해 인과법칙이 파괴되지는 않는다

---

72) 문어의 위장술을 적으로부터 자신을 보호하기 위한 목적 혹은 의도가 표현된 것으로 생각하는 것 혹은 해석하는 것은 가능한 일이나, 문어가 자신을 보호하려는 의도를 갖고 위장했다는 사실을 '인식'했다고 생각해서는 안 된다. 보노보 원숭이들은 무리 생활을 하는데, 원숭이 암컷들은 다른 수컷들과 자유로운 짝짓기를 한다고 한다. 동물행동학자들은 그 이유를 새끼들을 수컷들의 공격으로부터 보호하기 위함이라고 해석한다. 통상 수컷들은 자신의 새끼가 아닌 다른 수컷의 새끼에 대해서는 적대적인데, 암컷들은 여러 수컷들과 짝짓기 함으로써 모든 수컷들에게 새끼가 자신의 새끼일 수도 있다는 생각을 갖도록 하여, 새끼들에 대한 적대감을 누그러뜨리는 효과를 누린다는 것이다. 동물행동학자들은 보노보 원숭이 암컷이 모종의 '목적'과 '의도'를 가지고 여러 수컷들과 짝짓기 하는 것으로 해석하고 있는데, 이것 역시 '자연의 합목적성'에 해당하는 사례일 것이다. 그러나 칸트의 시각에서 본다면, 보노보 원숭이 암컷이 그런 의도를 가진 것처럼 보면서 자연을 탐구하는 것은 가능한 일이나, 우리는 '보노보 원숭이가 그런 목적(의도)을 가지고 행동한 것을 인식했다'고 말해서는 안 된다. 기계론적 운동을 하는 자연에는 목적지향적 운동은 없다. 그러면 사자가 먹이를 사냥하는 것은 목적지향적 운동이 아닌가 하고 반문할 수 있다. 그러나 칸트는 사자의 먹이 사냥도 기계론적으로 설명해야 한다고 말할 것이다. 칸트는 동물들을 사물의 범주에 집어넣어 사유한다는 점에서 동물을 기계로 본 데카르트의 노선을 따르고 있다.

73) 『판단력 비판』, 33쪽.

는, 자유와 필연의 양립론의 입장을 견지한다.[74] 그는 『판단력 비판』에서 미감적 판단력과 목적론적 판단력을 검토할 때도 이 입장을 견지하고 있는 것으로 보인다. 자연의 합목적성에 대한 칸트의 설명에 따르면, 자연은 한편으로는 사실의 관점(인식의 관점)에서 보면 기계적 운동을 하고, 다른 한편으로 해석의 관점(사고의 관점)에서 보면 마치 합목적적으로 운동하는 듯이 해석될 수 있다는 것이다. 칸트가 『판단력 비판』에서 제시하는 '기계론과 자연목적론의 양립론'이 이런 식의 양립론이라면, 이 양립론은 칸트가 『실천이성비판』이나 『도덕 형이상학 정초』에서 주장하는 '기계론과 실천목적론'의 양립론과 비슷하다. 자연목적론이든 실천목적론이든 목적론적 관점은 자연의 기계론적 흐름에 아무런 영향을 주지 못한다. 그 목적론적 관점들이 인과적 흐름에 대해 가지는 관계는 공사중인 건축물과 거기에서 낭송되는 서정시의 관계와 다를 것이 없다. 시 낭송은 건물 공사에 아무런 영향을 주지 못한다.

　『판단력 비판』을 집필해야 하는 이유를 설명하는 칸트의 설명을 들어보면 그는 『순수이성비판』과 『실천이성비판』이 영원히 만날 수 없는 두 개의

---

74) 칸트는 인간의 의지가 자유롭다면, 그것이 인과법칙을 파괴하게 됨을 걱정했다. 그러나 인과법칙은 『순수이성비판』의 '분석론'에서 이미 확립된 것이기에 그런 일이 발생할 수도 없고, 발생해서도 안 된다. 그렇다고 인간의 의지가 자유가 아니라고 말할 수도 없다. 인간의 의지가 자유가 아니라면 인간에게서 도덕의 지평은 사라진다. 그래서 칸트는 이렇게 말한다.

　　철학은 동일한 인간의 행위에 있어서 자유와 자연적 필연 사이에 참된 모순이 없다고 전제하지 않으면 안 된다. 왜냐하면 그것은 자유의 개념과 마찬가지로 자유의 개념도 포기할 수 없기 때문이다.(『형이상학서설』, 247쪽)

　칸트는 이런 사정이 현상과 물자체의 구분을 정당화시켜준다고 생각한다.

　　자기를 예지자로 간주하는 인간이 자기를 의지, 즉 원인성을 부여받은 예지자로 생각할 때에는, 자기를 감성계의 한 현상으로서(인간은 사실상 현상이지마는) 지각하고 자기의 원인성을 자연법칙에 따르는 외적 규정에 종속시키는 때와는 다른, 사물의 질서 속에 자기를 집어넣고 있으며, 전혀 별종의 규정근거에 관계시키고 있다. 여기에 인간은 그 양자가 동시에 성립할 수 있고, 성립해야 한다는 것을 즉시로 터득한다. 왜냐하면 현상 중의 사물(감성계에 속하는 것으로서의)이 어떤 법칙에 종속하되, 이 동일한 사물이 물자체 혹은 존재 자체로서는, 현상 중의 법칙에서 독립이라고 하는 것은 조금도 모순을 포함하지 않기 때문이다.(『형이상학서설』, 248쪽. 강조는 칸트)

평행선으로 남아 있는 것을 원하지 않았다는 것을 알 수 있다. 그래서 그는 기계론적 운동을 하는 자연을 '합목적적 자연'이라는 관점에서 목적론적 운동을 하는 것으로 보기를 제안한다. 자연은 기계론적 관점에서 '인식'될 수도 있지만, 목적론적 관점에서 '해석'(사고)될 수도 있다는 것이다. 그러나 설령 그렇게 해석될 수 있다 하더라도 그러한 해석이 자연의 기계적 운동을 조금도 바꿀 수 없다는 것이 문제이다. 칸트는 『실천이성비판』에서 다음처럼 확인해주고 있다.

> 그러므로 내적 · 외적 행위를 통해서 나타나는 인간의 사고방식에 있어서 모든 동기를 또한 가장 작은 동기에 이르기까지 다 알 수 있을 정도의 깊은 통찰을 갖는 일이 우리에게 가능하고 동시에 동기에 작용하는 모든 외적인 기인(Veranlassungen)을 알 수 있을 정도의 깊은 통찰을 갖는 일이 우리에게 가능하다면, 우리가 미래에 행해질 인간의 행동을 월식이나 일식처럼 확실하게 예측하는 것이 가능하다는 사실을 받아들일 수 있겠지만, 그래도 이 경우 인간은 자유롭다고 주장할 수 있다.[75]

칸트는 1784년에 발표한 「세계 시민적 관점에서 본 보편사의 이념」에서도 이렇게 말한다.

> 우리가 의지의 자유라는 개념에 대해 형이상학적인 관점에서 무엇을 주장하든지 간에, 의지가 외부로 나타난 현상이 인간 행위이며, 그것은 여타의 자연적 사실들과 마찬가지로 일반적인 자연의 법칙에 따라 규정된다.[76]

---

75) 『실천이성비판』, 110쪽.
76) 『칸트의 역사철학』, 23쪽.

만약 우리의 의지가 자유로움에도 불구하고 우리의 자유로운 의지에 따르는 행위가 일식이 예측될 수 있듯이 예측될 수 있다면, 인간의 미래 역사 역시 예측될 수 있을 것이고, 인간의 자유로운 행위는 역사의 흐름을 바꾸지 못한다는 결론이 따라 나온다. 그렇다면 칸트가 말하는 자유는 행위자의 내면성에 갇혀 있는 관념적 자유에 불과하다. 칸트가 말하는 자유를 관념적 자유로 이해하면 그의 양립론은 완벽하게 성립한다. 예컨대 누군가가 극심한 배고픔에서 벗어나기 위해 남의 음식을 훔쳐 먹고 싶은 유혹을 받는다고 하자. 그가 유혹에 굴복하여 음식을 훔쳐 먹으면 그는 인과법칙의 지배하에 놓이게 되고 자신을 사물화하게 된다. 왜냐하면 인과법칙은 사물을 지배하는 법칙이기 때문이다. 그런데 그는 내면에서 '음식을 훔쳐서는 안 된다'는 양심의 소리를 듣는다. 그래서 그는 결단코 음식을 훔치지 않겠다는 결심을 한다. 이 결심을 하는 순간 그는 자신의 내면에서 의지의 자유를 느낀다. 그 결심은 생리적 인과법칙이 우리에게 강요하는 것(먹는 것)과는 다른 것을 바라본다. 그러니까 그 결심은 '남의 것을 훔쳐서는 안 된다'는 도덕적 명령을 준수하려는 마음에서 생겨난 결심이요, '배고프면 먹는다'는 생리적 인과법칙으로부터 벗어나려는 결심이다.

그런데 칸트에 의하면 도덕법칙은 그 존재근거가 자유이다. 달리 말하면 도덕법칙은 자유의 법칙이라는 것이다. 도덕의식이 원인이 되어 우리가 어떤 행동을 한다는 것은 그 행동의 원인이 자유라는 것이다. 그러니 그 사람이 음식을 훔치지 않겠다고 한 도덕적 결심의 원인은 자유이다. 이것이 소위 칸트가 말하는 '자유를 통한 원인성'(Kausalität durch Freiheit)이다. 그는 이렇게 해서 내면의 자유를 확보한다. 그런데 그는 그렇게 결심했음에도 불구하고 결국 유혹에 굴복하여 음식을 훔쳐 먹었다고 하자. 이 경우 그는 내면의 자유를 가졌지만, 그의 자유는 인과법칙의 현상적 흐름을 중지시키지는 않았다. 칸트의 자유론이 이렇게 양립론적으로 해석되면 그 자유는 현상계의 흐름과 역사의 흐름에 아무런 변화도 주지 못하는 공허한 자유가 되어버린다. 바로 이런 이유에서 칸트의 자유론에 대한 다음과 같은 비판이 가능해진다.

칸트의 가상계는 '실천적 실재성'을 갖는 것이기는 했지만, 그러나 그가 말한 실천적 실재성은 외부 세계의 사회적 · 정치적 현실로부터 차단된 선험적인 내면에서 자기 공간을 갖는 것에 지나지 않았다. (…) 또 내면의 도덕계에만 자유가 실현될 뿐이라고 확신될 때에는, 현실계에서 자유를 실현하려고 하는 행위에 대한 결의는 원리적으로 부정되어버린다. 이리하여 자유의 추구는 '내면으로의 도피'라는 성격을 띠지 않을 수 없게 된다. (…) 유명한 '목적의 나라'의 사상도 이러한 각도에서 한번 검토해보아야 할 것이다. 그것은 칸트에서 눈을 뜬 자유의 정신이 현실의 개혁을 단념하고, 자기의 내면에서만 구상된 이상, 도덕적으로는 성실하지만 그러나 도피를 정당화할 위험이 있는 이상으로 해석될 수가 있기 때문이다.[77]

관념적 자유가 역사의 흐름에서 하는 역할은 아무것도 없을 것이다. 왜 칸트는 이런 기이한 자유 개념을 염두에 두고 있었는가? 그는 양립론자인데, 그는 자연과학을 위해 인과적 결정론을 정당화시키기를 원했고 또한 인간의 도덕생활을 위해 인간이 자유로운 존재라는 것도 증명하고 싶었다. 그러나 "자기 자신을 자유라고 생각하는 주관이, 자신을 자유라고 말할 때에 그가 동일한 행위에 관해서 자기를 자연법칙에 종속되는 것으로 생각할 때와 동일한 의미 혹은 정확하게 동일한 관계에서 자기 자신을 생각한다면, 이 모순으로부터 벗어나는 것은 불가능하다".[78] 이 모순을 범하지 않으려면 칸트는 인간의 행위를 보는 관점을 현상적 관점과 물자체의 관점으로 나누어야 한다고 생각한다. 이리하여 칸트를 이중관점론자로 보는 입장이 성립하게 되

---

77) 김병옥, 『칸트의 교육사상』(서울, 집문당, 1986), 181쪽.

78) 『도덕 형이상학 정초』, 246쪽.

며, 우리는 앞서 그런 해석의 문제점을 지적했다. 우리는 이 자리에서는 그런 이중관점론의 문제점을 『판단력 비판』과의 관계에서 지적하고자 한다. 칸트가 그런 이중관점론을 지지하는 듯한 발언을 한 이유, 달리 말해서 칸트가 말하는 자유가 행위자의 내면성에 갇혀 있는 관념적 자유에 불과한 듯이 말한 이유는, 인간의 자유로운 행위가 현상계의 인과계열을 파괴해서는 안 된다고 생각했기 때문이다. 인과계열의 파괴는 양립론의 도미노적 붕괴로 이어진다. 인과법칙에 예외가 발생하면, 자연과학은 학문으로서의 위상을 상실하게 된다. 그렇게 되면, 칸트가 흄의 인과율의 문제를 확장해서 해결한 것이라고 말한 『순수이성비판』 전체가 무용하게 된다. 칸트는 현상계의 기계론적 흐름과 예지계의 목적론적 흐름이 서로 간섭함이 없이 영원히 평행선을 그어야 한다고 생각했다. 그러나 이런 관점에서 본다면 『판단력 비판』에서의 다음 말은 이해가 안 된다.

> 후자(자유)는 전자(자연)에 대해 어떤 영향을 미쳐야만 한다. 자유개념
> 은 자기의 법칙에 의해 부과된 목적을 감성계에 있어서 실현해야 한다.[79]

칸트의 이 말은 『실천이성비판』의 양립론과 관념적 자유의 개념을 포기하기를 요구한다. 우리는 여기서 하나의 질문을 던져볼 수 있다. 『순수이성비판』의 세계(필연의 세계)와 『실천이성비판』의 세계(자유의 세계)가 굳이 『판단력 비판』을 통해 연결되어야 하는 이유는 무엇인가? 자유는 필연으로부터의 벗어남이요, 최고선으로의 비약이며, 그런 비약을 통해서만 인간은 정의로운 신의 심판 하에서 정의와 행복이 실현되는 내세에 진입할 수 있다고 말하면 그만인데, 왜 필연과 자유는 이어져야 하는가? 나는 이하에서 이 문제에 대한 답을 구해보고자 한다.

---

79) 『판단력 비판』, 27쪽. 강조는 필자.

칸트는『실천이성비판』에서 이 현세에서 도덕성(적법성이 아니라)을 갖게 되면 즉 우리가 행복할 만한 자격을 갖추게 되면 내세에서는 그 도덕성에 비례하는 행복을 누리게 된다고 말한다. 그러나 그것은 어디까지나 '도덕신앙'의 차원에서 하는 말이지 인식의 차원에서 하는 말은 아니다. 초월적 세계에 대한 '인식'이란 불가능하다. 그런데 영혼의 불멸과 심판자로서의 신의 존재에 대한 칸트적인 도덕신앙에는 키르케고르가 말하는 불안의 요소가 없다. 키르케고르는 신앙을 객관적으로 불확실한 것을 내면의 열정으로 확실하게 붙잡는 것으로 규정한다. 그는『철학적 단편 후서』에서 이렇게 말한다.

가장 정열적인 내면성으로 충당된 것을 통해 확고하게 받아들여진 객관적 불확실성이 진리이다. 거기에 실존하는 개인을 위한 최고의 진리가 있다. (…) 위에서 말한 진리의 정의는 신앙을 그대로 표현한 것이다. 모험 없이는 신앙이 있을 수 없다. 신앙은 정확히 말하면 단독자(單獨者)의 내면성에서 솟는 무한한 정열과 객관적 불확실성 간의 모순이다. 만일 내가 객관적으로 신을 파악할 수 있다면, 나는 신앙하지 않는다. 그러나 정확히 말하면 나는 그렇게 할 수 없기 때문에 신앙한다.[80]

---

80) S. Kierkgaard, *Concluding Unscientific Postscript to Philosophical Fragments* (trans. H.V. Hong & E. H. Hong, Princeton University Press, 1992), pp. 203-204. 우리는 키르케고르가 이 인용문에서 객관성의 개념으로 오로지 현상적 객관성 — 이는 경험 과학적 사실과 연결되어 있다 — 을 염두에 두고 있음을 알 수 있다. 예컨대 '워싱턴은 미국에 있다'거나 '태양은 지구로부터 1억5천만km 떨어져 있다'는 것들은 현상적 객관성과 관계된 주장들이다. 이런 주장들은 그 진위를 과학적으로 검증하거나 반증될 수 있다. 그러나 '인간은 사후에 영혼의 세계로 간다'는 주장에 대해 우리들은 현재로서는 그 진위를 과학적으로 검증할 수가 없다. 그렇다고 그 주장은 사실의 문제와 무관한 것은 아니다. 인간이 사후에 영혼으로 존재하는지 여부는 사실의 문제이다. 물론 이 사실은 경험과학적 사실은 아니다. 그러나 영혼이란 것이 존재하지 않는다면, 내가 아무리 커다란 내면의 확실성을 갖고 영혼이 있을 것으로 믿는다 하더라도 영혼이 존재하게 되지는 않는다. 영혼이라는 것이 있는가 없는가 하는 문제는 '경험과학적 사실'의 문제가 아니라, '예지적 사실'의 문제이기 때문이다. 이런 이유에서 사도 바울도 기독교인들에게 있어서 신앙의 내용은 지금은 거울을 통해 보는 것처럼 흐릿하지만(바울 시대에 거울은 지금의 유리거울과 달리 기능이 좋지 않았음), 사후에 영혼상태에서는 아주 또렷하게 알게 된다고 말했던 것이다. (『성경』, '고린도전서' 13장 12절)키르케고르는 예지적 사실의 문제를 내면적-주관적 확신의

키르케고르에 있어서 신앙행위는 인간이 자신의 모든 것을 걸고 하는 도박행위와 비슷하다. 요즘은 도박도 통계학의 도움을 받아서 행해지므로 온전히 불확실성의 게임이라 말하기 어렵게 되었지만, 칸트의 도덕신앙에는 객관적으로 불확실한 요소가 없다. 그 신앙의 내용이 '인식적으로' 증명된 것은 아니지만, 실천이성은 신앙내용의 객관적 타당성과 합리성을 실천철학적으로 보증해주고 있다. 칸트의 도덕신앙은 신앙이긴 하지만 매우 안전한 도박이다. 칸트는 자신이 제시한 도덕신앙의 특징을 다음처럼 정리해주고 있다.

> 이러한 도덕적 논증은 신의 현존재에 관해서 객관적으로 타당한 증명을 제공하려는 것도, 회의적 신앙가에게 신이 존재한다는 것을 증명하려는 것도 아니고, 만일 그가 도덕적으로 수미일관한 사유를 한다면, 그는 이 명제의 상정을 그의 실천이성의 격률 가운데에 받아들일 수밖에 없다고 함을 증명하려는 것이다.[81]

만약 어떤 죽은 사람이 저승에 가보니 그곳에서 죽은 사람들이 영혼상태로 존속하면서 그들이 이승에서 쌓은 도덕성에 비례하는 행복을 누리며, 그렇게 만드는 심판자로서의 신이 있다는 것을 보았다고 하자. 그리고 그에 대한 확실한 증거를 갖고 그가 다시 이승으로 귀환하여 그것을 사람들에게

문제로 바꾸어버린 잘못을 범하고 있다. 이에 대해서는 이 책의 IX장 2절 「선험적 관념론으로부터 해방된 '사실'과 '의미'의 문제」를 보기 바란다.

81) 『판단력 비판』, 363쪽, 강조는 칸트. 이양호는 칸트적인 도덕신앙의 문제점을 세 가지로 지적한다. 첫째로, 칸트의 도덕신앙은 신과 인간 사이의 인격적 관계를 간과하고 있다. 둘째로, 이성종교는, 종교가 계시로부터 이해되어야 하는 것이 아니라, 계시가 종교로부터 이해되어야 한다고 생각함으로써 종교주의(Religionismus)에 빠지고 있다. 셋째로, 종교를 도덕의 보조수단으로 생각하고 실존적 종교체험을 해보지 못한 칸트로서는 당연하게 생각했겠지만, 칸트의 이성종교에는 종교적 체험이 결여되어 있다.(이양호, 『초월의 행보』, 서울, 담론사, 1998, 148-149쪽 참조) 물론 칸트로서는 이런 비판에 대해 할 말이 많을 것이다. 무엇보다도 '실존적 종교체험'의 이름으로 온갖 사이비 교주들이 등장하여 혹세무민하는 것을 걱정할 것이다.

부정할 수 없는 방식으로 알렸으며, 이승 사람들이 그 사실을 받아들였다고 해보자. 그러면 이승의 사람들은 어떤 생각을 하게 될 것인가? 첫째로, 그들에게 저승의 삶은 더 이상 신앙이 아니다. 둘째로, 그들은 이승에서 최대한 도덕적인 삶을 살려고 노력할 것이다. 셋째로, 그럼에도 불구하고 그들은 타인의 비도덕성이나 부정의로 인해 발생하는 자신의 억울함을 바로잡으려는 노력을 하지 않게 될 것이다. 왜냐하면 어차피 이승에서의 모든 부정의와 억울함은 저승에서 바로잡히는 것을 보고 이승으로 돌아왔기 때문이다. 칸트는 도덕신앙을 주장하면서 걱정했던 부분이 바로 이것이다. 그의 도덕신앙은 개인들이 자신의 도덕성에는 깊은 관심을 갖게 만들지만, 공동체 차원의 도덕성의 진보에 대해 무관심하게 만드는 요소가 있다. 그러나 그는 인간이 개인적 차원에서만 자신의 도덕적 완성을 위한 노력을 기울이고, 사회-공동체적 차원에서 관심을 기울이지 않는 것은 잘못이라고 생각했다. 아무리 현세의 부정의가 내세에 가서 남김없이 바로잡힌다 하더라도 그것을 믿고 현세에서 공동체 차원에서의 도덕적 완성을 포기하는 것은 잘못된 일이다. 어차피 인간은 사회생활을 하는 사회적 존재이기 때문에, 그리고 인간의 도덕성은 칸트의 정언명법에서 이미 충분히 암시되어 있듯이 사회 속에서만 의미 있는 방식으로 다루어질 수 있기에, 그리고 인간성을 언제나 수단으로만 사용하지 말고 동시에 목적으로 대접하라는 명령의 관점에서 보더라도 인간의 개인적 차원의 도덕적 자기완성은 공동체 차원의 도덕적 완성과 분리되어 추구될 수가 없기 때문에, 인간은 자기 개인의 도덕적 완성에 더하여 공동체의 도덕적 완성에도 힘을 쏟지 않으면 안 된다. 이런 맥락에서 칸트는 다음처럼 말한다.

여기에서 우리는 일종의 독특한 의무, 즉 인간에 대한 인간의 의무가 아니라, 인류 그 자체에 대한 인류의 의무를 가지게 된다. 즉 모든 종류의 이성적 존재는 객관적으로는 이성의 이념 안에서 어떤 공동체적 목적을 향해서, 즉 공동체적으로 최고선을 촉진하도록 규정되어 있는 것이다. 그러나 최고선의 윤리적 선은 개체 인격이 그 자신의 도덕적 완전성을 위해 노력하는 것만을 통해서는 실현될 수 없다. 왜냐하면 그와 같은 목적을 위해서는 개체 인격들이 하나의 전체 안에서 결합해 선한 심성을 가진 인간들의 체계를 형성하는 것이 요청되기 때문이다. 최고의 윤리적 선은 다만 이러한 체계 안에서만, 그리고 그 체계의 통일에 의해서만 성취될 수 있다.[82]

이런 이유에서 칸트는 도덕적 최고선(근원적 최고선)의 문제뿐만이 아니라 영원한 평화를 향한 인간의 노력을 강조하면서 정치사회적 최고선(파생적 최고선)을 언급하며, 그것을 역사 안에서 인간이 실현하기 위해 노력해야만 하는 의무로 간주했다. 이리하여 최고선의 문제는 윤리적, 정치적, 법적 차원으로 나누어 고찰된다. 이 점을 백승균 교수는 정확하게 지적한다.

> 칸트는 유기체적 자연세계 가운데에 이미 합목적성이 있다고 하는 그러한 목적론적 판단력에다 자신의 역사철학을 설정했다. 이러한 목적론적 판단력은 자연과 인간을 하나로 통일시키고, 필연과 자유를 하나로 연관시켜 그 전체를 인간존재의 원리로 삼았다. 이로써 인간의 역사란 그에게는 자연의 필연성과 인간의 자유가 하나의 큰 묶음으로서 엮여가는 구조연관성으로 현상하는 것이 된다.[83]

김진 교수도 역사적 존재로서 인간이 가지는 의무를 최고선과 관련하여 다음처럼 설명한다.

---

82) 『이성의 한계 안에서의 종교』, 112-113쪽.
83) 백승균, 『세계사적 역사인식과 칸트의 영구평화론』(대구, 계명대학교 출판부, 2007), 99쪽.

『판단력 비판』이나 『세계의 시민사적 관점에서 본 보편사의 이념』
에서는 최고선이 자연과 역사의 최종목적으로 설정되어 있고, 『학부논
쟁』이나 『영원한 평화에 대하여』 등의 작품에서는 세계시민정부에 의
한 영원한 평화의 확보가 정치적 최고선으로 규정되어 있다.[84]

최고선의 이념이 순수한 윤리적 이상에서 정치사회적이고 법적인 이념
으로 그 범위를 넓혀가면서 역사 속에서 인류가 합심해서 추구해야 할 목표
가 된다. 그렇다면 칸트는 기계론적 인과법칙이 지배하는 『순수이성비판』의
세계(현상계)와 목적론적 자유의 법칙이 지배하는 『실천이성비판』의 세계(예지
계) 사이에 가로놓인 심연을 방치할 수가 없게 된다. 최고선의 이념은 인간의
목적론적 사유의 정점에 있는 것이며, 『판단력 비판』이 목적론적 사유의 문
제를 다루는 한, 최고선의 개념은 『판단력 비판』의 핵심개념들 중에 하나일
수밖에 없다. 『판단력 비판』이 최고선의 문제와 연결되는 현장을 보여주는
인용문이다. 대단히 중요한 글이라 길게 인용해보겠다.

그런데 이 세계에는 목적론적 인과성을 가지는 유일한 종류의 존재
자들이 있을 뿐이다. 다시 말하면 그들의 인과성은 목적에 향해 있으면
서, 동시에 그 존재자들이 스스로 목적을 규정할 때 따르지 않으면 안
되는 법칙이 그들 자신에 의해 무조건적이요 자연의 조건에 의하지 않
고 그 자체에 있어서 필연적인 것으로서 표상된다고 하는 성질의 것이
다. 이러한 종류의 존재자가 곧 인간이다. 그러나 그것은 가상체(可想
體)로서 고찰된 인간이다. 이 유일한 자연존재자에 있어서 우리는 하나
의 초감성적인 능력(자유)뿐만 아니라 인과성의 법칙까지도, 이 능력이
최고의 목적을 세울 수 있는 이 인과성의 객체(세계에 있어서의 최고선)와

---

84) 김진, 『칸트와 종교』, 298-290쪽.

함께, 이 존재자 자신의 측면에서 인식할 수 있는 것이다. 그런데 도덕적 존재자로서의 인간에 관해서는 '무엇을 위해 그는 현존하는가'라고 더 물을 수 없다. 인간의 현존재는 최고의 목적 그 자체를 자신 속에 가지고 있어서, 인간은 가능한 한 이 최고의 목적에 전 자연을 예속시킬 수 있으며, 적어도 이 최고의 목적에 반해서는 자연의 어떠한 영향에도 복종해서는 안 된다. 그런데 세계의 사물들이 그 현존으로 보아서 의존적 존재자이어서, 목적에 따라 활동하는 어떤 지고한 원인을 필요로 한다면, 인간이야말로 창조의 궁극목적이다. 왜냐하면 인간이 없으면 상호종속적인 목적들의 연쇄가 완결되지 못할 것이기 때문이다.[85]

기계론적 흐름과 목적론적 흐름이 평행선을 긋는 것을 포기하고 만나는 것을 전제하지 않는다면, 최고선의 이념(예지계의 이상)을 역사(현상계) 속에서 실현하라는 명령은 헛된 명령이 된다. 이리하여 '최고선을 역사 안에서 실현하라'는 명령이 인간에게 부과된 이상, 예지계와 현상계를 매개하는 것이 필연적으로 요구된다. 바로 그것이 판단력이며, 그 판단력의 분야에서 아프리오리한 원리를 찾아내어 그런 원리들의 가능성 조건을 검토한 결과 만들어진 것이 『판단력 비판』이다. 칸트가 『판단력 비판』이 집필되어야 하는 이유를 설명하면서 하는 다음의 말은 이런 차원에서 이해되어야 한다. 이미 인용했던 말이지만 부득이하게 한 번 더 인용한다.

그런데 비록 자연개념의 감성적 영역과 자유개념의 초감성적 영역과의 사이에는 거대한 심연이 가로놓여 있기 때문에, 전자로부터 후자에로의 (따라서 이성의 이론적 사용을 매개로 한) 어떠한 이행도 불가능하며, 마치 양 영역은 전자가 후자에 대해 어떤 영향도 미칠 수 없는 두 개의

---

85) 『판단력 비판』, 343-344쪽.

상이한 세계인 것 같지만, 그러나 후자는 전자에 대해 어떤 영향을 미쳐야만 한다. 즉 자유개념은 자기의 법칙에 의해 부과된 목적을 감성계에 있어서 실현해야만 하며, 따라서 자연도 그의 형식의 합법칙성이 적어도 자유[개념]의 법칙에 따라 자연에 있어서 실현되어야 할 목적들의 [실현] 가능성과 합치하는 것으로 생각될 수 있지 않으면 안 된다.[86]

---

86) 『판단력 비판』, 27쪽. 강조는 내가 한 것임. 칸트는 『순수이성비판』에서도 자유가 자연에 영향을 미쳐야 한다고 말한다.

> 세계가 도덕법에 합치하는 한(세계는 이성적 존재자의 자유에 의해서 그럴 수도 있고 또 필연적인 도덕성의 법칙에 의해서 마땅히 그러해야 할 것이지만), 나는 그 세계를 도덕적 세계라 부른다. 그러니만큼 이 세계는 다만 가상적 세계라고 생각된다. 왜냐하면 이 세계에 있어서는 모든 제약(목적)과 도덕성의 모든 장애(인간성의 모든 약점 또는 불순성)까지도 사상(捨象)되기 때문이다. 그러므로 도덕적 세계라는 것은 다만 하나의 실천적 이념으로서, 세계를 이 이념에 될 수 있는 대로 합치하도록 하기 위해 감성계에 영향을 줄 수도 있고, 또 마땅히 주어야 하는 것이다.(B836. 강조는 칸트)

비슷한 주장이 또 있다.

> 현상이 아닌 가상적 원인은 그것의 원인성에 관해서는 현상에 의해서 규정되지 않는다. 물론 그것의 결과는 현상으로 되고, 그러므로 딴 현상에 의해서 규정될 수가 있다. 그렇고 보면 이 가상적 원인은, 그것의 원인성과 함께 현상들의 계열의 외부에 있으나, 그것의 결과는 경험적 제약들의 계열 중에 보인다.(B565. 강조는 필자)

칸트의 이 모든 말들은 현상(필연)이란 것의 배후에 그 원인성으로서 물자체(자유)가 있다는 생각에 의거하고 있다. 이렇게 생각하면 물자체(목적론적 사유대상)가 현상(기계론적 인식대상)에 영향을 주는 것은 가능하지만, 반대로 현상이 물자체에 영향을 주는 것은 불가능하다. 바로 그런 이유로 그는 "마치 양 영역은 전자(자연)가 후자(자유)에 대해 어떤 영향도 미칠 수 없는 두 개의 상이한 세계인 것 같지만, 그러나 후자는 전자에 대해 어떤 영향을 미쳐야만 한다."(『판단력 비판』, 27쪽)고 말하는 것이다. 그러나 자유가 지속적으로 필연의 흐름에 영향을 미친다면 자연법칙의 제일성(齊─性)은 확보되지 않는다는 것이 심각한 문제가 된다. 우리가 이미 살펴보았듯이 『실천이성비판』에서는 다음처럼 말하기도 한다.

> 그러므로 내적·외적 행위를 통해서 나타나는 인간의 사고방식에 있어서 모든 동기를 또한 가장 작은 동기에 이르기까지 다 알 수 있을 정도의 깊은 통찰을 갖는 일이 우리에게 가능하고 동시에 동기에 작용하는 모든 외적인 기인(Veranlassungen)을 알 수 있을 정도의 깊은 통찰을 갖는 일이 우리에게 가능하다면, 우리가 미래에 행해질 인간의 행동을 월식이나 일식처럼 확실하게 예측하는 것이 가능하다는 사실을 받아들일 수 있겠지만, 그래도 이 경우 인간은 자유롭다고 주장할 수 있다.

칼 포퍼는 결정론의 문제에 대한 칸트의 해결을 다음처럼 평가한다.

칸트는『도덕 형이상학 정초』와『실천이성비판』에서는 자연의 세계와 자유의 세계가 영원한 평행선을 만들어야 하는 듯이 말했는데, 이제 그는 그 평행선이 만날 수 있음을 인정한다. 그러나 그 만남의 방식은 자연이 자유에 영향을 주는 방식이 아니라, 자유가 자연에 영향을 주는 방식이다. 즉 인간이 자유로운 행위로 추구하는 목적을 감성계에서 실현하는 방식이다. 평행선이 만나게 되면 현상계의 기계적 흐름에 모종의 변화가 가해질 것이다. 그렇게 되면 이중관점론은 포기되어야 한다. 평행선이 만나게 되는 순간에 두 관점이 하나가 되기 때문이다. 나는『실천이성비판』이나『도덕 형이상학 정초』에서의 이중관점론적 칸트보다『판단력 비판』에서 감성계의 흐름에 변화를 주는 자유의 관점에 서 있는 칸트가 칸트의 진정한 모습이라고 생각한다. 칸트를 그렇게 읽을 때에만 '목적의 왕국'이란 이념이 '도피의 왕국'이란 오명으로부터 벗어날 수 있을 것이다. 그뿐만 아니라 이 관점에 설 때에만,『영구평화론』을 위시한 칸트의 모든 정치-사회철학적 저술들이 칸트가 건설하고자 했던 새로운 형이상학의 체계 내에서 차지하는 위상이 올바로 이해될 수 있을 것이다.[87]

칸트는 근본적인 의미에서 비결정론자였다. 그는 뉴턴 이론의 불가피한 귀결 때문에 현상계에 관해서는 결정론을 믿었지만, 그럼에도 불구하고 도덕적 존재로서의 인간은 결정되어 있지 않다는 것을 추호도 의심하지 않았다. 칸트는 자신의 이론철학과 실천철학 사이에 빚어지는 충돌을 스스로 완전히 만족할 수 있는 방식으로 해결하는 데에 결코 성공하지 못했으며, 결국 진정한 해결책을 찾는 것을 포기했다.(『추측과 논박 I』, 396-397쪽)

나는 칸트가 딜레마에 빠져 있다고 생각한다. 자유가 필연에 영향을 끼친다는 것을 인정하고 자연의 제일성을 포기하면서 인간의 자유가 내면의 관념적 자유에 머무르는 것을 거부하든지, 아니면 자유가 필연에 영향을 미치지 않는다고 말하고 자연의 제일성을 구제하면서 인간의 자유가 내면의 관념적 자유에 머무르는 것을 받아들이든지 해야 할 것처럼 보인다. 나는 이러한 딜레마로부터 칸트를 구제할 수 있는 길을 뒤에서 보여줄 것이다.

87) 이런 관점에서 본다면, 칸트의 철학이 "도덕적 당위의 세계로 서둘러 옮겨 감으로써 현실의 부당한 욕망의 지배구조를 눈감아 버리는 문제점"을 안고 있다고 생각하는 현대 프랑스 철학자들은 칸트를 세심하게 읽지 못하고 있는 셈이다. (김석수,『요청과 지향』, 서울, 울력, 2015, 516쪽 참조)

『실천이성비판』에서의 최고선 이론에 따르면 도덕적 행위자는 개인적 최고선만 추구하고 그에 상응하는 판정은 내세에서 받으면 된다. 그렇게 되면 현실에서 아무리 부정의한 일이 발생하더라도 내세에서는 그 부정의가 교정되어 정의가 실현되기에, 현세에서 그 부정의를 바로잡으려 애쓸 필요가 없게 된다. 칸트는 자신의 도덕신앙에 내포된 이런 문제점을 해결하기 위해 인간이 역사 속에서 최고선을 실현하기 위해 노력해야 한다고 말한다. 칸트는 『판단력 비판』에서 인간은 현실의 역사 속에서도 최고선을 실현해야 할 이유를 합목적성의 개념을 동원해서 제시하고 있다. 『판단력 비판』은 단순한 미학이론이 아니라 근본적으로 최고선에 관한 이론이다. 바로 이런 이유에서 그 책이 최고선에 관한 이론인 한에 있어서 그 책은 형이상학 서적이 된다. 왜냐하면 최고선의 개념은 형이상학적 탐구의 대상이기 때문이다.

우리는 앞에서 칸트가 자연목적론과 실천목적론이 다르다고 말한 것을 보았다. 그러나 칸트는 이 인용문에서 자연목적론과 실천목적론을 통합한 뒤에 모든 목적론이 추구하는 것이 최고선으로 해석될 수 있음을 말하고 있다. 『판단력 비판』이 목적론의 문제를 다루는 한, 목적론의 문제는 최종목적의 문제 즉 최고선의 문제를 다룰 수밖에 없고, 따라서 자연목적론은 궁극적으로 도덕목적론으로 합병될 수밖에 없는 것이다. 이런 관점에서 보면 도덕적 행위를 포함한 인간의 모든 의식적 · 의도적 행위는 그것이 최고선 — 그것이 근원적인 것이건 파생적인 것이건 — 을 지향하는 한, 목적론적 운동의 관점에서 보면 형이상학적 행위가 아닌 것이 없다.

'이러한 피조물들은 무엇을 위해서 존재하는가?'하는 물음을 하게 된다. 우리가 이 물음에 대해, '그것은 식물계를 먹고 사는 동물계를 위해서이다. 그래서 동물계는 그토록 다양한 종류를 이루어 지상에 퍼질 수가 있었던 것이다'라고 대답한다면, '그러면 무엇을 위해서 이러한 초식동물들은 존재하는가?' 하는 물음이 다시 일어난다. (…) 그것은 인간을 위해서요, 인간의 다양한 용도를 위해서다. (…) 인간은 이 지구상의 창조의 최종목적이다. 왜냐하면 인간은 목적을 이용할 수 있고, 합목적적으로 형성된 사물들의 집합을 자기의 이성에 의해서 목적의 체계로 만들 수 있는 지상 유일의 존재이기 때문이다.[88]

자연이 인간을 위해 존재한다면 자연의 목적론적 체계들도 결국 인간의 **도덕목적론이 지향하는 최고선을 지향한다고 말하지 않으면 안 된다.** 좀 긴 인용문이지만, 그 중요성을 고려하여 생략 없이 인용한다.

> 그런데 도덕적 존재자로서의 인간(따라서 이 세계의 모든 이성적 존재자)에 관해서는, '무엇을 위해(quem in finem) 그는 존재하는가'라고 더 물을 수가 없다. 인간의 현존재는 최고의 목적 그 자체를 자신 속에 가지고 있어서, 인간은 가능한 한 이 최고의 목적에 전 자연을 예속시킬 수 있으며, 적어도 이 최고의 목적에 반해서는 자연의 어떠한 영향에도 복종해서는 안 되는 것이다. 그런데 세계의 사물들이 그 현존으로 보아서 의존적 존재자이어서, 목적에 따라 활동하는 어떤 지고한 원인을 필요로 한다면, 인간이야말로 창조의 궁극목적이다. 왜냐하면 인간이 없으면 상호 종속적인 목적들의 연쇄가 완결되지 못할 것이기 때문이다. 인간에 있어서만, 그리고 도덕적 주체로서의 인간에 있어서만 목적에 관한 무조건적인 입법은 성립하며, 따라서 이 무조건적인 **입법**만이 인간으로 하여금 전 자연이 목적론적으로 종속하는 궁극목적일 수 있게 하는 것이다.[89]

칸트는 자유는 인과법칙에 영향을 주어야만 한다고 했다. 그의 이런 생각은 현상의 배후에 물자체가 있다는 생각에 근거하고 있다. 물자체(자유, 목

---

88) 『판단력 비판』, 333쪽.
89) 『판단력 비판』, 344쪽. 강조는 필자.

적론, 삶의 의미, 윤리학)는 현상(인과법칙, 기계론, 삶의 사실, 자연과학)의 원인이다. 칸트에 따르면, 자유는 목적론적 운동의 근거이고, 필연은 기계론적 운동의 법칙이다. 그런데 목적론적 운동은 삶의 의미 문제를 다루는 윤리학과 관계하고 기계론적 운동은 삶의 사실의 문제를 다루는 자연과학과 관계한다. 결국 목적론적 운동 — 그 꼭대기에 최고선이 있다 — 은 기계론적 운동의 원인이며 배후라는 생각이 성립한다. 물론 목적론적 운동이 기계론적 운동의 원인이라는 주장은 '인식'이 아니라 '사고'(생각)일 뿐이다. 이는 현상이 가상(假象)이 아니라면 현상 배후에 물자체가 있음을 가정하지 않을 수 없다는 것과 같은 이치이다. 그렇다고 물자체가 인식된 것은 아니다. 혹자는 목적론적 운동이 기계론적 운동의 배후에 있는, 알려지지 않은 원인이라는 식으로 칸트를 해석하는 나의 주장이 의아하게 여겨질 수가 있다. 그러나『순수이성비판』제3이율배반의 정립에서 칸트가 입증하고 있는 주장이 바로 지금 내가 주장하고 있는 것이다.

> 자연의 법칙에 따르는 원인성은, 그것으로부터 세계의 모든 현상들
> 이 나올 수 있는 유일한 원인성이 아니다. 현상을 설명하자면 그 외의
> 자유에 의한 원인성을 상정함이 필요하다.(B472)

자연원인성이 형성하는 계열의 꼭대기에 자유원인성이 있다. 칸트가『판단력 비판』을 저술하면서 마음속에 품고 있는 근본적인 생각이 바로 이것이다. 그는 자유원인성이 자연원인성에 영향을 끼치는 통로를 목적론적 자연관의 '합목적적 자연'이라는 개념에서 발견했고, 그것을 통해『순수이성비판』의 필연의 세계는『실천이성비판』의 자유의 세계(목적의 세계)로 연결된다. '합목적적 자연'이라는 개념이 말해주는 것은 결국 자연도 자유에 근거한 모종의 목적과 의도를 가지고 움직이는 듯이 보인다는 것이다. '합목적적 자연'은 결국 '자유에 합치하는 필연'이라는 것인데, 이는 모순적인 개념이다.

바로 이 모순성이 두 비판서를 연결시키는 것을 가능하게 하는 근거가 된다. 칸트가 목적론적 자연관을 받아들일 때는 현상계가 이데아계를 향하여 나아간다는 플라톤의 목적론적 세계관의 전통을 일정 부분 수용하는 것이 된다. 그런데 플라톤에서는 현상계가 이데아계를 향하여 나아가게 만드는 추동력이 불분명하다. 플라톤은 그 추동력을 『파이돈』 편에서는 막연히 현상계가 이데아계를 사모하기 때문이라는 식으로 설명하지만, 그 설명이 부족하게 느껴진다. 플라톤은 운동을 목적론적으로 설명하려 했으며, 그 과정에서 이데아의 존재를 증명한다. 그리하여 현상계과 이데아계가 분리되기에 이른다. 현상계는 이데아계의 모사물로서 이데아계를 향해 움직인다. 플라톤의 설명대로라면, 두 가지 문제가 발생할 수 있다. 첫 번째 문제는 의도를 갖지 않는 것들, 예컨대 기하학적 도형이 의도를 갖는 운동을 한다는 것이 설득력을 갖지 못하게 된다는 것이다. 현상계의 가변적이고 불완전한 삼각형이 불변적이고 완전한 삼각형이 되기 위해 노력한다는 말은 설득적이지 않다. 두 번째 문제는 인간의 의도와 관련하여 설명되어야 하는 운동들이 적극적으로 추진되어야 할 이유를 갖지 못하게 된다. 플라톤의 설명에 따르면 현상계의 불완전한 정의는 그것을 개선시키려는 인간의 의도와 노력이 없더라도 자동적으로 이데아계의 완전한 정의를 그리워하며 그쪽으로 나아갈 것이다. 플라톤의 목적론적 운동관은 모종의 의도성을 전제해야 하는데, 그의 목적론적 운동론은 일반적으로 사람들이 의도성이 없다고 생각하는 것들에게 의도성이 있는 것처럼 설명해야 하고, 사람들이 의도성이 중요하다고 생각하는 인간의 행위에 대해서는 의도성의 역할을 무시하게 만들어버린다. 플라톤은 이런 문제점을 분명히 인식하고 있었으며, 이 문제점을 해결하기 위해 『파이드로스』에서는 모든 운동의 원인으로 영혼을 내세우고 있다.

『파이돈』의 영혼불멸 증명은 육체로부터 영혼을 철저히 분리시키는 과정으로 진행되는 반면, 『파이드로스』의 증명은 오히려 영혼이

육체 속으로 들어와 생기를 불어넣고 운동을 일으키는 활동성으로 전 개된다.[90]

칸트에게서도 현상계를 예지계의 방향으로 나아가게 만드는 추동력은 이 세계에서 '목적론적 사유능력'을 갖고서 세계를 목적연관에서 파악할 수 있고 또 그렇게 파악된 목적을 실현할 수 있는 '목적론적 실천능력'을 가진 유일한 존재인 인간 그 자신이다. 이런 점에서 칸트는 플라톤의 전통 위에 서 있는 셈이다. 『파이드로스』에서의 플라톤은 『판단력 비판』에서의 칸트의 선구자로 보인다. 플라톤이 인간을 현상계와 이데아계 사이의 간극을 메꾸기 위해 운동하는 존재로 설정했듯이, 칸트도 목적론적 사고를 할 수 있는 지상 유일의 존재인 인간을 현상계와 예지계의 간극을 메꾸기 위해 운동하는 존재로 간주한다.

> 오성을 가진, 따라서 자기 자신 임의로 목적을 설정하는 능력을 가진 지상 유일의 존재자로서는, 인간은 물론 자연의 주인이라는 칭호를 가지며, 또 우리가 자연을 하나의 목적론적 체계로 보는 경우에는, 인간은 그의 사명으로 보아 자연의 최종목적이기도 하지만, 그러나 이는 다음과 같은 조건하에서만, 즉 인간이 자연과 자기 자신 사이에서 하나의 목적관계를 부여할 줄도 알고 또 그럴 의지도 가지고 있다고 하는 조건하에서만 그러하다. 그리고 그러한 목적관계는 자연에 의존하지 않고 스스로 충족한 것이며, 따라서 궁극목적일 수 있는 것이지만, 그러나 이 궁극목적은 자연 가운데에서 찾아서는 안 되는 것이다.[91]

---

90) 김윤동, 「플라톤의 '파이드로스'편에 나타난 영혼의 문제」(대한철학회논문집, 『철학연구』 103집, 2007), 85쪽 참조.

91) 『판단력 비판』, 338쪽.

인간이 이 우주에서 목적론적 사유를 할 수 있으며 그런 목적론적 사유 능력으로 말미암아 자신을 만물의 최종목적이며 존엄한 존재로 간주한다 하더라도, 자연의 기계적 흐름은 인간을 존엄하게 대해주지는 않는다. 인간 역시 전염병과 지진과 홍수와 해일과 같은 자연현상의 지배하에 놓여 있는 존재에 불과하다. 전염병이 인간의 존엄성을 고려하여 인간을 피해서 발생하지는 않는다. 그러면 인간이 스스로를 만물의 최종목적으로 보는 것은 인간의 자아도취적 나르시시즘에 불과한가? 이 대목에서 우리는 다시금 칸트적인 양립론의 문제로 되돌아가게 된다. 나는 이하에서 그가 양립론을 고수하는 한, 앞서 말한 그 나르시시즘으로부터 벗어나지 못하고, 그것으로부터 벗어나려면 양립론을 포기해야 함을 설명하고자 한다.

우리는 이하에서 자유가 자연에 영향을 주는 기적 같은 일이 어떻게 일어나는지를 살펴보고자 한다. 보통 기적은 자연법칙의 파괴라고 생각된다. 그러면 기계적 필연의 흐름과 목적론적 자유의 흐름이라는 두 평행선이 만나게 되면 칸트가 걱정했듯이 자연법칙은 파괴되는가? 나는 양세계론적 칸트는 '인과법칙의 파괴'와 '인과법칙의 중지'를 구분하지 못하고 있다고 생각한다.[92] 인과법칙의 파괴는 인과법칙의 무효화를 의미한다. 예컨대 내가 누군가가 절벽 아래에서 '사람을 구해달라'며 소리 지르는 것을 듣고서, 인명을 구해야 한다는 도덕적 사명감에서 높은 절벽에서 자유롭게 뛰어내린다고 하자. 그렇게 하는 것은 위험한 일이지만, 도덕적 의무감에서 그렇게 뛰어내리는 것이기에 내가 다치지 않게 된다면, 나의 도덕적 행위(자유의 행위)는 인과법칙을 무효화시키는 것이 되며, 자유낙하의 법칙이라는 자연법칙을 붕괴시키

---

92) 나는 『칸트 윤리학과 형식주의』에서는 '인과법칙의 중지'라는 표현 대신에 '인과법칙의 절단'이라는 표현을 사용했었는데, '절단'보다는 '중지'가 더 적합한 것으로 보인다. 중지는 내가 도덕적 결단을 통해 어떤 인과법칙의 효력을 내 마음속에서 정지시켜 인과적 흐름의 끝을 만든다는 뜻이다. 물론 그렇게 끝을 만드는 것은 새로운 인과적 흐름의 시작을 만든다는 뜻이 되기도 한다.

는 일이 될 것이다. 그러나 칸트가 말하는 자유는 도덕적 의무의식에 근거한 모든 행위를 가능하게 만들어주는 만능적인 자유는 아니다. 도덕적 행위자의 자유라는 것도 신체를 통해 표현되는 것이다. 내가 아무리 물에 빠진 사람을 구해주고 싶어도 내가 수영을 하지 못하면 그 도덕적 소원은 아무런 소용이 없다. 예전에 칠레에서 탄광 매몰사고가 발생했었다. 매몰된 사람들 중에서 건강하지 못한 사람들이 먼저 숨을 거두었고, 살아 있는 사람들도 극심한 배고픔으로 말미암아 아사 상황에 놓이게 된다. 살아 있는 사람들은 죽은 사람의 몸을 먹어서라도 생명을 이어가려는 유혹에 빠진다. 이 경우 누군가가 '사람이 사람의 인육을 먹어서는 안 된다'는 확고한 도덕적 신념에 따라 끝끝내 인육을 먹지 않았다고 한다면, 그는 생리적 인과법칙에 거슬러서 행동한 것이고, 그 인과법칙의 흐름은 그 사람의 내면의 심정에서 중지당한 것이 된다. 이리하여 그의 내면은 인과법칙과 도덕법칙이라는 평행선이 만나는 장소가 되며, 그 만남을 통해 기존의 인과적 흐름은 중단되고 자신의 자유로운 결정에 의해 새로운 인과적 흐름이 시작되면서 그의 삶의 흐름은 달라진다.[93] 이 순간에 내면의 관념적 자유, 가능성에 머물렀던 자유가 현실화되면서 인간은 자신의 운명을 바꾸고 공동체의 역사를 바꾸고 세계 역사를 바꾸게 된다. 이리하여 인간이 창조의 최종목적이라는 자기평가는 자아도취적 나르시시즘에 머물지 않고 인간에 대한 객관적 평가임이 증명된다. 물론 그가 인육을 먹

---

93) 이런 이유에서 나는 현상과 물자체의 구분에 근거한 칸트의 양립론을 찬성하는 하르트만의 다음과 같은 견해에 동의하지 않는다.

"인과적으로 결정된 세계 내에서 자유가 이미 가능하다는 사실을 칸트는 이 세계의 배후에 제2의 세계, 예지적 세계, '자체 세계'(die Welt des An-sich)가 열린다는 점에서 간파했다. 이 세계의 맞은편에 있는, 이미 주어진 인식 가능한 세계의 '경험적 실재성'은 '현상'이 된다. 그리고 관통하는 인과연관은 오로지 이 현상세계에 대해서만 주장된다. 그래서 도덕적 존재로서의 인간의 의지적 결정에서 함께 작용하는 예지적 핵심을 가지고 있는 한, 인과의 고리가 단절되지 않고도 그에게 있어서 의지의 적극적 자유를 위한 활동 공간이 남게 된다."(N. Hartmann, *Neue Wege der Ontologie*, W. Kohlhammer Verlag, Stuttgart, 1949, p. 101. 강조는 필자)

었다면 도덕적으로 불명예스럽게 살아남았겠지만, 그는 인육을 먹지 않았기 때문에 굶어 죽게 된다. 이 경우 그가 생리적 인과법칙을 극복했다고 말할 수는 있겠지만 생리적 인과법칙을 파괴했다고 말해서는 안 된다. 인육을 먹지 않은 바로 그 사람에게 있어서 생리적 자연법칙의 인과적 흐름은 중지되었음에도 불구하고, 그 자연법칙은 여전히 모든 인간들에게서 작용하고 있으며, 따라서 파괴된 것은 아니다. 그런데 인육을 먹지 않은 그 사람은 비록 식욕이라는 생리적 자연법칙을 자신의 내면에서 효력 정지시키고 '인육을 먹지 않겠다'는 결심을 행동으로 옮김으로써 식욕이라는 생리적 인과법칙의 흐름을 중단시켰지만, 그는 다른 자연법칙의 지배하에 들어간다. 먹지 않으면 죽는다는 법칙이다. 그러므로 그가 '인육을 먹지 않겠다'는 결심을 한다는 것은 '나는 굶어 죽겠다'는 결심을 한 것이 된다. 자유의 행위로서 '인육을 안 먹음'은 '굶어 죽음'의 원인이다. 그의 '굶어 죽음'의 원인은 자유이다. 그는 '먹지 않으면 죽는다'는 생물학적 인과법칙을 자신의 자유를 실현하는 도구로 활용한 것이다. 그는 이런 식으로 이중으로 인과법칙을 벗어나게 된다. 첫째로 '나는 인육을 먹지 않는다'는 결심을 하면서 '배고프면 먹는다'는 생물학적 법칙의 흐름을 자신의 내면에서 중지시킨 뒤에 행동으로 옮길 때, 그는 인과법칙을 벗어난다. 둘째로 자신의 그러한 결심의 결과 자연의 법칙이 자신을 사망에 이르게 만든다는 것을 알고서도 그 자연의 법칙을 활용했다는 점에서 그는 자연 초월적이다. 누군가 북미에 서식하는 비버도 흐르는 물을 나무들로 막아 댐을 만들어 그렇게 고인 물에서 삶을 영위하는데, 그러면 비버도 자연법칙을 활용할 줄 아는 것이 아닌가라고 생각할지 모르겠다. 그러나 비버들은 그들의 삶에서 인과법칙의 흐름을 중지시키는 행동, 즉 자유의 행동을 하지 못하며, 비버의 댐 공사는 그 자유의 행동이 원인이 되어 발생한 것이 아니기 때문에 자연법칙의 활용이라 말할 수가 없을 것이다. 비버의 댐 공사는 그냥 자연법칙에 순응하는 것일 뿐이다. '먹지 않으면 죽는다'는 법칙을 인간은 절대 벗어날 수가 없다. 그러면 극심한 배고픔이 덮쳐도 '나는 인육을 먹지 않는다'는 결심을 해서 '인간은 배가 고프면 먹고 싶은 욕망이 발생하고, 욕망이 발생하면 욕구충족 행위를 한다'는 생리적 인과법칙의 지배를 거부할 수 있는 기적 같은 일을 할 수 있는 인간이 왜 동일한 유형의 생리적 인과법칙인 '먹지 않으면 죽는다'는 법칙은 거부하지 못하는가? 그 이유는, 인육을 먹지 않는 결심은 도덕적 결단으로서 나의 내면의 마음에서 일어나는 사건 즉 자유의 사건이지만, 죽지 않는 것은 내가 내 내면에서 결단해서 행동으로 옮기는 것이 가능한 그런 도덕적 결단의 사건이 될 수 없기 때문이다. 죽지 않는 것은 도덕적 결단의 대상이 아니다. 도덕적 결단도 인간의 신체를 통해 실현 가능한 방식으로 이루어져야 한다. 홍수에 떠내려가는 아이를 불쌍한 마음에 당장이라도 뛰어들어 구하고 싶다 하더라도 수영도 하지 못하면서 맨몸으로는 아이를 구하지는 못한다.

강영안은 칸트가 학문의 학문성을 결정짓는 것을 체계성으로 생각했다고 말한다.

> 칸트는 학문을 하나의 체계(das System)로 이해한다. (…) 이 말은 형이상학이 지식들의 체계여야 한다는 뜻이다. 그러면 형이상학은 어떻게 체계일 수 있는가? 칸트가 의도한 체계는 인간에게 본질적인 인식적 관심, 윤리적 관심, 미적 관심을 전체로 하나의 이성 이념 안에서 통일하는 것이다. 그러므로 형이상학은 이성의 논리적 사용에 입각한 사변적 체계로 끝나는 것이 아니라 실천적·미적 관심을 포함해서 이 모두를 하나의 체계 가운데 담아, 표현해낼 수 있는 지식 체계여야 한다.[94]

이제 나는 지금까지의 논의를 마무리하는 중요한 설명을 해야겠다. 이것은 워낙 중요한 사항이어서 고딕체로 강조한다. **인식론적 칸트 해석가들은**

---

94) 강영안, 『칸트의 형이상학과 표상적 사유』(서울, 서강대학교출판부, 2009), 45쪽.

칸트가 인식론을 확립하기 위해 코페르니쿠스적 전회를 감행했고 그 결과 획득한 물자체 불가인식설에 근거하여 형이상학 일반을 부정했다고 주장한다. 그러나 이는 오해다. 이와 정반대로 칸트는 '학문의 안전한 길에 들어선 비판적 형이상학'을 확립하기 위해 인식에 있어서 사유방식의 코페르니쿠스적 전회를 했고, 그 전회에 의거하여 구성설적인 인식이론을 만들면서 물자체 불가지론에 도달한 것이다. 그리고 물자체 불가지론은 선험적 형이상학의 핵심이며, 이 선험적 형이상학은 기존의 초험적 사변 형이상학을 해체하는 망치이면서 『실천이성비판』에서 칸트가 제시하는 초험적 실천 형이상학의 기초가 된다. 우리는 칸트의 『순수이성비판』에 대해, 그 책이 '인식론이냐 형이상학이냐' 하는 식의 양자택일의 질문을 해서는 안 된다. 왜냐하면 그 책은 '인식론이면서 형이상학'이기 때문이다. 옷 중에 겉과 속을 뒤집어가면서 바꾸어 입을 수 있는 그런 옷이 있다. 일명 '리버서블'(reversible) 옷, 즉 '양면 코트'이다. 칸트의 『순수이성비판』이 그런 옷이다. 이렇게 입으면 선험적 인식론이요, 저렇게 입으면 (자연의) 형이상학이다. 그리고 『실천이성비판』도 그런 옷인데, 그 책에서 『순수이성비판』에서의 자연과학 역할을 하는 것이 윤리학이다. 그 책은 이렇게 입으면 선험적 윤리학이요 저렇게 입으면 근원적 최고선을 다루는 (도덕의) 형이상학이다. 『판단력 비판』도 양면 코트인데 이렇게 입으면 선험적 미학이요 저렇게 입으면 (파생적) 최고선의 형이상학이다. 그리고 『순수이성비판』 없는 『실천이성비판』은 무근거하고, 『실천이성비판』 없는 『순수이성비판』은 무용하다. 그리고 『판단력 비판』은 비판적 형이상학의 지상층과 지하층을 이어주는 이음부 역할을 한다. 비판적 형이상학의 지하 공사에 사용된 자재는 자연과학이요, 윤리학은 지상 공사에 사용된 자재다. 그리고 그 이음부에 사용된 자재는 미학이다. 칸트의 삼 비판서를 공통으로 관통하는 개념은 '형이상학'이다. 칸트에게 있어서 자연과학과 윤리학과 미학은 형이상학을 학문으로 만들기 위한 배양판 같은 것이었다. 단언컨대 칸트철학의 이 마술을 이해하지 못한 사람은 아직 칸트를 충분히 모르는 사람이다.

형이상학에 대한 칸트의 입장을 이렇게 이해하는 관점에서 보면 다음과 같은 주장은 잘못된 것임을 알게 된다.

칸트는 인식론의 지평에서 인식론의 물음을 모든 철학적 물음으로 만들어버렸다. 그 결과 칸트는 인식론의 정당화 요구를 통해서 형이상학을 추방시켜버렸다. 칸트가 부활한 형이상학은 인식론의 형이상학이 아니라 인간의 자연소질로서의 도덕 형이상학뿐이다. 형이상학의 지평에서 인식론의 근본 물음을 해결한 것이 아니라 인식론의 인간 중심적 지평에서 형이상학을 추방시킨 것이 칸트 인식론의 근본문제다.[95)]

'인식론의 요구를 통해서 형이상학을 추방했다'는 것은 사태를 정반대로 보는 것이다. 누차 말했듯이 칸트는 구성설적 인식론을 확립하기 위해 형이상학을 포기한 것이 아니고, 형이상학의 건설을 위해 기존의 모사설적 인식론을 구성설적 인식론으로 바꾸었다. 또한 '칸트가 부활한 형이상학은 자연 소질로서의 도덕 형이상학'이라는 주장도 잘못이다. 칸트가 말하는 자연 소질로서의 형이상학은 인간의 본성에 내장된 형이상학적 성향(소질)이 자연스럽게 발현되면서 만들어지는 형이상학이다. 칸트가 말하는 자연 소질로서의 형이상학은 『순수이성비판』의 '선험적 변증론'에서 다루어지는 형이상학인데, 이 형이상학은 오류추리와 이율배반으로 인해 참다운 학문이 될 수 없는 것으로 밝혀진다. 그리고 도덕 형이상학은 자연 소질로서의 형이상학이 아니라 비판적 형이상학의 지상층을 구성하는 형이상학이다. 앞의 인용문은 칸트의 『순수이성비판』을 인식론적 저술로만 파악하는 전형적인 잘못을 보여주고 있다.

칸트가 자신의 인식론을 어떤 경우에도 인식의 대상이 될 수 없는 물자

---

95) 이정일, 『칸트와 헤겔에 있어서 인륜적 자유』(파주, 한국학술정보, 2007), 481쪽.

체의 촉발로부터 시작한다고 말하는 것은 그의 인식론이 형이상학적 지반을 갖고 있다는 것을 의미한다. 바로 그 때문에 하르트만도 칸트의 『순수이성비판』을 '인식의 형이상학'(Metaphysik der Erkenntnis)으로 규정하고 있음은 알려진 사실이다. 그리고 필자는 물자체는 현상존재의 존재론적 근거이기에 칸트의 인식론은 존재론적 지반을 갖고 있는 것으로 해석하였다.

칸트는 형이상학을 자연적 대상을 넘어서는 초자연적인 대상들인 신과 영혼과 자유에 대한 학문으로 간주하는데, 그 점에서 그는 전통적인 '초험적 형이상학'의 개념을 수용한다. 그러나 그는 형이상학이 그런 초자연적 대상들에 대한 사변적이고 독단적인 방식의 탐구라는 생각을 거부했다. 그는 형이상학에 대한 탐구방식을 초자연적 대상들을 직접적으로 연구하는 방식을 거부하고 간접적으로 연구하는 방식을 택한다. 즉 학의 안전한 길에 들어선 수학과 물리학의 가능성 근거를 설명하는 방식이다. 형이상학적 대상들에 대한 접근방식에 이렇게 우회로를 만들면서 칸트는 고대에는 '학문 중의 학문'이었던 형이상학을 '학문에 대한 학문'으로 바꾸어놓는다. 그렇게 하면서 그는 선험적 사유방법을 철학사에 처음으로 선보인다. 바로 이런 이유에서 어떻게 아프리오리한 종합판단이 가능한가 하는 문제를 해결하지 못한다면, 형이상학은 불가능하다고 단언적으로 말하며, 이 문제를 해결하기 전까지는 어느 누구도 형이상학의 문제를 다룰 수 있는 권한을 가질 수가 없다고까지 말했던 것이다.[96] 바로 이 대목에서 칸트의 '선험적 형이상학'이 탄생한다. 이 문제에 대한 해결 없이 형이상학의 논쟁을 벌이는 것은 다시금 형이상학에 대한 독단적 탐구방식에 빠져드는 것이 된다. 칸트의 입장에서 보면, 누군가가 아무리 숨 막힐 만큼 추리에 추리를 거듭한다 하더라도 그의 탐구방향이 형이상학의 대상들에 대해 직접적으로 향하는 한, 그의 탐구는 검증도 반증도 안 되는 무근거한 주장들이 난무하는 형이상학의 아수라장에서 혼란

---

96) 『형이상학서설』, 279쪽 참조.

만 가중시키는 것으로 끝날 것이다.

모든 개별적 존재를 넘어서 있는 혹은 그 존재들의 존재근거를 이루는 초월자에 관한 학으로서의 형이상학이라는 중세적 전통으로부터 칸트의 선험철학은 급격한 전환을 보여주고 있다. 소위 초월자들이라 불리는 순수개념들의 객관적 타당성(즉 대상들과의 아프리오리한 연관성)이 논증되지 않는다면, 형이상학은 독단적 관념의 놀음이 될 것이다.[97]

칸트가 비판적 형이상학의 건설을 위해 의지했던 학문들은 자연과학, 윤리학, 미학이다. 진리와 선과 아름다움을 다루는 세 학문이다. 그는 『순수이성비판』에서는 선험적 진리, 『실천이성비판』에서는 선험적 선, 『판단력 비판』에서는 선험적 미에 대한 이론들을 제시한다. 칸트에게 있어서 선험적이지 않은 방식으로 형이상학적 탐구를 한다는 것은 불가능한 일이다.[98] 나의 이런 주장을 칸트가 보증해주고 있다. 지금까지 칸트 연구자들이 주목하지 않았지만, 칸트는 다음처럼 말한다.

모든 형이상학에 필연적으로 선행하는 전(全) 선험철학은 여기에 제

---

97) 김혜숙, 『칸트: 경계의 철학, 철학의 경계』, 198쪽.

98) 그렇다면 독자들은 칸트가 종래의 독단적 형이상학을 거부하면서 새로이 건설한 형이상학을 '비판적 형이상학'이라 부르기보다는 '선험적 형이상학'이라 부르는 것이 더 올바르지 않는가 하는 의문을 가질 수가 있다. 그러나 칸트가 삼 비판서에서 한결같이 선험적인 방식으로 사유했으며, 그런 사유방식에 의거하여 새로운 형이상학의 체계를 만들었다 하더라도, 칸트가 삼 비판서에서 초월(초험)의 문제에 대해 내리는 결론은 다르다는 것을 명심할 필요가 있다. 제1비판에서는 물자체 불가지론이란 것으로 인식을 통한 초월을 거부했다. 제2비판에서는 도덕신앙을 통한 초월 즉 물자체에 대한 도덕철학적 접근을 적극적으로 인정했다. 제3비판에서는 그 양자의 연결고리로 구상된다. 그러므로 칸트의 형이상학을 '선험적 형이상학'이라고 부르게 되면, 그 명칭은 『실천이성비판』에서 초월을 긍정하는 칸트의 입장을 충분히 반영하지 못하는 것이 될 것이다. '선험적 형이상학'이란 명칭은 칸트가 『순수이성비판』 전반부에서 제시하는 '자연의 형이상학'에만 어울리는 명칭이다.

시된 문제 ─ 어떻게 선천적 종합판단이 가능하냐 하는 문제(필자 보충) ─ 를 조직적 질서와 면밀함으로 완전히 해결하는 것 외의 아무것도 아니라고 말할 수 있다. 따라서 이때까지는 진정한 선험철학은 없었다. 이때까지 선험철학으로 통했던 것은 사실은 형이상학의 일부였기에 말이다. 그러나 나의 선험철학이라는 학문은 그것이 비로소 형이상학을 가능하게 하는 것이요, 따라서 모든 형이상학에 선행해야 하는 것이다.[99]

칸트는 『순수이성비판』에서는 인식에 있어서 선천적 종합 명제가 어떻게 가능한지를 성공적으로 해명했고, 그 결과 '자연의 형이상학'(선험적 형이상학)이 가능하게 된다고 생각했다. 그리고 『실천이성비판』에서 도덕에 있어서 선천적 종합명제가 어떻게 가능한지를 성공적으로 해명했으며, 그 결과 '도덕의 형이상학'(초험적 형이상학)이 가능하게 된다고 생각했다.

칸트에 있어서 '자연의 형이상학'(Metaphysik der Natur)의 탐구방법은 '자연과학(Physik der Natur)에 대한 메타(Meta)적 연구' 즉 선험적 연구였고, 그러한 연구방법론으로 얻어낸 결론은 '물자체는 인식 불가능하며 따라서 전통적인 사변적-초험적 형이상학은 학문이 될 수 없다는 것'이었다. 자연의 형이상학은 『순수이성비판』의 '분석론'인데, 통상 칸트학자들은 '분석론'을 학문으로서의 형이상학의 단두대로만 간주했다. 그러나 '분석론'은 기존의 독단적 형이상학의 단두대이지만, 그것은 동시에 학문다운 형이상학의 건설을 위한 터 닦기 공사였다. 그리고 칸트가 『실천이성비판』에서 제시하고 있는 '도덕의 형이상학'(Metaphysik der Sitten)은 '도덕에 대한 메타적 연구' 즉 선험적 연구이고, 그러한 연구방법론으로 얻어낸 결론은 '물자체의 세계에 대한 실천적-초험적 형이상학은 성립할 수 있지만, 그 형이상학은 지식이 아니라 실천이성의 신앙일 뿐이다'라는 것이다. 그리고 칸트가 『판단력 비판』에서 제시하

---

99) 칸트, 『형이상학서설』, 280쪽. 강조는 필자.

는 미학 역시 미적 경험에 대한 메타적 연구 즉 선험적 연구다. 그리고 그러한 연구방법론으로 얻어낸 결론은 미적 경험은 현상계와 예지계, 진리의 세계와 선의 세계, 과학의 세계와 도덕의 세계, 사실의 세계와 의미의 세계, 선험의 세계와 초험의 세계를 연결시켜준다는 것이다. 칸트는 삼 비판서에서 공히 선험적 사유방법론을 사용했다. 우리는 이제 칸트가 "선험철학이라는 학문은 그것이 비로소 형이상학을 가능하게 하는 것이요, 따라서 모든 형이상학에 선행해야 하는 것이다"라고 말하는 이유를 분명하게 알게 되었다.

칸트의 비판적 형이상학은 3단 엔진(삼 비판서)을 장착하고 인공위성을 싣고 초험적 우주를 향해 발사되는 로켓 같아 보이기도 한다. 로켓이 불을 뿜으며 우주공간으로 올라가는데, 정작 그 로켓이 모든 연료를 연소시키며 올라가 우주공간에 안착시키는 것은 조그만 인공위성이다. 로켓을 쏘아 올리는 데 사용되는 1차 엔진은 『순수이성비판』이요, 연료는 자연과학이다. 2차 엔진은 『판단력 비판』이요, 연료는 미학과 자연목적론이다. 마지막으로 3차 엔진은 『실천이성비판』이요, 연료는 윤리학이다. 최종적으로 자유와 영혼과 신을 증명하는 실천 형이상학이라는 인공위성이 우주공간의 궤도 위에 안착한다. 그 모든 연료들은 선험철학적 방식으로 연소된다. 칸트의 비판적 형이상학을 이렇게 이해하면, 칸트가 『순수이성비판』을 자신이 구상한 형이상학의 '예비학'으로 규정하는 것도 이해가 된다. 왜냐하면 정작 우주공간에 안착하는 것은 인공위성이지 로켓 자체는 아니기 때문이다. 그러나 3단 추진체가 없다면 인공위성이 우주공간에 안착하는 것은 불가능하기에 3단 추진체 전체를 칸트의 비판적 형이상학으로 보아야 한다는 견해도 성립할 수 있다. 나는 후자로 해석하는 것이 타당하다고 본다. 왜냐하면 『순수이성비판』을 형이상학의 예비학으로 간주한다면, 같은 이유로 『판단력 비판』이나 『실천이성비판』의 '분석론'조차도 예비학으로 간주해야 할 것이기 때문이다. 다음 절에서 이 문제를 본격적으로 다루어볼 것이다. 나는 『칸트의 인간관과 인식존재론』의 '부록' 칸트에 있어서 형이상학의 새로운 길'에서는 칸트의 비판적 형이상학을 제1,

제2비판서를 통해서만 알려진다고 생각했으며, 제3비판서는 칸트의 비판적 형이상학에서 하는 역할이 없다고 생각했었는데, 지금 생각해보면 그 생각은 단견이었다.

필자는 앞에서 선험적 사유방식을 통해서만 형이상학이 가능하다는 것이 칸트의 생각이라고 말했다. 칸트는 선험적 인식론, 선험적 미학, 선험적 윤리학으로 건설된 비판적 형이상학만이 참다운 철학, 참다운 형이상학이라고 생각했고, 바로 그런 이유로 노년의 칸트는 자신의 비판철학이 등장하기 전에는 철학이란 존재하지 않았다는 도발적인 주장을 한다. 그 이유로 그는 인간 이성은 다수가 아니며, 이성의 체계적 건축술로서의 철학도 여럿일 수가 없다고 생각했기 때문이다. 그런데 자연에 대한 완전하고 유일한 역학인 뉴턴 역학의 완전성에 기초해 있는 자신의 비판적 형이상학 역시 완벽하고 유일한 철학일 수밖에 없다고 생각했던 것이다.[100]

---

100) 『도덕 형이상학』, 23쪽 참조. 내가 이 책의 원고를 거의 완성한 시점에 정성관은 2022년 10월 29일에 중앙대학교 서울캠퍼스에서 개최된 한국칸트학회의 발표글인 「영구평화와 선험적 원리」에서 칸트의 영구평화론도 칸트의 선험철학체계의 일부임을 설득력 있게 주장하고 있다.

칸트가 『영구평화론』의 부제를 '하나의 철학적 기획'(ein philosophischer Enrwurf)이라고 소개하듯이 다른 곳에서와 마찬가지로 국제법 및 국제정치론에서도 하나의 '비판적 작업'이 수행되고, 특정한 '경험의 가능 조건들'이 해명된다. 즉 칸트는 여기서도 선험철학적 관찰방식을 적용하려고 시도한다. 항상 그랬듯이 그는 이 이론에서도 어떤 특정한 종류의 구속감, 즉 국제 평화질서에 대한 구속감을 가지고 있다는 사실에서 출발한다. 그리고 이어서 그러한 구속감이 어떻게 가능한가를 묻고, 이 물음에 답하기 위해 '영구평화', '연방', '근원적인 사회계약', '공개성', '국제질서', '평화연맹', '국가연합', '국제연맹' 등과 같은 이념들의 도움으로 하나의 이론을 구상한다. 이것에 따르면 개개인이 갖는 국제 평화질서의 구속감은 국가들 간의 합의 즉 보편의지의 통일에서 기인한다.

나는 칸트의 삼 비판서를 선험철학으로 읽어야 한다는 생각을 갖고 있었다. 그래서 이전에 발표한 논문들에서 칸트는 두 가지 '이성의 사실' ─ 순수이론이성의 사실과 실천이성의 사실 ─ 위에 자신의 체계를 구축하고 있으며, 그 위에 자연의 형이상학과 도덕의 형이상학을 세웠다고 말했다. 그러나 나는 칸트의 『영구평화론』조차도 그런 관점에서 읽어내야 한다고 생각해본 적은 없었는데, 정성관은 칸트의 선험철학의 지평을 삼 비판서 너머로까지 넓히는 일을 한 것으로 보인다.

칸트는 인식, 도덕, 미학에서 누구도 부정할 수 없는 '사실'을 확인한 뒤에, 그 사실의 가능성

5.
선험철학으로서 비판철학은 예비학에 불과한가 아니면 동시에 형이상학인가?

우리는 이 절에서 선험철학으로서의 비판철학이 예비학에 불과한지, 아니면 칸트가 구상한 형이상학 그 자체인지, 아니면 예비학이면서 동시에 칸트가 구상한 형이상학 그 자체인지를 검토할 것이다. 칸트 연구자들은 이 문제를 외면해왔다. 이 문제에 대한 칸트의 입장은 무척 혼란스럽다. 그러나 형이상학에 대한 칸트의 입장을 올바로 이해하려면 반드시 살펴보아야 하는 문제이다. 칸트는 형이상학의 분야에서 그 이전의 어떤 철학자들도 생각하지 못했던 방식으로 혁명을 일으켰기 때문에, 그의 형이상학의 전모를 파악하는 일이 어려울 수밖에 없기도 하지만, 그는 형이상학이란 용어를 너무나 복잡하게 사용하기에 그 일을 더욱 어렵게 만들고 있기도 하다. 어쩌면 그가 형이상학이란 용어를 다의적이고 복잡하게 사용하게 된 이유는 그가 구상한 형이상학의 체계가 너무 복잡해서 그 개념을 일의적으로 규정할 수 없었기

조건을 해명하는 방식으로 자신의 논의를 전개해나간다. 칸트가 인식, 도덕, 미학에서 보편타당성을 가진 앎의 성립 가능성 근거를 제시하는 작업을 '연역'으로 간주하는데, 우리의 관심을 끄는 것은 칸트가 삼 비판서에서 모두 '연역'의 문제를 다루고 있다는 것이다. 이는 우리가 앞서 주장한 것이 정당함을 말해준다. 우리는 앞에서 『순수이성비판』은 선험적 인식론이며, 『실천이성비판』은 선험적 윤리학이며, 『판단력 비판』은 선험적 미학이라고 말했다. 그리고 모든 선험적 탐구는 '연역'을 필요로 한다. 선험적 탐구를 앞세우지 않는 방식으로는 결코 형이상학을 학의 안전한 길에 올려놓을 수 없다는 것이 칸트의 생각이었다.

때문일 수도 있다. 그는 『순수이성비판』을 위시한 비판철학을 자신이 구상하고 있는 참다운 형이상학의 예비학으로 규정하면서 동시에 일종의 형이상학으로 간주하기도 한다.

그런데 순수이성의 철학은 이성의 능력을 모든 아프리오리한 순수 인식에 대해서 연구하는 예비학(예습)이거나, 그렇지 않으면 순수이성에 의한 (진실하거나 외관적인) 모든 철학적 인식이 체계적으로 연관된 순수성의 체계(학문)이거나이다. 전자를 비판이라 부르고 후자를 형이상학이라고 부른다. 그러나 형이상학이라는 명칭은 비판까지도 포함한 전 순수철학에도 부여될 수 있다.(B869. 마지막 강조는 내가 한 것임)

칸트는 이렇게 말하기도 한다.

도리어 우리의 '비판'은 학으로서의 '근원적인 형이상학'의 출현을 촉진하는 데 필요한 예비적인 마련이다.(BXXXVI).

순수 사변이성 비판의 임무는 형이상학의 종래의 방법을 전환시키고, 또 그렇게 함으로써 기하학자와 자연과학자의 선례에 따라 형이상학의 완전한 혁명을 기도하는 데 있다. 그것은 방법론이지 학의 체계가 아니다. 그러나 그것은 이 학문의 모든 윤곽과, 동시에 그 한계와 내부 구조를 그려낸 것이다.(BXXII, 강조는 필자)

칸트의 이런 말들에 근거하여 칸트의 삼 비판서를 칸트가 진정으로 건설하고자 했던 학의 안전한 길에 들어선 형이상학의 예비학으로만 보는 의

견도 있다.[101] 이 인용문들을 『순수이성비판』의 정체성에 대한 우리들의 판단을 매우 혼란스럽게 만든다. 과연 그 책은 단순한 '예비학'에 불과한 것인가, 아니면 칸트가 인식론상의 코페르니쿠스적 전회를 통해 얻어낸 형이상학인가 하는 것이다. 물론 칸트는 그 책이 '예비학'이면서 '형이상학'이라고 한다. 이 형이상학은 '선험적 형이상학'이다. 문제는 그가 그 형이상학이 학의 안전한 길에 들어선 형이상학의 현관에 불과할 뿐이라고 말한다는 것이다. 그러면 우리는 자연스럽게 그 현관을 통해 들어가서 만나게 되는 참다운 '근원적인 형이상학'은 무엇인가 하는 질문을 하게 된다. 사람들은 칸트가 『순수이성비판』에서 언급하는 '자연의 형이상학'이 그것일 것이라고 생각한다. 그러면 우리들의 질문은 '그 자연의 형이상학은 무엇인가?' 하는 질문으로 이어진다. 이런 상황에서 사람들은 칸트가 비판기의 한가운데서, 『순수이성비판』 초판보다 7년 뒤에 출간한 『자연과학의 형이상학적 기초원리』를 주

---

101) 김재호, 「칸트에게서 '자연의 합목적성'은 어떻게 가능한가?」(철학연구회, 『철학연구』 108권, 2015), 98쪽.

칸트가 자신의 '비판철학적 전체 과업'이 『판단력 비판』의 출간을 통해 완성되었다고 판단했을 때, 자연과 자유의 화해와 통일은 '자연의 합목적성'을 매개로 이루어졌고, 이로써 '예비학'으로서의 이성비판은 자신의 업무를 다했으며, 이제는 '자연 형이상학'과 '윤리 형이상학'을 완성해야 하는 이론적 작업만이 그에게 남은 것으로 보였다.

이 인용문에서 김재호가 언급하고 있는 '자연 형이상학'과 '윤리 형이상학'이 정확하게 무엇인지는 잘 모르겠지만, 이 두 형이상학에는 『판단력 비판』을 포함한 예비학으로서의 비판철학은 제외되어 있는 것으로 보인다. 그러나 그는 이와는 결이 다른 말을 하기도 한다.

이처럼 외형적 구조나 칸트가 이 저서(『자연과학의 형이상학적 기초원리』)에서 다룬 주요 주제들이나 곁가지로 다룬 자연철학의 문제들의 내용만 고려한다면, 『자연과학의 형이상학적 기초원리』는 새로울 것이 전혀 없는 책이라고 판단할 수 있겠다. 그렇지만 내용적으로 보면 『자연과학의 형이상학적 기초원리』의 '장'들은 비판기 칸트 이론철학의 사상을 가장 잘 보여주는 『순수이성비판』의 구조를 충실히 따랐다.(『자연과학의 형이상학적 기초원리』 역자 해제, 375쪽)

이 해제에 의하면 '자연의 형이상학'의 주력부대는 『순수이성비판』이지 『자연과학의 형이상학적 기초원리』는 아니다. 따라서 앞서 말한 '자연의 형이상학'에서 『순수이성비판』을 배제시킬 수 없게 된다.

목하게 된다. 그러나 이 책을 칸트가 구상한 형이상학의 핵심으로 보기에는 너무 빈약해 보인다는 것이 문제다. 문제를 더 어렵게 만드는 것은 『실천이성비판』을 발표한 지 9년 뒤에, 『순수이성비판』에서 '자연의 형이상학'과 짝지어 언급한 '도덕 형이상학'과 제목이 똑같은 책인 『도덕 형이상학』을 출간했다는 것이다. 이렇게 어렵게 만들어진 문제 상황을 더 어렵게 만드는 것은, 칸트가 『실천이성비판』 출간 3년 전인 1785년에 『도덕 형이상학 정초』를 출간했다는 사실이다. 이 책은 형이상학에 대한 칸트의 입장을 파악함에 있어서 또 다른 문제를 만드는데, 그 책에서 정초하려는 '도덕 형이상학'이 후기 저술인 『도덕 형이상학』인가 아니면 3년 뒤에 출간되는 『실천이성비판』인가 하는 문제이다. 만약 『순수이성비판』이 『자연과학의 형이상학적 기초원리』의 현관에 불과하다면, 『실천이성비판』도 『도덕 형이상학』의 현관에 불과해야 할 것이다. 이렇게 되면 칸트가 구상한 학문다운 형이상학의 주력부대는 『자연과학의 형이상학적 기초원리』와 『도덕 형이상학』이 될 것이다. 이 문제에 대해 우리들이 갖게 되는 혼란은 우리 탓이 아니고 칸트 탓임이 분명해 보인다. 사람들은 칸트가 "이성의 능력을 모든 아프리오리 순수인식에 대해서 연구하는 예비학(豫習)"을 '비판'으로 부르는 것에 오도되어 『순수이성비판』을 예비학으로만 간주하기 십상이다. 그러나 『순수이성비판』은 결코 예비학이기만 한 것은 아니다. 만약 예비학이기만 하다면, 칸트는 예비학을 만들기 위해 10년이란 세월을 바쳤다는 것이 되는데, 그건 말이 안 된다. 무엇보다도 칸트는 '범주의 연역'을 위해 엄청난 공을 들였는데, 그 이유가 형이상학을 위한 것이었다고 말한다.[102] 이 대목에서도 범주의 연역이 형이상학을 위한 것이라 하더라도, 그것이 칸트가 건설하고자 했던 참다운 형이상학을 위한 준비에 불과하다고 해석될 수도 있고, 범주의 연역 그 자체가 칸트가 건설하고자 했던 참다운 형이상학 그 자체일 수도 있다는 것이 문제로 등장

---

102) 『형이상학서설』, 264쪽.

한다. 나는 이하에서 이 문제를 다루어보고자 한다. 보기에 따라서는 이러한 유사 문헌학적 논의는 불필요해 보일 수도 있고 무미건조한 일이긴 하지만, 칸트가 말하는 '학문다운 형이상학의 전모를 밝히는 작업에서 빠트릴 수 없는 일이기도 하다.

우리들은 『순수이성비판』에서 선험철학의 정체성과 외연에 대해 다음과 같은 의외의 진술을 만나게 된다. 칸트의 다음 말은 해석상의 어려움 때문에 연구가들은 이 말을 외면해왔다. 필자 역시 칸트의 이 말을 인용하지 않고 무시하고 싶을 정도로 혼란스러운 말인데, 그렇게 할 수는 없었다. 왜냐하면 이 인용문이 우리에게 던지는 혼란을 어느 정도라도 극복하지 않고서는 선험철학과 『순수이성비판』의 관계를 올바로 이해했다고 말할 수 없을 것이기 때문이다. 나는 이 인용문과 정면으로 충돌하는 길을 택했다. 편의상 번호를 붙여가며 인용하겠다.

① 선험철학이란 순수이성비판이 계획 전체를 건축술적으로 즉 원리에 의해서 세우고, 이 건물을 구성하는 모든 부분의 완전성과 안정성을 보장해야 하는 '하나의 학문의 이념'이다. '이것은 순수이성의 모든 원리의 체계이다.' ② 이 비판 자체를 선험철학이라고 부르지 않는 이유는, 결국 그것이 하나의 완전한 체계가 되기 위해서는 또 인간의 아 프리오리한 인식 전부를 상세하게 분석하는 것도 포함하지 않으면 안 되는 데 있다. (…) 따라서 ③ '순수이성비판'은 선험철학의 본질 일체를 갖고 있다. ④ 그래서 이 비판은 선험철학의 완전한 이념이긴 하지만 비판 그 자체가 선험철학의 학문 그 자체는 아니다. 왜냐하면 이 비판은 아 프리오리한 종합 인식을 완전하게 판정하는 데에 필요한 한에서만 분석을 행하기 때문이다. 이 학문의 구분에 있어서 가장 유의해야 할 것은, 어떤 경험적인 것을 내포하는 개념이 그 안에 들어가서는 안 된다는 것이다. 즉 완전히 순수한 아프리오리 인식이어야 한다는 것이다.

⑤ 그러므로 도덕의 최고원칙과 그 근본개념은 아프리오리 인식이기는 하지만 선험철학에는 속하지 않는다. 왜냐하면 도덕은 쾌와 불쾌, 욕구와 경향성 등과 같이 모두 경험적 기원을 가진 개념들을 그 명령의 근거로 하고 있는 것은 아니라 할지라도, 의무의 개념 중에서 극복되어야 할 장애로 또는 동기로 삼지 말아야 할 자극으로, 순수한 도덕체계의 구조 중에 끌어들이지 않으면 안 되기 때문이다. 그러므로 선험철학은 순수한, 다만 사변적인 이성의 철학이다. 왜냐하면 실천적인 모든 것은 그 속에 동기가 포함되는 만큼, 경험적 인식 원천에 속하는 감정과 관계를 갖기 때문이다.(B27-29. 강조는 내가 함)

위 인용문에서 칸트는 비판과 선험철학의 관계와 선험철학의 범위에 대해 정말로 알아듣기 힘들게 설명하고 있다. 학자들은 통상『순수이성비판』에서 제시되는 칸트의 철학을 '선험철학'으로 이해한다. 그리고 학자들의 이런 이해를 지지하듯이 ③은『순수이성비판』이 선험철학의 본질 일체를 갖고 있다고 말한다. 그런데 난데없이 ②와 ④에서『순수이성비판』자체가 선험철학이 아니라고 말한다. 도무지 이해할 수 없는 말이다.[103] 또 이해할 수 없는 것은 ④에서 칸트가『순수이성비판』이 선험철학이 아니라고 말하면서 제시하는 이유다.『순수이성비판』은 아프리오리한 종합 인식을 완전하게 판정하는 데에 필요한 한에서만 분석을 행하기 때문에, 선험철학이 아니라는 것이다. 일반적으로 칸트 연구자들에게 알려진 것과는 정반대의 말이다. 칸트 자신도 정반대로 보이는 말을 한다. "우리가 대상을 취급하는 방식을, 그것이 아프리오리하게 가능한 범위 내에서 취급하는 모든 인식을, 나는 선험

---

103) 칸트가 ⑤에서 도덕의 최고원칙과 근본개념들을 다루는 윤리학은 아프리오리 인식을 포함하고 있지만, 선험철학은 아니라고 하는데, 칸트는 나중에 이를 철회한다. 칸트는 선험철학이 형이상학에 선행한다고 말하는데,『도덕 형이상학』이 있으니 그에 선행하는 선험철학이 있어야 할 것이다. 보기에 따라서 칸트는 그것을『실천이성비판』으로 간주하고 있다고 해석할 수 있는 여지가 있다. 그러나 나는 그런 해석의 가능성을 지지하지 않는다.

적이라고 부른다."(B25) 칸트가 『순수이성비판』에서 하는 작업이 바로 아프리오리한 종합판단의 가능성 근거를 해명하는 선험적 작업이 아닌가? 칸트는 B869-875에서 인식의 종류를 분류할 때도 '비판'과 '순수이성의 선험철학'의 관계를 기이하게 설명한다. 그곳에서의 설명을 표로 나타내면 다음처럼 된다.[104]

인식									
역사적 혹은 경험적		이성적							
		수학적	철학적(최광의의 형이상학)						
					순수이성의 체계(광의의 형이상학)				
						자연의 형이상학(협의의 형이상학)			
						내재적		초월적	
경험적 자연적	경험적 인간적	개념의 구성에 근거함	예비학 (비판)	도덕의 형이상학	순수 이성의 선험철학 (존재론)	이성적 물리학	이성적 심리학	이성적 우주론	이성적 신학
						이성적 자연학		최협의의 형이상학	

도표에서 볼 수 있듯이 칸트는 『순수이성비판』을 '예비학'이라고 할 때는 그 책을 '광의의 형이상학'으로 분류하는데, 이때 그 책은 선험철학이 아니며, '자연의 형이상학'도 아니게 된다. 이는 "비판 그 자체가 선험철학의 학문 그 자체는 아니다"라는 말과 맥이 통한다. 칸트가 '예비학'으로서의 '비판'과 '순수이성의 선험철학'으로서의 '비판'을 구분할 때, 과연 그 '비판'이 동일한 『순수이성비판』인가? 이것이 해결해야 할 과제이다. 위의 도표에 의지해서 판단하면, 전자의 비판은 '자연의 형이상학'이 아니고, 후자의 비판은 '자연의 형이상학'이다.

---

104) N. K. Smith, *A. Commentary to Kant's "Critique of Pure Reason"* (New York, Macmillan Press Ltd, 1979), p. 580 참조.

②에서 우리가 알 수 있는 분명한 사실은『순수이성비판』이 인간의 모든 아프리오리한 인식 전부를 상세하게 분석하는 것은 아니라는 것이다. 그래서 칸트는『순수이성비판』을 선험철학으로 부르지 않는다고 한다. 그렇다면『순수이성비판』은 아프리오리 인식의 일부를 분석한다는 것인데, 그렇다고 그것이『순수이성비판』이 선험철학이 아니라고 말할 이유가 되는가? 나는 그렇지 않다고 생각한다. 그럼에도 불구하고 칸트가 ③에서 "『순수이성비판』이 선험철학의 본질 일체를 갖고 있다"고 말하면서도 이어지는 ④에서 "비판 그 자체가 선험철학의 학문 그 자체가 아니다"라고 할 때, ③을 말할 때의 칸트는 사유방법론으로서의 선험철학을 염두에 두고 있으며, ④에서 언급되는 "선험철학의 학문 그 자체"는『순수이성비판』에서의 선험적 사유방법을 적용하여 도달한 사유결과물을 염두에 두고 있는 것으로 보인다. 칸트는 선험적 사유방법으로 얻어낸 어떤 선험철학의 건축술적인 학적 체계를 머리에 그리고 있는 듯하다. 그래서 그는 "비판 자체를 선험철학이라고 부르지 않는 이유는, 결국 그것이 하나의 완전한 체계가 되기 위해서는 또 인간의 아프리오리한 인식 전부를 상세하게 분석하는 것도 포함하지 않으면 안 되는 데 있다"고 말한다.『순수이성비판』은 '선험적 사유방법론'(예비학)이지, 선험적 사유에 의해 도달한 "순수이성의 모든 원리들의 체계"(선험철학)는 아니라는 것이다. 칸트가 이렇게 말할 때, 그는 선험적 사유방법론을 적용해서 얻어낸 모종의 사유결과물을 염두에 두고 있는 것이 분명해 보인다. 그 사유결과물에 해당하는 것이 내가 보기에『순수이성비판』 초판이 발표된 후 5년 경과한 1786년에 발간된『자연과학의 형이상학적 기초원리』인 것 같다. 이 책은 칸트가『순수이성비판』 재판을 출간하기 1년 전에 출판된 책이다. 그 책이 출간된 뒤 2년 뒤에『실천이성비판』이 출간된다. 그 책은 비판기의 한복판에서 출간된 책이다. 내가 이 책의 출간연도를 이렇게 따져보는 이유는 이 책이 마치 칸트의 전비판기 저작들처럼 연구자들로부터 전혀 주목받고 있지 못함에도 불구하고 칸트의 사상 발전단계에서 볼 때,『순수이

성비판』에서의 칸트의 생각이 충분히 고려되고 전제되어 있는 상태에서 집필된 책이라는 것을 강조하려는 것이다. 그 책의 서명은 뉴턴의 『자연철학의 수학적 원리』를 염두에 두고 작명되었다. 이 책에서 그는 수학에 의지하면서 장족의 발전을 거듭하고 있는 자연과학 특히 물리학을 철학의 역사에서 처음으로 선보인 선험적 사유방법을 활용하여 근거 지으려 하고 있다. 그리고 칸트는 그 작업의 결과물도 '자연의 형이상학'으로 간주하고 있는데, 칸트는 그 작업을 '운동학', '동역학', '역학', '현상학'의 네 부분으로 나누어 하고 있다.[105] 이 작업은 '어떻게 순수과학은 가능한가?'라는 물음에 답하는 『순수이성비판』의 '원칙의 분석론'에서 칸트가 하고 있는 작업과 어느 정도 유사해 보이기도 한다. 칸트는 『순수이성비판』에서의 선험적 사유방법을 활용(적용)해서 자연과학을 형이상학적의 기초 위에 올려놓은 책이 『자연과학의 형이상학적 기초원리』라고 생각한 듯하고, 『실천이성비판』에서의 선험적 사유방법을 활용(적용)해서 덕론과 법론을 형이상학의 기초 위에 올려놓은 책을 『도덕 형이상학』으로 보는 듯하다. 이런 맥락에서 그는 다음처럼 말한다.

> 실천이성의 비판에는 체계, 즉 도덕(Sitte)의 형이상학이 뒤따라야 한다. 도덕의 형이상학은 법론의 형이상학적 기초원리와 덕론의 형이상학적 기초원리로 나뉜다. (이것은 내가 이미 발표한 『자연과학의 형이상학적 기초원리』에 상응한다)[106]

다음과 같은 칸트의 말도 우리들의 이런 해석을 지지해주는 듯이 보인다.

> 모든 형이상학에 **필연적으로 선행하는** 선험철학은 여기에 제시된 문

---

105) 『자연과학의 형이상학적 기초원리』 참조.
106) 『도덕 형이상학』, 21쪽. 강조는 필자.

제[107]를 체계적 순서와 면밀함을 가지고 완전히 해결한 것 외에 아무것도 아니라고 말할 수 있다. 따라서 이때까지는 선험철학이 없었던 것이다. 이때까지 선험철학으로 통했던 것은 사실은 **형이상학의 일부**이었기에 말이다. 그러나 선험철학이라는 학문은 비로소 형이상학을 가능하게 하는 것이요, 따라서 모든 **형이상학에 선행**해야 하는 것이다.[108]

필자는 앞에서 플라톤의 이데아론은 기하학적 지식의 가능성 근거를 해명하기 위해 만들어진 이론이라고 했다. 그렇다면 이데아론은 일종의 선험철학이 된다. 그러나 이데아론은 선험철학이면서 동시에 형이상학이다. 플라톤의 이데아론은 그의 형이상학의 핵심부분이다. 플라톤에 있어서는 형이상학과 선험철학이 불가분리적이며 구분이 안 된다. 그러나 칸트는 자신의 경우에 선험철학은 어디까지나 사유방법론일 뿐이지 그 자체 형이상학은 아니라고 생각하고 싶었던 것 같다. 그러나 우리가 앞에서 충분히 살펴보았듯이, 칸트는『순수이성비판』을 선험철학이면서 '첫째 부문의 형이상학' 혹은 '자연의 형이상학'으로 간주한다. 왜 이런 진술상의 충돌이 발생하는가? 칸트는 사유방법론으로서의 선험철학과, 그 방법론의 응용으로 얻어낸 결과물을 엄격하게 구분하는 것에 실패했으며, 앞의 인용문은 이렇게 실패한 사정을 충분히 반영하지 못한 상태에서 쓰인 것으로 보인다.

하여간 칸트는 여기에서 선험철학과 형이상학이 구분되는 듯이 말하면서, 선험철학이 형이상학을 가능하게 한다고 말한다. 이렇게 보면『순수이성비판』은 사유방법론으로서의 선험철학이고,『자연과학의 형이상학적 기초원리』는『순수이성비판』의 사유방법론을 사용하여 얻어낸 사유결과물로서의 형이상학이 될 것인데, 칸트는 이것을 '자연의 형이상학'으로 부르기도 한다.

---

107) 이 문제는 '어떻게 아프리오리한 종합판단이 가능한가?'라는 것이다.
108)『형이상학서설』, 280쪽. 강조는 필자.

자연의 형이상학이라는 제목 아래에서 순수한(사변적) 이성의 이러한 완전한 체계를 내어놓기를 나는 생각하고 있다. 이 일은 '비판'과 비교하면 분량이 반도 되지 않되, '비판'에 견줄 수 없을 만큼 풍부한 내용을 가질 것이다. '비판'은 무엇보다도 그런 자연의 형이상학의 원천과 조건을 제시해야 하겠고, 말하자면 잡초가 매우 무성한 하나의 지면을 깨끗이 또 평탄하게 하는 것을 필요로 하겠다.(AXXI)

우리는 앞서 인용단락 ⑤에서 칸트가 도덕을 선험철학의 영역에서 제외시키고 있음을 보았다. 도덕의 최고원칙과 그 근본개념은 아프리오리한 것들이기는 하지만, 선험철학에 속하지 않는다는 것이다. 칸트가 "선험적 철학은 순수한, 다만 사변적인 이성의 철학이다"라고 말하고 있는데, 칸트는 처음에는 인식의 영역에 대한 메타(meta)적인 연구만 선험철학으로 본 것 같다. 도덕의 영역에서는 수학이나 물리학에서 발견되는 그런 아프리오리한 종합으로서의 '인식'은 존재하지 않는다. 그런데 윤리학은 선험철학이 아니라고 말하는 이유는 초판과 재판에서 판연히 다르다. 초판에서는 그 이유를 이렇게 설명한다.

쾌와 불쾌, 욕구와 경향성, 자의 등과 같이 모든 **경험적 기원을 가진** 개념들이 도덕의 전제가 되지 않으면 안 되기 때문이다.(A 15. 강조는 필자)

재판에서는 그 이유를 다음처럼 설명한다.

왜냐하면 도덕은 쾌와 불쾌, 욕구와 경향성 등과 같이 모두 **경험적 기원을 가진** 개념들을 그 명령의 근거로 하고 있는 것은 아니라 할지라도, 의무의 개념 중에서 극복되어야 할 장애로 또는 동기로 삼지 말아야 할 자극으로, 순수한 도덕체계의 구조 중에 끌어들이지 않으면 안 되기 때

문이다.(B29. 강조는 필자)

초판에서 제시된 이유대로, 쾌와 불쾌, 욕구와 경향성, 자의 등이 도덕
의 전제가 된다면, 그것들은 도덕법칙의 형성에 영향을 미치는 것이 될 것이
고, 따라서 도덕의 최고원칙과 그 근본개념들은 아프리오리한 것일 수가 없
다. 그렇다면 우리는 도덕의 영역에서는 선험철학적 체계를 구축할 수가 없
을 것이다. 그러나 재판에서 제시된 이유대로, 도덕이 경험적 기원을 가진 개
념들을 그 명령의 근거로 하고 있는 것이 아니라면, 도덕의 최고원칙과 근본
개념들은 아프리오리한 것일 것이며, 그런 아프리오리한 도덕법칙이 어떻게
가능한가를 묻는 것에서 성립하는 도덕철학은 선험철학이 되지 못할 아무런
이유가 없다.[109] 실제로 칸트는 『실천이성비판』에서 선험적 도덕철학의 체계
를 보여주고 있다. 그 책에서 칸트는 경향성의 유혹을 도덕적 행위자가 극복
해야 할 장애로 간주함에도 불구하고, 그것 때문에 도덕성의 근본적인 아프
리오리한 법칙을 발견하지 못하게 된다고 말하지는 않는다. 칸트는 『실천이
성비판』에서 도덕적 경험 즉 정언명법이라는 무조건적인 도덕명령을 실천
하는 경험의 가능성 근거를 (도덕)경험에 앞서 해명하는 작업을 하고 있다. 그
렇다면 『실천이성비판』은 명백히 선험윤리학이다. 그런데 기이하게도 칸트
는 그 어디에서도 '선험윤리학'이란 용어를 사용하고 있지 않다.

---

109) 칸트는 『순수이성비판』 초판을 출간할 무렵에는 도덕이란 것은 시대와 민족과 국가에 따라 다
른 것이어서 절대적인 보편적 도덕은 성립할 수 없다고 생각했던 것 같다. 그런데 이렇게 생각
하는 것에 제동을 거는 사실은 칸트가 초판의 '머리말'에서부터 인간 이성의 세 가지 난제로 신
과 영혼과 자유의 문제를 언급했다는 사실이다. 그러한 언급은 그가 그 문제들을 실천철학적으
로 해결하겠다는 의도를 갖고 있었음을 말해주는데, 그런 해결이 가능하려면, 선험적 도덕철학
의 가능성을 인정하고 있어야 한다는 것이고, 그 가능성이 인정된다는 것은 보편적인 도덕의 가
능성도 인정했다는 것이 된다. 우리는 이 지점에서 하나의 딜레마적 상황에 봉착함을 인정하지
않을 수가 없다. 칸트가 도덕에 대한 선험철학은 성립할 수 없다고 한 것을 받아들이면 신과 영
혼과 자유의 문제를 다루는 도덕의 형이상학을 부정하게 되고, 도덕의 형이상학을 받아들이게
되면 도덕의 선험철학을 인정해야 하는 상황에 빠진다. 당연히 후자를 택하는 것이 올바르다.

우리가 앞서 살펴보았듯이 칸트가 윤리학이 선험철학이 아니라고 말한 이유는 그것이 "경험적 인식원천에 속하는 감정에 관계를 가지는 것" 때문이라고 한다. 그렇다고 한다면, 이는 칸트 자신의 다음과 같은 주장들과 모순을 일으킨다.

> 형이상학은 순수이성의 사변적 사용의 형이상학과 실천적 사용의 형이상학으로 나누어진다. 즉 자연의 형이상학(Metaphysik der Natur)과 도덕의 형이상학(Metaphysik der Sitten)이다. 자연의 형이상학은 만물의 이론적 인식에 관하여 단지 개념들로부터 나온(따라서 수학은 제외한) 모든 순수한 이성적 원리들을 포함한다. 후자는 행함과 행하지 않음을 아프리오리하고 필연적으로 규정하는 원리들을 포함한다. 그런데 도덕성이란 온전히 아프리오리하게 원리에서 도출될 수 있는, 행위의 유일한 합법칙성이다. 그러므로 도덕의 형이상학은 원래는 순수 도덕이요, 그것의 근저에는 아무런 인간학(즉 경험적 조건)이 없는 것이다.(B869. 강조는 필자)

> 그러므로 의무(Verbindlichkeit)의 근거는 인간의 본성이나 혹은 인간이 놓여 있는 세계의 환경 안에서 탐구되어서는 안 되고, 그야말로 순수이성의 개념 속에서 아프리오리하게 탐구되어야 한다.[110]

칸트가 『실천이성비판』에서 제시하는 형이상학은 '도덕의 형이상학'인데, 여기에서는 인간의 경향성이라 불리는 모든 감정들은 전혀 고려의 대상이 아니다. 그것들이 인간의 행위를 규정함을 인정한다면, 그것에 '형이상학'이란 이름을 붙일 수가 없다. 칸트로서는 『실천이성비판』에서 제시되는 '도덕의 형이상학'을 '형이상학'으로 부르는 것이 타당하려면 『실천이성비판』을

---

110) 『형이상학서설』, 185쪽. 강조는 내가 함.

선험철학으로 간주해야 하고, 그것을 선험철학으로 간주하지 않으려면 『실천이성비판』에서 제시되는 '도덕의 형이상학'을 '형이상학'으로 불러서는 안 되는 딜레마에 빠지는 것 같다.[111] 나는 전자의 뿔을 잡는 것이 옳다고 생각한다. 왜냐하면 '선험적' 사유방식이 아닌 방식으로 형이상학의 문제를 다루는 것은 어떤 경우에건 독단적인 사유가 될 것이기 때문이다. 칸트가 확립한 선험적 형이상학이 형이상학계의 경찰이어서 사변적인 초월적 형이상학이라는 형이상학계의 폭력배들을 소탕했다고 하자. 그리고 칸트는 이성의 실천적 사용에서 인간의 뿌리 깊은 형이상학적 욕구를 해결해주는 길이 있는지를 모색한다고 하자. 그런데 만약 이성의 실천적 사용분야에서도 사람들은 얼마든지 칸트가 『실천이성비판』에서 보여준 도덕의 형이상학과는 다른 모습의 형이상학 체계를 제시할 수가 있다. 이 경우 이 '다른 모습의 형이상학들'이 단지 이성의 실천적 사용에 의해 성립했다는 이유만으로 독단적이지 않다는 보증을 갖게 되는가? 그렇지는 않다. 결국 복수의 상이한 실천적인 초월적 형이상학들 중에서 칸트가 『실천이성비판』에서 제시한 도덕의 형이상학만이 참다운 형이상학이 될 것이다. 왜냐하면 그것만이 도덕적 경험의 가능성 조건을 경험에 앞서서 해명하는 방식으로 성립한 형이상학이기 때문이다. 그러니 칸트에 있어서는 자연의 형이상학(인식의 형이상학, 경험의 형이상학, 선험적 형이상학)이건, 도덕의 형이상학이건 선험적이지 않은 방식으로 형이상학이 되는 것은 불가능하다.

『순수이성비판』이 선험철학으로서 그 자체 칸트가 구상한 학의 안전한 길에 들어선 형이상학의 지하층인 자연의 형이상학인가 아니면 예비학

---

111) 필자는 켐프 스미스(N. K. Smith)가 『순수이성비판』에서 보이는 혼란과 자질구레한 모순을 설명하기 위해 주장한 '짜깁기 이론'(patchwork theory) — 칸트가 상이한 시기에 작성한 다양한 생각 조각들을 마치 서로 다른 천 조각들을 갖고 짜깁기하듯이 만든 책이 『순수이성비판』이라는 설 — 을 반대하지만, 그런 짜깁기 요소가 전혀 없다고 말하기는 힘들 것 같다. 특히 10년에 걸쳐 사색한 것을 3~4개월 만에 책으로 만드는 과정에서 칸트는 자기 주장의 일관성을 충분히 고려하지 못한 부분도 없지 않을 것으로 예상한다.

에 불과한 것인가 하는 문제에 대해 지금까지 꽤나 복잡한 논의를 했다. 나는 이 문제에 대한 최종적인 결론을 내려보고자 한다. 칸트의 비판적 형이상학은 '자연의 형이상학'과 '도덕의 형이상학'으로 되어 있다. 이 경우 자연의 형이상학은 『순수이성비판』과 『자연과학의 형이상학적 기초원리』를 다 포함하고 아우르는 말이다. 비판적 형이상학의 지하층에 해당하는 자연의 형이상학에서 『순수이성비판』은 자연의 형이상학에 도달하기 위한 사유방법론 즉 선험적 사유방법론을 제공하고, 『자연과학의 형이상학적 기초원리』는 그 사유방법론을 적용하여 도달한 사유결과물을 보여주고 있다.[112] 칸트가 말하는 도덕의 형이상학은 『실천이성비판』과 『도덕 형이상학』을 아우르는 말이다. 그리고 이 두 저술의 관계는 『순수이성비판』과 『자연과학의 형이상학적 기초원리』의 관계와 똑같다. 『실천이성비판』은 선험적 윤리학이고 『도덕 형이상학』은 그 선험윤리학의 사유방식을 법과 도덕의 문제에 적용하여 얻어낸 사유결과물이다.[113] 그리고 이 양자의 결합으로 칸트가 구상한 온전한 도덕의 형이상학이 된다. 그리고 『판단력 비판』은 『순수이성비판』의 '자연의 나라'와 『실천이성비판』의 '도덕의 나라' 사이에 놓인 심연을 연결시키는 교량으로 기능한다. 그러면 『판단력 비판』에는 그 사유방법론에 대응하는 사유결과물이 없는가? 이론이성은 자연의 세계를 지배하는 자연법칙을 입법하고 실천이성은 도덕의 세계를 지배하는 도덕법칙을 입법

---

112) 칸트는 철학이 던질 수 있는 근본 물음 중에 '나는 무엇을 알 수 있는가?'가 있다고 했으며, 그 물음에 대답하는 학문이 형이상학이라고 했다. 그런데 통상 사람들은 칸트가 『순수이성비판』에서 그 물음에 대한 해답을 찾아 보여주고 있다고 생각한다. 그러나 칸트는 『자연과학의 형이상학적 기초원리』도 그 물음에 답하는 책이라고 생각했다. 칸트는 '나는 무엇을 행해야 하는가?'라는 물음도 철학의 근본 물음으로 제시하는데, 사람들은 『실천이성비판』이 이 물음에 답하고 있다고 생각한다. 그러나 『도덕의 형이상학』도 이 물음에 답하고 있는 책이다. 칸트가 던지는 철학의 세 번째 근본 물음은 '나는 무엇을 희망할 수 있는가?'이다. 이 물음에 답하기 위해 칸트는 『이성의 한계 안에서의 종교』와 『판단력 비판』의 2부, '목적론적 판단력 비판'을 저술했다.

113) 나는 『실천이성비판』과 『도덕 형이상학』의 관계를 이렇게 보는 것이 가장 그럴듯하다고 생각하는데, 문제는 이 두 서적을 일관되게 이해하는 것이 불가능해 보인다는 것이다.

한다. 그러나 판단력은 입법하는 기능이 아니다.[114] 칸트는 이성의 나라에서 판단력은 자신만의 고유한 영토를 갖지 못한다고 생각했다. 따라서 지배할 영토가 없다. 칸트가 구축한 비판적 형이상학의 나라에는 오직 두 개의 나라만이 있다. 현상계와 예지계이다. 지성은 현상계의 작동법칙을 입법한다. 그것은 필연의 인과법칙이다. 이성은 예지계의 작동법칙을 입법한다. 그것은 자유의 도덕법칙이다. 판단력은 현상계도 예지계도 아닌 별도의 왕국을 가지고 있지 못하다. 바로 그 때문에 선험적 미학으로서『판단력 비판』의 경우에는 그 자체가 사유방식이면서 동시에 사유결과물이 된다. 그러나 내가 보기에 이는 나머지 비판서에도 타당한 말이다. 즉『순수이성비판』이나『실천이성비판』도 사유방식이면서 동시에 사유결과물이기도 하다는 것이다.

　　칸트의 비판적 형이상학을 이렇게 이해하게 되면, 우리는 몇 가지 수수께끼를 해결할 수 있게 된다. 첫째로, 칸트가『순수이성비판』을 형이상학의 예비학이라고 하면서 그 자체 형이상학이라고 한 이유가 분명해진다. 그 책을 사유방법론에 관한 책으로 이해하게 되면, 그 책 자체가 형이상학의 체계가 아니고 형이상학의 예비학이다. 그러면 그 책은 무엇을 예비하는가? 그것은『순수이성비판』의 사유방법론을 통해 얻어낸『자연과학의 형이상학적 기초원리』일 수도 있고,『순수이성비판』이라는 기초공사 위에 세워진『실천이성비판』일 수도 있다. 후자로 해석하는 것이 타당해 보인다. 둘째로, 칸트가『형이상학서설』에서 "선험철학이라는 학문은 그것이 비로소 형이상학을 가능하게 하는 것이요, 따라서 모든 형이상학에 선행해야 하는 것이다"라고 말하는 것이 이해된다. 칸트는 선험철학과 형이상학을 구분해서 말하고 있는데, — 나는 칸트의 이 구분이 자연스럽지도 설득적이지도 않다고 생

---

114) 『판단력 비판』, 28-29쪽. "상급의 인식능력들이라는 가족 안에는 지성과 이성과의 사이에 하나의 중간항이 또 있다. 이것이 곧 판단력인데, 이 판단력에 관해서도 우리는, 비록 그것이 하나의 고유한 입법을 포유(包有)하고 있지는 않을지라도 …(하략)…" 그러나 다른 곳에서는 판단력도 입법하는 기능을 갖고 있다고 말한다.(『판단력 비판』, 29쪽 참조)

각한다 — 이렇게 구분해서 언급될 때, '선험철학'에 해당하는 책은 『순수이성비판』과 『실천이성비판』과 『판단력 비판』이며, '형이상학'에 해당하는 책은 『자연과학의 형이상학적 기초원리』와 『도덕 형이상학』이다. 셋째로 칸트가 『도덕 형이상학』이란 책의 제목에 '형이상학'을 집어넣은 이유가 설명된다. 우리가 확인할 수 있듯이 그 책에서는 형이상학의 문제가 다루어지지 않고 있다. 필자는 대학원생 시절에 『도덕 형이상학』에 '형이상학'이란 단어가 들어 있는 것을 도무지 이해할 수가 없었다. 그래서 이전에 출간했던 『칸트 윤리학의 균열』에서 칸트가 자신의 저술들에서 자주 언급하는 '도덕의 형이상학'(Metaphysik der Sitten)은 후기 저술인 『도덕 형이상학』(Metaphysik der Sitten)을 의미하는 것이 아니라, 신과 영혼과 자유의 문제를 다루고 있는 『실천이성비판』이라고 말했다.[115] 나는 그 주장이 보완될 필요가 있다고 생각한다. 그 두

---

115) 나의 책, 『칸트 윤리학의 균열』, 29쪽 각주 (14)를 참조하기 바란다. 예비학과 형이상학의 관계에 대한 칸트의 진술들 중에 다음의 말이 있다. "장차 도덕의 형이상학을 저술하려고 생각하면서, 나는 이 『도덕 형이상학기초』를 먼저 출판한다. 도덕의 형이상학을 위한 기초로는 순수실천이성비판 이외의 다른 기초가 없다. 이것은 형이상학의 기초가 이미 출간된 순수사변이성의 비판 이외에 없는 것이나 마찬가지다."(『도덕 형이상학 정초』, 187쪽) 나는 『칸트 인간관과 인식존재론』 374쪽에서도 "여기서 언급되고 있는 '도덕의 형이상학'은 칸트의 후기 저술인 『도덕 형이상학』이 아니라, '자연의 형이상학'에 대비되는 '도덕의 형이상학'이다. 이 도덕의 형이상학의 핵심 저술은 물론 『실천이성비판』이다"라고 말했다. 나는 여기서 『칸트의 인간관과 인식존재론』에서의 나의 주장에 대해 해명하고자 한다. 우선 언급할 사항은 『실천이성비판』에서는 순수실천이성은 비판될 필요가 없다고 한다는 것이다.(『실천이성비판』, 1쪽 참조) 두 번째로 "장차 도덕의 형이상학을 저술하려고 생각하면서, 나는 이 『도덕 형이상학기초』를 먼저 출판한다"는 칸트의 말은 오해를 유발하기 딱 좋은 말이다. 『도덕 형이상학기초』(1785)는 『실천이성비판』(1788)보다 3년 앞서 출간된 책이고, 후기 저술인 『도덕 형이상학』(1797)보다 12년 앞서 출간된 책이다. 그러므로 독자들은 칸트가 장차 발간할 도덕의 형이상학에 관한 책이라고 언급한 그 책이 『실천이성비판』이라고 생각하는 것은 당연한 일이다. 게다가 『실천이성비판』은 영혼과 내세와 신의 문제 같은 형이상학의 문제를 다루고 있으니 더더욱 그렇게 생각하게 된다. 이어지는 말인 "도덕의 형이상학을 위한 기초로는 순수 실천이성비판 이외의 다른 기초가 없다"는 말도 해석하기가 애매한 말이다. 이 말은 ① 『실천이성비판』이 도덕의 형이상학의 기초이기에, 그 책이 도덕 형이상학의 핵심이라는 뜻으로 읽힐 수도 있고, ② 그 책은 기초에 불과하기에 그 기초 위에 놓이는 다른 것이 있다는 것으로 읽힐 수도 있다. 그런데 "이것은 형이상학의 기초가 이미 출간된 순수사변이성의 비판 이외에 없는 것이나 마찬가지다"라는 말과 연결시켜 읽으면 ②로 읽는 것이 올바른 독해처럼 보인다. 그리고 그 기초 위에 놓이는 다른 것은 『도

저술의 이질성은 너무나 분명한 것이고 또 『도덕 형이상학』에서는 형이상학적 주제들이 다루어지지 않고 있기에,[116] 칸트가 말하는 '도덕의 형이상학'의 핵심은 그것과 이름이 같은 『도덕 형이상학』이 아니라, 『실천이성비판』이 분명하다고 생각하지만, 그럼에도 불구하고 칸트의 의도에서 볼 때, 『도덕 형이상학』을 '도덕의 형이상학'에 포함시키는 것이 옳아 보인다. 나는 칸트가 말하는 '자연의 형이상학'도 그 핵심은 『자연과학의 형이상학적 기초원리』가 아니라 『순수이성비판』이라고 생각한다. 넷째로 칸트는 형이상학을 최광의의 형이상학(철학), 광의의 형이상학(자연의 형이상학과 도덕의 형이상학), 최협의의

덕 형이상학』처럼 보인다. 그런데 『도덕 형이상학 정초』와 『실천이성비판』과 『도덕 형이상학』의 출판연도나 그 형이상학적 연관성으로 살펴본다면 ①로 읽는 것도 가능하다고 생각한다. 어쨌건 나는 칸트가 말하는 '도덕의 형이상학'의 핵심은 『실천이성비판』이지 『도덕 형이상학』은 아니라고 생각하는 점에서는 예나 지금이나 내 생각에 변화가 없다.

116) 오히려 책 이름에 형이상학이란 말이 들어 있지 않고, 일반적으로 미학으로 알려진 『판단력 비판』이 더 형이상학의 문제를 많이 다루고 있다. 나는 『칸트 윤리학의 균열』에서 『실천이성비판』에서 칸트는 형식주의적 사유에 기초하여 원칙의 윤리를 주장하다가 『도덕 형이상학』에서는 실질주의적 사유에 기초하여 덕윤리를 주장하고 있음을 주장하면서 두 저술 사이에 있는 비일관성을 지적했다. 칸트가 형이상학적이지도 않고 『실천이성비판』과도 부합하지 않는 내용으로 가득 찬 『도덕 형이상학』을 '형이상학'으로 부르는 이유는 무엇인가? 다시 말해서, 그 책의 내용은 『실천이성비판』에서의 선험적-형식주의적 사유방식으로 도달한 사유결과물로 보기 힘든 측면이 허다함에도 불구하고 굳이 『도덕 형이상학』이라고 제명을 정한 이유는 무엇인가? 나는 이 역시 자신의 철학체계에 대한 건축술적 완벽성과 『순수이성비판』과 짝지어진 『자연과학의 형이상학적 기초』와의 균제성에 대한 칸트의 과도한 집착 때문이라고 생각한다. 필자와는 다른 의견도 있다. "선험철학을 의미하는 칸트의 비판철학은 순수이성의 방식의 형식에 관계한다. 그에 반해 학문으로서의 형이상학 일반은 또한 질료까지도 관계한다. 그러한 형이상학은 경험과도 밀접하게 관계되어 있는 인간의 본성도 포함해야 하기 때문이다."(박필배, 『최고선과 칸트철학』 성균관대학교 출판부, 2015, 170쪽) 이런 관점에서 보면 칸트가 『도덕 형이상학』에서 윤리적 실질(질료)의 문제를 다루고 있는 것은 칸트가 구상한 '도덕의 형이상학'의 원래 계획에 들어 있었던 자연스러운 작업이 될 것이다. 나는 칸트의 의도에서 볼 때 이런 입장도 가능하다고 생각한다. 그러나 이런 입장은 "형이상학은 그 목적에서 보아 오로지 아프리오리한 종합판단에서만 성립한다"(B18)는 칸트의 말과 연결시켜 생각해보면 심각한 문제를 발생시킨다. 그 문제는 아프리오리한 것은 인식주관의 인식틀인 형식에서 유래하는데, 형이상학이 질료까지 다루게 되면, 결국 아프리오리한 질료가 존재함을 인정하게 되며, 이는 아프리오리한 것은 형식적인 것이요 질료적인 것은 후천적인 것이라는 칸트철학의 이분법을 붕괴시키게 된다는 것이다.

형이상학(이성적 우주론과 이성적 신학)으로 구분하고 있으며, 최협의의 형이상학은 이론이성의 차원에서는 학문으로 성립할 수 없고 실천이성의 차원에서만 가능하지만 학문은 아니고 신앙이라는 것이 칸트의 생각이다. 칸트가 '비판'을 '예비학'으로 규정할 때, 그는 비판을 선험적 사유방법론으로 이해하며 최광의의 형이상학에 배치한다. 그러나 앞서 살펴보았듯이,『순수이성비판』을 자연의 형이상학으로『실천이성비판』을 도덕의 형이상학이라고 할 때에 칸트는 '비판'을 사유방법론으로 얻어낸 사유결과물로 이해하여, 광의의 형이상학으로 간주한다. 칸트는 비판을 최광의의 형이상학으로 볼 것인가 광의의 형이상학으로 볼 것인가 하는 문제 앞에서 헷갈려 했던 것 같다.

우리는 마지막으로 칸트의 다음 말에 대한 분석으로 이 절을 마무리하고자 한다.

> 그리하여 본서(『판단력 비판』)로써 나의 비판적 논구는 모두 끝나는 것이다. 이제 나는 가능한 한 나의 노령에서 아직 다소나마 그것을 할 수 있는 시간을 얻기 위해, 주저하지 않고 이설적(理說的) 논구에 착수하게 될 것이다. 물론 판단력에 관해서는 비판이 이론을 대신하기 때문에, 이설적 논구에는 판단력을 위한 특수 부문은 없고, 이론철학과 실천철학으로 나누어지는 철학의 분과와 또 그와 꼭 같은 부문으로 나누어지는 순수철학의 구분에 따라서 자연의 형이상학과 도덕의 형이상학이 이설적 논구를 완결하리라는 것은 자명한 일이다.[117]

이 인용문에서 칸트가 말하는 '이설적 논구'는 선험적 사유방법론을 적용하여 얻게 되는 사유결과물을 의미한다.『순수이성비판』에서의 선험적 사유에 대응하는 이설적 논구는『자연과학의 형이상학적 기초원리』이다. 이

---

117)『판단력 비판』, 21쪽.

책은『판단력 비판』이전에 출간되었다. 칸트는 이 책도『순수이성비판』과 함께 '자연의 형이상학'의 체계를 구성한다고 생각했다.『실천이성비판』에서의 선험적 사유에 대응하는 이설적 논구는 후기 저술인『도덕 형이상학』이다. 칸트는 이 책도『실천이성비판』과 함께 '도덕의 형이상학'의 체계를 구성한다고 생각했다. 이 인용문에서 언급되고 있는 '도덕의 형이상학'은『실천이성비판』과『도덕 형이상학』을 아우르는 체계로서의 '도덕 형이상학'이 아니고 후기 저술인『도덕 형이상학』을 의미한다. 칸트는『판단력 비판』을 탈고한 뒤에『도덕 형이상학』을 집필하는 작업에 신속하게 착수하겠다는 의지를 보여주고 있다. 지금까지의 논의에 근거해서 볼 때, 이 인용문은 칸트의 비판적 형이상학의 핵심이『자연과학의 형이상학적 기초』와『도덕 형이상학』이라고 말하고 있는 것은 아니다. 칸트는 후기 저술인『도덕 형이상학』(Metaphysik der Sitten)과 비판적 형이상학의 두 기둥 중의 하나인 '도덕의 형이상학'(Metaphysik der Sitten)을 구분 없이 사용하면서 우리들을 끊임없이 혼란에 빠트리고 있긴 하지만, 우리는 이 둘을 구분해야 한다. 삼 비판서를 비판적 형이상학의 예비학으로 보고,『자연과학의 형이상학적 기초원리』와『도덕 형이상학』을 칸트가 세우고자 했던 학문다운 형이상학의 본 건물로 보는 것은 사리에 맞지 않는다.

우리는 칸트가 선험적 사유방법론과 그 방법론을 활용하여 얻어낸 결과물을 구분한다고 했다. 그러나 칸트는 이런 구분을 일관되게 유지할 수가 없었다. 그는 다른 곳에서는『순수이성비판』의 전반부를 '첫째 부문의 형이상학'(ersten Teil der Metaphysik)(BXIX)이니 '자연의 형이상학'(B869) 혹은 '존재론'(B303)으로 부르면서 그것을 단순히 예비학으로만 보지 않고 하나의 형이상학적 체계로 보기도 한다.

순수이성의 철학은 [첫째로] 모든 선천적인 순수인식에 관한 이성'능력'을 연구하는 예비학(예습)이요, 비판이라 부르는 것이거나 혹은 둘째

로 순수이성의 체계(즉 학문)이요, 다시 말하면 체계적 연관을 이룬 순수
이성에서의 (참된 것과 사이비한 것의) 모든 철학적 인식이다. 이런 모든 철
학적 인식을 형이상학이라고 한다. 그러나 형이상학이란 명칭은 '비판'
까지 총괄해서 모든 순수철학에 대해서도 줄 수 있다. (…) 형이상학은
순수이성의 사변적 사용의 형이상학과 실천적 사용의 형이상학으로
나누인다. 즉 **자연의 형이상학**과 **도덕의 형이상학**으로 나누인다. 전자
는 만물의 이론적 인식에 관한 이성의 모든 순수한 원리, 한갓 개념에
기본한 (따라서 수학을 제외한) 이성의 모든 순수한 원리를 포함한다. 후자
는 행동 태도를 아프리오리하게 규정하고 필연화하는 원리를 포함한
다.(B869. 강조는 칸트)

칸트는 여기에서 『순수이성비판』이 예비학이라고 하지만 그렇다고 그
것을 '자연의 형이상학'에서 배제하지는 않는다. 그는 '만물의 이론적 인식
에 관한 이성의 모든 순수한 원리'를 자연의 형이상학에 포함시키고 있는데,
『순수이성비판』이야말로 바로 그런 원리를 다루고 있기 때문이다. 그리고
『실천이성비판』은 행위를 아프리오리하게 규정하고 필연화하는 원리를 포
함하고 있다. 김석수 교수도 『순수이성비판』과 『실천이성비판』을 자연의 형
이상학과 도덕의 형이상학으로 이해한다.

칸트가 이론이성에 대한 비판을 통해 자연의 형이상학을 정립하고,
나아가 실천이성에 대한 비판을 통해 윤리 형이상학을 확립하고자 했
듯이 …(하략)…[118]

통상 철학자들의 경우는 그들이 도입한 사유방법이 곧 그들의 철학체

---

118) 김석수, 『칸트와 현대사회철학』(서울, 울력, 2005), 153쪽. 이 인용문에서 언급되는 '윤리 형이
상학'은 이 책에서 말하는 '도덕의 형이상학'이다.

계다. 후설의 현상학적 사유방법이 곧 후설의 현상학이고, 헤겔의 변증법적 사유방법이 곧 헤겔의 변증법적 철학이다. 칸트는 서양철학사에서 자신의 철학적 사유방법론을 자신의 철학으로 만든 최초의 인물이다. 그런데 그는 사유방법과 사유결과를 이분법적으로 구분하려 했던 것으로 보인다. 그가 이런 구분에 집착한 것은 두 가지 이유가 있을 것으로 생각한다. 첫째로 그는 아리스토텔레스의 형식논리학 그 자체가 학적 체계는 아니라고 생각했듯이 자신의 선험논리학도 그 자체로는 학적 체계는 아니라고 생각했기 때문이다. 둘째로 그는 『순수이성비판』에서 과학의 실험적 방법을 모방한 형이상학적 실험을 했는데, 과학에서도 실험적 방법과 실험의 결과물이 구분되듯이 자신도 형이상학의 영역에서 그 양자를 구분해야 한다고 생각했기 때문일 것이다. 그럼에도 불구하고 우리가 확인할 수 있듯이 『순수이성비판』의 감성론은 수학철학이요 분석론은 과학철학이다. 칸트는 구분될 수 없는 것을 억지로 구분하려 하면서 생각이 꼬인 것으로 보인다. 칸트는 사유방법론으로서의 선험적 사유와, 선험적 사유의 결과로 얻어진, 순수이성의 모든 원리의 체계로서의 선험철학을 구분하기를 원했지만 그 양자를 엄격하게 구분해내지 못하고 있는 것 같다. 그의 선험적 사유방법이 동시에 그의 선험철학(사유의 결과물)이다. 그러나 그는 이 점을 분명하게 인식하지 못했고, 나는 이것이 칸트가 『순수이성비판』에서 혼란스러운 말을 하는 이유라고 생각한다. 삼 비판서가 예비학에 불과하다는 주장은 받아들이기 힘든 것이다. 왜냐하면 『자연과학의 형이상학적 기초원리』와 『도덕의 형이상학』이 없이 삼 비판서 만으로도 우리는 칸트의 비판적 형이상학을 구성할 수 있지만, 삼 비판서 없이 그 두 서적만 갖고서는 칸트의 비판적 형이상학을 구성할 수 없기 때문이다. 이는 무엇을 말해주는가? 삼 비판서가 비판적 형이상학의 본 건축물이고 그 두 서적은 부속건물이지, 그 반대는 아니라는 것이다. 만약 우리가 칸트가 말하는 '자연의 형이상학'이 『순수이성비판』과 무관하고 그 개념이 오직 『자연과학의 형이상학적 기초원리』만 지시한다고 생각하고, '도덕의 형이상학'은 『실천이성비판』과 무관하고 오로지 『도덕 형이상학』만 지시한다고 생각한다면, 이는 칸트의 비판적 형이상학을 크게 오해하는 일이 될 것이다.

나는 독자들에게 칸트의 삼 비판서를 관통하는 사유방식은 선험적 사유방식이고, 삼 비판서를 관통하는 칸트의 관심사가 형이상학이라고 말했다. 지금까지 내가 설명한 선험적 사유방법의 핵심적 특징은 이렇게 요약될 수 있을 것이다. 선험적 사유방법은 가능한 경험의 한계선에서 한계선의 안과 밖에 대해, 그리고 그 한계선 자체에 대해 하는 사유이다. 그 사유가 한계선 안으로 향하면 인식경험의 가능성 조건을 탐구하면서 기계론을 정당화하는 『순수이성비판』이 되고, 밖으로 향하면 도덕경험의 가능성 조건을 탐구하면서 자유에 기초한 목적적 행위를 정당화하는 『실천이성비판』이 된다. 그리고 이음부 자체에 집중하면 기계론과 목적론을 잇는 『판단력 비판』이 된다.

6.
형이상학에 대한 칸트의 입장을 둘러싼 칸트 연구의 스캔들

나는 이 절에서 칸트 이후 지금까지 이어져 온 칸트 연구사를 개략적으로 살펴보고자 한다. 칸트 연구사에서 독일 관념론은 첫 번째로 칸트 연구를 잘못된 방향으로 이끌었다. 칸트 사후, 칸트로부터 자극받아 피히테, 셸링, 헤겔로 이어지는 독일 관념론이라는 거대한 사상사적 흐름이 만들어졌으며, 그것은 그 자체로 대단히 창조적인 것이지만, 그들이 칸트의 형이상학에 대해 무관심했다는 것 역시 부정할 수 없다. 그들은 형이상학에 대한 칸트의 입장이 무엇이냐 하는 문제보다는 칸트철학의 물자체 문제, 주관과 객관의 이원론적 대립의 문제, 감성과 지성의 분리를 극복하는 문제들을 어떻게 해결할 것인가 하는 것에 관심을 집중시켰다.

> 원래 독일관념론의 칸트 해석은 칸트철학의 사실적 분석에서 생긴 것이 아니고, 피히테의 일면적인 주의주의(主意主義)적이며 지성주의적인 칸트 해석에 발단한 것이다.[119]

그들은 물자체 문제를 학으로서의 형이상학에 대한 칸트의 입장이라는

---

119) 히라다 도시히로(平田俊博), 「칸트 해석의 여러 모습」, 송경호 옮김, 274쪽.

더 넓은 지평에서 다루지 못한 문제점을 드러내면서, 칸트가 그토록 비난해 마지않았던 독단적 형이상학과 유사한 독단적 사상체계들을 만들었다. 그 결과 그들은 칸트 연구자들로 하여금 학의 안전한 길에 들어선 형이상학을 건설하려던 칸트의 노력이 어떻게 전개되고 있는가 하는 문제에 무관심하게 만들어버렸다. 그뿐만 아니라 독일 관념론은 칸트철학의 '촉발하는 물자체'의 개념에 함장(含藏)되어 있는 중요한 의미를 놓치고 있다. 나는 그 개념이 유물론과 유심론의 대립, 관념론과 실재론의 대립, 자연과학과 윤리학의 대립을 화해시키거나 혹은 극복하기 위해 대단히 중요한 역할을 하고 있다고 생각한다.[120] 또한 독일 관념론은 정작 그들의 사유운동의 출발점을 칸트로 간주하고 있음에도 불구하고, 칸트철학의 중심테제인 사실과 의미의 구분을 무시했다. 사실과 의미의 구분은 근세 이후 자연과학이 진리 문제를 독점적으로 다루면서 철학으로부터 완벽하게 분리된 이후 도래한 필연적인 결과였다. 칸트는『순수이성비판』에서 다루는 객관적-물리적 사실의 문제와『실천이성비판』에서 다루고 있는 객관적-도덕적 의미의 문제를 날카롭게 구분하고 있다. 독일 관념론은 이러한 칸트의 입장을 버리고, 이 양자의 문제를 뒤섞어버리면서, 그들은 철학을 사실의 문제와 의미의 문제가 뒤섞여 있던 고대, 중세 시절로 되돌리는 역주행을 감행했다.[121] 흔히 독일 관념론의 완성자로 간주되는 헤겔은 칸트가 학문다운 형이상학의 가능성을 부정한 것을 기정사실로 간주하고 있다.

일찍이 칸트철학이 내세운 공교적(公敎的)인 학설, 즉 오성은 결코 경험을 넘어서는 안 되거니와 만약 그렇지 않을 경우엔 인식능력이 다만 공염불 이외의 그 어떤 것도 잉태할 수 없는 이론이성에 그치고 말

---

120) 나의 책,『칸트철학과 물자체』제3장 '물자체 개념의 불가피성'을 보기 바란다.
121) 이에 대한 자세한 논의는『신내림의 철학자 하이데거』제9장 4절 '과학에 대한 하이데거의 혼란된 평가의 근본원인'을 보라.

리라고 한 그의 학설이야말로 학문적인 면에서 사변적인 사유의 거부를 정당화하는 것이 되었다. (…) 이제 이렇듯 학문과 상식이 다 같이 형이상학의 몰락을 초래하는 데 합세한 나머지 급기야는 ― 마치 갖가지 장식으로 꾸며져 있긴 하면서도 가장 존귀한 신은 모시지 않고 있는 사원의 경우와 같이 ― **형이상학이 없는 개화된 민족이라고 하는 해괴한 광경이 빚어지는 사태에 다다랐다.**[122]

헤겔 역시 칸트의 '물자체 인식불가론'을 형이상학의 단두대로만 오해하고 있다. 그는 칸트가 새롭게 제시한 학문다운 형이상학에 대해 철저하게 무관심했다. 헤겔과 동 시대에 활동하면서, 칸트철학의 최대 공적을 현상과 물자체의 구분이라고 생각하며 칸트를 치켜세우는 쇼펜하우어도 칸트가 건설하고자 했던 형이상학을 오해하고 있다.[123] 그에 따르면 칸트가 형이상학이란 학문은 모든 가능한 경험을 초월해 있는 것들에 대한 학문이라고 생각한 점에서는, 칸트가 자기 이전의 독단적 형이상학자들과 같은 생각을 하고 있으며 이 점에서 칸트는 틀렸다. 그런데 쇼펜하우어의 칸트 해석에 따르면 형이상학의 탐구대상인 물자체는 가능한 경험을 초월해 있는 것이지만 인식불가능하기에, 칸트는 형이상학도 불가능하다는 쪽으로 결론 내렸다는 것이다.[124] 쇼펜하우어의 칸트 해석은 인식론적 칸트 해석과 그 결론이 유사하다. 차이점은 쇼펜하우어가 형이상학에 대해 칸트가 독단적 형이상학자들과 공유하고 있다고 말하는 그 생각을 인식론적 칸트 해석자들은 타당한 것으로 받아들이지만, 쇼펜하우어는 잘못된 것으로 간주하여 거부하고 있다는 것이다. 쇼펜하우어가 칸트의 잘못된 형이상학관을 지적할 때, 그는 『실천이성비판』만을 염두에 두고 있는 듯이 보인다. 그러나 쇼펜하우어는 칸트가 『순수

---

122) 헤겔, 『대논리학(I)』(임석진 옮김, 서울, 지학사, 1983), 19-20쪽. 강조는 헤겔.

123) A. Schopenhauer, *Die Welt als Wille und Vorstellung*, p. 546 참조.

124) A. Schopenhauer, *Die Welt als Wille und Vorstellung*, p. 576 참조.

438　칸트와 떠나는 형이상학 여행

이성비판』의 '감성론'과 '분석론'을 '자연의 형이상학'이라고 부르고 있음을 망각하고 있다. 자연의 형이상학에 관한 한, 형이상학은 가능한 경험을 초월해 있는 대상에 대한 학문이 아니다. 칸트는 경험일반 즉 세계의 가능성 조건을 해명하는 작업 — 그 결론은 '물자체는 인식 불가능하다'는 것이다 — 자체를 일종의 '형이상학'으로, 혹은 '존재론'으로 생각했다.(B873 참조) 그렇게 세워진 형이상학은 항상 경험을 떠나는 재래의 독단적 형이상학과 달리 항상 경험에 찰싹 붙어 있는 형이상학이다. 이 특별한 형식의 형이상학을 특징 짓기 위해 칸트는 '선험적'이라는 용어를 새롭게 만들어 사용했다.[125]

칸트 연구에 있어서 잘못된 방향 잡기의 두 번째 발걸음은 신칸트학파가 내디딘다. 독일 관념론 철학이 칸트가 거부했던 사변적 형이상학의 독단주의로 회귀한 것에 반발하면서 "칸트로 돌아가자"(Zurück zu Kant)라는 슬로건을 걸고 등장한 신칸트학파는 그 좋은 의도에도 불구하고 결과적으로 그들은 독일 관념론자들 못지않게 칸트를 더 심각하게 오독했다. 칸트 연구에서 독일 관념론자들이 범한 오류는 칸트철학의 본질적인 관심문제로부터 연구자들의 눈을 돌리게 만든 오류라면, 신칸트학파의 오류는 형이상학에 대한 칸트의 입장을 완전히 오해하도록 만들었기 때문이다. 그들은 철저하게 칸트는 『순수이성비판』에서 인식론을 확립했고, 학으로서의 형이상학을 부정했다고 확신했다. 칸트의 의도를 정반대로 해석한 것이다. 그들은 칸트가 학으로서의 형이상학을 건설하기 위해 선험적 인식론을 만든 것이지, 인식론을 위해 형이상학을 포기한 것이 아니라는 것을 몰랐다. 신칸트학파의 인식론적 칸트 해석은 칸트가 자신의 철학을 transzendental Philosophie로 규정하면서 '선험적'이란 용어를 설명하는 방식에 부합하는 해석이긴 하다. 다시 인용한다.

---

[125] "전래의 형이상학적 기도는 지극히 대담했으나 항상 맹목적으로 모든 일에 대해서 무분별하게 행해져 왔다. 독단적 사상가들은 그들의 목표가 이처럼 가까이 세워질 것(경험일반을 가능하게 하는 것)을 상상하지 못했다.(『형이상학서설』, 310쪽)

모든 경험을 초월한다는 뜻이 아니라, 확실히 경험에 아프리오리하게(a priori) 선행하기는 하되, 오로지 경험-인식을 가능하게 하는 데에만 쓰이도록 규정되어 있는 것을 의미한다. 이제 말한 선험적이란 개념이 경험을 넘어버리는 것이라면, 그런 사용은 초험적(transzendent)이라 부르고 내재적 즉 경험에로 제한된 사용과 구분된다.[126]

그러나 인식론적 칸트 해석의 문제점은 칸트가 『순수이성비판』의 전반부를 '형이상학'으로 간주하는 이유를 설명하지 못한다는 것이다. 신칸트학파의 학자들이 칸트를 인식론자로 해석하면서 '칸트철학에 형이상학이 어디에 있는가?' 하고 묻는다면, 그것은 소백산 한복판에서 소백산을 찾는 것과 비슷해 보인다. 칸트는 『순수이성비판』에서 아주 알아듣기 쉬운 방식으로 '학문다운 형이상학이 어떻게 가능한가'를 묻는 것이 학자로서 자신의 최대 관심사임을 언명하고 있으며, 그 책의 해설서로 출간한 『형이상학서설』에서도 형이상학의 문제를 다루고 있고, 『실천이성비판』에서도 『순수이성비판』의 머리말에서 형이상학의 3대 주제라고 말한 신과 영혼과 자유의 문제를 다루고 있다. 그리고 틈만 나면 그는 '자연의 형이상학'과 '도덕의 형이상학'에 대해 말한다. 거기다가 비판철학기의 한가운데서 『자연과학의 형이상학적 기초원리』라는 책을 출간하는데, 그 책에서도 칸트는 '운동학의 형이상학', '동역학의 형이상학', '역학의 형이상학', '현상학의 형이상학'에 대해 논하고 있다. 그리고 말년에 또 『도덕 형이상학』을 발표하는데, 거기서도 '법론의 형이상학'과 '덕론의 형이상학'을 논한다. 『판단력 비판』조차도 후반부는 온통 신 존재 증명에 관한 문제를 다루고 있다. 소 등에 타고 있으면서 소를 찾는다는 의미의 기우멱우(騎牛覓牛)라는 사자성어가 있는데, 칸트철학은 온통 형이상학으로 도배된 철학인데, 형이상학의 한복판에서 형이상학을 못 본 것

---

126) 『형이상학서설』, 369쪽.

은 기이한 일이다.

> [나의] 선험철학이라는 학문은 그것이 비로소 형이상학을 가능하게
> 하는 것이요, 따라서 모든 형이상학에 선행해야 하는 것이다.[127]

칸트의 이 말은 명백히 '선험철학은 물자체 인식 불가성을 천명하고 있으
며 따라서 학문으로서의 형이상학을 부정한다'는 인식론적 해석과 정반대의
주장을 하고 있다. 그렇다 하더라도 사람들은 이렇게 말하고 싶을 수도 있다.

> 칸트가 위의 인용문에서 주장하고 있는 바는 선험철학이 형이상학
> 을 가능하게 하는 것이지 선험철학이 곧 형이상학이라고 말하고 있는
> 것은 아니지 않은가?

그러나 칸트는 이런 의문을 잠재워줄 더 결정적인 말을 한다.

> 이제야 개술(槪述)한 전 연구의 결과는 다음과 같이 된다. 즉 모든 아
> 프리오리한 결합원칙은 가능한 경험의 원리임에 틀림없다는 것이다.
> 그리고 그 원칙들은 '물자체 그것'에 상관할 수 없고, '경험의 대상'으로
> 서의 현상에만 상관할 수 있다. (…) 이래서 우리는 드디어 확정적인 것
> 을 얻었고, 사람은 모든 형이상학적인 기도에 있어 이 확정적인 것에
> 의거할 수 있다. 전래의 형이상학적인 기도는 지극히 대담했으나 항상
> 맹목적으로 모든 일에 대해 무분별하게 행해져 왔다. 독단적 사상가들

---

127) 『형이상학서설』, 280쪽. 최재희 번역본에서는 '모든 형이상학' 앞에 '[종래의]'가 들어 있는데
이 말은 원문에는 없는 말이며, 오해를 유발한다. 종래의 형이상학은 독단적 형이상학인데, 선
험철학이 그것에 선행해야 한다는 말은 이상하다. 그러면 '형이상학에 선행하는 선험철학'에서
형이상학은 어떤 것인가? 일단 그 형이상학은 선험철학적 근거를 확보한 것이기에 독단적이지
않은 것이어야 하는데, 그런 형이상학은 칸트 자신의 형이상학밖에 없다.

은 그들의 노력의 목표가 이처럼 가까이 세워질 것(경험일반을 가능케 하는 것)을 착상하지 못했다.[128]

우리가 이미 살펴보았듯이, 칸트는 '경험일반을 가능하게 하는 것'을 '자연의 형이상학'이라 부른다. 인식론적 칸트 해석에 경도된 켐프 스미스는 칸트가 『순수이성비판』의 '머리말'에서 선험적 인식론에 대한 언급은 별로 하지 않고 형이상학에 대한 언급을 많이 한 것을 칸트의 실수로 치부하고 있다.[129] 칸트는 『순수이성비판』의 '머리말'에서뿐만이 아니라, 『형이상학서설』과 『실천이성비판』의 '머리말'에서도 형이상학에 관한 언급을 많이 하고 있다. 켐프 스미스식으로 평가한다면, 『실천이성비판』의 '머리말'도 선험 윤리학에 대해 언급하지 않고 형이상학에 대해서만 언급한 것은 칸트의 실수가 될 것이다. 켐프 스미스는 칸트철학의 근본 목표가 인식론이나 윤리학의 확립이 아니라 학의 안전한 길에 들어선 형이상학의 건설임을 몰랐던 것이다. 우리가 칸트의 저서들을 읽어보면, 칸트의 관심이 온통 새로운 형이상학의 건설에 쏠려 있다는 것을 쉽사리 알 수 있는데, 그것을 칸트 사후 116년이 되는 1920년에 알아차렸다는 것은 세계 칸트학계, 특히 독일 칸트학계의 스캔들이라고 말해도 될 것이다. 흔히 사람들은 자기가 보고 싶은 것만 본다. 이를 심리학에서는 확증편향이라고 하는데, 신칸트학파의 인식론적 칸트 해석은 독일 철학계의 집단적 확증편향의 대표적 사례로 기억될 것이다. 이 점을 독일의 저명한 철학사가인 힐쉬베르거는 다음처럼 증언해주고 있다.

우리는 신칸트주의의 영향을 받아 오랫동안 『순수이성비판』은 그저 일반적인 인식론에 지나지 않는다고 해석해왔다. 칸트는 그저 특정한

---

128) 『형이상학서설』, 310쪽.

129) N. Kemp Smith, *A Commentary on Kant's 'Critique of Pure Reason'*, p. 11 참조.

형이상학, 즉 합리론의 형이상학만을 염두에 두고, 이것만을 거부했음에도 불구하고, 일반적으로 칸트의 말은 형이상학을 파괴한 사람의 말이라고 이해되고, 사람들은 칸트는 형이상학과는 아무런 관계가 없는 사람이라고 이해하고 있다.[130]

왜 독일 철학계는 그런 확증편향에 빠져들었는가? 독일철학계가 칸트의 『순수이성비판』이 과학적 인식만이 참다운 인식일 수 있음을 증명해 보인 인식론적 저술로 독해한 이유는 아마 칸트 사후 100년에 걸쳐 나날이 발전해가는 자연과학의 성과에 압도당했고, 칸트는 그런 성과의 근거를 철학적으로 해명한 인물로 간주했기 때문일 것이다.

1920년은 독일에서 '칸트 해석상의 전환'이 일어난 해이다.[131] 그 주역은 하르트만, 하이데거, 막스 분트, 하임죄르트이다. 1920년 이후, 칸트철학에 대한 다양한 해석 방법과 해석 방향이 나타났다. 해석 방법에 있어서는 역사적 해석 방법과 체계적 해석 방법이 있으며[132] 해석 방향에 있어서는 인식론적, 존재론적, 형이상학적 방향이 있다.[133]

신칸트학파의 큰 흐름 중의 하나인 마부르크 학파의 마지막 대표주자였으나 인식론적 칸트 해석에 반기를 든 니콜라이 하르트만도 독일 철학계

---

130) 요한네스 힐쉬베르거, 『서양철학사(하권)』(강성위 옮김, 대구, 이문출판사, 1987), 414쪽.

131) Ingeborg Heidemann, "Person und Welt" (Kant-Studien, Bd.48, 1956/57), 344쪽 참조.

132) Gehard Lehmann, "Kritizismus und kritisches Motiv in der Entwicklung der kantischen Philosophie" (Kant-Studien Bd.48, 1956/1957), p. 25 참조.

133) 역사적 해석방법이란 칸트철학을 철학사적 전통과의 연관에서 해석하려는 것으로 그 대표자는 하임제트이다. 체계적 해석방법은 칸트철학을 그 자체의 논리전개에 따라 해석하려는 방법으로 페이튼의 경우를 들 수 있을 것이다. 해석방향에서 볼 때, 인식론적 방향의 신칸트학파나, 페이튼의 경우가 있고 존재론적 방향에는 니콜라이 하르트만과 하이데거가 있으며 형이상학적 방향에는 막스 분트나 하임제트가 있다. 칸트철학에 대한 다양한 해석방식에 대한 소개글로 강영안 교수의 논문 「칸트철학 해석의 세 가지 길」(『독일학지』 제7집, 계명대학교, 1988/89)을 참조하라.

의 이 확증편향의 스캔들을 다음처럼 증언해주고 있다.

　　신칸트학파의 비판설은 인식비판이 형이상학을 대신할 수 있다는
것은 결론이 난 사실이라고 생각했다. (…) 그들은 자기들과 같은 일을
한 사람으로 칸트를 그 증인으로 내세울 수 있다고 생각했다. 그 결과
그들은 완전히 비칸트적으로 형이상학적 문제를 거부했을 뿐만 아니
라, (…) 인식 문제조차도 완전히 천박하게 만들었고 또 오해했다.[134]

　　『순수이성비판』을 '인식의 형이상학'으로 해석하는 하르트만도 칸트의
형이상학에 대해 다음처럼 오해하고 있다.

　　'비판'과 '형이상학'이 대립한다는 것은 칸트 자신이 각인시킨 것이
아니고, 그 후에 거의 습관처럼 되어버린 '비판'과 '관념론'과의 동일시
또한 칸트가 각인시킨 것이 결코 아니다. 그가 염두에 두었던 것은 차
라리 하나의 형이상학, 오로지 새로운 기초 위에서 건설되어야 할 형이
상학이었다. 그가 그 소원을 완수하는 데까지 이르지는 못했다는 것은
확실하다. 십수 년간의 '비판'의 연구가 칸트로 하여금 계속해서 예기
치 못했던 새로운 문제에 직면하게 만들어서 그의 역량을 소모시켰다.
이리하여 선행 연구가 오히려 그의 필생의 연구로 불어나 결국 그것이
그의 운명이 되어버렸다.[135]

　　하르트만조차도 칸트의 『순수이성비판』이 비판적 형이상학의 지하층
임을 몰랐다. 그는 칸트가 본래 염원했던 학의 안전한 길에 들어선 형이상학
의 궁전 안으로 들어가지는 못하고 그 문 앞에서 주저앉았다고 생각한다. 하

---

134) N. Hartmann, *Zur Grundlage der Ontologie* (Berlin, 1965), p. 13.

135) N. Hartmann, *Kleine Schriften Bd.* II (Walter de Gruyter & Co. Brelin 1958), p. 339.

이데거, 하임죄트 그리고 하르트만이나 쇼펜하우어는『순수이성비판』,『실천이성비판』,『판단력 비판』의 유기적 통일체계가 칸트가 제시하고자 했던 하나의 비판적 형이상학이 된다는 것을 몰랐던 것이다. 형이상학에 대한 칸트의 입장을 '실천적-교조적 형이상학'(praktisch-dogmatische Meyaphysik)으로 규정하고 있는 하임죄트는 칸트를 "예지적 자유계의 형이상학자"(Metaphysiker der intelligibelen Freiheitwelt)로 규정하기도 한다.[136] 그도 칸트의 비판적 형이상학의 전모를 올바로 파악하지 못하고 있기는 마찬가지이다. 그는 형이상학에 대한 칸트의 입장은『순수이성비판』이 아니라『실천이성비판』에 국한시켜 살펴보아야 한다고 생각한 듯하다. 칸트는『순수이성비판』에서는 인식 가능성을 부정했던 자유와 영혼과 신을『실천이성비판』에서는 그 실천철학적 실재성을 증명하고 있는데, 바로 그것이 칸트가 구상했던 형이상학이라는 것이다. 하임죄트는 형이상학에 대한 칸트의 입장을 해명하면서『실천이성비판』을 고려하여, 칸트의 형이상학을 '실천적-교조적 형이상학'으로 규정한 것은 진일보한 해석이나, 그는 칸트가『순수이성비판』에서 확립한 '자연의 형이상학'과『실천이성비판』에서 확립한 '도덕의 형이상학' 간의 유기적 통일성에 대해 충분히 고려하지 않고 있는 듯이 보인다.

하임죄트 입장은 칸트가 생전에 미완으로 남긴 글인 「라이프니츠와 볼프의 시대 이후 독일에서 형이상학이 이룬 실질적인 진보는 무엇인가」에서 개진된 칸트의 입장에 결정적으로 의지하고 있다. 그 글에서 그는 그 발전사를 세 단계로 나누어 설명하는데, 그 세 단계는 첫째로 이론적-교조적 전진의 단계, 둘째로 회의적 정지의 단계, 셋째로 비판적 완성의 단계이다.[137] 나는 칸트가 형이상학의 발전사를 이렇게 3단계로 나누어 설명하는 것이『순

---

136) G. Funke, "Der Weg zur ontologischen Kantinterpretation," *Kant-Studien* (Bonn, 1971), p. 455 참조.

137) 이에 대해서는 최소인 교수가 번역하여 이제이출판사에서 2009년에 출판한『형이상학의 진보/발견』41쪽 이하와 236쪽을 보기 바란다.

수이성비판』과 『실천이성비판』에서 칸트가 보여주는 형이상학과 대응한다고 생각한다. 자연의 형이상학을 구축하고 있는 『순수이성비판』의 전반부는 이론적-교조적 전진의 단계와 관계되며, 이율배반론을 핵심으로 하고 있는 후반부는 회의적 정지의 단계와 대응되며, 『실천이성비판』은 비판적 완성의 단계와 대응하는 것으로 보인다. 칸트는 이론적-교조적 전진의 단계에서는 라이프니츠와 볼프의 형이상학을 독단주의(Dogmatismus) 형이상학으로 비판하며, 그러한 비판작업을 통해 성립하게 되는 자신의 자연의 형이상학을 통해 형이상학이 이론적-교조적 전진을 이루었다고 생각한 것 같다.[138] 그 다음에 형이상학은 『순수이성비판』의 '변증론'에서 보여주듯이 이율배반으로 인한 회의적 판단중지에 빠지거나 아니면 오류추리와 신존재명의 불가능성으로 인해 불가지론에 빠지는 단계이다. 그리고 칸트는 『실천이성비판』에서 형이상학적 동물인 인간의 절박한 형이상학적 주제인 신, 영혼, 자유에 대해 해답을 제시함으로써 비판적 완성의 단계를 보여준다. 이때, 우리는 하임죄트처럼 마지막 단계에서만 칸트의 비판적 형이상학의 전모를 보려 해서는 안 된다. 물론 이 세 번째 단계에서 인간의 형이상학적 의문이 해결되는 것을 보게 된다. 이 점을 고려하여 『실천이성비판』에 방점을 두면, 『순수이성비판』은 형이상학의 '예비학'처럼 읽힐 수가 있다.

　　실제로 칸트조차도 '실천이성의 우위'를 언급하면서 『실천이성비판』

---

138) 칸트가 Dogmatismus와 dogmatisch라는 용어를 어떻게 사용하는가에 대해서 언급하고자 한다. 눈치 빠른 독자는 알아챘겠지만, Dogmatismus는 '독단주의'로, dogmatisch는 '교조적'으로 번역했다. 그렇게 달리 번역한 이유는 칸트가 Dogmatismus는 대체로 부정적인 방식으로 사용하고 dogmatisch는 오히려 긍정적인 방법으로 사용하는 경우가 있기 때문이다. 칸트는 다음처럼 말한다. "'비판'은 학으로서의 순수인식에 있어서 교조적 방법(dogmatischen Vrefahren)에 반대하는 것이 아니라 (왜냐하면 학적 인식이라는 것은 언제나 교조적인, 즉 확실한 아프리오리한 원리에 의해서 엄밀하게 증명된 인식이 아니면 안 되기 때문이다) 독단주의(Dogmatismus), 즉 이성이 어떠한 방법과 권리를 가지고 거기까지 도달했는지를 심구(尋究)함이 없이, 오랫동안 사용하여 온 원리에 따라서 성립하는 순수한 (철학적) 개념적 인식만을 가지고 해나간다고 자부하는 것을 반대하는 것이다."(BXXXV. 강조는 칸트)

에 방점을 두면서『순수이성비판』을 예비학으로 간주하는 측면이 있는 것으로 보이기도 함을 이미 살펴보았다. 그러나 칸트는『순수이성비판』을 자연의 형이상학으로 간주하고 있는 것도 사실이며, 이 경우 자연의 형이상학은『실천이성비판』에서 제시되는 도덕의 형이상학의 확고한 기초가 되며, 이리하여 '예비학'은 '기초학'으로 격상하게 된다. 기초공사 없이 형이상학이 '비판적 완성'의 단계에 도달하는 것은 불가능하다. 하임죄트 역시 쇼펜하우어와 마찬가지로 칸트가『순수이성비판』에서 건설한 자연의 형이상학을 못 보고 있다. 그뿐만 아니라 칸트의 비판적 형이상학의 전 체계에서 자연의 형이상학이 감당하고 있는 역할도 모르고 있는 것으로 보인다. 칸트가 제시한 학의 안전한 길에 들어선 형이상학의 참모습이 어떤 것이냐 하는 문제에 관한한, 내가 보기에 1920년대에 칸트를 형이상학적으로 해석하는 데 큰 영향력을 해석한 막스 분트나 하임죄트조차도 칸트가 건설한 비판적 형이상학을 올바로 파악하려면『순수이성비판』과『실천이성비판』을 통합적으로 읽어야 한다는 것을 놓치고 있는 것 같다. 우리나라의 한국칸트학회에서 1995년에『칸트와 형이상학』이란 책을 출간했다. 그러나 유감스럽게도, 그 책에서 칸트가 새롭게 제시하고자 했던 형이상학의 전모를 발견할 수는 없다.

칸트 해석사에서 네 번째의 결정적 잘못은 하이데거가 만든다. 하이데거는 현상학의 도움을 받아 신칸트학파가 선험적 인식론으로 해석한『순수이성비판』의 전반부를 형이상학으로 본다. 하이데거의 말이다.

> 칸트가 존재론의 가능성 문제를 "선험적(a priori) 종합판단들은 어떻게 가능한가?"라는 물음으로 정식화한다. 이러한 문제정식으로 해석해 보면, 형이상학을 정초하는 작업이 순수이성비판으로 수행된다는 사실이 설명된다.[139]

---

139) 마르틴 하이데거,『칸트와 형이상학의 문제』, 78쪽.

형이상학을 정초하는 작업은 존재론의 본질을 개현(Enthüllung)하는 작업으로서 『순수이성비판』이다.[140]

위 인용문에서 확인할 수 있듯이 하이데거는 형이상학을 존재론과 동일시한다. 하이데거가 칸트의 『순수이성비판』 전반부를 자신이 『존재와 시간』에서 제시한 기초존재론으로 나아가는 통로로 활용하고 있음은 널리 알려진 일이다.[141] 칸트 자신도 전반부를 '존재론'으로 보고 있다.

존재론이라는 과시적인 명칭은 이제야 '순수 오성의 한갓 분석론'이라는 겸손한 이름으로 대신해야 하는 것이다.(B303)[142]

필자도 박사학위 논문 「순수이성의 이율배반과 선험적 관념론」[143]에서 칸트의 『순수이성비판』 전반부를 '인식될 수 있는 존재자의 존재에 관한 이론' 즉 인식존재론으로 해석했다. 그것은 하이데거식으로 말해서 '현상하

---

140) 마르틴 하이데거, 『칸트와 형이상학의 문제』, 79쪽.

141) 나는 『신내림의 철학자 하이데거』에서 하이데거가 자신의 기초존재론을 구상하는 과정에서 얼마나 많이 칸트에게 빚지고 있으며, 얼마나 많이 칸트를 뒤틀어 해석하고 있는가를 보여주었다.

142) 왜 칸트는 '존재론'이라는 용어는 과시적인 명칭이고, '순수 오성의 한갓 분석론'은 겸손한 명칭이라고 했을까? 칸트의 『순수이성비판』의 전반부는 현상으로서의 존재자의 존재를 탐구하는 이론이며, 현상은 인식 가능하기에 이 '현상존재론'은 동시에 인식될 수 있는 존재자의 존재에 관한 이론, 즉 인식존재론이기도 하다. 그럼에도 불구하고 칸트는 『순수이성비판』의 전반부를 '존재론'이라고 말하는 것에서 부담을 느꼈다. 그 이유는 간단하다. 칸트가 그 전반부에서 한 작업은 가상체(可想體)로서의 존재들의 존재의 원리를 해명한 것이 아니기 때문이다. 독단적 형이상학자들은 감각경험을 초월해 있는 존재자들의 존재원리를 해명한다고 호언했으며, '존재론'이란 명칭은 그들의 호언장담에 편승해서 만들어진 용어이다. 그러나 칸트가 보기에 그런 존재론은 불가능한 학문이다. 독단적 형이상학자들이 호언했던 존재론이란 학문이 불가능하게 된 마당에, 그 존재론을 대체할 만한 유사 학문은 무엇인가? 그것은 '인식될 수 있는 현상 존재자의 존재'에 관한 학문뿐이다. 그것은 가상체로서의 존재를 탐구하는 것이 아니기에 자신의 분수를 알고 겸손한 명칭에 만족해야 한다. 그것이 바로 '순수 오성의 분석론'인 것이다.

143) 나중에 『인식과 존재』라는 이름으로 출판되었다.

는 존재자의 존재에 관한 이론' 즉 현상존재론이다.[144] 그러나 하이데거의 칸트 해석의 문제점은 존재론으로 파악되고 해석된 『순수이성비판』의 전반부가 '형이상학'으로 이해될 수 있는 이유를 전혀 설명하지 못하고 있다는 것이다. 그 전반부의 결론이 물자체에 대한 우리의 인식이 가능하다고 했다면, 그것이 형이상학으로 간주되는 것이 쉽사리 납득된다. 그러나 전반부의 결론은 현상만이 인식의 대상이 될 수 있다는 것이다. 물론 하이데거는 존재자와 존재의 구분에 기초하여, 칸트의 『순수이성비판』을 존재자(현상)는 인식 가능하지만 존재(물자체)는 인식 불가능함을 주장하는 책으로 바꾸어 해석한다.[145]

---

144) 필자는 칸트의 『순수이성비판』의 전반부를 '인식될 수 있는 존재자의 존재에 관한 이론', 즉 '인식존재론'으로 해석했으며, 하이데거는 필자와 유사하게 '현상하는 존재자의 존재에 관한 이론', 즉 '현상학적 존재론'으로 바꾸어 읽고 있음을 지적했다. 칸트는 "선험적 대상이라는 개념은 아무런 규정된 직관도 포함할 수 없다"(A109)라고 말한다. 하이데거는 이 선험적 대상과 물자체를 동일시한 뒤에 그것들이 현상하지 않는 것이라는 이유에서 '없는 것' 즉 '무'로 해석한다. 또한 그는 기존의 서양철학 전통에서 다루어져 왔던 신과 영혼을 그것들이 현상하지 않는 존재자에 불과하다는 이유로 현상학적 존재론의 논의 지평에서 제거한다. 이는 칸트가 『순수이성비판』의 '변증론'에서 신과 영혼(자아 자체)을 인식할 수 있는 존재가 아니라는 이유에서 자신의 인식존재론적 인식 지평에서 제거해버린 것과 유사하다. 그런데 칸트에 있어서 선험적 대상은 어떤 경우에도 규정될 수 '없는 것'이지만, 그것에서부터 모든 인식 가능한 존재자들이 길러내지는 어떤 것이다. 바로 이런 이유에서 하이데거는 '존재의 본질 안에 무가 있다'거나 '무로부터 존재자가 만들어진다'는 주장을 한다.(『신내림의 철학자 하이데거』, 126쪽 참조) 그리고 칸트에서는 '인식될 수 있는 존재자들의 총체'가 세계인데, 이 세계는 항상 선험적 주관과 상호 공속적이다. 칸트의 이런 생각을 차용하여 하이데거도 '현상하는 존재자의 총체'로서의 세계는 현존재와 동일한 것이라고 생각하게 된다.(『신내림의 철학자 하이데거』, 158쪽 참조) 그러나 필자는 하이데거의 이런 주장이 잘못임을 소상히 밝혔다.

145) 하이데거는 칸트가 말하는 물자체를 선험적 대상과 동일시한 뒤에 그것을 종국에는 무와 동일시한다. 이리하여 그는 존재와 무를 동일시하는 헤겔의 노선을 추종하게 된다. 그러나 카르납은 존재와 무를 동일시하는 하이데거나 헤겔의 사고방식은 논리학의 파탄 위에서나 가능하다고 생각한다. 하이데거와 카르납의 결정적인 차이점은 논리학이나 수학과 같은 정밀학문이 철학에서 중심적인 역할을 하는 것을 하이데거는 부정하지만 카르납은 인정한다는 것이다.(마이클 프리드만, 『다보스에서의 결별』, 45쪽 참조) 하이데거가 논리학을 무시하는 사유를 한다는 것은 분석철학자들을 화나게 만든 유명한 명제인 '무는 스스로 무화한다'는 것에서 잘 알려진다. '무'는 '아무것도 아닌 것'인데, '아무것도 아닌 것'으로서 '어떤 것'이 되어버린다. 그리고 그 어떤 것은 '아무것도 아닌 것'이다. 이는 완전히 자가당착적이고 자기모순적인 사유이다. 그러니 무의 문제는 논리학이 다룰 수 없는 문제라는 것이 하이데거의 생각이다. "그러므로 무는 새삼스레 학문에 의해 폐기될 필요조차 없다. 흔히 인용되는 사유의 근본법칙 자체가, 즉 모순을

그리고 단적인 초월자인 존재의 의미를 탐구하는 작업을 형이상학이라고 말하고 싶어 한다. 하이데거는 이런 의도에서 칸트가 인식의 가능성 근거를 해명하기 위해 도입한 '선험적'(transzendental)을 현상학적으로 뒤틀어 '초월적'의 의미를 가진 말로 만들어버린다. 하이데거에 있어서 transzendental이란 용어는 현상적 세계 안에서 '현존재가 존재자가 아니라 존재를 향하는 것'의 의미로 이해된다. 그런 초월은 '세계 내 초월'로 이해될 수 있는 것으로, 우리가 경험 가능한 세계 바깥에 있는 저 세계로 넘어서는 초월이 아니다. 그러나 그런 초월이 형이상학에서 말하는 초월의 대체물인 듯이 보이게 만들면서 『순수이성비판』의 전반부가 '초월적 형이상학'으로 이해될 수 있다는 식으로 말하는 것은 치명적인 잘못이다.

이하의 논의는 칸트와 하이데거의 연관성에 관심이 있는 사람은 꼭 읽어보기를 바란다. 물론 하이데거에서 초월은 자아가 대상을 향해 초월한다는 것 이상으로, 그것은 세계를 드러내는 '현존재' 그 자체의 존재론적 특징이기도 하다. 현존재는 존재자의 존재를 문제 삼는 방식으로 존재하는 존재이며, 그렇게 존재하는 유일한 존재이다. 그래서 현존재는 '존재'로 향하는 통로이다. 적어도 이것이 '전회'(Kehre) 이전인 전기 하이데거의 입장이다. 현존재가 세계를 드러낸다는 이런 입장은 '선험적 자아' — 이는 하이데거식으로 풀이하면 '초월적 자아'이다 — 가 없으면 현상계가 없다는 칸트의 입장과 비슷하다. 중요한 차이는 칸트의 선험적 자아는 모든 사람에게 공통된 것이지만, 하이데거의 현존재(Dasein)는 Dasein이라는 독일어가 함축하고 있듯이 우연

피하라는 원칙이, 다시 말해 일반 '논리학'이 이 물음을 폐기해버린다. 왜냐하면 사유는 본질적으로 언제나 어떤 것에 관해 사유하는 것이므로, 무에 대한 사유는 사유 그 자체의 고유한 본질에 어긋나기 때문이다."(하이데거, 『이정표 1』, 신상희 옮김, 파주, 한길사, 2005, 155쪽) 하이데거가 과학을 무시하는 이유도 과학은 언제나 '존재자'만을 다룰 수 있을 뿐이지, 무를 다룰 수 없다고 생각하기 때문이다. 반대로 하이데거가 시를 중시하는 이유는 시는 (허)무를 노래할 수 있다고 생각하기 때문이다. 과학과 논리학은 '무'의 문제 앞에서 그 무능을 여지없이 드러낸다. 그러나 분석철학자들이 보기에 하이데거가 논리학을 오성적(분별적) 사유에 갇혀 있는 무용한 학문이라고 업신여기는 것이야말로 참다운 사고의 법칙을 모르고 하는 헛소리에 불과하다.

히 '지금-거기'에서 불안 중에 실존하면서 죽음을 향해 달려가는 유한한 인간들 즉 실존자들을 의미한다는 것이다. 그래서 칸트의 경우 선험적 자아에 의해 구성되는 가능한 경험의 세계는 만인에게 공통된 세계이지만, 현존재의 초월행위로 그때그때 열어 보여지는 하이데거의 세계는 만인에게 각기 다른 세계이다. 그럴 수밖에 없는 것이 칸트가 제1비판에서 논의의 대상으로 삼고 있는 세계는 객관적-물리적 사실의 세계이고, 하이데거가 『존재와 시간』에서 말하고 있는 세계는 주관적-심리적 의미의 세계이기 때문이다.

어쨌건 현존재 그 자체가 세계를 드러내 보이는 초월이라는 하이데거의 생각은 거의 칸트의 입장을 그대로 가져다 사용한 결과로 보일 정도이다. 칸트에 있어서도 선험적 자아가 현상계 전체를 만들어서 열어 보이는 행위 즉 선험적 행위 — 하이데거는 이 '선험적 행위'를 '초월적 행위'로 바꾸어 읽는다 — 를 하기 때문이다. 하이데거식으로 해석된 칸트에서는 현상계를 만들어내는 선험적 자아의 본질이 초월이 되며, 하이데거에서는 세계를 드러내 보이는 현존재의 본질이 초월이 되는 것이다. 바로 이 지점에서 칸트의 transzendental에 대한 하이데거의 폭력적인 팔 꺾기 해석이 발생한다. 그 결과 칸트가 선험인식적 의미로 사용해야 한다고 반복적으로 말한 transzendental은 **초월존재론적 의미**를 가진 말로 바꿔치기 된다. 이런 바꿔치기는 독일인들에게는 크게 문제되지 않는다. 왜냐하면 '선험적transzendental'과 '초월적 transzendent'은 같은 어근을 갖고 있기 때문이다. 오히려 그들에게는 하이데거를 통해 transzendental이란 용어에 하나의 더 새로운 용례를 추가하는 정도로 받아들여질 것이다. 그러나 한국의 칸트 연구자들에게 '선험'과 '초월'은 결코 같은 것이 아니다.

우리는 왜 칸트가 『순수이성비판』에서 자신의 철학적 사유방법론을 규정하기 위해 트란스젠덴탈(transzendental, 선험적)이란 용어를 사용했는지 이해할 수 있게 된다. 『순수이성비판』에서의 칸트의 모든 논의는 경험의 가능성을 해명하는 방식으로 경험을 넘어서는데, 그 '넘어섬'은 기존의 사변적 형이상학이 경험을 넘어서는 방식과는 아주 다른 방식이다. 그것은 가능한 경험의 한계를 훌쩍 넘어서는, 마치 이 세상에서 저세상으로 넘어가는 것과 같은 그런 넘어섬이 아니다. 이런 넘어섬을 '상향적 넘어섬' — 칸트는 이런 넘어섬을 트란스젠덴트(transzendent, 초험적)로 부른다 — 으로 부를 수 있을 것이다. 인간 이성이 그런 넘어섬을 감행하려는 순간, 이율배반과 오류추리에 빠져든다. 칸트가 『순수이성비판』에서 경험의 가능성을 해명하는 방식으로 경험을 넘어설 때의 '넘어섬'은 '경험의 한계'를 넘어서는 넘어섬이 아니라, 경험의 가능성 조건을 메타(meta)적으로 분석하는 방식으로 넘어서는 것이다. 이는 '상향적 넘어섬'과 대비되는 '하향적 넘어섬'이라고 할 수 있겠다. 나는 이미 1983년에 발표한 석사논문에서 이렇게 말했다.

> 칸트에 있어서 경험의 한계를 넘어서는 것은 두 방향에서 생각되어야 한다. 첫째, 첫째 부문의 형이상학에 의해 넘어서는 방식 즉 경험의 가능 근거를 제공하는 일 자체가 경험을 넘어서는 것이다. 이는 '하향적 넘어섬'으로서 칸트는 이것을 '선험적'이라고 했다. 둘째, '상향적 넘어섬'이 있는데 이는 '변증론'에서 시도되지만 이율배반에 의해 좌절된다. 이를 '초월적'이라고 할 수 있다.[146]

회페(O. Höffe, 1943-) 역시 이 점을 이렇게 지적하고 있다.

> 칸트는, 피안 즉 초감성적 세계가 이론적인 것의 영역 안에서 그것에 대한 타당한 인식이 있을 수 있는 객관적 대상이라는 생각을 거부

---

146) 이 논문은 처음에는 『칸트철학과 물자체』(대구 양문출판사, 1988)의 부록으로 실렸다가 나중에 1995년에 울산대학교 출판부에서 증보판으로 출간된 『칸트철학과 물자체』의 부록으로도 실렸었다. 그 책의 240쪽을 보기 바란다. 필자가 말하는 '하향적 넘어섬'의 개념은 왜 『순수이성비판』이 비판적 형이상학의 지하층이 되어야 하는지를 설명해준다.

한다. 칸트의 초월적(선험적) 탐구에서도 경험을 넘어서 간다. 하지만 그 넘어감의 방향이 정반대이다. 칸트는 — 적어도 처음에는 — 전방으로 향하는 것이 아니라 배후로 향한다.[147]

회페 역시 transzendental의 라틴어 어원 'transcendere'는 넘어감의 의미를 가지고 있다는 사실을 지적한다. 그리고 그는 칸트가 걱정했던 것처럼 이 transzendental이 transzendent(초험적)와 마찬가지로 "경험세계의 저편의 어떤 세계"를 지시하는 것으로 끔찍스럽게 오해하게 될 가능성에 노출되어 있음을 염려한다.[148] 회페는 독일인이니까 transzendental이란 용어의 칸트적 사용법을 설명해줌으로써 독일의 독자들이 그 말의 어원적 의미에 속아서 그 말이 경험세계의 저편의 어떤 세계를 지시하는 것으로 오해하지 않도록 주의를 주는 수밖에 없을 것이다. 그러나 한자문화권에서 살아가는 우리는 독일인들이 가지지 못하는 언어적 특권을 누릴 수 있다. transzendental이란 용어가 갖는 '하향적 넘어섬'의 의미를 갖는 한자어 '선험적'을 만들 수 있다. 이렇게 번역하면 우리는 독일인들이 어원상의 이유로 속기 쉬운 상태에 빠지는 일을 예방할 수 있으며, 칸트의 본의를 더 정확하게 이해하고 전달할 수 있게 된다. 하여간 칸트는 자신의 '하향적 넘어섬'을 사변적 독단주의 철학의 transzendent와 구별하기 위해 transzendental로 표현하고 있다. 그런데 **상향적 넘어섬은 경험과의 관계를 완전히 단절하는 넘어섬이지만, 하향적 넘어섬은 경험에 밀착해 있는 넘어섬이다.** 바로 이런 이유에서 칸트는 "내가 서 있는 자리는 경험이라는 기름진 평야"라고 말하는 것이다. 그러므로 중국의 학자들이나 백종현처럼 transzendental을 '초월적'으로 번역하거나 일본의 칸트 연구자들처럼 '초월론적'으로 번역하는 것이 잘못임을 알 수 있다. 그런 오역은

---

147) 오트프리트 회페, 『임마누엘 칸트』, 78쪽. 이 책의 역자 이상헌은 transzendental을 '초월적'으로 번역하고 있다. 강조는 내가 한 것이다.

148) 오트프리트 회페, 『임마누엘 칸트』, 78쪽.

하이데거적 칸트 해석에 뿌리를 두고 있는 것으로서, 형이상학에 대한 칸트의 입장이 무엇인지 모를 때 생겨난다.[149]

나는 앞에서 transzendental을 '초월적'으로 번역하는 것은 '인식경험의 세계 아래로 넘어감'을 초월적으로 풀이하자는 것이 되는데, 이는 설득력이 없는 주장이라고 했다. 혹자는 이렇게 말할지도 모르겠다.

> 칸트의 『실천이성비판』도 선험적 윤리학으로 규정될 수 있다면, 즉 도덕적 경험의 가능성을 경험에 앞서서 검토하는 것으로 이해될 수 있다면, 칸트가 『실천이성비판』에서 제시하는 형이상학도 '도덕경험의 아래로 넘어서는 것이어서 '선험적 형이상학'으로 규정해야 하는데, 칸트는 그 책에서 자유와 영혼과 내세와 신을 실천철학적으로 증명하고 있다. 그러면 이 책을 '선험적' 형이상학이라고 규정하는 것은 잘못이 아닌가?

그러나 이런 비판은 칸트의 사유방법인 '선험적 사유방법'과 그 사유방법의 결과로 도달한 학문적 성취를 구분하지 않았기 때문에 생기는 것이다. 칸트는 인식의 문제를 다루는 『순수이성비판』에서나 도덕의 문제를 다루는 『실천이성비판』에서나 미학과 자연의 합목적성을 다루는 『판단력 비판』에서도 선험적 사유방법을 사용한다. 그 결과 그가 『순수이성비판』에서 얻어

---

149) 칸트는 a priori한 종합판단이 어떻게 가능한가를 검토할 때 성립하는 것이 transzendental이라고 말한다. 그런데 백종현은 a priori를 '선험적'으로 번역하자고 하면서, a priori한 종합판단이 어떻게 가능한가를 검토할 때 성립하는 것이라고 말한 transzendental을 '초월적'으로 번역하자고 한다. 그러나 a priori를 '선험적'으로 번역하게 된다면, transzendental은 차라리 '선험론적'으로 번역하는 것이 더 올바를 것이다. 나는 '선험론적'이란 번역어가 이론적으로 일리가 있으며 '초월적'보다는 낫다고 생각하지만, 그 번역어 역시 언어 경제성의 문제가 있다고 생각한다. 필자의 견해로는 최악의 번역어는 '초월론적'이라고 생각한다. 그 번역어는 이론상으로도 틀렸고 언어경제성의 관점에서도 문제가 있다. 칸트철학의 번역어 문제에 대한 필자의 생각은 『칸트 윤리학의 균열』 '부록'인 「칸트철학의 핵심어 번역문제」를 보기 바란다.

낸 학문적 성취(결론)는 종래의 독단적 형이상학 즉 초월적 사변 형이상학은 학문이 될 수 없다는 것이었다. 그리고 그는 바로 그 결론을 얻어내기 위해 『순수이성비판』 '분석론'에서 제시한 이론 그 자체를 일반 형이상학(자연의 형이상학, 첫째 부문의 형이상학, 존재론)이라고 말한다. 그러니 '분석론'을 초월적 형이상학으로 이해하는 것은 칸트의 입장과 정반대로 해석하는 것이 된다. 그러나 칸트는 『실천이성비판』에서는 선험적 사유방법을 통해 얻어낸 학문적 성취(결론)는 인간은 자유로운 존재이고, 영혼은 불멸적이며, 신은 존재한다는 것이다. 그러니 이 결론이 '초험적 형이상학'으로 규정되는 것은 당연한 것이다.

비판기의 칸트철학을 연구하는 사람은 반드시 다음의 두 가지 문제를 구분해서 물어가며 탐구해야 한다. 첫째로 삼 비판서를 관통하는 칸트철학의 사유방법론은 무엇인가 하는 것이다. 두 번째로 칸트가 그런 사유방법론을 통해 자유와 영혼과 신의 문제(형이상학의 문제)를 어떻게 해결했는가 하는 것이다. 이 두 개의 문제는 별개의 문제다. 첫 번째 물음에 대한 답은 '선험적(transzendental) 사유방식'이다. 그런 사유 방법으로 칸트가 초월의 문제에 대해 어떤 결론을 내렸는가 하는 두 번째 문제에 관한 한, 삼 비판서의 결론은 다르다. 『순수이성비판』의 결론은 초험적 형이상학은 불가능하고 선험적 형이상학만 가능하다는 것이다. 그리고 『실천이성비판』에서의 결론은 초험적 형이상학은 도덕신앙의 형태로 가능하다는 것이다. 『판단력 비판』에서의 결론은 자연의 합목적성이라는 선천적 원리는 선험적 형이상학과 초험적 형이상학의 이음부 기능을 해서 삼 비판서를 하나의 통일적 체계로 만들어 비판적 형이상학을 완성하는 역할을 한다는 것이다. 그런데 transzendental을 '초월적'으로 번역해버리면, 두 가지 문제가 발생한다. 첫째로, 이 두 가지 문제가 구분되지 않고 섞여버린다. 둘째로, '초월적'으로 번역한 뒤 칸트철학의 사유방법론을 초월적 사유로 규정하고 그의 철학을 초월철학으로 규정하면, 그런 규정은 우리로 하여금 칸트가 『순수이성비판』에서 초월(초험)을 긍정하는 것으로 오해하게 만든다.

하이데거는 현상학적 존재론의 입장에서 칸트의 선험적 대상과 물자체를 동일시하면서 현상계 너머에 있는 것으로 '사고될 수 있는' 물자체의 영역[150]을 부정하게 된다. 이것이 하이데거의 칸트 해석의 또 다른 치명적 문제점으로 이어진다. 『실천이성비판』에서 발견되는 형이상학에 대한 칸트의 언급을 제대로 설명하지 못한다는 것이다. 하이데거는, 칸트의 물자체를 자연적 태도의 소박실재론적 사고의 결과 만들어진 것으로 보며 무시하는 후설의 현상학의 입장에서 칸트를 해석하기에, 하이데거가 말하는 칸트의 형이상학(현상존재론)에서는 칸트의 『실천이성비판』이 논의될 수 있는 여지를 없애버렸다. 칸트는 『실천이성비판』에서 자유, 영혼, 신의 문제들을 다루고 있는데 이것들은 무제약자(물자체)이기 때문이다. 하이데거는 『순수이성비판』의 전반부가 인식론이 아니라 형이상학이라고 주장한다.

> 『순수이성비판』은 존재론의 '전체적인 개략도'와 '전체적인 내부구조'의 완전한 규정을 성취한 작품을 의미한다. 존재론의 내적 가능성을 기투하는 형이상학의 이러한 정초작업을 통해 '형이상학의 체계에 대한 전체적인 윤곽을 그려낼 수 있다'. 그러므로 『순수이성비판』이 '경험의 이론'이나 혹은 그것도 모자라 실증과학의 이론으로 해석될 때, 이 작품의 의도는 원칙적으로 여전히 오해될 뿐이다. '순수이성비판'은 '인식론'과는 전혀 무관하다.[151]

하이데거는 다보스에서의 강연에서 이렇게 말하기도 한다.

> 칸트에게서 자연은 결코 수학적 자연과학의 대상을 의미하지 않습

---

150) 이 영역은 『실천이성비판』 영역이요 칸트가 '신앙의 자리를 위해 지식을 제한한다'고 했을 때, 바로 그 '신앙'의 자리, 참다운 초월이 문제가 되는 자리다.
151) 마르틴 하이데거, 『칸트와 형이상학의 문제』, 81쪽.

니다. 오히려 자연의 존재자는 전재자(前在者)란 의미의 존재자입니다. 칸트가 원칙론에서 본래적으로 알려주고자 했던 바는, 수학적 자연과학의 대상에 관한 범주적 구조론이 아닙니다. 그가 알려주고자 했던 바는 존재자 일반에 관한 이론이었습니다. (⋯) 그는 자연과학의 대상으로서의 자연의 존재론에도, 또한 심리학의 대상으로서의 자연의 존재론에도 앞서 있는 일반존재론을 탐구합니다. 내가 지적하고자 하는 바는, 분석론은 자연과학의 대상으로서의 자연의 존재론일 뿐 아니라 또한 일반존재론, 즉 비판적으로 근거 지어진 일반 형이상학이기도 하다는 사실입니다.[152]

하이데거는 『현상학의 근본문제』에서도 이렇게 말한다.

칸트는 초월철학(Transzendental-Philosophie)으로서 존재론은 대상들의 인식과 관계하고 있다고 늘상 강조한다. 그러나 이는 신칸트학파의 해석처럼 인식론을 뜻하는 것이 아니다. (⋯) 그러기에 존재론은 초월철학이다. 칸트의 『순수이성비판』을 인식론으로 해석하는 것은 그 본래의 의미를 완전히 놓치는 것이다.[153]

칸트가 『순수이성비판』의 전반부를 존재론으로 혹은 형이상학으로 소개하고 있는 것은 사실이다. 그러나 칸트는 그것을 '자연의 형이상학'으로 이해하고 있지, 하이데거처럼 존재자에서 단적인 초월자인 '존재'로 초월해가는 초월적 형이상학으로 이해하고 있지는 않다. 만약 『순수이성비판』이 하이데거의 해석처럼 '존재'의 의미를 해명하는 책이라고 한다면, 칸트는 존재

---

152) 마르틴 하이데거, 『칸트와 형이상학의 문제』, 364쪽.

153) M. Heidegger, *Die Grundprobleme der Phänomenologie*, Gesamtausgabe Bd. 24, Vittorio Klostermann, Frankfurt am Mein, 1975, p. 181.

자와 구별되는 존재의 객관적 의미를 해명하는 데 성공했다고 보아야 한다. 왜냐하면 칸트에 의하면, 현상계의 존재자들의 존재는 인식주관이 물자체에 의해 촉발당하면서 만들어지는 선험적 대상과 상호작용하면서 형성되는 모종의 장(場)이기 때문이다. 그 장(존재) 안에서 세상의 모든 존재자들이 만들어진다. 그 장이 현상체들을 현상체이게끔 해준다. 그러므로 하이데거식으로『순수이성비판』의 전반부를 해석하게 되면, 칸트는 그 전반부를 통해 형이상학을 완성한 것이 되며,『실천이성비판』을 집필할 이유가 없게 된다. 그러나 우리가 알고 있다시피 칸트는『실천이성비판』을 집필했다. 그 이유는 그가 비록『순수이성비판』을 형이상학이라 했지만, 그 형이상학은 그가 구상했던 비판적 형이상학의 일부분(지하층, 기초 부분)에 불과했기 때문이다. 그리고 하이데거가 "칸트에게서 자연은 결코 수학적 자연과학의 대상을 의미하지 않습니다"라고 말한 것은 결정적인 오독이다. 칸트는 이렇게 말하고 있다.

> 우리는 세계와 자연이라는 두 가지 말을 가지고 있거니와, 이 두 말은 흔히 혼용되어 왔다. 세계는 모든 현상의 수학적 전체, 다시 말하면 크거나 작거나 간에, 즉 합성을 통한 종합의 진행에 있어서나 분할을 통한 종합의 그것에 있어서나 현상을 종합한 총체를 의미한다. 그러나 바로 이 세계가 하나의 역학적 전체로 보여지는 경우에는 자연이라고 불린다.(B466-467)

칸트는 이 말에 기초하여 이율배반을 수학적 이율배반과 역학적 이율배반으로 구분한다.『순수이성비판』에서 칸트가 다루고 있는 자연이 수학적 세계도 아니고 역학적 자연도 아니라는 하이데거의 주장은 매우 억지스럽다. 그리고『순수이성비판』이 인식론과 완전히 무관하다는 하이데거의 주장은 터무니없는 것이다. 우리가 확인할 수 있듯이 칸트는 대상과 판단의 일치가 어떻게 가능한가 하는 문제를 다루고 있는데, 이는 명백히 인식의 문제이기 때문이다. 그렇지만 인식론적 해석이 지배적이던 시대에 하이데거가 하르트만과 함께 그 책을 형이상학 서적으로 보았다는 것은 중요한 진보이다. 앞서 언급했듯이, 칸트는 인간이 던질 수 있는 네 가지 근원적인 문제 중에 첫 번째 문제를 '나는 무엇을 알 수 있는가?'라고 했다. 그리고 칸트는 그 물음에 대한 대답을 주는 학문을 형이상학이라고 했다. 그러니 칸트가 『순수이성비판』을 형이상학으로 이해했다는 것은 분명한 일이다. 그러나 하이데거는 칸트의 비판적 형이상학을 아주 잘못된 방식으로 이해하고 있다.

하이데거는 신칸트학파와 같은 오류를 범하고 있는데, 그 오류는『순수이성비판』의 전반부를 '인식론이냐 형이상학이냐?'라는 양자택일의 문제로 보고 있다는 것이다. 이 점에서 하이데거의 칸트 해석은 신칸트학파의 인식론적 칸트 해석 못지않게 치명적인 잘못이다.[154]

칸트를 형이상학자로 이해함에 있어서 그간에 칸트 연구자들이 보여준 다섯 번째 심각한 잘못은『순수이성비판』은 인식론적 저술로만 간주하고 『실천이성비판』은 윤리학적 저술로만 간주하면서 철저하게 두 저술을 분리시켜 읽었다는 것이다. 그런 식의 분리독서는 형이상학에 대한 칸트의 입장을 못 보게 만든다. 두 저술은 단연코 통합독서의 대상이 되지 않으면 안 된다. 누군가가 그 두 저술의 상호 유기적 보완관계를 보지 못한다면, 그는 형이상학에 대한 칸트의 입장을 모르고 있다는 것이 된다.

저명한 철학사가인 코플스턴(F. C. Copleston, 1907-1994)도 형이상학에 대한 칸트의 입장을 명확하게 제시해 보이지 못하고 있다. 코플스턴의 해석에 따

---

154) 통상 칸트의 제1비판을 두고 인식론적 해석과 형이상학적 해석이 다투고 있지만,『순수이성비판』이란 책의 정체성에 대해 그것을 인식이론도 아니고, 형이상학도 아니라고 주장하는 학자들도 있다. 제3의 학자들은 그 책을 논리학 전통의 작품으로 본다. 별로 주목받지 못한 입장인데, 토넬리(G. Tonelli)와 리세(W. Risse)가 그 대표자들이다.(김수배,『칸트철학의 DEF』, 대전, 충남대학교 출판부, 2022, 84쪽 이하 참조) 그러나『순수이성비판』이 인식론적 저술이면서 동시에 논리학적 저술로 읽히는 것이 가능한 일이기에, 즉 인식논리학적인 책으로 읽히는 것이 가능하기에, 이 입장은 그렇게 설득적이지 않아 보인다. 사실 칸트는 자신의 인식론을 '선험 논리학'(transzendentale Logik)으로 규정하여 일반논리학과 구분하고 있다.(B74 이하 참조)

르면, 칸트는 형이상학은 참다운 인식을 가질 수 없으며, 그것이 '인식'을 가지고 있음을 보여주고자 하는 모든 시도는 오류이지만, 그렇다고 형이상학적 명제들이 형이상학적이라는 이유로 '무의미'(meaningless)하게 되는 것은 아니라고 생각하며, 칸트는 이 점에서 현대의 실증주의자들과 다르다고 한다.[155] 그리고 코플스턴은 형이상학에 대한 칸트의 입장을 다음처럼 정리한다.

> 그러므로 칸트의 사상이 사변 형이상학의 명제들은 무의미하다는 결론의 방향으로 향하고 있다고 주장될 수도 있다. 그러나 이러한 결론이 그의 사상의 한 가닥에서 나오는 것처럼 보일지라도, 그것은 분명히 그의 일반적인 입장을 나타내는 것은 아니다. 내가 보기에는 형이상학의 근본적인 문제들의 지속적인 중요성에 대해 주장했던 사람이, 그리고 자유, 불멸성, 신에 대한 실천적인 신앙의 이성적 합법성을 보여주고자 시도했던 사람이 형이상학이 단순히 무의미한 난센스라는 사실을 진정으로 믿지 않았다는 사실은 아주 분명하다.[156]

코플스턴의 결론은 너무 밋밋하다. 그 역시 『순수이성비판』의 전반부 — 이 전반부는 물자체는 인식 불가능하다는 것에 근거하여 사변적 형이상학은 학문이 될 수 없음을 선언하고 있다 — 가 칸트가 구상한 새로운 형이상학의 지하층, 즉 선험적 형이상학임을 몰랐던 것으로 보인다. 칸트는 초험적 사변 형이상학이 학문임을 부정하는 작업 이 자체를 비판적 형이상학의 기초공사(선험적 형이상학)로 간주했다.

칸트 연구사에서 1920년대에 형이상학적 칸트 해석이 붐을 일으켰지만, 칸트가 확립했다고 자부한 형이상학이 어떤 모습인가 하는 문제에 관해

---

155) 코플스턴, 『프랑스·독일의 계몽주의와 칸트: 볼프에서 칸트까지』(이남원·정용수 옮김, 성남, 북코리아, 2023), 392쪽 참조.
156) 코플스턴, 『프랑스·독일의 계몽주의와 칸트: 볼프에서 칸트까지』, 393쪽.

서 연구자들은 합의를 보지 못했다. 그 이후, 칸트가 확립한 학의 안전한 길에 들어선 형이상학의 문제는 칸트 연구의 뒷전으로 밀려났다. 그 문제는 마치 미궁에 빠진 것처럼 보인다. 현재에 이르기까지 칸트철학에 대한 수많은 연구가 이루어졌지만, 칸트가 가장 중요하게 생각했던 그 문제보다는 다른 부차적인 문제들이 다루어져 왔다. 나는 이 책에서 장기 미제사건처럼 간주된 그 문제를 해결했다고 생각한다.

우리는 칸트가 철학에서 일으킨 혁명은 두 측면에서 고찰할 수 있다. 그 사유방법론의 측면에서 고찰할 수도 있고, 그 사유결과의 측면에서 고찰할 수도 있다. 칸트가 사유방법론의 측면에서 일으킨 혁명은 사람들이 흔히 코페르니쿠스적 전회라고 부르는, 인식에 있어서 주관 · 객관 관계의 역전이다. 사유 결과의 측면에서 칸트가 일으킨 혁명은 형이상학적 혁명이다. 즉 종래의 형이상학들은 형이상학에서 윤리학으로 나아가는 길을 택하고 있으나, 그와는 정반대로 칸트의 비판적 형이상학은 최종적으로는 윤리학을 통해 형이상학으로 나아간다. 나는 이것이 칸트가 일으킨 진정한 철학적 혁명이라고 생각한다. 그리고 인식론적 혁명은 형이상학적 혁명을 위한 수단이다. 용어를 어떻게 규정하여 사용할 것인가는 약정의 측면이 있는데, 실상 칸트 자신은 한 번도 사용한 적이 없는 '코페르니쿠스적 전회'의 개념을 나는 '인식론적 코페르니쿠스적 전회'와 '형이상학적 코페르니쿠스적 전회'로 나누어 사용하기를 제안한다. 코페르니쿠스적 전회를 인식론적인 것으로만 이해하면, 이는 칸트가 일으킨 철학적 혁명의 반면(半面), 즉 사유방법의 측면에서의 혁명(혁명의 수단)만 부각시키게 되는데, 이런 이해는 자연히 사유결과의 측면에서 칸트가 일으킨 혁명인 형이상학적 혁명(혁명의 목적)을 가려서 못 보게 만들며, 결국은 목적을 감추고 수단만 부각시키는 잘못을 범하게 된다.

나는 앞에서 칸트가 구상한 비판적 형이상학은 지하층과 지상층으로 구성되어 있다고 했다. 자연과학 특히 뉴턴 역학의 인식적 확실성의 가능성 근거를 해명하는 방식으로 만들어진 비판적 형이상학의 지하층은 자연의 형이상학인데, 자연의 형이상학은 왜 자연과학이 물자체를 인식할 수 없고 현상만을 인식할 수 있는가를 단 한 번의 결정적인 '형이상학적 실험'을 통해 증명하는 방식으로 자신의 확실성을 '선험적으로' 확보한다. 그리고 비판적 형이상학의 지상층은 인간이 절대적인 도덕적 명령을 따르는 것이 가능하다는 도덕적 확실성의 가능성 근거를 해명하는 방식으로 만들어진다. 그렇게 만들어진 것이 도덕의 형이상학이다. 도덕의 형이상학을 통해 형이상학적 동물인 인간이 고래로부터 알고 싶어 했던 영혼불멸과 신의 존재에 대한 해답을 얻게 된다. 그러나 이 도덕의 형이상학은 초험적(transzendent)이지만, 과학적 인식은 아니다. 그래서 칸트는 그것을 도덕신앙으로 이해하기를 제안한 것이다. 결국 칸트는 물자체의 세계에 대한 과학적 인식 같은 것은 있을 수 없다고 결론 내렸다. 칸트의 비판적 형이상학을 받쳐주는 두 기둥이 있다. 하나는 수학과 물리학의 영역에는 아프리오리한 종합판단이 존재한다는 '순수이론이성의 사실'이고 다른 하나는 인간은 무조건적인 도덕적 명령을 수행해내는 것이 가능하다는 '실천이성의 사실'이다. 순수이론이성의 사실이 어떻게 가능한지를 검토하면서 인간 이성은 경험의 세계 아래로 넘어서면서 선험적 형이상학을 성립시키고, 실천이성의 사실이 어떻게 가능한지를 검토하면서 인간 이성은 경험의 세계 위로 넘어서면서 초험적 형이상학을 성립시킨다. 그리고 이 양자는 불가분리적이며 상호보완적인데, 비판적 형이상학은 『판단력 비판』에 의해 양자의 불가분리성과 상호보완성이 보강된 방식으로 성립하는 하나의 학적 건축물을 지칭하는 말이다. 칸트는 선험적 형이상학과 초험적 형이상학의 균열을 보완하기 위해 『판단력 비판』도 비판적 형이상학의 이음부 역할을 하게 만든다. 그리하여 온전한 비판적 형이상학의 체계를 완성한다.

칸트적 형이상학의 전모를 설명하는 일을 마치면서 앞서 언급했지만 마지막으로 한번 더 강조하고 싶은 것이 있다. 칸트가 말하는 '자연의 형이상학'의 핵심부가 『자연과학의 형이상학적 기초원리』라고 생각하거나, 칸트가 말하는 '도덕의 형이상학'의 핵심부가 『도덕 형이상학』이라고 오해해서는 안 된다는 것이다.[157] 삼 비판서가 칸트의 비판적 형이상학의 핵심에 놓여 있다. 칸트는 '형이상학'이란 용어를 너무나 즐겨 사용하는데, 『자연과학의 형이상학적 기초원리』와 『도덕 형이상학』은 칸트의 비판적 형이상학에서 부속 건물에 불과하다.

나는 일반적인 칸트 해석이 범하고 있는 또 다른 오류를 하나 더 지적해 두고자 한다. 그것은 칸트철학을 합리론과 경험론의 종합으로 해석할 때 범하는 오류이다. 일반적인 해석에 따르면, 칸트는 "개념 없는 직관은 맹목이고 직관 없는 개념은 공허하다"고 말했는데, '개념 없는 직관은 맹목이고'라고 할 때는 합리론의 입장을, '직관 없는 개념은 공허'하다고 할 때는 경험론의 입장에 손을 들어주는 방식으로 합리론과 경험론의 종합을 이루었다고 한다. 이는 틀린 말은 아니다. 다만 칸트의 인식이론에 제한해서 보면 그렇다는 말이다. 그런데 칸트철학을 형이상학적 입장에서 보면 그 말은 틀린 말이다. 칸트는 『순수이성비판』에서는 철저하게 직관의 대상이 될 수 없는 개념들은 인식의 대상이 아니라 했다. 그러니 신이니 영혼이니 하는 개념들은 인식대상이 아니다. 이 경우 칸트는 명백히 경험론의 입장을 편들어주고 있는 것이다. 그러나 『실천이성비판』에서는 도덕신앙의 이름으로 그 개념들을 살려낸다. 이렇

---

157) 카울바하는 칸트의 형이상학을 네 가지 측면으로 설명한다. ① 『순수이성비판』의 종합적 원칙들과 연결된 '일반 형이상학'(존재론), ② 『순수이성비판』의 변증론에서 다루어지는 '특수 형이상학'인데, 여기에는 이성적 심리학, 우주론, 이성적 신학이 포함된다. 이는 가상체에 대한 부정적-소극적 이론이다. ③ 이론이성은 부정적으로 배척했던 자유를 실천이성의 지반에서 부활시켜 하나의 특수 형이상학을 세운다. ④ 세 번째 단계를 거쳐 네 번째 단계로 넘어가는데, 칸트는 이 단계에서 자연의 형이상학과 도덕의 형이상학을 구분한다. 도덕의 형이상학은 다시 형이상학적 법론과 형이상학적 덕론으로 나누어진다.(F. Kaulbach, *Immanuel Kant*, Walter de Gruyter & Co, Berlin, 1969, pp. 299-300 참조) 이상이 카울바하가 보여주는 칸트의 형이상학에 대한 개요이다. 무엇보다도 그는 칸트의 비판적 형이상학을 설명하면서 『순수이성비판』과 『실천이성비판』의 유기적 상호보완 관계를 놓치고 있으며, 『판단력 비판』을 칸트가 구상한 형이상학의 일부로 보지 못하고 있다. 그뿐만 아니라, 칸트가 말하는 자연의 형이상학을 『자연과학의 형이상학적 원리』에 국한시키고 있으며, 도덕의 형이상학을 『도덕 형이상학』에 국한시키고 있다. 카울바하 역시 칸트가 제시한 비판적 형이상학의 체계적 전모를 못 보고 있다.

게 하면서 그는 합리론을 편들어주고 있다. 칸트가 경험론과 합리론의 종합을
이룬 철학자라는 평가의 진정한 의미는 인식론적 차원에서 찾아져서는 안 되고
형이상학적 차원에서 찾아져야 한다.

7.
칸트의 초험적 실천 형이상학을
어떻게 볼 것인가?

이 절에서 우리는 칸트와 떠나는 형이상학 여행에서 가장 핵심적인 여행코스를 마치려고 한다. 그런데 아래와 같은 의문을 가진 사람이 있을 것이라 예상한다. '칸트와 떠나는 형이상학 여행'에서 가장 중요한 코스를 통과했는데, 저자는 형이상학의 세계에 대한 칸트의 입장에 대해 우리에게 뭘 보여준 건가? 삼 비판서의 유기적 관계에 대해 복잡하게 말하면서 저자가 그려내는 칸트의 비판적 형이상학의 전모는 그럴듯해 보이는데, 그래서 영혼은 불멸이고 내세는 있으며 심판자로서의 신은 존재하며, 그 신은 각각의 영혼들이 이승에서 성취한 도덕성의 수준에 비례하는 행복을 준비해두고 있다는 칸트의 주장은 어떤 논리에 의해 뒷받침되는가? 수많은 신비가들은 '체험적 형이상학'을 통해 내세에 대해 우리에게 많은 것들을 말해주고 있는데, 칸트의 비판적 형이상학이 우리에게 말해주는 것은 뭔가? 칸트의 동 시대인인 스베덴보리(E. Swedenborg, 1688-1772)는 56세 때부터 27년간 지속된 영적 체험을 통해 내세에 대한 책을 저술했다. 내세에 대한 체험을 대강 이런 식으로 요약했다.

우리는 사후에 기독교가 말하는 지옥이나 천국으로 가지 않는다. 사후에 영들은 이승에서의 자신의 기질과 비슷한 기질을 가진 다른 영혼들과 어울려 사회를 이루어 살게 되는데, 이런 과정 자체가 하나의 심판과정이다. 그는 영계에는 수많은 동네가 있고 각각의 동네에는 성향이 비슷한 사람들이 모여 산다고 주장한다.[158]

그런데 칸트는 그토록 형이상학의 문제를 깊이 천착했는데, 스베덴보리가 말한 그런 영들의 동네에 대해서나 영계에 대한 우리들의 궁금증에 대해 말해주는 것이 뭔가? 칸트는 스베덴보리의 신비체험적 형이상학을 형이상학적 몽상으로 간주하여 배격한다. 플라톤의 동굴의 비유는 임사체험자들의 체험담과 유사한 부분이 많은데, 임사 체험자들은 죽으면 동굴을 통과하여 가다가 동굴을 빠져나가면 강력하고도 선한 빛이 사자(死者)의 영혼을 편하게 해주면서 그 영혼을 맞이한다는 말을 한다. 플라톤도 동굴(현상계) 바깥의 이데아계(저승)를 지배하는 것은 선의 이데아라 한다. 그런데 칸트는 저승의 사물들이 이러니저러니, 동네가 어떠하니, 천당과 지옥이 어떻게 생겼니 하는 주장들은 모두 형이상학적 헛소리에 불과하다고 생각했다. 그는 이런 입장을 담아서 1766년에 『형이상학의 꿈에 의해 해명된 시령자의 꿈』이라는 책을 저술했다. 그러면 형이상학적 몽상가들의 헛소리를 배격한 뒤에, 우리가 형이상학의 나라에 대해 안전하게 말할 수 있는 것은 무엇인가? 칸트는 자신의 형이상학은 비록 신비체험적 형이상학자들이 이야기하는 것에 비하여 내용이 빈약하여, '최소한의 형이상학'이지만, 사후의 삶에 대해 형이상학적 허언이 아니라 실천이성을 가진 인간이라면 수용해야만 하는 가장 확실한 것만 말해준다고 생각한다. 그것은 자유와 영혼과 신의 존재에 관한 것이

---

158) 최준식, 『죽음, 또 하나의 세계: 근사체험을 통해 다시 생각하는 죽음』(서울, 동아시아, 2006), 230쪽 참조. 스베덴보리에 대한 칸트의 비판은 칸트가 1766년에 출판한 『형이상학의 꿈에 의해 해명된 시령자의 꿈』(Träume eines Geistersehers, erläutert durch Träume des Metapysik, Immanuel Kant Werkausgabe II, Frankfurt am Main, Suhrkamp, 1977)에 잘 드러나 있다. 더 자세한 정보는 임필승의 유익한 논문, 「칸트의 '형이상학자의 꿈에 비추어 본 시령자의 꿈」(한국철학회, 『철학』 제98집을 보라.

며, 형이상학은 그것 이상의 것을 말해줄 수 없다. 칸트는 인간이 아주 오래 전부터 알고 싶어하던 형이상학적 물음에는 세 가지가 있다고 했다. 그 물음은 인간의 이성이 대답할 수도 없고 그렇다고 거부할 수도 없는 물음이다. 그것은 '인간은 자유로운 존재인가 아닌가?', '인간은 사후에도 영혼 상태로 인격적 동일성을 유지하면서 존속하는가?', '과연 심판자로서의 신은 존재하는가?'라는 것이다. 왜 이론이성은 이런 물음을 거부할 수 없는가? 그 이유는 그 문제들이 이상 자체의 본성에 의해서 이론이성에게 부과되어 있기 때문이다. 그러면 왜 대답할 수 없는가? 그 이유는 그 문제들이 인간 이론이성의 능력 바깥에 있기 때문이다. 칸트는 이 세 가지 물음들을 도덕의 진리와 연결시켜 해결한다. 칸트의 비판적 형이상학의 체계가 궁극적으로 해결하고자 했던 문제는 바로 이 세 가지 물음이다. 이 문제에 대한 칸트의 해법은 대략 이렇게 정리될 수 있다.

인간은 자연의 기계적 인과성에서 벗어나 자신의 실천이성을 사용하여 자유롭게 자신의 삶을 규제하는 도덕법칙을 입법할 수 있는 존엄한 존재이다. 그래서 인간은 한갓 사물적 존재로 대접받아서는 안 되고 또 사물적 존재처럼 인과법칙에 종속된 삶을 영위해서도 안 된다. 그리고 인간은 동료 인간들과 더불어 역사 속에서 모든 인간이 서로 인격체로 존중받는 공동체인 '목적의 왕국'(Reich der Zweck)을 실현하려고 애써야 하는 존재이다. 그런데 인간은 최고선을 실현해야만 하는 도덕적 의무를 갖고 있는데, 최고선이란 최상선과 완전선이 결합한 것이다.[159] 최상선이란 행위와 도덕법칙이 일치하는 것이다. 완전선이란 도덕성과

---

159) 칸트는 자기 사상의 발전과정에 따라 최고선의 개념을 다양한 방식으로 사용하고 있는데, 전비판기에 발표한 「낙관주의에 대한 시론」에서도 그 개념을 사용하고 있다. 이 개념에 대한 자세한 논의는 김진의 「칸트에서의 진보와 최고선」(김진, 『칸트와 선험화용론』, 울산대학교출판부, 1994)과 박필배의 『최고선과 칸트철학』 그리고 맹주만의 「칸트의 실천철학에서 최고선」(중앙대학교 박사학위논문, 1996)을 보기 바란다.

행복이 비례하는 것이다. 이 최고선이 근원적인 것이라면 목적의 왕국은 그 최고선의 파생적 모습이다. 그런데 도덕적 명령이 인간에게 부과된다면, 그리고 그 도덕적 명령이 명령다운 명령이라면, 다시 말해서 '너는 붕괴위기에 처한 백화점을 떠받치고 있어야만 한다'와 같은 것이 아니라고 한다면, 도덕적 명령은 명령의 실천가능성이 주어지지 않으면 안 된다. 그러므로 칸트는 "너는 할 수 있다. 왜냐하면 너는 해야만 하기 때문이다"(Du kannst, denn du sollst)라고 말하게 된다. 그러므로 '너는 최고선을 실현해야만 한다. 그러므로 너는 최고선을 실현할 수 있다'고 말하는 것이 성립한다. 그런데 최상선은 행위와 도덕성이 일치하는 것인데, 인간은 죽게 되면 자신의 행위를 도덕성에 일치시켜가는 도덕적 노력을 더 이상 할 수 없게 된다. 그러나 이런 사태는 '너는 해야만 하기 때문에 할 수 있다'는 원칙의 관점에서 볼 때 받아들일 수가 없다. '행위를 도덕법칙에 맞추어가는 노력은 죽은 뒤에도 계속되어야만 한다'는 당위가 생긴다. 이 당위는 도덕적 명령으로서 결함이 없는, 명령다운 명령이므로 이 명령이 실천에 옮겨질 수 있는 조건도 인정되어야 한다. 그 조건이 바로 내세가 있고 영혼이 불멸이며, 영혼은 그 내세에서 계속 도덕적 발전을 향한 노력을 하지 않으면 안 된다는 것이다. 이리하여 최상선은 실현된다. "이 무한한 전진은, 동일한 이성존재자의 무한히 계속하는 생존과 인격성을(이런 생존과 인격성을 사람들은 영혼의 불멸이라고 한다) 전제하여서만 가능하다. 그러므로 최고선은 영혼불멸의 전제 아래서만 실천적으로 가능하다."[160] 그런데 이렇게 사후에도 계속적인 노력을 통해 도덕적 완성에 이르렀다 하더라도, 그 도덕성에 합당한 행복이 주어지지 않는다면 완전선에 도달한 것이 아니게 된다. 그런데, '완전선은 실현되어야만 한다. 그러므로 완전선은 실현될 수 있다'는 원칙의 관점에서 볼 때, 완전선이 실현 가능하기 위해서 어떤 존재가 요청

---

160) 『실천이성비판』, 134쪽.

되어야 한다. 그것이 바로 도덕성에 합당한 행복을 나누어주는 신의 존재이다.

방금 위에서 설명한 이것이, 칸트가 삼 비판서로 구성된 비판적 형이상학이라는 형이상학의 로켓을 우주공간에 쏘아 올려 안착시키기를 원했던 조그만 인공위성에 해당하는 '실천적 형이상학'이다. 칸트는 이런 식으로 영혼과 내세와 신의 존재를 실천철학적 관점에서 증명했다. 그러니 이것은 '지구가 둥글다'는 것과 같은 자연과학적 '인식'이 아니라 도덕적 '신앙'에 불과하다고 말했다. 이것이 유명한 칸트의 '요청적 유신론'이다.

칸트의 요청적 유신론에 대해 우리는 어떻게 평가할 수 있을까. 인류는 모든 문화권에서 고대로부터 정의 실현에 대한 강력한 심리학적 욕구를 가지고 살아왔다. 그 때문에 정의를 위해 목숨을 바치기도 한다. 나는 칸트의 요청적 유신론이 그러한 심리학적 욕구에 근거하고 있다고 생각한다. 이는 칸트가 "행복을 필요로 하고 또 행복할 자격을 갖고 있지만 행복을 누리지 못하는 일은 이성적 존재자의 완전한 의욕과 조화할 수 없다"고 말하는 데서 분명하게 표현되고 있다.[161] 다시 말해서 우리의 실천이성은 선한 사람이 불행하게 되고, 악한 사람이 행복하게 되는 것을 받아들일 수 없다는 것이다. 이런 생각에서 칸트는 완전선의 개념을 만들어냈다.

칸트가 초험적 실천 형이상학에서 주장하는 '요청적 유신론'은 기독교의 천당과 지옥이나 불교의 윤회설처럼 인간이 타고나는 정의감(시비지심)에 뿌리를 둔 것인가? 나는 그런 측면이 있다고 생각한다. 그런 한, 칸트의 도덕 이론도 인간의 타고난 시비지심을 중시하는 맹자(B.C. 372-B.C. 289 추정)와 유사한 측면을 가진다.[162] 그렇게 되면 칸트의 실천 형이상학을 심리학으로 환원

---

161) 『실천이성비판』, 122쪽.

162) 인간들이 갖고 있는 정의의 욕구나 합리성의 욕구가 내세나 전생과 관계 맺는 네 가지 방식을 생각해볼 수 있다. 첫째로, 니체는 기독교의 천국과 지옥이 강자들을 향한 약자들의 원한감정

(ressentiment)이 정의로 포장되어 만들어진 것이라고 말한다. 현실에서 강자들은 천당에 살고 약자들은 지옥에 산다. 약자들은 '두고 봐라! 언젠가는 우리가 강자들을 횡포를 물리칠 것이다'라고 말한다. 그러나 약자들은 이 소망을 끝내 실현하지 못하고 죽는다. 그들에게는 그 소망을 실현할 힘이 없기 때문이다. 그래서 그들은 자신의 소망을 실현시켜 줄 내세를 만들었다. 그곳에서는 현실에서 강자들로부터 고통받은 약자들이 천당의 삶을 살고, 현실에서 약자들을 괴롭힌 강자들은 지옥에 간다. 예수의 산상수훈은 부자나 강자는 죽어서 지옥에 가지만, 가난한 자나 약자는 내세에서 하나님의 위로를 받는다고 한다. 니체는 기독교의 천당과 지옥은 결국 약자들의 정의의 욕구를 충족시키기 위해 고안된 허구로 본다. 둘째로, 기독교와 정반대로, 약자들에 대한 강자들의 지배를 정당화하는 수단으로 전생과 정의가 동원되는 경우가 있다. 강자들이 현실에서 약자들을 지배하는 것을 정당화하기 위해 전생을 만들어낸다. 현실의 약자들이 강자들에게 고통받고 멸시받는 이유는 그들이 전생에 아주 나쁜 업보를 많이 지었기 때문이며, 현실의 강자들이 약자들 위에 군림할 수 있는 것은 그들이 전생에 좋은 업보를 많이 지었기 때문이라는 것이다. 인도의 카스트제도는 이런 논리를 사용하면서 불가촉천민(不可觸賤民, Dalit)에 대한 멸시를 정당화하고 있다. 이런 논리는 강자들이 만든 정의론이다. 셋째로, 전생의 논리는 이런 식으로도 사용된다. 예컨대 아주 착한 사람이 이승에서 끊임없는 불행으로 고통당할 때, 그는 스스로 말한다. "내가 전생에서 남을 많이 괴롭혔는가 보다." 그는 자신이 당하는 이해 불가능한 현생의 불행을 설명하기 위해 전생을 도입한 것이다. 인도의 불가촉천민들은 그들을 지배하기 위해 브라만 계급이 만들어낸 전생론을 받아들여 내면화시키면 이런 일이 벌어진다. 넷째로, 전생의 논리는 윤회설과 결합하여 기이한 사례의 합리화를 위해 사용될 수도 있다. 바둑 고수 이창호는 어린 나이에도 바둑 천재의 모습을 보여주었는데, 그의 바둑 실력과 그가 바둑판 앞에서 보여준 부동의 침착함은 불가사의한 것이었다. 어떻게 어린 나이에 그런 바둑의 경지에 도달할 수 있는가? 이를 설명하기 위해 사람들은 전생을 사용했다. 그가 전생에 바둑의 고수였음에 틀림이 없다는 것이었다. 대부분의 부부들은 불화하는 경우가 많은데, 유머러스한 사람은 '전생의 원수가 부부가 된다'고 말한다. 칸트의 요청적 유신론은 강자를 편들어주는 것도 아니고 약자를 편들어주는 것도 아니다. 불교적인 윤회설은 인간의 도덕적 완성을 촉구하는 방식으로 기능한다는 점에서 칸트와 비슷하지만, 칸트는 내세에 대해서만 말하는 데 반해서 불교의 윤회설은 전생과 내생을 아우르면서 도덕적 완성을 추구해야 한다고 생각하는 점에서 다르다. 니체는 기독교가 약자들의 증오심에서 만들어낸 허구라고 하지만, 기독교의 천당과 지옥도 인간들이 현세에서 도덕적 삶을 살기를 권면하는 기능이 있음을 부정하는 것은 무리한 주장이다. 정의의 관념이 후천적인 것인가 선천적인 것인가 하는 것은 심리학의 문제인데, 나는 인간에게 있는 정의의 관념과 정의의 욕구가 선천적인 것이라고 생각한다.

우리들의 논의가 샛길로 빠지는 감이 있지만, 정의감에 대한 맹자(B.C. 372-B.C. 289 추정)의 입장을 살펴보고자 한다. 맹자는 인간을 인단답게 만들어주는 네 가지 관념 혹은 감정에 대해 말하고 있다. 우리가 상식으로 알고 있듯이 측은지심(惻隱之心), 시비지심(是非之心), 사양지심(辭讓之心), 수오지심(羞惡之心)이라고 했다. 말하자면 곤경에 처한 사람이나 생명체를 불쌍하게 여기는 마음, 자신이나 남의 억울함에 항의하는 정의의 관념, 양보하는 마음, 그리고 잘못을 저질렀을 때 부끄러워하는 마음을 갖고 있지 못하다면 인간의 범주에 들어가지 않는다는 것이다. 나는 비록 인간에 비해 미약할지는 모르겠으나, 적어도 고등동물에게는 이런 것들이 있다고 생각한다. 하나의 동물실험을 소개한다. 두 마리의 침팬지를 상대로 어떤 동물행태시켜버리는 일이 될 것이고 칸트로서는 자신의 실천 형이상학을 그렇게 해석하는 것은 잘못이라고 말할 것이다. 칸트의 반박도 일리가 있다. 칸트는 인간의 본성에 주어진 심리적 시비지심을 반성적으로 검토하는 방식으로 철학적 주장을 펼쳤기 때문이다. 그의 요청적 유신론이나 요청적 내세론에는 심리학과 철학이 섞여 있다. 그래서 이하에서 칸트의 요청적 유신론을 심리학적으로가 아니라 보다 철학적 측면에서 검토해보고자 한다.

나는 칸트의 비판적 형이상학의 지하층뿐만이 아니라 그 지상층인 도덕의 형이상학도 위태하다고 생각한다. 칸트는 『실천이성비판』에서 도덕법칙을 자유의 법칙으로 설명한 뒤, 영혼불멸과 신의 존재를 실천철학적으로

학자가 실험을 했다. 실험을 위해 고안된 도구를 다루는 방식에 따라 그 기계에서 파란색의 둥근 플라스틱 토큰이 나올 수도 있고 노란색의 토큰이 나올 수도 있다. 노란색 토큰이 나오도록 하려면 파란색 토큰이 나오게 만드는 것보다 훨씬 복잡하게 기계를 조작해야 하도록 되어 있었다. 그리고 노란색 토큰이 나오면 침팬지들이 좋아하는 바나나를 주고, 파란색 토큰이 나오면 침팬지들이 덜 좋아하는 포도를 주었다. 침팬지들은 이 규칙에 적응되었고 이 규칙을 받아들이고 있었다. 실험을 이렇게 진행하다가, 실험자가 실험의 규칙에 어긋나게, 노란색 토큰을 끄집어낸 침팬지에게 포도를 주어보았다. 그랬더니 침팬지는 실험자에게 그 포도를 돌려주면서 몸짓으로 바나나를 요구했다. 나는 인간에게나 동물에게나 맹자의 사단이 있다고 했는데, 그러면 독자들은 내게 동물과 인간의 차이를 사단(四端)의 유무에서 찾고 있는 맹자의 생각을 거부하는가라고 묻고 싶을 것이다. 나는 그럼에도 불구하고 인간과 동물의 차이가 있다고 생각한다. 인간과 동물의 본질적 차이는 시비를 가리려는 마음이나 측은히 여기는 마음이 있느냐 없느냐 하는 데서 찾아질 것이 아니라, 그 타고난 감정을 반성하는 능력의 유무에서 찾아져야 한다고 생각한다. 인간이나 고등동물이나 시비감정이 있지만, 인간에게만 '반성적 시비감정'이 있고 '반성적 측은감정'이 있다. 동물들도 어미가 새끼에게 먹이를 양보하는 경우가 허다하다. 그러나 그들은 그 양보행위를 반성적으로 검토하지는 않는다. 인간만이 왜 양보해야 하는지 반성적으로 검토한다. 혹자는 맹자의 측은지심은 반성 이전에 즉각적으로 인간의 내면에서 용수철처럼 튀어나오는 것이라고 말하면서, '반성적 측은지심'은 측은지심의 본질을 모를 때 하는 말이라고 생각할지 모르겠다. 그러나 요즈음 사람들이 학대받는 반려동물들에 대해서는 측은지심을 느끼지만, 정육점의 돼지들에 대해서는 측은지심을 느끼지 않거나 거의 느끼지 않는 이유를 생각해보면, '반성적 측은지심'이란 개념이 얼마든지 성립할 수 있다는 것을 알게 될 것이다. 그리고 길고양이들에게 밥을 주는 일로 아파트 단지 내의 주민들 간에 갈등이 발생하는 경우가 있는데, 이 경우 불쌍한 마음에 밥을 주는 주민은 비반성적 측은지심에 따라 행동하지만, 그 행동이 결국은 고양이 개체 수를 과다하게 만들어 결과적으로 고양이들의 고통을 더 키우는 일이 될 수도 있다. 누군가가 이런 이유에서 길고양이에게 밥을 주는 일을 하지 않는다면, 그는 반성적 측은지심의 소유자가 될 것이다.

증명하는 길을 보여준다. 칸트는 인간은 인과법칙에 종속된 존재가 아니고 자유라고 주장한다. 인간은 인과법칙에 종속된 존재가 아니라는 주장은 평범한 것일 수도 있는데, 어쨌건 나는 학부생일 때, 그 말에 감전되었었다. 그리고 영혼불멸과 신의 존재에 대한 칸트의 도덕적 증명은 나를 재차 감전시키고 말았다. 고백하지만 나는 칸트가 『순수이성비판』에서 시간과 공간을 실재가 아니라 인간 감성의 직관형식에 불과하다고 말하면서 인간이 없으면 세계의 시공간적 차원도 사라진다고 말하는 것에 저항감을 느꼈다. 그럼에도 불구하고 칸트의 요청적 영혼불멸론과 요청적 신존재론에 대해서는 그 타당성을 인정했다. 필자가 기독교를 떠날 때에도, 인간은 자유이고 영혼은 불멸이며, 내세는 있고 신은 존재한다는 도덕신앙만으로도 충분하다고 생각했었다. 그 도덕신앙은 최소한의 종교이고 모든 종교의 공통분모적인 종교라고 생각했기에, 그 내세가 기독교적 천국인지 불교적 극락정토인지는 몰라도 별 문제 될 것이 없다고 믿었다. 그런데 지금은 비판적 형이상학의 핵심부로 기획된 칸트의 실천 형이상학이 실패한 이론이라고 생각하기에 이르렀다. 칸트의 비판적 형이상학의 체계를 받아들이지 못하게 되었지만, 나는 칸트를 비판할 때조차도 내가 칸트주의자임을 부정해본 적이 없었다. 심지어 칸트의 선험적 관념론을 비판한 박사학위 논문을 쓸 때도 나는 스스로를 칸트주의자라고 생각했었다. 인간의 자유와 영혼불멸과 신의 존재에 대한 칸트의 도덕적 증명을 받아들이고, 실천이성의 우위를 인정한다면 칸트주의자일 수 있다고 생각했다. 그러나 나는 이제 칸트의 비판적 형이상학의 지상층도 붕괴했다고 생각한다.

칸트가 비판적 형이상학의 지상층을 건설함에 있어서 핵심적으로 의지하는 개념은 우리가 앞서 살펴보았듯이 '최고선'이다. 칸트는 최고선이란 것은 최상선과 완전선이 결합한 것이라고, 그리고 최상선이란 행위가 덕과 완전히 일치하여 행복할 자격이 있는 그런 상태라고, 그리고 완전선이란 성취한 덕에 상응하는 행복이 주어진 상태를 의미하는 것이라고 말한다. 결국 최

고선이란 행위와 덕과 행복, 이 삼자가 일치한 상태이다. 칸트는『실천이성
비판』의 '분석론'에서는 행복에의 열망이 동기가 되어 한 행위를 배격했다.
그럼에도 불구하고 이제 '변증론'에서는 행복을 최고선의 구성요소로 받아
들인다. 최상선을 실현한 사람이라도 만약 그 도덕성에 합당한 행복을 누리
지 못한다면 그는 완전선을 실현한 것은 아니며, 따라서 그는 최고선을 실현
한 것도 아니다. 최고선을 실현하기 위해서 그는 자신의 도덕성에 합당한 행
복을 누려야 하기 때문이다.[163] 그러나 나는『실천이성비판』의 '분석론'에서
의 칸트가 취하고 있는 형식주의적 입장에서는 최고선의 개념을 구성하는
것 자체가 불가능하다고 생각한다. 칸트는 최고선의 필연적 구성요소로서
행복을 끌어들이기 위해 ― 그래야만 신의 존재가 요청될 수 있는 근거가 마
련된다 ― '분석론'의 입장에서는 도저히 받아들일 수 있는 하나의 원칙을 도
입한다. 그것은 "행복을 필요로 하고 또 행복할 자격을 갖고 있지만 행복을
누리지 못하는 일은 이성적 존재자의 완전한 의욕과 조화할 수 없다"는 원칙
이다. 요컨대 착한 사람은 복을 받고 악한 사람은 벌을 받아야 한다는 당위원
칙이다.

　　행복과 도덕성은 최고선의 두 가지 필연적 구성요소이지만 종자적으로
서로 다르기에 양자의 결합은 분석적인 것일 수가 없고 종합적이다.[164] 그런
데 양자의 종합은 경험적인 것이 아니고 아프리오리하고 필연적이다.[165] 그
러나 문제는 덕과 행복이 일치하지 않는 사례가 발견된다는 것이다. 유덕한
사람이 불행하고, 부덕한 사람이 행복한 경우를 우리는 본다. 만약 덕과 행복
이 종자적으로 다른 것이라면, 그럼에도 불구하고 "최고선의 촉진은 인간의

---

163) 그러나 적어도『실천이성비판』에서의 칸트의 설명에 따르면 행복을 누리는 문제는 도덕적 행
　　위자의 소관이 아니라 신의 소관이다.

164) Linus Hauser, "Praktische Anschauung als Grundlage der Theorie vom höchsten Gut bei Kant"(*Kant
　　Studien*, Bd. 75, 1984), p. 229 참조.

165) 『실천이성비판』, 125쪽 참조.

지의 아프리오리하고 필연적인 대상"이라면,[166] 여하히 최고선의 실현이 가능한가? 칸트는 '도대체 최고선의 실현이 가능한가'라고 묻지 않고 '여하히 최고선이 실현될 수 있는가'라고 묻는다. 주지하다시피 '도대체 가능한가?'라는 물음은 불가능할 수도 있음을 인정하지만, '여하히 가능한가?'라는 물음은 가능성을 전제한 뒤에 그 가능성의 조건을 묻는 물음이다.

> 전자(최고선)의 불가능성은 또한 후자(도덕법)의 허위성을 증명하는 것이다. 따라서 만일 최고선이 실천규칙상 불가능하다면, 최고선이 촉진되기를 명령하는 도덕법 역시 가공적이요, 공허한 공상적 목적을 겨냥하고 있으며, 그러므로 그 자체 거짓된 것이다.[167]

물론 칸트의 견해에 의하면 도덕법은 가공적인 것이 아니며 최고선도 공상적인 것이 아니기에, 우리는 여하히 최고선이 가능한가라고 물어야 한다. 도덕적 명령이 있다는 사실은 어떤 식으로든 그 가능성 조건이 해명되어야 하는 사항이지, 부정될 수 있는 그런 것은 아니다. 그래서 칸트는 이렇게 말한다.

> 자기가 무엇을 '해야만 한다'(soll)는 것을 의식하기 때문에, 자기는 무엇을 '할 수 있다'(kann)고 판단하며, 자신이 자유롭다는 사실을 즉 도덕법이 없었다면 그에게 알려지지 않고 있었을 사실을 인식한다.[168]

도덕적 명령이 우리에게 부과하는 당위에 대한 의식 즉 의무의식은 그 당위의 실천가능성을 전제하고 있다는 것이다. 그런데 "최고선의 촉진은 인

---

166) 『실천이성비판』, 126쪽.
167) 『실천이성비판』, 126쪽.
168) 『실천이성비판』, 33쪽.

간의지의 아프리오리하고 필연적인 대상"이기에 '너는 최고선을 실현하라' 는 것도 도덕적 명령이다. 따라서 그것이 도덕적 명령인 한, 그 실현 가능성 이 전제되지 않으면 안 된다는 것이 칸트의 생각이다. 바로 이것이 칸트가 실 천이성의 이율배반을 비판적으로 해소시켜 영혼의 불멸과 신의 존재를 실천 철학적으로 요청하면서 제시하는 실천 형이상학의 근본에 가로놓여 있는 논 리다. 이제야 우리는 왜 칸트가 '도대체 최고선의 실현은 가능한가'라고 묻지 않고, '여하히 최고선의 실현은 가능한가'라고 묻게 되었는지 그 이유를 이해 하게 되었다. 최고선의 실현 가능성이 의심될 수 있다면, 칸트는 자기가 구상 한 비판적 형이상학의 체계를 완성할 수가 없다. 그는 최고선의 실현을 도덕 적 당위로 간주한 뒤, '너는 할 수 있다. 왜냐하면 너는 해야만 하기 때문이다' 라는 논리로 최고선의 실현 가능성을 전제한다. 그리고는 최고선의 실현 가 능성 조건으로 영혼불멸과 신의 존재를 요청하는 방식으로 자신의 실천 형 이상학을 구축한다.

그러면 '너는 마땅히 최고선을 실현해야만 한다. 그러므로 너는 최고선 을 실현할 수 있다'고 말하면서 칸트가 영혼불멸과 신의 존재를 요청했을 때, 과연 최고선의 실현은 단지 도덕적 행위자가 내적으로 최고선을 실현하겠다 는 진지하고 순수하고 불변적인 마음으로 **결의하는 것만으로** 실현될 수 있는 가? 가령 내가 목에 칼이 들어와도 절대로 거짓 증언을 하지 않겠다고 철석 같이 결심하면, 나는 거짓말을 하지 않을 수 있다. 설령 나로 하여금 거짓말 을 하게 하려는 자연적인 유혹과 신체적인 고통이 너무나 커서 내가 그런 고 통과 유혹에 굴복하여 결과적으로 거짓말을 했다 하더라도, 나는 여전히 마 음속으로 '그래도 내가 결심을 더 철석같이 했더라면, 거짓말하지 않을 수도 있었다'고 말할 수 있다. 그러므로 이런 경우에는 '너는 해야만 한다. 그러므 로 너는 할 수 있다'는 말이 타당하다.

그러나 과연 이 말이 최고선의 경우에도 타당한가? 최고선의 실현은 그 것을 실현하겠다는 나의 철석같이 굳센 마음의 결의만으로 가능한가? 최고선의 실현은 곧 영혼의 불멸과 신의 존재를 전제하는데, 영혼과 신의 존재는 나의 내적 결의만으로 존재하게 되는 것은 아닌 것들이다. 거짓말을 하느냐 하지 않느냐 하는 것은 철두철미하게 나의 내적 결의의 문제다. 그러나 영혼이 과연 불멸이냐 아니냐 혹은 과연 신이 존재하느냐 존재하지 않느냐 하는 문제는 나의 결의의 문제가 아니다. 달리 말해서 나의 결의와 무관한 문제라는 것이다. 영혼이나 신은 물론 존재할 수도 있고 존재하지 않을 수도 있지만, 설령 존재한다 하더라도 내 결의와 무관하게 존재한다. 달리 말해서 나의 **결의와 무관하게, 결의 외부에** 존재한다. 만약 영혼과 신이 존재하지 않는다면, 내가 아무리 최고선을 실현하려고 애쓴다 하더라도, 영혼과 신이 존재하게 되는 것은 아니다. 행위와 덕이 일치한 경지인 최상선만 하더라도 그렇다. 내가 아무리 도덕적으로 최상의 경지에 도달하고자 한다 하더라도, 그 경지에 도달하고자 하는 나의 내적 결의가 아무리 순수하고 굳세다 하더라도, 만약 영혼이란 것이 존재하지 않는다면, 도덕적 완성을 향한 나의 모든 노력은 결국 죽음과 더불어 끝날 수밖에 없는 것이다.

우리는 지금까지 칸트가 자신의 형식주의에 배치되는 원칙, "행복을 필요로 하고 또 행복할 자격을 갖고 있지만 행복을 누리지 못하는 일은 이성적 존재자의 완전한 의욕과 조화할 수 없다"는 원칙을 받아들이지 않는 한, 최고선의 개념을 칸트식으로 구성하는 것 그 자체가 불가능함을 지적했다. 그리고 최고선의 실현 가능성을 전제하는 칸트의 논리와 그 논리의 문제점을 살펴보았다. 이제 우리는 칸트가 어떤 혼란에 빠져 있는지를 정확히 지적할 수 있다. 위에서 말한 그 원칙을 거부하는 자는 칸트가 제시한 최고선의 개념도 거부할 것이다. 그리고 영혼불멸과 신의 존재도 거부할 것이다. 사실 칸트가 말하는 최고선은 바로 이 원칙의 관점에서 만들어진 개념이다. 그러므로 최고선의 개념을 통한 영혼불멸과 신의 존재 증명은, "너는 해야 한다. 그러므로 너는 할 수 있다"는 원칙만으로는 불가능하고, 그 원칙에 덧붙여 "행복을 필요로 하고 또 행복할 자격을 갖고 있지만 행복을 누리지 못하는 일은 이성적 존재자의 완전한 의욕과 조화할 수 없다"는 원칙을 전제할 때에만 가능하게 된다.

그러나 이 원칙은 실천이성을 가진 모든 사람들에게서 발견되는 공통의 '소망'(실천이성의 소망)일 수는 있지만, 실천이성의 '사실'은 아닐 수 있는 것이다. '어떤 경우에도 너는 거짓말을 해서는 안 된다'는 명령과 '너는 마땅히 최고선을 실현해야만 한다'는 명령은 다른 차원의 명령이다. 전자는 나의 내적 결의만으로 그 실천가능성이 인정될 수 있는 당위적 명령이지만, 후자는 나의 내적 결의만으로 그 실천 가능성이 인정될 수가 없는 명령이다. 전자의 명령의 실천가능성을 뒷받침하는 것은 자유이지만, 후자의 명령의 실천가능성을 뒷받침하는 것은 자유만이 아니다. 자유에 의해서만 그 실천가능성이 뒷받침되는 그런 도덕적 명령에 대해서만 '너는 해야 한다. 그러므로 너는 할 수 있다'는 말이 타당하다. 그러나 최고선의 실천가능성은 자유에 의해서만 그 실천가능성이 뒷받침되는 것이 아니라, 영혼불멸과 신의 **존재**에 의해서도 뒷받침되어야 한다.[169] 그러므로 최고선에 대해서도 '너는 해야만 한다. 그러므로 너는 할 수 있다'는 원칙을 적용시켜, '너는 최고선을 실현해야만 한다. 그러므로 너는 최고선을 실현할 수 있다'고 말하면서, 최고선의 실현 가능성을 전제하는 것은 잘못이다.

윤리학은 두 가지 근본적인 물음을 갖고 있다. 하나는 인간은 어떻게 도덕적일 수 있는가, 즉 칸트식으로 표현해서 인간은 어떻게 의무에 대한 존경심을 갖고 정언명법에 따라 행동할 수 있는가 하는 문제다. 또 하나의 다름 물음은 인간이 설령 도덕적으로 행동할 수 있다 하더라도 왜 도덕적이어야 하는가 하는 물음이다. 칸트는 『실천이성비판』 '분석론'에서는 전자의 물음에 대한 답을 제시하고 있다. 자유가 그 답이다. '변증론'에서는 후자의 물음에 대한 답을 제시

---

169) 이 점은 칸트 자신이 인정하고 있는 바이다. "최고선은 세 개의 이론적인 개념을 전제로 하지 않고는 불가능하다. (…) 그것들은 자유, 영혼불멸, 신이다."(『실천이성비판』, 146쪽)

하고 있다. 영혼이 불멸하고 우리의 도덕성에 합당한 상벌을 내리는 신이 존재하기 때문에 도덕적으로 행동해야 한다는 것이다. 그러나 전자의 물음과 후자의 물음은 종류가 완전히 다른 물음이기에 전자의 물음에 대한 해답을 구하는 논리의 연장선상에서 후자의 물음에 대한 해답을 구하려 하는 것은 잘못된 시도다. 이런 점에서 최고선에 대한 칸트의 이론은 "도덕 외적"(extra moral)인 어떤 것이며, 도덕과 신학이 뒤섞여 만들어진 것이라는 억스터의 주장이 설득력을 얻고 있다고 생각한다.[170]

칸트는 전자의 물음에 대한 해답을 구할 때는 철저하게 윤리적 형식주의의 입장을 취하지만, 후자의 물음에 대한 해답을 구할 때는 형식주의를 포기한다. 그래서 그는 "무릇 행복을 필요로 하고 또 행복할 만하되, 행복을 누리지 못하는 일은 이성적 존재자의 완전한 의욕과 (…) 도저히 조화할 수 없다"는 보조가설을 통해, 자신의 형식주의를 위배하면서 윤리적 실질 즉 행복을 밀반입하고 있는 것이다. 칸트는 "최고선의 불가능성은 또한 도덕법의 거짓됨을 증명하는 것이다"라고 말함으로써, 도덕법과 최고선의 불가분리성을 주장한다. 이 말은 만약 누군가가 목숨을 잃을 각오로 위증을 거부하는 것이 가능하다면, 영혼불멸과 신이 존재해서 그의 정직에 상응하는 행복을 누리게 된다는 것이다. 그러나 도덕법이 가능하다 하더라도, 최고선은 불가능할 수 있다. 다시 말해서 누군가가 목숨을 포기하면서까지 위증을 거부했다 하더라도(이것은 가능한 일이다), 그렇다고 영혼과 신이 반드시 존재하여 그의 정직에 합당한 행복을 누리는 것이 필연적으로 뒤따르는 것은 아니라는 것이다.

선험적 형식주의 윤리학의 입장에서 본다면 '최고선'의 개념은 '도덕외적'인 개념이어서 그 개념을 구성하는 것 자체가 불가능하지만, 『실천이성비판』을 비판적 형이상학의 상층부로 이해한다면 그 개념은 그 형이상학의 핵심 개념

---

170) T. Auxter, "The Unimportance of Kant's Highest Good" (*Journal of the History of Philosophy* 17, 1979), pp. 121–134 참조.

이 되며,『판단력 비판』과 연결되면서 칸트의 정치·사회 철학, 역사철학, 법철학적 지평을 열어 보여주는 역할을 한다.『순수이성비판』의 형이상학적·존재론적 계기를 못 보고 그 책을 인식론적 저술로만 간주한 신칸트학파의 사람들이 선험적 형이상학의 핵심인 물자체의 개념이 칸트의 인식론과는 조화하지 않는다고 물자체의 개념을 부정한 것이 잘못이듯이,『실천이성비판』의 형이상학적 계기를 간과하고 그 책을 순전히 윤리학적인 저술로만 간주하여 최고선의 개념이 칸트의 윤리적 형식주의와 조화하지 않는다고 최고선의 개념을 부정하는 것은 비판적 형이상학을 건설하려는 칸트의 의도라는 관점에서 보면 잘못된 것이다. 칸트는 제1비판서에서는 사람들의 시선을 '수학과 물리학이 어떻게 가능한가' 하는 문제로 쏠리게 하고선 바로 뒤에서 사람들이 눈치채지 못하는 사이에 선험적 형이상학을 건설하듯이, 제2비판서에는 사람들의 시선을 윤리학에 집중시켜 놓고는 바로 뒤에서 사람들이 알아채지 못하는 사이에 실천적 형이상학을 건설하고 있다.『순수이성비판』은 선험적 형이상학이면서 인식론이다. 칸트는 물자체는 인식 불가능하다고 하면서, 그것에다가 지성의 범주들을 사용하고 있는데, 이는 명백히 표면적인 모순이다. 나는 칸트가 보여주는 이런 표면적인 모순은 해결될 수 있다고 생각하는데, 어쨌건 인식이론의 일관성이라는 관점에서 물자체를 칸트체계에서 제거하려했던 신칸트학파의 입장은 이해될 수 있다.

그런데 우리는 다른 한편 비판적 형이상학의 체계 내에서『순수이성비판』을 집필한 칸트의 의도라는 관점에서 물자체의 개념을 바라볼 수 있다. 이 두 관점을 구분해서 보는 것이 대단히 중요한데,『순수이성비판』은 인식론이면서 형이상학이기 때문이다. 칸트의 의도라는 관점에서 보면 물자체 불가인식설은 선험적 형이상학의 핵심 테제이다. 물자체가 인식 가능한 대상이라면, 칸트가 자기 이전의 독단적 형이상학들을 무근거한 학문이라고 비난할 하등의 이유도 없는 것이 되며, 형이상학의 연구방향을 사변 형이상학에서 실천 형이상학으로 변경시키는 것이 불가능하게 되기 때문이다. 칸트 인식론의 일관성이라는 관점에서 물자체를 인정할 수 있느냐 없느냐 하는 문제와, 비판적 형이상학의 체계에서 물자체의 개념이 필요한가 불필요한가 하는 문제는 다른 문제이며, 이 문제를 섞어서 논의하면 우리는 생산적인 결론에 도달할 수가 없다. 나는 촉발하는 물자체 개념의 경우는 이론의 일관성이라는 관점에서도 변호될 수 있고, 의도의 필요성이라는 관점에서도 인정될 수 있다고 생각한다. 우리는 최고선의 개념에 대해서도 두 가지 관점에서 볼 필요가 있다. 우리가 그 개념을 이론의 일관성이라는 관점에서 고찰한다면, 그 개념은 불가능한 개념이고 불필요한 개념이다. 그러나 '비판적 형이상학의 체계에서 그 개념이 필요한가'라는 관점 즉 칸트의 의도라는 관점에서 보면 최고선의 개념은 필수적이다. 그러나 최고선의 경우는 내가 앞서 밝힌 이론적 비일관성의 문제가 의도의 절박성을 무너트렸다. 필자는 '최고선에 대한 칸트의 이론은 도덕 외적인 어떤 것이며, 도덕과 신학이 뒤섞여 만들어진 것'이라는 억스터의 주장을 소개했었는데, 최고선을 보는 두 가지 관점에서 억스터의 이 말을 분석해보면, 이렇게 두 관점을 구분하는 것이 유용한 것임을 알 수 있다. 최고선의 개념이 도덕과 신학이 뒤섞여 만들어졌다는 억스터의 관찰은 정당하다. 그런데 '그렇게 섞여 있기 때문에 『실천이성비판』에서 최고선의 개념은 불필요하다'고 한다면, 칸트는 '그렇게 섞은 것은 비판적 형이상학의 건설을 위해 내가 의도한 것이다'라고 하면서 억스터의 주장에 반대할 것이다. 최고선의 개념은 윤리학적 형식주의의 입장에서는 정당화될 수 없지만, 『실천이성비판』의 또 다른 저술목적인 형이상학의 건설이라는 관점에서는 제거되어서는 안 되는 개념이다. 만약 '행위의 일차적 목표를 행복추구가 아니라 의무수행으로 보는 형식주의 윤리학의 관점에서는 행복을 그 필수적인 구성요소로 삼고 있는 최고선을 구성하는 것은 이론적 일관성을 파괴하는 일'이라고 비판하는 것에 대해서, 칸트가 '내가 최고선의 개념을 도입한 의도는 비판적 형이상학의 건설을 위한 것'이라는 식으로 대답한다면, 칸트는 『실천이성비판』에서 자신이 개진한 형식주의 윤리학의 이론의 일관성의 문제점을 지적한 것에 대해, 그 책에서 자신이 건설하고자 했던 형이상학의 관점에서 반박한 것이 된다. 말하자면 동문서답이 된다. 왜 이런 동문서답이 발생할 수 있는가? 그것은 『실천이성비판』은 윤리학 서적이면서 동시에 형이상학 서적이기 때문이다.

이 절을 마치기 전에 칸트 형이상학의 불교적 측면과 기독교적 측면에 대해 언급하고자 한다. 사람들은 칸트가 세계를 현상계와 물자체계로 나누었다고 생각한다. 그러면서 이렇게 질문한다. '선험적 대상은 현상인가 물자체인가?' 그리고는 '선험적 대상은 현상이 아니니 물자체이다'라고 말한다. 그러나 선험적 대상은 현상도 아니고 물자체도 아니다. 현상은 유한자요, 물자체는 현실적 무한자요, 선험적 대상은 가능적 무한자이다. 이와 비슷하게 슐체는 '선험적 주관은 경험적 주관인가 물자체로서의 주관인가?' 하고 묻는다. 그리고는 선험적 주관은 현상적 주관이 아니므로 물자체로서의 주관이라는 식으로 말한다.[171] 그러나 선험적 주관은 당연히 경험적 주관도 아니지만, 그렇다고 물자체로서의 주관도 아니다. 선험적 대상은 선험적 주관의 상관자로서 이 양자의 상호작용에 의해 인식의 지평이 열리게 된다. 칸트에게 있어서 인식하는 자아의 인식지평은 끊임없이 넓혀지지만, 이 지평은 가능적 무한의 세계이기에 항상 인식의 지평 바깥에 인식이 도달할 수 없는 물자체의 세계가 있다. 그뿐만 아니라 물자체는 인식의 지평을 받쳐주고 있기도 하다. 물자체가 있기에 인식이 가능하기 때문이다. 물자체는 인식작용의 가능성 조건이다.

그러면 칸트가 말하는 물자체로서의 자아란 무엇인가? 경험적 자아는 현상체로서의 사물과 상관자이며, 이 둘 다 유한자이다. 그리고 선험적 자아는 선험적 대상과 상관자이고 이것들은 둘 다 가능적 무한자이다. 그리고 물자체로서의 자아는 촉발하는 물자체의 상관자로서, 정확하게 말해서 그 양자는 '상

---

171) 김진, 『선험철학과 요청주의』(울산대학교 출판부, 1999), 67쪽 참조.

관자'라고 말해서도 안 된다. 그 양자는 엄밀하게 말하면 '동일자'이다. 물자체로서의 자아는 선험적 자아가 자신에게 주어진 자유의 가능성을 도덕법칙(자유의 법칙)을 준수하는 방식으로 실현한 자아, 즉 자유로운 자아인데, 이 자아는 인과법칙으로부터 벗어난 자아요, 현상계를 벗어난 자아이다. 그런데 칸트는 물자체의 세계를 자유의 세계로 이해한다. 그러니 물자체로서의 자아는 물자체의 자유세계와 합일한 자아요, 결국 양자는 동일한 것이다. 그런데 칸트는 이 모든 것을 '인식의 차원'에서 말할 수는 없었다. 그렇게 하는 순간 그는 물자체는 인식될 수 없다는 자신의 입장과 정면으로 충돌하기 때문이다.

나는 칸트의 물자체로서의 자아에 도달하는 두 가지 길을 생각해볼 수 있다고 생각한다. 하나는 칸트가 『실천이성비판』에서 제시한 길이고, 그 길에 대해서는 방금 위에서 설명했다. 선험적 자아는 자신에게 구비된 자유의 가능성을 포기하고 자신을 인과법칙의 지배를 받는 사물처럼 만들 것인가(현상적 자아로 전락하는 것), 아니면 인과법칙으로부터 벗어나 자유를 현실화하여 물자체의 자유세계(도덕세계)로 고양될 것인가 하는 기로에서 후자의 길을 가는 것이다. 이것은 상향적 넘어섬의 길이요 초월의 길이다. 이 초월은 기독교 친화적이다. 이 길은 기독교적 구원의 길처럼 보인다. 다른 하나의 길은 선험적 넘어섬이며 하향적 넘어섬의 길이다. 우리가 사물을 시공간적, 범주적, 인과적으로 보는 방식을 버리면 우리 자신이 물자체로서 자유를 획득하게 되고 현상 배후에 있는 물자체의 자유세계에 이르게 된다. 이것은 불교 친화적 득도(得道)의 길로 보인다.[172] 이 길은 『순수이성비판』을 불교적으로 이해하려 할 때 선호되는 방식이다. 나는 칸트에게서 인간이 구원에 이르는 두 가지 방식에 대해 언급했는데, 첫째로 이 길은 현상 이전의 촉발하는 물자체로 향

---

172) 칸트는 인간이 범주적으로 사고하는 것을 임의로 그칠 수 없다고 생각했음이 분명한데, 불교의 수행자들은 깨우침의 경지에 들어가면 범주적 사고가 멈추게 되는 자리가 나타난다고 생각하는 것 같다.

해가는 불교적 득도의 길이다. 이 길에서는 산은 산이 아니고 물은 물이 아니다. 물자체의 세계에서는 산과 물의 구분이 허물어진다. 산이 물이고 물이 산이다. 지성의 분별지가 힘을 쓰지 못한다. 둘째로 현상을 초월하는 예지계로 향해가는 기독교적 길이 있다. 이 길에서는 산도 자유고 물도 자유다. 산과 물이 인과적으로 규정을 넘어선 본체로서 경험된다.

그런데 칸트가 제시하는 기독교적 구원의 길의 문제점은 칸트가 인간이 신체를 떠난 뒤에도 계속적으로 도덕적 수양을 이어가야 한다고 말하는 데서 발생한다. 가능적 무한은 '되어가는 무한'(becoming infinite)으로서 시간 속의 무한이요, 끊임없이 변화하는 무한이다. 그 변화성은 신체(육신)로부터 발생한다. 그런데 인간은 육신을 벗어던지면, 인간은 오로지 정신적인 존재가 되며, 더 이상 변화하지 말아야 한다. 육신을 벗어던진 인간은 드디어 가능적 무한의 변화하는 세계에서 변화가 없는 현실적 무한자의 세계로 진입해 들어가는 것이 된다. 그런데 칸트가 이 현실적 무한의 세계로 진입한 영혼도 계속 도덕적 수양을 해야 한다고 말함으로써, 현실적 무한의 세계, 즉 예지계에서도 도덕적 진보가 일어나는 것으로 본다. 그러나 도덕적 진보는 변화이기에 이런 입장은 예지계에서도 변화가 일어난다는 것을 인정하는 것이 되어버린다. 이것이 칸트가 제시하는 기독교 친화적 구원의 길에 내재해 있는 문제점이다.[173]

물론 기독교적 구원의 길은 동시에 심판의 길이기도 해서, 선한 삶을 살기 위한 인간의 노력을 허무하게 만들지는 않는다. 칸트가 제시하는 불교 친화적 구원의 길 역시 문제가 있다. 불교친화적 길은 지성이 만들어내는 일체의 구분, 변화, 시간, 공간이 없는 절대의 경지로 우리를 안내한다. 설령 인간이 수행을 통해 영혼 상태로 그런 경지에 들어가는 것이 가능하다고 하자. 그런데 선도 없고 악도 없는 그런 경지는 선하게 살아가는 인간과 악하게 살

---

173) 필자의 책, 『칸트 윤리학과 형식주의』, 339쪽 참조.

아가는 인간을 차별 없이 대하는 경지이다. 그렇다면 인간이 도덕적인 삶을 살아야 할 아무런 이유가 없다. 불교 친화적 길은 도덕적 허무주의와 결합한다. 더욱이 불교적 무아론은 도덕적 허무주의를 더 견고하게 만들어준다. 불교의 유파 중에서도 극락정토와 무간지옥을 가르치는 종파인 정토교는 불교가 도덕적 허무주의로 빠지는 것을 염려하여 극락과 지옥의 개념을 받아들인다.

나는 칸트에게서 인간이 물자체계의 자유에 이르는 두 가지 길 이외에도, 우리처럼 평범한 인간들을 위한 제3의 길도 열려 있다고 생각한다. 그 길은 현상계 이전의 물자체도 현상계 이후의 예지계도 아닌, 인과법칙과 도덕법칙 사이에서 갈등하며 비틀거리는 삶을 살아가는 길이라고 생각하는데, 이런 생각을 하는 이유는 이렇다. 칸트가 '촉발하는 물자체'에 대해 언급했는데, 나는 칸트가 그것을 선험적 의미의 하나님과 동일시한다고 했다. 그렇다면 '촉발'이란 말은 인식주체인 '내'가 신과 관계 맺고 있는 원래적 사태를 은유적으로 표현한 말이 된다. 이 역시 은유적인 표현이 되겠지만, 촉발을 통해 신이 우리에게 말을 걸어온 것이다. 인식주체인 우리 각자는 신의 한복판에 있다. 그리고 우리는 감성의 수용성과 오성의 자발성을 동원하여 신이 우리에게 말을 걸어온 것을 현상화한다. 그런데 인식형식의 담지자로서 인간은 자의로 자신의 인식형식을 선택한 것이 아니다. 칸트는 인간이 자연의 입법자라고 하지만, 엄밀하게 말해서 인간은 자연의 입법자처럼 보이도록 운명 지어진 존재이다. 사르트르식으로 말한다면, 인간은 자연의 입법자가 되도록, 알 수 없는 그 무엇에 의해 선고받은 존재다.

이런 논리로 본다면, 도덕법칙에 관해서도 같은 말을 할 수 있다. 즉 인간은 도덕법칙의 입법자가 아니고 그렇게 되도록 선고받은 존재이다. 인간은 필연과 자유에 동시적으로 선고받은 존재이다. 그러므로 인간이 자연법칙과 도덕법칙 사이에서 갈등하고 고민하고 괴로워하면서 끊임없이 분열되는 자신을 붙들고 하나의 인생 스토리를 만들어가면서 살아가는 것 역시 신의 뜻이다. 물론 이 표현도 은유적임을 고려해서 읽어주기 바란다. 만약에 우리가 신의 뜻을 따르는 것이 구원이라면, 이 길에 충실하는 것 다시 말해서 삶의 고통에 충실하는 것 역시 구원일 것이다. 우리가 삶에서 배워야 할 교훈은, '인생이란 청명하고 온화한 날에 즐기는 산책이 아니라 크고 작은 비바람을 맞으며 전진하는 법을 배워가는 행군'이라는 것이다. 괴테(J. W. von Goethe, 1749-1832)의 말대로, 인간은 노력하는 한 방황한다. 나는 괴테의 말에 덧붙이고 싶다. 인간은 진실로 찾으며 방황한다면, 그의 방황은 곧 구원이다.

VII

선험적 사유는
메타-인식이다

1. 학문에 대한 학문으로서의 선험철학의 정체성과 외연
2. 아프리오리한 종합과 선험적 종합
3. 선험적 대상과 물자체
4. 해명논리로서의 선험적 사유
5. 선험적 사유는 인식도 아니고 사고도 아니다
6. 선험적 관념론과 물자체의 이율배반적 대립의 문제

우리는 앞에서 칸트의 비판적 형이상학은 객관성과 보편성과 필연성이 있는 '경험의 사실'들 — 인식적 경험, 미적 경험, 도덕적 경험이 있다는 사실 — 에 대한 메타적 분석, 즉 '여하히 경험의 사실들이 가능한가?'에 의존하고 있음을 살펴보았다. 이 장에서 나는 선험적 사유의 몇 가지 핵심적인 특징들에 대해 말해보고자 한다. 내가 보기에 칸트는 철학사에서 자신의 고유한 사유방법론이라는 것을 본격적으로 선보인 사람이다. 그리고 그 사유방법론을 자신의 철학으로 만들기도 했다. 칸트는 철학 즉 넓은 의미의 형이상학은 선험적인 사유방법을 통해서만 가능하다고 생각했으며, 자신의 사유방법론을 특징짓는 용어를 새롭게 조어하기보다는 중세의 스콜라 용어인 transcendere(넘어서다)를 약간 변형시켜 transzendental(선험적)이란 용어를 만들었다. 칸트는 자신의 독특한 철학적 사유방법론을 해명하기 위해 『순수이성비판』 전체를 '선험적'이란 말로 도배하다시피 했다. '선험적 원리론', '선험적 감성론', '선험적 분석론', '선험적 변증론', '선험적 방법론', '선험적 연역', '선험적 논리학', '선험적 의식', '선험적 대상', '선험적 관념론', '선험적 추상성', '선험적 친화성', '선험적 종합' 등등. 칸트 이후 철학은 사유방법론에 대해 연구하는 경향이 생겨나게 된다.

1.
학문에 대한 학문으로서의
선험철학의 정체성과 외연

고대 그리스인들이 필로소피아(philosophia)로 불렀고 우리가 '철학'이라고 번역하는 이 학문은 요즘의 용어로 말하면 '학문'이란 뜻이다. 그리고 우리 시대에 '철학'이라 불리는 이 학문은 고대에는 '학문 중의 학문', '으뜸 학문'이었다. 그래서 아리스토텔레는 '제1학문'(prote philosophia)으로 불렀다. 또한 철학은 최종 학문으로서 형이상학(Metaphysica)이기도 했다. 그러다가 중세에는 신학의 시녀로 전락했다. 그런데 근세가 되어 자연과학이 급속도로 발전하기 시작한다. 칸트가 학자로서 활동한 18세기 이전부터 과학의 발달에 힘입어 기술의 발달도 이루어지면서 16-17세기에 이미 영국에서의 산업혁명을 준비한 조기 산업혁명이 진행되고 있었다. 이제 철학은 신학의 시녀 노릇을 하지 않아도 되지만, 그렇다고 다시금 제1철학, 즉 학문 중의 학문의 위상을 회복하기가 힘들어졌다. 이미 자연에 대한 탐구의 주도권을 자연과학이 가져간 마당에, 제1철학으로 불리던 이 학문은 과연 살아남을 수 있는가? 이 물음 앞에서 칸트는 철학이란 학문을 완전히 새롭게 이해한다.

칸트는 고대인들이 자연현상에 대해 가졌던, 학문의 시작이었던 '경이'를 새롭게 해석한다. 그는 철학(학문)의 출발점에서 고대인들이 가졌던 자연현상에 대한 경이를, 자연현상의 발생에 정답을 제공하는 자연과학에 대한 경이로 바꾸어 자신의 철학적 사유의 출발점으로 삼았다. 다시 말해서 그는 고대인들이 자연에 대해 가졌던 일차적 경이를 메타(meta) 경이로 만들어 묻는 방식으로 즉, '여하히 수학과 물리학의 아프리오리한 종합이 가능한가?' 하는 질문에 답하는 혁명적 방식으로 철학의 정체성을 새롭게 확립하려 한다. 그는 자연과학이 자연현상의 발생 원인에 대한 정답을 경이롭게 잘 찾아내는 이유가 무엇인지 그 원인을 밝히는 것을 철학이 해야 할 일로 생각했다. 말하자면 그것은 '경이에 대한 경이'이다. 그리하여 칸트는 고대에는 '학문 중의 학문'으로 추앙받았던 철학을 '학문에 대한 학문'으로 바꾸게 된다. 이제 그에게 있어서 철학은 곧 '선험철학'이다. 학문에 대한 학문으로서 철학은 처음에는 자연과학에 대한 학문으로 시작했으나, 칸트는 나중에 '비판적 형이상학' 즉 '비판철학'을 완성시키기 위해 두 개의 학문을 더 필요로 했다. 윤리학과 미학이다.[1]

통상 위대한 철학자들은 그들만의 고유한 사유방법을 제시한다. 데카르트는 방법적 회의라고 불리는 의심의 방법을 통해, '나는 생각한다. 그러므로 나는 존재한다'(Cogito ergo sum)는 명석판명한(clear and distinct) 진리를 찾아냈다고 확신했다. 그리고 헤겔은 변증법적 사유방법을, 후설은 현상학적 사유방법을, 길버트 라일(G. Ryle, 1900-1976)은 언어분석적 방법을 발견했다. 칸트

---

1) 하이데거는 「휴머니즘에 관한 서한」에서 이렇게 말하고 있다. "철학은 여러 과학들 앞에서 자신의 실존을 정당화해야 한다는 끊임없는 곤경을 겪고 있다. 철학은 자신을 스스로 과학의 지위로 이끌어 올림으로써만 이러한 정당화가 가장 확실하게 이루어진다고 믿는다. 그러나 이러한 노력은 사유의 본질을 포기하는 것이다. 철학은 만약 과학이 아니라면 이제까지의 명성과 타당성을 잃을 것이라는 공포에 쫓겨다닌다. 과학이 아니라는 것은 비과학성과 동일시되는 결함으로 간주된다."(하이데거, 『이정표 2』, 이선일 옮김, 파주, 2005, 125쪽) 철학은 그것이 분과학문들과는 달리 부분적 진리가 아니라 총체적 진리를 추구하는 한에서, 과학이 되어서는 안 되고 될 수도 없을 것이다. 칸트도 하이데거와 마찬가지로 '철학은 과학이 되어서는 안 된다'고 생각했다. 그러나 칸트는 철학을 과학에 대한 메타-과학(Meta-Science)으로 이해함으로써 철학의 존재 이유를 설명했다. 그런 맥락에서 그는 선험철학(Transzendental Philosophie)을 만들었다. 그러나 하이데거는 철학이 과학이 되지 않기 위해서 시적인 존재사유를 해야 한다고 주장하면서 새로운 비합리주의와 상대주의의 길 — 그는 이것을 '존재역운'(Geschik des Seins)이라고 부른다 — 을 정당화시켜주었다. 필자는 철학은 철학 자신이 당면한 위기와 현대의 탈진실사회가 당면한 위기를 극복하기 위해 하이데거의 길을 가기보다는 칸트의 길을 가는 것이 바람직하다고 생각한다. 후기의 하이데거적 존재사유로는 하늘의 계시를 받았다는 사이비 도사들의 깨우침을 거부할 이유를 갖기도 힘들어질 것이다.

는 선험적 사유방법을 발견했다. 과학자들의 경우에는 공통으로 실험적 방법을 사용한다. 그리고 그들은 동일한 탐구방법을 통해 내용상 상이하고 다양한 연구결과물을 만들어낸다. 누구는 그 방법으로 자유낙하의 법칙을 발견하고, 누구는 백신을 만들고, 누구는 중력파를 찾아낸다. 그러나 철학자들은 다양한 사유방법을 제시하는데, 철학자들의 경우에는 그들의 사유방법과 그들의 사유내용 즉 그들의 철학사상이 구분이 안 되는 경우가 있다. 헤겔의 경우는 그가 발견한 변증법적 사유가 곧 그의 사상내용이다. 칸트의 경우도 마찬가지이다. 칸트의 사유방법론이 선험적 사유방법이면서, 선험적 사유가 곧 칸트철학이기도 하다. 칸트는 바로 이런 이유로, 선험적 사유방법의 핵심을 보여주고 있는 『순수이성비판』을 형이상학으로 가는 예비학이라고 하면서도 동시에 그 책 자체를 형이상학 서적으로 간주한다.

칸트는 『순수이성비판』 초판의 '들어가는 말'(Einleitung)에서 '선험철학'의 개념에 대해 설명하기 위해, 경험을 두 종류로 나누는 일부터 시작한다. "진정한 보편성을 주지 않는"(A2) 경험과 보편성을 주는 경험이다.

> 우리의 경험들 중에서도 그 근원이 아프리오리하면서 우리 감관의 표상을[사물의 표상을] 결합하는 데에 쓰이는 인식이 섞여 있음은 명백하고, 이것은 매우 주목할 만하다. 대체로 보아서 우리가 경험으로부터 감각기관(Sinn)에 속하는 모든 것을 제거할 때에도, 어떤 근원적인 개념과 이런 개념들로부터 산출된 판단은 여전히 남아 있다. 이런 개념과 판단은 온전히 아프리오리하게 다시 말해서 경험과 무관하게 생긴 것임에 분명하다.(A2)

칸트가 보기에 수학은 인간이 아프리오리한 인식의 분야, 즉 객관성과 보편성과 필연성이 있는 지식 분야에서 이룬 빛나는 성과를 잘 보여주고 있다. 수학은 그 개념에 대응하는 직관을 구성하여 사고하는 식으로 성공을 거두었다. 그런데 사람들은 이 점을 간과한다. 그래서 독단적 사상가들은 수학의 성공에 고무되어 우리의 인식을 개념에 대응하는 감각내용을 가질 수 없는 대상들에까지 확장하려는 무모한 시도를 한다. 예컨대 스피노자는 『에티카』에서 신과 실체와 자연이 같은 것임을 기하학적 방법으로 서술한다. 칸트는 플라톤을 스피노자식 독단적 형이상학의 우두머리로 간주하며, 그를 다음처럼 평가한다.

> 경쾌한 비둘기는 공중을 자유롭게 비행하면서 공기의 저항을 느끼며, 공기 저항이 없는 진공상태에서 더 잘 날 것으로 생각할지도 모르겠다. 플라톤도 이처럼 감성계가 지성에 대해 그렇게나 많이 방해하기 때문에, 이념의 날개에 의지하여 감성계를 떠난 피안에 즉 순수지성의 진공 중에 뛰어들었다. 그러나 플라톤은 이러한 노력이 아무런 전진도 이루지 못했음을 깨닫지 못했다. 그는 지성을 움직이기 위해서는 그 기초가 되는 지점(支點), 즉 자기가 힘쓰는 것을 가능하게 만들어주는 저항을 가지지 않았기 때문이다.(A5, B9)

나는 칸트의 이 말을 읽을 때마다, 멋진 비유에 탄복하곤 한다. 그토록 무미건조한 문체로 사람들의 안구를 건조증으로 괴롭히고 뇌는 습기를 잃어버리게 만드는 칸트가 저렇게 멋있는 비유를 들다니! 플라톤은 공기의 저항 때문에 더 빨리 날지 못한다고 생각하여, 진공 속으로 날아가 버린 비둘기가 되어버렸다. 비둘기가 진공상태에 놓이자마자, 그만 추락하게 된다. 칸트는 이 문장에서 감각으로부터 완전히 분리된 이데아 개념의 문제점을 지적하고 있다. 이데아는 현상 초월적 존재이다. 칸트의 용어로 표현한다면, 플라톤의 형이상학은 '초험적'(transzendent) 형이상학이다. 그러나 내가 보기에 칸트는 플라톤에 대해 필요 이상으로 가혹한 평가를 하고 있다. 우리가 앞서 살펴보았듯이 일자무식의 노예소년이 피타고라스의 정리를 이해하게 되는 것을 염두에 두면서, '안다는 것은 기억해내는 것이다'라고 말하는 플라톤의 상기설은 칸트의 아프리오리 인식이론과 그다지 멀리 떨어져 있지 않다. 칸트는 수학의 분야에서 인간 이성이 빛나는 성과를 거두었다고 말하고 있는데, 플라톤도 자신이 세운 유럽 최초의 고등교육기관인 아카데미아의 현관에 '기하학을 모르는 사람은 들어오지 말라'는 현액을 걸어둘 만큼 기하학에 매료되어 있었다. 내가 이 책의 제2장 제3절, 「'순수이성비판'은 '순수인간비판'이다」에서 여러분에게 강조해서 말했듯이, 칸트는 자신의 아프리오리한 구성주의 수학철학과 '도식론'은 플라톤의 기하학적 이데아론에 대한 혁명적 각주임을 몰랐던 것이다.

어쨌건 칸트는 "지성을 움직이기 위해서는 그 기초가 되는 지점(支點), 즉 자기가 힘쓰는 것을 가능하게 만들어주는 저항"에 대해서 언급한다. 그 '저항'의 정체는 무엇인가? 진공 속에서 날아 보겠다고 퍼덕이다가 꼴사납게 추락한 비둘기로 묘사된 플라톤이 보기에는 매우 불쾌한 비유로 보였을 앞의 그 비유에서 칸트가 말하는 것으로 판단하면, 문제의 그 '저항'은 감각의 요소이다.[2] 지성은 감각이 없으면 힘을 쓰지 못한다. 바로 이런 맥락에서 "직관 없는 개념은 공허하고, 개념 없는 직관은 맹목이다"라는 칸트의 유명한 말이 생겨난다. 칸트는 인식에 있어서 경험의 중요성을 다양한 방식으로 강조한다.

> 우리의 모든 인식이 경험과 동시에 개시한다는 것은 전혀 의심의 여
> 지가 없다. 왜냐하면, 우리의 인식능력이 대상에 의하지 않는다면, 우
> 리의 인식능력을 활동하게 만드는 것은 없을 것이기 때문이다.(B1)

---

2) 칸트의 도덕철학에서 말하는 '자유'라는 것도 경향성의 유혹을 물리쳐야 하는 것과 같은 감각적 불편함을 수반한다. 감각적 불편함이 느껴지지 않으면 자유는 의식되지 않는다. 칸트에 있어서 인간이 자유롭게 된다는 것은 힘들고 불편한 것이다. 다시 말해서 자유에는 책임이 따른다는 사실이다. 이는 자유의 역설이다. 인식의 영역에서 이성은 감성을 품어 안고 가야 하지만, 도덕의 영역에서 이성은 감성을 물리치고 가야 한다는 점이 다르다.

그러나 이런 단서를 달아 놓는 것을 잊지 않는다.

> 우리의 모든 인식이 경험과 함께 개시한다 하더라도, 그렇다고 모든
> 인식이 경험에서 발생하는 것은 아니다.(B1. 칸트의 강조)

칸트는 이 인용문에서 인식의 내용과 형식을 구분하고 있다. 물자체가
우리를 촉발하여 우리의 인식 틀(형식)에 들어올 감각자료(내용)가 생겨나는
것으로 우리의 경험이 시작되며, 그것이 생겨나지 않는 한 우리의 인식 틀이
작동하지 않는다는 것을 말하고 있다. "그렇다고 모든 인식이 경험에서 발생
하는 것은 아니다"라는 말은 인식 틀 또한 경험이 성립하기 위해 필수적인
다른 중요한 요소임을 말하고 있다.

이렇게 인식의 형식과 내용이 협동하여 만들어지는 인식에는 아프리
오리한 인식과 경험적 인식이 있다. 예컨대 '코끼리는 비스킷을 좋아한다'
는 것은 경험적 인식이요, 그 절대필연성과 보편성을 보증할 수가 없다. 그러
나 '5+5는 10이다'라는 판단은 아프리오리한 인식이요, 그 절대필연성을 보
증받을 수가 있다. 칸트는 수학과 물리학의 영역에서 이런 아프리오리한 판
단이면서 우리에게 새로운 정보를 제공하는 종합적인 판단들이 많이 있다고
생각했다. 그 판단을 그는 '아프리오리한 종합판단'(synthetische Urteil a priori)이라
불렀다.

> 자연과학(물리학)은 아프리오리한 종합판단을 원리로 포함하고 있다.
> 나는 다만 두 가지만 예를 들겠다. "물체계의 모든 변화에 있어서 물질
> 의 양은 언제나 변화가 없다" 또는 "운동이 모든 전달에 있어서 작용과
> 반작용과는 언제나 서로 동일하다"는 명제가 그것이다.(B18. 강조는 칸트)

나는 『순수이성비판』에서 인식의 영역에서 아프리오리한 종합판단이

있다는 사실을 확언하고 출발하는 칸트의 입장을, 그가『실천이성비판』에서 '실천이성의 사실'(도덕적 경험이 있다는 사실)에 대해 언급하는 것과 대비시켜, '순수이론이성의 사실'(인식적 경험이 있다는 사실)이라고 불렀다. 그는 이 사실에 대해『형이상학서설』에서는 더 분명하게 선언한다.

> 그러나 여기서 먼저 아프리오리한 종합명제의 가능성을 탐구할 필요가 없다. 다시 말해서 이런 명제가 과연 가능하냐를 물을 필요가 없다. 아프리오리한 종합명제는 의심의 여지없이 확실하게 사실상 많이 주어져 있기 때문이다. (…) 우리는 그러한 종합적이면서 순수한 이성인식이 현실로 있다는 것에서 출발하겠다. 그러한 다음에 이 가능성의 근거를 연구하여, 어떻게 이런 인식이 가능하냐를 물어야 한다. 이것은 이 인식을 가능하게 하는 원리에서 그런 인식을 사용하게 하는 조건들 즉 사용의 범위와 한계를 정하기 위해서다. 이래서 만사가 귀착하는 본래의 과제를 학구적으로 엄밀하게 표현하면 다음처럼 된다. 어떻게 아프리오리한 종합명제가 가능한가?[3]

칸트는 위의 인용문에서 분명하고도 단호하게 "우리는 그러한 종합적이면서 순수한 이성인식이 현실로 있다는 것에서 출발하겠다"고 말한다. 칸트 인식론적 탐구의 출발점은 인식적 경험이 있다는 '사실'(Faktum)이다. 우리는 앞서 지성이 움직이기 위한 기초가 되는 받침점에 대해서 알아보았다. 이제 우리는 또한 칸트의 선험철학이 움직이기 위한 기초가 되는 받침점에 대해 말하고 있다. 아프리오리한 종합명제가 어떻게 가능한가를 해명하는 것이 칸트의 '선험철학'이요 '선험적 형이상학'이다. 그러므로 아프리오리한 종합판단은 칸트의 선험철학이 움직이기 위한 지렛점이다. 칸트는『순수이성비판』

---

3)   『형이상학서설』, 277쪽. 강조는 칸트.

에서 인식적 경험의 가능성 근거를 해명하는 방식으로 자신의 선험철학을 건설하고 있다. 칸트는 '아프리오리한 종합판단'이라는 개념의 발견이 인식론의 진보가 아니라 **형이상학**의 진보에 결정적임을 다음처럼 자랑스럽게 말한다.

> 고대의 철학자 중에 한 사람이라도 이런 아프리오리한 종합판단의 가능성의 문제를 제기할 생각만 했더라도, 독단적 형이상학의 체계를 세우느라 그렇게 헛된 고생을 하는 일은 없었을지도 모른다.(A10 참조)

그는 또 형이상학이 학문으로서 실패의 길을 줄기차게 걸어온 이유에 대해 이렇게 말한다.

> 형이상학이 지금까지 그처럼 불확실과 모순이라는 동요 상태를 벗어나지 못한 원인은 결국 어떻게 아프리오리한 종합명제가 가능한가 하는 과제를 설정하지 못했기 때문이며, 심지어 분석적 판단과 종합적 판단의 구분조차 할 줄 몰랐기 때문이다.(B19)

칸트는 아프리오리한 종합판단의 문제를 인식론의 문제로만 해석하는 인식론적 칸트 해석가들은 상상하기 힘들고 이해하기 힘든 말을 한다.

> 형이상학의 성쇠, 따라서 형이상학의 존재는 어떻게 아프리오리한 종합판단이 가능한가라는 이 과제의 해결 여하에 달려 있다. 비록 누군가가 형이상학에 대해 아주 교묘한 주장을 하더라도, 그리고 숨 막힐 만큼 추리에 추리를 거듭하더라도, 그가 먼저 이 문제에 만족할 만한 답을 할 수 없다면, 나는 그것이 전혀 근거 없는 철학이요 거짓된 지혜

라고 말할 권리가 있다.[4]

이제 우리는 왜 칸트가 아프리오리한 종합판단의 문제를 형이상학의 문제와 연결시키는지 충분히 이해하게 되었다. 칸트는 드디어 자신의 선험철학을 특징짓는 '선험적'을 다음처럼 설명한다.

> 대상들을 다루는 것이 아니라, '대상들 일반'을 우리가 인식하는 방식을 — 이것이 아프리오리하게 가능한 한에서 — 일반적으로 다루는 모든 인식을 나는 '선험적'이라고 부른다.(B25)

> 그리고 선험적이라는 말은 (…) 모든 경험을 넘어선다는 의미가 아니라, 확실히 경험에 아프리오리하게 선행하기는 하되, 오로지 경험 인식을 가능하게 하는 데에만 쓰이도록 규정되어 있는 것을 의미한다. 이제 말한 선험적이란 개념이 경험을 넘어버리는 것이라면, 그런 사용은 초험적이라고 부르고 내재적 즉 경험에로 제한된 사용과 구별된다.

이로써 왜 transzendental을 '초월적'으로 번역하면 안 되고 '선험적'으로 번역해야 하는지 그 이유도 더 분명하게 밝혀졌다.[5]

---

4) 『형이상학서설』, 287쪽.

5) 그 용어를 '초월적'으로 번역하자고 하는 연구자들은 대체로 칸트철학에서 물자체를 제거하는 방식으로 칸트철학을 독해하려는 경우가 많다. 물자체가 제거된 칸트철학에서 인식주체 혹은 자아가 현상계를 넘어서서 초월할 대상은 존재하지 않는다. 그러니 그들 눈에는 칸트철학에서 말하는 선험적(transzendental)이 세계 내 초월, 즉 세계 안의 대상을 향해 주관이 자신을 벗어나서 대상을 향해 초월하는 것으로 읽히게 되는 것이다. 그들은 칸트가 행한 현상과 물자체의 구별을 동일한 하나의 대상에 대한 보는 관점의 차이로 해석하여 이해한다. 이를 이중관점론이라고 하는데, 이와 대립되는 것이 양세계론이다. 양세계론은 현상과 물자체가 다르듯이, 그 현상계와 물자체계는 하나의 동일한 세계가 아니라, 구별되고 분리되는 두 개의 세계라는 것이다. 이에 대한 보다 자세한 논의는 나의 책, 『칸트의 인간관과 인식존재론』의 '들어가는 말'을 보기 바란다. 그리고 이 책의 V장 2절 '플라톤과 칸트에 있어서 사물의 진리와 도덕의 진리'도 참조

지금까지 우리는 『순수이성비판』이 선험철학인 이유를 알아보았다. 그러면 『실천이성비판』은 어떤 이유에서 선험철학일 수 있는가? 칸트는 『실천이성비판』에서도 실천적인 차원의 '아프리오리한 종합판단'에 대해 말한다. 칸트는 "너 의지의 준칙이 항상 주관적인 동시에 보편적인 법칙 수립이라는 원리로서 타당할 수 있도록 행위하라"는 '순수한 실천이성의 근본법칙'을 '아프리오리한 종합명제'(synthetischer Satz a priori)라고 한다. 그리고 모든 인간은 이 법칙에 대한 의식을 갖고 있다고 한 뒤, 그 '법칙에 대한 의식'을 '이성의 사실'(ein Faktum der Vernunft)로 부른다. 그리고는 이성의 사실이 어떻게 가능한가를 해명한다. 『실천이성비판』에서의 칸트의 논의방식은 『순수이성비판』에서 칸트의 논의방식과 매우 흡사하다. 『순수이성비판』에서 칸트는 수학이나 물리학의 분야에 아프리오리한 종합판단이 있다는 사실 즉 '인식의 경험'이 있다는 사실을 확인한 뒤에, 그러한 경험의 가능성 조건을 경험에 앞서서 해명하고 있다. 마찬가지로 『실천이성비판』에서는 실천적인 차원의 아프리오리한 종합적 명제를 의식한다는 '도덕의 경험'이 있음을 확인한 뒤에, 그러한 도덕의 경험의 가능성 조건을 경험에 앞서서 해명하고 있다. 그러므로 우리는 칸트의 『실천이성비판』도 선험철학이라고 말할 수 있을 것이다. 단 『순수이성비판』은 선험철학이면서 선험적 인식론이라면, ─ 물론 선험적 형이상학이기도 하지만 ─ 『실천이성비판』은 선험철학이면서 선험윤리학이 된다. 그리고 이 선험윤리학은 동시에 '실천적인 초월적 형이상학'이기도 하다.

하기 바란다.

2.
아프리오리한 종합과 선험적 종합

바움가르트너는 『순수이성비판』에 대해, 그 책에서 '칸트가 제시해 보이는 논증들의 성격이 무엇인가?'라는 질문을 던진다.

> 또 하나의 본질적인 물음은 『순수이성비판』 자체에서 사용된 철학
> 적 해명의 방법과 관련한 것이다. 『순수이성비판』의 증명들은 어떤 지
> 위에 있는가? 또 『순수이성비판』의 진술들은 어떤 지위에 있는가? (…)
> 그 진술들은 분석적 판단인가 아니면 아프리오리한 판단인가?[6]

필자는 이 물음에 대해 '아프리오리한 종합'과 '선험적 종합'의 구분을 통해 대답하고자 한다. 그 구분에 대해 연구자들은 거의 관심을 기울이지 않고 있는데, 기이한 일이다. 이것을 구분하는 것은 칸트철학을 올바로 이해하기 위해 대단히 중요하다. 선험적 사유는 철학과 수학을 철저하게 구분한다. 철학자와 수학자는 "둘 다 이성기술자이지만, 철학자는 개념에 따르는 길을 취하고, 수학자는 개념에 합치하여 아프리오리하게 현시하는 직관에 따르는 길을 취한다."(B745) 이렇게 되는 이유는 무엇인가? 이를 알아보려면 '아프리

---

6)   H. M. 바움가르트너, 『칸트의 순수이성비판 읽기』, 200쪽.

오리한 종합판단'과 '선험적 종합판단'의 구별에 대해 살펴보아야 한다.

앞서 보았듯이, 칸트는 '아프리오리한 종합판단'의 발견이 형이상학의 발전을 위해 중요한 것이라고 생각했다. 우리는 칸트가 왜 그렇게 생각하는 지 그 이유도 분명히 알게 되었다. 그는 그 개념에 도달하기 위해서 판단을 '분석판단'(analytisches Urteil)과 '종합판단'(synthetisch Urteil)으로 구분하는 것에서 시작한다. 판단은 주어와 술어로 구성되는데, 주어 개념 속에 이미 들어 있는 것이 술어 개념으로 사용되면, 그 판단은 분석판단이다. 예컨대, '모든 총각 은 미혼 남자이다'가 분석판단이다. 칸트는 "모든 물체는 연장(延長)이 있다" 는 예를 든다. 이런 판단은 사실은 동어반복적이어서, 절대로 잘못된 판단이 될 수가 없다. 그 판단은 필연적으로 참이다. 우리는 그 판단이 참인지 확인 하기 위해, 세상의 모든 총각들이 미혼 남자인지 일일이 확인하는 절차를 거 치지 않아도 된다. 그 주어개념을 잘 분석해본 뒤에, 술어개념이 그 안에 들 어 있는 것인지 조사해보는 것으로 충분하다. 그 대신 우리의 지식을 확장시 켜주지는 못한다. 칸트는 분석판단을 달리 '설명판단'(Erläuterungs-Urteil)이라 부르기도 한다. 분석판단은 필연적이기에 '아프리오리 분석판단'이다. 종합 판단은 주어 개념 속에 들어 있지 않은 것이 술어개념으로 사용되면서, 주어 개념과 결합해 있는 판단이다. 예컨대 '모든 말은 당근을 좋아한다'는 판단의 경우, 우리는 말이란 개념을 아무리 분석해도 거기에서 당근을 좋아한다는 것을 찾아낼 수가 없다. 그래서 우리는 그 판단이 참인지 여부를 확인하려면, 지구상에 존재하는 모든 말들에게 당근을 먹여보고, 정말로 그것들이 당근 을 좋아하는지 일일이 확인하는 경험적 절차를 밟아야 한다. 그 판단에서 주 어와 술어를 결합하는 것은 경험이다. 그래서 칸트는 이런 판단들을 '경험판 단'이라고 부르기도 한다. 그리고 이런 판단들은 우리들에게 새로운 정보를 제공하기에 '확장판단'(Erweiterungs-Urteil)이라고 부르기도 한다.

문제는 그 판단의 주어와 술어가 경험에 의지하기에, 그 판단의 절대적 인 확실성도 경험에 의지해서 확보되어야 하는데, 그렇게 하는 것이 원칙적으로 불가능하다는 것이다. 어느 세월에 지구상에 과거에도 있었고, 현재도 있고, 앞으로도 있을 모든 말들이 당근을 좋아하는지 일일이 확인해보겠는가? 경험판단은 종합적이지만 그 판단의 확실성을 보장받을 수가 없다. 그것은 '아포스테리오리한 종합판단'이다. 아프리오리한 종합판단은 확실성은 있지만 동어반복이요, 아포스테리오리한 종합판단은 지식은 확장시켜주지만 확실성이 없다. 칸트는 이 두 종류의 판단의 장점을 가진 판단을 '아프리오리한 종합판단'으로 불렀다. 이것은 확실성도 있고 우리의 인식을 확장시키기도 한다. 그는 수학이나 물리학에는 이런 아프리오리한 종합판단이 많이 있다고 생각했다. 그리고 어떻게 순수수학이나 물리학이 가능한가라며, 이런 판단들의 가능성 조건을 해명하는 작업을 통해 얻어진 사유체계를 '선험철학'이라고 했다. 칸트의 판단론에 대한 이런 설명을 접한 뒤에 나는 학부생이었을 때, 이런 의문이 들었다.

그러면 칸트가 『순수이성비판』에서 아프리오리한 종합판단의 가능성 조건들을 해명하면서 제시하는 수많은 명제들은 아프리오리한 종합판단인가? 분명히 칸트는 그 책에서 우리에게 새로운 지식을 제공하고 있으니, 종합적인 판단임이 분명하다. 그리고 칸트 스스로 자신의 학설이나 주장에 확실성이 없다고 말하지 않을 테니, 아프리오리한 판단임도 분명하다. 그렇다면 아프리오리한 종합판단인가? 그러나 칸트가 『순수이성비판』에서 제시하는 많은 주장들은 수학의 아프리오리한 종합판단에서 발견되는 직관의 요소를 갖고 있는가? 없다. 그러니 그 명칭은 수학의 판단에나 어울리는 용어이지 『순수이성비판』에서 제기되는 주장들에는 어울리지 않는 것이 아닌가? 칸트철학을 선험철학이라고 규정하니, 그런 명제들은 '선험적 종합판단'으로 명명해야 하는 것이 아닌가?

사실 칸트 자신이 '선험적 종합'(transzendentale Synthesis)이란 개념을 사용하고 있다.

확실히 순전히 개념에 의하는 선험적 종합이 있고, 철학자만이 이런 종합에 도달한다. 그러나 이런 **선험적 종합은 개별의 경험적 현상에 상관하지 않고 사물일반에만 관계하고**, 이 종합은 사물의 지각이 '가능한 경험'에 속하기 위한 조건인 것이다.(B747. 강조는 필자)

칸트는 선험적 종합이 사물일반에 관계하는 종합이라고 말하고 있는데, 이 말에 따르면, 칸트가 『순수이성비판』에서 수행하는 철학적 작업을 하면서 획득한 수많은 철학적인 명제들은 선험적 종합명제들이다. "개념 없는 직관은 맹목이요, 직관 없는 개념은 공허하다"(B74)는 말이나 "가능한 경험일반의 아프리오리 조건이 동시에 경험대상의 가능성의 조건이다"(A111)라는 등의 주장들이 모두 사물일반에만 관계하는 그런 종류의 선험적 종합명제들이다. 칸트는 두 종류의 이성 사용에 대해 말한다. 즉 수학의 직관적 이성사용과 철학의 개념에 의한 추리적 이성사용이다.(B747참조) 그는 전자를 형식적 이성사용이라고도 하며 후자를 내재적 이성사용이라고도 한다. 형식적인 이성사용은 '개념의 구성'에 의한 이성사용이요, 내재적 이성사용은 개념에 의한 이성사용이다.(B751 참조) 칸트의 이러한 구분은 지성과 이성의 구분에 의거하는 것으로, 수학이나 물리학의 아프리오리한 종합은 지성에 의거하고, 철학이 하는 개념에 의한 선험적 종합은 이성에 근거한다는 것이다. 칸트는 이 선험적 명제를 어떻게 설명하는가?

현상의 경험적 내용을 표상하는 유일한 개념이 '사물일반'의 개념이다. (…) 이 사물일반의 아프리오리한 직관은 주어지지 않지만, 이런 사물일반에 관계하는 종합적 명제는 선험적이다. 따라서 선험적 명제는 결코 개념의 구성에 의해 주어지지 않고 아프리오리한 개념에 의해서만 주어진다. (…) 그러나 선험적 명제는 그 명제가 갖고 있는 하나의 개념이라도 어느 경우에건 아프리오리하게 표시할 수 없고 아포스테리오리하게만 표시할 수 있다. 즉 종합적 원칙에 의해서 비로소 가능하게 되는 경험을 매개로 해서 표시될 수 있다.(B748-749)

이상의 칸트의 말은 그가 '아프리오리'와 '선험적'을 구분하여 '선험적'의 의미를 "대상에 관한 인식이 아니라 아프리오리하게 가능한 한에 있어서의 우리의 인식에 관한 모든 인식"(B25)이라고 말하는 것을 염두에 둔다면 어려운 표현에도 불구하고, 그 의미는 분명하다. 즉 자신의『순수이성비판』의 '감성론'과 '분석론'을 포함한 모든 이론은 아프리오리한 종합판단이 아니라, 이러한 판단들이 성립하게 되는 가능성의 근거에 관한 철학적 사유의 결과물인 선험적 종합판단이라는 것이다. 그리고 이러한 선험적 종합명제의 타당성은, 아프리오리한 종합처럼 직접적으로 경험에 의해 확증되는 것이 아니고, 그런 명제들이 수학과 물리학의 경험적 사실의 가능성을 잘 설명해주고 있다는 사실에서 간접적으로 구해지는 것이라는 말이다. 칸트가『순수이성비판』의 뒷부분 '방법론'에서 수학과 철학의 학문적 특징을 구별하기 위해서 많은 진술들을 할 때, 그의 머릿속에는 아프리오리한 종합과 선험적 종합의 구분이 있음을 반드시 기억해야 한다. 수학이나 물리학과 관계해서 '아프리오리한'이란 용어가 사용되면, 어떤 식으로든 '직관'(감각자료)이 문제 된다.

우리는 '선험적 분석론'에서 지성의 원칙을 역학적 원칙과 수학적 원칙으로 구별했다. 전자는 직관의 순전한 통제 원리였고, 후자는 직관에 관해서 구성적인 원리였다.(B602)

그런데 선험적 종합은 직관과 무관하다. 칸트가『순수이성비판』에서 주장하는 수많은 선험적 종합명제들은 그에 상응하는 직관을 가질 수가 없다. 그러므로 아프리오리한 종합과 선험적 종합은 구별되는 것이 옳다. 더군다나 아프리오리한 종합에 비해 선험적 종합은 한 차원 위의 종합이다. 그러나 '칸트가 이 두 종류의 종합을 일관되게 구분하고 있는가'라는 문제에 대해서, 우리가 일견 받게 되는 느낌은 혼란스러움이다. 예컨대 칸트가 '형이상학은 그 목적에서 보아 아프리오리한 종합판단으로 이루어져야 한다'(B18)고 했을 때, 그는 '아프리오리한 종합'으로 '선험적 종합'을 의미했기 때문이다. 그뿐만 아니라, "아프리오리한 점에서 형이상학적 인식과 순수수학을 구별할 수가 없다"는 말을 하기도 한다. 이 경우 '아프리오리한 점에서'를 '필연성이 있다는 점에서'로 풀이하면 뜻이 통하지 않는 바는 아니지만, 엄격하게 구분해서 말한다면, 형이상학은 선험적이고, 수학은 아프리오리하다. 엄격하게 말하려면 '선험적'을 사용해야 할 자리에서 이렇게 말하기도 한다. "형이상학 인식이 아프리오리한 판단만을 포함한다는 것을 형이상적 인식의 근원의 특질이 요구한다."[7] 또한 칸트는 『실천이성비판』에서 "너의 의지의 준칙이 언제나 동시에 보편적 입법의 원리로서 타당할 수 있도록 그렇게 행위하라"는 명제를 "순수한 직관이든 경험적 직관이든 그 어떠한 직관에도 기초하지 않은 아프리오리한 종합명제(synthetischer Satz a priori)"라고 한다.[8]

이쯤 되면 칸트의 용어 사용의 일관성 문제는 수습 불가능할 정도로 보인다. 그러나 우리는 이런 혼란을 다음처럼 이해하면 수습할 수 있다. 칸트가 이성도 넓은 의미와 좁은 의미로 나누어 사용하듯이 '아프리오리'도 그렇게 나누어 쓰고 있는 방식으로 이해하는 것이다. 그는 그 용어를 넓은 의미로는 수학이나 물리학의 '아프리오리'와 철학의 '아프리오리'를 포함하는 것으로 쓰고 있다. 그리고 첫 번째 협의의 아프리오리는 철학에서의 '아프리오리'이

---

7) 『형이상학서론』, 269쪽.

8) 『실천이성비판』, 34쪽.

며 이를 특별히 '선험적'으로 부른다. 선험적은 '개념에 의한 절대 필연적 추리'의 사태를 표현할 때 사용된다. 그리고 두 번째 협의의 아프리오리는 수학과 물리학의 '아프리오리'를 의미한다. 이를 그림으로 표시하면 한눈에 들어온다.

우리들의 이런 분류는 칸트의 다음과 같은 말에 의해 그 정당함이 입증된다.

> 모든 아프리오리한 인식을 선험적이라고 말하는 것이 아니라, 어떤 표상들이(직관들이건 개념들이건 간에) 아프리오리하게 사용되고 혹은 아프리오리하게만 가능하다는 것과 또 어떻게 그러하냐 하는 것을 우리가 인식하도록 하는 아프리오리한 인식만이 선험적이라고 말해야 한다는 것이다.(B80)

아프리오리한 종합과 선험적 종합의 구분에 대한 설명을 마치기 전에 칸트의 인식론에 대한 헤겔의 조롱 섞인 비판을 비판하고자 한다. 헤겔은 칸트의 인식이론을 '인식하기 이전에 인식을 논하는 인식론'으로 이해한 뒤에, 이는 수영을 익힌 뒤에 물에 들어가자는 말이나 마찬가지라고 했다.[9] 헤겔은

---

9)   G. W. F Hegel, *Vorlesungen über die Geschichte der Philosophie* III (Sukrkamp Verlag, Werke in zwanzig Bänden, 1986), 334쪽 참조.

수영하는 것을 배우기 위해서, 물에 들어가 보아야 하는데, 칸트는 물속에 들어가지도 않고 수영을 배우는 것이 가능하다고 말하는 것이나 마찬가지라는 것이다. 그러나 칸트의 선험철학은 말하자면, 직접 수영을 하는 것이 아니라 수영하는 것이 가능하기 위한 조건을 묻는 작업이기에, 헤겔의 비판은 설득적이지 않다. '수영이란 물에서 배우는 것이지 물 바깥에서 배우는 것이 아니다'라는 헤겔의 말이 틀린 것은 아니다. 그러나 수영을 배우는 것이 가능하기 위해서 어느 정도의 수심을 형성할 수 있는 물을 받아둘 수영장이 있어야 하는지를 밝히는 작업은 수영을 통해 배울 필요가 없다. 칸트는 인식(아프리오리한 종합판단)의 가능성 조건을 검토하는 작업(선험적 작업)을 하고 있는데, 이 작업 자체는 과학적 혹은 수학적 '인식'이 아니다. 선험적 종합은 아프리오리한 종합과 구분되어야 하며, 같은 차원의 '인식'으로 간주되어서는 안 된다. 칸트의 인식이론을 수학과 물리학적 인식에 대한 메타이론 즉 선험적 이론으로 보지 않고, 아프리오리한 물리이론이나 수학이론으로 보게 되면, 칸트의 인식론을 헤겔처럼 수영을 배운 뒤에 물에 들어가자는 식의 주장을 펼치는 이론으로 곡해하게 된다.

선천적 인식과 선험적 사유의 구분은 칸트의 진리 개념을 두 차원으로 나누어 생각하게 만든다. 우리는 앞에서 플라톤과 칸트가 진, 선, 미를 다루는 방식의 차이점에 대해 살펴보았다. 플라톤에게 있어서 진, 선, 미는 모두 그 주소지가 이데아의 세계였다. 그리고 이 진리는 선이면서, 미이다. 그리고 미는 선이면서 진리이고, 선은 진리이면서 미이다. 이 삼자는 같은 것이다. 일종의 진선미 삼위일체설이다. 그런데 칸트의 경우에는 진리의 주소지는 현상계이고 선의 주소지는 예지계이다. 그리고 미의 주소지는 진리와 선함, 이 양자 사이이다. 그리고 진리는 선도 아니고 미도 아니다. 그리고 미는 진리도 아니고 선도 아니다. 마찬가지로 선은 진리도 아니고 미도 아니다. 칸트는 플라톤이 주장한 진선미 삼위일체설을 삼위분리설로 만들었다. 이 대목에서 우리는 이런 질문을 할 수 있다.

칸트가 수학과 물리학의 선천적 종합판단들만을 진리로 간주한다면, 그러한 판단들의 가능성 근거를 논구한 『순수이성비판』의 '진리론적 자리'는 무엇인가? 그리고 그가 삼 비판서에서 선험적 사유방법론을 통해 구축한 비판적 형이상학의 체계의 진리론적 자리는 무엇인가?

이 물음에 대한 대답을 제시하는 것은 '칸트의 진리론'을 밝히는 일이 될 것이다. 분명히 비판적 형이상학 전체는 '선험적 종합판단들의 유기적 체계'이지만, 수학이나 물리학에서 발견할 수 있는 진리는 아니다. 그러면 그것은 무엇인가? 그것은 말하자면 철학적 혹은 형이상학적 진리이다. 칸트는 '아프리오리한 진리'와 '선험적 진리'를 구분하고 있다. 칸트의 선험적 진리는 비판적 형이상학 그 자체요, 이는 진선미 삼위분리설 위에서 성립하는 메타(meta) 진리이다. 칸트에 있어서 형이상학은 선험적인 방식으로만 가능하기에, 형이상학은 메타 학문이요, 메타 학문인 형이상학이 획득할 수 있는 진리는 수학이나 물리학이 획득하는 그런 일차적인 진리가 아니라, 메타 진리이다.

칸트는 먼저 수학적-자연과학적 진리가 있음을 인정한다. 이 진리는 과학적 사실에 관한 진리이다. 칸트는 그런 진리를 '인식'으로 간주한다. 이 진리는 일차적-아프리오리 진리이다. 그다음에 이런 일차적 진리가 어떻게 가능한가를 탐구하는 데서 성립하는 메타적 진리가 있다. 이 진리는 이차적-선험적 진리이다. 『순수이성비판』은 이런 진리들의 유기적 통합체이다. 『순수이성비판』은 자연과학이 다루는 사실들에 대한 진리 즉 인식에 대한 메타-인식이기에, 그 책은 메타-사실을 말하고 있다. 칸트는 과학적 사실에 대한 진리와 메타-사실을 다루는 진리를 통합해서 '사실의 진리'로 간주한다.

그다음에 칸트는 도덕적 사실에 대한 진리가 있음을 확인한다. 모든 문화권과 민족과 나라에서 모든 도덕적 명령은, 비록 그 명령의 내용은 다르다 하더라도, 그 형식에 있어서 동일한 방식으로 부과된다는 것이다. 즉 '너는 무조건 ～해야 한다'는 것이다. 『실천이성비판』은 그 도덕적 사실의 가능성 조건을 선험적으로 탐구한다. 그 결과 칸트는 인간은 자신의 내면에서 도덕적 갈등이 일어날 때, 인과법칙으로부터 자유로울 수 있는 존재이고, 또한 최고선의 실현 조건으로 내세와 신이 있다는 것을 증명한다. 그 결과 밝혀진 진리는 도덕적 선에 대한 진리인데, 도덕은 삶의 의미 문제와 연관되기에, 그 책은 '의미의 진리'를 밝힌 책이 된다. 그리고 과학적 진리(진)와 도덕적 진리(선) 사이에 그는 미학적 진리(미)를 배치시켰다. 물론 칸트의 미학 역시 선험적 미학이다. 이렇게 보면 칸트에게는 모두 6가지 진리가 있다. ① 과학적 진리(인식경험이 있다는 사실), ② 인식경험의 가능성 조건에 대한 선험인식론적 진리(『순수이성비판』), ③ 도덕적 진리(도덕경험이 있다는 사실), ④ 도덕적 경험의 가능성 조건에 대한 선험윤리학적 진리(『실천이성비판』), ⑤ 미적 진리(미적 경험이 있다는 사실), ⑥ 미적 경험의 가능성 조건에 대한 선험미학적 진리(『판단력 비판』)가 그것이다. ① ③ ⑤는 일차적-사실적 진리이고, ② ④ ⑥은 이차적-선험적 진리이다. 그리고 이 선험적 진리들의 유기적-통합적인 체계가 칸트의 '비판적 형이상학'이다.

3.
선험적 대상과 물자체

선험적 사유방식은 사유형식과 사유내용을 구분하고 또 현상과 물자체를 철저하게 구분한다.

경험은 서로 다른 두 가지 요소를 포함하고 있다. 즉 감관의 인식을 위한 질료와 이 질료를 정돈하는 어떤 내면적 형식을 포함한다. 이 형식은 순수직관과 순수사고라는 주관적 원천에서 생긴다. 이 두 형식이 질료와 마주쳐서 비로소 활동하게 되고, 개념을 산출한다.(B118)

칸트는 수학이나 물리학에서 보게 되는 학문적 인식의 '학문성' 즉 '인식의 객관성과 보편성과 필연성이 어디에서 유래하는가'라는 문제에 관심을 집중시켜 연구한 결과, 그것이 대상 자체에서 유래하는 것이 아니라, 인식주체인 인간의 정신에서 유래한다고 생각했다. 인식을 그 형식과 내용으로 나눌 때, 인식의 학문성을 보증해주는 것들은 한결같이 인식의 형식에서 유래한다는 것이다. 모사설적 인식론이 인식대상이 자체적으로 가지고 있는 것으로 보았던 그 형식은 모조리 인식주체가 그 대상에 집어넣은 것이다. 인간의 정신에는 만인에게 공통된 인식형식, 인식의 틀이 있다. 바로 그 틀의 도움으로 우리는 예외 없이 5+7은 12라는 동일한 결론에 도달할 수 있다.

여기에 한 덩어리의 밀가루 반죽이 있다고 하자. 이 반죽 덩어리가 항상 동일한 붕어빵이 되는 이유는 그것이 동일한 빵틀을 통과하기 때문이다. 그것이 국화빵의 모습을 하고 있는 빵틀을 통과하면, 동일한 국화빵이 되는 것이다. 이 '동일성'은 주관에서 유래하는 것이지 대상에서 유래하는 것이 아니다. 이 비유에서 붕어빵이나 국화빵은 칸트의 선험철학의 용어로 말하면, 현상체(페노메나)이고, 이런저런 빵이 되기 이전의 밀가루 반죽은 '경험적 직관의 무규정적 대상'(현상, Erscheinung), 대상일반, 선험적 대상이다. 왜 칸트는 그 대상을 '아프리오리한 대상'이 아니고 '선험적 대상'으로 명명하는가? 이유는 인식적 경험의 가능성 조건을 반성적(메타적)으로 논하는 차원 즉 선험적 차원에서 도입된 개념이기 때문이다. 그렇다 하더라도 칸트는 인식의 내용에 관계된 것은 모조리 아포스테리오리하게 주어진다고 했는데, 왜 선험적 대상은, 그 명칭에서 이미 암시되고 있듯이 경험에 앞서서 존재하는 대상이라 말하는가? 칸트의 기다란 설명을 들어보자.

　　선험적 명제는 다만 개념에만 의한 하나의 종합적 이성 인식이며, 따라서 분별적이다. 왜냐하면 선험적 명제를 통해 비로소 경험적 인식의 모든 종합적 통일이 가능하고, 그러나 하등의 직관도 아프리오리하게 주어지지 않기 때문이다. 이리하여 이성사용에는 두 가지가 있는데, 이 양자는 인식의 보편성과 그 산출이 아프리오리한 점에서는 공통이지만, 그럼에도 불구하고 그 진행과정에 현저한 차이가 있다. 그것은 물론 모든 대상이 우리에게 주어지는 현상에 아프리오리하게 인식되고 규정될 수 있는 직관의 형식(공간과 시간)과, 공간과 시간 중에서 발견되며, 따라서 현존재를 포함하고 감각에 대응하는 그 무엇을 의식하는 질료(물리적인 것) 또는 내용이라는 두 가지 부분이 있기 때문이다. 질료는 경험적으로 주어질 수 있는 이외에 달리는 확연하게 주어질 수 없는 것인데, 이것에 관하여서 우리가 아프리오리하게 가질 수 있는 것은 (가

능한 경험에 있어서의) 통각의 통일에 속하는 가능한 감각의 종합이라는 막
연한 개념 이외에 아무것도 없다.(B750-751)

칸트가 이 인용문에서 인식주관이 '아프리오리하게 갖는, 가능한 감각
의 종합이라는 막연한 개념'에 대해 언급할 때, 사용한 '아프리오리'는 '선험
적'의 의미이다. 왜냐하면 '가능한 감각의 종합이라는 막연한' 어떤 것은 직
관될 수 없으며, 따라서 수학이나 물리학에서의 '아프리오리'로 이해될 수 없
기 때문이다. 그 개념은 인식의 가능성을 선험적으로 반성하면서 도입되는
개념이다. 이 '막연한 것'이 빵틀에 들어오기 전의 밀가루 반죽이요, 인식의
재료이다. 그리고 감각내용을 수용하는 틀인 시간-공간과, 그 틀에 의해 수
용된 감각내용을 가공하는 틀인 지성의 12 범주는 모두 인식 틀이요 형식이
다. 칸트는 선험적 대상으로서의 인식의 재료는 궁극적으로 물자체가 우리
의 감각기관과 관계할 때 — 이것을 칸트는 '촉발'(Affektion)로 표현한다 — 생
겨나는 것이라고 한다. 그리고 인식주관은 지성의 12 범주들을 다양하게 조
합하여 다양한 주형들을 만들어 그 재료들을 찍어 원하는 주물을 만들 듯이,
아프리오리한 규정 틀을 만들어 경험적 직관의 무규정적(막연한) 대상을 규정
된(분명한) 대상으로 만든다. 즉 현상체로 만든다. 그러므로 대상이 갖고 있는
모양은 모두 주관이 집어넣은 것이며, 주관에서 유래한 것이다. 그래서 칸트
는 자신의 선험적 관념론을 '형식적 관념론'(formalen Idealismus)으로 부르기도
한다.[10] 사물의 형식에 관한 것만은 모두 주관의 관념물에 불과하다는 것이
다. 선험적 자아(순수인간)와 선험적 대상이 상호 협동하여 만들어내는 것이 인
식의 지평이요, 인식의 장(場)이다. 인식은 인식형식과 인식질료의 결합이다.

---

10) "나는 선험적 관념론을 외계 사물 그 자체의 실재를 의문시하거나 부인하는 통속적 관념론인
질료적 관념론과 구별하기 위해 형식적 관념론이라고 부르기로 한다. 많은 경우에 선험적 관념
론이라는 말보다 형식적 관념론이라는 말을 사용하는 것이 모든 오해를 방지하기 위해서 더 바
람직하다고 생각한다."(B519. 칸트는 이 말을 재판에서 추가했다)

그 지평 안에 들어 있는 것들이 현상체이며, 인간은 이 현상체만을 인식할 수 있다. 이 경우 '인식할 수 있다'는 말은 '선험적 주관이 구성한다'는 것이다. 수평선은 바닷가에서건 바다 한복판에서건 바다를 바라보는 눈이 있어야 형성된다.

그러면 물자체란 것은 무엇인가? 선험적 대상이 대상의 대상성의 한계를 형성하는 수평선과 같은 것이라면, 물자체는 그 수평선 너머에 있는 것으로 이해될 수도 있고, 수평선과 수평선을 바라보는 인식주체를 아울러 받쳐주고 있는 것으로서 대상의 대상성의 토대로 간주될 수도 있다. 수평선 자체(선험적 대상)가 이미 규정될 수 없는 것인데, 수평선 너머의 것(가상체)도 규정될 수 없다는 점에서 같지만, 수평선 너머의 것이 무가 아닌 이유는 대상의 대상성의 토대로서의 물자체(선험적 의미의 신)는 수평선 너머까지 뻗어 있기 때문이다. 수평선도 없고 그것을 바라보는 시선이 없어도 바다는 '거기에 있다'.[11] 물자체가 수평선 너머에 있는 것일 때, 칸트는 그것을 현상의 원형으로 이해하여 특별히 가상체(可想體, Noumenon)라고 부른다.[12] 가상체로서의 물자체에 대해서 칸트는 복수의 표현을 사용하기도 함을 앞서 언급했다.

그러나 대상의 대상성의 한계인 선험적 대상이나 토대인 물자체는 절대로 복수로 쓰일 수가 없다. 이 구분을 하는 것이 대단히 중요하다. 필자도『칸트철학과 물자체』를 쓸 때만 해도 그 구분에 내포된 의미를 선명하게 이해하

---

11) 나는 이 '거기에 있음'(Dasein)이야말로 칸트가 말하는 물자체라고 생각한다. 내가 바다를 바라보는 동안에만 수평선으로 나타나는 존재 즉 선험적 대상은 하이데거식으로 말해서 인간적 현존재(Dasein)에 의존적인 존재(Sein)에 불과하지만, 물자체로서의 Dasein은 인간에 의존해서 존재하는 것이 아니다. 그것은 스스로 존재하는 존재이다.

12) 선험적 대상과 물자체는 같은 것인가 다른 것인가라는 문제는 칸트 해석상 중대한 문제이며, 이 문제를 어떻게 해결하느냐에 따라 칸트 해석의 방향이 달라진다. 통상 사람들은 칸트가 세상을 현상계와 물자체계로 나누었다고 생각한다. 그러면 선험적 대상은 현상인가 물자체인가? 그러나 선험적 대상은 현상도 아니고 물자체도 아니다. 그것은 그 양자의 경계선 그 자체이다. 그것은 말하자면 유한(현상)도 무한(물자체)도 아니고, 가능적 무한이다. 이에 대해서는 필자의 책,『인식과 존재』7장과 8장을 보기 바란다.

지 못했다. 그 의미란 무엇인가? 이하에서 그것에 대해 말해보고자 한다. 전문적인 칸트학자들조차도 내가 방금 말한 구분을 고려함이 없이 칸트의 물자체에 대해 언급한다. 그러나 생산적인 논의를 위해서 그 양자는 반드시 구분되어 논의될 필요가 있다. 칸트가 '물자체가 주관을 촉발한다'고 할 때, 사람들은 그 물자체를 '가상체'로만 보는 경향이 농후하다. 그렇게 보게 되면, 사람들은 칸트의 '촉발' 개념을 '원인'으로 이해하게 된다. 즉 가상체를 현상체의 원인으로 보게 된다는 것이다.[13] 사물 자체(가상체)가 '있다'고 적극적으로 주장하면, 가상체는 인식 불가하다는 칸트의 말이 자가당착에 빠지게 된다. 물론 칸트는 가상체는 '사고될 수 있는' 것일 뿐이지 '인식될 수 있는' 것은 아니라고 한다. 그럼에도 불구하고 가상체로 이해된 물자체를 복수로 표현할 때는 칸트의 이런 설명이 설득력을 발휘하지 못하게 된다. 물자체가 단수인지 복수인지를 파악할 수 있을 정도이면, 그것은 단지 '사고할 수 있다'는 수준은 넘어선 듯이 보이기 때문이다.[14] 그리고 가상체가 현상의 원인이

---

13) 물자체가 언급된 상황이어서 보태어 말해두고 싶은 것이 있다. 나는 『칸트철학과 물자체』에서 물자체를 ① 선인식적 존재로서의 물자체, ② 인식총체적 존재로서의 물자체, ③ 인식초월적 형이상학적 존재로서의 물자체로 구분한 바가 있다. 그리고 선인식적 존재로서의 물자체를 선험적 대상과 구분했다. 전자는 대상의 대상성의 토대로서, 현상의 존재론적 질료요, 후자는 대상의 대상성의 한계이며 현상의 인식론적 질료이다. 형이상학적 존재로서의 물자체는 가상체로서의 물자체인데, 이는 플라톤의 이데아와 같아 보인다. 차이점이 있다면 칸트는 그런 것들에 대한 인식은 불가능하다고 말하면서, 그런 것들을 인식의 한계개념으로만 사용한다는 것이다. 인식총체적 존재로서의 물자체는 선험적 대상이다. 이상의 것을 염두에 두면, 우리는 크게 존재론적 물자체, 인식론적 물자체, 형이상학적 물자체의 개념을 생각해볼 수가 있다. 그러나 복수사용이 불가능한 존재론적 물자체와 마찬가지로 복수 표현이 불가능한 인식론적 물자체인 선험적 대상 — 칸트는 이것을 종종 물자체와 동일시하고 있지만, 엄격히 말해서 양자는 다른 것이다 — 과 복수로만 사용되어야 하는 형이상학적 물자체인 Noumenon 혹은 Dinge an Sich는 엄밀하게 말해서 각기 다른 것이다. 칸트는 그것들이 무제약자라는 점에서 공통점을 가진다고 해서 모두 물자체(물자체들)로 부르지만, 이는 학술적으로 매우 거친 해결법이다. 가령 신과 영혼과 어떤 현상적인 특정 사물의 원형인 가상체가 있다고 하자. 칸트식으로 말한다면, 이 삼자 모두 무제약자이다. 그렇다고 사물의 원형과 인간 영혼의 창조자일 수 있는 신을 같은 반열에 두는 것은 납득이 안 되는 일이다.

14) 더 자세한 논의는 필자의 책, 『칸트철학과 물자체』, 20쪽을 참조하기 바란다.

라는 식으로 이해되면, 가상체에는 지성의 범주를 적용할 수 없다는 칸트 자신의 말이 자가당착에 빠지게 된다. 현상 배후에 물자체라는 것은 **없다**고 말하게 되면, 어떻게 되는가?

> 그런데 현상 세계의 배후에 물자체가 존재하지 않는다면 어떻게 될 것인가? 이는 모든 경험적 실재계 즉 사물, 사건, 그리고 우리와 더불어 살고 있는 인간들이 가상이어야 함을 의미하는 것이 되고, 또 그런 세계는 전혀 존재하지 않고 오로지 표상들을 가지고 있는 주관만이 존재한다는 것을 의미하는 것이 된다. 이는 버클리의 관념론일 것이다. 만약 경험계가 그 자체로서 존재하는 그 무엇을 자기 배후에 가지고 있지 않다고 한다면, 현상을 공허한 가상에 불과할 것이다. 그러나 칸트는 현상과 가상(假象)을 엄격하게 구분한다.[15]

칸트 연구자들은 가상체로서의 물자체를 인정할 수도 부정할 수도 없는 난감한 처지에 놓이게 된다. 한자경도 가상체로서의 물자체의 실재성을 문제 삼는 방식으로 물자체를 논하고 있다.

> 물자체를 인간 인식의 대상인 현상과 구분하여 '우리가 인식할 수 있는 것은 현상이지 물자체가 아니다'라고 할 때, 물자체는 두 가지 의미로 해석될 수 있다. 그것은 한편으로는 우리의 인식대상은 우리 자신에 의해서 규정된 존재이므로 물자체가 아니라는 단순히 부정적 의미로 해석될 수 있고, 또 다른 한편으로는 우리가 인식할 수 없지만 실재하는 현상배후의 어떤 실재를 지칭하는 적극적 의미로 해석될 수 있다. (…) 물자체를 적극적 의미로 해석하면, 그때는 물자체가 인간의 직관 대상은 아니지만, 신에 의해서 창조되어 그렇게 신에 의해서 직관되

---

15) N. Hartmann, *Einfürung in die Philosophie*, 5th ed. (Hannover, 1949), p. 50.

는 어떤 것, 따라서 인간의 직관 대상인 현상의 배후에 자리한 실재로서 이해되는 것이다.[16]

신의 직관에서 파악되는 '가상체가 인식주관을 촉발한다'는 것은 '가상체(Noumenon)가 현상체(Phänomenon)의 원인이다'라는 방식으로 해석하는 경향을 만드는데, 이런 잘못된 경향성이 만들어진 이유는 이렇다. 칸트가 모사설적 실재론을 비판하면서 모사설은 현상을 '사물 그 자체'(물자체)로 오해했다고 비판했는데, 그런 비판은 우리로 하여금 감각적 지각을 통해 보게 되는 사물들과는 다른 '사물 그 자체' — 이는 신적 직관의 대상이요 순수 지성적 직관의 대상이다 — 를 사물들의 중성적 기체들(가상체들)이라고 생각하게 한다.[17] 칸트가 감성을 촉발하는 물자체를 우리로 하여금 형이상학적 물자체(가상체)로 간주하도록 오도한 측면이 있다는 것이다.

그러나 우리는 이런 경향성에 이끌려서 '대상의 대상성의 토대로서의 물자체(Ding an Sich)가 현상(Eescheinung)의 원인'이라고 말해서는 안 된다. 그 이유는 이런 물자체는 인간의 인식활동이 성립하기 위해서 필연적으로 전제되어야 하는 것이며, 이것은 인식주관과 아무런 인과적 관계를 맺고 있지 않기 때문이다. 인과개념은 현상계의 사물들 간의 관계를 설명하는 데에만 사용되어야 한다. 칸트도 인과개념의 적용영역은 단지 가능한 경험의 한계 내부라고 한다. '대상의 대상성의 토대로서의 물자체' 즉 존재론적 물자체를 현상체의 원인이라고 말하는 것은, 그것을 현상계 속의 하나의 사물로 만들어버리는 것이 된다.[18] 물자체는 직관의 대상이 되는 사물의 '있음'과 '없음'의 대립

---

16) 한자경, 「칸트의 물자체와 독일관념론」(한국 칸트학회 편, 『칸트와 형이상학』, 서울, 민음사, 1995), 236쪽.

17) VI장 2절 '인식론에서의 혁명과 인식론적 칸트 해석'을 보기 바란다.

18) '대상의 대상성의 토대로서의 물자체'(존재론적 물자체)와 '가상체로서의 물자체'(형이상학적 물자체)를 구분한 뒤에, 필자는 '존재론적 물자체는 현상의 원인이다'라는 주장을 해서는 안 된다고 말했다. 그리고 '물자체가 현상의 원인이지만, 물자체는 인식의 대상이 아니다라고 말하

을 넘어서는 것이다. 그것은 그런 대립 이전의 것이고, 그런 대립을 가능하게 만들어주는 터전이다. '물자체는 인식될 수 없다'고 할 때, 그것은 '인식될 수 있음'의 대립항으로서의 '인식될 수 없음'이 아니다. 그런 '인식될 수 없음'은 언젠가 '인식될 수 있음'으로 바뀔 수 있다. 현재의 과학으로는 미확인 비행물체(UFO)가 외계인의 것인지 아닌지 '인식될 수 없다'. 그러나 언젠가는 그 문제가 해결될 것이다. 그러나 물자체는 인식 가능과 인식 불가능의 대립을 초월해 있다. 따라서 그것은 '인식의 차원'에서 설명될 수 있는 것이 아니다. 그렇다고 그것은 인식 가능한 존재자 전체에 마주 세워지는 그런 '무'는 아니다. 인식될 수 '없는 것'으로서의 '무'에 대립되는 존재도 아니다. 또한 그것은 '상대적인 것'의 대립항으로서의 '절대적인 것'도 아니다. 그런 절대는 '상대적 절대'이다. 왜냐하면, 자신의 상대로서 '상대'가 있기 때문이다. 물자체는 '절대적 절대'다. 칸트는 '변증론'의 '순수이성의 이상'에서 일체의 신존재증명의 증명 불가능성을 주장하면서도, 인식대상의 대상성의 토대이며, 그가 선험적 의미의 신으로 규정하는(B608), 이 '하나인 물자체'의 개념을 이렇게 설명하고 있다.

> 우리 이성에서 일관적 규정의 근저에는 하나의 선험적 기체(ein transzendentales Substratum)가 두어지고 이것이 이를테면 전 재료를 전부 저장해서 여기서 모든 사물의 가능적 술어들이 모두 얻어질 수 있다. 그렇다고 한다면 선험적 기체는 전 실재성의 이념임에 틀림없다. 그럴 때에 참된 부정은 제한 이외의 다른 것이 아니며, 이 제한은 만일 무제한자(전체)가 근저에 없으면, 결코 부정이라고 불릴 수 없는 것이다. 그

는 칸트의 말은 자기모순이다'라고 말해서도 안 된다고 주장했다. 존재론적 물자체에 대해서는 야코비의 유명한 말, '물자체를 인정하지 않고서는 칸트철학으로 들어갈 수가 없고, 물자체를 인정하고서는 칸트철학에 머물 수가 없다'는 말은 잘못된 것이다. 그러면 칸트는 물자체 문제와 관련해서 모순으로부터 완전히 자유로운가? 형이상학적 물자체에 관한 한, 나는 칸트가 물자체 문제에 가해진 기존의 공격으로부터 온전히 자유롭다고 생각하지 않는다.

러나 이 실재성을 전부 소유한다고 함으로써 '하나의 물자체라는 개
념'(der Begriff eines Dinges an sich selbst)이 완전하게 규정된 것이라고 표상된
다.(B603-604)[19]

칸트는 인식의 범주는 이 물자체에 적용되지 않는다고 말했다. 그래서
그는 아이러니하게도 '모든 실재성의 이념'인 이것의 실재성에 대해서는 적

---

19) 강조는 내가 한 것인데, 나는 이 강조문이 칸트가 무의 문제를 어떻게 바라보는가 하는 문제를
해결하는 데 결정적으로 중요한 사실을 암시하고 있다고 생각한다. 칸트는 부정성이 무의 근
거이지, 무가 부정성의 근거라고 생각하지 않는다. 그런데 부정성은 인간의 인식작용에서 생
겨나는 것이기에 인식주관인 인간이 무의 출생지요 고향이다. 인간을 떠나 무를 생각할 수 없
다. 그러나 인간(가능적 무한자)이 뭔가를 긍정하거나 부정하는 인식작용 즉 제한하는 인식작
용을 통해 무를 만들기 위해서는 무제한자(현실적 무한자)를 전제해야 한다. 이런 관점에 서
면, 하이데거가 형이상학의 근본 물음이라고 생각했으며, 가장 넓고, 가장 깊고, 가장 근원적
이며, 등급상 첫째 가는 물음이라고 생각했던 것 즉 "도대체 왜 존재자가 있으며, 오히려 무가
없는가, Warum ist überhaupt Seiendes und nicht vielmehr Nichts?"(*Einfürung in die Metaphysik*,
Gesamtausgabe Bd. 40, Vittorio Klostermann, Frankfurt am Mein, 1983, p. 4)라는 물음은 물음
자체가 잘못된 물음이다. 그 물음은 비트겐슈타인이 말한, 철학자들을 빠트려서 허우적거리게
만드는 파리통이다. 그 물음은 현실적 무한자를 부정하는 것이며, 무의 고향을 현실적 무한자
로 보는 것이며, 달리 말해서 현실적 무한자는 없다는 것인데, 그것은 인간의 인식적 긍정과 부
정이 가능하게 되는 터전이기에, 그것의 없음을 상상하는 것은 사유의 에러요, 계산기가 자신의
계산능력을 넘어서는 계산을 강요받을 때 보여 주는 에러 표시이다. 이 점에서 나는 흄과 쇼펜
하우어의 견해에 동의한다. 흄은 세상도, 세상의 창조자인 신도 없는 그런 절대적 공무를 염두
에 두고, '왜 무가 아니고 유인가'라는 물음을 던지는 것에 대해, 우리 인간의 실제적 경험에 기
반해 있지 않는 이 물음에 대해 해답을 말하는 것은 그저 환상이고 궤변일 뿐이라고 생각했다.
쇼펜하우어도 이 물음을 해결하려고 애쓰는 사람들은 '바보들', '과대망상에 빠진 허풍쟁이들',
'사기꾼들'이라고 비난했다.(짐 홀트, 『세상은 왜 존재하는가』, 우진하 옮김, 21세기북스, 2013,
50쪽 참조) 이 인용문에서 거론되는 '하나의 물자체라는 개념'과 하이데거가 말하는 '존재'와
의 유사성에 대해 언급할 필요가 있겠다. 헤겔은 칸트의 물자체를 '순수한 추상물' 혹은 '완전
한 공허'로 이해한다.(G. W. F. Hegel, Werke in zwanzig Bänden 8, *Enzyclopädie der philosophishen
Wissenschaften* I, Shurkamp Verlag, Frankfurt am Main, 1970, pp.120-121 참조) Shurkamp Verlag,
Frankfurt am Main, 1970, pp. 120-121. 그러나 칸트는 '하나인 물자체'를 그것에서 모든 사물들
의 가능적 술어들을 길러내는 곳으로 설명한다. 그렇다면 그것은 헤겔이 말하듯이 '완전한 추
상물'이 아님을 알 수 있다. 차라리 그것은 하이데거의 '존재'와 유사해 보인다. 하이데거의 존
재는 최고 유개념이 아니며, 논리적 추상물이 아니다. 그것은 현상학적으로 모든 존재자들의
차이성과 구체성을 담고 있는 '풍요의 뿔'이다. 이에 대한 자세한 논의는 『신내림의 철학자 하
이데거』, 295쪽 이하를 보라.

극적으로 긍정하지 못하는 처지에 놓이게 된다. 눈앞에 서 있는 아버지를 아버지라 부르지 못하는 홍길동의 처지와 비슷해 보인다. 키르케고르는 신의 존재를 증명하려는 모든 시도에 대해 아주 정곡을 찌르는 재미있는 비유를 사용한다.

> 그러면 신의 존재가 어떻게 증명으로부터 나타나는 것일까? 아니 그 것은 저 유명한 데카르트의 인형(오뚜기)과 같은 것이 아닐까? 내가 그 인형을 놓자마자 그 인형은 곤두선다. 그러므로 나는 그것을 놓지 않을 수 없다. 증명의 경우에도 마찬가지이다. 내가 증명을 고집하고 있는 동안에는, 다시 말해서 내가 증명자로 머물러 있는 동안에는 존재는 나 타나지 않는다. 무슨 다른 이유에서가 아니라 내가 그것을 증명하려 한 다는 바로 그 이유 때문이다. 그러나 내가 증명에서 손을 뗌으로써 존 재는 거기에 있는 것이다.[20]

칸트는 일체의 신존재증명의 불가능성을 증명하고 있는데, 나는 키르케고르의 이 비유는 신존재증명의 불가능성을 증명하는 칸트의 입장을 정확하게 보여주고 있다고 생각한다. 칸트의 입장에서 보면 증명자인 선험적 주관은 가능적 무한자이다. 그러나 선험적 주관이 증명하려고 하는 대상은 현실적 무한자인 물자체 즉 선험적 의미의 신이다. 그런데 증명자가 증명대상의 존재를 증명하려면, 그 증명자는 증명대상 바깥으로 나가야 한다. 그러나 이 경우 그것은 원칙적으로 불가능하다. 왜냐하면 가능적 무한자는 결코 현실적 무한자 바깥으로 나갈 수가 없기 때문이다. 증명하려는 행위가 증명하는 작업을 불가능하게 만들어버리는 기이한 상황이 만들어진다. 그러나 우리가 증명 작업을 그만두는 순간에 선험적 의미의 신이 홀연히 거기에 나타난다.

---

20) S. Kierkeggard, *Philosophische Brocken* (Düsseldorf & Köln, 1960), 40쪽.

칸트가 '순수이성의 이상'에서 모든 신 존재증명의 불가능성을 주장할 때, 그는 오뚜기를 손에 쥐고 있는 사람들을 공격했다면, 그가 모든 실재성의 근본 이념인 '하나의 물자체'에 대해서 언급할 때, 그는 오뚜기를 손에서 놓아버린 사람의 입장에 자신을 두는 것으로 보인다. 오뚜기를 손에서 놓아버리면 다음의 사실을 알게 된다.

> 하나의 최고 실재의 개념(전 실재성의 이념인 하나의 선험적 기체: 필자 집어넣음)은 단일 존재의 개념이다. 왜냐하면 모든 가능한 대립적 술어에 관해서 그 한쪽의 술어가, 즉 '있다 함'의 술어가 저 '최고 실재'의 규정에서 발견되기 때문이다. 이에 이 최고 실재는 하나의 선험적 이상이다. 이것은 만물에서 발견되는 일관적 규정의 근저(토대)에 있는 것이요, 만유를 가능하게 하는 최상의 그리고 완전한 질료적 제약이 되는 것이다. 그리고 대상일반에 관한 온갖 사고는 **대상의 내용으로 보아서** 반드시 이 제약에 귀착하게 된다.(B604. 강조는 내가 함)

그러므로 그런 물자체를 이것이니 저것이니 그것이니 지시할 수가 없다. 인간은 언어의 한계 즉 인식의 한계에 갇혀 있는 존재이기에 방편상 그런 지시어를 사용하여 그것에 대해 말하지만, 그것은 지시되는 순간에 그 본질이 파괴된다. 언어 이전의 사태요, 언어를 초월해 있는 사태이다. 칸트인들 이런 상황에서 무슨 뾰족한 방도가 있겠는가? 그럼에도 불구하고 대상의 대상성의 토대로서의 물자체에 대해서 우리는 이것은 분명하게 말할 수 있다. 물자체의 개념을 제거하고 칸트를 해석하는 것은 예수를 제거하고 기독교 신앙을 유지하겠다는 것이나 마찬가지이다. 선험적 대상은 현상적 사물들이 성립하기 위한 가능성 조건이라면, 물자체의 개념은 칸트의 선험철학이 성립하기 위한 가능성 조건이다.

칸트는 자신의 학설을 경험적 차원에서의 관념론과 실재론의 대립을 넘어서 있는 이론으로 생각했다.[21] 그런데도 자신의 학설이 '선험적 관념론'으로 규정되면서 발생하는 터무니없는 오해를 불식시키기 위해,『순수이성비판』재판에서는 자신의 학설을 '선험적 관념론'으로 부르지 말고, '형식적 관념론'으로 불러주기를 바란다고 말한다.『형이상학서설』에서는 '비판적 관념론'으로 명명하기도 한다. 그는 자신의 관념론에 대한 오해를 원천적으로 봉쇄하기 위해 다음처럼 말한다.

> 사실 우리의 감관의 대상을 정당하게도 한갓 현상으로 본다면, 그로 인해서 우리는 '물자체 그것'이 현상의 근저에 있음을 승인한 것이다. 비록 물자체가 그 자신 어떤 성질의 것임을 모르고 그것의 현상만을 즉 우리의 감관이 이 불가지의 어떤 것에서 촉발되는 방식만을 안다고 하더라도, 그러므로 지성은 현상을 승인함에 의해서 물자체 그것의 현존재도 인정하는 것이 되고, 그런 한에서 우리는 다음과 같이 말할 수 있다. 즉 현상의 근저에 있는 존재의 표상, 따라서 한갓 **'지성적 존재'**(Verstandeswesen)의 표상은 허용될 수 있을 뿐만 아니라 불가피한 것이기도 하다고.[22]

---

21) 자세한 논의는 나의 책,『칸트철학과 물자체』, 143쪽 이하를 보기 바란다.

22) 『형이상학서설』, 311-312쪽. 강조는 필자.

4.
해명의 논리로서의 선험적 사유

선험적 사유방식은 '증명논리'가 아니라 '해명논리'이다. 이는 『순수이성비판』뿐만 아니라 『실천이성비판』에도 타당한 말이다. 칸트에 의하면 철학은 한갓 개념에 의한 이성인식이기에 철학에서는 공리라고 할 만한 원칙을 발견할 수가 없다. '두 개의 점을 잇는 최단 선분은 직선이다'라는 명제를 생각해보자. 우리는 두 개의 점을 잇는 하나의 선분을 만들어보면, 즉각적으로 그 주장의 자명성을 알 수 있다. 이 주장의 자명성은 수학이 '개념의 구성'에 의해 대상을 직관해서 대상의 술어들을 '아프리오리하게 또 직접적으로' 서로 결합시킬 수 있기 때문이다. 철학의 추리적(diskursive) 원칙은 수학의 직관적 원칙과 다르다. 직관적 원칙(공리)은 자명하기에 연역이 필요가 없다.

수학자들은 사유를 자명한 공리에서 출발하면 된다. 그러면 철학자들은 자신의 사유를 어디에서 출발해야 하는가? 중세철학은 신에서 출발했고, 근세 이후 중세적 출발점이 부정되면서 데카르트는 '사유하는 자아'(Cogito)에서 출발시켰다. 데카르트는 자신이 발견한 철학의 출발점은 수학의 출발점보다 더 확실한 출발점이라고 생각했다.[23] 물론 그 출발점은 감각적 지각에 의존하는 과학의 출발점보다 더 확실하다고 생각했다. 그러나 칸트는 데카르트

---

23) E. M. 커리, 『데카르트와 회의주의』(문성학 옮김, 서울, 고려원, 1993), 64쪽 참조.

의 주장을 받아들이지 않았다. 우리는 앞에서 칸트는 '수학과 물리학의 분야에 수많은 선천적 종합판단이 있다'는 사실에서 자신의 사유를 출발시키고 있음을 살펴보았다. 우리는 그것을 칸트의 '선험적 사유의 지렛점'이라고 했다. 그런데 칸트는 선험적 사유를 진행시켜가면서 철학에서의 논의가 수학에서의 증명과는 판이하게 다르다는 사실을 관찰하게 된다. 철학은 수학이 보여주는 증명과 같은 것을 보여줄 수가 없다. 수학의 공리와 같은 공리가 철학에는 없기 때문이다. 혹자는 '논리학은 그런 사유의 공리와 같은 것을 가지고 있지 않는가?' 하고 반문할 수가 있다. 논리학은 동일률(A=A다), 모순율(A≠nonA), 배중률(어떤 것은 A이거나 nonA이거나이다)을 갖고 있다. 그러나 칸트가 생각하기에 형식논리학은 사고의 형식적 무모순성만을 다루고 있기에, 그것은 수학에서 공리가 하는 역할과 같은 역할을 철학에서 할 수가 없다. 예컨대 다음의 삼단논법을 생각해보자.

대전제: 모든 사자들은 바나나를 좋아한다.
소전제: 저 동물은 사자이다.
결   론: 저 동물은 바나나를 좋아한다.

이 삼단논법이 보여주는 추리 절차는 타당하지만, 우리는 여전히 대전제와 소전제가 참인지 의문이다. 이 삼단논법에 대해 우리가 말할 수 있는 것은, '만약 대전제와 소전제가 참이라면, 결론도 참이라는 것'이 전부이다. 그러나 철학은 가정법 지식을 추구하는 학문이 아니다. 사정이 이러니 논리학의 사고법칙은 철학적 사유의 출발점이 될 수 없다. 칸트는 '수학과 물리학의 분야에 수많은 선천적 종합판단이 있다'는 사실을 알아차리는 것만으로 형이상학의 발전에 결정적인 일보를 내딛는 것이 된다고 말했다.(B19 참조) 그런데 칸트는 자신의 선험적 사유를 전개해가면서 결정적인 난관에 봉착하게 된다. 그것은 소위 '범주의 선험적 연역'이라고 불리는 것이다. 이 연역의 문제에서 칸트가 다루게 되는 것은 지성의 사고틀인 범주와 감성의 감각내용(직관)이 어떻게 결합할 수 있는가 하는 것이다. 이런 문제는 형식논리학에서는 발생하지 않는 문제이다. 앞서 보았듯이 형식논리학은 추리의 형식적 타당성만 문제 삼을 뿐, 그 추리를 구성하는 명제들이 현실적으로 참인가 하는 문제는 다루지 않는다. 그러니 개념에 대응하는 감각자료가 있느냐, 혹은 개념들을 연결시킨 판단에 대응하는 관찰된 감각자료가 있느냐 하는 것이 문제 될 필요가 없다. 그러나 선험논리학이 우리에게 제공해야 하는 지식은 형식논리학이 제공하는 '가정법의 지식'과 다른, '현실적인(realistic) 지식'이어야 한다. 다음의 추리를 생각해보자.

> 대전제: 발생하는 모든 일에는 원인이 있다.
> 소전제: 버뮤다 해역 상공을 비행하는 비행기들은 종종 실종된다.
> 결　론: 그 실종 사건에는 원인이 있다.

이 삼단논법이 우리에게 알려주는 사실은 '만약 대전제와 소전제가 옳다면, 결론이 옳다'는 가정법의 지식이 아니다. 이런 참된 지식이 어떻게 가능한가를 메타적 차원에서 분석하는 것이 선험철학이고, 그 선험철학이 의지하는 논리학이 선험논리학(transzendentale Logik)이다. 그러므로 선험논리학의 핵심은 '범주의 선험적 연역'이다. 이런 이유에서 칸트는 '철학의 추리적 원칙은 연역(Deduktion)을 필요로 한다'(B760-761 참조)고 말한다. 칸트가 말하는 '연역'은 우리가 흔히 형식논리학에서 '귀납'과 대비시켜 언급하는 '연역'은 아니다. 칸트는 이 '연역' 개념을 설명하면서 자기 시대의 법률용어를 사용한다.

> 법학자가 권한과 월권을 논할 때, 그는 소송사건에서 무엇이 합법적인가의 **권리문제**(quid juris)와 사실에 관한 이른바 **사실문제**(quid facti)를 구별하고 이 양자의 증명을 요구하면서, 권한 혹은 권리주장을 명시하

는 전자의 증명을 **연역**이라 한다.(B116, 강조는 칸트)

칸트는 연역을 '선험적 연역'과 '경험적 연역'으로 구분하는데(B117), 경험적 연역은 어떤 개념의 경험적 사용을 경험적으로 반성하여서 그 개념을 사용하게 된 유래에 관한 '경험적 사실'에 대한 설명을 하는 것을 말한다. 칸트는 개념들에 대한 경험적 연역을 수행해낸 대표적 인물로 로크를 염두에 두고 있다.[24]

> 개개의 지각에서 출발하여 일반개념에 도달하려는 우리 인식력의 최초 활동을 더듬어보는 것은 의심할 바 없이 꽤 유익한 일이다. 그리고 유명한 로크는 이런 탐구의 길을 처음으로 개척했다. 그러나 아프리오리한 순수개념의 연역은 로크의 길을 통해서는 이루어지지 않는다. (…) 왜냐하면 순수하게 아프리오리한 개념은 경험에서 전혀 독립해서 장차 사용되는 점으로 보아서, 경험에서의 출생을 증명하는 증서와는 전혀 다른 출생증명서를 제출해야 하기 때문이다.(B119)

이런 문맥적 분위기에서 '분석론'을 읽게 되면, 개념의 획득과정을 밝히는 모든 사실문제는 범주의 선험적 연역과는 무관한 것으로 보인다. 그렇다면 칸트가 일반논리학에서 판단표를 실마리로 해서 지성의 12범주를 발견하는 작업을 통해서 연역되어야 할 지성의 아프리오리한 범주들의 개수를 확정하고 있는데, 그것은 사실문제에 대한 해명인가 권리문제에 대한 해명인가? 그것이 권리문제에 대한 해명이 아닌 것은 분명해 보인다. 이는 칸트가

---

24) 로크는 관념들을 오로지 한 가지 감각에 의해서 발생하는 단순관념(simple idea)과 단순관념들을 섞어서 만든 복합관념(complex idea)으로 구분한다. 단순관념에는 색깔, 맛, 소리 같은 관념이 있고, 복합관념에는 실체, 양태, 관계 같은 관념들이 있다. 로크는 이런 관념들의 유래를 경험주의적 관점에서 설명하고 있다.

이 작업을 자신의 선험철학 체계의 어느 장소에 배치하고 있는가를 살펴보면 알 수 있다. '분석론'은 '개념의 분석론'과 '원칙의 분석론'으로 구성되어 있으며, '개념의 분석론'은 다시 '지성의 모든 순수한 개념을 발견하는 실마리'(제1장)와 '지성의 순수한 개념의 연역'(제2장)으로 나누어진다. 그렇다면, 제1장에서 칸트가 수행한 작업의 정체는 무엇인가? 그 작업은 로크적인 경험적 연역도 아니고, 칸트 자신의 선험적 연역도 아니다. 그러나 그 작업 즉 연역의 대상이 되는 범주의 개수를 확정하는 작업도 해두지 않은 상태에서 범주의 연역 작업을 한다는 것은 우스운 일이다. 그러면 연역의 대상이 될 범주를 확정하는 이 작업은 반드시 선행되어야 할 작업이다. 그리고 그 작업은 경험적 차원의 사실문제가 아니라 선험적 차원의 사실문제일 수밖에 없다. 그렇다면, B116에서 언급되는 '사실문제'에서 우리는 로크를 떠올려서는 안 된다. 그것은 선험적 차원의 사실문제인 것이다.

지금까지의 논의를 이렇게 정리할 수 있겠다. '지성의 순수한 개념들이 어떻게 감각내용 ─ 이는 감관이 물자체에 의해 촉발 당하면서 만들어진 것이다 ─ 에 적용될 수 있는가'라는 권리문제는 두 단계를 거쳐서 해명되어야 한다. 첫째로 지성의 순수한 개념들이 먼저 확정되어야 한다. 바로 이것이 칸트가 말하는 '사실문제'이다. 수학과 물리학의 아프리오리한 종합판단들에 사실상 사용되고 있는 범주들은 어떤 것들인가? 칸트는 판단표를 활용하여 지성의 순수범주를 12개 제시한다. 이것이 범주의 형이상학적 연역이다. 그다음에 칸트는 연역의 두 번째 단계로 넘어간다. 이 12개의 범주가 어떻게 감성의 직관내용에 적용될 수 있는가를 해명하는 작업이다. 바로 이것이 칸트가 말하는 '권리문제'이다. 이것이 범주의 선험적 연역이다.

> 인간 인식의 꽤 잡다한 조직을 이루고 있는 많은 개념들 중에는 아프리오리하게 사용되기로 정해져 있는 (모든 경험에서 온전히 독립적인) 약간의 개념이 있다. 그리고 이런 개념의 권한은 항상 연역을 필요로 한다.

왜냐하면 그러한 사용의 합법성을 위해서 경험에서 얻은 증명은 불충분하지마는, 이런 개념이 어떻게 경험에서 얻어지지 않은 객관과 관계할 수 있는가를 우리는 알아보아야 하기 때문이다. 그러기에 나는 이런 개념이 아프리오리하게 대상과 상관하는 '방식에 대한 설명(Erklärung)'을 개념의 선험적인 연역이라고 한다.(B117-118. 강조는 필자)[25]

칸트는 '선험적 연역'을 '어떤 아프리오리한 개념이나 원칙의 사용권한에 대한 선험 철학적 해명 혹은 정당화'의 의미로 사용하고 있다.

칸트는 『순수이성비판』의 초판 출간 후 7년 뒤에 재판을 내면서, 범주의 선험적 연역에 관계된 부분을 대대적으로 수정한다. 학자들은 그 두 가지 연역 중에 어느 것이 더 나은가를 두고 갑론을박 논쟁을 했다. 하이데거는 초판을 선호한다. 쇼펜하우어도 『의지와 표상으로서의 세계』 '부록'에서 재판은 멀쩡한 책상의 한쪽 다리를 잘라버린 격이라고 비난한다. 재판에서는 초판보다, 지성과 동일시되기도 하는(B134 참조) "통각의 근원적인 종합적 통일의 기능"(B132)이 강조되고 있다. 그러나 초판에서는 이와는 달리 칸트는 "상상력의 순수한(생산적) 종합의 필연적 통일이라는 원리는 통각에 앞서서 모든 인식을, 특히 경험을 가능하게 하는 근거이다"(A118. 강조는 필자)라고 말한다. 인식에 있어서 '통각의 통일작용'과 '상상력의 종합작용' 중에 어느 것이 앞서는가 하는 것이 문제로 부각된다.

필자는 이 문제도 가능적 무한자로서의 인간이라는 관점에서 해결될 수 있다고 생각한다. '인식에 있어서 상상력의 종합이 앞서는가, 통각의 통일작용이 앞서는가?' 하는 문제는 이분법적 선택의 문제로 볼 것이 아니라는

---

25) 칸트는 "독일어에는 해명(Exposition), 석명(釋明, Explikation), 표명(Deklaration), 정의(Definition)라는 말 대신에 설명(Erklärung)이라는 한 가지 말밖에 없다. 그러므로 우리는 철학적 설명에 정의라는 존칭을 부여하기를 거부하는 엄중한 요구를 얼마간 완화할 수밖에 없다"(B758)고 한다.

것이 필자의 입장이다. 칸트에게 있어서 순수통각(순수지성)은 순전히 감각과 분리된 '나는 생각한다'(Ich denke)인데, 이는 데카르트의 **Cogito**와 같이 사유 주체가 감각내용을 전혀 제공받지 못해도 사유작용을 유지할 수 있는 주체 이다. 이런 순수통각이 하는 사유는 반드시 오류추리가 된다. 그러나 칸트가 '분석론'에서 거론하는 통각은 '감각의 제약하에서 사유하는 자아' 즉 '선험 적 통각'(A107)이다.[26] 선험적 통각은 **감각자료가 주어질 때에만 작동(사유)하는** 통각이다. 이 통각은 감각이 주어지지 않으면 작동하지 않는 지성이기에, 그 것은 지성화된 감성이요 감성화된 지성이다. 그런데 감성은 유한성의 원리 요 지성은 무한성의 원리이므로, 감성화된 지성은 결국 유한과 무한의 종합 이며, 그것은 가능적 무한자이며, 선험적 자아이다. 그런데 선험적 자아(선험적 통각)의 본질은 선험적 상상력이므로, 선험적 통각이 곧 선험적 상상력이다.

칸트에 의하면 '종합일반은 모두 상상력의 작용'이다.(B103) 이는 당연 한 말이다. 인식은 감성과 지성의 결합(종합)에 의해 성립하는데, 감성과 지성 의 이질성을 매개해주는 유일한 것이 상상력이기 때문이다. 상상력은 한편 으로는 감성적이면서 다른 한편으로는 지성적이다. 그런데 상상력이 감성과 지성을 결합할 때, 결합하는 작용에 초점을 맞추면, 감성은 수용성의 기능이 고 지성은 사고하는 기능이듯이 상상력은 결합하는 기능에 불과하다. 그러 나 상상력의 결합기능 자체를 메타적으로 반성하면 결합하는 행위로부터 결 합하는 주체가 있는 것으로 추정되어야 한다. 이리하여 '자아'라는 이념이 생 겨나는 것이다. '나는 결합한다. 그러므로 나는 존재한다'는 것이 성립한다. 나는 감성과 지성을 결합하는 행위를 하는 동안에만 존재한다. 그 '나'는 선

---

26) "모든 필연성의 근저에는 항상 선험적인 조건이 있다. 그러므로 우리의 모든 직관들의 다양을 종합할 즈음에, 따라서 '객관들 일반'의 개념들을 종합할 즈음에도, 따라서 경험의 대상들을 모 두 종합할 즈음에도, 의식의 동일이라는 선험적인 근저가 있어야 한다. 이런 선험적인 근저가 없고서는, 우리의 직관들에 대해서 아무런 대상도 사고할 수가 없다. 왜냐하면 대상이란, 개념 이 그것에 관해 필연적 종합을 하는 것 이상의 그 어떤 것이 아니기 때문이다. 그런데 이 근원적 이며 선험적인 조건은 선험적 통각임에 틀림없다."(A106-1077. 강조는 칸트)

험적 통각이요, 선험적 자아이다. 선험적 통각은 감각의 제약하에서 사유하는 통각이다. 나는 결합하는 행위와 무관하게 그 자체로 존재하는 것이 아니다. 그러나 감성과 지성이 분리되어 있어도 사유할 수 있는 데카르트적 코기토는 순수 자아요 순수통각이다.[27] 선험적 자아가 감성의 제약하에서 지성의 순수개념들을 갖고 사고하는 자아인 한, 선험적 자아는 직관과 개념을 결합하는 자아요, 이는 결국 상상력의 주어 즉 선험적 통각인 것이다.

이렇게 되면 인식에 있어서 선험적 통각이 앞서는가 아니면 상상력이 앞서는가 하는 것은 이분법적 선택의 문제가 아니게 된다. 상상력이 감성과 지성의 결합이라면, 그리고 지성의 본질은 사유의 자발성에 있으며, 이는 '나는 생각한다'로 표현된다면, 상상력은 그 자체 속에 지성의 종합능력을 갖고 있는 셈이다. 그리고 지성은 감각자료가 주어지지 않아도 인식활동을 할 수 있는 것이 아니라, 항상 감각자료가 주어질 경우에만 인식작용을 할 수 있기에, 상상력의 다른 축인 감성이 상상력의 다른 축인 지성에 감각자료를 제공하는 순간에 상상력의 종합작용이 발생하며, 동시에 통각의 종합적 통일 즉 통각이 주어진 감각자료들을 지성의 범주들을 활용하여 종합하는 작용과 통각의 분석적 통일 즉 그러한 통일 작용을 하는 자기를 자기로 확인하는 통일 작용도 동시에 일어난다고 보는 것이 옳을 것이다.

칸트는 『순수이성비판』 '초판'에서는 인식이 발생을 설명하기 위해 감성과 지성을 먼저 설정하고 그다음에 이질적인 감성과 지성을 매개하는 상상력을 도입한다. 이런 접근법은 상상력을 감성, 지성과 병렬적으로 배치하고, 하나의 기능의 관점에서 고찰하는 것이다. 이렇게 되면, 감성은 수용하고, 지성을 사유하고, 상상력은 이 양자를 결합하는 것이 되는데, 정작 이 세 가지 기능을 통괄하는 것은 무엇인가 하는 문제가 제기된다. 이런 설명방식

---

27) 더 자세한 논의는 졸저 『칸트의 인간관과 인식존재론』 제4장, '칸트에 있어서 선험적 자아와 통각'을 보라.

은 우리로 하여금 세 가지 기능의 주체들과는 별도로 또 하나의 통괄기능을 설정해야 할 것 같은 생각을 갖게 만든다. 감성에 의해 수용된 감각내용을 보지(保持)하는 주체, 범주로써 사유하는 주체, 그 양자를 결합하는 주체, 이 세 가지 주체가 하나의 주체 안에 통괄되어 있어야 할 것 같다. 초판의 설명방식은 일종의 삼위일체적 주체론을 받아들이게 만드는 것처럼 보인다. 칸트는 이것이 마음에 들지 않았으며, 그리하여 '재판'에서는 선험적 통각(선험적 주관)과 선험적 상상력을 통일하는 관점에서 논의를 전개한다. 이렇게 하면 선험적 상상력 자체가 감성과 오성의 결합주체가 되기에 초판의 설명방식이 보여주는 어색함이 사라진다. 이런 이유에서 '재판'에서는 '선험적 상상력'이란 용어는 후퇴하고 '선험적 통각'이 전면에 부각된다. 그러나 선험적 통각이 곧 선험적 상상력이다.

> **통각의 선험적 통일이란,** 직관 중에서 주어진 일체의 다양을 결합하여 한 객체의 개념이 되게 하는 통일이다.(B139. 강조는 칸트)

'통각의 선험적 통일'이 바로 '선험적 통각의 통일'이요, 선험적 상상력에 의한 감성과 지성의 통일이다. 이런 이유에서 필자는 한단석 교수의 다음과 같은 주장에 동의하지 않는다.

> 일체의 종합작용은, 비록 그것이 어떤 경우에 작용하든, 모두 오성작용인 것이다. 그리고 자발성의 작용은 오직 오성에서만 유래하는 것이다. (…) 재판의 연역에서 구상력을 초판에서처럼 '오성과 감성의 양단을 매개'하는 제3의 능력으로 생각하는 사고방식을 버리고 있는 것은 이제 분명하다 하겠다. 구상력이란 그 자체가 오성의 작용에 지나지 않

는다.[28)]

한단석 교수는 심지어 '도식과 오성의 순수범주는 같은 것'이라고 말하기도 한다.[29)] 그러나 이렇게 해석하면, 물자체에 의한 감성의 촉발을 어떻게 설명할 것인가 하는 것이 심각한 문제로 부각된다. 이런 해석은 필경 물자체를 불필요하게 만들 것이다. 왜냐하면, 상상력이 지성이라면, 상상력에서 감성의 요소는 제거되는데, 지성은 단순히 사유 기능일 뿐이고 감각자료를 만들어내는 기능이 아니기에,[30)] '지성이 감성과 결합한다'는 것은, '지성이 지성(감성의 요소가 제거된 상상력) 자신과 결합하는 것'이 될 뿐이기 때문이다. 그렇게 되면, 물자체로부터 주어지는 '감각자료'가 없어지며, 결국 '여하히 감성과 지성의 결합이 가능한가?'라는 문제 자체가 증발해버리고 말 것이다. 다시 말해서 선험적 연역이 불필요해진다는 것이다. 칸트가 초판의 연역에서는 상상력에 대해 많이 언급하다가 재판의 연역에서는 그 개념을 거의 언급하지 않는다는 것은 우리가 확인할 수 있는 관찰사실이다.[31)] 그렇다고 그 사

---

28) 한단석, 『칸트 '순수이성비판'의 새로운 이해』, 188쪽. 이 인용문의 '오성'은 '지성'으로, '구상력'은 '상상력'으로 읽어주기 바란다.

29) 한단석, 『칸트 '순수이성비판'의 새로운 이해』, 246쪽 참조.

30) 칸트는, 자신이 바라보는 대상을 그 형식뿐만 아니라 질료적 부분까지 만들어내는 직관을 지적 직관으로 부른다. 예컨대 신적인 존재는 단지 생각하는 것만으로 대상 그 자체를 창조한다. 우리 인간은 지적 직관의 능력을 가진 존재가 아니고, 감성적 직관의 소유자일 뿐이다.(B72 참조) 그래서 인간은 대상 개념을 형성하기 위해 우리의 심성이 물자체에 의해 촉발 당해야 한다. 그래야만 우리의 생래적인 인식 틀로써 가공할 인식질료가 생겨난다.

31) 재판의 연역은 B130-169에 걸쳐 있는데, 상상력은 B151-153, B162, B164에서 간간이 언급되고 있다. 선험적 통각이 선험적 상상력과 같은 것이라면, 그리고 재판의 연역에서는 선험적 상상력의 개념을 후퇴시키고 선험적 통각을 전면에 내세운다면, 비록 재판에서는 빈도가 초판에 비해 현격히 줄어들었다 하더라도 여전히 상상력의 개념이 등장하는 이유는 무엇인가 하는 문제가 제기될 수 있다. 나는 그것이야말로 칸트가 초판과 재판에서 감성과 지성의 결합에 대한 설명방식을 바꾸었지만, 본질적인 변화를 준 것이 아니라는 방증이라고 생각한다. 초판에서는 감성과 지성의 이질성에서 시작하여, 그 양자의 통일의 가능성을 설명하는 방식이라면, 재판에서는 선험적 상상력(선험적 통각)에서 시작하여 감성과 지성으로 뻗어나가는 설명방식을 택했다고 생각한다.

실이 칸트가 초판에서는 상상력을 중심으로 하여 인식의 성립에 필수적인 '종합'의 개념을 설명했고, 재판에서는 지성을 중심으로 종합을 설명했다는 주장을 정당화시켜주지는 않는다. '종합'을 설명함에 있어서, 재판에서 칸트가 상상력을 후퇴시키고 지성을 전면에 내세울 수밖에 없다고 해석하는 사람들은, 어쨌건 종합은 자발성과 관계하며 자발성은 지성의 능력이라고 생각하기 때문이다. 그러나 사람들이 추정하듯이, 칸트가 초판의 선험적 연역이 마음에 들지 않아서 재판에서 완전히 고쳐 썼다면, '도식론'도 완전히 고쳐 썼어야 할 것이다. 도식이 곧 지성의 범주들이라고 생각하는 한단석 교수의 입장에서 보면, 또다시 감성과 지성의 결합을 말하는 '도식론'은 소용없는 부분이며, 재판에서 칸트는 그것을 제거했어야 한다. 그러나 칸트는 그렇게 하지 않았고, 그는 초판에서건 재판에서건 '도식론'에서 여전히 상상력의 종합기능에 대해 강조한다. 칸트는 재판의 '도식론'에서도 "도식은 그 자신으로는 언제나 단지 상상력의 소산이다"(B179)라고 말한 뒤, 여전히 초판에서의 선험적 연역에서 상상력에 부여한 역할과 본질적으로 동일한 역할을 도식에다가 부여한다.

> 그래서 이제 한쪽으로는 범주와, 다른 쪽에서는 현상과 동종적이어야만 하고, 전자를 후자에 적용할 수 있도록 하는 **제삼자**가 있어야만 한다는 것은 명백하다. 이 매개적 표상은 (모든 경험적인 것을 포함하지 않고) 순수해야만 하고, 더욱이 일면으로는 지성적이요 타면에서는 감성적이어야 한다. 이러한 표상이 **선험적 도식**이다.(B177. 강조는 칸트)

칸트의 이 말은 재판에서 선험적 연역을 완전히 고쳐 쓴 뒤에 전개되는 '도식론'에서 하고 있는 말이다. 만약 한단석 교수의 주장대로 칸트가 초판에서는 상상력을 제3의 기능으로 인정하다가, 재판에서 상상력의 기능을 지성에 귀속시키면서 상상력의 독자성을 부정했다면, 방금 위에서 인용한 방식으로 말할 수가 없었을 것이다. 칸트는 데카르트의 "나는 생각한다. 그러므로 나는 존재한다"는 명제는 '통각의 분석적 통일'을 천명하고 있는 것으로 본다. 이 명제는 분석명제이고 형식논리적 필연성을 갖고 있다. 그 명제에 대해 칸트는 "통각의 원칙은 모든 인간 인식의 최상원칙이다"(B135)라고 한다. 그런 뒤에 이렇게 말한다.

> 그런데 통각의 필연적 통일이라는 원칙은 확실히 그 자신 동일적이요, 따라서 분석적 명제이다. 그러나 그것은 직관에 주어진 다양의 종합을 필연적인 것이라고 선언한다. 이 종합 없이는 자기의식의 시종일관한 동일성은 생각할 수 없다. 왜냐하면, 단순한 표상으로서의 자아에 의해서는 아무런 다양도 주어져 있지 않기에 말이다.(B135)

칸트는 여기에서 '나는 생각한다. 그러므로 나는 존재한다'의 '나는 생각한다'에서 그 '나'가 '직관에 주어진 다양'을 종합하려는 '나', 즉 선험적 대상과 연결된 선험적 주관으로서의 '나', 다시 말해서 '~에 대한 의식'으로서의 '나'가 아니라, 단순한 표상으로서의 자아에 불과하다면, "단순한 표상으로서의 자아에 의해서는 아무런 다양도 주어져 있지 않기에", "자기의식의 시종일관한 동일성"을 생각할 수 없게 된다고 말하고 있다. 칸트는 데카르트적인 '순수통각'(Ich denke)은 '분석적 자기동일성'('나'는 '나'이다)을 가지지만, 그런 통각은 아무런 인식도 만들어내지 못한다.[32] 왜냐하면 그 통각은 대상과 아무런 연결점이 없기 때문이다. 데카르트의 사유하는 자아는 '악마의 가설'에 의해 자기 자신의 사유 속에 갇힌 자아이다. '나는 걷는다. 그러므로 나는 존재한다'고 말할 경우, 나는 실제로 걷지 않고 있으면서도 내 정신을 지배하는 악마의 속임수에 기만당하여 그렇게 말하는 것일 수 있다. 수학적인 판단

---

32) 칸트는 '직관의 다양에 종합적 통일을 주는 것'을 인식이라 부른다.(A105)

에서도 나는 악마에 의해 기만당하고 있는 것일 수가 있다.[33] 데카르트적인 통각이 인식의 주체가 되기 위해서는 그 통각이 "직관에 주어진 다양의 종합"을 수행하는 주체여야 한다. 그런 주체만이 '분석적 자기 동일성'(통각의 분석적 통일)이 아니라, '종합적 자기 동일성'(통각의 종합적 통일)을 가질 수 있다. 긴 글이지만 중요성을 감안하여 충분히 인용한다.

> 무릇 직관에 있어서 주어지는 '다양한 표상들'은 그것들의 전부가 만약 하나의 자기 의식에 속하지 않는다면, 그것들 모두가 나의 표상이 되지는 않을 것이다. 즉 다양한 표상들은 내 표상으로서 (내가 내 표상으로서 의식하건 안 하건 간에) 그것들이 보편적인 자기 의식 속에 공존할 수 있게 하는, 그런 조건에 반드시 적합해 있어야 한다. 그렇지 않으면, 다양한 표상들은 전반적으로 내 것은 아니기에 말이다. 이런 근원적인 결합에서 다음과 같은 많은 중요한 결과가 생긴다. 즉 **직관에 주어진 다양에 대한 통각의 시종일관된 동일성은 표상들의 종합을 포함하고 있으며, 이 종합의 의식을 통해서만 그런 동일성이 가능하다.** 왜냐하면, 각종 표상들에 수반되어 있는 경험적 의식은 그 자신 산만(散漫)한 것이요, 주관의 동일성과 무관계하기 때문이다. 그러므로 **주관의 동일성에 대한 관계는 내가 각 표상을 의식한다는 사정에 의해서는 아직 생기지 않고, 한 표상을 딴 표상에 보태어서 양자의 종합을 자각하는 사정에 의해서 생긴다.** 하기에 내가 주어진 표상들의 다양을 하나의 의식에 결합할 수 있음에 의해서만, 이런 **표상들에 있어서의 의식의 동일성** 자신을 내가 표상할 수 있다. 즉 통각의 분석적 통일은 **종합적 통일을** 전제하고서만 가능하다.(B132-133. 고딕 강조는 칸트, 궁서체 강조는 필자)

칸트는 이 인용문에서 정말 중요한 주장을 펼치고 있는데, 그 핵심은

---

33) 이에 대한 자세한 논의는 필자의 논문, 「데카르트의 방법적 회의에 대한 고찰」을 보기 바란다.

'선험적 통각의 자기 동일성은 직관에 주어지는 낱낱의 표상들을 종합하는 작용 즉 인식작용을 통해 확보된다'는 주장이다. 달리 말해서 통각의 통일은 대상의 통일과 연동되어 있다는 것이다. 이를 칸트는 "통각의 선험적 통일이란, 직관 중에서 주어진 일체의 다양을 결합하여 한 객체의 개념이 되게 하는 통일이다"(B139)라고 표현하기도 한다. 칸트는 이를 변주하여 "'가능한 경험 일반'의 선천적 조건이 동시에 경험 대상 가능성의 조건이다"라고 말하기도 한다. 이 모든 말들은 필자가 앞서 말했듯이 '선험적 주관은 감성의 제약하에서만 사유하는 주관이다'라는 말과 본질적으로 같은 말이다. 감성의 제약하에서 사유함으로써, 선험적 주관은 그 사유를 '인식으로 만든다. 방법적 회의를 통해 데카르트가 도달한 명석판명한 진리인 '나는 생각한다. 그러므로 나는 존재한다'의 사유주체는 감성의 제약하에서 사유하지 않기에 인식을 만들어낼 수가 없다.

가령 내가 커다란 흑판 위에서 한 변의 길이가 1m인 정삼각형을 하나 그린다고 해보자. 내가 분필로 선을 이어가는 행위를 할 경우, 나는, 매 순간 '삼각형의 형상을 염두에 두면서' 선을 이어가는 주체가 동일한 '나'임을 의식하고 있어야 한다. 삼각형을 완성하게 되면 모두 3m의 선분이 만들어지는데, '50cm까지 그린 나'와 '1m까지 그린 나'와 '1m 50cm까지 그린 나'는 그린 선분의 길이가 각기 다르기에 각기 다른 '나'이지만, 그 각기 다른 '나'들이 사실은 같은 '나'임을 의식하지 못한다면, 다시 말해서 그 다른 '나'들을 종합하여 하나의 '나'로 만들지 못한다면, 나는 '나는 한 변이 1m인 정삼각형을 그렸다'고 말하지 못하게 된다. 이 경우 하나의 정삼각형이라는 대상의 이 만들어지는 것을 칸트는 '대상의 통일'로 이해하는데, **대상의 통일이 완성되는 것과 연동되어 자아의 통일도 완성된다.** 이런 식으로 완성되는 자아(통각)는 '종합적 자기 동일성'을 갖게 되며, 이런 동일성을 선험적 자아(선험적 통각)라고 한다. 이 선험적 자아가 삼각형을 그리기 위해 삼각형의 형상을 머리에 떠올릴 때, 머리에 떠오른 형상을 삼각형의 도식이라고 한다. 상상력의 이런 도식작용이 없으면, 우리는 삼각형을 그릴 수가 없다. 이 도식 덕택에 우리는 아주 작은 삼각형도 상상해서 그릴 수 있고, 아주 거대한 삼각형, 예컨대 한 변이 10억km인 삼각형도 상상할 수 있다.

칸트가 "통각의 분석적 통일은 종합적 통일을 전제한다"고 말할 때, 이 말의 뜻은 '데카르트적 코기토(통각의 분석적 통일)가 인식을 산출하려면 직관의 다양을 종합하는 코기토가 되어야 한다'는 말이다. 칸트는 지각된 것들을 결합시키는 상상력의 자발성과 직관의 다양을 결합시키는 지성의 자발성은 동일한 자발성이라고 한다.(B163 참조). 일견 이 주장은 상상력은 지성과 동일한 것임을 말하는 것처럼 읽힐 수가 있다. 그러나 칸트가 하고자 하는 말은, 상상력이 현상계에서 존재할 수 없는 근원적 형상을 만들어내는 자발성의 능력은 '지성의 12범주들이 대상을 **감각의 제약하에서 구성**'할 때의 자발성의 능력과 본질적으로 같다는 것이다. 그런데 '지성이 12 범주들을 이용하여 감각의 제약하에서 대상을 구성하는 것' 바로 이것이 상상력의 기능이다. 선험적 상상력은 데카르트적인 순수한 사유하는 자아, 칸트의 용어로는 순수통각(순수지성)이 아니다.[34] 앞에서도 말했듯이, 선험적 통각은 '감각의 제약하에서 대상을 구성하는 통각'인데, 이때 구성되는 대상이 선험적 도식이다. 그러므로 선험적 통각은 선험적 상상력의 다른 이름이라고 할 수 있겠다.

하여간 '선험적 통각의 통일작용이 앞서는가, 상상력의 종합작용이 앞서는가' 하는 이런 양자택일적 상황을 설정해두고, 칸트 연구자들은 물자체의 실재성을 인정하는 방식으로 해석하려는 칸트학자와 칸트철학에서 물자체를 제거하려는 연구자들 사이에, '어느 버전의 연역이 자신들의 입장을 위

---

34) 한단석 교수는 '초월론적 통각'(선험적 통각)을 '오성'(지성)과 동일시한다.(『칸트 '순수이성비판'의 새로운 이해』, 182쪽 참조. 그러나 칸트는 '선험적 통각'과 지성을 동일시하지 않는다. 그는 "이 통각 능력이 오성 자신이기도 하다"(B134)라고 말하기는 한다. 선험적 통각은 감각재료가 주어지지 않으면 전혀 자발적으로 사고할 수 없다. 데카르트는 코기토(사유하는 자아, 순수통각)는 감각질료가 주어지지 않아도 사고할 수 있는 것이라 주장한다. 지성과 동일시될 수 있는 것은 순수통각이다.

해 유리한가'라는 것이 문제가 되었다. 그러나 '선험적 통각의 통일작용이 앞서는가, 상상력의 종합작용이 앞서는가' 하는 문제를 양자택일의 문제로 생각해서는 안 된다고 생각하는 필자의 입장에서 볼 때에, 칸트가 초판과 재판을 달리 쓴 것은 물자체의 실재성에 대한 그의 생각이 달라졌기 때문이 아니다. 그가 재판에서 연역을 새로 쓴 것은 초판에서 감성과 지성의 결합에 대해 자신이 제시한 선험 철학적 해명이 뭔가 미진했다고 생각했기 때문일 뿐이다. 중요한 것은 인식에서 이질적인 두 요소인 감성과 지성의 결합에 대한 칸트의 두 가지 해명에서 어느 것이 더 설득적인 해명인가라는 것이다.

사실문제와 권리문제를 엄격하게 구분한 뒤, 권리문제와 관련된 '증명'을 연역이라 한다는 칸트의 말(B116)에 오도되어 선험적 연역을 수학적 증명의 일종으로 잘못 생각할 수가 있다. 그러나 그것은 중대한 오해이다.

> 수학의 철저성은 정의, 공리, 증명 등에 의거한다. 이것들은 그 어느 것이나 수학자가 취하는 의미에서 철학이 수행할 수도 없고, 모방할 수도 없다.(B754-755. 강조는 필자)

칸트는 '수학적 증명'과 대비되는 '철학적 정당화'를 '연역'으로 부르고 있다.[35] 칸트는 수학이 가지는 증명을 '명시적 증명'이라 부르는데, 그것은

---

35) 칸트의 다음 말을 주목하기 바란다. "이렇기에 우리는 앞서서 공간 개념의 '선험적 연역'을 필요로 했던 것이다."(B121) 심지어 칸트는 '변증론'에서 다루는 순수이성의 이념들의 연역에 대한 언급도 하고 있다. "선험적 이념들에 관해서는, 우리가 범주들에 관해서 할 수 있었던 것과 같은 객관적 연역은 할 수가 없다. 사실상 이념은 그것에 완전히 합치해서 주어질 수 있는 어떤 객관에 대한 관계를 가지지 않는다. 왜냐하면 그것이 바로 이념이기 때문이다. 그러나 이념을 우리 이성의 본성에서 주관적으로 이끌어내는 일은 우리가 기획하는 것이며, 바로 이 일을 여기에서 했었다."(B393) 칸트가 순수지성 개념의 연역을 '객관적 연역'이라 부르고, 이념에 대해서는 그런 연역이 불가능하기에 이념의 연역은 '주관적'이라고 하는지는 지금까지의 우리들의 논의를 참고하면 충분히 알 수 있는 일이다. 인간은 가능한 경험의 한계를 넘어서려는, 제거 불가능한 유혹으로 인해 선험적 가상에 빠지게 되며, 그리하여 순수이성의 이념들이 주관적으로 만들어진다.

"절대 필연의 증명이 직관적인 한에서"(B762. 강조는 내가 한 것이다) 얻게 되는 이름이다. 그런데 철학은 직관에 의존하는 그런 증명을 가질 수가 없다. 그 이유는 수학이 갖는 직관적 원칙 즉 공리는 자명적이지만, 아무리 확실한 철학적 원칙이라도, 그것은 '자명적'이라고 불릴 수는 없기 때문이다.[36] 그러면 철학적 정당화란 무엇인가? 그것은 철학적인 용어를 동원하여 정당화를 시도하는 것인가? 만약 그렇다면, 칸트보다 앞선 많은 독단적 형이상학자들도 그런 철학적 정당화를 시도했다고 봐야 할 것이다. 그러나 칸트가 염두에 두고 있는 철학적 정당화란 그런 것이 아니고, 선험적 차원에서 행해지는 철학적 정당화를 말한다. 그러면, 선험적인 철학적 정당화란 무엇인가? 우리가 앞에서 고찰했듯이, 칸트는 보편타당성이 학문적으로 정당화되는 인식적 경험이 현실적으로 존재한다는 사실을 인정한다. 그다음에 그는 '어떻게 그런 경험이 가능한가?'라는 문제를 던진다. 그리고 칸트는 그런 경험의 가능성 조건을 경험에 앞서서 **해명**한다.[37] 선험철학이 잉태되는 순간이다. 임신 기간은 10년이었고, 엄청난 난산이었다.

선험철학 건설에 있어서 최고의 난공사 구간은 지성의 범주와 감성의 직관내용이 어떻게 결합할 수 있는가를 해명하는 일이었다. 왜냐하면 감성과 지성의 결합에 의해서 인식이 성립한다고 했는데, 칸트는 감성과 지성은 물과 기름처럼 이질적이라고 했기 때문이다. 물론 이런 모든 논의는 '어떻게 그런 경험이 가능한가?'라는 문제를 이치에 닿도록 설명하는 과정에서 나온 것들이다. 이 상황에서 우리는 '도대체 지성과 감성은 결합할 수 있는가?'라는 질문을 해서는 안 된다. 지성과 감성의 결합은 이미 전제된 것이다. 왜냐

---

36) 칸트는 '선험적 증명'(transzendentalen Beweise)이라는 용어를 사용하기도 한다. 이 경우 우리는 '증명'이란 말을 '정당화' 혹은 '해명'의 의미로 받아들여야 한다. 칸트는 B814 이후에서 자신이 '선험적 분석론'에서 제시한 선험적 증명(해명)의 몇 가지 특징들에 대해 설명하고 있다.

37) 다음과 같은 칸트의 말에 유념하기 바란다. "철학상의 정의(定義)는 단지 주어진 개념의 '해명'(Exposition)이되, 수학상의 정의는 '근원적으로' 우리가 만든 개념의 '구성'이다."(B758)

하면 지성과 감성의 결합이 현실적으로 존재한다는 것을 수학이나 물리학에서 아프리오리한 종합판단이 보여주기 때문이다. '보편타당성이 학문적으로 정당화되는 인식적 경험이 어떻게 가능한가?'라는 문제는 '어떻게 아프리오리한 종합판단이 가능한가?'라는 문제가 되고, 그 문제는 마지막으로 '어떻게 감성과 지성의 결합이 가능한가?'라는 문제로 바뀌어 제출된다. 어떤 의미에서는 『순수이성비판』의 전반부는 넓은 의미에서 선험적 연역의 문제를 다루고 있다고 말할 수 있다. '학문적 인식 경험이 현실적으로 있다는 것'이 '사실문제'로 확인된 것이라면, '어떻게 그런 학문적 경험이 가능한가'라는 문제는 '권리문제'인데, 칸트는 이 권리문제를 철학적으로 해명하여 정당화하는 작업을 선험적 연역이라 부르고 있기 때문이다. 범주의 선험적 연역은 좁은 의미의 연역이요, 연역 중의 연역이자, 연역의 노른자이다.

> 우리가 지성이라고 부르는 능력을 천명하기 위해서, 그와 동시에 또 지성의 규칙과 한계를 규정하기 위해서, 가장 중요한 것은 **지성의 순수한 개념들에 대한 연역**이라는 표제 아래에서 내가 '선험적 분석론' 제2장에서 행한 연구밖에 없다는 것을 나는 안다. 이 연구에 나는 가장 많은 노고를 치렀고, 생각건대 무익하지도 않은 노고였다.(AXVI. 강조는 칸트)

5.
선험적 사유는 인식도 아니고
사고도 아니다

칸트는 수학이나 물리학의 영역에서 만들어지는 '인식'과, 독단적 형이
상학의 '사고'와, 선험 철학적 '사유'를 구분한다. 감성적 직관의 대상은 '인
식'의 대상이고, 감성적 직관의 대상이 아닌 물자체는 인식의 대상이 될 수는
없지만, 그에 대해 사고해볼 수는 있다.

이래서 대상을 사고하는(denken) 것과 대상을 인식하는(erkennen) 것은
결코 같은 일이 아니다. 즉, 인식하기 위해서는 두 가지가 필요하다. 첫
째는 대상일반을 생각하게 하는 개념이다(범주이다). 둘째는 대상이 주
어지게 하는 직관이다. 개념에 대응하는 직관이 주어질 수 없다면, 개
념은 형식적으로는 생각이겠지만, 아무런 대상도 가지지 않을 것이요,
그런 개념에 의해서는 사물의 인식은 불가능할 것이다. 왜냐하면, 그
경우에는 내가 아는 한에서, 나의 '생각'이 적용될 것이 **존재하지도 않
고 존재할 수도 없겠기** 때문이다.(B146. 강조는 칸트)

범주에 의하지 않고서는, 우리는 아무런 대상도 사고할 수 없다. 개
념에 대응하는 직관이 없고서는, 우리는 사고된 대상을 인식할 수 없
다.(B 165)

가령 우리가 영혼이라는 것에 대해 말해보자. 우리는 그 개념에 대응하는 감각내용(직관)을 가질 수가 없다. '직관'이란 말은 독일어로 Anschaung인데 영어로 intuition으로 번역한다. 둘 다 '본다'는 의미를 갖고 있다. 인간이 가진 오감 중에서 시각이 대표적임을 반영하여 '감각하는 것'을 '보는 것'으로 이해한 것이다. 우리말에서도 '보는 것'이 대표적인 감각이다. 눈으로 보는 것을 우리는 그냥 '본다'고 한다. 그리고 촉감은 '만져본다'로, 후각은 '냄새 맡아 본다'로, 미각은 '맛본다'로, 청각은 '들어 본다'로 표현한다. 모든 감각은 '보는' 것이다. '발로 차본다', '손으로 두드려본다', '망치질해본다', '부모가 되어 본다' 등등의 표현도 있다. 어쨌건 어떤 개념에 대응하는 감각내용을 갖지 않는 것을 그냥 사고(생각)해볼 수는 있겠지만, 그것은 인식의 대상이 될 수는 없다. 그러니 영혼에 대해 누군가가, '영혼들끼리 모여서 회의를 한다'거나 '영혼이 고통을 느끼는 법은 없다'거나, 플라톤처럼 '영혼은 저승에 있을 때, 이데아에 대한 지식을 갖고 있었다'고 말하는 것은 생각(사고)해볼 수는 있는 말이지만, 아무런 (과학적) 인식이 아니다. 칸트가 '인식'과 '사고'를 구분하는 것은 과학적 지식과 비과학적 지식을 엄격하게 구분한다는 뜻이다.

그런 구분을 통해 칸트는 플라톤이 참다운 앎이라고 생각했던 이데아에 대한 앎인 '에피스테메'를 '인식'(과학)의 영역에서 추방하여 '사고'(비과학)의 영역으로 밀쳐 넣었다. 이데아에 대한 앎은 인간이 신처럼 지적인 직관의 소유자라면 가능하겠지만, 인간은 감성적 직관의 소유자에 불과하기에 불가능하다. 칸트 당시에 새롭게 발전하는 근세 과학은 기계론적 사고방식에 의거하여 인식의 영역을 무섭게 확장시켜가고 있었지만, '사고'의 유희만 일삼는 형이상학은 제자리걸음만 하면서 만인의 조롱거리로 전락했다. 칸트는 근대과학의 발전에 큰 감명을 받았다. 정확하게 말해서 근세과학의 발전이 칸트에게 준 것이 감명인지 우려인지 충격인지는 불분명하다. 세 가지 다 일 수도 있다. 그가 다른 근대 계몽주의자들처럼 근대과학의 발전이 인간을 더 나은 세계로 데려다 줄 것으로 믿었다면 그는 감명을 받았을 것이다. 그러나 과학의 기계론적 자연관이 인간의 존엄성을 파괴할 것이라고 생각했다면, 우려했을 것이다. 그러나 제자리걸음을 걷고 있는 형이상학과 비교했을 때는 충격을 받았을 것으로 보인다. 그 충격 때문에, 어떻게 하면 그는 학문의 안전한 길에 들어선 형이상학을 건설할 수 있을 것인가 하는 문제를 화두로 삼고 사색에 사색을 거듭했다. 그리하여 칸트는 선험철학을 만들었고, 아프리오리한 종합과 선험적 종합을 구분하기에 이른다.

철학은 과학과 같은 '인식'일 수는 없다. 그렇다고 기존의 독단적 형이상학과 같이 '사고'의 유희에 빠져 있어서도 안 된다. 어떻게 하면 형이상학은 학문의 안전한 길에 들어서서 과학처럼 자신의 길을 씩씩하게 전진할 수 있는가? 칸트는 '인식'과 '사고' 사이에서 '선험적 사유'로써 형이상학이 당면한 위기를 극복하려 했다. 바로 이런 이유로 그는 선험적이지 않은 방법으로 형이상학적 주장을 펼치는 모든 형이상학을 거부했다. 그런데 선험적 사유가 성립하려면, 어떤 회의론자도 부정할 수 없는 경험의 사실들이 있어야 한다. 그래야만 그 경험들의 가능성 근거를 모색하는 일이 가능할 것이기 때문이다. 칸트는 세 가지 경험의 사실을 염두에 두고 있다. 『순수이성비판』에서는 '인식 경험'을, 『실천이성비판』에서는 '도덕 경험'을, 『판단력 비판』에서는 '미적 경험'을 염두에 주고 있다. 칸트는 '도덕 경험이 있다'는 사실을 특별히 '실천이성의 사실'이라고 부른다. 그렇다면 '인식 경험이 있다'는 사실은 '순수이론이성의 사실'로 부를 수도 있을 것이다. 그 사실을 칸트는 '수학과 물리학에서 선천적 종합판단이 있다'는 것으로 받아들이며, 그런 판단(인식 경험)의 가능성 근거를 해명한다. 그 결과 칸트는 '선험적 형이상학'을 제시하면서, '여하히 학문으로서의 형이상학이 가능한가'라는 문제를 해결했다고 생각한 뒤에, 자신의 선험철학이 서 있는 지반은 "경험이라는 기름진 바닥"[38)이라고 말한다. 칸트의 이 말은 인식 경험에 대해서만 타당한 말이 아니라,

---

38) 『형이상학서설』, 363쪽.

도덕 경험과 미적 경험에 대해서도 타당하다.

과학적 인식의 가능성 근거를 조사하고 해명함으로써, 그는 그 선험적 사유 체계를 완성하여, 『순수이성비판』이란 책으로 출판했다. 과학의 인식은 아프리오리한 종합이라면, 철학의 사유는 '선험적 종합'이다. 칸트의 선험철학은 인간의 앎이 '인식'이 되느냐, '사고(생각)'가 되느냐, '사유'가 되느냐를 구분한다. 물론 칸트는 '사유'라는 말을 이런 식으로 사용한 적이 없다. 필자가 칸트의 생각을 쉽게 설명하려는 편의를 위해, 지금 이런 독특한 용법을 처음 선보이고 있다. '과학적 인식', '독단적 사고', '선험철학적 사유', 이 삼자가 구분되어야 한다.[39] 칸트가 제시하는 선함철학의 체계는, 일차언어를 반성적으로 고찰하면서 생기는 이차(meta)언어처럼, 일차지식(아프리오리 지식)인 수학과 물리학의 지식을 반성적으로 고찰하여 생기는 이차지식(선험적 지식)인 철학적 사유의 체계이다. 일차지식이 과학적 '인식'이라면, 이차지식은 철학적 '사유'이다. 이차지식인 '사유'가 '인식'과 '사고'에 대해 내린 결론은 "명제의 의미는 명제의 검증 가능성이다"라고 말하는 논리실증주의를 연상시킨다. 개념이나 주장에 대응하는 직관을 제출하지 못해서 검증도 반증도 안 되는, 사고의 유희에서 만들어진 독단적 형이상학의 주장들은 무의미한 헛소리에 불과하다. 그러나 선험철학적 '사유'는 '인식'이 확실한 것인 한, 마찬가지로 확실하다. 그렇다면 선험철학적 사유는 과학적 인식이라는 대저택 옆에서

---

39) 내가 제시하는 이런 구분론에 대해 두 가지 문제가 제기될 수 있다. 첫째로, '인식과 사고와 사유를 종개념으로 거느리는 유개념이 무엇인가?' 하는 것이다. 둘째로, '그 삼자를 독일어나 영어로 어떻게 구분해서 표현할 수 있는가?'라는 것이다. 첫째 문제와 관련해서는, 그 삼자를 아우를 수 있는 새로운 유개념을 만들 수도 있고, 그것이 여의치 않을 경우 사고를 넓은 의미의 사고와 좁은 의미의 사고로 구분하여 해결하는 방법이 있을 수 있다. 즉 '광의의 사고' 아래에, '과학적 사고', '독단 철학적 사고', '선험철학적 사고'를 두고, 과학적 사고를 '인식'으로 독단적 사고를 그냥 협의의 '사고'로, 선험철학적 사고를 '사유'로 부르는 방법이다. 둘째 문제는 이렇게 해결될 수 있을 것이다. '과학적 인식'은 인식(Erkennen, Knowledge), 독단적 철학의 사고는 사고(Denken, thinking), 그리고 선험철학적 사고는 어색해 보일 수 있지만, 사유(Meta-Erkennen, meta-knowing)로 표현할 수도 있을 것이다. 칸트는 적어도 형이상학에 관한 한, 형이상학적 지식은 '인식'도 아니고, '사고'도 아니며, 오로지 '사유'로만 가능하다는 생각을 하고 있다.

곁방살이하는 신세로 전락하는 게 아닌가? 『순수이성비판』의 전반부에 관한 한, 그렇게 읽힐 수도 있을 것이다. 왜냐하면 과학적 인식이 존재해야만 선험적 사유도 존재할 수 있기 때문이다. 그러니 주도권은 과학이 쥐고 있는 것이지 철학이 쥐고 있는 것은 아니다. 그러나 『실천이성비판』에서는 철학이 철학으로서의 위상을 되찾는다. 인간 이성의 소질 안에 들어 있는 형이상학적 요구, 그 어떤 과학적 지식도 충족시켜줄 수 없는 이 욕구는 거기에서 충족되는 길이 확보되기 때문이다.

6.
선험적 관념론과 물자체의
이율배반적 대립의 문제

　　이제 우리는 야코비가 최초로 지적했던, 선험적 관념론과 물자체가 맺고 있는 관계의 이율배반성의 문제에 대해 살펴보고자 한다. 주지하다시피 야코비는 물자체를 인정하지 않고서는 칸트의 체계 속으로 들어갈 수가 없고, 물자체를 인정하고서는 칸트의 체계 속에 머물 수가 없다고 했다. 칸트는 『순수이성비판』에서 자신의 사상을 '선험적 관념론'(transzendentaler Idealismus)으로 특징짓고 있다. 세상의 모든 만물은 경험적 관점에서 보면 그 사물들을 바라보는 주관 바깥에 공간적으로 저만치 떨어져서 존재하는 실재물이지만, 선험적 관점에서 바라보면 그것들은 모두 인식주체인 선험적 주관이 구성해 낸 관념내용에 불과하기에 선험적 주관 내부에 있다는 것이다.

　　그런데 선험적 관점에서 보아도 도저히 나의 관념내용으로 간주할 수 없는 어떤 것이 있다. 그것이 바로 물자체이다. 물자체는 선험적 관점에서 보아도 실재하는 어떤 것, 즉 선험적 실재물이다. 그러니 선험적 관념론이 수미일관하게 만들어지려면, 물자체가 제거되어야 할 것 같아 보인다. 이런 이유로 독일 관념론자들, 신칸트학파의 대표자들 중의 한 사람인 헤르만 코헨, 그리고 칸트의 『순수이성비판』을 현상학적 존재론으로 읽어내려 했던 하이데거 모두 칸트의 『순수이성비판』에서 물자체 제거 수술을 했다. 물자체를 선험적 관념론에 붙어 있는 커다란 암 덩어리로 간주하면서 그것을 『순수이성비판』에서 제거한 뒤에, 코헨은 『순수이성비판』을 인식이론으로 이해했다. 신칸트학파의 칸트 해석은 '지붕에 올라간 뒤에는 사다리를 버려라'라는 말을 생각나게 한다. 신칸트학파는 인식론을 출발시키기 위해 물자체의 촉발을 받아들인 뒤에, 인식론이 성립한 뒤에는 물자체의 촉발을 불필요한 것으로 간주해버린다. 인식의 대상이 아닌 어떤 것의 존재를 인정한다는 것은 인식론의 자폭적 행위가 된다고 생각하고 물자체를 제거한다. 칸트는 물자체에 대해서는 지성의 범주들을 사용하면 안 된다고 말하고선, 『순수이성비판』의 도처에서 물자체에 대해 지성의 범주들을 적용하는, 모순처럼 보이는 주장을 하는데,[40] 물자체가 제거됨과 동시에 칸트가 물자체를 두고 범하는 모순도 해결된다. 하이데거도 『순수이성비판』에서 등장하는 물자체를 선험적 대상과 동일시하면서 물자체를 제거해버린다. 어떤 경우에도 현상하지 않는 물자체란 것을 인정하는 것은 현상학의 자폭적 행위가 된다고 생각했기 때문이다. 그도 물자체를 제거한 뒤에 『순수이성비판』을 현상하는 존재자의 존재에 관한 이론으로 만들어버린다.

　그런데 표면적으로 물자체는 선험적 관념론과 갈등을 일으키는 것처럼 보이지만, 물자체는 칸트의 선험적 관념론을 가능하게 만들어주는 것이다. 물자체가 선험적 주관을 촉발하지 않으면, 주관에 마주 세워지는 선험적 대상이 생겨나지 않을 것이고, 그렇게 되면 현상적 사물들의 인식재료가 공급되지 않을 것이고, 대상들을 선험적으로 구성하는 작업도 불가능하게 되고, 결국 선험적 관념론도 성립할 수 없게 될 것이기 때문이다. 그뿐만 아니라 물자체가 인정되지 않으면 칸트의 관념론과 버클리의 관념론을 구분할 수가 없게 된다는 문제가 발생한다. 그러므로 물자체는 선험적 관념의 성립근거이다. 물자체는 선험적 관념론의 성립근거이기도 하면서 선험적 관념론의 암 덩어리처럼 보이기도 한다. 이런 상황에서 우리는 선택을 강요받게 된다.

---

40)　이에 대한 자세한 논의는 필자의 책, 『칸트철학과 물자체』 15쪽 이하를 보기 바란다.

물자체를 빼내어버릴 것인가 그대로 둘 것인가?

나는 후자의 태도가 옳다고 본다. 물자체는 선험철학이라는 이름의 인식론을 성립시키기 위한 선인식론적이며 존재론적 전제이다. 인식이 있는 곳에서는 반드시 물자체를 생각해야 한다. 음수사원(飮水思源)! 칸트는 『실천이성비판』에서 '자유는 도덕법칙의 존재근거이고, 도덕법칙은 자유의 인식근거이다'라고 말했는데, 나는 물자체와 선험적 관념론의 관계를 이렇게 표현하고 싶다. '물자체는 선험적 관념론의 존재근거이고, 선험적 관념론은 물자체의 인정근거이다'. 달리 말해서, 현실적 무한(물자체)은 가능적 무한(가능한 경험의 세계로서의 현상계)의 존재근거요, 가능적 무한은 현실적 무한의 요청근거다.[41] 물론 이 경우 물자체는 존재론적 의미의 물자체 즉 촉발하는 물자체이지, 형이

---

41) 필자는 다른 책에서, 이 명제에 의거하여, "인간(선험적 주관 혹은 현존재)이 인간으로서 자기 동일성을 유지하면서 존재할 수 있는 가능성은 신의 현존에 의지하고 있다"고 주장했다.(『신내림의 철학자 하이데거』, 성남, 북코리아, 2023, 528쪽) 나는 이것이 대단히 중요하다고 생각하여, 약간의 부연설명을 해둠으로써 독자들의 관심을 환기시키고자 한다. 필자는 칸트가 인간을 가능적 무한자로 보는 것으로 해석하고 있다. 만물 중에서 무한을 문제 삼는 유일한 존재가 인간이다. 무한을 문제 삼는 것이 인간의 본질이다. 이는 마치 하이데거가 인간만이 존재를 문제 삼는 유일한 존재라는 의미에서 인간을 현존재(Dasein)로 부르는 것과 마찬가지이다. 하이데거 철학에서 현존재는 그것에서 존재가 문제시되는 그런 존재다. 이 말은 인간(가능적 무한자)은 그것에서 무한이 물어지는 그런 존재라는 것이다. 그런데 가능적 무한자(현존재)는 그것이 무한(존재)을 묻는 동안에는 본래적 삶의 자세를 유지하는 것이며, 그것이 무한을 묻지 않고 일상성에 파묻혀 살아가면 그것은 비본래적 삶을 사는 것이고, 그럼으로써 현존재는 퇴락한다. 그런데 가능적 무한자는 그것이 자신의 동일성을 유지하기 위해, 즉 가능적 무한자로 머물기 위해서는 끊임없이 자신을 넘어서야 한다. 그러한 넘어섬(탈자적 초월행위)을 그만두는 순간에, 다시 말해서 더 이상 무한성을 문제 삼지 않고, 무한성으로부터 자신의 관심을 철수시키면 그는 하나의 고정된 유한수가 되며, 따라서 가능적 무한자가 아니게 된다. 그러므로 가능적 무한자(인간, 현존재)는 그 자신에게 있어서 자신의 자기동일성이 끊임없이 문제가 되는 그런 존재이다. 그런데 인간이 자기동일성을 유지하기 위해 자신을 넘어서는 것이 가능하기 위해서는 '아직 자신이 도달하지 않은 곳(것)'의 존재가 전제되지 않으면 안 된다. 만약에 그곳(것)이 존재하지 않는다면, 인간은 자신을 넘어설 수가 없고, 결국 자신의 자기동일성을 유지할 수가 없다. 즉 인간은 인간이 아닌 것이 된다. 그러므로 인간이 인간으로서 자기 동일성을 유지할 수 있으려면, 인간의 무한(가능적 무한)을 넘어서는 현실적 무한이 존재해야 한다. 우리는 그것을 신으로 부를 수 있을 것이다. 이런 점에서 본다면 가능적 무한의 가능성의 근거는 현실적 무한의 현실성 안에 있다. 이 현실적 무한인 신은 가능적 무한자인 인간을 초월해 있으면서 동시에 인간 속에 가능성으로서 내재해 있다.

상학적 의미의 물자체(가상체)는 아니다.《순수이성비판》의 칸트적 인식론의 가능성 근거를 설명하려면 물자체가 요청될 수밖에 없으며《실천이성비판》의 칸트적 윤리학의 가능성 근거를 해명하려면 신, 영혼, 자유, 내세가 요청될 수밖에 없다는 점에서 양 비판서의 사유구조의 동일성이 엿보인다.

칸트철학을 '내재적 실재론'으로 해석하는 힐러리 퍼트남도 칸트의 물자체에 대해 다음처럼 말한다.

> 칸트는 마음과 무관한 **어떤** 실재가 있으리라는 점에 대해서는 의심하지 않았다. 이 점은 그에게 있어서는 이성의 한 요청이었다. 그는 이 마음에서 독립된 어떤 것은 물자체Ding an sich, 본체적 대상 또는 본체 noumena, 혹은 집합적으로 말하여 **본체세계** 등의 여러 가지 용어를 사용하여 표현했다. 그러나 이 본체적인 어떤 것에 관하여 아무런 사실적인 개념도 우리는 형성시킬 수가 없다. 본체세계라는 개념마저도 명확한 개념이라기보다는 일종의 사유의 한계개념Grenz-Begriff에 지나지 않는다. 이 본체세계의 개념이 칸트철학에 있어서 불필요한 형이상학적 요소라고 오늘날 비판받고 있다. (그러나 칸트가 아마 옳았는지도 모른다. 즉 마음으로부터 독립된 어떤 경험의 '근거'에 관한 어떠한 이야기도 난센스에 빠지고 만다고 하더라도 우리는 어떻든 그러한 '근거'가 있다고 생각하지 않을 수 없을 듯하다)[42]

나는 칸트의 『순수이성비판』에서 물자체를 제거하는 방식으로 칸트를 독해하는 것에 대해서는 단호하게 반대하는데, 그들은 물자체를 선험적 관념론의 심장에 붙어 있는 암 덩어리라고 생각하고 제거수술을 했지만, 그들이 정작 제거한 것은 심장 그 자체였다. 그것을 제거하는 것은 칸트가 '선험적 의미의 신'이라고 부르는 것을 제거하는 것이기 때문이다. 그리고 나는 칸

---

42) 힐러리 퍼트남, 『이성 · 진리 · 역사』, 79-80쪽. 김효명은 '퍼트남'을 '파트남'으로 표기하고 있는데, 나는 관례를 따라 '퍼트남'으로 표기한다.

트 이후 야코비로부터 피히테, 셸링, 헤겔로 이어지면서 종국에는 현상과 물자체의 구분도 없애버리고, 또 칸트가 인식의 한계선에 박아 둔 물자체라는 경계석도 빼내 버리면서 인간을 신으로 즉 절대정신으로 격상시키는 독일 관념론적 칸트 해석에도 반대한다.

물자체를 제거하는 것이 칸트철학을 폭행하는 것임은 지금까지의 논의를 통해 그 이유가 충분히 제시되었다고 생각하지만, 나는 여기에서 다른 방식으로 칸트철학에서 물자체를 제거하는 것은 잘못임을 설명해보고자 한다. 인식이론으로서 칸트철학에서 우리가 만나게 되는 세 가지 중요한 개념이 있다. 물자체, 현상, 선험적 대상이다. 나는 지금 '세 가지 중요한 개념'이라고 표현하고 있으며 '세 가지 중요한 대상'이라고 표현하지 않고 있음에 주의하기 바란다. 물자체를 '대상'의 한 종류로, '대상'의 개념에 포함되는 어떤 것으로 간주해서는 안 된다는 말을 먼저 해두고 싶다. 그렇게 하면 그것은 현상이 된다. 현상 혹은 현상적 대상물(페노메나)은 인식주관이 물자체로부터 촉발 당하여 수용하게 된 '감각적 잡다'(감각재료)를 오성의 범주들로 가공하여 만들어 낸 구성물이기에, 그것은 절대로 인식주관을 촉발하는 어떤 것일 수가 없다. 그렇다면 선험적 대상이 인식주체를 촉발하는 어떤 것으로 간주될 수 있을까? 그런데 선험적 대상은 선험적 주관의 상관자인데, 선험적 대상(선험적 객관)은 그것이 선험적 주관의 상관자인 한, 그것은 선험적 주관 바깥에, 선험적 주관과 무관하게, 선험적 주관과 아무런 연결성도 없이 존재할 수가 없다. 그렇게 되면 그것은 선험적 대상일 수가 없기 때문이다. 결국 인식주관을 촉발하는 것은 물자체일 수밖에 없는데, 이 물자체는 당연히 현상적 사물도 아니고 선험적 대상도 아니다. '물자체가 인식주관 바깥에서 인식주관을 촉발한다'는 말은, 인식주관이 '인식주관과 아무런 연결성도 없는 따라서 인식의 대상이 될 수가 없는 어떤 것의 한가운데에 즉 선험적 의미의 신의 한복판에 놓여 있다는 것'을 말한 것이다. 물자체가 인식주관과 아무런 연결점이 없다는 나의 주장에 대해 이런 의문을 가질 수가 있다.

인식주관이 하나인 물자체의 한가운데에 놓여 있다는 것은 이미 물자체와 인식주관이 모종의 관계를 맺고 있다는 뜻인데, 인식주관과 물자체가 아무런 연결점이 없다는 것은 이해가 안 된다. 연결점이 있으니까 물자체가 선험적 주관을 촉발하여 선험적 대상이 만들어지는 것이 아닌가?

나는 이런 문제제기가 일리 있다고 생각한다. 그럼에도 불구하고 내가 말하고자 하는 것은 이런 것이다. 아무리 물자체가 촉발이라는 방식을 통해 선험적 주관과 관계 맺는다 하더라도, 촉발하는 물자체는 절대로 선험적 주관의 대상(객관)이 될 수가 없다는 것이다. 대상은 그것이 경험적인 것이건 선험적인 것이건 주관의 상관자로 세워지는 방식으로만 주관과 연결되는데, 물자체는 절대로 주관의 상관자로 세워질 수 없는 것이기에 주관과 연결되지 않는다는 것이다. 물자체 쪽에서는 칸트가 촉발이라고 말한 것을 통해 인식주관과 연결점을 갖지만, 우리 쪽에서는 물자체와 아무런 연결점을 갖지 못한다. 이는 마치 이쪽에서는 저쪽을 볼 수 없지만, 저쪽에서는 이쪽을 볼 수 있도록 한 유리창과 같다.

칸트가 물자체를 가상체로도 표현하는 것 때문에, 물자체가 주관을 촉발한다고 할 때, 우리 눈에 보이는 현상적 사물들의 중성적 기체 — 이 중성적 기체는 신의 직관에서 보게 되는 원형적 사물로 연결된다[43] — 를 떠올리는 것은 치명적인 잘못이다. 이 대목에서 관념론적 칸트 해석가들은 그것은 선험적 대상 그 이상도 이하도 아니라고 말한다. 사람들은 칸트의 인식론에 일관성을 주려면, 인식초월적 물자체라는 것은 제거되어야 한다고 한다. 그러나 그들은 칸트적 인식론을 가능하게 하는 토대를 제거하는 오류를 범한다. 그것이 제거되면 그 위에 서 있는 인식론이 무너진다는 것을 몰랐다. 하

---

43) 이 책의 VII장 2절, '아프리오리한 종합과 선험적 종합'을 보기 바란다.

이데거는 '인식주관을 초월하여 둘러싸고 있는 물자체'라는 것은 절대로 현상되지 않으며, 그것은 선험적 대상 이상도 이하도 아니라고 말한다. 그리고 그는 선험적 대상은 하나의 사물이 아니라 하나의 지평일 뿐이라고 한다. 선험적 대상이 하나의 지평이라는 것은 맞는 말이다. 그러나 하이데거는 그 지평 외부를 인정하지 않음으로써 잘못을 범하고 있다. 하이데거식으로 말한다면 칸트의 『순수이성비판』은 현상하는 존재자의 존재를 탐구한 존재론인데, 그에게 있어서 '존재'는 빛과 같은 것으로서 그 빛 아래에서 존재자들이 현상한다. 그런데 선험적 대상은 현상하는 사물들의 지평으로서 그 지평 바깥은 부정되기에 즉 '없음'이기에 존재는 무가 되고 '존재의 빛'은 '무의 밝음'이 되어버린다.[44] 그러나 이런 식의 해석은 칸트철학을 시적(詩的)으로 만들어버리는 것이 될 것이다.[45]

---

44) 하이데거는 『휴머니즘에 대한 서한』에서 "밝힘 자체가 곧 존재"라고 말하고 있는데,(하이데거, 『이정표 2』, 이선일 옮김, 파주, 한길사, 2005, 145쪽) 그에게 있어서 존재, 무, 밝힘은 존재자의 개방성을 보장한다는 데서 일치한다.[이기상, 「존재진리의 발생사건에서 본 기술과 예술」(한국하이데거학회 편, 『하이데거의 철학세계』, 서울, 철학과 현실사, 1997에 수록), 136쪽 참조]
45) 나는 『신내림의 철학자 하이데거』에서 하이데거의 칸트 해석에 대해 비판적으로 고찰한 바가 있다.

VIII

『순수이성비판』과 선험적 형이상학

1. 『순수이성비판』이라는 책의 명칭과 철학의 정체성
2. 칸트의 시간–공간론
3. 범주의 연역
4. 가능적 무한의 관점에서 본 도식론

칸트는 46세가 되던 해인 1770년에 쾨니히스베르크 대학의 정식 교수가 되었다. '신은 죽었다'는 말로 유명한 니체는 25세에 스위스에 있는 바젤 대학교 교수가 되는데, 철학의 역사를 양분한 대철학자가 너무 늦게 교수가 된 것이다. 그렇지만 칸트는 약골로 태어났음에도 건강관리를 철저히 한 탓에 80세까지 생존하는 수복을 누렸다. 『팡세』의 저자 파스칼은 39세의 나이로 요절했다. 칸트는 57세에 『순수이성비판』을 출간하는데, 만약 칸트가 파스칼과 같은 수명을 타고났더라면, 그 책은 빛을 보지 못했을 것이 거의 확실하다. 칸트철학이 없었다면, 그 이후의 철학사는 어떻게 전개되었을까? 역사에는 '가정'이 없다고 하지만, 역사는 수많은 우연들로 만들어지니, 역사의 가정을 해보는 것도 허락된 일이다. 칸트도 우연의 위력에 대해 언급한다.

> 인간에게 있어서나 이성 없는 동물에게 있어서나 출생은 우연에 의존한다. 때로는 생계의 형편에 의존하기도 하고, 통치자의 기분과 변덕에 의존하기도 하고, 종종 죄악에 의존하기도 한다.(B807)

'죄악에 의존한 출생'은 "내가 죄 중에 잉태되었음이라"라는 성경의 구절을 떠올리게 만든다. 그러나 그렇게 태어난 생명 그 자체는 무구하니 소중하게 대해야 할 것이다. 어쨌건 칸트가 파스칼처럼 요절해서 삼 비판서를 출판하지 못했더라면, 그의 철학이 후세 철학에 미친 영향력을 고려해볼 때, 철학의 역사는 확 달라졌을 것이 분명하다. 우여곡절 끝에 칸트는 드디어 형이상학과 윤리학의 정식 교수가 되었는데, 그 당시 독일에서는 교수가 되기 위해서는 교수취임 논문을 제출해야 했었다.(지금도 독일에서 그 전통이 이어지고 있다) 그 제목이 『감성계와 가상계의 형식과 원리』였다. 여기서 '감성계'는 감각적으로 지각해서 아는 세계이고, '가상계'는 인간의 감각으로는 파악이 안 되고 오로지 이성으로 생각할 수 있는 세계이다. 플라톤이 세계를 현상계(감각의 세계)와 이데아계(이성의 세계)로 나누었는데, 칸트도 그 전통 위에 서 있는 것이다. 칸트는 이 논문을 발표한 뒤에 10년에 걸친 침묵의 기간에 들어간다. 스님으로 말하면 일종의 묵언수행 상태에 들어갔다. 그는 묵언수행 하면서 철학의 혁명을 계획하고 있었던 것이다. 그럼에도 사람들은 드디어 칸트가 교수 되더니 학문적 열정이 식어버렸다고 뒤에서 수군대기도 했다. 심지어 칸트를 따르고 존경하던 라파텔이라는 사람은 칸트의 오랜 침묵을 견디지 못하고 1774년 2월에 칸트에게 편지를 썼다.

> 정말 두세 마디라도 좋으니 무어라고 말씀해주십시오. 당신은 이미 죽어서 세상으로부터 사라진 것입니까. 왜 그렇게 글재주도 없는 사람들은 글을 쓰고, 당신처럼 훌륭한 필력을 가진 분은 글을 쓰지 않는가요. 당신은 왜 침묵하고 있는 겁니까?[1]

그러나 그 침묵의 10년이 철학의 역사를 바꾸어버리는 10년이었다. 칸트는 자기 사상의 혁명성을 충분히 인지하고 있었으며, 자신이 일으킨 혁명에 대해 사람들이 어떻게 생각하는지에 대해 관심이 많았다. 칸트는 흄과 멘델스존의 문체를 칭찬하면서, 자신이 세상의 인기를 빨리 얻기 위해 자신의 저술 작업을 통속적으로 만들고 또 단기작업으로 만들어버리고 싶은 유혹을 받기도 했지만, 그런 유혹을 물리치고 10년에 걸친 사색을 했다고 말한다. 그리고 그렇게 하는 일은 많은 견인(堅忍)과 극기(克己)가 필요했음을 고백하고 있다.[2] 요즘 우리나라에서 교수업적을 평가하는 방식대로 칸트를 평가했었더라면, 10년 동안 업적을 만들어내지 못한 칸트는 아마 교수재임용제도에 걸려 교수직을 그만두게 되었을 것이다. 그러나 이는 결과론적 해설에 불과하다. 만약 교수재임용제가 있었다면, 칸트는 그 제도에 맞추어 업적을 만

---

1) 고마키 오사무, 『칸트』(민중사상연구소 옮김, 서울, 참한출판사, 1990), 78-79쪽 참조.
2) 『형이상학서설』, 265쪽 참조.

들었을 것으로 추측된다. 그러다 보면 『순수이성비판』 같은 혁명적인 책을 만들지 못했을 수는 있다. 이 책은 그 당시까지 철학의 역사에서 등장한 수많은 난해한 책 중에서 가장 난해한 책이었다. 보기에 따라서는 지금까지 출간된 철학서적을 포함시켜서 평가하더라도 그렇게 보일 수가 있다. 칸트는 『순수이성비판』의 원고를 그나마 자신의 철학사상을 잘 이해해줄 것으로 생각했던 친구였던 헤르츠(Herz)에게 보냈다. 그러나 헤르츠는 그 책을 절반도 못 읽고 '더 이상 읽다가는 미쳐버릴 것 같다'고 말했다고 한다.

1.
『순수이성비판』이라는 책의
명칭과 철학의 정체성

고대 희랍인들에게 있어서 '철학'(philosophia)은 요즘으로 말하면 '학문'이란 뜻인데, 흔히 철학의 출발은 '경이'(驚異)라고 한다. 놀랍고 신기해하는 마음으로 바라본다는 뜻의 '경이'는 희랍어 thaumazein(타우마제인)을 옮긴 것이고, 영어로는 wonder라고 한다. wonder는 '놀라움'의 의미와 동시에 '궁금해함'의 의미도 같이 가지고 있다. 학문의 출발은 궁금해하는 것, 호기심을 갖는 것이라는 뜻이다. 인간들은 번개가 치고 비가 내리고 우박이 떨어지거나, 바닷물이 규칙적으로 들어왔다가 빠지거나 하는 자연현상과, 반복적인 계절의 변화가 왜 일어나는지 궁금했었다. 학문은 계절의 순환 현상을 보고서 '왜 그런가?'라고 되묻는 데서 시작한다. 학문은 반성적 사유에서 시작한다. 그러나 이런 반성적 사유를 통해 인간이 처음 얻어낸 해답은 그리스인들의 신화적 사고방식이었다. 왜 계절은 순환하는가? 신들의 소행이다. 신화적 사고방식 다음에 등장한 것은 자연철학적 해법이었다. 그러나 이 역시 정답을 알려주지는 못했다. 그다음에 등장한 해법은 기독교적 해법이었다. 계절의 순환은 신의 뜻이다. 그러나 이 역시 정답과는 거리가 멀었다. 정답에 도달하기 위해 근세과학이 태동하기를 기다려야 했다. 근세과학은 계절의 순환을 지구가 태양 주위를 1년 단위로 공전하기 때문이며, 밤과 낮의 교체는 태양 주위를 도는 지구가 하루 단위로 자전하기 때문이라는 것을 밝힌다. 자연철학자들이 사변적 추측으로만 알아내려 했던 진리를 드디어 자연과학이 밝혀내면서, 고대의 자연철학은 학문으로서의 위상이 추락해버렸다. 이런 상황에서 칸트는 철학이란 학문의 정체성에 대해 고민하게 된다.

어떻게 해서 자연과학은 학문으로서 안정된 길에 들어설 수 있었으며, 자연현상에 대한 진리를 독점할 수 있는가? 여러분은 이 물음이 『순수이성비판』에서 '어떻게 자연과학이 학문으로 가능한가?'라는 물음으로 바꾸어 제출되는 것을 알고 있다. 그리고 이 물음은 더 압축되어 '어떻게 물리학의 아프리오리한 종합판단이 가능한가?' 하는 문제로 다루어지고 있음을 알고 있다. 그리고 칸트는 인식론적인 코페르니쿠스적 전회를 통해 그 답을 찾아낸다. 칸트는 '여하히 순수자연과학이 가능한가'라는 물음을 던지면서, Meta-physik(meta-science) 즉 『순수이성비판』을 만들었고, 그렇게 만들어진 철학을 '선험적 인식론'으로 규정했듯이, '여하히 도덕적 행위가 가능한가'라는 물음을 던지면서 Meta-Ethik(meta-ethics) 즉 『실천이성비판』을 만들었고, 그렇게 만들어진 철학을 선험윤리학으로 이해했다. 이제 학문에 대한 학문으로서의 철학은 메타 학문이며, 선험철학이 된다.

칸트는 이 '학문에 대한 학문'을 '자연의 형이상학'(Metaphysik der Natur)이라고 부르기도 한다. 그렇게 부르는 것이 정당한 이유는 학문에 대한 학문으로서의 선험철학은 '자연과학'에 대한 메타 학문이기에 '자연에 대한 메타 학문'이요, 곧 '자연의 형이상학'이기 때문이다. 이 '자연의 형이상학'은 고대인들이 만들었던 자연철학의 혁명적 변형이었던 것이다. 그러나 '자연의 형이상학'은 그 '넘어섬'(meta, trans)의 방향이 자연의 근거에로 향하고 있다는 점에서 아리스토텔레스의 형이상학(Metaphysik)이 자연을 넘어서는 방향과 정반대이다. 나는 이를 '하향적 넘어섬'으로 표현했다. 칸트는 자신의 이런 '하향적 넘어섬'과 아리스토텔레스적인 '상향적 넘어섬'(transzendent, 초월적)과의 차이를 분명히 해두기 위해 자신의 철학을 '선험철학'(Transzendental-Philosophie)으로 명명했다. 그리고 칸트가 이 용어로 분명히 강조하려 했던 그 의도를 살리기 위해 우리는 그 용어를 '선험철학'으로 번역하고 있다. 칸트는 메타학문으로서의 자연의 형이상학을 존재론으로 간주하기도 한다. 그는 『순수이성비판』에서 인식될 수 있는 존재자의 존재에 대한 이론을 제시하고 있으니, 그것을 존재론으로 부르는 것도 가능한 일이다. '인식될 수 있는 존재자'는 곧 현상체이니 그것은 또한 현상 존재론이기도 하다.

칸트는 수학이나 물리학은 학문의 안전한 길에 들어섰음을 확신했는데, 그는 '어떻게 수학이나 자연과학이 학문으로 가능한가?'라는 문제를 해결하기 위해서는 먼저 그런 학문 활동을 가능하게 하는 인간의 인식능력을 먼저 철저하게 해부해보아야 한다고 생각했다. 그가 이렇게 생각하는 순간에 이미 기존의 형이상학은 학문일 수가 없음을 단번에 알아차렸다. 수학이나 자연과학이 안정적인 학문의 길을 갈 수 있었던 이유는 그들이 자연에 대해 밝혀내는 지식이 확실한 것이기 때문이요, 그 지식이 확실한 이유는 그 지식에는 감각의 요소가 들어 있기 때문이었다. 다시 말해서 수학이나 물리학에 사용되는 개념들에는 그 개념들에 대응하는 직관의 요소가 있기 때문이다. 그러나 기존의 독단적 형이상학에서 사용하는 개념들, 예컨대 스피노자의 실체나 플라톤의 이데아나 라이프니츠의 모나드에서는 그런 요소를 발견할 수가 없다. 이상의 이야기는 우리가 앞에서 이미 언급했던 내용이다.

칸트는 인간의 인식능력 즉 이성을 해부하고 분석해서 이성이 인간에게 말해줄 수 있는 것과 말해줄 수 없는 것을 구분하려 한다. 인간 이성을 이렇게 쪼개어 분석하여 각각의 부분들의 기능을 밝히고 또 그 기능들이 어떻게 상호 유기적으로 협동하는지를 알아내어, 인간이 인식할 수 있는 것과, 인식할 수는 없지만 그래도 '사고'해볼 수는 있는 것을 구분하는 작업을 칸트는 '이성비판'이라고 했다. 그런데 앞에서 말했듯이 칸트는 이성을 넓은 의미와 좁은 의미로 구분하여 사용한다. 광의의 이성은 직관의 수용능력으로서의 감성, 범주 활동의 자발성으로서의 지성, 이념의 능력으로서의 협의의 이성을 다 아우르는 말이다. 그러므로 이 세 가지 요소를 다 구비한 '순수이성'

은 '순수인간'이요, '순수이성비판'은 '순수인간비판'이 된다. 학문의 출발이었던 고대인의 '자연에 대한 경이'가 이제 칸트에 있어서는 '자연과학에 대한 경이'로 바뀐 뒤에 그 '경이'가 '비판'(Kritik)이 된다. 드디어 『순수이성비판』이라는 책의 제목이 확정되는 것이다.

이 책의 등장과 함께 철학의 역사가 그 이전과 이후로 나누어진다. 그는 '비판'철학으로 철학의 역사를 '나누어' 버렸다. 철학의 역사가 칸트를 중심으로 나누어진 것은 그가 너무나 위대한 사상가이기 때문이기도 하지만, 더 중요한 것은 그가 철학의 정체성을 자기 이전과 이후로 나누어버렸기 때문이다. 칸트 이전에는 철학은 고대에는 '학문 중의 학문'이었거나, 중세에는 '신학의 시녀'이거나 했다. 그러나 더 이상 철학은 그렇게 이해되어서는 안 된다는 것이 그의 생각이었다. 철학은 이제 '학문에 대한 학문'이요, 선험철학이요, 이성비판학이다. 우리는 '비판'의 어원적 의미 속에는 '나눈다'는 뜻이 있다고 했는데, 칸트는 『순수이성비판』으로 첫째로 이성의 능력을 나누어 분석했고, 둘째로 그에 상응해서 이성의 영토를 나누어 학파들에게 각자의 몫을 나누어주었고, 셋째로 철학의 역사를 자기 이전과 이후로 나누었고, 넷째로 철학의 정체성을 자기 이전과 이후로 나누었다. 어떻게 보면, 칸트는 철학계에서 예수 같은 사람이다. 단 차이나는 점이 있다면, 예수는 신앙의 대상으로 추앙받았지만, 칸트 사상은 수많은 사람들의 연구대상이었음에도 불구하고 한 번도 추앙받은 적이 없었다는 것이다. 추앙받는 것은 그만두고 끊임없이 비판받았다. 그럼에도 칸트는 역설적이게도 끊임없이 비판받는 방식으로 끊임없이 추앙받고 있다.

칸트는 『순수이성비판』을 이성의 재판정으로 생각한다. 이성이 하는 일 중에 가장 어려운 일이 이성의 자기인식인데, 『순수이성비판』을 통해 칸트는 이 어려운 일을 해낸다. 이는 눈이 눈 자신을 보는 일이다. 어른이 된다는 것은 자율적으로 자신을 반성하는 능력을 갖춘다는 것인데, 철학은 『순수이성비판』의 출판을 통해서 드디어 어른이 된다. 고대의 소크라테스도 '너 자신을 알라'라고 하면서 인간의 자기인식을 강조했다. 그리고 『논어』에서 공자의 제자인 증자도 하루에 세 번씩 자신을 반성한다고 했다. 『성경』에서도 형제의 눈 속에 있는 티끌을 보며 욕하면서도, 자신의 눈 안에 들어 있는 대들보를 못 보는 인간들을 나무라고 있다. 동서양의 모든 지혜는 자기반성을 통한 자기인식을 강조하고 있다. 칸트는 『순수이성비판』에서 이성의 자기반성을 통한 자기인식을 철저하게 체계적으로 수행해낸다.

칸트는 『순수이성비판』의 전체적 조감도라 할 수 있는, 초판의 '머리말'(Vorrede)에서 자기 시대의 철학적 상황에 대해 언급하면서, 비판철학에로의 길이 불가피했음을 보여주고 있다. 칸트 시대에는 수학이나 물리학은 철학과 비교했을 때 매우 대조적인 길을 가고 있었다. 수학과 물리학은 고무적인 발전을 계속하고 있었으나 형이상학은 쇠퇴 일로의 길을 걷고 있었던 것이다.

> 현대 사고 방식의 천박성과 근원적 학문의 쇠퇴에 관한 탄식을 우리는 가끔 듣는다. 그러나 수학과 자연과학처럼 그 기초가 튼튼하게 확립되어 있는 학문이 이러한 비난을 조금이라도 들을 만하다고 보지는 않는다.(AXII)

칸트 시대의 형이상학의 학문적 상황은 크게 세 가지 입장에 의해 대변되고 있었다. 즉 독단론, 회의론 그리고 무관심주의가 그것이다.

> 시초에 형이상학의 통치는 독단론자의 지배 아래서 전제적(專制的)이었다. 그러나 그들의 입법에는 아직도 옛날 야만성의 흔적이 있었기 때문에, 입법은 내란으로 인해 점차로 완전한 무정부 상태로 타락했다. 회의론자는 정착적인 개간을 싫어하는 유목민과도 같아서 가끔 시민적 단합을 파괴했다.(AIX)

특히 데이비드 흄이 형이상학에 가한 공격만큼, 형이상학의 운명에 결정적일 수 있었던 사건은 생기지 않았다.[3] 독단론에 대한 회의론의 공격으로 인해, 사람들은 아무것도 신실하게 가르쳐 주는 것이 없는 독단론자들의 허풍스러운 호언장담을 냉소하게 되었으나, 그렇다고 전혀 약속하는 것이 없으며 심지어 무지의 편안함조차도 허락할 수가 없는 회의론에도 만족할 수가 없었다.[4] 독단론과 회의론이라는 양극단 사이에서 갈등하던 사람들은, 그리하여 형이상학에 대한 무관심을 표명하게 되었다. 이러한 무관심주의의 대표자는 통속철학자 멘델스존이었다. 그러나 형이상학에 대한 무관심주의는 인간의 본성에 대한 오해에 기인한다. 인간은 본성상 형이상학에 대해 무관심할 수가 없다. 왜냐하면, 무제약자를 추구하게끔 운명 지어진 존재가 곧 인간이기 때문이다. 바로 그 때문에 형이상학에 대해 무관심을 표명하는 사람들도 결국에는 그들이 경멸해 마지않았던 형이상학에로 되돌아갈 수밖에 없었던 것이다.(AX 참조) 인간이 본성상 형이상학적이라면, 그리고 형이상학에 대한 인간의 욕구를 독단론이 충족시켜주지 못했고, 회의론은 그 욕구를 근절시킬 수가 없었으며, 또한 무관심주의는 형이상학을 향한 인간의 숨은 욕구의 또 다른 표현에 불과하다면, 이제 우리에게 남아 있는 유일한 길은 형이상학의 원동력인 이성 그 자체를 검토하는 것이다.

무관심은 사실은 이성에게 다음과 같이 호소함을 의미한다. 즉 이성이 하는 모든 일 중에서도 '자기 인식'의 일에 새로이 착수하여 하나의 재판소를 설립해야 한다는 것을 의미한다. 이 재판소는 정당한 요구를 하는 이성을 보호하는 것이요 반대로 모든 부당을 강권의 명령에 의해서가 아니라 이성의 영구 불변적 법칙에 의해서 제거할 수 있다. 이런

---

3)   『형이상학서설』, 260쪽 이하 참조.
4)   『형이상학서설』, 276쪽 참조.

재판소가 다름 아닌 순수이성 비판 그것인 것이다.(AXI.)

이성은 이제 일체의 것을 비판한다. 종교는 그 신성함에 의해, 법은 그 위엄에 의해 비판을 면하려 하지만, 종교와 법도 이성의 비판에 견뎌낼 수 있을 때에만 거짓 없는 존경을 받을 수 있다.(AXII 참조) 그러나 칸트에게 있어서 '비판'은 근본적으로 '이성능력 일반의 비판'(AXII 참조)인 것이다. 그러므로 칸트의 비판 철학은 이성이 이성을 비판할 수 있다는 중요한 전제를 갖고 있는 셈이다. 이성의 공명정대한 법정을 세우는 것도 이성이요, 이성의 무분별과 오류를 지적하는 것도 이성이요, 또한 이성을 올바른 길로 인도하는 것도 이성이다. 피고, 원고, 검사, 판사, 변호사, 교도관 모두가 동일인으로 구성된 기이한 법정, 그것이 『순수이성비판』인 것이다. 그런데 여기에서 하나의 중대한 의문이 발생한다. 우리는 과연 그 법정의 공정성을 신뢰할 수 있는가 하는 것이다.

칸트는 『순수이성비판』의 '선험적 변증론'에서 가상을 세 종류로 구분한다. 경험적, 논리적, 선험적 가상이 그것이다. 우리의 주목을 끄는 것은 선험적 가상에 대한 칸트의 설명이다. 선험적 가상 즉 선험적 오류는 인간 이성에 고착(固着)되어 있는 것이어서 이성의 자기비판을 통해서 그것이 가상이라는 사실을 통찰했다 하더라도 소멸되지 않는 가상이다. 선험적 가상은 불가피한 것이기에 우리가 이성 비판을 통해 그러한 가상에 기만당하지 않도록 할 수는 있어도 가상을 소멸시킬 수는 없다. 세계는 시간상 시초를 가져야 한다고 할 때의 가상이 그것이다.(B352-354 참조) 칸트가 선험적 가상을 인정했다는 것은 무엇을 의미하는가? 그것은 이성이 본성상 오류로부터 자유로울 수가 없으며 본성상 오류를 범할 수밖에 없다는 것이 아닌가. 칸트가 이성을 가능적 무한자로 이해했다는 것의 의미 속에 이미 이성은 본성상 오류를 범할 수밖에 없는 것임이 인정되고 있다. 그렇다면 이성이 이성을 비판할 수 있다는 것은 곧 오류를 범하고 미궁에 빠질 수밖에 없는 이성이 오류를 범하고 미궁에 빠진 이성을 비판할 수 있다는 것이다. 이는 마치 흙탕물로 흙탕물을 씻어내려는 것과 마찬가지로 불가능한 일이 아닌가?

　우리는 이성이 이성을 비판할 수 있다는, 비판철학의 성립 근거가 되는 이 전제 속에 숨어 있는 이러한 의문을 인간은 가능적 무한자라는 칸트의 인간관에 의거하여 해명할 수가 있다. 가능적 무한자에게만 인식이라는 것이 성립할 수 있다. 그런데 인식이 가능한 자에게는 동시에 오류 가능성도 존재한다. 왜냐하면 진리와 오류는 붙어 다니는 것이기 때문이다. 오류를 범할 수 있는 자만이 진리를 인식할 수 있고, 진리를 인식하려는 자는 오류를 범할 수밖에 없는 것이다. 그러므로 이성이 이성을 비판하는 것은 이성이 오류를 범했기 때문이요, 이성이 오류를 범했다는 것은 다른 한편 이성이 진리를 인식할 수 있음을 전제하는 것이 될 것이다. 이성이 이성을 비판할 수 있다는 것이 곧 이성은 진리 인식의 주체이면서 동시에 오류를 범하는 자임을 의미한다. 이성이 이성을 비판할 수 있다는 비판철학의 전제도 이성의 이러한 자기 모순성에서부터 설명된다. 이성이 이성을 비판할 때, 비판받는 이성은 오류를 범하는 이성이며, 비판하는 이성은 진리를 인식하는 이성이다. 종래의 철학자들은 오류를 범하는 것은 감성이고, 진리를 인식하는 것은 이성이라고 생각했다. 그러므로 그들에게 있어서는 비판받아야 할 것은 이성이 아니라 감성이었다. 그러나 칸트에게 있어서는 동일한 이성이 오류를 범하기도 하고, 진리를 인식하기도 한다. 그러므로 비판하는 주체도 이성이요, 비판받는 객체도 이성이다. 바로 이 때문에 『순수이성비판』이 가능하게 된다.

　이성이 이성을 비판할 수 있기 위해서는 이성이 이성을 대상화할 수 있어야 한다. 그러한 대상화가 가능하기 위해서는 대상화시키는 주체는 대상화되는 객체 속에 함몰되어 있어서는 안 되고, 그 객체를 벗어날 수 있어야 한다. 따라서 이성이 이성을 비판할 수 있다는 것은 이성이 이성을 벗어날 수 있다는 것이요 이성이 이성을 넘어설 수 있다는 것이요, 결국 이성이 이성을 초월할 수 있다는 것이다. 이성의 자기 초월은 일회적인 것도 완결되는 것도 아니고, 끊임없이 반복되는 자기초월이요, 완결될 수 없는 자기초월인 것이다. 이성은 자기초월적일 때만 이성일 수 있는 것이요, 이성은 본성상 자기초월적일 수밖에 없기 때문에 이성일 수밖에 없는 것이다. 이성의 본성이 자기초월적이라 함은 이성은 본성상 자기비판적일 수밖에 없다는 것이다. 왜냐하면 초월하는 이성은 이미 초월하기 전의 이성이 아니어서, 그것을 넘어서며, 그것을 대상화시키게 되고, 곧 자기 비판적으로 되기 때문이다. 그런데 칸트에 있어서 이성은 본성상 오류로부터 자유로울 수가 없으므로 초월하는 이성 역시 오류 가능성을 자신의 본질로서 갖고 있다고 말하지 않으면 안 된다.

그렇다면 어떻게 오류에 빠진 이성을 오류에 빠질 수밖에 없는 이성이 구제할 수 있는가? 만약 이성이 이성을 구제한다는 것이 이성으로 하여금 두 번 다시 어떠한 오류에도 빠지지 않게 하는 것을 의미한다면, 이성 비판을 통한 이성 구제의 길은 원칙적으로 불가능할 것이다. 왜냐하면 이성은 결코 오류로부터 해방되어 있지 않기 때문이다. 이성으로 하여금 두 번 다시 어떠한 오류에도 빠지지 않게 한다는 의미의 이성비판이 가능하려면, 비판하는 이성은 인간적인 이성이어서는 안 되고 신적인 이성이어야 할 것이다. 그렇다면 칸트의 『순수이성비판』에 있어서 비판하는 이성은 신적인 이성이요, 비판받는 이성은 인간적인 이성이 되어야 할 것이다. 그러나 칸트가 『순수이성비판』에서 문제 삼고 있는 이성은 처음부터 끝까지 인간적인 이성이다. 그러므로 우리가 이성이 이성 비판을 통해 이성 구제에로 나아가는 것이 가능하다는, 칸트철학의 인식론적 전제를 정합적으로 이해하려면, 칸트의 그러한 생각은 곧 이성이 이성을 비판함으로써 이성이 오류로부터 끊임없이 벗어나는 것이 가능하다는 것을 의미하는 것으로 해석되어야 할 것이다. 그렇다면 비판철학의 이런 인식론적 전제는 가능적 무한자로서의 인간이라는 칸트의 인간관에 의존하고 있는 것이 된다. 왜냐하면 이성이 끊임없는 자기초월, 자기비판, 자기반성이듯이, 인간도 끊임없이 자신을 초월하고 자신을 비판하고 또 자신을 반성하는 존재이기 때문이다. 『순수이성비판』의 '분석론'은 이성의 이러한 부단한 자기초월 혹은 자기비판의 한 단면을 그 정지한 모습에서 보여주고 있으며, '변증론'은 이성의 그러한 자기초월의 모습을 그 동적인 모습에서 보여주고 있다. 말하자면 '분석론'은 정지 화면이요 '변증론'은 연속 화면이라고 할 수 있겠다.

이상의 논의에 의거해서 우리는 다음처럼 말할 수 있겠다. 즉 칸트에 있어서 이성이 이성을 구제한다는 것은 동일한 흙탕물로 동일한 흙탕물을 씻어낼 수 있다는 것이 아니라, 덜 더러운 흙탕물로 더 더러운 흙탕물을 씻어낼 수 있다는 것이 될 것이다. '이성비판'은 이성의 끊임없는 자기정화 이외의 다른 것이 아니다.[5]

칸트는 이성의 자기반성을 위해 철학의 네 가지 근본 물음을 던지고 있음을 우리는 이미 살펴보았다.

1. 나는 무엇을 알 수 있는가?
2. 나는 무엇을 행해야만 하는가?
3. 나는 무엇을 희망할 수 있는가?
4. 인간이란 무엇인가?

앞서 보았듯이, 하이데거는 칸트의 이 물음들을 이용하여 칸트철학을 '유한성의 철학'으로 해석했다. 그의 설명에 따르면, 칸트는 이 물음들로 인간의 인식의 한계, 행위의 한계, 희망의 한계를 설정하려고 했다는 것이다. 그러나 칸트가 이 물음들을 던진 목적은 인간의 유한성을 부각하기 위함이 아니라 인간의 자기반성 능력을 보여주기 위함이다. 칸트 이전의 기존 철학자들은 인간이 알 수 있는 것은 무엇인가 하는 문제를 던지지 않았다. 그럴 수밖에 없는 것이 그들은 '인식'과 '사고'를 구분하지 않았기 때문이다. 그래

---

5) 이성의 자기비판 가능성과 이성의 자립성에 대한 더 자세한 설명은 나의 책, 『칸트의 인간관과 인식존재론』 제1장 '칸트의 선험철학적 인간관'을 보기 바란다.

서 그들은 사고할 수 있는 모든 형이상학 체계를 마음껏 만들었다. 그러나 칸트의 냉정하고 가차 없는 평가에 의하면, 그들의 주장은 어떤 식으로도 검증도 반증도 안 되는 사고의 유희에 불과했다. '나는 무엇을 알 수 있는가?' 칸트는 이 물음을 위해『순수이성비판』을 바친다.

이제 우리는 칸트가 세운 비판적 형이상학의 지하층에 들어갈 순간이다. 지하층에 들어간다고 랜턴을 준비할 필요는 없다. 단지 내부구조가 복잡하기에 미리 그 설계도를 살펴볼 필요는 있다.『순수이성비판』은 철학사에서 보기 드문 대저(大著)이다. 그 분량에서, 심오함에서, 사상적 스케일에서, 그 영향력에서, 그 체계성과 난해함에서 대저 중의 대저이다. 사르트르 전공자였던 모 교수는 칸트가 이류 철학자에 불과하다고 말하곤 했는데, 정말로 '칸트'의 'ㅋ' 자도 공부하지 않고 하는 말이다. 정작 그 교수 자신이 일류철학자로 간주했던 사르트르가 칸트를 자기보다 한 수 위의 철학자로 간주하고 있는 것을 모르고 있다. 하여간 독일어로 된『순수이성비판』의 초판은 856쪽이었고, 재판은 884쪽이었다. 최재희 선생의 번역본으로는 본문만 582쪽이다. 적지 않은 부피를 자랑하는 책이다.

이 책은 크게 두 부분으로 나누어진다. '선험적 원리론'과 '선험적 방법론'이다. 기이한 것은 그 분량의 안배 방식인데, 번역본을 기준으로 말하면, '선험적 원리론'이 430쪽을 차지하고, 나머지 80쪽이 '선험적 방법론'에 할애되어 있다. '선험적 방법론'은 마치 그 책의 부록처럼 달려 있는 듯한 느낌을 준다. 그리고 '선험적 원리론'은 또다시 '선험적 감성론'과 '선험적 논리학'으로 나누어지는데, 여기서도 그 분량의 안배 방식이 특이하다. 430쪽에 달하는 '선험적 원리론'에서 '선험적 감성론'은 23쪽에 불과하고, 나머지 407쪽 모두 '선험적 논리학'이다. '선험적 논리학'은 다시 '진리의 논리학'인 '선험적 분석론'(전체분량 158쪽)과 '가상(假象) 논리학'인 '선험적 변증론'(전체분량 240쪽 정도)으로 나누어진다.

그런데 칸트 연구가들은 칸트의 이런 체제 안배 방식을 무시하고『순수이성비판』을 크게 '선험적 감성론', '선험적 분석론', '선험적 변증론', '선험적 방법론' 으로 4등분한 뒤에, 앞의 두 부분을 합쳐서 『순수이성비판』의 '전반부'로, 뒤의 두 부분을 합쳐서 '후반부'로 부르기도 한다. 이렇게 해버리면, 칸트가 한 덩어리로 묶어놓았던 '선험적 논리학'이 두 개로 나누어지면서, 그 속에 들어 있던 '선험적 분석론'은 '선험적 감성론'과 묶이고, '선험적 변증론'은 '선험적 방법론'과 묶이게 된다. 이렇게 하는 것은 그 책을 이해함에 있어서 무리가 생긴다. 이렇게 '진리의 논리학'인 '선험적 분석론'과 '가상 논리학'인 '선험적 변증론'을 쪼개어버리면, 그러한 '쪼갬'이 『순수이성비판』에 대한 인식론적 독해를 지지하게 되는 문제점을 발생시킨다. 즉 '선험적 분석론'은 철학은 인식론으로서만 존재할 수 있음을 보여주고 있으며, '선험적 변증론'은 형이상학은 학문이 될 수 없기에 철학에서 형이상학을 추방해야 한다는 방식으로 읽힐 수 있다.

2.
칸트의 시간-공간론

    칸트는 '선험적 감성론'에서 시간공간이 인간의 감각기관이 외부 감각을 받아들이는 아프리오리한 형식임을 증명한다. 칸트 이전에 공간과 시간의 본질에 대해서 두 거인이 다투고 있었다. 뉴턴과 라이프니츠이다. 칸트는 이렇게 질문을 던진다.

> 그러면 공간과 시간이란 무엇인가? 그것은 현실적으로 존재하는 것인가? 그것은 물론 물의 규정이나 관계에 불과한 것이겠지만, 물이 직관되지 않는 경우에도, 물(物) 그 자체에 속하는 규정이나 관계일까? 또는 직관의 형식에만, 따라서 우리 심성의 주관적 성질에만 속하며, 이 주관적 성질이 없이는 이 술어가 어떤 물에도 부가될 수 없는 것일까?(B37-38)

    칸트는 이 인용문에서 이름은 거론하지 않았지만, 뉴턴의 입장, 라이프니츠의 입장 그리고 자신의 입장을 차례로 언급하고 있다. 필자는 이 두 사람의 시간-공간론을 간략히 소개한 뒤에 칸트의 공간-시간론을 설명하고자 한다.

1) 뉴턴과 라이프니츠의 공간-시간론

먼저 뉴턴의 공간론부터 알아보자. 공간은 물리학의 연구주제이면서 수학의 탐구대상이요, 철학적 사색의 중심 문제다. 자연과학의 학문적 근거를 철학적으로 정초하려고 했던 철학자들은 대체로 공간을 실체(실재물)로 간주하는 경향을 갖고 있다. 예컨대 데카르트는 공간을 실체로 간주했다. 물론 예외적으로 자연과학의 철학적 근거를 학문적으로 정초하려고 하면서도 공간을 실재물로 보지 않는 칸트 같은 철학자도 있지만, 칸트조차도 공간을 사물들이 그 속에서 객관적인 질서를 갖게 만들어주는 어떤 것으로 본다. 칸트에 있어서는 공간이 실재물이냐 아니냐에 못지않게, 공간이 이 세계 속에 있는 사물들의 객관적 질서의 근거냐 아니냐 하는 문제 역시 심각한 것이었다. 공간을 실체 존재로 파악한 대표적 인물은 뉴턴이었다. 그는 『자연철학의 수학적 원리』에서 다음과 같이 말한다.

> 절대 공간(absolute space)은 그 고유의 본성상 자기 이외의 어떠한 것과
> 도 관계함이 없이 항상 동일하게 부동의 상태로 존재한다.

뉴턴은 시간과 함께 공간을, 모든 사물들을 포괄하는 영구적이며 무한한 자존적 실재물로 간주한다. 만약 우리가 절대공간의 실재성을 인정하지 않는다면 어떻게 될까? 가령 물체 A가 물체 B 쪽으로 운동한다고 생각해보자. 모든 운동은 공간 속에서 일어나기 때문에, 운동의 터로서의 부동의 절대공간이 존재하지 않는다면, 우리는 물체 A가 B 쪽으로 이동했다고 말할 수 있고, 거꾸로 물체 B가 A 쪽으로 이동했다고 말할 수도 있다. 우리가 흔히 경험하는 바이지만, 버스를 타고 시골길을 달리면, 차가 움직이는 것이 아니다. 가로수들이 우리 뒤쪽을 향해 쏜살같이 질주하는 것처럼 보인다. 만약 절대공간의 실재성이 인정되지 않는다면, 우리가 타고 있는 버스는 절대적으

로 운동하고 있고, 나무들은 절대적으로 정지하고 있다고 말할 수 없게 된다. 이런 이유로 오일러(L. Euler, 1707-1783)는「고체 운동론」(Theoria Motus Corporum Solidorum)에서 다음처럼 말한다.

모든 물체는 다른 물체와는 상관없이 정지해 있거나 운동하고 있다.
즉 절대적으로 정지하고 있거나 절대적으로 운동하고 있다.

오일러에 의하면 절대공간을 부정하는 자는 운동의 법칙을 부정해야 한다. 뉴턴에 의하면 공간은 그 속의 특정한 장소에 있는 사물들의 위치를 알려주는 절대정지 좌표요, 운동하고 있는 물체를 운동하지 않는 물체와 절대적으로 구분하기 위해서는 절대공간의 실재성이 필연적으로 요구된다. 이러한 절대공간론에 따르면, 공간 속에 있는 모든 사물들이 다 사라져도, 그것들을 담고 있는 용기 혹은 그릇인 공간 그 자체는 사라지지 않는다.

공간이 실재물이라는 견해에 대해서 우리는 다음처럼 비평할 수 있다. 우리는 공간 속에 있는 이런저런 사물들로부터 '실재물'이라는 개념을 얻는다. 모든 실재물은 공간 속에 있다. 그러나 공간을 실재물이라고 한다면, 실재물은 공간 속에 있는 사물이므로, 공간을 공간 속에 있는 사물들과 동일시하는 것이 된다. 그러나 이것은 실재물이라는 개념의 표준적 사용을 위배하는 것이다. 뉴턴의 절대 공간론에 대해서는 또 다음과 같은 비판이 있을 수도 있다. 절대공간이 '자존적 부동체'(自存的 不動體)라면, 우리는 그 사실을 관찰을 통해서는 입증할 수 없다. 운동과 정지는 상관개념이기에, 절대공간이 움직이지 않음을 알기 위해서는 움직이는 다른 어떤 것을 전제해야 하지 않는가? '운동'과 '정지'라는 것은 우리가 공간 속에 존재하는 사물들에서 획득한 개념이요, 공간 속에 있는 사물들에 대해서만 적용할 수 있는 개념이므로, 이 개념들을 공간 그 자체에 적용할 수는 없지 않는가? 공간이 실재물이라는 뉴턴의 주장은 기독교 신학적 입장에서 비판받기도 했다. 공간은 무한한 크기의 것이기에, 공간이 독립적·자존적 실재물이라면, 그것은 신의 속성이 되어야 한다. 공간이 신의 속성이라면, 신은 공간적으로 존재해야 한다. 그러나 기독교의 하나님은 공간적 혹은 물질적 존재가 아니라는 것이다.

뉴턴은 공간뿐만 아니라 시간도 실체적인 것 혹은 실재물로 본다.

> 절대적인 참된 수학적 시간은 그 자체의 독특한 본성으로 인해 자기 이외의 어떠한 것과도 무관하게 일양적(一樣的)으로 흐른다.

인간은 시간의 흐름을 빠르게 하거나 늦출 수 없다. 우리는 시계의 시침을 빨리 돌아가게 할 수는 있지만, 시간 그 자체를 빨리 흐르게 할 수는 없다. 통상 우리는 시계에 의해 표시되는 시간의 흐름을 일정한 것으로 생각한다. 그리고 이 흐름에 비추어, 우리들은 어떤 것은 빨리 움직이고 어떤 것은 천천히 움직인다고 생각한다. 그 말은 동일한 시간의 단위에 그 물체가 이동하는 거리가 보다 더 많다거나, 보다 더 적다는 것을 의미한다. 그러므로 뉴턴은 우리가 절대시간의 존재를 인정하지 않는다면, 보다 빠르다거나 보다 늦다는 말을 사용할 수 없다고 생각한다.

우리는 이에 대해 다음처럼 물어볼 수 있다. 절대시간도 시간인 한, 흐르는 것이어야 한다. 그런데 이 시간의 흐름은 절대적으로 일정하게 흐르므로, 과연 우리는 그 흐름을 어떻게 감각하거나 관찰할 수 있는가? 예컨대 강폭이 엄청나게 커서, 강의 중심에서는 강변의 풍경이 보이지 않는 바다 같은 강이 있다고 가정해보자. 또 이 강의 흐름은 무한히 계속되며, 종착점이 없을 뿐만 아니라, 아주 작은 물결도 일으키지 않고 일정한 비율로 흘러간다고 가정해보자. 누군가가 그 강 중심에서 보트를 타고 떠내려간다면 그 강물이 흐르고 있는지 정지하고 있는지 알 수 있을까? 결코 알 수 없을 것이다. 만약에 절대시간의 흐름이 일양적이지 않다면 어떻게 될까? 그렇다면 우리는 절대시간의 흐름을 관측할 수 있지 않을까? 그러나 흐름이 일양적이지 않은 시간을 절대시간이라고 할 수 있으냐 하는 의문은 도외시하더라도, 우리는 역시 그런 절대시간의 흐름도 관측할 수 없을 것이다. 왜냐하면 절대시간 속에 있는 모든 사물들과 사건들의 변화도 그 절대시간이 늦게 가면 같이 늦게 진행될 것이요, 그 절대시간이 빨리 가면 그에 따라서 빨리 진행될 것이기 때문이다. 이는 마치, 만약에 우리가 살고 있는 우주가 밤사이에 두 배로 팽창했다면 우리는 우주가 두 배로 팽창한 것을 관찰할 수 있느냐 하는 문제와 비슷하다.

이 문제는 와이즈만(F. Waismann)이 『언어철학의 제원칙』(*The Principles of Linguistic*)에서 다루고 있는 문제로, 그는 이 문제에 대해 부정적인 견해를 갖고 있다. 이 우주가 두 배로 커졌다면 이 우주 속에 있는 모든 것, 따라서 나의 신체도 두 배로 커졌을 것이고, 자도 두 배로 커졌을 것이다. 측정기준 그 자체가 두 배로 되어버렸기 때문에, 우리는 이 우주가 두 배로 커진 것을 확인할 수 없을 것이다. 마찬가지 이유로 우리가 절대시간의 흐름이 늦어지거나 빨라진다 하더라도 우리는 그 흐름을 관측할 수 없을 것이다. 이리하여 프라이어(A. Prior)는 『시간과 시제에 관한 논문모음』(*Papers on Time and Tense*)에서 다음처럼 말한다.

시간은 정말로 흐르거나 지나가는 것일까? 물론 여기에서 문제가 되는 것은 진정한 흐름이나 통과는 시간 속에서 일어나는 무엇인가이며, 일어나는 데는 시간이 걸리는 어떠한 것이다. 만약 시간 자신이 흐르거나 지나가거나 한다면 '초시간'(hypertime)적인 무엇인가가 존재하며 그 속에서 시간이 흐르거나 지나가거나 하는 이상, 하여튼 그것은 어떤 빠르기로 흐르거나 지나가거나 하는 것이지만, 흐름의 빠르기는 어떤 시간 내에서의 움직임의 양이기 때문에 시간 자체의 흐름의 빠르기라는 것이 대체 있을 수 있을까? 그리고 시간이 어떠한 빠르기도 지니지 않고 흐른다면 전체 시간은 흐를 수 있는 것일까?

이에 대해 뉴턴의 입장에서는 다음처럼 말할 수 있다.

그러한 반론은 만약 절대시간이 있다면 절대시간은 관측될 수 없다. 그러므로 절대시간은 존재하지 않는다는 식으로, 일종의 귀류법적인 논법으로 진행되고 있다. 그러나 나도 절대시간은 관측되지 않는다는 사실을 인정한다. 그러나 그 사실로부터 절대시간이 존재하지 않는다는 사실은 추리되지 않는다.

뉴턴의 반론은 정당하다. 그러나 그렇다고 뉴턴이 절대시간의 존재를 적극적으로 증명하고 있는 것은 아니다. 뉴턴은 단지 절대시간이 있다면 절대시간은 존재한다고 말하고 있을 뿐이다. 우리는 시계를 관찰하면 시간이 일양적으로 흘러가고 있음을 보게 되므로 절대시간의 흐름이 관측되지 않는다는 주장에 이의를 제기할 수 있다. 그러나 우리가 시계를 통해 관측하는 것은 시침과 분침으로 불리는 사물들의 운동이지 시간 그 자체는 아니다. 만약에 시침과 분침의 운동과 시간이 동일시 될 수 있다면, 절대시간의 흐름은 일양적이지 않은 것으로 만들 수 있을 것이다. 왜냐하면 시곗바늘을 우리는 빨리 돌릴 수도 늦게 돌릴 수도 있기 때문이다. 이에 대해 다음처럼 반대할 수 있다.

60초가 모여 1분이 되고 60분이 모여서 1시간이 되고, 24시간이 모여 하루가 되고 365일이 모여 1년이 된다. 그렇지만 우리가 임의로 시곗바늘을 빨리 돌린다고 1년이 빨리 지나가는 것은 아니다. 왜냐하면 1년이란 지구가 자신의 궤도를 따라 태양을 한 바퀴 회전하는 것인데 시계를 빨리 돌린다고 지구의 공전이 빨리 진행되지는 않기 때문이다.

그러나 우리는 지구의 공전을 관측할 수 있을 뿐이지 시간 그 자체의 흐름을 관측할 수 있는 것은 아니다. 만약 지구의 공전이라는 우주시계가 빨리 돌아가면 1년이라는 시간 단위도 빨리 지나가게 된다고 생각해야 할 것이기 때문이다. 그러나 실재론적 시간관에 의하면 설령 세계 자체가 존재하지 않고 따라서 운동이라는 것이 존재하지 않게 되더라도 시간의 흐름에는 아무런 변화가 일어나지 않는다.

이상으로 우리는 뉴턴의 절대시간-공간론을 살펴보았다. 이제 라이프니츠의 입장을 살펴보자. 그는 공간을 실재물의 속성존재 혹은 관계존재로 본다. 그에 의하면 공간은 가능적으로 공존하는 사물들의 질서 내지는 관계일 뿐, 실재물이 아니다. 그러므로 공간이 없어지면, 그 속의 사물들도 따라서 없어지는 것이 아니라, 거꾸로 사물들이 사라지면 공간도 사라진다. 이 사실은 '관계'라는 말의 의미에서 분명해진다. 물체 A가 물체 B 곁에 있을 경우, '곁에 있다'는 것은 관계를 표시하는 말이다. 그런데 만약 두 물체가 존재하지 않는다면, 우리는 두 물체의 관계에 대해서도 말할 수 없다.[6] 러셀은 『라이프니츠 철학의 비판적 논구』(*A Critical Exposition of the Philosophy of Leibniz*)에서 뉴턴과 대비하여 라이프니츠의 공간론을 다음처럼 설명한다.

두 지점 A와 B를 놓고 이 두 점을 한쪽에서는 ① 단지 두 점 간의 관계인 거리를 취하고, ② 한쪽에서는 그것이 점하고 있는 공간에 존재하는 것으로서 A로부터 B에 뻗쳐 있는 현실적인 길이를 취한다. 만일 우리가 공간의 본질로서 전자를 취한다면 우리는 관계설을 주장하게 된다. 즉 A와 B의 거리는 공간적이지만, A와 B라고 하는 항 그 자체는 비공간적이어야 한다. 만약 우리가 후자 즉 현실적으로 개재(介在)하는 길이를 주장한다면, 우리는 그 길이를 종국점 A와 B와 동일하고 무한한

---

6) 라이프니츠에 의하면 단자(monade)들만이 존재요, 시간·공간은 단자들의 질서연관이요, 관계일 뿐이다.

각각의 점으로 분할되는 것을 알 수 있을 것이다. 이것이 뉴턴학파의 절대공간설이다. 이 절대공간은 가능한 관계의 집합으로 성립되어 있는 것이 아니라, 현실적인 점의 무한한 집합으로 성립되어 있다.

라이프니츠의 공간론은 종종 관계공간론으로 불리는데 그의 공간론은 그의 형이상학적 이론인 단자론(Monadology)과 밀접한 연관이 있다.[7] 우리가 라이프니츠의 공간론을 비평하기 위해서는 그의 단자론을 자세히 검토해야 하겠지만, 여기서는 단지 라이프니츠의 공간론의 결론이 빚어내는 문제점만을 살펴보고자 한다. 라이프니츠에 의하면 공간은 실재물이 아니며 그 자체 양적인 것이 아니다. 예컨대 거리라는 것은 항상 두 사물 간의 관계가 문제시될 때만 말해질 수 있는 것이다. A에서 B까지의 거리가 5m라고 한다면, '5m'라는 것은 두 지점 혹은 사물의 거리관계를 나타내는 말이며, 만약 A와 B가 없다면 그 거리관계도 없어진다. 그러므로 라이프니츠의 이런 주장에 내포된 문제점을 지적하기 위해 다음과 같은 사고 실험을 해보자.

만약에 이 우주가 열 개의 별들로 구성되어 있다고 가정해보자. 그렇다면 우리는 별들 상호 간의 거리에 대해 말할 수 있다. 그런데 만약 이 우주가 단 한 개의 별로 구성되어 있다고 가정해보자. 그러면 우리가 공간을 관계존재로 간주하는 한, 그 별은 자신의 상관자를 가지지 못하므로 우리는 그 별에서부터 우주공간 내의 특정 지점까지의 거리에 대해서 언급할 수 없다는 결론에 도달하게 될 것이다. 그러나 과연 이런 결론이 설득력을 갖는지 의문이다. 라이프니츠는 공간과 마찬가지로 시간을 관계존재로 본다. 그에 의하면 시간이란 사물 혹은 사건들의 선후, 계기를 표시하는 관계존재다. 계기란 하

---

7) 라이프니츠의 단자론에 따르면, 모든 실재는 단자로 되어 있고, 단자는 비물질적, 비공간적이다. 그러므로 라이프니츠는 사물들이 공간 속에서 공간적으로 존재한다는 일반적인 견해를 반대하고 있는 셈이다. 라이프니츠 이후의 철학자들은 그의 형이상학인 단자론을 배격하지만, 그의 관계공간론을 중요한 이론으로 간주한다.

나의 사건이 다른 사건에 연이어 일어나는 것을 말한다. 예컨대 아궁이에 불을 때면 연기가 일어난다. 이 경우 시간이란 이 두 사건의 계기관계 혹은 선후관계이다. 이리하여 라이프니츠는 시간을 계기의 순서로 간주한다. 만약 A와 B라는 두 개의 사건이 계기적이라면 우리는 A가 B에 앞서고 B가 A에 뒤선다고 말한다. 이 경우 이 양자 간에는 모종의 관계가 있다. 그리고 만약 우리가 이러한 종류의 모든 가능한 관계들의 순서를 생각한다면 우리는 시간이라는 추상적 관념을 얻게 된다. 추상적 시간은 추상적 공간이 실재적인 것이 아니듯이 실재적인 것이 아니다. 자신 속에 사물들을 담고 있는 그런 추상적 시간이란 것은 존재하지 않는다. 그뿐만 아니라 자기 속에서 사건들의 계기가 발생하는 그런 실재하는 추상적이고 균질적인 시간이란 것도 존재하지 않는다. 그러므로 가능한 사물들의 모든 선후관계 혹은 거리관계를 추상해서 얻어지는 추상적 시간은 실재물이 아니라 관념물이다.

　　라이프니츠가 시간을 관념물로 본다 하더라도, 그가 시간을 주관적인 것으로 간주하지 않았음을 주목해야 한다. 시간은 관념적인 것이지만 객관적인 것이다. 라이프니츠가 시간을 관념적인 것으로 생각하는 한, 시간은 인간에 의존해서 존재하고 있는 것이 아닌가? 사실 그는 사건 A와 B가 관계 맺고 있을 때 그는 어떤 관찰자에 의해서 그 관계가 맺어지고 있다고 생각하는 점에서, 그리고 관계라는 것은 마음속에만 존재하는 것으로 생각하는 점에서 그는 관념론적 시간관을 소유하고 있다. 시간에 대한 이러한 라이프니츠의 견해는 칸트의 시간관에 영향을 미치고 있다. 이런 점에서 본다면 라이프니츠가 시간을 인간에 의존해서 존재하는 것으로 보고 있음은 분명한 일이다. 그럼에도 불구하고 그는 시간의 객관성을 인정한다. 즉 시간이란 사건들의 계기의 객관적 질서 혹은 순서라는 것이다. 라이프니츠의 입장에서 본다면 우리가 시간이라고 부르는 것은 단순히 관념일 뿐이고 그 관념에 대응하는 실재물이 있는 것은 아니지만 자연계 속에서 계기하는 사건들의 기능이다.

우리는 라이프니츠의 이런 시간관에 대해 어떤 비평을 할 수 있을까? 시간은 관계로서의 관념존재일 뿐이다. 이는 공간에 대한 라이프니츠의 입장이기도 하다. 따라서 우리는 시간의 길이나 공간의 부피에 대해 말할 수 없게 된다. 사실 라이프니츠는 다음처럼 말하기도 한다. "공간과 시간에는 어떠한 분할도 존재하지 않으며, 그와 같은 것은 의식에 의해 만들어진다." 왜 그런가? 이는 시간과 공간은 본질적으로 하나의 관념이기 때문이다. 우리는 어떤 관념의 부피나 길이를 물을 수는 없는 노릇이다. 그러나 과연 이런 주장이 얼마만큼 설득력을 가질 수 있을는지는 의문이다. 물론 라이프니츠의 주장대로 시간은 계기의 순서다. 그러나 과연 그것이 전부인가? 예컨대 플러그를 꽂으면 형광등에 불이 들어온다. 그러므로 시간을 사건들의 계기의 순서로 보는 라이프니츠의 입장에서는 플러그를 꽂는 것이 형광등에 불이 들어오는 것보다 선행되어야 하고 항상 선행해야 한다. 항상 선행해야만 계기의 질서가 객관적일 수 있기 때문이다. 물론 이런 생각은 옳다. 그러나 시간은 단지 사건들의 계기의 순서로만 간주하는 라이프니츠의 입장에서는 플러그를 꽂은 뒤, 몇 초 뒤에 형광등에 불이 들어왔는가를 측정한다는 것은 원칙상 무의미하다는 결론에 도달하게 된다. 그러나 일상인의 관점에서 볼 때 그것은 결코 무의미한 것이 아닐 것이다. 물론 이에 대해 라이프니츠는 다음처럼 말할 수 있다.

우리가 시간을 측정하는 것은 시간 그 자체가 양적으로 실재하는 것이어서가 아니다. 단지 우리의 의식이 시간을 분할하듯이 시간을 측정하는 것일 뿐이다. 물론 그리고 그 측정량은 측정하는 개개인에 따라 달라지는 임의적이고 주관적인 것이 아니라 객관적이다.

그렇다면 라이프니츠는 결국 실재물이 아니라 관념일 뿐인 시간을 측정한다는 자기모순에 빠지게 되지 않는가? 코플스턴이 말하고 있듯이 라이프니츠가 시간의 관념적 성격과 객관적 요소 간의 관계를 설득력 있게 설명하고 있는 것 같지는 않다. 라이프니츠의 시간관의 영향을 강하게 받은 칸트는 라이프니츠의 입장에 일관성을 줌으로써 선험적 관념론의 관점에서 시간관을 제시한다. 그의 시간관도 시간이란 것이 인간에 의존해서만 존재하는 것이면서도, 자연의 객관적 질서일 수 있음을 보여주려 하고 있다.

2) 감성과 지성의 구분 그리고 물자체의 촉발

칸트의 인식론에 의하면, 인간의 '인식'('사고'가 아니라)은 형식과 내용(질료)의 결합에 의해 성립한다. 그런데 칸트에 앞서 플라톤의 후예들인 합리주의 철학자 데카르트는 인간은 본유관념(생득관념)을 갖고 태어난다고 생각했다. 그는 관념을 세 종류로 나누는데, 본유관념, 외래관념과 인위관념이다. 인위관념으로는 인어, 일각수, 용과 같은 것들이 있는데, 이런 것들은 인간의 상상력이 인위적으로 만들어낸 것들이다. 그리고 외래관념들은 산, 들, 강, 바다처럼 인간이 태어난 뒤, 경험을 통해 받아들이게 된 관념들이다. 그리고 그는 본유관념에는 자기의식, 수학의 원칙들, 논리학의 동일률이나 모순율 같은 사고법칙, 신, 물체, 정신과 같은 것들이 있다고 생각했다. 신이나 물체가 어떻게 본유관념이 될 수 있는가 의아스러울 수가 있다. 데카르트는『방법서설』에서 "나는 생각한다. 그러므로 나는 존재한다"는 명제를 명석판명한 진리로 확인한 뒤에, 그 명제로부터 물체와 신의 개념이 필연적으로 도출됨을 증명한다. 이런 이유로 그는 그런 개념들도 본유관념들로 본다. 그런 식이라면 아무리 어려운 수학적 추리의 결론이라도 보편타당성이 있으면 본유적 관념일 수 있다는 결론이 생겨난다. 실제로 데카르트는 그렇게 생각하는 듯하다.

우리가 분명히 알고 있어야 할 것은 플라톤의 이데아론이나, 데카르트의 본유관념설이나 다 같이 수학이나 기하학적 지식이 갖고 있는 보편타당성을 설명하기 위해 고안된 것이라는 것이다. 그 두 사람은 인간이 그런 분야에서 갖게 되는 지식의 보편타당성은 절대로 귀납적 방법으로는 얻어질 수 없다는 생각을 공유하고 있었다. 이 점에서는 라이프니츠도 그랬고 칸트도 마찬가지였다. 데카르트의 본유관념설은 플라톤의 이데아론이 보다 세련된 형태로 바뀐 것처럼 보인다. 플라톤은 이데아의 실재성을 기하학을 통해 증명한 뒤에, 거기에서 그치지 않고 일반명사가 될 수 있는 모든 것에 이데아가 있다고 생각했다. 이렇게 하다 보니, 그는 데카르트가 외래관념으로 간주한 것들에 대해서도 이데아를 인정해주어야 한다. 데카르트는 플라톤이 기하학의 이데아만 인정하는 선에서 그치는 것이 옳았다고 생각했을 것으로 보인다.

　　플라톤, 데카르트, 칸트, 이 세 사람은 산술이나 기하학의 보편타당성을 귀납적 방법으로는 설명되지 않는다고 생각한 점에서는 같은 생각을 갖고 있다고 앞서 말했다. 그러면 다르게 생각하는 것은 무엇인가? 플라톤이나 데카르트는 우리가 갖고 있는 수학적 지식의 보편타당성의 이유를 설명하기 위해서, 우리가 태어나면서부터 그런 인식내용(지식내용)을 갖고 태어난다고 생각했다. 그러나 칸트는 그런 생각에 반대했다. 우리가 태어나면서 가지고 태어나는 것은 보편타당한 지식내용이 아니라, 그런 보편타당한 지식내용을 만들어내는 인식 틀(형식)일 뿐이라고 생각했다. 칸트는 플라톤이나 데카르트의 본유관념(생득적 지식내용)을 거부하고, 그것을 본유형식(생득적 지식형식)으로 바꾸는 방식으로 인식의 문제를 해결하려 했다.[8] 인식 틀은 경험으로부터

---

8)　플라톤에 따르면 불변적인 대상인 이데아에 대한 우리의 앎만이 참다운 인식(episteme)이다. 그런데 현상계에서는 모든 것이 변하므로, 이 세계에 대해서는 참다운 인식이 성립하지 않는다. 현상계에 대한 인식은 모두 불확실한 의견(doxa)에 불과하다. 이데아는 감성적 지각으로는 파악되지 않고, 이성적 사유로만 파악된다. 플라톤은 현상계에 대한 우리들의 앎을 하찮은 것으

독립해서, 경험에 시간적-논리적으로 앞서서 인간 심성에 구비되어 있는 것이기에, '선천적'으로 번역하는 것은 적절하지 않다는 의견이 있음을 앞에서 보았다. '선천적인(타고난) 인식'이란 말에서 인식내용에 관한 한, 그것이 '타고난'(생득적인, 선천적인)으로 해석되는 것은 잘못된 것이 분명하다. 그러나 그 말에서 인식형식에 관한 한, 그것은 '타고난' 것이라고 해도 전혀 틀린 말이 아니다.

인식의 문제가 인식주관이 갖고 있는 인식형식과 인식주관의 바깥에서 제공되는 인식내용으로 나누어 고찰되기 시작하면서, 다시 말해서 인식이 형식과 내용의 결합에 의해 성립하는 것으로 설명되면서, 이제 주관은 더 이상 대상의 복사기에 머무르지 않게 된다. 모사설이 부정된다. 인간의 인식행위가 사진기 모델로 설명되었지만, 이제는 자동차 조립 모델이나 빵틀 모델로 설명된다. 이제 인식주관은 인식에서 모종의 적극적 역할을 하게 된다. 구성설이 채택된다. 주관의 역할을 설명하기 위해 먼저 칸트로서는 인식의 틀이 어떻게 생겼는지 그리고 그 틀에 공급될 인식의 최초 재료는 무엇인지도 해명해야 한다. 칸트는 먼저 인식 틀을 감성과 지성으로 나눈다. 감성은 주관의 '외부에서' — 설명의 편의상 이런 공간적 표현을 사용한다 — 오는 감각자료를 수용하는 '수용 틀'이고 지성은 그 자료를 범주에 따라 가공하는 '가공 틀'이다. 칸트는 이 '가공 행위'를 '사고의 자발성'이라 한다. 칸트 이전의 철학자들은 인간의 감성능력에도 모든 인간에게 공통된 형식적 요인 — 모든 인간은 시간적-공간적으로 감각한다는 사실 — 이 있다는 착상을 하지 못했었다.

로, 이데아에 대한 우리들의 앎을 귀중한 것으로 간주했다. 그러면서 그는 불변의 참다운 존재에 대한 우리들의 인식 가능성을 열어둔다. 그러나 칸트는 플라톤과 정반대로 생각한다. 인간은 현상계 내에서만 확실한 지식을 가질 수 있고 이데아의 세계에 대한 지식은 결단코 가질 수 없다. 그는 우리에게 현상에 대한 온전한 지식의 가능성을 선사하고, 그 대신에 불변의 참다운 존재에 대한 우리의 인식 가능성을 완전히 차단한다.

경험의 차원에서 우리가 한 그루 나무를 보면, 그 나무는 먼저 그 나루를 구성하는 감각재료가 우리에게 주어지고, 그다음에 그 재료들을 가공하는 인식주관의 인식 프로세스를 거쳐서 한 그루의 나무로 확인되는 데까지 걸리는 시간적 길이를 우리는 느낄 수가 없다. 우리가 어떤 사물을 보면, 그것이 나무인지 책인지 한순간에 파악한다. 경험의 차원에서 말한다면 사진기 모델의 모사설이 훨씬 설득력이 있어 보인다. 우리 외부의 사물들은 단번에 우리들의 마음이라는 현상 판에 그들의 모양을 찍어버리는 듯이 보인다. 그러므로 모사설에서는 대상이 우리 마음 내부에서 만들어지는 절차를 설명할 필요가 없다. 존 로크는 이런 생각에서 우리들의 마음을 백지(tabula rasa)에 비유했다.[9] 마음이 이렇게 이해되면, 마음은 철저하게 수동적인 존재가 된다.

그러나 칸트는 마음은 감성의 차원에서는 수동적이지만, 지성의 차원에서는 능동적이라고 생각했다. 나중에 '변증론'에서는 이 능동성이 인간의 자유의 기초가 된다. 어쨌건 모사설이 버려지면서 구성설이 채택되었는데, 구성설에서는 모사설에서 고민하지 않아도 되는 중대한 문제가 생겨난다. 마음이 대상을 구성하는 절차를 차례로 설명해야 한다는 것이다. 물론 경험의 차원에서는 한순간에 대상인식이 일어남을 칸트도 잘 알고 있다. 그러나 그것은 우리 눈에 보이는 것을 중심에 두고 천동설을 주장하는 것이나 마찬가지이다. 과학자는 우리 눈에 보이는 것을 중심에 두고 천체의 운행을 설명하지 않듯이, 철학자도 대상이 우리 눈에 보이는 것을 중심에 두고 인식현상을 설명해서는 안 된다. 철학자의 사유지평은 선험적 지평이어야지 경험적 지평이어서는 안 된다. 대상인식은 경험적 지평에서는 한순간에 발생하는 듯

---

9) 마음을 설명하는 모델로 로크의 백지설, 불교의 거울설, 거울설과 유사한 아리스토텔레스의 모사설, 후설의 지향설, 칸트의 형식설 등이 있다. 로크의 백지설은 유전학의 관점에서 보면 받아들이기 힘들다. 모든 인간은 조상으로부터 물려받은 유전자에 의해 만들어지는 기질 같은 것을 타고 태어난다. 인간과 다른 생명체를 비교해도 그렇다. 박쥐는 박쥐 방식으로 직관하고, 문어는 문어 방식으로 직관한다. 모든 생명체들은 백지상태로 태어나는 것이 아니다.

이 보이지만, 선험적 지평에서 보면, 그 '한순간' 안에 프로세스가 있다. '선험적 감성론' 첫머리에서 이 프로세스의 처음을 설명하면서 '감성'과 '지성'을 구분하기 위해 칸트는 다음처럼 말한다. 중요한 말이고, 애매한 말이고, 문제가 있는 말이다.

> 인식이 대상에 관계하는 방식과 수단이 어떠하든 간에, 인식이 대상들(Gegenstäde)에 직접 관계하고 또 모든 사고가 그 수단으로 구하고 있는 것은 **직관**이다. 직관은 대상(Gegenstand)이 우리에게 주어지는 한에서만 존재한다. 그러나 이런 일은 **적어도 우리 인간에게는** 대상이 어떤 방식에서 심성을 촉발함에 의해서만 가능하다. 대상들에 의해서 우리가 촉발되는 방식을 통해서 표상을 얻는 능력 즉 수용성을 감성이라고 한다. 따라서 감성에 의해서 대상들이 우리에게 **주어지고**, 그것들만이 우리에게 **직관**을 준다. 이에 반해서 지성을 통해서 직관들은[10] **사고**되고, 지성에서 **개념**이 발생한다.(B33 강조는 칸트)

이 인용문에서 등장하는 '대상'은 정말 문제적이다. 첫째로, 도대체 이 인용문에서 거론되는 대상은 무엇인가? 둘째로, 왜 대상이라는 말을 단수로도 쓰고 복수로도 쓰는가? 나는 이 글을 읽을 때마다, 인류의 역사상 누구도 가보지 않은 사유의 길을 가는 칸트가 표현의 한계 속에서 힘들어하는 모습이 느껴진다. 첫째 문제부터 다루어보도록 하자. 칸트 인식이론에서 거론될 수 있는 대상에는 먼저 사고의 대상일 수는 있지만 인식의 대상일 수는 없는 물자체(Ding an sich)와 가상체(Noumenon)가 있다. 이미 설명했듯이, 물자체는 현상(Erscheinung)과 짝을 이루는 개념이고, 가상체는 현상체(Phänomenon)와 짝을 이루는 개념이다. 칸트가 물자체를 Dinge an sich처럼 복수로 표현하기도 하

---

10) 최재희 번역본에서는 '직관들'로 번역되어 있으나 전원배 역본에는 '대상들'로 되어 있다. 독일어 Sie가 무엇을 지시하느냐는 문제는 대상을 어떻게 해석하느냐 하는 문제와 긴밀하게 연결된다.

는데, 이때 그는 가상체를 염두에 두고 있다고 했다. 왜냐하면 칸트는 '현상'을 경험적 직관의 무규정적 대상으로 풀이하고 있는데, 이런 대상은 여럿일 수가 없기 때문이다. 그것은 '경험적 직관의 이런저런 규정된 대상들'의 감각자료(직관내용)를 구별 없이 저장해두는 저장소와 같은 것이기에 하나밖에 있을 수가 없다. 이것이 결국은 칸트가 통각의 통일의 대응자인 미규정의 X라고 말한 선험적 대상과 같은 것이다.

그리고 이 미규정의 X는 대상의 대상성의 한계요 수평선이며, 그 수평선 안에 있는 것들만이 인식의 대상이 될 수 있다. 그것은 주관(선험적 통각)과의 연관성 속에서 이해되어야 하는 대상극(Gegenstandpol)이요, 자아극(Ichpol)인 선험적 통각도 대상극과의 연관성 속에서 이해되어야 한다. '경험적 직관의 미규정의 대상'이요, '통각의 통일의 상관자인 미규정의 X'요, '선험적 대상'이요, '현상'인 바로 이 대상은 현상체로서의 대상의 인식론적 질료이다. 그러므로 선험적 대상과 짝을 이루는 물자체도 하나일 수밖에 없다. 엄밀하게 말한다면, '하나'라고 말할 수도 없을 것이다. 왜냐하면 그 물자체는 대상의 존재론적 질료로서, 자아극과 대상극이 관계 맺으면서 인식이 이루어지는 바로 그 터전이기에, 인식주관은 그 터전 바깥으로 나가서 그것을 바라볼 수 있는 위치에 서는 것은 원천적으로 불가능하기 때문이다. 그것은 대상의 존재론적 질료이다.[11] 그 터전 위에서 모든 긍정과 부정의 대립, 모든 있음과 없음의 대립, 모든 상대와 절대의 대립이 만들어졌다 사라지고 한다. 그 터전이 없으면, 인식도 없고, 진리도 없고 오류도 없다. 칸트 말대로 그 터전 위에서 모든 범주적 규정이 만들어지기에, 범주적 규정을 그 터전 그 자체에 적용하려는 것은 태양 빛을 받아서 빛을 내는 달이 태양을 비추려는 것이나 마찬가지이다.[12] 감관을 촉발하여 현상체로서의 대상의 인식론적 질료인 '현상'을

---

11) 이에 대한 더 자세한 논의는 『칸트철학과 물자체』 제2장 '물자체 개념의 애매성'을 보기 바란다. 특별히 60쪽 전후를 살펴보면 좋겠다.

12) 여러분은 이 지점에서 내가 그 물자체를 두고 '현상체로서의 대상의 존재론적 질료'라고 규정

만들어내는 것은 바로 이 현상체로서의 대상의 존재론적 질료인 물자체이다. 이것을 이해하는 것이 중요하다.

사람들은 '촉발'이라는 말에 현혹되어 마치 물자체를 감관 '바깥에' 있는 사물적인 것, 즉 현상체의 배후에 있는 어떤 것으로 생각하기가 쉽다.[13] 그러나 '바깥'이라는 표현은 또다시 오해를 유발시킨다. 대상의 존재론적 질료로서의 물자체는, 감관 바깥에 존재하면서 감관에 연결되어 있는 어떤 미지의 것 — 이것은 선험적 대상이요, 대상의 인식론적 질료이다 — 이 아니다. 경험적 직관의 무규정적 대상은 이미 촉발의 결과 만들어진 것이며, 지성의 가공절차를 기다리는 인식재료일 뿐이다. 이 경우 '바깥'이란 용어는 결코 공간적 개념이 아니다. 그것은 인식주관 아닌 것을 표현하는 어떤 은유로 읽혀야 할 것이다.

이상에서 나는 여러분에게 첫째 문제에 대해 설명했다. 이제 '왜 칸트는 그 인용문에서 대상을 복수로 표현하는가?' 하는 문제를 다룰 순서다. 칸트

한 것을 두고, '바로 그렇게 규정하는 것이야말로 물자체를 인식할 수 있다는 것의 방증이 아닌가'라고 비판적으로 말할수가 있다. 그러나 내가 그렇게 규정한다고 해서 우리가 물자체를 '인식'한다고 말 할 수는 없다. 그것은 인식주관의 상관자가 아니기 때문이다. 우리는 그 물자체를 그렇게 해석하여 분명하게 밝혀보는 작업을 할 뿐이다. 물자체에 대한 나의 그런 규정은 앞서 말했듯이 '선험철학적 해명'일 뿐이다.

13) 일본인 학자 이와사키의 입장으로부터 강하게 영향을 받고 있는 한단석 교수는 이런 오해를 하는 대표적인 사례이다. 『칸트 '순수이성비판'의 새로운 이해』(서울, 사회문화연구소, 2004), 403쪽에서 그는 이렇게 말한다. "칸트는 '초월적 감성론'(선험적 감성론)에서는 가장 소박하게, 우리 밖에 있는 물체를 물자체라고 생각했던 것이다. 그리고 이 물자체를 인정하는 점에서 자신의 입장은 이른바 관념론과는 다르다고 주장했던 것이다. (…) 그러나 칸트는 이러한 생각을 '초월론적(선험적) 분석론'에서는 더 이상 취하지 않는다." 한단석 교수는 "우리의 감성을 촉발하는 대상이란 어떤 의미에서 우리 밖에 있는 것이어야 하는데, 우리 밖에 있다는 것은 이미 공간적 규정을 지니고 있다고 말해야 할 것이다. 그러므로 우리 밖에 있는 물자체가 감성을 촉발한다는 생각은 자기모순을 지니고 있다고까지 말 할 수 있다"고 말하기도 한다.(『칸트 '순수이성비판'의 새로운 이해』, 103쪽) 그러나 한단석 교수의 설명대로라면, 촉발하는 사물과 촉발의 결과로 내게 현상하는 그 사물이 같은 것이 되어버리는데, 이는 너무 어처구니없는 해석이다. '감성론'에서 우리의 감성을 촉발하는 물자체는 '경험적 의미의 물자체'(현상체)가 아니다. 그것은 '선험적 의미의 물자체'인데, 이것은 "공간을 통해서 전혀 인식되지도 않고 인식될 수도 없다"고 단정적으로 말한다.(B45 참조)

인식론에서 인식의 대상이 되는 그런 대상이 있다. 경험적 직관의 무규정적 대상이 아니라, 경험적 직관의 규정된 대상이다. 흔히 현상체라고 부르는 것이다. 이 현상체는 이미 인식의 가공 절차를 거쳐서 우리 눈앞에 하나의 구체적인 사물로 나타난 것들이기에, 이것들은 절대로 감관을 촉발하는 것들이 될 수 없다. 그렇게 생각하는 사람은 현상체를 물자체로 오인하는 것이 된다. 소박실재론을 신봉하는 일상인들이 이런 오해를 많이 하고 있으며, 모사설론자들도 이런 오해의 함정에 빠져 있다. 그런데 칸트는 종종 물자체를 가상체로 부르면서 현상체의 원형으로 이해하기도 한다.

> 현상은 그것이 범주의 통일에 따라서 대상이라고 생각되는 한에서 현상체라고 한다. 그러나 내가 '순수 지성의 대상'이면서도 감성적 직관이 아니라, 이것과는 다른 지적 직관이 주어질 수 있는 사물(지성적 직관에 의한 사물)을 상정한다면 이런 사물은 가상체라 하겠다.(A249)

칸트는 그런 가상체에 대해서 '사고'해볼 수는 있지만, 인식의 대상이 될 수 없다고, 누차 말하고 있다. 인간이 감성적 직관의 소유자가 아니라 지적 직관의 소유자라면, 인간은 이 가상체를 **존재하는** 그대로 알게 될 것이다. 이 경우 우리가 갖는 진리는 '인식의 진리'가 아니라 '존재의 진리'이다.

> 무릇 감관이 그 어떤 것을 그것이 **현상하는** 그대로 우리에게 표시한다면, 그 어떤 것은 자체적인 한 사물이요, 비감성적 직관의 대상, 즉 순수 지성의 대상이어야 할 것이다. 다시 말하면 감성이 관여하지 않는 인식이 가능해야 할 것이다. 그리고 이런 인식만이 객관적인 실재성을 가지는 것이요, 이런 인식을 통해서만 대상은 그것이 **존재하는** 그대로 표시될 것이다.(A249)

물론 칸트는 감성적 직관의 소유자인 인간에게는 존재의 진리는 불가능하다고 말한다. 이 점에서 그는 이데아에 대한 지식의 가능성을 적극적으로 인정하는 플라톤과 다르다. 그렇지만 그는 그것을 사고해볼 수 있는 것으로 간주하여 그 실재 가능성을 열어둔다. 물자체란 말과 혼용되는 이 가상체란 용어는 초월적 실재라는 형이상학적 의미를 강하게 풍기는데, 이는 플라톤의 이데아와 별반 다르지 않다. 이렇게 하면서 칸트는 복수의 가상체를 인정한다. 칸트는 인간의 직관능력을 '감성적 직관'이라 부르고 신적인 직관능력을 '지적 직관'(intellektuale Anschaung)이라 부른다. 그는 전자를 '파생적 직관'으로 부르고 후자를 '근원적 직관'으로 부른다. 감성적 직관은 대상을 만들어내는 직관이 아니라, 지성이 현상체로서의 대상을 구성해내려 할 때 인식재료(감각자료)를 제공하는 직관(직관형식)이다. 그러나 근원적 직관은 물자체로서의 대상을 만들어내는 직관이다. 칸트는 머릿속에서 이런 근원적 직관자를 염두에 두고 있었기 때문에 항상 현상체의 원형인 가상체를 생각했으며, 그리하여 그는 복수의 가상체들에 대해 언급하게 된 것이다.

이제 우리는 첫 번째 물음과 두 번째 물음에 대한 답을 종합해서 정리할 단계에 이르렀다. 칸트가 B33에서 감관을 촉발하는 '대상'을 언급할 때, 그 대상은 대상의 대상성의 존재론적 질료인 물자체이지 대상의 대상성의 인식론적 질료인 선험적 대상은 아니다. 그런 한에서 그는 대상을 복수로 사용해서는 안 된다. 구성설적 인식론의 맥락에서 본다면, 인식재료가 인식 틀을 통과하기 이전부터 대상들이 복수로 거론되는 것은 구성설적 인식론의 자멸이다. 왜냐하면 구성되기 전부터 구별되는 것들이 여럿이 있다는 말이 되기 때문이다. 빵틀의 비유를 이용한다면, 구체적인 붕어빵이 만들어지려면, 밀가루 반죽이 일단 있어야 하고, 또한 붕어 빵틀이 있어야 한다. 그다음에 빵틀 입구로 밀가루 반죽이 들어가서 붕어 모양의 틀을 통과하면서 적절하게 구워지면 하나의 붕어빵이 생겨난다.[14] 그런 작업이 반복되면 여러 개의 붕어빵이 만들어질 것이다. 구분과 분화는 빵틀을 통과하면서 이루어지는 것이지, 빵틀에 들어오기 전의 반죽 상태에 대해서는 빵이 두 개니 세 개니 하고 말할 수가 없다. 만약 그 상태에서 개수가 언급된다면, '빵을 제작하기'(인식대상을 구성하기) 이전에 이미 '제작되어 있다'(인식대상이 구성되어 있다)는 것이다.

사정이 이러함에도 불구하고 칸트가 '대상들'이라는 말을 사용한 것은 물자체 개념의 형이상학적 용법을 염두에 두고 있었기 때문이다. 요컨대 그는 B33에서 물자체 개념의 존재론적 의미와 형이상학적 의미를 섞어 사용하고 있다는 것이다. 그러나 칸트는 그 두 가지 의미가 어떻게 해서 혼용되어도 되는지에 대해서는 아무런 설명도 제시하지 않고 있다. 이것은 칸트 물자체론의 커다란 약점으로 보인다. 대상의 대상성의 존재론적 질료로서의 물자체는 사실 '대상'이라고 불릴 수가 없는 것이다. 그것은 어떤 경우에도 인식주관에 마주 세워 질 수가 없으며, 선험적 자아와의 연관성도 없으며 선험적 대상이 아니기 때문이다.

지금까지 우리가 분석한 '감성론' 첫머리에 등장하는 B33에서의 칸트의 말뿐만 아니라, '분석론'과 '변증론'을 포함하고 있는 '선험적 논리학' 첫머리에서 등장하는 B74에서의 칸트의 말도 우리를 혼란스럽게 만들기는 마찬가지이다.

우리의 인식은 심성의 두 기본 원천에서 발생한다. 하나의 원천은 표상들(Vorstellungen)을 받아들이는 능력(인상의 수용성)이다. 또 하나의 원

---

14) 빵틀을 통과하기 전의 밀가루 반죽은 아직 구체적인 빵이 아니다. 특정한 빵(현상체)은 하이데거 식으로 말하면 하나의 존재자(Seiendes)이다. 즉 하나의 사물(thing)이다. 그러니 밀가루 반죽은 존재자가 아니다. 그것은 No-thing이다. 그래서 하이데거는 밀가루 반죽을 무(Nothing)로 해석한다. 그런데 밀가루 반죽은 칸트 인식론의 맥락에서는 선험적 대상이기에, 하이데거는 선험적 대상을 무로 해석하는 것이 된다. 그러나 밀가루 반죽은 특정한 빵이 아니지만 그렇다고 무는 더더욱 아니다.

천은 이런 표상들을 통해서 대상을 인식하는 능력(개념의 자발성)이다. 전자에 의해서 대상이 우리에게 **주어지고**, 후자에 의해서 (심성의 규정으로서의) 대상의 표상에 관계해서 **사고된다**.(강조는 칸트)

이렇게 중요한 구분을 하는 마당에서 이렇게 절망적일 정도로 혼란스러운 용어인 '표상'이란 용어를 사용하고 있기에, 이 인용문은 시보다도 더 시적인 문장이 되어버렸다. 표상은 통상 '관념'이란 용어와 동의어로 쓰이기도 하는데, '관념'은 '개념'과 유사어이다. 그러나 인용문의 '표상'을 이렇게 읽어서는 이 인용문은 절대로 이해될 수 없는 말이 된다. 표상은 또한 외적 대상이 감각기관을 통과해서 의식에 나타나는 심상을 나타내는 말로 사용되기도 한다. 그러므로 표상은, 물론 기억 속의 과거의 상일 수는 있겠지만, 일차적으로 현재적인 지각에 기초해 있는 상이다. 따라서 이렇게 이해된 표상은 추상적인 개념과는 다르다. 표상을 이런 식으로, 즉 '의식에 나타나는 심상'으로 이해하더라도, 이 인용문을 이해하기가 어려운 것은 마찬가지이다. 표상이 '의식에 나타나 있는 심상'인 이상, 감성은 표상을 이미 받아들였다는 것이 되는데, 그 표상을 다시금 감성이 받아들인다는 것은 모순이기 때문이다. 그리고 내가 눈앞에 있는 한 권의 책을 바라보면, 그 책의 표상이 내 머리에 맺히는데, 그 표상은 이미 빨간색 표지를 한 신국판 크기의 특정한 상이기에, 이미 단순히 감각적 지각내용이기만 한 것도 아니다. 그 상은 이미 지성의 개념에 의한 판단작업을 거친 상으로 보인다. B74에서의 칸트의 말을 이해하려면, 우리는 '표상' 개념을 칸트가 어떻게 사용하고 있는지 살펴볼 필요가 있다. 그러나 유감스럽게도 칸트도 이 말을 혼란스럽게 사용한다. B93에서 칸트는 개념도 표상의 일종으로 보고 있다. 그리고 B242에서는 표상을 "심성의 내적 규정"으로 보기도 한다. 다행스럽게 칸트는 우리들의 혼란을 의식했는지, 표상의 개념을 다음처럼 정리해준다.

표상방식의 단계는 다음과 같다. 유(類)는 표상일반(Vorstellung über-haupt)이다. 이 유개념 아래에 의식을 갖는 표상(지각)이 있다. 지각이 주관 상태의 변양으로서 주관에만 관계한다면, 그것은 감각이다. 그리고 객관적인 지각이 인식이다. 인식은 직관이거나 개념이거나이다. 전자는 대상에 직접 상관하고, 따라서 개별적이다. 후자는 여러 개별 사물에 공통적일 수 있는 표상을 써서 간접적으로 대상에 상관한다. 개념은 경험적 개념이거나 순수개념이다. 순수개념의 근원이 감성의 순수한 형상 중에서가 아니라 지성 중에만 있는 것인 한에서 그것을 지성의 개념이라고 한다. 지성의 개념에서 생겨서 경험할 수 없는 개념을 이념이라고 하고, 이성의 개념이라고도 한다.(B376-377)

칸트의 이런 설명에 따르면, 표상은 우리가 감각을 통해 받아들이는 것에서부터 우리 머릿속에 떠오르는 모든 것을 아우르는 용어임을 알게 된다. 표상은 외감과 내감의 직접적 지각내용이다. 지각 중에서 주관적인 것은 감각이고 객관적인 것은 인식이다. 인식 중에서 개별적 대상에 직접 관계하는 것은 직접적 직관이고, 여러 개별 사물에 공통되는 표징을 써서 간접적으로 대상에 관계하면 그것은 간접적 개념이다. 간접적 개념 중에 후천적으로 경험을 통해 알려지는 개념은 경험적 개념이고, 경험으로부터 독립해서 아프리오리하게 알려지면 순수개념이다. 순수개념 중에 감성의 아프리오리 직관형식에 관계하는 것이 시간-공간이고, 지성의 아프리오리 사유형식에 관계하는 것이 12범주이며, 이성의 아프리오리한 개념이 세계와 영혼과 신이라는 이념들이다. 요약하자면, 지각, 주관적 감각, 객관적 감각, 직접적 직관, 후천적 개념, 아프리오리한 개념, 이 모든 것들이 표상이라는 유개념에 속하는 종개념들이다. 이상의 지식을 염두에 두고 본다면, B74에 등장하는 '표상들'은 직접적 지각내용으로 보는 것이 올바를 것이다. 감성은 직접적 지각내용들을 받아들이는 능력이요, 그 지각내용(표상)들은 인식주관을 촉발하는 물자체로부터 온다. 이 점을 칸트는 다음처럼 확인시켜주고 있다.

> 표상의 대상은 그것에 의해서 내가 촉발되는 방식을 포함하고 있으며, 이 대상은 그것이 나에게 현상하는 한에서만 인식될 수 있으며, 그리고 모든 경험(경험적 인식)은, 외적 경험 못지않게 내적 경험도, 대상이 있는 그대로의(그 자체로만 고려해보면) 인식이 아니라, 대상이 우리들에게 현상하는 한의 인식 외에 아무것도 아니다.[15]

인식주관이 그것에 의해서 촉발되는 방식을 포함하고 있는, 지각내용의 대상은 바로 물자체이다.

지금까지의 설명을 통해, 우리는 칸트가 인간 인식의 원재료가 어떻게 생겨나는지를 설명함에 있어서 겪을 수밖에 없는 표현상의 고통을 이해할 수 있다. 칸트에 의하면 인식은 인식의 형식과 인식의 내용이 결합해서 생기는 것이다. 그런데, 인식틀은 인식주관에 구비되어 있다. 인식내용은 인식주관이 아닌 어떤 것으로부터 제공되어야 한다. 이 양자가 마주쳐서 결합함으로써만, 현상적 사물이 만들어진다. 지금까지의 생각이 B33을 작성할 때에 칸트의 머릿속에 들어 있었던 기본적인 생각이다. 칸트는 인식 이전의 어떤 상황, 언어 이전의 어떤 상황에 놓여 있으며, 아무런 대상도 상정해서는 안 되는 상황에 놓이게 된다. 이런 상황에서 인식재료(인식내용)의 발생을 여러분이라면 어떻게 설명할 것인지 상상해보기 바란다.

언어적 표현의 한계를 넘어선 어떤 사유의 장소에서 칸트는 '촉발'이라는 말로써 인식 틀에 제공되는 인식의 원재료(선험적 대상)가 생겨나는 최초의 현장을 기술하고 있다. 촉발 사건은 요즘의 천문학 용어로 표현하면 '인식론적 빅뱅'이라고 말할 수 있다. 현대 천문학에서는 빅뱅과 더불어 공간-시간이 생겨나

---

15) 『실용적 관점에서 본 인간학』, 88쪽.

고 만물의 구분이 없는 초기 우주의 모습에서 모든 만물이 생겨난다고 말한다. 칸트철학의 인식론적 빅뱅도 이와 유사하다. '인식론적 빅뱅'의 경우에도 빅뱅이 일어나기 전에는 경험적 차원에서의 시간과 공간이 존재하지 않는다. 시간과 공간은 단지 인식주관의 직관형식으로만 존재할 뿐이다. 선험적 주관의 직관형식으로만 존재하던 시간과 공간이 빅뱅사건을 통해 만들어진 선험적 대상과 상호작용하면서 드디어 우리들이 경험적으로 지각하게 되는 시간과 공간이 만들어진다. 인식론적 빅뱅사건과 함께 선험적 대상이 생겨나고, 이것을 원재료로 해서 만물이 생겨난다. 빅뱅 이전에 무엇이 있는지 알 수 없듯이, 촉발 사건 이전에 무엇이 있는지 알 수가 없다.

칸트는 촉발 사건을 통해 인식주관에게 주어지는 최초의 인식 원재료를 선험적 대상이라고 부른다. 독일어 Gegenstand는 '마주하여 서 있다'는 뜻을 가진 말이다. 우리나라 말인 한자어 대상(對象)도 이와 유사하다. 그러면 경험적 직관의 무규정적 대상, 혹은 대상일반으로도 풀이되는 그 선험적 대상은 무슨 근거에서 '대상'으로 불리는가? 칸트는 그것을 '미규정의 X'라고도 표현한다. 규정되는 것을 통해서만 우리에게 마주 세워지는데, 규정되지 않았는데 어떻게 '대상'일 수가 있는가? 우리는 가능한 경험의 현상세계 안에서는 그 선험적 대상을 결코 경험할 수가 없다. 그 대상은 인식주관에 경험적으로 마주 세워질 수가 없다. 그러니 그것은 현상세계의 경험적 대상이 아니라 선험적 대상이다. 그렇다. 그것은 현상세계의 대상들만을 자기 앞에 마주 세우는 경험적 자아에게는 절대로 마주 세워질 수 없는 대상이다. 경험적 자아에게 그것은 없는 것이나 마찬가지이다. 그러나 우리가 사유를 선험적 지평으로 옮기면, 그것은 선험적 자아라는 자아극에 연결되어 있는 대상극으로서, 선험적 자아에 마주하여 서 있는 어떤 것이 된다. 인식의 원재료는 선험적 사유지평에서만 언급될 수 있다. 경험적 사유지평에 갇혀 있는 사람에게는 절대로 이해될 수 없는 대상이다. 켐프 스미스는 선험적 대상의 개념을 완전히 오해하여 다음처럼 말한다.

선험적 대상에 대한 이론은 전비판적 혹은 반비판적(semi-critical) 잔여물이며, 따라서 칸트의 최종적인 입장을 형성하는 요소로 간주되어서는 안 된다.[16]

칸트의 비판적 사유, 선험철학적 사유의 핵심적 개념이 이렇게 오해받는 것을 보면, 칸트가 자신의 학설이 논박받을 수는 없다고 한 것은 빗나간 예측이 되었지만, 오해받게 될 가능성이 농후하다고 한 것은 적중한 예측이 되었다. 선험적 대상 개념은 철두철미 선험철학적 사유지평에서 형성된 개념이며, 그 개념을 둘러싼 핵심 논쟁은 그것이 전비판기의 개념이냐 아니냐 하는 것이 아니라, 그것이 물자체 개념과 같은 것이냐 다른 것이냐 하는 것이다. 나는 나중에 적절한 장소에서 이 논쟁을 소개하려 한다. 칸트철학을 신칸트학파처럼 인식관념론으로 해석하거나 하이데거처럼 현상존재론으로 해석하려는 사람들은 그 양자를 동일시하고 싶어 한다. 그러나 그런 해석이 틀렸다는 것이 나의 생각이다. 그 근거를 여러분은 보게 될 것이다. 인식의 원재료인 선험적 대상은 동시에 인식의 한계선을 형성하는데, 인식주관은 그 한계선 안에 들어 있는 것에 대해서만 인식할 수 있기 때문이다. 사유의 경험적 지평에 갇혀서 생각하는 경험적 자아는 경험적 대상의 실재성을 굳건히 믿으며, 모사설적 실재론자 즉 경험적 실재론자로 살아간다. 그러나 사유의 선험적 차원을 이해하는 사람은 경험세계의 모든 만물이 내 마음에 의존하여 존재하는 것을 알고 있으며, 구성설적 관념론자 즉 선험적 관념론자로 살아간다. 이리하여 칸트의 유명한 등식, '선험적 관념론은 동시에 경험적 실재론'(A371)이라는 등식이 성립한다. 그런데 사유의 선험적 지평에 서는 사람은 이 등식을 이해하는데, 경험적 지평에만 서 있는 사람은 이 등식을 이해하지

---

16) N. Kemp Smith, *A Commentary to Kant's Critique of pure Reason*, p. 218쪽.

못한다.[17]

지금까지 우리는 경험적 지평에서는 한순간에 발생하는 듯이 보이는 대상인식에 들어 있는 선험적인 다단계 프로세스의 가장 첫 번째 장면을 구경했다. 그 순간을 인식의 초고속 카메라로 찍는 작업을 한 것이다. 그것은 감관에 미친 물자체의 영향을 받아 인식주관이라는 빵틀에 들어갈 최초의 밀가루 반죽(감각재료, 감각적 잡다)이 생겨나는 모습이다. 이 감각적 잡다가 인식주관(빵틀)에 들어가는 형식이 공간과 시간이라는 것이 칸트의 생각이다. 평범한 소박실재론자들은 꽃에서 향기가 나면, 그 향기를 꽃 자체가 가지고 있는 성질로 본다. 그러나 로크는 이 향기를 사물의 이차 성질로 간주하여, 꽃의 향기는 인간의 후각과 어떤 꽃이 가진 어떤 성분의 마주침에서 결정된다고 생각했다.

그러면 어떤 사물이 갖고 있는 공간성과 시간성은 어떤가? 로크는 사물의 공간성, 고체성, 운동과 정지, 수 등은 사물의 일차 성질이라고 부르며, 이것들은 사물 자체가 갖고 있는 성질들이라고 생각했다. 그러나 칸트는 로크가 사물 자체가 갖고 있다고 생각했던 일차 성질들조차도 인식주관에게 구비되어 있는 감성과 지성의 인식틀을 경험적 직관의 무규정적 대상에게 투입해 넣었기 때문에 생겨난 것으로 본다. 거친 비유를 동원한다면, 우리가 빨간 안경을 쓰면, 세상이 빨갛게 보이듯이, 세상 만물이 시간-공간적으로 보이는 이유는 우리가 시간-공간이라는 안경을 쓰고 있기 때문이라는 것이다. 시간과 공간이 이렇게 이해되면, 뉴턴의 주장이 틀린 것이 된다. 그는 시간-공간을 인식주관 바깥에 자체의 힘으로 존재하는 실재물로 보았기 때문이다. 그리고 시간과 공간을 감관이 감각적 잡다를 수용하는 틀로 이해되면, 그것은 시간-공간이 아프리오리한 관념일 수밖에 없다는 것이 된다. 칸트는

---

17) 나는 『인식과 존재』에서 가능적 무한과 현실적 무한의 구분에 근거하여, 칸트의 이 등식을 비판한 바가 있다. 그 책의 '결론부'를 보기 바란다. 그리고 『칸트의 인간관과 인식존재론』 제6장, 「'순수이성비판'과 인식존재론」도 보기 바란다. 특히 233쪽 이하를 보기 바란다.

'감성론'에서 이를 해명하려 한다. 여기서 칸트의 논리는 증명의 논리가 아니라 해명의 논리임을 다시 한 번 더 환기할 필요가 있다. 칸트는 수학의 아프리오리한 종합판단이 가능하기 위한 조건을 생각해본다. 그다음에 그것이 가능하려면, 시간과 공간이 인간 감성의 직관형식이어야 한다는 논리를 편다. 그리고는 시공이 감성의 직관형식이 되려면, 시공은 실재물이 아니고 관념이어야 하고, 그것도 아프리오리한 관념이어야 한다는 결론으로 나아간다. 그리고 그는 이 결론을 설득력 있게 만들어주는 논리를 개념적으로 구성해낸다.

인간의 감관에는 '외적인 감관'(외감)과 '내적인 감관'(내감)이 있다.

감관은 또한 외적 감관과 내적 감관으로 분류된다. 외적 감관은 인간의 신체가 물체적인 사물에 의해서 촉발되는 때의 감관이요, 내적 감관은 인간의 신체가 마음에 의해서 촉발되는 때의 감관이다.[18]

외감은 인간의 오감인 촉각, 시각, 청각, 미각, 후각과 관계하는 감관이다. 칸트는 내감에 대해서는 다음처럼 설명하기도 한다.

인간이 자기 자신의 사고 활동에 의해서 촉발되는 한에서 그가 겪게 되는 것에 관한 의식이다. 여기에는 내적 직관이, 따라서 시간에서의 표상들의 관계(이들 표상은 시간 안에서 동시적이든지 계기적이다)가 기초에 놓여 있다.[19]

결국 외감은 공간과, 내감은 시간과 관계되어 있다는 것이 알려진다.

---

18) 『실용적 관점에서 본 인간학』, 55쪽.
19) 『실용적 관점에서 본 인간학』, 65쪽.

『순수이성비판』에서 그는 이런 사정을 분명 밝히고 있다.

우리는 (심성의 한 특징인) 외감에 의해서 대상을 우리의 외부에 있는
것으로 표상하고, 대상들 전부를 공간 중에서 표상한다. 대상들의 형
태, 크기, 상호관계는 공간 내에서 결정되고 또는 결정될 수 있는 것이
다. 심성이 자기 자신이나 그 내적 상태를 직관하는 내감은 하나의 객체
로서의 마음 그 자체에 대한 직관을 제공하지 못한다. 그러나 마음의 내
적 상태는 오직 일정한 형식에서만 직관된다. 그러므로 내적 규정에 속
하는 모든 것은 시간의 관계 내에서 표상된다. 공간이 우리 내부에 있
는 그 무엇으로 직관될 수 없듯이 시간은 외적으로 직관될 수 없는 것이
다.(B37 강조는 필자)

여러분은 이 인용문에서 강조된 두 문장 중에서 앞에서 강조된 문장을
주목해보기 바란다. 왜 칸트가 그런 말을 했는지 의아할 것이다. 데이비드
흄은 경험론의 관점에서 '불변적인 나'의 존재를 부정했는데, 그는 이렇게
말한다.

내가 이른바 나 자신이라는 것의 심층에 들어가 보면, 나는 언제나
어떤 개별적 지각들이나 다른 것들, 즉 뜨거움 또는 차가움, 빛 또는 그
림자, 사랑 또는 증오, 고통 또는 쾌락 등과 만난다. 지각 없이는 어떤
것도 관찰할 수 없다.[20]

칸트는 흄의 주장대로 내감을 통해서는 하나의 객체로서의 마음 그 자
체를 볼 수 없다는 생각을 말하고 있는 것이다. 우리가 내감을 통해서 확인할

---

20) 데이비드 흄, 『인간 본성에 관한 논고 I』(이준호 옮김, 서울, 서광사), 257쪽.

수 있는 것은 시간의 흐름에 따라 끊임없이 변화하는 감각을 느끼는 '변화하는 나'뿐이다. 칸트도 '오류추리론'에서 흄의 입장에 동의하여 데카르트가 증명했다고 믿었던 '불변적인 나'는 부인한다. 그럼에도 그는 인식의 주체로서 선험적 통각(선험적 자아)이 없으면 인식이 불가능함을 주장하면서, 인식 가능성의 조건으로서의 '나'는 인정한다. 여러분은 이제 위의 인용문에서 강조된 두 문장 중에서 뒤에서 강조된 문장을 주목해보기 바란다. '시간은 외적으로 직관될 수 없다'는 말은 뭔가 이치에 맞지 않는 것처럼 들리는가? 우리는 차가 달리는 것을 보고 시간의 흐름을 본다고 생각할 수가 있다. 그러나 우리가 인식주관으로서 나의 외부에서 본 것은 어떤 사물의 공간적 위치변화였지, 시간을 본 것은 아니다. 우리는 공간 속에서 시간을 볼 수는 없다. 시간은 인식주관의 내부에서 하나의 흐름으로 직관될(느껴질) 뿐이다. 이런 이유에서 칸트는 다음처럼 말한다.

> 우리의 표상은 그것이 외부 사물의 영향을 통해서이든지 또는 내부의 원인을 통해서이든지, 또 그것이 아프리오리하게이든지 또는 경험적 현상으로이든지, 즉 어디서 어떻게 발생하든지, 그것은 심성의 변용으로서 내감에 속하는 것이다. 그리고 그런 이유로 우리의 모든 인식은 결국 내감의 형식적 제약인 시간에 종속한다. 즉 시간 중에서 모두 정돈되고 결합하고 서로 관계를 갖지 않을 수가 없는 것이다.(A99)

여러분이 어떤 방을 동영상으로 촬영한다고 해보자. 그 방은 조명에 변화가 없으며, 일체의 움직임도 소리도 없다. 그 대상을 5분 동안 찍었다고 하자. 그러면 처음 찍을 때 모습이나 마지막 찍을 때 모습이나 똑같을 것이다. 동영상에서 첫 사진과 마지막 사진을 뽑아내어 두 사진만 비교해보면 여러분은 결코 그 두 사진 사이에서 시간의 흐름을 볼 수가 없다. 시간은 외적으로 직관되지 않는다. 그러나 여러분은 직접 동영상을 찍었기 때문에, 그 두 사진 사이에 흘러간 시간을 내적으로 직관하게 된다. 시간은 내적 직관의 형식이다. 공간적으로 지각된 모든 것은 결국은 내감의 직관 대상이 됨으로써 온전한 대상이 된다. 외감은 내감에 종속되어 있다.

3) 칸트의 공간론과 시간론

이제 우리는 감성의 직관 형식인 공간과 시간 개념에 대한 칸트의 논의를 살펴보기 전에 먼저 두 개념에 대해 제시하는 두 가지 '구명'(Erörterung)의 의미와 차이부터 살펴볼 것이다. 칸트는 공간과 시간에 대해 '형이상학적 구명'과 '선험적 구명'을 제시한다. 선험적 구명은 재판에서 추가되었다. 우리는 두 가지 질문을 던져볼 수 있다. 첫째로, '형이상학적 구명'과 '선험적 구명'의 차이는 무엇인가? 둘째로, 왜 칸트는 재판에서는 초판에서는 없었던 '선험적 구명'을 추가했는가?

칸트는 공간과 시간에 대한 '형이상학적 구명'이란 말로 공간과 시간에 대한 정의를 내리는 작업을 한다.

> 나는 구명이라는 말 아래에서 어떤 개념에 속하는, 비록 충분하지는 않겠지만, 명료한 표상을 (밝히는 것을) 의미한다. 그리고 그 구명이 아프리오리하게 주어진 관념을 표시하는 것을 포함할 적에는 **형이상학적**이다.(B38. 강조는 칸트)

칸트의 이런 설명으로 '형이상학적 구명'의 '형이상학적'이란 형용사의 사용이 적절하게 설명되었는지는 의문스럽다. 칸트가 학자로서 그렇게 사용하겠다는 약정적(約定的) 선언을 하는 것으로 받아들이면 학자의 자유일 수도 있겠다. 그럼에도 불구하고 철학도들이 '형이상학'이란 말로 이해하는 것과는 뉘앙스가 많이 다른 것도 사실이다. 더 심각한 문제는 '형이상학적 구명'이란 개념에 대한 설명 안에 들어 있다. 앞의 인용문은 칸트가 공간 개념에 대한 형이상학적 구명 작업을 하기 이전에 '형이상학적 구명'이라는 말을 설명하기 위해서 한 말이다. 그런데 칸트는 그렇게 설명하면서 공간 개념이 아프리오리하게 주어진 것이라고 말한다. 그러니 그는 입증하고자 하는 것을 미리 전제해버리고 있는 셈이다. 물론 우리는 우호적으로 읽을 수도 있다. 즉 공간에 대한 구명작업을 해보니, 그 개념이 아프리오리하게 주어진 것으로 밝혀졌고, 그것에 의거해서 추후적으로 '형이상학적 구명'이란 용어를 그렇게 설명한 것으로 생각해볼 수 있을 것이다. 그럼에도 불구하고 오해가 발생할 여지가 있다는 것도 분명한 사실이다. 그러면 '선험적 구명'은 어떤 것인가? 공간 개념에 대해서건 시간 개념에 대해서건 '선험적 구명'은 '형이상학적 구명'에 비해 서술 분량이 아주 적으며, 마치 '형이상학적 구명'의 부록처럼 다루어지고 있다. 칸트의 설명을 들어보자.

> 내가 선험적 구명이라고 하는 것은 어떤 개념을, 그 개념으로부터 다른 아프리오리한 종합인식의 가능성을 통찰하는 원리로 설명하는 것을 의미한다. 이런 구명을 위해서 다음의 두 가지가 필요하다. 1. 주어진 개념에서 참으로 그러한 아프리오리한 종합인식이 나온다는 것. 2. 아프리오리한 종합인식은 내가 이 개념을 설명하는 방식을 전제하고서만 가능하다.(B40-41)

칸트가 '공간개념의 선험적 구명'에서 제시하는 논의의 핵심은 '공간을 아프리오리 개념으로 볼 경우에만 기하학이 우리에게 제공하는 아프리오리한 종합인식의 객관성과 보편성과 필연성을 설명할 수 있다'는 것이다. 이런 설명은 '선험적'을 '아프리오리한 종합판단의 가능성 근거를 해명하는 논의'

로 규정하는 그의 입장과 일치하고 있다. 그러니 보기에 따라서는 재판에서 추가하지 않아도 괜찮을 부분처럼 보인다. 그러면 왜 칸트는 그 부분을 추가 했는가? 내가 보기에 이는 자신의 선험철학 체계의 건축술적 완벽성에 대한 칸트의 강한 집착 때문인 것 같다.[21] 칸트는 '분석론'에서 순수지성 개념의 선험적 연역 작업을 했는데, '감성론'에서도 그 작업에 대비되는 작업을 했다. 그래서 재판에서는 공간-시간에 대한 '선험적 구명'을 추가했다. 범주의 연역은 두 부분으로 이루어지고 있다. 첫째로 지성의 12가지 아프리오리한 범주를 확정하는 작업인데, 칸트는 이를 '형이상학적 연역'으로 불렀다.(B159 참조) 둘째로 그 지성의 범주들과 감성적 직관은 완전히 상이하고 이질적임 에도 불구하고, 범주가 직관에 적용될 수 있음을 해명하는 작업이다. '선험적 연역'으로 불린다. 칸트는 시간과 공간개념을 해명하면서, 제1판에서는 범주 의 연역에서 채택했던 이 두 가지 단계를 채택하지 않았다. 그러다가 제2판 에서는 그 두 단계 해명법을 채택했던 것이다. 첫째로 '형이상학적 구명'에서 는 시간과 공간이 아프리오리 직관임을 해명한다. 둘째로 '선험적 구명'에서 는 기하학의 아프리오리한 종합판단은 시간과 공간이 감성의 아프리오리 직 관형식임이 전제될 때에만 설명될 수 있다는 것을 해명한다.

이제 칸트의 공간-시간론을 살펴보기 전에 여러분에게 칸트가 사용하 는 중요 용어들에 대한 설명을 마쳤다. 칸트는 워낙 이성의 체계성과 통일성 을 강하게 믿었던 사람이라서, 체계의 완벽성을 기하기 위해 새로운 학술용 어를 많이 만들고 있다. 그 때문에 칸트 사상을 이해하기 위해서는 그 용어들 의 의미를 이해하는 것이 중요한 사전 작업이 되어버린다. 마치 내용물을 보

---

21) 이성의 건축술적 완전성에 대한 칸트의 설명에 대해서는 B860 이하를 보기 바란다. 칸트는 '시 간 개념의 형이상학적 해명'에서 "나는 간결(簡潔)하게 하려고 원래 선험적 구명인 것을 '형이 상학적 구명'이라는 표제하에서 다루었다"(B48)고 말한다. 그러나 재판에서는 생각이 바뀌어 덜 간결하게 되더라도, 서술의 형식적 편제의 완벽성을 위해 둘로 나누어 서술하게 되었다는 뜻이다.

기 위해 번거로울 정도로 겹겹이 둘러싸인 포장지를 풀어야 하는 처지에 놓이는 것 같다. 이제 우리는 포장지를 다 걷어 치웠으니, 공간-시간에 대한 칸트의 주장을 살펴보자.

칸트는 공간을 아프리오리 관념존재로 보는 대표적 인물이다. 그는 이것을 입증하기 위해 네 가지 근거를 제시한다. 첫째로, 공간은 외적 현상의 관계들로부터 경험적으로 얻어질 수 없고, 오히려 외적 경험 그 자체가 공간의 표상에 의해서 비로소 가능하므로, 공간은 외적 경험에서 추상된 후천적 개념이 아니다. 둘째로, 공간 안에 대상이 없는 일은 넉넉히 생각될 수 있으나 우리는 공간이 전혀 없는 것을 상상조차 할 수 없으므로 공간은 모든 외적 직관작용의 근저에 있는 아프리오리 표상이다. 셋째로, 공간은 논리학에서 말하는 개념이 아니고, 직관이다. 왜냐하면 직관은 대상에 직접 관계하고 개별적이지만, 개념은 여러 사물들에서 공통되는 징표를 추상하여 얻어진 것이기에 대상에 간접적으로 관계할 뿐이기 때문이다. 우리는 이 공간 저 공간에 대해 말할 수 있지만, 모든 개별적 공간은 근원적으로 하나인 전체 공간이 제한된 것일 뿐이다. 넷째로, 개념은 자기 아래에 유한한 표상을 포괄하지만, 공간은 자기 속에 무한히 많은 표상들을 포괄하므로 공간은 무한하게 주어진 크기로 표상된다.

첫째와 둘째는 공간이 아포스테리오리한 것이 아니라 아프리오리한 것임을, 셋째와 넷째는 공간이 개념이 아니라 직관임을 주장하고 있다.(B38-40 참조) 이에 근거해서 칸트는 공간이 감성의 아프리오리한 직관 형식임을 주장한다. 공간과 시간이 감성의 직관형식이라는 것은 곧 우리의 감각기관이 대상과 관계하는 방식이 항상 공간적·시간적으로 관계한다는 것이다. 우리는 시간·공간이라는 안경을 쓰고 세상을 보기 때문에 세상의 모든 사물은 시간적-공간적으로 보인다는 칸트의 생각이다. 우리들의 눈(감각기관)에 보이는 사물이 아닌, 사물 그 자체는 공간적이지 않다. 그러므로 부피나 넓이나 길이를 갖고 있는 것도 아니다.

그러므로 우리는 오직 인간의 입장에서만 공간이니, 연장을 가진 물체니 등등을 말할 수 있는 것이다. 만약에 우리가 오직 그 속에서만 외적 직관을 받을 수 있고 대상에 의해서 촉발될 수도 있는 주관적 제약을 떠난다면, 그때에는 공간이란 표상은 전혀 무의미한 것이다. '공간'이란 술어는 사물들이 우리에게 현상하는 한에서만 사물들에게 부과되는 것이다.(B42)

칸트는 '공간'이란 말은 '개념'이 아니고 '직관'이라고 하면서도, 계속 공간을 '개념'으로 표시한다. 우리는 이것에 대해 쉽사리 칸트가 자기모순적 말을 하고 있다고 비난할 수 있을 것이다. 그러나 일반논리학에서 말하는 개념과 공간 개념의 차이점을 표현하려는 칸트의 입장을 우호적으로 이해한다면, 칸트가 자기모순적이라고 말하는 것은 가혹한 지적이다. 게다가 '직관'이란 용어도 개념이니, 칸트로서는 그런 외견상의 모순을 피하기 힘들었을 것이다.

시간에 대한 칸트의 논의도 공간에 대한 논의와 유사하게 진행된다. '시간 개념에 대한 형이상학적 구명'에서 칸트는 시간도 감성의 직관 형식임을 해명하는 다섯 가지 근거를 제시한다. 첫째로, 시간은 경험적 개념이 아니다. 시간의 표상이 아프리오리하게 밑바닥에 없다면, 동시존재(同時存在)니 계기(繼起)니 하는 것은 지각되지 않을 것이다. 시간은 두 사물이 동시에 있다거나 이어서 발생했다고 말할 수 있기 위해서 전제되어야 한다. 둘째로, 시간은 모든 직관의 기초에 있는 필연적 표상이다. 우리는 시간으로부터 현상을 제거할 수는 있지만, 그 반대로 현상에서 시간을 없앨 수가 없다. 왜냐하면 시간은 현상을 가능하게 하는 보편적 조건이기 때문이다. 셋째로, 시간 관계에 관한 절대 당연한 원칙들의 가능성 혹은 시간 일반의 공리들의 가능성도 시간 자신의 아프리오리 필연성에 기인하고 있다. 시간은 일차원만을 갖는다. 서로 다른 시간은 동시적으로 있지 않고 계기적으로 있다. 서로 다른 공간들은 동시적으로 있고 계기적으로 있지 않다. 그러한 시간의 원칙들은 경험에서 끌어내질 수가 없다. 시간의 원칙들은 규칙들로서 타당하고 이러한 규칙들 아래에서 일반적으로 경험이 가능하다. 넷째로, 시간은 추리된 개념이 아니고 감성적 직관의 '순수형식'이다. 각종 시간들은 동일한 시간의 부분일 뿐이다. 유일한 대상에 의해서만 주어질 수 있는 표상은 개념이 아니라 직관이다. 서로 다른 시간들은 동시적으로 존재할 수 없다는 명제는 종합적이요, 시간의 직관과 표상 중에 직접 포함되어 있다. 다섯째로, 시간이 직관인 이유는 공간이 직관인 이유와 마찬가지이다. 공간은 전체가 먼저 있고서 부분 공간이 있지, 부분 공간이 합쳐져서 전체 공간이 되는 것이 아니다. 마찬가지로 시간도 부분 시간이 합쳐져서 전체 시간이 되는 것이 아니라, 전체 시간이 전제된 뒤에 부분이 생각될 수 있다. 이것이 '시간의 무한성'의 의미이다.(B46-48 참조)

칸트는 '유일한 대상에 의해서만 주어질 수 있는 표상은 개념이 아니라 직관이다'라는 말을 하는데, 이 말에 따르면, 유일한 대상에 의해 주어지는 표상이 아닌 것은 '개념'이 된다. 이 말의 의미를 살펴볼 필요가 있다. 개념이란 것은 대상들에서 공통의 징표를 뽑아내어 사람들이 그런 징표들을 가진 사물들을 이렇게 혹은 저렇게 부르자고 약정하면서 만들어진 말이다. 그런 식으로 '동물', '포유동물', '개'라는 개념들이 만들어진다. 이 경우 개라는 개념에는 유일한 대상만이 주어지는 것은 아니다. 수천 수만 마리의 개들이 '개'라는 개념 아래에 포섭된다. 그렇게 포섭되면서 특정한 개의 특수성은 사상(捨象)된다. 그러한 사상작용을 통한 추상화 작용이 완성되면서 하나의 '개념'이 만들어진다. 그러므로 '개'는 직관이 아니고 개념이다. 그러면 시간과 공간은 어떤가? 시간과 공간에 대해서도 사람들은 '이 공간', '저 공간'이니 하는 말을 사용하기도 한다. 그러나 공간은 '이 공간'과 '저 공간'의 차별성을 사상하고 그 두 공간의 공통성을 추출하여 만들어진 것이 아니다. '이 공간'과 '저 공간'은 본질적으로 아무런 차이를 갖지 않는다. 그 두 공간은 동일한 하나의 공간을 인위적이고 편의적으로 구획 지으면서 생긴 것일 뿐이다. 이 점은 시간도 마찬가지이다. 그러므로 시간과 공간은 개념이 아니고 직관이라고 한다. 그래서 우리는 '개'라는 개념은 직관의 대상이 될 수 없음을 알게 된다. 그러나 지금 여러분이 애지중지 사랑을 쏟아부으면서 키우고 있는, 여러분 눈앞에 있는 개 '토토'는 직관의 대상이 된다. 그 직관의 대상인 토토는 '개'라는 개념의 하나의 사례로서 직관의 대상인 것이다.

칸트는 콤포지티움(Kompositium)과 토툼(Totum)을 구분한다.(B466 참조) 전자는 이질적인 부분들이 모여서 이루어진 합성체적인 전체요, 후자는 그 안에 수많은 동질적인 부분들을 포괄하고 있는 전체이다. 공간의 부분들은 전체 중에서만 가능하고, 전체가 부분에 의해서 가능한 것이 아니기에, 공간은 콤포지티움이 아니라, 토툼이다. 그가 공간을 토툼이라고 말하는 것도, 공간이 개념이 아니라 직관임을 말하려는 의도이다. 공간에 대해 타당한 것은 시간에 대해서도 타당하다.

시간-공간이 인식주관의 직관형식이 되면서 시공간 속에 들어 있는 모든 것은 현상에 불과하게 된다. 현상하기 이전의 물자체는 결코 인식될 수 없다. 칸트는 현상과 물자체의 구분에 대해 있을 수 있는 두 가지 가능한 오해를 지적한다. 첫째로 로크주의자들의 오해다. 로크는 연장성, 불가침입성, 형태, 운동과 정지는 일차 성질이라 했다. 그리고 색이나 소리나 맛, 딱딱함과 부드러움 같은 것을 이차 성질로 나누었다. 그리고 그는 일차 성질들은 사물 자체가 가진 성질들로서 모든 사람들에게 똑같이 드러나고, 이차 성질은 사람에 따라 다르게 드러난다고 했다. 칸트는 이를 염두에 두고 다음처럼 말한다.

현상들 가운데서 현상의 직관에 본질적으로 귀속해서 만인의 감관
일반에 타당하는 것과, 현상의 직관에 우연적으로만 속해서 '감성일반'
의 관계에서 타당하는 것이 아니라 어느 감관의 특수한 입장 혹은 특수

한 구조에 대해서만 타당하는 것을 구별하는 것이 보통이다. 이때에 전자의 인식은 '대상 자체 그것'을 표상하는 것이라고 불리고, 후자의 인식을 대상의 현상일 따름이라고 불린다. 그러나 이러한 구별은 경험적임에 불과하다. (보통 그렇듯이) 그런 구별에 만족하여 당연히 현상으로보아야 할 저 경험적 직관을 현상으로 보지 않고 '사물 자체 그것'(Sache an sich selbst)에 속하는 것은 현상 중에는 없다고 하지 않는다면, 우리의선험적 구별은 소멸하고 만다. 이때에 우리는 물자체를 인식한다고 잘못 믿는다.(B62)

둘째로, 물리학적 오해이다. 우리가 감성계의 대상을 아무리 심오하게탐구하고 그 원인에 원인을 밝혀낸다 하더라도, 우리는 물자체를 알 수는 없다. 예컨대 여우비가 내리면 무지개가 생긴다. 이 경우 무지개는 여우비의 현상이요 여우비는 '물자체 그것'이라고 말한다면, 이 말은 우리가 '물자체 그것'의 개념을 물리적으로 이해하는 한에서는 정당하다. 그러나 여우비는 선험적 차원에서는 결코 물자체가 아니다.(B63참조) 칸트는 여우비가 무지개의원인이지만, 무지개의 물자체가 아니라고 말함으로써, 감각의 원인으로 물자체를 언급할 때, '원인'을 물리적 차원에서 이해해서는 안 됨을 분명히 말하고 있다. 인과법칙은 현상계 내의 사건들 간의 관계를 설명하는 데에만 국한되어야 한다.

칸트의 공간-시간론에 대한 설명을 마치기 전에 그의 이론이 뉴턴이나라이프니츠의 이론과 갖는 관계를 정리하는 것이 유용할 것이다. 뉴턴의 절대 공간-시간론은 자연과학적 지식의 객관성과 필연성을 설명하기에 유리한 입장이다. 앞서 라이프니츠의 공간-시간론을 살펴볼 때 언급했지만 라이프니츠는 공간-시간의 관념설을 주장하면서 그것에 기초해서 사물들의 객관적 질서를 설명하는 데 곤란을 겪었다. 그러나 뉴턴의 공간-시간론은 그런 곤란을 겪을 필요가 없다. 칸트는 뉴턴의 이론으로부터 이것을 받아들인다. 칸트가 공간-시간이 실재물이든 관념에 불과하든, 어떤 이론이라도 사물의 객관적 질서를 설명하는 이론이어야 한다고 생각하는 점에서, 그는 뉴턴의 입장에 경도되어 있다. 그러나 시간-공간이 인간의 인식행위와 무관하게 그 자체로 실재하는 실재물이라는 뉴턴의 입장을 그는 배격한다. 칸트는 라이프니츠로부터는 공간-시간을 사물들 간의 관계로 보며 사물들이 사라지면 공간-시간도 사라진다고 생각하면서 공간-시간의 관념성을 주장하는 입장을 선험철학적으로 변형시켜 받아들인다.

칸트가 뉴턴의 공간-시간 실재론을 거부하는 이유는 무한성은 신의 표식이라고 생각했기 때문이다. 공간-시간이 인간 바깥에 그 자체로 무한한 것으로서 실재한다면, 공간-시간이 신이 되어버리며, 공간-시간적 사물들은 물자체로 격상되고 뉴턴의 자연과학은 물자체들에 대한 이론이 되어 형이상학이 되며 그렇게 되면 인간은 자유의 영역을 가질 수가 없다. 형이상학이 된 뉴턴의 역학은 기계론적 결정론이기 때문이다. 인간이 결정론으로부터 벗어나 자유의 영역을 가지려면 공간-시간은 실재물이 아니어야 하고, 공간-시간 속의 사물들은 물자체가 아니라 현상에 불과해야 한다. 공간-시간이 실재물이 아니라면 관념물이어야 한다. 그래서 칸트는 라이프니츠의 공간-시간 관념설을 받아들인다. 칸트는 뉴턴이 주장한 공간-시간의 실재성 이론은 경험적 입장에서 타당한 것으로, 라이프니츠가 주장한 공간-시간의 관념성 이론은 선험적 입장에서 타당한 것으로 간주한다.

4) 현상과 가상 그리고 물자체

이제 우리는 칸트의 공간론에 내포된 혁명적 의미와 그 문제점을 살펴볼 차례가 되었다. 칸트는 자신의 공간론에 내포된 혁명적 의미를 다음처럼 정리한다.

따라서 우리의 구명은, 대상으로서 외적으로 우리에게 현상하는 일
체에 관해서는 공간이 실재성(객관적 타당성)임을 가르쳐 준다. 그러나 우
리의 구명은 동시에 이성이 물자체 그것을 고려할 때에는 즉 인간의 감
성적 성질을 돌보는 일이 없다고 한다면, 이러한 물자체 그것에 관해서
는 공간이 관념성임을 가르쳐 준다. 그러므로 우리는 (가능한 전 외적 경험
에 관해서는) 공간의 경험적 실재성(die empirische Realität)을 주장한다. 그러
나 동시에 우리는 공간의 선험적 관념성(die transzendentale Idealität)을 주
장한다. 즉 우리가 모든 경험을 가능하게 하는 조건이라는 의미를 내버
리고 공간을 물자체 그것의 근저에 있는 그 어떤 것으로 가정하자마자,
공간은 없는 것이다.(B43-44)

칸트가 공간의 선험적 관념성을 주장하자, 칸트 당대에 많은 사람들이
칸트가 "전 감성계를 가상화(假象化)했다"[22]고 비난했다. 칸트의 입장에서 볼
때, 비판자들은 두 가지 혼란에 빠져 있다. 첫째로, 관념론과 '감성계의 가상
화'를 동일시하는 혼란이다. 둘째로, 현상과 가상을 구분하지 못하는 혼란이
다. 일반적으로 관념론이란 주관 바깥에 있다고 믿어지는 일체의 외부 사물
들(객관)이 사실은 주관의 관념내용에 불과하다는 것이다. 그런데 칸트는 관
념론을 질료적 관념론과 형식적 관념론으로 구분한다. 그리고 칸트는 데카
르트 — 그는 사유하는 자아의 확실성만 인정하며 외계사물의 존재에 대해
서는 그 확실성을 유보한다 — 를 '개연적 관념론자'로 부른다. 그리고 버클
리 — 그는 '존재는 지각됨이다'라는 공식을 갖고 지각되지 않는 사물들의 비
존재를 주장한다 — 의 관념론을 '신비적-광신적 관념론'으로 부르기도 한

---

22) 『형이상학서설』, 292쪽.

다.[23] 그리고 데카르트와 버클리의 관념론을 싸잡아 '질료적 관념론'으로 규정한다. 사실 이들은 인식의 형식과 질료를 구분하지 않고 있기에, 그들을 질료적 관념론자로 규정하는 것은, 그들을 사물의 인식질료만 관념에 불과하고 사물의 인식형식은 관념이 아니라 사물 자체에서 유래한 것으로 보는 인물들로 오해하게 할 수 있다. 그러나 칸트가 그들을 질료적 관념론자로 부를 때, 그는 그들을 사물의 인식형식은 말할 것도 없고 그 질료조차도, 다시 말해서 사물은 통째로 주관의 관념물에 불과한 것으로 보는 사람들의 사례로 언급하고 있다.

칸트가 보기에 어떤 관념론이 '감성계의 가상화'하는 관념론이 되기 위해서는 그 관념론이 질료적 관념론이어야 한다. 그러나 칸트는 자신의 관념론을 선험적 관념론(=비판적 관념론=형식적 관념론)으로 부른다. 자신의 관념론은 사물을 형식과 질료로 나누기 이전인 '통째인 사물'의 관념성을 주장하는 것이 아니라, 사물의 형식에 관한 것만이 주관에서 유래함을 주장하고 있으며, 사물의 질료에 관해서는 관념성을 주장하지 않기 때문에, 비록 시간-공간이 주관의 인식 틀로서 관념에 불과하다 하더라도, 사물들에 대한 주관의 표상이 가상으로 격하되지 않는다고 말한다. 로크는 색, 맛, 냄새 같은 사물들의 이차 성질은 사물 자체에 속하는 것이 아니라고 했다. 그러나 칸트는 로크가 사물 자체에 속하는 것으로 남겨둔 일차 성질(연장성, 불가침입성 등)들 조차도 사물 자체에 속하는 것이 아니라고 했다.

(로크보다) 내가 다시금 한 걸음 더 나아가 한 물체의 직관을 이루는 모든 성질도 그 물체의 현상에 속하는 것으로 생각한다고 해서, 나의 학설을 바로 관념론이라 할 수는 없는 것이다. 왜냐하면 나타나는 사물의 실재는 진짜 관념론에서처럼 나의 학설로 인해 부정되지 않고, 도리어

---

23) 『형이상학서설』, 293쪽.

우리는 감관에 의해서는 사물을 그 자체에 있어서 있는 그대로 인식할
수 없다는 것을 밝힌 것에 지나지 않기 때문이다. 내 주장이 관념론을
포함하지 않기 위해서는 도대체 어떤 성질로 되어야 할 것인가를 알고
싶다.[24]

칸트는 이 인용문을 자신의 학설이 경험적 실재론이라는 입장에서 쓰
고 있다. 그러나 칸트의 이론이 선험적 관념론임을 이미 알고 있는 입장에서
볼 때, "한 물체의 직관을 이루는 모든 성질도 그 물체의 현상에 속하는 것으
로 생각한다고 해서, 나의 학설을 바로 관념론이라 할 수는 없는 것이다"라
고 말하는 것은 자신을 관념론자로 공언한 사람이 관념론자가 아니라고 말
하는 것이 되어 의아하게 들릴 수밖에 없다. 더 의아한 것은 위 인용문의 "왜
냐하면 … 때문이다"에서 자신의 학설이 관념론이 아닌 이유를 설명하는 논
리다. 사물의 일차 성질까지 사라지게 만들고, 따라서 공간성도 사라지게 만
들어놓은 사람이 '나타나는 사물의 실재'를 인정한다는 이유로 관념론이 아
니라고 말하는 것은 억지스럽게 들린다. 칸트는 자신이 관념론자라고 말할
때의 관념론과, 자신이 관념론자가 아니라고 말할 때의 관념론을 다른 의미
로 사용하고 있는 것이 분명하다.
　이 인용문을 읽는 두 가지 방식이 있을 수 있다. 첫째로, 이 인용문에서
칸트가 '자신의 학설이 관념론이 아니다'라고 할 때, 칸트가 그 말로써 자신
의 학설의 '경험적 실재론'의 측면을 부각시키기 위해 한 말로 해석하는 방
식이 있다. 이어지는 칸트의 말로 보면, 이런 독해방식이 설득력이 있어 보인
다. 둘째로, 이 인용문에서 칸트가 거부하는 '관념론'을 '버클리의 관념론'으
로 읽는 것도 가능하다. 그렇게 읽으면 '한 물체의 직관을 이루는 모든 성질
도 그 물체의 현상에 속하는 것으로 생각한다고 해서, 나의 학설을 바로 버클

---

24) 『형이상학서설』, 290쪽.

리의 관념론이라 할 수는 없다'가 될 것이다. 그리고 마지막 문장도 '내 주장이 버클리의 관념론이 되지 않기 위해서는 도대체 어떤 성질로 되어야 할 것인가를 알고 싶다'가 될 것이다. 둘째 독해방식은 칸트가 공간과 시간의 관념성을 주장하는 선험적 관념론자임을 이미 알고 있는 비판가들을 향해 자신의 학설은 관념론이 아니라고 하는 꼴이 되어버려 설득력이 떨어지는 독해방식처럼 보인다. 나는 첫째 독해방식으로 그 인용문을 분석할 것이다.

"한 물체의 직관을 이루는 모든 성질도 그 물체의 현상에 속하는 것으로 생각"하는 것은 명백히 선험적 관념론의 사고방식인데, 칸트는 그것을 관념론이라 할 수 없다고 한다. 의아한 일이다. 이 의아심은 칸트가 현상은 경험적 관점에서는 내 바깥에 실재하는 것이고, 선험적 관점에서는 관념에 불과하다고 생각한다는 것을 염두에 두고 해결해야 한다. 우리는 칸트가 '선험적 관념론 = 경험적 실재론'의 등식을 주장한 것을 기억해야 한다. 칸트는 자신의 관념론은 경험적 차원에서는 공간 속의 사물이 의식 독립적으로 실재한다는 것을 부정하는 관념론이 아니라는 것이다. 진짜 관념론자들은 '나타나는 사물의 실재' 즉 현상의 실재를 부정하지만, '나(칸트)는 그것을 인정한다'는 것이 칸트의 주장이다. 그는 경험적 실재론자임을 강조한다. 그러나 이렇게 말한다고 그가 진짜로 실재론자가 되는 것은 아니다. 그의 등식에 따르면 경험적 실재론은 동시에 선험적인 관념론이기 때문이다. 그러니 내가 보기에 칸트의 이런 대답은 동문서답이다. 칸트의 비판가들이 칸트를 향해 관념론자라고 할 때, 그들은 칸트가 경험적 차원에서 관념론을 주장하는 것으로 생각하고 공격하는 것이 아니다. 공격은 선험적 차원에서 가해졌는데, 대답은 경험적 차원에서 이루어졌다.

칸트식의 대응방식대로라면 칸트가 공격했던 '진짜 관념론자'들도 얼마든지 자신들은 경험적 관념론자가 아니라고 말할 수 있는 길이 열린다. 가령 각성 시에 우리가 마주치는 모든 사물들이 사실은 우리가 꿈속에서 마주치는 표상들처럼 주관의 관념 내용에 불과하다고 생각하는 진짜 관념론자가 있다고 하자. 설령 그런 관념론자라 하더라도, 그가 각성 시에 보고 만지는 모든 사물들은 공간적으로 내 바깥에 존재한다고 생각한다. 그러므로 그들도 '나는 경험반성적 차원에서는 관념론자이지만, 현실에서는 실재론자이다'라고 말할 수 있게 된다. 실제로 버클리는 현실에 있는 사물들의 존재와 질서를 부인한 적이 없다. 유잉도 칸트가 버클리를 오해하고 있다고 말한다.

> 칸트가 자신을 관념론자라고 비판하며 버클리의 아류라고 비판한 『순수이성비판』의 초판에 대한 서평 때문에 상당히 기분이 상했었다. 재판의 '관념론 반박'은 이것에 대한 그의 대답이다. 그는 버클리를 물리적 대상의 존재를 부정하고 모든 과학을 한갓 가상으로 격하시킨 사람이라고 잘못 해석했지만 사실상 버클리가 경험적 실재론자라고 말하는 것이 훨씬 더 공정할 것이다.[25]

이렇게 보면, 칸트가 '경험적 차원에서 나는 현상적 사물의 객관적 실재성을 인정하는데, 왜 나를 관념론자로 몰아 붙이는지 이해가 안 된다'고 말하는 것은 받아들이기 힘든 불만이다. 칸트는 비판자들이 선험적 차원에서 가하는 비판에 대해 선험적 차원에서 대답해야 한다. 결국 촉발하는 물자체를 끌어들이지 않으면 안 된다. 바로 그런 이유로 "감관에 의해서는 사물을 그 자체에 있어서 있는 그대로 인식할 수 없다는 것"을 언급하게 된다. 이 말 역시 선험적 관념론의 핵심적인 주장이다. 그러니까 앞서 인용한 칸트의 말은 경험적 차원과 선험적 차원이 뒤섞여 있는 혼란스러운 말이다. 결국 현상 존재만으로는 자신의 학설이 관념론이 아니라는 주장을 설득력 있게 주장할 수가 없다. 칸트가 물자체를 끌어들임이 없이 자신의 관념론과 버클리의 관념론을 차별짓는 것은 불가능하다. 현상 배후에 물자체가 있다는 것이 인정

---

25) A. C. 유잉, 『순수이성비판입문』(김상봉 옮김, 서울, 한겨레, 1985),188쪽.

되지 않으면, 현상이 가상과 구별될 수 있는 '존재론적 근거'가 없게 된다. 이때 유념해야 하는 것은 우리가 '칸트가 자신의 관념론과 버클리의 관념론을 구분하기 원한다면 그는 물자체를 끌어들일 수밖에 없다'고 할 때, 그 물자체는 형이상학적 의미의 물자체 즉 가상체여서는 안 되고 현상(Erscheinung)의 존재론적 정박지 역할을 하는 존재론적 의미의 물자체여야 한다는 것이다. 만약 그 물자체가 가상체로 이해된다면, 현실이 가상이 아닌 이유를 설명하는 플라톤의 방식과 칸트의 방식이 너무나 비슷해져서 결국 칸트는 플라톤주의자가 되게 될 것이다.

플라톤은 이데아(칸트식으로 말하면 가상체)가 현실계(칸트식으로 말하면 현상체)의 원형이고, 현상체는 이데아의 모방품이라고 말하는데, 이런 플라톤의 설명에 따르면 이데아의 모방품으로서의 현실계가 가상이 아닌 이유는 그 배후에 이데아가 있기 때문이다. 마찬가지로 칸트의 경우도 현상체가 가상이 아닌 이유는 그것 배후에 현상체의 원형인 가상체 — 플라톤의 용어로 이데아이다 — 가 있기 때문이다. 그런데 칸트는 플라톤주의자가 아니다. 그러므로 현상체의 배후에서 현상체가 가상이 아니도록 만들어주는 것은 가상체(형이상학적 의미의 물자체)가 아니라 존재론적 의미의 물자체이지 않으면 안 된다. 경험적 차원에서 꿈속의 표상과 현실의 표상이 구별되는 이유는, 꿈의 표상은 그 표상에 대응하는 실재물이 없지만, 현실의 표상은 그 배후에 실재물을 갖는다는 사실에 있는 것과 마찬가지이다. 이와 마찬가지로 선험적 차원에서 보면 가상은 그 배후에 물자체가 없지만 현상은 배후에 물자체를 가진다. 이것이 가상과 현상이 구분되는 선험철학적 이유이다. 진짜 관념론자들이야말로 물자체를 인정하지 않고 있기 때문에, 전 감성계의 표상을 가상으로 만들어버리는 사람들이다.

이에 공간과 시간의 관념성을 말하는 내 이론이 전 감성계를 가상화한다는 것은 큰 잘못일뿐더러, 나의 이론은 최고로 중요한 하나의 인식을, 즉 수학이 아프리오리하게 제공하는 인식을 현실적 대상에 적용하는 것을 확보하고, 그 인식을 가상으로 방지하는 유일한 수단이다.[26]

5) 칸트의 시간-공간론에 대한 총평

칸트의 시간-공간의 관념성을 주장하는 칸트의 시간-공간론은 엄청나게 파격적인 것이다. 공간은 인식하는 주체의 직관형식에 불과하기에 인식주관이 없으면, 공간도 없고 현상계도 사라진다. 일반인들의 상식은 인간이 없어져도, 세상은 존속한다는 것이다. 칸트의 결론과는 정반대이다. 경험적 차원에서 보면 공간은 실재한다. 그러므로 뉴턴의 역학적 이론은 그 객관적 타당성을 갖는다. 그러나 선험적 차원에서 보면 인식주관 바깥에 실재하는 '공간이란 것은 없다'. 그러므로 유클리드(Euclid, B.C. 330?-B.C. 275?)의 기하학이나 뉴턴의 역학은 모두 선험적 주관이 구성해낸 관념물에 불과하다. 이는 하이데거의 다음과 같은 말을 생각나게 한다.

> 진리는 오직 현존재가 있는 한에서만 그리고 있는 동안에만 '[주어져]있다.' 존재자는 도대체 현존재가 있는 그때에만 발견되어 있고 그동안에만 열어 밝혀져 있다. 뉴턴의 법칙, 모순율, 진리일반은 현존재가 있는 동안에만 참이다.[27]

---

26) 『형이상학서설』, 292쪽.

27) 하이데거, 『존재와 시간』(이기상 옮김, 서울, 까치, 1998), 305쪽. 강조는 하이데거. 하이데거는 칸트의 영향하에 그렇게 말하고 있다.

이는 혁명적인 수학철학이요 과학철학으로 보인다. 칸트가 아무리 공간의 경험적 실재성을 인정한다고 하더라도, 태양이 지구로부터 1억 5,000만km 떨어진 거리에 있다는 과학적인 주장은 다 경험적 차원에서 하는 주장에 불과하고, 우리가 사유지평을 선험적 차원으로 옮기면 1억 5000만km라는 거리는 없는 것이 된다. 이는 매우 받아들이기 힘든 주장처럼 보인다. 왜 칸트는 공간을 물자체를 담고 있는 거대한 용기(容器)나 컨테이너 같은 것으로 보는 것에 반대했는가? 그 이유는 칸트는 공간이 실재물이 되면 우리가 스피노자주의를 받아들이지 않을 수 없으며, 결국 인간의 자유를 포기해야 한다고 생각했기 때문이다. 그는 다음처럼 말한다.

> 시공이 미리 '물자체 그것'의 형식으로 되었다면, 자세히 말해서 시공이 물자체가 없어졌더라도 사물의 존재의 아프리오리한 제약으로 남아 있는 형식으로 되었다면, 사람은 어떠한 권리로 그와 같은 일[시공의 조건을 하나님의 직관에서 없애는 일]을 할 수 있는가? 왜냐하면 시공이 모든 존재일반의 조건이라면, 그것은 또한 하나님 존재의 조건이 되기도 하기 때문이다.(B71)

『형이상학 강의』에서는 훨씬 더 알아듣기 쉽게 다음처럼 말한다.

> 공간과 시간은 사물 그 자체도 아니고, 사물의 특성도 아니며, 사물의 상태도 아니고, 단지 감성의 형식일 뿐이다. 감성은 수용성이며, 촉발되어야 하는 감수성이다. 직관의 형식은 어떤 객관적 실재성도 가지고 있지 않고, 단지 주관적 실재성을 가지고 있다. 내가 공간을 존재 자체로 가정한다면, 스피노자주의는 부정될 수 없게 된다. 즉 세계의 부분들은 신성의 부분들이게끔 된다. 공간은 신성이며, 유일하며, 편재적

이게끔 된다.[28]

칸트는 '공간개념에 대한 형이상학적 구명'에서 공간은 개념이 아니고 직관임을, 그리고 후천적인 것이 아니고 아프리오리한 것임을 주장한다. 과연 그것으로써 공간이 인간 감성의 순수직관형식임이 충분히 해명되었는가? 그는 공간이 '아프리오리한 직관'임을 해명한 뒤, 별다른 설명도 없이 바로 공간이 '아프리오리 직관형식'이라고 결론 내린다. 칸트는 '직관'이란 말과 '직관형식'이란 말을 구분하지 않고 사용하는데, 칸트의 그런 용어 사용은 우리를 혼란스럽게 만든다. 우리는 '아프리오리한 직관'을 '아프리오리한 직관 내용'으로 읽을 수도 있고, '아프리오리한 직관 형식'으로도 읽을 수가 있다. '아프리오리한 직관 형식'이라면, 인식에서 형식에 속하는 것은 모두 인간 심성에서 유래한다는 그의 주장에 따라, 그것은 인간 심성의 어떤 능력인 것으로 될 수 있다. 그러나 만약 '아프리오리한 직관 내용'이라면, 내용은 형식이 아니기에 인간 심성에서 유래하는 것이 아니며, 그렇다면 '그것은 대상 자체에서 유래하는 것일 수가 있지 않은가?'라는 의문이 생긴다.

그러나 곰곰이 생각해보면, 칸트가 공간이 '아프리오리한 직관'임을 밝히는 순간에 그것이 '아프리오리한 직관 형식'임이 동시에 자동으로 밝혀지는 것으로 보인다. 직관내용에는 후천적인 것도 있고 아프리오리한 것도 있는데, 기하학은 아프리오리한 것이 있다는 것을 보여주고 있다. 그런데 아프리오리한 직관내용이 있다는 것은 그런 직관내용을 만들어내는 직관형식이 있음을 알려준다는 것이 칸트의 입장이다. 칸트의 이런 설명은 그가 '아프리오리한 직관'과 '아프리오리한 직관형식'을 구분하지 않고 쓰는 것이 혼란된 용어 사용이 아니라 어느 정도 근거 있는 것임을 보여준다. 인식주관의 아프리오리한 직관 형식과 무관한 '순수직관'은 어떤 경우에도 성립할 수가 없다.

---

28) 『칸트의 형이상학 강의』, 73-74쪽.

아포스테리오리한 직관내용들은 경험적 대상에서 생겨나는 경우가 있지만, 순수직관내용은 어떤 경우에도 경험적 대상에서 발생하지 않는다. 순수직관 내용은 직관형식과 동의어는 아니지만, 그 외연이 완전히 일치한다. 이런 이유에서 칸트는 "감성의 이런 형식은 그 자신 순수직관이라고도 하겠다"(B35)고 말한다.

그럼에도 불구하고 우리는 더 근본적인 의문을 제기할 수 있다. 칸트는 객관성과 보편성과 필연성의 기원은 형식에 있다고 생각하는데, '아프리오리한 직관 내용'이라는 말에서 '아프리오리'를 '형식에서 유래한 필연성'의 의미로 받아들이지 않고, '대상 자체에서 유래하는 필연성'의 의미로 생각하는 것도 가능하다. 다시 말해서 객관성과 보편성과 필연성의 기원을 칸트는 인식주관의 형식에서만 찾는데, 대상 자체가 그런 기원이 될 수도 있다는 것이다. 칸트는 이런 가능성이 있을 수 없다는 것을 보여준 적이 없다. 이런 맥락에서 칸트의 공간론에 대해 페이튼은 다음처럼 비판적인 언급을 한다.

> 만약 우리가 뉴턴에 대한 칸트의 입장을 고려할 때 야기되는 근본적인 문제는, 비록 시간-공간이라는 우리들의 순수한 직관 형식을 수단으로 하여 모든 현상의 아프리오리한 조건과 형식을 알 수 있다 하더라도, 왜 우리는 시간-공간이 사물의 현상의 조건과 형식일 뿐만 아니라 동시에 사물의 물자체의 형식이어서는 안 되는가 하는 문제이다. 이러한 가능성에 대해 칸트가 관심을 적게 가졌다는 것은 칸트의 논의의 약점이다.[29]

페이튼이 지적하듯이 만약 객관성과 보편성과 필연성을 갖춘 인식의 기원이 인식주관의 형식이 아니라, 인식대상 그 자체에서 유래할 수도 있다

---

29) H. J. Paton, *Kant's Metaphysics of Experience*, Vol. 1. (New York, Humanities Press Inc., 1970), p. 174쪽.

고 생각한다면, 그런 인식론은 더 이상 칸트적인 구성설이 아니라, 소위 '대상의 파악으로서의 인식'(Das Erkennen als Erfassen des Gegenstandes)이라는 '파악설'이 될 것이다. 헤센은 파악설을 지지하면서 다음처럼 말한다.

> 인식론에 있어서 오랫동안 타당성을 가지고 있는 하나의 선언(選言)은 '인식은 대상의 **모사**이거나 **산출**이거나 **이다**'라는 것이다. 그러나 이 선언은 불완전하다. 아직도 제3의 가능성, 즉 '인식은 대상을 **파악하는 일이다**'라는 것이 존재한다. 처음의 두 가능성이 우리에 의해 부적절한 것으로 증명되었으므로, 이제 제3의 가능성만이 남게 된다. 여기서는 인식의 본질이 대상의 파악에 있다. 이러한 주장을 정초하기 위해서는 다음의 두 증명이 요구된다. 첫째로, **대상이 존재한다는 사실**이고, 그다음으로 **우리가 그 대상을 파악할 수 있다는 사실**이다.[30]

칸트는 헤센의 이런 비판에 대해 어떻게 답할는지 궁금하다. 나는 인간의 인식활동이란 칸트가 말하는, 인간에게 구비된 아프리오리한 인식의 틀을 가지고 대상을 파악하는 행위라고 생각한다. 그러니까 구성설은 아니지만, 지성의 12범주라든지 인과법칙 같은 것은 파악의 대상이 아니고 인식주관으로서 우리 내부에 이미 구비되어 있어야 하는 것으로 보인다.[31] 그러므로 칸트가 말하는 아프리오리한 인식 틀을 인정해야 할 것 같다. 이 점에서 나는 칸트를 따른다. 그리고 그 인식 틀에 부합하여 자신의 본질을 일부라도 보여주는 사물이 우리 주관 바깥에 있다는 것을 인정하는 점에서는 파악설을 지지한다. 통상 사람들은 '주관 없는 객관 없고, 객관 없는 주관 없다'는 '주관-객관 상관설'을 받아들이는데, 이는 객체를 의미하는 라틴어

---

30) 요하네스 헤센, 『철학교과서: 제1권 학문론』(이강조 옮김, 서울, 서광사, 1986), 327-328쪽. 강조는 헤센이 한 것임.

31) 물론 나는 칸트가 제시했던 지성의 12범주들이 완벽하다고 생각하지는 않는다.

objectum과 대상을 의미하는 독일어 Gegenstand의 영향 때문일 수 있다고 말한다. objectum은 '향하여 던져짐'의 뜻을 갖는데, 이 용어는 결국 어떤 것이 객체가 되기 위해서는 그것이 던져지는 사람을 상관자로 요구하게 되며, Gegenstand도 사물이 주관에 마주하여 서 있다는 것을 의미하기 때문이다. 하르트만이 보기에 '주관-객관 상관설'은 잘못된 것이며, 비록 각기 다른 주장을 펼치지만, 나토르프, 카시러(E. Cassirer, 1874-1945), 리케르트, 후설, 하이데거는 '주관-객관 상관설'에 빠져 있다는 점에서 이들은 같은 오류를 범하고 있다. 그러나 하르트만은 이렇게 말한다.

> 인식이 그것으로 향하고, 그것을 파악하고, 나아가 구명해내려고 하는 것은 초대상적인 존재를 가지고 있다. 그것은 인식이 그것을 대상으로 삼든 그렇지 않든 상관없이 존재하는 것이다. 그중의 얼마만큼이 대상으로 되었느냐에도 상관이 없다. 도대체 그것이 대상으로 된다고 하는 것은 그것에 있어서 제2차적인 일이다. 일체의 존재자는 그것이 대상으로 되는 때에는 추가적으로 대상이 되는 것이다. 의식의 대상으로 된다는 것을 그 본질로 하는 그러한 존재자는 없다. 그것은 세계에 인식원리가 출현함으로써 비로소 대상관계에 들어가는 것이다. 더욱이 그것은 주관이 그 범주에 기(基)하여 내적으로 그것을 대상화할 수 있는 한에서이다. 이 대상화가 곧 인식이다. 이것이 정당한 인식관계라는 증명은 벌써 인식자의 소박한 대상의식에 있어서도 지적할 수 있다. 자기가 보고 있는 물건이 자기가 봄으로써 생긴 것이라고 상상할 사람은 아무도 없다. 자기의 대상을 산출하는 그런 지각은 지각이 아니라 기껏해야 표상작용이다. **대체로 그 자체 존재하는 것을 파악하는 것이 아닌 인식은 인식이라 할 수 없다.**[32]

---

32) 니콜라이 하르트만, 『존재학원론』(하기락 옮김, 대구, 형설출판사, 1983) 33쪽. 강조는 내가 한 것이다.

하르트만이 위에서 언급하는 '초대상적인 존재'는 칸트가 말하는 물자체와 같은 것인데, 하르트만은 칸트의 대상 구성설적 인식론을 파악설적 인식론으로 바꾸어 읽으려 하고 있음을 알 수 있다.[33) 그렇게 하면서 그는 주관-객관 상관설을 거부하는데, 그 설은 '인식의 존재는 존재의 인식'이라고 말하면서 인식과 존재를 일치시켜버리게 된다. 인식과 존재를 일치시키는 이 관점에서 칸트를 읽게 되면 칸트철학에서 물자체를 제거한 해석이 생겨난다. 신칸트학파의 인식론적 칸트 해석이나 하이데거의 현상학적 칸트 해석은 이 점에서 동일하다. 그러나 파악설은 인식의 범위(현상계)를 초월한 존재의 영역(물자체계)이 있음을 인정한다. 이런 관점에서 하르트만은 아주 단호하게 말한다.

> 인식문제에 있어서 대상과 존재자를 혼동한 것은 여러 의식이론에
> — 신칸트학파, 실증주의, 현상학파도 다 똑같다 — 공통한 오류이다.
> (…) 모든 존재자는 대상이고, 오직 대상인 바의 것만이 존재성격을 가
> 진다고 생각하는 것은 잘못이다. 존재자의 전체라고 생각된 세계 중에
> 서 인식의 대상으로 되는 것은 의심할 바 없이 그 일부분이고, 아마도
> 극히 작은 일부분일 것이다. 이 사실은 인식의 진보와 함께 대상영역이
> 부단히 새로 열리는 데서 분명해진다.[34)

비슷한 주장이지만 인용해본다

> 존재자는 보통 주관의 대상이 됨이 없이도 즉 인식됨이 없이도 여전
> 히 존재한다. 그러나 인식되어진 것은 그렇게 됨으로써 인식의 대상으

---

33) 다만 물자체와 비슷한 것으로 보이는 '초대상적인 존재'가 칸트가 말하는 가상체인지 촉발하는 물자체인지는 미지수다. 내 생각에 가상체에 가까워 보인다.

34) 니콜라이 하르트만, 『존재학원론』 35쪽.

로 되는 것이다. 그 의미는 달리 표현하면 다음과 같다. 즉 인식대상은 원래 초대상적(übergegenstandlich)이고, 그 자체로서 존재하는 자로서 그의 대상적 존재 속에 다해지는 것이 아니며, 오히려 그의 대상적 존재와 독립적으로 그리고 주관에 대한 그 자신의 대상화와는 무관하게 존립한다. 이러한 사실은 세계 내에서의 인식과 인식의 수행자인 인간의 지위에 대해 매우 중요한 의미를 지닌다. 이에 우리는 더 이상 주관과 객관을 서로 상관되어 있는 대립항으로 이해할 수 없게 되었다. 왜냐하면 세계 즉 일체의 대상들의 총체로서의 세계는 인간보다 훨씬 더 오래된 것이기 때문이다. 인간은 존재론적으로 볼 때 이 세계의 후기 산물이다.[35]

칸트의 구성설은 뉴턴 물리학의 완전성에 의지하고 있는데, 그 완전성이 깨어졌기 때문에, 칸트적인 구성설의 수정은 불가피해 보인다. 그러면 기하학의 완전성은 건재하지 않는가 하고 말할 수 있다. 즉 '기하학의 영역에서는 칸트적인 구성설이 타당한 것이 아닌가' 하고 생각할 수가 있다. 그러나 아인슈타인의 물리학은 비유클리트 기하학에 의존하여 현실의 물리적 공간을 설명하는 데 성공하고 있기에, 칸트가 의존했던 유클리드 기하학은 현실의 세계에 대한 '아프리오리한 종합적 지식'을 제공하는 학문이 아님이 밝혀졌다. 이와 관련하여 윌커슨은 다음처럼 말한다.

유클리드의 정리에 대한 증명이 엄밀하고, 유클리드 체계에 대한 우리의 해석이 합당하고, 아인슈타인의 물리학 이론이 받아들여진다고 가정하자. 그러면 그 당연한 귀결로서 유클리드의 공리 중 적어도 하나는 물리적 공간에 대한 명제로는 틀릴 것이고, 우리는 물리적 공간에

---

35) 니콜라이 하르트만, 『인식과 윤리』, 19쪽.

대해서 비유클리드 기하학을 택해야 하는 것이다.[36]

수학이나 물리학의 영역에서 아프리오리한 종합판단이 존재한다는 가정하에 성립한 칸트의 수학철학과 과학철학은 더 이상 받아들이기 힘든 이론이 되어버렸다. 회페도 이 점을 이렇게 확인하고 있다.

> 물리학적 기하학은 경험에 의존하고, 따라서 선험적 주장을 포기하기 때문에 바로 그래서 종합적이라 여겨진다. 수학적 기하학과 물리학적 기하학은 선험적 종합의 성격을 상실하고, 따라서 이와 반대되는 칸트의 견해는 오늘날 '근거 없는 것으로' 여겨진다.[37]

결과적으로 칸트가 독단적 형이상학이 되지 않기 위해 의지했던 '순수 이론이성의 사실', 즉 수학과 기하학과 물리학의 영역에는 아프리오리한 종합판단이 있다는 사실이 붕괴되어버렸기 때문에, 그 사실에 의존해 있던 칸트의 인식론과 형이상학도 무너질 수밖에 없다.

칸트의 공간론에 대해 던져볼 수 있는 또 다른 질문은, 상식적인 과학적 실재론의 입장에서 제기할 수 있는 질문이다. 칸트 말대로 선험적 관점에서 보면, 공간은 인간이 사물을 바라보는 안경 같은 것에 불과하기에, 인간이 사라지면 공간 감각이 사라지고 그 감각에 의지하여 우리 바깥에 있는 것처럼 보였던 공간도 사라지게 된다는 결론이 나온다. 칸트에 따르면 우리가 대상을 양적인 것으로 보는 것은 — 그것이 시간량이든, 공간량이든 — 인간이 양이라는 개념을 아프리오리하게 갖고 있기 때문이다. 5m니, 10m니 하면서 사물들 간의 공간적 길이에 대해 말하거나, 1년이니, 2년이니 하면서 시간적

---

36) T. E. 윌커슨 지음, 『칸트의 순수이성비판』(배학수 옮김, 서울, 서광사, 1987), 231쪽.

37) 오트프리트 회페, 『임마누엘 칸트』, 75쪽. 인용문의 '선험적'은 '아프리오리'로 읽기 바란다.

길이에 대해 말할 때, 그 공간적 길이나 시간적 길이는 자체적으로 실재하는 것이 아니고, 그 길이를 측정하는 (유적 존재로서의) 인간에 의존해서 존재한다는 것이다.

그러나 이는 현대과학이 밝혀낸 과학적 사실과 조화하지 않는 주장이다. 인간이 지구상에 출현하기 전부터 수많은 고생물들이 바다와 육지를 누비며 살았는데, 그들이 머물렀던 공간의 존재는 어떻게 설명될 수 있는가? 이에 대해서는 세 가지 설명 방식이 있을 수 있다. 첫째로, 인간이 사라지면, 현상세계의 공간적 차원은 사라지며, 따라서 그 속의 현상적 사물들도 몽땅 사라진다고 생각하는 것이다. 이렇게 되면 현상적 사물들의 존재는 모두 인식주관인 인간에 의존해서 존재한다. 이는 너무 비상식적이어서 받아들일 수가 없다.

둘째로, 칸트적인 입장을 끝까지 밀고 가는 방법이다. 개나 고양이들도 공간 감각을 가지고 살아가는데, 그들도 인간처럼 그들 나름의 공간이라는 안경을 쓰고 있다고 보는 것이다. 6,000만 년 전에 인간이 존재하기도 전에 살았던 공룡들도 그들 나름의 공간 안경을 쓰고 있다. 그렇게 되면, '인간이 사라지면 공간도 사라진다'고 말할 때, '공간'은 인간에게서 안경 역할을 하는 공간일 뿐이기에, 모든 공간이 사라지는 것이 아니라, '인간의 공간'만이 사라진다는 말이다. 개의 공간이나 고양이의 공간이나 공룡의 공간은 여전히 있다. 그렇게 되면 인간이 사라져도 개가 고양이나 공룡이 거닐 수 있는 공간이 확보된다. 이런 설명에 의하면, 공간이 사라지려면 '공간감각을 가지고 있는 지구상의 모든 생명체'가 사라져야 한다. 이렇게 하면 억지로라도 인간이 출현하기 이전의 고생물들이 거닐 수 있는 공간은 확보된다. 그러나 이 둘째 설명방식으로도 공간 감각이 없는 바위나 산은 공간감각을 가진 생명체의 관념물에 불과한 것이 되어, 자체적으로 존재할 수가 없게 되는 난점이 생긴다.

셋째로, 모든 고등 생명체에게는 다양한 공간 감각이 있는데, 이 다양성을 그 생명체들이 가지고 있는 **주관적인 직관형식의 다양성**이기도 하면서 동시에 생명체들이 **실재하는 공간에 적응하는 방식의 다양성**으로 보는 것이다. 이렇게 볼 때에만 우리는 초음파를 발사해서 자신의 위치를 잡는 박쥐의 공간 감각과 열 감지기 같은 것으로 사물을 파악하는 뱀의 공간 감각은 다르지만, 그런 차이가 발생하는 것은 그 근저에 있는 공통의 공간 감각의 변양 때문으로 이해할 수 있게 된다. 나는 개인적으로 이 셋째 접근방식이 더 설득력이 있다고 생각한다.

이상에서 공간에 대해 말한 것은 그대로 칸트의 시간론에 대해서도 타당할 것이다. 시간이란 것이 인간이 가지고 있는 감성의 직관 형식에 불과하다면, 인간이 사라지면, 전 우주에서 시간의 차원은 사라진다는 결론이 나온다. 인간이 사라지면 공간이 사라진다는 결론에 대처하는 세 가지 방식이 있을 수 있었듯이, 이 결론에 대처하는 세 가지 방식이 생각될 수 있다. 나는 이 경우에도 셋째 방식이 타당하다고 생각한다. 모든 고등 생명체에게는 다양한 시간 감각이 있는데, 이 다양성을 그 생명체들이 가지고 있는 **주관적인 직관형식의 다양성**이면서 동시에 생명체들이 **실재하는 시간에 적응하는 방식의 다양성**으로 보는 것이다.

인간이 사라지면 시간·공간이 사라진다는 칸트의 주장에 대해, 만약 위에서 제시한 셋째 설명방식이 타당하다면, 칸트의 선험적 관념론이 '논리적 선천성'과 '심리적 선천성'을 혼동한 위에 세워진 이론이라는 윌커슨의 주장이 설득력을 얻게 된다. 축약적인 인용을 하겠다.

칸트는 어떻게 아프리오리한 종합판단이 가능한가 하는 문제를 해결하면서 그 문제를 두 개의 다른 차원에서 다루게 된다. 하나는 논리적 차원이고 하나는 심리적 차원이다. 논리적 차원에서 그 문제를 다루게 되면, 경험이란 것은 공간적, 시간적, 인과적, 실체적 등등 외적인 대상에 관한 것이라고 한다. 가능한 경험에 대해서 그러한 조건 중에 어느 하나라도 간과하는 기술은 전혀 이해될 수 없으며, 논리적으로 불합리하다. 심리적 차원에서의 설명에 따르면, 자아 자신은 사물 자체에 의해 촉발되며 촉발의 결과 얻어진 감각자료를 갖고 공간적, 시간적, 인과적, 실체적인 현상적 사물을 구성해낸다는 것이다. 이 두 주장은 별개의 주장이다. 칸트의 주장이 옳다고 한다면, 논리적 주장은 필연적 진리라고 생각되지만, 심리적 차원의 설명은 우연적 진리이다. 논리적 차원의 설명에 따르면, 비공간적, 비시간적, 비인과적, 비실체적인 대상의 경험에 대한 설명은 터무니없는 설명이지만, 심리적 차원의 설명에 따르면, 그런 이상한 경험은 우리 자신의 경험방식과는 다른 경험임을 함축할 뿐이다. 칸트는 왜 이런 혼동을 하는가? 그것은 경험의 가능성 조건을 논리적 차원에서 검토할 때와 심리적 차원에서 검토할 때, 거론되는 조건들이 일치하기 때문이다. 즉 그 두 차원의 설명은 모두 공간적, 시간적, 인과적, 실체적 개념들을 필요로 한다.[38]

윌커슨은 미묘한 문제를 다루고 있기에 좀 더 부연설명이 필요하다. 칸트는 수학이나 물리학의 분야에서 발견되는 아프리오리한 종합판단이 어떻게 가능한가라는 문제를 다룬다. 그는 경험의 가능성 조건을 경험에 앞서서 찾아내려 한다. 그 작업을 그는 선험철학이라고 규정한다. 그러나 그가 선험철학의 이름 아래에서 수행한 작업은 다른 한편으로 보면 선험심리학이기도 하다. 왜냐하면, 인간이 현상적 대상을 구성해내는 심리학적 절차를 설명하고 있기 때문이다. 우리는 칸트를 선험철학자로 보면 그가 필연의 진리를 주장하는 것이 되지만, 그를 선험심리학자로 보면 그는 우연의 진리를 주장하는 것이 된다.[39] 우리가 칸트의 이론을 선험심리학으로 본다면, 우리 인간이

38) T. E. 윌커슨, 『칸트의 '순수이성비판'』, 256쪽 참조.
39) 우리는 칸트가 로크를 인간 지성에 관한 생리학자로 간주한 것을 기억할 필요가 있다.(AIX) 로크가 인간 지성에 관한 경험적 생리학자로 간주된다면, 칸트 자신도 인간 이성에 관한 선험적

외부 감각을 수용하는 시간-공간적인 방식을 갖게 된 것은 우연적인 일이 된다. 그러니 그 방식은 인간에게만 타당한 것이요, 다른 동물들은 외부 감각을 수용하는 그들 나름의 방식을 가진 것이 된다. 돌고래가 수중에서 외부 사물을 감지하는 방식이나 특정 나비가 외부 사물을 감지하는 방식은 다르다. 그리고 이 차이 역시 우연적인 것이다. 그러니 칸트를 선험심리학자로 보게 되면, 그의 학설은 인간이 사라지면 세계의 시간-공간적 차원이 사라진다고 주장하는 이론이라고 말하지 않아도 된다. 그러나 칸트를 선험철학자로 본 다면, 그렇게 말할 수 있게 된다. 그런데 칸트 자신은 이 차이를 인식하지 못하고 있는 상태에서 『순수이성비판』 도처에서 그 두 차원을 섞어서 말하고 있다.

칸트의 선험적 인식론이 심리학과 뒤섞여 있다고 했는데, 그의 인식론은 '진화론적 인식론'과의 관계에서도 문제를 일으킨다.[40] 필자는 앞에서 시공간이 실재물이 아니라 인간의 직관형식에 불과하다는 칸트의 선험적 관념론의 문제점을 해결하기 위해, 시공간의 실재성을 인정하는 위에서 모든 고등 생명체에 구비되어 있는 다양한 시공간 감각을 그 생명체들이 가지고 있는 **주관적인 직관형식의 다양성**이 아니라, **생명체들이 실재하는 공간에 적응하는 방식의 다양성**으로 보기를 제안했다. 그렇게 되면 우리는 인간적 직관의 문제를 실재하는 공간에 적응하는 문제 차원에서 다루는 것이요, 적응은 진화생물학의 주제이다. 진화론적 인식론은 우리의 인식능력 그 자체를 진화의 결과물로 본다. 그 능력을 해부하려면 진화론적으로 접근해야 한다고 주장한다. 인간이 현재의 직관방식을 갖게 된 것은 진화의 결과일 것이고, 박쥐가 사물을 식별하는 방식이 우리 인간과 다른 것 역시 박쥐에게 일어난 진

심리학자로 간주되는 것은 가능한 일이 될 것이다.

40)   칸트의 선험철학적 인식론과 진화론적 인식론의 관계에 관해서는 김진 교수의 『칸트와 생태주의적 사유』(울산대학교출판부, 1998) 4장 '인식의 생물학적 조건과 지성의 진화'를 보기 바란다.

화의 결과일 것이다. 그렇게 되면 우리는 사물을 식별하는 인간의 능력을 박쥐의 능력보다 더 우대하고 특별대접을 해야 하는 이유를 찾아내어야 한다. 인간적 직관능력과 지성능력의 아프리오리함(Apriorität, 선천성)이 그 이유가 되어줄까? 리들(R. Riedl, 1925-2005)은 "범주는 각각의 개인들에게는 확실히 아프리오리하지만, 동시에 그것은 경험에 의해 얻어진 그 종의 인식이라는 점에서 후천적이다"라고 한다.[41] 그러나 박쥐가 초음파를 이용하여 주변 사물들을 식별하는 능력 역시 각각의 박쥐들에게는 아프리오리하지만 그것이 박쥐라는 종이 진화의 과정에서 획득한 인식기능이라는 점에서는 후천적이다.

나는 인간의 인식능력이 다른 동물들의 그것보다 더 특별한 이유는 인간만이 진화과정에서 획득하게 된 그 자신의 생물학적 인식능력의 한계를 벗어나서 다른 동물들의 세계까지 파악할 수 있기 때문이라고 생각한다. 예컨대, 인간은 잠자리의 눈을 통해 사물을 보지 못하지만, 잠자리 눈에는 직선이 없다는 것을 알고 있으며, 개의 눈을 통해 사물을 보지 못하지만, 개의 눈에는 색이 없다는 것을 알고 있다. 그리고 인간은 연어의 감각으로 사물을 느끼지 못하지만, 모천에서 흘러 바다로 들어가면서 옮겨지는 미세한 냄새를 통해 연어가 모천을 찾아간다는 것을 알고 있다. 그리고 인간은 도마뱀의 귀를 갖고 있지 않지만, 특정 도마뱀은 바로 옆에서 총을 쏘아도 그 소리를 듣지 못한다는 것을 알고 있다. 아인슈타인이 그 존재를 예측한 중력파의 존재가 최근에 실증되었는데, 이 발견은 이런 인간적 인식능력의 위대한 발걸음이다.

칸트가 '감성론'에서 내린 결론은 인간(선험적 자아)이 사라지면, 시·공간적인 현상계로서의 우주 전체가 사라진다는 것이었다. 불교에서도 현상과 물자체의 구분이 있는지는 모르겠지만, 이 결론은 모든 것은 마음이 만들어낸 것이라는, 불교의 '일체유심조'(一切唯心造)와 비슷해 보인다. 칸트에 있어

---

41) 김진, 『칸트와 생태주의적 사유』, 183쪽에서 재인용.

서도 현상계는 인식주관이 '촉발하는 물자체'로부터 제공받는 감각자료(선험적 대상)를 지성의 12범주들로 규정하면서 만들어진 것인데, 이것은 결국 일체가 마음의 구성물이라는 것이다. 이렇게 구성된 세계는 인과적 흐름의 지배하에 있는 세계이다. 이 세계는 불교식으로 말하면 연기(緣起)의 세계요, 윤회의 세계요, 번뇌의 세계이다. 그러나 우리가 수행을 통해 현상적 사물들에서 시공간적 요소, 일체의 범주적 구분, 인과적 요소를 제거해서 보면 즉 인과법칙(연기의 법칙, 윤회의 법칙)에 묶이지 않게 되면, 인간은 물을 물 그 자체로 받아들이게 되어, 분별심에서 오는 모든 번뇌망상으로부터 해방된다. 그 경지를 불교도들은 자유라고 한다. 칸트도 물자체의 영역을 인과법칙이 그 효력을 상실하게 되는 자유의 영역이라고 생각했다.[42]

---

42) 일체유심조에 나타난 불교의 마음 이론이 칸트의 구성설적 마음 이론과 유사하게 마음의 능동성(자발성)을 중시하는 능동주의적 마음이론이라면, 모사설적 마음 이론은 마음의 수동성을 주장하는 수동주의적 마음이론이라 할 수 있을 것이다. 그런데 불교적 마음이론에는 능동주의적 마음이론과는 상반되어 보이는 수동주의적 마음이론도 있는 것으로 보인다. 불교에서는 종종 마음을 거울에 비유하기도 하는데, 거울 표면이 깨끗하지 않거나, 거울이 뒤틀려 있으면, 사물의 모습을 있는 그대로 보여주지 못하게 되듯이, 마음이 이런저런 번뇌망상에 사로잡혀 뒤틀려 있으면, 인간관계를 위시한 모든 사태를 제대로 보지 못하게 된다. 그래서 거울을 닦듯이 마음을 닦아야 한다는 것이 불교적인 수양론의 요체이다. 나는 불교 내에 존재하는 상반되어 보이는 이 두 가지 마음 이론이 어떻게 조화하는지 잘 모르겠다. 그리고 불교적 마음 이론을 일체유심조에 국한시켜 본다 하더라도, 일체유심조에서 말하는 '심'(心)이 개별적 인간의 심인지 아니면 유적 존재로서의 인간의 심인지에 따라 불교적 마음이론이 칸트적 구성주의 마음이론과 유사할 수도 있고 유사하지 않을 수도 있는 것으로 보인다. 유적 존재로서의 '심'이라면, 그 심은 칸트적 구성주의적 마음론과 유사하지만, 그 마음은 '각각의 개인들은 각자가 처한 상황에서 마음먹기에 따라서 행복할 수도 있고 불행할 수도 있으며 행복과 불행은 마음이 만들어내는 것이니 마음을 잘 다스려야 한다'고 할 때의 마음은 아니게 된다. 그런 마음은 일체유심조의 마음을 개별적 인간의 마음으로 받아들이게 만드는 마음이기 때문이다. 칸트의 구성주의적 마음 이론에서는 인간이 마음먹기에 따라 범주적 사유를 하지 않을 수도 있는 그런 마음은 아니다. 인간은 시공간적 직관과 범주적 사유를 할 수밖에 없도록 되어 있는 그런 존재이다. '일체유심조'의 심을 칸트적인 마음으로 해석한다면, 불교적 수행자는 칸트가 불가능하다고 생각한 것을 가능하다고 주장하는 것인지는 모르겠다. 불교에는 "산은 산이요 물은 물이로다. 산은 산이 아니요 물은 물이 아니로다. 산은 산이요 물은 물이로다"는 선시가 있다. 첫 번째 구절은 산과 물의 분별지에 집착하는 세인의 입장이고, 두 번째 구절은 산과 물의 분별지를 넘어선 득도자의 경지를 노래한 것이라면, 이 두 번째 구절은 불교적인 득도자가 칸트적인 범주적 사유를 극복한 어떤 경지를 노래한 것으로 보일 수가 있겠다. 일체의 구별이 없어진 경지는 소위 물자

    칸트가 감성의 촉발이라는 인식의 빅뱅에서 만들어진 시 · 공간적인 현상계로서의 우주 전체가 사라진 뒤에 남는 것인 '하나인 물자체'를 무엇이라고 생각했을까? 우리는 이미 그가 그것을 '선험적 의미의 신'(B608)으로 규정하는 것을 알고 있다. 인식의 빅뱅 이전에도 있고, 인식 작용 중에도 현상을 가상이 아닌 것으로 만들어주는 것으로 있고, 인식이 사라진 후에도 있는 이 칸트의 신은 도대체 무엇인가? 그것은 시간-공간적이지도 않으며, 이렇게 말하는 것 자체가 역설적인데, 그것 — 이렇게 '그것'이라고 불러도 되는지 모르겠지만 — 에 대해서는 일체의 범주적 규정도 불가능하며, 따라서 그것에 대해서는 일체의 언어적 규정이 불가능하고 의미가 없다. 일체의 언어작용과 인식작용과 분별작용이 끊어진 경지이다.

    물론 인간은 그것에 대해 '사고'해볼 수는 있다. 사람들은 현상이란 항상 우리에게 나타나는 바의 어떤 것이기에, 그것 배후에 우리에게 나타나지 않는 바의 것인 물자체가 있어야 한다고 생각한다. 그렇지 않으면 '우리에게 나타난다'는 말이 성립할 수가 없기 때문이다. 칸트는 이 지점에서 물자체를 두 가지로 생각했다. '현상의 원형으로서의 물자체' 즉 '가상체'(Noumenon)가 현상적 사물의 배후에 있다는 생각과, 현상적 사물의 배후에는 '현상의 존재론적 토대로서의 물자체'가 있다는 생각이다. 칸트는 촉발하는 물자체로 '현상의 존재론적 토대로서의 물자체'를 생각한 것으로 보인다. 어쩌면 그는 '가상체들의 총괄'을 선인식적 존재로서의 '촉발하는 물자체'와 동일시했을 가능성도 있다. 어쨌건 많은 비판가들은 칸트의 이런 생각이야말로 우리가 물자체가 무엇인지 알고 있다는 것을 방증하는 것이 아니냐 하고 비판했다. 그러나 칸트는 이렇게 말할 것이다. '나는 그렇게 사고해볼 수 있다는 것이지, 그렇게 인식할 수 있다고 말하는 것은 결코 아니다.' 이 지점에서 우리는 칸트

<hr />

체의 경지로 해석될 수도 있을 것이다. 세 번째 구절은 아무리 득도자라고 하더라도 일상에서는 물과 산을 구별하며 살 수밖에 없으니, 산과 물을 구별하긴 하지만, 그 구별에 집착하지 않는 구별의 경지를 노래한 것으로 보인다.

의 신비주의와 마주치게 된다. 칸트 자신이 어떤 신비한 체험을 한 플로티노스(Plotinis, 205-270) 같은 철학자는 아니지만, 자신의 사상체계 안에 신비사상의 요소를 갖고 있다. 칸트의 신비주의는 그가 자아에 대해서도 물자체로서의 자아를 언급할 때, 절정에 도달한다.

만약 우리에게 나타나는 것의 배후에 물자체가 없다고 한다면, 다시 말해서 현상이란 것이 물자체의 현상이 아니라고 한다면, 현상은 가상이 되어버릴 것이다. 이런 상황에서 물자체라는 것이 부정된다면, 선험적 자아로서의 인간이 만물의 창조주가 되어버린다. 그러나 감성적 직관의 소유자인 인간이 신이 된다는 것은 불가능한 일이다. 인간은 선험적 의미의 신 즉 하나인 물자체가 제공한 기본적인 인식질료를 갖고 만들어낸 현상의 창조자이지, 물자체의 창조자는 아니다. 선험적 자아가 사라지면, 그 상관자인 선험적 대상도 사라지고 그에 따라 일체 만물이 사라지며, 우주의 시간-공간적 차원이 사라진다고 했다. 만약에 물자체의 실재함을 인정하지 않는다면 절대적인 '공무(空無)'만 남는다. 칸트는 결코 그 결론이 옳다고 '생각'(사고)하지 않았다. 인식주체인 인간도 물자체의 관점에서 고찰될 수 있다. 선험적 자아가 사라져도, 물자체로서의 자아는 남는다. 물자체로서의 자아는 결코 육신을 갖고 있지 않다. 그것은 시간-공간적 존재가 아니다. 물자체란 말에서 '물'(物)이란 용어로 말미암아, 그리고 '물'의 개념을 우리는 일차적으로 시간-공간 속에서 획득한다는 이유로 말미암아, 물자체도 그런 존재로 오해하게 되는 측면이 있다. 물자체는 시간-공간적 존재가 아니듯이, 물자체의 측면에서 고찰된 자아도 시간-공간 초월적인 가상체(可想體)이다.

그러면 선험적 자아가 사라지면서 우주가 사라진 상황에서도 남는, 그 '하나인 물자체' ─ 모든 가상체들의 집합처이며, 물자체로서의 자아가 머무는 물자체 ─ 는 어떻게 이해되어야 하는가? 그것은 현실적 무한자이다. 현실적 무한자인 한, 그것은 시간-공간 초월적인 존재이다. 칸트에 의하면 세계(우주)의 공간적 총량은 유한도 아니지만 현실적 무한도 아니기 때문이다.

현실적 무한에 비하면 우주 전체조차도 점에 불과하다. 사람들은 물자체의 세계는 이념물들의 세계이기에 그 세계는 공간적 부피가 없는 점의 세계라고 생각하기 쉬우나, 우리는 칸트가 정반대로 생각했을 수 있는 가능성을 열어두어야 한다. 오히려 현상계가 점과 같은 세계다. 현상이 가상이 아닌 이유는 현상이 우리가 인식할 수 없는 물자체의 드러남이기 때문이라고 했다. 이 지점에서 칸트는 버클리의 생각과 연결된다.

버클리는 '존재는 지각됨이다'(esse est percipi)라고 했다. 그러면 우리는 버클리에게 '우주 안에서 그 누구에게도 지각되지 않는 어떤 조그만 별의 표면에 있는 돌은 존재하지 않는다는 말인가?'라고 물어볼 수 있다. 그러면 버클리는 아무도 지각의 대상으로 삼지 않지만, 그래도 모든 것을 남김없이 바라보는 신의 시선 속에서 그 돌은 존재한다고 말한다. 버클리의 이 말이나 '하나인 물자체'가 현상을 가상이 되는 것을 막아준다는 칸트의 말이나 유사하지 않은가? 칸트는 버클리를 질료적 관념론자로 부르며, 자신의 형식적 관념론과는 다르다고 말한다. 현상에 관한 한 그는 버클리와 잘 구별된다. 그러나 물자체 차원으로 가면, 버클리와 유사한 귀결에 도달한다. 만물은 신의 시선 속에서 보존된다는 버클리의 말은 결국 만물이란 신의 관념물에 불과하다는 말인데, 칸트 역시 지적 직관의 소유자(신)에게는 현상으로서의 물이 아니라 물자체로서의 물(현상의 원형)이 창조된다고 말하기 때문이다. 즉 물자체로서의 물들은 신의 관념물들이며, 이 관념물들이 현상의 배후에 있기에, 현상이 가상이 아니라는 것이다. 더 나아가서 물자체들의 총체가 곧 하나인 물자체가 되어야 할 것이다.

칸트는 경험적 자아(유한 자아)와 선험적 자아(가능적 무한 자아)와 물자체로서의 자아(현실적 무한 자아, 영혼)를 구분하여 언급하고 있는데, 물자체로서의 자아는 선험적 의미의 신인 물자체와는 어떻게 관계하는가? 우리는 그 물자체로서의 자아란 결국 선험적 의미의 신으로서의 물자체와 합일된 자아로 이해할 수밖에 없을 것이다. 자신의 내부에 있는 무한의 가능성을 선험적 신 존재와의 합일을 통해 현실적인 것으로 만들어 실현한 자아를 말하는 것이 될 것이다. 물자체 영역에서 사람들은 칸트를 시적 상상력을 갖고 자유롭게 해석해도 되는 길이 열린다. 현대 물리학에서 빅뱅 이전에 우주의 상태를 문제삼으면서, 온갖 우주론이 등장하여 사람들의 상상을 자극하고 있는데, 빅뱅과 더불어 시간-공간이 만들어졌기에 빅뱅 이전에 대한 논의는 불가능하다는 주장에서부터, 온갖 그럴듯한 주장들이 난무하고 있다. 빅뱅 이전이라는 것이 과연 존재하는가? 그 이전이 있다면, 그것은 어떤 상태인가? 이론 물리학자들이 그 문제를 다루기 시작하면, 그들은 시인과 소설가와 종교가와 구분이 안 되는 지경에 놓이게 된다. 칸트의 물자체가 철학자들에게 그런 지경을 만들어주고 있다. 칸트철학의 무궁무진한 다양성은 바로 이 물자체에서 시작하고 있는 것으로 보인다.

그럼에도 불구하고 물자체에 대해 언급할 수 있는 분명한 사실은 물자체는 현실적 무한자라는 것이다. 칸트는 현상은 인식 가능하지만 물자체는 인식 불가능하다고 말한다. 이 말은 유한한 것에 대해서는 그것에 대한 직관을 구성하는 것이 가능하지만, 무한한 것에 대해서는 직관을 구성하는 것이 불가능하다는 말이다. 그러나 무한은 유한한 것의 존재근거이다. 그러니 유한의 배후에는 무한이 있다. 우리는 그렇게 '사고'할 수밖에 없다. 인식주관은 유한과 무한의 경계선에 머무는 가능적 무한자이다. 그는 가능적 무한자이기에 현상(유한)을 인식할 수 있다. 그것은 인식 주관 안에 담긴다. 그러나 현실적 무한자인 물자체는 인식이 불가능하다. 그것은 인식 주관의 한계를 영원히 넘어서 있다. 그러나 칸트는 물자체는 '인식될 수 없는 방식으로 실재한다'고 사고될 수 있다고 생각했음이 분명하다. 과연 현상에는 물자체의 어떤 부분도 포함되어 있지 않는가 아니면 물자체의 부분이 포함되어 있는가? 칸트는 전자의 입장이다. 나는 현상에 대해서는 완전한 인식을 허용하고 물자체에 대해서는 완전한 무지를 선언하는 칸트의 입장에 동의하지 않는다. 물자체로부터 현상적 사물 존재의 인식질료인 선험적 대상이 인식주관에 제공되는 한에서는, 현상을 인식한다는 것은 물자체에 대해 조금이나마 알게 된다는 것이 아닌가? 그래서 나는 비록 불완전하다 하더라도 물자체에 대한 인식을 갖기를 희망한다고 말했다.[43]

　가령 우주의 나이가 138억 년 정도 되었다는 현재의 천문학적 지식이 언젠가 수정되거나 폐기될지도 모른다. 그렇다고 지금까지 인류가 쌓아온 그 수많은 과학적 지식이 인간이 주관적으로 구성해낸 지식이어서 인간이 사라지면 동시에 모두 사라진다는 생각을 하기는 힘들다. 우주가 사라지는 마당에 우주에 대한 지식이 어떻게 존재할 수 있겠는가 말이다. 그러나 우주는 여전히 거기에 있을 것이고, 별들의 운행은 계속될 것이다. 니콜라이 하르트만은 이런 사태를 '인식대상의 초대상성'(Übergegenstädlichkeit des Erkenntnisgegenstandes)으로 부른다. 이 경우 '인식대상'은 '사유대상'으로 바꾸어 읽는 것이 좋겠다. 대상은 내게 마주 세워지느냐 여부와 무관하게, 즉 대상이 되는 것과 무관하게 자체적으로 거기에 있다. 그러니 인간이 밝혀낸 많은 지식들은 물자체의 부분에 관한 지식으로 보아야 할 것이다. 그러나 달리 생각해보면, 칸트의 입장이 맞는지도 모른다. 인간이 인식할 수 있는 영역은 아무리 그것을 확장해 간다 하더라도 결국은 유한한 것이요, 파스칼의 말대로 무한에 비해 유한은 허무요 아무것도 아닌 것이니, 결국 우리는 물자체에 대해서는 아는 것이 아무것도 없는 처지에 놓이게 된다.

　칸트의 공간론에서 발견되는 마지막 난점을 언급하고자 한다. 칸트는 공간이란 것은 선험적 차원에서 관념에 불과하다고 말한다. 그런 결론을 도출하기 위해 칸트가 '공간관념의 형이상학적 구명'에서 제시한 근거 중에 하나는 '우리가 사물이 전혀 없는 텅 빈 공간을 상상할 수는 있어도, 공간이 없는 것을 상상할 수는 없다'는 것이었다. 이 지점에서 인간도 공간 안에 있는 사물이기에 묘한 문제가 발생한다. 인간도 공간 안의 사물이다. 그러므로 우

---

43) 『인식과 존재』 제9장 '결론'을 보라.

리는 사물이 전혀 없는 텅 빈 공간을 상상할 수는 있다는 칸트의 주장에 따라서 인간이 존재하지 않는 공간이 존재할 수 있다고 결론내릴 수 있다. 그러나 공간은 인간의 직관형식에 불과하다는 주장에 따르면, 인간이 없으면 공간도 사라진다. 이 두 결론은 명백히 논리적 모순을 일으키며, 칸트는 이 모순을 전혀 눈치채지 못하고 있다. 이 모순에 대해 칸트는 어떤 대답을 할지 모르겠다.

내가 예측하기로 그는 현상적 자아와 선험적 자아를 구분하는 방식으로 대답할 것 같다.[44] '인간이 존재하지 않는 공간이 존재할 수 있다'는 말이 성립하려면, 그때 언급된 '인간'은 신체에 그 존립기반을 두고 있는 '현상적 인간'(유한한 인간)으로 해석하는 것이다. 신체는 공간적 사물이기에 공간이 사라지면 신체라는 것도 사라진다. 반대로 '인간이 없으면 공간도 사라진다'는 말이 성립하려면, 그 문장에서 언급된 '인간'을 선험적 자아로 보아야 한다. 공간은 선험적 자아의 직관형식에 불과하기에 선험적 자아가 사라지면, 그 부속물인 직관형식도 사라져야 하고 따라서 공간도 사라지게 된다. 따라서 선험적 자아가 사라지면 현상적 자아가 사라지는 것도 당연하다. 그러면 선험적 자아가 사라지면, 즉 공간-시간이 사라지면, 물자체로서의 자아도 사라지는가? 공간은 물자체로서의 인간의 직관형식이 아니기에, 정신에 그 존립기반을 두고 있는 '물자체로서의 인간'(무한한 인간)은 공간-시간이 사라져도 사라지지 않는다. 우리는 흔히 '영'(靈)과 '육'(肉)과 '혼'(魂)에 대해 언급하는데, 칸트가 말하는 현상적 자아는 육이고, 물자체로서의 자아는 영이고, 선험적 자아는 혼에 대응시킬 수 있을 것이다. 그러나 이 모든 논의는 그야말로 '인식'의 차원이 아니라 '사고'의 차원에서 해볼 수 있는 말에 불과하다.

이제 '감성론'에 대한 여행을 마무리하기 전에 내 경험담을 말하고자 한

---

44) 물론 이 구분은 생각에서만 가능한 구분이요, 이렇게 구분한다고 현실의 인간이 현상적 인간과 선험적 인간으로 나누어지는 것은 아니기에, 칸트의 이 모순은 심각한 문제점을 내포하고 있다고 생각한다.

다. 독자들은 '감성론' 여행이 어떠했는지 모르겠다. '감성론'을 공부하면서, 전 우주가 한순간에 사라져버리는, 불교의 선사들이나 할 법한 그런 신비를 경험했는지 모르겠다. 쇼펜하우어는 '감성론'만으로도 칸트가 불후의 공적을 세웠다고 칭찬했다. 모든 것은 주관이 만들어낸 현상이라는 칸트의 생각이, 자신의 뇌세포에 매트릭스라는 프로그램이 자기도 모르게 입력되어 평생 기계에 의해 설정된 가상현실을 살아가는 인간의 모습을 그린 영화 '매트릭스'의 스토리와 닮았다고 느껴지는가?

칸트의 인식체계에 따르면 인간에게는 매트릭스라는 프로그램 대신에 감성의 직관형식인 시간-공간과 지성의 12범주가 인간도 모르게 입력되어 있다. 그리고 인간들은 보고 만지는 모든 것이 그들에게 입력된 프로그램의 산물인지도 모르고 물자체로 착각하며 살아간다. 그러나 칸트는 영화 매트릭스의 모피어스처럼 인간들이 가상세계 — 칸트에게는 현상세계 — 에 갇혀 있음을 깨우쳐 주는 역할을 한다. 나는 학부생 시절에 칸트의 '감성론'의 결론에 대해 엄청난 저항감을 느꼈다. 시간과 공간이 그리고 그 안에 들어 있는 모든 것이 인간의 관념물에 불과하다는 생각을 받아들이기 힘들었다. 물론 이 관념물들이 우리가 꿈에서 보는 뒤죽박죽인 관념물이 아니라, 질서 지어진 관념물이라 하더라도, 앞서 말했던 그런 이유로 시공간이 인식주관의 형식에 불과하다는 칸트의 생각에 동의할 수가 없었다. 지금도 그 생각에는 변화가 없다. 이런 이유로 나는 지금은 잊힌 것처럼 보이는 철학자 니콜라이 하르트만의 철학이 연구될 필요가 있다고 생각한다.

3.
범주의 연역

앞서 설명했듯이 '선험적 분석론'은 '선험적 원리론'의 두 번째 파트인 '선험적 논리학'에 속한다. '선험적 논리학'은 '선험적 분석론'과 '선험적 변증론'으로 나누어진다. 그리고 '선험적 분석론'은 다시금 '개념의 분석론'과 '원칙의 분석론'으로 나누어진다. '선험적 감성론'에서 칸트는 선험적 자아(순수인간)의 '감성'을 고찰했다면, '선험적 분석론'에서는 지성을 고찰한다. 감성이 물자체로부터 오는 감각재료를 받아들이는 수용성(수동성)의 기능이라면, 지성은 그렇게 받아들여진 재료를 가공하는 능동성(자발성)의 기능이다. 사고하는 기능으로서의 지성의 능동성은 세 가지 측면을 가지고 있다. 첫째로 개념을 형성하는 기능이다. 둘째로 개념과 개념을 종합하는 기능이다. 이것을 판단기능이라 한다. 셋째로 판단과 판단을 결합하는 기능이 있다. 이것은 추리기능이라 한다.

그런데 칸트는 지성에게는 이미 사고형식으로서 12의 범주가 주어져 있다고 생각했다. 그러므로 지성은 개념을 형성하는 기능이기는 하지만, 그것은 이미 아프리오리하게 주어진 인식형식인 12범주를 이용하여 후천적인 개념들을 만들 때의 기능이지, 지성의 12범주를 만드는 기능은 아니다. 지성은 또한 개념과 개념을 결합하는 기능을 가지고 있다고 했다. 그것들이 판단이 된다. 그러나 지성에게는 모든 아포스테리오리한 판단들을 가능하게 하는 근원적인 판단형식이 주어져 있는데, 이 판단원칙들은 지성이 만든 판단원칙이 아니다. 지성의 12범주가 지성이 자발적으로 만들어낸 개념이 아니라 인식 틀로서 아프리오리하게 주어진 것이듯이, 지성의 원칙들도 지성이 만들어낸 원칙이 아니라 인식 틀로서 아프리오리하게 주어진 것이다. 칸트가 분석론에서 다루고 있는 것들이 바로 이 지성의 12범주와 지성의 원칙들이다.

1) 예비고찰

칸트는 '감성론'에서 시간-공간이 인간 감성의 아프리오리한 직관형식임을 해명했다. 이제 그는 '개념의 분석론'에서는 두 가지 사항을 해명하려 한다. 첫째로, 지성의 아프리오리한 사유형식으로서 범주들에는 어떤 것들이 있는지를 해명하려 한다. 둘째로, 어떻게 직관과 그 사유 형식들의 결합이 가능한지를 보여주려 한다. 첫 번째 작업을 범주의 형이상학적 연역에서 하고 있으며, 두 번째 작업을 범주의 선험적 연역에서 하고 있다. 감성과 지성의 결합, 직관과 개념의 결합에 의해서만 '인식'이 가능하다는 사실을 칸트는 전제한다. 감성과 지성은 우열을 따질 수가 없다. 플라톤의 경우에는 신체의 감성은 앎을 불완전하게 만드는 원천이었고 오로지 정신의 지성만이 우리를 참다운 앎의 세계로 데려다준다고 믿었다. 라이프니츠-볼프 학파도 비슷한 잘못을 범하고 있다.

라이프니츠-볼프 철학은 감성과 지성의 구별을 단지 논리적인 것으로 봄으로써 우리의 인식의 본성과 근원에 관한 모든 연구에 대해 전적으로 부당한 관점을 제시했다. 왜냐하면 감성과 지성의 구별은 분명히 선험적인 것이며, 다만 인식의 명료성과 불명료성이라는 형식에 관계가 있는 것이 아니라 인식의 근원과 내용에 관계가 있는 것이기 때문이다. 그렇기에 우리는 감성으로써는 물자체의 성질을 불명료하게라도 인식할 수 있는 것이 아니라 전혀 인식할 수 없다.(B61-62)

자신의 말년의 저서인 『실용적 관점에서 본 인간학』에서도 칸트는 라이프니츠-볼프 학파의 입장을 다음처럼 비판한다.

이 학파는 감성을 단순히 (부분 표상의 명석성의) 결여에, 따라서 불판명성에 두고, 지성 표상의 성질을 판명성에 둠으로써 잘못을 저질렀다.[45]

칸트는 전통적으로 감성에 가해진 세 가지 비난을 해명한다. 첫째로, 감관이 혼란을 야기한다고 비난하지만, 이는 "주어진 다양을 파악하고 있긴 하지만, 그러나 아직 질서짓는 데까지는 이르지 못한 사람에 대해 그는 다양을 혼란시키고 있다"고 비난하는 꼴이다.[46] 둘째로, 사람들은 하급의 능력인 감관이 상급의 능력인 지성을 지배하려 한다는 비난을 한다. 그러나 "감관은 오히려 단지 스스로 봉사하기 위해 지성에 자신을 제공하고 있다."[47] 셋째로, 사람들은 또한 감관이 기만적이라고 비난했다. 이 비난은 감관에 대해 가하는 비난 중에서 가장 중요한 비난이지만, 가장 공허한 비난이다. "왜냐하면 감관은 항상 올바로 판단하기 때문이 아니라, 전혀 판단하지 않기 때문이다."[48] 칸트가 보기에 감성과 지성은 동등한 인식기능이다. 감성이라는 재료

45) 『실용적 관점에서 본 인간학』, 38쪽.
46) 『실용적 관점에서 본 인간학』, 42쪽.
47) 『실용적 관점에서 본 인간학』, 43쪽.
48) 『실용적 관점에서 본 인간학』, 44쪽.

공장으로부터 인식재료가 제공되지 않으면 지성의 사유공장은 올 스톱이다. 이런 맥락에서 칸트는 이렇게 말한다.

> 감성이 없으면 대상은 주어지지 않을 것이다. 지성이 없으면 대상은 도무지 생각되지 않을 것이다. 내용이 없는 사고는 공허하고, 개념이 없는 직관은 맹목적이다. 그러므로 개념을 감성화하는 일(개념의 대상을 직관 중에서 부여하는 일)이 필연적인 것과 마찬가지로, 직관을 지성화하는 일(직관을 개념 안에 포섭하는 일)도 필연적이다. 이 두 능력 혹은 힘은 그 기능을 교환할 수 없다. 오직 양자가 결합함으로써만 인식이 생길 수 있다.(B 75-76)

이 지점에서 어떻게 사유와 직관의 결합이 가능한가 하는 문제를 해명함에 있어서 칸트가 보여주는 혼란은 우리를 무척 고통스럽게 만든다. 적어도 이 인용문에서 칸트는 인식에 있어서 감성과 지성의 이원론을 분명하게 취하고 있는 듯이 보인다. 칸트는 감성과 지성은 완전히 이질적인 요소라고 말한다. 물과 기름처럼 섞일 수가 없다는 것이다. 그럼에도 그는 감성의 지성화와 지성의 감성화가 이루어져야 인식이 생겨난다고 말한다. 일견 자폭적인 발언처럼 들린다. 그러나 칸트에게는 이 딜레마를 헤쳐 나갈 묘수가 있다. 칸트의 입장에서 볼 때, 인식(아프리오리한 종합판단)이 현실적으로 존재하기 때문에, 감성의 지성화와 지성의 감성화는 현실적으로 이루어져 있다. 그것은 뉴턴의 역학이 보증해주고 있는 순수이성의 사실(Faktum)이다. 그러므로 남는 문제는 '어떻게 지성의 감성화와 감성의 지성화가 가능한가' 하는 것이다. 그런데 감성과 지성이 서로 섞일 수가 없다면, 그 양자를 매개하는 제3의 요소를 만들어내는 것은 불가피한 일이 될 것이다. 이런 맥락에서 등장하는 개념이 상상력이다. 칸트는 상상력을 감성적이면서 동시에 지성적인 것으로 소개한다. 이 때문에 사람들은 칸트가 인식에 있어서 이원론적 입장을 버리고 삼원론적 입장을 취한 것이 아닌가 하고 생각하기도 한다. 삼원론적 해석을 지지해주는 말도 있다.

> 그러나 모든 경험을 가능하게 하는 조건을 포함하고, 그 자신은 **심성의 딴 능력에서 끌어내질 수 없는 세 가지 근원적인 원천**(마음의 소질 혹은 능력)이 있다. 감관, 상상력, 통각이 그것이다.(B127/A94. 강조는 내가 한 것임)

삼원론적 해석을 지지하는 또 다른 구절도 있다.

> '경험 일반'의 가능성과 경험 대상의 인식 가능성이 의존하고 있는 **세 가지 주관적인 원천**이 있다. 감관과 상상력과 통각이다.(A115, 강조는 내가 한 것임)

사람들은 감성과 지성의 결합에 대한 칸트의 이런 해명 방식이 너무 편의적인 것이 아닌가 하고 생각할 수가 있다. 만약 감성과 지성의 결합을 설명하는 칸트의 논의를 엄밀한 증명으로 생각한다면, 상상력의 개념을 끌어들이는 것은 증명의 허술함을 여지없이 보여주는 것이 될 것이다. 그러나 칸트는 수학적 증명과 같은 그런 증명 작업을 하고 있는 것이 아님을 유념할 필요가 있다. 칸트로서는 어떻게든 감성의 지성화와 지성의 감성화가 가능함을 해명해야 할 처지에 놓여 있다. 이 작업에서 문제가 되는 것은 수학적 증명과 같은 증명의 엄밀성이 아니라, 해명의 설득력이다. 칸트는 인식활동을 설명하기 위해, 감성과 지성이라는 두 가지 이질적인 요소를 먼저 설정한 뒤에 양자의 결합을 위해 매개자로서 상상력을 끌어들인다.

그러나 이와는 '다른 칸트'가 있다. 다른 칸트는 이렇게 말한다.

> 우리는 아프리오리 인식의 근저에 있는 인간 마음의 근본능력으로

서 순수한 상상력을 갖는다. 순수한 상상력을 매개로 해서 우리는 한 편에서는 '직관의 다양'을 그리고 다른 한편에서는 순수 통각의 필연적 통일의 제약과 연결한다. 감성과 지성이라는 양극단은 상상력의 선험적 기능을 매개로 해서 필연적으로 결합한다.(A124)

이 '다른 칸트'는 감성과 지성을 상상력에서 정반대 방향으로 뻗어나간 '양극단'으로 보고 있다. 이렇게 되면, 감성-지성 이원론도 아니고, 감성-상상력-지성 삼원론도 아니고, 상상력 일원론이 된다. 상상력 일원론을 지지하는 더 놀라운 말도 있다.

> 인간의 인식에는 두 개의 줄기가 있고, 이 두 줄기는 아마도 하나의 공통적인, 그러나 우리에게 잘 알려지지 않은 뿌리에서 발생한다는 것이며, 감성과 지성이 바로 그것이다.(B29)

칸트는 감성과 지성이라는 이질적인 두 줄기가 하나의 공통적인 뿌리에서 갈라져나왔다는 주장을 하고 있다. 이 주장은 당장 "감관, 상상력, 통각은 심성의 딴 능력에서 끌어내질 수 없다"는 B127에서의 말과 상충하는데, 하이데거는 그 뿌리를 선험적 상상력으로 본다.[49] 나는 하이데거의 칸트 해석, 특히 칸트철학에서 물자체를 제거한 뒤에 칸트철학을 현상학적 존재론으로 만들어버리는 해석에는 반대하지만, 상상력을 감성과 지성의 공통의 뿌리로 보는 점에서는 찬성한다. 칸트 자신은 자신의 진술이 이토록 혼란스러운 것을 몰랐을까? 아마 알고 있었을 것이다. 그럼에도 불구하고 그가 상호 모순적으로 보이는 진술을 거리낌 없이 쏟아내는 이유는 무엇인가? 그는 감성과 지성의 결합을 가능하게 하는 다양한 설명을 제시하고 있는 것으로

---

49) 하이데거, 『칸트와 형이상학의 문제』, 213쪽 참조.

보인다. 칸트의 인식론적 입장은 이원론, 삼원론 아니면 일원론 중에 어느 것인가? 나는 칸트가 제시하는 이런 다양한 설명방식이 인간을 가능적 무한자로 보는 칸트의 입장에서 해명될 수 있다고 생각한다. 그러한 인간관이 이 대목에서 칸트가 그처럼 다양한 진술을 하게 만든 이유를 파악함에 있어서 위력을 발휘하게 된다. 칸트는 '분석론'에서 물자체는 인식의 대상이 아님을 밝혔다. '변증론'에서는 '분석론'에서 얻은 결론을 재차 확인하는 작업을 한다.

> 이 둘째 부분의 형이상학에는 재음미하는 실험이 포함되어 있다. 즉 아프리오리한 이성의 인식은 현상에만 상관하고, 이와 반대로 사물 그 자체는 물론 실재하는 것이지만 우리에게 인식되지 않은 것이기에 이에 관여하지 않는다는 아프리오리한 이성의 인식을 평가하는 첫째 부문의 형이상학이 내린 결론의 진리성을 재음미하는 실험이 포함되어 있다.(BXX)

그런데 우리가 앞서 살펴보았듯이, 칸트가 '이율배반론'을 해결하면서 의지한 인간관은 '인간은 가능적 무한자'라는 것이었다.[50] 만약 '변증론'이 '분석론'의 결론을 재음미하는 작업이라면, '변증론'에서 사용된 인간관은 '분석론'에서도 사용되었을 것이다. '인간은 가능적 무한자'라는 것을 '분석론'의 용어로 번역하면, 인간은 감성적(유한)이면서 동시에 지성적(무한)인 존재이고, 지성적이면서 동시에 감성적인 존재라는 것이다. 여러분은 감성을 '유한'으로 풀이하는 것이 이상하게 느껴질 수가 있다. 그러나 인간의 모든 직관은 유한하며, 무한은 직관의 대상이 될 수가 없다는 것을 고려하기 바란다. 여러분은 또 지성을 무한으로 풀이하는 것도 의아할 것이다. 그러나 칸트가 지성의 사고 대상일 수 있는 가상체를 무제약자로 간주하고 있음을 상기

---

50) 이 책의 제4장 제3절 '가능적 무한과 감성·지성의 결합'에서 필자가 설명한 것을 염두에 두기 바란다.

하기 바란다. 인간은 가능적 무한자이다. 가능적 무한자는 유한도 아니고 무한도 아니다. 그렇지만 가능적 무한자는 유한이면서 동시에 무한자이다. 이런 관점에서 본다면, 감성-지성 이원론이 성립한다. 유한과 무한이 설정된 뒤에, 양자의 결합을 거론할 수 있기 때문이다. 그리고 감성-상상력-지성의 삼원론도 성립한다. 유한, 가능적 무한, 현실적 무한은 구별되는 것들이기 때문이다. 또한 상상력 일원론도 성립한다. 가능적 무한이 근본이고 그것에서 유한도 생겨나고 무한도 생겨나기 때문이다. 칸트는 동일한 사태를 세 가지 다양한 측면에서 해명하고 있다.

혹자는 내가 감성과 지성의 결합을 유한과 무한의 결합으로 치환하여 설명하는 것이 설득적이지 않다고 비판할 수가 있다. 유한은 무한의 일부인데, 그 양자의 결합을 논하는 것은 이상하게 여겨질 수가 있다. 물론 유한은 무한의 일부이다. 그러나 칸트가 유한과 무한의 종합에 대해 말할 때, 그는 그 양자의 개념적 모순관계를 주목하고 있다. 여러분은 유한과 무한이 모순대립을 형성하고 있는 개념짝임을 알아야 한다. 유한은 무한이 아닌 것이요, 무한은 유한이 아닌 것이다. 그리고 유한과 무한 사이에 다른 제3의 것이 들어갈 수가 없다. 마치 존재와 무가 모순관계이듯이, 유한과 무한은 모순관계이며, 모순관계를 형성하는 것들은 결합할 수 없다는 것이 형식논리적 결론이다. 그러므로 '유한한 무한'이니, '비존재인 존재'이니 하는 말은 성립하지 않는다. 칸트가 감성과 지성의 결합을 언급할 때, 그는 형식논리적 결론과 위배되는 것을 언급하고 있는 셈이다. 감성과 지성의 결합에 대한 칸트의 다양한 해명 방식을 살펴보았으니 이제 우리는 칸트가 지성의 사유능력 그 자체를 분석하는 작업을 살펴볼 차례가 되었다.

2) 범주의 형이상학적 연역

칸트는 시간-공간이 아프리오리한 직관임을 해명하는 작업을 시간-공간에 대한 '형이상학적 구명'이라고 부르듯이, 칸트가 형식논리학의 판단표를 실마리로 해서 지성의 12범주가 아프리오리한 범주임을 밝히는 작업을 '형이상학적 연역'으로 부르고 있다.(B159참조)[51] 아리스토텔레스는 『오르가논』에서 범주를 존재자에 관한 진술의 보편적 형식으로, 또는 존재자가 그 아래 포섭되는 최고 유개념으로 간주했다. 그는 10개의 범주를 제시했는데, 실체, 분량, 성질, 관계, 장소, 시간, 위치, 상태, 능동, 수동이 그것이다. 아리스토텔레스는 '범주'라는 개념을 창안한 최초의 인물이었으며, 그것만으로도 그의 학문적 공로는 크게 인정될 만한 것이었다. 그러나 칸트는 아리스토텔레스의 범주표에 대해 인색한 평가를 했다. 아리스토텔레스가 10개의 범주를 제시하는 체계적인 원리와 기준을 결여하고 있다는 것이다.

이러한 기본개념(범주)들을 탐구하는 것은 아리스토텔레스와 같은 총명한 사람에게 적절한 기도였으나, 그러나 원리를 갖지 않았기 때문에 그는 마주치는 대로 주워 모았고, 우선 열 개를 손에 넣어서 '범주'라고 불렀다. 그리고 그다음에 또 따로 다섯 개를 발견했다고 믿었고, 이것을 후범주(後範疇)라는 이름 아래서 추가했다.(B107)

---

51) 칸트는 시간·공간이 아프리오리한 직관임을 먼저 밝힌다.(형이상학적 구명) 그리고 시간·공간이 인식주관의 아프리오리한 직관형식일 경우에만 '여하히 기하학의 선천적 종합이 가능한가?' 하는 문제가 무난히 해결된다는 것을 밝힌다.(선험적 구명) 칸트는 범주의 연역도 이와 유사한 절차를 밟는다. 칸트는 먼저 지성의 아프리오리한 범주가 12개 있음을 밝힌다.(범주의 형이상학적 연역) 그다음에 그 범주들이 감성과 결합하는 것이 가능할 경우에만, '여하히 물리학의 선천적 종합이 가능한가?' 하는 문제가 무난히 해결될 수 있음을 밝힌다.(범주의 선험적 연역)

아리스토텔레스로서는 자신의 범주표가 주먹구구식으로 주워 모은 결과라는 칸트의 평가가 많이 섭섭할 것이다. 그런데, 논리학의 창시자 아리스토텔레스에 대해서는 『순수이성비판』 재판의 '머리말'에서는 다음처럼 평가한다.

> 논리학이 학문의 안전한 길을 아주 먼 고대로부터 걸어왔다는 것은, 아리스토텔레스 이후로 일보의 후퇴도 아니한 사정에서도 명백하다.(BVIII)

아리스토텔레스의 범주표에 대한 칸트의 평가가 좀 더 균형 잡힌 평가가 되려면, '아리스토텔레스의 범주표에는 이런저런 흠결이 있지만, 그의 선구적 작업 덕택에 나는 지성의 순수개념을 발견함에 있어서 적지 않은 도움을 받을 수 있었다'고 했어야 했다. 칸트는 아리스토텔레스의 범주표의 문제점을 다음처럼 지적한다.

> 그의 범주표는 아직도 불완전한 상태로 남아 있다. 그 속에서는 또 그밖에 순수감성의 몇 가지 양식(시간, 공간, 위치, 앞선 시점, 동시)과 지성의 계통표에 속하지 않는 경험적 개념, 즉 운동이 발견되며, 또는 파생적 개념인 능동과 수동이 근본 개념 속에 포함되어 있고, 약간의 근본개념들이 아예 누락되어 있다.(B107)

칸트는 자신이 보여주는 지성의 순수개념(범주)의 특징을 네 가지로 요약한다. 첫째로, 그 개념들은 경험적 개념들이 아니라 순수개념들이다. 둘째로, 이 개념들은 직관과 감성에 속하지 않고 사고와 지성에 속한다. 셋째로, 이 개념들은 기본적 개념이며, 파생적 개념 혹은 파생적 개념들이 합성되어서 만들어진 합성개념이 아니다. 넷째로, 개념에 관한 칸트 자신의 표는 완전하며, 순수한 지성의 전 분야와 완전히 합치한다.(B89 참조) 요약하면, 자신이 제시하는 12범주는 아프리오리하며 기본적인 지성의 개념으로서 완전하게 매거(枚擧)되었다는 것이다. 칸트가 자신의 범주표가 '순수한 지성의 전 분야와 완전히 합치한다'는 점을 언급하고 있는데, 그 이유는 그 범주표가 앞으로 그가 도입하는 여러 가지 구분 작업에 계속 사용된다는 것을 암시하기 위함이다. 예컨대 범주표에서 네 개의 기본 범주(분량, 성질, 관계, 양상)가 제시되는데, 이에 따라 '변증론'에서 이율배반도 네 개가 제시된다.

흔히 인간에게는 동물에게 없는 개념형성 능력이 있으며, 이것이 인간과 동물을 질적으로 다른 존재로 만들어준다고 생각한다. 그런데 칸트는 개념을 만들어내는 인간의 능력을 파생적 개념에게만 인정하고 있다. 지성의 순수개념들은 인간이 만들어내는 것이 아니라, 태어나면서 인간에게 구비되어 있는 것으로 본다. 단지 그 개념들을 인식의 형식으로 본다는 점에서 데카르트의 본유관념 — 이것은 인간이 태어나면서부터 갖고 태어나는 지식내용이다 — 과 다르다. 칸트는 자신의 범주들이 무원칙하게 주워 모은 것이 아님을 보이기 위해 판단표를 활용한다. 범주는 개념들인데 지성의 순수개념들인 범주를 찾기 위한 실마리를 왜 판단표에서 구하는가? 칸트는 B94 이하에서 그 이유를 설명하고 있는데, 그것을 길게 인용하기보다는 페이튼의 일목요연한 설명을 소개하는 것이 더 알아듣기 쉽다.

1. 지성은 개념에 의한 인식능력이다.(B93)

2. 개념에 의해 인식한다는 것은 판단하는 것이다.(B94)

3. 판단하는 것은 우리의 관념들을 결합하는 것이다.(B93)

4. 판단이 우리의 관념들을 결합시키는 여러 가지 방식들은 형식논리학에서 진술된 판단의 형식들이다.

5. 따라서 판단형식의 완전한 목록은 지성이 판단을 수단으로 해서 관념들을 결합하는 상이한 방식들의 완전한 목록이다. 다시 말해

서 그것은 지성 기능의 완전한 목록이다.(B94)[52]

지성은 타고난 개념인 범주를 활용하건, 아포스테리오리하게 만들어낸 파생적 개념들을 이용하거나 간에, 개념을 가지고 생각한다. 예컨대 우리는 '사과'라는 개념을 만들어 사용한다. 왜 이런 개념을 만드는가? 판단하기 위함이다. '이것은 사과가 아니다'는 판단을 내린다. 인간의 사고작용의 대부분은 판단이다. 물론 판단과 판단을 결합하는 추리작용도 인간 사고작용의 중요한 부분이다. 그러나 추리의 기초는 판단이요, 판단의 기초는 개념인데, 개념은, 그것이 만들어진 것(파생개념)이거나 아프리오리하게 구비되어 있는 것(지성의 순수개념)이거나, 모두 판단하기 위해 존재한다. [마찬가지 논리로, 판단은 추리하기 위해 존재한다고 말할 수 있다. 그리고 인간은 추리작용을 통해 이성의 개념(이념)을 만든다] 그런데 판단한다는 것은 개념과 개념을 결합(통일)하는 것이다. 예컨대 '이것

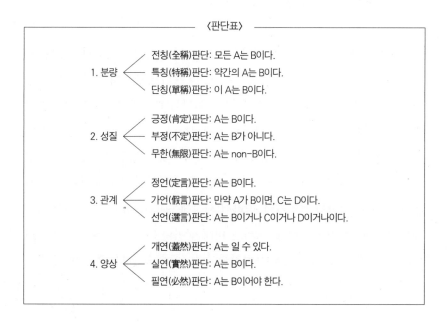

〈판단표〉

1. 분량
- 전칭(全稱)판단: 모든 A는 B이다.
- 특칭(特稱)판단: 약간의 A는 B이다.
- 단칭(單稱)판단: 이 A는 B이다.

2. 성질
- 긍정(肯定)판단: A는 B이다.
- 부정(不定)판단: A는 B가 아니다.
- 무한(無限)판단: A는 non-B이다.

3. 관계
- 정언(定言)판단: A는 B이다.
- 가언(假言)판단: 만약 A가 B이면, C는 D이다.
- 선언(選言)판단: A는 B이거나 C이거나 D이거나이다.

4. 양상
- 개연(蓋然)판단: A는 일 수 있다.
- 실연(實然)판단: A는 B이다.
- 필연(必然)판단: A는 B이어야 한다.

52) H. J. Paton, *Kant's Metaphysics of Experience*, Vol. I, pp. 248-249.

은 꽃이다'라고 판단하면, 우리는 '이것'과 '꽃'을 결합하고 있는 셈이다. 칸트는 지성의 12범주를 도출하기 위해, 네 개의 항목과 항목마다 세 다리를 가진 판단표를 제시한다.

판단표에서 유념해야 할 사항이 두 가지가 있는데, 첫째는 무한판단(A는 non-B이다)이다. 그것은 얼핏 보면 부정판단(A는 B가 아니다)과 구분이 안 된다. 그러나 조금 깊이 생각해보면 충분히 이해 가능하다. '사과는 과일이다'는 긍정판단이다. '사과는 꽃이 아니다'는 부정판단이다. '사과는 비(非)꽃이다'는 무한판단이다. 딕커는 이 부정판단을 다음처럼 풀이한다.

'S는 non-P이다'는 무한판단의 경우, 그것은 S가 non-P인 모든 것들의 무한집합에 속한다는 것을 주장하고 있다. 그러나 그것은 또한 S를 P에서 배제시킴으로써 보완집합 P를 제한한다. 그래서 무한판단에 대응하는 범주는 '제한성'이다.[53]

부정판단의 경우, 사과의 집합은 꽃의 집합이 아님을 주장한다. 그런데, 세상에는 사과의 집합과 꽃의 집합 말고도 많은 다른 종류의 집합이 있다. 부정판단은 꽃의 집합과 사과의 집합, 이 두 집합의 관계에 대해서만 관심을 갖지, 그 두 집합 이외의 다른 집합에는 무관심하다. 그러나 '사과는 비(非)꽃이다'라는 무한판단의 경우, 세상의 모든 것들은 '꽃의 집합'과 '비(非)꽃의 집합' 둘 중에 하나에 속해야 한다. 왜냐하면, 꽃의 집합에 속하지 않는 모든 것은 비(非)꽃의 집합에 들어가며, 따라서 세상에는 바로 그 두 개의 집합 이외에는 없기 때문이다. 그런데 '사과는 비(非)꽃이다'는 판단은 사과의 집합이 비(非)꽃의 집합 — 이 집합은 무한집합이다 — 에 속한다는 것을 말하고 있

---

53) G. Dicker, *Kant's Theory of Knowledge: An Analytical Introduction* (Oxford University Press, 2004), p. 67.

다. 바로 이 점이 부정판단과 무한판단의 차이점이다. 칸트는 판단의 종류들을 위에서처럼 나열한 뒤에 그에 대응하는 범주들을 다음처럼 할당한다.

이 판단표에서 유념해야 할 둘째 사항은, 'A는 B이다'라는 형식의 판단이 긍정판단이면서 동시에 정언판단이며 실연판단이라는 점이다. 이는 동일한 형식의 판단이라도 다양하게 분류될 수 있음을 말해준다. 마치 동일한 한 사람이 아버지로 불리기도 하고, 아들로 불리기도 하고, 삼촌으로 불리기도 하는 것과 마찬가지이다. 칸트는 이 판단표에 의거하여 다음과 같은 범주표를 제출한다.

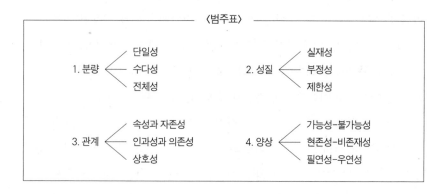

〈범주표〉

1. 분량	단일성 / 수다성 / 전체성	2. 성질	실재성 / 부정성 / 제한성
3. 관계	속성과 자존성 / 인과성과 의존성 / 상호성	4. 양상	가능성-불가능성 / 현존성-비존재성 / 필연성-우연성

위의 범주표에 대해서 몇 가지 문제점을 지적할 수 있다. 첫째로, 다수의 연구자들이 전칭판단에서 단일성의 범주를 도출하고 단칭판단에서 전체성의 범주를 도출하는 것에 대해 문제점을 지적했다. 전칭판단에서 전체성의 범주를, 단칭판단에서 단일성의 범주를 도출해야 한다는 것이다.[54] 필자도 이 지적이 옳다고 생각한다. 둘째로, 칸트가 주장하고 있듯이 범주표가 과

---

54) H. E. Allison, *Kant's Transcendental Idealism* (New Haven, Yale University Press, 1983), p. 350. 그리고 H. J. Paton, *Kant's Metaphysics of Experience* Vol. II (London, George Allen & Unwin Ltd, 1970), p. 44 참조. 한단석 교수와 이와사키도 같은 지적을 하고 있다. (한단석, 『칸트 '순수이성비판'의 새로운 이해』, 132쪽 참조)

연 완전한가 하는 것이다. 그러나 칸트의 자부심은 후세 학자들에 의해 가혹하다 할 정도로 비판받는다. 그를 추종하던 신칸트학파의 사람들도 칸트의 범주들을 변경시켰으며, 칸트 이후의 논리학자들은 그가 범주를 도출하기 위해 사용한 판단표에 문제가 있다고 생각했으며, 당연히 문제투성이 판단표에서 도출된 범주들도 문제가 있다고 생각했다. 게다가 칸트의 범주는 사고의 형식만으로 기능하기에 생물의 범주가 누락되어 있다.[55]

칸트가 생물학적 범주들에 관심을 기울이지 않은 이유는 무엇인가? 나는 그 이유가 칸트가 생물학의 분야에서는 수학이나 물리학의 분야에서 발견되는 아프리오리한 종합판단이 없다고 생각했기 때문이라고 생각한다. 우리가 잘 살펴보면, 칸트가 지성의 12범주를 발견하기 위해 사용한 학문은 그가 학의 안전한 길에 들어선 학문으로 간주한 세 가지 학문임을 알게 된다. 논리학과 수학과 물리학이다. 아리스토텔레스 이후 일보의 전진도 후퇴도 없다고 생각한 논리학은 판단표를 제공한다. 그다음에 12개의 판단 유형에서 도출한 범주들을 칸트는 크게 수학적 범주(분량과 성질)와 역학적 범주(관계와 양상)로 나눈다.(B110 참조) 그의 머릿속에는 논리학, 수학, 물리학만 있는 듯이 보인다. 만약 생물학에도 아프리오리한 종합판단이 있다고 생각했다면, 생물학과 관계된 범주도 설정되었을 것이다. 코플스턴은 범주의 완전성에 대한 칸트의 확신을 다음처럼 점잖게 평가한다.

그러나 칸트는 자신이 완전한 범주표를 제시했다고 생각한 점에서 지나치게 낙관적이었다. 왜냐하면 범주들이 무엇인가를 결정하기 위한 그의 원리는 그의 시대의 논리학에서 취해졌던 판단에 관한 어떤 견해들을 수용하는 것에 의존한 점이 분명하기 때문이다. 그래서 그의 후계자들은 아프리오리한 범주들에 대한 일반적인 입장은 수용했지만, 그

---

55) 요하네스 힐쉬베르거, 『서양철학사』 하권, 422쪽 참조.

의 목록은 개정했다.[56]

3) 범주의 선험적 연역

『순수이성비판』의 전반부는 선험적 형이상학이 세워지는 현장이기도 하지만, 동시에 칸트의 인식이론이 설명되는 부분이어서 지루하게 여겨질 수가 있다. 페이튼은 선험적 연역 내부의 얽히고설킨 꼬불꼬불한 길을 통달하려고 시도하는 일은 아라비아사막을 횡단하는 것보다 더 어렵다고 한다.[57] 버드는 "선험적 연역은 『순수이성비판』뿐만이 아니라, 칸트의 전 철학체계의 중력 중심"이라고 한다.[58] 또 사람들은 '선험적 연역'의 중요성을 강조하기 위해, 그것이 『순수이성비판』의 심장부라고 한다.

칸트는 '범주의 형이상학적 연역'을 통해 인간의 인식능력에 아프리오리하게 각인된 채로 태어나는 12가지 개념들을 발견했다. 그 개념들이 형식논리학의 판단표에서 도출되었는데, 그런 한, 칸트의 논법대로라면, 인간은 12가지 판단형식을 타고난 것이라고 말해도 무방하다. 이는 무엇을 말해주는가? 칸트가 그 완벽성을 자랑했던 12범주는 아리스토텔레스 덕분에 발견할 수 있었다는 것이다. 12개의 범주는 12개의 주형(鑄型)처럼 보면 된다. 어쨌건 그다음에 칸트가 해명해 보여야 하는 작업은 감성의 형식을 통해 받아들인 감각적 잡다(雜多) 혹은 감각자료를 이 주형들을 통해 가공하여 구체적인 형태의 사물로 만드는 작업이다. 이 작업을 함에 있어서 첫째로 극복해야

---

56) F. 코플스턴, 『프랑스 · 독일의 계몽주의와 칸트』, 325쪽.

57) H. J. Paton, *Kant's Metaphysics of Experience,* Vol. I, p. 547 참조.

58) G. Bird, *The Revolutionary Kant: A. Commertary on the 'Critique of pure Reason'* (Chicago, Open Court Publishing Co., 2006), p. 277.

할 난관은, 완전히 상호 이질적인 감성과 지성이 그 이질성에도 불구하고 결합이 가능함을 설명하는 일이다. 칸트는 이 작업을 '범주의 선험적 연역'으로 부른다. 이때 '연역'이란 말은 형식논리학에서 말하는 '귀납'에 대비되는 '연역'이 아님을 앞서서 주의해두었다. 칸트는 『순수이성비판』의 재판을 발간할 때, '범주의 선험적 연역' 부분을 전면적으로 고쳐 쓴다. 칸트가 초판의 서술에서 어떤 점이 불만족스러웠으며, 재판에서는 그 부분이 어떻게 수정·보완되었는지를 밝혀내는 것이 연구가들의 지대한 관심사가 되고 있지만, 칸트가 『순수이성비판』에서 '선험적 연역'에 대해 최초로 언급하는 장소는 초판의 '머리말'이다.

> 우리가 지성이라고 부르는 능력을 천명하기 위해서, 그와 동시에 또 지성 사용의 규칙과 한계를 규정하기 위해서, 가장 중요한 것은 지성의 순수한 개념들에 대한 연역이라는 표제 아래에서 내가 '선험적 분석론' 제2장에서 행한 연구밖에 없다는 것을 나는 안다. 이 연구에 나는 가장 많은 노고를 치렀고, 생각건대 무익하지도 않은 노고였던 것이다.(AXVI 강조는 칸트)

칸트는 자신이 행한 이런 연구는 철학의 역사에서 처음 있는 일임을 자부심을 갖고 말하고 있다. 왜 칸트는 범주의 연역 작업에 그토록 공을 들였는가? 우리가 앞서 살펴보았듯이 현상과 물자체의 구분은 이미 '감성론'에서 이루어졌다. 그리고 그곳에서 물자체 불가인식설은 확립되었다. 만약 칸트의 목표가 가능한 경험의 한계를 넘어서 있는 초월적 대상들(가상체들)은 인식의 대상이 될 수 없다는 주장을 확립하는 것이었다면, 범주의 선험적 연역은 불필요한 작업일 수가 있다. 그러나 칸트로서는 범주의 선험적 연역이 어떤 식으로든 해명되지 않으면 안 된다. 그 이유는 그것이 해명되어야만, 현상계에 대한 인간의 인식과정, 즉 현상체가 인식주관에 의해 구성되는 그 세부적인 프로세스가 밝혀지며, 그렇게 되어야만 자연의 형이상학이 확립되기 때문이다. 인식하는 자아의 확실성에 근거해 있는 자연의 형이상학은 칸트가 구상했던 학문의 안전한 길에 들어선 '비판적 형이상학'의 기초에 해당하는 부분인데, 이 기초공사가 부실하면 당연히 그 지상층에 해당하는 '도덕의 형이상학'이 바로 설 수가 없다. 행위하는 자아의 확실성에 기초해 있는 도덕의 형이상학은 가능한 경험의 한계 바깥에서 '자유'의 개념으로부터 시작하여 '영혼' 개념을 통과해서 '신'이 거주하는 하늘 끝까지 연결되는 초고층 건물이므로, 가능한 경험의 밑으로 파고드는 기초공사인 자연의 형이상학 역시 건물 높이를 감당할 수 있을 정도로 튼튼한 지하층이지 않으면 안 된다. 그러나 '선험적 감성론'의 결론만으로는 그 고층건물의 기초가 될 수는 없다. 그러므로 범주의 선험적 연역은 그야말로 비판적 형이상학의 사활이 걸린 작업이었다. 칸트는 범주의 선험적 연역에 대한 연구가 두 가지 측면을 가지고 있다고 한다.

> 이 연구는 두 가지 측면을 가진다. 하나는 순수한 지성의 '대상'에 관계해서, 지성의 아프리오리한 개념의 객관적 타당성을 밝히고 이해하도록 하려는 것이다. 바로 이 까닭에 이 측면의 고찰은 나에게 중요한 목적이 되는 것이다. 또 하나는, 순수한 지성 자체를 그것의 가능성과 지성 자신이 의거해 있는 인식능력들에 좇아서 고찰하는 것을 노린 것이다. 따라서 순수한 지성 자체를 주관과의 관계에서 고찰하는 것이었다.(AXVI-AXVII)

칸트는 전자의 측면을 범주의 '객관적 연역'으로 부르고 후자의 측면을 '주관적 연역'으로 부른다.(AXVII) 칸트 자신이 고백하고 있듯이 『순수이성비판』이란 책을 만들기 위해 10년에 걸친 사색을 했지만, 집필에는 3-4개월밖에 걸리지 않았기 때문인지는 몰라도, '아닌 밤중에 홍두깨'처럼 아무런 사전 설명도 없다시피 '주관적 연역'이니 '객관적 연역'이니 하는 낯선 용어들을 등장시킨다. 초판의 연역은 A95부터 A129에 걸쳐 있는데, 그중에 '삼중의 종합'이 집중적으로 설명되고 있는 A95-114부분은 주관적 연역 부분으로 간주된다. 그리고 A115-129 부분은 객관적 연역 부분으로 간주된다. 그리고 재판의 연역은 B129에서 B169에 걸쳐 있다. 그중에 B150-159(§24-25) 부분은 주관적 연역의 부분으로 간주된다. 중국인 학자 리쩌허우의 설명이다.

> 칸트의 선험적 연역은 '주관연역'과 '객관연역'의 두 측면으로 나뉘고, 이 두 측면은 종종 서로 교직되어 있어 분리하기 힘들다. '주관연역'은 간단히 말해 주관적 심리의 측면에서 지식이 가능한 조건을 탐구하는 것으로, 지식 발생과정이라는 측면에서 '자아의식'을 설명하는 것이다. 상상력을 다루는 많은 부분이 바로 주관 연역에 속한다.[59]

> 칸트는 『순수이성비판』 2판에서 '객관연역'의 문제를 전면에 내세운다. '주관연역'은 기본적으로 하나의 인식대상이 어떻게 형성되는가의 문제에서 출발해 반드시 순수통각을 가져야 하는 능동적 명제('나는 생각한다')를 전체 과정의 초석으로 논증한다. 이에 비해 '객관연역'은 그러한 주관연역의 과정을 제쳐두고 지성이 어떻게 대상과 서로 일치하는지, 범주가 어떻게 객관성을 갖는지, 그리고 인간의 인식형식과 경험적 내용, 의식의 통일과 감성적 잡다함, 자아의식과 대상의식의 관계 등의 문제를 제기한다.[60]

나는 여러분에게 주관적 연역과 객관적 연역의 관계에 대한 복잡한 논의를 소개할 의사는 없다. 다만 칸트가 그런 구분을 끌어들인 이유에 대해서

---

59) 리쩌허우, 『비판철학의 비판』(피경훈 옮김, 문학동네, 2017), 186쪽.

60) 리쩌허우, 『비판철학의 비판』, 196쪽.

만 말해두고자 한다. 범주의 선험적 연역을 수행하는 근본 목적의 관점에서 볼 때, 객관적 연역이 주관적 연역보다 더 중요함을 환기시킨 뒤에 칸트는 그 이유를 다음처럼 말한다.

왜냐하면 주된 문제는 '지성과 이성이 모든 경험을 떠나서 무엇을 얼마나 인식할 수 있는가' 하는 것이지 결코 '사고하는 능력 자체가 주관적으로 어떻게 가능하냐?'에 있는 것이 아니기 때문이다. 후자는 말하자면, 주어진 결과의 원인을 탐구하는 것이며, 그러한 한에서 가설에 유사한 것을 지니고 있다. (내가 다른 곳에서 밝힐 바와 같이 사실은 그런 것이 아니지만) 그러므로 나는 내가 사견을 내세우는 것을 허용하고, 따라서 독자가 다른 사견을 내세우는 자유를 허용하는 경우가 바로 이 경우인 것같이 생각된다. 이에 관해서 나는 우선 다음과 같은 점에 주의를 환기하지 않을 수 없다. 그것은 비록 나의 주관적 연역이 내가 기대하는 전폭적인 확신을 독자에게서 환기시키지 못했다 하더라도, 내가 여기서 특별히 다루고 있는 객관적 연역은 전적으로 유효하다는 것이다.(AXVII)

알아듣기 어려운 말이지만, 칸트는 주관적 연역의 설득력이 부족해 보임을 걱정하는 것은 분명하다. 객관적 연역은 "모든 경험을 떠나서 무엇을 얼마나 인식할 수 있는가 하는" 철학적 문제를 해결하려 한다면, 주관적 연역은 "순수지성 그 자체를 주관에의 관계에서 고찰하는" 심리학적 작업처럼 보인다. 이와 관련하여 버드는 다음처럼 말한다.

'순수이성비판' 전체에 걸쳐 칸트의 '선험적 기획'(transcendental project) 안으로 심리학이 침투해 있는데, 특히 '연역'에서 이런 종류의 특별한 쟁점이 발생한다. 그것은 초판의 삼중종합과 재판의 §24-25에서 보이는 명백한 심리학 때문만이 아니라 초판 '머리말'(AXVI-XVII)에서 그 문

제를 예견하며 또 해결하려고 시도하기 때문이기도 하다.[61]

이런 관점에서 본다면, 칸트가 재판에서 범주의 선험적 연역을 완전히 고쳐 쓴 이유는, 초판의 연역 작업에서 두드러진 심리학적 요소를 최소화시키고 — 그 결과 삼중의 종합에 대한 논의는 사라진다[62] — 철학적 측면을 더 강하게 부각시키기 위함이라고 말할 수 있을 것이다. 그 결과 그는 재판의 연역에서는 자신의 논의를 "통각의 근원적 · 종합적 통일"(B131)에서 시작한다. 주관적 연역과 객관적 연역 중에 칸트는 객관적 연역을 더 중시하지만, 이 두 연역은 초판에서건 재판에서건 상호 밀접하게 엮여 있으며, 상호보완적이라고 보는 것이 옳을 것이다.

칸트는 범주의 선험적 연역을 시작하기에 앞서, '범주의 선험적 연역'이 왜 필요한 작업인지를 먼저 설명한다. 감성의 직관형식인 시공이 어떻게 필연적으로 대상과 관계해야 하는가 하는 문제에 대해 쉽게 답할 수가 있다. 대상은 감성의 순수한 형식인 시간-공간에 의해서만 우리에게 나타날 수 있기 때문이다.

> 감성적 직관의 대상이 아프리오리하게 심성에 있는 '감성의 형식적 조건'에 대해 적합해야 한다는 것은 명백하다. 그렇지 않다면 대상은 우리에 대한 대상이 아닌 것이 되기 때문이다.(B123)

그리고 '경험적 직관의 무규정적인 대상으로서의 현상' — 우리에 대한 대상 — 은 지성의 기능이 없더라도 당연히 직관에 주어질 수 있다. 지성의 12범주가 현상체를 구성하려 할 때에, 지성에게는 이미 감각자료가 주어져

---

61) G. Bird, *The Revolutionary Kant: A. Commentary on the 'Critique of pure Reason'*, pp. 313-314.

62) 이 삼중 종합은 '직관에서 각지라는 종합', '상상에서 재생이라는 종합', '개념에서 재인이라는 종합'이다.(A98-103 참조)

있어야 한다. 그러므로 경험적 직관의 무규정적 대상이 감성의 직관 형식에 맞아떨어지는 방식으로 주어져 있어야 한다는 것은 너무나 당연하다. 그런데 '감성론'에서는 발생하지 않았던 문제가 '분석론'에서는 발생한다.

> 대상이, 그 외에 사고의 종합적인 통일을 위해서 필요로 하는 지성의 조건에도 따라야 한다는 것, 이것의 단정은 그다지 쉽게 내려질 수 없다. 왜냐하면, 현상들은 지성의 종합적 통일의 조건에 따르지 않을 성질일 수도 있기 때문이다.(B123)

비록 대상이 감성의 직관형식에 따라서 우리에게 주어져야 한다는 것은 너무나 당연한 일이라 하더라도, 그 대상이 우리가 가진 지성의 사유형식 즉 범주에 따른다는 보장은 어디에도 없다는 것이다. 그러나 B123의 이 말은 다음의 말과 조화하지 않는 듯하다.

> 아프리오리한 개념으로서의 범주의 객관적 타당성은, '그것에 의해서만 경험이(사고의 형식에 관한 한에서) 가능하다는 것'에 의거한다.(B126)

이 인용문에서의 칸트의 주장이 타당하다면, "현상들은 지성의 종합적 통일의 조건에 따르지 않을" 수가 없다. 칸트는 심지어 다음처럼 말하기도 한다.

> 이래서 모든 아프리오리한 개념의 선험적 연역은 우리의 전 탐구가 인도받아야 할 하나의 원리를 갖고 있다. 즉 아프리오리한 개념이 경험을 가능하게 하는 아프리오리한 조건으로 (경험에서 발견되는 직관을 위한 조건이건, 혹은 사고의 조건이건 간에) 인정되어야 한다는 원리이다.(B126)

이 원리를 따라 생각해보면, 범주는 경험의 가능성 조건으로 인정되어야 한다. 그럼에도 불구하고, 칸트는 "현상들은 지성의 종합적 통일의 조건에 따르지 않을 성질일 수도 있다"고 말한다. 칸트는 마치 쉬운 길을 두고 일부러 어려운 길을 가려고 작정한 사람 같아 보인다. 물리학에 있어서 아프리오리한 종합판단이 존재한다는 것은 확인된 사실이다. 그렇다면, 우리가 해명해야 할 문제는 '어떻게 하면 물리학에 있어서 아프리오리한 종합판단이 가능한가?' 하는 문제이다. 그리고 이 문제에 주어질 수 있는 자연스러운 대답은 '지성의 아프리오리한 개념들인 범주들이 물리학적 아프리오리한 종합판단의 성립조건이기 때문이다'가 되어야 할 것이다. 인과법칙에 대해서도 동일한 논법으로 정당화할 수가 있다. 그러나 칸트는 지성의 12범주와 인과법칙의 객관적 타당성을 이런 식으로 해명하는 것은 받아들이기에는 너무나 손쉬운 방법이라고 생각했는지 모를 일이다.[63] 칸트의 이런 모습을 두고 유잉은 다음처럼 의문을 표한다.

그런데 '감성론'과 '분석론'의 진행과정에는 중요한 차이가 있다. '감성론'에서 칸트는 기하학의 공리와, 기하학자에 의해 공리로부터 연역될 수 있는 모든 것을 참이라고 받아들이고, 자신이 그것에 대해 철학적인 증명을 제공해야 할 의무가 없다고 생각했다. 그가 행한 것은 참이라고 인정된 인식들로부터 소급해서 다음과 같이 주장한 것이었다. 즉 우리는 그것들이 참이라는 것을 인식하기 때문에 이런 인식을 설명할 수 있는 유일한 인식이론, 즉 공간과 시간이 아프리오리한 직관이라는 이론을 받아들여야 한다는 것이다. (…) 그러나 그는 이와 같은 논의 과정을 모든 자연과학에 전제되어 있다고 생각했던 인과율 따위의 아프리오리한 원칙에는 적용하려 하지 않는다. (…) 칸트는 원칙들이 자연과학에 전제되어 있다고 생각했지만, 이런 사실이 결코 그것들의 타

63) 칸트는 아마 이런 이유 때문에 『순수이성비판』에서의 서술방식은 '종합적'이고, 『형이상학서설』에서의 서술방식은 '분석적'이라고 했을 것이다.

당성의 증명이라고 생각하지 않았다. 이 문제에 관해서 자연과학에 대한 그의 태도와 기하학에 대한 그의 태도가 왜 그렇게 달라야 하는가 하는 이유는 모호하다.[64]

내 생각에 칸트는 유잉이 권유하는 방식으로 '분석론'에서도 '감성론'에서처럼 논의를 전개하게 되면, 앞서 내가 암시했듯이 논의가 너무 손쉬운 해결책을 제시하는 것이 되며, 그런 식으로는 칸트가 그 이후에 해명하고자 하는 다른 선험철학적 주제들을 다루지 못하게 될 것이다. 칸트는 '분석론'에서 범주의 연역뿐만이 아니라 도식의 기능에 대해서도, 그리고 '순수지성의 원칙'에 대해서도, 또한 선험적 통각의 통일에 대해서도 해명해야 한다. 그래서 그는 "아프리오리한 개념이 경험을 가능하게 하는 아프리오리한 조건"이라는 것을 자신이 『순수이성비판』에서 수행하는 모든 탐구작업을 인도하는 원리로만 이용하고자 한다. '감성론'과 '분석론'에서의 논의방식에 차이가 발생한 것은 이런 이유 때문일 것이다. 그래서 그는 우리가 앞서 보았듯이, 대상이 우리가 가진 지성의 사유형식 즉 범주에 따른다는 보장은 어디에도 없다고 말하게 된다. 이래야만 범주의 연역이 본격적인 철학적 해명거리가 된다.

> 이래서 감성의 분야에서는 우리가 마주치지 않았던 곤란이 여기에 나타난다. 즉 어떻게 사고의 주관적 조건이 객관적인 타당성을 갖느냐, 다시 말해서 대상의 모든 인식의 가능성 조건이 되느냐 하는 것이다.
> (B122. 강조는 칸트)

바로 이것이 칸트가 '범주의 선험적 연역'을 통해 해명하려고 하는 문제이다.

---

64) A. C. 유잉, 『'순수이성비판' 입문』, 78-79쪽.

4.
가능적 무한의 관점에서 본 도식론

　　칸트는 도식을 설명하면서 우리를 난처하게 만드는 이중적인 모습을 보여주고 있는데, 그는 도식을 형상으로 보면서도, 그것을 형상과 구분한다. 그의 이런 태도는 '도식론'을 극도로 난해하게 만든다. 칸트는 "개념에 형상을 부여하는 상상력의 일반적 방법의 표상을 나는 이 개념의 도식이라고 부른다"(B180)고 하는데, 상상력의 능력인 도식에 의해 개념에 부여되는 것은 바로 형상이다. 이 구절에서 칸트가 '개념에 형상을 부여하는'이란 구절에서 언급하는 '형상'은 구체적이고 개별적 형상을 의미하는 것으로 보인다. 내가 삼각형의 개념을 떠올리면서, 종이 위에 하나의 삼각형을 그릴 수 있게 해주는 바로 그것이 상상력의 도식이라는 것이다. 그런데 종이 위에 하나의 구체적인 삼각형을 그릴 때, 머릿속에는 이미 삼각형의 상 — 이 상을 가지고 우리는 무수한 구체적이고 개별적인 삼각형들을 그릴 수 있지만, 그 어느 것도 이것과 같지 않다 — 이 들어 있어야 하는데, 필자는 그것을 선험적 상상력이 만들어낸 삼각형의 '근원적 형상' 즉 도식이라고 생각한다. 그런데 B180에서의 이 구절 바로 위에서 칸트는 "도식은 확실히 형상과는 구별된다"(B179)고 말하기도 한다. 필자는 이 절에서 칸트가 이처럼 모순적으로 보이는 주장을 펼치게 되는 이유를 밝혀볼 것이다. 필자는 먼저 '칸트가 말하는 선험적 도식이 시간-공간적 현상체들의[65] 개념에 대해 선험적 상상력이 만들어내는 근원적 형상임을' 보여준 뒤에, 그럼에도 불구하고 칸트로서는 도식을 형상과 다른 것이라고 말할 수밖에 없는 이유를 플라톤의 이데아론과 연관 지어 밝힐 것이다.

1) 생산적 상상력, 도식 그리고 가능적 무한

칸트는 '선험적 연역'에서 지성의 범주들이 전적으로 이종적인 감성과 어떻게 결합할 수 있는가 하는 문제를 다루었다. 범주는 사유능력으로서 능동성(자발성)의 능력이고 감성은 감각을 받아들이는 수동성(수용성)의 능력이다. 그는 이 문제를 해결하기 위해 능동성과 수동성을 동시에 가진 '상상력'의 개념을 도입한다. 나는 이미 다른 책에서 칸트가 인간을 "무한성과 유한성을 가진 단일체"로 보고 있음을 밝혔다. 이는 칸트의 인식론을 '감성(특수성, 유한성)과 지성(보편성, 무한성)이라는 양극성을 가진 상상력 일원론'으로 본다는 것이다.[66] 그리고 나는 칸트철학의 이런 인간관을 '가능적 무한자로서의 인간'으로 이해했으며, 이런 관점에서 칸트철학의 난문제들이 해결될 수 있음을 보여왔다. 나는 그런 관점의 연장선상에서 선험적 상상력과 그 핵심 능력인 도식의 문제를 다루어보겠다.

필자는 상상력을 칸트철학의 핵심개념으로 본다. 버나드 프레이버그도 상상력의 개념이 칸트의 인식론, 형이상학, 논리학, 윤리학과 깊이 연관

---

65) 신과 같은 존재는 시간-공간적 존재가 아니기에 그런 존재에 대해서는 선험적 상상력이 도식을 만들 수가 없다.

66) 졸저, 『칸트 인간관과 인식존재론』, 50쪽 이하 참조.

된 개념이라고 생각한다.[67] 피히테(J. G. Fichte, 1762-1814)는 『전체 지식론의 기초』(*Grundlage der Gesamten Wissenschaftslehre*)에서 칸트의 '생산적 상상력'(productive Einbildungskraft)에 대해 여러 가지로 설명하고 있는데, 놀라운 점은 그 역시 생산적 상상력을 가능적 무한으로 해석하고 있다는 사실이다.

> 그 능력(생산적 상상력) 없이는 인간 정신 안에 있는 어떤 것도 설명할 수 없을 것이다. 또한 인간 정신의 전체 구조도 그 능력에 근거한다고 말할 수 있다.[68]

피히테는 생산적 상상력을 자아의 무한성과 동일시하면서, 다음처럼 말하기도 한다.

> 자아의 무한성 없이는, 즉 경계 지어지지 않고 경계 지어질 수 없는 것으로 나아가는 자아의 절대적 생산능력 없이는 표상의 가능성조차 전혀 설명될 수 없다.[69]

그는 자아를 다음처럼 설명하기도 한다.

> 그 둘[무한성과 경계 지음]은 하나이며 동일한 것이어야 한다. 간단히 말해 무한성이 없으면 경계 지음도 없고, 경계 지음이 없으면 무한성도 없다. 무한성과 경계 지음은 하나이며 동일한 종합적 항 안에서 통합된

---

67) B. Freyberg, *Imagination and Depth in Kant's 'Critique of Pure Reason'*, p. 1. 실제로 프레이버그는 『칸트의 '실천이성비판'에서 상상력』에서 그 개념이 삼 비판서를 관통하는 개념임을 잘 보여주고 있다.(*Imagination in Kant's 'Critique of Practical Reason'*, Indiana University Press, 2005)

68) 피히테, 『전체 지식론의 기초』(한자경 옮김, 서울, 서광사, 1996), 145쪽.

69) 피히테, 『전체 지식론의 기초』, 154쪽.

다. 자아의 활동성이 무한한 것으로 나아가지 않는다면, 자아는 자신의 활동성을 스스로 경계 지을 수가 없을 것이며, 활동성의 경계도 정립할 수 없을 것이다. 자아는 (…) 스스로를 정립하지 않는 것으로서 자신을 정립해야 한다. (…) 그리고 자아가 그렇게 해야 하는 한, 자아는 무한해야 한다. 나아가 자아가 자신을 경계짓지 않는다면, 자아는 무한하지 않을 것이다.[70]

피히테가 말하는 자아 즉 자신을 경계 지으면서(유한 속에 가두면서) 무한을 향해 나아가는 활동성으로서의 자아는, 필자가 말하는 가능적 무한자로서의 자아와 같은 것임이 분명하다. 가능적 무한은 자신을 경계 지으면서 그 경계를 넘어서는 것이기 때문이다. 필자의 해석이 타당함은 다음 구절에서 확인할 수 있다.

자아가 자기 자신 안에서 그리고 자기 자신과 더불어 수행하는 이 교체는 (자아가 자신을 유한하면서 동시에 무한한 것으로 정립하기 때문에) 자기 자신과의 모순에 처한 교체이며, 이 모순에 의해 자신을 재생산하는 그런 교체이다. 이는 자아가 통합될 수 없는 것을 통합하고자 하여, 한 번은 무한한 것을 유한한 것의 형식 안에 수용하려고 하고, 또 한 번은 도로 물러서서 그것을 다시 유한한 것의 형식 밖에 정립하며, 그리고는 동일한 순간에 또다시 그것을 유한성의 형식 안에서 수용하려고 함으로써 발생하는 교체이다. 이 교체는 곧 상상력의 능력이다.[71]

'유한하면서 동시에 무한한 것'은 곧 가능적 무한이다. 유한과 무한은 모순개념이며, 그 사이에 제3의 것이 존재할 수가 없다. 그런 것이 있다면 그

---

70) 피히테, 『전체 지식론의 기초』, 150쪽.
71) 피히테, 『전체 지식론의 기초』, 151쪽.

것은 바로 모순적인 존재이다. 그런데 선험적 주관으로서 인간이 바로 형식 논리적으로 불가능한 제3의 것 즉 가능적 무한자라는 점에서 모순적 존재임을 필자는 다른 곳에서 지적했다.[72]

이제 우리는 가능적 무한의 개념으로 칸트의 선험적 상상력 개념을 본격적으로 해명해보고자 한다. 칸트가 상상력에 대해 설명한 구절들 중에서 가장 알아듣기 쉽게 설명한 것은 다음의 구절이다.

> **상상력이란 직관 중에서 대상이 지금 있지 않건마는,** 대상을 표시하는 능력이다. 그런데 우리의 모든 직관은 감성적이기 때문에, 상상력은 그것이 '지성의 개념'에 대응하는 직관을 오성의 개념에 줄 수 있는 유일한 조건인 점에 기본해서, **감성**에 속하는 것이다. 그러나 [타면] 상상력의 종합은 **자발성의 표현**이요, 이 자발성은 규정적이요, 감관처럼 규정되는 것이 아니며, 그러므로 감관의 형식에 좇아 통각의 통일에 일치해서 감관을 선천적으로 규정할 수 있다. 이런 만큼 구상력은 감성을 선천적으로 규정하는 능력이다.(B151-152. 고딕 강조는 칸트, 궁서체 강조는 필자)

예컨대 내 눈앞의 사과가 나의 감관에 나타날 때, 나의 경험적 자아는 그 사과가 주는 감각 자료를 '수용한다'. 그런데 눈앞에 사과가 없음에도 불구하고 사과를 먹고 싶은 마음에 내가 하나의 사과를 머릿속에 떠올린다고 해보자. 그러면 나는 상상력의 도움으로 대상이 없음에도 불구하고 대상을 떠올리고 있는 셈이다. 이 경우 내가 떠올리는(상상하는, 구상하는) 사과는 직관의 요소(감각내용)를 갖고 있기에, 상상력에는 감각의 요소가 있다. 동시에 그 사과는 지금 당장 내 눈앞에 현전하는 것이 아님에도 불구하고 내가 '떠올린' 것이기에, 상상력에는 '자발성'의 요소도 있다. 그런데 칸트는 상상력을 '경

---

72) 문성학, 『칸트의 인간관과 인식존재론』, 46-52쪽 참조.

험적 상상력'과 '선험적 상상력'으로 구별한다. 방금 필자가 사과의 예로 설명한 상상력은 경험적 상상력이다. 경험적 상상력은 재생적 상상력이다. 그는 경험적 상상력을 이렇게 설명한다.

> 가끔 계기하거나 수반했던 표상들은 드디어 서로 연상하게 되고 이 때문에 연결하게 된다. 그뿐더러 이때에는 대상이 현존하지 않아도, 이러한 표상들 중에 하나가 심성으로 하여금 항구적인 규칙에 따라서 딴 표상으로 건너가도록 하거니와, 이렇도록 하는 법칙은 물론 순 경험적인[경험에서 귀납된] 법칙이다. 그러나 이 재생의 법칙은 전제하는 것이 있다. 그것은 즉 현상들 자신이 사실상 이러한 규칙에 따라 있다는 것이요, 현상으로서의 표상이 다양에 있어서 합규칙적인 수반 혹은 계기가 일어난다는 것이다. 왜냐하면, 이런 일이 없다면, 우리의 경험적인 상상력은 '자신의 능력에 합치하는 일'을 도무지 할 수가 없어서, 죽은 능력, 우리 자신에게도 알려지지 않은 능력으로서 심성의 내부에 묻혀 있을 것이기에 말이다.(A100)

'아궁이에 불을 때면 연기가 난다'는 경험적 관찰 사실이 있다. 사람들은 이런 관찰을 반복적으로 하면서, 연기만 보고, 아궁이 불을 보지 않았음에도, 아궁이 불을 떠올린다. 이것이 경험에서 귀납된 법칙에 의거한 재생적 상상력이요, 경험적 상상력이다. 만약 아궁이에 불을 때는데, 어떨 때는 굴뚝에서 연기가 나고, 또 다른 때에는 물이 솟구치고, 또 다른 때에는 꽃이 피어난다면, 우리는 굴뚝의 연기를 보면서도 아궁이 불을 떠올리지 못할 것이다.

> 만약 주사(朱砂)가 혹은 붉어지고 혹은 검어지며, 혹은 가벼워지고 혹은 무거워진다고 한다면, (…) 나의 경험적인 상상력은, 붉은색의 표상을 보고도 무거운 주사를 상상하는 기회조차 얻지 못할 것이다. (…)

만약 이 점에 관해서, 현상들 자신이 이미 따르고 있는 일정한 규칙의 지배가 없다고 하면, 재생의 경험적인 종합은 성립할 수 없을 것이다.(A101)

칸트는 연상에 의한 경험적 상상력의 종합이 의지하고 있는 귀납적 규칙에 대해 언급하지만, 그는 그런 규칙으로는 과학적 인식의 객관성과 보편성과 필연성을 설명할 수 없으며, 그것이 가능하려면 선험적 상상력의 형상적 종합이 동원되어야 함을 말하고 싶어 한다.

상상력이 하는 [다양한] 직관들의 종합은 범주에 합치해서 행해지기 때문에, 그것은 **상상력의 선험적 종합**이 아닐 수 없다. 이런 종합은 지성이 감성에 미치는 작용이요, 지성을 우리의 가능한 직관의 대상에 최초로 적용하는 것이다. (…) 상상력의 선험적 종합은 형상적인 것으로서 '지성적 종합'에서 구별되어 있다. 후자는 지성에 의할 뿐이요, 상상력의 도움이 전혀 없는 것이다. 그런데 상상력이 자발성인 한에서 나는 그것을 이따금 **생산적 상상력**이라고 말하고, **재생적**(연상적) **상상력**과 구별한다. 이 재생적 상상력의 종합은 '경험적 법칙'에만 좇아 있고, 연상 법칙에만 좇아 있다. 그러므로 **재생적 상상력은 선천적인 인식의 가능성을 설명하는 데에 기여함이 없고**, 이런 까닭에 선험철학의 분야에 들어가지 않으며, 심리학의 분야에 들어간다.(B152. 고딕 강조는 칸트, 궁서체 강조는 필자)

이 인용문에서 칸트는 '지성적 종합', '형상적 종합', '생산적 상상력', '재생적 상상력'이란 용어들을 쏟아내고 있다. 우리는 뒤의 두 개념에 대해서는 이미 살펴보았다. 그러면 '지성적 종합'이나 '형상적 종합'이란 무엇인가? 먼저 칸트가 '종합'을 어떻게 설명하는지 알아보자.

인간 사고의 자발성은, 다양에서 인식이 발생하려면, 다양이 먼저 어떤 방식에 있어서 통관되고 받아들여지며 결합될 것을 요구한다. 이러한 작용을 나는 종합(Synthesis)이라고 말한다. 가장 일반적인 의미의 종합 아래서, 나는 서로 다른 표상들을 모아서 표상 그것의 다양성을 하나의 인식에 개괄하는 작용으로 이해한다.(B102)

누군가가 '코끼리는 비스킷을 좋아한다'고 했다고 하자. 이 경우 코끼리와 비스킷을 결합시켜주는 것은 사람들의 경험(관찰)이다. 이는 경험적 종합이다. 그러면 지성적 종합은 무엇인가? 칸트는 지성적 종합을 형상적 종합과 대비해가며 다음처럼 설명한다. [지성적 종합에 대한 논의는 이 절의 뒷부분에서 하게 될 것이다.]

감성적 직관의 다양에 대한 이러한 **종합**은 선천적으로 할 수 있고 또 필연적이로되, 이런 종합을 **형상적인 것**(즉 형상적 종합, synthesis speciosa)이라고 칭할 수 있다. 이것과 구별되는 것이 '직관 일반'의 다양에 관해서 한갓 범주 중에서 생각되는 종합 즉 지성의 결합(즉 지성적 종합, synthesis intellectualis)이다. 그러나 형상적 종합과 지성적 종합의 양자가 다 선천적으로 작용할 뿐만 아니라, 딴 선천적 인식을 가능하게 하는 근거이기 때문에, 그 두 가지 종합은 선험적이다. 그러나 형상적 종합이 통각의 근원적인 종합적 통일에만 즉 범주에서 생각되는바 선험적 통일에만 상관할 적에, 그것은 순 지성적인 경합에서 구별되어 **상상력의 선험적 종합**이라고 한다.(B151. 강조는 칸트)

그러면 '선험적 상상력에 의한 순수 형상적 종합'이란 무엇인가? 이 물음에 답하기 전에 먼저 우리는 '선험적 상상력'이 무엇인지 알아볼 필요가 있다. 이 과제에 효율적으로 접근하려면 우리는 칸트가 플라톤이 말하는 삼각형의 이데아를 초험적 이데아의 세계에서 현상계로 끌어내려 진리의 주소지를 이데아계에서 현상계로 옮긴 이유를 상기할 필요가 있다.[73] 칸트는 '삼각형'이라는 개념을 우리가 머리에서 떠올리면, 우리는 예외 없이 세 각과 세 변을 가진 어떤 도형의 형상(Bild)을 '떠올리게 된다'(상상하게 된다)고 생각한다. 우리가 머리에서 떠올린 그 삼각형은 직각삼각형도, 이등변삼각형도, 둔각삼각형도 아니다. 그리고 한 변의 길이가 얼마냐 하는 것도 정해져 있지 않다. 우리는 마음속에 그려진 그 삼각형에 일치하는 현실의 삼각형은 없다. 우리의 마음속에 있는 그 삼각형의 상에 대해 우리가 말할 수 있는 유일한 것은 그것이 특정할 수 없는 세 각을 가진다는 것과 그 길이를 구체적으로 특정할 수 없는 세 변을 가진다는 것뿐이다. 우리는 그 삼각형의 상을 이용하여 본질이 동일한 수많은 현실의 삼각형을 그려낼 수 있다. 우리는 세 변이 각각 3cm에 불과한 조그만 정삼각형을 그릴 수도 있고, 세 변이 5억km인 우주적 삼각형을 상상할 수가 있다. 그 형상을 가지고 우리가 그려낼 수 있는 삼각형의 개수는 가능적으로 무한하다. 우리로 하여금 무한한 개수의 삼각형을 그려내는 것을 가능하게 만들어주는, 우리 마음속의 순수하고도 삼각형의 근원적인 형상을 칸트는 삼각형의 선험적 도식이라고 한다.[74] 그리고 이런 삼각형의 순수형상에 대해 우리가 발견한 진리는 '내각의 합은 180도'라는 것이다. 흑판 위에 그려진 삼각형의 내각의 합은 작도할 때의 오차로 말미암아 180도가 될 수 없다.

우리로 하여금 무수하게 많은 삼각형을 그릴 수 있게 해주는 순수 삼각형의 형상은 지금 내 눈앞에 존재하지 않지만, 선험적 상상력은 그것을 내 마음속에 나타내는 능력이다.[75] 우리는 원이나 사각형 등등의 기하학적 도형에

---

73) 이 책의 V장 1절, '플라톤의 이데아가 아리스토텔레스의 형상을 거쳐 칸트의 도식이 되는 과정'을 보라.

74) 칸트에 의하면, 도식은 상상력의 산물이다.(B179 참조)

75) 칸트가, '상상력이란 직관 중에서 대상이 지금 있지 않건마는, 대상을 표시하는 능력이다'라고 말

대해서 마찬가지 말을 할 수 있다. 우리의 선험적 상상력이 우리 마음속에 나타내는 삼각형의 순수형상 즉 도식은 정확하게 감성적이면서 지성적이다. 그것은 비록 특정할 수는 없지만, 공간적 길이를 가진 것으로 표상된다는 점에서 감성적이다. 그리고 그것은 구체적이고 개별적인 하나의 삼각형이 아니며, 따라서 직관의 대상이 아니라는 점에서 개념과 닮았다. 삼각형의 도식은 모든 삼각형에 적용될 수 있다는 점에서 보편성을 갖는데, 바로 이런 이유로 그것은 보편성을 특징으로 하는 개념과 닮았다. 삼각형의 순수 형상으로서의 삼각형의 도식은 결국 '현상계에 나타난(이 점에서 감성적이다) 삼각형의 이데아'이다(이 점에서 지성적이다). 이것이 없으면 우리는 삼각형에 대한 과학적 인식을 가질 수가 없다. 삼각형의 면적을 구하는 공식은 '밑변×높이×1/2'이다. 우리는 우리가 흑판 위에 그릴 수 있는 수많은 삼각형의 면적들을 일일이 구해서 그것들을 귀납적으로 일반화하여 그 공식을 얻어낸 것이 아니다. 김정주는 삼각형의 도식에 대해 다음처럼 적절하게 설명한다.

> '삼각형' 개념의 도식은 개별적 삼각형들(직관들 혹은 형상들)의 특정한 크기, 형태에 의존하지 않고 단지 이 삼각형, 저 삼각형일 수 있는 가능성만을 포함하는 데 반해, 개개의 삼각형은 도식의 일반적 표상 속에 포함되어 있는 수많은 가능성 중에 하나만을 구체화한다.[76]

필자는 삼각형의 선험적 도식은 우리가 현실에서 삼각형을 가능적으로 무한히 많이 그릴 수 있게 만들어주는 우리 심성 속의 상이라고 했다. 왜 우리는 삼각형을 현실적으로 무한히 많이 그릴 수가 없는가? 그것은 선험적 주관으로서의 인간 그 자체가 가능적 무한자일 뿐이기 때문이다.

한 것을 기억하기 바란다. 며칠 전에 본 사과나, 지금은 내 눈앞에 현전하지 않는 사과를 떠올리는 것은 경험적 상상력일 뿐이다.

76) 김정주, 『칸트의 인식론』(서울, 철학과 현실사, 2001), 267쪽.

2) 선험적 도식은 형상인가 아닌가?

칸트는 "도식은 확실히 형상과는 구별된다"(B179)고 말하고 있으며, 이 구절은 삼각형의 도식을 우리 '심성 속의 근원적 상'으로 보는 필자의 설명과 부합하지 않는 것으로 보인다. 물론 이 문장에서 '형상'이 경험적 형상이라면, 칸트의 이 말은 전혀 문제 될 것이 없다. 도식이 하나의 특정한 경험적 형상이 아니라, 하나의 개념의 사례로 만들어질 수 있는 무수하게 많은 경험적 형상들의 근원적 형상으로 이해된다면, 그건 바로 필자가 주장하고자 하는 바이기 때문이다. 그러나 칸트가 도식과 형상을 구분할 때, 그가 염두에 두고 있는 형상은 근원적 형상으로 읽힐 수도 있다. 필자는 이하에서 왜 칸트가 도식과 형상을 구분하는지 그 이유를 살펴본 뒤에, 도식에 대한 필자의 입장이 잘못된 것인지 여부를 판단해보고자 한다. 칸트는 "도식이 언제나 상상력의 소산임"(B179)을 환기시킨 뒤에, 도식이 형상과 다른 것임을 설명하기 위해 세 가지 예를 든다. 숫자의 예, 삼각형의 예, 개의 예이다.

> 가령 내가 다섯 개의 점(……)을 차례차례로 찍는다면, 이것은 다섯이라는 수의 형상이다. 이에 대해 만일 내가 다만 수 일반을 — 다섯도 백도 될 수 있는 수를 — 생각한다면, 이런 생각은 일정한 개념에 따라 하나의 집합량(예컨대 천)의 경우에 있어서 나는 그 형상을 전망하기가 어렵고, 그 형상을 개념과 비교하기가 힘들 것이다. 그래서 한 개념에다 그 형상을 부여하는 상상력의 일반적 작용의 표상을 나는 그 개념에 대한 도식이라고 한다.(B179)

칸트의 설명에서 등장하는 다섯 개의 점인 '(……)'은 5라는 숫자 개념의 경험적 형상이다. 그러나 우리는 다섯 명의 사람이나 다섯 개의 사과나 다섯 권의 책으로도 혹은 다섯 개의 은하로도 5라는 숫자의 경험적 형상을 만들 수 있다. 선험적 상상력은 하나의 특정한 경험적 형상만을 만드는 심성의 능력이 아니기에, 우리는 5라는 숫자의 여러 가지 경험적 형상들을 만드는 것을 가능하게 해주는 '5라는 숫자의 근원적 형상'을 머릿속에서 떠올릴 수 있다. 바로 그것이 5라는 숫자의 선험적 도식이다. '도식'(Schema, 圖式)이라는 말을 '도(그림, 형상)를 만들어내는 방식(공식)'으로 이해해도 무방할 것이다. 우리는 1이라는 숫자의 선험적 도식(근원적 형상) 덕택에 우리가 절대로 그 바깥으로 나갈 수 없는 우리 은하도 1이라는 숫자 개념의 경험적 형상의 사례인 것을 알아차릴 수가 있을 것이다. 물론 칸트가 말하고 있듯이 우리는 큰 수, 예컨대 '5경 6천조'와 같은 숫자에 대해서는 그 경험적 형상을 만들어 직관하는 것은 불가능하다. 그러나 그토록 거대한 숫자도, '직관 가능한 1이라는 숫자의 집합'이기에, 우리는 그 숫자를 현상계 내에서 객관적으로 다룰 수 있다.

　만약 그 숫자에 대해 필자가 인정하는 그러한 방식의 직관을 가지는 것 대신에, 5경 6천조라는 숫자에 대한 경험적 사례를 한꺼번에 직관할 수 있을 경우에만 그 숫자를 현상계 내에서 다룰 수 있다고 한다면, 우리는 그 숫자를 현상계에서 다룰 수가 없을 것이다. 왜냐하면 인간은 5경 6천조 개의 콩알을 하나의 운동장 위에 모아서 한꺼번에 바라보는(직관하는) 방식으로 직관한 적이 없기 때문이다. 그러면 그 숫자는 감각적 지각의 대상이 아니기에 가상체(可想體)에 불과한 것인가? 그러나 칸트의 인식론은 이런 결론을 받아들이지 못할 것이다. 그 숫자를 가상체로 받아들이면, 수학이란 학문 자체가 성립할 수 없게 되기 때문이다. 우리는 어떤 숫자나 도형의 경험적 직관을 가지지 못할 경우가 많은데, 예컨대 '한 변이 5억 광년인 삼각형'의 경험적 형상을 만들지 못한다. 그럼에도 불구하고 선험적 상상력의 관점에서는 얼마든지 그런 삼각형에 대해 논할 수 있을 것이다. 그 삼각형의 면적을 구하는 것이 가능하다는 말이다. 이런 일이 가능한 것은 우리 머릿속에 삼각형의 근원적 형상이 들어 있기 때문이다. 우리는 '하나'라든지 '둘'이라든지 하는 숫자들에 대한 근원적 형상을 가지고 있기에, 아무리 커다란 숫자라도, 그것이 유한 수인 한에서는 계산의 대상으로 삼을 수 있게 된다.

칸트는 도식과 형상이 다름을 주장하기 위해 '숫자의 예'에 이어 삼각형의 예를 든다.

> 그래서 한 개념에다가 그 형상을 부여하는 상상력의 일반적 작용의 표상을 나는 이 개념에 대한 도식이라고 한다. 사실 **우리의 순수한 감성적 개념의 기초에 놓여 있는 것은 대상의 형상이 아니고 도식이다.** 삼각형의 어떠한 형상도 삼각형 일반의 개념에 충전하게 합치하지는 않을 것이다. 왜냐하면 삼각형의 개념은 직각삼각형이든 부등변 삼각형이든 간에 모든 삼각형에 타당하도록 하는 보편성을 가지는 것으로 되, 형상은 그런 개념의 보편성에 도달하지는 못할 것이며, 도리어 삼각형 분야의 일부분에 제한되어 있을 것이니까.(B180. 고딕 강조는 칸트, 궁서체 강조는 필자)

필자는 위 인용문에서 칸트가 사람들을 혼란스럽게 만들고 있다고 생각한다. 칸트는 필자가 궁서체로 강조한 부분에서도 형상과 도식을 구분한다. 그러나 칸트가 형상과 도식을 구별할 때, 그가 말하는 '형상'은 구체적이고 개별적인 하나의 형상을 말하는 것으로 받아들여야 할 것이다. 해석하기에 따라서는 방금 인용된 칸트의 이 말은 선험적 도식에 대한 필자의 설명의 정당성을 지지해주는 것으로 읽힐 수도 있다. "우리의 순수한 감성적 개념의 기초에 놓여 있는 것은 대상의 형상이 아니고 도식이다"를 "우리의 순수한 감성적 개념의 기초에 놓여 있는 것은 대상의 개별적-구체적 형상이 아니고 도식(근원적 형상)이다"로 읽으면, 필자의 입장과 완전히 동일하게 된다. 내가 머릿속에서 하나의 직각삼각형의 형상을 그리면, 그 삼각형의 형상에 관한 수학적 지식은 모든 삼각형에 통용되는 것이 아니라 직각삼각형에만 통용된

다. 예컨대 '직각삼각형에서 빗변의 제곱은 짧은 두 변의 제곱의 합과 같다'
는 피타고라스(Pythagoras, B.C. 582? - B.C. 497?)의 정리는 직각삼각형이 아닌 삼각
형에는 통용되지 않는다는 것이다. 그러니 위의 인용문에서 칸트가 하는 말
은 정당하다.

　　그럼에도 불구하고 우리는 모든 종류의 삼각형에서 그 특수성과 차이
성들을 다 뽑아버리더라도 공통적으로 남는 것이 있다는 사실도 인정하지
않을 수 없다. 그것은 바로 세 변과 세 각을 가진다는 것이다. 바로 그런 이
유로 '모든 삼각형의 내각의 합은 180도이다'라는 진리가 성립한다. 물론 세
변과 세 각을 가지는 도형을 종이 위에서건 흑판 위에서건 일단 그리게 되
면, 그 삼각형은 특정한 형상을 가지게 될 것이고, 직각삼각형이건 둔각삼각
형이건 하여간 어떤 형태의 삼각형으로 분류될 수 있을 것이다. 그러나 그렇
게 분류되기 이전의 분류될 수 없는 어떤 삼각형, 오로지 세 변과 세 각을 가
진 삼각형의 상(도식)을 상정하지 않으면 안 된다. 왜냐하면 그 삼각형이 아무
리 분류되기 이전의 삼각형이라 하더라도, 길이를 가진다는 것은 분명한 사
실이며, 길이를 가지는 것인 한에서 그것은 공간적 존재이기 때문이다. 그것
이 공간적 존재가 아니라면, 도식은 감성적인 것이 아니게 되고 결국 도식은
감성과 지성을 종합하고 매개하는 역할을 할 수가 없을 것이다. 그것이 공간
적 존재가 아니라면 그것은 상상력의 산물이 아니라 사유의 산물(개념)일 뿐
이다. 우리가 흑판 위에 그린 삼각형을 직관하게 되면, 그것은 하나의 특정한
직관이 된다. 그런데 이런 특정한 직관의 가능성 배후에 선험적 상상력의 형
상적 종합활동이 있어야 함을 칸트는 다음처럼 말한다.

　　특정한 직관이라는 것은 오직 내가 형상적 종합이라고 부른 **상상력
의 선험적 활동**(내감에 대한 지성의 종합적인 영향)**에 의해서 발현하는 내감 규
정의 의식에 의해서 가능한 것이다.**(B154, 전원배 번역본. 강조는 필자)

특정한 삼각형의 도형은 내감 규정의 의식에 의해 가능하고, 내감 규정의 의식은 상상력의 선험적 활동에 의거하는 형상적 종합에 의해서 발현한다는 것인데, 결국 특정 삼각형의 도형이 만들어지는 것의 이면에는 선험적 상상력의 형상적 종합활동이 있다는 말이 된다.

삼각형의 도식이 구체적인 개별적 삼각형의 상을 가능하게 하는 삼각형 일반의 표상이라면, 도식은 어쨌건 '상'이어야 한다. 칸트가 도식과 개별 형상이 다름을 주장하기 위해 삼각형의 사례를 사용함을 우리는 위에서 살펴보았다. 그가 삼각형의 사례를 사용하면서 동원하는 논리는 '원'의 경우에는 통하지 않는다는 것을 주목할 필요가 있다. 우리가 '원'이라는 개념을 상상해보자. 우리는 머릿속에서 중심점으로부터 같은 거리에 있는 점들의 집합이 만들어내는 어떤 형상을 떠올리게 된다. 그리고 그 형상을 이용하여 우리는 본질이 동일한 즉 그 면적이 '원주×반지름×반지름'(πr^2)인 수많은 원을 그릴 수 있다. 이 경우 원의 도식, 즉 원 일반의 표상은 원의 형상과 다르지 않다. 이것이 의미하는 바는 무엇인가? 상상력의 산물인 도식은 어쨌건 '상'이어야 한다는 것이다. 칸트가 우리가 앞에서 인용한 B180에서 도식과 구분하면서 염두에 둔 '형상'이 필자가 해석하듯이 개별적 형상이 아니라 근원적 형상이라고 해석하고 싶은 사람, 즉 도식은 근원적 형상이 아니라고 해석하고 싶은 사람은 이렇게 말할 것으로 예상된다.

당신은 도식이 근원적인 형상이어야만, 그것은 직관의 요소를 가지면서 개념처럼 추상적인 요소를 갖는 것이 가능하게 되기에, 즉 감성화된 개념적 표상이면서 개념화된 감성적 표상이 되기에, 직관과 지성의 결합을 가능하게 하는 기능을 가질 수 있다고 말한다. 또 당신은 도식을 근원적 형상으로 볼 때에만, 삼각형의 도식이 가질 수밖에 없고, 또 마땅히 가져야만 하는 길이와 각도의 요소를 설명할 수 있다고 말하기도 한다. 그러나 그런 식으로 생각을 한다면, '도형'이라는 개념도 길이의 요소를 가지기에, '도형의 도식'도 근원적인 형상이어야 할 것이다. 그러나 우리는 '도형의 근원적인 형상'(도형의 도식)을 가지는 것이 불가능하다. 왜냐하면 도형에는 평면도형도 있고 입체도형도 있으며, 평면도형에도 삼각형, 사각형, 원 등등이 있다. 그런데 삼각형이기도 하면서 원인 도형이나 평면도형이면서 입체도형인 그런 도형을 상상하는 것은 불가능하다. 이것이 말해주는 바는 무엇인가? 그것은 길이나 각도의 요소가 있다고 '형상'을 가져야 한다는 당신의 주장이 잘못이라는 것이다.

도식이 형상과 구분된다고 말할 때, 칸트는 삼각형의 사례를 사용하는데, 우리는 직각삼각형이면서 동시에 둔각삼각형이거나, 둔각삼각형이면서 동시에 예각삼각형인 그런 삼각형의 형상을 상상할 수 없기에, 도식은 형상과 다르다고 말하고 있음을 보았다. 그러나 필자가 도식이 근원적 형상이어야 한다고 말할 때, 그것이 논리적으로 불가능한 형상조차 종이 위에 그리는 것을 가능하게 만들어주는 것이라고 생각하지 않는다. '둥근 사각형'이나 '부피를 가진 평면삼각형' 같은 것은 논리적으로 불가능하기에, 선험적 상상력이 아무리 생산적 상상력이라 하더라도 그런 것들에 관한 형상을 상상해낼수는 없다. 그러니 「당신 논리를 따라가면, '도형'의 개념에는 길이의 요소가 있기에 도형의 도식도 형상이어야 한다고 말하는 것이 되는데, 도형의 형상은 불가능한 것이기에 당신의 주장은 받아들이기 힘든 말이다」라는 주장은 잘못이다. '도형'이란 개념에 대해서는 처음부터 도식을 언급할 수가 없을 것이다. 그 이유는 도식을 근원적 형상으로 이해하는 한, 도형의 도식으로서의 형상은 수많은 모순적인 이미지를 가지기 때문이다. '도형'이란 개념은 일반 개념이기에 '도형'이란 개념의 형상을 상상력은 구성할 수가 없다. 도식이 형상이라면, '도형'의 개념에는 삼각형, 사각형, 원, 오각형, 정육면체, 원추, 사다리꼴 등등이 다 포함되는데, 상상력은 이런 것들을 그리는 것을 가능하게 해주는 근원적인 형상으로서의 도형의 도식을 상상하는 것은 불가능하다는 말이다. 그런 도식이 가능하다면, '오각형이면서 원'인 도형, '칠각형이면서 삼각형'인 도형을 상상할 수 있다는 것이 된다. 선험적 상상력이 '도형'이란 개념에 대한 도식을 구성하는 것이 불가능하기에, '도형일반'에 대한 보편타당한 기하학적 진리는 존재하지 않는다. 삼각형과 원과 타원의 면적을 구하는 공식(보편적 진리)은 있지만, 그 아래에 수많은 종류의 특수한 도형들을 포섭하고 있는 '도형일반'에 통용되는 진리는 없다.[77]

칸트는 마지막으로 경험적 개념인 개(犬)의 예를 든다.

> 예를 들면 '개'라는 개념은, 경험이 나에게 제시하는 어떤 특수한 형체나 또는 내가 구체적으로 표시할 수 있는 모든 가능한 형상에 제한받지 않고, 나의 상상력이 네 다리를 가진 형체의 동물을 일반적으로 그릴 수 있게 하는 하나의 규칙을 의미하는 것이다.(B180, 전원배 번역본)

그런데 내가 "어떤 특수한 형체나 또는 내가 구체적으로 표시할 수 있는 모든 가능한 형상에 제한받지 않고" "네 다리를 가진 형체의 동물을 일반적으로 그릴 수" 있으려면, 나는 내 머릿속에 모종의 도상(圖像)을 가지고 있어야 할 것이다. 필자는 '개'의 개념과는 다른 그 도상이 개의 도식(근원적 형상)이라고 생각한다.[78]

---

77) 모든 일반명사에 이데아를 대응시키는 플라톤의 입장에서는 '도형'이라는 일반명사의 이데아도 존재해야 하는데, 우리는 '도형'의 이데아를 머리에 떠올릴 수가 없다. 우리는 기껏해야 삼각형이나 원의 이데아를 떠올릴 수 있을 뿐이다. 이것이 플라톤 이데아론의 난점이다.

78) 필자의 해석과 다르기에 도식에 대한 한단석 교수의 설명을 소개한다. "도식이란 수 일반 혹은 삼각형 일반과 같은 개념의 표상에 불과하다고 할 수 있을 것이다. 우리는 가령 삼각형이라는 개념에 의해 삼각형의 표상을 머릿속에서 떠올리거나 공간 속에 그려본다. 거기에서 그려보거나 상상해서 그려진 삼각형은 원래 삼각형의 형상이다. 그것은 언제나 일정한 삼각형이며, 일정한 길이의 변을 가지며, 일정한 크기의 각을 가지고 있다. 이러한 일정한 삼각형의 형상은 원래 삼각형 일반의 개념이 아니다. 그러나 우리는 이러한 삼각형의 형상을 매개로 하여 삼각형

인간에게는 도식의 능력이 있기에 하나의 특정 사물을 통해 보편적인 진리를 파악할 수 있다. 칸트의 도식론은 감성과 오성의 결합을 설명하는 선험적 형이상학의 핵심이다. 칸트는 감성과 지성이라는 인식의 두 줄기가 미지의 공통된 뿌리에서 발생한 것으로 보는데,(B29 참조) 하이데거는 그것을 상상력으로 해석한다.[79]

선험적 도식이 상상력(Einbildungskraft), 즉 'Bild(상)를 만들어내는 힘(Kraft)'의 산물이라면, 도식은 구체적인 하나의 상을 만들어내는 것을 가능하게 해주는 근원적 상이어야 한다는 것이 필자의 입장이다. 도식은 단순히 일반개념이 아니라는 말이다.

필자는 이런 입장에서 칸트가 도식과 형상을 달리 취급할 때, 그 형상을 개별적 형상으로 이해해야 한다고 말했다. 도식이 하나의 구체적이고 개별적인 형상일 수 없음은 너무나 당연하다. [그런 형상은 경험적 상상력의 산물일 것이다] 그렇다고 우리는 도식을 일반개념과 동일시해서는 안 된다.

도식이 선험적 상상력의 산물이고, 상상력은 상호 이질적인 감성과 지성을 매개하는 것이라는 칸트의 주장이 타당하다면, 필자는 도식이 비록 직관이 주어지는 개별적 형상과는 다르다 하더라도 하나의 근원적 형상이어야 한다고

일반의 개념을 이해하고 있는 것이다. (…) 그러므로 우리는 삼각형 일반이라는 개념을 표상할 수 있으며, 이것으로 이 개념에 형상을 부여할 수도 있는 것이다. 이와 같이 형상의 기초에 있으면서, 형상을 가능케 하는 일반적인 표상이 도식인 것이다.(한단석, 『칸트 '순수이성비판'의 새로운 이해』, 235쪽) 한단석 교수는 우리가 머릿속에서 상상하는 삼각형의 표상을 일정한 모양을 하고 있는 삼각형으로 간주하고 있는데, 필자는 이 견해에 동의하기 힘들다. 더더욱 동의하기 힘든 것은 머릿속에 그려진 일정한 삼각형의 형상을 매개로 해서 삼각형 일반의 개념을 이해하게 되며, 그렇게 이해된 삼각형 일반의 표상이 도식이라는 주장이다. 그러나 우리가 머릿속에서 떠올리는 삼각형의 상은 결코 우리가 그 형상에 대해 감각적 직관을 가질 수 있는 구체적인 형상이 아니다. 한단석 교수는 머릿속의 삼각형들의 다양한 상들에서 삼각형 일반의 형상으로 나아가는 설명방식을 보여주고 있다. 이는 사태를 정반대로 설명하는 것으로 보인다.

79) 하이데거, 『칸트와 형이상학의 문제』, 213쪽 참조. 필자는 칸트를 유한성의 철학자로 해석하는 하이데거의 칸트 해석에 반대하지만, 선험적 상상력을 감성과 지성의 공통 뿌리로 보는 하이데거의 이런 입장에는 찬성한다. 다만 하이데거는 칸트를 유한성의 철학자로 해석하기 위해 상상력을 중시하지만, 필자는 칸트를 가능적 무한의 철학자로 해석하기 위해 상상력을 중시한다.

생각한다. 그것은 일반개념이 아니고, 일반형상이다. 종이 위에 그려진 하나의 구체적 삼각형을 삼각형이라는 개념 아래에 포섭시키는 것이 가능하려면, 즉 '이 그림은 삼각형이다'라고 판단하는 것이 가능하려면, 우리는 우리 머릿속에 들어 있는 삼각형이라는 개념의 도식(삼각형의 근원적 형상)을 사용해야 한다. 칸트는 '상상력이란 대상이 직관 중에 지금 현존하지 않음에도 불구하고 대상을 표시하는 능력이다'라고 말했다. 그러면 도식이 형상이 아니라면, 상상력은 자신의 산물인 도식을 어떻게 우리에게 표시할 수 있는가? 상상력(想像力)이 우리에게 보여줄 수 있는 것은 어쨌건 '상'(像)이어야 할 것이다. 칸트는 『실용적 관점에서 본 인간학』에서는 필자가 지금까지 주장했듯이 도식을 하나의 근원적 형상으로 생각할 수 있는 여지가 있는 듯이 말한다.

> 상상력(facultas imaginandi)은 대상이 현전하고 있지 않은데도 직관을 만들어내는 능력인데, 생산적이든가 재생적이든가 둘 중 하나이다. 생산적인 경우는 대상을 근원적으로 표현하는(근원적 표시, exhibitio orginaria) 능력이며, 그러므로 이 표현은 경험에 선행한다. 재생적인 경우는 대상을 파생적으로 표현하는(파생적 표시, exhibitio derivativa) 능력이며, 이 표현은 이전에 가지고 있었던 경험적 직관들을 마음 안에 떠올리는 것이다.[80]

칸트는 대상에 대한 '근원적 표시'와 '파생적 표시'를 구분하는데, 어떻게 표시되든 대상은 형상으로 표시되어야 할 것이다. 그렇다면 근원적으로 표시되는 것은 근원적 형상이 될 것이고 파생적으로 표시되는 것은 파생적 형상이 될 것이다.

필자는 지금까지 '선험적 상상력의 형상적 종합능력에 의해 만들어지

---

80) 『실용적 관점에서 본 인간학』, 74쪽.

는 도식이 우리가 현상계에서 마주치게 되는 경험적 대상들이 보여주는 형상들의 근원이 되는 형상'이라고 보는 필자의 입장이 충분히 변호될 수 있음을 주장했다. 그렇게 주장하면서 필자가 염두에 두고 있었던 근본적인 생각은 '상상력(따라서 상상력이 만들어내는 도식)은 감성의 직관과 지성의 개념을 매개하는 것'이라는 칸트 인식론의 근본 원리이다.[81] 이 원리에 충실하다면, 도식은 '근원적 형상'이 될 수밖에 없다. 우리가 앞서 살펴보았듯이, 칸트 자신도 도식을 상상력이 형상적 종합의 능력으로 만들어내는 근원적 형상으로 보는 측면이 있었다.

그러면 왜 칸트는 도식을 형상으로 보는 것을 달가워하지 않았는가? 이 물음에 대답하기 위해 우리는 플라톤의 이데아론을 다시 살펴볼 필요가 있다. 플라톤은 처음에는 기하학적 도형에서 이데아의 존재를 인정하는 것에서 시작하여, 나중에는 일반명사가 될 수 있는 것에 대해서도 이데아를 인정한다. 그리고 윤리적 덕목에 대해서도 이데아를 인정한다. 그리하여 세계는 불완전한 현상계와 완전한 이데아계로 나뉜다. 현상계는 끊임없이 변화하기에 불완전하다. 공간-시간적 존재는 불완전하다. 이데아계는 불변의 세계이고, 이 세계는 시간-공간 초월적 세계이며, 이 세계에 있는 대상들은 불변적이기에 이런 것들에 대한 인식은 불변적 인식 즉 진리이다. 이상이 플라톤의 기본 사상이다. 문제는 플라톤이 현상계의 모든 일반명사들 각각에 대응하는 이데아들을 인정하는 것에서 발생한다.

플라톤에게 경험적 특수자들을 지시하는 어휘들, 흔히 고유명사와 같은 어휘들을 제외하고는 모든 어휘에 대응하여 형상들이 존재하며,

---

81) 우리가 아무런 의도 없이 만들어진 자연물에서 코끼리의 모습을 보는 경우가 있는데, 이 경우 우리 눈에 그 자연물이 코끼리처럼 보이는 것은 이미 우리 마음속에 코끼리의 상이 있기 때문이다. 우리는 우리 속에 내장되어 있는 코끼리의 경험적 도식을 그 자연물 속에 집어넣어보는 것이다. 칸트에 의하면 우리가 선천적-종합적 인식을 갖는 것은, 우리가 우리에게 내장된 선험적 도식을 경험적 직관의 무규정적 대상(현상)에 집어넣어서 보는 것이다.

그 어휘들은 형상들의 이름이다.[82]

그런데 플라톤이 '움직임(운동)'의 형상을 인정했다는 것은 기이한 일 인데,[83] 표준적인 해석에 따르면, 형상들의 거주지인 이데아계는 불변의 세계이기에 움직임은 있을 수 없기 때문이다. 우리가 살고 있는 세상(현상계)에는 '크다', '작다', '가깝다', '멀다' 등등 공간적 이미지와, '빠르다', '늦다'와 같은 시간적인 의미를 가진 말들도 있다. '움직임'이나 '변화'라는 개념도 시간을 전제하지 않으면 성립할 수 없는 말이다. 이런 개념들의 이데아는 시간-공간이 존재하지 않는 이데아계에서는 불필요한 이데아들이다. 플라톤은 도덕의 영역에서도 일반명사가 될 수 있는 것들에다 모두 이데아를 대응시켰으며, 그는 현실의 악을 설명하려면, 선의 이데아가 지배하는 이데아의 세계에는 전혀 존재할 수 없는 것으로 보이는 '악'의 이데아도 설정해야 하는 곤란한 상황에 놓이게 되었다. 이와 유사하게, 플라톤은 현실의 운동을 설명하기 위해 이데아의 세계에는 존재할 수 없는 것으로 보이는 운동의 이데아를

---

82) 남경희, 『플라톤: 서양철학의 기원과 토대』, 303쪽. 플라톤은 한 어휘의 의미는 더 이상 분석할 수 없는 단순한 원자와 같다는 '의미론적 원자론'과, 어휘는 객관적으로 존재하는 사물들을 지시함으로써 의미를 갖게 된다는 '지시론적 의미론'을 견지했다. 그런데 이런 플라톤의 입장은 몇 가지 문제점을 발생시키며, 플라톤 자신도 이를 인지하고 있었다. 의미의 원자론과 의미의 지시설을 함께 취할 때 많은 논리적 문제들이 발생한다. '악하다', '나쁘다', '추하다' 등과 같은 부정 술어의 문제, '전화기', '시계', '컴퓨터' 등과 같은 인공물의 이름과 관련된 문제, '먼지' '흙' 등과 같이 하잘것없는 사물들의 이름에 대응하는 형상들이 존재하는가의 문제 등등. 플라톤은 자신의 입장에 내포된 이런 난점들을 충분히 인지하고 있었던 것으로 보인다. 이런 난점들에도 불구하고 형상들의 존재가 가정되지 않으면 대화나 사고의 가능성은 설명할 길이 없으므로, 적어도 원칙적으로는 형상론이 전제하는 의미의 원자론과 지시론을 수락하지 않을 수 없다고 플라톤은 생각했다. 남경희의 분석에 따르면, 플라톤은 다음의 네 종류의 어휘군(群)에 대해서는 대응하는 형상들이 확실하게 존재한다고 생각했다. ㉮ 범주적 개념들: 존재, 무, 동일하다, 다르다, 단일하다, 다수이다, 움직인다. ㉯ 윤리적, 미적 개념들: 선하다, 아름답다, 정의롭다, 우정. ㉰ 논리, 수학적 개념들: 같다, 다르다, 하나, 둘, 원, 보다 크다, 보다 작다. ㉱ 자연종을 가리키는 개념들: 눈, 벌, 흙, 공기, 불, 물, 황소.(『플라톤: 서양철학의 기원과 토대』, 303-304쪽 참조)

83) Plato, 파르메니데스 129d-e, 136b: Sph 254b-255e: Tht 185a, 186a: Tim 35a

설정하게 된 것처럼 보인다. 플라톤의 이데아론은 현상계를 이데아계의 모방품으로 설명하는데, 현상계의 불완전한 삼각형을 이데아계에 있는 완전한 삼각형의 그림자의 같은 방식으로 존재하는 것으로 설명함에 있어서는 별다른 문제가 없었다. 문제는 현상계의 사물들의 상호관계를 규정하는 데 동원되는 언어들 — 이 언어들은 이데아계에서는 불필요한 시간-공간을 전제로 해야 한다 — 에 대해서도 이데아를 인정해야 하는 난감한 상황에 빠져들게 된다. 예컨대 '가까움'의 이데아나 '신속함'의 이데아 같은 것이다. 데카르트는 본유관념론으로써 '이데아계에 있는 수학적 실재를 인식하려면 우리가 감각으로부터 해방되어야 한다'는 플라톤의 수학철학을 부정했다. 수학적 실재는 이데아계에 존재하는 것이 아니라, 우리의 머릿속에 본유관념으로 이미 들어 있다는 것이다.

데카르트의 수학적 진리의 본유관념설은, 칸트에서는 수학적 진리의 내용설과 진리의 형식설로 나누어진다. 그리고 칸트는 진리(인식)가 만들어지기 위해 필요한 내용(질료)과 형식 중에, 형식만이 본유적이라고 주장한다. 이 형식이 바로 칸트가 말하는 감성의 직관 형식인 시간-공간이요, 지성의 12범주요, 선험적 도식이요, 선험적 원칙이다.[84] 그리고 이 형식들을 갖고 선험적 자아는 자연을 구성해낸다. 그런데 칸트는 플라톤이 불완전성의 근원으로 생각했던 시간-공간을 수학적 진리의 완전성을 가능하게 만들어주는 형식적 요소로 격상시켰다. 칸트의 수리철학에서는 시간-공간이 진리 제조 공장에서 중요한 역할을 하는 것으로 인정되면서, 플라톤에게서는 이데아계에서 그 존재를 인정하기가 곤란하게 느껴졌던 이데아들 즉 사물들의 시간-공간적인 관계를 표시하는 개념들이 긍정적으로 받아들여지게 된다. 특히 인과성은 시간적인 개념이며, 이것이 없이는 물리학이 성립 불가능하게 된다.

---

84) 이 선험적 원칙에는 '직관의 공리', '지각의 예료', '경험의 유추'가 있으며, 경험의 유추에는 '실체지속성의 원칙', '인과성의 법칙에 따르는 시간적 계기의 원칙', '상호작용 또는 상호성의 법칙에 따르는 동시존재의 원칙'이 있다.

이제 칸트 인식론의 중심인 상상력의 도식론은 수학의 숫자나 기하학의 도형에 대한 도식론이기도 해야 하지만, '사물들의 시간-공간적인 관계를 표시하는 개념'에 대한 도식론도 되어야 한다. 문제는 그 개념들은 기학학적 도형과 같은 명료한 형상을 가지지 않고 있다는 것이다. 당장 인과성의 개념에 대한 도식(근원적 형상)을 구성하는 것은 막연한 일이다.[85] 바로 이것이 칸트가 도식을 선험적 상상력이 구성해내는 근원적 형상으로 규정하기를 꺼렸던 이유이다.

3) 형상적 종합과 지성적 종합

이제 우리는 '형상적 종합'에 대해 좀 더 자세하게 살펴보고자 한다. 결론부터 미리 말한다면, 선험적 상상력의 도식작용에 의해 만들어지는 것이 '근원적 형상'이고, 이 근원적 형상을 만들어내는 도식작용의 다른 이름이 형상적 종합이다. 필자는 이 설명 작업을 두 가지 관점에서 시도하는데, 하나는 선험적 상상력의 도식작용에 의해 만들어지는 근원적 형상은 아리스토텔레스가 말하는 에이도스(eidos, 형상)와 유사한 것이며, 다른 하나는 그 근원적 형상은 가능적으로 무한한 형상이라는 것이다. 나는 앞에서 "삼각형의 순수 형상으로서의 삼각형의 도식은 결국 '현상계에 나타난(이 점에서 감성적이다) 삼각형의

---

85) 칸트는 12범주에 대한 도식들을 아래처럼 설명하는데, 이런 도식들에 대한 형상을 가지는 것은 매우 어려워 보인다. "실체성의 도식은 실제적인 것의 시간에 있어서, 다른 모든 것은 변하는데도 불구하고 지속하는바, 지속성이다."(B183) "어떤 사물일반의 원인과 인과성의 도식은, 만일 한 실제적인 것이 임의로 정립된다면, 항상 다른 무엇이 그것에 계기하는 그런 실제적인 것이다. 그러므로 이 도식은 규칙에 종속하는 한의 다양의 계기 중에 존립한다."(B183) "현실성의 도식은 일정한 시간 중의 현존이다."(B184) "필연성의 도식은 모든 시간에 있어서의 한 대상의 현존이다."(B184)

이데아'이다(이 점에서 지성적이다)"라고 했다. 선험적 상상력이, '현상계의 무수하게 많은 모든 구체적이고 개별적인 형상들의 근원적 형상'을 만들어내는 능력이라면, 그것은 그런 형상을 '만들어내는' 능력이라는 점에서 자발성의 능력(지성의 요소)을 가졌고, 만들어진 근원적 형상에는 '길이'라는 공간적 요소가 있는 한에서는 감성(수용성)의 요소를 갖고 있다. 필자는 이것이 아리스토텔레스가 말하는 삼각형의 형상과 유사하다고 생각한다.

　　플라톤은 세계를 불완전한 현상계와 완전한 이데아계로 나누었다. 그리고 불완전한 삼각형의 거주지는 부단히 변하는 현상계이고, 완전한 삼각형의 거주지는 불변적인 이데아계라고 했다. 주지하다시피 아리스토텔레스는 삼각형의 이데아는 삼각형의 본질인바, 본질은 구체적인 사물을 떠나 존재할 수 없다고 했다. 플라톤이 말하는 이데아는 현상적 사물의 **초월적** 본질이지만, 아리스토텔레스가 말하는 에이도스는 현상적 사물들의 **내재적** 본질이다. 이리하여 진리의 거주지는 초월적 이데아계가 아니라 현상계가 된다.[86] 필자는 칸트가 말하는 도식이 아리스토텔레스가 말하는 에이도스와 유사하다고 말했다. 그리고 필자는 인간이 가능적 무한자라고 했으며, 칸트의 선험

---

86) 현상계의 진리란 그러한 형상들 간의 종합에서 만들어진다. 예컨대 '한 변이 30cm인 정삼각형에 내접하는 원의 면적은 X이다'라고 할 때, 우리는 특정 조건하에 있는 두 도형을 구성하게 해주는 삼각형의 형상과 원의 형상을 도식작용을 통해 떠올릴 수 있어야 한다. 그리고 그 근원적 형상을 통해 세상에 존재하는 모든 삼각형과 원에 대해 타당한 '공통된 지식'(본질)을 파악하고 있어야 한다. 그것은 삼각형의 면적을 구하는 공식과 원의 면적을 구하는 공식이 될 것이다. 이 두 공식을 파악한 위에서 우리는 위에서 주어진 문제에 대한 올바른 해답에 도달할 수 있을 것이다. 그렇게 되면 우리는 두 도형에 대한 형상적 종합에 도달한 것이 된다. 그러므로 선험적 상상력의 형상적 종합 없이는 객관적-보편적-필연적 인식에 도달할 수가 없다. 그런데 누군가가 '신은 전지전능하다. 그러므로 신은 이 우주에 존재하는 원자들의 개수를 알고 있다'고 말한다고 하자. 그는 '신'과 '우주에 존재하는 원자들의 총 개수'를 결합했다. 이 결합은 경험에 의해 결합된 것이 아니며, 순전히 개념적 사유를 통해 결합되었을 뿐이다. 이런 결합이 지성적 결합이다. 칸트 이전의 독단적 형이상학의 명제들은 대부분 지성적 결합에 의해 만들어진 것들이다. 참다운 인식이 되려면, 그 인식에는 선험적 상상력에 의한 순수 형상적 종합이 들어 있어야 한다. 경험적 상상력에 의한 종합이나 지성적 종합에는 그런 형상적 종합이 없기에 참다운 인식을 만들어내지 못한다.

적 상상력이 가능적 무한이라고 했다. 이것은 선험적 통각 즉 '감성의 제약하에서 사유하는 통각'이며, 따라서 감성과 지성의 결합체가 된다. 이제 이하에서는 이 두 가지 관점에서 칸트 인식이론에서 난해하면서도 정작 자세한 설명이 없는 '형상적 종합'의 개념을 살펴볼 것이다.

'가능적 무한'은 그것에서부터 모든 수가 만들어질 수 있는 가능성을 가진 수이지만, 정작 구체적인 하나의 수는 아니다. 가능적 무한은 모든 수의 근원이요, '근원적 수'이다. 그 수는 구체적인 유한수의 직관적 요소를 가졌다는 점에서 감성적이다. 예컨대 우리가 구체적인 하나의 수에서 그것보다 더 큰 수를 헤아려갈 때, 우리는 그러한 헤아림의 과정에서 가능적 무한을 직관한다. 즉 가능적 무한이 만들어내는 흐름을 느낀다. 그러므로 첫째로 가능적 무한은 직관의 요소를 가진다. 그러나 가능적 무한수는 결코 구체적이고 확정적인 직관을 우리에게 주지 않는다. 그런 직관을 주는 수는 특정한 유한수일 뿐이다. 이런 점에서 둘째로 가능적 무한은 비직관적 대상이요, 사유(개념)의 측면을 갖는다. 이 두 가지를 종합하면 가능적 무한은 감성과 지성의 종합이요, 가능적 무한 자체가 모든 형상적 종합의 근원이라고 말할 수 있겠다. 가능적 무한이 직관의 요소를 가진다는 것은 그것에 형상적 요소가 있기 때문이다.[87]

---

87) 선험적 대상도 형상적 종합의 관점에서 설명할 수 있다. 그것은 '경험적 직관의 무규정적 대상'으로서의 '현상'(Erscheinung)을 말하는데, 그것은 개념적이면서 직관의 대상이 되는 것이기 때문이다. 선험적 대상은 그것에서부터 모든 대상이 만들어지지만, 결코 하나의 특정한 현실적 대상은 아니라는 점에서 가능적 무한과 마찬가지이다. 그것은 '가능적 대상'인 것이다. 칸트에 의하면 모든 질료적인 것은 우리에게 아포스테리오리하게 주어진다. 그런데 우리에게 질료적인 것이면서 아프리오리하게 주어지는 것이 있는데, 그것이 '경험적 직관의 무규정적 대상'(현상, 선험적 대상)이다. 인식의 형식(인식주관)만으로는 인식이 생겨나지 않는다. 인식의 질료가 주어져야 한다. 그런데 구체적인 현상적 사물(현상체)들의 질료는 항상 후천적으로 주어진다. 그런데 인식의 질료이면서도 선천적으로(경험에 앞서서 미리) 주어지는 질료가 설정되지 않으면 안 된다. 그것이 바로 선험적 대상이다. 그것은 선험적 주관의 인식틀이 작동하기 위한 필요조건이다. 그 선험적 대상은 그것에서부터 모든 대상들이 나오는 근원적 대상이지만, 그 어떤 구체적인 대상과도 같지 않다. 그것은, 모든 수가 만들어질 수 있는 가능성을 가진 수이지

필자는 앞에서 "삼각형의 순수 형상으로서의 삼각형의 도식은 결국 '현상계에 나타난(이 점에서 감성적이다) 삼각형의 이데아'이다(이 점에서 지성적이다)"라고 했다. 지금 내 눈앞에 있는 흑판 위에 그려진 삼각형이 삼각형인 이유는 그 삼각형 안에 삼각형의 이데아(불변의 본질)가 들어 있기 때문이다. 그러므로 흑판 위의 불완전한 삼각형(현상계의 삼각형)을 통해 삼각형의 불변적 본질(삼각형의 이데아)이 드러나고 있는 셈이다. 그런데 필자는 칸트의 다음 말이 필자의 이런 해석을 뒷받침해주고 있다고 생각한다.

> 상상력의 선험적 작용을 나는 이미 '형상적 종합'이라고 불렀던 바다. 우리는 이러한 사태를 항상 또 우리의 내심에서 인정한다. 선을 생각 속에서 먼저 실지로 그어보는 일 없이, 우리는 선을 생각할 수 없다. 동그라미도 먼저 생각 중에서 그려보지 않고서는 그것을 생각할 수 없다. 한 점에서 서로 수직적인 세 선을 그어보는 일 없이는 삼차원의 공간을 표상할 수 없다.(B154. 강조는 칸트)

우리가 머릿속에서 그려보는 선이나 동그라미가 선과 동그라미의 도식이고, 그것은 선과 동그라미의 근원적 형상이며, 이런 형상을 생산해내는 선험적 상상력의 능력을 '형상적 종합'이라고 한다. 인간은 감성적 직관의 능력을 갖고 있는데, 인간이 현상계에서 직관하는 구체적인 삼각형의 직관은 항상 유한한 직관이다. 이 경우, '유한한 직관'이란 말은 바로 그 특정의 삼각형의 변의 길이나 그 길이에 의해 만들어지는 형태는 다 유한하다(한정적이다)는 말이기도 하고, 인간이 그릴 수 있는 그런 유형의 특정 삼각형의 개수가 유한하다(한정적이다)는 뜻이기도 하다. 그런데 인간이 머리로 상상할 수 있는 삼

___

만 정작 구체적인 하나의 수는 아닌 가능적 무한과 비슷하다. 이 선험적 대상과 가능적 무한은 그것에서부터 선험적 상상력이 모든 현실적인 대상과 모든 구체적인 유한수를 만들어내게 되는 근원적 형상이요, 이런 형상을 만들어내는 능력이 선험적 상상력이다.

각형의 도식(근원적 삼각형)은 플라톤이 말하는 이데아계에 있는 것으로 생각된 삼각형의 이데아가 우리 머리 안으로 들어온 것인데, 이 삼각형의 도식은 현상계의 구체적인 유한한 삼각형도 아니고, 그렇다고 '무한의 삼각형'도 아니다. 선험적 상상력이 만들어낸 근원적 형상으로서의 삼각형의 도식은 '가능적 무한의 삼각형'이다. '가능적 무한의 삼각형'이란 '인간이 현실 속에서 삼각형을 무한히 만들어가는 것을 가능하게 만들어주는 삼각형'이란 뜻이다. '무한의 삼각형'이란 '신의 직관에서 성립하는 삼각형'이란 뜻이다.

감성적 직관 능력의 소유자인 인간은 직관 대상을 창조하지 못한다. 인간은 머릿속으로 사과를 생각한다고, 눈앞에 사과가 만들어지지 않는다. 기독교 신은 그렇게 할 수 있다. 신이 '사과가 있으라' 하면 사과가 만들어진다. 신은 지성적 직관의 소유자이기에 그런 일이 가능하다. 그러나 인간은 비록 신처럼 '사과 그 자체'(가상체로서의 사과)를 생각만으로 만들어내지는 못하지만, 그럼에도 불구하고 '사과의 도식'을 머릿속에서(상상으로) 만들 수는 있다. 바로 이런 이유로 신은 가상체들의 창조자이지만, 인간은 현상계의 창조자에 불과하다. 우리가 흑판 위에 삼각형을 그린다는 것은 우리 머릿속에 있는 삼각형의 근원적 형상(도식)에다가 어떤 질료적 요소를 덧입혀서 우리 눈앞에 현재화시킨다는 뜻이다. 그리하여 우리는 현상의 창조자가 된다. 그리고 그 도식을 이용하여 수많은 기하학적 판단을 내릴 수가 있다. 즉 인간은 머릿속에 있는 사과의 도식을 준거점으로 삼아 어떤 과일이 사과인지 아닌지를 판단할 수 있다. 이상의 논의를 통해 우리는 칸트가 말하는 '선험적 상상력의 형상적 종합'과 '도식'의 개념에 대해 충분하게 이해했다.

이제 우리에게 남겨진 마지막 과제는 감성과 오성의 종합은 상상력에 의해 가능하다는 관점, 선험적 주관은 가능적 무한자라는 관점에서 '지성적 종합'의 개념을 설명하는 일이다. 그러나 우리는 위에서 선험적 연역의 핵심 중의 핵심인 도식론을 '가능적 무한자로서의 인간'이라는 관점에서 해명했기에 '지성적 종합'에 대해서는 간략하게 다루고 넘어가려 한다. 칸트는 지성적 종합과 형상적 종합을 구분한다.

감성적 직관의 다양에 대한 이러한 **종합**은 선천적으로 할 수 있고 또 필연적이로되, 이런 종합을 **형상적인 것**(즉 형상적 종합, synthesis speciosa)이라고 칭할 수 있다. 이것과 구별되는 것이 '직관 일반'의 다양에 관해서 한갓 범주 중에서 생각되는 종합 즉 지성의 결합(즉 지성적 종합, synthesis intellectualis)이다.(B151)

프레이버그는 지성적 종합에 대해 이렇게 설명한다.

상상력은 종합의 기능이기에, 그것은 소위 지성적 종합이라 불리는 것에서도 아무리 감추어져 있더라도 마찬가지로 나타나야 한다. 그러나 지성적 종합은 심지어 제대로 된 종합이라고 불릴 수가 없다. §24(B150-157) 뒷부분에서 칸트는 "지성의 종합은 지성만을 단독으로 고찰한다면, 단지 활동의 통일일 뿐이며, 그것을 통해 감성을 규정하는 것이 가능하다"(B153)고 한다. 이리하여 지성적 '종합'은 단지 그 활동으로부터 추상적으로 보아진 종합활동의 통일(unity)이다. 종합의 이런 형식적 측면은 "상상력의 도움이 없이 오직 지성에 의해서만 수행된다."(B152) 그러나 그것의 의미는 일차적으로 여기서는 부정적이다. 지성적 종합은 경험의 대상들에 범주들을 적용한다는 연역을 위해서는 원칙상 불충분하다.[88]

프레이버그는 인식의 성립에 있어서 일차적으로 중요한 것이 선험적 상상력의 종합이지 형식적인(질료적인 것과 관계하지 않은) 순수통각의 종합활동에

---

88) B. Freyberg, *Imagination and Depth in Kant's 'Critique of Pure Reason'*, p. 75.

의한 지성적 종합이 아님을 지적하고 있다. 그런데 선험적 상상력의 종합활동은 내감에서 일어나므로 — 왜냐하면 외감의 결과물들도 순차적으로 결합되는 것은 시간 속에서 가능하며, 시간 속에서 일어나는 것은 내감과 연결되기 때문이다(상상한다는 것은 시간 속에서의 일이다)[89] — 순수통각의 종합(이 종합은 시간 속에서 발생하는 것이 아니다)이 선험적 통각의 종합(이 종합은 시간 안에서 발생한다)으로 바뀌는 과정을 설명해야 한다. 거꾸로 말한다면 감성의 제약하에서 사유하는 통각인 선험적 통각에서 '감성의 제약'을 제거해버리면 '순수통각'이 된다는 것을 보여주어야 한다. 혹은 순수통각에 인식의 재료들이 제공되면, 순수통각이 선험적 통각이 된다는 것을 설명해야 한다. 이것을 설명하는 것은 매우 힘든 일로 보여지는데, 칸트는 B153에서 이 작업을 하고 있는 것으로 보인다.

그러나 내감을 규정하는 자는 지성이요, 또 지성의 근원적 능력은 직관의 다양을 결합하는, 다시 말해서 통각(이에 지성의 가능성까지 매여 있다) 속에 가져오는 것이다. 그런데 지성은 우리 인간에게 있어서는 직관의 능력이 아니며, 그리고 가령 직관이 감성에 주어져 있다 할지라도

---

89) 칸트는 이렇게 말한다. "그렇다면 한편으로는 범주와, 또 다른 한편으로는 현상과 동종적인, 그래서 전자가 후자에게 적용될 수 있게 하는 제3자가 있어야 할 것이 분명하다. 이 매개적인 표상은 순수(모든 경험적인 것이 없이)해야만 되며, 한편으로는 지성적이고 또 한편으로는 감성적이어야 한다. 이런 것이 바로 선험적 도식이다."(B177. 강조는 칸트, 전원배 번역본) 이 인용문에 등장하는 '현상'은 경험적인 것이 아니라 순수한 것이어야 하는데, 그것은 바로 '경험적 직관의 무규정적 대상'(선험적 대상)이다. 순수범주를 순수현상에 연결시키는 것이 선험적 도식이라는 말이다. 그런데 칸트는 이 연결이 시간 속에서 일어남을 이렇게 말한다. "오성개념은 다양의 순수한 종합적 통일 일반을 포함한다. 시간은 내감의 다양, 따라서 모든 표상의 결합을 위한 형식적 제약이기 때문에 순수직관에서 선천적 다양을 포함한다. 그런데 선천적 시간규정은 그것이 일반적이고 또 선천적 규칙에서 기인하는 만큼 범주(시간규정의 통일을 구성하는)와 동종적이다. 그러나 시간은 다른 면에 있어서 다양의 모든 경험적 표상 속에 포함되는 만큼 현상과도 동종적이다. 그러므로 범주를 현상에 적용하기에는 지성개념의 도식으로서 전자 속에 후자가 포섭되도록 매개하는 선험적 시간 규정을 통해 가능하다."(B177-178. 강조는 칸트, 전원배 번역본)

지성이 자기 자신의 다양한 직관을 결합하기 위해서 이 직관을 제 자신 속에 받아들일 수 없는 것이기 때문에, 지성의 종합은 그것만을 따로 떼어서 본다면 활동의 통일 이외에 다른 아무것도 아니다. 지성은 이 활동을 감성과의 관계가 없는 활동이라고 의식하고 있는 것이지만, 그러나 지성은 이 활동을 통해 직관의 형식에 따라서 그에게 나타나는 다양에 관해서 감성을 내면적으로 규정할 수 있는 것이다. 이리하여 지성이 **상상력의 선험적 종합**이라는 명칭하에 수동적 주체(passive Subject)에 대해 어떤 작용을 가하는바, 이 작용을 통해 내감이 촉발된다고 우리는 당연히 말할 수 있다.(B153. 강조는 칸트, 전원배 번역본)

필자는 길게 인용했는데, 칸트는 인식질료(직관내용)가 다음의 단계들을 거쳐 지성의 12범주와 순수통각에 보내지는 것으로 설명한다. ① "지성의 근원적 능력은 직관의 다양을 결합하는, 다시 말해서 직관의 다양을 통각 속에 가져오는 것이다." 그러나 ② "지성은 우리 인간에게 있어서는 직관의 능력이 아니며, 그리고 가령 직관이 감성에 주어져 있다 할지라도 지성이 **자기 자신의 다양한 직관을 결합하기 위해서 이 직관을 제 자신 속에 받아들일 수 없다**." ③ 결국 지성에다 인식의 질료인 직관을 제공하는 어떤 것이 요구된다. 그 일은 지성과 마찬가지로 자발성의 기능을 가진 것이어야 한다. ④ 무엇인가가 지성에다 인식의 질료를 제공하면, 지성은 그것을 '수용하는 주체'로 머물게 된다.[90] ⑤ 그런데 지성에다가 인식의 질료를 능동적으로 제공하는 자발

---

90) 칸트가 자발성의 기능이라고 했던 지성과 순수통각을 '수동적 주체'로 표현하는 것은 의외이지만, 곰곰이 생각해보면 아주 당연한 일이기도 하다. 지성과 순수통각은 자발성의 능력이다. 감성은 수용성의 능력이다. 상상력은 이 양자를 매개하는 능력으로서 자발성도 갖고 있고 수용성도 갖고 있다. 그런데 상상력은 일단 감성으로부터 인식재료를 받는 능력(수용성)을 갖고 있으며, 그렇게 받은 인식재료를 지성에 보내는 능력(자발성)도 갖고 있다. 그러므로 상상력이 감성으로부터 받은 인식재료를 지성에게 보내면, 지성은 그것을 범주로써 구성(자발적 활동)하는 것에 앞서서 상상력이 주는 인식재료를 받아야(수동적 활동) 한다. 이때 지성과 순수통각은 '수동적 주체'일 수밖에 없을 것이다. 이런 식으로 생각한다면, 우리가 수용성의 능력으로만 알

성의 역할을 하는 그 무엇은 내감의 작용인 상상력이다. ⑥ 이리하여 상상력의 도움이 없이는, 인식의 성립을 위해 아무런 쓸모가 없는 지성의 범주들이 상상력의 도움으로 작동하게 된다. ⑦ 지성이 상상력의 도움 없이는 아무런 인식적 기능을 하지 못하듯이, 마찬가지로 감성도 상상력의 도움 없이는 인식재료로서의 아무런 역할도 할 수 없다. ⑧ 결국 상상력은 그 자체로서는 인식의 성립에 아무런 의미도 없는 지성의 12범주와 순수통각, 그리고 감성적 직관내용들에 인식론적 의미를 부여한다.

도식론에 대한 이상의 논의를 통해 우리는 칸트가 지성의 범주들과 직관의 결합을 어떻게 설명하는가를 살펴보았다. 선험적 상상력이 인식의 재료들을 순수통각(지성)에 제공하는 순간에, 그리하여 인식재료와 인식틀(범주와 순수통각: 이 순수통각 안에 범주들이 있다)이 만나는 순간에, 선험적 상상력은 선험적 주관, 즉 '감성의 제약하에서 사고하는 주관'이 된다는 것이 필자의 최종적인 결론이다. 필자가 앞에서 말했듯이 칸트가 말하는 '순수이성비판'은 곧 '순수인간비판'이었는데, 칸트는 순수인간인 선험적 자아가 감성의 직관능력과 지성의 사유능력의 결합체임을 해명하는 작업을 '분석론'과 '도식론'에서 성공적으로 수행해냈다고 생각한 뒤, 다음처럼 말한다.

'내가 생각한다'는 명제는 '내가 생각하면서 실존한다'는 것을 의미하는 한에서는, [일반]논리적인 기능이 아니라, 주관의 실존에 관해서 규정하며 (이런 주관은 동시에 객관이기도 한다), 따라서 **내감 없이 성립할 수가 없다.** 그리고 내감의 직관은 '물자체 그것'으로서의 객관이 아니라 한갓 현상으로서의 객관을 지시한다. 이에 동(同) 명제 중에는, 사고의 자발

고 있는 감성도, '능동적' 측면을 가져야 한다고 생각할 수 있을 것이다. 감성이 수용한, 인식의 원재료인 감각재료들은 저절로 상상력에게 넘어가는 것은 아닐 것이다. 감성이 감각재료들을 상상력에게 넘겨주면(능동성) 그 후에 상상력은 자신의 수용성의 능력으로 그 재료들을 받아들이게 될 것이기 때문이다.

성뿐만이 아니라 직관의 수용성도 존재한다.(B429. 강조는 필자)

'내가 생각하면서 실존한다'에는 사고의 자발성과 직관의 수용성이 같이 존재한다는 이 말은 읽기에 따라서는 '인간은 느끼면서 생각하는 존재이다'라는 말로 읽을 수 있다. 그리고 인간이 그렇게 할 수 있는 핵심적인 이유는 인간이 선험적 상상력을 가졌기 때문이다. 데카르트는 인간이 정신과 물질이라는 이질적인 두 유한 실체로 되어 있다고 했다. 그러나 그는 그 두 개의 이질적 실체가 어떻게 인간에게서 결합할 수 있으며, 물질과 정신이 어떻게 상호작용할 수 있는가 하는 물음에 대해 아주 허술한 답을 제시하는 것으로 그쳤다. 우리 뇌 속의 특정 부위인 '송과선'에서 상호작용이 발생한다는 것이었다. 칸트 인식론에서 선험적 상상력의 역할을 하는 것은 데카르트에서는 송과선이고, 도식론은 송과선이 작용하는 방식을 자세히 설명한 것이라고 말할 수 있을 것이다. 철학의 역사에서 칸트만큼 선험적 상상력을 세세하게 해부한 사람은 없었다. 그는 그것을 해부하는 일에 선험적 형이상학과, 더 나아가서 비판적 형이상학의 명운을 걸었다. 모든 범주들이 감성적인 것과 결합하게 만들어주는 도식이 없으면, 범주들은 물과 기름이 섞이지 않듯이 감각과 결합하지 않게 되고, 결국 선험적 형이상학은 무너지게 된다.

IX

선험적 관념론으로부터 해방된 칸트철학의 현대적 의의

1. 선험적 관념론이라는 외피를 벗어버린 칸트철학
2. 선험적 관념론으로부터 해방된 '사실'과 '의미'의 문제
3. 선험적 자아와 경험적 자아의 복합체로서의 인간
4. 선험적 관념론으로부터 해방된 인간존엄사상

우리는 지금까지 칸트가 일으킨 형이상학적 혁명의 핵심을 살펴보았고, 또 칸트가 '일반 형이상학'으로 간주했던『순수이성비판』의 '선험적 분석론'의 '개념의 분석론'과 '도식론'까지 고찰했다. 우리는 지금까지의 고찰을 통해 비판적 형이상학의 지하층인『순수이성비판』과 지상층인『실천이성비판』 그리고 그 이음부인『판단력 비판』의 유기적-통일적 관계를 밝힘으로써 비판적 형이상학의 전모를 살펴보았다. 그러나 유감스럽게도 나는 칸트가 공들여 건설한 비판적 형이상학의 체계는 무너졌다고 생각한다. 칸트 이후 형이상학이란 학문은 급격하게 쇠퇴일로의 길을 걷게 된다. 누차 언급했듯이 칸트 시대에 이미 형이상학은 자연과학의 학문다움에 기가 눌려 위기를 맞이하고 있었다. 근세철학자들은 어떤 식으로든 자연과학이 보여주는 학문다움에 대한 그들 나름의 설명 내지는 정당화 작업을 했어야만 하는 처지에 놓이게 된다. 경험론과 합리론의 대립도 자연과학의 학문성의 근거에 대한 철학자들의 설명방식의 차이에서 만들어진 것이다. 그 학문성을 이성의 관점에서 보느냐 아니면 경험의 관점에서 보느냐에 따라 학파가 갈라졌다.

데카르트는 실체를 정신(칸트식으로 말하면 '자유'가 된다)과 물질(칸트식으로 말하면 '필연'이 된다)로 나누어 서로가 영향을 주지 않는다고 하면서 자연과학의 법칙성을 보호해주었다. 그럼에도 불구하고 그는 인간에게서는 심(마음)과 신(물질)이 상호작용을 한다고 말함으로써, 인간에게서는 자유와 필연이 만나는 것을 인정했다. 그는 상호작용하는 장소를 우리 두뇌 내부의 송과선이라고 했다. 데카르트는 마음과 물질이 상호작용한다면, 마음이 물질의 법칙에 영향을 끼쳐 물질의 운동법칙을 깨뜨리게 되는 것이 아닌가 하는 문제에 직면하게 되지만, 그는 이 문제를 더 이상 다루지 않는다. 스피노자는 이 문제를 심각하게 의식했으며, 그는 결국 물질과 정신이라는 것은 동전의 앞뒷면처럼 같은 것이며, 따라서 동전의 앞면이 뒷면에게, 혹은 뒷면이 앞면에게 영향을 줄 수 없듯이, 심과 신은 동일한 실체의 앞뒷면이기에 '일방이 타방에게 영향을 주면서 자연법칙이 교란되거나 파괴되는 일은 일어나지 않는다'는 심신평행설(심신병립설)에 도달한다. 스피노자는 "관념의 질서와 연결은 사물의 질서 및 연결과 같은 것이다"[1]라고 말한다. 데카르트가 심과 신을 철저하게 분리되는 두 개의 독립적인 실체라고 말하면서도 인간에게서는 그 둘이 상호작용한다는 사실을 인정하면서 마주하게 되었지만 무관심했던 문제, 그렇지만 스피노자는 그 문제를 깊이 있게 다루어 심신평행설적 결정론에 도달하게 했던 이 문제는 칸트에게서 자유와 필연의 이율배반인 제3이율배반의 문제로 등장하여, 칸트로 하여금 현상계와 예지계를 분리하도록 만든다.

> 감성계의 일체 사건이 불변의 자연법칙에 의해서 시종일관된 연관이 있다는 '원칙의 정당성'은 이미 '선험적 분석론'의 원칙으로서 확립했고, 도저히 타파되지 않는 것이다. 이에, 그럼에도 불구하고, 자연에 좇아서 규정되고 있는 동일한 결과에 관해서 자유도 성립할 수 있으냐, 혹은 자유는 자연의 불가침의 규칙에 의해서 완전히 배제되느냐 하는 것이 문제가 될 따름이다. (…) 무릇 현상이 '물자체 그것'이라면 자유는 구제될 수 없다. (…) 이와 반대로 현상들이 사실상 있는 그대로, 다시 말해서 물자체가 아니라 경험적 법칙에 따라 연관된 표상 이외의 다른 것이 아니라고 한다면, 이런 현상 자신은 '자신이 아닌 근거'를 가지지 않을 수가 없을 것이다.(B554-555)

하여튼 정신실체와 물질실체라는 두 유한 실체가 송과선에서 만난다고 말한 데카르트는 인간이 자유의 세계와 필연의 세계라는 두 세계의 시민임을 주장한 칸트적 사유의 선구라고 할 수 있다. 칸트도 자유는 필연의 자연법칙에 간섭하지 않는다는 주장을 하면서 데카르트 노선에 서는 측면이 있다. 그러나 그는 데카르트가 애매모호하게 처리한 문제, 즉 어떻게 인간이 자유

---

1)   B. 스피노자, 『에티카』(강영계 옮김, 서울, 서광사, 1990), 73쪽.

와 필연이 만나는 장소일 수 있는가 하는 문제, 즉 인간이 단순한 기계가 아니고 기계다움을 넘어서서 인간다움을 인정받을 수 있는 길을 아주 분명하게 모색했다. 스피노자도 필연의 인과법칙이 자연을 지배한다는 결정론을 주장함으로써 자연과학의 학문다움을 철학적으로 정당화시켰다. 그러면서 그는 인간의 인간다움을 만물을 지배하는 필연의 흐름을 관조하는 능력 즉 '필연에 대한 인식'에서 찾았다. 그는 그 인식을 통해 인간은 자신을 덮치는 수동적 정념들로부터 해방될 수 있다고 생각했다. 합리주의 철학자들은 자연과학의 학문다움과 대결하면서 자신들의 독단적 형이상학을 건설했다면, 경험주의 철학자들은 처음부터 형이상학을 경멸했다. 칸트는 학문 중의 학문으로 추앙받던 형이상학이 만인의 조롱거리가 된 상황에서 형이상학의 부흥을 위해 비판적 형이상학을 건설한다. 칸트는 비판적 형이상학을 건설하면서, 선험철학적이지 않는 방식으로 형이상학적 주장을 펼치는 모든 독단적 형이상학을 거부했다.

그런데 뉴턴의 물리학과 유클리드(Euclid, B.C. 330?-B.C. 275?)의 기하학은 비유클리드 기하학에 의존하여 상대성이론을 확립하며 뉴턴 역학의 오류를 밝혀낸 아인슈타인에 의해 무너진다. 이것은 칸트철학에 치명적인 비극이다. 뉴턴과 유클리드에 의존하던 칸트의 비판적 형이상학도 같이 무너졌다. 엄마가 넘어지면 그 등에 업힌 아이도 같이 넘어지는 법이다. 뉴턴의 물리학을 엄마로, 칸트의 형이상학을 아이로 보는 이 비유가 맘에 들지 않는 철학 애호가들이 있을지 모르겠다. 그렇다면 비유를 바꾸겠다. 비판적 형이상학이라는 귀족이 물리학과 미학과 윤리학이라는 세 명의 하인이 들고 가는 가마에 얹혀가다가, 그 하인들이 넘어지면서 같이 넘어진 모습이다. 사람이 죽기 직전에 잠시 기력을 차려 힘을 내는 경우가 있다고 하는데, 내가 보기에 칸트의 형이상학은 그런 경우에 해당하는 것처럼 보인다. 형이상학이 마지막으로 힘을 내서 학문의 왕좌를 지켜보려 했던 거대한 학문적 몸부림 같아 보인다. 말하자면 칸트의 비판적 형이상학은 형이상학의 회광반조(回光返照)

사건이었던 것이다. 비판적 형이상학의 붕괴 이후 형이상학은 급격한 쇠락의 길을 걷게 된다. 칸트 이후 형이상학은 다시금 온갖 무근거한 주장들이 난무하는 독단적 형이상학들의 아수라장으로 돌아갈 수도 없게 되었기 때문이다. 니체는 신은 죽었다고 말했는데, 그는 근세 자연과학 발전의 필연적 귀결로서 신의 죽음의 사건이 도래한다고 생각했다. 그 신의 죽음의 사건에 수반되는 사건이 바로 형이상학의 죽음이다. 신의 부고장은 곧 형이상학의 부고장이다. 이제 형이상학계에는 위대한 형이상학자들이 만든 형이상학의 대형 백화점은 없다.

1.
선험적 관념론이라는 외피를 벗어버린 칸트철학

칸트의 비판적 형이상학 체계는 붕괴했지만, 이제 여행을 마무리하는 이 지점에서 칸트철학의 초역사적 의의가 무엇인지를 생각해보는 것도 그 나름의 의의가 있을 것이다. 회페는 현대를 살아가는 우리의 동 시대인으로서 칸트철학의 의의에 대해 다음처럼 질문한다.

칸트철학은 단지 철학의 한 역사적 형태일 뿐인가, 아니면 오늘날에도 여전히 우리의 관심을 끄는가? (…) 갈릴레이와 뉴턴 역시 그들의 분야에서 대단히 뛰어난 학자로 불렸으나 그들의 사상은 오늘날에 와서는 상대성이론과 양자역학에 의해서 결국 극복되어 물리학의 한 역사적 형태로 취급된다. 이런 상황이 철학자들에게도 해당되는가? 칸트는 뛰어나지만, 결국은 극복되어버린 인간 사유의 한 형태를 대표하는가?[2]

칸트철학의 현대적 의미를 탐색하는 것이 우리의 과제가 된다. 필자는 우리가 그 과제를 제대로 수행하려면, 칸트철학을 선험적 관념론으로부터

---

2) 오프프리트 회페, 『임마누엘 칸트』, 11쪽.

해방시키는 것이 필요하다고 생각한다. 칸트는 자신의 선험적 관념론은 동시에 경험적 실재론이라고 말한다.(A371 참조) 그러나 그가 자신의 이론을 선험적 '관념론'이라고 규정하는 순간에 '촉발하는 물자체'의 실재성을 거부할 수도 인정할 수도 없는 처지에 놓이게 된다. 순전히 인식론의 관점에서 본다면, 그것은 부정되어야 한다. 그러나 그것은 칸트의 선험적 인식론을 성립시키는 선인식적이고 존재론적인 토대이다. 이 점을 고려한다면 선험적 관념론이란 외투는 칸트철학에 어울리지 않는 옷이다. 그것은 옷이 아니라 고문 조끼처럼 보인다. 그 옷에 갇혀서 물자체는 질식사한다. 칸트철학의 현대적 의의를 고찰하려면 칸트철학을 선험적 관념론으로부터 해방시켜야 한다.

필자는 앞에서 비판적 형이상학은, 자연의 인과법칙을 확립하지만 물자체 불가인식설을 선언하는 자연의 형이상학(선험적 형이상학)과, 자유의 법칙을 확립하면서 영혼과 신의 존재를 증명하는 도덕의 형이상학(초험적 형이상학)으로 구성된다고 했다. 전자는 비판적 형이상학의 지하층이고 후자는 지상층이다. 그런데 칸트는 『순수이성비판』에서 (순수)인간을 자연의 입법자로 간주한다. 칸트는 그 책에서 인과법칙에 대한 흄의 비판에 답하면서 인과법칙의 필연성은 귀납적 일반화를 통해서는 절대로 얻어질 수가 없기에 그것은 인간이 자연을 보는 형식으로 간주해야 한다고 생각했다. 자연이 인과적 연관을 가진 것으로 보이는 것은 자연 그 자체가 그렇기 때문이 아니라, 인간이 자연을 인과적 연관을 가진 것으로 보기 때문이라는 것이다. 인간이 없으면, 자연의 인과적 지평도 없다. 이는 마치 인간이 사라지면, 자연의 시간-공간적 지평이 사라지는 것과 마찬가지이다. 그러므로 인간은 인과적 필연성의 법칙으로 연결된 현상계의 창조자요, 자연의 입법자이다. 그런데 칸트는 『실천이성비판』에서는 인간을 자유의 주체로서 도덕의 입법자로 간주한다. 칸트의 이런 설명에는 네 가지 곤혹스러운 문제점이 내재해 있다.

① 인간에게 시간-공간과 인과법칙이 인식의 틀로서 인간 내부에 들어 있는 것이어서, 인간은 사물을 시간-공간적이며 인과적으로 바라볼 수밖에

없다 하더라도, 진정으로 인간을 자연의 입법자로 간주할 수 있는가 하는 것이다. 인간에게 내장된 인식틀 그 자체가 인간 자신에 의해 만들어진 것이 아닌 한, 인간은 진정한 의미에서 자연의 입법자가 될 수는 없을 것이다. 시간-공간과 지성의 12범주들이 왜 그리고 어떻게 인간에게 인식의 형식으로 구비되어 있는지 인간은 알 수가 없다. 인간은 현상계의 사물을 시간-공간적으로 그리고 범주적으로 인식하게끔 만들어진 존재일 뿐이다. 인간이 자연의 입법자라면, 인간은 입법내용도 바꿀 수 있어야 할 것이다. 그러나 인간은 그렇게 하지 못한다.

② 칸트는 인간이 자연의 창조자이면서 동시에 도덕의 창조자라고 한다. 인간이 없다면, 도덕의 지평도 사라진다. 그런데 자연은 필연의 나라요 도덕은 자유의 나라이다. 그렇다면 인간은 필연이면서 자유가 된다. 바로 이 때문에 칸트도 인간은 '두 세계의 시민'이라고 했다. 문제는 필연과 자유는 모순관계를 형성한다는 것이다. 칸트는 필연과 자유가 양립할 수 있다는 입장을 갖고 있지만, 달리 생각해보면 그의 양립론은 인간은 끊임없는 내적 갈등과 모순 상태에 머문다는 것이다. 인간이 필연의 법칙의 창조자이면서 동시에 자유법칙의 창조자라는 것은 인간이 고통 상태에 내던져진다는 것인데, 인간이 두 법칙의 창조자이면서 그 두 법칙의 갈등 속에 자신을 던져 넣는 행위를 한다는 것은 인간이 스스로를 괴롭히기로 작정했다는 것이 된다. 그러나 이는 비상식적이다. 자연법칙도 인간이 만든 것이 아니라 자연 그 자체 속에 있는 것이며, 도덕법칙도 인간이 만든 것이 아니라 그 자체로 실재하는 것이라면, — 이렇게 되면 인간이 사라져도 자연법칙과 도덕법칙은 여전히 존재한다 — 인간이 그 두 법칙 사이에 놓여서 고통당하는 존재로 설정되어도 비상식적이지는 않다. 신이 인간을 그 고통의 자리에 두었는지는 모르지만, 단지 인간의 얄궂은 운명을 불평하면 그만이다. 그러나 인간이 두 법칙의 창조자이면서 두 법칙이 만들어내는 고통스러운 모순상황 속에 자신을 둔다는 것은 받아들이기 힘들다. 인간은 그 두 법칙의 창조자이니까 그 두 법

칙 중에서 하나를 제거해버리는 방식으로 그 갈등구조 속에서 해방되는 길을 택하는 것이 상식적이다. 그러나 인간은 그 두 법칙의 '창조자'라고 하지만, 그 두 법칙 중에서 어느 하나도 마음대로 없애지 못한다. 그렇다면 인간이 그 두 법칙의 창조자가 아니라는 말이 될 것이다. 이런 점에서 본다면 인간은 현상계의 사물을 시간-공간적으로 그리고 범주적으로 인식하게끔 만들어진 존재일 뿐이듯이, 인간에게 부과된 도덕법칙도 인간이 창조한 것이 아니라, 그러한 도덕법을 의식하면서 살아가도록 만들어진 존재일 뿐인 그런 존재가 될 것이다.

③『순수이성비판』에서 인간은 현상의 창조자이다. 그런데『실천이성비판』에서 인간은 도덕법칙의 창조자이다. 그런데 칸트식으로 말한다면, 도덕법칙의 세계는 물자체의 세계이다. 그렇다면, 인간은 물자체의 창조자가 된다. 인식의 주체로서 인간은 현상계의 창조자가 되고, 도덕의 주체로서 인간은 물자체계의 창조자가 된다. 그러나 칸트가 이런 주장을 도덕신앙의 차원에서 하는 것이라 하더라도, 인간이 물자체의 창조자가 된다는 것은 기이한 주장이다. 왜냐하면, 인간이 예지계를 지배하는 법칙의 창조자라는 것은 인간이 신임을 주장하는 것이 되기 때문이다. 인간이 물자체의 창조자가 된다는 것을 '인간은 도덕의 주체로서 자신이 제정한 도덕법칙에 따라 행위함으로써만 물자체의 세계에 합일할 수 있는 존재'라는 것으로 해석하더라도, 뭔가 매끄럽지 않게 느껴지는 것은 어쩔 수가 없다.

④ 칸트의 주장대로라면, 도덕적 행위주체로서의 인간이 사라지면 도덕의 지평도 사라진다. 따라서 물자체도 사라진다. 그러나 이 역시 인간이 물자체의 창조자가 된다는 것만큼이나 받아들이기 힘들다. 칸트는 '하나인 물자체'를 '선험적 의미의 신'으로 간주하는데, 도덕적 행위주체로서의 인간이 사라진다고 이 우주에서 도덕의 지평이 사라지고, 선과 악의 구분도 사라지며, 따라서 신이 사라진다는 것은 받아들이기 힘든 결론이다.

앞의 ①, ②, ③, ④가 공통적으로 지시하는 것은 선험적 관념론이 틀렸다는 것이다. 선험적 관념론을 버리게 되면 우리는 칸트적인 구성주의 인식론에 제한적 타당성만을 인정해야 한다. 시간-공간이 인간의 직관형식이 아니라 실재하는 것임을 인정한 뒤에, 그 위에서 생명체들의 직관방식의 다양성이 설명될 필요가 있다. 그리고 인간만이 자신의 직관방식의 한계에 갇히지 않고 그것에서 벗어나서 다른 생명체들의 직관방식까지 고려한 사물들의 실상을 파악할 수 있는 능력을 가진 존재가 된다. 이런 식으로, 존재론적 토대 위에서 인식론적 구성설과 파악설이 결합하게 되면 우리는 뉴턴 역학에서 아인슈타인의 상대성이론으로의 발전도 매끄럽게 설명할 수 있다.

칸트의 자연의 형이상학은 뉴턴 역학의 완전성에 대한 확신 위에 서 있다. 그러나 뉴턴 역학은 '경험 가능한 세계'의 완전한 진리가 아님이 밝혀졌다. 거시세계의 물리학자인 아인슈타인의 상대성이론은 일상세계의 물리학자인 뉴턴의 중력이론을 무력화시켰으며, 더욱이 시간과 공간이 절대로 분리되어 다루어질 수 없는 것임을 밝혔다. 더욱 기이한 것은 미시세계의 물리학인 양자역학은 뉴턴의 물리학에서는 상상도 할 수 없는 일이 가능하다고 말한다. 동일한 사물이 동시에 이곳에도 있을 수 있고 저곳에도 있을 수 있다고 말한다. 만약에 양자역학의 이런 주장이 참이라면 칸트가 의지했던 뉴턴 역학의 불완전성은 증명된 것이고, 그것에 의지해서 세워진 칸트의 자연의 형이상학도 붕괴될 수밖에 없다.

> 이제 칸트의 믿음과 달리, 뉴턴의 이론을 그것의 참이 문제시되는 가설로서 간주한다면, 우리는 칸트의 문제를 근본적으로 바꾸어야 한다. 그렇다면 칸트의 해결은 그 문제에 대한 후기 아인슈타인의 새로운 정식화에는 더 이상 적합하지 않으며, 따라서 수정되어야만 한다는 것은 전혀 놀라운 일이 아니다.[3]

---

3) 칼 포퍼, 『추측과 논박 I』, 381쪽.

그렇다면 우리는 칸트를 흉내 내어서 새로운 형태의 '자연의 형이상학'을 건설하려는 시도를 할 수 있지 않을까? 그러나 그런 시도를 하기에는 우리에게는 칸트로 하여금 학의 안전한 길에 들어선 학문이라는 확신을 심어준 뉴턴의 고전역학과 같은 현대물리학이 존재하지 않는다는 것이 문제다. 현대의 물리학은 인간 이성의 위대성의 표식이기도 하지만, 그 물리학적 지식의 진리성은 완결적인 것이 아니다. 현대물리학이 어디까지 더 발전할 수 있는지는 아무도 모르는 일이다. 계속 발전에 발전을 거듭할 것이다. 그러니 그것은 칸트가 뉴턴의 역학에 대해 가졌던 물리학의 완결성에 대한 믿음을 우리에게 주지 못하고 있다. 설령 우리가 현대물리학에 대해 칸트가 뉴턴 역학에 대해 가졌던 완결성에 대한 믿음을 가지고 있다고 하더라도, 현대의 첨단 물리학에서는 그 자체로 아인슈타인의 거시물리학과 닐스 보어(Niels Bohr, 1885-1962)의 미시물리학이 충돌하고 있다. 전자의 물리학은 아인슈타인이 "신은 주사위 게임을 하지 않는다"고 말했듯이 인과적 결정론 위에 세워져 있지만, 후자의 물리학은 확률론 위에 세워져 있다. 그러니 칸트처럼 '어떻게 거시물리학적 아프리오리한 종합판단이 가능한가?'라는 물음을 던질 수가 없는 상황이다. 그가 거시물리학적 아프리오리한 종합판단의 가능성 조건에 대한 선험철학적 해결책을 내놓았다 하더라도, 그 해결책은 미시물리학적 아프리오리한 종합판단의 가능성 조건에 대한 해답은 될 수 없기 때문이다.

칸트의 선험적 관념론은 현상과 물자체의 구분을 확립했다. 그에 의하면 이 현상의 세계는 '가능한 경험의 세계'로서, 이 세계는 그 경계선이 고정된 세계는 아니다. 문제는 칸트에 의하면 그 경계선을 기준으로, 그 안에 있는 세계는 인간이 구성해낸 현상세계이기에 인간은 그 세계에 대해 완벽한 인식을 가질 수가 있다. 그러나 경계선 바깥의 세계는 물자체의 세계이며, 우리는 그 세계에 대해서는 완벽하게 무지의 상태에 머물게 된다. 그러나 지와 무지의 영역에 대한 이런 식의 구분은 과학이 발전해가는 모습과 조화할 수 없는 주장처럼 보인다. 우리는 과거에 실증적인 자료에 근거하여, 칸트식으로 표현해서, 직관이 주어지는 경험적 데이터에 근거해서 가설이 이론으로 승격되어 과학적 진리로 간주되었던 과학적 발견들 중에서도 새로운 자연현상에 직면하여 교정되는 사례들을 많이 보게 된다. 이는 무엇을 말해주는가? 가능한 경험의 세계 내부에 관한 우리들의 지식조차도 완벽하지 않다는 것이 아니겠는가? 우리들의 지식이 넓혀지는 방식에 대한 현대과학의 설명은 칸트가 설명하는 방식과 많이 다르다. 칸트 형이상학의 체계에서 기초공사에 해당하는 자연의 형이상학의 붕괴는 동시에 그의 인식이론의 도미노적 붕괴로 이어진다. 칸트는 시간과 공간을 인식주체 외부에 있는 외적 사물들이 담기는 그릇과 같은 것으로 간주하지 않고, 인간 감성의 '순수직관형식'으로 보았다. 그리하여 그는 그런 형식의 담지자인, 선험적 주체인 인간이 사라지면 세계의 시간-공간적 차원도 사라진다고 생각했다.

그러나 이는 받아들이기 힘든 주장처럼 보인다. 인간이 지구상에 생겨나기 전에 이미 수많은 생명체들이 있었고, 그들의 활동 공간도 존재했었다. 그렇다면 인간이 사라지면 세계의 시간-공간적 차원도 사라진다는 말은 잘못된 것이다. 나는 앞에서 시공이 인간 고유의 선천적인 직관형식이면서, 동시에 다른 생명체들의 선천적인 직관 방식일 수 있다고 말했다. 모든 고등 생명체에게는 다양한 공간 감각이 있는데, 이 다양성을 내가 앞에서 제안했듯이, 그 생명체들이 가지고 있는 **주관적인 직관형식의 다양성**이면서 동시에 생명체들이 **실재하는 공간에 적응하는 방식의 다양성**으로 보는 것이다. 이렇게 볼 때에만 우리는 초음파를 발사해서 자신의 위치를 잡는 박쥐의 공간감각과 열 감지기 같은 것으로 사물을 파악하는 뱀의 공간감각은 다르지만, 그런 차이가 발생하는 것은 그 근저에 있는 공통의 공간감각의 변양 때문으로 이해할 수 있게 된다. 나는 시간도 이렇게 이해하는 것이 옳다고 생각한다. 모든 고등생명체에게는 다양한 시간감각이 있는데, 이 다양성을 그 생명체들이 가지고 있는 유적(類的) **주관의 차원에서 갖는 직관형식의 다양성**이면서 동시에 생명체들이 자기들 바깥에서 **자체적으로 실재하는 시간에 적응하는 방**

식의 다양성으로 보는 것이다.

이하에서 이 문제에 대해 설명해보고자 한다. 칸트적인 인식론에서 인간은 자연법칙의 창조자라고 할 때, 우리는 '창조한다' 혹은 '만든다'는 말이 주는 일상적인 어감에 휘둘려 인간이 마음먹기에 따라서는 자연법칙을 다르게 입법할 수도 있는 것처럼 생각하게 되는 경향이 있다. 그러나 우리는 그렇게 할 수가 없다. 그렇다면 인간은 인간적 방식으로 인식대상을 구성하면서 바라보도록 되어 있는 존재요, 인간적 방식으로 도덕적 대상을 구성하면서 추구하도록 되어 있는 존재가 될 것이다. 나는 박쥐나 고래나 뱀이나 나비나 잠자리 같은 다른 동물들도 그들만의 방식으로 사물을 구성하면서 바라보는 기능이 있음을 언급했다. 동일한 외부 사물이 이들 동물들에게 각기 다르게 보인다면, 칸트식으로 말해서 다른 동물들도 현상 구성적 주체가 될 것이요 그들은 그들이 살아가는 그들만의 현상세계의 창조자일 것이다. 그들도 그들 나름의 선험적 관념론자가 된다. 이것이 의미하는 바가 무엇인가? 인식주관이 사라지면 시간-공간도 사라진다는 선험적 관념론은 틀렸다는 것이다.

박쥐는 방향정위전파를 발사하는 방식으로 사물의 모양과 위치를 파악하며 그들 나름의 시간-공간 감각을 갖고 살아가지만, 박쥐가 사라진다고 시간-공간 자체가 사라지는 것은 아니다. 단지 시간-공간을 박쥐의 방식으로 지각하는 방식이 사라질 뿐이다. 이런 사정은 뱀에게도 마찬가지일 것이다. 지각능력이 있는 모든 동물 종들은 각각의 고유한 시공간 감각을 가지고 있는데, 그럼에도 불구하고 그들 종들 상호 간에 포식자와 피식자의 관계를 맺으며 살아가는 것이 가능한 이유를 설명하려면 그들에게 구비되어 있는 시공간 감각이 서로 다름에도 불구하고 그들 사이에는 그 근저에 동일한 시공간이 있음이 전제되어야 한다. 그것이 있기 때문에 비록 거미의 시공간 감각이 나비의 시공간 감각과 다름에도 불구하고 거미가 나비를 잡아먹는 것이 가능할 것이다. 만약에 거미가 거주하는 시간-공간과 나비가 활동하는 시간-공간이 다르다면, 거미와 나비는 포식자와 피식자의 관계를 맺지 못할 것이다. 그러므로 거미의 눈으로 보는 세계와, 나비의 눈으로 보는 세계가 서로 달라도, 거미와 나비가 서로 관계 맺고 살아갈 수 있다는 것은, 그것들이 공통의 근원적 시간-공간을 통해 물자체라는 동일한 존재론적 정박지에 연결되어 있기에 가능한 것이 아닌가 한다.

그렇다면 우리는 칸트처럼 현상은 인식할 수 있지만, 물자체는 인식할 수 없다는 식으로 말해서는 안 될 것이다. 오히려 물자체에 대한 인식 없이 현상을 인식한다는 것은 불가능하다. 물론 그때 현상을 통해 인식하게 되는 물자체는 전체로서의 물자체는 아니다. 그것은 마치 범신론자들이 만물은 신이라고 말할 때, 하나의 책상이 곧바로 신이 아니며, 책상을 인식했다고 해서 신을 인식한 것이 아닌 것과 마찬가지이다. 현상은 물자체의 부분이다. 그러므로 개미의 현상세계가 보여주는 것이나 박쥐의 현상세계가 보여주는 것이나 물고기의 현상세계가 보여주는 것들은 모두 부분적인 진리의 세계이다. 인간의 위대함은 그런 세계들에 숨겨진 부분적인 진리들을 수합하여 더 온전한 포괄적 진리를 만들어가는 능력에 있다.

그럼에도 불구하고 앞서 언급했듯이 칸트의 구성설적 인식론에는 적어도 현대과학에 의해 지지될 수 있는 초역사적인 것도 있다고 생각한다. 시·공의 관념설은 틀렸지만, 동일한 외적 실재가 그것을 지각하는 생물종에 따라 다른 모습으로 구성된다는 것은 옳아 보인다. 예컨대 잠자리 눈에는 직선이란 존재하지 않으며, 뱀들은 사물들을 열감지 감각으로 파악하며, 개는 색을 구분하지 못하며, 사람의 눈으로는 도저히 암수가 구분되지 않는 나비들이 서로 암수를 구분하는데, 그렇게 할 수 있는 이유는 그들이 인간은 감지할 수 없는, 가시광선 바깥의 광선을 감지하는 능력을 갖기 때문이다. 그러니 그 나비들에게 보이는 세계는 우리 인간이 보는 세계와는 다르다. 그리고 이런 것들을 밝혀낼 수 있다는 것, 인간이 인간의 타고난 감각능력의 제약으로부터 벗어나서 세계를 볼 수 있다는 것이 과학의 경이이고 인간의 위대함일 것이다. 인간은 인식주체로서의 자기 외부에 있는 사물들의 그 시간-공간성까지 구성한다는 칸트의 주장은 틀렸다 하더라도, 그 사물들의 나머지 많은 부분은 인간이 구성한다는 칸트의 주장은 옳다. 다른 생명체들 특히 동물들 역시 그들 방식으로 사물들을 구성하는 것으로 보인다.

　인간만이 자신들이 사물들을 구성하는 고유한 방식을 벗어나서 다른 동물들의 관점에 설 수 있는 능력을 보여주고 있다는 점에서, 나는 인식의 문제는 칸트식의 '선험관념론적 구성설'의 입장이 아니라, **'선험실재론적 파악-구성설'**의 입장에서 해결되어야 한다고 생각한다. 여기서 '실재론적'이란 말은 촉발하는 물자체와 시공간은 선험적 차원에서 고찰하더라도 '관념적'이 아니라 '실재적'이라는 말이고, 그럼에도 불구하고 모든 동물들은 각기 자기만의 방식으로 사물들을 구성해서 본다는 점에서 '구성적'이지만, 인간은 자신만의 구성방식을 벗어나서 사물들을 파악할 수 있다는 점에서 '파악적'이다. 인식론이 이렇게 변경된다면, 우리는 칸트의 '선험적 관념론'을 버려야 한다. 그렇다면 우리는 현상과 물자체의 이분법적 구분 대신에 인간 인식이 파악한 진리와 파악하지 못한 진리를 구분은 하되 그 양자의 구분을 연속선상에 두고 고찰해야 한다. 나는 이렇게 할 때, 칸트가 말하는 촉발하는 물자체 개념의 과학철학적 의미가 제대로 평가될 수 있다고 생각한다. 그것은 말하자면 '선험적 관념론'으로부터 해방된 물자체 개념의 초역사적 의의가 될 것이다.[4]

　사람들은 인간들이 보는 사물들의 상은 인간에 의해 구성된 상이기에 허상이요 환상이라고 생각하기도 한다. 그러나 칸트는 현상과 환상을 구분

---

4)　최근에 학자들은 칸트의 인식론을 인공지능과 연결시켜 논의하곤 한다. *Kant and Artificial Intelligence* (Hyeongjoo Kim & D. Schönecker, eds., De Gruyter, 2022)가 대표적이다. 그리고 이에 대한 소개글로는 『대학지성 In&Out』에 게재된 김형주의 「칸트와 인공지능」(2023. 6. 17.)이 있다. 만약 인공지능이 칸트 인식론에서는 외부 즉 물자체에서 주어지는 것으로 전제되는 감각자료 없이 세계를 구성하는 것이 가능함을 보여준다면, 칸트의 선험적 관념론에서 물자체를 제거하려 했던 신칸트학파의 입장이 옳다는 것이 증명되는 것일 것이다. 그렇다면 필자가 주장하는 선험실재론적 파악-구성설은 포기되어야 한다. 그렇게 되면 우주는 매트릭스 속의 환영에 불과할 것이다.

했다. 현상은 그 배후에 물자체가 있으며, 그리하여 만인에게 공통인 상이지만, 환상은 사막의 신기루같이 개인이 만들어낸 것이기에 개인에게만 나타나는 상이다.[5] 일부 뇌과학자들은 현실은 뇌가 구성해낸 것이기에 현실은 거짓이라고 말하기도 한다. 그러나 현실을 거짓으로 규정하는 것이 가능하기 위해서는 현실의 거짓을, 그것에 대조할 때 현실의 거짓을 비교해보면 현실의 거짓을 폭로해줄 어떤 것 즉 진실을 설정해야 할 것이다. 그러나 그런 진실은 없다. 그러니 현실을 거짓이라 말해서는 안 된다. 모든 것이 곡선으로 보이는 잠자리에게는 곡선의 세계가 잠자리의 현상계이고, 인간이 볼 수 없는 가시광선 바깥의 세계를 볼 수 있는 특정 나비에게는 그 세계가 그 나비의 현상계이다.

그런데 잠자리나 나비와 인간이 다른 점은 인간은 자신이 몸으로 지각하는 그 현상세계가 사물의 실상이 아님을 메타적으로 인지하고 있지만, 나비나 잠자리나 다른 동물들은 자신들이 지각하는 세계가 사물의 실상이 아님을 모르고 있다는 것이다.[6] 이 점을 밝혀낸 것이 칸트철학의 위대한 공적

---

5) 혹자는 사람들이 실재하는 것으로 간주하는 현실은 인간이 만들어낸 것에 불과하며 그것은 선험적 관점에서 보면 관념내용에 불과하다는 『순수이성비판』의 선험적 관념론이, 깨우침의 관점에서 보면 우리가 집착하는 현실은 모두 다 환(幻)에 불과하다는 불교의 '현실 환상론'과 유사한 측면이 있다고 말한다. 그러나 칸트는 현실을 현상의 세계로 보았으며, 가상의 세계로 보지 않았다. 비록 칸트가 진리의 개념을 다층적으로 사용하긴 하지만, 칸트에 있어서 현상의 세계는 진리의 세계이다. 칸트의 다층적 진리 개념에 대해서는 이 책의 374쪽, 각주(66)을 보기 바란다.

6) 혹자는 내가 "잠자리나 나비와 인간이 다른 점은 인간은 자신이 몸으로 지각하는 그 현상세계가 사물의 실상이 아님을 메타적으로 인지하고 있지만, 나비나 잠자리나 다른 동물들은 자신들이 지각하는 세계가 사물의 실상이 아님을 모르고 있다는 것이다"고 말하면서 '사물의 실상'이란 용어를 사용하는 것을 지적하면서, 결국 필자인 나도 인간이나, 나비나 잠자리나 개나 뱀이 보는 것들이 가상임을 말해줄 실상에 대해 언급하고 있는 셈이며, 결국 이들이 실상이 아닌 것 즉 환상이나 가상을 실상으로 간주하면서 살아가는 것을 인정하고 있는 셈이라고 말할지도 모르겠다. 그러나 인간이나 박쥐나 뱀은 사물들의 실상을 알지는 못하지만, 그것들이 보는 것은 가상이나 환상도 아니다. 박쥐가 보는 것, 뱀이 보는 것, 나비가 보는 것들은 각기 그들의 현상이 될 것이고, 그들의 현상에는 물자체에 대한 부분적인 정보가 들어 있을 것이다.

이다. 그리고 인간의 현상세계, 잠자리의 현상세계, 나비의 현상세계, 뱀의 현상세계, 박쥐의 현상세계, 고양이의 현상세계, 개의 현상세계가 각기 다르게 구성되지만, 인간의 과학은 왜 그것들이 다른지를 밝혀낼 수 있는 능력을 증가시켜가고 있다는 점에서 위대하다. 인간의 현상세계와 다른 곤충들이나 동물들의 현상세계가 각기 다르게 구성된다 하더라도, 나는 그 세계들이 각각의 생명체들이 만들어낸 거짓의 세계 혹은 환상의 세계라고 생각하지 않는다. 그렇게 생각할 수 있으려면, 박쥐는 초음파로 사물들을 파악하는 능력을 자신의 임의로 선택했어야 할 것이고, 뱀은 열 감지 기능으로 사물을 파악하는 능력을 자기 마음대로 선택했어야 할 것이다. 그러나 박쥐나 뱀은 사물을 지각하는 그들만의 고유한 방식을 그들 맘대로 선택한 것이 아니라, 그렇게 지각하도록 자연에 의해 강제되었다. 박쥐나 뱀이 자연이 만들어준 방식에 따라서만 사물들을 지각하도록 강제된 것이라면, 자연은 박쥐나 뱀에게 사물 그 자체의 일부를 파악할 수 있도록 해준 것으로 믿는 것이 합리적이다.

천재적인 박쥐 물리학자가 있어서 그 박쥐가 밝혀낸 물리학의 법칙이 있다면, 나는 그 물리학이 인간의 물리학과 많은 부분 연결점을 가질 것이라고 생각한다. 천재적인 박쥐 물리학자나 천재적인 뱀 물리학자나 천재적인 나비 물리학자가 자기 종의 지각방식의 특징과 한계를 파악하고, 그 한계를 넘어서서 다른 생물 종의 지각방식을 설명하는 자연과학적 이론을 만들어낸다면, 각각의 생명 종들이 제시하는 다수의 자연과학이론 즉 뱀의 자연과학, 박쥐의 자연과학, 인간의 자연과학, 나비의 자연과학들 간에는 모종의 공통집합이 있을 것이라고 생각한다. 그리고 그 공통집합에서 확인되는 것은 물 자체에 대한 지식이 될 것이다. 심지어 외계인이 있다면 천재적인 외계인의 물리학도 이 공통집합에 포함되는 이론을 가질 것이다.

1) 선인식적(존재론적) 물자체를 통한 실재론적 과학철학의 정립

칸트철학은 물자체와 현상의 구분 위에 서 있으며, 이 구분을 가능하게 하는 것이 선험적 관념론이다. 물자체와 현상의 구분은 칸트철학의 핵심 중의 핵심이지만, 독일 관념론에서는 그 구분을 칸트철학에 박힌 대못으로 생각하여 뽑아버리려 했다. 그리고 칸트철학을 순수한 인식비판으로 이해한 신칸트학파의 철학자들도 그 구분은 칸트의 인식론과 모순을 일으킨다고 생각했다. 유물론적 칸트 해석가들도 현상과 물자체의 구분을 거부한다. 그들에 따르면 물자체 개념은 유물론의 과학 개념과 결코 합치될 수 없으며, 신앙주의자들의 피난처에 불과하다.[7] 그러나 나는 그 구분을 제거하거나 무시하거나 부정하는 것은 칸트철학의 근본정신을 무시하고 부정하는 것이며 기독교 신앙에서 예수를 제거하는 것이나 마찬가지임을 밝혔다. 칸트는 물자체 개념을 선인식적(존재론적), 인식총체적, 인식초월적(형이상학적) 의미로 사용하고 있다. 나는 칸트철학에서 선험적 관념론이라는 외투를 벗겨버린 상태에서 선인식적 물자체와 인식초월적 물자체 개념에 내포된 칸트철학의 초역사적 의미를 살펴보고자 한다.

통상 칸트 연구자들은 '촉발하는 물자체'를 어떤 사물이 우리의 감각기관에 현상하기 이전의 어떤 중성적인 기체인 X로 생각하는 경향이 있다. 나는 앞에서 이렇게 말했다.

칸트는 물자체와 현상을 구분하는 두 번째 근거를 갖고 있었다. 만약 여러 사람이 둘러앉아 있는 탁자의 한복판에 한 권의 책이 있다고 하자. 만약 그 책이 사물 그 자체라고 한다면, 그 테이블에 둘러앉아 있는 모든 사람들이 그 책에 대해서 갖고 있는 표상들은 모두 똑같아야

---

7) A. V. 폰 키벳, 『'순수이성비판'의 기초개념』, 120쪽.

할 것이다. 그러나 그들이 자신들이 본 책을 실물 크기로 그려서 — 이 경우 그들 모두에게 그들 눈에 비치는 그대로 그 책을 그릴 수 있는 능력이 있다는 사실이 전제되어야 한다 — 서로 비교해보면, 서로 다른 그림을 그렸음을 알게 될 것이다. 이 사실은 곧 그 책이 사물 그 자체가 아니라 현상에 불과함을 말해주는 것이 된다. 물론 사람들은 그 책을 바라보는 시각이나 거리나 명암에 좌우되지 않는 어떤 중성적인 기체의 존재를 상상할 수 있다. 그러나 그것은 어떤 방식으로든 우리의 감각의 대상이 될 수 없기 때문에 우리는 결코 그것에 이를 수가 없다. 바로 그것이 물자체다.

이렇게 이해된 물자체는 복수의 물자체가 된다. 예컨대 어떤 하나의 책상을 여러 사람들이 바라볼 때 그들이 갖게 되는 다양한 모습의 책상들의 배후에 있는 중성적인 기체로서의 책상의 물자체, 사과의 물자체 등등으로 사용되는 것이 가능하다. 하르트만이 대상은 내게 마주 세워지느냐 여부와 무관하게, 즉 대상이 되는 것과 무관하게 자체적으로 거기에 있다고 말하면서 '인식대상의 초대상성'을 언급할 때, 그는 현상적인 사물들의 배후에 있는 어떤 중성적인 기체로서의 물자체를 염두에 둔 것으로 보인다. 그리고 후설이, 칸트가 물자체를 거론한 것은 칸트가 소박실재론의 자연적 태도로부터 온전히 벗어나지 못했기 때문이라고 말할 때도, 그는 칸트의 물자체를 사물들의 중성적인 기체로 생각하고 있는 것으로 보인다. 나는 칸트가 말하는 '촉발하는 물자체'를 '현상체들의 배후에 있는 중성적인 기체들'로 간주하는 것은 잘못이라고 생각한다. 그 이유는 이미 설명했지만 '촉발하는 물자체'는, 그것에서부터 사물들의 모든 가능적 술어들이 모조리 얻어질 수 있으며 만물을 가능하게 하는 최상의 질료적 제약이라고 말해지는 '하나의 물자체'(eines Dinges an sich selbst) 혹은 '하나의 최고 실재'(eines entis realissimi)이기 때문이다.(B603-605 참조) 칸트는 감성이 이 하나의 물자체로부터 촉발당하면서 '경험적 직관의 무규정적 대상'이 만들어진다고 생각하는데, 그는 이것을 '현상체'(Phaenomena)로 부르지 않고 현상(Erscheinung)으로 부른다. 경험적 직관의 무규정적 대상은 그 무규정성으로 인해 절대로 복수로 사용될 수가 없다. 그러므로 그 대상을 산출하는 '촉발하는 물자체' 역시 복수가 될 수 없다.

사람들이 '촉발하는 물자체'를 현상체의 배후에 있는 중성적 기체들로 생각하는 것은 잘못이지만, 칸트가 이 잘못을 유도한 측면이 있다. 칸트는 모사설이 갖고 있는 문제점을 해결하기 위해 인식에 있어서 주관과 객관의 관계를 180도 바꾸어서 구성주의 인식이론을 만들었다. 인식행위를 주관이 주관 바깥에 있는 대상을 모사하는 것으로 보는 모사설로는 대상과 판단의 일치를 설명할 길이 없다. 모사설의 더 큰 문제점은 외부 사물을 '인식주관에 대한 사물'로 보지 않고 '자체적인 사물'로 본다는 것이다. 그러나 모사설은 인간에게는 빨갛게 보이는 사과가 개의 눈에는 다르게 보인다는 사실을 망각하고 있다. 모사설에서는 현상과 물자체의 구분이 없다. 그런데 대상을 인식주관이 구성한다고 생각할 경우, 대상과 판단의 일치는 항구적으로 보장된다. 인식주체로서 내 눈앞에 있는 빨간 사과는 내(선험적 자아)가 구성하여 만들어낸 것이라고 생각하면, 대상과 판단의 일치는 예외 없이 보장되지만, 그 대신 대상 배후에 있는 물자체는 영원히 알 수 없는 것이 된다. 칸트가 제시하는 이런 식의 설명을 들으면서, 우리는 자연스럽게 대상과 판단의 항구적인 일치 배후에 있지만 우리가 영원히 알 수 없는 것으로 상정되는 물자체를 사물들의 중성적인 기체들로 생각하게 유도된다.

나는 '촉발하는 물자체'의 개념과 '변증론'에서 언급되는 '하나의 최고 실재'이자 '선험적 의미의 신'으로 부르는 것을 칸트가 동일시했을 것이라고 본다. 칸트는 순수이상으로서의 신을 '근원적 존재'로 간주하며 다음처럼 설명한다.

이 근원적 존재에서 그것 이외의 모든 가능성을 도출한다는 것은 근원적 존재의 최고 실재성을 제한하는 것이라고 보아질 수 없다. 즉 이를테면 최고 실재성을 분할하는 것이라고 보아질 수 없다. 만약 그렇다면 근원적 존재는 파생적 존재의 집합인 것에 불과하다고 보아지겠고, 이런 일은 상술한 것에 의해 불가능하다. (…) 최고 실재는 **총괄**로서가 아니라 근거로서 만물 가능성의 근저에 있다.(B607. 강조는 칸트)

우리는 근원적 존재를 최고 실재성이라는 한갓 개념에 의해서 유일의 존재, 단일한 존재, 충족한 존재, 영원한 존재 등등, 한마디로 말하면 그것의 무조건적인 완전성을 모든 술어를 통해서 규정할 수 있겠다. 이러한 존재의 개념이 곧 선험적인 의미에서의 신이라는 개념이다.(B608)

선험적 의미의 신(촉발하는 물자체)으로서의 물자체는 결코 후설이 말하듯이 소박실재론이라는 자연적 태도의 부산물이 아니다.[8] 그것은 선험적 인식론을 성립시키기 위해 심사숙고한 뒤에 도입된 개념이며, 나는 이것을 인정하는 위에서 인식론을 세웠다는 점에서 칸트철학의 초역사적 의의가 있다고 생각한다. 그것은 칸트 인식론의 존재론적 지반이요 근거이며, 이 지반을 인정하고 있다는 점에서 칸트는 후설의 현상학을 넘어서는 심오한 통찰을 보여주고 있다. 만물의 가능성의 근저인 선험적 의미의 신은 선험적 인식론이 성립하기 위한 '존재근거'이다. 촉발하는 물자체가 없으면, 선험적 인식론은 존재할 수가 없다. 그리고 선험적인 인식론이 성립한다는 것은 선험적 의미의 신이 존재한다고 생각할 수 있는 '사유근거'다. '사유근거'에 불과하기에 선험적 의미의 신이 존재한다는 사실을 '인식'할 수는 없다. 우리가 그것을 인식할 수 없는 것은 너무나 당연한데, 왜냐하면 그것은 인간이 행하는 모든 인식활동의 근거이기 때문이다. 인식활동을 가능하게 만들어주는 근거 그 자체는 인

---

8) 문성학, 『칸트철학과 물자체』(울산대학교 출판부, 1995), 107-108쪽 참조.

식의 대상이 될 수 없다. 이는 모든 사물들의 가격을 매기는 근원인 인간 그 자신은 가격 매김의 대상이 될 수 없는 것과 마찬가지이다.

나는 선험적 관념론과 물자체의 이율배반적 관계를 이렇게 표현했다.

> 인식론으로서의 선험적 관념론은 그 체계적 완결성을 위해 물자체를 부정해야 한다는 요구를 갖고 있다. 그러나 다른 한편으로는 버클리의 관념론과 구별되기 위해 물자체를 필요로 한다.[9]

우리나라에서는 김혜숙 교수가 전자의 입장에 서 있다.[10] 후설이나 코헨이나 김혜숙은 인용문에서 언급된 물자체를 우리가 앞에서 언급했던 현상체 배후의 어떤 중성적인 기체로서의 물자체로 간주하는 경향이 있다. 김혜숙은 내가 앞서 언급한 선험적 관념론과 물자체의 이율배반을 인용하면서, 설령 칸트의 관념론이 버클리의 관념론과 구분되기 위해 물자체를 필요로 한다 하더라도, 그 경우 그 필요성이 인정되는 것은 물자체의 '개념'이지 '실재성'이 아님을 다음처럼 주장한다.

> 그것이 물자체의 개념에 대한 요구로 그치지 않고 물자체의 '실재성'을 요구하는 것으로 보는 경우에는 무리가 있다고 생각된다. 왜냐하면 그럴 경우 우리는 로크식의 선험적 실재론에 빠지게 되기 때문이다. 선험적 실재론은 희망 없는 독단론이다.[11]

이 인용문에서 알 수 있듯이 김혜숙 교수가 생각하는 물자체는 로크가 말하는 실체와 유사한데, 이것은 내가 말하는 '사물의 중성적인 기체'와 같은

---

9) 문성학, 『칸트철학과 물자체』, 34쪽.
10) 김혜숙, 『칸트: 경계의 철학, 철학의 경계』, 222-223쪽.
11) 김혜숙, 『칸트: 경계의 철학, 철학의 경계』, 222쪽.

것이다. 그리고 칸트의 관념론이 버클리의 관념론과 구별되기 위해 물자체를 필요로 한다고 했을 때, 나는 칸트가 '관념론 논박'에서 물자체의 '실재성'을 증명하고 있다고 말한 적은 없다. 물자체는 단지 '사고'될 수 있을 뿐이다. 김혜숙은 칸트적 인식론의 객관성 개념을 설명하면서 이렇게 말한다.

> 공간지각에 대응하는 그 무엇(객관적 실재)이 있음으로써 공간경험이 객관적 타당성을 지니는 것이 아니라, 그것 외에는 달리 외적 현상이 가능한 방법이 없다는 의미에서 객관성을 확보하는 것이다.[12]

그러나 칸트가 '감성론'에서 언급하고 있는 촉발하는 물자체는 '우리가 알 수 없는 객관적 실재로서의 '그 무엇', 달리 말해서 '미지의 어떤 중성적 기체'가 아니다. 그런 중성적 기체는 복수일 수 있는데, 칸트가 '감성론'에서 언급하고 있는 '촉발하는 물자체'의 대응 개념인 '현상'은 '경험적 직관의 무규정적 대상'으로서 결코 복수가 될 수 없다. 그러므로 '촉발하는 물자체'도 복수가 될 수 없으며, '공간지각에 대응하는 그 무엇'일 수가 없다. '공간지각에 대응하는 그 무엇'이란 말 속에는 이미 구분되고 분리된 사물들이 — 비록 우리가 그것들이 무엇인지 모른다 하더라도 — 존재한다는 것이 전제되어 있다. 그러나 감성이 물자체에 의해 촉발당함으로써 생겨난 무규정적 대상은 아직 구분되고 분리된 대상이 아니다. 그 무규정적 대상은 일종의 감각자료와 같은 것으로, 이것이 구분되고 분리되는 대상이 되려면 거기에다 지성의 범주들이 적용되어야 한다. 내가 선험적 관념론이 버클리의 관념론과 구별되기 위해서 인정되어야 한다고 말한 물자체는 '선험적 의미의 신'으로서의 '촉발하는 물자체'이다.

나는 그 물자체를 인정하는 칸트 해석이 올바르다고 생각하는데, 그것

---

12) 김혜숙, 『칸트 ; 경계의 철학, 철학의 경계』, 223쪽.

이 인정되지 않으면, 인식질료조차도 인간이 만들어내는 것이 되며, 그렇게 되면 현상계 배후나 현상계 너머에는 아무것도 없기 때문에, 인간은 세계의 창조자가 된다. 인간을 신으로 격상시키는 이런 해석을 칸트에게 귀속시키는 것은 무리이다. 칸트는 감성적 직관과 지적 직관을 구분했고 칸트는 인간이 사물 그 자체의 창조자가 아님을 도처에서 강조하고 있다. 칸트의 철학체계에서 물자체를 인정하는 것이 불가피한 또 다른 이유는, 그렇게 해석해야만 『순수이성비판』과 『실천이성비판』의 통합독서의 여지가 열리게 되기 때문이다.

> 물자체의 개념은 도덕과 종교 그 자체를 뒷받침하는 배경으로서 나타난다. 따라서 칸트철학에서 물자체의 적극적인 의의에 대해서는 더 이상 의심할 수 없다.[13]

앞에서도 언급했듯이, 칸트는 『순수이성비판』 초판이 출간된 뒤에 사람들이 칸트의 선험적 관념론이 '존재한다는 것은 지각되는 것이다'라고 말하는 버클리의 관념론과 다를 바가 없다는 평가를 내놓는 것에 충격을 받았다. 그리하여 재판에서는 '관념론 논박'을 추가한다. 칸트는 자신이 논박하는 관념론을 '질료적 관념론'이라고 말하고 있는데, 그는 자신의 '선험적 관념론'을 '형식적 관념론'으로 고쳐 부르기를 제안한다.(B519 참조) 칸트가 자신의 관념론을 형식적 관념론으로 부르는 이유는 외적 사물에 대한 인식주관의 지각내용까지도 인식주관이 구성해내는 것은 아니고 오직 대상의 형식에 관계된 것들만이 인식주관에서 유래한 것임을 말하려 했기 때문이다. 이런 관점에서 보면 칸트가 버클리의 관념론을 '질료적 관념론'으로 규정하는 이유를 분명히 알 수 있다. 칸트는 버클리의 관념론은 '경험적 차원의 대상'의 질

---

13) A. V. 폰 키벳, 『'순수이성비판'의 기초개념』, 119쪽.

료적 부분까지도 인식주관의 관념물로 만들어버렸다고 생각한다. 그러므로 칸트는 '관념론 논박'에서 자신의 '형식적 관념론'은 대상의 질료적 부분까지 인식주관의 관념물로 보는 것이 아님을 보여주려 한다.

> 내 자신의 존재는 단순하되 경험적으로 규정된 의식은, 내 바깥의
> 공간 중의 대상들이 존재하는 것을 증명한다.(B275)

이것이 칸트가 '관념론 논박'에서 입증하고자 하는 정리인데, 칸트가 분명히 여기서 증명하고자 하는 것은 경험적 차원의 대상으로서의 '공간 중의 대상'(현상체)이지 물자체는 아니다. 칸트가 자신의 관념론을 버클리의 관념론과 구별하기 위해 물자체의 존재를 증명한다면, 이는 물자체는 인식대상이 아니라는 자신의 주장을 정면으로 부정하는 것이 될 것이다. 칸트는 자신의 선험적 관념론은 경험적 실재론이기에 버클리의 경험적 관념론과 동일시되어서는 안 된다고 생각했다. 그러면 촉발하는 물자체를 끌어들임이 없이 궁극적으로 버클리의 관념론은 논박될 수 있는가? 칸트의 '관념론 논박'과 관련해서 우리가 최종적으로 던져야 하는 질문은 바로 이것이다. 그리고 나와 김혜숙 교수의 견해는 바로 이 지점에서 갈라진다. 나는 불가능하다고 생각하고 김혜숙은 그것이 가능하다고 주장한다.

> 칸트도 대상경험의 인식주관 의존성을 강하게 내세우지만 버클리의
> 관념론과 다른 점은 물자체의 실재성을 내세운 데 있지 않다. (칸트에게
> 물자체는 우리 의식경험 바깥 세계의 존재를 보증하는 존재reality substance가 아니다) 차
> 이는 경험적 관점과 선험적 관점을 구분하고 대상경험(의식 바깥의 공간적
> 대상에 대한 경험)의 객관성을 독특한 방식으로 확립한 데 있다. 경험적 관
> 념론자를 반박하기 위해 요구되는 것은 나의 바깥에 있는 것으로 지각
> 되는 대상이 물자체로서 실재함을 보이는 것이 아니다. 나의 외적 지각

이 공간 안에 실제로 혹은 현실적으로 존재하는 것에 대한 직접적 증명
이 됨을 보이는 것으로 충분하다고 칸트는 주장한다.[14]

그러나 우리는 '관념론 논박'에서 칸트가 그 존재를 입증하기를 원했던
사물이 '나의 의식 바깥의 공간적 사물' ― 이는 곧 현상체이다 ― 이라는 이
유로, 물자체의 도움이 없이도 칸트의 관념론이 버클리의 관념론과 구별된
다고 생각해서는 안 된다. 앞서 말했듯이 '관념론 논박'에서 칸트는 물자체의
존재를 '증명'하는 것과 같은 그런 어리석은 일을 하지 않는다. 칸트는 버클
리의 질료적 관념론은 '경험적 관념론'임에 반해 자신은 경험적 실재론자임
을 주장하고 있다. 자신의 경험적 실재론(선험적 관념론)은 결코 대상의 경험적
실재성을 부정하지 않는다는 것이다. 우리는 칸트에게 묻는다. 경험적으로
실재하는 대상의 질료는 어디에서 유래하는가? 칸트는 당연히 그것은 '촉발
하는 물자체'로부터 유래한다고 말할 것이다. 그렇게 말하게 되면 물자체에
다 원인성의 범주를 적용하는 것처럼 보이게 되는 문제를 일으키지만, 어쨌
건 현상의 질료적 부분이 물자체의 촉발에서 연유하는 것임을 부정하는 것
은 『순수이성비판』에서 '선험적 감성론'을 제거하는 것이 된다. 만약 촉발하
는 물자체로부터 인식질료가 제공된다는 것을 부정하게 되면, 현상체와 가
상(假象)과 꿈을 구별하지 못할 것이다. 그럼에도 불구하고 김혜숙은 "칸트의
객관성 개념은 강한 의미의 상호주관성이다"라고 주장하면서[15] 물자체를 끌
어들임이 없이도 객관성의 문제를 설명할 수가 있다고 한다.

칸트의 주장이 성립하기 위해서는 물자체에 의한 보증을 요구하는
절대적 객관성 개념이 헛된 것임을 받아들여야 한다. 그 헛된 꿈을 자

---

14)　김혜숙, 『칸트: 경계의 철학, 철학의 경계』, 222쪽.
15)　김혜숙, 『칸트: 경계의 철학, 철학의 경계』, 223쪽.

꾸 현실에서 보여 달라고 요구하는 것은 무모한 독단이거나 아무것도 믿지 않으려는 허무주의의 발로일 뿐이다.[16]

그러나 칸트가 '촉발하는 물자체'를 현상 배후에 가정하지 않고서도 현상계가 개인의 주관적 가상의 세계가 아니라 만인에게 타당한 객관적인 세계임을 '강한 의미의 상호주관성' 개념에 의지하여 객관성의 문제를 해결했다 하더라도, 그런 식으로는 버클리의 관념론이 논박될 수 없을 것이다. 기껏해야 버클리의 관념론은 객관성의 문제를 해결하지 못하지만, 자신의 관념론은 그 문제를 해결할 수 있다는 것을 보여줌으로써 버클리의 관념론을 보완하는 것이 될 뿐이다.[17] 그리고 김혜숙은 칸트가 마치 절대적 객관성의 개념을 헛된 것으로 간주한 것처럼 말하는데, 칸트는 정반대로 그 절대적 객관성의 가능성 근거를 선험적 자아의 개념으로 해명하려 했다. 칸트는 객관성의 문제를 상호주관성 — 이는 다수의 자아를 가정해야 한다 — 의 문제로 생각하지 않았다. 칸트에게는 하나의 선험적 자아가 있을 뿐이기 때문이다.

나는 물자체가 인식주관을 촉발하여 발생시킨 감각자료를 인식의 '인식론적 질료'로, 그리고 그 인식론적 질료의 근거가 되는 촉발하는 물자체를 인식의 '존재론적 질료'로 구분했다. 현상의 인식론적 질료나 존재론적 질료는 둘 다 규정될 수가 없다는 점에서 같다. 바로 이런 이유로 칸트 연구자들은 선험적 대상과 '선인식적 존재로서의 물자체'(촉발하는 물자체)를 동일시했다. 그러나 이 양자는 결코 같은 것이 아니다. 인식질료(선험적 대상)와 인식형식(선험적 주관)은 상관자로서 서로 연결되어 있으며, 그 양자의 결합으로 개시되는 경험의 세계가 끊임없이 확장해가는 중에 인식질료는 규정될 수 있는 가능성이 있지만, 존재론적 질료는 가능한 경험의 세계가 아무리 확장해간

---

16) 김혜숙, 『칸트: 경계의 철학, 철학의 경계』, 223쪽.

17) 문성학, 『인식과 존재』, 206-215쪽. 특히 213쪽 참조.

다 하더라도 결코 규정되거나 인식될 수 없다.[18] 왜냐하면 존재론적 질료는 인식주관의 상관자가 아니기 때문이다.[19] 이에 대해서는 이미 앞에서 살펴보았다. 나는 칸트가 인식을 존재의 지반 위에 세워서 과학적 실재론의 기초를 확립한 것은 칸트철학의 초역사적 의의라고 생각한다. 이와 연관하여 토마스 쿤(T. Kuhn, 1922-1996)의 입장은 칸트적 입장을 지지하는 것으로서 큰 의의가 있어 보인다.

> 자연은 과학적 관찰 속에 현존한다. 따라서 우리가 주장하는 논점은, 쿤의 관점에서 실재론은 항상 기본적이며, 그의 사상에 필수 불가결한 요소라는 점이다. (유일한) 자연 세계를 정말 관찰하지만, 이들은 이전의 경험이 마련한 정신 상태를 통해서, 혹은 개념적 도식이 제공하는 용어로 자연을 관찰한다. 이와 동시에 이 점이 쿤이 실재론자인 동시에 칸트주의자가 되고 싶어 하는 이유를 분명하게 해준다. (과학적 지식뿐 아니라) 세계에 대한 우리의 지식에는 항상 두 가지 요소가 포함된다. 세계로부터의 기여분(contribution)과 우리 마음의 기여분이다. (말하자면) 후자는 전자에 구조를 부여한다.[20]

칸트가 선험적 인식론을 확립하기 위해 도입하는 '촉발하는 물자체'가 쿤이 과학적 탐구에서 기본적으로 가정하는 실재와 유사한 측면이 많아 보인다. 그럼에도 불구하고 우리 인간은 물자체에 대해서는 완벽하게 무지하고 현상에 대해서는 완벽하게 인식할 수 있다는 칸트의 '이중 완벽론'은 수정

---

18) 문성학, 『칸트철학과 물자체』, 94쪽 참조. 그리고 『인식과 존재』, 228-229쪽 참조.

19) 칸트 자신이 종종 선험적 대상(인식질료)과 물자체를 동일시하는 말을 서슴없이 함으로써 연구자들을 혼란에 빠트리는데, 이 경우 사람들은 칸트가 선험적 대상 혹은 선험적 객관과 동일시하는 물자체를 우리가 말한 '현상체 배후의 중성적 기체'로 생각한다. 이 역시 잘못된 동일시다.

20) 웨슬리 샤록·루퍼트 리드, 『과학혁명의 사상가 토마스 쿤』(김해진 옮김, 서울, 사이언스북스, 2005), 265-266쪽.

되어야 한다는 것이 나의 생각이다.

칸트의 선험적 관념론이 폐기되고 그의 선험적 논증도 선험적 관념론으로부터 해방되면, 칸트의 이중완벽론도 시행착오를 통한 과학의 점진적 발전과 조화하는 방식으로 변경 가능할 것이다. 칸트는 아프리오리한 인식의 가능성 조건을 해명하는 작업을 선험적 논증으로 이해했는데, 그는 하나의 선험적 논증만이 가능하다고 생각했고, 바로 그것을 자신이 『순수이성비판』 전반부에서 제시했다고 믿었다.

> 칸트는 자신의 지식이론을 두 가지 의미에서, 즉 첫째, (그가 뉴턴 역학을 전면에 내세움에도 불구하고) 그의 지식이론이 인간의 지식일반 — 그것의 역사적 형태와 관계없이 — 에 적용된다고 상정한다는 의미에서, 그리고 둘째, 그 자신이 어떤 영원한 진리에 대한 열쇠를 발견했다고 믿었다는 의미에서, 무시간적인 것이라고 생각했다.[21]

칸트의 선험적 논증은 대상과 판단의 일치를 설명하기 위해, 다시 말해서 대상과 판단의 일치를 가능하게 만들어주는 조건을 해명하면서 인식론적 구성설(선험적 관념론)을 정당화하는 논증이었지만, 과학에서는 선험적 관념론과 무관한 선험적 논증들을 사용할 수 있다. 예컨대 연어의 모천 회귀능력은 과학적으로 확인된 사실이다. 그렇다면 우리는 칸트식으로 '여하히 연어가 모천으로 회귀하는 것이 가능한가?'라는 질문을 던질 수 있을 것이고 이 '사실'을 해명하는 다양한 논증들이 있을 수 있다. 그 논증들은 한결같이 선험적 논증의 형태를 띨 것이며 서로 경쟁적일 것이다.

허블의 관찰 이후 우주가 팽창하고 있다는 것은 확인된 과학적 사실이

---

21) 앤드류 콜리어, 『비판적 실재론: 로이 바스카의 과학철학』(이기홍 · 최대용 옮김, 서울, 후마니타스, 2010), 47쪽.

다. 그리고 현대 천문학은 '여하히 우주 팽창이 가능한가?' 하는 문제에 대한 다양한 가설들을 제시하고 있는데, 그중의 하나가 소위 빅뱅이론이다. 이 가설을 입증하는 논리 역시 선험적 논증의 형태를 띠고 있는 것으로 보이는데, 그 이유는 빅뱅이론은 우주팽창의 가능성 조건을 제시해 보여주고 있기 때문이다. 그러나 빅뱅 이론이 100% 옳다는 보장은 없다. 암흑물질과 암흑에너지에 대한 과학적 논의들도 선험적 논증의 사례로 보인다. 현대 천문학자들은 우주팽창이 관찰에 의해 확인된 '사실'임을 받아들인다. 그다음에 그들은 그 사실이 어떻게 가능한가 하는 문제를 다룬다. 달리 말해서 그들은 관찰에 의해 확인된 우주팽창속도의 가능성 조건을 연구한다. 그리하여 그들은 우주에서 우리가 눈으로 확인하게 되는 일반물질은 5% 정도이며, 27% 정도는 암흑물질이고, 나머지는 암흑에너지일 것으로 추산한다. 이런 식의 논의는 전형적으로 선험적 논증방식이다. 과학자들은 그다음에 암흑물질을 관찰하려 하고 있다. 그들이 암흑물질을 관찰하는 데 성공하면, 과학자들은 또다시 그렇게 관찰된 '사실'의 가능성 조건을 선험적 논증의 방식으로 해명하게 될 것이다.

선험적 논증이 어떤 현상의 가능성을 설명해줄 수도 있지만, 과학의 미개척 분야들에 경쟁하는 이론들이 있는 것과 똑같이, 동일한 것을 설명하는 데에서도 경쟁하는 선험적 논증들이 있을 수 있다. 한 선험적 논증이 다른 논증들보다 많이 설명할 수 있으며, 그러므로 이용 가능한 최선의 설명일 수도 있다. 그러나 과학에서처럼 철학에서도 정당화된 신념이 있을 수 있고 따라서 진보도 있을 수 있지만 정정과 개선의 필요가 없는 최종적인 이론이란 있을 수 없다.[22]

---

22) 앤드류 콜리어, 『비판적 실재론: 로이 바스카의 과학철학』, 48쪽.

이렇게 되면 현상의 진리는 칸트가 생각한 것처럼 완벽한 것이 아니라 수정과 보완의 필요성이 있는 잠정적 진리가 됨과 동시에 물자체의 부분을 보여주는 진리가 될 것이다.

2) 형이상학적 물자체를 통한 '과학주의'에 대한 경고

우리가 앞서 살펴보았듯이, 칸트는 플라톤이 진리의 문제를 다루는 방식을 혁신적으로 바꾸어버렸는데, 그 의미를 이 자리에서 살펴보고자 한다. 플라톤의 경우에 세상의 모든 진리는 이데아계가 갖고 있다. 이데아계는 수학과 기하학의 진리, 현상계의 사물들의 참모습인 진리, 도덕적 진리, 아름다움의 진리 등이 이데아의 세계에 거주한다. 플라톤은 불변의 이데아에 대해 이성(정신)이 바라본 결과 얻어낸 참된 앎을 '에피스테메'라고 불렀고, 현상계의 사물들을 감각적으로 바라본 결과 얻어낸 앎 — 이것은 참된 지식과 무지의 중간 상태의 앎이다 — 을 '독사'(억견)라고 불렀다. 이데아계는 진리의 거주지이고 현상계는 억견의 거주지이다.

그런데 칸트는 수학이나 기하학, 혹은 물리학적 진리의 주소지를 이데아계에서 현상계로 옮긴다. 그리고 이런 진리들은 '사실'의 문제를 다루는 진리가 된다. 그런데 이 진리들은 객관성과 보편성과 필연성을 가지지만, 절대로 '사물 그 자체' 즉 물자체에 대한 진리들은 아니다. 그리고 칸트는 도덕적 진리의 주소지는 예지계에 둔다. 이것은 플라톤이 말하는 이데아계와 흡사한데, 이 진리들은 '의미'의 문제를 다루는 진리가 된다. 그러나 이 진리도 객관성과 보편성과 필연성을 가지고 있지만, 이 진리는 지식이 아니고 이성적 신앙의 형태로 존재한다. 칸트는 플라톤이 이데아의 세계에 그 주소지를 두었던 미의 진리는 '사실의 진리'와 '의미의 진리'(도덕의 진리) 사이에 배치시켰다. 플라톤이 이데아계 한 곳에 모아두었던 진리들을 칸트는 세 곳으로 분산시켜버렸던 것이다.

문제는 칸트에게서 사실의 진리이든 의미의 진리이든 미의 진리이든, 어느 것도 그 하나만으로는 온전히 '진리'의 구실을 하지 못한다는 것이다. 사실의 진리는 현상계 내에서만 그 타당성이 인정되며 물자체의 세계와 연결이 안 되고 있다. 그런데 우리는 물자체의 세계에 대해 전적으로 무지한 상태에 머무르게 된다. 물자체와 연결되는 도덕의 진리는 지식의 형태가 아닌 신앙의 형태로 존재한다. 두 진리 모두 인간을 회의론으로부터 온전히 구해내지 못한다. 사실의 진리는 물자체에 대한 진리로부터 먼 거리에 있어서 보기에 따라서는 회의론을 부추기고 있는 듯이 보이며, 도덕의 진리는 단지 믿음의 영역에 있을 뿐이어서 회의의 대상이 될 수 있다. 그런데 우리는 물자체의 세계에 대한 '지적 직관'을 통해 '감각적인 앎'이 아니라 '지적인 앎'을 가지기를 원하며, 더 나아가서 그 세계를 '도덕'이 아니라 '과학'을 통해 알고 싶어 한다. 약간은 허황한 예를 들자면 영적인 존재들 간의 의사소통은 어떻게 이루어지는지 등에 대해서도 알고 싶어 한다. 물자체의 세계에 대한 앎을 통달하여 과연 불교도들이 말하는 육도윤회라는 것이 정말로 있는지 없는지 알고 싶어 한다.

그러나 물자체의 세계에 대한 칸트의 도덕신앙적 설명은 인간이 도덕적인 삶을 살면 내세에 가서 그것에 합당한 행복을 누린다는 것이 전부다. 너무나 제한적인 설명이다. 그리고 칸트는 『순수이성비판』에서 지성은 자연법칙의 입법자라고 하고, 『실천이성비판』에서 이성은 도덕법칙의 입법자라고 하면서 『판단력 비판』에서 판단력은 입법하는 기능을 갖고 있지 않다고 말한다. 이 말은 미의 진리는 자신의 고유한 영토를 지니지 못하여 독자성을 결여하고 있다는 뜻이다. 어느 하나 제 구실을 하는 진리가 없다. 사실의 진리는 물자체에 접근도 못하고, 의미의 진리는 그 설명영역이 너무나 제한적이고, 미의 진리는 자신의 고유한 영토도 없다. 그러나 나는 칸트의 진리론의 초역사적 의의가 여기에 있다고 생각한다. 우리는 그 의의를 보다 분명하게 파악하기 위해 칸트와 플라톤을 비교해볼 필요가 있다.

플라톤은 '철학은 죽음을 연습하는 것이다'라는 유명한 말을 했는데, 그의 진리론에 따르면 우리는 죽게 되면 진리의 거주지인 이데아의 세계에 들어가서 진리를 확인할 기회를 갖는다. 소크라테스도 생전에 정의란 무엇인지 용기란 무엇인지를 알고 싶어했는데, 자신이 죽게 되면 정의의 신에게 정의가 무엇이지 물어보겠다는 말을 한다. 플라톤 방식으로 물자체의 문제(이데아계의 문제)를 접근하게 되면, 인간은 사후에 물자체에 대한 모든 궁금증을 해결하게 된다. 이렇게 되면 인간에게 있어서 죽음은 이데아계로 통하는 통로이며, 절대적 진리를 알게 되는 출발점이다. 만약 죽음이 그런 것이라면, 인간은 현생에서 진리를 탐구하기 위해 노력할 필요가 없을 것이다.[23] 플라톤은 이데아계는 완전한 진리의 세계이고 현상계는 불완전한 억견의 세계라고 한다. 그리고 현상계 내부의 운동은 그 불완전한 현상계가 이데아의 세계를 사모하기에 발생하는 것이라고 설명한다.

그는 목적론적 우주관을 갖고 있었으며, 이 목적론적 운동의 정점에 선이 있다.[24] 우주가 목적론적 운동을 하도록 **만들어져 있다면**, 인간은 목적론

---

23) 인간이 이데아의 세계에 대해 온전한 지식을 가지지 못하는 이유는 영혼이 육신에 갇혀 있기 때문이라는 것이 플라톤의 기본적인 생각이다. 그렇다면 순전히 형식논리적으로 말한다면, 영혼과 육신이 분리될 경우 영혼은 이데아에 대한 온전한 지식을 갖게 되어야 할 것이고, 당연히 선의 이데아에 대해서도 온전한 지식을 가지게 되어야 할 것이다. 그러나 이렇게 되면, 사람들이 생전에 철학공부를 열심히 할 필요성이 없어질 것이다. 그러나 이는 불합리한 일이다. 그래서 플라톤은 영혼들이 육체와 분리되어 죽음 이후의 세계에 들어가면 지상에서의 삶에 대한 결산을 받게 된다. 그 결과 어떤 영혼은 복된 자의 처소로, 어떤 영혼은 벌받는 곳으로 떨어진다. 또한 플라톤은 저승에서 영혼이 영원한 이데아와 진리를 많이 보았느냐 적게 보았느냐에 따라, 이승에서 태어날 때 다르게 태어난다고 생각했다. 영원한 진리를 많이 보았던 영혼은 철학자로 태어나고, 그다음의 영혼은 법을 잘 지키는 왕의 몸에, 그다음은 정치가의 몸에 들어간다고 한다.(요하네스 힐쉬베르거, 『서양철학사』 상권, 170~171쪽 참조)

24) 선의 이데아가 이데아 중의 이데아인 이유는 플라톤이 선을 추구하는 인간의 행위가 목적론적 운동의 전형이라고 생각했기 때문일 것이다.

적 운동의 정점에 있는 선을 향하여 나아가려는 노력을 하지 않아도 될 것이다. 마치 마르크스의 말대로 자본주의의 멸망이 역사적 필연이라면, 만국 노동자들의 단결을 촉구하지 않아도 되는 것과 마찬가지일 것이다. 그럼에도 불구하고 플라톤의 철인왕은 불완전한 현실의 세계를 완전한 이데아의 세계로 데려가기 위해 애써야 한다. 내 생각에는, 플라톤은 목적론적 운동을 하는 우주에서 인간이 왜 선의 이데아를 실현하기 위해 의식적으로 애써야 하는지 그 이유를 충분히 설명한 것 같지는 않아 보이지만, 문제는 아무리 현실 세계를 이데아 세계로 데려가기 위해 애쓴다 하더라도 이데아 세계는 현실 세계로부터 무한한 거리 바깥에 있기 때문에 현실 안에서 이상적인 세계(ideal world)가 실현될 수는 없다는 것이다. 그러나 죽음은 우리를 단번에 이데아의 세계로 데려다준다. 그러므로 현실에서 진리를 탐구하려는 노력이 큰 의미를 갖지 못하게 되고, 또 인간은 사후에 이데아의 세계에 주소지를 두고 있는 모든 진리를 알게 된다.[25]

---

25) 플라톤의 내세론과 칸트의 내세론은 매우 비슷한 측면이 있다. 인간이 사후에 이승에서의 삶에 대한 결산을 받게 된다는 점에서 칸트나 플라톤은 같은 입장이다. 그리고 이 두 사상가의 내세론에는 구조적인 난점이 있는데, 그 난점들 간에 유사성이 존재한다. 플라톤에 있어서 ① 육신으로부터 해방된 영혼상태의 인간은 형식논리적으로 본다면 선의 이데아에 대한 온전한 지식을 저절로 가지게 되어야 한다. ② 그러나 이는 726쪽 각주(23)에서 말했듯이 불합리한 일이 되며, 따라서 영혼상태에서도 선의 이데아에 대한 영혼들의 지식에는 차등이 있어야 한다. 그 결과 영혼들도 선에 대한 온전한 지식을 갖고 있지 못한 상태에 놓인다. 플라톤으로서는 어느 쪽을 택하든 어려운 상황에 직면한다. 플라톤 내세론의 첫 번째 측면은 현상계에서의 인간의 도덕적 노력이 내세에서 저절로 완성된다는 것이다. 이런 측면은 칸트에게서 현상계에서 발생하는 인간의 불의는 내세에서 인간이 정의를 실현하려고 애쓰지 않아도 신의 심판을 통해 저절로 교정됨으로써 완전한 정의가 된다는 방식으로 이어진다. 플라톤 내세론의 두 번째 측면은 칸트에게서도 죽음이 최고선을 향한 인간의 여정의 끝이 아니라는 주장으로 이어진다. 그러나 인간이 죽음과 더불어 몸으로부터 발생하는 경향성의 유혹이 사라지게 되는데도 불구하고 계속 도덕적 노력을 해야 한다는 것은 선뜻 받아들이기 어려운 주장인데, 플라톤도 이와 유사한 곤경에 처하게 됨을 앞서 보았다. 즉 영혼 상태의 인간에게는 몸으로부터 유래하는 격정과 욕성이 없을 텐데, 어찌해서 영혼이 거주하는 이데아의 세계에는 격성의 덕목인 용기의 이데아와 욕성의 덕목인 절제의 이데아가 존재하느냐 하는 것이었다. 플라톤은 신들에게도 격성과 욕성이 있다는 식으로 말함으로써 이 문제에 답하려 하지만, 설득적이지 못하다. 이에 대해서는 256쪽 각주(8)에서 이미 언급했다. 앞서 말했듯이 칸트의 경우에는 인간이 현상계를 떠나 예지계로

이런 관점에서 본다면, 플라톤의 진리론에서 현상계의 인간은 억견과 결부된 무지의 상태에 머무르지만, 영혼 상태의 인간은 온전한 진리를 알게 된다. 형이상학적 의미의 물자체 세계에 대한 인간 지식의 한계선은 없다. 그런데 칸트의 경우는, 우리가 앞서 살펴보았듯이 플라톤이 진리의 세계로 묘사했던 이데아 세계의 실재성 그 자체를 의심의 대상으로 만들어버린다. 그 세계는 목적론적 운동의 가능성 근거이지만, 칸트 시대의 자연과학은 '자연은 목적론적 운동을 하는 것이 아니라 기계론적 운동을 한다'는 것을 보여주었다. 따라서 기계론적 관점에서 보면, 목적론적 운동을 설명하기 위해 도입된 이데아의 세계는 의심스러운 것이 되며 내세와 영혼의 존재도 의심스럽게 된다. 그럼에도 불구하고 칸트는 삶의 의미지평을 위해 물자체의 세계를 남겨둔다. 칸트가 현상계의 기계론적 운동의 가능성을 설명하기 위해 끌어들이는 물자체는 선인식론적 존재로서의 '촉발하는 물자체'이고, 예지계를 향한 목적론적 운동의 가능성을 설명하기 위해 끌어들이는 물자체는 만물의 원형으로서 현상 초월적인 '형이상학적 물자체'이다. 형이상학적 물자체는 기계론적 운동과 과학적 인식의 한계를 설정하는 중요한 기능을 한다. 칸트는 '선험적 분석론' 끝부분에서 "모든 대상일반을 현상체와 가상체로 구분하는 근거"라는 제목의 장에서 이렇게 말한다.

진입하게 되는 순간에, 다시 말해서 영혼이 몸과 분리된다고 바로 그 순간에 선을 인식하게 되는 것도 아니고, 도덕적 완성을 위한 노력을 그만두게 되는 것도 아니다. 예지계에서도 최고선에 다가가기 위해 노력해야 한다는 것이다. 그러나 그 주장은 칸트에게 새로운 문젯거리를 안겨준다. 그러면 인간은 영혼상태로 언제까지 최고선을 향하여 나아가려는 노력을 계속해야 하는가? 그런 노력을 이어가야 한다는 것은 내세에도 시간의 흐름이 있다는 것을 전제해야만 주장할 수 있는 말인데, 예지계는 시간과 공간을 초월한 세계라는 칸트의 다른 주장과 모순을 일으키는 것이 아닌가? 그리고 인간들의 도덕성에 비례하는 행복을 나누어주는 신의 존재가 필연적으로 존재해야 한다고 했는데, 그렇다면 그 신이 지배하는 나라인 예지계에서 히틀러 같은 악인에게 주어지는 행복은 어떤 행복인가? 그런 인간에게 주어질 행복이란 것은 전혀 없어야만 하는 것이 아닌가? 아니면 히틀러 같은 인간도 최고선을 향한 도덕적 진보를 이루어서 약간의 행복이 주어지는가? 칸트는 이 모든 질문들을 무시할 수도 없고 대답할 수도 없는 입장에 처하게 되는 듯이 보인다.

가상체라는 개념, 즉 감관의 대상으로서가 아니라 '물자체 그것'으로서 (순수오성을 통해서만) 생각되는 것이라는 개념은 적어도 자기모순을 포함하지 않는다. 우리가 감성에 관해서, 그것만이 직관을 가능하게 하는 유일한 방식이라고 주장할 수 없기에 말이다. 그뿐더러 가상체의 개념은 감성적 직관을 '물자체 그것'에까지 확대하지 않기 위해서, 따라서 감성적 인식의 객관적 실재성을 제한하기 위해서 필요한 것이기도 하다. (…) 그러나 이런 가상체의 가능성은 필경 통찰될 수 없다. 그리고 현상의 영역 외의 범위는 (우리에게는) 전혀 공허하다. (…) 그러므로 가상체라는 개념은 감성의 불손을 제한하기 위한 한계개념이요, 오직 소극적으로만 사용될 뿐이다.(B310)

칸트가 한계개념으로서의 물자체를 언급하는 근본 의도는, 모든 것을 과학적 관점에서 보려고 하며 과학은 궁극적으로 우주와 인간의 존재 이유에 대한 인간의 모든 의문을 해결해줄 것이라는 '과학주의'를 경계하기 위함이었다. 과학을 비판적으로 신뢰하되 신앙하지 말라는 것이 칸트의 과학철학에 내포된 초역사적 의의일 것이다. 이런 점에서 보면 칸트는 후설이 『유럽 학문의 위기와 선험적 현상학』에서 실증적 과학주의에 대해 경고하기 전에 경고장을 날린 것으로 보인다. 후설은 자기 시대에 유럽 학문들이 과학적 실증주의로 과도하게 경도되어 있는 것은 유럽 학문의 위기라고 보았다. 후설은 과학의 성과에 환호하면서 유럽 정신이 고대로부터 중시해오던 자유와 이성과 신을 학문의 가장자리로 밀쳐버린 것을 크게 걱정했다. 그것들은 삶의 의미 문제와 연결되기 때문이다. 이런 진단하에서 후설은 "실증주의가 철학의 목을 베어버렸다"[26]고 말한다. 우리는 다음 절에서 삶의 사실의 문제와

---

26) E. Hussell, *The Crisis of European Sciences and Transcendental Phenomenology: An Introduction to phenomenological Philosophy* (trans. D. Carr, Northwestern University Press, 1970), p. 9.

의미의 문제가 관계 맺는 방식에 대한 칸트의 입장이 선험적 관념론의 질곡으로부터 풀려날 경우 어떻게 변형될 수 있는지를 살펴보고자 한다.

2.
선험적 관념론으로부터 해방된 '사실'과 '의미'의 문제

칸트는 『순수이성비판』에서는 '사실의 세계'인 현상계를, 『실천이성비판』에서는 '의미의 세계'인 예지계를 보여주고 있다. 칸트는 과학과 도덕에게 각자의 자리를 마련해주어, 서로의 영역을 침범하지 않게 하려는 목표를 갖고 있었다.

> 그렇기에 도덕론도 자기 자리를 지키고 과학론도 자기 자리를 지키는 것이다. 그러나 이런 일은 비판이 미리 '물자체 그것'에 관한 필연적 무지를 가르쳐 주었을 때에, 우리가 이론적으로 인식할 수 있는 모든 것을 오직 현상들(Erscheinungen)에만 제한했을 때에 성립하는 것이다.(BXXIX)[27]

물자체를 인식할 수 없다면, 사변적-이론적 형이상학은 불가능하다. 그러나 칸트가 보기에 인간이 형이상학적 호기심을 포기하기를 기대하는 것은 오염된 공기를 마시지 않기 위해 언젠가 호흡을 하지 않을 것이라고 생각

---

27) 칸트가 현상(Erscheinung)을 복수로 사용할 경우, 그는 그것을 현상체(Phaenomena)와 같은 의미로 사용하고 있는 듯하다.

하는 것과 마찬가지다. 칸트에게 있어서 인간이 가진 형이상학적 관심은 삶의 의미에 대한 관심이다. 인간은 두 종류의 호흡을 한다. 하나는 생물학적 공기호흡이다. 그것을 못 하면 사람은 질식사한다. 다른 하나는 형이상학적 의미호흡이다. 그것을 못 하면 인생은 독단주의에 빠지거나 허무에 익사한다. 삶의 목표는 자신을 고양시키고 행복하게 만들어주고 자존감을 높여주는 의미를 추구하는 것이고, 삶의 이유는 그 목표를 이루기 위해 살아가는 것이다. 인간은 의미를 호흡하면서 살아가는 존재다. 누군가가 오염된 공기를 장기간 마시면 건강이 나빠지듯이, 누군가가 잘못된 의미호흡을 오랫동안 하면 자신의 인생을 망치게 된다. 사이비 종교에 빠져 자신의 삶을 망친 사람들의 사례를 생각해보면 올바른 의미호흡이 얼마나 중요한지 알 수 있다. 이데올로기적 확신에 빠지는 것 역시 위험한 의미호흡이 될 것이다.

우리는 이 절에서 칸트가 의미 문제를 어떻게 해결했는지, 그리고 그가 제시한 해결책에 어떤 문제점이 있는지, 그리고 그 문제점은 칸트철학에서 선험적 관념론이라는 족쇄를 벗으면 어떻게 현대적인 방식으로 재구성될 수 있는지 살펴보고자 한다. 현대인들은 '의미' 문제는 주관적 차원의 문제이고, 사실의 문제는 객관적 차원의 문제라고 생각하는 경향이 있다. 그러나 뒤에서 언급하겠지만, 이 경우 '의미의 세계'라는 말에 오도되어 그 세계가 사실의 세계와 무관한 것이라고 생각해서는 안 된다. 당장 플라톤은 의미의 문제와 사실(진리) 문제를 다 같이 이데아의 세계와 연결시켜 파악하고 있으며, 이렇게 파악된 의미는 결코 사람에 따라 다른 주관적 의미가 아니다. 사실에는 두 가지 종류의 사실이 있다. '감각적 사실'과 '예지적 사실'이다. '태양은 지구보다 크다'는 감각적 사실이다. '플라톤은 소크라테스의 제자이다'라는 역사적 사실도 감각적 사실이다. 소크라테스 밑에서 공부하는 플라톤을 눈으로 본 적이 있는 사람들의 진술에 의지해서 우리는 그 역사적 사실을 사실로 받아들이기 때문이다. '사람이 죽은 뒤에는 영혼 상태로 내세에 간다'는 것은 감각으로 확인할 수 없는 일이지만, 그 주장이 참이든지 아니면 거짓이든지 둘 중에 하나일 것이다. 그 주장이 참이라면 그 주장은 예지적 사실이다.

예지적 사실의 세계는 **감성적 직관의 소유자인 우리 인간에게는** 의미의 세계로 다가올 수밖에 없다고 생각하지만, 예지계도 사실의 세계다. 『순수이성비판』의 세계는 현상의 세계, 과학의 세계, '객관적 사실의 세계'이기에 이 세계는 객관적인 진리의 세계이며, 모든 인간에게 공통된 세계이다. 그리고 『실천이성비판』의 세계는 의미의 세계이고 도덕의 세계이지만, 그럼에도 불구하고 칸트는 이 의미도 '객관적 의미의 세계'라고 생각했다. 주관적 의미는 어떤 의미가 의미부여자에 의존적인 그런 의미일 것이다. 예컨대, 온몸에 문신을 하는 것은 누구에게는 의미 있는 일이지만, 누구에게는 무의미한 일이면서 혐오스러운 일이다. 누구에게는 컴퓨터 게임을 잘하는 것이 의미 있는 일일 수 있으나, 누구에게는 무의미한 일이다. 바로 이런 이유로, 사람들은 의미의 문제를 주관적인 차원의 것으로 받아들이는 경향이 있다. 그리고 이런 경향성의 연장에서 도덕도 삶의 의미 문제와 관계된다면, 도덕은 주관적인 문제라고 생각하게 된다. 이런 생각에 힘을 실어준 것이 윤리적 정의주의(ethical emotivism)이다. 칸트는 경험과학적 사실의 문제는 '인식의 문제'이고, 인식의 문제가 아닌 것은 의미의 문제로 간주하는 것에 동의하지만, 그 의미가 형이상학적 사실의 문제와 관계할 경우, 의미의 문제가 주관적인 차원의 것이 된다는 생각에는 반대했다.

현대인들은 경험을 통해 검증도 반증도 안 되는 형이상학적 사실의 문제를 의미의 문제로 간주하지만, '의미'가 언젠가는 형이상학적 '사실'로 밝혀질 수가 있다는 점에서 '선의 가치는 이데아계에 실재한다'는 가치 실재론을 주장하는 플라톤의 입장은 아직 유효하다고 말할 수 있겠다. 칸트는 단지 그런 이데아가 실재한다는 주장을 뒷받침할 경험과학적 증거를 들이대는 것은 불가능하다고 생각한다. 칸트는 예지계의 사실에 관한 객관적 의미 문제를 도덕신앙의 형태로 해결하려 했다. 칸트가 『실천이성비판』에서 제시한 도덕신앙의 깊은 의의를 올바로 이해한 사람은 '철학적 신앙'을 언급한 야스퍼스였다.

　근세 계몽주의는 이성이 상식과 도덕과 종교의 본질적 진리를 정당화할 수 있을 것으로 생각했다. 이성은 전통과 계시의 권위를 대신했다. 그러나 야코비는 이성에 대한 계몽주의의 이런 신뢰를 비판한다. 그는 계몽주의가 신뢰하는 이성을 끝까지 밀고 간다면 우리는 무신론과 숙명론과 유아론을 받아들여야 한다고 생각했다. 그런데 야코비의 눈에는 신앙을 이성적으로 살명하려는 칸트는 전형적인 계몽주의자였다. 칸트는 도덕신앙의 개념을 제시하고 있지만, 칸트의 실천적 신앙은 기껏해야 임시방편의 해결책에 불과하며, 그 힘을 증대시켜가는 비합리주의라는 제방에 난 구멍을 막는 손가락일 뿐이라고 야코비는 주장한다. 야코비는 계시의 도움을 받지 않는 이성은 회의주의로 이어진다는 파스칼의 입장을 따르고 있었다.[28] 그러나 나는 기독교의 계시라든지, 스베덴보리의 신비체험이라든지, 하이데거가 말하는 존재의 눈짓과 음성보다는 칸트의 도덕신앙의 개념이 철학적으로 더 받아들일 만하다고 생각한다. 왜냐하면 계시를 받은 자나 신비체험자의 주장은 검증도 반증도 안 되는 것이어서 학문적 논의의 대상이 될 수 없기 때문이다. 계시와 신비체험의 주장은 형이상학적 헛소리에 불과할 수 있다. 물론 나는 칸트의 도덕신앙의 개념을 받아들이지만, 칸트가 제시한 도덕신앙의 논증방식과 도덕신앙의 내용을 받아들이는 것은 아니다.

　칸트의 이후 칸트의 요청적 유신론은 칸트의 의도와는 정반대로 니체의 요청적 무신론으로 가는 과도기적 징검다리가 되어버린 측면이 있듯이,[29] 칸트가 형이상학적 사실의 문제를 객관적 의미의 문제로 바꾼 것은, 칸트의 의도와는 달리 사람들이 그 문제들을 주관적 의미의 문제로 간주하게 만든 첫걸음이 되어버렸다. 니체, 키르케고르, 사르트르, 하이데거 등은 모두 의미

---

28) 프레드릭 바이저, 『이성의 운명』(이신철 옮김, 도서출판 b, 서울, 2018), 106-108쪽 참조.
29) 니체의 요청적 무신론은 "만약 신이 존재한다면, 내가 신이 아니라는 것을 어떻게 참을 수 있는가? 그러므로 신은 존재해서는 안 된다"로 표현된다.

의 문제를 주관적인 차원의 것으로 이해했다. 니체는 관점주의를 앞세워 '사실이란 것은 없고 해석만이 있을 뿐이며, 해석은 각자의 관점에서 하는 것이다'라고 주장한다. 키르케고르는 '신앙이란 **객관적으로 불확실한 것을** 내적 열정을 갖고 확실하게 붙잡는 것'이라고 말하고 있다. 그에게 있어서 신앙이란 지성을 십자가에 못 박는 것이요, 사유가 끝나는 곳에서 시작하는 것이다. 또한 그는 "주체성이 진리이다"라고 말하기도 한다.[30] 하이데거에 있어서 '세계는 각자의 것'이다. 그리고 사르트르는 '실존은 본질에 선행한다'고 하면서, 실존적 삶은 객관적 지식을 추구하는 삶이 아니라 주관적 의미를 추구하는 삶으로 이해한다. 이 점에서 사르트르는 키르케고르의 충실한 후계자이다. 키르케고르는 삶의 의미 문제를 주관적인 문제로 본 대표적인 인물이다. 키르케고르는 '진리는 주체성이다'라는 관점에서 칸트가 사실의 세계에 관한 객관적 진리라고 생각한 과학적 진리를 가볍게 다루었다. '지구가 태양 주위를 돈다'는 진리는 실존적 안심입명(安心立命)을 추구하는 자에게는 아무런 의미가 없다고 생각했다. 그리고 그는 '삶의 의미'가 문제가 되는 곳에는 객관적 진리가 있을 수 없다고 생각한다. 키르케고르는 과학이 삶의 의미 문제를 해결하는 데 아무런 도움이 안 된다는 사실에 근거하여 과학을 무시해 버린다. 그리고 그는 어떤 문제가 과학의 객관적 사실의 문제가 아니면 주체적 의미의 문제가 된다고 생각했다. 그러나 키르케고르의 주관주의에 대해 다음과 같은 비판이 있다.

일부 학자는 키르케고르가 자의성과 상대주의의 문을 열어준다는 우려를 표명하기도 합니다. (…) 일반적으로 기독교는 하나님이 인간이 되셨다는 것, 예수께서 기적을 행하시고, 십자가에 못 박히신 후 다시 살아나셨다는 것과 같은 특정 교리를 기반으로 정의됩니다. 이러한 것

---

30) S. Kierkgaard, *Concluding Unscientific Postscript to Philosophical Fragments*, p. 209.

들이 사실이 아니라면 기독교의 진리를 훼손하는 것이며, 나의 내면이
나 열정에서 개인적으로 어떻게 생각하는지는 중요하지 않다는 것이
일반적인 가정이었습니다. 이런 이유로 기독교를 비판하는 사람들은
항상 이런 종류의 것들이 신뢰할 수 없다는 것을 보여주기 위해 공격해
왔고, 기독교를 옹호하는 사람들은 그것을 방어하기 위해 최선을 다해
왔습니다.[31]

기독교 교리를 찬성하는 사람이나 반대하는 사람이나 그들은 사실의
문제를 갖고 토론하고 있다는 점에서 동의하고 있는 셈이다. 영혼과 내세와
신은 존재하는가 하지 않는가 하는 문제가 사실의 문제가 아니라면 논쟁도
소용없는 일이다. 그런데 키르케고르는 이런 문제들을 사실의 문제가 아니
라고 생각한다. 물론 그런 문제들은 '과학적 사실'의 문제는 아니다. 그렇다
고 그런 문제들과 관계된 신앙의 문제를 개인적-주관적 문제로 간주하는 것
은 신앙의 문제를 유사 취향의 문제로 만들어버리는 잘못이 될 것이다. 신앙
의 문제를 주관적-개인적 문제로 간주하는 것은 신앙의 문제에 관한 한, 대
화와 토론이 불필요하다는 것이고, 이렇게 되면 신앙의 문제는 유사 취향의
문제가 되어버린다. 취향의 문제로 우리는 토론하거나 논쟁하지 않기 때문
이다. 신앙이 예지적 세계의 사실에 관계된다고 믿을 경우에만, 우리는 신앙
을 위해 목숨을 걸기도 한다. 그러나 우리는 자신의 취향을 위해 목숨을 걸지
는 않는다. 그러나 칸트는 과학의 객관적 사실의 영역과 주관적 의미의 영역
이외에도 객관적 의미의 영역이 있다고 생각한다.
　　하이데거도 키르케고르의 영향하에서 자신의 저서『칸트와 형이상학의
문제』에서 칸트가『순수이성비판』에서 제시한 '객관적 사실의 세계'를 '주관
적-실존적 의미의 세계'로 해석한다. 하기락 교수는 이를 다음처럼 설명해주

---

31)　존 스튜어트,『쇠렌 키르케고르입문』(이창우 · 최정인 옮김, 세종시, 2023), 239쪽.

고 있다.

하르트만은 하이데거가 '존재자로서의 존재자'에 대한 존재의 문제
를 '존재의 의미'(Sinn des Seins)의 문제로 바꾸어놓았다. (⋯) 그러나 하르
트만은 하이데거가 착수점부터 잘못 잡고 있다고 보았다. 하이데거는
존재론의 출발점을 대뜸 '거기 있음'(Dasein)에서 취했고, 게다가 그것을
인간의 '거기 있음'에 국한시킴으로써 '존재자로서의 존재자'의 존재에
관한 문제를 폐기하고 말았다는 것이다. '존재자로서의 존재자'란 관점
에서 볼 때, 인간의 '거기 있음'도 중요한 문제로 되겠거니와 인간이 아
닌 다른 모든 존재자의 '거기 있음'도 똑같이 중요한 문제로 다루어지
지 않으면 안 된다는 것이다. 하이데거의 기본존재론에서는 모든 존재
자를 처음부터 인간의 '거기 있음'에 의존시켰으므로 모든 존재자가 오
직 나에 대해서만 존립하고, 나에게 주어질 뿐이고, 나에게 해독된다는
것을 의미할 뿐이다. 그래서 결국 내가 그 속에 살고 있는 이 세계가 '각
자 나의 세계'(je meinige Welt)로 될 수밖에 없었으며, 진리도 '각자 나의
진리'(je meinige Wahrheit)로 되고 말았다.[32]

하르트만 자신도 이 사실을 분명하게 지적하고 있다.

하이데거는 존재자로서의 존재자의 문제를 존재의 의미(Sinn von Sein)
문제로 바꾸어놓았다. 그에 의하면, 존재학은 이 물음을 밝히지 않는
한 맹목이라고 한다. 그러므로 옛 존재학은 파괴되고 새로운 단서가 획
득되어야 한다는 것이다, 그 단서는 현존재(Dasein)에서 얻어진다. (⋯)

---

32) 하르트만, 『자연철학』(하기락 편술, 부산, 도서출판 신명, 1993), 23쪽. 하이데거가 말하는 '각
자 나의 진리'는 키르케고르가 말하는 '주체성이 진리이다'의 변주곡처럼 보이고, '각자 나의 세
계'는 니체가 말하는 '원근법적으로 해석된 세계'의 변주곡으로 보인다.

이러한 단서의 서론은, 모든 존재자는 처음부터 인간에게 관계된 것으로서 이해된다는 것이다. 그것은 각자 자기의 것이다. (…) 이로써 존재자로서의 존재자의 문제는 폐기되고 말았다. 존재자는 겨우 나에 대해서 존립하고, 나에게 주어지고, 나에게 이해되는 것을 의미하게 되었다. 존재학적 근본문제는 전면적으로 벌써 미리 결정지어져 있다. 게다가 단지 문제설정에 의해서 그렇게 된 것이다.[33]

하이데거는 칸트가 『순수이성비판』에서 다루는 '객관적-물리적 사실의 세계'를 '실존적-주체적 의미의 세계'로 바꾸어 해석하면서, 칸트에게서 '객관적-도덕적 의미의 세계'를 다루는 『실천이성비판』을 더 이상 필요하지 않게 만들어버린다. 그러면서 하이데거는 객관적 의미의 세계를 없애버린다. 하이데거의 기초존재론에서 핵심적인 역할을 하는 현존재(Dasein)는 객관적 인식의 주체가 아니라, 의미연관의 전체인 세계 내에 우연히 던져진 상태에서 불안과 죽음의 가능성을 가지고 '존재'의 의미를 찾아야 하는 그런 존재이다. 그런데 그 의미는 모든 사람에게 공통되는 의미, 객관적 의미가 아니다. 현존재를 통해 존재의 의미를 해명하려는 하이데거의 기초존재론적 기획에서는 시간성이 중요하게 부각되는데, 현존재는 '죽음에의 존재'(Sein zum Tode)로서 시간 속에서 생겨났다가 시간 속에서 사라진다. 현존재는 불안, 염려, 권태 같은 기분에 사로잡힌 상태에서 자신의 삶의 주체적 의미를 만들어줄 가능성을 향해 미래로 기투하며 살아간다. 현존재는 시간적인 존재이기에 하이데거는 시간 초월적 존재자의 실재를 부정하게 된다. 하이데거의 이런 주장에 대해 비토리오 휘슬러는 다음처럼 비판한다.

그러나 어째서 그로부터 모든 존재자 또는 심지어 존재가 시간적이

---

33) 니콜라이 하르트만, 『존재학원론』, 67쪽.

라는 것이 따라 나와야 하는 것일까? (…) 그러나 규범들과 가치들 그리고 수학적 실재들은, 아니 심지어 자연법칙들마저도 어떤 상황에서도 시간적인 것으로 해석될 수 없거니와, 그가 이러한 현상들을 본질적으로 무시한다는 사실은 하이데거의 접근이 지닌 적절성에 유리한 이야기를 하는 것이 아니다.[34]

하이데거식으로 말한다면, 인간은 죽음 앞에서 불안을 느낀다. 죽음은 인간에게 '너의 삶은 여기까지며, 그 이상은 없다'고 말한다. 죽음은 인간이 유한한 존재임을 환기시키고 세간사의 (허)무를 보여준다. 죽음 앞에서 인간은 불안하고, 불안은 우리에게 무를 보여줌과 동시에 (허)무를 극복하는 '존재' 그 자체를 열어 보여주기도 한다.

불안이라는 무의 밝은 밤 속에서 비로소 존재자 그 자체의 근원적인 열려 있음이 다음과 같이 일어난다. '그것은 존재자이다. 그리고 무가 아니다.'[35]

하이데거의 이 말은 인간은 불안 가운데서 '존재'를 찾고 만난다는 것이다. 그러나 나는 개인적으로, 하이데거 철학은 '불안'의 개념에 너무 과도한 의미를 부여하고 있다고 생각한다. 적어도 그의 전기사상에 국한해서 말한다면, 하이데거는 불안의 개념에 너무 많은 것을 매달아 놓고 있는데, 바로 그 점이 하이데거 철학을 불안하게 만들고 있다. 불안을 통해 무가 드러나고, 무의 드러남과 동시에 존재자들의 지평이 열리며, 존재의 의미가 물어진다. 불안은 무와 존재가 거론될 유일한 통로로 보인다. 데카르트는 그의 전 철학체

---

34) 비토리오 훼슬레, 『현대의 위기와 철학의 책임』, 119쪽.
35) 하이데거, 『이정표 1』(신상희 옮김, 파주, 한길사, 2005), 163쪽.

계를 "나는 생각한다. 그러므로 나는 존재한다"(Cogito ergo Sum)라는 코기토 명제에 매달았지만, 그 명제를 통해 확언된 '나'는 '순수사유로서의 나'에 불과했으며, 그리하여 데카르트가 말하는 '사유하는 나'는 사유의 세계 바깥으로 외출하여 물질계와 접촉하는 것이 불가능한 '나'였다. 말하자면 그 '나'는 '사유의 세계'에 갇혀 있는 나였다. 그것이 코기토의 비극이었다.[36] 칸트는 자신의 철학체계를 두 가지 '이성의 사실'에 매달아두었다. 즉 물리학과 도덕의 영역에서 '선천적 종합판단이 있다'는 사실이다. '순수이론이성의 사실'과 '실천이성의 사실'이다. 그러나 뉴턴 역학의 완전성에 대한 믿음에 의지하고 있었던 이론이성의 사실이 무너지면서 칸트의 전 철학도 크게 흔들렸다. 그런데 애매모호한 심리학적 용어인 '불안'에 매달려 있는 하이데거의 전기철학은 코기토에 매달린 데카르트 철학이나 '이성의 사실'에 매달려 있는 칸트철학보다 더 문제적으로 보인다.

칸트가 『순수이성비판』에서 보여준 객관적 사실의 세계를 하이데거가 등한시한 것은 결정적인 잘못이다. 비토리오 휘슬레는 하이데거의 반과학주의적 태도를 이렇게 지적하고 있다.

> 존재와 시간에 관한 1905년 이후에 출간된 책의 독자에게는 아인슈타인에 의한 시간 개념의 혁명화가 각주에서만 언급된다는 것이 기이하게 보일 것이다. 과학주의가 정신과학들을 정당하게 평가하지 못하듯이, 하이데거도 자연과학들을 정당하게 평가하지 못한다. 두 발상 가운데 어느 것도 어떻게든 학문들의 총체성을 파악하거나 심지어 근거 짓기 한다고 주장할 수 없다.[37]

---

36) 이에 대해 보다 자세한 논의는 나의 논문, 「데카르트의 방법적 회의에 대한 고찰」(대한철학회 논문, 『철학연구』 42집(1986)을 보기 바란다.

37) 비토리오 휘슬레, 『현대의 위기와 철학의 책임』, 119쪽. 내가 보기에 휘슬레의 입장은 매우 칸트적이다. 앞에서도 말했듯이 하이데거에 따르면, 현대과학에 기초한 현대의 기술적 사유는 도

나는 인간에게 세계가 두 측면을 갖는다고 생각하는데, 한편으로 세계는 객관적 사실의 세계이고, 다른 한편으로 세계는 실존적 의미의 세계이다. 하이데거가 세계를 '각자의 세계'라고 말할 때, 그는 세계의 한 측면만을 강조하고 있다. 그는 세계의 반쪽만을 보고 있는 셈이다. 아무리 각자의 세계라 하더라도, 모든 사람이 절벽에서 떨어질 때는 동일한 자유낙하의 법칙의 지배를 받고, 교통사고가 나면 동일한 충돌의 법칙의 지배를 받는다. 이 동일한 물리학적 세계 위에서 인간들은 각자의 실존적 삶의 의미를 만들어가면서 살아간다. 그러나 칸트는 하이데거나 키르케고르와는 달리 삶의 사실과 삶의 의미의 관계를 잘 설정하고 있다. 칸트는 인간을 감성과 이성의 결합체로 즉 가능적 무한자로 보았기 때문에, 이성 편향적이지도 않았고 감성 편향적이지도 않았다. 게다가 칸트는 의미의 세계도 '각자의 세계'가 아니라고 생각했다.

　　칸트는 자신이 『실천이성비판』에서 실천철학적으로 증명한 영혼과 신의 존재에 대한 이론을 '과학적 이론'으로 간주하지 않고 '도덕신앙'으로 간

발과 닦달을 그 본질로 하는 존재 망각의 사유로 본다.(하이데거, 『강연과 논문』, 이기상 외 옮김, 서울, 이학사, 2008, 385쪽 참조) 그러나 과학적 탐구의 출발에는 존재의 신비에 대한 경이가 자리 잡고 있다. 아인슈타인은 '인간이 경험할 수 있는 최고의 아름다운 경험은 신비이다'라고 말했다. 그리고 그 신비감에 붙잡혀 살아온 자신을 지극히 종교적인 인간으로 이해했다. 하이데거가 기술문명에 대해 적대적이었던 것은 널리 알려진 사실인데, 마이클 프리드먼의 주장에 따르면, 하이데거는 1935년에 행해졌고 1953년에 출간된 유명한 강의 『형이상학입문』에서 여전히 독일이 인류를 한편으로는 러시아 공산주의로부터 다른 한편으로는 미국의 기술(技術) 기반의 자유 민주주의로부터 구원할 능력이 있는 서구의 마지막 희망이라고 생각했다. "불치의 맹목 속에서 헤매는, 그래서 할복자살하기 직전의 상태에 놓여 있는 이 유럽은, 오늘날 한쪽은 러시아라는, 그리고 다른 한쪽은 아메리카라 불리는 커다란 집게 사이에 놓여 있다. 형이상학적 견지에서 볼 때, 러시아나 아메리카는 둘 다 동일한 것이다.: 눈을 뜨고 볼 수 없는 쇠사슬이 끊긴 기계문명의 발광 그리고 규격화된 인간들의 바탕 없는 조직."(『형이상학입문』, 74쪽) 하이데거는 미국적 정신, 자유민주주의 그리고 현대기술은 서로 밀접한 연관이 있는 것으로 간주했으며, 이 삼자에 대해 비판적이었다.(마이클 프리드먼, 『다보스에서의 결별』, 36쪽 참조) 박찬국도 프리드먼과 유사한 진단을 한다. 그에 의하면 하이데거 철학은 처음부터 끝까지 반세계동포주의적(국수주의적), 반과학적(시적), 반도시적(농촌지향적), 반자유민주주의적(공동체주의적), 묵시론적 철학이었다. (박찬국, 『하이데거와 나치즘』, 28쪽 참조)

주했다. 그것이 신앙인 한, 의미의 문제와 관계 있는데, 그는 그 신앙이 실천 이성을 가진 인간이라면 누구나 받아들일 수밖에 없는 것이라고 생각한다. 그래서 『실천이성비판』의 세계는 '객관적 의미'의 세계가 되는 것이다.

칸트는 영혼과 내세의 문제에 대해 과학적으로 해답을 얻는 것은 불가능하다고 생각했다. 과학은 '현상적 사실'의 문제만을 다루는데, 영혼과 내세의 문제는 '현상적 사실의 영역'(가능한 경험의 한계 내부)에 속하는 문제가 아니라는 것이다. 그렇다고 그 문제 자체를 거부할 수도 없었다. 그 문제는 이성의 본성 자체에 부과된 문제이기 때문이다. 그리하여 그는 그 문제를 인식의 지평이 아니라 도덕의 지평으로 옮겨 해결한다. 우리가 앞서 살펴보았듯이, 칸트는 『실천이성비판』에서 그 문제를 삶의 객관적 의미지평에서 다루었다. 통상 삶의 의미 문제는 주관적인 차원의 문제라고 생각하는데, 칸트는 의미 문제에도 객관적인 차원이 있다고 생각했다.[38]

삶의 의미 문제에 대한 칸트의 해결책은 플라톤과 현대의 실존철학자들의 중간에 서 있다. 플라톤은 영혼과 내세가 있는가 하는 문제는 의미의 문제도 아니고 주관적 차원의 문제도 아니라고 생각했다. 그 문제는 '예지계(이데아계)의 사실'에 관한 문제이다. 현대의 실존주의 철학자들은 그 문제는 주관적 차원의 의미 문제이고 사실의 문제 — 그 사실이 현상적 사실이든 예지적 사실이든 — 가 아니라고 생각한다. 그러나 칸트는 실존주의자를 편들어 그 문제는 사실의 문제가 아니고 의미의 문제이지만, 이번에는 플라톤을 편들어 그 문제는 객관성의 문제라고 주장한다.

그런데 칸트는 '삶의 사실의 문제'는 기계론과, '삶의 의미의 문제'는 목적론과 연결시켜 설명한다. 나는 칸트의 이런 입장 그 자체는 매우 설득적이라고 생각한다. 그런데 그는 삶의 사실이 아무리 모여도 거기에서 삶의 의미

---

38) 누군가에게 컴퓨터 게임을 잘하는 것이 그의 삶을 의미 있게 만들어 줄 수 있겠지만, 그것은 삶의 주관적 의미일 뿐이다. 다른 사람은 그것을 무의미하게 생각할 수도 있기 때문이다.

문제에 대한 해답은 나오지 않는다고 말한다. 그에 의하면 사실의 세계 혹은 가능한 경험의 세계가 마무리 확장되더라도 거기에서 '인간은 어떻게 살아야 하는가?', '인간은 왜 사는가?', '인간은 무엇을 위해 살아야 하는가?'라는 물음에 대한 답을 얻을 수는 없다. 그 이유는 무엇인가? 과학은 현상의 기계론적 운동 과정만 설명할 뿐이기 때문이다. 과학은 '어떻게 인간의 생명이 계속되는 것이 가능한가?', '탄생에서 죽음에 이르는 인간 삶의 과정은 어떻게 진행되는가?'라는 물음에 답할 수 있을 뿐이다.

요즈음은 이 물음들에 대해 역사상 그 어느 때보다도 더 자세한 기계론적 설명을 한다. 그 기계론적 설명에 동원되는 학문이 의학과 화학과 생물학이다. 기계론적 설명은 철저하게 인과법칙에 의거하고 있는데, 인과적 흐름에는 아무런 목적의식이 없다. 따라서 지향하는 목적이 없다. 심지어 현대의 진화생물학은 칸트가 목적지향적 운동을 하는 것처럼 보인다고 생각한 생명체의 진화를 설명하면서도 '진화에는 목적이 없다'고 주장한다. 자연에서 일어나는 진화는 주먹구구식 진화이지, 목적지향적 진화가 아니라는 것이다.[39] 그런데 삶의 의미에 관한 물음은 삶의 목적에 관한 물음이며, 이는 삶이 지향해야 할 목적론적 운동의 방향을 묻는 물음이다. 삶의 이유나 목적에 관한 물음은 '삶의 의미물음'인데, 과학은 이 물음에 대해 대답해줄 수 없다. 칸트에게서는 사실과 의미가 엄격하게 이분법적으로 분리된다.

플라톤에 있어서도 이데아계(예지계)가 삶의 의미 문제를 해결하기 위해 창출된 것이지만, 그는 그 세계가 주관적인 세계라고 생각하지 않았다. 오히려 그 세계는 모든 객관적 지식의 원천이 되는 그런 세계였다. 그에게서는 의미의 세계와 사실의 세계가 하나였다. 이데아계는 진리의 원천이면서 동시

---

39) 조지 C. 윌리엄스, 『진화의 미스터리』(이명희 옮김, 서울, 두산동아, 1997), 16쪽. "현대 생물학은 사람의 귀의 기원이나 진화에서 사전의 '계획적인 요소는 전혀 발견하지 못하고 있다. (…) 이러한 결론은 생명체가 보이는 고도의 적응능력과, 지적인 계획의 주관하에 만들어졌다고 볼 수 없는 모순적인 신체구조의 예들로 입증된다."

에 인간 삶에 의미를 부여하는 의미의 원천이었다.[40] 그러나 칸트 이후 현상계는 사실의 세계가 되고, 예지계는 의미의 세계가 된다. 나는 이하에서 칸트가 제시한 사실과 의미의 관계에 관한 입장을 검토해보고자 한다.

우리는 앞에서 뉴턴 역학의 완벽성에 근거해서 그런 역학체계가 어떻게 가능한지를 검토하는 방식으로 만들어진 자연의 형이상학은 타당성을 상실했음을 말했다. 이런 사정은 도덕의 형이상학에 대해서도 타당하다. 칸트는 인간은 이성의 선험적 자발성에 뿌리를 두고 있는 선험적 자유에 기초하여 무조건적인 도덕명령을 수행해낼 수 있다고 생각했으며, 그런 수행 가능성의 조건을 선험적으로 탐색하면서 절대적인 도덕의 체계를 만들었다. 그는 그것을 도덕의 형이상학이라 부르고 있다. 그러나 현대에 와서 과연 모든 인류가, 심지어 외계인이 이성을 가진 존재라면 그 외계인조차도 따라야 하는 절대적인 도덕체계가 있다는 주장은 매우 의심스럽게 된 상황이다. 그렇다면 실천적인 아프리오리한 종합명제의 확실성 위에 세워진 도덕의 형이상학도 의심스럽다. 칸트는 자연과학적 지식의 확장적 발전은 가능하다고 생각했다. 그러나 아무리 자연과학적 지식이 발전에 발전을 거듭한다 하더라도, 자연과학의 문제는 도덕의 문제와 차원이 다른 문제라고 생각했다. 과학

---

40) 니콜라이 하르트만에 설명에 의하면, 플라톤의 이데아는 의미의 원리요 가치의 원리인데, 바로 이 원리 안에 모든 시대의 목적론의 근본적 싹이 들어 있다. 사람들은 의미의 문제를 최고의 문제로 삼았고, 의미 원리의 해명을 모든 수수께끼의 해결로 생각했다. 현상계는 덧없고 무가치하다. 그러나 이데아를 보게 된 자에 의해 무의미한 현실이 의미를 부여받게 된다. 그런데 하르트만에 의하면 의미부여의 원천인 이데아가 피안의 세계로 설정된 것에는 세 가지 이유가 있다. 첫째로, 경험적 세계에서는 모든 것이 상대적이고 불완전하고 생멸하며, 따라서 악하고 비본래적이다. 이런 특징을 가진 것들이 의미의 원천이 될 수는 없다. 둘째로, 의미는 일체의 의존성과 상대성을 초월하여 절대적인 것에 놓여 있어야 한다. 그러므로 그것은 보편자 속에 있는 것이며 전체로서의 세계와의 관계 속에서 설명되어야 한다. 세계 전체가 무의미한 것이라면 인간의 삶도 의미를 가질 수가 없다. 셋째로, 의미와 가치는 실재적 존재 질서보다 더 근본적이어야 하고 세계의 근거여야 하고, 현실적 존재에 비해 우월적이어야 한다. 하르트만은 플라톤의 이런 목적론적 사상은 서양 형이상학의 역사에서 끈질기게 지속되어 왔으며, 칸트가 실천이성의 우위를 주장했을 때도 그는 플라톤의 전통 위에 서 있었다고 말한다.(니콜라이 하르트만, 『인식과 윤리』, 94-95쪽 참조)

의 문제는 사실의 문제이지만, 도덕의 문제는 당위의 문제라고 생각했기 때문이다. 이는 윤리학자들의 공리 같은 주장이다. 사실과 당위를 구분하지 못하고, 사실에서 당위를 끄집어내면 그것은 소위 '자연주의적 오류'(naturalistic fallacy)를 범하게 된다.[41] 그러므로 과학이 아무리 발전해도 도덕의 문제를 해결할 수가 없다.

그러나 사실과 의미, 존재와 당위, 과학과 도덕의 이런 엄격한 이분법적 생각에는 세 가지 문제점이 숨어 있다. 첫째로 도덕의 문제에 대한 지식의 진보는 불가능하다는 것이다. 칸트는 "네 의지의 준칙이 언제나 동시에 도덕법칙이 될 수 있도록 행위하라"는 아프리오리한 실천적 종합판단에 대한 의식을 모든 사람이 갖고 있다고 말한다. 그리고 모든 사람이 그런 의식을 갖고 있다는 것을 '실천이성의 사실'이라고 부른다. 그리고 이 실천이성의 사실이 어떻게 가능한가를 해명하는 방식으로 도덕의 형이상학을 건설했다. 이 도덕의 형이상학에서 확립된 행위의 원칙들에 관한 앎은 비록 과학적 인식은 아니고 도덕신앙의 형태를 취한다고 하지만, 그 앎은 가능한 경험의 한계선 바깥 영역과 관계하기에 더 이상의 발전은 있을 수가 없다. 과학적 지식과 다른 점이 바로 이것이다. 칸트에 의하면 과학적 지식은 절대적으로 타당한 인식이긴 하지만, 그 인식의 영역이 확장될 수가 있다. 그 이유는 아무리 과학이 발전해도 더 발전할 수 있는 여지가 남아 있기 때문이다. 그러나 도덕적 앎의 경우는 그것이 현상계가 아닌 예지계와 관계하기에 더 발전할 여지가 없다. 그러나 과연 그런지 의심스럽다. 칸트는 『윤리학 강의』(*Vorlesungen über Ethik*)에서 동성애를 자연에 거스르는 죄악으로 규정하지만, 그리고 심지어

---

41) '모든 인간은 쾌락을 추구한다'는 사실명제로부터 '모든 인간은 쾌락을 추구해야 한다'는 당위명제를 도출하면 이는 자연주의적 오류가 될 것이다. 반대로 도덕에서 사실을 도출하게 되면 '도덕주의적 오류'(moralistic fallacy)를 범하게 된다. 예컨대 '인간은 평등해야만 한다'는 것이 도덕적 당위라면, 그 당위의 관점에서 '흑인과 백인 간에는 지능의 차이가 없다'는 사실명제를 도출할 경우 우리는 도덕주의적 오류를 범하게 되는 것이다.

『성경』에서도 동성애를 하나님의 계율에 어긋나는 악행으로 규정하지만, 최근에 프란치스코 교황(Pope Francis, 1936-)은 동성애자들도 하나님의 사랑스러운 자녀들이라고 말했다. 이는 동성애에 대한 우리의 도덕적 태도나 지식이 바뀌고 있다는 것을 말해준다.[42] 이 변화가 발전인지 퇴보인지, 아니면 단순한 변화에 불과한지는 사람에 따라 판단이 다르겠지만, 분명한 것은 도덕의 문제를 절대적 규범의 문제로 보는 것은 힘들게 되었다는 것이다. 그러면 '도덕상대주의가 옳은가'라고 묻는 사람이 있을지 모르겠다. 나는 도덕절대주의와 도덕상대주의의 이분법에 빠지지 않으면서, 칸트의 자아론에 기초해서 그 사이의 험로를 가는 것이 가능하다고 생각한다.[43]

둘째로 과학은 도덕의 문제를 다룰 수 없다는 칸트의 생각은 과학의 진보가 도덕의 문제를 건드리기 시작하는 현대의 추세를 설명하지 못한다. 과학과 윤리가 철저하게 분리된다는 입장에 선다면, 과학의 발전이 새로운 윤리적 문제들을 만들어내는 현상을 설명할 수 없을 것이다. 장기이식과 연관된 윤리적 문제들이나, 인공지능을 장착한 섹스 로봇의 윤리적 문제나, 성욕과잉으로 강간죄를 저지르는 성범죄자들을 화학적으로 거세하는 것이 윤리적으로 허용될 수 있는가 하는 문제, 복제인간을 만드는 것은 윤리적으로 허용될 수 있는가 등등, 현대인들이 직면하게 되는 수많은 새로운 윤리적 문제는 과학의 발전에 수반되어 생겨난 윤리문제들이다. 그뿐만 아니라 현대 뇌

---

42) 스탠퍼드 대학교의 진화생물학자인 조안 러프가든(Joan Roughgarden) 교수는 "자연 속에서 동성애는 보편적으로 나타나는 현상이다. 일반적으로 사회적 동물은 동족간의 유대관계를 강화시키고 자기 자손이 성장할 집단의 결속력을 강화시키기 위해 성교를 한다는 이론이 존재하는데, 동성애도 같은 맥락에서 이러한 역할이나 목적 때문에 행해진다고 볼 수 있다"고 말한다. (베르너 지퍼, 『우리 그리고 우리를 인간답게 해주는 것들』, 안미라 옮김, 서울, 소담출판사, 2013, 93쪽에서 재인용) 동성애가 자연에서 많이 관찰된다고 하더라도, 그 사실에서 '그러므로 동성애는 도덕적으로 허용된다'는 주장으로 나아가면, 소위 '자연주의적 오류'를 범하게 된다. 어쨌건 대부분의 문명국가에서는 동성애자들의 고통이 인도주의적 차원에서 고려되어야 한다는 공감대가 형성되어 있는 것은 사실이다.

43) 이에 대해서는 나의 책, 『도덕윤리교육의 철학적 기초』(경북대학교 출판부, 2015), 제4장 「도덕·윤리교육의 철학적 기초와 공동체적 자유주의」를 보기 바란다.

과학의 발전은 인간의 뇌에서 도덕 문제와 밀접한 관계가 있는 뇌의 부위 그 자체를 '보다 윤리적'으로 만드는 기술을 갖게 되었다. 뇌과학 연구에서 항상 등장하는 유명한 피어니스 게이지 사례는 전두엽이 성격이나 자제심에 차지하는 역할에 대해 설명하기 위해 자주 등장하는 예시이다.[44] 뇌과학의 연구는 인간의 정서작용에 대한 많은 새로운 지식을 알려주면서 도덕의 문제를 가능한 경험의 한계선 바깥에 있는 문제로 남겨주지 않고 있다. 뇌과학을 과도하게 맹신해서는 안 된다는 경고음이 없는 것은 아니지만, 뇌과학의 발달로 말미암아 '신경윤리학'(neuroethics)이란 연구분야도 생겨났다. 과학의 발전이 윤리 문제를 바라보고 다루는 태도를 변화시키고 있는 것이다.[45] 이제 고도의 인격 수양을 통해 통제되어야 한다고 생각되었던 인간의 감정 영역이 — 칸트의 용어로 경향성의 영역 — 약물과 뇌 강화(brain enhancement) 프로그램에 의해 다스려지는 세상이 되었다. 과학의 발전과 함께 동행하는 윤리학의 시대가 도래한 것이다. 물론 '뇌 강화가 도덕적으로 수용될 수 있는가?'라는 것이 문제가 되지만, 나는 그것은 마치 시험관 아이 기술이 받아들여졌듯이 언젠가는 받아들여질 것이라고 생각한다. 이렇게 되면 칸트가 과학적 지식의 확장에 관여하는 이론이성보다 인간의 형이상학적 질문에 대답을 제시하

---

44) 피어니스 게이지는 미국 버몬트의 평범한 철도 직원이었으나, 1848년 3cm 굵기에 길이가 1m인 쇠막대가 얼굴을 꿰뚫는 사고를 당했다. 쇠막대는 왼쪽 뺨을 통과해 왼쪽 눈을 지나 전두엽을 완전히 통과해버렸다. 그럼에도 불구하고 놀랍게도 게이지는 살아 있었고, 금방 일어났으며 말도 했다. 치료를 통해 왼쪽 눈을 잃은 것 이외에는 건강을 거의 회복했지만, 문제는 게이지의 성격이 완전히 달라졌다는 것이다. 착하고 온순한 예전의 성격은 사라지고 자주 화를 내고 감정의 변화가 심한 다른 인간이 되어버렸다.

45) 이에 대해서는 장대익의 논문 「뇌탓이오?: 신경윤리학의 쟁점들」(철학문화연구소, 『철학과 현실』, 2008년 9월호)를 보기 바란다. 닐 베리는 신경윤리를 이렇게 설명한다. "신경윤리에는 신경과학의 윤리학(ethics of neuroscience)과 윤리학의 신경과학(neuroscience of ethics)이라는 두 주요분야가 있다. 신경과학의 윤리학은 신경과학적 탐구와 지식이 인간에 적용될 때 이를 규제하기 위한 윤리적 틀을 개발하는 분야를 말한다. 윤리학의 신경과학은 윤리 자체의 이해에 대한 신경과학지식의 영향을 연구하는 것을 말한다."(닐 레비, 『신경윤리학이란 무엇인가』, 신경인문학연구회 옮김, 서울, 바다출판사, 2011, 14쪽)

는 '순수실천이성의 우위'(Primat der reinen praktischen Vernunft)를 주장하는 것은 의미가 없는 일이 된다.

셋째로 과학과 도덕의 엄격한 이분법은 과학적 탐구활동의 의미를 설명하지 못한다. 물론 칸트는 과학은 사물의 진리를 밝혀주므로 의미 있는 작업이라고 말할 것이다. 그러면 우리는 '사물의 진리를 밝히는 작업은 왜 의미 있는 일인가'라고 물어볼 수 있을 것이다. 이 물음에 대해 '사물의 진리가 밝혀지면 그에 따라 삶의 의미를 밝히는 데 도움이 되기 때문이다'라고 말할 수 있다. 그러나 과학과 도덕, 사실과 의미의 철저한 이분법이 성립하는 한, 그렇게 대답하는 것은 난센스가 된다. 사실은 아무리 많이 모여도 거기에서 의미가 나오지 않는다는 것이 대전제로 놓여 있는 한, 과학탐구는 인간의 삶의 의미를 밝혀주는 그런 의미를 제공할 수가 없는 일이다.

그러나 인간은 과학기술을 이용하여 삶의 편의를 도모할 수 있고, 인간의 의도를 달성하는 수단으로 과학기술을 이용할 수 있다. 과학기술이 발전하면서 인간은 마차를 버리고 자동차와 비행기를 타고 다니게 되었으며, 배를 절개하지 않고도 내장의 종양을 잘라낼 수 있게 되었다. 그리고 휴대폰으로 가능해진 통신 유토피아의 세계에 살고 있다. 이 모든 것들은 인간의 삶을 편리하게 만들어준다. 물론 과학기술은 신무기의 개발에 사용되어 인명을 살상하는 데 악용되기도 한다. 사람들은 과학기술은 선용되어야 하지 악용되어서는 안 된다고 말한다. 그러나 악용과 선용이라는 것은 인간이 과학기술을 어떤 **목적 연관**하에서 사용할 수 있음을 전제한다. 바로 그런 의미에서 과학기술은 드디어 '삶의 의미'에 대한 의미지평과 연결되어 의미를 갖게 될 것이다.

그런데 칸트식의 이분법은 이런 방식으로 과학이 삶의 의미지평과 연결되는 것을 설명하지 못한다는 난점을 보여준다. 과학은 철저한 기계론의 세계이다. 그것은 자연 속에 숨어 있는 기계적인 운동의 흐름을 밝혀낸다. 도덕은 철저한 목적론의 세계이다. 칸트는 도덕의 세계를 자유의 빛 아래에서 고찰된 '예지적 자연'으로 간주한다. 그 세계는 예지적 자연을 관통하는 목적론적 운동의 흐름을 '당위'라는 이름으로 제시한다. 그 두 흐름은 그 본질상 만날 수가 없다. 필연과 자유의 평행선을 주장한 『실천이성비판』에서의 칸트는, ① 사실의 세계와 의미의 세계가 만나지 않으며 ② 사실이 아무리 많이 발견되어도 삶의 의미지평은 열리지 않으며 ③ 과학의 발전은 도덕의 세계에 영향을 미칠 수 없다고 주장하는 칸트와 연결됨을 보게 된다. 그러나 『판단력 비판』에서 자유가 필연의 세계에 영향을 미쳐야 한다고 말하는 칸트는 비록 단언적 차원이긴 하지만 어쨌건 사실의 세계(인과적 기계론의 현상계)와 의미의 세계(자유의 목적론적 예지계)의 접촉을 인정한다. 그럼에도 불구하고 그가 『판단력 비판』에서 인정하는 양 세계의 접촉은, 이미 우리가 살펴보았듯이, 예지계가 현상계에 영향을 미치는 방식이다. 그러나 나는 이것이 '사실이 세계'와 '의미의 세계'를 연결 짓는 칸트적 사고방식의 문제점이라고 생각한다.

나는 조금 앞에서 과학의 발전이 윤리학의 영역에서의 문제설정에 커다란 영향을 미칠 수 있음을 지적했다. 뇌가 작동하는 메커니즘을 연구하는 뇌과학의 발전은 인간의 정서와 기억의 문제에 개입하는 길을 열고 있으며, 덩달아 도덕의 문제에 개입하게 된다. 이는 명백히 '사실의 문제'가 '의미의 문제'에 영향을 주는 것이지 그 반대는 아니다. 왜 칸트는 자유가 필연에 영향을 주는 것은 인정하면서, 필연이 자유에 영향을 주는 것을 인정하지 않는가? 엄밀하게 말하면, 그는 자유가 필연에 영향을 줄 수 있다는 것조차도 올바로 증명해 보인 적은 없다. 그런 식으로 영향을 주는 일이 발생하면 자연법칙이 파괴된다고 걱정했기 때문이다. 그래서 그는 자유의 개념에 기초해서 만들어진 최고선이 정점에 놓이는 목적론적 관점에서 자연을 본다 하더라도, 그렇게 보는 것으로 말미암아 자연의 기계적 흐름이 무너져서는 안 된다는 생각을 강하게 하고 있었다. 그럼에도 불구하고 그는 『판단력 비판』에서 이렇게 말한다.

자연개념의 감성적 영역과 자유개념의 초감성적 영역과의 사이에는 거대한 심연이 가로놓여 있기 때문에, 전자로부터 후자에로의 (따라서 이성의 이론적 사용을 매개로 한) 어떠한 이행도 불가능하며, 마치 양 영역은 전자가 후자에 대해 어떤 영향도 미칠 수 없는 두 개의 상이한 세계인 것 같지만, 그러나 후자는 전자에 대해 어떤 영향을 미쳐야만 한다.

그러나 그는 이 사실을 선언하고 있을 뿐이지 그 어디에서도 증명하고 있지는 않다. 하여간 왜 칸트는 사실(기계적 필연)이 의미(목적 지향적 자유)에 영향을 주는 것을 인정하지 않았는가? 그것은 그가 존재에서 당위가 도출되는 것은 허용될 수 없는 일이라고 생각했기 때문이다.

당위는 전 자연에 있어서 그것 없이는 나타나지 않는 종류의 '필연성과 근거들의 연결'을 표시한다. 오성은 자연에 관해서 무엇이 있느냐, 무엇이 있었더냐, 혹은 무엇이 있겠는가 하는 것만을 인식할 수 있다. 자연 중의 어떤 것이 이러한 모든 시간관계에 있어서 실지로 있는 것과는 달리, 있어야 한다는 것은 불가능하다. 아니 우리가 자연의 경과에만 착안한다면 당위는 불가능하다. 우리가 자연에 관해서 무엇이 발생'해야' 한다고 물을 수 없는 것은 동그라미가 어떤 성질을 가져야 하나 하는 것을 물을 수 없는 것과 마찬가지이다.(B575. 강조는 칸트)

우리는 내일 사람을 구조해야 하는 중대한 수색작업이 예정되어 있다 하더라도 날씨에게 '내일 너는 강한 바람을 일으켜서는 안 되고 비를 내려서도 안 된다'고 명령할 수는 없다. 자연은 당위와 무관하다. 그러면 우리가 기상학을 연구하는 이유는 무엇인가? 사람을 구조하는 목적지향적 행위를 하는 데 가장 적합한 날씨가 될 날짜를 잡는 데 도움이 될 것을 기대하기 때문이다. 우리가 그런 목적지향적 행위를 한다고 자연의 흐름이 깨어지는 것은 아니다. 이 예에서 볼 수 있듯이 사실의 세계를 지배하는 법칙을 연구하여 사실의 진리를 많이 축적하게 되면 될수록, 사실의 세계는 의미의 세계에 더 많이 영향을 미친다. 물론 의미의 세계가 사실의 세계에 영향을 미치는 것도 항상 일어나는 일이다. 인간의 삶에서 사실의 세계는 의미의 세계에, 의미의 세계는 사실의 세계에 상호 영향을 주고받는다. 칸트가 말하고 있듯이 이 세계에서 목적지향적 사고와 목적지향적 행위를 하는 존재는 인간밖에 없다. 목적지향적 사고와 행위의 정점에는 최고선이 있다. 과학이 밝혀내는 자연의 기계적 흐름 안에는 '의미'나 '가치'나 '목적'이 없지만, 그 흐름을 밝혀내는 작업을 하는 것은 인간이다. 그런데 인간의 모든 행위는 목적지향적이라고 했다. 그러므로 인간의 과학적 탐구 행위 그 자체는 목적지향적 행위이지 않으면 안 된다. 인간은 이 세계에서 자연법칙과 자유법칙이 접속하기도 하고 충돌하기도 하는 유일한 장소이다. 과학이 어떻게 살아야 하는가 하는 문제에 답을 주지는 않지만, 과학적 탐구행위 그 자체는 어떻게 살아야 하는가 하는 물음에 대한 하나의 대답이다. '과학을 탐구하면서 살아가는 것은 의미 있는 일이다'라는 것이다. 이리하여 삶의 의미 문제를 철저히 배격하면서 삶의 사실을 탐구하는 과학이 '삶의 의미'에 대한 의미지평과 연결된다.

나는 사실을 탐구하는 과학이 이런 식으로 삶의 의미지평과 결합한다고 생각한다. 이런 생각은 매우 상식적인 것인데, 칸트는 이 점을 등한시한 것 같다. 칸트에 따르면 인간의 관점에서 보는 이 세계에는 두 가지 운동의 흐름이 있다. 하나는 기계적 운동의 흐름이요, 다른 하나는 목적론적 운동의 흐름이다. 칸트는 두 흐름이 상호 교직하고 있음을 증명하지 않았다. 그러나 이 두 흐름이 서로 영향을 주어 씨줄과 날줄이 짜이듯이 짜여 들어가면서 인간의 역사가 만들어 만들어진다. 그러면서도 자유가 자연법칙을 파괴하지도 않는다. 나는 이 점을 이 책의 VII장 4절 '(2) 왜 자유의 영역은 필연의 영역에 영향을 미쳐야 하는가?'에서 충분히 설명했다. 그리고 나는 여기에서는 인과법칙에 기초한 기계론적 흐름이 자유에 기초한 목적론적 흐름에 영향을 미칠 수 있음을 논했다. 어떻게 그것이 가능한가? 바로 **인간을 통해서 자유와 필연이 만나는** 그런 일이 가능하다는 것이다.

필자는 이하에서 인간에게서 기계론적 흐름과 목적론적 흐름이 만나는 세 가지 방식에 대해 살펴보고자 한다. 인과편승의도, 인과이용의도, 인과중지의도가 그것이다. 인간이 현상적 존재로 고찰된다면 인간은 인과적 결정론의 지배하에 놓이게 된다. 그러나 인간은 자기의식에서 자신의 어떤 행위가 목적지향적임을 직각적으로 알고 있다. 예컨대 내가 손등이 가려워 긁는다고 하자. 나의 그런 행위는 대단히 기계적으로 발생하는 것이지만, 그럼에도 불구하고 그 기계적인 운동에 하나의 목적이 덧씌워진다. 인간은 뭔가를 먹거나 자신의 손등을 긁을 때에 자신의 내면에서 **자신의 '의도'를 분명히 자각한다는 것**, 이것은 분명한 사실이다. 인간의 의식적인 모든 행동은 설령 그것이 인과법칙적이고 기계적인 흐름 위에서 발생한다 하더라도 항상 모종의 의도가 그 흐름 위에 덧입혀진다. '가려움을 제거하기 위해' 나는 나의 손등을 긁는 경우 이 기계론적 행동은 동시에 목적론적 운동이다. 나는 기계론적 운동 메커니즘을 이용하여 나의 목적(가려움의 제거)을 달성한 것이다.

그런데 지구가 태양 주위를 공전하는 운동에는 덧씌워질 목적이란 것은 없다. 그 운동에서는 기계론적 운동과 목적론적 운동이 만나지 않는다. 만약 내가 지구가 태양 주위를 도는 것은 사계절을 만들어내기 위한 것이라고 말한다면, 그것은 지구의 공전운동을 잘못 설명하는 것이 된다. 철저한 결정론자들은 가려운 손등을 긁어서 가려움을 제거하는 나의 운동이 목적을 가진다고 생각하는 것은 지구가 태양 주위를 도는 운동은 사계절을 만들어내기 위한 것이라고 생각하는 것이나 마찬가지로 잘못된 것이라고 말할 것이다. 그러나 지구는 공전이라는 기계적 운동을 하면서 자신이 사계절을 만들려는 의도를 갖고 있다는 식으로 자각하지 않고 있지만, 나는 손등을 긁는다는 기계적인 운동을 하면서 가려움을 제거하려는 목적의식을 자각하고 있다. 태양 주위를 도는 기계적 운동을 하는 지구는 자신의 운동에다 자신의 의도를 덧입히는 것을 할 수 있는 존재가 아니지만, 인간은 배가 고파서 식사를 하는 운동과 같은 기계적인 운동에다가 자신의 의도를 덧입히는 것을 할 수 있는 존재라는 것이다. 누군가가 배가 고파서 뭔가를 먹는다면, 그의 행위는 기계적인 운동이다. 우리가 그에게 '너는 왜 먹니?'라고 묻는다면 그는 자신의 행동에 여러 가지 의도(목적)를 덧씌울 수 있다. '굶어 죽지 않기 위해 나는 먹는다'고 대답했다고 하자. 그 의도는 인과법칙에 편승해 있다. 이것을 '인과법칙 편승 의도'라고 부르겠다. 그가 '밥을 먹고 힘내서 공부하려 한다'고 말했다고 하자. 이 경우 그는 이렇게 추리하고 있다. 밥을 먹지 않으면 죽는데, 공부를 하려면 살아 있어야 하고, 그러니 뭔가를 먹어야 한다. 그는 이렇게 추리하는 가운데 인과법칙을 활용하고 있다. 나는 이런 의도를 '인과법칙 이용 의도'로 부르고자 한다. 인간 행위의 대부분의 의도(목적)는 인과법칙에 편승하거나 인과법칙을 이용하는 의도라고 생각한다. 프랜시스 베이컨이 '자연을 정복하려면, 자연에 복종해야 한다'고 했을 때, 그는 '인과법칙 이용 의도'에 대해 말했던 것이다.

혹자는 '사자가 먹이를 사냥하는 것도 목적지향적 행동이 아닌가' 하면서 의문을 제기하는 사람이 있을지 모르겠다. 물론 동물들도 본능이 한계 지어주는 범위 안에서 목적지향적 행위를 하는 것처럼 보일 수 있다. 그러나 동물들의 행동은 인과적으로 결정된 것이고, 그들은 전체로서의 세계를 목적론적 관점에서 보지 못한다. 거미가 거미줄을 치는 것은 곤충을 잡아먹기 위한 목적지향적 행위로 보이는데, 그렇게 보는 것은 인간이다. 인간의 눈에는 거미가 목적지향적 행위를 하는 것처럼 보이지만, 그것은 거미줄을 치는 거미의 기계론적 운동에 인간이 목적을 덧씌워 보기 때문에 그렇게 보이는 것일 뿐이다. 식물인 파리지옥이 곤충을 잡아먹는 기계적 움직임에서도 사람들은 파리지옥의 의도를 읽어낸다. 숲속의 나무들이 높이를 키우는 것은 옆에 있는 나무보다 태양 빛을 더 많이 차지하려는 목적을 갖고 있기 때문처럼 보이지만, 나무들은 아무런 목적지행적 행동을 하지 않는다. 나무의 성장은 기계적인 운동일 뿐이지만, 인간은 그 성장운동을 목적지향적으로 읽어내려한다. 그러나 나무나 거미나 사자는 양 세계의 시민이 아니기에 목적 지향적인 운동을 하지 않는다. 설령 침팬지가 목적 지향적 행동을 한다는 사실을 스스로 의식한다 하더라도 침팬지가 자신의 행위에 덧입히는 의도의 연쇄를 얼마나 멀리까지 이어가면서 만드는 능력을 가지고 있는지 알 수 없다. 침팬지에게는 '최고선'의 개념이 없을 것이다. 침팬지에게 있어서 의도의 연쇄는 제한되어 있다. 그런데 인간은 다른 동물들이 가질 수 없는 의도를 최고선의 이름으로 가질 수 있다. 인간은 또한 인과법칙에 편승하거나 이용하는 의도가 아니라, 인과법칙 그 자체를 거부하는 의도를 가질 수 있다. 인간은 배가 고파도 먹지 않고 굶어 죽는 행위를 할 수 있다. 이것은 칸트가 가장 중시한 것인데, 이는 자연법칙으로부터 벗어나는 행위 즉 자유의 행위이기 때문이다. 나는 이것을 '인과법칙 중지 의도'로 부르고자 한다.

나는 인과법칙과 관련해서 인간이 가질 수 있는 세 가지 종류의 의도(자유)에 대해 논했는데, 인과에 편승하는 자유, 인과를 이용하는 자유, 인과를 중시하는 자유이다. 칸트는 이 모든 의도가 결국은 인과법칙 중지 의도로 이어진다고 생각한 것 같다. 내가 밥을 먹음으로써 굶어 죽지 않으려는 의도를 가지건, 아니면 차를 몰아서 회사 회식 모임에 가건, 혹은 차를 타고 여행을 가건 혹은 차를 타고 실험을 위해 실험실에 가건 결국은 그 모든 것은 인간이 도덕적인 삶을 통해 실현하려는 의도에 종속된다는 것이다. 회사 회식에 참석하여 동료들 간에 단합을 도모하는 행위나 실험을 하는 행위나 여행을 하는 행위는 결국 '최고선을 추구하는 삶'과의 연관성을 가짐으로써만 의미를 부여받기 때문이다. 그것과의 연관성이 확보되지 않으면, 밥을 먹는 것이나 회식을 하는 것이나 여행을 하는 것은 물론 의미 있는 일이지만, 그 의미는 단지 수단적 의미에 불과하다. 그것들이 수단적 의미를 가지기 위해서는 그 의미들이 궁극의미, 최고의 목적이 되는 의미, 즉 최고선의 실현과의 연관성을 가져야 한다. 그 연관성을 상실하면 그것들이 가지고 있는 수단적 의미도 사라진다. 왜냐하면 수단은 목적이 있을 때에만 수단으로서 의미를 갖기 때문이다. 결국 최고선의 실현과 무관한 것은 아무런 의미를 가지지 못한다.

순전히 기계론적 관점에서 고찰한다면 인간이 기계론적 운동의 흐름 위에서 하는 모든 행위는 결국 죽음을 향해 있으며 죽음으로 끝장난다. 그럼에도 불구하고 우리는 죽기 위해 손등을 긁거나 운동을 하거나 밥을 먹거나 시험공부를 한다고 생각하지는 않는다. 어떤 학자가 실험실에서 인간의 생명을 연장시키기 위한 연구를 한다고 하자. 그렇게 하는 순간에도 그는 시간의 강을 따라 죽음을 '향해' 가고 있지만, 그는 죽기 '위해' 그 연구를 하는 것은 아님을 자신의 내면에서 분명하게 의식하고 있다. 그런데 손등을 긁는 행동에서는 인과적 흐름 위에 목적론적 흐름이 덧입혀질 뿐이어서 그 의도적 운동이 인과법칙의 흐름을 파괴하거나 중지시키지는 않지만, 도덕적 행위에서는 그 두 흐름이 분리되는 일이 발생한다. 도덕적 명령, 예컨대 '목숨을 걸고서라도 거짓말을 해서는 안 된다'는 도덕적 명령을 준수하는 행동은, 모든 생명체는 자기 보존을 도모한다는 자연법칙의 흐름을 중지시키는 명령이다. 그리고 그 명령을 따르는 것은 기계론적 운동이 만들어내는 흐름 위에서 일어나는 일이 아니다. 그럼에도 불구하고 이 두 흐름이 만나는 장소는 인간이다. 인간만이 두 흐름에 동시에 연루되어 있다. 인간에게서만 과학이 밝혀낸 사실과 도덕이 추구하는 의미가 결합한다.

우리는 비판적 형이상학에 대한 칸트의 입장을 설명하면서, 비판적 형이상학의 지하층인 『순수이성비판』 없는 『실천이성비판』은 무근거하고, 그 지상층인 『실천이성비판』 없는 『순수이성비판』은 무용하다고 했다. 이를 '사실'과 '의미'의 용어로 바꾸어 표현하면, '사실에 기초하지 않는 의미는 무근거하고, 의미체계와 연결되지 않는 사실은 무용하다'가 될 것이다. 이렇게 말할 수도 있다. '과학 없는 윤리는 공허하고, 윤리 없는 과학은 맹목이다.' 인간이 행하는 모든 행위는 기계적이면서 동시에 목적지향적이다. 인간의 모든 행위는 의미체계로 편입되어 해석될 수 있다. 칸트는 '인간은 자유이면서 동시에 필연이다'라는 주장은 명백히 모순적이라고 생각했다. 그래서 이 모순으로부터 벗어나려면 현상과 물자체의 구분이 필요하다고 주장한다. 그래서 인간은 현상(경험적 자아)의 측면에서는 필연의 기계론적 흐름의 지배하에 있고, 물자체(예지적 자아)의 측면에서는 자유의 목적론적 흐름의 행위를 한다고 말한다.

그러나 나는 이처럼 양세계론적 입장 혹은 이중관점론을 취할 필요가 없다고 판단한다. 인간은 현상적이면서 **동시에** 예지적 존재요, 그의 행위는 기계적이면서 **동시에** 목적 지향적이다. 만약 인간에게서 그 두 흐름이 평행선을 긋는다면, 그래서 서로 아무런 영향을 미치지 않는다면, 달리 말해서 두 흐름이 상호 교직하지 못한다면, 인간의 모든 목적지향적 행위는 순전히 관념적 차원(두뇌 내부의 차원)에 머물 것이다. 그렇게 되면 우리가 자신의 삶을 개척하거나 역사를 바꾸어가는 행위는 불가능하게 된다. 인간만이 목적지향적 운동 ─ 이것이 기계론적 운동에 덧씌워진 것이건, 그것을 이용한 것이건 아니면 그것과 분리되는 것이건 간에 ─ 을 한다는 자각적 의식을 하며, 이 세계를 수단-목적의 연쇄라는 관점에서 질서 짓고 파악할 수 있는 유일한 존재다.[46]

나는 사실과 의미의 관계에 대한 칸트적 입장을 이중관점론으로 보아서는 안 된다고 말했는데, 나는 현상(필연, 사실, 유한, 감성, 몰가치)과 물자체(자유, 의

---

46) 데카르트는 물질과 정신은 상호작용을 하지 않는다고 했지만, 그는 인간에게서는 그 양자의 상호작용을 인정했다. 데카르트는 모종의 비일관성을 노출하고 있는데, 이와 유사한 비일관성이 칸트에게서도 발견된다. 칸트는 『실천이성비판』에서는 인간의 자유가 자연의 인과법칙을 파괴하지 않는다고 주장할 때는 정신과 물체를 분리시키는 데카르트의 입장에 서는 듯이 보인다. 그러나 물자체가 현상계에 영향을 주어야 한다고 주장하는 『판단력 비판』에서는 심신상호작용론을 주장하는 데카르트를 연상시킨다. 그런데 칸트는 물자체가 현상 쪽으로만 영향을 주어야 한다고 주장하는데, 이는 정신이 물질에 영향을 주어야 한다는 것이 된다. 그러나 내가 여기에서 하는 작업은 칸트가 말하는 물자체에서 현상으로의 일방통행론을 물자체와 현상의 쌍방통행론으로 바꾸는 것이다. 이 점에서 나는 데카르트의 심신상호작용론이 더 설득적이라고 생각한다. 데카르트 심신상호작용론의 문제점은 그것이 정신과 물질은 상호 영향을 줄 수 없다는 자신의 물심이원론과 정합적이지 않다는 사실이다.

미, 무한, 이성, 가치)의 칸트적 구분이 양세계론적으로도 이중관점론적으로도 읽힐 수 있는 측면이 있다고 생각한다.[47] 그러나 나는 지금 양세계론(유한한 세계와 무한한 세계)도 아니고 하나의 세계에 대한 이중관점론(하나의 동일한 운동에 대한 기계론적 관점과 목적론적 관점)도 아닌 필연과 자유, 사실과 의미, 유한과 무한, 감성과 이성의 양극성을 가진 단일 관점론을 설명하고 있다. 결국 인간은 가능적 무한자라는 관점이다.

칸트는 『순수이성비판』에서 완벽하고 객관적인 '사실의 진리세계'를 입증했다고 생각했으며, 『실천이성비판』에서 완벽하고 객관적인 '의미의 진리세계'가 실재함을 입증했다고 생각했다. 의미의 세계는 가치의 세계이다. 나는 칸트가 제시한 두 개의 진리세계, 즉 과학적 사실의 진리세계(현상계)와 도덕적 의미의 진리세계(예지계)가 있다는 칸트의 입장에는 동의하지만, 그 두 진리의 세계가 이원적으로 구분되거나 분리된다는 칸트의 생각에는 동의하지 않는다. 나는 두 세계가 쌍방향으로 서로 영향을 준다고 생각한다. 그리고 칸트는 『순수이성비판』에서는 현상계에 대한 완벽한 진리를, 『실천이성비판』에서는 가치계에 대한 완벽한 진리를 발견했다고 주장하는데, 나는 칸트의 그런 주장에도 동의하지 않는다. 우리가 칸트의 철학체계에서 선험적 관념론이라는 외피를 벗겨내면, 인간이 현상계에 대해 갖는 진리도 불완전하게 되고 가치계에 대해 갖는 진리도 불완전하게 된다고 생각한다.

나는 칸트가 삶의 사실의 문제와 의미의 문제를 완벽하게 구분한 뒤에, 사실의 문제가 의미의 문제에 영향을 주지 못하다고 생각한 것에 반대하지만, 그럼에도 불구하고 칸트가 인간을 두 세계의 시민으로 보면서, 인간이 현상계의 일원으로서는 산소호흡을, 예지계의 일원으로서는 의미호흡을 해야 함을 밝혔다는 점에서 칸트철학의 초역사적 의의가 있다고 생각한다.

칸트가 『판단력 비판』에서 물자체가 현상계에 영향을 미쳐야 한다고 말

---

47) 졸저, 『칸트의 인간관과 인식존재론』, 15쪽 이하를 보기 바란다.

할 때, 그가 말하고자 했던 것이 바로 우리가 미래에 실현하고자 하는 이념(물자체)이 현실에 영향을 미쳐야 한다는 것이고, 이는 결국 미래가 현재를 규정해야 한다는 말이나 마찬가지이다. 필자는 칸트를 올바로 이해하려면 선험적 관념론으로부터 칸트철학을 분리시키는 것이 필요하다고 생각하지만, 설령 그런 분리작업을 하기 이전이라 하더라도, 칸트철학의 초역사적 의의는 인간을 두 세계의 시민으로 보면서, 인간의 삶은 산소호흡과 의미호흡으로 이루어진다는 사실을 밝힌 것이라고 생각한다.

니체, 까뮈, 사르트르 같은 철학자들은 삶의 무의미와 허무성을 설교한다. 그러나 삶의 총체적 무의미성을 주장하기 위해, 그 총체적 무의미성을 밝히는 작업의 유의미성을 전제해야 한다. 그것은 일종의 메타-의미이다. 그들은 이성의 무능을 증명하기 위해 이성에 의지하는 모습을 연출하고 있다. 삶의 총체적 무의미와 허무성을 증명하기 위해 은밀한 방식으로 삶의 의미와 탈허무주의에 의존하고 있다. 니체는 초인을 '대지의 의의'라고 하면서 초인이라는 의미집합체를 제시한다. 그리고 니체로부터 강력한 영향을 받아 까뮈(A. Camus, 1913-1960)는 시지프스라는 '반항의 아이콘'을 삶의 의미집합체로 제시하면서 '나는 반항한다. 그러므로 나는 존재한다'고 말한다. 그들은 삶에서 의미를 찾지 말기를 권유한다. 그러나 삶의 의미 문제는 인간이 본성상 무관심할 수 없는 문제들이며, 삶의 의미문제를 다루는 "형이상학에 대한 무관심주의자들이 학술용어를 통속적인 어조로 변경해서 아무리 자기들의 정체를 변장하려 해도, 그들이 일반적으로 무엇을 생각하기만 하는 동안 자못 경멸한다고 외쳤던 형이상학을 다시 주장하게 된다."(AX)

칸트는 『형이상학서설』에서는 삶의 의미문제를 다루는 형이상학의 불가피성에 대해 다음처럼 말한다. "인간 정신이 형이상학적 탐구를 언젠가는 전적으로 단념할 것이라고 하는 것은 불결한 공기를 마시지 않으려고 우리들이 언젠가는 숨쉬기를 멈출 것을 기대하는 것과 마찬가지로 무망한 일이다."[48] 혹자는 '어디 칸트만 삶의 의미 문제를 다루고 있는가? 칸트가 독단적 형이상학자라고 비난했던 모든 형이상학자들도 삶의 의미문제를 다루고 있다'고 말할 것이다. 맞는 말이다. 그러나 칸트가 보기에 그들은 삶의 의미문제(도덕문제)를 삶의 사실문제(인식문제)와 구분함이 없이 다루고 있는 문제점을 노정시키고 있다.

삶의 의미 지평이 열리면, 삶은 현상계를 지배하는 인과법칙 즉 원인-결과의 연쇄로 파악되지 않는 다른 차원에 진입한다. 그것은 수단-목적의 연쇄다. 인간은 산소호흡과 의미호흡이라는 두 가지 호흡을 하면서 살아가는 존재다. 산소호흡은 원인과 결과에 의지한다. 숨을 쉬는 것은 원인이고 살아 있는 것은 결과이다. 그러나 인간은 아무리 숨을 열심히 쉬어도 결국은 죽는다. 원인-결과의 인과적 흐름에서는 과거가 미래를 결정한다. 생자필멸이라는 말이 있는데, 태어남은 그것이 원인이 되어 죽음이라는 필연적 결과를 산출한다. 그래서 탄생의 일보는 죽음을 향한 일보이기도 하다. 지금 이렇게 내가 문서를 작성하고 있는 순간에도 시간은 흘러가고 있으며, 인간을 포함한 모든 생명체는 매 순간 시간이라는 강 위에서 신체라는 조각배를 타고 '죽음을 향해' 떠내려가고 있다. 그러나 내가 나의 내면에서 분명하게 파악하고 있는 사실은 '내가 죽기 위해 이 책을 쓰고 있는 것은 아니다'라는 사실이다. 칸트철학을 통해 삶의 의미문제를 고민해보는 이 이 작업이 의미 있는 작업이라고 생각해서 이 책을 만들고 있다. 이 작업은 의미호흡이다.

그런데 의미호흡은 원인-결과로 이어지는 흐름이 아니라, 수단-목적으로 이어지는 흐름을 만든다. 예컨대 의사가 되어 병든 사람을 치료해주는 것이 의미 있는 일이라고 생각하여 의사가 되기를 목표로 하는 고등학생이 있다면, 그리고 그가 지금 독서실에서 열심히 공부하고 있다면, 그가 자신의 삶에 의미를 부여할 것으로 생각하는 미래의 목표가 그의 현재의 행위를 만들

---

48) 『형이상학서설』, 357쪽.

어내고 있는 것이다. 의미호흡의 수단-목적 흐름에서는 미래가 현재를 규정한다. 이 흐름의 방향은 인과적 흐름의 방향과 정반대이다. 이 의미호흡을 통해 인간은 자신이 의미 있다고 생각하며 살면서 실현하려고 노력했던 것을 '죽음 너머로'(내세로) 던진다. 인간은 원인-결과의 흐름 위에서 언젠가는 죽지만, 죽음이 모든 것을 집어삼킬 수 없다는 것을 알고 있다. 내가 죽어 사라진다고 내가 추구했던 모든 의미결정체들마저 사라지는 것은 아니다. 마틴 루서 킹(M. L. King Jr., 1929-1968) 목사는 인권을 위해 싸웠다. 킹 목사는 암살범에 의해 죽었지만, 그의 인권사상도 같이 죽은 것은 아니다. '민식이 법'이라는 것이 만들어져, 초등학교 부근에서는 차들이 시속 30km이상으로 달리지 못하게 되었는데, 그 법을 만든다고 죽은 민식이가 살아나지는 못하지만, 민식이의 죽음을 의미 있게 만들려는 부모의 뜻이 실현된 것이다. 민식이 부모가 자식의 죽음을 통해 실현하고자 했던 의미는 민식이의 죽음 너머에서 실현된 것이다.

리처드 도킨스는 '모든 생명체는 유전자를 실어나르는 운반도구이다'라고 했다. 그러나 생명체들 중에 유일하게 인간만이 의미(가치, 이념)를 실어나르는 존재다. 인간은 그 육신의 측면에서는 생물학적 DNA를 실어나르는 운반구라면, 정신은 의미의 운반구이고 이념의 운반구이다. 인간은 영혼이라는 것을 갖고 있어서 사후에 영혼 상태로 불멸하는지 어떤지는 모른다. 설령 영혼이라는 것이 없고 그래서 죽으면 모든 것이 흩어지고 사라질지 모른다 하더라도, 인간은 그가 생전에 그것을 위해 살았던 그 의미를 자신의 죽음 너머로 넘겨준다. 나는 이 점에서 개별적 인간은 생물학적으로 죽을 수밖에 없는 존재로서 유한하지만, 그가 추구하는 이념을 통해 죽음 너머로 자신을 옮겨간다고 생각하며, 이 점에서 하이데거와 생각을 달리한다. 하이데거는 인간 현존재를 가능적 무한자로 보았지만, 그 현존재는 철저하게 개별적 생명체로 죽음과 함께 무한을 향한 행진을 그치게 된다. 즉 자신의 실존적 기투는 죽음까지이며, 삶을 죽음으로 마감한다. 그러나 나는 가능적 무한자로서 인간의 자기초월행위는 자신이 추구하던 정신의 DNA 즉 이념을 타고 죽음 너머로 이어지며, 그런 한에서 가능적 무한을 행한 무한한 행진은 인간이 멸종하지 않는 한, 무한히 이어질 것이라고 생각한다. 그는 이것이 우리 삶의 최소 의미이다. 나는 조심스럽게 그 이념들 중에는 플라톤이 말하는 이데아적 실재성을 가진 것들이 있을 것으로 믿는다.

인간은 자신이 죽을 수밖에 없는 존재임을, 따라서 삶은 유한하다는 것을 인식하고 있으며, 그리하여 '왜 사는가', '무엇을 위해 살아야 하는가' 하는 삶의 의미 문제를 던지게 된다. 죽음이 없고 삶이 무한하다면 인간은 이런 문제를 던지지 않을 것이다. 이런 문제를 던지는 순간에 삶은 단순한 생명의 연장이 아니라, 의미추구의 장(場)이 된다. 이 장의 한복판에 죽음이 자리 잡고 있다. 이제 죽음은 삶의 중심점이 된다. 그리고 사람들은 자신의 삶의 의미를 실현하기 위해 삶을 버리고 죽음을 택하기도 한다. 이런 죽음은 그 죽음을 선택한 사람의 삶을 완성시키는 죽음이다. 이제 죽음은 삶의 완성이다. 이런 관점에서 보면 인간은 죽음을 살아가고, 동물은 삶을 죽여간다. 인간은 죽음을 살아가며 영원을 꿈꾸는 존재이다.

하이데거가 인간을 '죽음에의 존재'로 규정한 뒤에, 죽음을 앞당겨 경험하면서 결단하는 자세로 자신의 삶의 의미를 만들어가는 현존재의 삶의 태도를 본래적 삶의 태도로 본 것과, 플라톤이 '철학은 죽음을 연습하는 것이다'라고 말하면서 진리 인식에 있어서 감각과 몸의 영향력을 최소화하려 했던 것은 묘한 대비를 이루고 있다. 하이데거는 인간들의 삶의 차별성과 다양성을 확보하기 위해서 몸과 감정과 기분을 강조했고, 그 결과 그는 인간의 삶을 '감정과 기분의 담지자인 몸의 죽음'이라는 한계선 안에 가두어버렸다. 본래적 삶의 태도는 인간이 자신의 죽음을 응시하는 데서부터 시작하여 죽음이 주는 실존적 메시지를 삶 속에서 실현하려고 애쓰고 종국에는 죽음을 받아들이는 것에서 성립한다. 하이데거가 말하는 본래적 실존은 어떤 의미에서는 죽음을 살아가는 실존이다. 그의 삶의 한복판에 죽음이 있기 때문이다.

그리고 플라톤이 '철학은 죽음을 연습하는 것이다'라고 말했을 때, 그 역시 우리에게 '죽음을 살아가는' 방법을 말해주려고 한다는 점에서 하이데거와 마찬가지이다. 그러나 감각과 몸을 중시한 하이데거는 인간을 죽음 안에 가두고, 감각으로부터의 해방을 강조한 플라톤은 인간이 죽음으로부터 해방되는 길을 말해주고 있다.

이 점에서 칸트는 플라톤의 계승자이지, 하이데거의 선구자는 아니다.[49] 칸트는 인간이 경향성의 유혹을 물리치고 도덕법칙에 대한 순수한 존경심으로 행동해야만 예지계에 진입할 수 있다고 했는데, 이것이야말로 플라톤식의 '죽음의 연습'을 통한 이데아계로의 진입과 본질적으로 같은 것이 아니겠는가? 플라톤에서 '죽음의 연습'은 두 차원에서 이루어지는데, 하나는 진리탐구의 이론적 차원이고 다른 하나는 선의 실현을 위한 실천적 차원이다. 진리를 인식하기 위해서는 감각의 방해를 제거해야 한다. 감각의 제거는 몸의 제거요, 몸의 제거는 죽음이다. 선에 도달하기 위해서는 욕망의 유혹을 제거해야 한다. 욕망의 제거 역시 몸의 제거요, 몸의 제거는 죽음이다. 칸트는 플라톤이 말하는 이론적 차원에서의 죽음의 연습은 받아들이지 않았다. 그에게 있어서 진리의 주소지는 이데아계가 아니라 현상계로 바뀌었기 때문이다. 칸트가 보기에 진리의 탐구에는 감각의 도움이 필요하다. 그러니 몸의 도움이 필요하다. [그런데 그 몸은 순수직관능력을 가진 순수 몸이다] 그러나 칸트는 플라톤이 말하는 실천적 차원의 죽음의 연습은 받아들인다. '경향성의 유혹을 극복하는 것'은 실천철학적 차원에서의 '죽음의 연습'이다. 인간은 죽음을 살아가면서 그가 추구했던 정신의 DNA(이념)들을 죽음 너머로 옮겨가고, 동물들은

---

49) 가톨릭의 영향권 하에 있었던 젊은 시절의 하이데거는 플라톤과 흡사하게 신앙생활을 죽음의 연습으로 받아들였다. '신앙한다는 것은 죽음을 연습하는 것이다'라는 정신으로 그는 1910년경에 다음처럼 말한다. "그리고 그대가 정신적으로 살고자 하고 행복을 얻고자 한다면, 그대는 죽으라. 그대 안의 저열한 것을 살해하고 초자연적 은총과 함께하라. 그러면 그대는 부활하리라."(뤼디거 자프란스키, 『하이데거, 독일의 철학거장과 그의 시대』, 박민수 옮김, 서울, 북캠퍼스, 2021, 55-56쪽)

삶을 죽여가면서 자신의 생존을 가능하게 해주는 육신의 DNA를 땅으로 돌려준다. 인간에게 있어서 죽음은 삶의 끝을 보여주면서 동시에 삶 너머를 지시한다.

인간이 추구하는 이념들은 인간이 그것들을 추구하는 동안에만 존재하는 것인지 아니면, 그것들을 추구하는 인간의 추구행위와 무관하게 그 자체와 존재하는 것인지가 문제가 된다. 소위 가치관념론과 가치실재론의 문제이다. 나는 무한이란 것이 인간이 추구하는 동안에만 존재한다고 생각하지 않는다. 거꾸로 인간의 정신 깊숙이 화인(火印)된 무한에의 충동은 무한 그 자체의 실재성에서 연유하는 것이라고 믿는다. 무한의 존재가 인간 의존적인 것이 아니라, 정반대로 인간의 존재가 무한 의존적이라는 말이다. 그런 이유에서 필자는 무한이 실재한다고 믿으며, 그런 믿음의 연장선에서 이념적 가치들의 실재성을 믿는다. 이념들은 삶의 의미문제와 관계하는 것인데, 그것은 가치의 문제로 연결된다. 가치문제는 그 자체로 철학의 또 다른 방대한 영역을 차지하고 있으며, 하이데거는 가치문제에 대해 단 한 줄의 글도 쓰지 않았다. 그 문제를 다루기 시작하면, 그의 실존철학적 가치 자유방임주의는 무너지기 때문이다. 이 문제에 관한 한, 하르트만은 『윤리학』에서 우리에게 유용한 모범을 보여 주었다고 생각한다. 하르트만은 가치문제를 다룰 때에도, 사물적 대상의 초대상성을 인정하는 연장선에서 가치 대상의 초대상성을 인정하고 있다.

3.
선험적 자아와 경험적 자아의
복합체로서의 인간

플라톤은 세계를 둘로 나누어 하나는 진선미의 이데아계로, 다른 하나는 이데아계의 모사품인 현상계로 나누었다. 그리고 인간은 영혼상태로 이데아계에 머물 때에 영혼에게 구비된 지적 직관의 능력으로써 불변의 진선미를 보았지만, 태어나면서 영혼이 육신에 갇히면서 지적 직관의 능력은 감각적 직관의 능력으로 대체되고, 그 결과 불변의 진선미에 대한 지식을 망각하게 된다. 이리하여 플라톤은 양세계론에 조응하여 자아도 이중자아론을 주장한다. 정신적(이데아적, 이성적) 자아와 육체적(비이데아적, 감각적) 자아이다. 그런데 그는 가변적인 육체적 자아는 불변적인 이데아를 인식하는 데 방해가 된다고 생각했다.

칸트는 현상계의 진리를 탐구함에 있어서 플라톤이 멸시한 감성에도 중요한 인식적 기능을 부여한다. 순수직관의 기능이다. 이 기능이 없으면, 인간은 진리탐구에 단 일보도 전진할 수 없다. 칸트는 순수직관 기능과 순수 사유기능을 갖고 현상계의 진리를 탐구하는 — 칸트식으로 표현하면, 진리를 '구성하는' — 인식주체를 '선험적 자아'로 불렀다. 나는 앞에서 이 선험적 자아가 '순수인간'이라고 말했다. 그리고 칸트는 그에 대비되는 자아는 '경험적 자아'로 부른다. 선험적 자아는 수학, 과학, 미학 그리고 윤리학적 지식의 담지자이고, 우리가 보편적 타당성을 가진 지식의 가능성 근거를 설명할 때 반드시 의지해야 하는 근원이다. 플라톤이 말하는 비이데아적 영혼은 신체성이 없지만, 칸트가 말하는 선험적 자아는 신체성(身體性)을 가지고 있다. 그러나 선험적 자아는 국적도 혈액형도 취미도 남녀 구별도 현실적 이해관계도 생존 시기도 없다. 그것의 신체성은 '비신체적인 신체'이다. 순수 감성적 직관의 능력을 가졌다는 점에서는 신체성을 가져야 하지만, 시 · 공간 초월적이라는 점에서는 비신체적이다. 선험적 자아가 만드는 지식은 감성의 도움으로 만들어지는 지식이지만, 그 지식은 모든 역사적, 정치적, 종교적, 문화적, 시간적, 공간적 맥락을 초월해 있기에, 선험적 자아 역시 그럴 수밖에 없다. 지구상에 존재했고 존재하고 있고 또 존재할 모든 인간은 그 선험적 자아의 측면에서 본다면 동일하다. 경험적 자아는 방금 앞에서 말한 그런 맥락들에 놓여 있으며, 모든 인간은 경험적 자아의 측면에서 보면 만인만색이다.

나는 칸트의 이중자아론은 과학적 탐구나 정치사회학적 연구나 윤리학적 진보를 이루어감에 있어서 대단히 중요한 개념이라고 생각한다. 우리가 앞에서 살펴보았듯이 칸트는 과학적 사실의 문제를 다룰 때뿐만 아니라, 도덕적 의미의 문제를 다룰 때도 그 문제들을 객관성과 합리성의 차원에서 다루고 있다. 선험적 자아의 개념에 의거하여 『순수이성비판』은 객관적 사실의 문제를, 『실천이성비판』은 객관적 의미의 문제를 다루고 있다. 그런데 지금 우리는 객관적 의미는 고사하고, 객관적 사실의 문제에 있어서도, 더 이상 칸트처럼 가능한 경험의 한계 내에서 확립된 과학적 이론은 완벽한 진리라는 생각도 받아들일 수는 없게 되었다.

그렇다고 나는 파이어아벤트(Paul Karl Feyerabend, 1924-1994)가 1975년에 출간한 『방법에 반대한다』(Against Method: Outline of an Anarchistic Theory of Knowledge)에서 개진하고 있는 상대주의적인 과학관의 입장에 동의하지 않는다. 빛은 초속 30만km로 달리고 있다든지, 태양 광선이 지구에 도달하는 데는 8분 정도의 시간이 걸린다든지 혹은 물체가 높은 곳에서 떨어질 때는 자유낙하의 법칙의 지배를 받는다든지 하는 과학적 진리들은 비록 초보적이고 상식적인 과학적 지식이라 하더라도 상대적인 지식이 아니다. 물론 어떤 과학적 주장들은 지금은 진리로 수용되지만 나중에 진리가 아닌 것으로 밝혀질 수가 있다. 예컨대 공룡의 멸종 원인이 지구와 커다란 운석과의 충돌이라든지, 초기 지구가 다른 커다란 떠돌이 우주 물체와 충돌하면서 지구로부터 떨어져나간 것이 달이 되었다든지, 우리 은하계가 안드로메다 은하와 점점 가까워지고 있기 때문에 아주 먼 장래에는 두 은하가 합병될 것이라는 주장 등은 나중에 사실이 아닌 것으로 판명날 수도 있다. 그렇다고 이 사실이 모든 과학적 지식의 상대성을 입증하는 것은 아니다.

토마스 쿤은 『과학혁명의 구조』(The Structure of Scientific Revolutions)에서 통상 사람들이 과학의 발전에 대해 갖고있는 이미지는 과학이 논리적으로 연속적인 누적에 의해 발전한다는 것이며, 과학에 대한 이런 이미지는 잘못된 것임을 주장한다. 그는 과학적 탐구에 있어서 패러다임의 전환이 발생하며, 이는 종교적 개종에 유사한 것이라고 말하는데, 나는 그 주장이 너무 과장된 것이라고 생각한다. 아리스토텔레스의 자연학에서 뉴턴 역학으로, 뉴턴 역학에서 아인슈타인의 물리학으로 옮겨가는 것이 일종의 개종처럼 보일 수도 있겠지만, 현대의 컴퓨터 과학의 발전은 누적적 발전이지 쿤이 주장하듯이 그 발전의 내부에 혁명적 개종이 있어 보이지는 않는다. 쿤 역시 과학이 검증된 지식들의 축적적 발전이 아니라고 생각함에도 불구하고, 과학의 합리성과 진보, 성장과 지식누적에 대한 전망을 거부하지 않는다.[50]

과학의 발전이 누적적이고 점진적 발전이건 혁명적 발전이건 간에 분명한 것은 과학계의 구성원들은 그 발전의 과정을 합의하에 받아들일 수 있

---

50) 웨슬리 샤록·루퍼트 리드, 『과학혁명의 사상가 토마스 쿤』, 26쪽 참조. 정병훈은 쿤과 파이어아벤트의 입장 차이를 이렇게 요약해준다. "전통적 과학관에 있어서 과학이란 이성적 작업이며, 그 점에 있어서 과학과 비과학은 구분되고 다른 분야보다 우월하다. 쿤에게 있어서도 합리성의 본보기로서의 과학을 의심할 여지없이 높이 평가하며, 그것은 다른 분야와 구분될 수 있다고 생각한다. 그러나 파이어아벤트에 있어서는 과학에 있어서 이성은 보편적일 수 없으며 비이성은 배제될 수 없다."(폴 파이어아벤트, 『방법에의 도전』, 서울, 한겨레, 1987, 367쪽, '역자해설')

다는 것이다. 과학자들은 과학이 아리스토텔레스적 자연학에서 뉴턴의 과학으로, 다시금 아인슈타인의 과학으로 바뀌어가는 그 과정에 대한 공동의 이해를 갖고 있다. 그런 한에서 나는 과학적인 탐구활동에는 칸트적인 선험적 자아가 전제되어야 한다고 생각한다. 그것이 전제되지 않는다면 과학적 토론이란 것이 과연 가능하기나 하겠는지 의심스럽다.[51] 과학이 객관적 지식의 왕좌를 차지하고 있는 한, 그 핵심에는 선험적 자아가 있다는 칸트의 과학철학적 통찰은 시대를 초월하여 받아들여질 것이다. 문제가 되는 것은 그 선험적 자아가 '대상 구성적'인가 아니면 '대상 파악적'인가 하는 것이다. 나는 앞에서 밝혔듯이 대상 구성적인 측면도 있고 대상 파악적인 측면도 있다고 생각한다.

나는 이 단락을 마무리하기 전에 철학의 임무에 대해 간단히 언급해보고자 한다. 나는 철학의 임무에 대해 이렇게 말한 적이 있다.

나는 철학이 두 가지 의무를 갖고 있다고 생각한다. 첫 번째 의무는 과학이 가지는 긍정적 측면을 극대화하고 부정적 측면을 극소화하는 것이며, 두 번째 의무는 종교가 가지는 긍정적 측면을 극대화하고 부정

---

51) 쿤은 과학에서 패러다임의 전환이 일어나면 패러다임들 간에 비교하는 것이 불가능하다고 주장한다. 이러한 생각은 과학에 상대주의 논쟁을 불러왔다. 패러다임의 전환이 과학의 진보가 아니라면 데모크리토스의 원자론에서 달톤의 원자론으로, 아리스토텔레스에서 뉴턴으로, 뉴턴에서 아인슈타인으로의 패러다임 전환이 무슨 의미가 있느냐 하는 논쟁이다. 스티븐 와인버그는 이렇게 말한다. "『과학혁명의 구조』나 쿤의 후기 저작을 다시 읽을 때 (…) 마음에 걸리는 것은 과학적 업적이 성취한 것에 대해 쿤이 내린, 근본적으로 회의적인 결론이다. 그리고 바로 이런 결론 때문에, 쿤은 과학적 지식의 객관성을 의심하고 과학 이론을 민주주의나 야구 경기와 별다른 점이 없는 사회적 구성물로서 묘사하기를 좋아하는 철학자, 역사가, 사회학자, 문화비평가들의 영웅이 되었다."(웨슬리 샤록 · 루퍼트 리드, 『과학혁명의 사상가 토마스 쿤』, 김해진 옮김, 서울, 사이언스북스, 2005, 12쪽에서 재인용) 쿤은 이러한 비판에 대해 자신은 상대주의자가 아니며, 과학에서의 진보 가능성을 인정한다고 말한다.(『과학혁명의 사상가 토마스 쿤』, 13쪽) 샤록과 리드가 말하고 있듯이 쿤이 근본적으로 상대주의자나 회의론자가 아니라면, 그는 어떤 식으로든 칸트적인 선험적 자아를 상정해야 할 것이다.

적 측면을 극소화하는 것이라고 생각한다.[52]

나는 여기에 중요한 한 가지를 더 보태고자 한다. 과학은 우주와 인간과 세계에 대해 탐구를 이어가지만, 그것들에 대한 최종적이고 완결적인 진리를 우리에게 보여주지는 못한다. 그것은 과학의 운명이다. 종교는 그것이 어떤 근거에 의존하든, 그리고 그 근거가 현대과학의 관점에서 볼 때 신뢰할 만한 것이건 아니건 간에, 종교는 세계와 우주에 대한 최종적이고 완결적인 그림을 보여준다. 그리하여 그것을 '무조건' 믿는 종교적 독단주의가 생겨난다. 이 종교적 독단주의는 인류 불행의 근본 핵으로 기능해왔다. 우리는 그 사례를 역사에서 수없이 발견할 수 있다. 철학은 종교가 그려내는 전체적이고 완결적인 세계상에 대한 독단적 믿음과 과학이 그려내는 합리적이지만 비완결적 세계상 사이에 놓여 있는데, 바로 이 자리에서 철학은 자신의 역할을 찾아야 한다고 생각한다. 철학은 과학이 찾아낸 세계에 대한 조각 그림들에 기초하여 전체로서의 세계에 대해 가장 설득력 있는 '잠정적으로 완결적인 그림'을 그리는 것을 자신의 사명으로 삼아야 할 것이다. 이런 철학은 과학을 숭배하지 않으면서 과학과 동행하는 철학이요, 종교적 독단을 거부하지만 종교의 순기능을 받아들이는 철학이 될 것이다.

나는 스피노자의 범신론도 이런 정신에서 만들어진 철학이라고 생각한다. 아리스토텔레스 역시 천동설이라는 고대 과학에 근거하여 세계에 대한 완결적인 그림을 그렸지만, 이제 천동설이 부정되면서 중세 천년 동안 절대적인 진리로 대접받던 아리스토텔레스의 철학은 잠정적인 진리에 불과함을 알게 되었다. 물론 철학자들은 자신들이 만든 사상이 절대적인 진리라고 생각했다. 그러나 이제 철학자들은 겸손해져야 한다. 과학이 발전하는 한, 철학은 절대적인 진리의 자리에 올라갈 수가 없다. 과학의 운명과 철학의 운명은

---

52) 『신내림의 철학자 하이데거』, 279쪽.

연동되어 있으며, 연동되어야 한다. 근대 이후 철학은 그것이 과학이 밝혀낸 조각 진리와 연계되어 있는 한에서만, 철학으로서의 시민권을 가질 수 있을 것이다. 예컨대 라 메트리의 인간기계론은 철학으로서의 시민권을 가질 수 있는 이론이다. 물론 나는 그 이론이 옳은 것이라고 믿는 것은 아니다. 어쨌 건 인체가 일정 부분 기계처럼 작동한다는 것은 인체에 대해 과학이 밝혀낸 조각 진리인 것은 인정되어야 하고, 그 진리에 근거하여 라 메트리는 인간 기계론을 제창한 것이다.

이런 관점에서 보면 하이데거의 철학은 철학의 시민권을 가질 수가 없다. 물론 프리드리히 니체, 마르틴 하이데거, 장 폴 사르트르, 질 들뢰즈의 사상은 문학친화적인 사상으로서 그 나름의 의의를 가질 수 있지만, 나는 그것들이 철학의 정식 시민권을 가진다고 볼 수 없다고 생각한다. 그런 사상들은 철학의 준시민권을 가진 정도로 대우할 수는 있을 것이다. 서양에서 근세 과학이 지식의 주도권을 쥐게 된 이후, **모든 철학자들은 자신의 철학체계를 잠정적인 완결적 진리로 제시해야 한다.** 그리고 철학계는 그런 완결적 진리체계들의 각축장이 되어야 한다. 칸트는 뉴턴의 과학적 진리는 현상계에 대한 완벽한 진리이기에 그 진리의 가능성 근거를 밝혀낸 자신의 선험철학도 완벽한 진리라고 생각했다. 그는 과학의 본질을 오해했던 것이다. 과학이 점진적으로 발전해가는 지식 체계임을 인정하지 않았던 것이다.

윤리학의 문제에 관한 한, 나는 칸트의 전략이 잘못되었다고 생각한다. 칸트는 도덕의 문제를 실천이성의 합리성 문제로 간주했는데, 도덕 문제를 해결하는 것은 수학 문제를 해결하는 것과는 다르다. 도덕은 순수 이성적 존재들의 소관사가 아니며, 피와 살을 가진 상태로 다양한 정치적, 사회적, 지리적, 문화적, 종교적, 역사적 상황에 놓여 있는 인간들의 소관사이다. 매킨타이어가 말하듯이 이런 인간들은 서사적 존재로서, 이런 인간들이 만들어가는 이야기들이 각기 상이하다. 이런 인간들 간의 갈등과 투쟁의 한가운데에 도덕의 문제, 정치-사회적 문제가 놓여 있다. 도덕의 장에서는 여러 주체가 서로의 정당성을 각축한다.

그러나 이러한 각축이 폭력으로 끝나지 않고 어떤 합당한 합의에 이르는 것을 상상하고 기대한다면, 다시 말해서 도덕이 칸트가 제시했듯이 절대적인 것이 아니라 하더라도, 그래서 우리가 어떤 도덕적 갈등과 문제를 해결할 수 있는 도덕공식(정언명법) 같은 것은 없다 하더라도, 합당한 합의에 이르는 것이 가능하기 위해서라도 실천이성의 담지자로서의 선험적 자아가 도덕적 담론의 근저에서 작동해야 한다고 생각한다. 이 경우 선험적 자아는 도덕적 논쟁이나 정치-사회적 논쟁에서 논쟁의 당사자들이 서로의 입장에 서봄으로써 그 논쟁이 폭력으로 끝장나지 않게 만드는 일종의 규제적 장치로 기능하게 될 것이다. 인간은 논쟁과 갈등의 상황에서 자신의 경험적 자아가 서 있는 처지나 상황에서 자기주장을 펼친다. 타자도 그렇게 한다. 그런 한에 있어서, 그 논쟁과 갈등은 적절한 방식으로 조절되거나 타협되지 않을 것이다. 타협이 가능하려면, 논쟁의 당사자들은 각자 자신이 처한 상황과 맥락으로부터 벗어나야 한다. 즉 자기 신발을 벗어야 한다. 그다음에 그들은 서로의 입장에 서 보아야 한다. 즉 상대방의 신발을 신어보아야 한다. 사람들은 이것을 역지사지(易地思之)라 부른다. 이처럼 인간이 역지사지하는 것이 가능한 이유는, 인간에게 선험적 자아가 있기 때문이다. 흔히 갈등 상황에 놓여 있는 두 사람이 도저히 의견조정이 안 될 때, 제3의 사람에게 판정을 요구하는 경우가 있다. 선험적 자아는 반목 · 갈등하는 그들 안에 있는 제3자이다. 그러나 그 제3자가 그들의 경험적 자아로부터 과도하게 억압받아서 자기 기능을 못하는 경우가 허다하다.

칸트는 인간은 선험적 자아와 경험적 자아의 복합체라고 생각했다. 선험적 자아는 '무연고적 자아'이고 경험적 자아는 '연고적 자아'이다. 선험적 자아의 관점에서 보면 인간은 시간 · 공간 초월적이며, 역사적, 문화적, 지리적, 종교적, 정치-사회적 맥락과 상황으로부터 초월해 있다. 모든 실천적 행위자에서 동일한 사유주체인 이 선험적 자아는 당연히 삶의 이야기를 갖지 못한다. 그러나 앞서 말한 그런 맥락과 상황 속에 던져진 상태에서 자신의 삶을 개척해가는 연고적 자아의 관점에서 보면 인간은 제각각이며, 그 인간들은 각자의 삶의 이야기를 만들어가면서 살아가는 존재이다. 전자는 보편성의 원천이고 후자는 다양성의 원천이다. 나는 칸트가 과학적 지식의 정당화작업을 위해 선험적 자아를 전면에 내세우고 경험적 자아를 뒤에 배치하는 것은 타당한 전략이라고 생각한다. 그런 전략은 합리성의 문제를 다룰 때 유효하다. 그러나 윤리학의 문제에 대해서도 동일한 전략을 사용한 것은 잘못이라고 생각한다.[53] 내가 보기에 윤리학의 문제를 해결할 때는 그와는 정반대의 전략을 사용해야 할 것 같다. 즉 경험적 자아를 전면에 내세우고 선험적 자아를 뒤에 두는 것이다. 이 전략은 합당성의 문제를 다룰 때 유효하다. 윤리학의 문제(의미의 문제)를 해결함에 있어서 그 문제를 칸트는 객관적 의미의 문제로 간주했기에 선험적 행위주체를 전면에 내세우고 경험적 행위주체를 경향성의 근원으로 보고 배척했다. 하이데거는 삶의 의미는 각기 다르다고 생각해서 경험적 행위주체를 전면에 내세우고 칸트가 말하는 선험적 행위주체를 무시해버린다. 그 결과 삶의 의미 문제는 주관적 차원에서 고찰되고 이해되며, 따라서 토론이 불필요하게 된다. 그러나 필자는 이 두 입장 모두 배격한다. 윤리학의 문제를 다룰 때에는 경험적 자아가 전면에 등장하고 선험적 자아가 후면에 배치되어야 한다. 이럴 경우에만 윤리학 즉 삶의 의미를 다루는 학문은 '토론하

---

53) 이, 점에서 칸트는 플라톤의 잘못을 답습하고 있는 것으로 보인다. 플라톤이 이데아의 존재를 도입한 것은 수학, 특히 기하학의 문제를 해결하기 위한 것이었다. 즉 플라톤은 기하학의 가능성 근거를 해명하기 위해 이데아적인 실재를 인정한다. 칸트도 자연과학의 가능성 근거를 해명하기 위해 선험적 자아의 개념을 이용한다. 그런데 플라톤은 윤리학의 문제를 해명함에 있어서도 이데아의 개념을 이용한다. 그러나 이런 전략이 성공하려면 먼저 윤리학도 수학과 같은 종류의 학문임이 증명되어야 한다. 그러나 플라톤은 증명되어야 할 사실을 전제하고 있다. 칸트도 윤리학의 문제를 해결하기 위해 선험적 자아의 개념을 이용한다. 그렇게 함으로써 그는 플라톤의 길을 따르고 있는 셈이다. 다른 점은 플라톤이 기하학적 이데아에 대한 앎이나 윤리학적 이데아에 대한 앎이나 다 같이 '에피스테메'로 부르지만, 칸트는 사실의 문제와 관계된 자연과학의 영역에는 인식이라는 것이 있지만, 의미의 문제와 관계된 윤리학의 영역에는 그런 것이 없고 단지 합리적 이성신앙만이 있다고 생각한 점이다.

는 이성의 학문'이 될 수 있다. 칸트는 도덕의 문제를 합리성의 문제로 간주하는데, 나는 그것이 합당성의 문제라고 생각한다.[54]

이 대목에서 칸트철학을 홀로주체성의 철학으로 해석하는 김상봉 교수의 주장을 검토해보고자 한다. 김상봉은 칸트의 선험적 주관을 홀로주체성으로 규정한 뒤, 칸트의 이런 선험적 자아론에 대해 비판적이다. 그러나 김상봉의 칸트비판이 생산적인 논의를 만들어내려면 그의 칸트 비판이 『순수이성비판』을 향하고 있는 것인지 『실천이성비판』을 향하고 있는 것인지 구분될 필요가 있을 것이다. 그러나 그는 유감스럽게도 이런 구분 없이 칸트의 홀로주체성을 비판한다.

> 내가 내가 되기 위해, 그리고 내가 온전한 의미의 인간이 되기 위해, 나는 나에 대해 마주 서 있는 타자인 세계를 필요로 한다. 그러나 여기서 세계란 무엇인가? 세계는 선험적(transzendental) 의미에서 '그것들'의 총체이다. 그것은 가능한 모든 사물들(Dinge)의 총체인 것이다. (…) 세계는 순수사유에 의해 규정되어야 할 '그것'일 뿐, 결코 말과 대화의 대등한 상대자인 '너'로서 나에게 마주 서지지 않는다. 바로 이것이 칸트철학의 무덤이다. 칸트철학이 말하는 주체는 얼마나 고독한가? 칸트의

---

54) 도덕의 문제를 합당성의 문제로 보는 나의 입장은 윤리학의 영역에서 상대주의와 절대주의의 의 개념을 모순개념으로 보고 그 논쟁을 형식논리적 이분법의 구도에서 파악하는 것을 반대하는 것이며, 그 중간 길이 있다고 생각하는 입장이다. 나는 그 중간 길을 다른 책에서 '개방적 상대주의' 혹은 '잠정적 절대주의'로 이름 붙인 바 있다. 이에 대해서는 필자의 책 『도덕윤리교육의 철학적 기초』를 참조하기 바란다. 그리고 나는 과학의 영역에서 지식의 절대성을 인정하지 않는 것과 윤리의 영역에서 규범의 절대성을 인정하지 않는 것을 동일한 차원에서 다루어서는 안 된다고 생각한다. 규범의 영역에서는 각기 다른 기후적, 지리적, 문화적 환경에서 각기 다른 몸을 갖고 살아가는 인간들 간에 차별성을 인정한 위에서 언급되는 상대성이 문제로 되지만, 과학적 지식의 상대성은 그런 상대성이 아니다. 과학적 탐구의 주체는 적어도 과학적 탐구가 과학자 집단의 탐구절차에 따라 정직하게 이루어진 것인 한에서 각기 다른 몸을 가진 복수의 주체가 아니다. 칸트식으로 말한다면 그것은 순수인간이라고 할 수 있다. 과학적 지식의 상대성은 순수인간으로서의 인간 능력의 불완전성에 기인하는 것이지, 윤리학에서의 상대성처럼 행위주체의 다수성에 기인하는 것은 아니다.

세계에 존재하는 것은 나와 세계와 하느님, 오직 이 세 가지밖에 없다. 주체인 내가 이 세계에서 마주하는 것은 나의 생각에 의해 규정되는 비인격적 타자일 뿐, 나는 친구 삼을 수 있고 말 건넬 수 있는 너를 발견할 수 없다.[55]

이 인용문에서 김상봉은 『순수이성비판』에서의 선험적 사유주체의 개념을 비판한다. 그러나 칸트가 『순수이성비판』에서 언급하는 경험적 자아는 어디까지나 세계의 일부로서 타자 ─ 이런 타자는 인과법칙의 지배하에 놓인 공간 속의 사물로 다루어진다 ─ 이며, 이 타자는 내 속에 있는 선험적 주관에 의해 '수동적으로 구성되는 객체'이다. 그리고 타인도 자신의 선험적 자아로 나의 경험적 자아를 그렇게 구성하며, 나의 경험적 자아 역시 타인의 선험적 자아에 의해 '수동적으로 구성되는 객체'가 된다. 그리하여 우리가 공통으로 가진 선험적 자아가 구성해낸 **공통의 물리적 기준**을 갖고 서로의 신장이나 몸무게를 비교하는 것이 가능하다. 칸트는 『순수이성비판』에서는 타인으로서의 타자 ─ 이런 타자는 자유로운 행위주체인 인격으로 존중되어야 한다 ─ 의 문제를 다루지는 않는다. 이 문제는 『실천이성비판』에서 다루고 있다. 칸트는 『순수이성비판』에서 세계를 구성하는 여러 주체를 상정할 필요가 없었고 상정해서도 안 된다. 칸트의 선험적 주관은 하이데거의 현존재처럼 '존재의 의미'를 묻는, 각자성을 가진 다수의 주관이 아니라, 만인에게 동일한 자연과학적 세계를 구성하는 단일한 유적(類的) 주체이다. 모든 인간은 '선험적 차원에서는' 하나의 동일한 주체일 뿐이다. 그리고 그런 주체가 구성해낸 세계는 하나의 동일한 물리적 세계이다.

만약에 세계를 구성하는 선험적 주체의 복수성을 인정한다면, 우리는 그 수만큼 많은 물리적 세계를 가져야 할 것이고, 우리는 서로 다른 물리적

---

55) 김상봉, 『자기의식과 존재사유』(서울, 한길사, 1998), 338쪽.

세계에서 살아가는 것이 될 것이다. 그러나 그렇게 생각하는 것은 상식적이지 않다. 칸트의 선험적 주관이 구성하는 세계에서 '선험적 주관'은 당연히 유적 대표성을 갖기에, 선험적 자아의 관점에서 보면, '수동적으로 구성되는 한갓 객체'로서의 타자는 발생할 수가 없다. 만약 그런 타자가 있다면 그것은 경험적 자아일 뿐이다. 모든 인간은 단일한 공통의 선험적 주관 안에서 세계를 함께 구성하는 주체들이다. 칸트는 『순수이성비판』에서 경험적 자아에 대해 많이 언급하지 않는데, 그 이유는 만인에게 공통인 물리적 세계가 어떻게 구성되는가를 해명하는 작업을 함에 있어서 중요한 것은 선험적 자아이지 경험적 자아가 아니기 때문이다. 경험적 자아의 관점에서 보면 세계는 사람마다 다르다. 그럼에도 불구하고 모든 세계에서 5+7의 해답이 달라지지는 않는다. 그런데 김상봉은 앞서 우리가 인용한 글에 바로 이어서 다음처럼 말하면서 『순수이성비판』에서의 선험적 인식주체의 문제에서 슬그머니 『실천이성비판』의 선험적 행위주체의 문제로 넘어간다.

> 물론 세계 내에는 나 아닌 다른 사람들이 존재한다. 그리고 칸트 역시 나와 너 사이의 인륜적 관계에 대해 말한다. 그러나 문제는 칸트의 선험철학이 너의 존재를 자기의식의 본질적 진리로부터 정당화시키지 못한다는 데 있다. 그리하여 윤리학과 법철학에서 칸트가 아무리 설득력 있게 타인에 대한 의무를 말한다 하더라도, 그것은 엄밀한 의미에서 선험철학적으로 정당화될 수가 없다. 왜냐하면 너에 대한 관심이나 배려는 순수한 자기의식의 본질과는 아무런 상관도 없는 것이기 때문이다. 너의 존재는 나에게는 다만 우연적인 사태에 불과하기 때문이다.[56]

김상봉은 이 인용문에서는 '나'와 대화 상대자인 '너'의 문제를 언급한

---

56) 김상봉, 『자기의식과 존재사유』, 338쪽.

뒤, 칸트철학에는 그런 '너'가 없다고 비판한다. 물론 칸트는『순수이성비판』에서는 선험적 인식주체의 문제를 다루고,『실천이성비판』에서는 모든 인간에게 동일한 선험적 행위주체의 문제를 다루고 있다. 그리고 그 두 주체는 본질적으로 동일한 주체이다. 그렇다고 칸트의 윤리학에는 '타인'이 없다고 말할 수는 없을 것이다. 물론 현실의 구체적 개인들은 칸트적 관점에서 보면 우연적인 존재들이고 그런 우연적인 존재들을 선험철학적으로 '정당화'하라는 것은 무리한 요구이다. 왜냐하면 그 어떤 철학도 우연적인 것들의 존재를 '증명'하는 것은 불가능하기 때문이다. 물론 칸트는 범주표에서 필연성-우연성의 범주에 대해 언급한다. 그렇다고 그가 구체적인 우연적 사물이나 우연적 개인의 존재에 대해 증명을 시도하는 것이 아니라, 사유형식으로서의 우연성의 개념만을 다룰 뿐이다.[57] 김상봉은 또 이렇게 말하기도 한다.

---

57) 모든 개별체들은 그것이 인간이건 사물이건 우연적인 것이며, 우연적인 것들의 존재를 증명하는 것은 불가능하다. 만약 이순신 장군이 1545년에 조선에서 태어나서 1598년에 일본과의 해전에서 일본군이 쏜 조총에 맞아 타계한다는 것을 '증명'하는 것이 가능하다면, 그는 이미 우연적 존재가 아니라 필연적 존재가 될 것이다. 물론 기독교적 섭리의 관점에서는 그 모든 일이 신의 섭리 안에서 필연적으로 일어나는 일이 되겠지만, 그런 생각은 철학적으로 보면 설득력이 없다. 모든 개별적 인간은 우연적인 존재이며, 그래서 하이데거류의 실존철학자들은 인간을 ① 우연히(우연성) ② 그 시간에(시간성) ③ 거기에서(공간성) ④ 던져진 상태로(피투성) ⑤ 단 한 번뿐인 삶을 살면서(일회성) ⑥ 죽음 앞에서(유한성) ⑦ 가능성을 향해기투하면서 (가능성과 기투성) ⑧ 존재의 의미(의미성)를 물으며 살아가야 하는 존재, 즉 현존재(Dasein)로 부른다. 인간은 개별적으로뿐만 아니라 유적으로 볼 때도 우연한 존재이다. 이 우주에 인간이란 생명종이 존재해야만 하는 혹은 존재할 수밖에 없는 이유가 존재하는 것은 아니다. 그리고 모든 개별적 인간은 각기 다른 장소인 '거기'에서 태어난다. 그래서 실존철학자들은 인간을 피와 살을 가진 개별자로 고찰하지 피와 살이 없는 선험적 사유주체로 고찰하지 않는다. 바로 그 때문에 하이데거는 과학에 대해 호의적이지 않았다. 모든 인간은 또한 세계 안에 던져진 존재이기에 태어날지 말지를 결정할 아무런 자유가 없다. 하이데거는 인간을 '세계-내-존재'(In-der-Welt-Sein)로 규정하는데, 그렇게 말하면서 그가 '세계 바깥'을 상정하거나 염두에 두고 있는 것은 아니다. 그는 플라톤적인 이데아의 세계를 거부하고 있다. 하이데거의 세계는 철두철미 현상의 세계이지 초현상적이고 초감각적인 세계가 아니기 때문이다. 하이데거는 현존재가 존재의 의미를 물으며 살아가야 하는 존재라고 생각하는데, 그렇게 살아가지 않으면 현존재가 자신의 본래성을 찾지 못하고 퇴락하게 된다고 말하지만, 하이데거는 인간에게 그런 당위가 있다는 것을 증명한 적이 없다. 하이데거의 철학은 현존재에서 출발하지만, 칸트의 철학은 '우연히 거기에 던져진 존재로서의 인간'에서 시작하지 않는다. 그는 두 가지 이성의 사실

칸트의 체계 속에서 인간의 역사와 사회, 즉 인륜적 세계는 존재론적 기반을 얻지 못한다. 세계 내에 나 아닌 너가 있다는 것은 하나의 놀라운 우연이다. 아니 근본적으로 추궁해 들어가자면 너의 존재는 선험철학의 입장에서 보았을 때는 불합리하기까지 하다. 왜냐하면 세계 내의 모든 사물들은 나의 순수 사유에 의해서 종합되고 통일됨으로써 구성되는 것이지만, '너'란 그렇게 파생적·수동적으로 구성되는 한갓 객체가 아니라 세계를 구성하는 다른 주체이기 때문이다. 그러나 나는 이런 종류의 주체가 내 앞에 객체로 마주 서 있다는 것을 어떻게 이해할 수 있겠는가? 상황은 이율배반적이다. 한편에서 너는 나에게 주어진 세계 속에 있으면서 나에 의해 구성되지 않는 불합리한 이물질로 남는다. 그러나 다른 한편, 이런 불합리를 피하기 위해 만약 내가 너를 다른 대상들과 마찬가지로 나의 순수사유에 의해 구성된 것이라 본다면, 그때 너는 더 이상 온전한 의미의 너가 아니라 한갓 '그것'에 지나지 않는다.[58]

김상봉은 선험철학의 입장에 서면, '너'란 불합리한 존재가 된다고 한다. 왜냐하면 '나'는 세계를 구성하는 주체이지만 '너'도 세계를 구성하는 주체이기 때문이라는 것이다. 그러나 칸트의 선험적 행위주체는 만인에게 공통인 주체이며, 모든 인간은 단일한 선험적 행위주체 안에서 만인에게 동일한 도덕적 세계를 함께 구성하는 주체들이다. 『실천이성비판』에서 칸트는 타인

(Faktum)에서 출발한다. '사실'은 주관적인 확신이나 망상이 아니다. 그것은 어떤 회의론자도 의심하거나 부정할 수 없는, 모든 사람이 인정할 수밖에 없는 사유의 출발점이다. 첫 번째 이성의 사실은 '순수이론이성의 사실'이며, 그것은 '우리 인간은 물리학과 수학의 영역에서 인식적인 선천적 종합판단을 소유하고 있다'는 것이다. 칸트는 이 사실이 어떻게 가능한가를 해명하는 것을 자기가 밝혀야 할 철학적 과업으로 생각했고, 이 과업을 완수하기 위해 도입할 수밖에 없었던 것이 선험적 사유주체(순수이론이성)였다. 두 번째 이성의 사실은 인간은 윤리학의 영역에서 실천적인 선천적 종합판단을 소유하고 있다는 것이다. 그리고 칸트는 이 판단의 가능성 조건을 해명하는 작업을 자신의 과업으로 생각했으며, 이를 위해 도입한 것이 선험적 행위주체(순수실천이성)였다.

58) 김상봉, 『자기의식과 존재사유』, 339쪽. 강조는 필자.

을 '나에 의해 구성된' 구성물이라고 보지 않는다. 왜냐하면 타인은 사물이 아니라 인격체이기 때문이다. 칸트는 타자의 '인격'이 나에 의해 구성된다고 말한 적이 없다. 선험적 행위주체로서 내가 당위의 세계를 구성할 때, 나는 동일한 선험적 행위주체인 타인이 구성하는 것과 동일한 당위의 세계를 구성하기에(동일한 실천이성의 소유자이기에), 적어도 그 차원에서는 '나'와 '너'가 구별되지 않는다. 그 차원에 서면 '나'나 '너'는 사물이 아닌 **인격으로서 대접받아**야 한다. 그런 이유로 피와 살을 가진 구체적 현실 속의 '나'는 마찬가지로 피와 살을 가진 '너'를 인격으로 존중하고 배려해야 할 의무를 갖게 된다. 바로 그 때문에 칸트는 '타인의 인간성을 한갓 물건처럼 수단으로만 사용하지 말고 동시에 목적으로 대하라'고 했던 것이다.[59] 필자는 칸트가 인간을 가능적 무한자로 본다고 했다. 가능적 무한자로서 인간은 '이것', '저것', '그것'으로 규정될 수 없다. 인간은 사물이 아니라는 말이다. 그래서 칸트는 사물이 아닌 것으로서 인간을 '인격'으로 간주하였다. 칸트도 선험적 주관은 인식의 대상이 될 수 없으며 따라서 '구성될 수 없는 것'으로 본다. 김상봉은 타인이란 '나에 의해 구성된 객체가 아니라 세계를 구성하는 다른 주체'라고 말한다. 그런데 칸트도 그 사실을 부정한 적이 없다. 그러므로 김상봉처럼 "윤리학과 법철학에서 칸트가 아무리 설득력 있게 타인에 대한 의무를 말한다 하더라도, 그것은 엄밀한 의미에서 선험철학적으로 정당화될 수가 없다"고 말하는 것은 칸트를 잘못 해석하는 것이 된다.

김상봉도 칸트의 '목적 자체의 정식'(Formula of End in itself)을 언급한다. 그

---

59) 칸트는 『순수이성비판』의 관점 즉 인과법칙의 지배하에 있는 사물들을 다루는 관점에서 보면, 현실의 구체적인 인간들도 그 신체적인 측면에서 물건처럼 다루어질 수 있음을 인정한다. 그런데 인간을 그렇게 다루면, 그것은 인간을 '수단으로만' 취급하는 것이 된다. 그러나 『실천이성비판』의 관점 즉 자유법칙의 관점에서 보면, 자유로운 행위주체인 현실의 구체적인 개인을 사물처럼 인과법칙의 지배하에만 있는 존재로 다루어서는 안 된다고 생각한다. 그는 두 비판서의 관점을 결합하여, '너는 인간을 한갓 수단으로만 사용하지 말고, **동시에** 목적으로 대하라'고 한 것이다. 흔히 '인간성의 정식'(formula of humanity)로 불리는 이 정식에도 '인간은 두 세계의 시민'이라는 칸트의 생각이 녹아 있다.

리고 말한다.

> 하지만 그럼에도 불구하고 칸트가 말하는 인격적 타자가 온전한 의미에서 타자적 주체가 아니라는 것 또한 분명한 일이다. 왜냐하면 여기서 인격은 수동적 배려의 대상으로 간주될 뿐, 어떤 경우에도 주체인 나를 외부적으로 규정할 수 있는 능동적 작용자로 간주되지는 않기 때문이다.[60]

그러나 이 말은 칸트의 '인간성 정식'을 곡해하는 것이 될 것이다. 인간성 정식은 '모든 인간은 서로가 서로를 존엄하게 대해야 한다'는 것을 말하고 있는 것이지, 서로가 서로를 능동적 작용자로 간주하지 않는다는 것과는 아무런 관계가 없는 말이다. 오히려 '모든 인간이 서로가 서로를 존엄하게 대해야 한다'고 말함으로써 칸트는 서로 다른 모든 인간에게 실천적 차원에서 능동적으로 작용할 수 있는 능력(선험적 행위주체로서의 능력)이 공유되어 있음을 천명하고 있는 셈이다. 이런 관점에서 본다면 김상봉의 다음 말은 이해하기 힘들다.

> 칸트에 따르면 내가 나를 의식하기 위해 요구되는 것은 오직 3인칭의 '그것'에 대한 의식뿐이다. 그런데 이것이 사실이라면 우리는 나와 비인격적 대상과의 관계만을 통해서 자기의식의 현실적 발생을 설명할 수 있어야만 할 것이다. 다시 말해 인간은 동료 인간인 너 없이도 오직 물리적 사물과의 인식론적 관계만을 통해 온전한 의미의 인간이 될 수 있어야만 할 것이다. (…) 그러나 과연 인간은 오직 사물적 대상과의 관계만을 통해서 온전한 인간으로 자라날 수 있는가? 그리하여 만약

---

60) 김상봉, 『나르시스의 꿈』(서울, 한길사, 2002), 290쪽..

갓 태어난 어린아이가 인간세계로부터 버려져 우연히 죽지 않고 살아 남아 자연 속에서 홀로 장성했다고 가정할 때나 아니면 그가 인간이 아 니라 늑대나 호랑이의 무리 가운데서 자랐을 경우에도, 그가 범주적 사 유와 반성적 자기의식의 능력을 갖춘 온전한 의미의 인간이 되리라고 기대할 수 있겠는가? 그것은 불가능하다. 인간은 오직 교육을 통해서 만 인간이 된다.[61]

김상봉은 마지막 구절에서 "인간은 오직 교육을 통해서만 인간이 된다" 는 말을 하고 있는데, 칸트도 당장에 『교육론』 첫머리에서 "인간은 교육받아 야 할 유일한 피조물이다"[62]라고 말하고 있다. 이렇게 말한 칸트가 과연 "인 간은 동료 인간인 너 없이도 오직 물리적 사물과의 인식론적 관계만을 통해 온전한 의미의 인간이 될 수 있다"고 생각했겠는가? 물론 칸트는 『순수이성 비판』에서 세계의 일부로서의 타자만을 다루고 인격체로서의 타자를 다루 지 않고 있는데, 그가 그렇게 하는 이유는 인간이 사물과의 관계에서만 "온 전한 의미의 인간"이 될 수 있다고 생각했기 때문이 아니라, 『순수이성비판』 에서 다루고 있는 물리적 세계에 대한 논의에서는 그런 타자를 다룰 필요가 없기 때문이다. 인간은 인간 속에서 인간이 된다는 것을 칸트도 누구보다 잘 알고 있었다. 그리고 인간은 동료 인간과 더불어 더 나은 세계를 만들어갈 수 있다는 것도 알고 있었다. 그렇지 않았다면 칸트가 『도덕 형이상학』이나 『영 구평화론』 같은 책을 쓰지 않았을 것이다. 그리고 김상봉은 늑대소년에게 범주적 사유능력과 반성적 자기의식의 능력이 없으며, 그런 능력이 발생하 려면 인간의 공동체에서 교육을 받아야 함을 지적하고 있다. 그러나 칸트가 『순수이성비판』에서 인간의 자기의식과 범주적 사유능력에 대해 논의하는

---

61) 김상봉, 『자기의식과 존재사유』, 339-340쪽.

62) 『논리학 · 교육론』, 213쪽.

차원은 철학적 차원이지 발생심리학적 차원이 아니다. 흔히들 인간을 '도구적 존재'니 '이성적 존재'니 하는 말들로 규정하는데, 누군가가 늑대 무리에서 자란 인간이 이성적 존재도, 도구적 존재도, 사회적 존재도 아니라고 하면서 인간에 대한 규정들을 거부한다면, 그는 논의의 차원을 혼동하는 것이 될 것이다.

나는 김상봉이 칸트의 목적 자체의 정식을 잘못 풀이하고 있다고 생각함에도 불구하고, 칸트가 인식의 문제를 해결하는 방식과 동일한 방식으로 도덕의 문제를 해결하는 것은 설득적이지 않으며, 그러한 비설득성이 복수의 행위 주체성을 인정하지 않는 칸트의 입장에 뿌리를 두고 있다는 김상봉의 진단에 일정 부분 설득력이 있다고 생각한다. 우리는 동일한 물리적 세계에서 살아가듯이 동일한 도덕의 세계에서 살아가고 있는 것은 아니기 때문이다. '우리가 동일한 도덕의 세계에 살아가는 것이 아니다'라는 나의 말에 대해, 칸트는 이렇게 말할 것이다.

> 나는 우리가 동일한 도덕의 세계에서 살아가고 있는 것이 아님을 인정한다. 그러나 나는 우리가 동일한 도덕의 세계에서 살아가야만 한다'는 주장을 하고 있으며, 그러한 당위의 관점에서 본다면, 선험적 행위 주체가 윤리적 탐구의 중심에 놓여야 함을 말하고 있는 것이다.

그렇다면, 물리적 실재로서 우리는 동일한 세계에서 살아가지만, 도덕적 행위주체로서 우리는 '동일한 도덕세계에서 살아가지 않는다'는 현실과 '동일한 도덕세계에서 살아가야만 한다'는 당위 사이에서 갭을 경험하게 된다. 그러나 우리의 도덕이란 것이 동일한 도덕이 되기 위해서 우리는 단지 경향성의 유혹을 벗어던지기만 하면 되는 것이 아니라, 피와 살을 가지고 살아가는 우리 인간들의 삶에 막강한 영향을 행사하는 지리-기후적, 정치-사회적, 역사적, 문화적, 종교적 배경들을 모조리 벗어던져야 할 것이다. 그것은 불가능한 일이다. 우리는 상이한 도덕의 세계에서 살아가고 있으며, 서로가 서로에게 진정한 의미에서 타자이다. 칸트가 타인을 존엄하게 대하라고 말할 때, 그는 선험적 행위주체로서의 타인의 도덕적 행위능력을 존엄하게 대하라고 말한 것인데, 그렇다면 존엄하게 대접받는 것은 만인에게 있는 동일한 선험적 행위주체 즉 예지적 자아일 뿐, 피와 살을 가진 상태로 특수한 문화적 사회적 맥락에 놓여 있는 개개 인간들이 아니게 된다. 피와 살을 가지지 않는, 따라서 특수한 지리적, 문화적, 정치적, 사회적 맥락으로부터 벗어나 있는 선험적 행위주체를 목적으로 대접한다는 것은 선험적 주체의 자기존중에 머물 것이다.

김상봉이 지적하듯이, 칸트는 피와 살을 가진 "도덕적 주체들 사이의 상호관계를 설명하거나 규정하려는 어떠한 이론도 가지고 있지 않다".[63] 그 이유는 칸트가 윤리학의 문제를 '선험적 행위주체' 개념으로 해결하려 했기 때문이다. 물론 우리는 칸트의 "홀로주체의 윤리학"이 성공적인 윤리학이냐 아니냐 하는 문제와, 그 윤리학이 타자를 세계의 "불합리한 이물질" 혹은 '사물'로 대하게 된다는 문제는 다른 문제임을 알아야 한다. 그럼에도 불구하고 나는 칸트 윤리학에 대한 김상봉의 다음과 같은 문제제기에는 공감한다. 그는 칸트가 동정심을 도덕의 기초로 받아들이는 것을 거부했다는 것을 환기시킨 뒤에, 칸트가 도덕성의 본질을 해명할 때 주체와 주체들 사이의 역동적인 상호관계에 대해서 무심했음을 지적하면서 다음처럼 의문을 제기한다.

> 만약 도덕이 칸트가 생각하듯이 인간과 인간의 주체적이고 역동적인 만남의 지평에서 발생하는 것이 아니라면, 도대체 이런 경우에 도덕은 어떻게 가능한가? (…) 도덕이 한 인간에 대한 따뜻한 관심에서 비롯되는 것이 아니라면, 칸트의 경우 도덕은 무엇에 대한 관심에서 비롯되

---

63) 김상봉, 『나르시스의 꿈』, 290쪽.

는 것인가?[64]

그리고 이렇게 말한다.

> 나와 네가 서로의 고통에 응답할 때, 그것은 우리에게 같은 수동성만큼이나 능동성을 공유할 수 있게 해주지만, 타자의 고통에 응답하기 위해 먼저 타자와 나의 동일성이 전제되어야 하는 것은 아니다. (…) 극단적으로 말해 타자와 내가 아무런 공통점이 없다 하더라도 나는 타자의 고통을 없애는 일에 참여할 수 있다. 예를 들어 우리가 동물이 아닌 사람이라도 우리는 동물학대에 반대해서 활동할 수 있다.[65]

그러나 나와 타자의 이질성에도 불구하고 서로가 서로의 고통에 응답하는 것이 가능하다는 것을 강조하기 위한 것이라 하더라도, 인간과 동물 사이에 공통점이 없다고 말하는 것은 너무 멀리 나가는 것처럼 보인다. 동물과 인간 사이에 공통성이 없다는 주장은 당장 생물학적으로 잘못된 것이다.

칸트 윤리학의 근본 문제점은 『순수이성비판』에서 자연과학의 가능성을 정초하기 위해 도입한 선험적 자아개념 — 이런 전략은 그 타당성이 충분히 인정될 수 있을 것이다 — 을 『실천이성비판』에서 윤리학의 가능성을 정초할 때도 그대로 사용하는 것이다. 인식의 영역에서는 인간의 경험적 자아는 얼마든지 무시될 수 있었다. 그러나 윤리학의 영역에서 인간의 경험적 자아는 그렇게 무시될 수 있는 것이 아니다. 선험적 자아는 피와 살이 없지만, 윤리적 행위주체는 피와 살을 갖고 있기 때문이다. '피와 살을 갖지 않는 존재는 윤리적 행위주체가 될 수 없다'는 사실을 칸트는 과소평가했다. 물론 칸

---

64) 김상봉, 『나르시스의 꿈』, 292쪽.
65) 김상봉, 『서로주체성의 이념』(서울, 도서출판 길, 2007), 298쪽.

트는 인간은 도덕법칙을 기계적으로 따르는 의지가 아니라, '도덕법칙 아래에 서 있는' 존재라고 말하면서, 인간이 자연적 경향성의 유혹을 받으며 살아가는 존재 즉 피와 살을 가진 존재임을 인정한다.

내가 '칸트는 피와 살을 갖지 않는 존재는 윤리적 행위주체가 될 수 없다는 사실을 과소평가했다'고 했을 때, 내가 지적하고자 하는 것은 칸트가 윤리학의 문제를 논하는 자리에서 인간의 경험적 자아를 철저하게 배제시키고 있다는 것이다. 윤리학의 영역에서 '실천이성'은 모든 도덕적 갈등을 해결하기 위해 시도되는 도덕적 논쟁이나 대화나 토론이 합당한 결론을 얻어내려면, 그 기저에 놓여 있는 규제적 이념에 불과한 것으로 간주해야 하는데, 칸트는 그것을 '합리적 도덕법칙'(정언명법)을 구성해내는 원천으로 간주했다는 것이 문제다. 칸트가 그렇게 할 수밖에 없었던 이유는 윤리학을 통해 비판적 형이상학의 상층부를 건설하려 했기 때문이다.[66] 나는 도덕을 합리성의 문제로 본 칸트의 입장을 거부하지만, 그럼에도 불구하고 주체와 주체들 사이의 역동적인 상호관계를 힘(완력)으로 조정하지 않고 설득력으로 조정하려면 모든 행위자들에게 공통된 선험적인 기반이 그 관계의 기저에 놓여 있어야 한다고 생각한다. 그것은 칸트가 말하는 '규제적 이념'과 같은 역할을 할 것이다.

이 절을 마치기 전에 나는 '타인'이라는 것을 어떻게 이해해야 하는지, 그리고 '나'라는 것의 진정한 의미는 무엇인지에 대해 생각해보고자 한다. 앞서 언급했듯이, 칸트는 모든 인간들이 선험적 행위주체의 차원에서는 동일한 인간들이라고 생각했다. 모든 인간은 국적, 종교, 문화권, 시대, 성별, 노소에 관계없이 자신들이 가지고 있는 실천이성을 올바로 작동시키면, "네 의지의 격률이 언제나 동시에 보편적 입법의 원리가 되도록 행동하라"는 정언명

---

66) 자세한 논의는 나의 책 『칸트 윤리학의 균열』, 제5장 '도덕성의 본질에 대한 물음: 칸트, 아리스토텔레스, 정의주의'를 보기 바란다.

법의 명령이 정당한 명령임을 알게 된다는 것이 칸트의 주장이다. 그러면 인간들이 서로가 서로에게 타자가 되는 것은 선험적 행위주체의 차원이 아니고 경험적 행위주체의 차원이다. 이 차원에서 인간은 피와 살을 가진 상태에서 특정한 나라와 문화와 시대에 태어나서 그 나라의 문화와 습속을 알게 모르게 흡수하면서 자신의 고유한 삶의 방식을 형성해간다. 그러므로 이 차원에서 보면, 비록 그들의 삶의 방식에는 공통적인 것도 있겠지만 부각되는 것은 차이성일 것이기에 서로가 서로의 삶의 방식을 이해하는 것이 힘들 것이다. 타 문화권의 음식 금기나 풍속을 이해 못 하는 것은 말할 것도 없고, 나는 뜨거운 것을 잘 먹는데 옆 사람이 뜨거운 것을 못 마실 경우에도, 나는 그가 그런 이유를 이해하지 못할 것이다. 이 경우 우리가 택할 수 있는 유일한 길은 윤리적 상대주의의 길이다.

그런데 만약 인간이 피와 살을 가진 존재가 아니며, 따라서 순수실천이성의 존재이기만 하다면, 이런 상황에서는 나와 남의 구분이 성립하지 않을 것이다. 이 경우 우리는 윤리적 절대주의자가 된다. 그러나 인간은 선험적 행위주체의 차원과 경험적 행위주체의 차원을 다 가지고 있는 존재이다. 그러므로 이런 경우 '타인'은 '나'와는 모든 면에서 완전히 다른 어떤 것일 수가 없다. 한자어 他(타)는 '다름'을 뜻하지만, '타인'은 '내가 아닌 다른 인간'이란 뜻이지, '나와는 완전히 다른 인간'을 뜻하는 것은 아니다. 우선 우리는 태어나서 죽는 존재요, 특정한 물리-화학적 조건 하에서만 삶을 영위할 수 있으며, 상처에 고통스러워하는 존재라는 점에서 같다. '나'는 '남'과 부분적으로는 같은 인간이요, 부분적으로는 다른 인간이다. 바로 여기에서 '대화'의 가능성이 확보되고 대화의 필요성이 생겨나게 된다.[67]

---

67) 그런데 인간들이 부분적으로는 같은 인간이고 부분적으로는 다른 인간이라고 할 때, 같은 부분이 실천이성(선험적 행위주체)에만 국한된다면 인간이 같은 인간으로서 고통에 처한 다른 인간에 대해 느끼는 연민의 감정(동정심)은 어디에서 발생하는가 하는 것이 문제가 될 수 있을 것이다. 인간이 동료 인간에 대해 연민의 감정을 느낀다는 것은 인간이 피와 살을 가진 존재인 것

우리는 위에서 타인의 개념이 생각보다 문제적인 개념임을 살펴보았다. 그러면 '나'라는 개념은 어떤가? 그런데 내가 아닌 다른 인간은 나와 마찬가지로 자기만의 고유한 언어와 문화와 종교와 역사와 전통의 맥락에 놓여서 삶을 꾸려가는 존재이다. 그 모든 것을 환경이라고 부르자. 내가 한국어를 잘하는 이유는 내가 한국에 태어났다는 것 말고 다른 이유가 있는 것은 아니다. 나를 형성하는 많은 부분이 이런 식으로 형성되었을 것이다. 나의 사고방식이나 가치관도 내가 속한 공동체의 것을 받아들였을 것이다. 이런 식으로 생각한다면 '나'라는 것은 '유전과 환경의 상호작용을 통해 형성되는 함수관계에 의해 결정되는 어떤 것'이라고 생각하게 된다. 이런 환경 결정론이 옳다면, '나'라는 것은 도덕적 칭찬이나 비난의 대상이 아니게 된다. 누군가가 탁월한 유전자를 받아 태어나고 거기에다가 좋은 외적 환경을 만나서 훌륭한 과학자가 되었다면, 그의 훌륭함은 그렇게 칭찬받을 일이 아닐 것이다. 혹은 누군가가 분노조절장애 유전자를 물려받아 열악한 환경에서 성장하여 폭행

을 전제해야 하는데, '피와 살'은 인간이 서로가 서로에 대해 타자가 되게 만드는 것이기 때문이다. 칸트는 동정심에 이끌려 걸인에게 동전을 던져주는 것은 경향성에 따른 행동이지 도덕적인 행동이 아니라고 생각했다. 나는 칸트가 그렇게 말했을 때, '본능적 동정심'이 아니라 '반성적 동정심'을 염두에 두었다고 생각한다. 다시 말해서 칸트가 거부한 것은 본능적 동정심이지 반성적 동정심은 아니라는 것이다. 본능적 동정심의 차원에서는 사람마다 동정심의 감성적 강도가 다르지만, 반성적 동정심의 차원에서는 그렇지 않을 것이다. 흔히 사람들은 칸트가 경향성을 동기로 삼아 하는 모든 행위는 도덕성을 결여하고 있다고 주장한 것으로 해석하는데, 나는 그런 해석이 틀렸다고 생각하지는 않지만, 그 해석은 칸트가 그렇게 말한 의도를 너무 협소하게 해석하는 측면이 있다고 생각한다. 누군가가 길을 지나가는 무고한 행인을 아무런 이유 없이 살해했고, 많은 사람들이 그것을 목격했다고 하자. 그 살인사건에 대해 사람들이 본능적으로 느끼는 감정은 천차만별일 것이다. 극단적으로 분노하는 사람과 대수롭지 않게 받아들이며 상대적으로 냉담한 사람이 있을 수 있을 것이다. 칸트가 경향성이 동기가 되어 하는 행동을 해서는 안 된다고 말할 때, 그는 우리가 그 살인행위에 대해 분노 감정을 느끼며 행위해서는 안 된다고 말한 것은 아닐 것이다. 만약 그렇다면 칸트야말로 냉혈한일 것이다. 그 살인행위의 목격자로서 인간이라면 누구나 그 살인행위에 분노를 느끼는 것 그 자체는 합당한 일이다. 내 생각에 칸트는 각인각색의 다양한 분노를 반성적으로 조정한 뒤에, 그것이 동기가 되어 행동하는 것까지 도덕적이 아니라고 생각하지는 않았을 것이다. 물론 이처럼 칸트가 감정의 적절성을 인정하고 있다는 식으로 해석하면, 그 칸트는 아리스토텔레스적인 칸트가 될 것이다. 이와 관련하여 이 책의 469쪽 각주(162)를 보기 바란다.

범이 되었다면, 그의 폭행은 그렇게 비난받을 일이 아닐 것이다. 칸트는 결정론으로는 동서고금을 막론하고 관찰하게 되는 도덕적 칭찬과 비난의 현상을 설명할 수가 없다고 생각했다. 그래서 우리가 알고 있듯이, 칸트는 인간의 의지는 자유라고 생각했고 그 주장을 자기 나름의 방식으로 증명했다.[68] 의지가 자유라는 칸트의 증명이 일단 옳다고 하자. 그러면 그것이 유전과 환경의 함수관계에서 기계적으로 결정되는 어떤 것이 아니라면, 자유의 주체인 '나'는 도대체 무엇인가? 이 경우 '나'는 나의 유전자일 수가 없을 것이다. 내가 도덕적으로 선한 일을 했는데, 그 선행이 나의 유전자와 나를 둘러싼 환경의 함수관계에서 생겨난 것이라면, 그것은 칭찬받을 일이 아니게 된다. 이런 사정은 도덕적으로 악한 일에 대해서도 마찬가지이다. 그러면 칭찬받거나 비난받아야 할 '나'는 나의 유전자도 아니고, 나의 환경도 아니고, 그 양자의 함수관계에 의해서 결정된 어떤 것도 아니다. 그것은 그 모든 것을 초월한 어떤 것이다. 엄밀하게 말한다면, 이렇게 초월해 있는 '나'의 관점에서 보면 나의 유전자는 '나'의 내적 환경이고, 내가 부모의 유전자를 받아 태어날 무렵의 가정적, 문화적, 역사적, 정치적, 물리적 환경은 나의 외적 환경이다. 만약 '나'라는 것이 나의 내적 환경(유전자)과 외적 환경의 함수관계에서 결정되는 것이라면, '나'는 자유를 가질 수가 없으며, 환경 결정론이 성립한다. 그렇게 되면 상벌체계로서의 도덕은 성립하지 못한다. 그러면 칸트의 윤리학 체계에서 도덕적 행위주체가 칭찬을 받거나 비난을 받는 것은 어디에 근거해서 가능한가?

가령 갑돌이는 악에로 이끌리는 유혹에 저항하는 힘이 강한 유전자와 악에 이끌리는 환경이 아닌 그런 환경에서 생활했음에도 불구하고, 절도 범죄를 저질렀다. 그런데 을식이는 유혹에 넘어가기 쉬운 성향의 유전자를 갖

---

68) 이에 대한 자세한 논의를 알고 싶은 독자는 나의 책, 『칸트 윤리학과 형식주의』 제6장 「의지자유론」을 보기 바란다.

고 태어났으며 그의 주변 환경도 그의 악행을 부추기는 분위기임에도 불구하고 갑돌이와 유사한 절도의 범죄를 저질렀다고 하자. 표면적으로 드러난 두 사람의 도덕적 악의 크기는 유사함에도 불구하고 갑돌이는 을식이보다 더 많은 비난을 받아야 할 것이다. 이 차이를 만들어내는 것이 바로 '참다운' 갑돌이와 '참다운' 을식이다. 갑돌이는 자신의 의지의 자유를 너무 쉽게 포기했다면 을식이는 자신의 의지 자유를 힘겹게 포기했기 때문이다. 결국 칸트에 있어서 참다운 '나'는, 사람마다 부여받은 유전자(내적 환경)와 외적 환경의 다양성에도 불구하고, 그러한 조건에서 자유를 얼마나 실현해내는가에 따라 칭찬의 대상이 되기도 하고 비난의 대상이 되기도 하는 바로 그 어떤 것이다.

그러나 현실의 구체적-개별적 개인의 '나 됨'은 유전도, 환경도, 유전과 환경의 합작품도 아니다. 유전에 의해 결정되는 '나 됨'이나, 환경에 의해 결정되는 '나 됨'이나, '유전과 환경의 합작품'으로서의 나 됨, 이 모두는 현실의 구체적-개별적 동물들도 갖고 있는 나 됨이다. 사람들은 특정 유전적 특징의 담지자인 신체적 나를 '나'로 생각하는데, 유전도 칸트적 시각에서 보면 환경일 뿐이다. 그것은 선험적 자유의 주체로서의 나의 '내적 환경'이며, 우리가 흔히 환경이라고 말하는 것은 나의 '외적 환경'일 뿐이다. 그러므로 나를 유전과 환경의 함수관계에서 성립하는 것으로 본다면, 이 역시 환경 결정론일 뿐이다. 예컨대 갑동이는 3의 유전을 갖고 태어나서 4의 환경을 만나, '12'가 되었다. 그리고 아인슈타인은 40의 유전을 갖고 태어나 30의 환경을 만나 '1,200'이 되었다고 하자. 그렇다면 아인슈타인이 그토록 훌륭한 인물이 된 것은 상찬받을 일이고, 갑동이가 아인슈타인보다 100배나 못한 인간이 된 것은 비난받을 일인가? 그러나 갑동이의 빈약한 인생이나 아인슈타인의 훌륭한 인생이나 다 같이 그들의 자유의지와 관계없이 내적 환경과 외적 환경의 함수관계에서 결정된 것이기에 비난받거나 칭찬받을 일은 아니다. 단지 그들 인생의 차이는 운의 차이에 불과한 것이 된다.

예컨대 수많은 펭귄들은 서로 차이점을 갖고 있는데, 차이점이 구체적-

개별적 펭귄의 '그것다움'을 만들어 줄 것이다. 극단주의자들이 아니라면 특정 펭귄의 그것다움은 유전과 환경의 함수관계에서 형성된다고 말할 것이다. 그러나 이런 식으로 형성된 개체의 개체성 즉 그것다움은 그 개체의 자유로운 의지에 의해 만들어진 것이 아니다. 물론 동물들도 구체적 삶의 현장에서 여러 가지 선택을 한다. 달리 말해서 그들에게도 동물적 선택의 자유는 있다. 그러나 선택의 자유는 칸트가 말하는 선험적 자유는 아니다. 도덕적 선택이 아닌 자연적 선택의 자유는 자유의 외양을 한 필연이다. 어떤 사자가 이 얼룩말을 사냥할 것인가, 저 물소를 사냥할 것인가를 선택할 때, 그 사자의 선택은 자연적 선택으로서 사자로서는 뿌리칠 수 없는 여러 가지 내적 외적 요인에 의해 결정된다. 이처럼 거역할 수 없는 내·외적 요인들에 의해 개체의 개체다움이 결정된다면, 우리는 그 개체에게 책임을 물을 수는 없을 것이다. 그래서 우리는 어린아이를 물어 죽인 도사견에게 도덕적 책임을 묻는 것이 아니라, 그 도사견을 관리해야 할 책임이 있는 주인에게 책임을 묻는다. 행위의 불가피성을 인식할 때, 그 행위를 한 사람 혹은 동물을 이해하게 된다. 물론 우리는 그 도사견을 사살한다. 그러나 그 도사견에게 책임을 묻기 위해 사살하는 것은 아니다. 단지 또다시 그런 불행이 발생하는 것을 예방하는 차원에서 그렇게 하는 것일 뿐이다. 원래 도사견은 책임을 질 수 있는 주체가 아니다. 도사견은 '행동(운동)의 주체'일 수는 있어도 '책임의 주체'일 수는 없다. 만약 인간의 자기 됨이 유전과 환경의 함수관계에서 형성된다고 하자. 그러면 그의 자기됨에서 유전에 속한 것은 유전에 돌려주고, 환경에 속한 것은 환경에 돌려준다면, 그에게 고유하게 남는 것은 무엇인가? 아무것도 없게 된다. 결국 그의 자기 됨은 진정으로 그의 것이 아니라, 유전과 환경으로 환원되어버린다. 이렇게 되면, 지구상에 존재하는 모든 개체들의 현상적 차별성은 공통적으로 유전과 환경으로 환원된다는 점에서 본다면, 결국은 차별성이 아니라 동일성이다. 그러나 인간들은 책임의 주체이다. 그렇다면 수많은 인간들의 차별적인 '자기 됨'은 동물들과는 다른 방식으로 설명되지 않으면 안 된다. 그것은 모든 인간들이 갖고 있는 선험적 자유의 차원에서 설명되어야 한다. 선험적 자유에 의해 만들어진 개체의 차별성은 유전과 환경으로 환원되지 않는다. 그것은 실존적 차별성이다.[69]

칸트는 자유를 '구속이나 강제의 부재'로 보는 홉스나 흄의 견해에 반대한다. 자유가 그런 것이라면, 인간이 누리는 자유는 동물들이 누리는 자유와 다를 것이 하나도 없다. 그러나 구속이나 강제가 없음에도 불구하고 자유가 아닌 경우가 있다. 예컨대 세척충동환자의 경우 그는 자유로운 감정을 갖고서 자기가 하고 싶어서 손을 끊임없이 씻는다. 그럼에도 불구하고 그는 진정한 의미에서 자유로운 것은 아니다. 그는 자기도 어쩔 수 없는 충동의 지배하에 놓여 있다. 아프리카의 세렝게티 초원을 구속받지 않고 누비고 있는 치타는 홉스적인 의미에서는 자유이지만 칸트적인 의미에서는 자유가 아니다. 그래서 그 치타는 책임의 주체는 될 수 없다. 자연법칙에 따라 움직이는 자연에는 도덕이 없는 것이다.

인간은 경험적 자아와 선험적 자아의 결합체이다. 칸트 인식론에서 선험적 자아에 내장된 인식틀은 감각적 소여 없이도 그 자체로 작동하는 능력

---

69) 우리는 이 대목에서 해결하기 힘든 어려움을 마주하게 된다는 것을 고백하지 않을 수가 없다. 남과 구별되는 '나'라는 것이 유전(내적 환경)과 외적 환경의 함수관계에서 결정되는 것이 아니라, 그 함수관계의 방정식을 벗어나 얼마나 많이 나의 선험적 자유를 실현하느냐는 정도에 따라 나의 나 됨이 정해진다고 한다면, 나의 유전자나 나의 몸과 분리된 선험적 행위주체라는 것을 상정해야 하는데, 그것은 유령과 같은 것처럼 보인다는 것이다. 나를 나의 몸(유전자와 신체 즉 나의 내적 환경)으로부터 분리시켜 놓고 '나'를 말하려 하면 그 '나'는 유령과 같은 것이 되어버리고, 나를 나의 몸과 붙여놓고 생각하기 시작하면 '나'는 유전과 환경의 함수관계에서 결정되는 존재가 되어버린다. 그럼에도 불구하고 우리에게는 나의 내적 환경과 외적 환경의 제약하에 놓여 있음에도 불구하고, 그 제약을 극복하는 힘이 있음을 직각적으로 느끼고 의식함을 인정할 수밖에 없다. 강력한 성욕으로 성범죄를 저지른 사람이 있다고 하자. 그 역시 자신의 유전적 성향을 인지하고 있으며, 또 자신이 처한 상황은 자신의 유전적 성향이 발동되기를 부추기는 강력한 분위기를 만들어내고 있음을 알고 있음에도 불구하고, 그는 자신이 느끼는 강력한 유혹을 물리치려는 마음을 갖게 된다. 그런 마음을 낼 것인가 말 것인가는 전적으로 그의 (선험적) 자유이다. 이런 이유에서 칸트는 인간의 본질을 자유로 보았던 것이다. 유전과 환경의 함수관계 방정식으로 계산할 수 없는 어떤 것이 존재한다는 것이며, 바로 그 어떤 것이야말로 남들과 구별되는 진정한 나이며, 나를 나답게 만들어주는 것이다.

이 아니라, 항상 감각적 소여가 주어졌을 때에만 작동한다. 이는 실천철학적 문맥에서는 이렇게 번역될 수 있을 것이다. '선험적 자아에 내장된 선험적 자유는 그 자체로 작동하는 것이 아니라, 항상 경험적 여건이 주어져 있을 때에만 작동한다.' 선험적 자아의 선험적 자유는 진공 속에서의 자유가 아니라, 항상 특정의 사회, 문화, 전통, 관습과 가족 상황 등등의 경험적 여건이 주어졌을 때 작용한다. 물론 칸트는 『실천이성비판』에서 도덕적 행위자는 특정의 사회, 문화, 전통, 관습과 가족 상황으로부터 전혀 영향받지 않고 절대적 자발성을 행사할 수 있다고 믿었다. 그래서 『실천이성비판』에서의 그의 입장은 사유의 자발성이 감각적 소여 없이는 작동할 수 없다고 생각했던 『순수이성비판』에서의 입장과는 다르다. 인식론의 차원에서는 제약된 자발성이었던 선험적 자아의 자발성이 실천철학의 차원에서는 그 제약을 벗어던지는 것으로 이해되고 있다. 칸트가 말하는 정언명법을 실행할 수 있는 도덕적 행위 주체는 일체의 사회문화적 제약을 초월할 수 있어야 한다.

예컨대 정언명법의 법식에 부합하는 도덕명령인 '거짓말하지 말라'는 명령을 생각해보자. 칸트에 의하면, 비록 어떤 사람이 위증에 대해 관대하고, 필요할 경우 위증을 하는 것이 밥 먹듯이 행해지는 사회문화적 분위기에서 살고 있다 하더라도, 그는 목숨을 걸고 위증의 요구를 물리쳐야 한다. 칸트가 이렇게 생각할 때, 그가 염두에 두고 있었던 도덕은 초문화적, 초시간적, 초공간적 도덕이다. 그는 모든 사회가 받아들일 수 있는 공통분모적 최소도덕의 체계를 확립하고자 했지, 인간 삶의 모든 부분에서 모든 인간이 공동으로 받아들여야 할 최대도덕의 체계를 구상한 것은 아닐 것이다. 예컨대 도덕의 무조건성과 보편타당성을 중시한 칸트라 하더라도 식생활과 관련된 지역적 특수성까지 무시하고 식생활의 규범을 보편적 규범으로 만들려 하지는 않았을 것이다. 그렇게 하는 것은 보편화 가능성이 없는 일임은 즉각적으로 알려진다. 그러나 삶에서 모든 인간에게 적용될 수 있는 공통분모적 최소도덕이 통용되는 영역이 있다면, 마찬가지로 차별성을 인정해야 하는 영역이 있다.

칸트 역시 이 영역을 인정했으며, 이 영역에서는 '선험적 자아에 내장된 선험적 자유는 그 자체로 작동하는 것이 아니라, 항상 경험적 여건이 주어져 있을 때에만 작동한다'는 말이 유효하다. 나의 '나 됨'은 유전에 있는 것도 아니고, 환경에 의해 결정되는 것도 아니며, 유전과 환경의 함수관계에서 정해지는 어떤 것도 아니다. 나의 '나 됨'은 나의 유전과 환경이 만나면서 만들어지는 자연적 갈등과 도덕적 갈등의 현장에서 내가 행사하는 선험적 자유를 통해 아로새겨지는 나의 삶의 무늬들이 만들어내는 이야기다. 그것은 철저한 개별성이고 차이성이며, 책임과 처벌의 주체이다. 그러나 다른 한편 그 '나'는 선험적 자유를 통해 만들어지는 것인 한, 타인들과 공통점을 가진다. 나는 칸트 윤리학 체계에서 타인의 문제가 이런 식으로 이해될 수 있다고 생각한다. 필자는 칸트가 '타인을 한갓 수단으로 대하지 말고 동시에 목적으로 하다라'고 했을 때, 그가 염두에 둔 '타인'은 바로 이처럼 특정한 문화적, 사회적, 역사적 맥락에 놓인 상태에서 피와 살을 가진 채로 자신에게 내장된 선험적 자유의 실현을 위해 노력하는 인간이라고 생각한다. 이 타인은 나에 의해 구성되는 사물이 아니라, 나와 함께 더 나은 세상을 만들어가야 하는 동료인간이다.

4.
선험적 관념론으로부터 해방된
인간존엄사상

아주 옛날에 동굴 생활을 하던 인간은 자신을 고등동물들과 구별 짓지 않았다. 그러나 인간이 문화와 문명을 발전시키면서 인간은 자신을 동물과 다른 존재로 인식하기 시작했다. 『성경』은 인간을 다른 피조물들과 달리 신의 형상을 모방해서 창조된 존재로 간주했으며, 신은 인간에게 자연 정복과 만물에 대한 지배를 허락했다. 인간은 신에게는 복종해야 하지만, 만물 위에 군림하는 만물의 영장이요 지배자가 되었다. 기독교적인 인간존엄사상은 중세를 거쳐 근세를 지나 오면서 큰 위기에 직면하게 된다. 지동설-천동설 논쟁을 겪으면서 서양인들이 기독교에 대해 갖고 있었던 믿음이 흔들리면서, 기독교적 배경하에서 유지되고 있었던 인간존엄사상도 같이 흔들리게 된다. 특히 기계론적 자연관에 기초해서 자연과학이 승승장구하는 것을 목격한 근세인들은 인간도 본질상 동물들처럼 기계에 불과하다는 주장을 하기에 이른다. 그 대표적인 사상가가 프랑스의 기계론적 유물론자인 라 메트리였다.

이런 시대적 상황에서 칸트는 더 이상 기독교적 방식으로 인간의 존엄성을 주장하는 것이 설득적이지 않다고 생각하고, 철저하게 윤리학적 입장에서 인간의 존엄성을 증명하게 된다. 칸트에게 있어서 인간이 존엄하다는 것은 인간은 가격을 초월해 있는 존재자이며, 사물적 존재가 아니라 인격체라는 것이다. 칸트의 이런 인간존엄사상은 근본적으로 그의 선험적 관념론에 기초해 있다. 선험적 관념론은 현상과 물자체를 구분하는데, 인간은 양 세계의 시민으로서 현상적이면서 동시에 예지적 존재이다. 이 말은 인간은 필연의 세계와 자유의 세계에 동시에 관여해 있다는 것이다. 인간은 한편으로는 경향성을 통해 필연의 세계와 관계 맺고, 다른 한편 도덕법칙에 대한 존경심을 통해 자유의 세계와 관계 맺고 있다. 인간은 자기 내부에서 경향성의 유혹도 느끼면서 도덕법칙에 대한 존경심도 느낀다. 인간은 자신을 경향성의 유혹에 굴복하면 필연의 법칙에 자신을 내맡기는 것이 되는데, 이는 자신을 사물화하는 것이다. 필연의 법칙은 사물을 지배하는 법칙이기 때문이다. 반대로 인간이 법칙에 대한 존경심에서 도덕법칙에 따라 행동하면, 그는 필연의 자연법칙계(현상계)로부터 초월해서 자신을 자유세계(예지계)로 가져가는 것이 된다. 칸트는 유한과 무한의 양 세계에 걸쳐 있는 가능적 무한자로서 인간이 자신이 가진 무한의 가능성을 현실화시키는 방편을 도덕에서 찾고 있음을 알 수 있다.

가능적 무한의 한 축인 유한성 혹은 감성에로의 이끌림은 『실천이성비판』에서 자연법칙으로의 '경향성'이란 이름으로 등장하고 있다. 그리고 다른 한 축인 무한성에 대한 갈망은 도덕법칙에 대한 '존경심'으로 등장하고 있다. 칸트는 『순수이성비판』에서 인식이 성립하려면 감성의 역할이 필수적이라고 말한다. 그러나 『실천이성비판』에서는 당위의 법칙인 도덕법칙이 성립하기 위해서는 경향성의 뿌리인 감성은 불필요하다고 생각한다. 바로 이런 이유로 『실천이성비판』에서는 『순수이성비판』에서와는 달리 '감성론'이 존재하지 않는다. 유한(감성)과 무한(이성)의 종합인 인간에게서 유한성을 제거하면 인간은 자신이 가진 무한성의 가능성을 현실화해서 현실적 무한자가 된다. 칸트는 도덕법칙의 세계를 '순수실천이성의 빛 아래에서 파악된 예지적 자연'이라고 생각한다. 그렇다면 자연법칙의 세계는 당연히 '순수이론이성의 빛 아래에서 파악된 현상적 자연'이 될 것이다. 데카르트의 레스 코기탄스(res Cogitans, 사유하는 주체)는 자기의식 속에서 자신의 존재를 확인하지만, 자신의 의식을 벗어나자마자 전능한 악마의 지배하에 들어가서 자신의 존재로부터 물질의 존재로 나아가지 못한다. '나는 생각한다. 그러므로 나는 존재한다'는 것은 명석판명한 진리이지만, '나는 걷는다. 그러므로 나는 존재한다'는 그 확실성을 주장할 수가 없다. 왜냐하면 전능한 악마가 나로 하여금 나는 걷고 있지 않음에도 불구하고 걷고 있는 듯이 생각하게 만들 수 있기 때문이다. 그래서 데카르트는 물질계의 존재를 확보하기 위해 신에 의존한다. 그는 방법적 회의를 통해 사유하는 자아 즉 영혼의 존재를 증명하고 그다음에 신의 존재를 증명하고 외계사물의 존재를 차례로 증명해 간다.

그러나 칸트는 순수이론이성 즉 '감성의 제약하에서 사유하는 자아'로부터 시작해서 인간은 영혼의 실재성이나 신의 존재로 나아가는 것은 불가능하다고 생각했다. 기껏해야 '감성의 제약하에서 사유하는 자아'는 현상적 물체의 실재성까지만 나아갈 수 있다고 생각했다. 칸트에 의하면 우리가 영혼과 내세와 신의 문제에 대한 해답을 얻으려면 사유하는 자아의 확실성에서 출발할 것이 아니라 행위하는 자아의 확실성에서 출발해야 한다. 행위하는 자아의 확실성에서 출발해서 도덕적 행실을 통해 예지적 세계에 도달하는 인간은 만물의 궁극목적이요, 가격을 초월해 있는 존재이다. 선험적 관념론의 지평에서 보면 도덕적 행위자는 사물들의 총체인 현상계를 초월해 있다. 현상계는 가격을 가질 뿐이지만, 인간은 가격을 초월해 있다. 칸트는 가격을 초월해 있어서 가격을 매길 수 없으며, 따라서 무한한 가격을 가지는, 창조의 궁극목적인 인간 존재의 고귀함을 표현하기 위해서 존엄성(Würde)이란 용어를 사용했다.

도덕성만이 이성적 존재자의 목적 자체가 될 수 있는 조건이다. 이 도덕성에 의해서만, 목적의 왕국에서 입법하는 성원이 될 수 있기 때문이다. 그러므로 도덕성과 도덕적 능력이 있는 한의 인간성만이 존엄을

가진다.[70]

　이쯤에서 우리는 하나의 질문을 던져보고자 한다. 칸트는 존엄한 존재로서 인간은 무제약적이고 비교할 수 없는 가치를 지닌다고 말할 때, 그는 인간의 가치에 대한 하나의 문학적 수사법을 사용하고 있는 것은 아닌 것으로 보인다. 인간은 무한한 가치를 가진다는 것이 한갓 수사법이 아니라면, 우리는 '한 사람의 생명과 백 마리 침팬지의 생명 중에 하나를 택해야 한다면 어느 것을 택해야 할 것인가' 하는 물음을 진지하게 던져볼 수 있을 것이다. 물론 이는 어리석은 질문이다.[71] 칸트는 당연히 인간의 생명이 소중하다고 말할 것이다. 침팬지는 단지 가격을 가지지만 인간은 가격을 초월한 존엄성을 갖고 있기 때문이다.

　그러면 한 번 더 질문을 던져보고자 한다. 지구상에 있는 모든 동물들의 생명과 한 사람의 인간의 생명 중에 어느 것이 더 소중할까? 인간의 존엄성에 대한 칸트의 주장에 따르면, 인간은 무제약적 가치를 갖지만, 하나하나의 동물들이 단지 유한한 가치밖에 갖지 못하기에, 그 총합인 모든 동물들의 생명도 유한한 가치를 갖는 것이 될 것이다. 그러므로 모든 동물들의 생명보다 한 사람의 인간의 생명이 더 소중하다고 결론 내려야 한다. 그러나 우리는 이 결론에 선뜻 동의하기가 힘들다. 인간 역시 자연계의 일원으로서 자연계를 구성하는 다른 생명체들과의 유기적 연관성 속에서만 존재할 수 있다는 사실을 고려한다면, 이 경우는 당연히 모든 동물들의 생명이 한 인간의 생명보다 더 소중하다는 결론을 내려야 할 것 같다. 만약 칸트의 인간존엄성 명제가

---

70)　『도덕 형이상학 정초』, 228쪽.

71)　피터 싱어 같은 철학자에게 이런 질문은 어리석은 질문이 아니다. 그는 '이익평등 고려의 원칙'(the principle of equal consideration of interests)으로 계산해서 아마 한 사람의 인간보다 열 마리의 침팬지의 생명이 더 소중하다고 주장할 가능성이 크다. 싱어에 대한 자세한 논의는 나의 저서 『동물해방대 인간존중』(파주, 한국학술정보, 2019)의 제1장 「피터 싱어의 이익평등고려 원칙」을 보기 바란다.

이런 결론 즉 지구상의 모든 동물들보다 한 사람의 생명이 더 소중하다는 것을 지지하는 것이라면, 이는 명백히 '인간종족중심주의의 오류'를 범하는 것이 된다. 선험적 관념론을 고수하는 한, 이 오류를 피할 수가 없을 것으로 보인다.

이런 인간종족중심주의는 기실 인간을 위해서도 바람직하지 않다. 인간종족중심주의가 부메랑이 되어 인간에게 해를 끼치게 된다는 것이다. 자연계의 모든 생명체가 사라진 마당에 인간인들 어떻게 생존을 유지할 수 있겠는가? 인간종족중심주의의 해악이 환경파괴라는 부메랑이 되어 되돌아와 인간의 생존을 위협하고 있음을 우리는 직접 경험하고 있다. 사실 일부 환경주의자들은 칸트철학을 인간종족중심주의 철학으로 간주하여 격렬하게 비난하고 있다.[72] 물론 칸트는 자신의 인간 존엄성 명제가 이런 식의 인간종족중심주의로 읽힐 수 있음에 대비하여 면밀 주도하게도 다음과 같은 말을 하고 있다.

'자연의 체계 안에서 인간(현상으로서의 인간, 이성적 동물)'은 의미가 미미한 존재이며, 다른 동물들과 마찬가지로 대지의 산물로서 그저 보통의 가치를 가진다.[73]

인간은 자못 신성하지 않으나, 그의 인격 중에 있는 인간성은 인간에게 신성한 것이 아닐 수 없다. 모든 피조물에 있어서 사람이 의욕하고 또 사람이 지배하는 일체는, 단지 수단으로서 사용될 수 있다. 오직 인간과 그와 동시에 모든 이성적 피조물만이 목적 자체이다. 즉 인간은 도덕법의 주체요, 도덕법은 인간의 자유가 가지는 자율로 인해서 신성

---

72) 이에 대해서는 김양현의 논문 「칸트의 목적론적 자연관에 나타난 인간중심주의」(한국철학회 논문집 『철학』 제55집, 1998년 여름호), 113쪽 참조.

73) 『도덕 형이상학』, 324-325쪽.

한 것이다.[74]

사람들은 칸트의 이런 말들에 의지하여 칸트를 인간종족중심주의자로 해석하는 것이 잘못임을 주장할 수 있다. 필자도 다른 곳에서 다음과 같은 논지를 펴면서 칸트를 옹호했었다.

> 사람들은 흔히 칸트의 입장을 인간중심주의 혹은 인간종족중심주의로 오해하곤 한다. 즉 칸트는 인간을 위해서 인간 이외의 모든 것을 수단시하는 입장을 취했으며, 칸트의 이런 입장은 결국 환경파괴를 위한 이론적 근거가 되었다는 것이다. 그러나 이렇게 말하는 것은 칸트에 대한 잘못되고 부당한 평가라고 말하지 않으면 안 된다. (…) 칸트를 인간종족중심주의자로 보는 견해가 타당하려면 칸트는 현상적 자아로서의 인간중심주의를 주장했어야만 한다. 그러나 칸트가 인간을 목적 그 자체로 간주할 때의 인간은 결코 현상적 자아로서의 인간이 아니고 인격체로서의 인간이다. 칸트는 인격체로서의 인간중심주의를 주장하고 있는 것이다.[75]

칸트가 무한한 가치와 존엄성을 갖는 것으로 인정한 인간은 도덕적-예지적 인간이지 현상적-생물학적 인간은 아니라는 주장은 맞는 말이고, 그런 방식으로 칸트를 변호하는 것은 일견 그럴듯한 일이다. 그렇지만 칸트가 인간종족중심주의로부터 벗어나기를 원했다는 것은 분명한 사실이지만, 현상적 인간과 예지적 인간의 구분을 통해 인간종족중심주의로부터 벗어날 수 있는가 하는 것은 다른 문제이다. 나는 벗어날 수 없다고 생각한다. 그 이유는 현상적 자아와 예지적 자아는 개념적으로만 구분될 뿐이지 실제로 그 양자

---

74) 『실천이성비판』, 97쪽.

75) 문성학, 『칸트 윤리학과 형식주의』, 320쪽

는 분리될 수 없기 때문이다. 예컨대 여기에 도덕법칙에 대한 존경심에서 도덕적 행위를 하는 한 사람이 있다고 하자. 그 사람과 지구상에 존재하는 모든 동물들 중에 어느 것이 더 소중한가라는 질문을 던졌을 때, 칸트는 아마 이렇게 대답할 것이다.

> 그 사람의 예지적 자아는 지구상에 존재하는 다른 모든 생명체들의 가치를 능가한다. 왜냐하면 그것은 존엄성을 가진 것으로 무제약적 가치를 갖기 때문이다. 그러나 땅의 자손으로서 그의 현상적 자아는 아주 하찮은 것으로서 당연히 다른 모든 생명체의 가치에 비할 바가 못 된다.

칸트는 선험적 관념론의 이분법으로 자연종속적인 현상적 자아로서의 인간과 자연초월적인 예지적 자아로서의 인간을 구분한 뒤, 전자는 존엄하지 않고 후자만 존엄하다는 방식으로 인간의 존엄성을 증명하고 있다. 그러나 이런 식의 대답은 우리가 지구상의 모든 생명체과 인간의 예지적 자아 중에서 덜 가치로운 것을 택하기를 강요받을 때는 아무런 도움이 되지 않는다. 왜냐하면 이 경우 칸트의 해법대로라면 어떤 개개 인간들의 현상적 자아는 지구상의 전 동물보다 가치 있지 못하기에 포기해야 하고, 그의 예지적 자아는 지구상의 모든 동물보다 더 가치 있기에 택해야 할 것이다. 그러나 이런 해법은 실제로는 아무런 쓸모가 없는 해법이다. 왜냐하면 앞서 말했듯이 현상적 자아와 예지적 자아는 개념상으로는 구분이 되지만 실제로는 분리가 안 되기 때문이다. 예컨대 도덕적으로 완벽에 가까운 삶을 살아온 어떤 사람이 있다고 하자. 우리가 그의 생명과 지구상의 모든 동물들의 생명 중에 하나를 택해야 하는 처지에 놓였다고 하자. 이 경우 예지적 자아와 현상적 자아의 구분이 우리들을 곤경으로부터 구출해주는가? 그의 현상적 자아를 포기하고 그의 예지적 자아만 살리는 것은 불가능하다. 칸트는 결과적으로 인간종족 중심주의로 빠져들지 않을 수 없다는 것이 필자의 생각이다. 혹자는 이렇게 말한다.

> 칸트가 인간을 목적 자체로 대우하라고 말할 때, 이는 "살과 뼈를 가진" 인간의 경험적 측면을 간과하는 것이 아니다. 이는 인간이 감성적 · 경험적 존재이지만 그럼에도 불구하고 목적 그 자체인 것처럼(als ob) 대해야 한다는 것, 즉 도덕법칙에 따라 결정을 내릴 수 있는 존재로 대우해야 한다는 것을 주장하는 것이다.[76]

물론 현상적 인간은 '도덕법칙에 따라 결정을 내릴 수 있는 존재'이다. 그러나 그는 또한 도덕법칙에 거스르는 결정을 내릴 수 있는 존재이기도 하다. 그는 이 두 가지 가능성을 다 가진 존재이다. 그런 존재는 '현실적으로 목적 자체인 존재'가 아니라, '목적 자체가 될 수 있는 가능성'을 가진 존재일 뿐이다. 도덕에 어긋나는 행동을 연속적으로 행하는 어떤 인간은 '목적 자체'가 아니다. 물론 그도 개과천선해서 도덕적인 인간이 될 수도 있다. 인간이 자신의 도덕성을 완성시키려고 애쓰는 이유는 자신을 '목적 자체'로 높이려 하기 때문이다. 비도덕적 행위를 일삼는 인간도 개과천선할 수 있기에 존중받아야 하고, 또 도덕적 완성을 향해 부단히 애쓰는 사람들의 노력도 존중받아야 한다는 것과, 그런 인간들이 목적 자체로 대접받아야 한다는 것은 다른 문제이다. 칸트는 이 세상의 모든 사람은 '도덕법칙 아래에 있는 존재'로 규정하기에, 다시 말해서 도덕의 명령에 따라야 한다는 당위감과 그 당위감을 무시하고 기분 내키는 대로 행동하고 싶어 하는 마음 사이에서 갈등을 느끼며 살아가는 존재이기에, 완벽한 의미에서 '목적 그 자체'가 되는 경지에 도달한 사람은 없다고 생각했다. 칸트는 심지어 인간은 죽은 뒤에도 도덕적 완

---

76) 강지영, 「칸트 윤리학의 맥락에서 본 최고선에 대한 논의들」(서울대학교, 철학사상연구소, 『철학사상』 제27권, 2008), 210쪽.

성을 향한 노력을 이어가야 한다고 생각했으니, 인간은 영혼 상태에서도 목적 그 자체가 아니다. 만약 '인간이 감성적·경험적 존재이지만 그럼에도 불구하고 목적 그 자체인 것처럼(als ob) 대해야 한다'면, 이 말은 다시금 문제를 원점으로 되돌려 놓고 있다. 필자는 다시금 반론자에게 되묻는다.

> 그렇다면, 지구상에 있는 모든 동물들의 생명과 한 사람의 생명 중에 하나를 택해야 한다면, 우리는 어느 것을 택해야 하는가?

나는 칸트가 인간을 목적으로 대하라고 혹은 존엄한 존재로 대우하라고 한 것에 내포된 문제점을 지적하면서, 피와 살을 가진 인간을 현상계 전체의 가격을 초월하는 것으로 보는 것은 비상식적이기에, 인간존엄사상이 문제가 있다고 말했다. 그래서 칸트의 인간존엄사상이 이렇게 비상식적인 것으로 이해되지 않는 유일한 길은 목적으로 대접받아야 할 인간을 현상적 인간과 분리된 예지적 인간으로 보는 수밖에 없다는 것이었으며, 그렇지만 그렇게 하더라도 현상적 인간과 예지적 인간은 개념상으로만 구분되고 실제로는 분리되지 않기에 문제가 온전히 해결되지 않는다는 것이 나의 주장이었다. 나의 이러한 문제 제기에 대해 위 인용문은, 칸트는 "인간이 감성적·경험적 존재이지만 그럼에도 불구하고 목적 그 자체인 것처럼(als ob) 대해야 한다는 것"을 말하고 있다. 그러면 나는 또다시 '인간을 목적 그 자체인 것처럼 대하라'는 것이 인간을 어떻게 대하라는 것인지 물으면서, 내가 제시했던 문제를 다시 던지게 될 것이다.

> 인간을 마치 목적 자체인 듯이 대하라는 것은, 지구상에 있는 모든 침팬지를 멸종시키는 것과 한 인간의 생명 중에 하나를 택해야 하는 상황에서 어느 것을 택하라는 말인가?

왜 이런 도돌이 작업을 계속하게 되는가? 이는 인간은 의지가 자유로운 존재이고 도덕의 입법자이며 따라서 목적으로 대접받아야 한다고 하는 칸트의 말을 지금 필자와 논쟁 중인 그 '혹자'는 제대로 이해하지 못하고 있기 때문이다. 현실의 인간은 도덕법칙에 따라 행위할 수 있는 가능성을 가진 존재이다. 그런 한에서 그는 자유의 가능성을 가지고 있다. 그러나 그가 자신이 가진 자유의 가능성을 번번히 실현시키지 못하고 항상 경향성의 유혹에 넘어가는 삶, 다시 말해서 자신을 필연의 인과법칙의 흐름에 맡겨버리면서 사물화시키는 삶을 살았다고 하자. 그가 극단적으로 연쇄살인범이 되었다고 하자. 과연 그런 인간도 가격을 넘어선 존엄한 존재이며, 목적으로 대접받아야 하는 존재인가? 그 연쇄살인범도 개과천선의 가능성을 가지고 있는 한, 우리가 그를 사물처럼 대해서는 안 될 것이다. 그럼에도 불구하고 우리는 그를 목적 자체인 **것처럼** 대할 수는 없다. 왜냐하면 그는 단지 목적 자체일 수 있는 '**가능성**', 그것도 아주 미약한 가능성만 갖고 있기 때문이다.

핵심적 문제는 칸트가 인간의 존엄성을 증명할 때의 '인간'이 '자기 내부에 자유의 **가능성**을 가진 인간'인가 아니면 '자유를 **실현한** 인간'인가 하는 것이다. 전자의 인간을 존엄하다고 말해서는 안 된다. 그 인간은 '존엄할 수 있는' 인간이다. 앞서 언급된 연쇄살인범은 그의 반복된 비도덕적 행위로 말미암아 존엄한 인간이 될 가능성이 거의 없어 보이는 인간이다. 칸트에게 있어서는 오로지 자신의 내부에 있는 자유의 가능성을 현실화시킨 인간 즉 도덕법칙에 대한 존경심으로 도덕법칙에 따라 행동한 인간만이 존엄한 존재이다. 인간은 도덕적 행동을 할 때에만 '목적 자체'로 대접받을 수 있는 자격을 갖추게 된다. 지금까지의 논의 결과를 고려해서 칸트의 본의를 말한다면, 칸트의 본의는 인간은 "감성적 · 경험적 존재이지만 그럼에도 불구하고 **목적 그 자체인 것처럼**(als ob) 대해야 한다는 것"이 아니라, 피와 살을 가진 존재로서의 인간은 그가 자연법칙과 도덕법칙의 대립에서 도덕법칙을 따를 수 있다는 가능성이 있으며, 그런 근거에서 **목적 자체일 수 있는** 가능성을 가진 존재로 대접받아야 한다는 것이다.

칸트의 인간존엄사상의 설득력을 시험하기 위해서 우리는 침팬지 백 마리의 생명과 한 사람의 인간의 생명 중에 하나만 살려야 한다면 어느 것을 살려야 하는가 하는 문제를 제기했다. 이 물음 앞에서 칸트의 인간존엄사상 은 적절한 대답을 내놓지 못하고 있다는 것이 나의 생각이다. 피와 살을 가 진 인간이 모든 가격을 초월해 있는 존재라면, 한 사람의 인간이 전 현상적 자연보다도 더 소중하다는 말이 되는데, 이는 상식적이지 않다. 인간이 무한 한 가격을 가졌다는 칸트의 말이 문학적인 표현이 아니라고 한다면, 인간은 가능한 한 인간을 많이 출산해야 할 것이다. 인생을 근본적으로 고통으로 보 는 불교의 입장에서는 아이를 낳지 않는 것이 현명한 일이 되겠지만, 인간 은 무한한 가격을 가진다고 생각하는 칸트의 입장에서는 아이를 가급적 많 이 낳아야 한다는 결론이 생겨난다. 그러나 지구가 감당할 수 있는 인간의 숫 자에는 한계가 있다. 인간이 아무리 식량 생산량을 획기적으로 증가시키더 라도, 지구가 1조 명의 인간을 부양하는 것은 불가능하다. 이것은 무엇을 말 해주는가? 피와 살을 가진 인간은 무한한 가격을 가진 존재가 아니며, 따라 서 인간 존엄성의 근거를 인간이 가격을 초월한 존재라는 것에서 찾을 수는 없다는 것이다. 그렇다면 인간의 존엄성은 부정되어야 하는가? 필자는 칸트 적인 예지적 인간(도덕적 인간)의 존엄 사상은 환경친화적 인간존엄성으로 바 꾸어야 한다고 생각한다. 환경친화적 인간존엄성은 이 지구상에서 인간만이 지구 전체를 환경적 차원에서 걱정하는 유일한 생명종이라는 사실에 근거해 있다. 인간은 환경의 무자비한 파괴자일 수도 있지만, 환경의 목자일 수 있는 유일한 존재이다. 인간은 의식적으로 인간 종의 개체수를 조절할 수 있는 유 일한 생명종이기도 하다. 환경친화적 인간존엄성에 근거할 경우에만 인구제 한 정책이 정당화된다.

우리는 칸트의 인간존엄사상은 환경친화적 인간존엄사상으로 바꾸어 야 한다고 말했다. 필자는 환경친화적 인간존엄성을 모색함에 있어서 반드시 명심되어야 할 사항은 인간과 자연의 연계성이라고 생각한다. 인간은 모든 면에서 자연과 밀접하게 연계되어 있다. 인간이 인과법칙의 지배를 받는 현상적 존재로서의 인간과 도덕법칙에 따라 살 수 있는 능력을 가진 예지적 존재로서의 인간으로 나누어지기 이전의 현실적 인간은 비록 다른 동물들과는 비교할 수 없을 정도로 자연초월적인 모습을 보여주었다 하더라도, 땅의 속박으로부터 온전히 자유롭게 될 수는 없을 것이다. 인간은 자신을 둘러싸고 있는 수많은 자연적 제약을 극복하는 데 성공해왔으나, 인간이 아무리 계속해서 자연을 초월한다 하더라도, 인간의 한계는 끝내 자연을 절대적으로 초월할 수는 없다는 것이다. 그러면 인간은 무엇 때문에 존엄한가? 나는 인간존엄성의 근거를 두 가지 측면에서 찾을 수 있다고 생각한다.

첫째는 과학기술 문명을 통한, 인간의 부단한 **자연초월능력**이다. 인간의 이 능력은 환경파괴를 유발하기도 했지만, 그럼에도 불구하고 인간은 이 지구상에서 인간만이 자신의 자연종속성을 인식하며, 또한 자연의 유기적 연관성을 파악하여 지구 친화적 방식으로 지구 생명계에 개입할 수 있는 유일한 존재인 것도 부정할 수 없는 사실이다. 바로 이런 점에서 인간은 지구상에서 고귀한 존재이고 존엄한 존재일 것이다. 물론 지구 유기체의 암적 존재로 전락할 수도 있다. 어느 길을 갈 것인가 하는 것은 인간의 자유로운 선택에 달려 있다. 이 경우 인간의 존엄성은 인간이 전 자연의 궁극목적 혹은 최종목적이 되는 방식으로 확보되는 그런 칸트적 존엄성은 아니고, 오히려 전 자연 시스템의 자연스러운 흐름이 자연스럽게 흘러갈 수 있도록 도울 수 있는 능력을 가진 유일한 생명체라는 의미에서 존엄하게 된다. 이 존엄성은 자연을 자기 아래에 수단으로 두는 인간 중심적 존엄성이 아니라, 오히려 자연의 자연스러운 시스템이 보여주는 자연스러운 흐름 그 자체를 위해 인간이 기여할 수 있다는 사실에서 얻게 되는 자연 친화적 존엄성이 될 것이다. 이런 자연 친화적 존엄성은 필자가 다른 곳에서 언급한 개방적 인간중심주의에 입각해 삶을 영위하는 인간이 가질 수 있는 존엄성이라고 생각한다.[77] 이런 사고방식에서는 인간이 존엄한 이유는 인간만이 자연을 정복하여 지배하고 활용할 수 있는 존재이기 때문이 아니라, 인간만이 전 자연 시스템의 자연스러운 흐름이 자연스럽게 흘러갈 수 있도록 — 물론 그렇게 흘러가도록 해야 하는 이유는 그렇게 하는 것이 인간을 위한 것이 되기 때문이다 — 도울 수 있으며, 그것을 위해 심지어 자기 자신을 희생할 수도 있는 유일한 존재이기 때문이다. 나는 인간이 가진 이런 존엄성을 '자연친화적 인간존엄성'이라 부르고, 칸트의 '자연초월적 인간존엄성'과 구분하고자 한다.

　누군가는 내가 앞에서는 '인간의 자연초월능력'을 말했다가 뒤에서는 '자연친화적 인간존엄성'을 말하는 것이 모순적으로 보인다고 생각할지 모르겠다. 그러나 인간의 자연초월성의 기초는 인간의 자연종속성임을 알아둘 필요가 있다. 인간이 자연에 지배로부터 벗어나서 자신의 자유의 영역을 확장해가는 것이 가능한 이유는 역설적으로 인간이 자연 종속적이기 때문이다. 이 말의 의미는 인간은 전적으로 자연 종속적이지도 않고 전적으로 자연초월적이지도 않은 존재라는 말이다.[78] 동물들은 철저하게 자연법칙에 따라야 하는 자연종속적이기만 한 존재이다. 만약 영혼이나 천사 같은 존재가 있다면, 그런 존재들은 자연법칙으로부터 자유로운 전적으로 자연초월적 존재일 것이다. 그러나 인간은 그 양자의 사이에서 자연을 보존하면서 자신의 자유의 영역을 확장해가야 하는 존재일 뿐이다. 그런 존재는 자신의 존엄성을 도덕을 통해 현상적 자연으로부터 온전히 벗어나서 예지적 자연으로 진입해 들어갈 수 있다는 데서 찾을 수가 없다. 필자는 환경친화적 인간존엄성의 개념을 받아들일 때에만 동물에 대한 칸트의 모순적 입장으로부터 벗어날 수 있다고 생각한다.

---

77)　인간중심주의를 개방적인 것과 폐쇄적인 것으로 구분하는 것에 대해서는 나의 책, 『현대사회와 윤리』, 329-331쪽을 보기 바란다.

78)　문성학, 『현대사회와 윤리』, 328쪽 참조.

칸트는 무한한 가격을 가진 도덕적 행위 주체만을 인격으로 간주하고, 동물들을 사물로 본다. 그러니 동물들은 가격 매겨질 수 있고 시장 가격을 가지게 된다. 동물들이 사물이라면 우리는 얼마든지 동물들을 함부로 다루어도 될 것이다. 사물들은 도덕적 배려의 대상이 될 수 없을 것이기 때문이다. 그러나 요즈음은 동물을 이유 없이 학대하는 것은 동물학대죄가 된다. 그러나 동물을 본질상 사물로 보는 칸트의 입장에서는 동물학대죄라는 것은 사물학대죄가 될 것이다. 그리고 칸트는 뒤집어보면 사물학대죄인 동물학대죄를 성립 불가능한 것으로 간주하여 반대해야 할 것이다. 사물은 학대의 대상이 될 수 있는 것이 아니다. 학대는 쾌고 감수능력이 있는 생명체에 대해서만 사용될 수 있는 말이다. 사물들은 학대의 대상이 아니라 파괴의 대상일 것이다.

칸트 윤리학의 중대한 맹점은 도덕적 차원에서 볼 때 존재하는 모든 것은 인격과 사물로만 나누어지며, 인격체가 아니라도 사물이라고 말하기도 곤란한 어떤 존재, 즉 '동물'이라는 것이 있다는 것을 인정할 수 있는 근거를 가질 수가 없다는 점이다. 칸트는 동물들이 의지자유의 주체가 아니고 또 자율적 도적 행위자가 아니기에 권리와 의무의 주체가 될 수 없다고 생각했다. 인간이 직접적인 도덕적 의무를 갖는 유일한 대상은 다른 동료 인간뿐이다. 이성적인 외계인이 있다면, 그런 외계인에 대해서도 직접적인 도덕적 의무를 가진다. 그러나 인간은 동물에 대해 직접적인 도덕적 의무를 갖고 있는 것은 아니라고 말한다. 그럼에도 불구하고 칸트는 인간이 동물들을 함부로 다루어서는 안 된다고 말한다. 동물을 잔인하게 학대하는 인간은 그런 잔혹행위에 무뎌지고 심성이 강퍅해져서 그 결과 동료 인간도 그렇게 대할 가능성이 크다. 동물을 잔인하게 대하는 것은 결국 인간에 대한 비도덕적 행위로 연결될 가능성이 크다는 것이다. 그래서 칸트는 인간은 동물을 잔인하게 다루지 말아야 할 간접적 의무를 가진다고 주장한다.

비록 이성을 지니지는 못했다 하더라도 생명이 있는 피조물인 동물들을 폭력적으로 그리고 잔인한 방식으로 다루는 것은 자기 자신에 대한 인간의 의무와 더더욱 진정으로 대립한다. 그렇게 함으로써 동물들의 고통에 대한 인간의 공감이 무뎌지게 되고 결과적으로 타인과의 관계에서 도덕성에 대단히 유익한 천성적 소질이 약화되고 점점 더 고갈되기 때문이다. 물론 동물들을 신속하게 (고통을 주지 않고) 도살할지, 또는 오직 그들이 감당할 수 있는 만큼 일을 시킬지(인간 역시 그 정도 노동은 감수하지 않을 수 없다)는 인간의 권한에 속하는 일이기는 하다. 이에 비해 한갓 사변을 위해서 고통스러운 생체 실험을 감행하는 것은, 만일 그러한 실험이 없이도 목적을 달성할 수 있다면 혐오해야 마땅하다. 나이 든 말이나 개가 오랫동안 수행해준 봉사에 대해서 (마치 그 가축들이 집안사람인 것처럼) 감사할 줄 아는 것도 **간접적으로는** 이러한 동물들과 관련하여 인간에게 주어진 의무이다. 하지만 그것은 **직접적으로는** 항상 인간이 자기 자신에 대해 **지니는** 의무에 불과하다.[79]

칸트는 집에서 관리하는 말이나 개를 '마치 집안사람인 듯이' 대하는 것을 옹호하면서, 개를 가족처럼 간주하는 현대인처럼 말한다. 그러나 칸트의 윤리학 체계 내에서 인간이 동물에 대해 의무를 ― 그것이 직접적인 것이 아니라 간접적인 것이라 하더라도 ― 갖는다는 것을 정당화하기는 어려울 것 같다. 첫째로, 동물을 이유 없이 학대하기 때문에 심성이 비뚤어지는 것이 아니라, 심성이 비뚤어졌기 때문에 그런 행동을 하는 경우가 많을 것이다. 칸트는 인과관계를 정반대로 보는 듯하다. 둘째로, 동물학대가 심성의 타락으로 이어진다 하더라도, 그 양자의 인과관계가 필연적임을 증명하기도 어렵다. 인류는 사냥꾼으로서 성공을 거두었기에 지금까지 종을 유지해 올 수 있었는데, 동물들을 창이나 활로 사냥하는 것은 동물들에게는 고통을 주는 일

---

79) 『도덕 형이상학』, 336쪽. 강조는 칸트.

이다. 그럼에도 불구하고 모든 사냥꾼들이 인간에 대해서도 잔인했다는 것을 입증할 수는 없을 것이다. 동물에게 자애로운 사람이 인간에게는 잔인할 수 있고, 동물에게 혹독한 사람이 인간에게 자애로울 수 있다. 그러나 인간의 존엄성이 환경친화적 존엄성이라고 한다면, 환경 자체가 존엄한 가치를 가지는 것이 되며, 그 환경을 구성하는 모든 동식물들을 포함하여 흙과 강과 바다와 산 역시 존엄하게 된다. 물론 이 존엄성은 인간과의 관계에서 이해되어야 한다. 즉 인간은 환경을 걱정할 수 있는 유일한 존재로서 존엄하고, 환경은 그런 인간을 품고 있는 존재로서 존엄하다. 그러므로 인간은 자신과 자신을 품고 있는 환경의 존엄성을 유지하기 위해 환경을 관리해야 하며, 그러한 관리를 위해 동식물을 적절하게 활용할 수 있다.

특히 동물을 관리할 때 중요한 것은, 그들을 잔인하게 다루지 말아야 한다는 칸트적인 간접적 의무가 아니라, 환경의 조화성과 생태적 안정성이다. '인간은 동물을 이유 없이 잔인하게 다루지 말아야 한다'는 의무는 인간도 동물성을 갖고 있다는 생물학적 사실에서 직접적으로 도출되는 것이라고 생각한다. 인간만이 도덕적 행위주체로서 목적 그 자체이고, 다른 모든 자연물은 도덕적 행위주체인 인간이라는 목적을 위한 수단적 가치만 가진다는 칸트적인 생각에서는, 동물들을 잔인하게 다루지 말아야 한다는 주장을 끄집어내기는 어려울 것이다. 동물에 대한 잔인함이 인간에 대한 잔인함으로 이어진다는 주장이 성립하려면, 인간과 동물 간에 모종의 존재론적 연속성, 즉 인간이나 동물이나 마찬가지로 생명체라는 사실이 인정되어야 할 것이다. 그러나 칸트의 도덕이론에서는 도덕적 행위 주체로서의 인간은 무한한 가격을 가지고 동물은 유한한 가격을 가질 뿐이라고 하면서, 동물과 인간 사이에 단절이 있다고 말한다. 인간과 동물이 질적으로 차원을 달리하는 존재라면, 동물에 대한 잔인함이 인간에 대한 잔인함으로 연결된다는 주장을 하기 힘들

것이다.[80]

둘째로 인간은 자신 속에 내장된 선험적 자유를 점진적으로 실현해가는 능력으로 인해 존엄한 존재가 될 수 있다고 생각한다. 칸트가 말하는 자유는 시대적, 문화적, 역사적, 정치적 맥락을 벗어나 동서고금의 모든 인간들이 받아들일 수 있는 도덕법칙의 존재근거이며 또 그 법칙에 따라 행위하는 것을 가능하게 하는 의지의 능력이었다. 칸트는 인간이 가진 자유의 능력은 도덕적 행위를 통해 단번에 현실화 될 수 있다고 생각했다. 그러나 나는 인간의

---

80) 필자는 인간이 자신의 삶을 규제할 도덕법칙을 스스로 입법할 수 있으며, 바로 그 때문에 인간은 타인을 위한 수단으로만 취급되어서는 안 되고 동시에 목적으로 대접받아야 하는 존재이며, 동물과는 차원을 달리하는 존재라는 칸트의 입장을 받아들인다. 동물권리론을 주장하는 다수의 사람들은 이런 보수적 입장을 버리고, 동물에 대한 인간의 우월성도 거부한다. 너스바움은 이렇게 말한다.

칸트의 사상은 그 전체가 인류를 동물계보다 우위로 올리려는 시도를 포함하고 있다. (…) 그런 칸트가 우리의 도덕적 능력이 동물적 본성의 일부이며 우리가 때로 선하고 깊이가 있지만 다른 동물보다 더 영예로울 것도 덜 영예로울 것도 없는 존재임을 받아들일 리는 없다.(마사 너스바움,『동물을 위한 정의』, 이영래 옮김, 서울, 알레, 2023, 137쪽)

필자는 칸트의 선험철학적 인간 존엄성은 환경친화적 인간 존엄성으로 바뀌어야 한다고 생각하는데, 이 입장은 철저하게 자연의 관리자로서의 인간의 고유한 역할과 의무를 인정하는 입장이다. 이 입장에 설 때에만, 환경도 지키면서 인간의 관행적인 육식도 정당화할 수 있다고 생각한다. 물론 고기 생산방식은 동물들의 고통을 최소화하는 방향으로 개선될 필요가 있다고 생각한다.『동물해방』으로 유명한 피터 싱어는 윤리적 채식주의를 강력하게 주장한다. 나는 그의 윤리적 채식주의가 갖는 문제점을 다른 곳에서 밝혔다. (졸저,『동물해방 대 인간존중』, 제3장 '피터 싱어의 윤리적 채식주의 비판'을 보라) 너스바움은 동물, 특히 반려동물들은 인간과 동등한 시민으로 간주되어야 하며, 공적인 결정을 내릴 때 그들의 이익도 고려되어야 한다고 말한다.(『동물을 위한 정의』, 305쪽 참조) 그러나 너스바움은 인류의 육식 관행에 대해 어떤 해답을 내놓고 있는지는 알 수 없다. 그리고 반려동물이 법적인 지위를 부여받게 된다면, 다른 동물들은 왜 반려동물과 동일한 법적 지위를 부여받을 수 없는지에 대해서는 대답이 보이지 않는다. 더욱이 요즘은 개나 고양이가 아닌 뱀이나 돼지나 닭도 심지어는 햄스터나 소형 악어도 반려동물로 키우는 경우가 있다. 같은 닭인데, 반려 닭은 동물권을 갖고 축산 농가에서 키워지는 닭은 동물권이 없다면, 그것은 합리적인가? 본질이 동일한 돼지로 태어나서, 어떤 개체는 반려 돼지로 키워진다는 이유에서 동물권을 인정받고, 어떤 개체는 축사에서 키워진다는 이유로 그 권리를 인정받지 못한다면, 이는 같은 인간임에도 피부색이 다르다는 이유로 흑인은 거래의 대상이 되어 인권을 인정받지 못하고 백인은 인권의 소유자가 되는 것이 불합리하듯이 잘못된 것이 아닌가?

선험적 자유라는 것도 인간의 사회-문화적 여건이나 맥락에 놓여 있는 것이라고 생각한다. 즉 맥락에 처해서 행동하는 자유가 있음을 인정하지만, 그 자유가 칸트처럼 맥락 초월적인 것이라고 생각하지는 않는다. 그럼에도 불구하고 인간이 가진 그런 자유의 능력은 역사의 흐름과 더불어 점진적으로 개화해가는 과정에 있다.

인간은 진공 속에서 자신의 정체성을 형성하는 존재가 아니라 특수한 지리적, 문화적, 역사적, 정치-사회적 맥락 속에서 태어나 한편으로는 그것으로부터 자신의 정체성을 부여받으며 또 다른 한편으로는 그것으로부터 벗어나 자신의 정체성을 만들어가기도 하는 존재이다. 그리고 인간은 마찬가지 방식으로 자신의 정체성을 부여받으면서 만들어가는 타인과 갈등하거나 협력하거나 교류하면서 자신의 삶을 개척하며 살아간다. 이는 국가 간, 민족 간, 공동체 간에도 벌어지는 일이다. 하나의 국가나 민족이나 공동체도 자기 나름의 지리적, 문화적, 역사적 맥락과 처지에서 다른 국가나 민족이나 공동체들과 갈등하기도 하고 협력하기도 하면서 그 집단의 존속을 위한 노력을 경주한다. 칸트가 말하는 인간의 선험적 자유도 이 처지와 맥락 위에 놓여 있다. 그리고 이 위에서 개인이나 국가나 민족은 그들의 자유를 실현하려고 노력한다. 따라서 그들이 자신들의 자유를 갖고 입법하는 도덕규범은 칸트가 말하는 정언명법과 같은 것이 될 수가 없을 것이다. 칸트의 정언명법은 피와 살을 가진 인간들이 처해 있는 다양한 지리적, 역사적, 문화적 처지 — 우리는 이 모든 것을 '특수성 맥락'이라고 부르자 — 를 고려해주지 않기 때문이다. 그런 정언명법은 특수성 맥락을 무시하기 때문에 도덕을 달리하는 두 공동체(혹은 두 사람)가 만나면서 일으키는 갈등에 적절한 답을 줄 수가 없다. 그렇다고 특수성 맥락만 중시되면 결국 도덕적 상대주의가 될 것이고, 그렇게 되면, 두 공동체가 마주하게 될 갈등을 해결하는 두 가지 방식이 있다.

첫째 방식은, 두 공동체가 도덕성의 차이를 인정하고 서로가 서로에 대해 무간섭하고 무관심하게 되는 방식으로 갈등을 피하는 것이 가능할 것이다. 둘째 방식은, 결국 서로가 무관심할 수 없는 상황, 즉 차이를 인정할 수 없는 상황에 돌입하게 되면, 서로를 이성적으로 설득할 수 없다는 것을 인정하고 힘으로 한쪽이 다른 쪽을 강압적으로 찍어 누르고 자신의 도덕성을 강요하는 방식으로 해결하는 것이다. 그러므로 도덕적 상대주의는 폭력으로 가는 길이 된다. 이것을 피하려면 우리는 결국 모든 인간이 자신이 놓여 있는 '특수성 맥락'을 벗어나서 사유하고 행동할 수 있는 선험적 자유의 능력을 발휘해야 할 것이다. 나는 이 자유를 칸트의 '자연법칙으로부터의 자유'와 구분하여 '특수성 맥락으로부터의 자유'로 부르고자 한다. 인간이 이 자유를 얼마나 잘 행사하고 활용하느냐에 따라 인간이 폭력으로부터 해방될 수 있느냐 없느냐 하는 문제가 달려 있을 것이다. 그리고 이 자유의 가능성을 실현하는 데에서 인간의 존엄성이 증명된다고 생각한다.

나는 앞에서 인간의 자연친화적 존엄성에 대해 언급했는데, 인간의 특수성 맥락은 인간이 자신의 자유를 실현하는 도약대 역할을 한다. 인간은 자신이 태어나면서 놓이게 되는 특수성 맥락에 의해서 자신의 정체성이 일정 부분 만들어지지만, 그 특수성 맥락이 그의 자아 정체성의 모든 것을 결정하는 것은 아니다. 그렇다고 그 특수성 맥락에 놓이지 않는 무연고적 자아는 자신의 자아 정체성을 실현해갈 수 있는 터전을 갖지 못하게 된다. 인간이 자연으로부터 온전히 속박된 것도 아니고 온전히 해방될 수 있는 것도 아니듯이, 인간은 자신이 놓이게 되는 특수성 맥락에 온전히 속박되는 것도 아니고 온전히 해방될 수 있는 것도 아닐 것이다.[81] 인간의 도덕성을 이런 바탕에서 이해할 경우에만 우리는 윤리학에서 문제시되는 윤리적 절대주의와 상대주의 간의 나쁜 논쟁으로부터 해방될 수 있다.

그러나 칸트는 이 논쟁에서 절대주의가 옳음을 입증하기 위해 물자체의 세계는 도덕의 세계요, 절대적 자유의 세계요, 영혼의 세계라는 주장의 근

---

81) 이에 대한 자세한 논의는 나의 책, 『도덕윤리교육의 철학적 기초』, 125쪽 이하를 보기 바란다.

거로 선험적 관념론을 사용했지만, 내가 보기에 그것은 올바른 방법은 아니다. 그러면 혹자는 '그러면 삶의 의미는 어디에서 찾을 수 있는가?' 하고 물을지도 모르겠다. 나는 여러분에게 전통적인 내세와는 다른 내세 개념을 소개하는 방식으로 여러분의 물음에 답하고자 한다. 마틴 루서 킹 목사는 인종주의가 사라진 미국사회를 꿈꾸며 흑인해방운동을 하다가 괴한에 의해 암살당했다. 그리고 그의 헌신적 운동 덕에 미국사회에서는 그가 그런 흑인인권운동을 펼치기 전에는 도저히 상상할 수 없던 일이 가능해졌다. 흑인 대통령이 탄생한 것이다. 물론 아직도 미국사회에서 인종주의가 온전히 사라진 것은 아니지만, 루서 킹 목사 이전과 이후에 흑인을 대하는 태도는 미국뿐만 아니라 전 세계적으로 달라졌다. 그런 점에서 우리가 살고 있는 이 세계는 킹 목사가 그리던 내생이라고 생각된다. 킹 목사는 우리들의 삶의 전생을 살았다면, 우리는 킹 목사의 내세를 살고 있다는 것이다. 이것은 킹 목사는 자신이 추구한 이념을 통해 사회적으로 영생한다는 말이다. 인간은 이런 식으로 삶의 의미를 추구할 수 있을 것이다. 그리고 역사라는 것은 이런 식으로 삶의 의미를 추구하면서 열정을 불태운 사람들이 만들어가는, 전생과 현생과 내생의 이야기가 아니겠는가?

인간이 사회-문화적 영생을 추구하는 데서 성립하는 이런 의미의 '삶의 의미'를 필자는 '삶의 의미에 대한 최소한의 개념' 즉 '최소한의 삶의 의미'로 부르고 싶다. '최소한의 삶의 의미'는 누군가가 삶의 의미를 묻는다면, 그가 기독교인이건 불교도이건 반출생주의자이건 유물론자이건 허무주의자이건 받아들일 수밖에 없는 의미라는 뜻이다. 출생은 악이기에 아이를 낳는 것은 윤리적으로 잘못이라고 주장하는 반출생주의자인 베너타(D. Brnatar) 같은 인물도, 자신의 주장을 다음 세대에 전달하는 것을 의미 있는 일로 받아들인다.[82] 허무주의자들도 삶은 허무한 것이라는 자신의 신념을 후대에 전달하는

---

82) 데이비드 베너타, 『태어나지 않는 것이 낫다』, 이한 옮김, 파주, 서광사, 2019.

일은 의미 있는 일이라고 생각하여 많은 책을 쓴다. 니체, 사르트르, 까뮈가 그랬다. 니체는 허무한 삶이 천 번이건 만 번이건 반복되더라도 우리는 그런 삶을 견뎌내어야 한다고 말했다. 통상 삶이 극단적으로 무의미하다는 판단을 하게 되면, 사람들은 자살 혹은 자유죽음을 택한다. 그럼에도 불구하고 니체는 '삶은 허무하니 자살하라'고 말하지 않는다. 오기를 부리는 것이다. 이런 니체의 오기는 까뮈에게 그대로 전달된다. 까뮈는 『시지프스의 신화』 첫머리에서 의미 있는 유일한 철학적 질문은 자살할 것인가 말 것인가 하는 문제라고 말한다. 그 역시 니체처럼, 삶이 무의미하다 하더라도 자살해서는 안 된다고 말한다. 자살하는 것은 삶의 무의미에 항복하는 것이 된다. 항복하는 것은 바람직하지 않다. 그래서 그는 "나는 반항한다. 그러므로 나는 존재한다"는 말을 남긴다. 그는 '삶의 무의미에 항복하는 것은 바람직하지 않고, 그것에 반항하는 것은 의미 있는 일이다'라고 생각한다. 그는 이렇게 의미의 새로운 기준을 만드는 방식으로 삶을 이어간다. 까뮈가 설정한 의미의 새로운 기준은 니체가 허무한 삶을 살아가기 위해 만든 의미의 새로운 기준을 차용한 것으로 보인다.

　　니체에 의하면 삶은 어차피 허무한 것이다. 우리가 최초로 직면하는 선택지는 자살하느냐 자살하지 않느냐 하는 것이다. 니체는 자살을 권하지 않는다. 그렇다면 그다음에 우리가 직면하게 되는 두 번째 선택지는 허무를 허무한 대로 받아들일 것인가 즉 허무와 정면승부를 할 것인가 아니면 허무를 분식(扮飾)할 것인가 하는 것이다. 허무를 대하는 첫 번째 태도는 '능동적 허무주의자'가 되는 길이며, 두 번째 태도는 '수동적 허무주의자'가 되는 길이다. 니체가 보기에 기독교와 불교는 이 두 번째 길을 걸었다. 까뮈의 시지프스는 니체가 말하는 능동적 허무주의자이다. 니체와 까뮈는 그들의 이런 사상을 후세에 전달하기 위해 엄청난 지적 노력을 했다. 그들을 열심히 노력하게 만든 것은 삶의 무의미와 삶의 허무인가? 아니다. 그들은 일차적-직접적 삶의 현장에서 무의미를 확인했지만, 그것을 반성적으로 검토하는 과정에서 중대한 메타-의미를 발견한 것이며, 바로 그 메타-의미가 그들을 열심히 살아가게 만든 것이다. 어떤 스님은 말한다. '삶에는 의미가 없다. 그러니 매사에 집착하지 말라. 모든 것을 내려놓는 삶을 살아라.' 스님은 이런 내용의 법문을 전하려고 불철주야 노력한다. 삶의 의미를 찾는다면서 온갖 번뇌망상에 사로잡혀 고통당하는 사람들에게 이 진리를 전달하여 그들을 고통으로부터 건져내는 것은 그 스님에게는 메타-의미가 되는 것이다.

'최소한의 삶의 의미'는 칸트가 말하는 파생적 최고선의 개념과 연결된다. 인류는 정의와 자유와 인권과 평화와 진리가 확대되어가는 역사를 만들어 왔다. 그런 역사를 만들어가는 것은 의미 있는 일이라는 생각에 모든 사람은 동의한다. 그러면 언젠가 지구가 종말을 맞이하여 인간이 이룩한 이 모든 문명과 문화와 업적이 모조리 사라진다면, 인류의 역사는 허무 속으로 빨려 들어가는가? 인류 공동체가 온갖 고난을 무릅쓰고 실현하려고 했던 파생적 최고선을 향한 행진이 멈추면, 그 파생적 최고선도 허무한 것이 되는가? 그래서 필자가 말하는 '최소한의 삶의 의미'도 결국은 무의미가 되는가? 나는 지구가 종말을 맞이하여 인간이 이룩한 모든 업적이 사라진다 하더라도, 인류가 추구한 삶의 이념과 가치들은 사라지지 않을 것이라고 믿는다. 왜냐하면 가능적 무한자의 가능성의 근거는 현실적 무한자의 현실성 안에 있기 때문이다.

참고문헌

칸트의 저서

『감성계와 지성계의 형식과 원리들』, 최소인 옮김, 서울, 이제이북스, 2007:

『논리학 · 교육론』, 이엽 · 김창원 · 박찬구 옮김, 한국칸트학회 기획, 칸트전집 13, 서울, 한길사, 2021.

『도덕형이상학』, 이충진 · 김수배 옮김, 한국칸트학회 기획, 칸트전집 제7권, 서울, 한길사, 2018.

『도덕형이상학정초』, 최재희 옮김, 서울, 박영사, 1975. (『실천이성비판』과 합본되어 있으며, 서명이 『도덕철학서론』으로 되어 있다. 이 책에서는 서명을 한국칸트학회에서 택한 『도덕형이상학정초』로 표기한다)

『순수이성비판』, 최재희 옮김, 서울, 박영사, 1972.

『순수이성비판』, 전원배 옮김, 서울, 삼성출판사, 1993.

『실용적 관점에서 본 인간학』, 이남원 옮김, 울산대학교출판부, 1998.

『실천이성비판』, 최재희 옮김, 서울, 박영사, 1975.

『아름다움과 숭고함의 감정에 관한 고찰』, 이재준 옮김, 서울, 책세상, 2005.

『이성의 한계 안에서의 종교』, 신옥희 옮김, 이화여자대학교출판부, 2003.

『자연과학의 형이상학적 기초원리』, 김재호 옮김, 한국칸트학회 기획, 칸트전집 제5권, 서울, 한길사, 2018.

『칸트의 역사철학』, 이한구 편역, 서울, 서광사, 1992.

『칸트의 형이상학강의』, 이남원 옮김, 울산대학교출판부, 1999.

『판단력비판』, 이석윤 옮김, 서울, 박영사, 1974.

『형이상학서설』, 최재희 옮김, 서울, 박영사, 1975. (이 책은 최재희의 『실천이성비판』 번역본과 합본되어 있는데, 서명이 『철학서론』으로 되어 있다. 나는 이 책에서 최재희 선생의 번역본을 사용하지만, 이 책에서는 서명만은 한국칸트학회의 번역에 따라 『형이상학서설』로 표기한다)

『형이상학의 진보/발견』, 최소인 옮김, 이제이북스, 2009.

Kant: Philosophical Correspondence 1759-99, Ed. & Trans. A. Zweig, The University of Chicago Press, 1967.

Grundlegung zur Metaphysik der Sitten, Immanuel Kant Werkausgabe Bd. VII, hrsg. Wilhelm Weischedel, Suhrkamp, 1968.

Immanuel Kant Logik: ein Handbuch zu Vorlesungen, Immanuel Kant Werkausgage Bd. II. hrsg. Wilhelm Weischedel, Suhrkamp, 1968.

Träume eines Geistersehers, erläutert durch Träume des Metapysik, Immanuel Kant Werkausgabe Bd.II, hrsg. Wilhelm Weischedel, Suhrkamp, 1968.

"Über ein vermeintes Recht aus Menschenliebe zu lügen", In: *Immanuel Kant Werkausgabe*, Bd. VIII, hrsg. W. Weischedel, Suhrkamp, Frankfurt, 1968.

Kritik der reinen Vernunft, Hamburg, Felix Meiner Verlag, 1971.

Kritik der praktischen Vernunft, Felix Meiner Verlag, Hamburg, 1974.

Kritik der Urteilskraft, Felix Meiner Verlag Hamburg, 1974.

Prolegomena, Felix Meiner Verlag, Hamburg, 1975.

국내논저

강영안, 「칸트철학 해석의 세 가지 길」, 『독일학지』 제7집, 계명대학교, 1988/89

_____, 「칸트의 초월철학과 형이상학」, 한국칸트학회, 『칸트와 형이상학』, 서울, 민음사, 1995.

_____, 『칸트의 형이상학과 표상적 사유』, 서울, 서강대학교출판부, 2009.

강지영, 「칸트 윤리학의 맥락에서 본 최고선에 대한 논의들」, 서울대학교 철학사상연구소, 『철학사상』 제27권, 2008.

김덕영, 『사상의 고향을 찾아서: 독일 지성 기행』, 서울, 도서출판 길, 2015.

김병옥, 『칸트의 교육사상』, 서울, 집문당, 1986.

김상봉, 『자기의식과 존재사유』, 서울, 한길사, 1998.

_____, 『나르시스의 꿈』, 서울, 한길사, 2002.

_____, 『서로주체성의 이념』, 서울, 도서출판 길, 2007.

김석수, 『칸트와 현대사회철학』, 서울, 울력, 2005.

_____, 『요청과 지향』, 서울, 울력, 2015.

김수배, 『호소의 철학: 칸트와 호모 히스토리쿠스』, 충남대학교출판부, 2015.

_____, 『칸트철학의 DEF』, 대전, 충남대학교출판부, 2022.

김양현, 「칸트의 목적론적 자연관에 나타난 인간중심주의」, 한국철학회 논문집, 『철학』 제55집, 1998.

김용정, 『칸트철학: 자연과 자유의 통일』, 서울, 서광사, 1996.

김윤동, 「플라톤의 '파이드로스'편에 나타난 영혼의 문제」, 대한철학회논문집, 『철학연구』 103집, 2007.

_____, 「플라톤의 영혼론의 전개」, 대한철학회 논문집, 『철학연구』 155집, 2020.

김재호, 「칸트에게서 '자연의 합목적성'은 어떻게 가능한가?」, 철학연구회, 『철학연구』 108권, 2015.

김정주, 『칸트의 인식론』, 서울, 철학과 현실사, 2001.

김종국, 『논쟁을 통해 본 칸트 실천철학』, 파주, 서광사, 2013.

김 진, 『칸트와 선험화용론』 울산대학교출판부, 1994.

_____, 『칸트와 생태주의적 사유』, 울산대학교출판부, 1998.

_____, 『선험철학과 요청주의』, 울산대학교출판부, 1999.

_____, 『칸트와 종교』, 서울, 세창출판사, 2018.

김형주, 「칸트와 인공지능」, 『대학지성 In&Out』 2023. 6. 17.

김혜숙, 『칸트: 경계의 철학, 철학의 경계』, 서울, 이화여자대학교출판부, 2011.

남기호, 『야코비와 독일 고전철학』, 서울, 도서출판 길, 2023.

맹주만, 「칸트의 실천철학에서 최고선」, 중앙대학교 박사학위논문, 1996.

_____, 『칸트의 윤리학』, 서울, 어문학사, 2019.

문성학, 「데카르트의 방법적 회의에 대한 고찰」, 대한철학회 논문, 『철학연구』 42집, 1986.

_____, 「소크라테스적 사유의 본질」, 경북대학교 사범대학, 『교육연구지』 제32집, 1990.

_____, 『인식과 존재: 순수이성의 이율배반과 선험적 관념론』, 서울, 서광사, 1991.

_____, 「칸트: 포스트 모더니즘의 진정한 포롤로그?」, 대한철학회 논문집, 『철학연구』 51집, 1993.

_____, 『칸트철학과 물자체』, 울산대학교출판부, 1995.

_____, 「소크라테스의 윤리설: 그 일반적 해석에 대한 비판적 고찰」, 대한철학회논문집, 『철학연구』 56집, 1996.

_____, 「플라톤의 윤리사상과 이데아론」, 경북대학교 사범대학 중등교육연구소, 『중등교육연구』 49집, 2002. 6.

_____, 『칸트 윤리학과 형식주의』, 경북대학교출판부, 2006.

_____, 『칸트의 인간과 인식존재론』, 대구, 경북대학교출판부, 2007.

_____, 「칸트 도덕철학의 자율적 자유 개념의 루소적 기원」, 대한철학회 논문집, 『철학연구』 116집, 2010.

＿＿＿，『도덕윤리교육의 철학적 기초』, 경북대학교출판부, 2015.

＿＿＿，『현대사회와 윤리』, 대구, 도서출판 새빛, 2018.

＿＿＿，『동물해방대 인간존중』, 파주, 한국학술정보, 2019.

＿＿＿，『철학과 삶의 의미』, 대구, 도서출판 새빛, 2019.

＿＿＿，『칸트 윤리학의 균열』, 성남, 북코리아, 2022.

＿＿＿，『신내림의 철학자 하이데거』, 성남, 북코리아, 2023.

박선목, 『칸트와 형이상학』, 서울, 학문사, 1983.

박찬구, 「칸트 윤리학에서 자율개념의 형성과정」, 한국국민윤리학회, 『국민윤리연구』제34호, 1995.

박찬국, 『하이데거와 나치즘』, 서울, 문예출판사, 2001.

박필배, 『최고선과 칸트철학』, 성균관대학교출판부, 2015.

변승우, 『노후준비보다 중요한 사후준비』, 서울, 거룩한 진주, 2022.

백승균, 『세계사적 역사인식과 칸트의 영구평화론』, 대구, 계명대학교출판부, 2007.

백종현, 「칸트철학용어의 한국어 번역문제」, 제1회 전국철학자연합학술발표대회, 발표문.

＿＿＿，『존재와 진리』, 서울, 철학과 현실사, 2000.

서동익(편집), 『칸트의 철학사상』, 서울, 휘문출판사, 1984.

안병욱, 『키에르케고르사상』, 서울, 삼육출판사, 1988.

윤사순·이광래, 『우리사상 100년』, 서울, 방일영문화재단, 2002.

이강조, 「칸트의 선험적 주관과 헤겔의 자기의식」, 『칸트철학과 현대사상』, 하영석 외 공저, 대구,
　　　형설출판사, 1984.

이기상, 「존재진리의 발생사건에서 본 기술과 예술」, 한국하이데거학회 편, 『하이데거의 철학세계』,
　　　서울, 철학과 현실사, 1997.

이기홍, 「리벳 실험의 대안적 해석-리벳 이후의 뇌 과학적 발견들과 자유의지」, 대동철학회,
　　　『대동철학』제49집, 2009.

이남원, 「문성학 교수의 '칸트철학과 물자체'에 대한 서평」, 영남철학회 소식지, 통권 제13호, 1995,
　　　가을호.

＿＿＿，「칸트의 선험적 논증」, 경북대학교 철학박사학위논문, 1987.

이수정·박찬국, 『하이데거: 그의 생애와 사상』, 서울, 서울대학교출판부, 1996.

이양호, 『초월의 행보』, 서울, 담론사, 1998.

이윤복, 「칸트에 있어서 도덕성과 목적」, 경북대학교 철학박사학위논문, 1994.

이정일, 『칸트와 헤겔에 있어서 인륜적 자유』, 파주, 한국학술정보, 2007.

이현복, 「칸트의 이성비판과 리오타르의 포스트 모더니즘」, 대한철학회 논문집, 『철학연구』51집,
　　　1993.

임지룡, 『한국어 의미특성의 인지언어학적 연구』, 서울, 한국문화사, 2017.

임필승, 「칸트의 '형이상학자의 꿈에 비추어 본 시령자의 꿈'」, 한국철학회, 『철학』 제98집, 2009.

장대익, 「뇌탓이오?: 신경윤리학의 쟁점들」, 철학문화연구소, 『철학과 현실』, 2008, 9월호.

전동진, 「하이데거에 있어서 존재의 유한성과 유일성」, 한국하이데거학회 편, 『하이데거의 존재사유』, 서울, 철학과 현실사, 1995.

정성관, 「영구평화와 선험적 원리」, 2022년 10월 29일에 중앙대학교 서울캠퍼스에서 개최된 한국칸트학회의 발표글.

최인숙, 『칸트의 마음철학』, 파주, 서광사, 2017.

최일운, 『비판철학의 비판』, 서울, 형설출판사, 1974.

최재희, 『칸트의 생애와 철학』, 서울, 명문당, 1990.

최준식, 『죽음, 또 하나의 세계: 근사체험을 통해 다시 생각하는 죽음』, 서울, 동아시아, 2006.

하영석(공저), 『칸트와 현대사상』, 형설출판사, 1984.

한단석, 『칸트철학사상의 이해』, 서울, 양영각, 1983.

――――, 『칸트의 생애와 사상』, 서울, 형설출판사, 1985.

――――, 『칸트 '순수이성비판'의 새로운 이해』, 서울, 사회문화연구소, 2004.

한자경, 「칸트의 물자체와 독일관념론」, 한국 칸트학회 편, 『칸트와 형이상학』, 서울, 민음사, 1995.

두산백과사전, '칼리닌그라드'.

국내번역서

가이어, 만프레드, 『칸트평전』, 김광명 옮김, 미다스북스, 2004.

고마키 오사무, 『칸트』, 민중사상연구소 옮김, 서울, 참한출판사, 1990.

기다 겐 외(편집), 『현상학 사전』, 이신철 옮김, 도서출판b, 2011.

너스바움, 마사, 『동물을 위한 정의』, 이영래 옮김, 서울, 알레, 2023.

니체, 프리드리히, 『아침놀』, 박찬구 옮김, 서울, 책세상, 2004.

도킨스, 리처드, 『확장된 표현형』, 홍영남 옮김, 서울, 을유문화사, 2004.

라몬트, 콜리스, 『자유선택의 긍정론』, 권명달 옮김, 서울, 보이스사, 1973.

러셀, 버트런트, 『서양철학사』(상·하), 최민홍 옮김, 집문당, 1973.

레비, 닐, 『신경윤리학이란 무엇인가』, 신경인문학연구회 옮김, 서울, 바다출판사, 2011.

루드비히, 랄프, 『쉽게 읽는 칸트 '순수이성비판'』, 박중목 옮김, 서울, 이학사, 1999.

루소, 장 자크, 『사회계약론』, 박은수 옮김, 서울, 인폴리오, 1998.

_____, 『에밀』(상 · 하), 정봉구 옮김, 범우사, 1999.

리쩌허우, 『비판철학의 비판』, 피경훈 옮김, 문학동네, 2017.

모르겐슈타인, M., 『니콜라이 하르트만의 비판적 존재론』, 서울, 서광사, 양우석 옮김, 2001.

모종삼, 『동서철학의 회통』, 박승현 옮김, 공동체 출판사, 고양, 2016.

미국창조과학연구소, 『창조과학백과』, 정병갑 옮김, 서울, 생명의말씀사, 2017.

밀러, A. R., 『자유의지와 과학』, 이풍실 옮김, 서울, 필로소픽, 2022.

바움가르트너, H. M., 『칸트의 순수이성비판 읽기』, 임혁재 · 맹주만 옮김, 서울, 철학과 현실사, 2004.

베네타, 데이비드, 『태어나지 않는 것이 낫다』, 이한 옮김, 파주, 서광사, 2019.

벡, 루이스 화이트, 『칸트의 「실천이성비판」 주해』, 오창환 옮김, 서울, 도서출판 길, 2022.

브로드, C. D., 『칸트 철학의 분석적 이해』, 하영석 · 이남원 옮김, 서울, 서광사, 1992.

사카베, 메구미 외(편집), 『칸트사전』, 이신철 옮김, 서울, 도서출판b, 2003.

샤록, 웨슬리 · 리드 루퍼트, 『과학혁명의 사상가 토마스 쿤』, 김해진 옮김, 서울, 사이언스북스, 2005.

센델, 마이클, 『왜 도덕인가?』, 안진환 · 이수경 옮김, 서울, 한국경제신문, 2010.

셔머, 마이클, 『도덕의 궤적』, 김명주 옮김, 서울, 바다출판사, 2018.

슈니윈드, J. B., 『근대도덕철학의 역사 3』, 김성호 옮김, 파주, 나남출판사, 2018.

슈퇴릭히, H. J., 『세계철학사』, 임석진 옮김, 분도출판사, 1980.

슐츠, 우베, 『칸트』, 김광식 옮김, 서울, 한국신학연구소출판부, 1976.

스튜어트 존, 『쇠렌 키르케고르입문』, 이창우 · 최정인 옮김, 세종, 카리스아카데미, 2023.

스피노자, B., 『에티카』, 강영계 옮김, 서울, 서광사, 1990.

아리스토텔레스, 『형이상학』, 김진성 역주, 서울, 이제이북스, 2007.

안셀무스, 『모노로기온 & 프로슬로기온』, 박승찬 옮김, 서울, 아카넷, 2002.

윌리엄스, 조지 C., 『진화의 미스터리』, 이명희 옮김, 서울, 두산동아, 1997.

윌커슨, T. E., 『칸트의 순수이성비판』, 배학수 옮김, 서울, 서광사, 1987.

유잉, A. C., 『순수이성비판입문』, 김상봉 옮김, 서울, 한겨레, 1985.

자프란스키, 뤼디거, 『하이데거, 독일의 철학거장과 그의 시대』, 박민수 옮김, 서울, 북캠퍼스, 2021.

지퍼, 베르너, 『우리 그리고 우리를 인간답게 해주는 것들』, 안미라 옮김, 서울, 소담출판사, 2013.

카시러, E., 『계몽주의 철학』, 박완규 옮김, 서울, 민음사, 1995.

코플스턴, F., 『프랑스 · 독일의 계몽주의와 칸트』, 이남원 · 정용수 옮김, 성남, 북코리아, 2023.

콜리어, 앤드류, 『비판적 실재론: 로이 바스카의 과학철학』, 이기홍 · 최대용 옮김, 서울, 후마니타스,

2010.

키르케고르, 쇠렌,『죽음에 이르는 병』, 임규정 옮김, 한길사, 2007.

키벳, A. V. 폰,『'순수이성비판'의 기초개념』, 이신철 옮김, 서울. 한울아카데미, 1994.

파스칼, 블레이즈,『팡세/레 프로방시알』, 홍순민 옮김, 서울, 삼성출판사, 1978.

파이어아벤트, 폴,『방법에의 도전』, 정병훈 옮김, 서울, 한겨레, 1987.

퍼트남, 힐러리,『이성 · 진리 · 역사』, 김효명 옮김, 서울, 민음사, 1987.

포르랜드, K.,『칸트의 생애와 사상』, 서정욱 옮김, 서광사, 2001.

포퍼, 칼,『추측과 논박 I』, 이한구 옮김, 서울, 민음사, 2001.

푸코, 미셸,『칸트의 인간학에 관하여』, 김광철 옮김, 서울, 문학과 지성사, 2012.

프리드먼, 마이클,『다보스에서의 결별: 분석철학과 대륙철학의 갈림길』, 서울, 필로소픽, 2022.

피히테,『전체 지식론의 기초』, 한자경 옮김, 서울, 서광사, 1996.

커리, E. M.,『데카르트와 회의주의』, 문성학 옮김, 서울, 고려원, 1993.

하르트만, 니콜라이,『존재학원론』, 하기락 옮김, 대구, 형설출판사, 1983.

───,『자연철학』, 하기락 편술, 부산, 도서출판 신명, 1993.

───,『인식과 윤리』, 허재윤 · 금교영 옮김, 형설출판사, 서울, 1994.

───,『독일관념론철학』, 이강조 옮김, 파주, 서광사, 2008.

하이데거, 마르틴,『존재와 시간』, 이기상 옮김, 서울, 까치, 1998.

───,『칸트와 형이상학의 문제』, 이선일 옮김, 서울, 한길사, 2001.

───,『이정표 1』, 신상희 옮김, 파주, 한길사, 2005.

───,『이정표 2』, 이선일 옮김, 파주, 한길사, 2005.

헤겔, 프리드리히,『대논리학(I)』, 임석진 옮김, 서울, 지학사, 1983.

헤센, 요하네스,『철학교과서: 제1권 학문론』, 이강조 옮김, 서울, 서광사, 1986.

호킹, 스티븐,『시간의 역사』, 현정준 옮김, 서울, 삼성출판사, 1988.

홀트, 짐,『세상은 왜 존재하는가』, 우진하 옮김, 21세기북스, 2013.

회슬레, 비토리오,『독일철학사』, 이신철 옮김, 서울, 에코리브르, 2015.

───,『현대의 위기와 철학의 책임』, 이신철 옮김, 도서출판b, 2014.

회페, 오트프리트,『임마누엘 칸트』, 이상헌 옮김, 서울, 문예출판사, 1997

흄, 데이비드,『인간 본성에 관한 논고 I』, 이준호 옮김, 서울, 서광사, 1994.

───,『인간의 이해력에 관한 탐구』, 김혜숙 옮김, 서울, 지식을만드는지식, 2012.

히라다 도시히로(平田俊博),「칸트 해석의 여러 모습」, 송경호 옮김, 단석 한단석 교수
       정년기념논문집, 전주, 선명출판사, 1993.

힌스케, 노르베르트, 『현대에 도전하는 칸트』, 이엽 · 김수배 옮김, 서울, 이학사, 2004.

힐쉬베르거, 요하네스, 『서양철학사(상)』, 강성위 옮김, 대구, 이문출판사, 1983.

_____, 『서양철학사(하)』, 강성위 옮김, 대구, 이문출판사, 1987.

외국문헌

Allison H. E., *Kant's Transcendental Idealism*, New Haven, Yale University Press, 1983.

Auxter T., "The Unimportance of Kant's Highest Good", *Journal of the History of Philosophy*, 17, 1979.

Bird G., *The Revolutionary Kant: A. Commertary on the Critique of pure Reason*, Chicago, Open Court Publishing Co., 2006.

Buber M., *Das Problem des Menschen*, Verlag Lambert Schneider GmBH, Heidelberg, 4 Auflage, 1971.

Cassirer E., *Rousseau, Kant, Goethe*, Trans. J. Gutmann, P. O. Kristeller, & J. H. Randall Jr., Archon Books, 1961.

Cicovacki P., *The Analysis of Wonder: An Introduction to the Philosophy of Nicolai Hartmann*, New York, Bloomsbury, 2014.

Descartes R., *Meditations on First Philosophy*, Trans. E. S. Haldane & G. R. T. Ross, *The Philosophical Works of Descartes* I, Cambridge University Press, 1979.

Dicker G., *Kant's Theory of Knowledge: An Analytical Introduction*, Oxford University Press, 2004.

Freyberg B., *Imagination and Depth in Kant's 'Critique of Pure Reason'*, New York, Peter Lang, 1994.

_____, *Imagination in Kant's 'Critique of Practical Reason'*, Indiana University Press, 2005.

Funke G., "Der Weg zur ontologischen Kantinterpretation", *Kant-Studien*, Bonn, 1971.

Hartmann N., *Neue Wege der Ontologie*, W. Kohlhammer Verlag, Stuttgart, 1949.

_____, *Einfürung in die Philosophie*, 5Auglage, Hannover, 1949.

_____, *Kleine Schriften Bd. II*, Walter de Gruyter & Co., Brelin, 1958.

_____, *Zur Grundlage der Ontologie*, Berlin, 1965.

Hauser L., "Praktische Anschaung als Grundlage der Theorie vom höchsten Gut bei

Kant", *Kant Studien*, Bd. 75, 1984.

Hegel G. W. F., *Vorlesungen über die Philosophie der Geschichte*, Sukrkamp Verlag, Bd. 12, 1986.

_____, *Vorlesungen über die Geschichte der Philosophie* III, Sukrkamp Verlag, Bd. 20, 1986.

_____, *Enzyclopädie der philosophishen Wissenschaften* I, Werke in zwanzig Bänden 8, Shurkamp Verlag, Frankfurt am Main, 1970.

Heidegger M., *Die Grundprobleme der Phänomenologie*, Gesamtausgabe Bd. 24, Vittorio Klostermann, Frankfurt am Mein, 1975.

_____, *Zur Sache des Dendens*, 2, Auflage, Tübingen, 1976.

_____, *Phänomenologische Interpretation von Kants Kritik der reinen Vernunft*, Frankfurt am Main, Vittorio Klostermann, 1977.

_____, *Einfürung in die Metaphysik*, Gesamtausgabe Bd. 40, Vittorio Klostermann, Frankfurt am Mein, 1983.

Heidemann I., "Person und Welt", *Kant-Studien*, Bd. 48, 1956/57.

Heimsoeth H., *Transzendentale Dialektik*, Vol. II, Berlin, 1967.

Hessen J., *Lehrbuch dre Philosophie* II, Muenchen, Ernst Reinhardt Verlag, 1959.

Hume D., *An Enquiry Concerning Human Understandin*g, Prometheus Books, 1988.

Hussell E., *The Crisis of European Sciences and Transcendental Phenomenology: An Introduction to phenomenological Philosophy*, Trans. D. Carr, Northwestern University Press, 1970.

Jaspers K., *Vernunft und Widervernunft in unserer Zeit*, R. Piper & Co. Verlag, München, 1950.

Kaulbach F., *Immanuel Kant*, Walter de Gruyter & Co, Berlin, 1969.

Kierkeggard S., P*hilosophische Brocken*, Düsseldorf & Köln, 1960.

_____, *Concluding Unscientific Postscript to Philosophical Fragments*, Ttrans. H.V. Hong & E. H. Hong, Princeton University Press, 1992.

Kim Hyeongjoo & Schönecker D.(Eds.), *Kant and Artificial Intelligence*, De Gruyter, 2022.

Kolb D. C., "Thought and Intution in Kant's Critical System", *Journal of the History of Philosophy*, Vol. 24, 1986.

Lehmann G., "Kritizismus und kritisches Motiv in der Entwicklung der kantischen Philosophie", *Kant-Studien*, Bd. 48, 1956/1957.

Lichtigfeld A., "Jaspers' Kantian Trends", *Kant-Studien*, Bd. 62.

Martin G., *Immanuel Kant*, 3 Auflage, Köln, 1960.

Paton H. J., *Kant's Metaphysics of Experience*, Vol. 1, London, George Allen & Unwin Ltd, 1970.

_____, *Kant's Metaphysics of Experience*, Vol. II, London, George Allen & Unwin Ltd, 1970.

Plato, *Phaedrus*, In: *The Collected Dialogues of Plato*, Vol. I, Princeton University Press, 1972.

_____, *Socrates' Defense*, In: *The Collected Dialogues of Plato*, Vol. I, Princeton University Press, 1972.

Rousseau J. J., *Emile*, Trans. B. Foxley, London, Everyman's Library, 1974.

Sartre J. P., *Being and Nothingness*, Trans., H. E. Barnes, New York, Philosophical Library, 1956.

_____, *The Transcendence of the Ego*, Trans., F. Williams & R. Krikpatrick, New York, The Noonday Press, 1969.

Schopenhauer A., *Die Welt als Wille und Vorstellung*, A. Schopenhauer Sämtliche Werke Band I, Stuttggart, Suhrkamp Taschenbuch Verlag, 1986.

Smith N. K., *A. Commentary to Kant's "Critique of Pure Reason"*, New York, Macmillan Press Ltd, 1979.

Stuckenberg J. H. W., *The life of Immanuel Kant*, London, Macmillan and Co., 1882.

Walsh W. H., "Kant and Metaphysics," *Kant-Studien*, Bd. 67, 1976.

용어 찾아보기

ㄱ

가격초월적 존재 202

가능적 무한자 19

가능적 자유 201

가상 266

가상(假象) 논리학 568

가상체 196, 308, 516

가이아 가설 144

가치 자유방임주의 763

간접적 의무 807

감각자료 315, 317, 528

감각재료 636

감각적 잡다 549

감성적 직관 330, 588, 630

개념의 구성 503

개념의 분석론 526

개방적 인간중심주의 803

개연적 관념론자 608

객관적-물리적 사실 738

객관적 연역 653

객관적 의미의 세계 733

거시물리학 704

격성 235

경이 490, 558

경이에 대한 경이 491

경향성 234, 424, 793

경험과학적 사실 389

경험론 98, 191

경험론과 합리론의 종합 464

경험적 관념론 718

경험적 사유지평 593

경험적 상상력 666

경험적 실재론 324, 610, 700

경험적 연역 525

경험적 의미의 물자체 586

경험적 자아 199

경험적 직관 277

경험적 형상 670

경험주의 151

계몽주의 734

계시신앙 53, 100

고전역학 103

공간 572

공기호흡 336

공리주의 151

과학적 실재론 721

과학적 필연성 119

과학철학 23, 434

관계공간론 577

관념론 437

관념론 논박 717

관점주의 735

광의의 이성 230, 560

교육 779

교조적 종교주의 159

구성설 618

구성설적 인식론 310, 321, 588

구성적 방법 346

구성주의 316

권리문제 524

근세과학의 여백 158

기계론 369

기계론적 운동 399

기계론적 자연관 141, 179

기계론적 흐름 394

기계적 인과성 467

기계적 자연관 275

기독교 창조설 192

기초존재론 252

ㄴ

나는 생각한다 205

내재적 실재론 548

내재적 이성사용 503

논리실증주의 151, 543

논리적 선천성 624

논증의 의무 292

뇌 강화 747

뇌 과학 162

뉴턴 역학 703

늑대소년 779

능동적 허무주의 160

능동적 허무주의자 812

능산적 관점 269

ㄷ

단순관념 525

단칭판단 649

대상과 판단의 일치 311

대상극 585

대상의 대상성의 토대 513

대상의 대상성의 한계 513

대상의 통일 535

대상일반 306, 511

대자적 동일성 205

덕목 윤리 136

데카르트의 인형 519

도대체 물음 212

도덕목적론 398

도덕법에 대한 존경 241

도덕법칙 124, 364

도덕법칙에 대한 존경심 793

도덕상대주의 746

도덕상대주의자 175

도덕성 234

도덕성의 진보 391

도덕신앙 42, 100, 273, 377, 389

도덕의 독거미 127, 128

도덕의 왕국 127

도덕의 입법자 700

도덕의 지평 702

도덕의 진리 263

도덕의 창조자 701

도덕의 형이상학 410

도덕적 갈등 167

도덕적 감정 239

도덕적 경험 489

도덕적 광신 128

도덕적 광신자 128

도덕적 구속감 166

도덕적 동기 239

도덕적 상대주의 809

도덕적 선택 788

도덕적 완성 391

도덕적 허무주의 484

도덕절대주의 746

도덕주의적 오류 745

도식 253

도식론 259, 532, 690

도식작용 258

독단의 선점 111

독단적 철학 20

독단적 형이상학 334

독사(doxa) 263

독일 관념론 20, 144

동굴의 비유 256, 466

동물기계론 159

동물적 선택의지 167

동물학대죄 805

동성애 745

동시 해결설 354

되어가는 무한 194

두 세계의 시민 167, 273

로고스 291

루소의 양심송 125

르네상스적 회의론 98

마르부르크 학파 302

메타-과학 491

메타-의미 758

메타 인식 248

메타인지 37, 184

메타적 진리 508

메타적 확실성 377

명시적 증명 537

모사설 303

모사설적 실재론 304

모사설적 인식론 304, 309

모성 확실성 323

모순개념 196

목적론 369

목적론적 세계관 400

목적론적 우주관 726

목적론적 운동 363, 399

목적론적 자연관 400

목적론적 판단력 384

목적론적 흐름 394

목적 없는 합목적성 363

목적의 왕국 396, 467, 794

목적 자체의 법식 129, 175

목적 자체의 정식 777

무 449, 518

무연고적 사유 284

무연고적 자아 283, 810

무의식의 지향성 314

무제약자 241, 296

무한성의 철학 187

무한판단 648

물자체 38

물자체 불가인식설 305

물자체 불가지론 406

미감적 판단력 384

미규정의 X 593

미시물리학 704

미의 주소지 507

미의 진리 725

미적 경험 489

ㅂ

반대개념 196

반성적 판단력 374, 381

반출생주의 811

반항의 아이콘 758

발생심리학 780

방법론 504

방법적 회의 21, 99, 214, 281

백지 583

버클리의 관념론 546, 610

범주의 선험적 연역 526

범주의 연역 344, 416

범주의 형이상학적 연역 526

범주표 645

보편법칙의 법식 128, 129

복합관념 525

본래적 실존 761

본유개념 45

본유관념 580

본유관념설 279

부성 불확실성 323

부정성 518

부정판단 648

분리독서 298

분석적 자기동일성 533

분석판단 59, 112, 221, 501

불교의 마음 이론 628

불교적 무아론 484

불안 233, 389

불안의 개념 739

비유클리드 기하학 697

비판 261, 561

비판적 관념론 297, 521

비판적 형이상학 21, 25, 472

비판적 형이상학의 진리체계 375

비판철학 250

ㅅ

사고 221, 540

사물의 원형 330

사물의 진리 263

사물일반 503

사변적 유아론 306

사변적 자연철학 145

사신신학 152

사실문제 524

사실의 진리 725

사유 200, 540

사유의 에러 518

사유하는 자아 522

사이비 종교 732

사형제도 177

사회계약설 151

사회-문화적 영생 811

산소호흡 757, 759

삶의 사실 399

삶의 사실의 문제 742

삶의 의미 399

삶의 의미의 문제 742

삼단논법 215

상기설 45, 255

상대성이론 703

상상력 233, 258, 532, 639

상상력의 선험적 종합 667

상상력의 종합작용 527

상향적 넘어섬 452

상호주관성 719

생물학적 공기호흡 732

생물학적 범주 650

생산적 상상력 662, 666

서사적 자기 동일성 206

서사적 자아 206

선결문제 요구의 오류 352

선의 이데아 257, 726, 727

선의 주소지 507

선인식적 존재 514, 629

선천적 35, 43

선천적 질료 237

선험관념론적 구성설 708

선험논리학 524

선험미학적 진리 509

선험실재론적 파악-구성설 708

선험심리학 625

선험심리학자 626

선험윤리학 378

선험윤리학적 진리 509

선험인식론적 진리 509

선험적 35

선험적 가상 564

선험적 객관 325

선험적 관념 19

선험적 관념론 324, 521, 700

선험적 구명 599

선험적 기체 517

선험적 논증 722

선험적 대상 203, 294, 511

선험적 도식 668

선험적 미 409

선험적 미학 376, 412, 428

선험적 사유 215

선험적 사유방법 421

선험적 사유의 지렛점 523

선험적 사유지평 593

선험적 상상력 528, 666, 673

선험적 선 409

선험적 신학 218

선험적 실재물 545

선험적 심리학 218

선험적 연역 189, 525

선험적 오류 564

선험적 오류추리 214

선험적 우주론 218

선험적 윤리학 42, 363, 412

선험적 의미의 물자체 586

선험적 의미의 신 631

선험적 인식론 363, 412

선험적 자아 122, 199, 634

선험적 종합 119, 500

선험적 주관 308, 614

선험적 진리 409

선험적 차원 511

선험적 통각 205, 528

선험적 통일 306

선험적 행위주체 776, 789

선험적 형이상학 23, 248, 362, 455

선험철학의 외연 371

선험철학적 인간학 250

선험철학적 해부학 252

설명의 완결성 157

설명의 제1원리 148

설명판단 501

세계-내-존재 775

세계 내 초월 274, 450

소극적 자유 364

소박실재론 304

소산적 관점 269

소산적 자연 158

소질로서의 형이상학 232

소크라테스의 역설 253

송과선 695

수동적 허무주의자 812

수학적 범주 650

수학적 세계 458

수학적 이율배반 189, 213

수학적 증명 537

수학적 필연성 116, 119

수학철학 434

순수감성 254

순수실천이성의 우위 748

순수이론이성의 사실 462

순수이성 231, 254

순수이성의 사실 279, 639

순수인간 230, 247, 251

순수인간비판 250, 287

순수직관 287

순수철학 414

순수통각 533

순수한 추상물 518

순차 해결설 354

스콜라철학 303

신 147

신경윤리학 747

신명령론 148

신법 148, 151

신비적−광신적 관념론 608

신앙의 문제 736

신 없는 신학 152

신의 죽음 698

신정론 103

신존재증명 53, 519

신칸트학파 21, 296, 301, 546

신학의 시녀 561

신학적−종교적 설명방식 143

신화적−미신적 설명방식 143

실재론 437

실존적−주체적 의미 738

실존적 차별성 789

실증적 과학주의 158, 729

실증주의 729

실천목적론 384

실천이성 176

실천이성의 사실 362, 462

실천이성의 소망 477

실천이성의 우위 179, 446

실천적−교조적 형이상학 445

실천적 실재성 387

실천 형이상학 362, 411

실체 715

실체성의 오류추리 215

실험적 방법 346

심리적 선천성 624

심리적 연상 113

심리적 연상작용 116

심신상호작용론 756

심신평행설 696

ㅇ

아프리오리한 감정 236, 237

아프리오리한 종합 500

아프리오리한 종합판단 59, 112

악마의 가설 533

양면 코트 374, 406

양세계론 136, 273

양자역학 703

어떻게−물음 154, 155

언어분석철학 23

에로스적 열망 231

에이도스 258

에피스테메 263

여하히 물음 212

역학적 범주 650

역학적 이율배반 189, 213

역학적 자연 458

연고적 사유 284
연고적 자아 283
연역 중의 연역 539
영구평화론 78
영원의 상하에서 162
영원회귀 161
영혼 214
영혼불멸 42
영혼 삼분설 257, 276
영혼의 실재성 261
예비학 413
예지적 사실 389, 733
예지적 자아 199, 798
예지적 자연 793
오류추리 205, 407
완결적 설명 152
완전선 468
완전한 공허 518
왜-물음 154, 155
외래관념 580
요청적 내세론 471
요청적 무신론 734
요청적 유신론 469, 734
욕성 235
용기 277
우주론적 증명 218
운명애 161
원칙의 분석론 526
원칙의 윤리 136
위대한 빛 183
유물론 437

유심론 437
유한성 177
유한성의 철학 184
유한 실체 369, 696
윤리적 정의주의 733
의미의 운반구 760
의미의 진리 725
의미호흡 336, 757, 759
의식상자설 312, 313
의식지향설 313
의지자유 141, 159
의지자유론 164
이념 230
이념의 운반구 760
이데아 155
이데아론 422
이데올로기적 확신 732
이론이성 176
이성기술자 23, 500
이성비판 99
이성의 건축술적 체계 28
이성의 법정 100
이성의 사실 740
이성의 한계 100
이성적 신학 40
이성적 심리학 40
이성적 우주론 40
이성주의 윤리학 231
이율배반 407
이율배반론 24, 187
이익평등 고려의 원칙 795

이중관점론 136, 268, 387, 756

이중 완벽론 721

이차 성질 605

인간기계론 159, 769

인간의 각자성 275

인간의 존엄성 129, 162, 177

인간정신 해부학 252

인간존엄사상 792

인간존엄성 795

인간종족중심주의 796

인간종족중심주의의 오류 796

인간중심주의 797

인간학 249

인공위성 411

인공지능 708

인과범주 305

인과법칙 159

인과법칙의 무효화 402

인과법칙의 중지 402

인과법칙의 파괴 402

인과법칙 이용 의도 753

인과법칙 중지 의도 754

인과법칙 편승 의도 753

인과율 111

인과이용의도 752

인과적 결정론 159

인과적 필연성 119

인과중지의도 752

인과편승의도 752

인본주의 150

인식 200, 221, 540

인식대상의 초대상성 633

인식론 301

인식론적 빅뱅 592

인식론적 질료 514, 585, 720

인식론적 칸트 해석 299, 442

인식론적 혁명 301, 461

인식의 범주 518

인식의 진리 265

인식의 한계 295

인식의 형이상학 408

인식적 경험 489

인식존재론 40, 298

인식초월적 514

인식초월적 존재 202

인식총체적 존재 514

인위관념 580

일반논리학 603

일반 형이상학 40, 41, 368

일차 성질 605

일체유심조 627

임사체험자 466

ㅈ

자기 동일성 204, 535

자기 완결적 설명방식 146

자기초월성 201

자발성 532

자아극 585

자아의 통일 535

자연과학 264

자연과학적-실증적 설명방식 143

자연목적론 384

자연법칙 751

자연소질로서의 형이상학 351

자연신학적 증명 218

자연에 대한 경이 279

자연의 입법자 700

자연의 창조자 701

자연의 합목적성 381, 455

자연의 형이상학 23, 248, 410

자연적 갈등 167

자연적 갈등상황 167

자연적 선택 788

자연주의적 오류 745

자연철학 264

자연철학자 144

자연철학적-사변적 설명방식 143

자연친화적 인간존엄성 804

자유로운 선택의지 168

자유론의 역설 166

자유를 통한 원인성 386

자유법칙 751

자유원인성 24

자유의 가능성 201, 364

자유의 느낌 166

자유의 법칙 124, 158, 364

자유의 인식근거 166

자유의 철학자 179

자율로서의 자유 125

자존자 147

자체존재론 298

잠정적 진리 724

재생적 상상력 666

적법성 234

전능한 악마 794

전반성적 204

전칭판단 649

전회 450

절대공간 572

절대시간 573

절대적 공무 203

절대적 무제약자 232

절제 277

점진주의 108

정언명법 391, 809

제1이율배반 61

제1학문 490

제3이율배반 61

존경의 감정 235

존엄 174

존엄성 794

존재론 40

존재론적 증명 218

존재론적 질료 514, 586, 720

존재망각 41, 260

존재의 진리 265

종교적 독단주의 768

종합적 자기 동일성 534

종합판단 59, 112, 222, 501

주관-객관 상관설 618

주관성의 철학 280

주관적 연역 653

주의주의 231

주의주의 윤리학 231

주정주의 231

주지주의 231

주지주의 윤리학 231

주체성 735

죽음 726

죽음에의 존재 186, 738

죽음의 연습 281, 762

중성적 기체 318

즉자적 동일성 205

증명논리 522

지동설 103, 109, 149

지성적 종합 666, 687

지적 직관 588, 725

지향성 203, 312

직관 209

직관 형식 603

진리대응설 328

진리의 논리학 568

진리의 주소지 507, 762

진선미 삼위일체설 507

진화론 144, 151

진화론적 인식론 626

진화생물학 743

질료적 관념론 609, 717

ㅊ

창조과학 144, 156

창조론 153

창조설 148

창조의 최종목적 403

천동설 103, 149, 583

철학의 시민권 769

철학적 교향곡 28

철학적 신앙 733

철학적 인간학 250, 297

철학적 정당화 537

철학적 해부학 297

철학적 허세 161

철학함 85

초대상적인 존재 620

초월적 35

초월적 본질 258

초인 161

초험적 관념론 38

초험적 형이상학 366, 455

촉발 305, 512

촉발하는 물자체 308, 711, 713

최고선 392, 468

최상선 468

취미판단 376

취향의 문제 736

ㅋ

칸트-라플라스 성운설 178

칸트의 관념론 546

칸트의 내세론 727

칸트의 의무송 125

칸트의 인간관 183, 187, 232

칸트의 진리론 508

칸트의 판단론 112

칸트적 사유방식 35

코페르니쿠스적 전회 19, 282, 301

콤포지티움 605

ㅌ

토툼 605

통각의 선험적 통일 306

통각의 통일작용 527

통각이론 313

통속철학자 51

통합독서 9, 298

ㅍ

파생적 최고선 813

파악설 618

파악설적 인식론 620

파토스 291

포괄자 294

표상 317

플라톤의 내세론 727

플라톤의 진리론 728

ㅎ

하나의 물자체 712

하나인 물자체(선험적 의미의 신) 260

하이데거의 반과학주의 740

하이델베르그 학파 302

하향적 넘어섬 452

학문에 대한 경이 279

학문에 대한 학문 339, 408, 491

학문 중의 학문 339, 408

한계개념 308, 729

한방주의 108

합당성(reasonableness)의 문제 257, 771

합리론 98, 191

합리성(rationality)의 문제 258, 769, 771

합리주의 151

합목적성 370

합목적적 자연 385, 399

해명논리 522

허무주의 160

혁명의 목적 461

혁명의 수단 461

현상 25

현상계 277

현상의 창조자 702

현상적 자아 634, 798

현상적 자연 793

현상체 25, 516

현상학적 존재론 23, 30, 186

현상학적 해부학 252

현상학파 216

현실적 무한 23, 194

현실적 자유 363

현존재 186, 450, 775

협의의 이성 230

형상 660

형상적 종합 666, 682, 685

형식논리학 523

형식적 관념론 19, 512, 521

형식적인 이성사용 503

형이상학 274

형이상학의 혁명 6

형이상학의 회광반조 697

형이상학적 가상 354

형이상학적 가설 348

형이상학적 구명 599

형이상학적 몽상 466

형이상학적 실험 462

형이상학적 의미호흡 732

형이상학적 칸트 해석 19, 299

형이상학적 혁명 291, 461

홀로주체성 772

확실성 문제 99

확장판단 501

확증편향 442

환경 결정론 785, 786

환경친화적 인간존엄성 802

환경친화적 존엄성 807

회의론 725

회의주의 266

후천적 종합판단 113

휴머니즘 150

흄의 문제 111, 120

인명 찾아보기

ㄱ

가르베(C. Garve, 1742-1798) 51, 52

가우스(J. C. F. Gauß, 1777-1855) 195

게이지(P. Gage, 1823-1860) 747

괴테(J. W. von Goethe, 1749-1832) 26,
131, 485

까뮈(A. Camus, 1913-1960) 758, 812

ㄴ

나토르프(P. Natorp, 1854-1924) 7, 54,
259, 619

뉴턴(I. Newton, 1643-1727) 22, 23, 69,
73, 82, 83, 98, 102-109, 122-
124, 141, 145, 159, 254, 303,
339, 355, 396, 412, 421, 461,
570, 571-573, 575-577, 595,
606, 607, 614, 617, 621, 639,
697, 699, 703, 704, 722, 740,
744, 766, 767, 769

니체(F. W. Nietzsche, 1844-1900) 49,
57, 84, 108, 127, 128, 134, 160-
162, 291-293, 469, 470, 555,
698, 734, 735, 737, 758, 769,
812, 819

ㄷ

다윈(C. Darwin, 1809-1882) 6, 8

데모크리토스(Democritus, BC 460?-BC
380?) 143, 767

데카르트(R. Descartes, 1596-1650) 21,
43, 45, 98, 99, 108, 123, 141, 142,
150, 151, 159, 162, 201, 205-
207, 214-217, 222-224, 278-
282, 288, 369, 370, 383, 491,
519, 522, 528, 529, 533-536,
571, 580, 581, 598, 608, 609,
646, 681, 691, 695, 696, 739,
740, 756, 793, 794, 817, 821

도킨스(R. Dawkins, 1941-) 144, 760, 819

ㄹ

라몬트(Corliss Lamont, 1902-1995) 165,
819

라이프니츠(G. W. Leibniz, 1646-1716)
73, 98, 358, 445, 446, 560, 570,
571, 576-581, 606, 607, 637, 638

라인홀트(C. R. Reinhold, 1758-1823)
213, 370

라일(G. Ryle, 1900-1976) 491

라캉(J. Lacan, 1901-1981) 7

러브록(J. E. Lovelock, 1919-2022) 144

레싱(G. E. Lessing, 1729-1781) 101

로베스피에르(M. Robespierre, 1758-
1794) 128, 129

로크(J. Locke, 1632-1704) 83, 98, 151,
210, 313, 525, 526, 583, 595,
605, 609, 625, 715

롤스(J. Rawls, 1921-2002) 7

루소(J. J. Rousseau, 1712-1778) 69,
72, 103, 121-128, 242, 243, 291,
334, 817, 820

루이스(C. S. Lewis, 1898-1963) 26, 27,
106, 820

루터(M. Luther, 1483-1546) 82

리들(R. Riedl, 1925-2005) 627

리벳(B. Libet, 1916-2007) 141, 818

리오타르(J. P. Lyotard, 1924-1998) 7,
293, 818

리케르트(H. Rickert, 1863-1936) 302,
619

리프만(O. Liebmann, 1840-1912) 301

ㅁ

막스 분트(M. Wundt, 1832-1920) 132,
443, 447

맹자(BC 372-BC 289 추정) 469, 470, 471

멘델스존(M. Mendelsshon, 1729-1786)
51, 556, 563

몽테뉴(M. de Montaigne, 1533-1592) 99,
149

ㅂ

바움가르트너(H. M. Baumgartner) 212,
500, 820

바지안스키(E. A. C. Wasianski, 1755-
1813) 86, 91, 130

버클리(G. Berkeley, 1685-1753) 51, 98,
515, 546, 608- 613, 631, 715-
720

버트란트 러셀(B. Russell, 1872-1970) 98,
334

보어(Niels Bohr, 1885-1962) 704

볼테르(Voltaire, 1694-1788) 127

뵐너(J. C. Wöllner, 1732-1800) 93, 95,
96

부버(Martin Buber, 1878-1965) 248, 250

브루노(G. Bruno, 1548-1600) 73, 109

비트겐슈타인(L. Wittgenstein, 1889-1951)
8, 294, 295, 518

빈델반트(W. Windelband, 1848-1915) 7,
302

ㅅ

사르트르(J. P. Sartre, 1905-1980) 103,
200, 208, 231, 312- 314, 484,
568, 734, 735, 758, 769, 812

셀라스(W. Sellars, 1912-1989) 7

셸러(M. Scheller, 1874-1928) 7, 58, 62,
242

셸링(F. W. J. Schelling, 1775-1854) 7,
20, 144, 145, 301, 371, 436, 549

쇼펜하우어(A. Schopenhauer, 1788-1860)
7, 74, 135, 294, 301, 438, 445,
447, 518, 527, 635

슐츠(F. A. Schultz, 1692-1763) 52, 82,
91, 820

스베덴보리(E. Swedenborg, 1688-1772)
465, 466, 734

스터켄버그(J. H. W. Stuckenberg, 1835-
1903) 76

스트로슨(P. F. Strawson, 1919-2006) 7

스피노자(B. Spinoza, 1632-1677) 98,
107, 108, 145, 158-160, 162,
192, 269, 493, 560, 615, 695-
697, 768, 820

싱어(P. Singer, 1946-) 795, 808

ㅇ

아리스토텔레스(Aristoteles, BC 384-BC
322) 41, 42, 72, 108, 176, 195,
245, 252, 257, 258, 280, 283,
286, 303, 316, 326, 327, 338,
434, 559, 583, 644, 645, 650,
651, 668, 682, 683, 766-768,
783, 785, 820

아우렐리우스(M. Aurelius, 121-180) 135

아인슈타인(A. Einstein, 1879-1955) 89,
303, 621, 627, 697, 703, 704,
740, 741, 766, 767, 787

안나 레기나 로이터(Anna Regina Reuter,
1697-1737) 81

안셀무스(Anselmus, 1033-1109) 218,
219, 221, 222, 226, 228, 820

야스퍼스(K. Jaspers, 1883-1969) 7, 242,
294, 733

야흐만(R. B. Jachmann, 1767-1843) 71,
79

어거스틴(A. Augustine, 353-430) 206,

260, 354

에피쿠로스(Epikuros, BC 341-BC 271)
135

오일러(L. Euler, 1707-1783) 572

와이즈만(F. Waismann, 1896-1959) 574

요한 게오르그 칸트(Johann Georg Kant,
1683-1746) 81

월쉬(W. H. Walsh, 1913-1986) 333

윌커슨(T. E. Wilkerson) 366, 367, 621,
622, 624, 625, 820

유클리드(Euclid, BC 330?-BC 275?) 614,
621, 622, 697

ㅊ

체트리츠(K. A. Zedlitz, 1731-1793) 93, 94

ㅋ

카시러(E. Cassirer, 1874-1945) 123,
135, 195, 619, 820

코플스턴(F. C. Copleston, 1907-1994)
459, 460, 579, 650, 651, 820

코헨(H. Cohen, 1842-1918) 7, 54, 195,
302, 303, 545, 546, 715

콜리스 라몬트(Corliss Lamont, 1902-
1995) 165

쿤(T. Kuhn, 1922-1996) 721, 766, 767,
820

크누첸(M. Knutzen, 1713-1751) 82, 83

클라인겔트(P. Kleingeld, 1962-) 72

키르케고르(S. A. Kierkegaard, 1813-

1855) 57, 58, 61, 109, 134, 232,
233, 253, 275, 389, 390, 519,
734-737, 741, 820, 821

킹(M. L. King Jr., 1929-1968) 760, 811

ㅌ

토리첼리(E. Torricelli, 1608-1647) 346

ㅍ

파르메니데스(Parmenides, BC 515?-BC
445?) 680

파스칼(B. Pascal, 1623-1662) 49, 57,
100, 242, 555, 633, 734, 821

파이어아벤트(P. K. Feyerabend, 1924-
1994) 765, 766, 821

퍼트남(H. Putnam, 1926-2016) 328, 329,
548, 821

페더(J. G. H. Feder, 1740-1821) 51

포이어바흐(L. A. Feuerbach, 1804-1872)
152

포퍼(K. Popper, 1902-1994) 104, 133,
395, 703, 821

포프(Alexander Pope, 1688-1744) 104

푸코(M. Foucault, 1926-1984) 186, 821

프라이어(A. Prior, 1914-1969) 574

프란치스코 교황(Pope Francis, 1936-) 746

프랜시스 베이컨(F. Bacon, 1561-1626)
94, 142, 753

프리드리히 대왕(Friedrich II der Große,
1712-1786) 69, 92, 93, 95, 97

프리드리히 빌헬름 2세(Friedrich Wilhelm
II, 1744-1797) 93, 95, 97

프리스(J. F. Fries, 1773-1843) 301

플라톤(Platon, BC 427-BC 347) 45, 72,
108, 119, 120, 155, 187, 235,
245, 252-261, 263, 265-268,
272-282, 292, 309, 317, 325,
327, 328, 330, 331, 345, 378,
400, 401, 422, 466, 493, 494,
498, 507, 514, 541, 555, 560,
580-582, 588, 613, 637, 661,
667, 668, 676, 679-681, 683, 686,
724-728, 732, 733, 742-744,
761, 762, 764, 765, 771, 775, 817

플로티노스(Plotinis, 205-270) 630

피론(Pyrrhōn, BC 360-BC 270) 149

피타고라스(Pythagoras, BC 582?-BC
497?) 45, 493, 673

피히테(J. G. Fichte, 1762-1814) 7, 20,
213, 301, 436, 549, 662, 663, 821

ㅎ

하르트만(N. Hartmann, 1882-1950) 7,
51, 58, 134-136, 365, 403, 408,
443-445, 459, 619-621, 633,
635, 712, 737, 738, 744, 763,
820, 821

하버마스(J. Habermas, 1929-) 7

하이네(H. Heine, 1797-1856) 86

하이데거(M. Heidegger, 1889-1976) 7,
10, 21, 23, 30, 40-42, 58, 74,
135, 184-186, 202, 203, 213,
226, 233, 252, 260, 271-276,
291, 294, 296, 308, 345, 365,
437, 443, 445, 447-451, 454,

456–459, 491, 513, 518, 527,
545–547, 551, 567, 594, 614,
619, 620, 641, 677, 734–741,
760–763, 768, 769, 771, 773,
775, 818–821

하임제트(H. Heimsoeth, 1886–1975) 333,
443

허셜(W. F. Herschel, 1738–1822) 102

헤겔(F. W. Hegel, 1770–831) 7, 20, 58,
133, 144, 145, 202, 205, 301,
407, 434, 436–438, 449, 491,
492, 506, 507, 518, 549, 818, 821

헤르더(J. G. Herder, 1744–1803) 88

헤르바르트(J. F. Herbart, 1776–1841) 301

헤르츠(Markus Herz, 1747–1803) 94, 95,
557

호킹(S. W. Hawking, 1942–2018) 83, 821

홉스(T. Hobbes, 1588–1679) 161, 162,
789

화이트헤드(A. Whitehead, 1861–1947)
254

회페(O. Höffe, 1943–) 52, 102, 301, 452,
453, 622, 699, 821

후설(E. Husserl, 1859–1938) 7, 142, 314,
434, 456, 491, 583, 619, 712,
714, 715, 729

흄(D. Hume, 1711–1776) 69, 98, 103,
111, 114–120, 122, 205, 334,
335, 367, 388, 518, 556, 563,
597, 598, 700, 789, 821

힐쉬베르거(J. Hirschberger, 1900-1990)
259, 442, 443, 650, 726, 822

문성학

1956년에 대구에서 출생하였다. 경북대학교에서 학사(1979), 석사(1984), 박사학위(1988)를 받았다. 1989년부터 2021년까지 경북대학교 사범대학 윤리교육과 교수로 재직했으며, 지금은 경북대학교 명예교수다. 경북대학교 교수회 사무처장, 동서사상연구소장, 도서관장, 대학기록관장, 인권센터 센터장, 대학원장, 교학부총장을 역임했으며, 한국칸트학회장, 한국윤리교육학회장, 대한철학회장을 지냈다.

칸트에 관한 저술로 『인식과 존재: 순수이성의 이율배반과 선험적 관념론』, 『칸트철학과 물자체』, 『칸트의 인간관과 인식존재론』(2007 문화관광부 우수학술도서), 『칸트윤리학과 형식주의』(2008 대한민국학술원 우수학술도서), 『칸트 윤리학의 균열』(2022 세종도서 우수학술도서)을 출간했다. 윤리에 관한 연구서로는 『동물해방 대 인간존중』(2020 세종도서 우수학술도서), 『도덕윤리교육의 철학적 기초』, 『현대사회와 윤리』가 있다. 『철학과 삶의 의미』, 『어느 철학자의 한국사회 읽기』 등의 저서들도 출간했으며, 공저로 『고등학교 철학』과 『고전으로 본 인간』이 있다. 아울러 대구·경북의 지성사와 사회운동사를 다룬 다수의 공저들도 출간했다.

칸트에 관한 저자의 연구는 한결같이 칸트가 인간을 가능적 무한자로 보고 있다는 해석상의 입장에 근거해서 이루어지고 있다. 『신내림의 철학자 하이데거』는 칸트철학에 대한 저자의 해석상의 관점에서 하이데거를 비판적으로 분석한 책이다. 저자는 또한 그 관점에서 붓다 당대에서 현재까지 이어져 오고 있는 불교 내부의 쟁점들의 불가피성을 해부하는 것을 숙제로 생각하고 있다.